Vor der Reise

Kerala

Reisetipps A–Z

Tamil Nadu

Land und Leute

Anhang

Mumbai

Atlas

Maharashtra

Goa

Karnataka

Andhra Pradesh

149is Foto: tb

Martin und Thomas Barkemeier
Indien – der Süden

Indien ist nicht nur ein Land, sondern auch ein Abenteuer,
bei dem alle Wege offen stehen und alles möglich ist.
Eine der wenigen Verallgemeinerungen,
die sich über Indien sagen lassen,
ist die, dass man in diesem Land
nichts für selbstverständlich halten darf.

Shashi Tharoor

Impressum

Martin und Thomas Barkemeier
Indien – der Süden

erschienen im
Reise Know-How Verlag Peter Rump GmbH
Osnabrücker Str. 79
33649 Bielefeld

5., neu bearbeitete und komplett aktualisierte Auflage 2012

Gestaltung
Umschlag: Günter Pawlak, P. Rump (Layout);
Caroline Tiemann (Realisierung)
Inhalt: G. Pawlak (Layout);
Caroline Tiemann (Realisierung)
Fotos: Martin Barkemeier (mb), Thomas Barkemeier (tb),
Gerd Lellé (gl, S. 136), Dr. Norbert Linz (nl)
Titelfoto: Thomas Barkemeier
Karten: Catherine Raisin, Bernhard Spachmüller (Atlas und vordere Umschlagklappe), Thomas Buri

Lektorat: Caroline Tiemann

Druck und Bindung
Wilhelm & Adam, Heusenstamm

ISBN 978-3-8317-2044-6
Printed in Germany

Dieses Buch ist erhältlich in jeder Buchhandlung Deutschlands, der Schweiz, Österreichs, Belgiens und der Niederlande.
Bitte informieren Sie Ihren Buchhändler über folgende Bezugsadressen:

Deutschland
Prolit GmbH, Postfach 9, D-35461 Fernwald (Annerod) sowie alle Barsortimente

Schweiz
AVA Verlagsauslieferung AG
Postfach 27, CH-8910 Affoltern

Österreich
Mohr Morawa Buchvertrieb GmbH
Sulzengasse 2, A-1230 Wien

Niederlande, Belgien
Willems Adventure, www.willemsadventure.nl

Wer im Buchhandel trotzdem kein Glück hat, bekommt unsere Bücher auch über unseren **Büchershop im Internet: www.reise-know-how.de**

Wir freuen uns über Kritik, Kommentare und Verbesserungsvorschläge, gern auch per E-Mail an info@reise-know-how.de.

231is Foto: tb

Martin und Thomas Barkemeier

Indien – der Süden

Vorwort

Indiens Süden ist anders als der Norden. Was auf den ersten Blick wie eine Plattitüde klingt, erweist sich bei näherem Hinsehen als der Schlüssel zum Verständnis des hier beschriebenen Reisegebiets. Bedingt vor allem durch die geografische Barriere des Dekhan-Hochplateaus, die den Übergang zwischen den beiden Landesteilen markiert, hat der Süden eine ganz eigenständige Entwicklung genommen. Die kulturellen, ethnischen, sprachlichen, klimatischen und landschaftlichen Unterschiede sind derart ausgeprägt, dass man zuweilen meint, in einem ganz anderen Land zu sein. In all seiner Vielfalt entspricht Indien eigentlich eher einem Kontinent als einem Land – eigentlich gibt es viele Indien. So ist dieser Südindien-Reiseführer weit mehr als die Fortsetzung des im gleichen Verlag erschienenen Nordindien-Bandes.

Allerdings besteht für den Reisenden im Norden wie im Süden die Notwendigkeit, die Reise möglichst gut vorbereitet anzutreten. Gerade in der landestypischen Vielfalt liegt auch die Schwierigkeit, sich im auf den ersten Blick scheinbar chaotischen Indien zurechtzufinden. Mit diesem Handbuch möchten wir dem Reisenden die nötigen Hinweise zu den kleinen, aber ungemein wichtigen Dingen des täglichen Travellerlebens geben: Wie und wo wechselt man schnell und günstig Geld? Wie kann man lange Warteschlangen umgehen? Welche Anfahrtswege sind die besten? Fahrpläne, Hotelpreise, Restaurantempfehlungen, Stadtpläne und zahlreiche praktische Tipps sollen es dem Indienreisenden ermöglichen, sich in diesem nicht gerade einfachen Reiseland auf eigene Faust zu bewegen. Spezielle Warnhinweise helfen, immer wieder auftretende Fallen wie Nepp und Betrügerei zu umgehen und viel Ärger und Geld zu sparen.

Der Süden Indiens vereint 400 Millionen Menschen, fünf Religionen und sechs Sprachen. Darüber hinaus kennzeichnet das Nebeneinander von Altertum und Moderne, Ochsenkarren und Software-Industrie, Sari und Jeans, Tempeltanz und MTV den fundamentalen und rasanten Wandlungs- und Entwicklungsprozess der indischen Gesellschaft. Diese einzigartige Vielfalt macht das Reisen im Süden Indiens zu einer faszinierenden Erfahrung.

In allererster Linie ist der Süden des Landes jedoch von einer überwältigenden Natur und einer faszinierenden, jahrtausendealten Kultur geprägt. Von den weiten Reislandschaften des Ostens über die trockenen Hochebenen des Dekhan-Plateaus zu den tropischen Gewürzgärten der West-Ghats und den Traumstränden Keralas und Goas bietet Südindien eine unglaubliche Vielfalt an Landschaftsformen. Bei einer Besichtigung der großartigen Tempelstädte wie Mysore, Madurai oder Chidambaram, einer Aufführung der auf eine uralte Tradition zurückgehenden, nur im Süden praktizierten Tempeltänze oder beim Genuss der scharfen, fast ausschließlich vegetarischen Küche wird das Kennenlernen dieser reichen Kultur zum besonderen Vergnügen.

Ausführliche Kapitel zu Geschichte, Architektur, Religion, Festen und Musik sowie zahlreiche Exkurse zu landeskundlichen Themen geben dem Indien-Interessierten ein fundiertes Hintergrundwissen an die Hand, das zum Verständnis der für Mitteleuopäer recht schwer zugänglichen Kultur beiträgt. Auch gesellschaftliche und politische Themen wie das Kastensystem und die soziale Stellung der Frau werden ausführlich diskutiert und geben Einblick in das Alltagsleben der Bevölkerung.

Der Süden Indiens ist weit weniger von den negativen Auswüchsen von Überbevölkerung und Armut geprägt als der Norden. Luftverschmutzung, Lärm, Hektik, Dreck und Bettelei gibt es zwar auch, jedoch bei weitem nicht so massiv. Das Leben und auch das Reisen verlaufen friedvoller, lieblicher, „tropischer", harmonischer, entspannter und kulturell geschlossener.

Land und Leute entspannt auf sich wirken und die Seele baumeln lassen – Reisen mit allen Sinnen: Dafür ist der Süden Indiens geradezu ideal geeignet. Speziell für stressgeplagte Mitteleuropäer ist eine gut geplante Südindien-Reise Balsam für Geist und Seele.

Martin und Thomas Barkemeier

Inhalt

Vorwort 7
Kartenverzeichnis 12
Hinweise zur Benutzung 13

Vor der Reise

(unter Mitarbeit von E. H. M. Gilissen)

Diplomatische Vertretungen 16
Informationsstellen 16
Indien im Internet 17
Ein- und Ausreisebestimmungen 18
Anreise 20
Geldangelegenheiten 23
Reisegepäck 28
Gesundheitsvorsorge 30
Versicherungen 32

Praktische Reisetipps A–Z

Behinderte 36
Einkaufen und Souvenirs 36
Elektrizität 39
Essen und Trinken 39
Fotografieren 47
Frauen unterwegs 48
Internet 48
Mit Kindern reisen 49
Medizinische Versorgung 50
Nachtleben 50
Nationalparks 50
Öffnungszeiten, Post 51
Routenvorschläge 53
Sicherheit (inkl. Notfalltipps) 54
Telefonieren 63
Unterkunft 65
Verhaltenstipps 69
Verkehrsmittel 71
Weiterreise 83
Zeitverschiebung 83

Land und Leute

Landschaft und Natur

Die Geografie des Indischen Subkontinents 86
Klima 89
Flora und Fauna 93

Staat und Gesellschaft

Geschichte 100
Staat und Verwaltung 117
Presse 123
Wirtschaft 124
Tourismus 129

Menschen und Kultur

Bevölkerung 131
Sprache 136
Religionen 141
Architektur 159
Film 167
Literatur 170
Musik 173
Tanz 177
Feste und Feierlichkeiten 181

Mumbai (Bombay)

Überblick 186
Geschichte 188
Sehenswertes 190
Praktische Tipps 199
Insel Elephanta 223

Maharashtra

Überblick 226
Alibag 228
Chaul 228
Murud 229

Ratnagiri 233
Ganpatipule 234
Sindhudurg 236
Matheran 237
Lonavala 241
Pune 244
Mahabaleshwar 257
Kolhapur 262
Nasik 264
Aurangabad 267
Ellora 276
Ajanta 281
Jalgaon 287
Nagpur 288

Goa

Überblick 292
Allgemeine Reisetipps 295
Panaji 299
Old Goa 310
Mapusa 315
Arambol 317
Fort Aguada und Candolim 325
Calangute und Baga 329
Anjuna 337
Vagator und Chapora 342
Vasco da Gama 346
Margao (Madgaon) 348

Exkurse

- Ganesha, steh mir bei! – oder vom Abenteuer des Gewöhnlichen 56
- Die heilige Kuh – geschlagene Heilige 98
- Brahmanen und Unberührbare – die Kasten zwischen Tradition und Auflösung 102
- Korruption: Aufruhr gegen die tödliche Krake 118
- Vom Schmuddelkind zum hofierten Star – Indien auf dem Weg zur Wirtschaftsmacht 126
- Mitgiftmord und andere Grausamkeiten – Frauen in Indien 134
- Sprache als politische Waffe – der Kampf gegen die Einführung des Hindi im Süden 140
- 330.000 Möglichkeiten – die indische Götterwelt 146
- Die stille Revolution – Schulbildung in Indien 172
- Der Sari – das indischste aller Kleidungsstücke 180
- Osho Commune International – ein bisschen Bhagwan für alle 248
- Wissen vom langen Leben – Ayurveda 581
- Rettung in letzter Sekunde – Project Tiger 610
- Die nationale Leidenschaft – Kricket 650
- Darshan – das tägliche Tempelritual 722
- Von hehren Idealen und ernüchternden Realitäten – der Sri Aurobindo Ashram 736
- Shiva Nataraja – Shiva als Herr des kosmischen Tanzes 748

Colva 355
Benaulim 360
Palolem 367
Agonda 373
Cotigao Wildlife Sanctuary 375

Karnataka

Überblick 378
Bangalore 380
Mysore 400
Somnathpur 418
Bandipur-Nationalpark 421
Nagarhole-Nationalpark 422
Madikeri 424
Hassan 429
Halebid 432
Belur 434
Sravanabelgola 436
Karwar 440
Gokarna 441
Jogg Falls 448
Udipi 449
Sringeri 451
Mudabidri 453
Dharamstala 453
Mangalore 454
Hospet 460
Hampi 463
Gadag 481
Hubli 483
Badami 485
Pattadakal 491
Aihole 493
Bijapur 495
Gulbarga 503
Bidar 505

Andhra Pradesh

Überblick 510
Hyderabad 511
Golkonda 525
Warangal 528
Palampet 529
Vijayawada 530
Nagarjunakonda 532
Tirumala/Tirupati 534
Puttaparthi 542

Kerala

Überblick 546
Thiruvananthapuram (Trivandrum) 548
Kovalam 559
Ponmudi und Peppara Wildlife Sanctuary 569
Padmanabhapuram 571
Varkala 572
Backwaters 583
Kollam (Quilon) 587
Kayankulam 592
Alappuzha (Alleppey) 593
Kottayam 600
Periyar-Wildschutzgebiet 605
Munnar 617
Kochi (Cochin) und Ernakulam 624
Thrissur (Trichur) 649
Kozhikode (Calicut) 658
Tholpetty-Nationalpark 662
Muthanga-Nationalpark 664
Kannur (Cannanore) 665
Kasargode 668

Tamil Nadu

Überblick 672
Chennai (Madras) 674
Mamallapuram (Mahabalipuram) 699
Kanchipuram 715
Vellore 721
Tiruvannamalai 726
Gingee 732
Pondicherry (Puducherry) 733
Chidambaram 746
Kumbakonam 752
Thanjavur (Tanjore) 758
Tiruchirapalli (Trichy) 766
Srirangam 772
Madurai 776
Rameshwaram 792
Kodaikanal 796
Kanyakumari 804
Udhagamandalam (Ootacamund, Ooty) 809
Mudumalai Wildlife Sanctuary 816
Coimbatore 817

Anhang

Glossar 822
Reise-Gesundheits-Information Indien 826
Literaturtipps 830
Hilfe! 835
Wichtige Bahnverbindungen 837
Register 847
Die Autoren 852
Atlas nach Seite 852

Highlight:

Mit „Highlight" sind Orte und Sehenswürdigkeiten gekennzeichnet, die von besonderem touristischen Interesse sind, die kulturellen und landschaftlichen Höhepunkte Südindiens. Aufgeführt sind die lohnendsten Ziele, die von den meisten Reisenden angesteuert werden. Bei der Planung der eigenen Reiseroute sollte man die „Highlights" auf keinen Fall auslassen.

Der besondere Tipp:

Als „besonderer Tipp" sind in den Ortsbeschreibungen jene Orte markiert, die nicht auf der üblichen Route der meisten Südindienreisenden liegen. Es sind spezielle Empfehlungen der Autoren, die nicht weniger sehenswert sind als die „Highlights". Manchmal handelt es sich um Orte oder Gegenden, die wegen ihrer besonderen Atmosphäre einen Besuch lohnen.

Kartenverzeichnis

Stadt- und Lagepläne:

Ajanta .283
Alappuzha (Alleppey) .594
Anjuna .340
Arambol .320
Aurangabad .268
Badami .485
Bangalore .382
Bangalore: MG Road Area .385
Bangalore: Gandhi Nagar/ City Station .389
Benaulim .362
Bijapur .498
Calangute und Baga .334
Chapora und Vagator .345
Chennai (Madras) .676, 678
Chennai: Egmore, Anna Salai, Triplicane .688
Chidambaram .747
Colva .357
Ellora: Kailashanata-Tempel .278
Fort Aguada und Candolim .327
Ganpatipule .235
Goa .293
Gokarna .445
Hampi Bazaar .479
Hampi/Vijayanagar .468
Hassan .431
Hospet .461
Hyderabad .513
Hyderabad: Abids und Nampally .516
Kanchipuram .718
Kanyakumari .807
Kochi und Ernakulam .626
Kochi: Ernakulam .638
Kochi: Fort Cochin .630
Kodaikanal .800
Kollam .589
Kottayam .600
Kovalam .561
Kozhikode (Calicut) .660
Kumbakonam .754
Madikeri .426
Madurai .778
Madurai: Altstadt .788
Madurai: Sri-Meenakshi-Tempel .780
Mahabaleshwar .258
Mamallapuram (Mahabalipuram) .704
Mangalore .456
Mapusa .316
Margao .350
Matheran .238
Mumbai (Bombay) .Atlas XXIV
Mumbai: Colaba .205
Mumbai: Zentrum .Umschl. hinten
Munnar .619
Mysore .402
Old Goa .311
Palolem .369
Panaji .300
Periyar-Widschutzgebiet: Kumily/Thekkady .607
Pondicherry (Puducherry) .734
Pune .246
Pune: MG Rd., Koregaon Park .252
Rameshwaram .794
Somnathpur: Keshvara-Tempel .419
Thanjavur (Tanjore) .760
Thanjavur: Brihadeshvara-Tempel .763
Thiruvananthapuram (Trivandrum) .551
Thrissur .652
Tiruchirapalli (Trichy) .768
Tirumala .536
Tirupati .538
Tiruvannamalai .726
Udhagamandalam (Ooty) .814
Vagator und Chapora .345
Varkala .574
Vellore .725

Hinweise zur Benutzung

Bahnverbindungen

Zusätzlich zu den Hinweisen zu Verkehrsverbindungen in den jeweiligen Ortsbeschreibungen findet sich eine detaillierte Auflistung wichtiger Bahnverbindungen im **Anhang.**

Preise

Mehr noch als bei anderen Ländern steht ein Reiseführer Indien in der Gefahr, dass die genannten Preise im Moment der Drucklegung schon wieder überholt sind. Unglücklicherweise gilt dies besonders für die Tourismusindustrie. Vor allem im Hotelwesen, aber auch bei öffentlichen Verkehrsmitteln ist in den nächsten Jahren mit saftigen Aufschlägen zu rechnen. Obwohl die meisten der hier genannten Preise auf dem Stand von Sommer 2011 beruhen, liegt man sicher nicht falsch, wenn man ein paar Prozente hinzurechnet. Eintrittspreise werden nur dann aufgeführt, wenn sie mindestens 10 Rs betragen.

Indische Begriffe

Es ist verwirrend: Selbst in Indien gibt es verschiedene Schreibungen für einen Ortsnamen, entweder mehr oder weniger korrekt der offiziellen Transkription oder der englischen Schreibweise folgend. Im Deutschen wiederum wird beispielsweise der *Maharadscha* immer häufiger in der englischen Weise geschrieben: *Maharaja.*

Daher wird in diesem Buch die linguistisch korrekte Transkription für Begriffe aus dem Hindi übernommen. Nur gelegentlich, vor allem bei Namen und bei bekannten Begriffen, wird die englische Schreibweise benutzt.

Häufig benutzte **indische Begriffe** sind in einem Glossar im Anhang des Buches erklärt, **geografische Begriffe** stehen in einem Kasten im Kapitel „Geografie" (S. 88), das spezielle **Vokabular der Tempelarchitektur** ist im Kapitel „Architektur" aufgeführt (S. 162).

Atlas

Ganz Indien ist am Ende des Buches in einem Atlas im Maßstab 1: 4,5 Mio. dargestellt. Im Reiseteil wird bei allen beschriebenen Orten mit einem **Pfeil** ⇗ auf den Atlas verwiesen, damit sich der Ort auf der Karte schnell finden lässt, z.B. **⇗ XX/A2.** Dabei verweist die römische Zahl auf die Atlasseite, Buchstaben und arabische Ziffern geben das Planquadrat an.

Symbole in den Kästen

- **Empfehlung**
- **Hinweis**
- **Warnung**
- **Verbot**

Abkürzungen

1. Kl.	Erste Klasse
2. Kl.	Zweite Klasse
Abf.	Abfahrt
AC	Air Condition (Klimatisierung)
Ank.	Ankunft
ATM	Automatic Teller Machine (Geldautomat)
Av.	Avenue (Straße)
Bldg.	Building (Gebäude)
Del.	Deluxe-Bus
DZ	Doppelzimmer
Exp.	Express-Zug/-Bus
EZ	Einzelzimmer
GPO	General Post Office (Hauptpost)
ISD/STD	Telefonamt
ITDC	Indische Tourismusorganisation
Rd.	Road (Straße)
Rs	Rupien
St.	Street (Straße)

804ra Foto: tb

Vor der Reise

002is Foto: tb

003is Foto: tb

Das neue Indien – Flughafen in Mumbai

LKW-Fahrerhäuser werden gern knallbunt bemalt

Die Autoriksha – das Taxi des kleinen Mannes

Diplomatische Vertretungen

In Deutschland

- **Indische Botschaft,** Tiergartenstr. 17, 10785 Berlin, Tel.: 030-257950, Fax: 25795102, www.indianembassy.de.
- **Indisches Generalkonsulat,** Friedrich-Ebert-Anlage 26, 60325 Frankfurt/M., Tel.: 069-1530050, Fax: 554125.
- **Indisches Generalkonsulat,** Graumannsweg 57, 20087 Hamburg, Tel.: 040-338036, Fax: 323757.
- **Indisches Generalkonsulat,** Widenmayerstr. 15, 80538 München, Tel.: 089-2102390, Fax: 21023970.

In Österreich

- **Indische Botschaft,** Kärntner Ring 2, 1015 Wien, Tel.: 01-5058666, Fax: 5059219, www.indianembassy.at.

In der Schweiz

- **Indische Botschaft,** Kirchenfeldstr. 28, Postfach 406, 3000 Bern 6, Tel.: 031-35011310, Fax: 3511557, www.indembassybern.ch.
- **Indisches Generalkonsulat,** Bahnhofplatz 9, 8001 Zürich, Tel.: 043-3443214, Fax: 2685102.
- **Indisches Generalkonsulat,** Rue du Valais 9, 1202 Genf, Tel.: 022-9068686, Fax: 9068696.

In Indien

Die Anlaufstellen und Telefonnummern für den **Notfall:**

- **German Consulates – in Mumbai:** Hoechst House, 10. Stock, Nariman Point, 193 Backbay Reclamation, Tel.: 022-22832422, 22831517, 22832661 oder in dringenen Notfällen Tel.: (0)9821016877;
in Chennai: Boat Club Road 9, Raja Annamalai Puram, Tel.: 044-24301600 oder in dringenden Notfällen Tel.: (0)9884305333;
in Goa: Cosme Matias Menezes Ltd., Rua de Ourem, Panaji, Tel.: 0832-2235526, 2223261, 2223263, 2223264;
in Bangalore: nur Tel.: 080-414702-54/-55.
- **Austrian Consulates – in Mumbai:** 26, Maker Chambers VI, 2. Stock, Nariman Point, Tel.: 022-22851734, 22851774, 22851066;
in Chennai: c/o Kothari Buildings, 115, Mahatma Gandhi Salai, Numgambakkam, Tel.: 044-283345-01/-02/-56 oder 30225515;
in Goa: Salgaocar House, 3. Stock, Dr. F. Louis Gomes Road, Vasco da Gama, Tel.: 0832-2513816 oder 2513811.
- **Swiss Consulates – in Mumbai:** 102 Maker Chambers IV, 10. Stock, 222, Jamnalal Bajaj Marg, Nariman Point, Tel.: 022-228845-63/-64/-65 oder 22831738;
in Chennai: 1–6 Cr. V.S.I. Estate, Rajiv Gandhi Salai, Thiruvanmiyur, Tel.: 044-42074838;
in Bangalore: c/o Aviation Travels Private Limited, Park View, 17, Curve Road, Tasker Town, Tel.: 080-41130905.

Informationsstellen

- **Indisches Fremdenverkehrsamt,** Baseler Str. 48, 60329 Frankfurt/Main Tel.: 069-242949-0, Fax: 242949-77, www.india-tourism.de. Man kann online Kataloge bestellen.
- **Deutsch-Indische Gesellschaft** (Bundesgeschäftsstelle), Oskar-Lapp-Str. 2, 70565 Stuttgart, Tel.: 0711-297078, Fax: 2991450, www.dig-ev.de. Zweigstellen gibt es in 33 deutschen Städten.

Informationen zur aktuellen allgemeinen Sicherheitslage und Warnungen vor besonders gefährdeten Gebieten erhält man hier:

- **Deutschland:** www.auswaertiges-amt.de (Reise & Sicherheit), Tel.: 03018-17-2000, Fax: 03018-17-51000.

- **Österreich:** www.bmeia.gv.at (Bürgerservice), Tel.: 05-01150-4411, Fax: 05-01159-0 (05 muss immer vorgewählt werden).
- **Schweiz:** www.dfae.admin.ch (Vertretungen), Tel.: 031-3238484.

Touristeninformationen vor Ort

Die staatlichen Touristenämter werden von den Touristenbüros der einzelnen Bundesstaaten und von **India Tourism** geleitet, deren kleinere Filialen oft auch *Tourist Facilitation Centre* oder *Tourist Reception Centre* heißen. Neben allgemeinen Informationen bieten sie die Organisation von Ausflügen oder Taxifahrten für Touristen. Die Qualität der einzelnen Ämter variiert von Ort zu Ort stark. Manche Mitarbeiter sind sehr hilfsbereit, bei vielen scheint hingegen die Vermittlung der von ihnen angebotenen Touren im Mittelpunkt zu stehen.

Um Kunden anzulocken, geben sich viele private Reisebüros Namen, die denen der staatlichen Informationsstellen ähneln, um sich den Anstrich von Seriosität zu verleihen. Nicht alle von ihnen sind schlecht, aber man sollte im Auge behalten, dass es sich um gewinnorientierte Privatunternehmen handelt.

505is Foto: mb

Mädchen bei einem Festumzug in Munnar

Indien im Internet

- Die offizielle Website des Indischen Fremdenverkehrsamts mit einem breiten Informationsangebot auf Deutsch, umfangreichen Reiseinformationen zu allen Bundesstaaten, Einreisebestimmungen und Gesundheitstipps, Hilfe zur Routenplanung und Stadtführer, Adressen von Hotels, Reisebüros, Fluggesellschaften u.v.m.: **www.india-tourism.de.**
- Auf der Homepage von Indian Railways sind die wichtigsten innerindischen Zugverbindungen einzusehen, Informationen für Touristen, das Streckennetz, ein historischer Abriss und einiges mehr: **www.indianrail.gov.in.**
- Eine indische Suchmaschine mit einigen Chat-Rooms, Nachrichten, Wetterbericht u.v.m.: **www.123india.com.**
- Das National Informatics Centre (NIC) der indischen Regierung hat ein weiterverweisendes Verzeichnis staatlicher indischer Websites (Ministerien, Botschaften, Unionsstaaten, Organisationen etc.): **www.nic.in.**
- Aktuelle Nachrichten (auch nach Unionsstaaten geordnet), Archiv und mehr beim indischen Nachrichtendienst Rediff On the Net: **www.rediff.com.**
- Ein breit gefächertes Internetforum zu Indien mit praktischen Infos, aktuellen Meldungen aus Politik und Zeitgeschichte, einem Forum zum Austausch von Fragen und Meinungen, einem Kalender für alle im Fernsehen zum Thema Indien gezeigten Sendungen sowie touristische Beiträge: **www.indien-aktuell.de.**
- Landkarten von Indien zu verschiedenen Themen sowie Stadtpläne findet man unter: **www.mapsofindia.com.**

Ein- und Ausreisebestimmungen

Die genannten Einreisebestimmungen sind Stand September 2011. Man sollte sich unbedingt vor der Reise bei der zuständigen Indischen Botschaft bzw. in Deutschland auch beim zuständigen Konsulat (s.o.) erkundigen, ob sie noch gelten.

Visum

Dem Antrag müssen neben dem ausgefüllten, vorher bei der Botschaft bzw. dem Konsulat (Adressen s.o.) angeforderten **Antragsformular** (Rückporto beifügen) ein **Reisepass,** der ab dem Ankunftsdatum in Indien noch mindestens 6 Monate gültig ist, sowie **zwei Passbilder** neueren Datums beigefügt sein. Das Ganze wird zusammen mit der Visumgebühr bzw. dem Originaleinzahlungsbeleg in einem frankierten Rückumschlag per Einschreiben an die indische Vertretung geschickt. Als Bearbeitungszeit sollte man etwa 10 Tage rechnen. Wesentlich schneller geht es selbstverständlich, wenn man persönlich bei der Botschaft vorspricht. Hier kann das Formular vor Ort ausgefüllt werden. In den meisten Fällen kann man das Visum dann am nächsten Tag abholen, in dringlichen Fällen gelegentlich auch noch am selben Tag. Ausnahme: Man hat vorher per Überweisung bezahlt. Dann kann es bis zu einer Woche dauern, da zuvor der Geldeingang überprüft werden muss. Bei Anträgen vor Ort im Antragsbüro sollte man also besser bar bezahlen.

Für **Ostdeutschland** werden Visaanträge nicht mehr von der indischen Botschaft in Berlin, sondern von der **Cox & Kings GmbH** (Tel.: 030-26949750) bearbeitet. Adresse: India Visa Application Services Berlin, Lützow Center, Cox and Kings GmbH, Wichmannstr. 6, 10787 Berlin. Öffnungszeiten für Visaanträge: 8.30–12.30 Uhr, Abholung zwischen 16.30 und 17.30 Uhr. Gibt man seinen Antrag bis 10.30 Uhr ab, ist eine Abholung meist noch am selben Tag möglich. Bei postalischer Zusendung des Antrages sollte man mit 5 bis 7 Werktagen Bearbeitungszeit rechnen. In diesem Fall ist nur die Überweisung der Antrags- und Bearbeitungsgebühr möglich, gibt man vor Ort ab, wird ausschließlich Bargeld akzeptiert. Bei der Cox & Kings GmbH kommt zu den unten genannten Visagebühren jeweils eine Bearbeitungsgebühr von 11,78 € hinzu.

Das **Visumformular** kann auf der Website der Indischen Botschaft (www.indianembassy.de) unter dem Link „Konsulardienst" oder bei Cox & Kings (www.in.de.coxandkings.com) unter dem Link „Visabeantragung" heruntergeladen werden.

Visagebühren

- **Transit Visum,** gültig für 15 Tage (zur einoder zweifachen Einreise): 12 €
- **Touristenvisum,** 6 Monate gültig ab Datum der Ausstellung, berechtigt zur mehrmaligen Einreise: 50 €
- **Geschäftsvisum,** gültig bis zu 6 Monaten ab dem Datum der ersten Einreise: 50 €, gültig für ein Jahr: 80 €
- **Studentenvisum,** gültig für die Dauer des Studiums oder maximal fünf Jahre, ein Nachweis der indischen Universität ist erforderlich: 93 €
- **Visum,** gültig ein bis **fünf Jahre,** spezielles Visum für Vielfach-Indien-Besucher und Geschäftsleute, entsprechende Nachweise erforderlich: 160 €
- **PIO Card** (nur für Pesonen indischer Herkunft): 1176 €

Visumverlängerung

Wer sein im Ausland erhaltenes Visum in Indien voll ausgeschöpft hat, braucht sich gar nicht erst der bürokratischen Mühe einer Visumverlängerung auszusetzen, da man als Tourist **nur 180 Tage des Jahres** in Indien verbringen darf. Erst wieder nach einem halben Jahr darf man erneut ins Land einreisen.

Ansonsten sind für Visumverlängerungen in Großstädten die sogenannten **Foreigners Regional Registration Offices,** in Distrikthauptstädten die lokalen Polizeibehörden zuständig. Das Problem ist, dass dabei meist völlig unterschiedlich vorgegangen wird. Während man in einigen Städten relativ schnell und unproblematisch eine Verlängerung bekommt, erteilen andere sie gar nicht. Auch über die vorzulegenden Dokumente scheint Konfusion zu herrschen. Auf jeden Fall sollte man neben dem Pass immer die **Umtauschbescheinigungen** der Banken und mindestens **vier Passfotos** dabei haben.

Auch bei den Kosten scheint es keine klaren Richtlinien zu geben. Manche Traveller erhielten ihre Verlängerung umsonst, anderen knöpfte man 500 Rs ab.

Ein- und Ausfuhr

In Indien gelten die international üblichen **Zollbestimmungen,** d.h. man darf neben Artikeln des persönlichen Bedarfs u.a. 200 Zigaretten oder 50 Zigarren sowie Geschenke bis zu einem Wert von 800 Rs einführen.

Spezielle Beschränkungen gibt es für **elektronische Geräte** wie z.B. Kameras, Videogeräte oder Laptops. Wer mehr als eine Kamera mit zwei Objektiven und 30 Filme dabei hat, muss diese auf einem speziellen Formular deklarieren, welches bei der Ausreise wieder vorzulegen ist. Hiermit soll verhindert werden, dass man seine Reisekasse mit dem Verkauf dieser Waren aufbessert. Uns ist jedoch bisher kein einziger Fall bekannt geworden, bei dem man bei der Ausreise tatsächlich nach dem Formblatt gefragt hätte.

Es darf **keine indische Währung** ein- oder ausgeführt werden. Reisende, die mehr als 5.000 US-Dollar (bar oder Reiseschecks) einführen wollen, müssen diese auf der *Currency Declaration Form,* die sie bei der Einreise erhalten, angeben. Bei Verstößen hiergegen und gegen Zollvorschriften droht Verhaftung bei der Ausreise.

Einfuhrbestimmungen für Europa

Bei der Rückeinreise gibt es auch auf europäischer Seite Freigrenzen, Verbote und

004is Foto: tb

Einschränkungen. Folgende **Freimengen** darf man zollfrei einführen:

- **Tabakwaren** (für Personen ab 17 Jahren) in die EU und die Schweiz: 200 Zigaretten oder 100 Zigarillos oder 50 Zigarren oder 250 g Tabak oder eine anteilige Zusammenstellung dieser Waren.

Die kleinen indischen **Beedis-Zigaretten** werden bei der Einreise in Europa einzeln gezählt, also nicht nach ihrem geringen Gewicht berechnet, sodass man schnell die erlaubte Einfuhrmenge überschritten hat. Dann muss zu dem zusätzlichen Zoll für die überschrittene Menge auch noch die Strafgebühr hinzugezahlt werden. Es ist bei der Zollkontrolle nicht mehr möglich, die überzähligen Zigaretten einfach zurückzulassen. Also Vorsicht!

- **Alkohol** (für Personen ab 17 Jahren) in die EU: 1 l Spirituosen (über 22 Vol.-%) oder 2 l Spirituosen (unter 22 Vol.-%) oder eine anteilige Zusammenstellung dieser Waren, und 4 l nicht-schäumende Weine und 16 l Bier; in die Schweiz: 2 l bis 15 Vol.-% und 1 l über 15 Vol.-%.
- **Andere Waren** in die EU: bis zu einem Warenwert von insgesamt 430 €, Reisende unter 15 Jahren 175 € bzw. 150 € in Österreich; in die Schweiz: neu angeschaffte Waren für den Privatgebrauch bis zu einem Gesamtwert von 300 SFr. Bei Nahrungsmitteln gibt es innerhalb dieser Wertfreigrenze auch Mengenbeschränkungen.

Wird die Wertfreigrenze überschritten, sind **Einfuhrabgaben** auf den Gesamtwert der Waren zu zahlen und nicht nur auf den die Freigrenze übersteigenden Anteil. Die Berechnung erfolgt entweder pauschal oder nach dem Tarif jeder einzelnen Ware zuzüglich sonstiger Steuern.

Einfuhrbeschränkungen bestehen u.a. für Tiere, Pflanzen, Arzneimittel, Betäubungsmittel, Feuerwerkskörper, Lebensmittel, Raubkopien, verfassungswidrige Schriften, Pornografie, Waffen und Munition; in Österreich auch für Rohgold und in der Schweiz auch für CB-Funkgeräte.

Nähere Informationen:

- **Deutschland:** www.zoll.de oder beim Zoll-Infocenter, Tel.: 069-469976-00.
- **Österreich:** www.bmf.gv.at oder beim Zollamt Villach, Tel.: 04242-33233.
- **Schweiz:** www.ezv.admin.ch oder bei der Zollkreisdirektion Basel, Tel.: 061-2871111.

Anreise

Direktverbindungen aus dem deutschsprachigen Raum nach Südindien bestehen mit Lufthansa von Frankfurt nach **Mumbai, Bangalore und Chennai,** mit Swiss von Zürich nach Mumbai.

Daneben gibt es interessante **Umsteigeverbindungen** von vielen Flughäfen in Deutschland, Österreich und der Schweiz mit Air France über Paris nach Mumbai und Bangalore, mit British Airways über London nach Mumbai, Hyderabad, Bangalore und Chennai, mit Emirates von Hamburg, Düsseldorf, Frankfurt, München, Zürich und Wien über Dubai nach Mumbai, Hyderabad, Bangalore, Chennai, Kochi und Thiruvananthapuram, mit Etihad Airways von Frankfurt, Düsseldorf und München über Abu Dhabi nach Mumbai, Chennai, Bangalore, Hyderabad, Kochi und Thiruvananthapuram, mit Gulf Air von Frankfurt über Bahrain nach Mumbai, Chennai und Kochi, mit Kuwait Airways von Frankfurt über Kuwait City nach Mumbai, Chennai, Kochi und Thiruvananthapuram, mit Qatar Airways von Berlin, Stuttgart, Frankfurt, München, Zürich und Wien über Doha nach Mumbai, Hyderabad, Bangalore, Chennai und Kochi sowie mit Sri Lankan Airlines von Frankfurt über Colombo nach Mumbai, Bangalore, Chennai, Kochi und Thiruvananthapuram. Diese können zwar billiger sein als die Nonstop-Flüge, aber man muss hier auch eine längere Flugdauer einkalkulieren.

In indischen Bussen kann es recht eng werden

Die Dauer eines Nonstop-Fluges von Deutschland, Österreich und der Schweiz nach Bangalore liegt bei **knapp 9 Stunden,** mit Zwischenlandung oder Umsteigen bei etwa zwei bis drei Stunden mehr.

Flugpreise

Je nach Fluggesellschaft, Jahreszeit und Aufenthaltsdauer kostet ein Flug von Deutschland, Österreich oder der Schweiz nach Südindien und wieder zurück ab 700 € (Endpreis einschl. aller Steuern, Gebühren und Entgelte). Am teuersten ist es in der **Hauptsaison** von November bis März, in der die Preise für Flüge vor allem in den Weihnachtsferien besonders hoch sind und über 1.000 € betragen können.

Gabelflüge (z.B. Hinflug nach Chennai, Rückflug ab Bangalore) sind in der Regel etwas teurer, können aber für die Reiseplanung von Vorteil bei der Gestaltung von Rundreisen sein.

Preiswertere Flüge sind mit **Jugend- und Studententickets** (je nach Airline alle jungen Leute bis 29 Jahre und Studenten bis 34 Jahre) möglich. Außerhalb der Hauptsaison gibt es einen Hin- und Rückflug von Frankfurt nach Mumbai, Chennai, Kochi (Cochin) oder Thiruvananthapuram (Trivandrum) ab etwa 600 €.

Kinder unter zwei Jahren fliegen ohne Sitzplatzanspruch für 10 % des Erwachsenenpreises, ansonsten werden für ältere Kinder die regulären Preise je nach Airline um 25–50 % ermäßigt. Ab dem 12. Lebensjahr gilt der Erwachsenentarif oder ein besonderer Jugendtarif (s.o.).

In Deutschland gibt es von Frankfurt aus die häufigsten Verbindungen nach Südindien. Tickets für Flüge von und nach anderen deutschen Flughäfen sind oft teurer. Da kann es für Deutsche attraktiver sein, mit einem **Rail-and-Fly-Ticket** per Bahn nach Frankfurt zu reisen (entweder bereits im Flugpreis enthalten oder nur 30 bis 60 € extra). Man kann in Deutschland auch einen **preiswerten Zubringerflug** der gleichen Airline von einem kleineren Flughafen buchen. Außerdem gibt es **Fly&Drive-Angebote,** wobei eine Fahrt vom und zum Flughafen mit einem Mietwagen im Ticketpreis inbegriffen ist.

Reist man viel per Flugzeug, kann man als Mitglied eines Vielflieger-Programms auch indirekt sparen, z.B. im Verbund der www.staralliance.com (Mitglieder u.a. Lufthansa, Swiss), www.skyteam.com (Mitglieder u.a. Air France) oder www.oneworld.com (Mitglieder u.a. British Airways). Die Mitgliedschaft ist kostenlos und mit den gesammelten Meilen von Flügen bei Fluggesellschaften innerhalb eines Verbundes reicht es dann vielleicht schon für einen Freiflug bei einer der Partnergesellschaften beim nächsten Urlaub. Bei Einlösung eines Gratisfluges ist langfristige Vorausplanung nötig.

301ra Foto: tb

Buchung

Bei der Buchung von Linienflügen gilt: Vergünstigte Spezialtarife und befristete Sonderangebote kann man nur bei wenigen Fluggesellschaften in ihren Büros oder direkt auf ihren Websites buchen. Diese Angebote sind jedoch immer bei Spezialreisebüros wie u.a. Jet-Travel in Hennef (Tel. 02242-868606, www.jet-travel.de) erhältlich, die uns die hier genannten Informationen zur Anreise per Flugzeug zur Verfügung gestellt haben.

Last-Minute-Flüge

Wer sich erst im letzten Augenblick für eine Reise nach Indien entscheidet oder gern pokert, kann Ausschau nach Last-Minute-Flügen halten, die von einigen Airlines mit deutlicher Ermäßigung ab etwa 14 Tage vor Abflug angeboten werden, wenn noch Plätze zu füllen sind. Diese Last-Minute-Flüge lassen sich nur bei Spezialisten buchen.

- **L'Tur,** www.ltur.com, Tel.: 0800-21212100 (gebührenfrei für Anrufer aus Europa), 165 Niederlassungen europaweit.
- **Lastminute.com,** www.lastminute.de, (D-) Tel.: 01805-284366 (0,14 €/Min.), für Anrufer aus dem Ausland Tel.: 0049-89-4446900.

Kleines „Flug-Know-how"

Check-in

Nicht vergessen: Ohne **gültigen Reisepass und Visum** kommt man nicht an Bord eines Fluzeugs in Richtung Indien. Bei den meisten internationalen Flügen muss man **zwei bis drei Stunden vor Abflug** am Schalter der Airline eingecheckt haben. Viele Airlines neigen zum Überbuchen, d.h. sie buchen mehr Passagiere ein, als Sitze im Flugzeug vorhanden sind, und wer zuletzt kommt, hat dann möglicherweise das Nachsehen. Wenn ein **vorheriges Reservieren** der Sitzplätze nicht möglich war, hat man die Chance, einen Wunsch bezüglich des Sitzplatzes zu äußern.

Bei Flügen in Indien: Bevor man sich am Check-in-Schalter anstellt, gilt es noch einige Formalitäten zu erledigen, die bei der auf vielen indischen Flughäfen herrschenden chronischen Desorganisation oftmals recht langwierig ausfallen können. Überzähliges **indisches Geld** kann aber nun gegen Vorlage einer Bankquittung, die bestätigt, dass man den Betrag offiziell getauscht hat, an einem Bankschalter in der Abfertigungshalle gegen westliches Geld zurückgetauscht werden. Da es immer wieder vorkommt, dass einige Bankangestellte dabei etwas schummeln und in ihre eigene Tasche wirtschaften, sollte man den ausgezahlten Betrag genau nachzählen.

Schließlich gilt es noch sein **Gepäck** durchleuchten und versiegeln zu lassen. In der Regel ist der Name des Zielflughafens am Röntgengerät angebracht. Wer vergessen hat, sein Gepäck versiegeln zu lassen, wird am Check-in-Schalter nicht abgefertigt.

Das Gepäck

In der Economy-Class darf man in der Regel nur **Gepäck bis zu 20 kg pro Person** einchecken (steht auf dem Flugticket) und zusätzlich ein Handgepäck von 7 kg in die Kabine mitnehmen, welches eine Größe von 55x40x23 cm nicht überschreiten darf. In der Business Class sind es meist 30 kg pro Person und zwei Handgepäckstücke, die insgesamt nicht mehr als 12 kg wiegen dürfen. Man sollte sich beim Kauf des Tickets über die Bestimmungen der Airline informieren.

Aus Sicherheitsgründen dürfen Taschenmesser, Nagelfeilen, Nagelscheren, sonstige Scheren und Ähnliches nicht mehr im Handgepäck untergebracht werden. Diese sollte man unbedingt im aufzugebenden Gepäck verstauen, sonst werden sie bei der Sicherheitskontrolle einfach einbehalten und weggeworfen. Darüber hinaus gilt, dass Feuerwerke, leicht entzündliche Gase (in Sprühdosen, Campinggas), entflammbare Stoffe (in Benzinfeuerzeugen, Feuerzeugfüllung) etc. nichts im Passagiergepäck zu suchen haben.

Flüssigkeiten oder vergleichbare Gegenstände in ähnlicher Konsistenz (z.B. Getränke, Gels, Sprays, Shampoos, Cremes, Zahnpasta, Suppen) dürfen nur noch in der Höchstmenge von jeweils 0,1 Liter als Handgepäck mit ins Flugzeug genommen werden. Die Flüssigkeiten müssen in einem durchsichtigen, wiederverschließbaren Plastikbeutel transportiert werden, der maximal einen Liter Fassungsvermögen hat.

Rückbestätigung

Bei den meisten Airlines ist heutzutage die **Bestätigung des Rückfluges** nicht mehr notwendig. Allerdings empfehlen alle Airlines, sich dennoch telefonisch zu erkundigen, ob sich an der Flugzeit nichts geändert hat, denn kurzfristige Änderungen der Abflugzeit kommen beim zunehmenden Luftverkehr heute immer häufiger vor.

Wenn die Airline allerdings eine Rückbestätigung *(reconfirmation)* **bis 72 oder 48 Stunden vor dem Rückflug** verlangt, sollte man auf keinen Fall versäumen, die Airline kurz anzurufen, sonst kann es passieren, dass die Buchung im Computer der Airline gestrichen wird; der Flugtermin ist dahin. Das Ticket verfällt nicht dadurch, es sei denn, die Gültigkeitsdauer wird überschritten, aber unter Umständen ist in der Hochsaison nicht sofort ein Platz auf einem anderen Flieger frei.

Die **Rufnummer** kann man von Mitarbeitern der Airline bei der Ankunft, im Hotel, im Telefonbuch oder auf der Website der Airline erfahren.

Buchtipps

- **Buchtipps:** „Fliegen ohne Angst" und „Clever buchen – besser fliegen", aus der Reihe Praxis, Reise Know-How Verlag, Bielefeld.

Anreise von Asien

Von Malaysia

Nur die wenigsten fliegen von Malaysia nach Indien, da die Flugverbindungen von Bangkok nach Kalkutta wesentlich billiger sind.

- Die preiswertesten Flüge von Malaysia gibt es in Penang. In der Chulia Street in Georgetown bieten viele Reisebüros Tickets mit Malaysia Airlines von Penang (über Kuala Lumpur) nach **Chennai** an.
- Direktverbindungen von Kuala Lumpur mit Malaysia Airlines nach **Chennai, Mumbai, Bangalore** und **Hyderabad.**

Von Singapur

Singapur ist zwar nicht gerade als Fundort für Billigtickets bekannt, doch in den entsprechenden Reisebüros finden sich recht günstige Angebote nach Indien. Günstiger ist es allerdings, eine Strecke herauszusuchen, in der eine dieser Städte als Stop Over auf dem Rückflug nach Europa enthalten ist.

- Direktflüge von Singapore Airlines nach **Chennai** und **Bangalore.**
- Direkt fliegt auch Silk Air, und zwar nach **Hyderabad, Kochi** und **Thiruvananthapuram.**

Von Sri Lanka

Nach 28 Jahren besteht seit Juni 2011 zwischen Tuticorin und Sri Lankas Hauptstadt Colombo wieder eine **Fährverbindung,** nachdem diese im Jahr 1983 wegen der Unruhen zwischen der srilankischen Armee und tamilischen Rebellen eingestellt worden war.

- Air India fliegt nach Chennai. Mit Sri Lankan Airlines bestehen Flugverbindungen von Colombo unter anderem nach Thiruvananthapuram und Kochi.

Von Thailand

In den Reisebüros an der Khao San Road in Bangkok werden äußerst günstige Flugtickets nach Indien angeboten.

- Sehr günstige Angebote bietet Singapore Airlines. So kostet die Strecke Bangkok – Singapur – **Mumbai** oder Bangkok – Singapur – **Chennai** nur ca. 500 €.
- Mit Thai Airways International gibt's außerdem Flüge von Phuket, Lampang, Chiang Mai, Pitsanulok und Surath Thani nach **Mumbai** und **Kalkutta** (alle Flüge mit Umsteigen am gleichen Tag in Bangkok).

Geldangelegenheiten

Indische Währung

Die indische Währungseinheit ist die indische **Rupie,** die in 100 **Paisa** unterteilt wird. Auf Preisangaben ist das Wort Rupie meist als Rs angegeben.

Die **Münzen** gibt es in Stückelungen von 5, 10, 25, 50 Paisa und 1, 2 und 5 Rupien, wobei die kleinsten Münzeinheiten kaum noch in Umlauf sind. **Banknoten** gibt es in Werten von 5, 10, 20, 50, 100, 500 und 1.000 Rupien.

Reiseschecks, Karten oder Bargeld?

„The wind of change“ hat auch im ewigen Indien in den letzen Jahren ein ganz neue, für Reisende sehr erfreuliche Richtung eingeschlagen. Das bargeldlose Zahlen bzw. Geld Abheben per Karte hat stark zugenommen. Der gute alte Reisescheck verliert dadurch immer mehr an Bedeutung. Dennoch lohnt die Mitnahme eines kleinen Betrages in Schecks für Gegenden, wo das bargeldlose Zahlen noch nicht Einzug gehalten hat. **Bargeld** sollte man für den **Notfall** dabei haben, etwa wenn Banken geschlossen sind oder, was in abgelegenen Orten gelegentlich noch vorkommt, überhaupt keine Umtauschmöglichkeit besteht. Dann kann man die fällige Hotel- oder Restaurantrechnung meist problemlos mit dem guten alten Dollarschein bezahlen.

Auch bei der Frage der **Ausstellungswährung** sollte man eine elegante Doppellösung wählen, schlägt man so doch zwei Fliegen mit einer Klappe. Es ist es sinnvoll, etwa die Hälfte des Reisebudgets in Euro bzw. Schweizer Franken mitzunehmen, da man dann den doppelten Umtauschverlust (zunächst in Dollar und dann in Rupien) vermeidet. Andererseits ist der Dollar nach wie vor die Weltwährung Nr. 1 und m Zweifelsfall auch in Indien immer noch lieber gesehen als anderes Geld. Überdies besitzt diese Kombinationslösung den enormen Vorteil, dass man Kursschwankungen von Euro oder Dollar elegant für sich ausnutzen kann.

Wegen des in Indien chronischen Mangels an großen Geldscheinen empfiehlt es sich, bei der **Stückelung** auf die Mitnahme allzu großer Schecks zu verzichten, weil man sonst nach dem Geldwechsel mit einem riesigen Bündel Geldscheine die Bank verlässt. Schecks in kleinerer Stückelung sollte man bis zum Ende der Reise aufbewahren, da man diese im Falle eines Einkaufs kurz vor dem Abflug verwenden kann. Ansonsten müsste man große Schecks anbrechen und das nicht ausgegebene Geld unter nicht unerheblichen Verlusten wieder zurücktauschen.

Es empfiehlt sich, die Reiseschecks zu Hause von einem international anerkannten

721ra Foto: tb

Wechselkurse

1 € = 66 Rs, 100 Rs = 1,50 €
1 SFr = 55 Rs, 100 Rs = 1,81 SFr
1 US-$ = 48 Rs, 100 Rs = 2,05 US-$

(Stand: September 2011)

Geldinstitut ausstellen zu lassen, da anderenfalls die Gefahr besteht, dass sie nicht akzeptiert werden. Zudem erhält man im Falle des Verlustes bei internationalen Banken wesentlich zügiger und unproblematischer Ersatz. *American Express* und *Thomas Cook* sind für Indien die wohl empfehlenswertesten Geldinstitute.

Kaufbeleg und Quittung müssen unbedingt von den Schecks getrennt aufbewahrt werden. Beide müssen zusammen mit dem Polizeibericht bei eventuellem **Verlust** vorgelegt werden. Ist das nicht möglich, dauert die Rückerstattung selbst bei den oben genannten Geldinstituten zermürbend lang.

Kreditkarten der bekannten Geldinstitute Amex, Visa und MasterCard sind in Hotels, Restaurants, vielen Geschäften und bei Fluggesellschaften ein gern gesehenes Zahlungsmittel. Leider wird es in Indien wie in vielen anderen asiatischen Ländern in letzter Zeit immer üblicher, bei der Bezahlung mit Kreditkarte einen **Aufpreis** von bis zu 5 % zu verlangen. Inzwischen kann selbst in kleineren Städten mit der EC-(Maestro-)Karte bezahlt werden.

Geldautomaten, in Indien **ATMs** genannt, sind selbst in kleineren Städten vielerorts zu finden, wobei nicht alle die international üblichen Kreditkarten akzeptieren. Ist dies der Fall, kann man meist problemlos mit Visa-, Master-, Cirrus-, und Maestro-(EC-)Karten, seltener auch mit American-Express-Karten, natürlich unter Eingabe der Geheimnummer (PIN), Geld abheben. Die Gebühren werden leider nicht angezeigt und variieren stark je nach Kreditinstitut.

Ob und wie hoch die **Kosten für die Barabhebung** sind, ist abhängig von der kartenausstellenden Bank und von der Bank, bei der die Abhebung erfolgt. Man sollte sich daher vor der Reise bei seiner Hausbank informieren, mit welcher Bank sie vor Ort zusammenarbeitet. Im ungünstigsten Fall wird pro Abhebung eine Gebühr von bis zu 1 % des Abhebungsbetrags per Maestro-Karte oder gar 5,5 % des Abhebungsbetrags per Kreditkarte berechnet.

Für das **bargeldlose Zahlen per Kreditkarte** werden ca. 1–2 % für den Auslandseinsatz berechnet.

Gute Adressen, um mit seiner Kreditkarte **Bargeld** abzuheben, sind die effizient arbeitende *Bank of Baroda* und auch größere private Geldwechsler wie das für zügigen Service bekannte UAE Exchange oder Thomas Cook.

Warnung: Acht geben sollte man auch bei der Bezahlung selbst. Immer häufiger gibt es **Trickbetrügereien** mit kopierten Karten oder gefälschten Rechnungen, deren unangenehme Folgen man dann oft erst beim Blick auf den Kontoauszug nach der Rückkehr erkennt. Als Vorbeugung sollte man die Karte bei der Abrechnung nie aus den Augen lassen.

Diebstahl und Verlust

Bei Verlust oder Diebstahl der Kredit- oder Maestro-(EC-)Karte sollte man diese umgehend sperren lassen. Für deutsche Maestro- und Kreditkarten gibt es die einheitliche Sperrnummer 0049-116116 und im Ausland zusätzlich 0049-30-40504050. Für österreichische und schweizerische Karten gelten:

- **Maestro-Karte,** (A-)Tel.: 0043-1-2048800; (CH-)Tel.: 0041-44-2712230, UBS: 0041-848-888601, Credit Suisse: 0041-800-800488.
- **MasterCard,** internationale Tel.: 001-636-7227111 (R-Gespräch).
- **VISA,** internationale Tel.: 001-410-581-9994.
- **American Express,** (A-)Tel.: 0049-69-9797-2000; (CH-)Tel.: 0041-44-6596333.
- **Diners Club,** (A-)Tel.: 0043-1-501350; (CH-)Tel.: 0041-58-7508080.

Bei **Maestro-(EC-)Karten** muss man für die computerisierte Sperrung seine Kontonummer nennen können. Nur wenn man den Kaufbeleg mit den Seriennummern der **Reiseschecks** sowie den Polizeibericht vorlegen kann, wird der Geldbetrag von einer größeren Bank vor Ort binnen 24 Stunden erstattet. Also muss der Verlust oder Diebstahl umgehend bei der örtlichen Polizei und auch bei American Express bzw. Travelex/Thomas Cook gemeldet werden. Die Rufnummer für das jeweilige Reiseland steht auf der Notrufkarte, die man mit den Reiseschecks bekommen hat.

Geld wechseln

War es früher eine zeit- und nervenaufreibende Prozedur, seine Reiseschecks oder Bargeld in einer indischen Bank gewechselt zu bekommen, ist dies inzwischen, auch durch das Aufkommen vieler privater Geldwechselketten wie *Thomas Cook, UAE Exchange* oder *LKP Forex* und auch bei den Banken eine meist unkomplizierte Angelegenheit. Dennoch gilt es einige Dinge zu beachten, wenn man seinen Stapel Rupien ausgehändigt bekommt. Zunächst sollte man vor allem prüfen, ob dem Geld eine offizielle **Umtauschquittung** beigelegt ist. Diese ist beim eventuellen späteren Rücktausch ebenso vorzulegen wie für den Fall, dass man bei Fluggesellschaften oder offiziellen Touristenschaltern an Bahnhöfen mit einheimischer Währung bezahlen will. Der Staat will mit dieser umständlichen und letztlich auch völlig sinnlosen Vorschrift den Schwarzmarkt eliminieren.

Tauscht man größere Beträge, sollte man darum bitten, sein Geld hauptsächlich in **500- oder 1.000-Rupien-Scheinen** ausgezahlt zu bekommen, da man ansonsten schon beim Gegenwert von 100 US-$ ein dickes Bündel Geldscheine in der Hand hat. Nach der Übernahme des Geldes empfiehlt es sich, nachzuzählen. In Indien ist das eine Selbstverständlichkeit und wird nicht, wie eventuell hierzulande, als Misstrauen gedeutet. Keinesfalls sollte man allzu **schmutzige oder zerfledderte Scheine** annehmen, die gerade westlichen Touristen gern untergejubelt werden. Die Inder selbst meiden solches Geld wie der Teufel das Weihwasser, und so wird man es dann später nicht mehr los. Schließlich sollte man um genügend **Kleingeld** bitten, da Indien auch in dieser Beziehung unter chronischen Mangelerscheinungen leidet. „Sorry, no change" sind die wohl meistgehörten Worte eines Indienreisenden. Oftmals ist es schon unmöglich, einen 50-Rupien-Schein gewechselt zu bekommen. Zwar ist dies vielfach nur ein Trick, um das Restgeld als zusätzliches Trinkgeld einzustecken, doch wer sich gleich beim Geldwechseln in der Bank genügend kleine Scheine bzw. Münzen aushändigen lässt, braucht sich auf das Spiel gar nicht erst einzulassen.

Wer in **Hotels der oberen Preisklasse** wohnt, kann dort fast immer Reiseschecks und Bargeld zu einem nur um etwa 2 % unter dem offiziellen Kurs liegenden Wechselkurs eintauschen.

Schwarztausch

Vor allem an beliebten Touristenorten wird man häufig angesprochen: „You want to change money?" Bekanntermaßen war schwarztauschen immer **strafbar,** doch sollte man angesichts des nur äußerst geringen Gewinns und dem Risiko, übers Ohr gehauen zu werden, erst recht die Finger davon lassen. Der angebotene Kurs liegt nur maximal 5 % über dem offiziellen Bankkurs. Bedenken sollte man auch, dass man bei dieser Art des illegalen Geldwechsels selbstverständlich keinerlei Wechselquittung erhält, die bei vielen offiziellen Transaktionen wie etwa beim Bahn- oder Flugticket-Kauf vorzulegen sind, wenn man in einheimischer Währung bezahlen möchte. Ein weiterer Grund, die Finger vom Schwarztausch zu lassen, ist der Umstand, dass immer mehr Falschgeld in Umlauf kommt.

Überweisungen

Wer dringend eine größere Summe ins Ausland überweisen lassen muss, wegen eines Unfalles, Diebstahl oder Ähnlichem, kann sich auch nach Indien über **Western Union** Geld schicken lassen. Für den Transfer muss man die Person, die das Geld schicken soll, vorab benachrichtigen. Diese muss dann bei einer Western-Union-Vertretung (in Deutschland u.a. bei der Postbank) ein entsprechendes Formular ausfüllen und den Code der Transaktion telefonisch oder anderweitig übermitteln. Mit dem Code und dem Reisepass geht man zu einer beliebigen Vertretung von Western Union in Indien (siehe Telefonbuch oder unter www.westernunion.com), wo das Geld nach Ausfüllen eines Formulars binnen Minuten ausgezahlt wird. Je nach Höhe der Summe wird eine Gebühr ab derzeit 10,50 € erhoben. Einen ähnlichen Service bieten auch UAE Exchange und Thomas Cook mittels Moneygram an.

Preise und Kosten

Obwohl die Preise in den letzten Jahren zum Teil erheblich gestiegen sind, gilt Indien immer noch als günstiges Reiseland.

Um die aufgeführten Preise in das innerindische Gehaltsgefüge einordnen zu können, sollte man sich das **Einkommensniveau** vor Augen führen:

- **Mindestlohn** pro Tag in für ungelernte Arbeiter in Tamil Nadu: 150 Rs
- **Monatseinkommen Hausmeister:** 4.000–5.000 Rs
- **Monatseinkommen Busfahrer:** 11.000–15.000 Rs
- **Monatseikommen Lehrer/Bankangestellter:** 10.000–25.000 Rs
- **Monatseinkommen Programmierer:** 40.000–60.000 Rs
- **Monatseinkommen Flugbegleiter** auf internationalen Strecken: 90.000 Rs

Durchschnittliche Preise

Die im Folgenden aufgeführten Durchschnittspreise für gängige Waren und Dienstleistungen beinhalten zur Veranschaulichung auch Preise wie Transportkosten, die nicht verhandelbar sind. Es versteht sich von selbst, dass sie Schwankungen unterliegen und zudem von Region zu Region unterschiedlich sind. Dementsprechend können sie, ebenso wie die oben genannten durchschnittlichen Einkommen, nur als Anhaltspunkt dienen:

• 100 km Bahnfahrt (2. Kl., Express)	35 Rs
• Flug Mumbai – Delhi	50 US-$
• 1 l Benzin/Diesel/Gas	44/71/35 Rs
• Glas Tee in Teebude	6 Rs
• Flasche Bier im Spirituosenladen	70 Rs
• Softdrink am Kiosk	50 Rs
• Packung Zigaretten/Beedis	45/10 Rs
• 1 kg Reis (mittlere Qualität)	50–100 Rs
• Portion Reis und Curry	50 Rs
• Kinoticket im Multiplex-Kino	150 Rs
• 1 l Milch	30 Rs
• Haarschnitt	30–100 Rs

Feilschen

Preise, das ist weithin bekannt, sind fast überall in Asien Verhandlungssache, und da macht Indien keine Ausnahme. Das dem Europäer oftmals unangenehme, ja peinliche Feilschen ist Bestandteil einer solch kommunikativen Gesellschaft wie der indischen. So gehört Handeln hier eben nicht nur zum Geschäft, sondern ist selbstverständlicher Teil des Lebens, ob nun auf dem Basar, am Straßenrand oder in vielen Geschäften.

Im Grunde steht der westliche Tourist sogar noch weit mehr unter dem Zwang, den Preis aushandeln zu müssen, sehen doch viele Verkäufer in ihm einen laufenden Dukatenesel auf zwei Beinen und verlangen oftmals astronomische Summen. Generell lässt es sich schwer sagen, wieviel man vom Ausgangspreis herunterhandeln kann, doch mit 30 bis 50 % liegt man meist ganz gut. Andererseits sollte man bedenken, dass in gewissen Bereichen, wie etwa bei öffentlichen Verkehrsmitteln und Restaurants, Festpreise gelten.

Im Übrigen gilt es zu akzeptieren, dass man als reicher Westler immer ein bisschen mehr zahlt als ein Einheimischer. Allein die Tatsache, dass man es sich leisten kann, vom fernen Europa nach Indien zu reisen, macht einen in den Augen der Inder reich, und das sicher nicht ganz zu Unrecht. So wirkt es auf mich auch immer wieder peinlich, zu erleben, wie manche Traveller um den Preis eines Kilos Bananen minutenlang feilschen, weil der Verkäufer sie partout nicht für 2 Rs verkaufen will. Je länger man sich im Lande aufhält, desto mehr bekommt man ein Gespür für das einheimische Preisniveau.

Bakschisch und Trinkgeld

Bakschisch hat in Indien eine wesentlich weitergehende Bedeutung als unser deutsches Trinkgeld. Mehr noch als gutes Servieren in einem Restaurant zu belohnen, hilft es, einen kurz zuvor noch angeblich total überfüllten Flug zu bekommen oder eine Genehmigung innerhalb weniger Tage, auf die man ansonsten Monate gewartet hätte. Bakschisch lässt die notorisch unterbezahlten und damit oftmals wenig einsatzfreudigen Beamten urplötzlich wahre Wunder vollbringen.

Während viele Reisende durchaus bereit sind, hierfür ab und zu in die Tasche zu greifen, sitzt bei ihnen die Rupie für Trinkgeld im europäischen Sinne wesentlich weniger locker. Dies mag mit daran liegen, dass bei vielen Restaurants ein in der Speisekarte als *service charge* vermerkter Aufschlag von vornherein erhoben wird.

Davon sehen die Kellner, für die es eigentlich gedacht war, herzlich wenig, und so sollte man trotzdem ein wenig *tip* zusätzlich geben. Dies gilt insbesondere für einfache Restaurants, wo die Ober meist ein lächerlich geringes (und oftmals so gut wie kein) Gehalt zwischen 1.000 und 2.000 Rupien erhalten und dementsprechend auf das Trinkgeld angewiesen sind. Man sollte auch bedenken, dass die Speisen gerade deshalb so extrem billig sind, weil der Kostenfaktor Bedienung praktisch wegfällt. So ist es also nur gerecht, ein Trinkgeld zu geben. Zwischen 5 und 10 % ist meist angebracht, mehr nur bei herausragendem Service. Taxifahrer hingegen erwarten kein Trinkgeld und freuen sich um so mehr, wenn sie welches bekommen.

Reisekosten

Im Land der Extreme kann auch der westliche Tourist zwischen Bahnfahrt 3. Klasse oder Flugzeug 1. Klasse, einem Bett in einer moskitoverseuchten Absteige oder einer luxuriösen Schlafstätte, einem Teller *dhal* im Bahnhofslokal oder einem Festmahl in einem Nobelrestaurant wählen. Insofern ist es unmöglich, eine allgemeine Aussage über die Reisekosten zu machen, mit der Ausnahme, dass, egal auf welchem Niveau man reist, der Gegenwert fast immer extrem gut ist.

Einzelreisende können bei niedrigem Ausgabenniveau mit täglichen Ausgaben von 10 bis 15 € für Unterkunft und 5 bis 10 € für Verpflegung rechnen, bei mittlerem Ausgabenniveau sind 15 bis 50 € für Unterkunft und 10 bis 20 € für Verpflegung anzusetzen. Luxus ist auch in Indien teuer und so findet man zumindest in den Touristenhochburgen und vor allem in den Metropolen Hotels und Restaurants, deren Preisniveau auf einer Stufe mit dem in europäischen oder amerikanischen Großstädten liegt. Bei Doppelzimmerbenutzung liegt der Preis für die Unterkunft z.T. erheblich niedriger, da Doppelzimmer oft nur wenig teurer sind als Einzelzimmer.

Reisegepäck

Wer auf Reisen eine unbeschwerte Zeit verbringen will, sollte seine Reisetasche oder seinen Rucksack nicht unnötig überladen. Bei der Frage nach der mitzunehmenden Ausrüstung sollte man dementsprechend nach dem Prinzip „so viel wie nötig, so wenig wie möglich" verfahren. Selbst wenn man nach der Ankunft in Indien feststellt, dass man etwas vergessen hat, ist das kein Beinbruch, lässt sich das meiste doch auch im Lande selbst und zudem noch wesentlich billiger kaufen.

Kleidung

Die Auswahl der richtigen Kleidungsstücke hängt in erster Linie von der Reisezeit, der Reiseregion und der Reiseart ab und kann dementsprechend völlig unterschiedlich ausfallen. Generell sollte man bedenken, dass es in der Hauptreisezeit von Oktober bis Februar nachts auch in Mittelindien recht kühl werden kann. Speziell bei längeren Bus- und Zugfahrten ist zumindest ein **warmer Pullover** oder eine Jacke ratsam. Bei allen Kleidungsstücken sind schweißaufsaugende Naturmaterialien synthetischen Textilien vorzuziehen.

Auch ein Paar **feste Schuhe** sind bei den oftmals schmutzigen Straßen empfehlenswert. Wer des öfteren in Billigunterkünften mit Gemeinschaftsdusche übernachtet, sollte ein Paar **Badelatschen** dabeihaben. Gegen die pralle Sonne hilft eine **Kopfbedeckung** oder auch ein **Regenschirm.** Einem Mitteleuropäer mag der Gedanke, sich mit einem Regenschirm vor der Sonne zu schützen, recht albern vorkommen, doch viele Inder machen es genauso. Im übrigen ist ein Regenschirm während der Monsunzeit ein unverzichtbares Utensil.

Schludrige Kleidung sieht man in Indien generell nicht gern, bei vermeintlich reichen Westlern schon gar nicht. Man sollte also zumindest eine Garnitur gepflegter Kleidung mit sich führen, allein schon, um bei Behördengängen oder privaten Einladungen einen seriösen Eindruck zu hinterlassen. Lange Hosen und langärmelige Oberbekleidung sind nicht nur zum Besuch von Tempeln, Moscheen und anderen heiligen Stätten angebracht, sondern dienen auch als Schutz vor Moskitos (s. auch „Praktische Reisetipps: Verhaltenstipps/Kleidung").

Viele westliche Besucher zeigen sich immer wieder überrascht, dass sie vor Betreten eines **Tempels** die **Schuhe ausziehen** müssen. Wer aus hygienischen oder gesundheitlichen Gründen nicht barfuß durch die weitläufigen Hallen, Flure, Höfe und Korridore gehen möchte, die oftmals vom Unrat der zahlreichen Pilger gekennzeichnet sind, sollte stets **„Tempelsocken"** griffbereit haben, mit denen man fast überall problemlos Einlass bekommt.

Toilettenartikel

- Übliche **Hygieneartikel** wie Shampoo, Zahnpasta, Deo und Rasierschaum sind problemlos und sehr preiswert in Indien zu bekommen. Viele indische Seifen sind recht alkalisch, so sollte man auf die etwas teureren ayurvedischen Produkte zurückgreifen, die in fast allen größeren Städten erhältlich sind. Auch Produkte international bekannter Marken sind meist problemlos zu bekommen.
- Auch **Toilettenpapier** ist fast im ganzen Land zu bekommen, mit etwa 25 Rs pro Rolle jedoch relativ teuer. Wo es keines gibt, ist man auf die indische Methode angewiesen: einen Wasserkrug in die rechte Hand, säubern mit der linken. Händewaschen wird danach niemand vergessen ...
- **Tampons** sind in Indien relativ unbekannt und wenn vorhanden teuer. Deshalb empfiehlt es sich, genügend von zu Hause mitzunehmen.
- Auf jeden Fall sollte reichlich **Sonnenschutzcreme** schon von zu Hause mitgenommen werden. In einigen Baderegionen wie Goa und Kerala gibt es sie inzwischen zwar auch zu kaufen, doch meist qualitativ schlechter und überteuert. Bei der intensiven Sonneneinstrahlung ist ein hoher Schutzfaktor erforderlich.
- Während der trocken-heißen Jahreszeit von März bis Juli sind eine **Hautcreme** und ein **Lippenpflegestift** sehr nützlich, da Haut und Lippen sonst sehr schnell spröde werden.
- Zum **Schutz vor Mücken** empfiehlt sich die Mitnahme eines entsprechenden Präparates. Es gibt allerdings auch in Indien brauchbare, preiswerte Mittel.

Karten

Eine gute **Indienkarte** ist die Indien-Gesamtkarte des world papping project im Maßstab 1:2,9 Mio., die im REISE KNOW-HOW Verlag erschienen ist. Eine Karte von **Südindien** im Maßstab 1:1,2 Mio. ist ebenfalls erhältlich. Die Karten sind GPS-tauglich und haben ein ausführliches Ortsregister sowie farbige Höhenschichten.

In Indien selbst gibt es in vielen Buchhandlungen eine große Auswahl an Landkarten und Stadtplänen, diese sind jedoch meist veraltet und zudem oftmals recht ungenau. Nicht kaufen sollte man Pläne von Straßenhändlern, da diese speziell von Touristen meist den doppelten bis dreifachen Ladenpreis verlangen.

Sonstiges

- Wegen der immer wieder auftretenden Stromausfälle ist auf Zugfahrten und bei nächtlichen Spaziergängen eine **Taschenlampe** unverzichtbar.
- **Wasserflasche** und **Wasserentkeimungstabletten** (Mikropur) machen unabhängig vom teuren und im übrigen auch nicht ganz sicheren Mineralwasser. Zudem produziert man mit dem Kauf von Plastikwasserflaschen auch unnötig Müll.

- **Kondome** schützen nicht nur gegen ungewollte Schwangerschaft und Geschlechtskrankheiten, sondern auch gegen das sich in Indien rasant ausbreitende Aids.

> Die indischen Busse der unteren Preisklassen sind meist hart gefedert, die Sitze schlecht gepolstert und die Straßen holprig. Ein **aufblasbares Kissen** lässt einen die Schläge besser ertragen.

- Nicht so sehr als Wärmeschutz, sondern vor allem, um unabhängig von der oftmals nicht gerade persilreinen Bettwäsche in Hotels zu sein, empfiehlt sich ein **Jugendherbergsschlafsack** – auch auf Nachtfahrten im Zug von großem Vorteil.
- In Hotels sollte man sein Zimmer mit einem eigenen **Vorhängeschloss** versperren. Auch ein kleineres Schloss für den Rucksack ist sinnvoll. Will man sein Gepäck in der Gepäckaufbewahrung eines Bahnhofs abgeben, wird die Annahme oft verweigert, wenn das Gepäckstück nicht verschlossen ist.
- Zum Schälen von Obst, Öffnen von Flaschen, Schneiden von Brot – das **Schweizermesser** ist immer noch die Allzweckwaffe eines jeden Travellers (beim Flug nicht im Handgepäck verstauen!).
- Wer seine Wäsche selbst waschen möchte, sollte eine **Wäscheleine** nebst einigen Klammern mitnehmen. Hierzu gehört auch ein **Waschbeckenstopfen,** um nicht ständig bei laufendem Wasser waschen zu müssen.
- In Hotelzimmern, auf langen Zugfahrten und in vielen anderen Situationen sind im lauten Indien **Ohrenstöpsel** von unschätzbarem Wert.
- Zur sicheren Verwahrung von Papieren, Geld und Tickets: **Bauchgurt, Brustbeutel** und **Geldgürtel** mit Sicherungsverschluss.
- **Weiteres:** mehrere Passfotos, Sonnenbrille, Ersatzbrille für Brillenträger, Tagesrucksack, Sprachführer Englisch/Deutsch und Deutsch/Hindi, Nähzeug, Sicherheitsnadeln, Bindfaden, Ladegerät für Batterien, Wecker, Kopien von Pass, Reiseschecks und Tickets.

> ! Wer sich schon zu Hause in großen Städten nicht wohl fühlt, sollte sie in Indien erst recht meiden. Menschenmassen, Luftverschmutzung, Dreck, Elend, Hektik, Lärm – all die negativen Begleiterscheinungen urbaner Entwicklung sind in Indien, wo so etwas wie Stadtplanung kaum existiert, besonders ausgeprägt. Vor allem zu Beginn einer Reise, wenn Klima-, Zeit- und Essensumstellung schon genug Anpassungsschwierigkeiten bereiten, empfiehlt es sich nur so kurz wie irgend möglich in Städten wie Mumbai oder Chennai zu bleiben. Hat man die ersten Wochen der Eingewöhnung hinter sich, sind Geist und Seele besser auf die Negativaspekte vorbereitet.

Gesundheitsvorsorge

Der Hauptgrund, warum viele Indienreisende krank werden, ist, dass sie Angst haben, krank zu werden. Dritte-Welt-Länder im Allgemeinen und Indien im Speziellen rufen im Westen immer noch Angst vor Ansteckung und Krankheiten hervor. Es besteht aber kein Grund zu meinen, dass nur deshalb, weil man auf dem Subkontinent Urlaub macht, die Krankheitsgefahr besonders hoch ist. Man sollte nämlich – wie bei jeder Reise – insbesondere in der ersten Woche nach dem Motto „weniger wäre mehr gewesen" nicht gleich von einer Sehenswürdigkeit zur nächsten reisen, sondern Geist, Körper und Seele **Zeit zur Eingewöhnung** lassen. Das ist viel wichtiger, als sich mit unzähligen Medikamenten vollzustopfen, die den Körper nur noch zusätzlich belasten.

Im Übrigen sind es nicht die klassischen Tropenkrankheiten, sondern ganz banale Unpässlichkeiten wie Erkältungen oder Magen-Darmerkrankungen, die einem das Reisen in Indien zuweilen erschweren. Man schützt sich am besten, indem man sich den Hals und das Gesicht vor dem Betreten eines klimatisierten Raumes oder Busses abtrocknet

091is Foto: tb

und einen Pullover anzieht und sich bei allzu scharfen Gerichten zunächst zurückhält.

Weitergehende Informationen finden sich im Kapitel „Reisetipps A–Z, Medizinische Versorgung" und im Anhang unter **„Reise-Gesundheits-Information Indien"**.

Impfungen

Für Indien sind keine Impfungen vorgeschrieben, es sei denn, man reist aus einem Gelbfieber-Gebiet ein. In jedem Fall sollte man sich frühzeitig vor Reisebeginn (ca. zwei Monate) bei einem Arzt oder Tropeninstitut über empfohlene Impfungen und besonders auch Malariaschutz informieren.

Reiseapotheke

Neben den Medikamenten, die man sowieso regelmäßig einnehmen muss, sollten die folgenden Mittel auf jeden Fall im Gepäck sein:

- **Mückenschutz**
- **Mittel gegen** Schmerzen/Fieber, Durchfall, Übelkeit/Erbrechen, Allergie und Juckreiz, Insektenstiche
- **Antibiotika**
- **Antibiotische Salbe**
- **Wundsalbe**
- **Desinfektionsmittel**
- **Augentropfen**
- **Zur Wundversorgung:** Mullbinden, Heftpflaster, Wundpflaster, elastische Binden, Alkoholtupfer, steril verpackt, Sicherheitsnadeln und Pinzette, möglichst steril verpackt
- **Fieberthermometer**

Affen gelten als heilige Tiere und finden sich an den meisten Pilgerstätten Indiens

AIDS

Gemäß Berichten der WHO (Weltgesundheitsbehörde) steht Indien vor einer **AIDS-Epidemie,** die afrikanischen Verhältnissen in keiner Weise nachstehen wird. Derzeit sind, offiziellen Statistiken zufolge, etwa 2,3 Mio.

Personen HIV-infiziert, die Dunkelziffer liegt wohl um einiges höher.

Die aus diesen Zahlen zu ziehenden Konsequenzen dürften auf der Hand liegen. Aufgrund der weit verbreiteten Furcht vor der Krankheit erlebt Indien derzeit einen wahren **Kondom-Boom.** Gab es früher nur die unbeliebten, billigen „Government-Gummis" namens *Nirodh,* so sind heute einige Dutzend Marken im Angebot. Eine nennt sich passenderweise *Kama Sutra,* nach dem alten indischen Liebeshandbuch.

Versicherungen

Für alle abgeschlossenen Versicherungen sollte man die **Notfallnummern notieren** und mit der **Policenummer** gut aufheben! Bei Eintreten eines Notfalles sollte die Versicherungsgesellschaft sofort telefonisch verständigt werden!

Der Abschluss einer **Jahresversicherung** ist in der Regel kostengünstiger als mehrere Einzelversicherungen. Günstiger ist auch die **Versicherung als Familie** statt als Einzelpersonen. Hier sollte man nur die Definition von „Familie" genau prüfen.

Warnung vor Tollwut

Eine häufig unterschätzte Gefahr stellt die Ansteckung durch Tollwut dar, denn Indien weist die **weltweit höchste Tollwutrate** auf. Dies ist umso alarmierender, als für jeden Indienreisenden der Anblick streunender, übel zugerichteter Hunde zum Alltag gehört. Dementsprechend hört man immer wieder von Reisenden, die von Hunden gebissen wurden. Nach einem Biss ist die Wunde sofort mit fließendem Wasser, Seife und – falls vorhanden – Wasserstoffsuperoxyd zu reinigen. Danach muss so schnell wie möglich ein Arzt aufgesucht werden. Da Tollwut häufig tödlich verläuft, empfiehlt es sich dringend, bereits vor Reiseantritt eine **Impfung** durchführen zu lassen!

Auslandskrankenversicherung

Die Kosten für eine ärztliche Behandlung in Indien werden von den gesetzlichen Krankenversicherungen in Deutschland und Österreich nicht übernommen, daher ist der Abschluss einer privaten Auslandskrankenversicherung unverzichtbar.

Bei Abschluss der Versicherung – die es mit bis zu einem Jahr Gültigkeit gibt – sollte auf einige Punkte geachtet werden. Zunächst sollte ein **Vollschutz ohne Summenbeschränkung** bestehen, im Falle einer schweren Krankheit oder eines Unfalls sollte auch der Rücktransport übernommen werden. Diese Zusatzversicherung bietet sich auch über einen Automobilclub an, insbesondere wenn man bereits Mitglied ist. Sie bietet den Vorteil billiger Rückholleistungen (Helikopter, Flugzeug) in extremen Notfällen.

Wichtig ist auch, dass im Krankheitsfall der Versicherungsschutz über die vorher festgelegte Zeit hinaus automatisch verlängert wird, wenn die Rückreise nicht möglich ist.

Schweizer sollten bei ihrer Krankenversicherungsgesellschaft nachfragen, ob die Auslandsdeckung auch für Indien inbegriffen ist. Sofern man keine Auslandsdeckung hat, kann man sich kostenlos bei Soliswiss (Gutenbergstr. 6, 3011 Bern, Tel.: 031-3810494, info@soliswiss.ch, www.soliswiss.ch) über mögliche Krankenversicherer informieren.

Zur Erstattung der Kosten benötigt man **Quittungen** (mit Datum, Namen, Bericht über Art und Umfang der Behandlung, Kosten der Behandlung und Medikamente).

Andere Versicherungen

Ob es sich lohnt, weitere Versicherungen abzuschließen wie eine Reiserücktrittsversicherung, Reisegepäckversicherung, Reisehaftpflichtversicherung oder Reiseunfallversicherung, ist individuell abzuklären. Gerade diese Versicherungen enthalten viele **Ausschlussklauseln,** sodass sie nicht immer Sinn machen.

007is Foto: tb

Die **Reiserücktrittsversicherung** für 35 bis 80 € lohnt sich nur für teure Reisen und für den Fall, dass man vor der Abreise einen schweren Unfall hat, schwer erkrankt, schwanger wird, gekündigt wird oder nach Arbeitslosigkeit einen neuen Arbeitsplatz bekommt, die Wohnung abgebrannt ist u.Ä. Es gelten hingegen nicht: Terroranschlag, Streik, Naturkatastrophe etc.

Die **Reisegepäckversicherung** lohnt sich seltener, da z.B. bei Flugreisen verlorenes Gepäck oft nur nach Kilopreis und auch sonst nur der Zeitwert nach Vorlage der Rechnung ersetzt wird. Wurde eine Wertsache nicht im Safe aufbewahrt, gibt es bei Diebstahl keinen Ersatz. Kameraausrüstung und Laptop dürfen beim Flug nicht als Gepäck aufgegeben worden sein. Gepäck im unbeaufsichtigt abgestellten Fahrzeug ist ebenfalls nicht versichert. Die Liste der Ausschlussgründe ist endlos. Überdies deckt häufig die Hausratversicherung schon Einbruch, Raub und Beschädigung von Eigentum auch im Ausland. Für den Fall, dass etwas passiert ist, muss der Versicherung als Schadensnachweis ein **Polizeiprotokoll** vorgelegt werden.

Eine **Privathaftpflichtversicherung** hat man in der Regel schon. Hat man eine **Unfallversicherung,** sollte man prüfen, ob diese im Falle plötzlicher Arbeitsunfähigkeit aufgrund eines Unfalls im Urlaub zahlt. Auch durch manche (Gold-)**Kreditkarten** ist man für bestimmte Fälle schon versichert. Die Versicherung über die Kreditkarte gilt jedoch meist nur für den Karteninhaber.

Zeitvertreib für jung und alt – Schlangenbeschwörer

009is Foto: tb

Praktische Reisetipps von A bis Z

010is Foto: tb

011is Foto: tb

Indiens Märkte sind immer ein Augen- und Ohrenschmaus

Junge Inderinnen am Brihadeshvara-Tempel von Thanjavur

Alltäglicher Anblick in den Städten – frei herumlaufende Kühe

Behinderte

Indien gilt zu Recht als eines der für Individualtouristen am schwierigsten zu bereisenden Länder der Erde. Um so problematischer gestaltet sich eine Reise für Rollstuhlfahrer. Das allgemeine Durcheinander auf Bahnhöfen und Straßen, die Mühen beim Besteigen eines Busses oder Zuges, ganz zu schweigen von den fast ständig hoffnungslos überfüllten öffentlichen Verkehrsmitteln – dies alles macht eine Indienreise für Behinderte zu einem kaum zu bewältigenden Unterfangen. Wie in fast allen Ländern Asiens sind in Indien behindertengerechte **Einrichtungen fast völlig unbekannt.** Herabgesenkte Bordsteinkanten, Rampen oder Aufzüge findet man äußerst selten. Dies ist umso problematischer, als viele Tempel und Pagoden auf Hügeln oder in unwegsamen ländlichen Gebieten errichtet wurden. Die Hilfsbereitschaft der Inder lässt zwar viele Hindernisse überwinden, doch ohne eine mitreisende Begleitperson, die sich ganz in den Dienst des Behinderten stellt, muss von einer Indienreise abgeraten werden.

Ein **Reiseveranstalter,** der sich auf Reisen mit Behinderten in Indien spezialisiert hat, ist die in Jaipur ansässige Agentur Aasma Tours (www.aasmatoursandtravels.com).

Einkaufen und Souvenirs

Während Bangkok, Hongkong und Singapur als Einkaufsparadiese weltweit bekannt sind, gibt es wohl kaum ein anderes Land dieser Erde, welches eine derart **große Auswahl an Kunsthandwerk** zu bieten hat wie Indien. Jede einzelne der vielen Volksgruppen des Landes hat ihre eigene Handwerkstradition entwickelt, wobei die unterschiedlichsten Materialien Verwendung finden. Dem Lockruf von Gold, Silber, Juwelen, Seide und Marmor folgten schon vor Jahrtausenden die Kaufleute aus Übersee, die ganze Schiffsladungen mit nach Hause nahmen. Etwas bescheidener gibt sich da der neuzeitliche Tourist, doch wie die übervollen Koffer und Taschen beim Rückflug belegen, kann auch er dem reichen Angebot nur schwerlich widerstehen.

Allerdings steht der Neuankömmling ob dieser großen Auswahl zunächst einmal vor der Qual der Wahl. Den besten Ort, um sich einen Überblick zu verschaffen, bieten die sogenannten **Government Cottages** oder **Emporiums,** staatliche Läden, von denen sich die größten und schönsten in Delhi und Mumbai befinden. Hier werden auf überschaubarem Raum hochwertige Produkte aus ganz Indien zu festgesetzten Preisen angeboten. Selbst für diejenigen, die nicht kaufen wollen, empfiehlt sich ein Besuch, bekommt man hier doch einen Anhaltspunkt zum Preisniveau und hat so später beim Handeln auf Basaren und in Geschäften eine bessere Ausgangsposition.

Selbstverständlich ist, dass derjenige, der sich von einem **Schlepper** in den Laden locken lässt, einen z.T. erheblichen Aufpreis zu zahlen hat. Dies ist vor allem in Touristenorten zu bedenken.

Erübrigen sollte sich eigentlich der Hinweis, dass **Tierfelle, Elfenbeinarbeiten, Korallen** und Ähnliches als Souvenir absolut tabu sind. Die Einfuhr solcher Produkte ist in Deutschland strafbar.

Schmuck

Nicht nur viele indische Frauen, für die er eine Kapitalanlage für das Alter darstellt, sondern auch eine große Zahl westlicher Reisender kaufen gern und häufig Schmuck. Besonders beliebt sind dabei der schwere **Nomadenschmuck aus Rajasthan** und der filigranere **Silberschmuck der Tibeter.** Gerade wegen ihrer Beliebtheit bei westlichen Touristen sind diese Arten von Schmuck inzwischen über das ganze Land verteilt in Geschäften zu erhalten. Wie die oftmals extrem niedrigen Preise vermuten lassen, ist dabei vieles, was als reines Silber angeboten wird, kaum mehr als billiges Metall. Wen das jedoch nicht stört, der findet besonders in Goa eine große Auswahl.

Foto: tb 012is

Brillen

Indien ist ein Schlaraffenland für Brillenträger. Zu einem Bruchteil des Preises in Europa können sowohl **Brillenrahmen** wie auch gute **Gläser,** auch aus Kunststoff, gekauft werden. Die Auswahl an ansprechenden Rahmen ist groß. Die Brille ist häufig bereits am Tag der Anprobe oder am nächsten fertig. Zu empfehlen sind Ketten wie Frames and Lense, aber auch viele Einzelhandelsoptiker haben große Auswahl. Auch **Kontaktlinsen** der international bekannten Firmen sind sehr preiswert zu haben.

Teppiche

Einen weltweit hervorragenden Ruf genießen **Kashmirteppiche,** doch auch in **Uttar Pradesh** und **Rajasthan** existiert eine lebhafte und qualitativ hochstehende Teppichproduktion. Aufgrund des faktischen Zusammenbruchs des Tourismus in Kashmir finden sich viele kashmirische Händler über ganz Indien verteilt, sodass das Angebot sehr vielfältig ist. Bereichert wird die Palette noch durch die tibetanische Exilgemeinde in Indien, die auf eine lange Teppichknüpftradition zurückschauen kann. Viele westliche Touristen bevorzugen tibetanische Teppiche wegen der charakteristischen farblichen Gestaltung.

Entscheidende Qualitätsmerkmale und damit preisbestimmend sind neben den verwendeten Materialien (Wolle, Seide und eine Mischung aus beidem) die Knotendichte, Knotenart und die verwendeten Farben (natürlich oder synthetisch). Ärgerlich ist es jedoch, nach der Rückkehr im Heimatland festzustellen, dass der lokale Großhändler den gleichen Teppich, den man im Urlaubsland gekauft hat, 20 % billiger anbietet – gerade bei Teppichen eine nicht selten gemachte Erfahrung. Daher ist es ratsam, vor Abflug die Preise zu Hause zu checken.

Verkäufer von Opfergaben finden sich vor dem Eingang fast jeden Tempels

Antiquitäten

Ein Land mit einer derart reichen Vergangenheit an Kunsthandwerk und pompösen Herrscherhäusern, die ihre Paläste bis unters Dach vollstopften mit antiken Kostbarkeiten, müsste eigentlich eine Fundgrube für Antiquitätenliebhaber sein. Ist es auch, doch hat die Sache zwei Haken: Zum einen ist die Ausfuhr von Gegenständen, die älter als 100 Jahre sind, nur mit einer **Sondergenehmigung** erlaubt und zum anderen ist der einstmals so reiche Markt inzwischen von ausländischen Händlern so gut wie abgegrast. Zwar sind die Antiquitätenläden in Delhi und Mumbai noch immer gut bestückt, doch vieles von dem, was dort angeboten wird, ist nicht viel mehr als eine – allerdings z.T. hervorragende – Imitation. Altersschätzungen ebenso wie Ausfuhrgenehmigungen kann man beim **Archaeological Survey of India** in Mumbai einholen.

Malerei

Kaum eine andere Kunstform hat einen derartigen Aufschwung durch den Tourismus erfahren wie die **Miniaturmalerei,** die nach dem Untergang der alten Rajputenreiche lange Zeit in Vergessenheit geraten war. Zwar werden die Miniaturbilder inzwischen wegen ihrer Beliebtheit vielerorts angeboten, doch die größte Auswahl hat man nach wie vor in ihrem Heimatland Rajasthan. Auch hier variiert die Qualität erheblich, wobei neben der Detailgenauigkeit auch die verwendeten Farben und das Material eine Rolle spielen. Neben den auf Bürgersteigen in Mumbai oder Delhi angebotenen Massenprodukten aus reinem Papier, die für 200 bis 300 Rupien pro Stück zu haben sind, gibt es auch exquisite Einzelstücke aus Seide, die ein kleines Vermögen kosten. Vorsicht ist auch hier wieder bei angeblich antiken Bildern geboten.

Holz- und Metallarbeiten

Jeder staatliche Laden führt eine große Abteilung von Holzarbeiten, wobei es eine riesige Variationsbreite in Größe, Form und Material gibt. Von winzigen, hauptsächlich in Kashmir hergestellten, oftmals lackbemalten Schmuckkästchen über Paravents und Möbelgarnituren bis zu Elefanten im Maßstab eins zu eins reicht die Bandbreite des Angebots. Besonders beliebt sind die ausdrucksstarken indischen **Götterskulpturen** wie Kali, Krishna oder Vishnu, die es sowohl aus edlem Sandel- oder Rosenholz geschnitzt als auch in Metall gegossen gibt.

Vielfach werden einem von privater Hand alte **Tempelschnitzereien** angeboten. So schön diese auch manchmal sein mögen, man sollte von dem Kauf auf jeden Fall Abstand nehmen, unterstützt man doch andernfalls den ohnehin schon verheerenden Handel mit gestohlenen Tempelschätzen und trägt so aktiv zum Ausverkauf einer jahrhundertealten Kultur bei.

Kleidung und Lederwaren

Indien bietet eine große Auswahl an qualitativ hochwertigen Kleidungsstücken. Auch hier profitiert das Land wieder von seiner territorialen Größe und ethnischen Vielfalt. Neben den lokalen Traditionen ist Indien jedoch auch Heimat der größten Textilindustrien der Erde mit einem hohen Exportanteil.

Moderne Kleidung in vorzüglicher Qualität findet sich in guten Geschäften der Metropolen, aber auch vieler mittelgroßer Städte zu einem Bruchteil des Preises in Europa – eine günstige Möglichkeit, sich vor dem Rückflug noch einmal rundum einzukleiden. Gleiches gilt für **Schuhe.** Für etwa 40 € bekommt man bereits erstklassige Qualität.

Extrem billig ist auch die **Maßanfertigung** bei einem Schneider – ein Luxus, den man sich bei uns kaum noch leisten kann. Allerdings scheinen viele Schneider mit der modischen Entwicklung nicht ganz mitgehalten zu haben und arbeiten nach einem etwas antiquierten Schnitt. Außerdem lässt die Verarbeitungsqualität manches Mal zu wünschen übrig. Ein Katalogfoto des gewünschten Anzuges und genügend zeitlicher Spielraum für Reklamationen sind also angebracht.

Die meisten der angebotenen Lederjacken und -taschen stammen aus Kashmir und variieren stark in Preis und Qualität. Wer sich Zeit nimmt, kann immer noch eine hübsche Lederjacke für etwa 35 € ergattern.

Elektrizität

Wie in Europa wird in Indien Wechselstrom von 230 bis 240 Volt und 50 Hz benutzt. Elektrogeräte wie Rasierapparat, Radio oder Akkuladegerät können also problemlos betrieben werden. Vielfach finden dreipolige Steckdosen Verwendung, mit denen jedoch nicht alle europäischen Zweipolstecker kompatibel sind. Will man ganz sicher gehen, empfiehlt sich die Mitnahme eines internationalen **Adapters,** der für wenig Geld in Elektrogeschäften erhältlich ist. Da **Stromausfälle** speziell am frühen Abend in Indien immer noch vorkommen, gehört eine Taschenlampe zur Standardausrüstung des Indienreisenden.

Essen und Trinken

Neben der chinesischen und thailändischen hat sich die indische Küche hierzulande zur beliebtesten asiatischen Küche entwickelt. So wissen inzwischen viele, dass sich hinter dem Wort Curry nicht ein Gewürz, sondern eine höchst aufwendige Kräuter- und Gewürzmischung verbirgt.

Manche Vorurteile hingegen halten sich nach wie vor hartnäckig. So z.B. jenes, dass indisches Essen grundsätzlich scharf sei, Reis das Hauptnahrungsmittel darstelle und Tee das beliebteste Getränk sei. Richtig hingegen ist, dass im Norden eher würzig als scharf gegessen wird und Brot die eigentliche Nahrungsgrundlage bildet, während man im Süden tatsächlich **relativ scharf** und **viel Reis** isst, allerdings wesentlich mehr Kaffee als Tee trinkt.

Ursache für diese regionalen Unterschiede sind die verschiedenen historischen Prägungen und unterschiedlichen klimatischen Bedingungen der beiden Landesteile. Der klimatisch kühlere Norden ist auch heute noch stark beeinflusst durch die sechshundertjährige muslimische Fremdherrschaft, die bekanntlich im tropischen Süden nie so recht Fuß fassen konnte. Als Folge hiervon findet man in Nordindien auch die Küche der Moguln – verhältnismäßig schwere, fettreiche Kost mit viel Fleisch, während im Süden vegetarisches und leichteres, aber auch schärferes Essen bevorzugt wird.

Warum es trotz der Angebotsvielfalt immer wieder Touristen gibt, die sich während ihrer gesamten Indienreise ausschließlich von Spagetti, Fried Rice und Pommes Frites ernähren, ist mir wirklich schleierhaft. Überdies schmeckt westliches Essen in Indien fast immer langweilig bis scheußlich und ist zudem um ein Vielfaches teurer als das einheimische.

Gesundheitliche Gründe können bei der selbst auferlegten Abstinenz auch keine Rolle spielen. Hält man sich an einige einfache Grundregeln und meidet rohe Salate, rohes Gemüse und Schweinefleisch (wegen Trichinosegefahr), ebenso wie das in fast allen Restaurants bereitgestellte Trinkwasser, dann sind Gaumenfreuden in Indien genauso unbedenklich wie in Thailand, Hongkong oder Singapur.

Restaurants

Im Unterschied zu vielen Ländern Südostasiens wie etwa Thailand, Malaysia oder Indonesien, in denen man an fast jeder Straßenecke über mobile Garküchen stolpert, kann es in kleineren Orten Indiens vorkommen, dass man längere Zeit suchen muss, um seinen Hunger stillen zu können. Zwar finden sich auch in Indien viele **Essensstände,** doch diese offerieren meist nur kleinere Snacks oder Süßigkeiten.

Als Helfer in der Not bieten sich die für den Süden so charakteristischen **„Meals"-Restaurants** an. Dabei handelt es sich um sehr einfache, meist zur Straße hin offene Lokale, die sich vor allem um Bahnhöfe und Basare gruppieren. Häufig sind die besonders bei Einheimischen beliebten Gaststätten in einen „veg-" und „non-veg"-Bereich (für Vegetarier und Nicht-Vegetarier) unterteilt. Serviert wird ebenso preiswerte wie leckere Hausmannskost, das Essen wird auf einem Bananen- oder Palmblatt serviert. Die Kellner, meist kleine Jungen, gehen mit Behältern von Tisch zu Tisch und füllen so lange nach, bis man satt ist.

Die nordindische Variante, die allerdings auch im Süden anzutreffen ist, sind die sogenannten **Dhabas** bzw **Bhojanalayas** (wörtl.: „Ort der Speise"). Da sie hauptsächlich von LKW-Fahrern aufgesucht werden, stehen sie in erster Linie an Überlandstraßen und Straßenkreuzungen. Die einzelnen Gerichte befinden sich in großen Töpfen, unter denen ständig eine Gasflamme brennt. Zwar sind sie äußerst preisgünstig, doch wegen der ununterbrochenen Erhitzung oft auch etwas fad im Geschmack. Zudem hat man ihnen die meisten Vitamine regelrecht ausgebrannt.

Eine preiswerte Alternative bieten die häufig allerdings sehr schlichten **Bahnhofsrestaurants,** in denen man selten mehr als 50 Rs für ein sättigendes Mahl berappen muss. Englische Speisekarten sind in diesen Restaurants zwar nicht die Regel, kommen aber mehr und mehr in Gebrauch. Oftmals wird an der Kasse speziell für Besucher eine bereitgehalten. Diese Speisekarten haben jedoch zuweilen den Nachteil, dass dort nur solche Gerichte aufgeführt sind, die man des westlichen Gaumens würdig hält. Dabei fehlen oft gerade die so schmackhaften lokalen Spezialitäten. Auf manchen dieser Speisekarten fehlen jegliche Preisangaben. In diesem Fall sollte man vor der Bestellung den zu zahlenden Betrag abklären, um späteren Missverständnissen vorzubeugen.

Der **Service** ist bei all diesen Restaurants eher bescheiden, manchmal geradezu unfreundlich. Essen wird in Indien in erster Linie als notwendige Nahrungszufuhr verstanden und weit weniger als kulturelles Erlebnis. So strahlen viele Restaurants den Charme einer Bahnhofshalle aus. Kaum hat man den letzten Bissen heruntergeschluckt, wird einem die Rechnung unter die Nase gehalten.

In den letzten Jahren hat in den Metropolen und Touristenhochburgen eine Vielzahl von exzellenten **Nobelrestaurants** ihre Pforten geöffnet. Die Klientel setzt sich dabei in erster Linie aus der indischen Mittel- und Oberschicht sowie Geschäftsleuten zusammen – ausländische Touristen sind eher die Ausnahme. Preis und Leistung sind gleichermaßen hoch und entsprechen zum Teil schon internationalem Standard. Das gleiche gilt für die Restaurants der First-Class-Hotels in den Großstädten, bei denen besonders die üppigen Mittags- und Abendbuffets zu empfehlen sind.

Wie wird gegessen?

Einen Kulturschock besonderer Art erleben viele Europäer, wenn sie das erste Mal ein einheimisches Restaurant betreten und sehen, dass in Indien traditionell **mit der Hand gegessen** wird. Das wirkt auf viele zunächst reichlich unappetitlich. Es sei jedoch daran erinnert, dass es umgekehrt den Indern nicht anders ergeht, wenn sie die „zivilisierten" Europäer mit solch martialischen Metallwerkzeugen wie Messer und Gabel im Essen herumstochern und -schneiden sehen.

Letztlich ist es Geschmackssache und so wird es in Indien auch praktiziert. In fast jedem Restaurant wird dem westlichen Touristen selbstverständlich **Besteck** ausgehändigt und so kann man an seinen Gewohnheiten festhalten. Im Übrigen wird auch in den höherklassigen Hotels inzwischen von vielen Indern mit Messer und Gabel gegessen.

Einige üben sich dennoch, zunächst aus Neugierde, in der indischen Art der Nahrungsaufnahme und stellen dabei überrascht fest, dass das Essen so viel besser schmeckt. Wer zum ersten Mal mit den Fingern isst, wird sich dabei zunächst wahrscheinlich recht ungeschickt anstellen und nicht so recht wissen, wie er die Speisen in den Mund bekommt, ohne zu kleckern; doch eigentlich ist es recht einfach: Man bildet mit den Fingern der rechten Hand eine Rinne, durch die man das Essen mit dem Daumen in den Mund schiebt (die linke Hand gilt als unrein, da sie in Indien traditionell als Ersatz für Toilettenpapier benutzt wird). Vor und nach dem Essen wäscht man seine Hände in dem in vielen Restaurants bereitstehenden Waschbecken.

Gewürze

Indiens Ruf als Heimat einer der besten Küchen der Welt beruht auf der unvergleichlichen Anzahl unterschiedlicher Gewürze.

013is Foto: tb

Dafür ist Indien im Westen schon seit langer Zeit berühmt. Namen wie Pfeffer, Kardamom, Zimt und Ingwer übten auf die europäischen Kaufleute eine ähnliche Faszination aus wie Gold, und so sandten sie ihre Schiffe rund um den Erdball, um die heißbegehrten Gewürze heranzuschaffen.

Curry, jener Begriff, der heute als Synonym für die indische Küche gilt, stand jedoch nicht auf ihren Fahndungslisten verzeichnet. Das konnte er auch gar nicht, gab es das Wort doch zu jener Zeit noch gar nicht. Erst die englischen Kolonialherren machten aus *karhi* – was lediglich Soße bedeutet – den Namen für jenes Einheitsgewürz, als welches es inzwischen weltweit bekannt ist. In Indien selbst ist unser „Curry" als **garam masala** bekannt. Man muss den Briten, deren Beitrag zur internationalen Küche bekanntlich ja recht unbedeutend ist, allerdings zugestehen, dass sie von Anfang an einfach überfordert waren, die überaus raffinierte und komplizierte Küche Indiens zu verstehen.

Die Mischung macht's

Im Grunde gibt es Hunderte verschiedener *karhis.* Die Mischung der verschiedenen Gewürze ist das große Geheimnis jeder indischen Hausfrau. Bei aller Unterschiedlichkeit beinhalten fast all die geheimnisvollen Mixturen die Zutaten **Koriander, Zimt, Kümmel, Nelken, Kardamom und Pfeffer.** Die gelbe Färbung erhält Curry durch den **Gelbwurz** *(haldi),* eine medizinische Pflanze, die desinfizierend wirkt.

Jedes indische Gericht hat sein spezielles **Masala,** denn es sind die Auswahl, die Menge und die Mischung der einzelnen Gewürze, die den individuellen Geschmack eines Gerichtes ausmachen. Eine kulinarische Entdeckungsreise in Indien ist schon deshalb mit einem „Risiko" verbunden, weil sich hinter jedem Masala oder Curry ein anderer Geschmack – und Schärfegrad – verbergen kann. Es kommt eben ganz auf die Mischung an.

Reis

Reis ist im Süden das Grundnahrungsmittel schlechthin. Es gibt ihn in den vielfältigsten Varianten vom **plain rice** über den besonders bei Travellern beliebten **fried rice** (gebraten) bis zu den **biriyanis.** Dies ist eine köstliche Reis-Gemüse-Mischung, die mit Nüssen und Trockenfrüchten wie z.B. Rosinen angereichert wird und häufig auch mit Fleisch, speziell Lamm, serviert wird. Die schlichtere Form des *biriyani,* gedünsteter Reis mit Erbsen, *pulau* oder *pilaw* genannt, wird in Indien gern mit Safran gekocht, was ihm seine charakteristisch gelbliche Farbe verleiht.

Eine seltene, aber sehr feine Variante ist **dahi rice.** Dabei handelt es sich um mit Joghurt versetzten, gekochten Reis. Der in Europa so beliebte, weil naturbelassene braune Reis ist in Indien weitgehend unbekannt. Nur die Nachfrage in größeren Touristenorten hat dort den für das indische Auge schmutzigen Reis salonfähig gemacht.

Brot

Diverse Fladenbrotsorten sind Hauptbestandteil der indischen Essgewohnheiten – im Norden des Landes kommt Brot gar eine noch wichtigere Stellung zu als Reis.

Chili – indischer Scharfmacher, der ursprünglich allerdings aus Südamerika stammt

Fladenbrotsorten

- **Chapati** ist die einfachste, populärste und billigste Brotsorte. Im Grunde ist es nichts weiter als ein dünner, auf heißer Herdplatte gebackener Fladen aus Wasser und Mehl.
- **Paratha** sieht im Gegensatz zum dünnen, knusprigen Fladenbrot eher wie ein dicklicher Pflaumenkuchen aus. Der Vollkornfladen wird mit geklärter Butter **(ghi)** in der Pfanne gebacken und oft mit einer Kartoffelfüllung angeboten **(alu paratha).**
- **Puris** sind Fladen aus Mehl, Wasser und Salz, die in Öl schwimmend gebacken werden, wobei sie sich aufblähen wie Luftballons. Keine sehr weit verbreitete Variante, aber sehr schmackhaft.
- **Naan** ist dagegen wesentlich fettärmer, da es im Tonofen *(tandur)* bei offenem Feuer gebacken wird. Das große, dreieckige Fladenbrot gibt es in verschiedenen Varianten, z.B. mit Butter bestrichen **(butter naan)** oder mit Käse gefüllt **(cheese naan).**
- **Papad** (oder **papadam**) ist ein hauchdünner, oftmals scharf gewürzter Fladen, der meist als Appetitanreger vor der Hauptmahlzeit serviert wird.

Vegetarisches Essen

Kein anderes Land bietet eine derartige Vielfalt an vegetarischen Köstlichkeiten wie Indien. Hier kann sich das eigentliche Geheimnis der indischen Küche, die unvergleichliche Vielfalt an orientalischen Gewürzen, richtig entfalten. So zaubern indische Köche selbst aus den banalsten Nahrungsmitteln wie Linsen oder Kartoffeln himmlische Leckerbissen. Da verwundert es nicht, dass viele Reisende sich während ihrer mehrmonatigen Indienreisen zu Vegetariern wandeln. Der Umstieg auf fleischlose Kost wird einem außerdem noch dadurch versüßt, dass diese die Reisekasse weit weniger belastet als Fleischliches. Ein köstliches und magenfüllendes vegetarisches Gericht ist fast überall für weniger als umgerechnet einen Euro zu bekommen.

Das meistgegessene vegetarische Gericht der Inder ist **thali.** Hierbei handelt es sich um eine reichhaltige Mahlzeit, die auf einem Metallteller serviert wird. Um den in der Mitte angehäuften Reis sind kleine Metallschälchen platziert, die verschiedene Currys, Gemüse, scharfe Pickles und würzige Soßen enthalten. Das alles wird mit der (rechten!) Hand zu einem äußerst schmackhaften Gemisch vermengt. Meist kosten diese magenfüllenden Gerichte nicht mehr als 60 Rs. In fast jeder Stadt gibt es ein Restaurant, welches ausschließlich *thali* serviert.

Die drei bedeutendsten südindischen vegetarischen Gerichte sind *dosas, idlis* und *vadas* – kein noch so abgelegenes Dorf, wo sie nicht serviert werden. **Dosas** sind knusprige, dünne Pfannkuchen aus Reis und fermentierten Bohnen, die sowohl mit Füllung *(masala)* als auch ohne *(sada)* serviert werden. Bei **idlis** handelt es sich um gedünstete Reis- und Linsenkuchen, die in Soßen und Gemüseeintöpfe getunkt werden. **Vadas** schließlich sind frittierte Linsenkuchen, die ebenfalls mit einer würzigen Soße verfeinert werden. Dabei handelt es sich meist um Linsen- und Gemüsecurry *(sambar),* welches mit Asafoetida und Tamarinde gewürzt ist. Daneben gibt es eine so große Zahl an vegetarischen Gerichten, dass im Folgenden nur einige der bekanntesten genannt werden können.

Vegetarische Gerichte

- **Alu dum** – Kartoffel-Curry
- **Alu ghobi** – Kartoffeln und Blumenkohl
- **Matter paneer** – Erbsen und Käse
- **Palak paneer** – Spinat und Käse
- **Shahi paneer** – Rahmkäse in Sahnesoße, Rosinen und Mandeln
- **Dhal** – Linsenbrei (Allerweltsgericht)
- **Baigan pora** – gebratene Aubergine
- **Navratan korma** – Gemüse und Fruchtmischung mit würziger Soße
- **Malai kofta** – Gemüsebällchen in Sahnesoße
- **Shahi mirch** – gefüllte Paprikaschote in pikanter Soße

Die Auswahl an Obst und Gemüse auf den Märkten ist riesig

Fleisch

In einem Land, in dem täglich Millionen von Menschen nur mit Mühe ein karges Mahl auf den Teller bekommen, bedarf es keiner großen Fantasie, um sich auszumalen, wie es um die Gesundheit der meisten Tiere bestellt ist. Verwundern kann es da kaum, dass so manches vermeintliche Fleischgericht weniger aus Fleisch als aus Haut und Knochen besteht, die in einer fettigen, scharfen Soße herumschwimmen. Im Schatten der dominierenden vegetarischen Küche Indiens fristet die Fleisch enthaltende Kost ein eher kümmerliches Dasein. Hierzu haben auch die unterschiedlichen Essenstabus der verschiedenen Religionsgemeinschaften beigetragen. Allseits bekannt ist, dass die Hindus kein Rindfleisch essen und die Moslems kein Schweinefleisch (welches auch bei den Hindus selten verspeist wird und wegen der Trichinosegefahr ohnehin zu meiden ist).

Während einem als Vegetarier oft gerade in kleinen, bescheidenen Lokalen die schmackhaftesten Gerichte serviert werden, sollte man beim Fleischessen die **gehobenen Restaurants vorziehen.** Hier sind nicht nur die hygienischen Verhältnisse vertrauenerweckender, sondern die Köche verfügen auch über mehr Erfahrung im Zubereiten von Fleischgerichten, da sich diese der kleine Mann kaum leisten kann. Das gilt besonders für Restaurants, die sich auf die sogenannte **Mughlai-Tradition** berufen, eine Kochkunst, die mit den Moguln vor über 800 Jahren nach Indien kam und die größte Erfahrung in der nichtvegetarischen Küche Indiens aufweist. Die mit Abstand besten Restaurants in der Tradition der indisch-muslimischen Kochkunst bietet die hochgerühmte und ebenso aromatische wie scharfe **Küche von Andhra Pradesh** und hier besonders die der Hauptstadt Hyderabad.

Fleischgerichte

- **Tandoori** – typisch für Mughlai-Gerichte, im Lehmofen *(tandur)* zubereitet. Das Fleisch wird vorher in Joghurt und Gewürzen mari-

741ra Foto: tb

Rezepte für zwei typische Gerichte

Die Rezepte für zwei der gängigsten indischen Gerichte sollen Einblick in die Zubereitung indischer Speisen geben. Für das einfache Linsen-Gericht *dhal* gibt es eine Vielzahl von Varianten.

Dhal (Linsen)

Zutaten:
1¾ Tassen (350 g) rote und gelbe Linsen
2 TL Salz
1 TL *turmeric* (Kurkuma)
2–3 getrocknete Chilis
4 Tassen (1 l) Wasser
ein Stück frischer Ingwer
3–4 Knoblauchzehen
1 große Zwiebel
2 EL *ghee* (geklärte Butter)
2 mittelgroße Tomaten, feingehackt
1½ TL *garam masala* (Currygewürz) oder ein mildes, fertiges Currypulver
2–3 EL Doppelrahm

Zubereitung:
Die Linsen gut durchspülen, abtropfen lassen und mit Salz, *turmeric* und getrockneten Chilis in einen Topf geben. Das Wasser dazu gießen und zum Kochen bringen. Die Hitze reduzieren und zwölf Minuten köcheln lassen, bis die Linsen weich sind. Mehrmals abschäumen und dabei die zerbrochenen Linsenpartikel entfernen.

Ingwer, Knoblauch und Zwiebel schälen, fein hacken und in der geklärten Butter drei bis vier Minuten dünsten. Die gehackten Tomaten und das Currygewürz dazu geben und zwei bis drei Minuten schmoren. Überschüssiges Wasser vom *dhal* abgießen oder abschöpfen und zusammen mit der geschmorten Zwiebel-Tomaten-Mischung aufkochen. Den Rahm einrühren, kurz erhitzen und anrichten. Mit Chili-Pulver bestreuen oder mit gehacktem Koriander oder Minze garnieren.

Hähnchencurry

Zutaten:
600 g Hähnchenbrust, in mittelgroße Würfel geschnitten
2 Zwiebeln, in Streifen geschnitten
200 ml Sahne
2 EL Butterschmalz
1 TL Salz
½ TL Chilipulver
1 TL Knoblauchpulver
1 TL Ingwerpulver
½ TL Kurkuma
1 TL Koriander
1 TL Tomatenmark

Zubereitung:
Das in Würfel geschnittene Hähnchenbrustfilet wird in wenig Butterschmalz mit sehr wenig Salz, Knoblauch und Ingwer leicht angebraten. Nicht bräunen!

In einem anderen Topf wird die Currysoße zubereitet: Im restlichen Butterschmalz die in feine Würfel geschnittenen Zwiebeln goldgelb anbraten. Die restlichen Gewürze und das Tomatenmark dazugeben. Vorsicht, die Gewürze dürfen nicht anbrennen. Etwas Wasser dazugeben, ca. 10 Minuten langsam köcheln lassen und ab und zu umrühren. Das Fleisch dazugeben, 2–3 Minuten erhitzen. Sahne dazugeben, aufkochen und Herd ausschalten.

niert; ein sehr würziges, fettarmes und nicht scharfes Gericht.

- **Vindaloo** – eine südindische Spezialität, die jedoch auch im Norden gern gegessen wird; ein scharfes, mit Essig zubereitetes, üppiges Gericht
- **Korma** – Curry-Gericht aus geschmortem Fleisch
- **Kofta** – Hackfleischspieß, meist in Curry zubereitet
- **Mutton** – Ziegenfleisch, auch wenn es meist als Hammelfleisch angegeben wird

- **Sizzler** – eine moderne Kreation: auf glühend heißer Steinplatte serviertes, kurz gebratenes Fleisch
- **Tikka** – geschnetzeltes Fleisch ohne Knochen
- **Murgh** – Huhn
- **Gosht** – eigentlich Lammfleisch, oft jedoch auch Ziegenfleisch
- **Kebab** – marinierte Fleischspießchen

Fisch

In den Küstenprovinzen und hier vor allem in Goa, Mumbai, Kerala und Bengalen ist Fisch für Nichtvegetarier die wichtigste Kost. Tunfisch, Garnelen, Krabben, Haifisch und Hummer sind hier ein selbstverständlicher Bestandteil der Speisekarte guter Restaurants – und für einen Bruchteil des hierzulande üblichen Preises zu haben.

Trotz seiner Lage inmitten eines noch immer fischreichen Ozeans wird in Indien der Flussfisch den Meeresfischen vorgezogen. Im Landesinneren allerdings sind frische Fische eine Rarität, weil dort traditionell wenig Fisch gegessen wird.

Fischgerichte

- **Pomfret** – eine Spezialität Mumbais. Dieser köstliche Plattfisch ähnelt einer Mischung aus Scholle und Butt.
- **Fish Curry** – die beliebteste Zubereitungsart an der Westküste. Eine Mischung von Chili und anderen Gewürzen sowie Kokosraspeln sind wichtiger Bestandteil.
- **Hilsha** – die Fischspezialität Bengalens, die den Geschmack von Lachs und Forelle auf einzigartige Weise verbindet – ein Leckerbissen. Der einzige Wermutstropfen sind die vielen Gräten.
- **Machhe jhol** – ebenfalls aus Bengalen, mit Senfkörnern gewürzt
- **Jhingri** – große Krabben, satt in Curry schwimmend

Zwischenmahlzeiten

Ideal für kurze Pausen während langer Zug- und Busfahrten sind die von kleinen Garküchen auf dem Gehsteig oder vor Bahnhöfen angebotenen Snacks. Einige von ihnen ersetzen durchaus eine normale Mahlzeit.

Kleine Gerichte

- **Pakora** – gebackene Teigtaschen mit einer scharfen Gemüsefüllung aus Zwiebeln, Blumenkohl, Kartoffelstückchen, Aubergine und vielem mehr
- **Samosa** – frittierte Teigtaschen mit einer Kartoffelfüllung
- **Cutlet** – mit Gemüse vermischtes und gebratenes Hackfleisch, ähnlich einer Frikadelle
- **Dosas** – vor allem in Südindien äußerst beliebte, hauchdünn gebackene, knusprige Teigrollen, gefüllt mit Gemüse
- **Sambar** – leicht säuerliche, mit Gemüse angereicherte Linsensuppe
- **Mumbai bhelpuri** – Puffreis, Linsen, Zwiebeln, Kartoffelpaste, Chili-Schoten und gehackte Kräuter, übergossen mit einer Minze- und Tamarindensoße – köstlich!

Süßspeisen

Die Inder lassen ihrer Vorliebe für Süßspeisen besonders beim Nachtisch freien Lauf. Die Auswahl an Nachspeisen und Süßigkeiten ist schier unerschöpflich, wobei Kuh- oder Büffelmilch vielfach die Basis bildet. Sie muss mit verschiedenen Ingredienzen langsam gekocht werden, bis sie eindickt. Zimt, Kardamom, Safran, zerlassene Butter, Nüsse, Rosinen und vor allem viel, viel Zucker sind die wichtigsten Zutaten. Die gängigsten Sorten der süßen Masse kann man auf dem Basar kaufen, umhüllt von hauchdünner Silberfolie und verpackt in bunte Kartons.

Typische indische Desserts

- **Gulab jamun** – kleine Bällchen aus eingedickter Milch, Zucker und Mehl, gewürzt mit Kardamom und Rosenwasser
- **Rosgulla** – Frischkäsebällchen in Sirup
- **Bebinca** – Mischung aus Mehl, Eiern, Kokosnussmilch, Butter und Zucker
- **Kulfi** – Eiscreme mit Pistaziengeschmack
- **Halwa** – Süßigkeit mit Nüssen
- **Shrikhand** – Joghurt mit Safran und Kardamom

- **Chaler payesh** – Reispudding
- **Barfi** – aus Kokosnuss, Mandeln und Pistazien zubereitet

Getränke

In auffälligem Gegensatz zur raffinierten indischen Kochkunst sind die Trinksitten in Indien eher bescheiden. Im allgemeinen trinkt man, um den Durst zu stillen und nicht, um das Getränk zu genießen.

Die meisten Inder bevorzugen zum Essen schlicht **Wasser,** es wird daher immer als erstes ungefragt auf den Tisch gestellt. Da das Wasser jedoch selbst in besseren Hotels fast nie vorher abgekocht wurde, lasse man besser die Finger davon und trinke lieber das in Plastikflaschen abgefüllte Mineralwasser, welches inzwischen vielerorts erhältlich ist. Allerdings ist es mit gut 10 Rs nicht gerade billig, mitnichten „Mineral"wasser und, wie neueste Untersuchungen ergaben, auch nicht so keimfrei wie behauptet.

Den köstlichen indischen **Tee,** mit viel Zucker, Milch und Gewürzen wie Ingwer, Zimt, Kardamom und Nelken gekocht, bekommt man meist nur dann, wenn man ausdrücklich *masala chai* ordert, andernfalls wird einem normaler Tee serviert. Echte **Kaffeeliebhaber** kommen in Südindien auch auf ihre Kosten, wo es vorzügliche Kaffeesorten gibt.

Als hervorragender Durstlöscher bietet sich der vielfach an Straßenständen angebotene Saft der frischgeschlagenen **Kokosnuss** *(nariyel)* an. Sehr lecker, erfrischend und wirksam gegen Durst ist auch **lassi,** ein in vielfachen Varianten (z.B. mit Früchten) erhältliches Joghurtgetränk, das jedoch oft mit nicht abgekochtem Wasser versetzt ist.

Ähnlich erfrischend ist **lemon soda:** der prickelnde Geschmack des Mineralwassers zusammen mit dem Saft einer frisch gepressten Limone und einer Prise Salz wirkt nicht nur äußerst belebend, sondern ist auch hervorragend zum Durstlöschen geeignet. Allerdings ist das „Soda" oft nichts anderes als Leitungswasser, das mit Gas angereichert wurde. In kleinen Städten kann man oft „Fabriken" sehen, in denen ein rostiger alter Gaszylinder an die Wasserleitung angeschlossen ist. Man halte sich folglich an die bekannten Marken, wie z.B. Bisleri.

Sehr lecker sind auch die gepressten **Zuckerrohrsäfte,** wobei man auch hier wiederum darauf achten sollte, dass der Saft nicht mit Leitungswasser vermischt ist, bzw. der gepresste Saft nicht über einen Eisblock läuft, bevor er ins Glas gegossen wird.

Alkoholische Getränke, lange Zeit verpönt, kommen gerade mit dem Aufstieg der westlich geprägten Mittelschicht immer mehr in Mode. Besonders deutlich zeigt sich diese Entwicklung beim **Wein,** welcher bis vor einigen Jahren in Indien fast gänzlich unbekannt war. Inzwischen gibt es sogar einige vor allem im Süden des Landes ansässige Weinbauern. Allerdings braucht es wohl noch viele Jahre, bis die Qualität des indischen Weines internationales Niveau erreicht hat. **Bier** ist bis auf den alkoholfreien Bundesstaat Gujarat überall in Indien problemlos zu erhalten. Der Alkoholgehalt der bekanntesten Biersorten wie Shivalik, Black Label und Kingfisher liegt bei 5 %. Die meisten einheimischen Marken verwenden als Konservierungsmittel Glycerol, welches Kopfschmerzen verursachen kann.

Speziell in den Küstenregionen werden die hochprozentigen, aus Palmsaft hergestellten Destillate **Toddy** und **Arak** getrunken. Wem das immer noch nicht reicht, der sollte sich ein Schnapsglas **Feni** (Kokos- oder Cashew-Schnaps, eine Spezialität aus Goa) hinter die Binde kippen – ein im wörtlichen Sinne umwerfender Erfolg ist garantiert!

Ob Landschaften, Menschen oder Tempel wie hier der Keshvara-Tempel von Somnathpur – Südindien bietet Fotografen wie Videofilmern einen einzigartigen Reichtum an Motiven

019is Foto: tb

Fotografieren

Es gibt kaum ein Land der Erde, welches eine derartige Vielfalt an wunderschönen Motiven bietet wie Indien. Ob nun die abwechslungsreiche Landschaft der Traumstrände in Goa oder die Himalayariesen, die Sakralbauten der Buddhisten, Jains, Hinduisten und Moslems, das bunte Völkergemisch mit seiner unvergleichlichen Vielfalt an Kleidern, Kopfbedeckungen und Schmuck oder die ständig wechselnden Szenen im abenteuerlichen indischen Alltagsleben – der Finger scheint geradezu am Auslöseknopf zu kleben.

Digitalfotografie wird inzwischen von den meisten Reisenden favorisiert. Dementsprechend gibt es mittlerweile in den meisten größeren bzw. touristisch bedeutenden Orten immer mehr **Fotogeschäfte** und auch **Internetcafés,** die mit Speicherkarten-Reader ausgestattet sind. Die Preise für **Ausdrucke** liegen um 10 Rs pro Stück, wenn man die Bilder des gesamten Chips ausdrucken lässt. Will man selektiv Fotos ausdrucken, kostet das um 12 Rs pro Bild. Dies sollte man wegen eventueller Reklamationen besser in den Fotogeschäften durchführen lassen. Für das Brennen der Bilder auf **CD** ist man in den entsprechend ausgerüsteten Internetcafés billiger bedient, die dafür inkl. CD um 60 Rs verlangen, während Fotoläden etwa das Doppelte nehmen. Nahezu alle weltweit gängigen **Speicherkarten** sind zumindest in größeren Städten und Touristenzentren erhältlich.

Extrem wichtig bei einer Indienreise ist eine gut gepolsterte und staubdichte **Kameratasche.** Gerade hier wird oft am falschen Ende gespart. Was nützt der beste Fotoapparat, wenn er nach kurzer Zeit aufgrund der gerade in Indien enormen Belastung seinen Dienst aufgibt? Die nicht zu vermeidenden Erschütterungen auf den langen Bus- und Bahnfahrten sowie die Staubentwicklung in der Trockenzeit setzen den hochsensiblen Geräten enorm zu. Während der Regenzeit benötigt man natürlich eine wasserfest ausgerüstete Kameratasche.

• **Buchtipp:** *Helmut Hermann,* „Praxis: Reisefotografie", und *Volker Heinrich,* „Praxis: Reisefotografie digital", Reise Know-How Verlag, Bielefeld.

Das Fotografieren von **militärischen Anlagen** wie Flughäfen, Staudämmen, Brücken, Militärkolonnen und Kasernen ist verboten. Wo man sich sonst noch mit der Kamera zurückhalten sollte, erfährt man unter „Verhaltenstipps: Fotografieren".

Frauen unterwegs

Für Frauen, ob alleine oder zu zweit, ist Indien kein leichtes Reiseland. Der Anblick westlicher Frauen kehrt bei vielen indischen Männern den Don Juan hervor. Selbst Frauen, die mit einem männlichen Partner reisen, bleiben nicht unbehelligt. Meist begnügt „mann" sich mit Rufen oder Schnalzen, um auf seine offensichtlich nicht sehr attraktive Persönlichkeit aufmerksam zu machen, oder macht einige anzügliche Bemerkungen. Gelegentlich kommt es aber auch zu Grabschereien, ein Problem, mit dem auch die indischen Frauen leben müssen. Nicht umsonst gibt es z.B. in den Vorortzügen in Mumbai **spezielle Waggons nur für Frauen.**

Derzeit erlebt Indien den Ansatz einer bescheidenen „sexuellen Revolution", ausgelöst durch das ausländische Satelliten-Fernsehen wie auch durch das immense AIDS-Problem, das eine offene Diskussion des Themas Sex nötig macht. An der Spitze der Liberalisierung stehen die Städte Mumbai, Delhi und Bangalore. Der Kurzzeiteffekt der wachsenden Freizügigkeit scheint aber nicht unbedingt positiv, denn der Sprung von einer stark traditionsgebundenen zu einer freiheitlicheren Gesellschaft lässt manchen die Maßstäbe verlieren. Derzeit scheint es, dass die Belästigungen in der jüngsten Vergangenheit eher etwas zu- als abgenommen haben.

Frauen können ihren Teil dazu beitragen, möglichst wenig behelligt zu werden. Dass keine provozierende Kleidung getragen werden sollte – dazu zählen in Indien eben auch Shorts, kurze Röcke oder ärmellose Hemden – versteht sich von selbst. Zudem sollte „frau" den Blickkontakt mit fremden Männern meiden. Einem fremden Mann in die Augen schauen, das tun, so meint „mann", nur Prostituierte, der offene Blick wird als Einladung zur Kontaktaufnahme verstanden. Außerdem ist auf allzu große Freundlichkeit gegenüber Kellnern, Hotelangestellten und Verkäufern zu verzichten – die indische Frau aus guter Familie (auch der Mann) sollte mit solch „niedrigstehenden" Personen nicht mehr reden als unbedingt nötig. Tut „frau" es doch, fordert sie dadurch Annäherungsversuche heraus. Als Frau heißt es **Distanz zu fremden Männern wahren,** alles andere kann leicht falsch ausgelegt werden.

Verstärkte Probleme ergeben sich in Gebieten, in denen der **Islam** vorherrscht, so vor allem in Hyderabad und Badami. Durch die starke Tabuisierung von Sex in der islamischen Gesellschaft stehen viele Kessel unter Hochdruck.

• **Buchtipp:** „Als Frau allein unterwegs", Reihe Praxis, Reise Know-How Verlag, Bielefeld.

Internet

In touristisch weniger frequentierten, auch größeren Städten und in kleinen Orten kann es gelegentlich schwierig sein, Internetcafés zu finden. In kleineren Orten kommt es auch heute noch gelegentlich zu Überlastungen des Netzes. In manchen Surfstätten ist der Seitenaufbau langsam, weil zu viele PCs an ein Modem angeschlossen sind.

Durchschnittlich liegen die Preise für Internetsurfen bei 15–30 Rs/Std., in einigen Touristenorten mit hoher Nachfrage haben sich die örtlichen Anbieter oft auch auf einen Einheitspreis von 40 bis 60 Rs geeinigt, Konkurrenz wurde also ausgeschaltet. Auch die schnellen DSL- und ISDN-Verbindungen sind mit bis zu 60 Rs gelegentlich teurer. In Hotels zahlt man erheblich mehr. Da man mit Stromausfällen in Indien immer noch rechnen muss, sollte man beim Abfassen von Dokumenten oder Mails immer wieder zwischenspeichern.

Alle großen Kommunikationsfirmen in Indien wie Airtel, Reliance, BSNL und Tata indicom bieten **USB-Internetsticks** an, mit denen man landesweit rund um die Uhr per Laptop mit dem Internet verbunden ist. Die Modems kosten im Anschaffungspreis zwischen 2.500 und 3.500 Rs, hinzu kommen monatliche Gebühren, die je nach Geschwindigkeit und Anbieter stark variieren. Für I-Pad-Benutzer bieten die gleichen Anbieter das sogenannte 3 G an.

Mit Kindern reisen

Während es in vielen Ländern Südostasiens wie Thailand, Malaysia und Indonesien nicht mehr außergewöhnlich ist, dass Eltern mit ihren **Kleinkindern** individuell durchs Land reisen, stellt dies in Indien immer noch eine Ausnahme dar. Und so wird es wohl auch noch eine Weile bleiben, gilt doch Indien zu Recht als eines der am schwersten zu bereisenden Länder. Die weiten Entfernungen auf verstaubten, von Schlaglöchern übersäten Straßen in kaum gefederten und überfüllten Bussen sind kleinen Kindern sicherlich ebensowenig zuzumuten wie die oftmals wenig einladenden sanitären Einrichtungen. Die Hitze und das alltägliche Elend auf den Straßen kommen zu den täglichen Belastungen hinzu.

Anders sieht es da schon bei Kindern **über zwölf Jahren** aus. Für sie bietet das bunte Alltagsleben mit den faszinierenden Märkten, durch die Straßen stolzierenden Elefanten, Schlangenbeschwörern und bunten Festen eine exotische Welt, die sie wohl nur aus Märchenbüchern kennen.

Allerdings sollte man gerade wegen der Vielzahl der Eindrücke immer wieder einige Ruhetage einlegen und in höherklassigen **Hotels** übernachten, um so Zeit zum Verarbeiten und zur Erholung einzuräumen. Fast alle besseren Hotels bieten die Möglichkeit, für einen geringfügigen Aufpreis das Kind im Zimmer der Eltern übernachten zu lassen.

Geradezu ideal ist ein Aufenthalt an den **Stränden von Goa und Kerala,** wo man seit Jahrzehnten auf die Wünsche westlicher Touristen eingestellt ist. **Ermäßigungen** für Kinder im Alter von bis zu zwölf Jahren (1–4 Jahre frei, 5–12 Jahre 50 %) geben nicht nur die indische Eisenbahn, sondern auch die inländischen Fluggesellschaften. Ist man mit Kindern unterwegs, bietet sich als bestes Fortbewegungsmittel der **Mietwagen** an, da man so die fast ständig überfüllten öffentlichen Verkehrsmittel vermeidet und zudem besser auf die individuellen Wünsche der Kinder eingehen kann.

Auch bei der Wahl des **Restaurants** lohnt es sich, etwas tiefer in die Tasche zu greifen. Nur bessere Restaurants verfügen über eine Auswahl an europäischen Gerichten, falls die in der Regel recht scharfen indischen Speisen nicht nach dem Geschmack des Kindes sind. Sollte ein Kind **erkranken,** besteht zunächst kein Grund zur Panik, gibt es doch in jedem größeren Ort einen Englisch sprechenden Arzt. Fast immer handelt es sich um leichtere Erkrankungen, für die auch die eventuell notwendigen Medikamente problemlos zu besorgen sind. Dennoch kann es nicht schaden, wenn man eine bereits zu Hause besorgte Auswahl der gängigsten Medikamente in der Reiseapotheke mitführt. Im Falle einer ernsthafteren Erkrankung gilt bei Kindern das gleiche wie bei Erwachsenen: auf keinen Fall in ein Provinzkrankenhaus gehen, sondern in eines der hervorragenden Krankenhäuser von Mumbai oder Chennai – oder gleich abreisen.

Medizinische Versorgung

Einige große Städte wie z.B. Mumbai verfügen über hervorragende **Krankenhäuser mit internationalem Standard.** Das kann jedoch nicht darüber hinwegtäuschen, dass die meisten Städte und erst recht die kleineren Orte bei weitem nicht über die medizinischen Versorgungsmöglichkeiten verfügen, wie man sie im Westen gewohnt ist. Die **hygienischen Zustände** sind in vielen Krankenhäusern noch weit hinter den in Europa üblichen zurück. Das mag bei kleineren Untersuchungen noch zu ertragen sein; wem jedoch seine Gesundheit lieb und teuer ist, der sollte sich bei ernsthafteren Erkrankungen so schnell wie möglich zur Behandlung in eines der wenigen guten Krankenhäuser des Landes begeben. Deren Anschriften sind in den jeweiligen Städtekapiteln genannt. Im übrigen verfügen die Botschaften bzw. Konsulate über Listen von empfehlenswerten **Privatärzten,** bei denen die Honorare dann allerdings auch dementsprechend hoch sind.

Nachtleben

Indien ist zwar immer noch kein idealer Ort für Nachtschwärmer, aber in den letzten Jahren hat sich sehr viel getan. Zwar sind in den kleineren Städten Cafés, Kneipen und Diskotheken sowie kulturelle Abendveranstaltungen kaum bekannt, aber in Metropolen wie Mumbai, Chennai, Hyderabad und Bangalore haben diese kulturellen Errungenschaften aufgrund der hohen Nachfrage der indischen Mittelschicht einen ungeahnten Aufschwung genommen. Hier wie auch in den touristischen Zentren Keralas und Goas hat sich in den letzten Jahren eine umfassende Freizeit- und Unterhaltungskultur entwickelt. Andernorts ist meist gegen 22 Uhr Zapfenstreich. In diesen Orten bleibt einem abends nur ein mit der Zeit zunehmend frustrierendes „Abhängen" an den meist wenig einladenden Hotelbars. Kinos sind jedoch selbst im kleinsten Dorf anzutreffen.

Nationalparks

Allein im Süden Indiens befinden sich **über 60** offiziell anerkannte Nationalparks, Tierschutzgebiete und Reservate. Die genaue Unterscheidung zwischen den einzelnen Bezeichnungen scheint auch in Indien selbst niemand genau vornehmen zu können. Zu den bekanntesten gehören der **Periyar-Nationalpark** in Kerala sowie **Bandipur** und **Nagarhole** in Karnataka. In diesen auch von vielen westlichen Reisenden besuchten Wildschutzgebieten darf man mit einer touristischen Infrastruktur rechnen, die einen solchen Namen auch verdient. Dort stehen eine Reihe von Unterkünften unterschiedlicher Qualität zur Auswahl.

Die meisten Parks limitieren die maximale Aufenthaltsdauer auf **drei Tage.** Wer die Ruhe und Abgeschiedenheit eines Nationalparks genießen möchte, sollte möglichst die Wochenenden meiden, da dann oft Hunderte von einheimischen Besuchern anreisen. Generell gilt, dass die **Unterkünfte** in den Parks begrenzt sind und deshalb eine frühzeitige Voranmeldung zu empfehlen ist.

Im Januar und Februar werden die einzelnen Nationalparks jeweils für eine Woche geschlossen, um die verbliebenen Tiger bei einem jährlich stattfindenden Census zu zählen. Die genauen Schließzeiten für den jeweiligen Nationalpark kann man bei den Touristenbüros der Bundesstaaten erfahren.

Geführte Touren

Die allermeisten Besucher schließen sich einer von der Parkverwaltung organisierten Tour an. Dabei handelt es sich entweder um eine **Jeepsafari,** einen **Ausritt auf einem Elefanten** oder eine **Bootsfahrt.** Allzu große Hoffnungen, dabei auch tatsächlich Wildtiere wie Tiger oder frei lebende Elefanten aus nächster Nähe zu Gesicht zu bekommen, sollte man sich jedoch nicht machen. Die Tiere wissen um die seit Jahren ausgetretenen Routen und ziehen sich gerade dann, wenn die Touristengruppen ankommen, verständlicherweise ins Unterholz zurück.

Wesentlich bessere Aussichten zur Tierbeobachtung bieten **Wanderungen** innerhalb des Parkgeländes, die allerdings ausschließlich unter der Leitung eines offiziell anerkannten Führers unternommen werden können. Auf eigene Faust dürfen sich weder Einheimische noch westliche Touristen in einem Park bewegen. Auch bei der Auswahl eines solchen **Guides** sollte man Vorsicht walten lassen. Während einige über langjährige Erfahrung verfügen und einen gezielt zu den „aussichtsreichsten" Punkten führen, scheinen andere ihre Lizenz durch Beziehungen bekommen zu haben. Die besten, weil aktuellsten Informationen über die Qualität eines Führers erhält man von Reisenden, die am Tag zuvor an einer solchen geführten Parkwanderung teilgenommen haben.

Ausrüstung

Besonders in den weniger von Westlern frequentierten Parks stehen häufig nur sehr spartanische Unterkünfte zur Verfügung, die zudem oft nicht den saubersten Eindruck machen. In solchen Fällen ist die Mitnahme eines **Schlafsacks** zu empfehlen.

Fotografen sollten hochempfindliches Filmmaterial bzw. lichtstarke Kameras mitnehmen, da die Safaris normalerweise frühmorgens und am späten Nachmittag stattfinden und die dichten Wälder selbst am helllichten Tage kaum Licht durchlassen. Da es im Übrigen nachts und bei den morgendlichen Safaris recht kühl werden kann, sollte man auch einen **Pullover** im Gepäck haben.

Öffnungszeiten

Banken

Banken sind in der Regel wochentags durchgehend von 10 bis 14 Uhr geöffnet. Da Bankangestellte in Indien nicht gerade einsatzfreudig sind, öffnen sie ihre Schalter gerne 15 Minuten später bzw. schließen etwas früher. Manche internationalen Banken in Großstädten haben verlängerte Öffnungszeiten (Adressen siehe Städtekapitel). Alle Banken sind am 31. März und am 30. September geschlossen. Meist sind die großen privaten Wechselstuben wie American Express, Thomas Cook, UAE Exchange oder LKP Forex tagsüber wesentlich länger und teils auch sonntags geöffnet und zudem effizienter.

Behörden

Behörden sind in der Regel zwischen 10 und 16 Uhr geöffnet, mit einer Mittagspause zwischen 13 und 14 Uhr. Ebenso wie die Bankangestellten schlafen indische Beamte lange und gehen gerne früh ins Bett, d.h. es kann sich auch alles um eine halbe Stunde nach hinten oder vorne verschieben.

Post

Werktags meist durchgehend von 10 bis 17 Uhr geöffnet, samstags 10 bis 12 Uhr. Telefonzentralen *(Telecommunication Centers)* sind meist 24 Stunden am Tag geöffnet.

Geschäfte

Geschäfte haben keine geregelten Öffnungszeiten. Vor 10 Uhr morgens wird man jedoch auch hier fast immer vor verschlossenen Türen stehen. Zwischen 21 und 22 Uhr werden dann die Rolläden wieder heruntergelassen. Auch die Mittagspausen werden variabel gehandhabt, meist schließt man zwischen 12 und 14 Uhr, manchmal jedoch auch gar nicht. Zwar gilt der Sonntag als offizieller Ruhetag, doch viele Läden haben auch dann geöffnet und in manchen Basarvierteln ist der Sonntag sogar der lebhafteste Tag.

Post

Briefe und Postkarten

Die wichtigste Regel beim Verschicken von Briefen bzw. Postkarten lautet: **Niemals in den Briefkasten werfen,** sondern immer persönlich beim Postamt abgeben und dort vor den eigenen Augen abstempeln lassen. Erstens weiß man nie, wann und ob der Briefkasten überhaupt geleert wird, und zweitens kommt es auch in Indien wie in anderen Ländern Asiens vor, dass die Postler nicht abgestempelte Briefmarken ablösen, um sie wieder zu verkaufen.

In den meisten Postämtern gibt es mit dem **stamps counter** für den Briefmarkenverkauf und dem **cancellation counter** für das Abstempeln zwei unterschiedliche Schalter. Speziell vor dem *stamps counter* bilden sich oft lange Warteschlangen. Es empfiehlt sich deshalb Briefmarken auf Vorrat zu kaufen.

Die Beförderungsdauer von Indien nach Europa beträgt etwa 10 Tage, gelegentlich aber auch noch wesentlich länger. Von Delhi und Mumbai aus kann es aber auch mal schneller gehen. Inlandsbriefe sind mit 1 Rs, Postkarten mit 0,75 Rs zu frankieren.

Eine **Postkarte** nach Europa kostet 12 Rs, ein **Brief bis 20 g** 20 Rs, ein **Luftpostbrief** 15 Rs. Post auf dem Seeweg benötigt etwa 2 bis 4 Monate bis zum Empfänger, per Luftpost etwa 1 bis 3 Wochen.

Pakete

Kleine Pakete bis 100 g kosten 40 Rs, für jede weitere 100 g zahlt man 30 Rs, Höchstgrenze 2 kg. **Größere Pakete** können bis 20 bzw. 30 kg verschickt werden. Die Gebühren hierfür sind abhängig von Art der Versendung (See- oder Luftfracht) sowie ziel- und gewichtsabhängig.

Das Versenden von Paketen ist in Indien eine sehr **aufwendige Prozedur,** die unter Umständen mehrere Stunden in Anspruch nehmen kann. Das beginnt bereits mit der Verpackung. In Indien geht man mit Paketen äußerst unsanft um und so gilt es, die verschiedenen Gegenstände so stabil wie möglich zu verpacken. Hierzu bieten sich entweder Holzkisten an, die man z.B. in Obstläden für wenige Rupien erhält, oder, noch besser, Metallkoffer, die es auf vielen Basaren in unterschiedlichen Größen zu kaufen gibt. Danach muss das Paket **in Stoff eingenäht und versiegelt** werden, ansonsten wird es von der Post nicht angenommen. Am besten lässt man dies von einem Schneider oder einem Packing Service, der häufig vor den Postämtern anzutreffen ist, erledigen. Je nach Paket zahlt man **zwischen 15 und 50 Rs.**

Danach begibt man sich mit dem versiegelten Paket zum **Paketschalter,** wo einem eine Paketkarte und mehrere **Zolldeklarationsformulare** ausgehändigt werden, auf denen u.a. der Inhalt näher spezifiziert werden muss. All dies ist gut lesbar, am besten in Druckbuchstaben, auszufüllen. Bei der zu beantwortenden Frage nach dem Inhalt am besten *gift* bzw. *cadeau,* d.h. Geschenk, ankreuzen. Außerdem sollte der **Wert des Pakets** mit nicht mehr als 1.000 Rs angegeben werden, da sonst ein spezielles *bank clearance certificate* verlangt wird. Man kann die Sendung zwar für ein paar Rupien versichern lassen, doch in der Praxis ist das nicht mehr wert, als das Papier, auf dem es geschrieben steht.

Schriftstücke/Buchsendungen sind per International Book Post bis 5 kg für 350 Rs zu verschicken. Auch diese müssen eingenäht werden, sind jedoch an einer Seite zur Inhaltskontrolle geöffnet zu lassen.

Seefrachtpakete sind nach Europa gewöhnlich etwa zwei Monate unterwegs, es kann jedoch noch länger dauern. **Luftpostpakete** sollten innerhalb von 15 Tagen ihr Ziel erreichen. Außerdem gibt's die Möglichkeit, per **Speedpost** zu versenden. Damit sollte die Sendung innerhalb von 6 Tagen den Empfänger erreichen. Preise: je nach Zielland (Deutschland, Österreich, Schweiz) kosten die ersten 250 g zwischen 705 und 900 Rs, jede weiteren 250 g zusätzlich zwischen 80 und 100 Rs. Für aktuelle Preise ist die Website der indischen Post zu Rate zu ziehen: www.indiapost.gov.in.

Vorsicht ist geboten, wenn von privaten Händlern das Angebot gemacht wird, die eingekauften Waren per Post ins Heimatland zu senden. Hier hat die Ware manches Mal nicht ihren Empfänger erreicht. So sollte man den Postversand selbst in die Wege leiten. Ausnahme hiervon sind die staatlichen Government Emporiums, bei denen der Versand in der Regel komplikationslos vonstatten geht.

Weltkulturerbe:
Brihadeshvara-Tempel in Thanjavur

Routenvorschläge

Indien ist nicht nur ein Land mit kontinentalen Ausmaßen, sondern auch derart reich an kulturellen und landschaftlichen Höhepunkten, dass sich der Reisende immer wieder vor die Qual der Wahl gestellt sieht. Einerseits möchte man so viel wie möglich sehen, andererseits nicht durch das Land hetzen und reinen „Abhaktourismus" betreiben. Letztlich ist das Problem nicht zu lösen, außer man hat mehrere Monate Zeit oder entschließt sich das Land häufiger zu besuchen. Am sinnvollsten ist es sich auf eine Region zu konzentrieren, um diese bei genügender Reisezeit in einer Art „Baukastensystem" mit weiteren Gebieten zu kombinieren.

Genau dies versuchen die vier hier vorgeschlagenen Reiserouten. Bei der Zusammenstellung wurde besonderer Wert auf eine harmonische Mischung zwischen landschaftlichen und kulturellen Eindrücken gelegt. Überschneidungen sind dabei natürlich erwünscht. Im Übrigen kann wer in Chennai mit seiner Südindien-Rundreise beginnt und von Mumbai nach Hause fliegt die Reihenfolge der Routen 1 bis 3 ganz einfach umdrehen.

Bei der Reiseplanung sollte man bedenken, dass das Reisen auf eigene Faust in Indien eine zeitraubende Angelegenheit ist. Eine Durchschnittsgeschwindigkeit von 50 km/h auf Indiens Straßen ist schon oberer Durchschnitt. Das gleiche gilt für die Bahn, abgesehen von den modernen Zügen wie etwa der Konkan Railway. Dementsprechend viel Zeit sollte man einplanen. Doch wer mit der in Indien stets hilfreichen Reisephilosophie „Man reist doch nicht, um anzukommen" unterwegs ist, dem kann dies eigentlich nichts anhaben.

Tour 1 – von Mumbai nach Goa:

Mumbai – Matheran – Bijapur – Aihole – Pattadakal – Badami – Hampi – Panaji

016is Foto: tb

Highlights in Indiens Süden

Als kleine Hilfestellung beim „Basteln" an einer individuellen Reiseroute im Folgenden einige reizvolle Ziele in Südindien. Ebenso wie die vorgeschlagenen Reiserouten kann es sich auch hier nur um eine subjektive Auswahl handeln, die selbstverständlich keinen Anspruch auf Vollständigkeit erhebt.

Orte zum Verweilen:
Gokarna, Hampi, Kochi, Mamallapuram

Altstädte:
Hyderabad, Madurai, Mysore, Old Goa

Tempelanlagen:
Ajanta, Badami, Belur, Chidambaram, Ellora, Halebid, Kanchipuram, Mamallapuram, Meenakshi (Madurai), Somnathpur, Sravanabelgola, Tiruchirapalli, Tirupati, Thanjavur

Landschaften und Naturschutzgebiete:
Backwaters, Periyar-Nationalpark, Nagarhole-Nationalpark

Strände:
Kovalam, Benaulim, Gokarna, Palolem, Patnem, Agonda, Mamallapuram, Varkala

Schöne Fahrtstrecken:
Kollam – Alappuzha (Backwaters) per Boot; Mettupalayam – Udhagamandalam (Ooty) mit der Schmalspurbahn; Kottayam – Thekkady; Mangalore – Kochi

Welterbe-Stätten der UNESCO

- Höhlentempel von Ajanta
- Felsentempel von Ellora
- Tempelbezirk von Mahabalipuram
- Kirchen und Klöster von Goa
- Tempelbezirk von Hampi
- Tempelanlage von Pattadakal
- Höhlen von Elephanta
- Tempel Brihadeshvara in Thanjavur

Tour 2 – von Goa nach Kerala:
Panaji – Gokarna – Jogg Falls – Halebid – Belur – Sravanabelgola – Mysore – Nagarhole-Nationalpark – Kochi

Tour 3 – von Kerala nach Chennai (Madras):
Kochi – Alappuzha – Kollam (Quilon) – Kovalam – Periyar-Nationalpark – Madurai – Tiruchirapalli (Trichy) – Thanjavur – Kumbakonam – Chidambaram – Pondicherry – Mamallapuram – Kanchipuram – Chennai

Tour 4 – von Bangalore nach Mumbai:
Bangalore – Hampi – Badami – Aihole – Pattadakal – Bijapur – Gulbarga – Hyderabad – Aurangabad – Ellora – Ajanta – Mumbai

Sicherheit

Indien ist, auch wenn es nicht immer so scheint, ein **relativ sicheres Reiseland.** Bedenkt man, welche ungeheuren sozialen Spannungen im Lande herrschen und dass 40 % der Bevölkerung unter der sogenannten Armutsgrenze leben, kann man sich nur wundern, dass alles im Grunde so friedlich ist. Die Religion übt sicher einen die Kriminalität dämpfenden Einfluss aus: Man fügt sich lieber in sein Karma, als sich mit Brachialgewalt in eine bessere finanzielle Position zu bugsieren. Herrschten dieselben sozialen Verhältnisse in Europa, könnte wohl niemand mehr vor die Haustür gehen.

Verständlicherweise gibt es in punkto Sicherheit **regionale Unterschiede.** Besonders in Touristenhochburgen haben sich zwielichtige Gestalten angesiedelt, die sich an den westlichen Touristen auf die eine oder andere Art bereichern möchten. Besonders an den von Travellern besonders frequentierten Stränden in **Goa** wie Vagator, Chapora und Anjuna kommt es häufig zu Diebstählen und Betrügereien. Vorsicht ist auch in der Traveller-Hochburg **Hampi** geboten, wo es in den letzten Jahren mehrfach zu Überfällen und in einem Fall sogar zu einem Mord an westlichen Individualtouristen gekommen ist.

Sicherheitslage für Indienreisen

Das Auswärtige Amt sieht im September 2011 keinen Anlass, von Reisen nach Indien generell abzuraten. Die folgenden **Warnungen** werden aber ausgesprochen: Mit Anschlägen in Indien muss gerechnet werden. Ziele können auch von Touristen bevorzugte Orte sein. Es wird daher generell zu erhöhter Wachsamkeit geraten, besonders beim Besuch von Märkten, öffentlichen Plätzen und großen Menschenansammlungen sowie Regierungsgebäuden und nationalen Wahrzeichen.

Die Heftigkeit von **Bombenanschlägen** und gewalttätigen Auseinandersetzungen hat durch den Angriff auch auf touristische Ziele in Mumbai im November 2008 eine neue Qualität bekommen. Viele Anschläge jüngeren Datums stehen im Zusammenhang mit dem Pakistan-Konflikt, sie werden islamistischen Terroristen zugeschrieben. **Mumbai** hat seit den Terroranschlägen die wahrscheinlich größte Polizeipräsenz des Landes – ist irgendetwas los, taucht in Kürze aus dem Nichts eine Patrouille auf, oft in Zivil. Nachts werden an Straßensperren Fahrzeugkontrollen durchgeführt; dabei geht es weniger um die Bremsbeläge als um Schmuggelware, Waffen u.Ä. Obwohl bei den Attacken auch touristische Ziele betroffen waren, muss man die Gefahr eines Mumbai-Besuchs sicher nicht allzu hoch einschätzen.

Die Stadt beherbergt eine ganze Reihe von mafiaähnlichen Banden, die ihre relative „Unantastbarkeit" der Protektion durch Lokalpolitiker verdanken. Die Banden scheinen sich allerdings gegenseitig ausrotten zu wollen. Bandenkriege, oft spektakulär wie in einem Hollywood-Thriller, gehören fast zum Alltag. Reisende sind davon nicht betroffen, es geht einzig und allein um unterweltinterne Querelen. Mit Ausnahme von einigen Slum- und Rotlichtvierteln, die man meiden sollte, kann Mumbai nicht als besonders unsicher eingestuft werden.

In jüngster Zeit gab es in Großstädten, so in New Delhi, Einzelfälle von Gewaltkriminalität gegen ausländische Frauen.

Über die aktuelle Sicherheitslage informiert das Auswärtige Amt unter:
●**www.auswaertiges-amt.de**

Betrug

Vorsicht ist bei der **Bezahlung mit Kreditkarten** geboten. Abgesehen von staatlichen Geschäften, seriösen Läden und First-Class-Hotels, kommt es immer wieder zu Trickbetrügereien, die man oftmals erst bemerkt, wenn man wieder im Heimatland ist – und dann ist es zu spät.

Eine ähnlich unliebsame wie häufige Überraschung mussten Touristen erleben, die sich auf das Versprechen von Verkäufern verließen, die als besonderen Service die erstandene Ware **per Post** nach Hause zu schicken vorgaben. Für viele entwickelte sich das sehnsüchtige Warten auf die vielen schönen Souvenirs zum Warten auf Godot. Am besten ist es immer noch, man gibt die Pakete persönlich bei der Post auf oder nimmt sie selbst mit nach Hause.

Damit kein Missverständnis entsteht: Hier soll nicht allgemeinem Misstrauen gegenüber indischen Geschäftsleuten Vorschub geleistet werden – aber Geld ist nun mal verführerisch, vor allem in einem Land, in dem die Armut groß ist. Die Tricks der Betrüger, ihre Opfer in Sicherheit zu wiegen, sind vielfältig. Generelle Vorsicht ist bei allzu **verlockenden Geschäften** geboten, besonders solchen am Rande der Legalität oder gar Gesetzesverstößen (z.B. Schwarztausch oder Schmuggel). Hier wird besonders gern betrogen, da sich das Opfer nicht an die Polizei wenden kann.

Diebstahl

Das Delikt, das am ehesten zu erwarten ist, sind Diebstähle in **Hotelzimmern** oder Taschendiebstähle. Verlässt man sein Zimmer, sollten alle wertvollen Gegenstände verschlossen werden. Zu „wertvollen Gegenständen" können auch Kugelschreiber, Feuerzeuge, Taschenrechner u.Ä. gerechnet werden. Wer ganz sicher gehen will, sollte auch seine Kleidung nicht im Zimmerschrank ablegen, sondern im Gepäck belassen: Ein schönes T-Shirt oder ein teurer BH kann auf manche(n) Hotelangestellte(n) eine unwiderstehliche Anziehungskraft ausüben. Dabei geht es den Dieben weniger um den materiellen Wert des Objektes, als darum, ein ausländisches

Ganesha, steh mir bei! – oder vom Abenteuer des Gewöhnlichen

Es gehört zu den Charakteristika des Reisens, dass sich die Dinge des täglichen Lebens, die man im Heimatland wegen ihrer Banalität gar nicht mehr wahrnimmt, in der Fremde zu einer Herausforderung, ja einem echten Abenteuer entwickeln können. Dies gilt insbesondere für ein in seinen täglichen Lebensäußerungen derart extremes Land wie Indien.

Als ein Beispiel von vielen sei das **Überqueren einer Straße** genannt. In Mitteleuropa nichts einfacher als das: Man positioniert sich an der Ampel, wartet auf Grün und geht los. In Indien ist alles anders. Zunächst einmal gibt es **kaum Ampeln,** die wenigen funktionieren so gut wie nie und selbst für den Fall, dass man eine intakte Ampel erwischt, hilft dies nichts, weil sich niemand danach richtet und bei Rot anhält.

Doch ist dies nur der Beginn des Problems. Das **Ignorieren jeglicher Verkehrsregeln** im Neben- und Durcheinander von Fußgängern, Lastenträgern, Ochsenkarren, heiligen Kühen, Kamelen, Fahrradrikschas, Autorikschas, Scootern, PKWs und LKWs, dazu der ohrenbetäubende Lärm und die im wahrsten Sinne atemberaubende Luftverschmutzung, das alles bei 30 Grad Celsius und mehr lassen einen an das berühmte Zitat von Indien als „der einzig funktionierenden Anarchie der Erde" denken.

Doch wie begegnet ein an Recht und Ordnung gewöhnter Mitteleuropäer diesem täglichen Chaos? Tatort Hyderabad. Die Lust auf ein kühles Getränk und Ruhe nach einem anstrengenden Recherchetag zieht den Autor in ein hübsches Café auf der anderen Straßenseite. Doch zwischen meinem Wunsch und dessen Erfüllung liegt die vierspurige Himayathnagar Road wie die Hölle vor dem Paradies.

In der einzigen von allen akzeptierten Verkehrsregel Indiens, dem **Recht des Stärkeren,** rangieren Fußgänger auf der untersten Stufe und werden wie Freiwild behandelt. Selbst die Kühe sind besser dran, muss doch jener, der ein heiliges Tier überfährt, 30 US-$ an den Besitzer und die Kosten für die Beseitigung zahlen. Shiva, der Gott der Zerstörung, hat hier eindeutig die Oberhoheit. „Rette sich wer kann" ist das oberste Gebot des Fußgängers.

Ich mache mir Mut mit der alten Weisheit, dass jede Reise mit dem ersten Schritt beginnt. Die Frage ist nur wie, angesicht der erbarmungslos an mir vorbeijagenden Meute. Die erste Verkehrsregel, die wir unseren Kindern beibringen, lautet: Schaue zuerst nach links, dann nach rechts, bevor Du die Straße betritts. Doch da ist der erste Haken: In Indien herrscht **Linksverkehr.** Todesmutig setze ich meinen Fuß auf die Straße – und werde fast von der offen stehenden Tür eines der selbst in Indien für ihre rücksichtslose Fahrweise bekannten Privatbusse ins Jenseits befördert. Der nächste Versuch. Diesmal schaffe ich es bis zur Hälfte der einen Straßenseite, wobei ich wie eine Slalomstange von Scootern und PKWs umkurvt werde, die Zentimeter vor einer Berührung nach links oder rechts ausscheren. Dabei scheinen sie keine Miene zu verziehen, selbst wenn sie in letzter Sekunde einem riesigen, stinkenden LKW ausweichen müssen. Autofahren in Indien ist Millimeterarbeit und wenn ich nicht ständig um mein Leben fürchten müsste, würde ich diese Todesmutigen für ihre Akrobatik bewundern. Doch so habe ich ständig den Eindruck, dem Teufel soeben von der Schüppe gesprungen zu sein.

Wissend, dass laut Statistik versagende Bremsen die häufigste Unfallursache auf In-

Das alltägliche Verkehrschaos, hier: Kalkutta

diens Straßen sind, bleibt mir in meiner Verzweiflung nichts anderes, als laut zu rufen: „Ganesha, steh mir bei!!!" Der drollige Elefantengott, in ganz Indien als Beschützer auf allen Wegen verehrt, scheint mein Flehen erhört zu haben, stehe ich doch plötzlich auf der durch einen Zaun gekennzeichneten Straßenmitte. Nie hätte ich gedacht, dass ich mich inmitten des ohrenbetäubenden Lärms und der bleiverseuchten Luft derart wohl fühlen könnte, als ein kaum bekleideter Junge an meinem Hosenzipfel zieht und „Paisa please" ruft.

Unvermittelt stellt sich bei mir Mitleid ein, der Wunsch, ihn unversehrt auf die andere Seite zu bringen – bis mir klar wird, dass ich es bin, der Mitleid und seine Hilfe benötigt. Zehn Rupien sollst Du haben, wenn Du mich lebend hinüberbringst. Sogleich soll sich zeigen, was für ein ausgefuchstes Kind dieser Junge ist, der wahrscheinlich sein ganzes Leben auf der Straße verbracht hat. Mit stoischer Gelassenheit leitet er mich zu einer wie eine Festung in der Schlacht in der Straßenmitte ruhenden heiligen Kuh. Gemütlich vor sich hinkauend, erweist sie sich als ein Schutzwall vor den anprallenden Geschossen. Nach einer kurzen Verschnaufpause nimmt mich mein neuer Freund an die Hand und wir stehen schweißgebadet auf der anderen Straßenseite.

Hurra, wir leben noch, mein Retter um zehn Rupien reicher, ich erschöpft und glücklich, dass auf Ganesha immer Verlass ist.

569in Foto: mb

(bzw. im Ausland hergestelltes) Kleidungsstück zu besitzen. *Foreign* ist „in“.

Wer Parterre wohnt, sollte dafür sorgen, dass keine Gegenstände durchs Fenster „erangelt“ werden können. Zimmertüren sollten nachts gut verschlossen sein. Zur doppelten Sicherheit kann man von innen ein batteriebetriebenes **Alarmgerät** an die Türklinke hängen. Fasst jemand von außen an die Klinke, geht ein schriller Alarmton los. Das Gerät lässt sich mit dem gleichen Effekt auch in verschlossenen Gepäckstücken unterbringen.

Gegen **Taschendiebstähle** ist das allerbeste Mittel, gar nichts Wichtiges in den Hosentaschen herumzutragen. Geld, Schecks und Pass sollten in einem **Bauchgurt** untergebracht werden, den man unter der Kleidung tragen kann. Da der fast permanent auftretende Schweiß oft durchdringt, empfiehlt es sich, den Inhalt noch einmal in eine Plastikhülle zu packen. Brustbeutel sind zum einen deutlich sichtbar, lassen sich zum anderen auch zu leicht abnehmen – am liebsten vom Besitzer, wenn er in der indischen Hitze schwitzt. **Geldgürtel** sind auch nicht schlecht, für Pässe allerdings zu schmal. Außerdem sollten sie diskret genug sein, um nicht als solche erkannt zu werden.

Vor der Reise sollten von allen Dokumenten (Pass, Visum, Scheckquittungen, Tickets) mehrere **Fotokopien** angelegt und an verschiedenen Stellen verstaut werden. Geld und Schecks sollte man nicht an einer Stelle unterbringen.

Überfälle

Weitaus seltener als Diebstähle sind Überfälle. Gelegentlich – sehr selten – kommt es zu Überfällen auf Busse oder Züge. Sich dagegen zu schützen ist fast unmöglich; im unwahrscheinlichen Falle einer solchen Attacke gilt es aber, nicht den indischen Filmhelden spielen zu wollen. Inder, auch Kriminelle, haben Respekt vor westlichen Ausländern, und wahrscheinlich wird man behutsamer behandelt als die Einheimischen.

807ra Foto: tb

Bahn

Bahnhöfe und Züge sind ein ideales Jagdrevier für Diebe, weil dort oftmals chaotische Zustände herrschen. Zudem führt der Tourist während des Reisens meist seine gesamten Wertsachen mit sich. Besonders beliebt bei Gaunern sind häufig bereiste Strecken wie z.B. Goa – Mumbai oder Chennai – Madurai. Vorsicht ist vor allem in den Minuten vor der Abfahrt des Zuges und während der oft langen Zwischenstopps geboten, da dann ein ständiges Kommen und Gehen herrscht. Wer jedoch einige Grundregeln konsequent befolgt, ist vor Diebstahl so gut wie sicher. Mir selbst ist während zehn Jahren in Indien absolut nichts abhanden gekommen.

Die wichtigste Regel ist: Nie die **Wertsachen,** d.h. Flugticket, Reiseschecks, Bargeld, Pass, Kreditkarte und Kamera, aus den Augen lassen. Am besten macht man es sich zum Prinzip, den Geldgurt während einer Zugfahrt nie abzulegen. Die **Kameratasche** sollte man nachts am besten im Kopfbereich ablegen. Viele Traveller in Indien schließen ihre Rucksäcke oder Koffer mit einer **Metallkette** ans Bett an. Das ist sicher sinnvoll, doch die Diebe haben es mittlerweile meist sowieso auf die wertvollen kleinen Gegenstände abgesehen.

Besonders gefährdet sind naturgemäß **Einzelreisende.** Schließlich ist es gerade während der oftmals langen Zugfahrten unmöglich, ständig hellwach zu bleiben. In einem Notfall sollte man vorher eine vertrauenerweckende Person (Frauen, Familienväter) darum bitten, für die Zeit der Abwesenheit auf das Gepäck zu achten.

Achtgeben sollte man auch, wenn sich eine Gruppe junger, auffällig modisch gekleideter Männer um einen versammelt, besonders, wenn sie mit einem großen Gegenstand, etwa einer Holzplatte oder einem Bild, hantieren. Oft schon wurden solche Objekte nur zur Tarnung eines Diebstahls zwischen den Besitzer und seinen Rucksack geschoben.

Menschenmassen unterwegs – hier muss man mit Taschendieben rechnen

Bus

Bei den staatlichen Bussen stellt die übliche Gepäckaufbewahrung **auf dem Dach** ein echtes Sicherheitsrisiko dar. Man sollte auf jeden Fall darauf achten, das Gepäck gut festzuzurren und es möglichst mit einer eigenen Kette sichern. Gerade während der vielen Teepausen sollte man immer mal wieder einen prüfenden Blick auf sein Gepäck werfen. Besser ist es jedoch seine Habseligkeiten im **Businneren** zu deponieren. Platz findet sich eigentlich immer, ob nun unter den Sitzbänken, im Gang oder neben der Fahrerzelle. Gern gesehen wird das zwar meist nicht, doch nach einigem Insistieren stört sich dann meist keiner mehr daran. Bei privaten Busgesellschaften kann man sein Gepäck in der Regel sicher verstauen.

Demonstrationen, Menschenansammlungen und Feste

Inder sind die meiste Zeit zwar sehr umgängliche und freundliche Zeitgenossen, diese Regel kann sich gelegentlich aber auch in Sekundenschnelle umkehren. Das gilt vor allem bei großen Menschenansammlungen, Demonstrationen u.Ä. Sind die Gemüter erhitzt, kann eine friedliche Versammlung in Windeseile in eine Massenkeilerei, einen „Religionskrieg" oder sonstiges Chaos ausarten, bei dem die Polizei manchmal sehr brutal eingreift. Bei politischen Versammlungen oder ähnlichen Menschenansammlungen hält man sich am besten am Rande des Geschehens auf, um notfalls schnell aus der Gefahrenzone verschwinden zu können.

Ähnliches gilt auch bei den ausgelassenen Festen, vor allem beim **Frühlingsfest Holi.** Gelegentlich stellt die Alkoholisierung einzelner Männer ein Belästigungspotential dar. Zu Holi berauschen sich viele Inder mit Alkohol oder Bhang, einem Getränk aus Milch, Zucker, Gewürzen und Marihuana. Traditionell

Notfall-Tipps

Vorsorgemaßnahmen vor Reiseantritt

- Vor der Reise ist es unbedingt ratsam, eine **Auslandsreise-Krankenversicherung** abzuschließen (siehe „Vor der Reise: Versicherungen"). Bei erhöhtem Sicherheitsbedarf kann auch eine Reise-Notfall-Versicherung bzw. ein Schutzbrief nützlich sein.
- Ein **Impfpass** und evtl. ein **Gesundheitspass** mit Blutgruppe, Allergien, benötigten Medikamenten u.Ä. sollte mit auf die Reise genommen werden, ebenso natürlich die Medikamente selbst.
- Bei der Hausbank sollte man sich über die Möglichkeiten der **Geldüberweisung** informieren, außerdem sollte man ggf. rechtzeitig eine Kreditkarte beantragen und sich über Notfallhilfen und Sperrmodalitäten des **Kreditkarteninstituts** kundig machen.
- Für Postempfang und Kontoverfügung sollten bei der Post bzw. Bank an vertrauenswürdige Personen **Vollmachten** ausgestellt werden. Gegebenenfalls sollte man seinem Rechtsanwalt eine Vertretungsvollmacht für Notfälle geben.
- **Zu Hause** ist zu klären, wer im Notfall telefonisch erreichbar ist, R-Gespräche übernimmt (siehe „Post und Telefonieren") und einem Geld überweisen kann. Dort sollten auch die eigene Bankverbindung und die Versicherungsadressen hinterlassen werden.
- **Dokumente** sollten wassergeschützt am Körper (Bauchtasche, Geldgürtel u.Ä.) aufbewahrt oder im Hotelsafe gegen ausführliche Quittung hinterlegt werden.
- Auf alle Fälle sollte man sich **Kopien** von Pass (inkl. Visumseite), Flugticket, Kredit- und Scheckkarten, Reiseschecks und sonstigen Dokumenten anfertigen, einen Satz wasserdicht verpacken und getrennt von den Originalen mitnehmen, einen zweiten Satz zu Hause hinterlegen.

  Die Kopien können auch bei der Beschaffung von Geld mittels *Money Transfer*, wie er von mehreren Anbietern in Indien offeriert wird, sehr von Nutzen sein. Die meisten Firmen verlangen zwar die Vorlage eines Originaldokuments (dies kann außer dem Pass auch der Führerschein oder Personalausweis sein) als Identitätsnachweis. In Ausnahmefällen ist der Geldtransfer aber auch mit einer Kopie des Passes oder Ausweises möglich, wenn zusätzlich das polizeiliche Aufnahmedokument des Diebstahls oder Verlustes vorgelegt werden kann. Leider wissen das, besonders in kleineren Orten, die Bediensteten der jeweiligen Filiale nicht immer.
- Ein ausreichend hoher **Sicherheitsgeldbetrag** sollte getrennt von der Reisekasse aufbewahrt werden.
- Sinnvoll ist es, sich einen **persönlichen Notfall-Pass** zu erstellen und ihn wasserdicht und sicher am Körper aufzubewahren. Eingetragen werden sollten: eigene persönliche Daten, die eigene Adresse und die von Kontaktpersonen zu Hause inkl. Telefonnummer (und Faxnummer), die eigene Bankverbindung, Notruf-Telefonnummern der Kranken- und/oder Reise-Notfall-Versicherung oder der Schutzbrieforganisation, Adresse und Telefonnummer der Botschaft (s. „Vor der Reise: Diplomatische Vertretungen"), Deutschland-Direkt-Nummer für R-Gespräche, Nummern des Passes, des Flugtickets, der Reiseschecks, der Kreditkarten usw.

Im Krankheitsfall

- Wenn ein Auslandskrankenschein nicht akzeptiert wird und man die Kosten selber zu tragen hat, muss man sich vom Arzt eine **ausführliche Bescheinigung** über Diagnose und Behandlungsmaßnahmen, einschließlich verordneter Medikamente, sowie eine **Quittung** über die bezahlte Behandlung ausstellen lassen. Auch von Apotheken sollte man sich Quittungen ausstellen lassen.

• Bei **schweren Fällen** sollte außer dem Notfallservice der Versicherung auch die Botschaft bzw. das Konsulat informiert werden.

Verlust von Dokumenten

• Von der **Polizei** bei Verlusten ein ausführliches Protokoll ausstellen lassen.

• Wird der **Reisepass oder Personalausweis** im Ausland gestohlen, muss man dies bei der örtlichen Polizei melden. Die **Botschaften bzw. Konsulate** (siehe „Vor der Reise: Diplomatische Vertretungen") stellen bei Passverlust einen Ersatzpass aus, nachdem die Identität geklärt ist. Beste Voraussetzung dafür ist eine Kopie des Originals. Sonst wird beim Einwohnermeldeamt der Heimatstadt angefragt, was Zeit und Geld kostet.

Auch in **dringenden Notfällen,** z.B. medizinischer oder rechtlicher Art, Vermisstensuche, Hilfe bei Todesfällen, Häftlingsbetreuung o.Ä. sind die Auslandsvertretungen bemüht, vermittelnd zu helfen.

Beschaffung von Geld

Zum Verlust von Geld, Geldkarten oder Schecks siehe „Vor der Reise: Geldangelegenheiten".

• **Überweisung** von der **Hausbank.** Dazu sollte man schon vor der Reise die jeweiligen Bedingungen, insbesondere die Korrespondenzbank im Reiseland, klären.

• **Blitzüberweisung** durch eine **Vertrauensperson.** Spezialisiert auf schnellste Verbindungen ist Western Union (siehe „Vor der Reise: Geldangelegenheiten, Überweisungen"). Der Betrag wird zusammen mit einer Gebühr eingezahlt, der Überweisungsvorgang erhält in Deutschland innerhalb weniger Minuten eine zehnstellige Nummer, diese kann telefonisch ins Reiseland übermittelt werden und dient neben dem Ausweis als Identifikation des Abholers. Auch Thomas Cook und UAE Exchange bieten diese Serviceleistung zu ähnlichen Konditionen an.

• Vertreter des **Kreditkarteninstituts** zahlen nach Klärung der Identität ein Notfallgeld. Auf eine rasche Ausstellung der Ersatzkarte sollte man nicht in jedem Fall vertrauen.

• **Reise-Notfall-Versicherungen** zahlen je nach Vertragsklauseln bis zu 1.500 Euro Notfalldarlehen, direkt über Vertreter im Reiseland, falls vorhanden.

• Die **Botschaften bzw. Konsulate** leihen nur in absoluten Ausnahmefällen Geld, zumeist auch nur in Form von Rückflugticket oder Zugfahrkarte. Allerdings kann in Notfällen eine Information an Verwandte in Deutschland erfolgen, die das benötigte Geld dann auf ein Konto des Auswärtigen Amtes einzahlen.

bewerfen die Feiernden ihre Mitmenschen mit bunten Farbpulvern, wobei Ausländer bevorzugte Zielscheiben darstellen. Farbpulver wären ja nicht schlimm, leider wird das Fest aber von Jahr zu Jahr rowdyhafter – im Vollrausch wird gelegentlich schon mal mit Lackfarbe und Exkrementen geworfen. Zu Festen wie Holi gilt es, die Atmosphäre des Ortes auszuloten. Machen zu viele rabaukenhafte Jugendliche die Straßen unsicher, zieht man sich lieber in sein Hotelzimmer zurück. Diese Vorsichtsmaßnahme gilt im erhöhten Maße für Frauen.

Anzeige erstatten

Ist es zu einer Straftat gekommen, sollte auf der nächsten Polizeiwache *(thana)* Anzeige erstattet werden *(darj karana)*. Das kann jedoch zu einem Hindernislauf ausarten. Indische Polizisten können sehr hilfreich, oft aber auch völlig unkooperativ sein. Ihre Landsleute müssen nicht selten erst einen Obulus entrichten, ehe der Fall bearbeitet wird.

Ausländer werden in der Regel zuvorkommender behandelt. Falls man bei den niederen Polizeirängen auf Probleme stößt, sollte man darauf bestehen, mit einem höheren Polizeioffizier zu sprechen. Das kann der *Inspector (thanedar)* sein oder der *Sub Inspector (daroga)*. Bei sexuellen Vergehen können Frauen bitten, mit einer Polizistin *(pulis ki mahila sipahi)* zu sprechen. Ob es auf der Wache eine gibt, und falls ja, ob sie Englisch spricht, ist wiederum eine andere Sache. Bei Erstattung einer Anzeige ist am Ende ein **Protokoll** *(vigyapti)* zu unterschreiben. Das ist je nach Ort des Geschehens wahrscheinlich in Hindi, Marathi, Tamil oder einer sonstigen Regionalsprache verfasst, seltener in Englisch. Man hat also im Normalfall keine Ahnung, was man unterschreibt. Danach gibt es einen Zettel mit der **Registriernummer** *(panjikaran sankhya)* des Falles, auch dieser wahrscheinlich in der Regionalsprache. Im Falle von Diebstählen muss der Versicherung *(chori bima)* daheim eine Kopie des Verlustprotokolls und eventuell die Registriernumer

805ra Foto: tb

des Falles vorgelegt werden. Für eine **amtliche Übersetzung** hat der Geschädigte selbst zu sorgen. Normalerweise erstellen die Heimatbotschaften solche Übersetzungen, allerdings nicht umsonst.

Falls der Missetäter auf frischer Tat ertappt worden ist, sollte man sich nicht wundern, wenn er auf der Wache gleich mit ein paar saftigen Ohrfeigen bedacht wird – das ist normale Polizeipraxis. Was weiter in der Zelle passiert, lässt sich nur erahnen.

Buchtipp

- **„Schutz vor Gewalt und Kriminalität unterwegs“,** erschienen in der Reihe Praxis, Reise Know-How Verlag, Bielefeld.

Telefonieren

Auslandsgespräche

Verglichen mit noch vor ein paar Jahren, als der Versuch internationale Telefongespräche zu führen oftmals eine äußerst langwierige und frustrierende Angelegenheit war, geht dies heute fast schon paradiesisch einfach über die Bühne. Am besten, man sucht einen der fast in jeder Stadt vorhandenen **ISD-STD-Läden** auf. Dort bekommt man normalerweise innerhalb kürzester Zeit eine Verbindung. Meist befindet sich in der Telefonzelle eine Leuchtanzeige, auf der der bereits vertelefonierte Betrag fortlaufend angezeigt wird.

Eine Minute nach Mitteleuropa kostet zwischen 7 und 15 Rs (abhängig von der Konkurrenzsituation der Telefongesellschaften am Ort, das heißt meist: je größer der Ort, desto billiger der Minutenpreis). In den ISD/STD-Läden wird sekundengenau abgerechnet. Dieser Preis gilt den ganzen Tag. Selten verfahren Telefonläden noch nach dem alten System, wonach man mindestens drei Minuten telefonieren und bezahlen muss. Bisher besteht nur selten in **Internet-Läden** die Möglichkeit, per Internet nach Europa zu telefonieren. Diese Methode nennt sich „net to phone“ und kostet um 4 Rs pro Minute.

Es ist möglich, über den Telefon-Direkt-Service **R-Gespräche** von Indien nach Hause zu führen. Dazu muss man die Direkt-Nummer für Deutschland (0049-17), Österreich (0043-17) oder die Schweiz (0041-17) wählen und wird dann mit einem Operator verbunden, der die Angerufenen in Deutschland fragt, ob sie die Gebühren für die Verbindung übernehmen wollen. Der Anrufer zahlt dann die Gebühren für ein indisches Ortsgespräch in Rupien, den Rest zahlt der Angerufene. Der Spaß ist aber nicht gerade billig, da allein der Tarif für den Operator pro Gespräch bei ca. 6 € liegt. Hinzurechnen muss man noch 0,59 € für jede Minute.

Wer diese Kosten nicht den Angerufenen, sondern der eigenen Telefonrechnung in Deutschland aufbürden will, kann sich bei der Telekom eine **Telekarte** mit persönlichem Kennwort kaufen. Dem Operator wird dann bei jedem Anruf das Kennwort mitgeteilt. Bei längeren Gesprächen spart man mit dieser Methode Geld. Die Minutengebühr ist mit 0,59 € günstiger als die in Indien berechneten 62 Rs (über 1,50 €).

Gespräche innerhalb Indiens

Telefongespräche im Festnetz sind in den Hauptzeiten immer noch **problematisch** und kommen, wenn überhaupt, oft erst nach mehreren Versuchen zustande. Obendrein ist die Verbindung häufig schlecht. Hinzu kommt, dass noch lange nicht alle Orte in Indien per Direktwahl zu erreichen sind. In diesen Fällen muss man sich von einem Operator verbinden lassen. Ortsgespräche kosten 1 Rs für 2 Minuten.

Will man eine **Handynummer** eines indischen Anbieters anrufen, ist vor der immer mit „9“ beginnenden Handynummer eine **„0“ zu wählen,** falls man von **außerhalb des Bundesstaates** anruft, in dem das Handy angemeldet ist, das erreicht werden soll.

In Läden mit der Aufschrift „STD-ISD“ kann man telefonieren

Vorwahlnummern

• **Indien:**	0091
Von Indien nach:	
• Deutschland	0049
• Österreich	0043
• Schweiz	0041

Handy

Alle deutschen, österreichischen und Schweizer Provider haben Roamingpartner in Indien. D.h. wenn es die Vertragsart erlaubt, kann man mit seinem Mobiltelefon auch in Indien telefonieren. Man muss jedoch mit **hohen Roaming-Kosten** rechnen. Preiswerter geht es, wenn man bei seinem Provider nachfragt oder auf der Website nachschaut, welcher der Roamingpartner in Indien am preiswertesten ist und diesen per **manueller Netzauswahl** bei den Telefonaten voreinstellt. In Indien nutzt man üblicherweise 900 MHz GSM wie in Europa (seltener 1800 MHz).

Falls das eigene Mobiltelefon **SIM-lock-frei** ist (keine Sperrung anderer Provider vorhanden ist) und man viele Telefonate innerhalb Indiens führen möchte, kann man sich eine indische **Prepaid-SIM-Karte** besorgen. In diesem Fall ist neben der Kopie des Reisepasses und ein, manchmal zwei Passfotos oft auch eine schriftliche Bestätigung mit Stempel des jeweiligen Gasthaus-/Hotelmanagers über die dortige Übernachtung vorzulegen.

Hat man kein eigenes, in Indien funktionsfähiges Handy mitgenommen, kann man sich auch in Indien für einen etwas geringeren Preis als in Europa eines zulegen.

Gespräche **indischer Prepaid-Anbieter** innerhalb Indiens sind mit 1 Rs ins Festnetz und zwischen 2 und 4 Rs in andere Handy-Netze konkurrenzlos günstig. Per Handy nach Europa zahlt man ca. 10 Rs, wobei der Angerufene oft einen eigenen Anteil bezahlt. Eine SMS schlägt mit durchschnittlich 2 Rs, nach Europa mit 5 Rs zu Buche. Ruft man von außerhalb des Bundesstaates an, in dem man die Prepaid-Karte erworben hat, fallen zusätzlich zu den Geprächskosten noch Roaming-Gebühren an. Dies gilt auch für Gespräche ins Ausland.

Kauft man sich also eine Prepaid-SIM-Karte eines indischen Anbieters, sind meist 100 bis 150 Rs Grundgebühr zu zahlen, man erwirbt jedoch meist mit der Prepaid-Karte auch gleich das erste Gesprächsguthaben, wobei sich der Gesamtpreis gewöhnlich auf etwa 1.000 Rs beläuft, von denen 800 bis 900 Rs eine bestimmte Zeitdauer, abhängig vom jeweiligen Anbieter, zu vertelefonieren sind. Die bekanntesten Firmen für Prepaid-Verträge auf dem hart umkämpften indischen Markt sind *Airtel, Hutch, Reliance* und *BSNL,* die alle ihr jeweils eigenes Netz in Indien haben, sodass ein Anbieter in einer Gegend Indiens, ein anderer Anbieter in einer anderen die bessere Verbindungsqualität hat. So sollte man sich vor Ort erkundigen, welcher Anbieter für die jeweils bereiste Region die beste Verbindungsqualität aufweist.

Neben den Kiosken und Geschäften, in denen das Guthaben durch ein Telefonat des Kioskbesitzers mit der Zentrale des Anbieters aufgestockt werden kann, ist die Aufladung in den Vertragsgeschäften der Anbieter, etwa Vodaphone, auch per zu kaufender Prepaid-Karte zu bewerkstelligen, indem man die Nummer freirubbelt und den Nummerncode eingibt, wodurch man die volle gekaufte Summe vertelefonieren kann. Die zweite Methode ist also die sicherere. Bei der ersten sollte man sich auf jeden Fall schon beim Erwerb der SIM-Karte beim jeweiligen Anbieter erkundigen, welche Aufladesummen die vollständige Sprechzeit *(talktime)* garantieren, auch in anderen Bundesstaaten als dem, in dem die Karte gekauft wird. Vor Ort wissen es die Zuständigen (häufig Kiosk- oder Ladenbesitzer) oft nicht. Wenn man dann eine frei gewählte Summe durch ein Telefonat unter Angabe der eigenen Telefonnummer aufladen *(top-up)* lässt, bekommt man teilweise eine erheblich geringere Sprechzeit als die bezahlte Summe. Die Aufladung wird wenig später durch eine SMS bestätigt.

Gelegentlich gibt's Probleme mit dem Versenden von SMS, die zwar gesendet, aber dann für längere Zeitabschnitte nicht vom Gegenüber beantwortet werden können.

• **Buchtipp:** Viele nützliche und Geld sparende Tipps bietet das Buch „Handy global – mit dem Handy ins Ausland" aus der Praxis-Reihe des REISE KNOW-HOW Verlages.

Diebstahl und Verlust

Sollte das Mobiltelefon im Ausland verloren gehen oder gestohlen werden, sollte man bei einem **Laufzeitvertrag,** aber auch bei bestimmten **Prepaid-Abonnements** die Nutzung der SIM umgehend beim Provider sperren lassen (nicht immer kostenfrei!). Für deutsche Betreiber kann man das über die zentrale Sperrnummer **0049-116116** machen, die auch zur Sperrung von Maestro-(EC-), Kredit- und Krankenkassenkarten gilt. Dazu muss man in der Regel **folgende Angaben** machen können, die man sich vorab irgendwo notieren sollte: Rufnummer, SIM-Kartennummer (auf SIM vermerkt), Kundennummer oder Kundenkennwort.

Unterkunft

Wer die Wahl hat, hat die Qual. Diese alte Weisheit gilt bei der Wahl der Unterkunft in Indien wohl noch mehr als anderswo. Die Zahl der Möglichkeiten ist schier unbegrenzt und reicht vom stickigen, moskitodurchsetzten Schlafsaal bis zum fürstlichen Schlafgemach in einem ehemaligen Rajputenpalast.

Die in diesem Buch beschriebenen Unterkünfte sind in **drei Haupt-Preiskategorien** unterteilt, welche wiederum in jeweils zwei Unterkategorien gegliedert sind, und werden durch hochgestellte Eurozeichen (€€€€) symbolisiert.

Untere Preiskategorie

€ (bis 600 Rs)

Naturgemäß kann man bei einem Maximalpreis von etwa 6 € keine allzu hohen Ansprüche stellen. Speziell in den Metropolen bekommt man für diesen Billigtarif selten mehr als ein kleines, spartanisch möbliertes, nicht sonderlich sauberes, oft fensterloses Zimmer mit pritschenartigen Betten und Neonröhre, teils mit Gemeinschaftsbad. Etwas mehr fürs Geld gibt es da schon in Travellerhochburgen wie Hampi, Goa und Gokarna.

Empfehlenswert sind kleine, wie **Privatpensionen** geführte Unterkünfte. Da hier der Besitzer meist noch selbst Hand anlegt, wirkt alles gepflegt und sauber, die Atmosphäre ist freundlich und man kann leicht Kontakt zu Gleichgesinnten knüpfen. Doch auch hier gilt, dass im unteren Preissegment die Zimmer kaum mehr sind als einfache Schlafstätten ohne jeglichen Komfort.

Dharamsalas sind Unterkünfte für Pilger. Nur gelegentlich sind sie auch für Nicht-Hindus zugänglich. Besondere Rücksichtnahme auf den religiösen Charakter dieser Unterkünfte sollte selbstverständlich sein.

Schließlich sei auf die sogenannten **Salvation Army Hotels** hingewiesen, die speziell in Mumbai und Chennai die besten Low-Budget-Unterkünfte darstellen. Diese von der Heilsarmee geleiteten Unterkünfte sind nicht nur billig und sauber, sondern liegen auch sehr zentral, was gerade in den großen Metropolen ein gewichtiger Pluspunkt ist.

€€ (600 bis 1.000 Rs)

In dieser Kategorie gehören ein eigenes Bad, große Betten und meist auch ein Fernseher zum Standard. Gerade in dieser Preisklasse ist das Angebot in den meisten Städten besonders umfangreich. Wenn im Einsterne-Bereich die Auswahl eher bescheiden ist, sollte man ein paar Rupien drauflegen, denn oftmals ist der Unterschied zwischen einer 500- und einer 800-Rupien-Unterkunft gravierend. Andererseits fehlt den etwas besseren Quartieren oftmals das Flair der Billigunterkünfte.

Dies gilt auch für die von den staatlichen Touristenorganisationen geleiteten **Tourist Bungalows.** Meist kann man aus einer großen Anzahl unterschiedlicher Zimmer auswählen. Oft verfügen sie über ein Restaurant. Außerdem ist ihnen vielfach das lokale

Touristenbüro angeschlossen, sodass man nicht nur hilfreiche Informationen erhält, sondern z.B. auch Stadtrundfahrten vor der Haustür starten. Leider werden diese Vorteile nur allzu oft durch den miserablen Service, der die Tourist Bungalows „auszeichnet", zunichte gemacht.

Mittlere Preiskategorie

€€€ (1.000 bis 2.000 Rs)

Ab 1.000 Rs sind möblierte Zimmer mit heißer Dusche, Fernseher, Telefon und Zimmerservice üblich. Viele Hotels dieser Kate-

Zimmersuche – worauf ist zu achten?

Bei Vorabreservierungen bekommt man bei der Ankunft, besonders in den billigeren Bleiben, oft ein weniger gutes Zimmer zugewiesen. Also sollte man sich noch andere freie Zimmer anschauen, vielleicht ist etwas Besseres dabei.

- **Sanitäre Anlagen:** In diesem Bereich gibt es am meisten zu beanstanden. Toilettenspülungen funktionieren oft nicht, aus der Dusche rinnen nur ein paar Tropfen oder es fehlt der Duschkopf und das heiße Wasser entpuppt sich nur allzu oft als laue Brühe. Alles checken und, falls etwas fehlt, reklamieren. Für viele wichtig: Gibt es ein „europäisches" WC oder ein indisches „Hock-Klo"?
- **Betten:** Sie sind so etwas wie eine Visitenkarte. Ist die Bettwäsche schmutzig bzw. die Matratze mit Flöhen durchsetzt oder durchgelegen, braucht man gar nicht weiter zu verweilen. Eine Liegeprobe zeigt auch, ob das Bett lang genug für europäische Lulatsche ist. Vielfach ist es das nicht. Der häufig vorkommende Grauschleier lässt jedoch eher auf die vorsintflutlichen Waschmethoden schließen als auf nicht gewaschene Bettwäsche. Oft verströmen die Matratzen einen sehr eigenartigen Geruch, der keine Nachtruhe aufkommen lässt.
- **Zimmer mit Teppich** mögen einen gemütlichen Eindruck erwecken, sind jedoch in Hotels der unteren und zum Teil auch noch mittleren Preisklasse zu meiden. Die Teppiche werden, wenn überhaupt, nur sehr oberflächlich gereinigt und sind somit ein idealer Nährboden für unzählige Mikroben.
- **Moskitonetze:** Selbst im angenehmsten Bett kann die Nacht zur Qual werden, wenn man ständig von Blutsaugern heimgesucht wird. Wer also kein eigenes Moskitonetz dabeihat, sollte darauf achten, dass eines vorhanden ist. Ebenso wichtig ist, dass es keine Löcher aufweist. Viele Moskitonetze versprühen eine derart unangenehme Duftnote, dass man darunter kaum Luft bekommt. In diesem Falle sollte man sie auswechseln lassen.
- **Klimatisierung:** Einen **Ventilator** gibt es in Indien in fast jedem Hotelzimmer. Funktioniert er auch? Und wenn ja, wie? Manche sind so träge, dass sich kein Lüftchen bewegt, andere lösen einen mittleren Wirbelsturm aus und donnern wie ein Hubschrauber im Tiefflug. Funktioniert die Stufenschaltung?

  Die nächste Stufe wäre ein **cooler** – eine direkt im Zimmer untergebrachte kleine Klimaanlage, die teilweise gegen einen Aufpreis extra angebracht wird. Nichts für Geräuschempfindliche!

  Eine Klimaanlage (**air conditon, AC**) ist dagegen wesentlich ruhiger – es sei denn, man hat sein Zimmer direkt in der Nähe ihres Gebläses.
- **Lautstärke/Lage:** Inder sind wesentlich lärmunempfindlicher als Europäer. Oft liegen die Zimmer direkt an einer ununterbrochen von Brummis befahrenen Hauptverkehrsstraße. Auch sollte man darauf achten, dass der Nachbar kein Fernsehnarr ist. Inder lieben es, bei voller Lautstärke in die Röhre zu glotzen. Oft

gorie sind speziell auf die Bedürfnisse indischer Geschäftsleute wie kleinerer Handelsvertreter zugeschnitten. So sind die meisten Häuser eher **zweckmäßig eingerichtet** und besitzen ein eigenes Restaurant, in dem vornehmlich einheimische Gerichte angeboten werden.

befinden sich im Erdgeschoss von Hotels Restaurants, deren Lärm und Gerüche einen am Einschlafen hindern. Also empfiehlt es sich, sein Zimmer möglichst weit weg von Straße und Restaurant zu wählen. Im Notfall helfen Ohrenstöpsel.

- **Schließfach-Service:** Es ist sehr angenehm, einmal ausgehen zu können, ohne ständig auf seine Wertsachen achtgeben zu müssen. Viele Hotels bieten einen sogenannten *deposit service* an, bei dem man seine Wertsachen an der Rezeption deponieren kann. Allerdings sollte man sich immer eine Quittung über die abgegebenen Wertsachen ausstellen lassen.
- **Fernseher:** Viele Hotels werben mit dem Empfang internationaler Programme wie BBC und CNN. Da man in indischen Zeitungen nicht gerade mit internationalen News verwöhnt wird, checken einige Traveller zwischendurch ganz bewusst in solche Hotels ein, um auf dem Laufenden zu bleiben. Doch oft ist nur ein verschwommenes Bild zu empfangen.
- **Check-Out-Zeit:** Viele Hotels in Indien verfahren nach dem 24-Stunden-System, d.h. man muss den Raum genau einen Tag nach dem Einchecken wieder verlassen. Das ist von Vorteil, wenn man erst abends eincheckt, weil man dann noch den ganzen nächsten Tag zur Verfügung hat. Umgekehrt ist das unangenehmer: Wer ganz früh morgens ankommt, muss am nächsten Tag auch wieder früh aus den Federn. Andere Hotels verfahren nach der in Europa üblichen 9- bzw. 12-Uhr-Regel. Man sollte gleich zu Beginn fragen, welches System angewandt wird.

€€€€ (2.000 bis 4.000 Rs)

In der Viersterne-Kategorie bekommt man schon eine ganze Menge fürs Geld. Zusätzlich zu den in der Dreisterne-Kategorie genannten Annehmlichkeiten sind hier Air Condition und Satellitenfernsehen eine Selbstverständlichkeit.

Obere Preiskategorie

€€€€€ (4.000 bis 10.000 Rs)

First-Class-Hotels finden sich durchaus nicht nur in den großen Metropolen, sondern in allen Millionenstädten, von denen es in Indien über 30 gibt. Swimmingpool, Spa und Healthclub sowie LAN in den Zimmern, dies besonders in den Business-Hotels, sind in dieser Preisklasse, gerade im oberen Bereich, meist Standard.

€€€€€€ (über 10.000 Rs)

In dieser Preiskategorie wird der **international übliche Standard** geboten. Neben den Annehmlichkeiten der vorherigen Preisklasse sind hier meist mehrere exquisite Restaurants, Sportmöglichkeiten, angeschlossene Shoppingmalls etc., gelegentlich ein persönlicher Butler und eigener kleiner Pool schon ein bisschen viel des Guten. Besonders vertreten in dieser Kategorie sind Luxusketten wie Meridien, Taj, Oberoi und Hyatt. Empfehlenswert sind in dieser Preiskategorie die zu Hotels umfunktionierten ehemaligen Privatunterkünfte oder **Paläste fürstlicher Familien.** Hier durchweht noch ein Hauch der „guten alten Zeit" die Räumlichkeiten, wozu auch die stilvolle Möblierung beiträgt.

Preise

Das Preissystem indischer Hotels ist oftmals sehr verwirrend. In vielen, selbst kleineren Hotels hat man oft die Auswahl zwischen bis zu zehn verschiedenen Preiskategorien. So kostet das billigste Zimmer z.B. 400 Rs und das teuerste 1.500 Rs. Die Gründe für diese Abstufungen sind dabei oft nur minimal. Ein

216ke Foto: tb

wenig mehr Holz an der Wandverkleidung begründet ebenso eine veränderte Preisstufe wie die Größe des Fernsehers oder die Höhe des Stockwerkes.

Mindestens ebenso verwirrend ist die allseits beliebte Praxis, auf den Zimmerpreis noch unzählige **Steuern und Zuschläge** aufzuschlagen. *Service charge, government tax* und *luxury tax* heben die Preise oft um bis zu 50 %. Speziell die **service charge** ist nichts weiter als ein Versuch des Managements zusätzlich abzukassieren, da das Personal, dem das Geld eigentlich zugute kommen sollte, meist kaum etwas davon sieht. Vielfach leiden die Angestellten sogar darunter, da viele Urlauber wegen der *service charge* kein zusätzliches Trinkgeld mehr zahlen. Man sollte immer nach dem Endpreis fragen, da einem andernfalls oft zunächst ein wesentlich geringerer Preis genannt wird. Die unangenehme Überraschung kommt bei der Bezahlung der Rechnung am Ende. Die in diesem Reiseführer genannten Preise beinhalten bereits eventuelle Zuschläge.

Hotelanlage im oberen Sternebereich

Wie alles in Indien, so sind auch Hotelpreise **Verhandlungssache.** Das gilt nicht nur für die auch in anderen Ländern übliche Unterscheidung zwischen Hoch- und Nebensaison, sondern zudem für die jeweilige Auslastung des Hotels. Ist eine Unterkunft nur zur Hälfte belegt, lassen sich vor Ort zum Teil erhebliche Nachlässe aushandeln. Und im Übrigen sollte man sich beim Einchecken immer an die alte Weisheit erinnern: Fragen kostet nichts.

Schlepper

Sie sind meist auffällig chic gekleidet, sprechen oft gut Englisch, oft mit amerikanischem Akzent, scheinen magnetisch von westlichen Touristen angezogen zu werden, halten sich vorwiegend an Bahnhöfen oder in Hotelgegenden auf und geben als Berufsbezeichnung gern *tourist guide* an. Das ist im Grunde sogar zutreffend, verdienen sie ihr Geld doch damit, Touristen zu den Hotels zu führen, von denen sie für ihre Dienste eine Kommission von ca. 30 % bekommen. Wer den Mehrpreis am Ende bezahlt, ist klar – der Tourist. Schlepper führen einen entgegen ihren Beteuerungen also durchaus nicht zu den preiswertesten und schönsten, sondern zu den am besten zahlenden Unterkünften. Will man zu einem Hotel, welches nicht mit ihnen zusammenarbeitet, heißt es meist, es sei voll oder geschlossen oder abgebrannt. Am besten ignoriert man sie also und lässt sich gar nicht erst auf ein Gespräch ein, andernfalls können sie sehr „anhänglich" sein.

Nur für den Fall, dass man spät abends in einer Stadt angekommen ist und nach nervenaufreibender Suche keine Schlafstätte finden konnte, sollte man den grundsätzlich sehr zweifelhaften Service in Anspruch nehmen. Irgendwo werden sie schon noch ein Plätzchen auftreiben, schließlich liegt es ja in ihrem eigenen Interesse. Am nächsten Tag kann man sich dann selbstständig und ausgeruht auf die Suche nach einer aufpreisfreien Unterkunft begeben, so zahlt man nur eine Nacht die Kommission mit.

Verhaltenstipps

Dass die Inder zumeist wenig dramatisch auf falsches oder sogar verletzendes Verhalten von Touristen reagieren, liegt durchaus nicht daran, dass sie diesbezüglich unempfindlich sind, sondern an ihrer ausgeprägten **Toleranz.** Hinzu kommt, dass man von dem Gast aus dem Ausland gar nicht erwartet, dass er sich in dem ritualisierten Verhaltenskodex der indischen Gesellschaft bis ins Kleinste auskennt. So billigt man ihm schon von vornherein ein Vorrecht auf Irrtum zu, vorausgesetzt, er beansprucht es nicht fortlaufend.

Lächeln

Der erste Eindruck ist bekanntlich immer der wichtigste, und da wirkt nichts erfrischender und einnehmender als ein freundliches Lächeln. Gerade in so einem kommunikativen Land wie Indien ist es von unschätzbarem Wert, eine angenehme Atmosphäre zu verbreiten. Wer erst einmal die Herzen der Menschen durch ein fröhliches Auftreten geöffnet hat, dem öffnen sich auch viele sonst verschlossene Türen.

Gute Miene zum manchmal gerade in **Amtsstuben** frustrierend langsamen Fortkommen zu machen führt letztlich auch immer weiter als die Faust auf dem Tisch.

Gestik und Körpersprache

Sexualität und Körperlichkeit sind in Indien immer noch ein Tabuthema, und dementsprechend sollte man sich mit **Zärtlichkeiten in der Öffentlichkeit** so weit wie möglich zurückhalten. Zwar gehören die Zeiten, da ein eng umschlungenes westliches Pärchen einen mittleren Volksauflauf hervorrief, der Vergangenheit an, gern gesehen wird es dennoch auch heute noch nicht.

Küsse oder weitergehende Berührungen vor fremden Blicken sollten im prüden Indien möglichst unterlassen werden. Dies wird zwar von vielen Touristen anders gesehen und gehandhabt, doch zum Reisen in anderen Kulturen gehört eben auch, dass man die dort herrschenden Moralvorstellungen gerade dann akzeptiert, wenn man sie nicht teilt. Andernfalls sollte man lieber zu Hause bleiben.

Ganz unverfänglich und dementsprechend selbstverständlich ist dagegen das **Händchenhalten** zwischen Personen gleichen Geschlechts, bekundet man dadurch doch nur die gegenseitige Freundschaft.

Zur traditionellen indischen **Begrüßung** legt man die Hände etwa in Brusthöhe senkrecht aneinander und sagt dabei in Verbindung mit einem leichten Kopfneigen **„Namasté"**, eine sehr schöne und anmutige Geste, die ähnlich auch in vielen anderen asiatischen Ländern praktiziert wird. Nur in den großen indischen Städten bürgert sich im Zuge der Verwestlichung die Sitte des Händeschüttelns ein.

Streng verpönt ist es dabei, einem **die Linke** entgegenzustrecken. Da in Indien traditionell kein Toilettenpapier benutzt wird, sondern zu diesem Zweck die unbewaffnete linke Hand und ein Krug Wasser dienen, gilt links als unrein. So sollte man nie Gegenstände wie etwa Geschenke mit der Linken überreichen bzw. entgegennehmen. Verstärkt gilt das Gebot „Right Hand Only" selbstverständlich beim Essen. Die Linke bleibt während des gesamten Essens möglichst unter der Tischkante.

Ebenso wie die linke Hand gelten auch die **Füße und Schuhe** als unrein. Fußsohlen sollte man nicht auf Menschen oder heilige Stätten richten, Schuhe vor dem Betreten eines Raumes ausziehen.

Selbst Langzeitreisende in Indien ertappen sich immer wieder dabei, dass sie die indischen Gesten für **Ja und Nein** missdeuten. Die Geste für Ja sieht unserem Nein sehr ähnlich, allerdings wird der Kopf dabei eher locker von einer Schulter zur anderen geschlenkert. Das recht ähnliche Nein wird durch ein seitliches Zucken des Kopfes nach links und rechts ausgedrückt, häufig unterstützt durch abfälliges Schnalzen oder eine abfällige Handbewegung.

Psychologische Einstellung

Indien ist ein Land, das schon manchen Reisenden aus der Balance geworfen hat. Geschichten von Travellern, die Monate bleiben wollten und das Land nach zwei Wochen „nicht mehr ertragen" konnten, hört man immer wieder. Mehr als die weit verbreitete Armut oder die überwältigend fremde Kultur sind es oft die dubiosen Charaktere (Schlepper, Schnorrer, raffgierige Händler, Neugierige, Aufdringliche etc.), die die Besucher zur Weißglut bringen. Durch derlei Negativkontakte, die auf die Dauer natürlich zermürben können, vergeht manchem die Lust auf jegliche Bekanntschaft im Land.

Es gilt, die Negativerfahrungen zu relativieren und sie nicht wichtiger zu nehmen, als sie sind. Wer sich den ganzen Tag aufregt, weil er um zwei Rupien betrogen wurde, wer aus der Haut fährt, nur weil er schon wieder angestarrt wird, macht sich selber das Leben schwer. **Positives Denken** und **innere Gelassenheit** sind beim Reisen in Indien vielleicht wichtiger als anderswo. Aber auch hier gilt, dass Südindien diese Phänomene weniger stark aufweist als der Norden.

Kleidung

Niemand wird erwarten, dass man in einem Land wie Indien, in dem viele Menschen kaum mehr als einen Fetzen Stoff am Leibe tragen, mit Schlips und Kragen herumlaufen sollte. Andererseits ist jeder Inder, der es sich leisten kann, bemüht, **gepflegte und saubere Kleidung** zu tragen. Der besonders von Rucksacktouristen geliebte Schmuddellook ist den Indern ein Greuel.

Gleiches gilt für das Zurschaustellen von zuviel **nackter Haut.** Während man sich über Männer in Shorts noch eher amüsiert, gelten Frauen in kurzer Hose bzw. Rock und dazu vielleicht noch mit einem ärmellosen Hemd in den Augen der Inder als leichte Mädchen. Wer einmal gesehen hat, dass indische Frauen nach wie vor in voller Montur, d.h. mit Sari, zum Baden ins Meer gehen, der kann sich vorstellen, welchem Kulturschock die jungen Inder vor allen Dingen in Goa ausgesetzt sind, wo es an manchen Stränden immer noch als „in“ gilt, hüllenlos zu baden. So ist es als Beitrag zur Beachtung einheimischer Moralvorstellungen kaum zuviel verlangt, zumindest die Badehose anzulassen.

Vor dem **Betreten von Heiligtümern,** egal welcher Religion, sind grundsätzlich die Schuhe auszuziehen. Zudem dürfen in Jain-Heiligtümer keine Gegenstände aus Leder mitgenommen werden, und in Sikh-Tempeln und vielen Moscheen ist eine Kopfbedeckung obligatorisch. Im Tempel selbst sollten keinerlei heilige Gegenstände berührt werden. Gleiches gilt auch für Hausaltäre. Dezentes Auftreten und vor allem zurückhaltende Kleidung, d.h. zum Beispiel lange Hosen und bedeckte Schultern, sollten selbstverständlich sein.

Bettler

Das Bild vom Lumpen tragenden und verkrüppelten Bettler gehört ebenso zum klassischen Indienbild wie der märchenhafte Zauber des Taj Mahal. Jeder Indienreisende ist innerlich darauf vorbereitet, und doch packt ihn, wenn er das Elend an fast jeder Straßenecke vor sich sieht, wieder das schlechte Gewissen. Vor lauter Mitleid greift er dann tief in die Tasche, um zumindest seinen kleinen Teil zur Linderung der Armut zu leisten. Psychologisch ist das nur allzu verständlich, doch schafft er damit oftmals mehr Probleme, als er löst.

Jeder muss für sich selbst entscheiden, ob und wieviel er geben soll. In dem Dilemma stecken nicht nur die Westler, sondern auch die Inder selbst. Es kann nicht sinnvoll sein, dass Kinder vom Schulbesuch ferngehalten werden, weil sie beim Betteln mehr verdienen als ihre Eltern mit täglicher, schwerer Arbeit. Am sinnvollsten scheint es, nur solchen Personen etwas zu geben, die offensichtlich nicht arbeitsfähig sind, d.h. Kranken, Älteren und Krüppeln.

In Südindien ist die Zahl der Bettler insgesamt wesentlich geringer als im Norden. Außerdem sind sie hier meist nicht so aufdringlich und aggressiv.

Fotografieren

Wenn an den Leichenverbrennungsstätten in Varanasi die Toten auf den Scheiterhaufen gelegt werden, an den Türmen des Schweigens in Mumbai, dem Bestattungsort der Parsen, die Geier einfliegen oder stimmungsvolle Tempelfeste gefeiert werden, dann ist mit Sicherheit ein kamerabewehrter Tourist nicht weit. Das exotische Geschehen soll so hautnah wie irgend möglich auf Film gebannt werden. Dazu wird geblitzt, geknipst und gezoomt, was das Zeug hält, und falls sich einmal ein unaufmerksamer Inder versehentlich vor das Objektiv stellt, wird er mit grimmiger Miene zum Weitergehen aufgefordert. Immer diese störenden Einheimischen!

Man stelle sich das ganze einmal in Deutschland vor: Ein Inder mischt sich ungefragt unter eine Trauergemeinde, um ein Foto vom blumenbekränzten Sarg zu schießen, oder ein Blitzgewitter geht bei der Weihnachtsmesse über Altar und Krippe nieder. Recht unchristliche Zurechtweisungen wären wohl noch die harmlosesten Konsequenzen, die der Mann zu erwarten hätte.

In jedem Fall sollte man Fotografierverbote und den Wunsch mancher Personen, nicht fotografiert zu werden, respektieren. Zumindest durch einen Blick sollte man sich der Zustimmung vergewissern, bevor man mit der Kamera „draufhält“.

Verkehrsmittel

Die riesigen Entfernungen innerhalb des Landes sowie die äußerst zeitaufwendigen und ermüdenden Reisen in Bussen und Bahnen machen das Fliegen in Indien zuweilen selbst für diejenigen zu einer echten Alternative, die normalerweise nur on the road reisen. Selbst wer sehr aufs Geld achten muss, sollte sich fragen, ob es nicht sinnvoller ist, einmal 50 Euro zu investieren, statt lustlos und erschöpft auf dem Landweg weiterzureisen. Fliegen ist in Indien immer noch verhältnismäßig billig und zudem in den letzten Jahren wesentlich unkomplizierter geworden.

Inlandsflüge

- **Kinder** unter 2 Jahren zahlen 10 % des Erwachsenenpreises, Kinder von 2 bis 12 Jahren 50 %.
- **Stornierungsgebühren:** mehr als 48 Std. vor Abflug: 10 %; zwischen 48 und 24 Std. vorher: 20 %; 24 bis 1 Std. vor Abflug: 25 %.
- Eine **Rückbestätigung** für Inlandsflüge ist nicht erforderlich, kann aber dennoch nicht schaden (72 Stunden vor Abflug), um sich über eventuelle Verschiebungen zu informieren. Bei Flügen ins Ausland ist sie jedoch unbedingt nötig!
- Auf Inlandsflügen herrscht **Rauchverbot.**
- **Check-In-Zeit** bei Inlandsflügen: 1 Stunde.

⇨ Vor Betreten des Flughafengebäudes müssen alle Reisenden ihr Flugticket und ihren Pass vorweisen. Fehlt eines dieser beiden Dokumente, wird einem der Zutritt in das Gebäude verweigert. Gerade wer mit den immer mehr Verwendung findenden elektronischen Tickets reist, sollte deshalb unbedingt einen Ausdruck mit sich führen.

Fluggesellschaften

Neben der staatlichen Gesellschaft **Air India** (welche im Februar 2011 mit der den einheimischen Flugverkehr bedienenden Indian Airlines zusammen gelegt wurde) gibt es viele private Fluggesellschaften. Da Air India als staatliche Gesellschaft flächendeckend operieren muss, verfügt sie immer noch über das dichteste Streckennetz. Der Markt ist aber sehr in Bewegung, Abweichungen von den Preisen und in den Verbindungen oder gar die Einstellung einer Linie sind immer möglich.

Aufgrund der verschärften Konkurrenzsituation durch die **vielen neuen Fluglinien,** die in den letzten Jahren gegründet wurden, herrscht ein harter Kampf um Marktanteile, der vorwiegend über möglichst geringe Flugpreise ausgetragen wird. Durch die ausschließlich nach den Gesetzen von Angebot und Nachfrage orientierte Strategie der einheimischen Fluggesellschaften ist Fliegen zwar billiger, aber auch komplizierter geworden. Ähnlich dem mitteleuropäischen Markt werden unrentable Flüge kurzfristig gestrichen bzw. erfolgversprechende Routen über Nacht angeboten. Ticketpreise schwanken zum Teil erheblich. So kann der gleiche Flug am Nachmittag deutlich günstiger oder teurer sein als zu Beginn des Tages.

Nachfolgend eine Liste der wichtigsten Airlines, die innerindische Flüge anbieten:

- **Air India Limited,** www.airindia.com
- **Jet Airways,** www.jetairways.com
- **Kingfisher,** www.flykingfisher.com
- **Spice Jet,** www.spicejet.com
- **IndiGo,** www.goindigo.in

⇨ In dem täglich wechselnden Angebot des innerindischen Flugverkehrs bieten die Websites **www.yatra.com, www.cleartrip.com** und **www.cheapairticketindia.com** eine übersichtliche Orientierungshilfe. Hat man die gewünschte Flugroute und den Flugtag eingegeben, werden alle für den Tag angebotenen Flüge nach Preis sortiert aufgeführt. Selbstverständlich bietet sich hier auch die Möglichkeit, ein Ticket per Onlinebuchung zu kaufen. Hat man dort die für seine Reisepläne beste Verbindung gefunden, empfiehlt es sich jedoch, den Flug selbst auf der Website der jeweiligen Fluggesellschaft zu buchen, da man sich hiermit die zum Teil nicht geringen Vermittlungsgebühren spart.

Ausgebuchter Flug?

Auch heute kommt es noch oft vor, dass Strecken ausgebucht sind und man sich zunächst auf die **Warteliste** setzen lassen muss. Dabei sollte man selbst dann nicht den Mut verlieren, wenn einem gesagt wird, dass die Chancen gleich Null sind, da schon zig andere vorgemerkt sind. Nicht selten passiert es, dass sich Flüge, die noch am Tage zuvor als hoffnungslos überfüllt galten, schließlich als halb leer erweisen. Vielfach reservieren ausländische Reisegruppen zur Sicherheit halbe Flugzeuge im Voraus, die sie schließlich nur zum Teil belegen. Manchmal werden auch kurzfristig Sondermaschinen eingesetzt.

Besondere Angebote

- Air India offeriert zusammen mit Jet Airways das Ticket **Discover India,** welches zu unbeschränktem Fliegen auf allen Strecken berechtigt. Ein verlockendes Angebot für Reisende mit begrenzter Zeit, um so viel wie möglich vom Land zu sehen. Allerdings ist der Preis mit 630/895 US-$ für 15/21 Tage recht happig und lohnt sich nur für absolute Vielflieger. Zudem hat das Angebot auch einen Haken: Für Kunden mit Billig-Tickets ist es oft schwieriger, eine Reservierung zu bekommen. Wegen der Ausbuchung vieler Flüge ist es daher sehr zu empfehlen, möglichst alle Flugtermine gleich beim Kauf des Tickets zu reservieren.
- Weniger sinnvoll ist der Kauf des Tickets **India Wonder Fares** (300 US-$), mit dem man innerhalb von 7 Tagen entweder zwischen 17 Stationen im Westen, 11 Stationen im Süden, 14 im Osten oder 19 im Norden unbegrenzt fliegen kann. Das Ticket ist einfach geografisch wie zeitlich zu eng begrenzt, als dass es sich wirklich auszahlen könnte.
- Reisende, die mit Air India von Sri Lanka oder den Malediven nach Indien fliegen, erhalten auf allen Strecken innerhalb Indiens in den ersten 21 Tagen nach der Ankunft eine **30-prozentige Ermäßigung.**
- Schließlich gewährt Air India allen **Personen unter 30 Jahren** 25 % Rabatt. Air India und Jet Airways geben Personen **über 65 Jahren** einen Rabatt von 50 bzw 25 %. Dennoch können die Angebote von Billigfliegern preisgünstiger sein.

Bahn

Sie wollen ihren Urlaub in vollen Zügen genießen? Na dann nichts wie auf nach Indien! Indiens Züge sind immer voll. 11 Mio. Reisende sind täglich auf Achse. 8.000 Lokomotiven fahren entlang dem 66.366 km langen Streckennetz und nehmen an den über 7.000 Bahnhöfen des Landes neue Passagiere auf. Mit 1,6 Mio. Angestellten ist die indische Bahn der größte Arbeitgeber der Erde.

Die Bahn ist nicht nur das wichtigste und **meistbenutzte Transportmittel** Indiens, sondern auch ein Stück Kultur des Landes. Die Bilder der den Karawansereien früherer Tage ähnelnden, menschenüberfüllten Bahnhöfe und die Rufe der Teeverkäufer in den Abteilen hinterlassen genauso unvergessliche Indien-Erinnerungen wie das Taj Mahal oder die Strände von Goa. Bahnfahren ist das indischste aller indischen Fortbewegungsmittel. Nirgendwo sonst ist man dem Alltagsleben so nah, kann die Ess-, Schlaf- und Schnarchgewohnheiten so hautnah miterleben wie in den engen, meist gut gefüllten Waggons der 2. Klasse.

Dabei liegen Lust und Frust oftmals so nahe beieinander wie die Passagiere selbst. Lärm, Dreck, Hitze und die oft katastrophalen hygienischen Verhältnisse stellen die Geduld der Reisenden ebenso auf eine harte Probe wie die fast gänzlich fehlende Privatsphäre. Auch die teilweise ewig langen Aufenthalte auf Provinzbahnhöfen und die chronischen Verspätungen tragen nicht gerade zum Fahrvergnügen bei – umso mehr, als Bahnfahrten in dem riesigen Land meist viele Stunden, nicht selten sogar Tage und Nächte dauern. Doch wer mit der in Indien stets hilfreichen Reisephilosophie „Man reist doch nicht, um anzukommen" unterwegs ist, dem kann all dies eigentlich nichts anhaben.

Bahnfahren in Indien will gelernt sein. Fahrpläne, Zugklassen, Reservierungen, Ticketkauf – all das scheint auf den ersten Blick ein Buch mit sieben Siegeln. Im Folgenden kann aus Platzgründen nur eine kleine Hilfe zum „Einstieg" gegeben werden. Doch keine Angst, hat man erst einmal die erste Fahrt erfolgreich hinter sich gebracht, wird man Indien in vollen Zügen genießen.

Zugtypen und Geschwindigkeit

Geschwindigkeit ist bei indischen Zügen ein sehr relativer Begriff. Mehr als 50 km/h durchschnittlich legen die allermeisten nicht zurück. Andererseits werden seit Jahren Milliardeninvestitionen in den Ausbau des Schienennetzes und den Einsatz moderner, schneller Züge getätigt. Speziell die Metropolen wie Delhi, Mumbai, Kalkutta und Bangalore werden an ein modernes Schienennetz angeschlossen, was das Reisen mit der

Bahn nicht nur wesentlich bequemer, sondern auch schneller macht. So verbindet jetzt schon der vollklimatisierte Rajdhani Express Delhi mit Kalkutta bzw. Mumbai in 17 bzw. 14 Stunden. Nur Fliegen ist schöner. Ähnlich flink und luxuriös sind die vollklimatisierten Züge entlang der Konkan Railway zwischen Mumbai und Mangalore.

Klassen und Preise

Zunächst scheint alles ganz simpel, gibt es doch offiziell nur zwei Beförderungsklassen: 1. und 2. Klasse. Doch Indien wäre nicht Indien, wenn es das Einfache nicht verkomplizieren würde.

In der **1. Klasse** gibt es die Unterscheidung zwischen **klimatisierten** (AC) und nicht klimatisierten Zügen. AC-Züge werden jedoch nur auf Hauptstrecken eingesetzt und sind mehr als doppelt so teuer wie die normale 1. Klasse – zu teuer, wenn man überlegt, dass eine Fahrt von Delhi nach Mumbai in der 1. Klasse gerade mal 40 % billiger ist als ein Flug mit Air India und teurer als ein Flug mit einer Billigfluggesellschaft. Da sollte man sich besser gleich ins Flugzeug setzen.

Des Weiteren gibt es die **AC Chair Car,** die unseren IC-Großraumwagen ähnelt und etwa 60 % der normalen 1. Klasse und etwa 40 % der AC 1. Klasse kostet. Auch diese Waggons werden nur auf wenigen Strecken eingesetzt, bieten jedoch wegen ihres hervorragenden Preis-Leistungs-Verhältnisses eine exzellente Alternative zur 1. Klasse.

Am billigsten und dementsprechend meist brechend voll ist die **2. Klasse.** In Express- bzw. Mail-Zügen fährt man hier zu einem Drittel des Fahrpreises der 1. Klasse, in einem Passenger-Zug ist es noch billiger.

Schließlich gibt es noch bei all den Klassen außer der AC-Chair-Variante die **Schlafwagenklasse.** Schlafwagen der 1. Klasse bestehen meist aus gepolsterten Betten in geräumigen, zum Gang abgeschlossenen Abteilen, die tagsüber in der Regel sechs, nachts vier Personen Platz bieten. Bei den Schlafwagen der 2. Klasse unterscheidet man noch zwischen den Unterklassen **2-tier** und **3-tier,** was bedeutet, dass, ähnlich wie im europäischen Liegewagen, zwei oder drei Personen auf Pritschen übereinander schlafen können. Tagsüber dienen diese Schlafwagen wieder als normale Abteile, beim 3-tier wird lediglich die mittlere Pritsche heruntergeklappt. Selbst wenn man eine reservierte Sitznummer hat, kann man das Bett nur nachts exklusiv für sich reklamieren. Tagsüber okkupieren z.T. bis zu 8 Personen die untere Pritsche. Schlafwagen kosten etwa 20 % mehr als normale Sitze. **Bettwäsche** kann man in der 1. und 2. Klasse nur in einigen wenigen Zügen beim Schaffner ausleihen. Ein eigener Schlafsack sollte also in jedem Fall zur Grundausrüstung gehören.

Es gibt eine Vielzahl von Personengruppen, die **ermäßigungsberechtigt** sind. So zahlen *senior citizens,* Personen über 60 Jahre, 30 % weniger in allen Klassen. Für Behinderte, Künstler (!) und Journalisten werden Ermäßigungen von 50 bis 70 % (je nach Zugklasse) gewährt.

Verbindungssuche und Ticketkauf im Internet

Um sich über die aktuellen Abfahrtszeiten der sich ständig ändernden Fahrpläne zu informieren, sind folgende Websites von Nutzen. Zunächst sei auf die offizielle Website der indischen Eisenbahn **www.indianrail.gov.in** hingewiesen. Hier kann man nach Anklicken des Links „Trains between Stations" den jeweils gewünschten Start- und Zielort aus vorgegebenen Listen aussuchen und dann die vorhandenen Verbindungen abfragen. Nicht alle Städte sind aufgelistet, sondern nur die Bahnhofe der größeren Orte. Findet man seinen Start- oder Zielort nicht, sollte man die Website **www.trainenquiry.com** zu Rate ziehen, auf der nach Anklicken des Links „Find your train" der jeweilige Start- und Zielort eingetippt werden kann, d.h. auch solche Verbindungen, die nicht in der Liste der erstgenannten Website aufgeführt sind.

Hierbei ist zu beachten, dass die Schreibweise der Orte gelegentlich von der offiziellen etwas abweicht. Wenn also nach Abfrage keine Auflistung der Verbindungen erfolgt, sollte man es mit einer abgewandelten

Im Victoria-Bahnhof in Mumbai

Schreibweise des Ortsnamens erneut versuchen oder nur die ersten drei oder vier Buchstaben eingeben. Danach ist der gewünschte Ort aus einer angebotenen Liste auszuwählen.

Hat man seine Verbindung herausgesucht und über das Icon „availability" die Auslastung des jeweiligen Zuges überprüft, geht es zur **Buchung per Kreditkarte.** Cleartrip verlangt als privater Anbieter eine Vermittlungsgebühr, die jedoch selten über 20 Rs liegt. Bedenkt man, wieviel Zeit und Nerven man sich damit gegenüber dem herkömmlichen Weg spart – die lästige und meist auch mit Kosten verbundene Prozedur der Anfahrt zum Bahnhof, das zum Teil stundenlange Anstehen am Schalter und die Rückfahrt –, ist dies sicher ein akzeptabler Preis. Wenn man einmal registriert ist, eine Visa- oder Mastercard besitzt und sich vielleicht schon mal vor der Abreise durch ein paar Seiten geklickt hat, kann man auf diesem Weg nicht nur Fahrkarten buchen, sondern diese auch jederzeit von Neuem ausdrucken, stornieren oder sich über die jeweilige Auslastung des Zuges informieren.

Alternativ bieten sich in vielen Touristenorten **Reisebüros** an, bei denen man für eine je nach Anbieter schwankende Gebühr von ca. 30–80 Rs pro Ticket einen Fahrschein kaufen kann.

Ticketkauf und Reservierung am Bahnhof

Wer sich für den „traditionellen" Weg des persönlichen Ticketkaufs am Bahnhof entscheidet, sollte Folgendes bedenken: Ob man nun ein normales Ticket für den gleichen Tag kaufen oder eine Reservierung vornehmen will, beides ist in Indien zeitaufwendig und nervenstrapazierend. Mit etwas Pech kann die Prozedur schon ein oder zwei Stun-

Bahnpreise verschiedener Klassen (Rs):

	1. Kl.	Chair Car	Sleeper	2. Kl.
100 km	542	122	56	35
300 km	1.081	271	125	78
1.000 km	2.628	845	301	188

den in Anspruch nehmen. Zunächst einmal gilt es den richtigen **Schalter** für die verschiedenen Klassen und Züge (Mail, Express oder Passenger) zu finden. Um zu vermeiden, dass man am Ende einer langen Ansteherei schließlich beim falschen Fahrscheinverkäufer landet, sollte man also unbedingt vorher durch beharrliches Nachfragen den richtigen ausmachen. Auf jedem Bahnhof gibt es einen *station master,* der fast immer freundlich und hilfsbereit Auskunft gibt. Für Frauen gibt es manchmal spezielle *ladies counters,* die meist weit weniger frequentiert sind als die normalen Schalter. Die Fahrkarten für männliche Mitreisende können hier mitbesorgt werden.

An Bahnhofskiosken wird gelegentlich noch für 40 Rs das Heftchen „Trains at a Glance" angeboten, für Südindien allein die Broschüre „Time Table" (30 Rs). Darin sind viele wichtige Zugverbindungen aufgelistet.

Für Fahrten im **Schlafwagen** ist eine Reservierung unbedingt erforderlich, speziell in der 2. Klasse, da hier die Nachfrage am größten ist. Oftmals sind die Züge in dieser Klasse auf Hauptstrecken für Wochen, ja Monate im Voraus ausgebucht, d.h. man sollte so früh wie möglich reservieren! Reservierungen müssen meist in **railway reservation offices** oder **-buildings** durchgeführt werden, die oftmals neben dem eigentlichen Bahnhof in einem Extragebäude untergebracht sind. Für eine Reservierung muss ein Antragsformular, das sogenannte *reservation form,* ausgefüllt werden. Hierin werden neben einigen persönlichen Angaben wie Name, Alter, Geschlecht und Passnummer auch der Zugname, die Nummer des Zuges sowie Abfahrts- und Zielort und Reisedatum eingetragen.

Mit dem entsprechend ausgefüllten Formular stellt man sich dann erneut an, wobei man unbedingt darauf achten sollte, ob es eventuell einen speziellen **Touristenschalter** gibt. Da dort nur ausländische Touristen abgefertigt werden, geht alles viel schneller über die Bühne. Es empfiehlt sich, dort möglichst viele Tickets auf einmal zu kaufen, um die langwierige Prozedur nicht immer wieder neu durchlaufen zu müssen.

Die **Reservierungsgebühr** beträgt 15 Rs für die Erste Klasse und 10 Rs für die Zweite. Auf dem Ticket sind die Wagen-, Sitz- und Bettnummer vermerkt. Beim Betreten des Waggons hängt neben der Eingangstür noch einmal eine provisorisch angebrachte Reservierungsliste, auf der man seinen Namen unter der jeweiligen Platznummer finden sollte. Der eigene Name ist zwar oft leicht entstellt wiedergegeben *(Barkegeier, Harketeur),* doch normalerweise funktioniert das System gut.

Falls der gewünschte Zug ausgebucht ist, kann man sich auf eine **Warteliste** setzen lassen oder, besser noch, ein sogenanntes RMC-Ticket erwerben, welches einem auf jeden Fall einen Platz garantiert. Hat man ein solches Wartelisten-Ticket, kann man dessen jeweiligen Status selbst unter www.indianrail.gov.in unter dem Button „PNR Status" mittels Eingabe der oben links auf dem Ticket aufgedruckten PNR-Nummer in Erfahrung bringen. Außerdem besteht die Möglichkeit, auf die *tourist quota* zu pochen, eine speziell für Touristen zurückgehaltene Anzahl von Plätzen.

Bei **ausgebuchten Zügen** sollte man auf jeden Fall ein Ticket auch auf Warteliste erwerben, wenn man kein Tourist-Quota-Ticket bekommt, da in den meisten Fällen bis zur Abfahrt des jeweiligen Zuges ein Sitz- oder Schlafplatz zugewiesen wird und man in den seltenen Fällen, wo dies nicht gelingt, das Geld für sein Ticket gegen einen geringen Abschlag zurückbekommt.

Seit einigen Jahren gibt es ein sogenanntes **TATKAL-Ticket,** das wichtig ist, wenn über den normalen Verkauf kein Platz im Zug mehr zu bekommen ist und auch Tourist-Quota-Tickets aufgebraucht oder am jeweiligen Bahnhof nicht verfügbar sind. Für 150–300 Rs zusätzlich, abhängig von der gewählten Zugklasse, kann man an bestimmten Bahnhöfen, meist nur in größeren Städten, ein TATKAL-Ticket erwerben (frühestens zwei Tage vor Abfahrt), welches die Chance auf einen Platz im Zug erhöht bzw. nahezu garantiert, obwohl es auch hier eine Warteliste gibt. Nachteil der TATKAL-Tickets ist die Stornogebühr, es werden nur 25 % des Ticketpreises erstattet und das nur bis mindestens 24 Std. vor Zugabfahrt, danach gibt's nichts. TATKAL-Tickets werden nur für bestimmte Züge ausgegeben, sodass nicht für jede Verbindung ein sicherer Platz erworben werden kann.

Rückerstattung

Die Rückerstattung von nicht genutzten reservierten Tickets ist möglich, jedoch mit Kosten verbunden, deren Höhe von der Beförderungsklasse und dem Zeitpunkt der Stornierung abhängt. Wer sein Ticket länger als einen Tag vor dem Abfahrtstermin storniert, muss für die 2. Klasse 20 Rs Gebühr, für die *sleeper class* 40 Rs, AC 2-tier und 3-tier 60 Rs und AC 1. Klasse 70 Rs zahlen. Bis zu vier Stunden vor dem geplanten Abfahrtszeitpunkt zahlt man 25 %. Die Stornierung von Wartelistentickets, RAC-Ticktets und TATKAL-Tickets auf Warteliste kostet 20 Rs.

Nicht reservierte Fahrscheine können bis drei Stunden nach Abfahrt des Zuges für eine Gebühr von 5 Rs in Zahlung gegeben werden.

Hat man sein **Ticket verloren,** besteht generell zunächst kein Recht auf Rückerstattung. Doch natürlich gibt es hierbei Ausnahmen: Wem ein reserviertes Ticket für eine Fahrtstrecke von unter 500 km abhanden gekommen ist, kann unter Vorlage seines Personalausweises für einen Aufpreis von 25 % des ursprünglichen Fahrpreises die Fahrt wahrnehmen.

Preise Indrail Pass

(in US-$, Kinder zahlen die Hälfte):

Gültigkeit	AC	1. Kl.	2. Kl.
7 Tage	270	135	80
15 Tage	370	185	90
21 Tage	396	198	100
30 Tage	495	248	125
60 Tage	800	400	185
90 Tage	1.060	530	235

Indrail Pass

Auch die indische Eisenbahn sieht die Möglichkeit des Kaufes von **Netzkarten** vor, die es ausländischen Touristen erlauben, für einen bestimmten Zeitraum unbegrenzt viele Kilometer auf Achse zu sein.

Rein finanziell macht der Indrail Pass keinen Sinn, dazu ist Bahnfahren in Indien einfach zu billig. Für den Kaufpreis von 80 US-$ für den 7 Tage gültigen Pass (2. Klasse) müsste man ziemlich genau 25.000 km zurücklegen, damit sich die Karte auszahlt. Bei einer Durchschnittsgeschwindigkeit der indischen Eisenbahnen von 40 km/h ein ziemlich aussichtsloses Unterfangen. Auch der oft angeführte Vorteil, dass man mit dem Indrail Pass das unangenehme Warten beim Ticketkauf umgehen könne, trifft nur teilweise zu, weil es ja zumindest für Nachtfahrten immer noch einer Reservierung bedarf.

Wirklich von Vorteil ist der Pass aber in dem Fall, dass alle Züge ausgebucht sind. Inhaber des Passes finden selbst dann einen Platz, wenn normalerweise gar nichts mehr geht. Gerade in Zeiten der großen indischen Familienfeste, wenn das ganze Land unterwegs zu sein scheint, ist dies ein enormer Vorteil. Es bleibt zu fragen, ob das den enormen Aufpreis wert ist.

Die Karte kann an verschiedenen Bahnhöfen Indiens gekauft werden, muss jedoch in ausländischer Währung bezahlt werden. Außerdem besteht die Möglichkeit, sie schon vor dem Abflug in Deutschland unter folgender Adresse zu erwerben:

- **Asra-Orient Reisedienst,** Kaiserstraße 50, 60329 Frankfurt/M., Tel.: 069-253098, Fax: 069-232045, info@asraorient.de.

Bahnhofs-Service

Die meisten Bahnhöfe in Indien verfügen über sogenannte **cloak rooms,** in denen man sein Gepäck für bis zu 24 Stunden deponieren kann. Eine gute Möglichkeit, um sich nach Ankunft in einer Stadt ohne den lästigen Rucksack auf Zimmersuche zu begeben. Wichtig ist es, das Gepäckstück mit einem kleinen, von außen sichtbar angebrachten Schloss abzugeben, da es sonst nicht angenommen wird. Die Aufbewahrungsgebühr pro Stück beträgt maximal 2 Rs pro Tag.

Während der oftmals langen **Wartezeiten** auf verspätete Züge bietet sich die Möglichkeit den Warteraum aufzusuchen, den es auf fast jedem Bahnhof für die 1. und 2. Klasse gibt. Manchmal muss man hierzu am Eingang sein Ticket vorzeigen. Meist sind die angeschlossenen **Toiletten** in wesentlich besserem Zustand als die öffentlichen.

Viele Bahnhöfe verfügen über die sogenannten **railway retiring rooms,** einfache, doch meist saubere und günstige Unterkunftsmöglichkeiten. Die Zimmer sind vor allem wegen ihres sehr günstigen Preises (oft nicht mehr als 70 Rs pro DZ, EZ stehen nicht zur Verfügung) bei Indern sehr beliebt und deshalb oft ausgebucht. Eine besonders ruhige Lage kann man am Bahnhof allerdings nicht erwarten.

Wer nachts mit Bus oder Zug unterwegs ist, sollte immer einen **Pullover** und vielleicht auch ein Tuch für Hals und Kopf griffbereit haben, da es in Indien selbst nach einem heißen Tag nach Sonnenuntergang **empfindlich kühl** werden kann. Im übrigen ist es meist nicht möglich, die Fenster richtig zu schließen, sodass häufig ein unangenehmer Durchzug herrscht. Sollte der zusätzliche Schutz nicht nötig sein, kann man den Pullover immer noch als Kopfstütze verwenden.

Busse

Kaum eines der insgesamt 700.000 indischen Dörfer wird nicht von irgendeinem Bus angefahren. Für viele in entlegenen Grenzgebieten wohnende Inder ist es überhaupt das einzige öffentliche Verkehrsmittel. Darüber hinaus kommt man in Gebieten, wo die Bahn nur auf Schmalspurbreite operiert, wie z.B. in weiten Teilen Rajasthans und Bihars, mit dem Bus **wesentlich schneller** voran. Gleiches gilt auch für besonders von Touristen stark frequentierte Strecken wie Mumbai – Goa, Chennai – Madurai und Mumbai – Pune. Überhaupt ist Busfahren auf kürzeren Strecken der Fahrt mit dem Zug vorzuziehen, da vor allem Langstreckenzüge oft stundenlange Verspätungen haben.

Andererseits gibt es gute Gründe, warum die meisten Reisenden den Zug dem Bus vorziehen. Neben allgemeinen Erwägungen wie größerer Bewegungsfreiheit und mehr Kontaktmöglichkeiten ist vor allem die **mangelnde Verkehrssicherheit** zu nennen. Indien ist das Land mit der höchsten Rate an Verkehrstoten der Erde im Verhältnis zur Verkehrsdichte. Dass das keine abstrakten Zahlen sind, kann man tagtäglich auf Indiens Straßen auf anschauliche Weise erleben. Bei fast jeder längeren Busfahrt sieht man mindestens ein Autowrack im Straßengraben liegen. Verwundern kann das bei dem oft schrottreifen Zustand der Fahrzeuge und dem Kamikaze-Stil der Fahrer nicht. Wer die Frage nach dem Leben nach dem Tod noch nicht unbedingt in allernächster Zukunft konkret beantwortet haben möchte, sollte die mittleren Reihen denen ganz vorne vorziehen. Die hinteren Reihen sind dagegen nicht so zu empfehlen, weil man dort wegen der Kombination von harten Federn und schlechten Straßen zu viele Luftsprünge macht.

Staatliche Busgesellschaften

Etwas weniger Todesverachtung scheinen die Fahrer der staatlichen Busgesellschaften zu verspüren. Auch der technische Zustand ist hier im allgemeinen besser als bei privaten Gesellschaften, welche aufgrund des enormen Konkurrenzdrucks zuerst an neuen Bremsen und profilbereiften Rädern zu sparen scheinen. Jeder Bundesstaat betreibt seine eigene Busgesellschaft, wobei deren Qualitäten sehr unterschiedlich sind.

Dabei macht es auch kaum einen Unterschied, ob man nun **Ordinary, Express, Semi Deluxe** oder **Deluxe** fährt. Das einzige, allerdings wichtige Unterscheidungsmerkmal ist, dass die Semi-Deluxe- und Deluxe-Busse wesentlich seltender anhalten als die Ordinary-Busse, die jedes noch so kleine Dorf an-

021is Foto: tb

Leider ein fast alltäglicher Anblick auf Indiens Überlandstraßen

fahren. Von innen sehen sie alle gleich einfach aus: zwei mal drei Sitzplätze pro Reihe mit äußerst einfacher Polsterung, auf denen sich neben bis zu zehn Personen auch noch Hühner, Kartoffeln und Chilis zusammenpferchen. An dieser Lebensfülle ändert sich auch dann nicht viel, wenn man eine (nur recht selten mögliche) Reservierung vornimmt. Meistens muss man sich den Platz bei der Einfahrt des Busses in den Busbahnhof eh schon durch einen Sprint und Muskelkraft erkämpfen. Beim Ansturm auf die heißbegehrten Sitzplätze werden die Inder wohl nur noch von den kampferprobteren Chinesen geschlagen. Hie wie dort scheint es jedoch als geheiligte Grundregel anerkannt zu sein, dass derjenige einen Sitzplatz erhält, der ihn zuvor mit einer Zeitung oder einem Taschentuch schon von außen durch eine offene Fensterscheibe reklamiert hat.

Private Busgesellschaften

Für denjenigen, der sich an der Schlacht nicht beteiligen möchte, scheinen wiederum die meist um die Bahnhöfe angesiedelten Privatgesellschaften eine Alternative zu sein. Hier ist **Reservierung** üblich und jeder bekommt garantiert seinen ihm versprochenen Platz. Das ist den Aufpreis von ca. 30 % gegenüber den staatlichen Bussen durchaus wert. Ein weiterer Vorteil von Privatgesellschaften, die oft mit Minibussen operieren, ist die Möglichkeit, das Gepäck sicher zu verstauen.

Preise

Busfahren in Indien ist **spottbillig.** So zahlt man beispielsweise für die zehnstündige Fahrt mit dem Express-Bus von Chennai nach Madurai 220 Rs. Ein Ordinary-Bus kostet noch einmal 30 % weniger als ein Express. Preise werden daher in den Ortsbeschreibungen unter „An- und Weiterreise" auch nur in Ausnahmefällen genannt.

Luxusbusse

Auf vielen Hauptstrecken werden klimatisierte Luxusbusse eingesetzt. (Sie werden in den einzelnen Ortskapiteln erwähnt.) Diese sind um einiges teurer als die Deluxe-Busse, bieten aber auch entsprechenden Komfort und sind besonders für Strecken bis etwa 300 km eine **gute Alternative zu Zügen,** die oft verspätet abfahren. Für diese Busse muss in den meisten Fällen (Ausnahme oft bei Busabfahrten in kurzer Folge) zunächst eine **Reservierung** am Startort, meist am Busbahnhof, vorgenommen werden, da sie häufig bis zum letzten Platz ausgebucht sind.

Mietwagen

Mit dem Mietwagen und Chauffeur durch Indien? Was auf den ersten Blick wie purer (und unbezahlbarer) Luxus aussieht, macht beim näheren Hinsehen durchaus Sinn. Die **Vorteile** eines Mietwagens gegenüber öffentlichen Verkehrsmitteln liegen auf der Hand. So muss man sich nicht in überfüllte, unbequeme Busse oder Züge quetschen, die allzu oft an interessanten Straßenszenen und Fotomotiven vorbeifahren, sondern kann jederzeit bequem zu jedem beliebigen Ort fahren und anhalten lassen, wann und wo man möchte. Zudem muss man am Ende eines langen, anstrengenden Reisetages nicht noch per Riksha oder Taxi vom Bahnhof oder Busbahnhof zum Hotel fahren, sondern lässt seinen Fahrer unmittelbar vor die Haustür halten. Natürlich muss man für diese Bequemlichkeit tiefer in die Tasche greifen, doch wenn sich z.B. vier Personen einen Mietwagen für 1.600 Rs pro Tag teilen, erscheint der Preis für das Gebotene durchaus angebracht.

Fast alle Mietwagen in Indien werden **mit Fahrer** angemietet und das ist wohl auch gut so: Die mehr als rustikale Fahrweise der Inder, von denen so gut wie niemand eine Fahrschule besucht hat, ist mehr als gewöhnungsbedürftig. Die erschreckend hohe Zahl an Verkehrstoten sollte auch die Wagemutigsten zu der Einsicht gelangen lassen, dass Indien absolut **kein Land für Selbstfahrer** ist. Hinzu kommt, dass der Preis für Mietwagen mit Fahrer kaum höher ist als der ohne.

Mietwagen lassen sich in allen größeren Städten anmieten. Vermittelt werden sie von Hotels oder Reisebüros, oft findet sich in der Stadt auch ein spezieller Haltepunkt für die Wagen. Die Preise sind erschwinglich, sodass ein Mittelklasse-Tourist problemlos eine längere Indien-Tour im Mietwagen absolvieren kann. Budget-Reisende könnten sich einfach mit ein paar Leuten zusammentun.

Die **Tarife,** allesamt mit Fahrer, sind von Ort zu Ort unterschiedlich. Zudem differenzieren sie sich noch, je nachdem ob der Wagen Klimatisierung hat oder nicht und ob er mit Diesel oder Benzin fährt. Dieselwagen sind etwas billiger, machen dafür aber auch mehr Lärm. Ein klimatisierter Wagen mit Fahrer kostet zwischen 1.500 und 2.000 Rs pro Tag. Dies variiert je nach Saison und Nachfrage, außerdem ist Verhandlungsgeschick gefragt. Man sollte vor Fahrtantritt alle im Fahrpreis inbegriffenen Leistungen genauestens abklären und in einem Vertrag festhalten.

Bei der **Auswahl des Fahrers** sollte man eine gewisse Sorgfalt an den Tag legen. Für eine längere Tour sollte man nicht den Erstbesten anheuern, sondern einen, mit dem man mindestens schon einen Tagesausflug unternommen hat. Sonst entpuppt sich der Fahrer womöglich als nicht Englisch sprechender Kamikaze-Pilot, der einen mindestens zweimal pro Tag in ein Geschäft schleusen will und dann am Abend noch auf deftiges Trinkgeld pocht – keine gute Kombination ...

Taxis

Abgesehen von den größten Metropolen wie Chennai, Mumbai oder Bangalore sind Taxis eher selten, ganz einfach, weil sie für die allermeisten Inder viel zu teuer sind. Für an europäische Preise gewöhnte Touristen ist Taxifahren in Indien hingegen immer noch billig.

Zwar verfügen die meisten Taxis über einen **Taxameter,** doch scheinen nur die wenigsten Fahrer gewillt zu sein, diesen auch einzuschalten. Meist helfen sie sich mit dem Argument, das Gerät sei *broken,* also defekt. Eine wundersame Heilung tritt oft dann ein, wenn man damit droht, ein anderes Taxi zu nehmen. Sehr oft zeigen jedoch selbst funktionierende Taxameter nicht den richtigen Fahrpreis an, weil sie noch nicht der letzten oder vorletzten Fahrpreisänderung angeglichen worden sind. In Mumbai zum Beispiel ist der tatsächliche Tarif elfmal so hoch wie der angezeigte. Für diesen Fall muss jeder Taxifahrer eine Umrechnungstabelle mit sich führen, die er auf Verlangen vorzuzeigen hat.

Die in diesem Buch genannten Preise sind nur als Orientierungshilfe gedacht. Letztlich hängt es vom jeweiligen Verhandlungsgeschick ab, wieviel man im konkreten Fall zu zahlen hat. Da viele Taxifahrer, wenn überhaupt, nur sehr wenig Englisch sprechen, sollte man sich vor Fahrtbeginn vergewissern, ob das gewünschte Fahrtziel auch wirklich verstanden wurde. Andernfalls kann es vorkommen, dass die eigentlich kurze Fahrt zum nächsten Hotel zu einer halben Stadtbesichtigung ausartet. Wer am Ende die Zeche hierfür zahlt, dürfte klar sein.

Schultransport auf Indisch

Autorikshas (Scooter)

Eine Art „Taxi des kleinen Mannes" sind jene dreirädrigen, luftverpestenden Vehikel, die wegen ihres tuckernden Geräuschs in Thailand den Namen **Tuk Tuk** tragen, in Indien aber allgemein Scooter genannt werden. Ähnlich wie ihre thailändischen Kollegen sind auch die indischen Fahrer wahre Hasardeure, die sich einen Spaß daraus machen, auch die kleinste sich bietende Lücke mit Vollgas zu durchrasen. Tatsächlich sind Autorikshas wegen ihrer Wendigkeit, gerade während der Stoßzeiten in größeren Städten, **wesentlich schneller als Taxis** und zudem auch ca. 30 % billiger. Dafür zahlt man jedoch auch mit Blei in der Lunge und einem ramponierten Rückgrat. Wie beim Taxi sollte man Fahrpreis und Ziel vor der Fahrt genau abklären, um späteren Missverständnissen vorzubeugen.

222ke Foto: tb

Die im Buch angegebenen **Fahrrad- und Autoriksha- sowie Taxipreise** stellen einen für den westlichen Reisenden normalen, eher niedrigen Preis dar. Inder fahren gewöhnlich zu weitaus geringeren Preisen, für die die meisten Droschkenkutscher westliche Touristen nicht kutschieren würden. Es gibt in dem Bereich also so etwas wie eine Zweiklassengesellschaft. Dies gilt natürlich nicht, wenn man sein Gefährt mittels eines Prepaid-Schalters bucht, oft an Bahnhöfen und Flughäfen vorhanden. Diese sind im Buch erwähnt.

Tempos

Tempos sind eine Art überdimensionale Autorikshas mit Platz für bis zu **acht Personen,** d.h. in Indien kann es auch schon mal ein gutes Dutzend werden. In mittleren und größeren Städten fahren sie entlang **festgelegter Routen,** z.B. vom Bahnhof ins Stadtzentrum. Auf der Strecke halten sie überall dort an, wo Passagiere ein- oder aussteigen möchten. Tempos sind neben Bussen die billigste Fortbewegungsart im innerstädtischen Verkehr. Die Preise variieren je nach Streckenlänge von 1 bis 5 Rs. Sie kommen allerdings nur für Reisende mit ganz wenig oder am besten gar keinem Gepäck in Frage, da der zur Verfügung stehende Platz pro Person minimal ist. Im übrigen ist die Preisersparnis gegenüber den Autorikshas, besonders wenn man zu zweit reist, derart gering, dass diese Transportart nur von wenigen Touristen genutzt wird.

Fahrradrikshas

Fahrradrikshas, **dreirädrige Fahrräder** mit dem Fahrer vorn und einer kleinen Sitzbank für zwei Personen dahinter, wurden in den letzten Jahren aus den Zentren mehrerer Großstädte verbannt, doch in den meisten Orten sind sie das meistbenutzte Transportmittel. Hier gibt es selbstverständlich keinen Taxameter und gerade in großen Touristenorten gilt es besonders hartnäckig zu handeln. Der offizielle Rikshapreis pro Kilometer beträgt 3 Rs, Minimalpreis ist 7 Rs, allerdings wird meist wesentlich mehr verlangt und man muss kräftig feilschen, um auch nur halbwegs in die Nähe dieses Preises zu gelangen.

Hinzu kommt, dass viele Rikshafahrer im Kommissionsgeschäft engagiert sind und versuchen, den Neuankömmling in jenes Hotel zu bringen, wo sie am meisten Prozente bekommen. Oft ist das die Hälfte des Übernachtungspreises. Besondere Vorsicht ist bei Fahrern geboten, die einen bei der Frage nach dem Fahrpreis mit der Antwort „As you like" zu locken versuchen. Es ist immer unkomplizierter (und billiger) vor Fahrtantritt den exakten Tarif festzulegen. Auch hier können die im Buch gegebenen Preise nur als Anhaltspunkt dienen.

! Einige Rikshafahrer verstehen grundsätzlich jede Fahranweisung falsch und fahren schnurstracks zu einem bestimmten Geschäft. Dessen Besitzer zahlt für jedes angekarrte „Opfer" ein paar Rupien Provision, in der Hoffnung, es werde schon etwas kaufen. Der Laden sollte natürlich gleich links liegengelassen und der Rikshafahrer auch nicht bezahlt werden.

230is Foto: tb

Weiterreise

Die meisten Südindien-Touristen reisen bereits mit einem Rückflugticket bzw. einem Weiterflugticket in die asiatischen Nachbarländer an. Dies ist fast immer günstiger als sich in Indien selbst einen Flug zur Weiterreise zu kaufen, da Indien, anders als z.B. Thailand oder Hongkong, über keinen vergleichbaren Markt für Billigflüge verfügt. Ausnahmen bilden die unmittelbar vor der Süd- bzw. Südostküste liegenden Inselstaaten Sri Lanka und Malediven.

Nach Malaysia

Nur wenige fliegen von **Chennai** nach Malaysia, da die Flugverbindungen von Kalkutta wesentlich günstiger sind. Die preiswertesten Flüge von Chennai nach Kuala Lumpur sind mit ca. 500 € für ein One-Way-Ticket vergleichsweise teuer.

Auf die Malediven

Tgl. mit Air India von **Trivandrum,** der Hauptstadt Keralas an der äußersten Südwestküste Indiens, nach Malé, der Hauptstadt der Malediven; Preis ca. 90 €.

Nach Singapur

Auch hier gilt, was schon für den Weiterflug nach Kuala Lumpur gesagt wurde. Verglichen mit einem in Deutschland zu kaufenden Stop-Over-Ticket ist das Einzelticket von **Delhi** und **Kalkutta** nach Singapur mit etwa 700 € recht teuer.

Immer wieder neue Fluglinien erobern den Markt

Nach Sri Lanka

Seit die Fährverbindungen zwischen Sri Lanka und Rameshwaram wegen der politischen Unruhen eingestellt sind, gibt es nur die Möglichkeit zu fliegen. Die billigste Verbindung besteht nach Colombo: Tgl. mit Sri Lankan von **Trivandrum** für ca. 85 €, Air India und Sri Lankan haben von **Mumbai** (etwa 200 €), **Delhi** und **Chennai** tägliche Verbindungen.

Nach Nordindien

Wer vom Süden weiter in den Norden Indiens reisen möchte, tut dies am einfachsten von Mumbai aus. Selbst wer nicht fliegt, gelangt innerhalb weniger Stunden per Bus oder Zug ins angrenzende Bundesland **Gujarat** oder nach **Rajasthan,** die meistbesuchte Region Indiens.

Die östliche Variante über Chennai ist insofern wesentlich zeitaufwendiger, als das nächste interessante Ziel im Norden, der Bundesstaat **Orissa** mit seinen berühmten Tempelanlagen und dem Bade- und Pilgerort Puri, bereits eine fast ganztägige Zug- bzw. Busreise von Chennai entfernt liegt. Wer von der Hauptstadt Orissas, Bhubaneshwar, weiter nach **Kalkutta** reisen möchte, benötigt noch einmal acht Stunden per Zug. Kalkutta ist wiederum der ideale Ort für günstige Flugtickets nach Thailand und Nepal.

Zeitverschiebung

Nach der im ganzen Land geltenden **Indian Standard Time** (IST) gehen die indischen Uhren der Mitteleuropäischen Zeit in der Sommerzeit (Ende März bis Ende Oktober) um 3½ Stunden voraus, zur Winterzeit um 4½ Stunden. 12 Uhr in Indien entspricht also 8.30 bzw. 7.30 Uhr in Mitteleuropa.

Zeitdifferenzen zu asiatischen Nachbarländern (Indien 12 Uhr):

- **Pakistan:** 11.30 Uhr
- **Nepal:** 12.15 Uhr
- **Bangladesch:** 12.30 Uhr
- **Thailand:** 13.30 Uhr
- **Malaysia, Singapur, Indonesien:** 14.30 Uhr

030is Foto: tb

Land und Leute

023is Foto: tb

024is Foto: tb

Fischer beim Einholen der Netze in den Backwaters im Westen Keralas

„Jedes Reiskorn ein Schweißtropfen“ – die mühsame Arbeit des Reispflanzens

Kormorane im Periyar-Nationalpark in Kerala

Landschaft und Natur

Die Geografie des Indischen Subkontinents

Mit einer Fläche von 3,29 Mio. km^2 und einer maximalen Nord-Süd-Ausdehnung von 3.214 km (2.933 von Ost nach West) ist Indien das **siebtgrößte Land der Erde** und etwa neunmal so groß wie die Bundesrepublik. Der indische Subkontinent, von dem Indien den weitaus größten Teil einnimmt, wird von drei großen Landschaftszonen geprägt.

Himalaya

Die Nordgrenze bildet der sich von Südost nach Nordwest auf einer Länge von 2.500 km hinziehende Himalaya, der das Land von seinen nördlichen Nachbarn China, Nepal und Bhutan trennt. Dieses höchste Gebirge der Welt besteht eigentlich aus fünf parallel hintereinander liegenden Gebirgszügen, die durch landschaftlich oft verwegen schöne Täler voneinander getrennt sind. Das Kulu-Tal in Himachal Pradesh und vor allem das Hochtal von Kashmir sind nur zwei Beispiele hierfür. Im Nordwesten bildete der Khyber-Pass über Jahrhunderte die einzige passierbare Stelle und war so das klassische Einfallstor der zentralasiatischen Eroberer. Der höchste Berg Indiens und der nach dem Mount Everest in Nepal und dem K2 in Pakistan drittgrößte der Erde ist der in Sikkim gelegene Kanchenjunga mit 8.528 m. Vor der Annexion Sikkims durch Indien im Jahre 1975 gebührte diese Ehre dem Nanda Devi (7.817 m) im Grenzgebiet von Indien, Nepal und China.

Nordindische Tiefebene

Kaum krasser könnte der Übergang zur sich unmittelbar südlich an die höchste Gebirgskette der Erde anschließende zweite Großregion sein. Nur wenige Meter über dem Meeresspiegel liegen die von den drei großen Flüssen Indus, Ganges und Brahmaputra gebildeten **Stromtiefländer.** Seit jeher ist dieses fruchtbare Schwemmland das Haupt-Siedlungsgebiet, und so finden sich hier auch viele der bedeutendsten kulturhistorischen Stätten Indiens. Seit der Abtrennung Pakistans im Jahre 1947 liegt ein Großteil des Indus heute außerhalb der indischen Staatsgrenzen.

Der im Himalaya entspringende **Ganges** bildet den Lebensnerv der nordindischen Tiefebene, die auch heute noch die mit Abstand am dichtesten besiedelte Region des Landes ist. Noch bis ins 19. Jh. hinein war ein Großteil dieser Region von dichtem Dschungel überwuchert. Durch den enormen Bevölkerungsdruck und die zunehmende Industrialisierung finden sich heute nur noch in entlegenen Grenzgebieten wie Assam große zusammenhängende Waldgebiete, während der Rest völlig entwaldet ist – eine Entwicklung mit katastrophalen ökologischen und klimatischen Auswirkungen, wie die jährlich wiederkehrenden, oftmals Tausende von Toten fordernden Überschwemmungen nur allzu deutlich aufzeigen.

Das Hochland von Dekhan – der Süden Indiens

Die flächenmäßig größte und geologisch interessanteste der drei Regionen ist die sich in Form eines Dreiecks südlich an die Gangesebene anschließende und von dieser durch die **Vindhyas,** ein langgestrecktes Mittelgebirge, abgegrenzte Dekhan-Scholle. Der Name leitet sich aus dem Sanskritwort *dakshina* ab, was soviel wie „südlich" heißt. Tatsächlich handelt es sich bei der von West nach Ost geneigten Hochebene von durchschnittlich 600 bis 700 m Höhe um die beherrschende geologische Formation der hier beschriebenen Region Südindien.

Vor Jahrmillionen Teil des großen Urkontinents Gondwana, zu dem auch Teile Südamerikas, Australiens und Afrikas gehörten, legte sich die Dekhan-Scholle vor 250 Mio. Jahren an das asiatische Festland. Durch diesen „Aufprall" entstanden das Faltengebirge des Himalaya sowie die **Ost- und West-Ghats,** zwei parallel zur Küstenlinie verlaufende Gebirgszüge, die steil zum Meer abfallen. Das verheerende **Erdbeben** in Maharashtra vom September 1993 hat gezeigt, dass die indische Platte noch immer unter enormen Spannungen steht, die sich in zerstörerischen Flächenbeben entladen können.

Ein weiteres Zeugnis der geologischen Verwerfungen in Verbindung mit der intensiven Verwitterung des Gesteins durch den Wechsel von heftigen Niederschlägen und extremer Trockenheit sind die für diese Region so charakteristischen **Tafelberge.** Diese steil aus der Ebene aufragenden Felsplateaus eigneten sich vorzüglich für den Bau großer Festungsanlagen. Das **Tafelland,** das im Süden bis 1.300 m ansteigt, wird von den westlich zum Arabischen Meer fließenden Flüssen Narmada und Tabti und den in den Golf von Bengalen mündenden Flüssen Mahanadi, Godawari, Krishna und Kauveri durchschnitten und entwässert.

Geografische Begriffe

Bag / Bagh	Park
Bagicha	(Kleiner) Park
Ban / Van	Wald
Bandar / Bunder	Hafen
Bandh	Damm
Basar / Bazar	Markt(-platz)
Basti	Siedlung, Dorf
Chowk / Chauk	Platz
Chowrasta /Chaurasta/ Chauraha	Kreuzung (vier Straßen)
Dariya	Bach, Fluss
Dek(k)han	Das südliche Hochplateau
Desh	Land (Nation)
Galli	Gasse
Ganj / Gunj	Markt(-platz)
Gao / Gaon / Gau / Gaum	Dorf
Garh / Gadh	Fort, Festung
Ghat	Uferanlagen; Hügelgebiet zwischen Flachland und Hochplateau
Ghati	Tal
Gir / Giri	Berg
Gram / Grama	Dorf
Jangal	Wald
Jheel / Jhil	(Binnen-)See
Jheelka / Jhilka	Teich
Kot / Kota	Fort, Festung
Kund / Kunda	(Binnen-)See
Mahasagar	Ozean
Mahanagar	Großstadt, Metropole
Maidan	Rasenplatz
Marg	Weg, Straße
Masijd	Moschee
Minar	Turm
Nadi	Fluss
Nagar	Stadt
Nagar Palika	Stadtverwaltung
Nalla	Bach
Pahar	Berg, Hügel
Parbat / Parvat	Berg
Path	Weg, Pfad, Straße
Pradesh	Bundesstaat, Provinz
Pul	Brücke
Pur / Pura / Puri / Pore	Stadt
Qila	Fort, Festung
Rasta	Weg, Pfad
Sagar	Meer / See
Samudra / Samundar	Meer
Sangam	Zusammenfluss mehrerer Flüsse
Sarak / Sadak	Straße
Sarovar / Sarowar	(Binnen-)See
Shahar	Stadt
Smarak	Denkmal
Tal	(Binnen-)See
Talab	Teich, Weiher
Taluk / Taluka	Distrikt
Tinrasta	Kreuzung (drei Straßen)
Udyan	Garten, Park
Zilla	Bezirk

Die aufgeführten Begriffe machen viele Ortsnamen transparenter. *Ramnagar* ist somit die „Stadt des Ram", *Shivpur* die „Stadt des Shiva". Der *Nanga Parbat* ist der „nackte Berg" und *Bansgaon* das „Bambusdorf". *Uttar Pradesh* heißt nichts weiter als „Nordprovinz", *Madhya Pradesh* „mittlere Provinz".

Die Dekhan-Halbinsel lässt sich naturräumlich in drei Großlandschaften gliedern: das eigentliche **Binnenplateau,** die **Küstenbergländer** mit den über 2600 m hohen West-Ghats und den auf bis auf 1600 m aufsteigenden Ostghats und die sich hieran zum Meer anschließenden, schmalen **Küstentiefländer.** Aufgrund der großen Niederschlagsmengen ist dieser Raum mit der Kormorandel-Küste im Osten und der Malabar-Küste im Westen von großer landwirtschaftlicher Bedeutung und dementsprechend dicht besiedelt.

Im Laufe der Jahrhunderte erwies sich das Dekhan-Hochplateau immer wieder als unüberwindliche Schwelle für die muslimischen Eroberer aus Delhi bei dem Versuch, auch den Süden des Landes unter ihre Kontrolle zu bringen. So konnte die von den indoarischen Eroberern zwischen 1500 und 500 v. Chr. in den Süden abgedrängte dravidische Urbevölkerung wesentlich mehr an kultureller Identität bewahren als die von fünfhundertjähriger Fremdherrschaft geprägten Völker Nordindiens. Erst als mit der Seefahrt die natürlichen Grenzen ihre Bedeutung verloren, konnte mit Beginn des 16. Jh. auch der Süden – durch die Europäer – kolonisiert werden.

Klima

In einem agrarischen Land wie Indien sind die Unbilden der Witterung noch echte Schicksalsfragen. Vom rechtzeitigen Eintreffen der Regenzeit hängen Ernte, Gesundheit, ja Überleben eines Großteils der Bevölkerung ab. Im Gegensatz zu weiten Gebieten im Norden Indiens (Wüste Thar), die oft unter jahrelangen Trockenperioden mit minimalen Niederschlägen leiden, bescheren die ergiebigen Niederschlagsmengen dem Süden jene **tropische Fruchtbarkeit,** die die Grundlage seines landwirtschaftlichen Reichtums ausmacht. Allerdings sind die damit einhergehenden **Stürme,** die zum Teil orkanartige Ausmaße annehmen, jedes Jahr Ursache für Zerstörung und menschliches Leid.

Monsun

Entsprechend der Größe und der für Südindien so charakteristischen geografischen Differenzierung sind die einzelnen Regionen unterschiedlich stark von den **zwei Monsunzeiten** betroffen. Der Monsun kommt durch den jährlichen Wechsel der Winde zustande, die durch die Temperaturschwankungen zwischen Land und Wasser sowie die unterschiedliche Sonnenbestrahlung der Erde entstehen. Im Sommer blasen die Winde aus Südwest, im Winter aus Nordost. Sie transportieren riesige Wolkenmassen, die sich dann als Monsunregen über dem Festland ergießen.

Fast 90 % der jährlichen Niederschläge bringt der **Südwestmonsun,**

Maximale Tagestemperaturen in °C

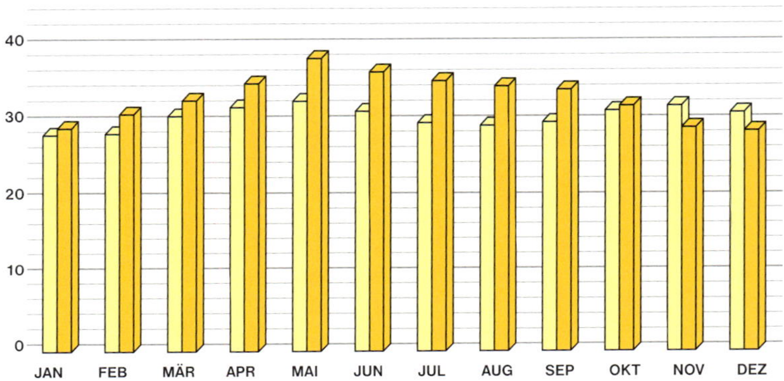

Minimale Nachttemperaturen in °C

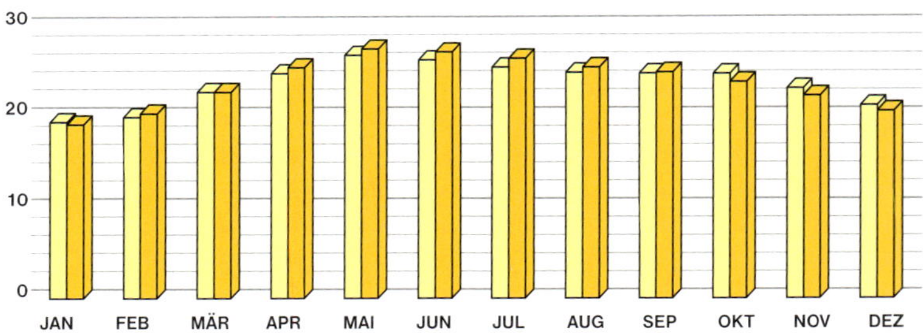

Mittlere Niederschlagsmenge pro Monat in mm

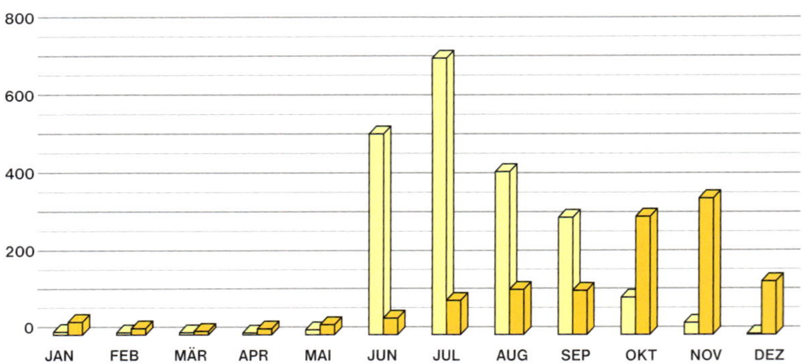

Maximale Tagestemperaturen in °C

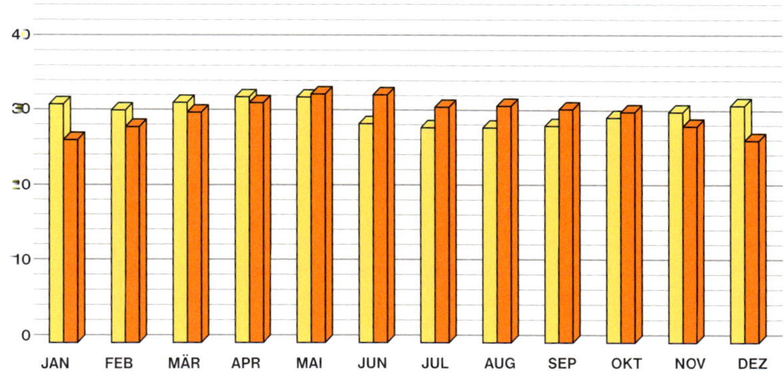

Minimale Nachttemperaturen in °C

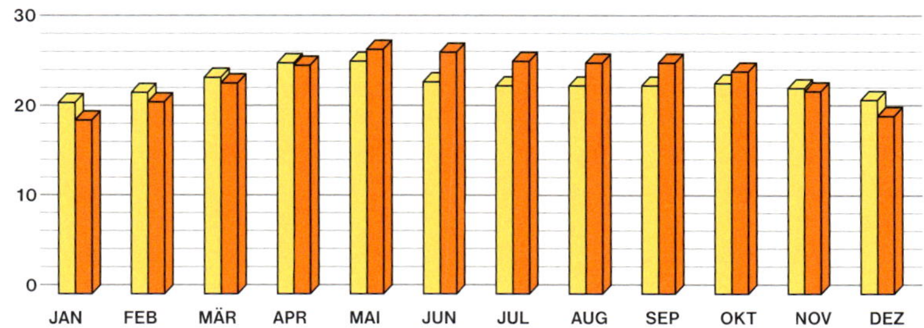

Mittlere Niederschlagsmenge pro Monat in mm

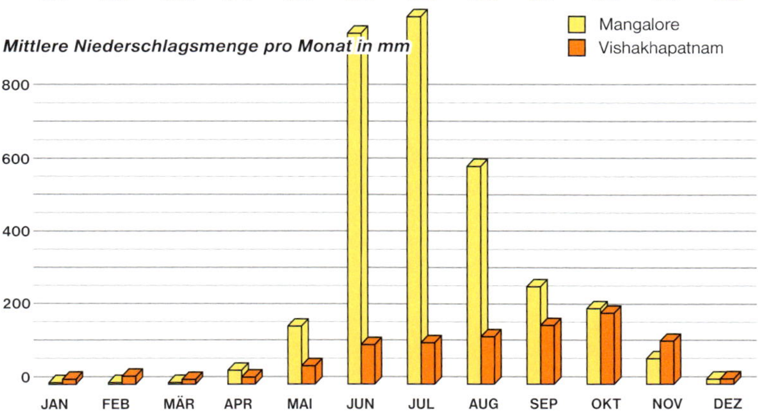

der in den Monaten Mai bis Oktober über Indiens Südwesten hinwegzieht. Im Mai, spätestens Juni, trifft er an der Malabar-Küste ein. Die Aktivität des Südwestmonsuns verlagert sich von Woche zu Woche weiter nach Norden. Die höchsten Regenmengen fallen an der Malabar-Küste und in den direkt dahinter gelegenen Bergen der West-Ghats. In diesem schmalen Streifen betragen die Niederschlagsmengen im Juni durchschnittlich 350 mm. Im Gegensatz dazu finden sich zur gleichen Zeit ausgesprochene Trockengebiete, vor allem in Südostindien. Der Nachmonsun beginnt im nördlichen Indien Anfang September und erreicht den Südwesten im Oktober. In Thiruvananthapuram (Trivandrum), der Hauptstadt von Kerala, ist der Oktober mit über 250 mm der zweitniederschlagsreichste Monat des Jahres.

Der **Nordostmonsun** bringt in den Monaten Oktober bis Dezember noch einmal heftige Niederschläge in den Bundesstaaten Andhra Pradesh und Tamil Nadu. Mehr noch als die Wassermassen sind es jedoch die damit einhergehenden **Wirbelstürme,** die jedes Jahr verheerende Zerstörungen zur Folge haben. Die Ausläufer des Taifuns, der im Oktober 1999 mit Windgeschwindigkeiten von bis zu 280 km/h über den nördlich an Andhra Pradesh grenzenden Bundesstaat Orissa raste und Tausende von Menschen tötete, waren bis an die Südspitze Indiens zu spüren.

Die beste Reisezeit

Aus der räumlich-zeitlichen Differenzierung des Monsunklimas ergibt sich ein ebenso vielschichtiges Bild bezüglich der idealen Reisezeit. Es kommt eben ganz darauf an, wann man wo in Südindien seinen Urlaub verbringen möchte.

Trotz aller regionalen Schwankungen kann man, abgesehen vom äußersten Südwesten und Südosten, die Monate **Oktober bis März/April** als beste Reisezeit empfehlen. Die Temperaturen sind dann mit durchschnittlich **25 bis 30 °C** auch für Europäer angenehm und die Niederschläge lassen nach. Gerade in den Monaten Oktober und November, kurz nach der Regenzeit, steht die Natur in voller Blüte. Selbst für Westler unangenehm kühl wird es allerdings im Dezember und Januar in den Bergregionen der West- und Ost-Ghats, wo die Temperaturen nachts unter 10 °C fallen.

Wegen der Auswirkungen des Nachmonsuns und des Nordostmonsuns sollte man die Monate Oktober bis Dezember in den südlichsten Provinzen **Tamil Nadu und Kerala** meiden, nicht nur wegen der starken Regenfälle selbst, sondern auch wegen der daraus resultierenden Beeinträchtigung im Straßen- und Schienenverkehr. Nicht selten werden Verkehrswege durch Erdrutsche oder Überschwemmungen blockiert, was zeit- und nervenaufreibende Umwege zur Folge hat. Wegen des ruhigen, trockenen Wetters empfehlen sich hier die Monate **Januar bis März** als beste Reisezeit. Ab April steigen Temperatur und

Luftfeuchtigkeit auf ein für Mitteleuropäer kaum zu ertragendes Maß an, sodass das Reisen für viele dann zur Qual wird. Andererseits birgt diese „Off-Season" den Vorteil, dass mit den stark sinkenden Touristenzahlen auch die Preise sinken und man die Sehenswürdigkeiten dann „ganz für sich" hat.

Flora und Fauna

Pflanzenwelt

Nur auf eine sprachliche Kuriosität ist es zurückzuführen, dass knapp 10 % der indischen Landesfläche offiziell als **Dschungel** klassifiziert werden. Das Wort Dschungel leitet sich von dem Hindiwort *jangal* ab und bedeutet auch in anderen indischen Sprachen ganz allgemein Wald. In Indien ist also jeder Wald ein *jangal*. Dschungel, wie man ihn aus historischen Reiseberichten oder den literarischen Werken *Rudyard Kiplings* kennt, mit Baumriesen, Schlingpflanzen, dichtem Unterholz und Wegelosigkeit gehört jedoch in Indien inzwischen fast der Vergangenheit an. Nur in den feuchten **Regenwaldzonen** der West-Ghats und den Grenzgebieten des Nordostens, vor allem in Assam, gibt es noch Überreste. Dichter Wald ist in den Mittelgebirgszügen der Vindhyas bis hin nach Orissa erhalten geblieben.

Baumarten

Insgesamt knapp 1.200 Baumarten kommen in Indien vor. Der für westliche Touristen klassische Tropenbaum, die Palme, findet sich vor allem im Süden. Besondere Bedeutung kommt der **Kokospalme** zu, weil die Kokosnuss äußerst vielseitig verwendbar ist. So ist Kokosmilch als guter Durstlöscher sehr beliebt, das Fruchtfleisch wird in Süßspeisen und Currys verarbeitet. Hochwertiges Kokosöl wird zum Kochen und Backen ebenso verwendet wie zur natürlichen Körperpflege, das minderwertige Öl verarbeitet man in Seifen und Kerzen. Doch mit der Verarbeitung des Inhalts ist der Nutzen der Frucht noch lange nicht erschöpft. So werden aus den Holzfasern Seile gesponnen, die man wiederum zu Säcken, Matten, Teppichen, Netzen und Bürsten verarbeitet. Die Schalen dienen zur Herstellung von Besteck und Souvenirs oder als Brennmaterial. Aus dem Palmholz schließlich lassen sich Möbel fertigen, und die Palmwedel dienen oftmals als Hausabdeckungen. So verwundert es wenig, dass die etwa zwei Millionen Kokospalmen in Goa einen wichtigen Wirtschaftsfaktor der Region darstellen.

Besonders im Südosten bestimmt die **Palmyra,** eine von insgesamt über 2.600 Palmenarten, das Landschaftsbild. Das zur Reifezeit orangefarbene, im Geruch an Melonen, Quitten und Ananas erinnernde Fruchtfleisch wird ausgesogen und nach dem Entfernen der Fasern zu Mus verarbeitet, zu Limonade verdünnt oder mit Mehl verbacken. Vergorene Früchte liefern ein käseähnliches Nahrungsmittel. Schließlich gilt der meterlange, an der Spitze verdickte Keimling als Delikatesse.

Wie bei der Zuckerpalme nutzt man den Blutungssaft aus jungen, männlichen Blütenständen, die zur Anregung der Sekretion zunächst gequetscht und einige Tage später abgeschnitten werden. Der Blutungssaft wird aus den Blütenständen gezapft, zu **Palmwein** *(toddy)* vergoren, zu **arrak** destilliert und zu **Palmzucker** *(joggery)* eingedickt.

An der Malabar-Küste wachsen die bei Indern so beliebten **Arecanüsse** (Areca catechu), wichtigster Bestandteil des Betelbissens. Der Begriff Nuss ist allerdings irreführend, handelt es sich bei den Früchten der **Betelpalme** doch um hühnereigroße Beeren mit glatter, gelber bis orangeroter Haut und großem, fettreichem Samen, der fälschlich als „Betelnuss" bezeichnet wird. Die gerösteten oder auch gekochten Samen werden in Scheiben geschnitten und mit Kalk sowie Zimt und anderen Gewürzen gemischt, in die Blätter des Betelpfeffers gewickelt und gekaut. Als verbreitetes Genussmittel hinterlassen sie überall unübersehbare rötliche Flecken.

Zu den wertvollsten Edelhölzern gehören **Sandel- und Rosenholz,** die wegen ihres Wohlgeruchs auch als Räucherstäbchen Verwendung finden.

Wegen seiner tiefroten Blüten ist der **Flammenbaum** oder **Flamboyant** einer der fotogensten und bei Westlern beliebtesten Bäume. Weiteres Charakteristikum des ursprünglich aus Madagaskar stammenden Baumes sind die von den Ästen herabhängenden, bis zu 60 cm langen, abgeplatteten, braunen Fruchthülsen. Wegen seiner auffallend breiten, schirmförmigen Krone wird der Flamboyant besonders gern als Schattenspender an Straßen und in Parks angepflanzt. Der Flammenbaum weiß jedoch nicht nur durch sein „hübsches Äußeres" zu gefallen, sondern ist auch von großem Nutzen. Aus dem Holz gewinnt man sehr haltbares Baumaterial, die Rinde liefert Farbstoff und Harz und auch die Blüten geben Farbstoff.

Ein Blickfang ist der weit ausladende, dicht belaubte und bis zu 30 m hohe **Regenbaum.** Wegen seines riesigen Wuchses und der jährlich zweimal erscheinenden Blüten gehört er zu den beliebtesten Zierbäumen an Straßen, Märkten und Plätzen. Gern wird er auch als Schattenspender für Kakao-, Pfeffer- und Vanille-Kulturen genutzt. Ebenso amüsant wie interessant ist die Herleitung seines Namens. Der vermeintliche Regen wird durch eine sich bevorzugt in der Baumkrone niederlassende Zikade verursacht. Zum Schutz gegen die Sonne umgibt sich das Insekt mit einer schaumartigen Substanz. Die Insekten stechen Pflanzenzellen an, nehmen Pflanzensaft auf und scheiden große Mengen an Wasser aus. Dieses kann so heftig von den Bäumen tropfen, dass sich am Boden Wasserpfützen bilden.

Einer der wohl bekanntesten Bäume Indiens ist der **Bodhi** (Pipal-Baum, Ficus religiosus). Unter einem Exemplar dieser Art soll der Prinzensohn *Siddharta Gautama* nach siebentägiger Meditation zum Buddha, d.h. zum Erleuchteten, gereift sein. Seither gilt der Baum allen Buddhisten als heilig.

Ebenso wie der Bodhi gehört auch der wegen seines spektakulären Aussehens berühmte **Banyan** (Würgfeige, Ficus bengalesis) zur Gattung der Feigenbäume. Mit seinen weit ausgreifenden, bis zu zwei Metern aus dem Boden aufragenden Luftwurzeln mit unzähligen Verästelungen und Verzweigungen macht der Parasit, der sich um die Stämme anderer Bäume legt, einen urweltlichen Eindruck.

Tee und Gewürze

Die vor allem in Bengalen (Darjeeling) und im Nordosten (Assam) von den Engländern Ende des 19. Jh. angelegten Teeplantagen haben Indien zu einem der weltweit größten Teeexporteure aufsteigen lassen. Bis zu fünfzehnmal werden die Sträucher in mehr oder weniger kurzen Abständen bepflückt, in der Regel von Hand. Gepflückt wird meist nur die Blattknospe mit den obersten zwei Blättern, da diese den höchsten Catechin- und Coffeingehalt besitzen. Zur Weiterverarbeitung werden die frischen Blätter in einem Luftstrom gewelkt, in mehreren Arbeitsgängen maschinell gerollt und anschließend fermentiert. Das Rollen und Fermentieren setzt chemische Prozesse in Gang, die das Aroma und den Charakter des Tees bestimmen.

Umweltverträglicher als die Teepflanzungen, denen etliche Waldgebiete zum Opfer fielen, sind die **Gewürzgärten** an der tropischen Südwestküste. Der Geschmack von Pfeffer, Zimt, Kardamom und Ingwer lockte einst die Europäer nach Indien und noch heute sind Gewürze eines der bedeutendsten landwirtschaftlichen Exportprodukte des Landes.

Tierwelt

Die dem Hinduismus eigene Auffassung von der Einheit allen Lebens, in der der Mensch nur ein Teil des Ganzen ist, mag auch die indische Tierwelt lange Zeit vor Verfolgung bewahrt haben. Spätestens mit dem Einzug der Moderne war dies jedoch vorbei. Neben dem Bevölkerungswachstum, das die Menschen immer tiefer in die angestammten Lebensräume der Tiere eindringen ließ, dem Eisenbahn- und Straßenbau, der ihre Wanderwege zerschnitt, und dem Einsatz von Pestiziden, der ihre Nahrungsgrundlagen zerstörte, trug auch die wilde Schießwut der weißen Kolonialherren und indischen Rajas zur Dezimierung des Wildbestandes bei. Vor allem die sogenannten „Big Five", der **Indische Löwe,** der **Tiger,** der **Elefant,** das **Panzernashorn** sowie das **Gaur,** das größte Wildrind der Erde, waren akut vom Aussterben bedroht. Angesichts dieser dramatischen Lage setzte Anfang der 1970er Jahre ein Sinneswandel bei den Verantwortlichen ein. Vor allem das Programm zur Rettung des Tigers erregte international Aufsehen.

Heute zählt Indien weltweit zu einem der vorbildlichsten Länder auf dem Gebiet des **Tierschutzes.** Indiens Tierwelt ist sehr artenreich, auf 2,2 % der Landmasse der Erde sind 8 % aller Säugetiere, 14 % aller Vogelarten und 9 % aller Reptilienarten beheimatet.

025is Foto: tb

Säugetiere

Nach Schätzungen gibt es in Indien inzwischen wieder 22.000 **Elefanten,** von denen die meisten in Nationalparks leben. In Südindien bieten besonders die Nationalparks Periyar in Kerala und Nagarhole in Karnataka gute Möglichkeiten, die Dickhäuter in „freier" Wildbahn zu beobachten. Ansonsten begegnet man ihnen in den weitläufigen Tempelanlagen und bei den großen Tempelfesten in Kerala, an denen bis zu 100 festlich geschmückte Elefanten teilnehmen.

Immer wieder ein faszinierendes Bild ist es, einen **Arbeitselefanten** mit dem *mahout,* seinem Führer, in aller Seelenruhe inmitten des brodelnden Verkehrs einer indischen Großstadt marschieren zu sehen. Immer weniger dieser beliebten Großtiere werden allerdings zu Arbeitstieren abgerichtet.

Ob der **Tiger,** von dem es noch etwa 1.500 Exemplare in Indien geben soll, vor dem Aussterben gerettet werden kann, bleibt fraglich. Auch vom **Indischen Löwen,** der früher ganz Indien bevölkerte, leben derzeit nur noch 250 Exemplare im Gir-Nationalpark im Bundesstaat Gujarat. Der Gepard gilt seit 1952 als ausgestorben.

Die beliebtesten Beutetiere der Wildkatzen wie **Antilopen, Gazellen** und **Hirsche** gibt es in fast jedem Wildpark Indiens zuhauf. Unter den wilden Hundearten finden sind der **Dekhan-Rothund,** der **Goldschakal** und der **Bengalfuchs** relativ häufig, während der äußerst scheue **Indische Wolf** vom Aussterben bedroht ist. Ebenso erging es lange Zeit dem **Panzernashorn,** welches wegen seines Horns, von dem sich abgeschlaffte asiatische Männer wundersame Kräfte versprechen, eines der begehrtesten Jagdobjekte der Wilderer war. Heute gibt es weltweit etwa wieder 1.500 der beeindruckenden Tiere, von denen etwa 70 % in Terai im Süden Nepals und im Kaziranga-Nationalpark in Assam beheimatet sind.

Ein absolut gewöhnlicher Anblick in Indien sind die **Affen,** die häufig in Tempeln anzutreffen sind. Hier scheinen sie sich besonders heimisch zu fühlen und sind dementsprechend selbstsicher, was zuweilen jedoch in Aggressivität umschlagen kann. Von den in Indien vertretenen neunzehn Rassen sind die **Rhesusaffen** und die **Languren** besonders häufig. Besonders die Rhesusaffen können recht aggressiv werden, gerade wenn sie Essbares in den Händen der Menschen erspähen. So sollte man in deren Nähe darauf verzichten, genüsslich eine Banane oder Sonstiges zu verspeisen.

Reptilien

Die Population des **Krokodils** verzeichnet einen Aufwärtstrend, nachdem neben dem Export von Elfenbein auch die Ausfuhr von Krokodilleder strengstens verboten ist.

Wenig erfreulich klingt die Zahl der ca. 4.500 jährlich in Indien durch Schlangenbisse getöteten Menschen. Die Zahl der **Schlangenarten** liegt bei 230, davon sind 55 giftig. Die Tiger-

Hochverehrt, gehegt und gepflegt – der Tempelelefant

python ist mit bis zu sechs Metern Länge die größte Schlange Indiens. Zu den gefährlichen **Giftschlangen** zählen hauptsächlich Kobra, Kettenviper und Sandrasselotter. Bei 90 % der Bisse durch gefährliche Giftschlangen ist die Giftmenge zu gering, um tödliche Folgen zu haben. Opfer finden sich meist unter der verarmten Landbevölkerung, da viele die Nacht auf dem Boden verbringen müssen und dabei versehentlich mit einer Giftschlange in Berührung kommen.

Ganz harmlos und zudem sehr nützlich ist dagegen der freundliche Zeitgenosse, der fast jeden Abend an der Wand des Hotelzimmers nach einer leckeren Mahlzeit Ausschau hält: der **Gecko.** Der kleine Kerl mit seinen reichlich groß geratenen Glubschaugen hält sich besonders gern in der Nähe von Lampen auf, da hier die Chancen für einen fetten Leckerbissen in Form eines Insekts besonders hoch sind. Schade, dass er sich in Mitteleuropa nicht recht wohl fühlt.

Die heilige Kuh – geschlagene Heilige

Die Kuh ist in Indien heilig, das ist allgemein bekannt. Aber wie heilig ist sie den Indern eigentlich wirklich? Wenn man die abgemagerten Gerippe durch die Straßen streunen sieht, wo sie auf ihrer nimmermüden Suche nach Essbarem die Abfallhaufen durchwühlen und allzu oft mit Stockhieben vertrieben werden, scheint diese Frage gar nicht so abwegig.

Ein Blick in die Geschichte beweist, dass die Verehrung der Kuh durchaus nicht immer selbstverständlich war. Der Verzehr von Rindfleisch war für die nomadisierenden arischen Hirten, die vor Jahrtausenden in Nordindien einfielen, eine Selbstverständlichkeit und auch die Opferung von Rindern zu religiösen Zwecken war gang und gäbe, wie Auszüge aus den „Veden", den heiligen Schriften der Arier, belegen. Dies änderte sich erst, als die Einwanderer sesshaft wurden und geregelten Ackerbau betrieben. Von nun an war nicht mehr das Pferd, sondern das Rind das wichtigste Tier des Menschen.

Diese Bedeutung hat es bis heute behalten, da sich die Lebensbedingungen eines Großteils der indischen Bevölkerung in den letzten Jahrtausenden nicht grundlegend verändert haben. Vor allem die unzähligen Mittellosen der indischen Gesellschaft profitieren von den kostenlosen Produkten der Millionen Straßenkühe. Die meisten der scheinbar herrenlos durch die Großstädte streunenden Rinder besitzen ein festes Zuhause, zu dem sie allabendlich zurückkehren. Während sie dort die bereitgestellte Mahlzeit bekommen, werden sie von den Besitzern gemolken.

Auch zum Pflügen der Felder und als Zugtier ist das Rind unverzichtbar. Die Milch der Kuh bedeutet für die Unterschicht eine wichtige, weil nährstoffreiche und vor allem kostenlose Ernährung. Der Dung ist als Düngemittel der Felder genauso nützlich wie als Brennmaterial; darüber hinaus findet er als Mörtel zur Errichtung von Lehmhütten Verwendung, zumal er auch noch insektenabweisend wirkt. Als weitverbreitetes Desinfektionsmittel wird auch der Urin der Cebu-Rinder genutzt und in den indischen Städten dienen die etwa 200 Mio. frei laufenden Kühe als Müllentsorger.

Die existentielle Bedeutung des Rindes hatten die indoarischen Einwanderer sehr schnell erkannt, weshalb sie es unter Tötungsverbot stellten. Die Verehrung der Kuh hatte also zunächst rein pragmatische

Vögel

Vogelliebhaber kommen in Indien voll auf ihre Kosten, beherbergt der indische Subkontinent doch über 1.200 **Brutvogelarten,** von denen 176 endemisch sind, also nur hier und nirgends sonst auf der Welt vorkommen. Rechnet man noch die im Winter aus dem nördlichen und mittleren Asien einfliegenden **Zugvögel** hinzu, so können ingesamt mehr als 2.000 Vogelarten nachgewiesen werden. Besonders häufig sind Eulen, Spechte, Nashorn- und Nektarvögel, Kuckucke, Reiher, Störche und Kraniche.

Der indische Nationalvogel ist der **Pfau.** Er ist nicht nur in der Wildnis weit verbreitet, sondern wird in vielen Dörfern als halbzahmer Vogel verehrt und gefüttert. Souvenirs aus dekorativen Pfauenfedern können übrigens ohne Bedenken gekauft werden, da die Vögel ihre Schmuckfedern während der Mauser im Winter verlieren.

026is Foto: tb

Hochverehrt, aber auch Müllabfuhr auf vier Beinen – die Kuh

Gründe. Die religiöse Überhöhung als lebensspendende Mutter *(go mata)* setzte erst einige Jahrhunderte später ein, vor allem mit dem buddhistischen Prinzip der Nichtverletzung des Lebens *(ahimsa).*

Nein, vergöttern im eigentlichen Sinne des Wortes tun die Inder ihre Kühe nicht, und heilig sind sie ihnen nur insofern, als sie das Überleben ermöglichen. Auch für die Kastenlosen, die außerhalb der hinduistischen Gesellschaft stehen, besitzen die Kühe einen enormen Nutzen. Da sie nicht an die hinduistischen Regeln gebunden sind, dienen diesen Ärmsten der Armen das Fleisch, die Knochen und das Leder als wichtige Nahrungs- und Einkommensquelle.

Der gerade im Westen immer wieder vorgebrachte Einwand, das Tötungsverbot der Kuh sei angesichts der Millionen unterernährten Inder unverantwortlich (gepaart mit der Forderung nach Hochleistungs-Rinderzucht), entbehrt übrigens jeder Grundlage. Gerade die breite Masse der Bevölkerung könnte sich die durch die Aufzucht zwangsläufig anfallenden höheren Kosten für die Tiere und deren Produkte nicht leisten und müsste so auf ihren Nutzen verzichten. Im übrigen stehen die dafür notwendigen Weideflächen im überbevölkerten Indien gar nicht zur Verfügung.

Staat und Gesellschaft

Geschichte

Ähnlich der europäischen Geschichte, die gewöhnlich in die drei deutlich voneinander zu unterscheidenden Perioden alte, mittlere und neue Geschichte unterteilt wird, hat sich auch die indische Geschichtsschreibung an einer Dreiteilung orientiert: die alte indische Geschichte geprägt vom Hinduismus, die Zeit der islamischen Herrschaft und die britische Fremdherrschaft. Diese simple Kategorisierung erfreute sich sicherlich nicht nur deshalb so lange großer Beliebtheit, weil sie die jahrtausendealte, äußerst vielschichtige indische Geschichte in einen sehr übersichtlichen Rahmen presste, sondern auch, weil sie den Wunsch der nationalistischen Historikerzunft befriedigte, der goldenen Zeit der alten Geschichte die Epoche der Fremdherrschaft, die bereits mit den islamischen Dynastien begann, gegenüberzustellen. In dem Wissen, dass letztlich jede Periodisierung willkürlich bleiben muss, soll hier als Orientierungshilfe eine etwas feinere Aufteilung gewählt werden, um der Vielfalt der indischen Geschichte wenigstens ansatzweise gerecht zu werden.

Nord- und Südindien – geografische Bedingungen

Die Geschichte Indiens ist in zentraler Weise durch seine geografischen Gegebenheiten bestimmt. Daher sollte, wer sich näher mit der Geschichte des Landes beschäftigen möchte, zunächst einen Blick auf die Landkarte werfen. Die grundsätzliche Unterscheidung zwischen dem Norden und dem Süden des Indischen Subkontinents beruht auf der ganz unterschiedlichen historischen Entwicklung dieser beiden Landesteile. Im Laufe der Jahrhunderte erwies sich das die Grenze zwischen dem Norden und dem Süden markierende **Dekhan-Hochplateau** immer wieder als **unüberwindliche Schwelle** für die Eroberer aus dem Norden bei ihrem Versuch, auch den Süden des Landes unter ihre Kontrolle zu bringen.

So konnte die von den indoarischen Eroberern zwischen 1500 und 500 v. Chr. in den Süden abgedrängte **dravidische Urbevölke-**

rung wesentlich mehr an kultureller Identität bewahren als die von fünfhundertjähriger Fremdherrschaft geprägten Völker Nordindiens. Erst als mit der Seefahrt die natürlichen Grenzen ihre Bedeutung verloren, konnte mit Beginn des 16. Jh. auch der Süden – durch die Europäer – kolonisiert werden.

Die Regionen Südindiens und die Frühzeit dynastischer Herrschaft

Welchen zentralen Einfluss die geografischen Bedingungen auf den Verlauf der historischen Entwicklung spielten, verdeutlicht eine genauere Aufschlüsselung der verschiedenen, die Südhälfte Indiens kennzeichnenden Regionen. Besondere Beachtung verdient dabei die Gliederung des Landes durch Höhenzüge, die im Großen und Ganzen von Norden nach Süden verlaufen, und Flüsse, die von Westen nach Osten oder umgekehrt fließen. Es lassen sich Schwerpunkte identifizieren, die wiederholt zum Zentrum von Vormachtstellungen geworden sind, wobei eine Vormacht sich so gut wie nie flächendeckend etablieren konnte, sondern auf eine Region beschränkt blieb.

Beginnend im Norden, erkennt man einen ersten Schwerpunkt im Gebiet Nasik-Aurangabad-Paithan am Oberlauf der Godayen. Hier hatten die **Satavahanas** im 2. Jh. v. Chr. ihren Hauptstandort. Diese von ca. 150 v. Chr. bis 250 n. Chr. regierende Dynastie dehnte ihr Herrschaftsgebiet bis an die Küstenzonen des heutigen Andhra Pradesh aus und unterhielt rege Handelsbeziehungen: Münzfunde belegen u.a. Verbindungen zum Römischen Reich. Schon zu dieser frühen Zeit zeigte sich, dass die Kontrolle über den **Seehandel** ein Grundpfeiler jedweder Machtentfaltung im Süden sein sollte. Die in religiösen Fragen äußerst toleranten Satavahanas gelten als die erste Großmacht auf dem Dekhan. Später versuchten islamische Herrscher, die von Delhi aus nicht den Süden beherrschen konnten, eine Südhauptstadt in dieser Region zu errichten – *Mohammed Tughluk* in Daulatabad und *Aurangzeb* in Aurangabad. Hier in der Nähe liegen auch die Höhlen von Ajanta und Ellora, die einstige Hauptstadt der Rashtrakutas.

Ein zweiter Schwerpunkt liegt in der Gegend östlich des Flusses Bhima zwischen den heutigen Städten Solapur und Hyderabad. Dort liegen die alten Hauptstädte Kalyani, Bidar, Malkhed und Gulbarga. Der dritte Schwerpunkt befindet sich zwischen den Oberläufen von Krishna und Tungabhadra. Dort liegen die alten Chalukya-Hauptstädte Badami, Aihole und Pattadkal und nördlich davon Bijapur, die Hauptstadt der islamischen Herrscher einer späteren Zeit. Ein viertes Zentrum lässt sich schließlich im Hochland des Südens ausmachen, ausgezeichnet durch die Städte der Hoysala-Dynastie mit ihren berühmten Tempeln in Belur und Halebid.

Als letztes gilt es, die Großregion der **Ostküste** zu untergliedern. Auch hier zeichnen sich vier Teilregionen ab, die im wesentlichen durch die Unterläufe der großen Flüsse gekennzeichnet sind. Als erste – von Norden nach Süden vorgehend – ist hier die Krishna-Godaveri-Region zu nennen, in der die alten Hauptstädte Vengi, Amaravati und Nagarjunakonda lagen. Die zweite Region ist die Küste um das heutige Chennai (Madras) und sein Hinterland mit der Stadt Kanchipuram, Mittelpunkt des Pallava-Reiches. Es folgt das fruchtbare Kaveri-Delta als dritte Region mit der Stadt Tanjore, einem der bedeutendsten Standorte des großen Chola-Reiches, und südlich davon als vierte Region das Land um Madurai. Die Hauptstdt des Pandya-Reiches mit ihrem großartigen Shri-Meenakshi-Sundareshwar-Tempel ist heute eine der meistbesuchten Städte des Südens.

Allgemein gilt auch hier die Regel, dass sich eine Vormacht immer nur in einer dieser Teilregionen etablieren konnte, doch haben hier weit mehr als in der Ebene des Nordens und im Hochland oft bedeutende Herrschaftssysteme nebeneinander bestanden, da die Abschottung meist entweder aufs Hochland oder nach Übersee, nicht aber auf andere Gebiete der Küste gerichtet war.

Die bedeutendste Macht der Epoche war die **Gupta-Dynastie des Nordens** (4./5. Jh. n. Chr.), die die höfische Kultur des indischen Mittelalters prägte und die Ostregionen der Ganges-Ebene zur Ausgangsbasis für die Errichtung eines Großreiches machen wollte.

Brahmanen und Unberührbare – die Kasten zwischen Tradition und Auflösung

Seine Ursprünge hat das indische Kastensystem in der Zeit des Brahmanismus (ca. 1000–500 v. Chr.). Nach dem Einfall der Arier aus dem südlichen Zentralasien entstand eine in vier Klassen geteilte Gesellschaft. An ihrer Spitze standen die **Brahmanen** (Priester), denen die **Kshatriyas** (Krieger und Adel) und die **Vaishyas** (Bauern, Viehzüchter und Händler) folgten. Ihnen untergeordnet waren die nichtarischen **Shudras** (Handwerker und Tagelöhner).

Das Sanskrit-Wort für diese Klassen lautet *varna* (Farbe). Das deutet darauf hin, dass die hellhäutigen, arischen Eroberer die **dunkelhäutige Urbevölkerung** aufgrund ihrer Hautfarbe isolierte. Welche Bedeutung auch heute noch der Hautfarbe zukommt, kann man den sonntäglichen Heiratsannoncen entnehmen, in denen immer wieder der Wunsch nach einem möglichst hellen Teint auftaucht. Deshalb erfreuen sich auch Puder und Cremes, die die Haut künstlich aufhellen, bei unverheirateten Frauen großer Beliebtheit.

Die von den Brahmanen verfassten heiligen Schriften erklären und legitimieren diesen hierarchischen Gesellschaftsaufbau mit einem Gleichnis. Danach entstanden die Brahmanen bei der Opferung des Urriesen aus dessen Kopf, die Kshatriyas erwuchsen aus seinen Armen, die Vaishyas aus seinen Schenkeln und die Shudras aus dem niedrigsten Körperteil, den Füßen. Rechtfertigung erhielt das Kastensystem auch durch die Karma-Lehre, nach welcher der Status im gegenwärtigen Leben direktes Resultat der Taten in einem vorangegangenen Leben ist.

Das heute gebräuchliche Wort „Kaste" prägten die Portugiesen im 16. Jh., als sie die verschiedenen gesellschaftlichen Gruppen als *castas* (Gruppe, Familie) bezeichneten. Mit der wirtschaftlichen Entwicklung kam es zu einer Differenzierung der gesellschaftlichen Unterschiede, indem die **Berufsgruppen** in Unterkasten aufgeteilt wurden. Von diesen den europäischen Zünften vergleichbaren Unterkasten, die als *jatis* bezeichnet werden, soll es heute über 3000 in Indien geben. Da man in diese Kasten hineingeboren wird und ein Aufstieg in eine nächsthöhere Kaste ausgeschlossen ist, kann der einzelne dieser Apartheid nicht entkommen.

Außerhalb dieses Kastensystems stehen die sogenannten **Unberührbaren,** die bis vor 50 Jahren als derart unrein galten, dass sich ein Brahmane aufwendigen Reinigungsritualen unterwerfen musste, wenn auch nur der Schatten eines Unberührbaren auf ihn gefallen war.

Der Klassenstatus löst den Kastenstatus ab

Heute, wo in Indien über eine Milliarde Menschen auf engem Raum zusammenlebt und die Wirtschaft sich nach jahrzehntelanger, künstlicher Abschottung im harten Konkurrenzkampf auf dem internationalen Markt behaupten muss, entscheidet nicht mehr die Kaste, sondern Ausbildung und Leistung über die Vergabe eines Arbeitsplatzes.

Kasten- und Klassenstatus mögen früher einmal identisch gewesen sein – heute sind sie es längst nicht mehr. Unter den oberen Schichten der Gesellschaft muss man die Brahmanen mit der Lupe suchen; hier dominieren die Händler- und Bauernkasten. Erst danach finden sich die früher so dominierenden Brahmanen, die heute eher mittlere Gehaltsempfänger sind und vielfach höhere Verwaltungsposten besetzen. Allerdings befinden sie sich hier manchmal bereits in Konkurrenz mit Angehörigen der früheren Unberührbaren, die ihren Aufstieg einer systematischen Förderung der Regierung verdanken und deshalb nicht selten als „Regierungs-Brahmanen" bespöttelt werden.

Bedeutet all dies, dass das einstmals alles beherrschende Kastensystem im Indien von heute praktisch keine Rolle mehr spielt? Die Antwort lautet, wie so oft in Indien, nicht ja oder nein, sondern sowohl als auch. So ist es auch für die meisten westlich geprägten Inder, denen sonst im Alltag die Kastenschranken kaum noch etwas bedeuten, undenkbar, ihre Kinder mit Angehörigen einer niedrigen Kaste zu verheiraten.

Kasten als sozialer Rückhalt

Was einem nach den Prinzipien von Individualität und Selbstverwirklichung erzogenen Europäer als ungerecht erscheinen mag, erhält im Lichte der sozialen und kulturellen Realität Indiens eine völlig andere Bedeutung. Schließlich sollte man nicht übersehen, dass diese im Westen wie selbstverständlich propagierten Ideale gleichzeitig ein **soziales Netz** erfordern, welches jene, die auf dem schmalen Grat der freien Entscheidung straucheln, auffängt. Die Funktion eines in Indien so gut wie unbekannten staatlichen Sozialsystems übernimmt das Kastensystem.

Diese wirtschaftliche Komponente ist aber nur einer der im Westen immer wieder verkannten Vorteile der Kastenordnung. So haben die über Jahrtausende tradierten Werte und Verhaltensvorschriften innerhalb der einzelnen Kasten zu einer Art **kulturellem Heimatgefühl** geführt, auf welches die meisten Inder bis heute allergrößten Wert legen. Dementsprechend treffen sich die einzelnen Kastenmitglieder im Privatleben fast ausschließlich untereinander und halten damit eine Ordnung aufrecht, die im öffentlichen Leben kaum noch eine Rolle spielt.

Die Kastenlosen – geborene Verlierer

Vor allem in den Hunderttausenden von indischen Dörfern, die seit jeher als die Hochburgen des Kastensystems gelten, haben sich die alten Traditionen noch weitgehend erhalten. Dort ist es immer noch üblich, dass die Brahmanenhäuser, geschützt unter hohen Bäumen, im Zentrum stehen, während sich die anderen Bewohner, abgestuft nach ihrer Rangordnung, weiter Richtung Dorfrand ansiedeln.

Außerhalb der Dorfgrenze haben die Kastenlosen ihre schäbigen Hütten aufgeschlagen. Trotz aller staatlichen Fördermaßnahmen, die ihnen unter anderem entsprechend ihrem Anteil an der Gesamtbevölkerung einen Prozentsatz an Stellen im öffentlichen Dienst zusichern, zählen die 150 Millionen Kastenlosen nach wie vor zu den Ausgestoßenen der Gesellschaft.

Die Zeiten, dass ein *Paria* vor Betreten der Stadt die Höherkastigen durch das Schlagen einer Trommel *(parai)* vor seinem Erscheinen warnen musste, damit diese sich nicht durch seine Nähe verunreinigten, gehören zwar der Vergangenheit an, das Betreten des Dorftempels oder die Wasserentnahme aus dem Dorfbrunnen ist ihnen jedoch auch heute noch untersagt.

Dass jahrtausendealte Traditionen weit schwerer wiegen als bürokratische Entscheidungen im fernen Delhi musste auch *Mahatma Gandhi* erkennen, der sich vehement für die Besserstellung der Unberührbaren einsetzte und ihnen den Namen *Harijans* (Kinder Gottes) verlieh. Aufsteiger kommen zwar vor, die große Mehrzahl der Kinder Gottes verdient ihren kargen Lebensunterhalt jedoch mit dem Säubern von Latrinen, dem Enthäuten von Kadavern oder als Müllmänner. Als Abfall der Gesellschaft ist der Abfall der Höherkastigen für sie gerade gut genug. Bei diesen geborenen Verlierern, den Ärmsten der Armen, zeigt sich die hässliche Seite des Kastensystems auf besonders krasse Weise.

Der Vorstoß nach Süden gelang jedoch nicht, denn regionale Herrscher im Süden, sowohl auf dem Hochland als auch an der Küste, konnten ihre Eigenständigkeit behaupten und gar selbst nach Norden vorstoßen und die Vormachtstellung der Ganges-Ebene bedrohen.

Die ersten südindischen Dynastien (3.–9. Jh. n. Chr.)

Mit Beginn des 3. Jh. trat der Süden erstmals deutlich in die indische Geschichte ein. Die dynastischen Namen der Cholas, Pandyas und Cheras der vorigen Periode sind noch in legendäres Dunkel gehüllt. Im 3.–6. Jh. hatte die geheimnisumwitterte Macht der **Kalabhras** weite Gebiete des Südens unterjocht und die Kontinuität dieser anderen Dynastien unterbrochen. Es wird vermutet, dass die Kalabhras aus dem südlichsten Hochland, dem heutigen Karnataka, kamen und den Jainismus sowie den Buddhismus protegierten, die in dieser Gegend einen Stützpunkt gefunden hatten.

Im 4. Jh. waren die **Pallavas,** vermutlich dem Ursprung nach eine nördliche Dynastie, im Süden erschienen und hatten in Tondaimandalam, dem Herzen der zweiten Ostküstenregion, ein neues Machtzentrum errichtet. Im nördlichen Hochland löste die **Vakataka-Dynastie,** von einem Brahmanen gegründet, die Satavahanas ab, die nur in der vorigen Periode dort geherrscht hatten. Die Vakatakas hatten offensichtlich den Buddhismus begünstigt, einige der **Höhlen von Ajanta** gehen auf sie zurück. Im südlichen Hochland war die **Kadamba-Dynastie,** eine Brahmanenfamilie, mit der Hauptstadt Banavasi im dritten Zentrum tonangebend.

Etwa um die Mitte des 6. Jh. veränderte sich die politische Landschaft des Südens wiederum. Mit den Pallavas, Chalukyas und Pandavas tauchten zum ersten Mal Dynastien auf, die in den nächsten Jahrhunderten die Geschichte im Süden Indiens prägen sollten. Ihre Beziehungen sind durch ständige Konflikte gekennzeichnet, wobei immer wieder auch Koalitionen untereinander geschmiedet wurden, um eine dritte Teilmacht auszuschalten. Die Pallavas im Südosten bauten ein mächtiges, **Tondaimandalam** genanntes Reich auf, dessen kultureller Einfluss bis nach Südostasien reichte.

Auf dem südlichen Hochland in der dritten Teilregion stiegen die **Chalukyas** von Badami auf, die nicht nur die Kadambas ablösten, sondern weit ins nördliche Hochland vorstießen. Ihr rascher Aufstieg war das erstaunlichste Ereignis des 8. Jh. Unter den beiden großen Königen *Pulakeshin I.* und *Pulakeshin II.* mussten sie ihre Kräfte mit allen Rivalen des indischen Raumes messen. Sie nutzten den strategischen Vorteil des Hochlands und versuchten zugleich, es den Pallavas von Kanchi kulturell gleichzutun: Pulakeshin II. kämpfte sowohl gegen den Pallava-Herrscher als auch gegen den großen König des Nordens, *Harshavardhana,* der das Erbe der Gupta-Dynastie übernommen und in der mittleren Ganges-Ebene noch einmal ein Großreich errichtet hatte.

Die Chalukyas wurden um 750 von den **Rashtrakutas** abgelöst, die mit dem Verfall des Reiches in der Ganges-Ebene wagen durften, ein Großreich im nördlichen Hochland zu errichten. Sie schlugen ihre früheren Lehnsherren, die Chalukyas, und brachten auch Vengi an der Ostküste unter ihre Kontrolle. Die Verlagerung ihrer Hauptstadt von **Ellora** in der ersten Teilregion des Hochlands nach **Malkhed,** unweit des heutigen Gulbarga, in die zweite entsprach dieser Entwicklung. Die Rashtrakutas nahmen das Erbe der Satavahanas und Vakatakas wieder auf, nachdem Letztere zuvor von den Chalukyas überwunden worden waren. Zwei große Könige symbolisieren diese beiden Epochen: *Krishna I.,* der um 742 den berühmten **Felsentempel Kailashanatha** in Ellora errichten ließ, und *Aniogavarsha I.,* der etwa 80 Jahre später die neue Hauptstadt Malkhed gründete.

Wenn man annimmt, dass die geheimnisvollen Kalabhras ebenfalls dieser Region entstammten, so könnte man sagen, dass Karnataka in der Periode des 3. bis 8. Jh. und noch darüber hinaus eine erstaunliche Ausstrahlungskraft gehabt hat, die bis weit ins nördliche Hochland und in die südliche Region der Ostküste reichte.

Die indische Kolonisierung Südostasiens

Während der Einfluss Karnatakas sich nur innerhalb des Landes verbreitete, reichte der Einfluss des südöstlichen Tamil-Landes zu jener Zeit bereits über Indien hinaus. Die Synthese von Sanskrit und regionaler Kultur wurde nach Südostasien exportiert, und die **Schrift,** die sich unter der Pallava-Dynastie ausbildete, wurde das Grundmuster für die noch heute üblichen Schriften Kambodschas und Thailands. Aber auch Religion und Staatsform jener Epochen wanderten dorthin und schufen jene vorbildhafte **Hofkultur,** die, gerade weil sie „von oben herab" kam, so leicht übertragen werden konnte.

Die Epoche lebhafter Rivalitäten ist zugleich die Zeit der indischen Kolonisierung Südostasiens. Diese Kolonisierung erfolgte aber nicht durch eine Ausdehnung indischer Herrschaft, sondern durch eine Übertragung von Herrschaftsstil, Schrift, Baukunst und religiöser Ideen sowohl des **Hinduismus** als auch des **Buddhismus,** der sich als missionierende Universalreligion weit verbreitete. In Java, Sumatra, Vietnam und Kambodscha entwickelten sich Königreiche, in denen wie im damaligen Indien Hinduismus und Buddhismus nebeneinander existierten. Viele dieser Länder Südostasiens gaben der übernommenen Kultur eine noch größere materielle Grundlage als Indien. Das fruchtbare Java und das große Mekongbecken in Kambodscha boten den Herrschern unerschöpfliche Quellen des Reichtums und so entstanden die größten **Baudenkmäler indischen Stils** in diesen Gebieten und nicht im Mutterland. Die Kulturträger waren zumeist Brahmanen und Mönche, die an den Höfen einheimischer Herrscher Aufnahme fanden.

Die Cholas als Träger einer indischen Hochkultur (10.–12. Jh.)

In der nächsten Epoche machte sich eine Verfeinerung und bald auch eine Erstarrung der hinduistischen Hofkultur bemerkbar. Die Entwicklung der **Tempelskulptur** zeigt dies sehr deutlich: Man vergleiche nur die großen, kühn gestalteten Skulpturen von Mahabalipuram (8. Jh.) mit den elegant dekorativen Skulpturen Khajurahos (10. Jh.) oder den von fein ziselierten Ornamenten umgebenen Göttern und Tänzerinnen von Halebid und Belur (13. Jh.). Der Buddhismus, der in der vorigen Epoche noch an vielen Höfen Gönner hatte, wurde fast völlig aus Indien verdrängt.

Die Rivalität der Regionalmächte setzte sich in dieser Periode zunächst nach dem Muster fort, das sich in der vorigen Periode herausgebildet hatte. Im Süden gingen die Rashtrakutas nach ihren großen Siegen zugrunde und wurden im 10. Jh. wieder von ihren Vorgängern, den Chalukyas, abgelöst.

Die Erbfeinde der Chalukyas waren die Cholas, Nachfolger der Pallavas. Man kann sie als die bedeutendste indische Dynastie dieser Periode bezeichnen, da weder die Chalukyas, noch irgendeine der vielen zeitgenössischen Dynastien Nordindiens ihnen an Tatendrang und kultureller Leistung ebenbürtig waren. Die Chola-Kultur gilt als die kulturell hochstehendste Dynastie jener Zeit in Südasien. Noch heute beeindrucken die berühmten **Chola-Bronzefiguren** mit ihrer unvergleichlichen Feinheit und Eleganz. Zugleich waren die Cholas aber im Gegensatz zu ihren Vorgängern, den Pallavas, die das Sanskrit pflegten, Förderer der Regionalkultur und ihrer Sprache, des **Tamil,** dessen Literatur unter ihrer Herrschaft eine große Blüte erlebte.

Auf dem Höhepunkt ihrer Macht standen die Cholas im 11. Jh. unter den beiden großen Königen *Rajaraja* und *Rajendra*. Letzterer hat wohl von allen indischen Herrschern die weitesten Kriegszüge unternommen, denn er sandte seine Truppen bis an den Ganges, wo er seine neue Hauptstadt Gangaikondacholapuram nannte („die Stadt des Chola, der den Ganges erobert hat"). Auch schickte er ein Expeditionskorps zu Schiff nach Sumatra, um das Reich Shrivijaya zu demütigen, dessen Seehandelsinteressen mit denen der Cholas in Konflikt geraten waren. Die Cholas hatten ihren Schwerpunkt in der dritten Teilregion der Ostküste und nicht in der zweiten wie ihre Vorgänger, die Pallavas von Kanchi. Das reiche Kaveri-Delta war ihre wichtigste Basis, auch Ceylon

300is Foto: tb

stand unter ihrer Herrschaft. Ihre gefährlichsten Rivalen waren die südlichen Nachbarn, die Pandyas in der vierten Region, die sie zeitweilig unterwarfen, von denen sie aber schließlich in ihrer Vormachtstellung abgelöst wurden.

Warten auf den Sonnenuntergang – wegen seiner spirituellen Atmosphäre und der archaischen Landschaft ist Hampi heute eines der beliebtesten Reiseziele im Süden Indiens. Vom 14. bis zum 16. Jh. war das ehemalige Vijayanagar die Hauptstadt der gleichnamigen Regionalmacht. Zeugen der glorreichen Vergangenheit dieses letzten großen hinduistischen Reiches vor dem Einfall der islamischen Eroberer sind die inzwischen zum Weltkulturerbe erklärten Tempel und Ruinen, die sich über das weitläufige Gelände verteilen

Nach dem Niedergang der Cholas und Chalukyas wurde der Süden wieder von vier Dynastien kontrolliert, die sich die verschiedenen Teilregionen einverleibten.

Einmarsch islamischer Herrscher und der Widerstand des Südens (13.–15. Jh.)

Die politische Zersplitterung Indiens lud islamische Herrscher **Afghanistans und Zentralasiens** geradezu ein, zunächst in sporadischen Eroberungszügen ins Land zu fallen und schließlich eine permanente Herrschaft zu errichten.

Zunächst wurde die Nordwestregion in ihre noch jenseits der Grenzen Indiens beheimatete Macht einbezogen. Wer aber Indien beherrschen wollte, musste die außerindische Machtbasis aufgeben und sich dafür entscheiden, in Indien selbst sein Hauptquartier zu errichten. Diese Entscheidung fällte *Kutb-ud-Din Aibak* im Jahre 1206. Das von ihm ins Leben gerufene **Sultanat Delhi** hielt sich über zwei Jahrhunderte unter verschiedenen Dynastien, die sich durch Mord und gewaltsame Machtübernahme ablösten.

Die Sultane bemühten sich schon bald darum auch den Süden zu beherrschen und sandten ihre Heerführer von Delhi aus ins Hochland und bis zur südlichen Ostküste. Dabei übernahmen sie im Wesentlichen die Strategie der früheren Hindu-Herrscher. Die Kavallerie, ausgerüstet mit teuren, importierten **Reitpferden,** diente dem raschen Angriff und die furchteinflößenden **Kriegselefanten** bildeten das Rückgrat der Streitmacht. In den besten Zeiten konnten die Sultane um die 100.000 Pferde und einige Tausend Elefanten in die Schlacht senden.

Ala-ud-Din Khilji und sein großer General *Malik Kafur* erreichten in den Jahren um 1300 die eindrucksvollsten Erfolge. Der Sultan schuf im Norden einen streng zentralistisch regierten Staat mit einem großen stehenden Heer, effizienter Steuererhebung und scharfen Preiskontrollen. Der General zog bis in den äußersten Süden und brachte reiche Beute mit. Die Hindu-Königreiche des nördlichen Hochlandes fielen seinem Ansturm zum Opfer. Am ersten betroffen war das Reich der Yadavas von Daulatabad, das immer wieder von den Truppen des Nordens heimgesucht wurde, seinen Frieden mit dem Sultan machte und schließlich ausgelöscht wurde. Malik Kafur benutzte diesen Brückenkopf in der ersten Region des Hochlandes als Stützpunkt für seine Ausfälle gegen Warangal im Osten, das er 1310 endgültig unterwarf, und gegen die Hoysalas von Dorasamudra (Halebid) im Süden, die er nicht völlig unterjochen konnte.

Aber das Reich war viel zu groß, als dass es sich von dem nun geradezu peripheren Delhi aus hätte beherrschen lassen. Der Sultan *Mohammed Tugluk* (1325–51) zog daraus die Konsequenz, seine Hauptstadt in die erste Region des Hochlandes zu verlegen und in **Daulatabad** auf einem steilen Felsen eine unangreifbare **Zitadelle** zu errichten, von der aus er Norden und Süden zugleich in den Griff zu bekommen gedachte. Der Plan war wie so viele seiner Ideen eine kühne Utopie. Die mächtige Zitadelle vermag noch heute den Betrachter zu erstaunen, sie bleibt ein Zeugnis strategischer Fantasien. Der Sultan musste sie 1329 wieder verlassen, weil er sonst den Norden verloren hätte, der nach wie vor das Fundament seiner Hausmacht war. Mit dieser Entscheidung war aber zugleich das Signal gegeben für die Errichtung unabhängiger Sultanate des Südens, die Delhi den Gehorsam aufkündigten.

Im Jahre 1347 gründete *Ala-ud-Din Bahman Shah* das **Bahmani-Sultanat** mit der Hauptstadt Gulbarga in der zweiten Region des Hochlandes, unweit der alten Hauptstädte Malkhed und Kalyani, und unterwarf bald auch die anliegenden Regionen. Damit wurde die alte Polarität zwischen der Vormacht des Nordens und dem Herrscher des Dekhan nun auch unter islamischen Vorzeichen wiederbelebt.

Das Vijayanagar-Reich

Fast gleichzeitig entstand eine Großmacht an der Grenze zwischen dem Hochland und dem Tiefland des Südens, das **Hindu-Reich** von Vijayanagar. Es wurde gegründet von zwei Prinzen des von Malik Kafur ausgelöschten Reiches von Daulatabad, *Harihar* und *Bukka*. Sie errichteten am Südufer der Tungabhadra die neue **Hauptstadt Vijayanagar,** in der sich Harihar 1336 zum König krönen ließ.

In wenigen Jahren annektierte Harihar das Reich Ballalas III. und dehnte seinen Machtbereich von Küste zu Küste aus. Das neue Reich Vijayanagar wurde geradezu zwangsläufig zum ständigen Rivalen des Bahmani-Sultanats. Die beiden Mächte lieferten sich immer wieder Schlachten, viele davon im umkämpften Raichur Doab, dem Land zwischen Tungabhadra und Krishna. Die Hauptstädte der beiden Reiche, Gulbarga (ab 1429 das nur ein wenig weiter nördlich liegende Bidar) und Vijayanagar waren nur etwa 250 km voneinander entfernt, sodass die Konfrontation permanent war.

Sie konnten sich umso ungestörter bekriegen, als das Sultanat Delhi rasch verfiel und schließlich durch den **Einfall Timurs in Nordindien** in den Jahren 1398/99 völlig zerstört wurde. Der Eroberungszug Timurs aus Samarkand war seit der Gründung des Sultanats Delhi nahezu 200 Jahre zuvor der erste Einfall einer ausländischen Macht. Mit ihm begann eine neue Zeit der Zersplitterung und der Invasion, bis die **afghanischen Lodis** wie seinerzeit *Aibak* für Delhi optierten und dort ein neues Sultanat errichteten, das aber nicht im Entferntesten an die Macht des alten Sultanats heranreichte.

Vijayanagar unter König Krishnadeva

Die Dynastie des Reichsgründers *Harihar* war gegen Ende des 15. Jh. von einer kurzlebigen Usurpatoren-Dynastie abgelöst worden, die der Statthalter einer der Provinzen des Reiches gründete. Diese Dynastie wurde bald von einem weiteren Usurpator gestürzt, dessen Sohn *Krishnadeva Raya* (1509–29) als der größte König Vijayanagars gilt. Krishnadeva, der selbst ein Telugu-Dichter von Rang gewesen sein soll, war wohl auch der Förderer der Telugu-Krieger, die das Rückgrat eines **Militärfeudalismus** bildeten, mit dem er sein großes Reich zusammenhielt, und deren Nachkommen noch heute tief im Süden des Tamil-Landes zu finden sind.

Krishnadeva zog mehrmals gegen Bijapur, Gulbarga und Bidar zu Felde und unterwarf in Kriegen gegen die Herrscher Orissas, die bisher die Ostküste bis weit nach Süden kontrolliert hatten, nahezu alle vier Teilregionen dieser Küste. Er war in jener Zeit der mächtigste Herrscher Indiens, denn auch im Norden fand sich kein ebenbürtiger Rivale.

Militärfeudalstaaten lösen die Königreiche ab

Die vereinte Macht der Nachfolgestaaten des Bahmani-Sultanats erwies sich für Vijayanagar als eine größere Bedrohung, als das alte Sultanat es je gewesen war. 1565, nur 34 Jahre nach Krishnadevas Tod, wurde das Heer von Vijayanagar bei Talikotla vernichtend geschlagen, während im Norden der junge **Mogulkaiser Akhbar** begann, sein Großreich zu errichten.

Akhbars Regime brachte für Indien wesentliche Neuerungen, aber die Staaten, die unter den Sammelbegriffen **Delhi und Vijayanagar** mehrere Jahrhunderte bestanden und die politische Struktur des Landes geprägt hatten, waren nicht mehr mit den traditionellen Königreichen der früheren Zeit zu vergleichen. Nicht ohne Grund wurden diese beiden Reiche nach ihren Hauptstädten und nicht mit dynastischen Namen benannt. Die Tatsache, dass das eine Reich von islamischen Sultanen, das andere von mehreren Hindu-Dynastien regiert wurde, kann nicht darüber hinwegtäuschen, dass sich beide im Prinzip recht ähnlich waren. Es waren Militärfeudalstaaten, in denen sich eine Schicht von Eroberern zur Herrschaft über weite Gebiete aufschwang. Das militärische Aufgebot wurde oft in Form einer Miliz gestellt, wodurch eine mittlere militärische Reichweite dieser Staaten gegeben war. Dieses System, das sich im 13. und 14. Jh. durchsetzte, bereitete den Boden für die Mogul-Herrschaft und das darauf folgende britische Regime.

Das Mogulreich und der Aufstieg der Marathen (1500–1750)

Erst mit den Moguln, einer **türkischen Dynastie,** die im 16. Jh. die Bühne der indischen Geschichte betrat, wurde der weiteren territorialen Zerstückelung des Landes Einhalt geboten. Wie kein anderer Name symbolisieren die Moguln den Glanz des imperialen Indien. Dabei waren ihre ersten Gehversuche dort weit weniger glorreich, als man meinen könnte. Nachdem der erste Großmogul *Babur* (1483–1530) den letzten Lodi-König 1526 besiegt und damit dem Sultanat Delhi den endgültigen Todesstoß versetzt hatte, musste sein Sohn und Nachfolger Humayun (1530–56) nach zwei Niederlagen gegen den von Osten anrückenden Feldherrn *Sher Shah* 1540 beim König von Persien Zuflucht suchen. Erst als dessen Nachfolger sich untereinander befehdeten, konnte Humayun wieder nach Delhi zurückkehren, wo er jedoch schon wenig später, 1556, starb.

Die große Stunde der Moguln brach erst mit seinem Sohn und Nachfolger **Akhbar** an, der nahezu ein halbes Jahrhundert über Indien herrschte (1556–1605). Das Reich Akhbars ist das einzige indische Großreich, das sich in Idee und Anspruch mit dem *Ashokas* vergleichen lässt.

Wie zwiespältig die Person des großen muslimischen Herrschers war, zeigt sich besonders deutlich bei dem ihm immer wieder zugesprochenen Streben nach **religiöser Toleranz.** Tatsächlich war er an einer friedlichen Koexistenz von Hindus und Muslimen interessiert, die er mit einer von ihm konzipierten Religion, der *Din-il-Ilahi* (Gottesglaube) zusammenführen wollte. Der wahre Hintergrund dieser scheinbar so friedfertigen Idee war jedoch die von machtpolitischem Kalkül getragene Überlegung, dass nur dort, wo eine graduelle Partizipation der Hindus am Staat erfolgte, die zahlenmäßig weit unterlegenen Muslime ihre Machtstellung langfristig stabilisieren konnten. Hier findet sich also wieder jenes Prinzip von „teile und herrsche", welches schon so viele Könige vor Akhbar angewandt hatten, um das Riesenreich unter ihre Kontrolle zu bekommen. Perfektioniert wurde es schließlich von den Briten.

Es war Akhbars besondere Fähigkeit, die militärisch unterworfenen Gebiete durch eine straffe, administrative Kontrolle zu beherrschen, die seinen Erfolg begründete. Ein weiterer Faktor war die **strategische Überlegenheit,** die sich aus der Nutzung von Feuerwaffen ergab. Die Hindu-Herrscher konnten gegen diesen Ansturm moderner Kriegsführung nichts ausrichten, und so drangen Akhbars Truppen weiter nach Süden vor. Dennoch stießen die Moguln dort zunehmend auf erheblichen Widerstand, und so reichte die Grenze von Akhbars Reich, das im Nordwesten Afghanistan umfasste und im Osten Bengalen, im Süden nur bis zu einer Linie, die sich etwa auf der Höhe von Mumbai von Küste zu Küste erstreckte.

Akhbars Nachfolger **Jehangir** (1608–1627) und *Shah Jahan* (1627–1658) widmeten sich weitgehend der friedlichen Konsolidierung des ererbten Reiches und der Förderung der Künste. Das weltberühmte Taj Mahal, jenes Grabmal, welches Shah Jahan zu Ehren seiner Gemahlin *Mumtaz* in Agra hatte errichten lassen, ist das großartigste Zeugnis jener kulturellen Blütezeit.

Es waren gerade jene aufwendigen Bauwerke, die den Staat an den Rand des finanziellen Ruins führten, die Shah Jahans machthungrigem Sohn **Aurangzeb** (1658–1707) als willkommmenes Argument zum Sturz und zur anschließenden Gefangennahme seines Vaters dienten. Aurangzeb mochte sich auf dem Höhepunkt der Macht wähnen, als er mit einer rücksichtslosen Kreuzzugs-Politik Tausende von Hindu-Heiligtümern zerstören ließ und gleichzeitig versuchte, als erster gesamtindischer Kaiser in die Geschichte einzugehen, indem er versuchte, auch den bis dahin weitgehend unabhängig gebliebenen Süden zu unterwerfen.

Damit hatte er jedoch den Bogen seiner Macht bei weitem überspannt und leitete den **Niedergang der Mogul-Macht** in Indien ein. Mit seinem militant religiösen Fanatismus brachte er selbst bis dahin loyale Untertanen gegen sich auf. Diese landesweite Aufstandsbewegung verstärkte sich noch, als er seine Hauptstadt, ähnlich wie *Muhammed Thuglag* dreieinhalb Jahrhunderte zuvor, in den Süden verlegte. Bei der Verfolgung seiner ehrgeizigen Pläne hatte der letzte Großmogul die Ressourcen seines Reiches erschöpft.

Nach dem Tod Aurangzebs setzte erneut eine **Phase der Regionalisierung** und des Zerfalls in viele kleine Herrschaftsbereiche ein. Die schwachen Nachfolger Aurangzebs konnten sich nicht mehr durchsetzen und regierten jeweils nur für eine kurze Zeitspanne. Der Einfall *Nadir Shahs,* eines Heerführers aus Persien, der 1739 Delhi eroberte und den gesamten Thronschatz plünderte, markierte das endgültige Ende der einstmals als unbesiegbar geltenden Moguln.

Während der Feldherr sich wieder in seine Heimat zurückzog, etablierten sich im Westen und Norden die **Marathen,** ein lokales Herrschergeschlecht, welches seine Hausmacht im Gebiet um Puna besaß und bereits seit Mitte des 17. Jh. den Moguln einige empfindliche Niederlagen beigebracht hatte. Das Marathen-Reich konnte jedoch das Mogul-Reich nicht ersetzen, eben weil es gar nicht den Versuch unternahm, einen großen Territorialstaat aufzubauen. So scheiterten letztlich auch die Moguln daran, dass das riesige Land von keiner noch so mächtigen und gut organisierten Zentralmacht zu regieren war.

Doch schon standen mit den **europäischen Nationen,** die bereits über verschiedene Handelsniederlassungen ihre Interessen in Indien vertraten, neue Interessenten bereit, um das Machtvakuum auszufüllen und, mehr noch, den enormen Reichtum des Indischen Subkontinents auszubeuten.

Indien unter europäischer Kolonialherrschaft (1750–1947)

Da der Handel mit den begehrten Gütern Indiens fest in asiatischen Händen lag, waren die aufstrebenden europäischen Seefahrernationen daran interessiert, den direkten Seeweg nach Indien zu finden. Bekanntlich war Christoph Kolumbus bis zu seinem Tod davon überzeugt, bei seiner Entdeckung Amerikas die Schatzkammer Indien geöffnet zu haben, und so nannte er die dortigen Ureinwohner auch Indianer.

Mit Vasco da Gama blieb es einem **portugiesischen Seefahrer** vorbehalten, den Seeweg nach Indien zu entdecken. So waren es die Portugiesen, die zunächst 1510 mit Goa und danach mit Daman und Diu im heutigen Gujarat die ersten europäischen Handelsposten an der indischen Westküste errichteten. Für ein knappes Jahrhundert besaßen sie das Monopol auf den europäischen Indienhandel. Letztlich verfügte das kleine Land jedoch nicht über genügend Mittel, um das Riesenreich Indien zu kontrollieren, und so mussten die Portugiesen Anfang des 17. Jh. den Franzosen, Holländern und Engländern das Feld überlassen.

Die **East India Company,** die im Jahr 1600 von *Elisabeth I.* das Monopol über den britischen Indienhandel zugesprochen bekom-

Britische Offiziere
(Foto von John Burke, 1879)

men hatte, eröffnete 1612 in Surat ihren ersten Handelsposten, dem schon bald jene in Madras (1640), Mumbai (1668) und Kalkutta (1690) folgten. Der Osten als Zentrum der Baumwollherstellung wurde vor allem deshalb mehr und mehr kolonialisiert, da sich der Vertrieb der überall in Asien sehr begehrten indischen Textilien noch vor Gewürzen und Tee als besonders profitabel erwies. Für die Briten wurde die Beteiligung am innerasiatischen Handel derart lukrativ, dass sie mit den Gewinnen jene Güter kaufen konnten, die sie nach Europa verschickten. So blieb die East India Company für lange Zeit das, was sie als ihre eigentliche Aufgabe ansah, ein höchst profitables Wirtschaftsunternehmen. Ein territoriales Engagement war dabei weder erforderlich noch erwünscht. Der Handel gedieh prächtig, da konnten politische oder gar militärische Verstrickungen nur Unheil anrichten. „Viele Festungen, viel Ärger und wenig Profit", war das Motto jener Tage.

Umso misstrauischer beäugte man den Aufstieg des alten Erzfeindes **Frankreich,** der sich auch ein Stück von der fetten Beute Indien einverleiben wollte und 1672 in Pondcherry an der Südostküste den ersten Handelsposten eröffnete. Die Franzosen versuchten, die von den Briten sorgsam austarierte Machtbalance zwischen Fürsten und Kolonialherren zu unterlaufen, indem sie die Lokalherrscher mit lukrativen Versprechungen für sich zu gewinnen suchten. 1746 gelang es ihnen sogar, Madras zu erobern, welches sie jedoch schon drei Jahre später wieder an die Briten abtreten mussten.

Den entscheidenden Übergang von dem zunächst rein am Profit orientierten East-India-Handelsunternehmen zur **politischen Ordnungsmacht** in Indien markiert das Jahr 1757, als der Nawab von Bengalen Kalkutta eroberte und dabei viele Briten ermorden ließ. Ein Jahr später nahmen die Briten unter der Anführung des wagemutigen Feldherrn *Robert Clive* in der Schlacht von Plassey nicht nur blutige Revanche an dem Lokalherrscher, der es gewagt hatte, eine Weltmacht herauszufordern, sondern schlugen gleichzeitig die mit ihm verbündeten Franzosen. Der Wandel von Händlern zu Feldherren war endgültig vollzogen.

In den folgenden Jahrzehnten gelang es den Briten in einer Reihe **erfolgreicher Feldzüge** gegen aufständische Regionalstaaten ihre Stellung auszubauen. Anfang des 19. Jh. waren sie die unumschränkten Herrscher Indiens, womit das Land zum ersten Mal in seiner Geschichte unter einer **Zentralgewalt** vereint war. Wichtiger noch als ihre militärischen Siege war für die Festigung ihrer Macht die am Prinzip von „teile und herrsche" orientierte Taktik, den mächtigen Lokalfürsten *(Maharajas)* formal ihre Unabhängigkeit zu belassen, sie faktisch jedoch der Oberherrschaft der europäischen Kolonialmacht zu unterstellen.

Als letztlich entscheidend für den Erfolg der Engländer erwies sich jedoch ihre Fähigkeit, als erste Herrscher der indischen Geschichte das riesige Land unter die einheitliche Verwaltung festbesoldeter Beamter zu stellen, die jederzeit versetzbar waren und sich deshalb keine regionale Hausmacht aufbauen konnten. So wurde eine rationale **Bürokratie** bürgerlich kapitalistischer Herkunft einer alten Agrargesellschaft aufgestülpt, die rücksichtslos ausgebeutet wurde.

Die Briten selbst weisen auch heute noch gern auf die unter dem Begriff *steel frame* zusammengefasste, positive Hinterlassenschaft ihrer Kolonialherrschaft hin. Hierzu gehören der Aufbau einer funktionierenden Verwaltung, ein weitverzweigtes Eisenbahnnetz, die Einführung eines Rechts- und Bildungswesens sowie die Etablierung demokratischer Grundwerte.

Viel schwerer wiegen jedoch die **negativen Folgen des Kolonialismus:** die Unterdrückung traditioneller Bildungs- und Rechtsvorstellungen, die Zerstörung der einheimischen Textilindustrie, die Degradierung des Landes zu einem reinen Rohstofflieferanten sowie die Entstehung eines riesigen Heeres von Proletariern. Paradoxerweise waren es gerade Mitglieder der indischen Oberschicht, die an den von den Briten geschaffenen Hochschulen ausgebildet worden waren, die die Ausbeutung ihres Mutterlandes als erste anprangerten und damit zum Träger der indischen Unabhängigkeitsbewegung wurden.

Die indische Unabhängigkeitsbewegung (1850–1947)

Die erste Phase des indischen Nationalismus wurde mit dem **Sepoy-Aufstand** von 1857 eingeläutet, als genau die Hälfte der insgesamt 74 indischen Battaillone in Nordindien gegen die britischen Besatzer revoltierte. Während der rund viermonatigen erbitterten Kämpfe kamen mehrere tausend indischer und englischer Soldaten ums Leben. Vorübergehend geriet das britische Kolonialreich ernsthaft ins Wanken. Während die Nationalisten den Aufstand der indischen *Sepoys* (Soldaten) als ersten Unabhängigkeitskrieg gegen die europäische Fremdherrschaft feierten, weisen die heutigen Historiker darauf hin, dass die Revolte von vornherein zum Scheitern verurteilt war, da es ihr an jeglicher Koordination und Führung fehlte. Gleichzeitig war damit ein erstes sichtbares Zeichen gesetzt, dass die britische Herrschaft überwunden werden konnte, wenn es gelang, alle Kräfte des Landes auf dieses Ziel zu vereinen.

Auf Seiten der Engländer hatte der Aufstand weitreichende Konsequenzen zur Folge, die darin gipfelten, dass die East India Company aufgelöst und Indien **direkt der Krone unterstellt** wurde. 1876 ließ sich *Queen Victoria* zur Kaiserin von Indien küren und der Posten des Generalgouverneurs, eine Art Diplomatendienst des englischen Königshauses in Indien seit Ende des 18. Jh., wurde in den Rang eines Vizekönigs erhoben. Während die Briten so nach außen deutlich machten, dass sie keinesfalls bereit waren, die Zügel der Macht aus der Hand zu geben, öffneten sie gleichzeitig Posten im Verwaltungsapparat zunehmend auch für Mitglieder der aufstrebenden indischen Oberschicht, die an den von liberalem Gedankengut geprägten Universitäten ausgebildet worden waren.

Immer deutlicher kristallisierte sich im Lager der **Unabhängigkeitsbewegung,** die sich 1885 im **Indian National Congress** organisiert hatte, eine Spaltung zwischen „Gemäßigten" und „Extremisten" heraus. Die

Gemäßigten glaubten, dass nur durch eine schrittweise Demokratisierung und einen allmählichen Übergang der Macht in indische Hände aus der vielfältig gegliederten Gesellschaft eine moderne Nation werden konnte. Die Extremisten hingegen wollten sich der kolonialen Zwangsjacke so schnell wie möglich, wenn nötig auch mit Gewalt, entledigen, um das angestammte Recht auf Freiheit und Selbstbestimmung zu erlangen. Die Kluft zwischen den beiden Gruppppen verstärkte sich noch, als die Briten durch mehrere halbherzige Verfassungsreformen, die u.a. ein sehr eingeschränktes Wahlrecht beinhalteten, den Druck aufzufangen versuchten.

In dieser Situation bedurfte es einer solch außergewöhnlichen Führungspersönlichkeit wie **Mahatma Gandhi,** der 1915 aus Südafrika nach Indien zurückgekehrt war, um diese beiden Pole zu vereinen und zudem die bis dahin allein im Bildungsbürgertum verankerte Unabhängigkeitsidee ins breite Volk zu tragen. 1920 übernahm er die Führung der **Congress Party,** die er innerhalb kürzester Zeit von einem lockeren Zusammenschluss divergierender Kräfte zu einer straff organisierten Partei formte. Seine Methoden des gewaltlosen Widerstandes, der Nicht-Zusammenarbeit und anderer Boykottmaßnahmen fanden breite Unterstützung in der Bevölkerung.

1921/22 führte er eine **erste Massenbewegung** gegen die als völlig unzureichend empfundenen Reformzugeständnisse an, die er jedoch abbrechen ließ, als gewalttätige Unruhen ausbrachen. Trotzdem ließen ihn die Briten verhaften und verurteilten ihn zu sechs Jahren Gefängnis, von denen er jedoch nur zwei Jahre verbüßen musste.

Der legendäre **Salzmarsch,** mit dem Gandhi 1930 symbolisch das Salzmonopol der Briten brechen wollte, wurde ein überwältigender Erfolg. Das Ergebnis waren zwei Konferenzen am „Runden Tisch" in London, bei denen schließlich die Abhaltung freier Wahlen beschlossen wurde. Mehr als ein Teilerfolg war jedoch auch dieses Zugeständnis nicht, da die Inder nur über die Zusammensetzung der Provinzparlamente abstimmen konnten, während die Zentralregierung weiterhin von den Engländern gestellt wurde.

1936 brachten die **ersten gesamtindischen Wahlen** einen überwältigenden Erfolg für die Congress Party, während die Partei der indischen **Muslime** weit abgeschlagen wurde. Das Ergebnis verstärkte die Furcht der Muslime vor einer Majorisierung durch die Hindus und vor dem Verlust ihrer Identität in einem Hindu-Staat. Diese Angst wurde während des Zweiten Weltkriegs, als der Freiheitskampf weitgehend auf Eis lag, von dem Führer der Muslim-Liga *Ali Jinnah* kräftig geschürt.

Mehr und mehr entwickelte sich hieraus eine Massenbewegung, die einen eigenständigen **Muslim-Staat Pakistan** forderte. Seitdem es im Gefolge des 16. August 1946, dem sogenannten Direct Act Day, zu schweren Massakern zwischen Hindus und Muslimen gekommen war, führte kein Weg mehr an der von Gandhi und seinen Anhängern befürchteten Zerstückelung Indiens vorbei. Das Ende des Krieges und die geschwächte Position Englands führten schließlich zu einer raschen, ja überstürzten **Machtübergabe der Engländer,** die gleichzeitig die **Teilung des Landes** in ein muslimisches Ost- und West-Pakistan und das hinduistische Indien bedeutete.

Der von *Lord Mountbatten,* dem letzten Vizekönig Englands in Indien, festgelegte Tag der langersehnten **Unabhängigkeit,** der 15. August 1947, stand im Zeichen grausamer **Massaker** zwischen Hindus und Muslimen, bei denen über 200.000 Menschen auf offener Straße abgeschlachtet wurden. Besonders betroffen hiervon war der Punjab, dessen Staatsgebiet in der Mitte zerschnitten wurde. Wie schon so oft in der Geschichte des Subkontinents offenbarte sich hier auf tragische Weise die Unmöglichkeit, das Riesenreich friedlich zu vereinen.

Mahatma Gandhi und Jawaharlal Nehru während des legendären Salzmarsches (Wandgemälde)

Das nachkoloniale Indien

„Vor langen Jahren haben wir einen Pakt mit dem Schicksal geschlossen und nun naht die Zeit, da wir unser Gelöbnis einlösen werden." Dieser Pakt mit dem Schicksal, von dem Indiens erster Ministerpräsident und langjähriger Gefährte Mahatma Gandhis, **Jawaharlal Nehru,** in der Nacht zum 15. August 1947 sprach, meinte einen Staat, der auf den Grundwerten der Toleranz, Demokratie, Pluralität, Friedfertigkeit und vor allem des Säkularismus aufgebaut sein sollte.

Wie kurzlebig der Schicksalspakt des gerade erst unabhängig gewordenen Landes war, wurde der indischen Bevölkerung bereits am 30. Januar 1948 schlagartig vor Augen geführt, als der Vater der Nation, **Mahatma Gandhi,** von dem fanatischen Hindu *Nathuram Godse* **erschossen** wurde. Hier offenbarte sich auf fatale Weise, dass religiöser Fanatismus und politischer Separatismus, die bereits die Geburtsstunde des unabhängigen Indien überschattet hatten, letztlich die indische Realität weit mehr prägen als Toleranz und Friedfertigkeit.

Während es die politischen Führer Indiens während der Zeit des Kalten Krieges lange Jahre verstanden, das Land durch eine geschickte **Neutralitätspolitik** aus weltweiten Konflikten herauszuhalten, wurden die Beziehungen zu den Nachbarstaaten, allen voran dem **Erzfeind Pakistan,** anstatt von friedlicher Koexistenz durch militärische Auseinandersetzungen bestimmt.

Hauptstreitobjekt war hier **Kashmir,** ein Fürstenstaat im Nordwesten Indiens mit einer Hindu-Dynastie und einer Muslim-Mehrheit, den beide Staaten für sich beanspruchten. Nachdem es bereits 1948 in Kashmir zu Kämpfen zwischen Indien und Pakistan gekommen war, die erst durch einen von der UNO vermittelten Friedensschluss beendet wurden, nutzte Pakistan die innenpolitische Schwäche Indiens nach dem Tod Nehrus 1964 zum **zweiten indo-pakistanischen Krieg.** 1966 wurde er durch die Friedensverhandlungen von Tashkent, während deren Nehrus Nachfolger *Shastri* starb, beendet.

Mit **Indira Gandhi,** der Tochter Nehrus, übernahm nun eine Politikerin für die nächsten 16 Jahre die Führung des Landes, die die durch das unaufhaltsame Bevölkerungswachstum im Innern hervorgerufenen sozialen Konflikte sowie die außenpolitischen Herausforderungen durch eine kompromisslose Politik der Härte zu bewältigen suchte. So gab sie die strikte Neutralitätspolitik ihrer Vorgänger auf, als sie 1971 als Reaktion auf das pakistanisch-amerikanische Bündnis einen Freundschaftsvertrag mit der Sowjetunion abschloss. Im gleichen Jahr entsandte sie Truppen ins benachbarte Ostpakistan, wo sie den aufständischen Rebellen unter *Mujibur Rahman* zur Gründung eines unabhängigen Staates **Bangladesch** verhalf.

Dieser große außenpolitische Erfolg ermöglichte der seit 1948 ununterbrochen regierenden Congress Party 1971 einen überwältigenden Wahlsieg. Als weiteres Zeichen machtpolitischer Stärke verkündete Indien 1974 den ersten **Atomtest,** womit das Land in den exklusiven Club der Atommächte eintrat.

Eine rücksichtslose **Zwangssterilisationskampagne,** mit der ihr jüngerer Sohn *Sanjay,* den sie als ihren Nachfolger auserkoren hatte, das Bevölkerungswachstum in den Griff bekommen wollte, ließ den Popularitätswert Indira Gandhis, der bereits in den Jahren zuvor durch zahlreiche Skandale gelitten hatte, endgültig auf den Nullpunkt sinken. Als sie schließlich für das Frühjahr 1977 Neuwahlen ansetzte, um ihre Notstandsgesetze von der Bevölkerung absegnen zu lassen, erlitt die Congress Party eine klare Niederlage und wurde von der in aller Eile aus fünf Oppositionsparteien zusammengezimmerten **Janata-Partei** unter dem neuen Ministerpräsidenten *Morarji Desai* abgelöst.

Doch die Koalition zerfiel recht bald wieder und aus den im Januar 1980 abgehaltenen Neuwahlen ging erneut Indira Gandhi als Siegerin hervor. Im Juni 1980 wurde ihr Sohn Sanjay Opfer eines Flugzeugabsturzes. Der Verlust des von ihr geliebten, geradezu verehrten Sohnes stand wie ein schlechtes Omen über der letzten Regierungszeit Indira

Foto um 1910

Gandhis, die vor allem durch die **gewaltsamen Autonomiebewegungen** verschiedener Landesteile in den Nordost-Provinzen Sikkim und Kashmir geprägt wurde.

Die größten Sorgen bereiteten der Bundesregierung jedoch der **Sezessionskrieg der Sikhs** für einen eigenen Staat Khalistan. Nachdem sich die Terroristen im Goldenen Tempel von Amritsar, dem Hauptheiligtum der Sikhs, verschanzt hatten, befahl Indira Gandhi dessen Erstürmung, wobei der Anführer *Bhindranwale* und etliche seiner Gefolgsleute ums Leben kamen.

Wenige Monate später, am 31. Oktober 1984, wurde Indira Gandhi **Opfer eines Attentates** zweier ihrer Sikh-Leibwächter. Fassungslos und entsetzt war die ganze Nation. „Indira Gandhi zindabad" – hoch lebe Indira Gandhi – schrien die Massen an ihrem Grab, aber auch „Blut für Blut". Damit war die Szenerie für die kommenden Tage abgesteckt: Allein in Delhi wurden mehrere Tausend Sikhs von aufgebrachten Hindus ermordet.

Um eine Ausweitung der Unruhen zu vermeiden, wurde hastig Indira Gandhis bis dahin kaum in Erscheinung getretener Sohn **Rajiv Gandhi** zum Nachfolger erklärt. Erst nachträglich gaben die Partei und schließlich bei den Wahlen am 24. Dezember 1984 das gesamte Volk ihre überwältigende Zustimmung. Rajiv wurde zur Symbolfigur für einen fundamentalen **Neubeginn,** denn mit ihm kam eine neue Generation an die Macht, die nicht mehr am Unabhängigkeitskampf beteiligt gewesen war und die dem Computerzeitalter näher stand als den Palastintrigen der Moguln. Rajivs Anspruch war Effizienz, seine Mission die längst überfällige **Modernisierung** Indiens.

Die von der neuen Regierung eingeführten Maßnahmen zur Öffnung des bis dahin durch hohe Schutzzölle weitestgehend abgeschotteten Inlandsmarktes, die Förderung zukunftsweisender Industrien und die allmähliche Privatisierung unrentabler Staatsbetriebe ließ viele vor allem junge Inder euphorisch an die Verwirklichung eines modernen,

x06raj

dynamischen, an westlichen Werten orientierten Indiens glauben.

Außerdem wurde nun auch Rajiv Gandhi immer tiefer in die wieder aufflammenden **terroristischen Unabhängigkeitskämpfe** in Kashmir, den Nordost-Provinzen und dem Punjab verstrickt. Erneut ließ er, wie schon seine Mutter, den Goldenen Tempel von Amritsar stürmen, wodurch alte Wunden erneut aufgerissen wurden. Seine Entscheidung, die im Norden Sri Lankas für einen unabhängigen Staat kämpfenden **Tamilen** durch die Entsendung indischer Truppen zur Aufgabe zu zwingen, machte ihn im weitgehend tamilischen Südindien zu einem verhassten Mann.

Wirtschaftlicher und sozialer Aufbruch

Die **Ermordung Rajiv Gandhis** durch ein Mitglied der tamilischen Befreiungsbewegung **Tamil Tigers** während einer Wahlkampfveranstaltung 1991 markierte nicht nur das vorläufige Ende der Nehru-Gandhi-Dynastie, die fast ein halbes Jahrhundert die Fäden der indischen Politik in der Hand gehalten hatte. Mehr noch als der Tod Indira Gandhis bedeutet die Ermordung ihres Sohnes einen tiefen Einschnitt in der indischen Geschichte.

Dennoch schien mit der Übernahme der Regierung durch die **Kongresspartei** unter dem erfahrenen *P.V. Narasimha Rao* 1991 zunächst eine Phase der Ruhe und Konsolidierung anzubrechen. Doch schon bald darauf sah sich Indien einer seiner schlimmsten **Finanzkrisen** ausgesetzt. Rao und sein Wirtschaftsminister *Manmohan Singh* beschlossen daraufhin eine Kehrtwendung von der sozialistisch geprägten Protektionswirtschaft hin zur Öffnung Indiens für **ausländische Investoren.** Mittlerweile fließt vermehrt ausländisches Geld ins Land, das Devisenpolster wächst stetig an. Der dank der wirtschaftlichen Öffnung durchs Land wehende „wind of change“ ist allerorten sichtbar. Westliche Waren, noch bis Anfang der neunziger Jahre so gut wie gar nicht erhältlich, füllen die Auslagen der Geschäfte. Das Straßenbild wird inzwischen mehr von schmucken Privatautos geprägt als durch die heiligen Kühe, riesige Einkaufszentren schmücken die Vororte der Metropolen und Verkäufer von Großbildschirmen, welche die schöne neue Konsumwelt in nahezu jede Hütte tragen, verzeichnen Rekordabsätze.

Von dieser Entwicklung profitiert in allererster Linie die neue, **aufstrebende Mittelschicht,** deren Zahl inzwischen auf etwa 350 Mio. geschätzt wird. Für die große Masse der unteren Mittelschicht und **Unterschicht** hingegen bedeutet die mit der Liberalisierung der Wirtschaft einhergehende Inflation (2011 bei 9 %) eine Verschlechterung der Lebensbedingungen.

Die Probleme Indiens bleiben gigantisch, auch wenn sich das durchschnittliche Pro-Kopf-Einkommen in den vergangenen sieben Jahren verdoppelt hat, auch wenn die indische Mittelschicht so schnell wächst wie keine vor ihr in der Weltgeschichte und auch wenn dank des stetigen Wirtschaftswachstums der letzten Zeit jedes Jahr Millionen der Armut entkommen konnten.

Dennoch leben noch immer 300 Millionen Inder unter der Armutsgrenze – also fast ein Viertel der Gesamtbevölkerung. Noch immer gilt die Hälfte aller Kinder unter fünf Jahren als unterernährt. Noch immer verhindert das Kastensystem die Entwicklung einer gerechten Gesellschaft. Und noch immer gelangen nur 10 % aller Subventionen zu den Bedürftigen. Der große Rest verschwindet in der Bürokratie und den Taschen der Beamten.

Gerade wegen dieser kolossalen Herausforderungen konnte Indien nichts Besseres passieren als dieses reife **Votum für Stabilität und Kontinuität.** Indien bewegt sich bei seinem Aufstieg zur Weltmacht behäbiger als China, dafür aber mit nachhaltigeren Schritten. Als Demokratie hat es einen **moralischen Vorsprung** vor der wegen seiner Wirtschaftsmacht vom Westen hofierten Diktatur Chinas und verdient dafür endlich die lange überfällige Beachtung und den Respekt der vorgeblich so sehr den Menschenrechten verpflichteten Regierungen Europas und Amerikas.

Das Bildungswesen ist durch die britische Kolonialzeit geprägt

Staat und Verwaltung

Indiens offizieller Landesname lautet seit der Unabhängigkeit am 15.8.1947 *Bharat Juktarashtra,* was soviel wie **„Republik Indien"** heißt. Mit Inkrafttreten der indischen Verfassung am 26. Januar 1950 wurde ein Paradox staatsrechtlich verankert. Der junge Staat, der seine neu gewonnene Freiheit und Unabhängigkeit gerade erst nach jahrzehntelangen Kämpfen gegen die Briten errungen hatte, übernahm nahezu unverändert alle politischen Institutionen der Kolonialmacht. Der Freiheitskampf hatte nicht zu einer Revolution geführt, sondern letztlich zur Erhaltung des vorher so erbittert bekämpften Systems.

So orientieren sich die allgemeinen Bestimmungen der den Prinzipien der **parlamentarischen Demokratie** verpflichteten indischen Verfassung am Westminster-Modell. Ebenso wie in England existieren in der Indischen Union mit dem Unter- und dem Oberhaus zwei Zentralparlamente. Hier wie dort ist das **Oberhaus** *Rajya Sabha* (Staatenkammer) nicht viel mehr als eine recht harmlose Zusammenkunft betagter Männer, die nur sehr geringen Einfluss auf die Tagespolitik ausüben. Gewählt werden die 250 Mitglieder nicht direkt vom Volk, sondern

822ra Foto: tb

Korruption: Aufruhr gegen die tödliche Krake

In Indien gibt es derzeit viele Menschen, die nicht gut schlafen. Gemeint sind nicht jene Zigmillionen, die ihr Nachtlager neben Ratten und streunenden Hunden auf stinkigen Bürgersteigen aufschlagen müssen. Ganz im Gegenteil: Die Rede ist von jenen Bürokraten, Politikern und Geschäftsleuten, die das kuschelige Bett in ihren Villen von schäbig bezahlten Dienern gemacht bekommen. Was ist der Grund für das Ungemach im herrschaftlichen Hause? Was ist passiert?

Seit 2010 wird Indien von einer Welle ungeheurer Korruptiosskandale heimgesucht, deren Ausmaß alles Bisherige bei Weitem überschreitet. Eine kleine Chronologie, die nicht ansatzweise Anspruch auf Vollständigkeit erhebt:

Die im Oktober 2010 in Delhi veranstalteten Commonwealth Games waren überschattet von zahlreichen Skandalen. Inzwischen geht man davon aus, dass von den 8 Mrd. Euro Kosten (zunächst waren 50 Mio. Euro veranschlagt worden) mindestens 3 Mrd. in dunkle Kanäle geflossen sind. Als Bauernopfer wurde schließlich der Chef des Organisationskomitees inhaftiert.

Einen Monat später musste der Premierminister von Maharashtra zurücktreten, weil fast alle der ursprünglich für die Witwen von Soldaten in Mumbai erbauten Appartementhäuser von Angehörigen hochrangiger Beamter bewohnt waren.

Im Februar 2011 musste Kommunikationsminister *Andimuthu Raja* seinen Hut nehmen, nachdem herausgekommen war, dass er 2008 über 80 der 121 zu vergebenden Mobilfunklizenzen weit unter Preis verkauft hatte. Der entstandene Schaden für den indischen Staat wird auf 30 Mrd. Euro geschätzt.

Dass Raja als Zögling einer südindischen Regionalpartei ohne jegliche Sachkenntnisse bis an die Spitze eines der wichtigsten Ministerien der größten Demokratie der Erde gelangen konnte, spricht Bände. Kleinparteien, die nicht selten von einzelnen Familienclans oder entlang von Kasten gesteuert werden, verschaffen sich Macht, bilden Koalitionen, kaufen Stimmen, füllen die Kassen ihrer Führer und sichern deren Einfluss – auch zum Nutzen ausgewählter Unternehmen, die dafür zahlen.

Tragikomisch wurde es dann einen Monat später, als der Vorsitzende der Antikorruptionsbehörde zum Rücktritt aufgefordert wurde. Der vom Obersten Gericht vorgebrachte Anklagepunkt: Korruption.

Dabei ist „Bakshish" für erbrachte Dienste durchaus nicht auf die Spitze des Staates beschränkt, sondern durchzieht die gesamte Gesellschaft wie ein tödliches Netz. Die wenigen nicht korrupten Staatsdiener unter den insgesamt 18 Millionen indischen Beamten lassen sich an einer Hand abzählen. Jeder Inder ist davon betroffen, zahlt notgedrungen seinen Obolus und hält damit die gigantische Korruptionsmaschine in Gang.

Korruption ist nicht Teil des Systems, sondern das System selbst. „50 % unseres Bruttosozialprodukts werden von der schwarzen Wirtschaft erfasst, sie pervertiert alle Aspekte unseres Lebens", meint der indische Ökonomieprofessor *Arun Kumar* von der Nehru-Universität in Delhi, Autor eines viel zitierten Buches über die Korruption im Lande. Kumar macht dafür einen „dreigliedrigen Kern aus korrupten Politikern, Geschäftsleuten und der Exekutive aus Bürokratie, Justiz und Polizei" verantwortlich.

Tatsächlich ist der dem indischen Staat entstandene Schaden astronomisch hoch. Unabhängige Schätzungen gehen davon aus, dass auf Schweizer Bankkonten mehr als 1,5 Trillionen Euro indischen Schwarzgeldes lagern. Allein die durch den Mobilfunklizenzen-Skandal entgangenen Einnahmen entsprechen dem Sechsfachen des Gesundheitsbudgets Indiens – einem Land, in dem jährlich zwei Millionen Kinder aufgrund mangelnder Gesundheitsversorgung sterben. Mit anderen Worten: Die Veruntreuung von Steuergeldern tötet jeden Tag Tausende unschuldiger Menschen.

Anders jedoch als in China und anderen asiatischen Ländern, die immer wieder Schauprozesse mit hohen Strafen gegen Korruptionssünder durchführen, ist in Indien bisher niemand wegen Korruption ernsthaft bestraft worden. Dass sich dies jetzt zumindest ansatzweise ändert, ist zwei Phänomenen zu verdanken, die das neue und das alte Indien repräsentieren. Zahlreiche neue, rund um die Uhr berichtende, miteinander um Einschaltquoten konkurrierende Nachrichten-TV-Kanäle haben in den letzten Jahren einem investigativen Journalismus die Bahn geebnet, der auch alte und einflussreiche Interessengruppen nicht mehr verschont.

Das gleiche gilt für den charismatischen Bürgerrechtler *Hazare*. Dem 72-Jährigen ist es gelungen, Zehntausende Anhänger für seinen Kampf gegen die ausufernde Korruption zu gewinnen. Er hat angekündigt, sich notfalls zu Tode zu hungern, um Indiens Politiker zu zwingen, härtere Regeln gegen Bestechung zu schaffen. Von seinen Anhängern respektvoll *Anna* („großer Bruder") genannt und stets mit dem traditionellen weißen Khadi-Dress der Nehru-Dynastie gekleidet, erinnert er an Indiens Nationalhelden *Mahatma Gandhi,* der ebenfalls den Hungerstreik als politisches Mittel nutzte. Zehntausende Menschen im ganzen Land unterstützen seinen Protest mit Lichterketten, Mahnwachen und Kundgebungen. Die sozialen Netzwerke Facebook und Twitter sind voll von Solidaritätsbekundungen für den Reformer. Auch Bollywood-Stars und TV-Moderatoren haben sich hinter ihn gestellt. „Die Regierung ist betrunken von der Macht und der Korruption, und das Volk muss sie wieder nüchtern machen", sagt Hazare unter dem Beifall Tausender, die sich vor ihm versammelt haben.

Die hohen Herren in ihren herrschaftlichen Villen werden sich auf weitere schlaflose Nächte einstellen müssen.

nach einem komplizierten Quotensystem durch Vertreter der einzelnen Länderparlamente.

Eine wesentlich breitere Legitimation besitzen die 552 Mitglieder des **Unterhauses** *Lok Sabha* (Volkskammer), die alle fünf Jahre in freier und geheimer Wahl vom Volk gewählt werden. Stimmberechtigt sind alle Bürger über 18 Jahre. An der Spitze der Regierungsmannschaft steht der **Premierminister** als Chef der stärksten Partei, der auch die Richtlinien der Politik bestimmt und somit die stärkste politische Figur des Landes darstellt.

Formal ihm übergeordnet steht der **Präsident** an der Spitze des Staates, dem jedoch in der Verfassung, ähnlich dem deutschen Bundespräsidenten, eher repräsentative Aufgaben zugewiesen sind. Gewählt wird der Präsident für jeweils fünf Jahre von einem Wahlausschuss, der sich aus Vertretern der beiden Zentralparlamente sowie den insgesamt 29 Landesparlamenten der einzelnen Bundesstaaten zusammensetzt.

An der Spitze jedes **Bundesstaates** steht ein vom Präsidenten eingesetzter **Gouverneur,** wobei der **Chief Minister** an der Spitze seines Kabinetts die politischen Fäden in der Hand hält. In der Gesetzgebung sind bestimmte Bereiche wie auswärtige Beziehungen, Verteidigung, Verkehr und Atomenergie dem Zentralparlament vorbehalten, andere wie Polizei, Gesundheitswesen und Erziehung den Länderparlamenten.

Auf welch wackligen Beinen die theoretisch scheinbar reibungslos funktionierende Ordnung der Indischen Union jedoch steht, zeigt die sogenannte **President's Rule,** der umstrittenste, weil meistmissbrauchte Artikel der indischen Verfassung. Danach besitzt die indische Zentralregierung unter bestimmten Bedingungen das Recht, die jeweiligen Landesparlamente aufzulösen und den Unionsstaat der Zentralregierung unterzuordnen. Insgesamt jedoch ist man in Indien zu Recht stolz darauf, trotz all der großen Herausforderungen während der letzten Jahrzehnte niemals ernsthaft an den Grundfesten der Demokratie gerüttelt zu haben.

Staatssymbole

Die **Nationalflagge** ist eine waagerecht gestreifte Trikolore – oben tief safrangelb, in der Mitte weiß und unten dunkelgrün. Nach offizieller Deutung stehen die Farben für Mut, Frieden und Wahrheit. Im weißen Feld befand sich vor der Unabhängigkeit das Ghandische Spinnrad. An seine Stelle ist später die *Chakra Varta,* das Rad der Lehre, getreten.

Das Motiv ist dem **Löwenkapitell von Sarnath** entnommen, welches zugleich das nationale Emblem bildet. Das Löwenkapitell wurde im 3. Jh. v. Chr. durch Kaiser *Ashoka* an jenem Ort errichtet, an dem Buddha zum ersten Mal seine Lehre in einer öffentlichen Predigt verkündete. Das Wappen soll die religiöse Toleranz des nachkolonialen Indien symbolisieren. Die Säulenplatte ruht auf einer voll erblühten **Lotusblume,** die für Hindus wie Buddhisten das Symbol für Reinheit,

Schönheit und ewiges Leben ist und die Nationalblume Indiens darstellt. Die am Fuße des Sockels eingravierte Inschrift lautet: „Die Wahrheit allein siegt". Als Nationaltier gilt der **Tiger,** als Nationalvogel der **Pfau.**

Parteien

Die indische Parteienlandschaft ist aufgrund häufiger Absplitterungen, Neugründungen und Verschmelzungen bestehender Parteien sowie des Parteiwechsels selbst prominentester Parteimitglieder außerordentlich unübersichtlich. Wenn man unter diesem Gesichtspunkt das Spektrum der wichtigsten politischen Parteien Indiens betrachtet, sollte man bedenken, dass westliche Vorstellungen von rechts und links, von Ideologie und Programm nur sehr bedingt übertragbar sind.

Die großen indischen Parteien

- **Indian National Congress** (Congress (I) Party) – Die Kongresspartei regierte seit der Unabhängigkeit, abgesehen von einigen kurzen Unterbrechungen das Land seit der Unabhängigkeit. Die Partei wurde so eng mit der Regierungsmacht identifiziert, dass alle anderen Parteien unter der Bezeichnung Oppositionspartei zusammengefasst und sozusagen entsorgt wurden. Dabei war der Nationalkongress in den ersten Jahren seiner **Gründung 1885** eher ein loses Bündnis junger, bürgerlicher Intellektueller, die sich zusammenfanden, um die britische Fremdherrschaft abzuschütteln. Erst seit etwa 1920 entwickelte sich der Congress unter der **Leitung Mahatma Gandhis** zu einer gut organisierten Massenorganisation im Kampf für die Unabhängigkeit Indiens.

Trotz gelegentlicher linker Lippenbekenntnisse hat die Partei immer einen vorsichtig **konservativen Kurs** gesteuert und war im ganzen Land verankert. Überall gelang es ihm, die lokalen Eliten wie Großgrundbesitzer, Bildungsbürgertum und Industrielle für sich zu gewinnen. Logische Folge war eine tiefgreifende Entfremdung von der Basis und eine damit einhergehend zunehmend **unsoziale Politik.** Wenn Politik in Indien heute mit Korruption und Vetternwirtschaft gleichgesetzt wird, so liegt dies in allererster Linie an der Machtbesessenheit der Kongressabgeordneten. Leider nur allzu oft missbrauchen diese ihren Wahlkreis als Selbstbedienungsladen und lassen gleichzeitig die Polizei auf verarmte Bauern und entwurzelte Ureinwohner einschlagen, die für ihre Rechte demonstrieren.

- **Bharatiya Janata Party** (BJP, Indische Volkspartei) – Wie keine andere konnte diese 1979 gegründete Partei von dem zunehmenden Imageverlust des Congress während der letzten Jahre profitieren. Eine Welle des Erfolges brachte die BJP zunächst auf Regionalebene und schließlich auch landesweit an die Macht. Das erklärte Ziel der BJP, die Politik zu hinduisieren und den Hinduismus zu militarisieren, rüttelt an den demokratischen und säkularistischen Grundsätzen der indischen Verfassung und stellt eine ernst zu nehmende Gefahr für die Einheit und Integrität Indiens dar.

Die **Scharfmacher** innerhalb der Partei setzen Hinduismus und Nationalismus gleich und brandmarken die Muslime als antinationale Kräfte, um über die tatsächlichen Krisen des Landes hinwegzutäuschen. Unter diesem Aspekt ist auch das 1998 von der BJP in Gang gesetzte atomare Wettrüsten mit Pakistan und der Krieg um das bei Kashmir gelegene Kargil im Herbst 1999 zu sehen. Religiöse und nationale Minderheiten geben auch in Indien ideale Sündenböcke ab.

- **Communist Party of India** (CPI) – Am anderen Ende des politischen Spektrums steht die 1920 gegründete **marxistische Partei.** Von allen indischen Parteien ist sie wohl die einzige, die ein klar definiertes Parteiprogramm besitzt. Obwohl sie auch heute noch am Ziel einer klassenlosen Gesellschaft unter Führung der Arbeiterklasse festhält, gab sie sich seit jeher weit weniger ideologisch als z.B. die osteuropäischen Kommunisten und war sogar für einige Jahre Juniorpartner in einer vom Congress geführten Regierung.

- Die 1964 durch Absplitterung des pro-chinesischen Flügels der CPI entstandene **Communist Party of India (Marxist)** (CPIM) orientiert sich heute eher an sozialdemokratischen Zielen und stellt die Landesregierungen in Bengalen und Kerala.
- **Janata Party** (Volkspartei) - Diese 1977 aus fünf mehr oder weniger **sozialistischen bzw. sozialdemokratischen** Parteien geformte Bündnispartei ist ein Produkt der für indische Verhältnisse so typischen Parteiabsplitterungen und Parteiwechsler. Ebenso vage wie die formulierten Ziele ist auch ihr innerer Zusammenhalt. Als kleine Partei jedoch stellt sie seit 1983 in Karnataka den Ministerpräsidenten und ist in einigen weiteren Unionsstaaten aktiv.
- **Weitere Parteien** - Neben den hier genannten gibt es noch eine große Zahl weiterer kleiner Parteien, die sich als Interessenvertretungen einzelner Volksgruppen bzw. sozialer Schichten verstehen und in den letzten Jahren zunehmend an Einfluss gewinnen. Ohne sie kann keine mehrheitsfähige Regierung mehr gebildet werden und so gewinnen sie als „Zünglein an der Waage" eine politische Bedeutung, die in keinem Verhältnis zu ihrem eigentlichen Stimmenanteil steht.

Separatismusbestrebungen – die Parteienlandschaft im Süden

Keine andere politische Vereinigung symbolisiert den bundesstaatlichen Separatismus der indischen Parteienlandschaft so ausgeprägt wie die DMK und die AIADMK. Beide sind Kinder der **dravidischen Bewegung,** die in ihrer Frühzeit vorgab alle dravidischsprachigen Bundesländer (Andhra Pradesh, Karnataka, Kerala und Tamil Nadu) zu vertreten. Letztlich blieben die

027is Foto: tb

daraus hervorgehenden Parteien jedoch in ihrer Machtentfaltung auf **Tamil Nadu** beschränkt. Beide Parteien gewinnen ihr Wählerpotential in der Betonung der kulturellen und politischen Eigenständigkeit Tamil Nadus.

Als erstes trat die **Dravida Munnetra Kazhagam** (DMK, „Dravidische Fortschrittspartei") auf die politische Bühne. Unter ihrem charismatischen Führer *Annadurai* übernahm sie 1967 die Landesregierung in Tamil Nadu. Eine ihrer ersten populistischen Maßnahmen bestand darin, den damals noch unter dem Namen „Madras" firmierenden Staat in Tamil Nadu umzubenennen.

Die **All-India Anna Dravida Munnetra Kazhagam** (AIADMK), die sich 1973 von der DMK abspaltete, erlebte unter der Führung des wie ein Gott verehrten Filmschauspielers *M.G. Ramachandran* einen einzigartigen Siegeszug, der ihr mit Unterbrechungen die Mehrheit im südlichsten Bundesland einbrachte. Der Zusatz „Anna" („älterer Bruder", zugleich Kurzform des namens Annadurai) soll verdeutlichen, dass man sich für den einzig legitimen Vertreter des politischen Erbes von Annadurai hält.

Heute wird die Partei von der unberechenbaren, nicht minder dominierenden *Jayalitha* angeführt. Auch sie ist eine ehemals beliebte Schauspielerin, die es geschickt versteht, durch wechselnde Koalitionen den Einfluss ihrer Partei auch bundesweit geltend zu machen. Ihrer Popularität bei breiten Bevölkerungsschichten tut es dabei keinen Abbruch, dass sie wegen der Unterschlagung von Millionen von Dollars bereits mehrere Male hinter Gittern saß. Ein Hauptgrund dafür, dass sie trotz ihrer offenkundigen Gesetzesverstöße und finanziellen Bereicherung weiterhin auf freiem Fuße ist, liegt darin, dass sie als Zünglein an der Waage für die Politiker in Delhi unverzichtbar ist.

Egal, welche der zwei Parteien gerade die Landesregierung stellt, beide werden auch in Zukunft geschickt und lautstark auf der Klaviatur der **tamilischen Eigenständigkeit** spielen.

Flagge zeigen im Zeichen der zunehmend von Intoleranz geprägten politischen Landschaft Indiens – Demonstration für religiöse Toleranz in Kanchipuram

Presse

Für jeden ausländischen Besucher, der sich längere Zeit in Indien aufhält, bieten die **englischsprachigen Tageszeitungen** eine hervorragende Möglichkeit, sich näher mit den großen wie kleinen Problemen des Landes vertraut zu machen. Gerade ein Blick in den Lokalteil oder die traditionell am Sonntag erscheinenden Heiratsanzeigen vermitteln wesentlich tiefere Einblicke in das indische Alltagsleben als mancher wissenschaftliche Aufsatz. Die wichtigsten englischsprachigen Tages- und Wochenzeitungen:

•Times of India, das etwas in die Jahre gekomme Flaggschiff, mit einer Auflage von über 3 Mio. die weltweit auflagenstärkste englischsprachige Tageszeitung, ist noch immer die seriöseste und ausführlichste Tageszeitung des Landes. www.timesofindia.com.

•Hindustan Times, das in Delhi verlegte Blatt entstand aus der indischen Unabhängigkeitsbewegung, hat aber in den letzten Jahren einiges an seiner früheren Seriosität verloren. www.hindustantimes.com.

•The Hindu ist so etwas wie das südindische Gegenstück zur „Hindustan Times". Das Gros der Leserschaft des in Chennai verlegten Blattes findet sich in Tamil Nadu. Vielen gilt sie noch vor der „Times of India" als die beste Zeitung des Landes.
www.thehindu.com.

Wochenblätter und Magazine

•Sunday Observer und **Sunday Mail** – zwei sehr gute, sonntags erscheinende Wochenblätter, die fundiert auf die Hintergründe der Schlagzeilen der vergangenen Woche eingehen.

•India Today – Keine andere Publikation bietet derart umfangreiche wie fundierte Hintergrundreportagen. Das etwa 90 Seiten starke, im Stil von „Times" und „Newsweek" gestaltete Blatt ist das meistverkaufte Magazin Indiens. www.india-today.com.

•Outlook – Verglichen mit dem alteingesessenen „India Today" ist der dem linken Spektrum zugerechnete „Outlook" noch ein recht junger Spund und hat in den letzten Jahren mit dem Aufdecken vieler Skandale eine breite Leserschaft gefunden. www.outlookin dia.com.

•Tehelka – Investigativer Journalismus mit Speerspitze gegen die Großen und Mächtigen macht die erst 2003 gegründete Wochenzeitung zur momentan wohl spannendsten Lektüre der indischen Presselandschaft. www.tehelka.com.

Wirtschaft

12 % der arbeitenden Bevölkerung Indiens sind in der Industrie beschäftigt. Hauptzweige stellen Maschinenbau, Eisen- und Stahlproduktion sowie die Herstellung von Nahrungsmitteln und Bekleidung dar. Zu den Wachstumsbranchen zählen die Kfz-Industrie, die Telekommunikationsindustrie und die vor allem im Großraum Bangalore angesiedelte **Software-Industrie.** Der Hightech-Export trägt bereits einen beträchtlichen Teil zu den insgesamt 151 Mrd. US-$ Exporterlösen bei. Indiens wichtigste Handelspartner sind die USA (ca. 15 %), China (9 %), die Vereinigten Arabischen Emirate (9 %) sowie Großbritannien, Hongkong und Deutschland (jeweils ca. 4 %).

224ke Foto: tb

Bei der weiteren wirtschaftlichen Entwicklung des Landes werden vor allem einige der chronischen Strukturprobleme Indiens, wie beispielsweise das völlig veraltete und **unzureichende Transportwesen** und die **mangelhafte Energieversorgung,** gelöst werden müssen. Tatsächlich hat die indische Regierung ein gewaltiges **Investitionsprogramm** zum Aus- und Neubau von Autobahnen und Flughäfen in Gang gesetzt. Jedes Jahr werden 22 Mrd. US-$ investiert. In den letzten Jahren hat man die Großstädte mit zum Teil sechsspurigen Autobahnen miteinander verbunden. Das gleiche gilt für die Modernisierung der Energiewirtschaft.

Indiens Weg zur führenden Hightech-Nation

Indiens Helden von heute heißen nicht mehr *Mahatma Gandhi* und *Jawaharlal Nehru,* sondern *Azim Premji* und *Narayana Murthy.* Beide wohnen im südindischen **Hightech-Paradies Bangalore** und sind Symbolfiguren des neuen Indien, welches nicht mehr als das Armenhaus, sondern als eine der größten Technologie-Nationen der Welt internationale Schlagzeilen macht. Premji mit seiner Firma Wipro gehört zu den fünf reichsten Männern der Erde, Murthy ist der ebenfalls milliardenschwere Chef des Technologie-Riesen Infosys Technologies.

Ihre Jünger sind die westlich orientierten, auf individuelle Entfaltung, Konsum und Globalität setzenden Jugendlichen der Großstädte. Mit dem phänomenalen Aufstieg der indischen Computerindustrie geht ein **fundamentaler Wertewandel** einher, der das über Jahrtausende in festen Kastenschranken verharrende Gefüge innerhalb weniger Jahrzehnte aus den Angeln hebt.

Rasanter Aufschwung der Computer-Industrie

Mit jährlichen Wachstumsraten von über 50 % ist die Software-Industrie zu einem der wichtigsten Wirtschaftssektoren des Landes geworden. „Die industrielle Revolution haben wir verpasst, jetzt ruht unsere gesamte Hoffnung auf der Revolution der Informationstechnologie". So wie ein führender indischer Soziologe denkt eine ganze Generation von ambitionierten Jugendlichen, die in die „Technologieschmieden" von Bangalore, Hyderabad und Chennai drängen. Ein Grund für die phänomenalen Wachstumsraten ist, dass die Software-Industrie von den für den Rest der indischen Wirtschaft so typischen Entwicklungshemmnissen wie veralteter Infrastruktur, Bürokratismus und Kastendenken weitgehend unberührt bleibt.

Nord-Süd-Gefälle

Auffällig bei der geografischen Verteilung der Technologie-Schwerpunkte ist ein deutliches Nord-Süd-Gefälle, allerdings umgekehrt zu dem, welches wir aus Europa kennen. Die im Süden gelegenen Bundesstaaten Maharashtra, Andhra Pradesh, Tamil Nadu und Karnataka mit den „Cybercities" Bangalore und Hyderabad an der Spitze

Vom Schmuddelkind zum hofierten Star – Indien auf dem Weg zur Wirtschaftsmacht

Der Riese ist erwacht. **Über eine Milliarde Inder** haben ihr über Jahrzehnte von Naturkatastrophen, Hungersnöten, Schmutz und Elend geprägtes Image abgelegt und richten sich mit stolzgeschwellter Brust an die Welt: Wir sind endlich wer. Die Lethargie ist überwunden, eine neue Epoche hat begonnen. Indien ist zu einer selbstbewussten Nation geworden.

Und der Westen hat es nun auch bemerkt. Schlagzeilen von der neuen Superpower neben China auf dem Parkett der Großmächte zieren fast täglich die Schlagzeilen von Zeitungen und Magazinen. Ein jährliches **Wirtschaftswachstum von 8 %** und Devisenreserven, die die 100-Milliarden-Dollar-Marke erreicht haben (Anfang der 90er Jahre wurde Indien vom Weltwährungsfond für kreditunwürdig erklärt), sind nur zwei von unzähligen Erfolgsstatistiken, die den einzigartigen Umschwung belegen.

Einher mit dem allgemeinen wirtschaftlichen Erfolg geht eine wahre **Konsumexplosion.** Noch vor einigen Jahren musste man oft monatelang auf einen Motorroller warten. An ein Auto war kaum zu denken, in den Regalen der Geschäfte gab es kaum Auswahl. Heute gehören Verkehrsstaus in den Großstädten zum Alltagsbild, gibt es in manchen Orten mehr Fernseher als Toiletten, werden jeden Monat 16 Millionen neue Mobilfunknutzer registriert. Nicht mehr die Tempel mit ihren Göttern wie Krishna, Vishnu und Shiva, sondern riesige Einkaufscenter wie die Metropolitan Mall vor den Toren Delhis sind die Anziehungspunkte der neuen Generation. Starbucks, McDonald's und Walmart haben das siebtgrößte Land der Erde als neues Konsumparadies entdeckt. Früher war es verpönt, Schulden zu machen, inzwischen ist der Kauf auf Raten fast zur Selbstverständlichkeit geworden. „Genieß heute, zahl später" heißt das neue Mantra. Die junge Bildungselite verdient in IT-Firmen, Banken, Call-Centern und ausländischen Firmen mit Mitte zwanzig mehr als ihre Väter in zwanzig Arbeitsjahren.

Ein Stützpfeiler des Aufschwungs ist die **Bevölkerungsstruktur:** Das Durchschnittsalter beträgt 25 Jahre, jeder dritte Inder ist unter 15. Alle zwei Jahre strömen damit so viele zusätzliche Arbeitskräfte auf den Markt, wie in ganz Deutschland vorhanden sind. Ihnen Beschäftigung zu verschaffen, zählt zu den größten Herausforderungen der Politik. Eine bessere Infrastruktur, die Lockerung des restriktiven Arbeitsrechts und schnellere Fortschritte bei der Schulausbildung sind dazu unverzichtbar.

Indiens anschwellendes Heer **junger Arbeitskräfte** wendet sich von einer Bürde zunehmend in einen Vorteil, der die Produktivkräfte, den Konsum und damit das Wachstum stärkt. Die Binnenwirtschaft erlebt bereits einen kräftigen Nachfrageschub: Das Bruttoinlandsprodukt pro Kopf nimmt inzwischen um rund sechs Prozent pro Jahr zu, jedes Jahr steigen etwa 25 Millionen neu in die Mittelschicht auf. Nach indischer Zählweise umfasst die Konsumentenklasse bereits 350 Millionen Menschen. Legt man an westlichen Niveaus orientierte Einkommensmesslatten an, sind es 80 Millionen.

Das macht Indien zu einem nur mit China vergleichbaren **Zukunftsmarkt.** Der Absatz von Autos, Motorrädern und Fernsehern verdoppelt sich alle fünf Jahre, spätestens 2017 wird der Konsumbedarf so groß sein wie heute in China. Um ihn mit lokaler Fertigung zu bedienen, stampfen Investoren aus dem Ausland neue Fabriken entlang der Küsten aus dem Boden.

Die **neue Mittelschicht** lebt freier als frühere Generationen, die wirtschaftliche Öffnung hat die indische Gesellschaft grundlegend verändert. Liebesheiraten, obwohl immer noch die Ausnahme, nehmen deutlich zu, ebenso wie Scheidungen und Ein-Kind-Familien. Man schaut „Sex and the City“, junge Frauen tragen wie selbstverständlich Jeans statt Sari, gehen mit Freundinnen in die Disco und wollen zunächst Beruf und finanzielle Unabhängigkeit, bevor sie sich für einen Mann entscheiden.

Eine fast schon atemberaubende Erfolgsgeschichte, wie es scheint. Zumindest für jene etwa 350 Millionen Inder, die an dieser Konsum- und Kulturrevolution teilhaben, was etwa der vierfachen Bevölkerung Deutschlands entspricht. Dies bedeutet aber gleichzeitig, dass mehr als drei Vierteln der Inder die Verlockungen des Aufschwungs verwehrt bleiben. Die nach wie vor unübersehbaren **Bettler** und **Slums** im Umkreis der Städte sowie die Rückständigkeit der **Dörfer** belegen, dass sich der neu gewonnene Reichtum auf Wohlstandsinseln beschränkt. Nach wie vor haben 350 Millionen Inder keinen Wasseranschluss, jeder Dritte hat weniger als einen Dollar zum Leben, genauso viele sind Analphabeten und jedes zweite Kind ist unterernährt.

Aber – und hierin liegt der eigentliche revolutionäre Wandel, der das ganze Land und somit auch die Unterschichten erreicht hat: Man ergibt sich nicht mehr lethargisch dem eigenen Schicksal, sondern fordert lautstark Verbesserungen. Die größte Demokratie der Welt ist **politisch gefestigt,** trotz ihrer religiösen, ethnischen und sprachlichen Vielfalt. Indien ist ein Rechtsstaat mit verlässlichen Institutionen, seine offene Gesellschaft fördert Kreativität und privates Unternehmertum. Ein Ineinandergreifen von Kapitalismus, Demokratie, günstiger Demografie und Globalisierung verleiht Indiens Wirtschaft eine Dynamik, die von einem schwerfälligen politischen Apparat nicht zu stoppen ist.

Der Riese ist tatsächlich erwacht und über eine Milliarde Inder blickt voller Hoffnung in die Zukunft. Ob die weltweite Finanz- und Wirtschaftskrise diese Hoffnungen zerschlägt, bleibt abzuwarten.

setzen energisch auf den weiteren Ausbau der Software-Industrie und investieren in Straßen und vor allem in das marode Bildungswesen. Mit ihren hohen wirtschaftlichen Wachstumsraten, die zum Teil bis zu 10 % jährlich erreichen, vergrößert sich der Abstand zu den überbevölkerten und **unterentwickelten Agrarstaaten des Nordens** wie Rajasthan, Uttar Pradesh, Bihar und Orissa immer mehr. Führende Politiker warnen bereits vor der politischen und sozialen Sprengkraft des wachsenden Einkommensgefälles zwischen Süd und Nord.

„Computer-Inder"

Die Software-Industrie ist für die Generation junger, gebildeter Inder das Eintrittstor in eine goldene Zukunft. Jedes Jahr bildet Indien **75.000 Informationstechnologie-Studenten** aus. Die meisten denken über die nationalen Grenzen hinaus und sehen die Beschäftigung in einer indischen Computer-Firma als Sprungbrett für eine **Anstellung im Ausland.** Als Schlaraffenland gelten hier die USA, welche bei Umfragen unter Hochschulabsolventen mit großem Abstand die Nummer 1 unter den begehrtesten Arbeitsplätzen einnehmen. Neben den hervorragenden Aufstiegsmöglichkeiten und dem hohen Lohnniveau spielt hierbei auch die Tatsache eine große Rolle, dass Englisch bei den meist aus der Mittel- und Oberschicht stammenden indischen Computerprofis – Durchschnittsalter 26 Jahre – wie eine Muttersprache gepflegt wird.

Rund 80 % der Absolventen aus den sechs Elite-Hochschulen der IIT (Indian Institute of Technology) werden von Hochschulen und Unternehmen in den USA unter Vertrag genommen. Welche **hervorragende Qualifikation** die in den USA arbeitenden Software-Spezialisten besitzen, belegt allein die Tatsache, dass von den 2.000 Gründerfirmen im amerikanischen Silicon Valley 40 % von Indern geleitet werden. Nur wer in Nordamerika keine Anstellung findet, versucht eventuell in der Bundesrepublik einen Job zu ergattern.

Motor der wirtschaftlichen Entwicklung

Trotz der beeindruckenden Wachstumsraten trägt die Software-Industrie nach wie vor weniger als 1 % zum Bruttoinlandsprodukt bei. Erweisen sich jedoch die Prognosen als richtig, würde der Anteil auf 5 bis 7 % steigen. Damit wäre die Software-Industrie endgültig die Wachstumslokomotive der indischen Wirtschaft. Mindestens ebenso bedeutend ist der mit dem wirtschaftlichen Aufschwung einhergehende **soziale Wandel,** der fast schon revolutionär zu nennende Veränderungen der traditionellen indischen Gesellschaft nach sich ziehen wird.

Armut

Trotz des Wirtschaftsbooms der letzten Jahre hat Indien einige gravierende Probleme. So erschrecken die Zahlen einer Studie von Weltbank, WHO und Unicef, nach der Indien auch heute noch das Land mit den meisten **unterernährten Menschen** ist. Von den 230 Millionen, die zu wenig zu essen haben, sind ein Großteil **Kinder,** meist der ländlichen Bevölkerung. Dieser Nahrungsmangel ist auch Ursache von fast 50 % Kindersterblichkeit bis zum ersten Lebensjahr. Die Zahl der hungrigen Kinder bis 5 Jahre ist mit 43 % erschreckend hoch. 77 % der Bevölkerung, das sind 830 Mio. Menschen, verdienen maximal 20 Rs am Tag, 300 Mio. leben unter der Armutsgrenze. Aufgrund der weltweit gestiegenen Preise für Grundnahrungsmittel hat sich die Zahl der Unterernährten sogar noch erhöht, trotz des jährlichen Wirtschaftswachstums von um 8 % in Indien in den letzten Jahren, von dem in den armen Bevölkerungsschichten aber kaum etwas ankommt.

Landwirtschaft

All dies ändert nichts daran, dass Indien trotz industrieorientierter Entwicklungsstrategie und Wirtschaftspolitik auch ein **Agrarland** ist, dessen Konjunktur mehr vom pünktlich eintreffenden Monsun und den davon abhängigen Ernten bestimmt wird als von industriellen Zyklen.

Hauptanbauprodukte sind Zuckerrohr, Reis, Weizen, Hülsenfrüchte und Baumwolle. Indien ist der weltgrößte Produzent von Jute, Hülsenfrüchten, Hirse und Sesam. Mit einer Gesamtproduktion von 700.000 Tonnen, wovon etwa 250.000 Tonnen exportiert werden, ist Indien der mit Abstand **führende Teeproduzent** der Erde. Bedeutende Exporterlöse werden auch mit Gewürzen, Cashewnüssen und Kaffee erwirtschaftet.

In der Besitzstruktur dominieren **kleine und kleinste Betriebe.** Über die Hälfte der landwirtschaftlichen Betriebe bewirtschaften weniger als einen Hektar Land. Rund ein Drittel der ländlichen Haushalte besitzt keinen Boden. Obwohl insgesamt 60 % aller Erwerbstätigen in der Landwirtschaft beschäftigt sind, erarbeiten sie nur 18 % des Sozialprodukts des Landes. Allein diese Zahlen verdeutlichen die mangelnde Rentabilität der Landwirtschaft.

Tourismus

Indien erlebt in den letzten Jahren einen **Tourismusboom.** Nachdem das Land lange Zeit südostasiatischen Konkurrenten wie Thailand, Myanmar und Vietnam weit hinterherhinkte, hat es sich inzwischen an die Spitze dieser Wachstumsbranche im asiatischen Raum gesetzt. Wachstumsraten von bis zu 15 % und Deviseneinnahmen von über 3 Mrd. US-$ jährlich lassen die lange arg gebeutelte Tourismusbranche strahlen. Der Tourismus ist der zweitgrößte Devisenbringer des Landes. Über fünf Millionen Inder sind in der „weißen" Industrie tätig, indirekt abhängig sind 12 Mio.

Nach wie vor zieht es die meisten Touristen nach Rajasthan und in die klassischen Stätten des Nordens wie Khajuraho, Varanasi und Agra. Die mit

Abstand höchsten Zuwachsraten verzeichnet jedoch der Süden des Landes. Besonders der Bundesstaat Kerala ist Anlaufpunkt Tausender westlicher Reisender. Neben seiner landschaftlichen Schönheit ist es besonders der Ayurveda-Boom, welcher jedes Jahr Scharen von Touristen in dieses kleinste Bundesland Indiens im äußersten Südwesten zieht.

Auch für die Zukunft geben sich Indiens Tourismusmanager recht optimistisch und rechnen mit Wachstumsraten von durchschnittlich 10 % jährlich. Tatsächlich gibt es einige gute Gründe, die diese Hoffnung untermauern – hier sind vor allem die **verbesserten Transportbedingungen** zu nennen. So ist ein halbes Dutzend privater Fluggesellschaften in Konkurrenz zur vorher allein den Markt beherrschenden Indian Airlines getreten. Waren Inlandsflüge früher über Monate ausgebucht, hat das Angebot der Privaten dazu geführt, dass man, abgesehen von der Zeit um Weihnachten und Diwali, meist problemlos einen Platz bekommt. Auch die indische Eisenbahn trug mit der Einführung mehrerer vollklimatisierter Luxuszüge auf Hauptstrecken wie Delhi – Mumbai und Delhi – Kalkutta und dem Bau völlig neuer Routen wie der Konkan-Railway von Mumbai nach Kerala zur positiven Entwicklung bei.

Nicht zuletzt in der **Hotelindustrie** ist ein deutlicher Trend zu mehr **Luxus** und **Service** unübersehbar. Selbst in mittelgroßen Städten entstehen immer mehr First-Class-Hotels, die durchaus internationalen Standard erreichen.

Das enorme Potenzial Indiens für ausländische Besucher mit seiner landschaftlichen Vielfalt, einigen der großartigsten Baudenkmäler der Erde, einer jahrtausendealten, weitgehend intakten Kultur und seinen unvergleichlichen Festen wird so nun endlich auch von einer touristischen Infrastruktur getragen, die auch wegen der zunehmenden einheimischen Reiselust optimistisch in die Zukunft schauen lässt.

Indien auf einen Blick

- **Staatsname:** Republik Indien
- **Regierungsform:** Parlamentarische Demokratie
- **Verwaltungsgliederung:** 28 Bundesstaaten
- **Amtssprachen** (überregionale): Hindi und Englisch
- **Unabhängigkeit:** 15. August 1947
- **Fläche:** 3,29 Mio. km²
- **Bevölkerung:** 1,2 Mrd.
- **Bevölkerungswachstum:** 1,5 %
- **Bevölkerungsdichte:** 382 Einw./km²
- **Aphabetisierungrate:** 72 %
- **Lebenserwartung:** 70 Jahre
- **Durchschittsalter:** 25 Jahre
- **Religionen:** 80,5 % Hindus, 13,5 % Muslime, 2,3 % Christen, 2 % Sikhs, 0,8 % Buddhisten, 0,5 % Jains

Menschen und Kultur

Bevölkerung

1951, im Einführungsjahr des großen Familienplanungsprogramms, lebten 351 Mio. Menschen in Indien. Heute sind es **1,2 Mrd.** Bei einem jährlichen Bevölkerungswachstum von 1,5 % wächst die indische Bevölkerung jährlich um etwa 18 Mio. Bei gleich bleibender Geburtenrate wird Indien im Jahre 2030 China als bevölkerungsreichstes Land der Erde ablösen. Zwar ist vor allem die sinkende Sterberate für diesen dramatischen Bevölkerungszuwachs verantwortlich (so stieg die durchschnittliche **Lebenserwartung** innerhalb von nur 50 Jahren von 30 auf heute ca. 70 Jahre), doch insgesamt ist es nicht gelungen, die **hohe Geburtenrate** den Erfordernissen entsprechend zu senken.

Tatsächlich ist Indien ein klassisches Beispiel dafür, dass **staatliche Familienpolitik** scheitern muss, solange die Ursache des Übels – traditionelle Wertvorstellungen und soziale Ungerechtigkeit – nicht beseitigt sind. Hierzu gehört gerade in Indien das über Jahrtausende tradierte Bild der Frau als unterwürfige Dienerin des Mannes, die Anerkennung und Daseinsberechtigung erst dadurch erlangt, dass sie möglichst viele Kinder, vor allem aber Jungen, zur Welt bringt.

Diese einseitige **Bevorzugung von männlichen Nachkommen** und die damit einhergehende Benachteiligung der Mädchen von Geburt an hat dazu geführt, dass Indien eines der ganz wenigen Länder dieser Erde ist, in dem es einen deutlichen **Männerüberhang**

226ke Foto: mb

gibt, wobei diese Diskrepanz in den letzten Jahrzehnten sogar deutlich zugenommen hat.

Überdies sind Kinder nicht nur billige Arbeitskräfte, sondern fungieren in Dritte-Welt-Ländern ohne bzw. mit nur sehr geringen staatlichen Sozialleistungen natürlicherweise als die beste, weil einzige Altersversorgung. So zeigt sich auch in Indien, dass die Bereitschaft zur **Geburtenkontrolle** mit einer Reihe von Entwicklungsindikatoren wie Einkommens- und Alterssicherung sowie Ausbildungsgrad eng zusammenhängt. Während zum Beispiel in Kerala, dem Staat mit der höchsten Alphabetisierungsrate, die Geburtenrate jährlich landesweit am niedrigsten liegt, ist sie in den zwei rückständigen Gebieten Rajasthan und dem östlichen Mizoram, wo kaum 10 % der Frauen lesen und schreiben können, extrem hoch.

Hier zeigt sich, dass die Verbesserung sozialer Rahmenbedingungen und die landes- und klassenübergreifende Anhebung des Bildungsstandes die langfristig aussichtsreichsten Mittel

Trommler bei einem Festumzug in Munnar

sind, um das bedrohliche Bevölkerungswachstum zumindest einzugrenzen. Dies bestätigen auch Untersuchungen unter Mitgliedern der indischen Mittel- und Oberschicht in westlich geprägten Städten wie Mumbai, Bangalore oder Chennai, bei denen der Slogan „Zwei Kinder sind genug", mit dem auf Plakaten und in Schulen für die Familienplanung geworben wird, schon längst Allgemeingut ist.

Ähnlich wie in Kerala und im gesamten Küstenraum beeinflussten hier schon früh von außen kommende Normen und Ideen die traditionelle indische Gesellschaft. Insgesamt lässt sich ein **Nord-Süd-Gefälle** feststellen, welches ungefähr entlang einer Linie Mumbai - Kalkutta verläuft. Die Bundesstaaten im Norden und Westen weisen gegenüber den südlichen Regionen schlechtere Werte auf. Die Unterschiede, insbesondere in der Alphabetisierungsquote der Frauen, verweisen auf gesellschaftlich bedingte Einstellungen und Verhaltensweisen, die einem nachhaltigen Geburtenrückgang entgegenstehen. Besonders positiv hebt sich der südwestliche Bundesstaat **Kerala** hervor, welcher als eine Art „Musterländle" innerhalb der indischen Union gelten kann. Nirgendwo ist die Alphabetisierungsquote (94 %) derart hoch, gleichzeitig die Geburten- und Säuglingssterblichkeitsrate so gering. Überdies ist Kerala der einzige Bundesstaat Indiens, in dem mehr Frauen als Männer leben.

Das darf jedoch nicht darüber hinwegtäuschen, dass auch heute noch zwei Drittel der Bevölkerung der Unterschicht angehören und in den 638.000 Dörfern des Landes wohnen. Zwar prägt das von den Medien verbreitete Bild von den unter menschenunwürdigen Bedingungen zu Millionen in den Slums der Großstädte dahinvegetierenden Menschen das Indienbild im Ausland und tatsächlich hat das Land mit Delhi, Mumbai, Kalkutta, Chennai (Madras) und Bangalore die größte Anzahl sogenannter **Megastädte** (über 5 Mio. Einwohner) der Welt (34 Städte haben über 1 Mio. Einwohner), insgesamt jedoch liegt es mit einer **Urbanisierungsquote** (Anteil der in Städten mit über 20.000 Einwohnern lebenden Bevölkerung) von 28 % im internationalen Maßstab am unteren Ende, sogar hinter Afrika (30 %).

Mit inzwischen 382 Menschen pro Quadratkilometer ist Indien eines der **am dichtesten bevölkerten Länder** dieser Erde, wobei es jedoch auffällige regionale Unterschiede gibt. Wie seit alters her, ist das fruchtbare Ganges-Tiefland zwischen Delhi und Kalkutta am dichtesten besiedelt. Hier drängelt sich etwa ein Drittel der gesamten Bevölkerung, während sich in den abgelegenen Nordost-Provinzen gerade mal um die 20 Einwohner pro Quadratkilometer verlieren.

Besonders zukunftsweisend ist die **demografische Zusammensetzung** der indischen Gesellschaft. 50 % der Inder sind **unter 25,** 65 % sogar unter 35 Jahre alt. Bei der gerade unter den städtischen Jugendlichen zu beobachtenden zunehmenden Verwestlichung und der damit einhergehenden Auflö-

Mitgiftmord und andere Grausamkeiten – Frauen in Indien

„Ein Mädchen großzuziehen, ist etwa so, als würde man die Pflanzen im Garten des Nachbarn gießen." In konsequenter Umsetzung dieses indischen Sprichwortes beginnt in Indien die Geschlechterdiskriminierung bereits vor der Geburt. **Sex Determination** heißt die Zauberformel, mit der durch eine Fruchtwasseruntersuchung (Amniozentese) das Geschlecht des Fötus ermittelt werden kann. Eigentlich als eine Methode zur Früherkennung von Missbildungen gedacht, dient sie heute in erbarmungsloser Weise dazu, weibliche Embryos zu erkennen und abzutreiben. Die für die Untersuchung zu zahlende Summe von 100–200 US-$ ist eine zukunftsträchtige Investition, sparen die Eltern doch so später das Vielfache für die Mitgift der Tochter. Die Regierung hat die Amniozentese bereits 1994 offiziell verboten und im Jahr 2002 wegen der alarmierenden Zunahme illegaler Abtreibungen die Strafen nochmals erhöht (bis zu drei Jahre Gefängnis und 10.000 Rs), doch hat dies kaum praktische Folgen gehabt.

Schätzungen gehen von 11 Mio. Abtreibungen in den letzten 20 Jahren aus, fast alle davon betrafen Mädchen. Diese grausame Praxis bleibt nicht ohne Auswirkung auf die Bevölkerungsstatistik. So ist Indien eines der ganz wenigen Länder der Erde mit einem deutlichen **Männerüberschuss** (927 Frauen auf 1.000 Männer).

Für die dennoch das Licht der Welt erblickenden Mädchen beginnt mit der Geburt ein Prozess **lebenslanger Benachteiligung.** Während die Söhne verwöhnt werden, müssen die Töchter schon von frühester Kindheit an die Lasten des Haushalts mittragen, können so viel seltener die Schule besuchen und werden nur im äußersten Notfall ärztlich versorgt. Die Folgen sind auch statistisch belegbar: Von Kindern bis neun Jahren sterben 60 % mehr Mädchen als Jungen, 71 % der Mädchen gegenüber 28 % der Jungen leiden an Unterernährung, und von den Sechs- bis Vierzehnjährigen besuchen 84 % der Jungen eine Schule, dagegen nur 54 % der Mädchen, sodass heute immer noch die Analphabetenrate unter Frauen fast doppelt so hoch ist wie bei den Männern.

Unter rein ökonomischen Gesichtspunkten betrachtet, stellen Mädchen tatsächlich eine enorme Belastung dar, denn während sich die Brauteltern bei der Verheiratung ihrer Tochter für die an ihren zukünftigen Mann zu zahlende **Mitgift** *(dowry)* oft lebenslang verschulden, steigert ein Sohn umgekehrt ihr Vermögen. Im Zuge des gerade in den letzten Jahren verstärkt um sich greifenden Konsumdenkens, vor allem in der indischen Mittel- und Oberschicht, ist die *dowry* zum Bereicherungsinstrument verkommen. Videorekorder, Motorroller, Waschmaschine und dazu noch ein ordentlicher Batzen Bares als Mitgift sind selbst in der unteren Mittelschicht schon die Regel.

Oft begnügt sich der Ehemann jedoch selbst damit nicht, fordert im Nachhinein Nachbesserungen und schreckt im Falle der Nichterfüllung auch vor **Mord** nicht zurück, kann er doch bei der angestrebten Wiederverheiratung mit einer neuen großzügigen Mitgiftzahlung rechnen. Beinahe täglich finden sich in den indischen Zeitungen Meldungen über vermeintlich tragische Küchenunfälle, bei denen die Frau am

Kerosinkocher den Flammentod fand. Es ist ein offenes Geheimnis, dass sich hinter einer solchen Meldung einer der jährlich Tausenden von Mitgiftmorden verbirgt, doch da sich schlagkräftige Beweise so gut wie nie erbringen lassen, kommt der mordende Ehemann fast immer straffrei davon.

Die Mitgiftpraxis ist seit 1961 **verboten,** und das Mitte der 1980er Jahre von *Rajiv Gandhi* eingerichtete Ministerium für Frauenangelegenheiten stellt den staatlichen Versuch dar, der zunehmenden Diskriminierung der Frau einen Riegel vorzuschieben.

Demütige und klaglose Erfüllung ihrer Rolle als dienende, fürsorgliche Ehefrau prägt dann auch ihren Ehealltag, obwohl sie – gerade auf dem Lande – allzu oft als Arbeitstier missbraucht wird. Sie bekocht den Mann und isst, was er übrig lässt, besorgt auf oft stundenlangen Fußmärschen Wasser und Brennmaterial, hält Haus und Hof sauber und zieht die Kinder groß. Überdies verrichten Frauen als Tagelöhnerinnen in der Landwirtschaft und im Straßenbau die körperlich schwersten Arbeiten. Ihr Lohn ist dabei bis zur Hälfte niedriger als der der Männer, bei gleicher Arbeit.

Mit dem Tod ihres Mannes scheint auch die Existenzberechtigung der Ehefrau erloschen zu sein. Die meisten **Witwen** führen ein bemitleidenswertes Leben am Rande der Gesellschaft, da die Familie ihres Ehemannes sie nur noch als Last empfindet.

Erste Auflösungserscheinungen dieses seit Jahrtausenden unveränderten Frauenbildes sind allerdings in den großen Metropolen unverkennbar. Selbstbewusst auftretende junge Frauen, gekleidet in Jeans und T-Shirts, die auf feschen Bajaj-Motorrollern zur Arbeitsstelle fahren, wo sie als Sekretärin, Hotelangestellte oder Stewardess, aber zunehmend auch als Ärztin oder Jungunternehmerin tätig sind, finden sich immer öfter im Straßenbild. Und wer die zahlreichen Nachrichtensender im Fernsehen einschaltet, stellt fest, dass Reporterinnen und Moderatorinnen dort schon fast die Mehrzahl stellen. In dieses hoffnungsvolle Bild passt auch, dass in Delhi im Jahre 2010 das erste Mal mehr Mädchen als Jungen geboren wurden.

031is Foto: tb

So fotogen es auch aussieht – das Wassertragen ist mit viel Mühe und Anstrengung verbunden

sung traditioneller Werte, welche bisher die enormen kulturellen und sozialen Gegensätze der indischen Gesellschaft nur bedingt haben zum Ausbruch kommen lassen, steht die indische Gesellschaft vor einem tiefgreifenden sozialen, ökonomischen und kulturellen Umbruch.

Sprache

Ebenso wie es vor der Ankunft der Briten keinen geschlossenen Zentralstaat mit dem Namen Indien gab, existierte **keine einheitliche indische Sprache** und das ist bis heute so geblieben. Während sich das durch die Engländer zusammengeschweißte Kunstprodukt Indien seit nunmehr 50 Jahren über die Runden quält, ist das Land sprachlich so zersplittert wie eh und je. Welche politische Bedeutung das Sprachproblem in Indien besitzt, zeigte sich bei der Grenzziehung der einzelnen Unionsstaaten, die weitgehend nach sprachlichen Gesichtspunkten vorgenommen wurde.

Indien hat **neben Englisch und Hindi 22 gleichberechtigte Amtssprachen.**

Am ehesten könnte man noch **Hindi** als Nationalsprache bezeichnen, doch nur in den Kernstaaten Madhya Pradesh und Uttar Pradesh wird es von der Mehrheit der Bevölkerung gesprochen. Etwa 30 % der Bevölkerung In-

011ke Foto: gl

Die wichtigsten Sprachen Indiens

Sprache	Gebiet	Anteil
Hindi		41,3 %
Bengali	West-Bengalen	8,1 %
Telugu	Andhra Pradesh	7,2 %
Marathi	Maharashtra, Goa	7,0 %
Tamil	Tamil Nadu	5,9 %
Urdu	(Musl. u. Pakistani)	5,1 %
Gujarati	Gujarat	4,9 %
Kannada	Karnataka	3,7 %
Malayalam	Kerala	3,2 %
Oriya	Orissa	3,2 %
Punjabi	Punjab	2,8 %
Assamese Assam	Arunachal Pradesh	1,3 %

diens haben Hindi als Muttersprache. Zwar sind wiederholt Versuche unternommen worden, Hindi als indische Nationalsprache einzuführen, doch scheiterte dies letztlich immer wieder am entschiedenen Widerstand des stark auf seine Eigenständigkeit bedachten Südens. Dort wehrt sich die mehrheitlich dravidische Bevölkerung gegen diesen nach ihrer Meinung sprachlichen Kolonisationsversuch durch den indogermanischen Norden.

Dies ist umso verständlicher, wenn man weiß, dass die **dravidischen Sprachen** gegenüber den vom Sanskrit abstammenden **indogermanischen Sprachen,** zu denen auch das Hindi gehört, einen eigenen, völlig unabhängigen Sprachstamm bilden, der schon lange vor der Ankunft der Arier in Indien beheimatet war.

Neben den vier großen dravidischen Sprachen Tamil, Malayalam, Kannada und Telugu, die in den Bundesstaaten Tamil Nadu, Kerala, Karnataka und Andhra Pradesh gesprochen werden, gibt es noch eine ganze Reihe von Stammesidiomen (Gondi, Parji, Kurukh, Toda u.a.), die vor allem auf abgelegene Gegenden konzentriert sind.

Von diesen vier offiziellen dravidischen Literatursprachen ist das **Tamil** (61 Mio. Sprecher) die bedeutendste. Bereits aus den letzten vorchristlichen Jahrhunderten sind Sammlungen von hochrangigen lyrischen Gedichten in einer kunstvoll ausgebildeten Dichtersprache überliefert. In Lautform und im Wortschatz hat das Tamil gegenüber dem Hindi eine bemerkenswerte Resistenz bewiesen. Stärker als jede andere Sprache Indiens weist es eine Trennung zwischen Schrift- und Umgangssprache auf. Während die Umgangssprache heute durchgehend in Filmen verwendet wird, setzt man sie in der Romanliteratur nur in Dialogen ein; Erzähltexte werden weiterhin in Schriftsprache geschrieben.

Das **Malayalam** (34 Mio. Sprecher), im Staate Kerala gesprochen, ist eigentlich ein alter Dialekt des Tamil, der seit dem Ende des ersten nachchristlichen Jahrtausends eine eigenständige Entwicklung durchlaufen hat. Vom Tamil unterscheidet es sich außer durch grammatikalische Eigentümlichkeiten auch durch eine eigene Schrift und einen ungewöhnlich hohen Anteil an Lehnwörtern aus dem Sanskrit.

Anders als im Tamil setzt die literarische Überlieferung der in den nördlich angrenzenden Gebieten beheimateten großen Literatursprachen **Telugu**

(74 Mio. Sprecher) und **Kannada** (37 Mio. Sprecher) erst im Mittelalter ein und zeigt von Anfang an einen starken Sanskrit- und Hindi-Einschlag. Auch in der Lautstruktur zeigen diese Sprachen einen mehr dem Norden angenäherten Charakter. Das Kannada hat die bedeutendere moderne Literatur, die auch internationale Anerkennung gefunden hat.

Dass die Dravidisch sprechende Bevölkerung des Südens Träger einer überlegenen urbanen Kultur war, zeigt sich allein an der großen Zahl von Lehnwörtern, die bereits das ältere Sanskrit von ihnen übernommen hat; erst in nachchristlicher Zeit unterlag der dravidische Süden einer verstärkten sprachlichen und kulturellen Beeinflussung aus dem Norden, in deren Folge die Schriftsprachen ihrerseits zahllose Lehnwörter aus dem Sanskrit aufgenommen haben.

Eine Zwischenstellung nimmt das **Tulu** (2,5 Mio. Sprecher) ein, das an der Westküste Indiens zwischen den Gebieten des Kannada und Malayalam gesprochen wird. Es besitzt keine eigene Literatur, dafür aber eine reiche mündliche Überlieferung und hat in jüngster Zeit die Anfänge zu einer selbständigen Schriftsprache erlebt.

Schriftsysteme

Hindi, Marathi und Sanskrit (sowie Nepali) werden gleichermaßen im Devanagari-Alphabet geschrieben, alle anderen Sprachen benutzen ihr eigenes Schriftsystem. Einige Lokalsprachen benutzen je nach Gebiet gar mehrere Alphabete gleichzeitig. So wird z.B. das Konkani in Goa in lateini-

Schriftmuster: Hindi

Schriftmuster: Malayalam

schem Alphabet geschrieben, in Maharashtra im Devanagari und in Karnataka im Kannada-Alphabet.

Englisch als Verkehrssprache

Die gerade im sprachlichen Bereich sehr auf ihre Unabhängigkeit bedachten Südinder und speziell die Menschen in Tamil Nadu weigern sich entschieden gegen die Einführung des von der Regierung in Delhi seit Jahrzehnten vorangetriebenen Versuches, **Hindi als Landessprache** durchzusetzen. Da jedoch auch sie darauf angewiesen sind, sich mit ihren Landsleuten im Norden unterhalten zu können, hat sich im Süden noch weit mehr als im Norden **Englisch als zweite Hauptsprache** neben der jeweiligen Regionalsprache durchgesetzt. Dies gilt insbesondere für Goa und Kerala, die seit Jahrhunderten rege Handelsbeziehungen mit dem Ausland pflegen und zu-

Literaturtipp

Weitergehende praktische Hilfe leisten die Sprechführer **Tamil – Wort für Wort, Malayalam für Kerala – Wort für Wort** und **Marathi für Goa und Westindien – Wort für Wort** aus der Kauderwelsch-Reihe. Die handlichen Büchlein aus dem Reise Know-How Verlag bieten eine auf das Wesentliche reduzierte Grammatik und viele Beispielsätze für den Reisealltag. Ebenfalls nützlich ist der in der gleichen Reihe erschienene Band **Englisch für Indien.** Mit der Sprache der Bollywood-Filme macht der Titel **Hindi für Bollywoodfans** vertraut. Begleitende Audio-CDs – die **AusspracheTrainer** – sind zu fast allen Büchern der Reihe erhältlich.

Schriftmuster: Marathi

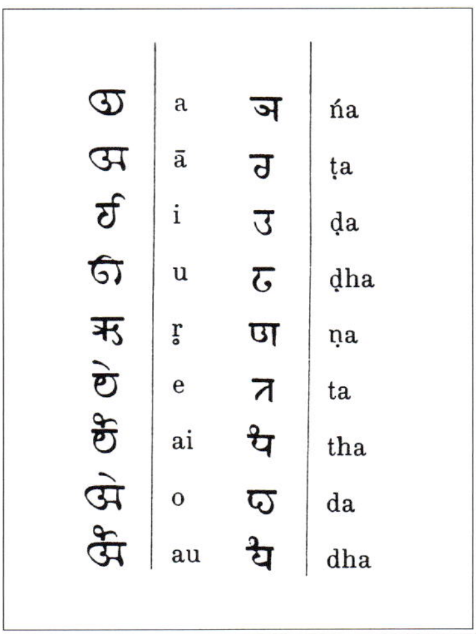

Schriftmuster: Tamil

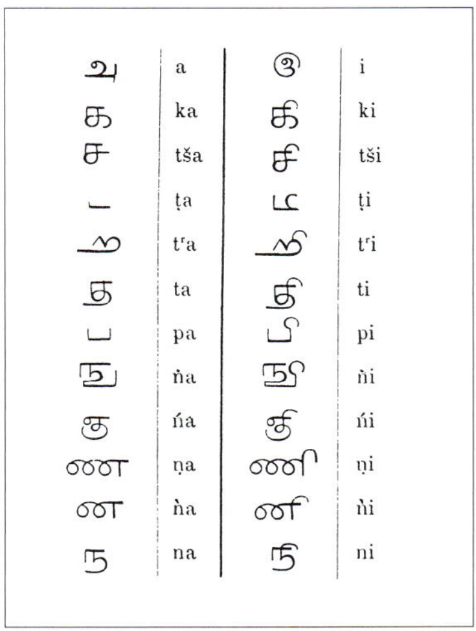

dem über eines der höchsten Bildungsniveaus in ganz Indien verfügen.

Diese im Grunde paradoxe Situation, in der sich die Bürger über die Grenzen ihrer jeweiligen Unionsstaaten hinaus vornehmlich in der Sprache ihrer früheren Kolonialherren unterhalten, wird sich in Zukunft mit dem zunehmenden Bildungsniveau noch verstärken. Dies gilt umso mehr, als die Beherrschung der englischen Sprache im Kasten- und Klassenbewusstsein Indiens heute mehr denn je zu einem **Statussymbol** geworden ist, mit dem sich die Mittel- und Oberschicht gegenüber der ungebildeten Unterschicht abzuheben versucht. In vielen Familien der Oberschicht wachsen die Kinder bereits mit Englisch als erster Sprache auf. Dies ist ein weiteres Zeichen dafür, wie sehr sich diese die zukünftige Entwicklung entscheidend mitgestaltende Bevölkerungsgruppe von den traditionellen Wurzeln der indischen Gesellschaft entfremdet hat. Für Touristen hat die Entwicklung na-

Sprache als politische Waffe – der Kampf gegen die Einführung des Hindi im Süden

Welche zentrale Bedeutung der Sprache bei der Bewahrung der nationalen, bzw. regionalen Identität zukommt, zeigte sich in besonders krasser, ja gewalttätiger Weise Mitte der sechziger Jahre, als die indische Zentralregierung nach fünfzehnjähriger Übergangszeit Hindi als allgemeingültige Verwaltungssprache auch im Süden einführen wollte. Die tamilischen Nationalisten sahen und sehen in der Nationalsprache ein Unterdrückungsinstrument des Nordens, mit dem der Süden, wie zuvor schon einmal durch das Sanskrit, „versklavt" werden sollte.

Selbstverständlich stand hinter dem verbissen ausgeführten Konflikt auch die Angst vor einer ökonomischen Benachteiligung. Die Tamilen befürchteten massive Wettbewerbsnachteile gegenüber den Hindi sprechenden Mitbewerbern um die besonders begehrten Arbeitsplätze im öffentlichen Dienst, die die ansonsten in Indien unbekannte soziale Absicherung versprechen.

Unter dem Motto „Hindi never – English ever" schritt man zum aktiven Widerstand. Diese Art von Sprachchauvinismus als politisches Phänomen führte den indischen Staat in den nächsten Monaten an den Rand eines Bürgerkrieges. Zunächst beschränkte sich der Protest nur auf vermeintlich harmlose Aktionen wie den Boykott von Hindi-Filmen und das Überstreichen von Schildern in Bahnhöfen und Postämtern. Als sich jedoch zahlreiche Menschen aus Protest gegen die Einführung des Hindi als Nationalsprache öffentlich selbst verbrannten, geriet Indien an den Rand einer Staatskrise, die schließlich sogar den Einsatz des Militärs zur Folge hatte.

Delhi sah sich gezwungen eine Reihe von Sonderrechten einzuführen, die letztlich auf eine Rücknahme des ursprünglichen Ansinnens hinausliefen. Das 1967 novellierte Nationalsprachengesetz verschiebt die alleinige Verwendung des Hindi im innerindischen Behördenverkehr bis auf den Tag, an dem alle Unionsstaaten ihre Zustimmung geben – angesichts der in Tamil Nadu unverrückbaren Einheit von sprachlicher Selbständigkeit und politischer Einheit ein utopisches Ziel.

türlich den ungemeinen Vorteil, dass man sich mit Englisch landesweit gut verständigen kann. Leider ist es in weniger gebildeten Kreisen, zu denen z.B. Taxi- und Rikshafahrer zählen, wenig verbreitet.

Religionen

Für kaum eine andere Region der Erde gilt der Grundsatz, dass die Religion den Schlüssel zum Verständnis des Landes bildet, mit der gleichen Ausschließlichkeit wie für Indien. Der Glaube durchdringt nach wie vor fast jeden Aspekt des indischen Lebens. Dies gilt insbesondere für die Hindus, die mehr als 80 % der gesamtindischen Bevölkerung stellen.

Die Muslime bilden mit 13,5 % den zweitgrößten Bevölkerungsanteil, gefolgt von 2,3 % Christen. Etwa 2 % der Inder sind Anhänger des Sikhismus, sie leben vorwiegend im nordindischen Punjab. 0,8 % der Gesamtbevölkerung Indiens bekennen sich zum Buddhismus. Die 4,5 Mio. (0,5 %) Jains sind vorwiegend im nordwestlichen Bundesstaat Gujarat zu Hause. Mit 60.000 Anhängern die kleinste indische Religionsgemeinschaft sind die Parsen.

Hinduismus

Von den Reinigungsvorschriften über die Ernährungsweise, Heiratsgebote und Bestattungszeremonien bis hin zur Wiedergeburt im nächsten Leben – im wahrsten Sinne des Wortes von der Wiege bis zur Bahre wird das Leben jedes einzelnen Hindus von seiner Religion bestimmt. Bei der Suche nach den Wurzeln der indischen Gesellschaft straucheln die meisten westlichen Besucher recht bald im undurchsichtigen Dschungel des Hinduismus. Tatsächlich muss sich der Europäer angesichts eines Glaubens, der weder einen Stifter noch einen Propheten, weder eine Organisation noch einen Missionsanspruch, weder allgemeinverbindliche Dogmen noch eine heilige Schrift, dafür jedoch das Nebeneinander vieler verschiedener Lehrbücher und Hunderttausender Götter kennt, ziemlich verloren vorkommen.

Ein „ismus" im Sinne einer einheitlichen Lehre oder Ideologie ist der Hinduismus nicht. Vielmehr verbirgt sich hinter dem Begriff ein äußerst vielschichtiges und **komplexes Gedankengebäude** philosophischer, religiöser und sozialer Normen, welches sich im Laufe von Jahrtausenden durch die Entstehung und Verschmelzung unterschiedlicher Strömungen herausgebildet hat.

Allein das Wort Hinduismus ist bereits eine irreführende Bezeichnung. *Hindu* ist das persische Wort für die Menschen jenseits des Sindhu, dem Indus – also die Bezeichnung der muslimischen Eroberer für die Inder. Erst viel später gingen die Inder dazu über, sich selbst als Hindus zu bezeichnen.

Arische und dravidische Ursprünge

Die Ursprünge dessen, was man heute Hinduismus nennt, gehen über drei Jahrtausende zurück, als die aus

Zentralasien nach Indien eindringenden **Arier** die **dravidische Urbevölkerung** unterwarfen. Während die Arier militärisch eindeutig die Oberhand gewonnen hatten, wurde die indoarische Religion in den folgenden Jahrhunderten in hohem Maße von den Glaubensvorstellungen der besiegten Ureinwohner durchdrungen.

Besonders deutlich zeigt sich diese Synthese bei der Herausbildung des hinduistischen **Götterhimmels.** Standen zunächst die arischen Naturgottheiten wie etwa *Surya* (Sonne), *Candra* (Mond) und *Indra* (Gewitter) im Mittelpunkt der Verehrung, so wurden diese in der Folgezeit mit den bereits in der vorarischen Zeit in Indien verehrten Göttern vermischt. So ist etwa die mit dem Shivaismus in Verbindung stehende Lingam-Verehrung eine Weiterentwicklung des bereits im 3. Jahrtausend v. Chr. in Harappa nachgewiesenen Phalluskults.

Durch das Singen von Hymnen, Opferungen und magische Rituale versuchten die Menschen, ihre Götter für die Erfüllung ihrer Wünsche zu gewinnen. Die Hymnenliteratur ist in heiligen Schriften, den **Veden,** zusammengefasst. Nach diesen frühesten, im 2. Jahrtausend v. Chr. verfassten Schriften wurde diese erste Phase des Hinduismus, die etwa von 1500 bis 1000 v. Chr. reichte, als Vedismus bezeichnet.

Krishna mit seiner Frau Radha

Entstehung des Kastensystems

Auf den Vedismus folgte der **Brahmanismus** (ca. 1000–500 v. Chr.). Diese Phase ist gekennzeichnet durch die Ausbildung aller zentralen, im Kern bis heute gültigen Glaubensprinzipien des Hinduismus. Mit dem Aufkommen des allumfassenden Schöpfergottes *Brahma* verloren die alten Naturgottheiten mehr und mehr an Bedeutung. Gleichzeitig wuchs mit den immer komplizierter werdenden **Opferritualen,** die allmählich die zentrale Rolle in der Religionsausübung einnahmen, die Macht des Priesterstandes.

Die **Brahmanen** standen aufgrund ihres Wissensmonopols an der Spitze der hierarchisch geordneten Gesellschaft. Ihnen folgten die **Kshatriyas** (Krieger und Adel) und **Vaishyas** (Bauern, Viehzüchter, Händler), denen die unterworfenen nicht-arischen **Shudras** (Handwerker, Tagelöhner) untergeordnet waren. Aus diesen vier Gruppen entstand das heute noch immer gültige Kastensystem Indiens.

Herausbildung des Hinduismus

Doch je weniger die große Masse des Volkes Zugang zu den für sie kaum noch nachzuvollziehenden Opferritualen der elitären Priesterkaste fand, desto empfänglicher wurden die Menschen für andere Glaubensrichtungen. So ist es kein Zufall, dass gerade zu jener Zeit mit dem **Jainismus** und dem **Buddhismus** zwei neu entstandene Religionen großen Zulauf fanden, die vom Priestertum unabhängige Wege zur Erlösung aufzeigten. Unter der Patronage des großen

727ra Foto: tb

Maurya-Königs *Ashoka* (274–232 v. Chr.) entwickelte sich der Buddhismus sogar zur führenden Religion des Landes. Wiederum als Reaktion hierauf erfolgte im Hinduismus eine Rückbesinnung auf die Ursprünge der Veden, die in der Verschmelzung mit den Erkenntnissen des Brahmanismus zur Herausbildung des bis heute praktizierten **Hinduismus** führte.

Grundprinzipien

Kerngedanke des Hinduismus und das Herzstück traditionellen indischen Lebens ist der Glaube an einen ewigen Schöpfergeist oder eine **Weltseele** *(brahman),* aus der alles Leben und die gesamte Weltordnung hervorgeht. Den zweiten Grundpfeiler bildet die Vorstellung von der Reinkarnation, d.h. der **Wiedergeburt** der unsterblichen Seele in einem neuen Körper. Danach durchläuft jeder Mensch, oder richtiger jede Seele, unzählige Wiedergeburten, sodass der Tod nur eine Zwischenstation auf dem Weg zu einer neuen Existenz darstellt. Hieraus erklärt sich auch, warum für den Hindu der Tod ein weit weniger einschneidendes Erlebnis ist als für einen Menschen aus dem westlichen Kulturkreis, der von der Endlichkeit und Einzigartigkeit seiner Existenz überzeugt ist.

Ziel jedes Lebewesens oder jeder Einzelseele *(atman)* ist *moksha,* die **Erlösung aus dem Geburtenkreislauf** und die Vereinigung mit dem *brahman.* Den Weg zu diesem Ziel kann jeder Einzelne selbst bestimmen, indem er sich in jedem seiner Leben so weit wie möglich an die Regeln der göttlichen Ordnung *(dharma)* hält. Wer diesen Dharma-Gesetzen entsprechend lebt, rückt mit jeder Wiedergeburt auf einer höheren Stufe der Erlösung jeweils einen Schritt näher. Fällt die Gesamtbilanz am Lebensende jedoch negativ aus, so wird dies mit einer niederen Wiedergeburt im nächsten Leben bestraft.

Dieses **Karma** genannte Vergeltungsprinzip bildet auch die Erklärung für das Kastenwesen, das jedem Menschen entsprechend seinen Verdiensten bzw. Verfehlungen im vorigen Leben einen festen Platz in der sozialen Rangordnung zuweist. Jede der insgesamt über 3000 Kasten- und Unterkasten hat ihr eigenes *dharma,* dementsprechend sich das jeweilige Kastenmitglied zu verhalten hat.

Welche Pflichten im einzelnen zu erfüllen sind, beschreiben die **Dharma-Bücher,** unter denen das Gesetzbuch des Manu das bekannteste ist. Hindus sehen in diesem ab dem 2. vorchristlichen Jahrhundert entstandenen Werk eine Offenbarung des Schöpfergottes an den Urvater des Menschengeschlechts Manu. Bis ins kleinste Detail wird dort dharma-gerechtes Verhalten aufgelistet. Als Haupttugenden gelten die Heirat innerhalb der eigenen Kaste, die Ausübung eines nur für die eigene Kaste erlaubten Berufs und das Einnehmen der Mahlzeiten nur mit Mitgliedern der eigenen Kaste.

Entsprechend der Vergeltungskausalität des Karma, nach der jeder durch seine Taten im vorherigen Leben für sein jetziges Schicksal selbst verantwortlich ist, gehört die klaglose Akzeptanz dieser Vorschriften zu einem der Grundmerkmale hinduistischen Glaubensverständnisses. So heißt es im **Mahabharata,** einem aus 18 Büchern mit insgesamt 100.000 Doppelversen bestehenden Hindu-Epos aus dem 2. Jh. v. Chr.: „Tu deshalb ohne Hinneigung immer das, was deine Pflicht dir vorschreibt, denn indem der Mensch so handelt, erreicht er das Höchste". Das sich klaglose Fügen in sein Schicksal schließt individuelle Selbstentfaltung außerhalb der eng begrenzten Schranken des Kastensystems aus, würde diese doch das oberste Gebot, die Aufrechterhaltung der göttlichen Ordnung, bedrohen.

„Fatalistische" Grundstimmung

Diese Sicht der Welt schlägt sich in einer allgemeinen Grundstimmung nieder, die oftmals allzu undifferenziert als fatalistisch bezeichnet wird. Nach hinduistischer Philosophie ist die Welt wie ein riesiger Strom, der seit alters träge dahinfließt. Jeder Mensch hat seinen Platz in diesem Strom, in dem die scharfen Konturen der Vergangenheit, der Gegenwart und der Zukunft verschwimmen, da das Leben des einzelnen nicht durch Geburt und Tod fest umgrenzt ist. Die Welt ist, wie sie ist, ihre Gesetze sind vom Menschen nicht zu beeinflussen. Der auf die Zukunft gerichtete Wille zur Veränderung und zur Mehrung irdischer Güter konnte sich in dieser gesellschaftlichen Atmosphäre nicht so durchsetzen wie im neuzeitlichen Europa. Hieraus erklärt sich auch der auffällige wirtschaftliche Erfolg kleiner Religionsgemeinschaften wie der **Jains,** der **Sikhs** und der **Parsen,** die mit ihren mehr diesseits orientierten Glaubensvorstellungen einen **ökonomischen Wertevorsprung** gegenüber den Hindus besitzen.

Ganzheitliche Weltsicht

Die Wiedergeburt in eine der vielen Tausend Kasten stellt jedoch nur eine Möglichkeit der Reinkarnation dar. Da für die Hindus alles Leben auf Erden Ausdruck der göttlichen Ordnung ist, kann der Mensch durch Fehlverhalten auch als Tier oder Pflanze wiedergeboren werden, wie es das Gesetzbuch des Manu höchst drastisch veranschaulicht: „Wenn man Korn stiehlt, wird man eine Ratte, Wasser ein Wassertier, Honig eine Mücke, Milch eine Krähe und Süßigkeiten ein Hund".

Mag dies zunächst auch eher belustigen, so verbirgt sich dahinter mit der Vorstellung, dass letztlich alle Lebewesen gleichwertig sind, eine ganzheitliche Weltsicht, welche kaum unterschiedlicher zum christlichen Glauben sein könnte, in dem der Mensch als Krönung der Schöpfung gilt. Die universelle Auffassung von der **Einheit allen Lebens,** in der der Mensch nur ein Teil des Ganzen ist, hat in Indien zu einem grundsätzlich **behutsameren Umgang mit der Natur** geführt, die nicht als Um-, sondern als Mitwelt verstanden und erfahren wird. In solch einer ganzheitlichen Weltsicht stehen Mikro- und Makrokosmos, Himmel und Erde, Gott und Mensch in unmittelbarem Bezug zueinander.

330.000 Möglichkeiten – die indische Götterwelt

Du sollst keine anderen Götter neben mir dulden – dieses für Juden, Christen und Muslime gleichermaßen gültige Gebot des Monotheismus steht im krassen Gegensatz zur hinduistischen Götterwelt. Nicht weniger als 330.000 Götter stehen den Hindus angeblich zur Auswahl! Tatsächlich symbolisiert der hinduistische Götterhimmel die einzigartige Vielschichtigkeit des Phänomens Indien auf geradezu klassische Weise.

Für Außenstehende ist es nur sehr schwer nachvollziehbar, dass die Götter im Hinduismus, ebenso wie die Menschen, zahlreiche Reinkarnationen durchlaufen, die dann wiederum als eigenständige Gottheiten verehrt werden. Hinzu kommt, dass viele von ihnen heiraten und Kinder bekommen, welche dann ebenfalls Aufnahme in den hinduistischen Pantheon finden.

Krishna mit Flöte

Ganesha mit seinem Reittier, der Ratte

Schließlich gibt es auch noch unzählige lokale Gottheiten. So gelingt es nicht einmal den Indern selbst, all ihre Götter zu identifizieren.

An der Spitze des Pantheons steht die als **Trimurti** bezeichnete Dreieinigkeit der Götter Brahma, Vishnu und Shiva. **Brahma** wird als Schöpfer der Welt und aller Wesen angesehen, bleibt jedoch im Schatten Vishnus und Shivas, denn anders als diese wurzelt er nicht im Volksglauben. Nur ganz wenige Tempel Indiens, wie etwa in Pushkar, sind ihm direkt geweiht, doch als einer unter vielen Göttern ist er in fast jedem Heiligtum anzutreffen. Dabei wird er meist mit vier in die verschiedenen Himmelsrichtungen blickenden Köpfen und seinem Tragtier, dem Schwan, dargestellt. Brahmas Gattin **Sarasvati** gilt als die Göttin der Künste; ihr werden die Erfindung des Sanskrit und des indischen Alphabets zugeschrieben. Zwei immer wiederkehrende Attribute Sarasvatis sind ein Buch und eine Gebetskette.

Vishnu, der neben Shiva bedeutendste Gott im Hinduismus, gilt als der Erhalter der

Welt, der in seinen bisher insgesamt neun Inkarnationen *(avataras)* immer dann auftritt, wenn es gilt, die Erde vor dämonischen Gewalten zu schützen. Seine bekanntesten Inkarnationen sind die als Rama, Krishna und Buddha. Vishnus Tragtiere sind entweder eine Schlange oder ein Garuda. Seine Gattin **Lakshmi** verkörpert Schönheit und Reichtum und ist oft Mittelpunkt der vielen indischen Tempel, die von der Industriellenfamilie *Birla* gestiftet wurden.

Shiva wird oftmals als das Gegenstück Vishnus bezeichnet, was jedoch nur zum Teil stimmt, da sich in ihm verschiedene, äußerst widersprüchliche Wesenselemente vereinen. Laut der indischen Mythologie soll er unter nicht weniger als 1.008 verschiedenen Erscheinungsformen und Namen die Erde betreten haben. Einerseits verkörpert er die Kräfte der Zerstörung, andererseits gilt er auch als Erneuerer aller Dinge. Besonders augenfällig zeigt sich diese Vereinigung von Gegensätzen in seiner Manifestation als kosmischer Tänzer Nataraja, der in einem ekstatischen Tanz inmitten des Feuerkranzes einer untergehenden Welt zu sehen ist, womit er jedoch bereits die Energien für ein neu zu errichtendes Universum schafft.

Die blutrünstige Göttin Kali

Shiva – zugleich Gott der Zerstörung und Heilbringer

Ebenso widersprüchlich (zumindest nach westlichen Vorstellungen) wie er selbst ist die ihm zur Seite gestellte Göttin **Parvati,** die auch in ihren Inkarnationen als Annapurna, Sati, Durga und Kali bekannt ist und unter diesen Namen ganz verschiedene Wesenszüge aufweist. Ihre zerstörerische Seele spiegelt sich am offenkundigsten in der blutrünstigen, vor allem in Bengalen verehrten Kali, während sie als Sati die ihrem Mann bis in den Tod ergebene Gattin verkörpert, die sich nach dem Tod Shivas auf dem Scheiterhaufen verbrennen lässt. In Shiva-Tempeln steht das *lingam* (Phallus), das Shiva als kraftvollen Schöpfer symbolisiert, aufrecht auf der *yoni* (Vulva), dem Symbol der Gattin. Wie auch bei den anderen Göttern gibt es eine ganze Reihe von Emblemen, an denen man Shiva und Parvati erkennen kann. Bei Shiva sind dies der Dreizack, ein Schädel oder die ascheverschmierte, grau-blaue Haut, bei Parvati in ihrer Form als Kali die um ihren Hals hängende Totenkopfkette. Wichtigstes Erkennungsmerkmal sind jedoch auch hier die Tragtiere, bei Shiva der Nandi-Bulle und bei Parvati ein Löwe.

Einer der populärsten Götter im Hinduismus ist der dickbäuchige, elefantenköpfige **Ganesha,** Sohn von Shiva und Parvati. Eine von vielen Legenden besagt, dass Shiva – nach langer Abwesenheit zurückgekehrt – seinem Sohn im Zorn den Kopf abgeschlagen haben soll, nachdem er diesen fälschlicherweise für einen Liebhaber Parvatis hielt. Voller Trauer ob seines Missgeschicks und im Bemühen, dieses so schnell als möglich zu beheben, beschloss er, seinem Sohn den Kopf jenes Lebewesens aufzusetzen, das ihm als erstes begegnen würde. Da dies ein Elefant war, ziert Ganesha seither jener charakteristische Elefantenkopf. Sein rundlicher Bauch lässt darauf schließen, dass er schon in vorarischer Zeit ein Fruchtbarkeitsidol verkörperte. Dass nun ausgerechnet eine Ratte für das Schwergewicht als Tragtier herhalten muss, passt zu dieser drolligen und liebenswerten Götterfigur. Als Glücksbringer und Beseitiger von Hindernissen jeglicher Art ziert er praktischerweise das Armaturenbrett vieler Busse und LKW.

Neben Ganesha ist **Krishna,** die achte Inkarnation Vishnus, die beliebteste Gottheit des Hinduismus und zudem auf Bildern und Zeichnungen die am meisten dargestellte. Die schelmischen und erotischen Abenteuer des jugendlichen Hirtengottes boten den Miniaturmalern reichlich Stoff, um ihren Fantasien freien Lauf zu lassen. Die wohl am häufigsten aufgegriffene Szene zeigt Krishna, wie er den im Yamuna-Fluss bei Vrindaban badenden Hirtenmädchen *(gopis)* die Kleider stiehlt. Mit seiner Hirtenflöte und der charakteristischen blauen Hautfarbe ist er einer der am einfachsten zu identifizierenden Götter.

Wie keine andere Heiligenfigur symbolisiert **Rama,** die siebte Inkarnation Vishnus, die ungebrochene Verehrung, welche die jahrtausendealten hinduistischen Götter im heutigen Indien immer noch genießen. Der meist dunkelhäutig und mit Pfeil und Bogen dargestellte Rama ist die Hauptfigur des großen hinduistischen Heldenepos Ramayana, das aus 24.000 Doppelversen besteht.

In ganz Südindien und hier speziell in Tamil Nadu finden sich auf freien Feldern Gruppen von Pferdeskulpturen. Sie gehören zum Kult des **Aiyanar,** des Schutzgottes der Tamilen, der nachts mit seinen Pferden über die Felder reitet und die bösen Geister verscheucht. Die Pferdefiguren können bis zu zwei Meter hoch sein, meist sind sie aus Ton geformt und in einem Stück gebrannt. Während ihr Körper weiß gehalten ist, werden Sattelzeug, Mähne, Geschirr und Zaumzeug oft farbig hervorgehoben. In Kerala ist der Sohn Shivas und Mohinis (der weiblichen Form Vishnus) auch unter dem Namen Ayappa bekannt.

Religiöses Alltagsleben

Dementsprechend gehört es für jeden Hindu zu den Selbstverständlichkeiten des Lebens, dass er durch tägliche **Kult- und Opferhandlungen** *(puja)* die Götter gnädig zu stimmen versucht. So befindet sich in jedem Hindu-Haus ein kleiner Altar mit dem Bild der verehrten Gottheit. Mindestens einmal täglich wird ihm mit dem Umhängen von Blumengirlanden, dem Entzünden von Räucherstäbchen und einer kleinen Andacht gehuldigt. Das gleiche Ritual vollzieht sich in größerem Rahmen in den Dorftempeln, in denen an speziellen Feiertagen aufwendige *pujas* abgehalten werden. Zu diesen Anlässen werden den

Götterbildern liebevoll zubereitete Opfergaben wie Kokosnüsse, Süßigkeiten und Blumen dargeboten. Dadurch, dass die Gottheit die Essensgaben symbolisch isst, werden sie zu *prasad,* d.h. heiligen Speisen, die danach wieder an die Pilger verteilt werden.

Die Offenheit der hinduistischen Religion bringt es mit sich, dass dem Gläubigen viele weitere Möglichkeiten offenstehen, um sich dem Göttlichen zu nähern. Dazu gehören u.a. verschiedene Arten der **Meditation,** das Leben als wandernder Asket oder Einsiedler *(sadhu)* oder die Teilnahme an oftmals langwierigen und kräftezehrenden **Pilgerreisen** zu bedeutenden Plätzen der indischen Mythologie.

Hinduistische Toleranz in Gefahr

Die Annahme der Einheit aller Lebewesen gilt für die Hindus auch gegenüber Mitgliedern anderer Religionsgemeinschaften wie Buddhisten, Christen, Sikhs, Parsen oder Muslime. Alle Religionen werden als legitime Wege zum ewigen Schöpfergott angesehen. Für Hindus gibt es dementsprechend so viele Wege zu Gott, wie es Gläubige gibt. Inquisitionen oder Kreuzzüge im Namen des Hinduismus hat es nie gegeben.

Diese Toleranz ist allerdings in letzter Zeit vor allem gegenüber den **Muslimen** durch die Wunden jahrhundertealter Fremdherrschaft und die Zunahme **sozialer Spannungen,** die zudem von skrupellosen Politikern noch geschürt werden, stark gefährdet. Hier bleibt nur zu hoffen, dass sich die Hindus zurückbesinnen auf jene vier Haupttugenden, die in den hinduistischen Lehrbüchern zur Erlangung der *moksha* gefordert werden: **Wohlwollen, Mitleid, Mitfreude und Gleichmut.**

Islam

Mahmud-e-Ghazni, ein Heerführer aus dem heutigen Afghanistan, der im Jahre 1001 den ersten seiner insgesamt 17 Raubzüge durch Nordindien durchführte, wurde für die Hindus zum Prototyp des **islamischen Eroberers,** der mordend und brandschatzend durchs Land zieht und im Namen der Religion die heiligen Stätten zerstört. Seither ist die indische Geschichte von blutigen **Glaubenskriegen zwischen Hindus und Muslimen** geprägt, wobei die Teilung des Subkontinents 1947 in das islamische Pakistan und das hinduistische Indien nur den vorläufigen traurigen Höhepunkt darstellt.

Auch zu Beginn des 3. Jahrtausends stehen sich die Anhänger der beiden Religionen unversöhnlicher denn je gegenüber. Die 110 Mio. in Indien lebenden Muslime stehen gerade im Zeichen eines immer radikaler und intoleranter werdenden Hindu-Fundamentalismus vor einer mehr als unsicheren Zukunft. Tatsächlich lässt sich ein größerer Gegensatz als zwischen dem strikt monotheistischen und bilderfeindlichen Islam und den Millionen von Göttern, die die hinduistischen Tempel voll üppiger Erzähl- und Darstellungsfreude zieren, kaum denken.

032is Foto: tb

Mohammed und die Niederschrift des Koran

Abdil Kasim Ibn Abt Allah – der erst später den Beinamen *Mohammed* (arabisch: der Gepriesene) erhielt – wurde im Jahre 570 als Sohn eines Kaufmanns in Mekka, einer bedeutenden Karawanenstadt auf der Handelsroute zwischen Indien und Ägypten, geboren. Im Alter von 40 Jahren wurde ihm in einer Höhle unterhalb des Berges Hira durch den Erzengel Gabriel die Offenbarung zuteil, Prophet Gottes (Allah) zu sein.

Die ihm über einen Zeitraum von mehr als 20 Jahren vom Erzengel übermittelten Worte Allahs schrieb Mohammed in ein Buch nieder, welches als Koran („das zu Zitierende") zur heiligen Schrift der Muslime wurde.

Die Andacht vor dem Tempel – für die allermeisten Inder ein tägliches Ritual

Allah als einziger Gott

Fünf Glaubensgrundsätze, an die sich jeder Muslim zu halten hat, bilden die Grundlage der insgesamt 114 Kapitel (Suren) des Koran. Wichtigstes Prinzip ist dabei der strikte Monotheismus des Islam (Unterwerfung, Hingabe an Allah, den einzigen Gott), der mit den Worten, „Es gibt keinen Gott außer mir, so dienet mir", im Koran zum Ausdruck kommt. Die den gesamten Koran durchziehende Mahnung „Fürchtet Allah!" unterstreicht die tiefe Bedeutung der **Gottesfurcht** als Grundelement des Islam. Nach diesem wichtigsten aller Gebote folgen die Pflicht zum Gebet (fünfmal täglich gen Mekka gerichtet), Fasten im Monat Ramadan, Almosen geben und die Pilgerfahrt nach Mekka.

Mekka und Medina

Mohammed sammelte zwar mit seiner Lehre eine immer größere Glaubensgemeinschaft um sich, doch die in Mekka herrschenden Kurashiten fühlten sich in ihrem bisherigen Glauben und damit in ihrer Machtposition bedroht. Sie belegten ihn zunächst mit einem Bann und drohten schließlich sogar mit seiner Ermordung. So sah sich Mohammed gezwungen, in die Wüstenstadt Jashib umzusiedeln, die später in Medina-an-Nabbi (Stadt der Propheten), kurz Medina, umbenannt wurde. Das Datum seiner Ankunft in Medina (622) gilt seither als Beginn der islamischen Zeitrechnung.

Einheit von geistlicher und weltlicher Macht

Innerhalb nur weniger Jahre wurde Mohammed mit seinen Predigten nicht nur zum meistverehrten Heiligen der Region, sondern avancierte auch als weltlicher Herrscher Medinas zum mächtigen Staatsmann und Feldherrn, der mit seinen Truppen den Ungläubigen von Mekka empfindliche Niederlagen beibrachte. Die heute für den Islam so charakteristische Einheit von geistlicher und weltlicher Macht sowie die **Idee vom Heiligen Krieg** als legitimem Mittel zur Verbreitung des islamischen Glaubens haben hier ihren eigentlichen Ursprung. 630 konnte Mohammed im Triumphzug in seine Vaterstadt zurückkehren und erklärte Mekka zur heiligen Stadt des Islam.

Die Einheit von geistlicher und weltlicher Macht führte nach dem Tod Mohammeds am 8. Juni 632 fast zwangsläufig zu erbitterten Nachfolgekämpfen, die schließlich die **Spaltung des Islam** in die drei großen Glaubensgemeinschaften der Sunniten, Schiiten und Charidschiten zur Folge hatten. Vor allen Dingen die erbitterte Feindschaft der ersten beiden ist noch heute Ursache für viele kriegerische Konflikte im Nahen Osten.

Indische Ausprägung: Sufismus

Keine Abspaltung vom eigentlichen Glauben, sondern eine Antwort auf die zunehmende Ritualisierung der religiösen Zeremonien war der sogenannte Sufismus, der gerade unter den indischen Muslimen viele Anhänger fand. Durch eine strenge **Askese,** tiefe **Meditation** und Rückzug aus der Welt wollte man die im orthodoxen Glauben verloren gegangene Einheit mit Gott wiederherstellen. Ähnlich wie den Gurus im Hinduismus wurden auch hier spirituellen Lehrmeistern magische Kräfte zugesprochen. Die Grabstätten dieser Sufis genannten Heiligen wurden später zu **Pilgerorten.**

Buddhismus

Bei der Frage nach dem Ursprungsland des Buddhismus würde wohl kaum jemand auf das klassische Land des Hinduismus - Indien - tippen. Tatsächlich jedoch verbrachte **Buddha,** der vor über zweieinhalb Jahrtausenden auf dem Indischen Subkontinent geboren wurde, den größten Teil seines Lebens in der nordindischen Tiefebene. Zudem war die nach ihm benannte Lehre für fast ein Jahrtausend die Staatsreligion des Landes. Das sieht heute ganz anders aus, bekennen sich doch nur gerade mal 0,8 % der Gesamtbevölkerung zum buddhistischen Glauben.

Siddharta Gautama

Zu den Heiligtümern des Buddhismus zählt das im heutigen Südnepal gelegene Lumbini, jener Ort, wo Buddha als Prinzensohn *Siddharta Gautama* wahrscheinlich 560 v. Chr. geboren wurde. Entsprechend seiner adeligen Herkunft führte der spätere Religionsstifter in seinen jungen Jahren ein sorgenfreies, ja luxuriöses Leben und wurde im Alter von 16 Jahren standesgemäß mit seiner Kusine *Jashudara* verheiratet.

Zunehmend stellte sich der tiefsinnige Prinz jedoch die Frage nach der wahren Bedeutung des Lebens, wobei ihm die Sinnlosigkeit eines an materiellen Werten orientierten Lebens immer bewusster wurde. Diese Überlegungen verstärkten sich, als er bei drei heimlichen Ausflügen aus dem väterlichen Schloss seine realitätsferne Welt verließ und menschlichem Leid in Gestalt eines Greises, eines Kranken und eines Verstorbenen begegnete. Den letzten Anstoß, sein bisheriges Leben im Überfluss aufzugeben, gab ihm die Begegnung mit einem wandernden Asketen.

So verließ er im Alter von 29 Jahren in der Nacht der großen Entsagung heimlich Eltern, Frau und Kind und vertauschte das luxuriöse Bett in seinem Palast mit einer Lagerstätte unter freiem Himmel. Als er nach insgesamt sieben Jahren unter strengster Askese, die ihn an den Rand des physischen Zusammenbruchs führte, seinem Ziel der Erkenntnis nicht näher gekommen war, wählte er als dritte Möglichkeit zwischen extremem Überfluss und Askese den mittleren Weg: **meditative Versenkung** als Loslösung von den Begierden der materiellen Welt.

Grundprinzipien

Schließlich gelangte Siddharta Gautama nach sieben Tagen ununterbrochener Meditationssitzung unter einem Feigenbaum im kleinen Ort Gaya, im heutigen Bihar, zur Erleuchtung, indem er die **vier edlen Wahrheiten,** die zum Nirvana führen, erkannte:

- Alles Leben ist Leiden.
- Alles Leiden wird durch Begierden hervorgerufen.
- Alles Leiden kann durch die Auslöschung der Begierden vernichtet werden.
- Leid und Begierden können durch die Praktizierung des achtfachen Pfades überwunden werden.

Wer hiernach sein Leben an den **Prinzipien des achtfachen Pfades,** also der rechten Anschauung, der rechten Gesinnung, des rechten Redens, des rechten Tuns, der rechten Lebensführung, des rechten Strebens, des rechten Überdenkens und der rechten Versenkung ausrichtet, wird im nächsten Leben auf einer höheren Daseinsstufe wiedergeboren. Geht man diesen Pfad konsequent, d.h. unter strenger Selbstdisziplin, zu Ende, durchbricht man schließlich den Kreislauf der Wiedergeburten und tritt in einen **Zustand ewiger Seligkeit** ein und wird somit zum Buddha. So übernimmt auch der Buddhismus die Vorstellung von **Karma und Wiedergeburt,** lehnt jedoch das Kastenwesen entschieden ab, da er die individuelle Selbsterlösung zum obersten Prinzip erklärt.

Buddhismus wird indische Staatsreligion

Gaya, der Ort, an dem aus dem Prinzensohn Siddharta Gautama der Buddha, d.h. der Erleuchtete, wurde, heißt seitdem **Bodhgaya** und zählt zu den vier heiligsten Orten des Buddhismus, welcher inzwischen zur viertgrößten Religionsgemeinschaft der Welt aufgestiegen ist. Die folgenden 45 Jahre seines Lebens zog Buddha als Wanderprediger durchs Land, wobei seine Anhängerschaft stetig zunahm. Als er schließlich im Alter von 80 Jahren bei Kushinagar in Uttar Pradesh mit den Worten „Wohlan ihr Mönche, ich sage euch, alles geht dahin und stirbt, aber die Wahrheit bleibt, strebt nach eurem Heil" verstarb, hatte er die Grundlagen für eine landesweite Ausdehnung seiner Lehre gelegt.

Entscheidender weltlicher Wegbereiter nach seinem Tode wurde **Kaiser Ashoka** (272–232 v. Chr.), der einzige Herrscher bis zum Aufkommen der Moguln, der einen Großteil des Indischen Subkontinents unter einer zentralen Herrschaft vereinigen konnte. Nachdem er selbst zum Buddhismus konvertiert war, erklärte er die Lehre zur Staatsreligion und förderte ihre Verbreitung durch großzügige Spenden für Klöster und heilige Stätten. Zudem entsandte er Mitglieder des Königshauses in benachbarte asiatische Länder, die dort die buddhistische Lehre verbreiteten. So war es sein Sohn *Mahinda,* der als Begründer des Buddhismus auf Ceylon (Sri Lanka) gilt. Zur schnellen Verbreitung des Buddhismus trug sicherlich bei, dass der Hinduismus gerade zu jener Zeit durch die alles beherrschende Rolle der Brahmanenkaste in einem Ritualismus erstarrt war, der vom einfachen Volk kaum nachzuvollziehen war.

Hinayana-Buddhismus

Ähnlich wie der Islam oder Jainismus spaltete sich auch der Buddhismus nach dem Tode seines Stifters in verschiedene Glaubensrichtungen. Der Hinayana-Buddhismus („Kleines Fahrzeug") gilt als die ursprüngliche Form, weil sie den von Buddha gewiesenen Weg jedes Einzelnen unter strenger Beachtung der vorgegebenen Prinzipien betonte. Diese ältere Form des Buddhismus betont die mönchische Lebensordnung und wird auch **Thera-**

vada genannt, was soviel wie „Weg der Älteren" bedeutet. Die konservative Richtung wird heute vor allem in Myanmar, Sri Lanka, Thailand und Kambodscha gelehrt.

Mahayana-Buddhismus

Der Mahayana-Buddhismus („Großes Fahrzeug") schließt, wie es der Name schon andeutet, alle Gläubigen ein, weil hier Mönche und Laien das Nirvana erlangen können. Die im 5. Jh. gegründete und 1197 n. Chr. durch die Muslime zerstörte Universität Nalanda im heutigen Bundesstaat Bihar war einst die Hauptlehrstätte dieser Glaubensinterpretation. Eine zentrale Rolle im Mahayana-Buddhismus spielen die **Bodhisattvas,** erleuchtete Wesen, welche selbstlos auf den Eingang ins Nirvana verzichten, um anderen auf deren Weg dorthin zu helfen. Die Lehre vom Großen Fahrzeug hat heute Vorrang in China, Japan, Korea und Vietnam.

Vitchuayana-Buddhismus

Die dritte große Schulrichtung des Buddhismus bildet der Vitchuayana-Buddhismus („Diamantenes Fahrzeug"), welcher im 7. Jh. entstand. Bekannter ist sie im Westen unter dem Namen **Tantrismus.** Nach dieser esoterischen Auslegung kann man mit Hilfe von Riten *(tantras)*, dem wiederholten Rezitieren heiliger Sprüche und Formeln *(mantras)* und der Ausführung ritueller Gebete zur Erlösung gelangen. Diese Form des Buddhismus hat heute in China, Japan und vor allem in Tibet eine große Anhängerschaft.

Hinduismus gewinnt die Oberhand

Zwar überdauerte der Buddhismus auch den Tod seines unermüdlichen Protegés König Ashoka, doch schließlich erstarkte der Hinduismus, zumal er von den nachfolgenden Herrschern unterstützt wurde. Hier rächte sich jetzt auch eine Entwicklung, die einst dem Hinduismus zum Nachteil geriet. Während zu Beginn die Botschaft der buddhistischen Göttermönche über den Pomp der großen brahmanischen Opferrituale gesiegt hatte, war die Zahl der buddhistischen Klöster im Laufe der Zeit mächtig angewachsen und den Gläubigen zu einer Last geworden, während der Unterhalt der Brahmanenfamilien weit weniger Aufwand erforderte. Spätestens im 9. Jh. hatte der Hinduismus die Oberhand gewonnen, während die Lehre des Mittleren Weges nur noch in ihrem Heimatgebiet, in Bihar und Bengalen, von der Mehrheit der Gläubigen befolgt wurde. Letztlich waren es jedoch nicht die Hindus, sondern die Muslime, die im 12. Jh. mit der **Zerstörung buddhistischer Klöster und Heiligtümer** die Religionsphilosophie des ehemaligen Prinzensohns Gautama Siddharta in Indien fast gänzlich zur Bedeutungslosigkeit degradierten.

Jainismus

Ebenso wie der Buddhismus entstand auch der Jainismus im 6. Jh. v. Chr. als **Reformbewegung** gegen die autoritären Strukturen des Brahmanismus. Während jedoch der Buddhismus später zu einer der bedeutendsten Religionen der Erde aufstieg, konnte sich der Jainismus nicht über die Grenzen seines Ursprungslandes ausdehnen. Von den etwa 4,5 Mio. Anhängern dieser Religionsgemeinschaft (0,5 % der Gesamtbevölkerung) leben die meisten im Nordwesten des Landes, hier speziell im Bundesstaat Gujarat.

Askese

Der Stifter *Varda Mana,* später *Mahavira* (Großer Held) genannt, verließ im Alter von 28 Jahren Frau und Kinder, um das Wanderleben eines nackten Asketen zu führen. Schon zwei Jahre später erlangte er vollkommene Einsicht in die Gesetzmäßigkeit des Lebens und verbreitete von nun an als Wanderprediger seine Lehre, deren letztendliches Ziel der **Austritt aus dem ewigen Kreislauf des Lebens** ist. Auch hier wieder zeigen sich deutliche Paralellen zum Buddhismus.

Jina (Weltüberwinder), wie er von seinen Jüngern nun genannt wird, gilt jedoch nur als letzter von insgesamt 24 *tirthankaras* (Furtbereiter) des Jainismus, die einen Weg aus dem Kreislauf des Lebens gefunden haben. Die 24 *tirthankaras* verkörpern die Götter des Jainismus und ihnen zu Ehren wurden die Tempel meistens an Orten erbaut, wo einer von ihnen geboren, erleuchtet oder ins Nirvana eingegangen ist. Die bekanntesten Tempelanlagen befinden sich auf den als heilig angesehenen Bergen in Gujarat und Rajasthan, doch auch in Südindien liegen einige bedeutende Jain-Kultstätten wie z.B. Sravanabelgola.

Erhaltung jeglichen Lebens

Oberstes von den Gläubigen einzuhaltendes Gebot auf dem von den Tirthankaras gewiesenen Weg aus dem Kreislauf der Wiedergeburten ist *ahimsa,* die unbedingte Schonung jeglichen Lebens. Dieses Gebot resultiert aus der vom Hinduismus übernommenen Idee der Einheit allen Lebens. So liegt es im ureigensten Interesse jedes Lebewesens, anderen kein Leid zuzufügen, schadet es sich dadurch doch letztlich nur selbst. Einige Gläubige verfolgen dieses Gebot derart strikt, dass sie einen Mundschutz tragen, um nicht versehentlich ein Insekt zu verschlucken.

Wohlstand und Konsumentsagung

Diese uneingeschränkte Achtung vor dem Leben hat bis heute tief greifende Auswirkungen auf die Lebens- und Arbeitsbedingungen der Jains. Selbstverständlich sind alle **strikte Vegetarier** (manche essen sogar nichts, was in der Erde gewachsen ist, weil beim Herausziehen Kleinlebewesen getötet werden könnten), doch darüber hinaus verbietet ihnen ihr Glaube die Ausübung von Tätigkeiten wie etwa in der Landwirtschaft oder im Militär, die das Tötungsverbot missachten.

So finden sich Jains heute vor allem in **kaufmännischen und akademischen Berufen,** was zur Folge hat, dass sie zu den wohlhabendsten und bestausgebildeten Schichten der Gesellschaft zählen. Die im Jainismus geforderte innerweltliche Askese hat dazu geführt, dass sie ihren materiellen

Wohlstand nur in geringem Maße zum persönlichen Konsum verwenden, dafür jedoch umso großzügiger den Bau bzw. die Erhaltung ihrer Heiligtümer unterstützen. Hieraus erklärt sich auch, dass die Marmortempel von Palitana, Dilwara und Ranakpur zu den schönsten Heiligtümern ganz Indiens zählen.

Parsismus

Die Lehre Zarathustras

Die Ursprünge der zahlenmäßig sehr kleinen Glaubensgemeinde der Parsen gehen auf den altiranischen Propheten **Zoroaster** (lat.: *Zarathustra*) zurück, der mit seinen Lehren Mitte des 7. Jh. v. Chr. eine der ältesten Religionen der Erde begründete. Mit Parsismus im engeren Sinne bezeichnet man die zweite Entwicklungsphase des Zoroastrismus, als die Anhänger auf der Flucht vor den Persien erobernden Muslimen im 7. Jh. n. Chr. nach Nordwestindien auswanderten, wo sie sich nach ihrem Ursprungsland Parsen nannten.

Im Mittelpunkt der Lehre steht dabei eine streng dualistische Weltsicht, wonach die Geschichte ein ständiger Kampf zwischen dem **Reich des Guten** und dem **Reich des Bösen** ist. Während *Ahura Mazda* (auch *Ormazd* genannt) als der allwissende höchste Gott, umgeben von seinen sechs Erzengeln *(A mesha Spentas)*, unermüdlich für den Erhalt und die Förderung des Lebens streitet, steht ihm in *Angra Mainyu* (auch *Ahriman* genannt) der Anführer des Reichs der Finsternis gegenüber. Die prinzipielle Entscheidung jedes einzelnen Gläubigen für das Gute und die Forderung, all sein Handeln an lebensfördernden sittlichen Werten wie Friedfertigkeit, Gewaltfreiheit, Wahrhaftigkeit und Fleiß zu orientieren, bildet die Voraussetzung für den Eingang ins Paradies.

Bestattungstürme und Feuertempel

Alle Elemente wie Luft, Wasser, Erde und Feuer gelten den Parsen als heilig und eine Verunreinigung auch nur eines dieser Elemente wird automatisch mit der Hölle bestraft. Hieraus leitet sich auch die eigentümliche **Bestattungszeremonie** der Parsen ab. Da eine Feuer- bzw. eine Erdbestattung diese heiligen Elemente verunreinigen würde, legen sie ihre Verstorbenen auf den sogenannten **Türmen des Schweigens** *(dakhma)* den Geiern zum Fraß vor.

Ein weiteres charakteristisches Bauwerk der Parsen sind die **Feuertempel,** niedrige, fensterlose Gebäude, in deren Innern auf einem Stein in einem metallenen Gefäß das heilige Feuer brennt, welches sie als göttliches Symbol verehren.

Wirtschaftlicher Erfolg und Sozialleistungen

Obwohl sie mit nur noch knapp 60.000 Anhängern nicht einmal 0,01 % der Gesamtbevölkerung Indiens ausmachen, gehören die Parsen in **Mumbai,** wo fast alle von ihnen beheimatet sind, zu den wirtschaftlich erfolgreichsten Gruppen. Bestes Beispiel hierfür ist die Familie *Tata,* die mit ihrem weitverzweigten Industrieimperium mit Hunderttausenden von Beschäftigten das größte Familienunternehmen des Landes besitzt. Der Grund für den ökonomischen Erfolg der Parsen ist ihre wirtschaftsfreundliche Religionsphilosophie, wonach zum Gedeihen des Reichs des Guten auch eine florierende Wirtschaft gehört und somit der **persönliche Wohlstand** als Beweis der Gottgefälligkeit angesehen wird.

Außerdem hatten sich die Parsen den Grundstein zum Erfolg schon zu britischen Zeiten gelegt. Da die Hindus mit den Briten aufgrund deren Vorliebe für Rindfleisch keinen Handel treiben wollten und die Muslime den Kolonialisten wegen deren Schweinefleisch- und Alkoholkonsum fernblieben, traten die Parsen auf den Plan. Sie trieben fleißig Handel mit den Briten und wurden reich.

Doch die Parsen scheffeln nicht nur, sie geben auch. „Ahura gibt demjenigen das Reich, der die Armen unterstützt", besagt eine Passage in einer heiligen Parsen-Schrift und folglich tun die Parsen sich als generöse Philanthropen hervor. Sie unterhalten das mit Abstand **beste Kranken- und Sozialwesen** aller Glaubensgemeinschaften; Arme und Gebrechliche werden unterstützt, heiratswillige Paare erhalten Wohnungszuschüsse.

Insgesamt zeigen sich in ihrer Wirtschafts- und Sozialphilosophie zahlreiche Parallelen zum europäischen Calvinismus, der den Grundstein für den modernen Kapitalismus setzte. In Kleidung und Lebensstil sehr **westlich orientiert,** finden sich unter den Parsen viele konfessionsübergreifende Ehen, wodurch die kleine Gemeinde vom Aussterben bedroht ist. Der Parsenklerus erkennt nur solche Kinder als Parsen an, bei denen zumindest der Vater Parse ist – eine in der Glaubensgemeinschaft nicht unumstrittene Auslegung der Schriften. Gemäß dieser Regel hätte auch *Rajiv Gandhi* Parse werden können: Seine Mutter *Indira Gandhi* war zwar eine Hindu, sein Vater *Feroze Gandhi* aber Parse. Rajiv Gandhi hatte aber nie die Initiation vollführen lassen.

Christentum

Missionierung durch die Kolonialherren

Die Ursprünge der Christianisierung in Indien gehen zurück auf das Wirken des **Apostels Thomas,** dessen Martyriumsstätte in der Hafenstadt Chennai (Madras) noch heute verehrt wird. Den größten Einfluss hatten jedoch die westlichen Missionare, die mit den **portugiesischen** und später **britischen** Kolonialherren nach Indien gelangten. Hierin liegt auch der Grund, warum selbst heute noch mehr als die Hälfte der insgesamt 24 Mio. Christen (2,3 % der Bevölkerung) im Süden leben, also dort, wo die „weißen Männer" zuerst anlandeten. So bekennen sich im südwestlichen Bundesstaat **Kerala** gut 20 % und im Tropenparadies **Goa** ca. 35 % zum christlichen Glauben, während es in klassischen

Hindu-Gebieten wie Uttar Pradesh oder Rajasthan nicht einmal jeder Tausendste ist.

Eine Ausnahme von dieser Regel bilden jedoch die Nordost-Provinzen und hier vor allem Nagaland und Mizoram, wo knapp 80 % der Gesamtbevölkerung Christen sind. Der Grund liegt in dem dort extrem hohen Anteil von Ureinwohnern, die traditionell zu den untersten Schichten der hinduistischen Gesellschaft gehören. Die christliche Botschaft von Gleichheit, Menschenwürde, Nächstenliebe und Befreiung von Kastenwesen und Leibeigenschaft fiel hier naturgemäß auf besonders fruchtbaren Boden.

Besonders auffällig ist der Zusammenhang von Christentum und **Bildungsniveau.** So liegen z.B. Goa und Kerala mit 84 % bzw. 94 % Alphabetisierungsrate an der Spitze aller indischen Bundesstaaten, was auch statistisch die herausragende Bildungstätigkeit der christlichen Mission belegt.

Integration

Mit dem Ende der britischen Herrschaft verlor das Christentum in Indien sowohl den Vorzug als auch das Stigma der Verbundenheit mit den fremden Machthabern. Eine bemerkenswerte Wandlung im Selbstverständnis vieler Christen war die Folge. Der Wunsch, die Folgen der Kolonialgeschichte zu überwinden und nicht länger als Ausländer im eigenen Land zu gelten, führte dazu, dass sich die christlichen Gemeinden **wie Kastengruppen** in die vielfältig gegliederte indische Gesellschaft einfügten.

Soziale Spannungen

Gleichzeitig blieb bei vielen Hindus angesichts der gerade bei Mitgliedern der Unterschichten und Kastenlosen nicht unerheblichen Missionierungserfolge der Christen ein latentes Misstrauen bestehen. In den 1990er Jahren brandmarkten die **Hindu-Fundamentalisten** die Christen mit dem Vorwurf, durch ihre Aufklärungskampagnen das von ihnen als heilig angesehene Kastensystem zu unterminieren. Der auf diese Weise gesäte Hass entlud sich auf erschreckende Weise in zahlreichen **Attentaten.** Auch wenn sich die Situation inzwischen beruhigt hat, zeigen diese erschreckenden Vorfälle, wie Politiker religiöse Ressentiments als politisches Mittel missbrauchen.

Literaturtipps

KulturSchock Indien und **KulturSchock Mumbai,** außerdem aus der Reihe Praxis: **Hinduismus erleben** und **Islam erleben.** Das Buch **Leben und Riten der Inder** von *Abbé Jean Antoine Dubois* ist eine Landesbeschreibung von 1807. Der Klassiker wurde erstmalig ins Deutsche übersetzt. Alle Bücher erscheinen im REISE KNOW-HOW Verlag, Bielefeld.

Architektur

Hinduistische Architektur

Wie die anderen Kunstformen war auch die Architektur in ihren Anfängen **reine Sakralkunst** und ist dies zum großen Teil bis heute auch geblieben. So waren es Priesterarchitekten, die bereits im 1. Jahrtausend v. Chr. in speziellen Architekturlehrbüchern genaue Bauvorschriften vorgaben, deren Ziel es war, einzelne Gebäude, aber auch ganze Städte als steinerne Abbilder der göttlichen Weltordnung zu planen. Dabei stößt man auf ganz einfache Gesetzmäßigkeiten, vor allem das Quadrat und das rechtwinklige Dreieck. Hieraus ergibt sich ein strenges Muster, das fast allen Sakralbauwerken zugrunde liegt.

Im Zentrum der hinduistischen Architektur steht der **Tempel,** der als Sitz der Götter verehrt wird. Die ältesten frei stehenden Hindu-Tempel stammen aus dem 7. Jh. n. Chr., wobei die einzelnen Steinblöcke ineinander verzahnt und aufgeschichtet wurden. Die größeren unter ihnen bestehen aus mehreren Gebäudeteilen, deren Zuordnung genauestens festgelegt ist. An den nach Osten, Richtung aufgehender Sonne ausgerichteten Eingang schließen sich entlang einer Längsachse je eine Versammlungs-, Tanz- und Opferhalle an.

Die Cella

Abschluss und **Zentrum** jedes Tempels bildet die Cella *(garbhagriha),* in deren Mitte sich das **Kultbild** des dem Tempel geweihten Gottes befindet. Im Gegensatz zu den dem Turmbau vorgelagerten Hallen ist die Cella ein schlichter, unbeleuchteter Raum. Die Bewegung vom Licht ins Dunkel, von der Vielfalt der Erscheinungen zum Einfachen, versinnbildlicht den stufenweisen Weg zur Befreiung. Der Grundriss der Cella entwickelt sich in der Regel über einem Quadrat. In der klassischen Zeit (nach 800 n. Chr.) wird diese Grundform langsam aufgelöst. Äußere Nischen werden axial angefügt, um Kultbilder und Wächter der Himmelsrichtungen aufzunehmen. Weitere vertikale Vorsprünge *(ratha)* lösen die Kanten so weit auf, dass nahezu kreisförmige Grundrisse entstehen.

Der Tempelturm

Die von der Cella ausstrahlende göttliche Kraft und Energie versinnbildlicht der über ihr aufsteigende, weithin sichtbare Tempelturm *(shikhara),* der als Verkörperung des heiligen Berges Meru gilt. Seine Außenwände sind oftmals mit zahlreichen **Skulpturen** verziert. Die Anordnung der Götterplastiken erfolgt dabei entsprechend der Hierarchie im hinduistischen Pantheon, in dem jede einzelne Gottheit ihren genau zugewiesenen Platz einnimmt.

In der Gestaltung der einzelnen Skulpturen konnten die ansonsten von strengen Regeln eingeschränkten Künstler ihrer Fantasie und ihrem Schaffensdrang freien Lauf lassen. Als Quelle dienten ihnen dabei die Erzählungen der großen hinduistischen

033is Foto: tb

Epen wie **Ramayana** und **Mahabharatha.** Die bunte, zum Teil geradezu ausschweifende Lebensfreude, die von vielen der gänzlich mit Götter- und Fabelwesen ausgeschmückten Tempeltürme ausgeht, steht dabei in einem spannungsreichen Kontrast zur meditativen Ruhe, die die darunter befindliche Cella kennzeichnet.

An frühen Höhlen- und frei stehenden Tempeln ist der Themenkreis figürlicher Darstellung auf die Glorie der Hochgötter in ihren verschiedenen Aspekten und die Verherrlichung göttlich inspirierter Seher und Weiser (*rishis* und *munis*) bezogen. Diese verstehen sich als Ahnherren der Priester-(Brahmanen-)Geschlechter, als Götter in Menschengestalt, als Hüter des heiligen Wissens *(veda)* und Rituals sowie als unentbehrliche Mittler zwischen Mensch und Gott.

Im Laufe der Jahrhunderte führten die Auseinandersetzungen der verschiedenen theologischen Systeme zur Erfindung neuer Mythen und Legenden und damit zur Erweiterung des Götterhimmels. Als Zugeständnis an die breiten Volksmassen wurden auch Gottheiten niederer Stände, Lo-

Detail am Gopuram des Südeingangs zum Sri-Meenakshi-Tempel in Madurai – der Torturm ist mit Tausenden von bunten Götterfiguren, Dämonen, Asketen, Tempelwächtern, Tieren und Fabelwesen übersät

kal- und Volksgötter sowie Dämonen, vielfach als schreckliche Abwandlungen der Hochgötter, ins Pantheon aufgenommen und an den Tempelbauten abgebildet.

Figürliche Ausschmückungen

Da der Hinduismus zwischen sakral und profan nicht scharf trennt, wird besonders in der Sockelzone großer Tempel der Darstellung des weltlichen und religiösen Lebens der Gottkönige *(devarajas)* und ihrer göttlichen Ahnen breiter Raum gewidmet. Außer Götterfiguren überziehen Ornamente, Tiere, Fabelwesen und Dämonenmasken als Glückszeichen, Sinnbilder, Schmuck und zur dekorativen Unterteilung alle Bauglieder eines Tempels.

Zu den beliebtesten Glücks- und Heilszeichen gehören Hakenkreuz, Vase, Spiegel, Fische und andere Tiere sowie Fabelwesen. Das **Hakenkreuz,** welches erstmals auf Siegeln und Terrakotten der vorarischen Induskultur (2800–1500 v. Chr.) auftaucht, steht wie in vielen anderen Kulturen in Verbindung mit Feuer und Sonne und verheißt Glück und Heil. Die **Vase** *(kalasha)* birgt den Trunk der Unsterblichkeit *(amrita)*. Das Motiv des vollen **Kruges** *(purnakumbha)* bildet vor allem an Säulen und Pfeilern ein wichtiges Bauglied und steht für Lebensfülle, Fruchtbarkeit und Überfluss. **Fische** *(mina* und *matsya)* versinnbildlichen das Entgleiten der Seelen aus den Fesseln der Wiedergeburten. Der **Spiegel** *(darpana)* gilt als Zeichen der Schönheit und wird häufig in Verbindung mit anmutigen Tänzerinnen und himmlischen Nymphen dargestellt. Gleichzeitig symbolisiert er die Welt als Illusion *(maya)* und die Notwendigkeit zu deren Überwindung auf dem Weg zum *moksha,* der Erlösung aus dem Geburtenkreislauf.

Bei den Tieren gelten Elefanten, Pferde und Löwen als besonders kraft- und machtvoll und dementsprechend glücksverheißend. Der majestätische **Elefant,** traditionell das Tragtier der Könige bei großen Umzügen, wird im gesamten asiatischen Kulturkreis als Sinnbild für die Beständigkeit einer Dynastie und des Reiches angesehen. **Pferde** stehen für die Dynamik und den damit einhergehenden Expansionswillen einer Dynastie. Der ebenso furchteinflößende wie majestätische **Löwe** wird als eine Art Tempelwächter zur Abwehr äußerer Feinde eingesetzt und symbolisiert gleichzeitig die Macht und militärische Stärke des Königs. Weitere glücksverheißende Tiersymbole sind die *makaras*. Dabei handelt es sich um Fabelwesen, die Elemente von Fischen, Delfinen und Krokodilen aufweisen und wegen ihrer Verbindung mit dem lebensspendenden Element des Wassers auch als Fruchtbarkeitssymbole verehrt werden.

Ähnliches gilt für **Schlangen** und **Lotosblumen,** die besonders häufig zur Ausschmückung von Decken, Türrahmen und Friesen sowie bei der Untergliederung figürlicher Darstellungen verwendet werden. Sie symbolisieren die Entstehung der materiellen Welt aus dem Urozean. **Blüten, Girlanden und Zweige,** ebenfalls beliebte Motive zur Ausschmückung von Tempeln, versinnbildlichen üppige Lebensfülle und die sich im Reichtum der Natur spiegelnde Größe des göttlichen Schöpfungsaktes.

Zwei der am häufigsten bei der Ausschmückung von Tempelschwellen verwendeten Stilelemente sind der Lotos und das Muschelhorn. Besonders der **Lotos** ist eine im gesamten asiatischen Kulturkreis hoch verehrte Blume, die vor allem im Hinduismus und Buddhismus mit einer vielfältigen Symbolik behaftet ist. Da er sich kerzengerade und in „unschuldigem" Weiß über Schlamm und Schmutz aus den Wassern erhebt und seine Knospe zur Sonne öffnet, gilt er als **Sinnbild der Reinheit** und geistigen Erleuchtung. Im Mahabharata entsprießt der Lotos als erste Gestaltwerdung des Absoluten dem Nabel des im kosmischen Schlaf ruhenden Vishnu-Narayana. Der Ton des **Muschelhornes** gilt als erste und zarteste Manifestation des Absoluten in der empirischen Welt. Dementsprechend führen sowohl der Lotos als auch das Muschelhorn dem Gläubigen beim Betreten des Tempels vor Augen, dass er von der profanen Welt in die sakrale Sphäre der Götter eintritt.

Unterschiedliche Stile

Bei der Gestaltung der Tempelanlagen haben sich im Laufe der Jahrhunderte drei verschiedene Formen herausgebildet. Beim **nordindischen Nagara-Stil** wird die Cella von einem sich konisch verjüngenden Turm überragt, mit einem runden Stein in Form der Myroblan-Frucht *(amalka)* als Ab-

Tempel-Terminologie

Amalka: rad- oder scheibenförmiger Stein mit seitlichen Rippen, der den ⇨*shikara* nordindischer Tempel krönt
Antarala: kurzes Verbindungsstück zwischen ⇨*mandapa* und ⇨*cella*
Apsara: weiblicher Geist, ursprünglich Wassernymphe, der in großer Zahl im Bauschmuck von Tempeln vorkommt
Ardha-mandapa: kleiner Pfeilersaal vor dem ⇨*mandapa,* der die Vorhalle eines Tempels bildet
Bada: Sockel des ⇨*shikara* eines Tempels
Basti: südindischer Tempeltyp der Jaina
Bhoga mandir: für die Darbietung von Opfergaben bestimmter Saal vor einem Heiligtum im ⇨Nagara-Stil
Chaitya: buddhistischer Betsaal mit Apsis
Candrashala: nordindische Bezeichnung für ⇨*kudu*
Cella: das Allerheiligste eines Tempels, auch ⇨*garbhagriha* oder ⇨Sanktum genannt
Charbagh: viergeteilter, quadratischer Garten
Claustra: kunstvoll durchbrochene Steinplatten, die eine Fensteröffnung schmücken (⇨*jali*)
Dravida-, dravidischer Stil: Stil der südindischen Architektur
Dvarapala: Torwächterfigur eines hinduistischen oder buddhistischen Tempels
Falsches Gewölbe: Gewölbe, das aus vorkragenden Steinen mit horizontalen Parallelfugen gemauert ist
Garbhagriha: „Schoß-Haus", die ⇨*cella,* das ⇨Sanktum oder das Allerheiligste eines Tempels
Gopuram: Torturm, der in den heiligen Bezirk eines ⇨dravidischen Tempels führt
Gumpha: Höhle
Jagamohan: Bezeichnung des ⇨*mandapa* oder Versammlungs- und Tanzsaales in den Hindu-Tempeln von Orissa

Jali: durchbrochen gearbeitete Steinplatte, die eine Wandöffnung schmückt und durch deren Öffnungen Licht in einen geschlossenen Raum fällt
Kailasha: heiliger Berg, der dem Gott Shiva und seiner Gemahlin Parvati als Wohnsitz dient; Weltenberg in der hinduistischen Kosmologie
Kalasha: Vase, die als Symbol der Fruchtbarkeit das Dach eines Tempels krönt
Kragstein: vorkragender Stein, der als Stütze für Bogen und Gesims, aber auch für Figuren dient
Kudu: Fenster in Form eines Hufeisenbogens, das sich von der Aufsicht auf die Stirnseite eines Tonnengewölbes herleitet. In verkleinerter Form ist es Bestandteil des Dachaufbaus indischer Tempel; hier erscheinen im *kudu* oft Menschen- und Tierköpfe und geometrische Motive.
Kumbha: kissenförmiges Kapitell
Mandapa: Pfeiler- oder Säulensaal eines hinduistischen Tempels, der Versammlungen und hinduistischen Tänzen dient
Masjid: Moschee
Meru: mythischer Weltenberg, der, von Meeren und Gebirgsketten umgeben, den Mittelpunkt der Welt darstellt; Wohnsitz der hinduistischen Götter
Mihrab: nach Mekka weisende Nische in der Rückwand einer Moschee
Nagara-Stil: nordindischer Tempelstil, insbesondere in Orissa
Nat mandir: für den Tanz bestimmter Saal in ostindischen Tempeln des ⇨Nagara-Stils
Paga: pilasterartiger, zuweilen auch türmchenartiger Vorsprung an der Tempelfassade, der durch vertikale Einschnitte oder Rücksprünge der Fassade entsteht, Kennzeichen der ⇨*shikaras* ostindischer Tempel
Pancayatana: eine Fünfergruppe von Tempeln mit einem großen, zentralen Tempel und vier kleinen, in einem Rechteck um ihn herum angeordneten Nebenschreinen
Pidha: vorkragend übereinander geschichtete Steinplatten, die das pyramidenförmige Dach des ⇨*mandapa* bilden
Qila: Festung
Pidha deul: Bezeichnung für den Versammlungs- oder Tanzsaal in Orissa
Ratha: 1. Tempelwagen, der bei den großen Tempelfesten des Südens durch die Straßen gezogen wird; 2. Vor- und Rücksprünge (⇨*paga*) an den Außenfassaden eines Tempelturmes (⇨*shikara*)
Sanktum: das Allerheiligste eines Tempels
Shikara: „Gipfel"; stufenförmiger Tempelturm
Sthapaka: Architekt und Bautheoretiker, der den Plan eines Tempels entwirft
Sthapati: Baumeister, der das Gebäude nach den theoretischen Vorgaben und dem Plan des ⇨*sthapaka* ausführt
Stupa: Grabhügel, der im Buddhismus das Gesetz Buddhas symbolisiert und Reliquien des Religionsstifters enthalten kann
Svastika: Hakenkreuz; Glückssymbol, welches schon in vorarischer Zeit im Indus-Tal auftaucht
Torana: Torbogen vor hinduistischen oder buddhistischen Gebäuden
Tiratha: Turmheiligtum mit drei ⇨*rathas*
Tympanon: Bogenfeld über einer Tür oder Giebelfeld eines Daches
Vedika: Zaun, der ein Heiligtum umgibt
Vesara: Mischstil mit dravidischen (südindischen) und Nagara- (nordindischen) Stilelementen
Vihara: Kloster, buddhistischer Versammlungsort
Vorkragung: falsches Gewölbe oder falscher Bogen, der durch übereinander geschichtete und vorkragende Elemente errichtet wird

schluss. Darauf steht eine Amrita- oder Nektar-Vase *(kalasha)*, die Unsterblichkeit verheißt und in die Transzendenz weist.

Beim **südindischen Vimana-Stil** erheben sich die Türme terrassenförmig über dem Allerheiligsten bis zur Spitze, die von einem halbkugelförmigen Schlussstein *(stupika)* gebildet wird.

Während der ersten Jahrhunderte des zweiten Jahrtausends lässt sich in Südindien eine weitreichende Veränderung im Tempelbau beobachten. Während bis ins 12. Jh. die Tempeltürme über 400 Jahre hinweg immer monumentalere Gestalt annahmen (als Musterbeispiel gilt der Brihadeshvara-Tempel von Thanjavur), „schrumpfen" sie danach bis zur Unkenntlichkeit. Zunehmend verlagert sich der architektonische Akzent an die Peripherie und die Tempelanlage wird von gewaltigen **Tor- und Wachtürmen** *(gopuram)* beherrscht. Die meist mit Hunderten bunt bemalter Götterfiguren besetzten Türme gewinnen mit zunehmender Entfernung zum Zentrum an Höhe. Zugleich kommt den für Versammlungen und Feste bestimmten Räumen eine größere Bedeutung zu: Weitläufige **Pfeilersäle,** die an die Stelle der *mandapas* treten und bald mehr als 1000 Pfeiler oder Säulen aufweisen, gedeckte **Wandelgänge,** zahllose **Korridore** und riesige **Höfe** bilden gewaltige Anlagen, die von einer Reihe konzentrischer Wehrmauern umgeben sind. Mehrere solcher Tempel-

034is Foto: tb

städte sind im Süden und speziell in Tamil Nadu errichtet worden, von denen die bekanntesten in Kumbakonam, Tiruvannamalai, Srirangam, Madurai, Tiruchirapalli und Chidambaram stehen.

In Südindien wird der Tempelbezirk von einer großen **Tempelmauer** umgeben, die mit ihren riesigen **Eingangstoren** oftmals noch den Tempelturm überragt. Der südindische Stil wurde in zahlreichen südostasiatischen Kulturen aufgenommen und weiterentwickelt.

Beim **zentralindischen Vesara-Stil** mischen sich nord- und südindische Stilelemente. Der weiten Verbreitung vom zentralen Hochland bis zum Cauvery-Becken im Süden entsprechend haben sich im Laufe der Jahrhunderte verschiedene Ausprägungen herausgebildet. Dennoch lassen sich einige charakteristische Gemeinsamkeiten ausmachen, die die Architektur als eigenständigen Stil kennzeichnen. Hierzu zählen vor allem die geringe Höhe bei gleichzeitig großer Breite der Bauwerke, der sternförmige Grundriss des Hauptbaus, die Gruppierung von drei Schreinen um eine zentrale Halle sowie die Pyramidenform der Tempeltürme, die horizontal geschichtet sind, ohne jedoch, wie die *gopuras* des Dravida-Stils, in ablesbare Stockwerke unterteilt zu sein. Die Haupthalle wird in der Regel durch kunstvoll durchbrochene Gitterfenster *(jalis)* erhellt, die Stützpfeiler sind zylindrisch. Besonders beeindruckend sind die Außenwände, die mit einer einzigartigen Motivfülle von den Steinmetzen skulptiert wurden. Seinen Höhepunkt erreichte der Vesara-Stil unter der Hoysala-Dynastie (1050–1300). Die bedeutendsten Tempel stehen in Halebid, Belur und Somnathpur.

Indoislamische Architektur

Der Einfall der muslimischen Eroberer bedeutete für die hinduistische Kultur im Allgemeinen und die Architektur im Speziellen einen tiefgreifenden Einschnitt. Den von religiöser Intoleranz getragenen Eroberungsfeldzügen der neuen Herrscher fielen unzählige hinduistische Bauwerke zum Opfer. Gleichzeitig jedoch brachten die Eroberer neue Ideen und Architekturformen mit, welche dem Land einzigartige Prunkbauten bescherten.

Mausoleen

Zu den schönsten islamischen Bauwerken zählen die Mausoleen, allen voran natürlich das Taj Mahal, die Krönung der Mogul-Architektur. Mausoleen waren den Hindus bis dahin völlig unbekannt, da einer ihrer Glaubensgrundsätze die Wiedergeburt ist und sie so ihren Toten keine Denkmäler errichteten. Die kunstvolle Einbeziehung der vor dem eigentlichen Grabmal gelegenen, viergeteilten **Gartenanlage** *(garbagh)* ist ein weiteres typisch islamisches Bauelement, durch das man

Klassisches Beispiel der südindischen Tempelarchitektur – der Brihadeshvara-Tempel in Thanjavur

versucht hat, Architektur und Landschaft zu einer harmonischen Gesamtkomposition zu vereinigen.

Moscheen

Das zweite hervorstechende architektonische Monument islamischer Herrschaft in Indien sind die übers ganze Land verteilten Moscheen. Im Gegensatz zu hinduistischen Tempeln dienten die größeren, **Jami Masjid** (Große oder Freitags-Moschee) genannten Gotteshäuser jedoch nicht nur als Kultstätte, sondern auch als Ort **politischer Kundgebungen.** Wie bei allen Moscheen war auch bei der Jami Masjid die Ausrichtung der Gebetsrichtung *(kibla)* nach Mekka das oberste Gebot bei der architektonischen Planung.

Minarette finden sich in Indien vor allem in Form zweier Rundtürme, die den Haupteingang flankieren. Arabische Schriftzeichen und stilisierte Arabesken zieren dabei häufig die Fassaden, während die Säulen des Umgangs vielfach aus geschleiften Hindu- oder Jain-Tempeln stammen und deshalb naturalistische Motive und Menschendarstellungen aufweisen, die in der islamischen Ikonografie eigentlich verboten sind.

Palastbauten

Schließlich errichteten die muslimischen Eroberer im Laufe ihrer jahrhundertelangen Herrschaft riesige Festungs- und Palastanlagen. Die beeindruckendsten Beispiele stehen in Gulbarga und Bijapur im Norden von Karnataka. Besonders gelungen und heute noch zu sehen bei diesen Monumentalbauten ist die harmonische Synthese aus wehrhafter Trutzburg und romantischen Privatgemächern.

Nirgendwo sonst ließen sich die Hindu-Fürsten von den fremden Eroberern derart beeinflussen wie im Palastbau. Hatten sie ihre Macht und ihr Prestige bis dahin vornehmlich durch den Bau großer Tempelanlagen dokumentiert, so ließen auch sie sich nun großzügige Palastburgen bauen. Typisch für diese Paläste ist der festungsartige Charakter der unteren Stockwerke, die nur wenige Fenster aufweisen. Dieser schmucklose, lediglich zu Verteidigungszwecken dienende Unterbau wird durch einen verschwenderisch gestalteten Überbau ergänzt, der mit seinen Terrassen, Balkonen, Pavillons, kleinen, künstlich angelegten Gartenanlagen und riesigen, mit Gold und Silber verzierten Empfangs- und Gästesälen den Ruf vom märchenhaften Reichtum der Maharajas mitbegründete.

Bauhütten

Den größten Einfluss auf die Durchdringung zweier im Grunde so gegensätzlicher Architekturrichtungen wie der hinduistischen und der islamischen hatten die sogenannten Bauhütten. In diesen von islamischen Herrschern betriebenen **Handwerksstätten** arbeiteten über Generationen hinweg muslimische und hinduistische Handwerker Seite an Seite, was eine höchst fruchtbare Synthese zur Folge hatte. Islamische Stilelemente wie das Gitterfenster, Spitzbögen und florale

Ornamentik wurden mit hinduistischen zusammengeführt. Beispiele für den sich hieraus entwickelnden indo-sarazenischen bzw. indoislamischen Baustil finden sich nicht nur in den Metropolen, sondern auch in der Provinz und hier vor allem in Gujarat mit der Bundeshauptstadt Ahmedabad.

Moderne Architektur

Die Schwierigkeiten des nachkolonialen Indien bei der Identitätssuche spiegeln sich nicht zuletzt in seinen Bauwerken, bei deren Gestaltung die Architekten scheinbar orientierungslos zwischen Postmoderne und der Rückbesinnung auf Traditionen schwanken. Ein besonders krasses Beispiel liefert dabei Chandigarh, die in den sechziger Jahren aus dem Boden gestampfte neue Hauptstadt des Punjab. Die vom französischen Star-Architekten **Le Corbusier** entworfene Stadt sollte ein architektonisches Symbol für ein neues, an westlichen Idealen orientiertes Indien sein. Mit ihrer gnadenlosen Zweckarchitektur hinterlässt die Stadt heute jedoch nur noch einen trostlosen Eindruck.

Eine perfekte Synthese aus Tradition und Moderne gelang hingegen dem indischen Architekten **Charles Correa** mit dem Bharat Bhawan, einem Museumsbau im zentralindischen Bhopal. Bleibt zu hoffen, dass sich der an den Traditionen des Landes orientierende Stil des einheimischen Correa gegenüber westlichen Erneuerungsversuchen im Sinne eines Le Corbusier durchsetzen wird.

Film

Nicht, wie allgemein angenommen, die USA, sondern Indien und hier vor allem der Süden des Landes stellt die **produktivste Filmindustrie der Welt.** Indiens Traumfabriken in Chennai, Bangalore, Hyderabad, Trivandrum und vor allem Mumbai produzieren die unglaubliche Zahl von 1.288 (2009) abendfüllenden Spielfilmen pro Jahr, das heißt mehr als drei pro Tag. Die Filmindustrie ist so nicht nur im Inland ein bedeutender Wirtschaftsfaktor, sondern mit einem Export in inzwischen über 100 Länder auch ein gern gesehener Devisenbringer.

Der schöne Schein des Zelluloid ist zu einer **Massendroge** vieler Inder geworden. Täglich strömen über 15 Mio. Menschen in die 12.000 Kinos des Landes, um wenigstens für durchschnittlich 230 Minuten pro Film die Mühsal des Alltags zu vergessen. Ihre Sehnsucht nach einer heilen Welt wird, das ist von Anfang an gewiss, nicht enttäuscht. Indien im Kommerzfilm – das ist eine Welt aus Luxus und Macht, riesigen Villen, romantischen Tälern, verführerischen Frauen, glitzernden Kostümen, opulenten Mahlzeiten, europäischen Sportwagen und strahlenden Helden.

Die Strickmuster all dieser Filme wiederholen sich ständig; es scheint, als gäbe es nur etwa 20 Standardhandlungen, die in leicht abweichenden Varianten immer wieder durchgespielt werden. Das Ganze wird melodramatisch mit einer Mischung aus Liedern, Tanzeinlagen, Verfolgungsjagden und

Ein typischer Masala-Film

Die Handlung eines typisch indischen Kommerzfilms könnte so aussehen: Eine arme Mutter hat zwei Söhne. Der eine kommt ihr eines Tages auf dem Jahrmarkt abhanden. Der Junge wird von einer reichen Familie aufgenommen und entwickelt sich zum arroganten Bösewicht. Der Bruder zu Hause dagegen bleibt rechtschaffen, irgendwie wird er sogar Polizist. Um diese beiden ranken sich noch ein oder zwei weibliche Figuren, eine konservative und gute und eine moderne und liderliche. Irgendwann treffen die beiden Brüder als Gegner aufeinander, nichtsahnend, wen sie vor sich haben. Nachdem sie gegeneinander gekämpft haben, quasi als Symbol des Kampfes des Guten gegen das Böse, erkennen sie sich und fallen sich in die Arme – am Sterbebett der schon lange kränkelnden Mutter. Während der böse Bruder die dahinscheidende Mutter um Verzeihung bittet, kündigt der gute seine bevorstehende Hochzeit an.

Intrigen gewürzt. Wegen dieser „bunten Mischung" wird diese Filmart auch **Masala-Film** genannt – *masala* heißen die indischen Gewürzmischungen. Die Parallelen zum Ramayana-Epos sind dabei unübersehbar, und im Grunde ist der indische Kommerzfilm nichts anderes als die ständige Wiederholung der **alten Mythen** in neuen Kleidern. Genau dies ist ein Hauptgrund für seinen einzigartigen Erfolg. Die Verquickung von Mythos und Realität mit ihren höchst ritualisierten Handlungs- und Gefühlsmomenten sowie die klare Unterteilung in Gut und Böse entspricht so sehr dem kollektiven Verständnis des Vielvölkerstaates, dass sie über alle Kultur- und Sprachgrenzen hinweg verständlich ist.

So hat der Masala-Film eine ganz eigene, charakteristische Ästhetik entwickelt. Seine Erzählstruktur ist nicht auf psychologisch stimmige Charaktere, plausible Handlungen oder kompositorische Geschlossenheit angewiesen. Von der Gewissheit ihres Wertesystems ausgehend, ist der indische Film unter westlichen Filmkritikern als wirklichkeitsfremd, kitschig und ausufernd verpönt – eine herablassende Beurteilung, die auf einer sehr beschränkten Sicht der Realität beruht und das Reich des psychologisch Realen – dessen, was man als Innenleben empfindet – ausschließt.

Einen **Kinobesuch** sollte sich kein Indienreisender entgehen lassen. Das Maß der Identifikation mit ihren Helden lässt sie all deren Höhen und Tiefen mitfeiern bzw. miterleiden.

Karriere in Showbiz und Politik

Allein in Mumbai erscheinen jede Woche zwölf verschiedene Filmmagazine, die zur Glorifizierung von **Stars und Sternchen** kräftig beitragen. In Tausenden von Fanclubs wird der Starkult gepflegt. Die großen Stars, wie etwa *Aamir Khan, Shah Rukh Khan* oder *Amitabh Bachchan,* sind nicht nur vielfache Millionäre (Dollar-Millionäre wohlgemerkt), sondern werden von ihren Anhängern geradezu abgöttisch verehrt – und das ist durchaus wörtlich zu verstehen.

Selbst wer auf seiner Indienreise kein Bollywood-Movie schaut, wird den Stars des indischen Kinos auf Schritt und Tritt begegnen. An fast jeder Straßenecke lächeln sie auf riesigen Reklametafeln Göttern gleich dem einfachen Volk entgegen und verdienen sich als Werbe-Ikonen für Satellitenfernsehen, Autos, Banken, Versicherungen und IT-Firmen eine goldene Nase. Welche astronomischen Summen sich damit verdienen lassen, offenbart ein Blick in die Steuererklärung von *Shah Rukh Khan*. Danach hat er 2010 fast 40 Mio. US-$ verdient, wovon nur ein geringer Teil aus Filmhonoraren stammt.

Die **schauspielerische Qualität** vieler Mimen lässt allein schon deshalb zu wünschen übrig, weil sie gleichzeitig bei einem Dutzend Filmen im Einsatz sind. So rasen sie von einem Filmset zum nächsten, wechseln Kostüme und Launen im Laufschritt. Das ist gut fürs Portemonnaie; der Auseinandersetzung mit der gerade verkörperten Rolle ist es sicherlich nicht förderlich. Kein Wunder, dass ihre schauspielerischen Leistungen oft von einer müden Eintönigkeit geprägt sind, ganz egal, welche Rolle sie spielen.

Viele Mimen nutzen ihre ungeheure Popularität für eine **politische Karriere.** Bekanntestes Beispiel ist *M.G. Ramachandran,* der seine Beliebtheit als Helfer der Armen, Beschützer der Frauen und Rächer der Entrechteten auf der Leinwand begründete und schließlich 1977 zum Chefminister Tamil Nadus aufstieg. Nach seinem Tod übernahm seine Muse, die ehemalige Filmgröße *Jayalitha,* die Macht im südlichsten Bundesstaat Indiens. *N.T. Rama Rao* war Chefminister von Andhra Pradesh.

Die schmutzige Seite der Glitzerwelt

Allerdings hat die scheinbar so heile Glitzerwelt des indischen Kinos in den letzten Jahren erhebliche Risse bekommen. Es ist ein offenes Geheimnis, dass ein Teil der Filme mit **Geldern aus der Unterwelt** finanziert wird, die dadurch ihr mit Drogenhandel, Prostitution und illegalen Grundstücksgeschäften verdientes Geld reinwäscht. Die Verstrickung in die Unterwelt hat in den letzten Jahren einige namhafte Regisseure das Leben gekostet. Hinzu kommt, dass – nicht zuletzt wegen der enormen Gagen für die Superstars – die wenigsten Filme ihre hohen Produktionskosten einspielen. Hierzu trägt auch die Konkurrenz des privaten Fernsehens bei, welches durch die **Ausstrahlung westlicher Serien** und Hollywoodfilme für viele Inder eine ganz neue Welt eröffnet.

Um dem Konkurrenzdruck standhalten zu können, werden im indischen Kino zwei Aspekte immer offener zur Schau gestellt, die noch bis vor wenigen Jahren absolute Tabuthemen waren: **Sex und Gewalt.** Noch bis vor wenigen Jahren verbannten die sittenstrengen Zensoren sogar Kussszenen von der Leinwand. Die einfallsreichen Drehbuchautoren umschifften das Problem, indem sie Szenen schrieben, in denen Äpfel schmachtend von einem Mund zum nächsten gereicht oder Eistüten zu zweit gelutscht wurden. Ständig fielen Hauptdarstellerinnen in einen See oder liefen durch einen Monsunregen, damit sich die durchnässten Saris möglichst durchsichtig an den Körper schmiegten. 1997 schrieb die Schauspielerin *Rekha* in dem Kinohit „Aastha" mit dem ersten Orgasmus auf einer indischen Leinwand Kinogeschichte – dabei musste sie allerdings nicht einmal ihren Sari lüften.

Autorenfilm

Neben der Glitzerwelt des Kommerzkinos hat sich ein **Alternativkino** entwickelt. Die Anfänge dieser dem europäischen Autorenfilm vergleichbaren Kunstform gehen bereits auf die 1950er und 1960er Jahre zurück, die auch als das „Goldene Zeitalter" des indischen Films bezeichnet werden. Der bekannteste dieser ambitionierten Filmemacher war der bengalische Regisseur *Satyajit Ray,* der mit seiner Apu-Trilogie viele Preise bei den Filmfestspielen in Venedig, Berlin und Cannes gewann. Letztlich kam er jedoch in Indien selbst nie über den Status eines bei der intellektuellen Oberschicht beliebten Stars hinaus und blieb der breiten Masse unbekannt. Seine „Enkel" heißen heute *Rahul Bose, Mrinal Sen, Deepa Mehta, Rituparno Ghosh* und *Anurag Basu* und haben unter den Begriffen **Art Cinema** oder *Parallel Cinema* den aufkläreirschen Ansatz Rays aufgenommen.

Nicht Verklärung, Wirklichkeitsflucht und strahlende Helden, sondern das **Engagement gegen soziale Missstände** sowie komplizierte, widerspruchsvolle Charaktere stehen im Mittelpunkt ihrer Filme. Themen wie Korruption, Umweltzerstörung, Unterdrückung der Frau oder Verlust traditioneller Werte versuchen die Regisseure einem breiteren Publikum näherzubringen. In den letzten Jahren erfreuen sich diese Autorenfilme bei der zahlenmäßig immer bedeutender werden jungen Mittelschicht in den Großstädten wachsender Beliebtheit.

Literatur

Indische Romane sind in Mode. Der indische Subkontinent wird zum Zentrum von Bücherwochen, Diskussionen und literarischen Zirkeln. Autoren wie **Arundhati Roy, Rohinton Mistry, Sashi Taroor, MG Vassanji, Aravind Adiga** oder **Amitav Ghosh** erobern die Bestsellerlisten in Europa und den USA mit sprachgewaltigen Büchern voll bildhafter Exotik. Sie treten damit in die Fußstapfen von **Salman Rushdie,** der mit seinem Roman „Mitternachtskinder" die Bresche schlug für die Wiederentdeckung der indischen Literatur im Westen.

Augenfällig ist, dass bis auf Arundhati Roy fast ausschließlich im Westen lebende Schriftsteller internationale Anerkennung finden. Dabei stehen die Bücher der indischen Autorin **Sashi Deshpande** jener ihrer berühmten Kollegen um nichts nach, sind aber in Europa bestenfalls einem kleinen Kreis von Lesern bekannt. So beklagen denn auch viele in Indien lebende

Schriftsteller, dass die in englischer Sprache schreibenden Kollegen Themen behandeln, die ihr Mutterland nur verzerrt widerspiegeln. Hierin zeigt sich, dass der indische Subkontinent gerade in Zeiten der wirtschaftlichen und kulturellen Öffnung nach seiner literarischen Identität sucht.

So wird die Sprache zu einem zentralen Streitpunkt, was denn eigentlich „indisch" ist. Ist Shalman Rushdie, der Inder im Exil, weniger indisch als Sashi Deshpande? Und der Nobelpreisträger und britische Staatsbürger **V.S. Naipaul** mit seiner indischen Familiengeschichte und seiner Vorliebe für indische Themen überhaupt indisch? Nicht zu Unrecht wird gerade von einheimischen Schriftstellern behauptet, dass die in englischer Sprache geschriebenen Bücher im Ausland lebender Inder vornehmlich moderne Themen behandeln, während die in indischen Sprachen verfassten Werke meist traditionelle Geschichten erzählen. Andererseits zeichnen sich gerade die Werke von Roy und Ghosht durch ihre detailgenauen Schilderungen indischer Familiengeschichten aus.

So verbirgt sich hinter dem vordergründigen Sprachenstreit (neben unausgesprochenen materiellen Neidgefühlen) ein Konflikt der Generationen. Es fällt auf, dass vornehmlich jüngere unter den international gerühmten indischen Autoren vertreten sind.

Bei allem Streit um Sprache und Identität wird gänzlich übersehen, dass sowohl die „zuhause Gebliebenen" als auch die Exilschriftsteller aus der **jahrtausendealten Literaturtradition** Indiens schöpfen. Wohl kein anderes Volk ist in seinen Denk- und Verhaltensweisen derart stark von seiner Literatur geprägt worden wie die Inder. Schon vor drei Jahrtausenden begann mit der Formierung der Kastengesellschaft die Niederschrift der **Veden,** meist religiöse Schriften anonymer Autoren. Neben Hymnen an die Götter und Beschreibungen der hochkomplizierten priesterlichen Opferrituale finden sich detaillierte Anweisungen zu den der jeweiligen Kaste entsprechenden Verhaltensweisen. Noch heute bestimmen die penibel ausgeführten Vorschriften über Berufsausübung, Heirat, Essverhalten und Reinigungszeremonien, Opferhandlungen und Beerdigungsrituale den Alltag der allermeisten Inder.

Die beiden Klassiker der altindischen Literaturgeschichte sind jedoch die ausufernden Helden- und Göttersagen **Mahabharata** und **Ramayana.** Mit seinen über 100.000 Versen gilt das Mahabharata als das umfangreichste Werk der Weltliteratur. Vor dem Hintergrund des Kampfes zwischen den mythischen Völkern der Pandawas und Kausawas wird eine verschachtelte Handlungsstruktur aufgebaut, in deren Verlauf die verschiedenen Götter in ihren zahlreichen Inkarnationen auftreten. Die im Kampf zwischen Gut und Böse entwickelten Glaubens- und Moralvorstellungen prägen bis heute das Leben der Inder. „Wir verdanken ihnen", sagt der Schriftsteller *Gangada Gangije,* „all unsere Inspirationen. Sie sind tief in unser Leben eingedrungen."

Die stille Revolution – Schulbildung in Indien

In Indien kommen tiefgreifende Veränderung häufig ganz unscheinbar daher. In diesem Falle in der Person von *Maheshvari,* einer Mutter von zwei Kindern. Mit ihrem Reisigbesen kehrt sie den Lehmboden vor ihrer armseligen Hütte in einem Außenbezirk von Chidambaram. Maheshvari ist wie so viele ihrer Alters- und Geschlechtsgenossinnen Analphabetin. Doch aus dieser lebenslangen Behinderung zieht sie ihre größte Kraft: „Ohne Bildung bekommt niemand eine gute Anstellung", davon ist sie überzeugt. Genauso wie von der Einsicht, dass sie ihre Kinder nicht auf eine staatliche Schule schickt, denn „da lernen sie doch nichts". Stattdessen gehen ihre Kleinen jeden Morgen in eine der zahlreichen privaten Schulen der Umgebung. Für diesen Luxus zahlt sie je 4.000 Rupien im Jahr Schulgeld, rund 80 US-$ – für sie eine enorme Summe, die sie sich im wahrsten Sinne des Wortes vom Mund absparen muss. Damit ist sie nicht allein: Wie Maheshvari machen es Millionen Eltern in den Armenvierteln anderer Städte.

Eine Untersuchung kam zu dem Ergebnis, dass von 1.000 Schulen in den Slums der Technologiemetropole Hyderabad zwei Drittel privat finanziert sind. Diese Privatschulen sind von unterschiedlicher Qualität, viele nicht akkreditiert und manche werden von Scharlatanen geführt. Die billigsten verlangen nur 1.000 Rupien pro Jahr und Kind. Aber alle bedienen einen Wachstumsmarkt, an dessen Sättigung der Staat scheitert: steigende Ansprüche an soziale Mobilität und gute Jobs.

So vertrauen immer mehr Inder darauf, dass ihre Kinder mit der richtigen Ausbildung dem lange als gottgegeben angesehenen Schicksal einer niedrigen Kaste und wirtschaftlicher Ausgrenzung entfliehen können – und sind bereit, dafür zu bezahlen. Der Wettbewerb mobilisiert das Bildungswesen, die Privatschulen boomen. Erstmals in der Geschichte erkennen die Armen, dass sie aus eigenem Antrieb ihr Leben verbessern können. Dieser Paradigmenwechsel ist nichts anderes als eine stille Revolution, die das Land von Grund auf verändert. Dies schlägt sich auch in der offiziellen Statistik nieder, wonach die Alphabetisierungsquote in den letzten Jahren auf über 70 % angestiegen ist.

Mit der Welle junger Leute, die schreiben, rechnen und oft sogar gebrochen Englisch sprechen können, entstehen gute Voraussetzungen für eine Veränderung der Arbeitswelt. Der für eine Demokratie beschämende Zustand, dass die Armen der Gesellschaft gezwungen sind, für akzeptable Bildung zu bezahlen, anstatt sie vom Staat kostenlos zu Verfügung gestellt zu bekommen, verdeutlicht den durch Ineffizienz, Korruption sowie bürokratische Arroganz und soziale Ignoranz geprägten Zustand des indischen Staatsapparates.

Der skandalöse Zustand der öffentlichen Schulen ist seit Jahrzehnten ein Dauerthema – geändert hat sich daran bis heute dennoch so gut wie nichts. Gerade im Grundschulbereich (1.–5. Klasse) ist es keine Ausnahme, dass die Kinder in völlig überfüllten Zimmern auf dem nackten Betonboden sitzen und keine Pulte zum Schreiben haben. Die Unterrichtsausstattung beschränkt sich häufig auf eine Tafel und einige Wandbilder. Vor diesem Hintergrund kann es nicht verwundern, dass das allgemeine Niveau der öffentlichen Schulen katastrophal ist.

So ergab ein repräsentativer Test von Basiskompetenzen wie Lesen und Rechnen in den ländlichen Regionen, dass es erhebliche Defizite in der Unterrichtsqualität gibt. Im gesamtindischen Durchschnitt können mehr als die Hälfte der Schülerinnen und Schüler der 5. Klasse keine einfache Divisionsaufgabe lösen, während etwa 40 % einen zusammenhängenden Text nicht fließend lesen und verstehen können. Tests mit Privatschülern in vergleichbaren sozialen Schichten ergaben wesentlich bessere Werte. Wenn es noch eines Beweises bedarf, dass Kinder an privaten Schulen besser ausgebildet werden als an öffentlichen, dann bieten ihn die Lehrer der staatlichen Schulen selbst: 80 % schicken ihre eigenen Kinder auf private Schulen.

In vielen Flächenstaaten – besonders im Norden des Landes – sind die Fehlzeiten von Lehrpersonal, die mitunter zu einem Lehrer-Schüler-Verhältnis von bis zu 1:100 führen, ein andauerndes Problem. Eine offizielle Kommission kam nach einer Untersuchung zu dem Schluss, dass nur in der Hälfte der dortigen Schulen überhaupt unterrichtet wird. Im Schnitt erscheint jeder vierte indische Staatsschullehrer nicht zum Unterricht. Die hohen Abbrecherraten – fast 50 % im Mittel der Klassen 1 bis 10 – weisen trotz der gestiegenen Einschulungsraten darauf hin, dass das Ziel von acht Jahren Schulbildung für alle Kinder immer noch in weiter Ferne liegt, von „Qualitätsbildung“ gar nicht zu sprechen.

Obwohl die Reichweite der höheren Bildung in den letzten Jahren sprunghaft gestiegen ist, liegt sie im internationalen Vergleich immer noch im unteren Bereich: Nur rund 12 % aller Schulabgänger mit Hochschulzugangsberechtigung machen von dieser Gebrauch. Zudem ist der Besuch höherer Schulen und Universitäten nach wie vor abhängig vom sozialen und ökonomischen Status. Hinzu kommt, dass die Spitzenuniversitäten mit ihren hochgradig selektiven Auswahlverfahren für viele Jugendliche aus ökonomisch schwachen Familien deshalb verschlossen bleiben, weil ihnen der private Zusatzunterricht zur Vorbereitung auf die Aufnahmetests – den etwa 40 % aller angenommenen Studierenden in Anspruch nehmen – nicht finanziert werden kann.

Musik

„Die Chinesen und die Inder würden eine der unseren ähnliche Musik haben, wenn sie überhaupt eine besäßen, aber diesbezüglich stecken sie noch in der tiefsten Finsternis der Barbarei und sind in einer geradezu kindlichen Unwissenheit befangen, in der sich kaum vage Ansätze zu einem Gestaltungswillen entdecken lassen. Außerdem sprechen die Orientalen von Musik da, wo wir höchstens von Katzenmusik sprechen ...“ Der französische Komponist *Hector Berlioz* stand mit dieser 1851 geäußerten Meinung über indische Musik durchaus nicht allein da. Für die meisten Europäer war die klassische indische Musik nie viel mehr als ein stechender Grundton, ein monotoner Klang ohne polyphone Elemente und Harmonie – „Katzenmusik“ eben.

Das sollte sich erst ändern, als Mitte der 1960er Jahre im Zuge der Flower-Power-Bewegung viele westliche Musiker wie die Beatles und Rolling Stones nach Indien pilgerten. Von nun an ergoss sich eine Welle von Räucherstäbchen, Meditationskursen und indischen Klängen auf den von der Sinnkrise gebeutelten Westen. Der globale Siegeszug indischer Musik hatte begonnen, kein Musikfestival mehr ohne Sitar und Tabla. Wer mit indischer Musik im Ohr und dem Joint in der Hand in mysthische Sphären entschwebte, war allemal in und modern. Da machte es auch nichts, wenn das begeisterte Publikum versehentlich schon mal das Stimmen der Instrumente be-

klatschte – so geschehen beim Auftritt *Ravi Shankars* im Concert for Bangladesh.

So unterschiedlich Hector Berlioz' schon fast physische Abneigung gegen indische Musik und deren Huldigung durch die Blumenkinder auch war, so verband sie doch eine Gemeinsamkeit: Beide hatten das Wesen indischer Musik nicht verstanden. Verwunderlich ist das nicht, äußert sich doch in der klassischen indischen Musik, deren Wurzeln bis ins 5. Jh. v. Chr. zurückgehen, sehr viel von den religiösen Vorstellungen der Hindus. Ursprung und Ziel indischer Musik ist es, Musiker wie Zuhörer in den Zustand geistig-seelischer Harmonie zu versetzen, in eine **meditative Versenkung in Gott.** So ist die Musik nichts anderes als eine Art Gottesdienst.

In der indischen Musik besteht die Oktave nicht aus 8, sondern 22 Haupttönen

Raga und Tala – Melodie und Rhythmus

Raga und *tala* bilden den Rahmen indischer Musik. *Tala* könnte man dabei mit Rhythmus, *raga* mit Melodie gleichsetzen. Bei *ragas* handelt es sich um genau festgelegte **Tonskalen,** innerhalb welcher der Musiker unter Beachtung bestimmter Regeln ein Thema improvisiert. Diese Tonskalen, von denen es über 1.000 geben soll, sind jeweils bestimmten Stimmungen zugeordnet. So gibt es *ragas* für spezielle

Tages- oder Jahreszeiten, Frühlings-Ragas oder Nacht-Ragas ebenso wie solche für das Wetter oder für menschliche Gefühle.

Die eigentliche Kunst des Musikers besteht darin, die *ragas* so zu spielen, dass die beabsichtigte **Stimmung** dem Zuhörer perfekt vermittelt wird. Nicht umsonst umschreibt der Begriff *raga* eine ganze Palette menschlicher Gefühle: Begierde, Leidenschaft, Sorge, Schmerz, Ärger, Boshaftigkeit, Feindschaft, Hass und Liebe. Nebenbei bedeutet das Wort auch Farbe, Farbschattierung, Farbmittel oder Einfärben – tatsächlich soll sich der Musiker bei seinem Spiel auch wie in einer Meditation mit dem Göttlichen „einfärben", mit ihm eins werden.

Als klassisches Raga-Instrument gilt gewöhnlich der **Sitar,** das im Westen wohl bekannteste indische Instrument. Genauso kann ein *raga* jedoch von einer Flöte oder Violine gespielt werden.

Der rhythmische Kontrapunkt zum *raga* ist **tala,** gewöhnlich von Handtrommeln, sogenannten **Tablas,** gespielt. Wie bei den *ragas,* so gibt es auch von den *talas* Hunderte.

Der besondere Reiz eines Konzerts besteht im **Dialog zwischen Raga- und Tala-Interpreten.** Jeder interpretiert und improvisiert im Rahmen der ihm vorgegebenen Regeln sein Thema und immer dann, wenn die beiden Virtuosen es schaffen, sich im rhythmischen Zyklus zu treffen, erheben sich begeisterte Wah-Wah-Rufe aus der mitgehenden Zuhörerschaft.

Unterlegt wird das Spiel von einem **Grundton,** der meist von einer Tambura gespielt wird. Genau dies ist die für indische Musik so typische Klangkomponente, die für westliche Ohren stechend, ja penetrant klingt. Dieser Grundton dient vornehmlich zur Wahrnehmung kleiner und kleinster Intervalle. Immerhin muss der indische Musiker innerhalb einer Oktave **22 Haupttöne** und **30 Mikrotöne** unterscheiden. Nur durch den unveränderlichen Bezugspunkt des Grundtons wird es möglich, solch geringe Intervallunterschiede zu erkennen und präzise zu setzen.

Aufführungen und Alltagsklänge

Ein weiterer signifikanter Unterschied zu westlichen Aufführungen liegt in der scheinbar nicht enden wollenden Dauer indischer Konzerte. Fünf Stunden und mehr sind dabei keine Seltenheit. Zeit hat eben in Indien eine ganz andere Dimension als im Westen und so gibt es kein dynamisches Voranschreiten im Andante oder Allegro, dafür umso häufiger ein meditatives Verweilen bei einem einzigen Ton. Sich nie von der Uhr versklaven lassen: ebenfalls ein Stück asiatischer Lebensphilosophie.

Indische Musik findet jedoch nicht nur im Konzertsaal statt und so sollte sich der nicht grämen, der keine Aufführung besuchen konnte. Der einmalige Reichtum des **Klangkörpers Indien** ist überall zu erfahren. Wer sich die Zeit nimmt (immer eine entscheidende Voraussetzung, um das Phänomen Indien kennenzulernen) und an einem beliebigen Ort in Indien – die Augen geschlossen – auf die Geräusche der

Indische Musikinstrumente

Indische Instrumente sind oft reich verziert und stellen für sich schon kleine Kunstwerke dar.

- Der **Sitar,** das bedeutendste Musikinstrument Südasiens, erlangte erst im 19. Jh. seine heutige Form. Auf dem rund einen Meter langen Hals sitzen insgesamt siebzehn verschiebbare Messingbünde. Darüber verlaufen zwei bis vier Spielsaiten. Ihre Schwingungen werden von einem Steg aus Knochen auf den Resonanzkörper übertragen, einen ausgehöhlten Kürbis mit Holzdecke. Neben den Spielsaiten verlaufen vier weitere Bordunsaiten, die nicht abgegrifffen, sondern zwischen dem Greifen der Spielsaiten angeschlagen werden. Ein separates System von elf Resonanzsaiten verläuft unter den Bünden. Auf dem Sitar lassen sich alle Feinheiten der indischen Musik zur Geltung bringen. Eine Veränderung der Tonhöhe kann nicht nur durch das Abgreifen der Bünde, sondern auch durch seitliches Wegziehen der Spielsaiten erzielt werden.
- Der **Tambura** ist eine Art bundlose, meist mit vier Saiten bespannte Langhalslaute. Auf ihm wird ein Halteton als Grundton und unveränderlicher Bezugspunkt des Raga gespielt.
- Die **Tabla** besteht aus einer zylindrischen Holztrommel für die rechte Hand, die meist auf den Grundton gestimmt ist, sowie einer halbkugelförmigen, in verschiedenen Tonhöhen gestimmten Metalltrommel für die linke Hand. Mit Hilfe der Blöckchen, die unter den Haltebändern angebracht sind, wird sie exakt gestimmt. Die Tabla repräsentiert im *raga* das durch die verschiedenen Anschlagtechniken außerordentlich differenzierte rhythmische Element.
- Der **Sarod** hat einen halbkugelförmigen, mit einer Decke aus Tierhaut bespannten Klangkörper aus Holz. Das bundlose Griffbrett auf dem breiten Hals besteht aus einer polierten Metallplatte. Die vier Spielsaiten werden mit einem Plektron gezupft. Daneben erklingen ein doppelchöriges Saitenpaar mit dem Grundton sowie siebzehn Resonanzsaiten.
- Die **Santur** (wörtl.: Einhundert Saiten), ein Hackbrettinstrument, fand erst recht spät Eingang in die klassische indische Musik. Sie besteht aus einem hölzernen, trapezförmigen Resonanzkasten, über dessen Decke mittels zweier Stegreihen 18 bis 25 Metallsaitenchöre geführt werden, die mit zwei an der Spitze aufwärts gebogenen Klöppeln angeschlagen werden.
- Die **Shahnai,** ein oboenartiges Instrument mit vollem, stark näselndem Klang, fand erst in den fünfziger Jahren unseres Jahrhunderts volle Anerkennung in der klassischen Musik. Ursprünglich von islamischen Eroberern und später in hinduistischen Tempeln gespielt, verdankt sie ihre Aufwertung zum Konzertinstrument der Ragamusik, vor allem dem großen Virtuosen *Ustad Bismillah Khan.* Die Shahnai ist ein Doppelrohrblattinstrument. Der konische Holzkörper ist mit einem Metallschalltrichter und sieben Löchern ausgestattet und kann sämtliche Verzierungen der indischen Musik entfalten.

Umgebung achtet, wird die akustische Vielfalt des Landes unmittelbarer denn je erfahren. Nur ein Beispiel: Überall in Indien findet man die *dhobis,* Wäscher, die morgens an den Ufern der Flüsse stehen und rhythmisch den Schmutz aus der Wäsche schlagen. Oder das Gemurmel einer Tempelzeremonie, das Vorbeifahren eines Ochsenkarrens, das Stimmengewirr auf dem Marktplatz. Im Vergleich dazu ist unsere eigene Klangsphäre arm, reduziert fast nur noch auf diffuse Motorengeräusche.

Tanz

Ob Jesus jemals getanzt hat? Wir wissen es nicht. Die Bibel jedenfalls gibt keinerlei Auskunft darüber und überhaupt ist dies im körperfeindlichen Christentum schwerlich vorstellbar, schrieb doch schon Anfang des 5. Jh. *Augustinus:* „Der Tanz ist ein Kreis, dessen Mittelpunkt der Teufel ist".

Ganz anders in Indien. Tanz war von Anfang an integraler Bestandteil der **religiösen Kulthandlungen** und so sind viele Hindu-Tempel nicht nur mit einem speziellen Raum für die Abhaltung der rituellen Tänze ausgestattet, sondern von außen geradezu übersät mit Skulpturen graziler, kaum bekleideter Tänzerinnen in schwungvollen Posen – *devadasis* wurden diese Tempeltänzerinnen früher genannt. Sie wohnten wie die Brahmanen-Priester im Tempel und lebten von den Gaben der Gläubigen.

Indischer Tanz ist **Göttertanz.** Die Menschen tanzen für die Götter und als Götter, imitieren sie oder werden von ihnen besessen, mehr noch: selbst die Götter tanzen. Shiva, einer der Hauptgötter des hinduistischen Pantheon, ist zugleich Nataraja, der König der Tänzer. In wildem Tanz inmitten eines Feuerkreises, zu Füßen der Zwerg Asmara, der für die Ich-Befangenheit des weltlichen Menschen steht, tanzt der vielarmige Shiva den Tanz der Zerstörung und gleichzeitigen Erneuerung *(tandava)*. Die hinduistische Vorstellung vom Tanz als spirituelle Vereinigung mit dem Kosmos findet hier ihren Ausdruck. Keine andere Kunstform Indiens ist derart innig mit der Religion verwoben wie die Tanzkunst, in der die indische Hochkultur ihre wohl reifste Ausdrucksform gefunden hat.

Indische Tänze

Heute unterscheidet man mehrere klassische Tänze bzw. Tanzstile, die sich im Laufe der Jahrhunderte in verschiedenen Landesteilen entwickelt haben.

- Der bekannteste ist wohl der ursprünglich aus Tamil Nadu stammende **Bharat Natyam.** Da dieser Stil besonders präzise Bewegungsabläufe erfordert, bedarf es einer jahrelangen Ausbildung, bis man ihn beherrscht. Getanzt wird er ausschließlich von Frauen, wobei die Szenen zumeist aus dem legendären Leben Krishnas stammen.
- Der **Kathakali** aus Kerala ist vor allem wegen seiner äußerst farbenfrohen Masken bekannt. Die aufwendige Schminkprozedur der Tänzer – er wird nur von Männern getanzt – nimmt oftmals mehrere Stunden in Anspruch. Der Kathakali gilt als der dramatischste indische Ausdruckstanz.
- Aus dem Zentrum Nordindiens stammt der **Kathak.** Da hier für viele Jahrhunderte das Zentrum der Moghulherrschaft lag, sind persische und islamische Einflüsse nicht zu übersehen und vor allem nicht zu überhören – der Kathak ist für seine ausgefeilte Fußarbeit bekannt, und eine dementsprechend große Rolle spielen die Fußglöckchen.
- Der **Manipuri** ist ein farbenfroher Gruppentanz aus dem Nordosten des Landes.
- Eine Art getanzte Liebeserklärung an Krishna ist der äußerst gefühlsbetonte **Odissi.** Wie es der Name schon vermuten lässt, stammt dieser weibliche Solotanz aus Orissa und wurde angeblich schon vor Jahrtausenden im Jaganath-Tempel von Puri getanzt.

016ke Foto: tb

Angesichts dieser uralten Tradition verwundert es nicht, dass Indien die umfangreichste **Tanzliteratur** der Welt vorzuweisen hat. Als Vater nahezu aller nachfolgenden Tanztheoretiker gilt *Bharata,* vermutlich der legendäre Verfasser des indischen Lehrbuchs des Tanzes *(Narashastra)* aus dem 2. Jh. n. Chr. Minutiös werden dort alle wesentlichen Aspekte der indischen Tanzkunst behandelt, wobei die Kernelemente bis heute den indischen Tanz prägen.

Aufwendige Schminke und eine ausgefeilte Mimik sind die Merkmale des Kathakali-Tanzes aus Kerala

Von besonderer Bedeutung sind dabei die vier Darstellungsmittel, derer sich die Tänzer bedienen sollten, nämlich körperlicher *(angika),* akustischer *(barika),* dekorativer *(aharja)* und ästhetisch-psychischer *(satrika)* Ausdrucksformen. Angika umfasst alle **Bewegungen** von Kopf, Hals, Armen, Händen, Beinen und Füßen, aber auch **Gebärden und Mimik.** Insgesamt werden 13 verschiedene Kopfdrehungen, 64 Fußbewegungen, 108 Körperhaltungen, 64 Handgesten und 36 verschiedene Blicke ausgeführt. Vieler Jahre intensiven Trainings bedarf es, um diese hochkomplizierte Ausdruckssprache zu beherrschen. Dafür kann der Tänzer dann nicht nur Objekte wie Tiere, Musikinstrumente oder Waffen darstellen, sondern auch Gefühle, Situationen und sogar abstrakte Begriffe wie zum Beispiel Unwissenheit und Zukunft ausdrücken. Wohl wissend, dass selbst erfahrene Zuschauer bei einer derartigen Vielzahl von Symbolen unmöglich den Sinn aller Zeichen erkennen können, werden besonders dort, wo ausländische Zuschauer anwesend sind, vor Beginn der Veranstaltung der Inhalt des Stückes und die Bedeutung zentraler Gesten und Körperhaltungen erklärt.

Fast kein indischer Tanz kommt ohne **Musikinstrumente** aus, wobei das Harmonium, die beidseitig zu schlagene Mrindanga-Trommel und vor allen Dingen Fuß- und Armglöckchen Verwendung finden. Die innige Verbindung von Musik und Tanz zeigt sich auch darin, dass im Narashastra für Gesang, Tanz und Instrumentalmusik eine gemeinsame Bezeichnung verwendet wird: *sangita,* ein Wort, das heute nur noch Musik bedeutet.

Kennzeichnend für die Tanzvorführung ist die extreme Überzeichnung der Charaktere: Die Guten sind besonders gut, die Bösen besonders böse und niederträchtig. Hierzu eignen sich besonders die **dekorativen Elemente:** Kostüme, Masken, Bühnenbilder und Requisiten. Im Narashastra finden sich genaueste Anweisungen, wie etwa ein Gott oder ein Dämon auszusehen hat. So werden etwa Götter- und Heldendarsteller bevorzugt in weiße oder orangefarbene Kostüme gekleidet, Böse hingegen meistens in schwarz oder tiefblau.

Wichtigstes aller vier vorgeschriebenen Darstellungsmittel sind jedoch die ästhetisch-psychologischen. Im Unterschied zu unserer abendländischen Auffassung von darstellender Kunst, nach der künstlerische Artikulation fast immer als direkte mimische und körperliche Vermittlung individueller Gefühle und Erlebnisse aufgefasst wird, sucht der indische Künstler sich in **emotionale Haltungen** *(baras)* zu versetzen und diese so „echt" hervorzubringen, dass sie beim **Zuschauer** entsprechende Gefühlszustände *(rasas)* auslösen. Auch hier wird also wieder die Vereinigung von Künstler und Publikum als überindividuelle Einheit angestrebt. Dann erst stellt sich jenes höhere religiöse Erlebnis ein, das letztlich das Ziel aller Kunst in Indien ist.

An Themen besteht kein Mangel, bietet doch die überreiche **indische Mythologie** eine schier unerschöpfliche Quelle an Heldengeschichten. Szenen aus dem Ramayana oder Mahabharata bilden heute wie zu alten Zeiten die Grundlagen der Aufführungen, wobei Krishna, Rama, Hanuman und Sita die strahlenden Helden verkörpern.

Episch wie die Sagen sind auch die Aufführungen selbst, nehmen sie doch oft mehrere Nächte in Anspruch. Wie bei indischen Musikkonzerten, so äußert sich auch hier das gänzlich andere Zeitverständnis der Inder. So dramatisch die Handlung auch immer wieder zwischen Gut und Böse hin und her zu schwanken scheint, auf eines kann sich der Zuschauer letztlich verlassen – ein Happy End.

Der Sari – das indischste aller Kleidungsstücke

Kaum ein anderes Kleidungsstück wird derart eng mit seinem Ursprungsland identifiziert wie der Sari, das klassische Kleid der indischen Frauen. Er ist mit Indien so untrennbar verbunden wie das Taj Mahal und die heilige Kuh. Das farbenfrohe Bild des elegant um den Körper geschlungenen Tuches gehört zu den eindrucksvollsten Erinnerungen jedes Indien-Reisenden. Der Sari verleiht der indischen Frau eine immer wieder beeindruckende Würde und Grazie.

Länge, Tragart, Farbe, Stoff und Muster dieses äußerst wandelbaren Kleides variieren von Region zu Region. So misst die gewöhnlich sechs Meter lange Stoffbahn in Maharashtra 8,20 Meter und wird von hinten durch die Beine gezogen. Die Gujarati-Frauen legen das Sari-Ende über die rechte anstatt, wie üblich, die linke Schulter. In Kerala und Assam besteht der Sari aus zwei Teilen. Als besonders graziös gilt der Bengal-Stil, bei dem das auffallend lange Sari-Ende *(pallu)* zunächst über die linke Schulter geworfen wird, um danach über den Rücken, wieder unter dem rechten Arm nach vorne und schließlich erneut über die

Der kunstvoll geschlungene Sari ist das klassische Kleidungsstück indischer Frauen

linke Schulter geführt zu werden. In Rajasthan wird mit einem weiten, bis zu den Knöcheln reichenden Faltenrock *(ghagra)*, einer eng anliegenden Bluse *(choli)* und dem das Gesicht bedeckenden *ghunghat* sogar ein dreiteiliges Ensemble getragen, welches nur noch vage an den klassischen Sari erinnert.

Bei den Farben kann die Frau ihrem persönlichen Geschmack folgen. Allerdings gibt es gewisse Anlässe wie Tod (weiß) und Heirat (rot), bei denen die Sarifarbe vorgegeben ist. Ebenso groß wie die Vielfalt der Farben und Muster ist die der Materialien. Ein Sari kann aus Seide, Baumwolle, Chiffon oder den immer größere Verbreitung findenden synthetischen Materialien gefertigt werden. Dementsprechend unterschiedlich sind auch die Preise, die von 300 bis 30.000 Rs pro Stück reichen können.

Wie Erwähnungen in alten Epen und Skulpturen an den Tempeln von Khajuraho und Konark belegen, gehen die Ursprünge des Sari mehrere Tausend Jahre zurück. Man geht davon aus, dass er sich aus dem auch heute noch von vielen Männern getragenen Beinkleid, dem *dhoti*, entwickelt hat, welcher ursprünglich von Männern wie Frauen gleichermaßen getragen wurde. Das Wort Sari leitet sich ab von dem Sanskrit-Wort *sati*, welches soviel wie „Stück Stoff" bedeutet.

Der seit dem 15. Jh. mit der Ankunft der Moguln in ganz Indien zu verzeichnende tief greifende kulturelle Wandel ließ auch den Sari nicht unberührt. Das ursprünglich wesentlich kürzere Kleidungsstück wurde unter den strengeren Moralvorschriften der neuen Herrscher verlängert, sodass das Gesicht der Frau durch das schleierartige, zunächst über die Schulter gezogene Sari-Ende bedeckt wurde.

Statt des Sari tragen immer mehr junge Frauen den *salwar kameez*, eine ursprünglich aus dem Punjab stammende Kombination, bei der ein knielanges, an den Seiten eingeschlitztes Hemd über eine leichte, an den Versen gebundene Hose fällt.

Feste und Feierlichkeiten

Indische Feste sind so bunt und ungestüm wie das Land selbst. Zwar haben die meisten Feierlichkeiten religiöse Ursprünge, doch gerade die für Indien so typische Einheit von Religion und Alltagsleben macht ihre eigentliche Faszination aus. Prozessionen und Feuerwerk, Theatervorführungen auf öffentlichen Bühnen und farbenfrohe Tänze, nächtliche Jahrmärkte mit Karussels, Akrobaten und verführerischen Essensständen sowie infernalische Lautsprechermusik sind die typischen Bestandteile. Ein Augenschmaus sind sie immer, dafür auch allzu oft eine Pein für unsere Ohren.

Die Vielfalt der Religionen beschert dem Land eine unübersehbare Anzahl von Festen und Feiertagen. Neben den landesweiten existieren noch unzählige, nicht minder beeindruckende Regionalfeste. Jeder Reisende, der auch nur wenige Wochen im Land unterwegs ist, wird wahrscheinlich Augen- und Ohrenzeuge einer solchen Feierlichkeit werden.

Feste bringen nicht nur Abwechslung in das gerade von der Landbevölkerung oftmals als relativ ereignisarm angesehene Leben, sondern besitzen in einer derart reglementierten Gesellschaft wie der indischen, in der die meisten Entscheidungen des Alltags durch die Kastenordnung vorgegeben werden, eine höchst wichtige Ventilfunktion. Man darf sich gehen lassen und Dinge tun, die sonst verpönt sind.

501ke Foto: mb

Indischer Festkalender

Von den vielen Hundert indischen Festen kann hier nur eine kleine Auswahl aufgeführt werden. Da sich die meisten religiösen Feste nach dem **Mondkalender** richten und zudem regional oftmals leicht variieren, kann auch nur eine ungefähre Zeitangabe gemacht werden. Beim indischen Fremdenverkehrsamt in Frankfurt ist jeweils ab November eine Liste mit den Terminen der hundert Hauptfeste für das kommende Jahr erhältlich.

Januar/Februar

- 1. Januar; **Neujahr** – gesetzlicher Feiertag
- 26. Januar; **Tag der Republik** – gesetzlicher Feiertag.
- **Pongal** – Diese Art des südindischen Erntedankfestes wird im Januar nach der Wintersonnenwende gefeiert, wenn der Mosunregen aufgehört hat und die Ernte beginnt. Besonders in Tamil Nadu und hier speziell in Madurai wird Pongal mit aufwendigen Umzügen und Prozessionen, Veranstaltungen und Festessen über mehrere Tage gefeiert. Besonders berühmt ist die am dritten Tag in einem kleinen Ort in der Nähe von Madurai veranstaltete Stierhetze. Dabei werden ähnlich wie im spanischen Pamplona Stiere durch die Straßen gejagt.

Februar/März

- **Holi** – gesetzlicher Feiertag. Eines der fröhlichsten, ausgelassensten und vor allem farbenfrohsten Feste ganz Indiens. Zur Begrüßung des Frühlings wirft man ausgelassen mit Farbpulver um sich, wobei Touristen die begehrtesten Opfer abgeben. Ist gerade keine Farbe mehr vorhanden, begnügt man sich auch mit Schlamm. Leider wird das Fest vielerorts immer rowdyhafter (s. auch „Praktische Reistipps: Sicherheit“).

- **Karneval in Goa** – Ursprünglich ein Fest zur Begrüßung des Frühlings, wird im katholischen Goa der Karneval inzwischen ebenso überschwenglich mit Prozessionen und Musikkapellen gefeiert wie in Südamerika und Europa.

März/April

- **Ramanawami** – gesetzlicher Feiertag. Der Geburtstag Ramas, der siebten Inkarnation Vishnus, der gerade in den letzten Jahren als Symbolfigur des Hindu-Fundamentalismus besondere Verehrung erlangte, wird in Großstädten sowie Ayodhya, seinem Geburtsort, und Rameshwaram gefeiert.
- **Ostern** – Speziell in Goa und Kerala wird das Osterfest am Karfreitag mit Messen in den katholischen Kirchen begangen. Der Karfreitag ist gesetzlicher Feiertag.

April/Mai

- **Puram in Thrissur** – Fast in jedem Dorf Keralas wird dieses von dem Maharaja von Thrissur Ende des 18. Jh. initiierte Fest gefeiert. Am sehenswertesten ist es jedoch in Thrissur, wo jedes Jahr Tausende von Einheimischen und Touristen zusammenströmen, um die prunkvollen Umzüge mit den reich geschmückten Elefanten zu erleben. Zu dem Spektakel tragen auch die aus bis zu hundert Musikern bestehenden Orchester bei, die sich mit ihren Trommeln, Becken und Blasinstrumenten in einen wahren Rausch spielen und die Massen in ihren Bann ziehen.

Juli/August

- **Naga Panchami** – typisch indisch: ein Fest zu Ehren der Schlangen, welche nach hinduistischem Glauben Feinde von Haus und Hof fernhalten.
- **Onam** – das zehntägige Onam-Fest ist Keralas größtes Festival. Dieses jeweils im August/September im ganzen Bundesstaat begangene Fest zu Ehren des mythologischen Königs Mahabali ist das kulturelle Highlight in Kerala und wird als Familienfest mit Festschmaus und durch Schmücken der Häuser begangen.
- 15. August; **Unabhängigkeitstag** – gesetzlicher Feiertag.
- **Janmashtami** – gesetzlicher Feiertag. Der Geburtstag Krishnas, einer der beliebtesten Götter des hinduistischen Pantheons, wird landesweit gefeiert (August).

September/Oktober

- **Dussera** – 10 Tage, davon 2 gesetzliche Feiertage. Das bedeutendste aller indischen Feste bezieht sich auf das Ramayana-Epos, in dem Sita, die Gattin Ramas, vom Dämon Ravana nach Sri Lanka entführt, am Ende jedoch von Rama wieder befreit wird. Überall gibt es kirmesähnliche Vergnügungsangebote mit Musik, Essensständen und Schaustellern. Ravanas Figur aus Papier und Holz wird am eigentlichen Festtag gegen Abend in Brand gesteckt.
- 2. Oktober; **Geburtstag Mahatma Gandhis** – gesetzlicher Feiertag.

Oktober/November

- **Diwali** – 5 Tage, davon ein gesetzlicher Feiertag. Eigentlich Depavali genannt (Lichterkette), ist es ein eher ruhiges, beschauliches Fest, vergleichbar mit unserem Weihnachtsfest.

November/Dezember

- **Govardhan Puja** – gesetzlicher Feiertag. Das gibt es nur in Indien: Alle öffentlichen Institutionen sind geschlossen zu Ehren der Kuh, dem heiligen Tier des Hinduismus.
- 25. Dezember; **Weihnachten** – gesetzlicher Feiertag. Besonders in Goa und Kerala werden in den Kirchen große Messen abgehalten. Der 1. Weihnachtstag ist ähnlich wie in Europa ein ruhiger Tag der Familienzusammenkünfte und Festessen.

Gaukler beim Car Festival

200ke Foto: tb

Mumbai
(Bombay)

205ke Foto: nl

Alltagsleben in Mumbai vor dem Bahnhof Victoria Terminus

Gateway of India

Überblick

↗ XVI/A2

Einwohner: 16,5 Mio.
Vorwahl: 022

Lumpige zehn Pfund Jahresgebühr waren der britischen Regierung die sieben moskitoverseuchten Inseln wert, die sie 1668 an die East India Company verpachteten. Auf ihnen steht heute Bombay bzw. Mumbai, wie die Stadt seit 1981 hochoffiziell heißt. Heute würde man für das Geld gerade mal ein paar Quadratzentimeter der Straßen bekommen, von denen man sagt, sie seien mit Gold gepflastert.

Der Aufstieg der heutigen **Hauptstadt Maharashtras** vom unbedeutenden Fischerdorf zum Finanz-, Handels- und Industriezentrum Indiens erscheint tatsächlich so märchenhaft wie einer der 150 abendfüllenden Kinofilme, die jährlich in den Studios von Mumbai gedreht werden. Diese glorifizieren das süße Leben in Mumbai und locken damit jugendliche Ausreißer und Armuts-Migranten aus allen Ecken des Landes in die Stadt. Bollywood, wie Mumbai oft scherzhaft genannt wird, hat sich zum Hollywood am Arabischen Meer gemausert.

Viele Bewohner verweisen aber lieber darauf, dass die Stadt nicht nur den größten Flughafen, sondern auch den umschlagkräftigsten Hafen des Landes beherbergt, in dem 50 % aller indischen Exportwaren verladen werden. Nebenbei besitzt die Stadt eine der größten Textilindustrien der Welt – auch wenn mittlerweile viele Werke aus Kostengründen aus der Stadt verlegt werden. Besonders stolz ist man darauf, dass ein Drittel der gesamten Einkommensteuern Indiens in Mumbai erwirtschaftet werden. Die Silhouette der kühn in den Himmel ragenden Glas- und Betontürme, der Bürogebäude am Nariman Point, dem „Manhattan Mumbais", ähnelt mehr und mehr der von Singapur oder Hongkong. „Money Makes the World Go Round" heißt hier die Devise und viele träumen unverdrossen den Traum „Vom Tellerwäscher zum Millionär". Ihre Heroen sind nicht mehr Rama, Krishna oder Hanuman, sondern Helden der Kinowelt wie *Shah Rukh Khan, Amitabh Bachchan* oder *Sanjay Dutt*.

Doch genauso wie die **Glamourwelt** der Filmindustrie wegen ihrer tiefen Verstrickung mit der Unterwelt Mumbais in letzter Zeit tiefe Risse bekommen hat, treten die Schattenseiten dieser rücksichtslosen Ellbogengesellschaft immer deutlicher zutage. Während die wenigen Privilegierten in ihren luxuriösen Villen auf dem Malabar Hill die Aussicht auf die Skyline genießen, fristen gleichzeitig Millionen anderer ein Leben am Rande des Existenzminimums. Über die Hälfte der Stadtfläche gilt heute schon als **Slumgebiet.** Zwei Millionen Einwohner verfügen über keine Toilette – die daraus resultierenden hygienischen Verhältnisse lassen sich unschwer erahnen. Hinzu kommt die nach Delhi und Kalkutta höchste **Luftverschmutzung** Indiens, teilweise verursacht durch die in den Außenbezirken angesiedelten Industrieunternehmen. Der besonders stark betroffene Vorort Chembur wird oft zynisch als Gas Chamber (Gaskammer) bezeichnet.

Obwohl Mumbai mit seinen ca. 16,5 Mio. Einwohnern schon jetzt zu einer der dichtbesiedeltsten Städte der Erde zählt, strömen nach wie vor täglich Hunderte von Zuwanderern aus dem Hinterland in die City of Gold, um ihren Anteil am großen Kuchen zu erhaschen. Prognosen für das Jahr 2020 sagen eine Bevölkerung von alptraumhaften 25 Millionen voraus. Mit dem **Bevölkerungswachstum** ist der Boden inzwischen zum teuersten Gut geworden. Mumbais verfeindete Mafia-Banden kämpfen heute weniger um Anteile am Drogen- und Prostitutionsgeschäft als um profitträchtige Makler-Deals.

Mumbai gleicht in den letzten Jahren zunehmend einem Dampfkessel, der jeden Moment zu explodieren droht. Gewalt und Friedfertigkeit, Glanz und Elend, prachtvolle Strandvillen und erbärmlich stinkende Slums – sie alle liegen auf Tuchfühlung beieinander. Die Atmosphäre einer jungen, zukunftsorientierten Stadt in einem Land, das in jahrtausendealten Traditionen wurzelt – all diese Widersprüche machen Mumbai zu einer fesselnden Metropole. Genauso wenig, wie New York Amerika repräsentiert, ist Mumbai ein treffendes Spiegelbild der indischen Wirklichkeit. Doch wer die Stadt nicht gesehen hat, hat ein faszinierendes Stück Indien nicht gesehen.

Terroranschläge in Mumbai

Im November 2008 wurde die Stadt von schweren Terrorattacken mit über 170 Todesopfern und vielen Verletzten heimgesucht – wie schon mehrere Male seit 1993. In diesem Fall waren jedoch vorwiegend touristische Einrichtungen wie Luxushotels, der Victoria Terminus und das Café Leopold Ziel der Angriffe, womit der Terrorismus in Indien eine neue Eskalationsstufe erfuhr. Dennoch kehrte in der Millionenmetropole relativ schnell wieder der Alltag ein.

Orientierung

Mumbai wirkt zunächst recht unüberschaubar, doch im Innenstadtbereich lässt sich die Stadt in drei leicht voneinander zu unterscheidende Bezirke unterteilen. **Colaba** ist der Stadtteil im Süden, in dem sich mit dem **Gateway of India** und dem Taj Mahal Palace Hotel zwei der berühmtesten Wahrzeichen Mumbais befinden. Zwischen der direkt hinter dem Hotel verlaufenden Mereweather Road und dem Colaba Causeway, der Haupteinkaufsstraße Colabas, haben sich die meisten Billighotels sowie viele Restaurants angesiedelt.

Nördlich an Colaba schließt sich **Mumbai Fort** an, so benannt, weil hier früher das alte Fort stand. Hier finden sich die meisten der großartigen Kolonialbauten aus dem letzten Jahrhundert wie die Universität, das Postamt, Victoria Terminus und Churchgate sowie zwei der drei großen Bahnhöfe der Stadt. Von Süd nach Nord wird Mumbai Fort von einer großen Rasenfläche durchzogen, dem Maidan, der heute vornehmlich als Cricket-Übungsplatz Verwendung findet.

Westlich an Mumbai Fort schließt sich **Back Beach** an, jener Bereich, der erst Anfang dieses Jahrhunderts durch gewaltige Landaufschüttungen entstand. Abgeschlossen wird er heute vom Meer durch den imposanten Bogen des sechsspurigen Marine Drive. Das südliche Ende dieser Prachtstraße wird vom Nariman Point beherrscht, einem großen, kreisrunden Platz mit vielen modernen Wolkenkratzern wie dem Air-India-Gebäude oder dem Oberoi Hotel.

Der Marine Drive führt weiter nördlich zum Chowpatty Beach und dann im Halbkreis weiter zum Malabar Hill, dem Wohnviertel der Oberschicht. Mumbai Central, der dritte Großbahnhof Mumbais, liegt ca. 2,5 km nördlich vom Chowpatty Beach. Der Sahar International Airport befindet sich 30 km nördlich des Stadtzentrums.

Geschichte

Niemand wäre 1537, als die **Portugiesen** in der sogenannten „Treaty of Bassein" sieben Inseln vom Sultan von Gujarat zugesprochen bekamen, auf die Idee gekommen, hier einen Hafen zu errichten. Dazu waren die Verbindungen zum Hinterland einfach zu ungünstig. Die sich unmittelbar im Osten anschließenden Berge der West-Ghats schienen unüberwindbar, zumal kein Fluss diese Gebirgskette durchbrach.

Ganz anders war dies beim nur 250 km nördlich gelegenen **Surat,** dem bedeutendsten Hafen des Mogul-Reiches. Das Tal des Tapi-Flusses, an dem Surat liegt, verband die Stadt mit den Niederungen Gujarats. Zu-

Neue Straßennamen

Erschwert wird die Orientierung vielfach dadurch, dass in den letzten Jahren viele der noch aus der Kolonialepoche stammenden Straßennamen indisiert wurden. Die neuen Namen wurden jedoch bisher von der Bevölkerung kaum angenommen. Hier einige der wichtigsten Beispiele:

Alter Name	Neuer Name
Colaba Causeway Rd.	Shahid Bhagat Singh
Flora Fountain	Hutatma Chowk
Fort Street	Walchand Hirachand Marg
Marine Drive	Netaji Subhash Chandra Bose Marg
Rampart Row	K. Dubash Marg
Strand Road	P.J. Ramchandani Marg
Warden Road	Bhulabhai Desai Road

dem war die Hauptstadt Delhi über das Plateau von Malwa leicht zu erreichen. Jedes Jahr verließen Hunderte von voll beladenen Schiffen die Stadt und nahmen Kurs auf Arabien. Das begann sich allmählich zu ändern, als Surat auf dem Höhepunkt der Mogul-Macht unter *Aurangzeb* im Jahre 1664 vom Marathen-Führer *Shivaji* gebrannntschatzt wurde. Mehr und mehr erwiesen sich nun Surats Vorteile als Nachteile. Die guten Verbindungen zum Hinterland bedeuteten nämlich auch, dass die Stadt für die vom Osten anrückenden Eroberer, die es auf die enormen, für den Export im Hafen gelagerten Schätze abgesehen hatten, leicht zugänglich war. Hinzu kam, dass die Groß-Moguln keine Kriegsflotte von Bedeutung besaßen.

Mumbais Hafen hingegen ließ sich ebenso leicht gegen das Hinterland abschirmen, wie er gegen Angriffe von See zu verteidigen war. Die **Briten** waren 1661 durch die Mitgift *Katharina von Braganzas,* die König *Charles II.* geheiratet hatte, in den Besitz der sieben Inseln gekommen. Sie boten den reichen Kaufleuten Surats in Mumbai ihren Schutz an. Langsam, aber stetig entwickelte sich nun die kleine Provinz, die den Namen **Bombay Presidency** trug. 1787 wurde der Hauptsitz der East India Company, die das Gebiet für einen Jahresbetrag von 10 Pfund von der britischen Regierung gepachtet hatte, von Surat nach Mumbai verlegt.

Der große Durchbruch zur unangefochtenen **Handelsmetropole** Indiens ließ jedoch noch gut eineinhalb Jahrhunderte auf sich warten. Zwei Ereignisse waren letztlich für den Erfolg verantwortlich. 1854 wurde die erste **Eisenbahnverbindung** von Mumbai nach Pune (Poona) fertiggestellt. Deren weiterer Ausbau ermöglichte es nun, die für die zukünftige wirtschaftliche Entwicklung so zentrale Anbindung ans Hinterland und damit die Versorgung mit Rohstoffen, vor allem Baumwolle, sicherzustellen.

Als zweiter Glücksfall für Mumbai sollte sich der amerikanische Bürgerkrieg erweisen. Da die britische **Textilindustrie** nun ihren Bedarf in Indien statt in Amerika deckte, stieg die bis dahin noch am Anfang stehende Baumwollindustrie Mumbais innerhalb kürzester Zeit zur größten Indiens auf. Heute ist Mumbai eines der bedeutendsten Textilzentren der Erde.

1862 wurde der weiteren wirtschaftlichen Expansion ein in wörtlichem Sinn solides Fundament gelegt, als durch ein gewaltiges **Landgewinnungsprojekt** die sieben Inseln zu einer einzigen verbunden wurden. Von nun an stand dem märchenhaften Aufstieg zu Indiens führender Handels- und Industriemetropole nichts mehr im Wege.

Sehenswertes

Stadtrundgang durch das koloniale Mumbai

Gateway of India

Beginnen wir unseren Rundgang an jener geschichtsträchtigen Stelle, an der 1911 mit König *George V.* zum ersten Mal ein britischer Monarch den Boden des indischen Kaiserreiches betrat. Der zu seiner Begrüßung in aller Eile errichtete Pavillon aus weißem Gips wurde später durch den Gateway of India, das heutige **Wahrzeichen Mumbais,** ersetzt. Der 1924 eingeweihte, 26 m hohe **Triumphbogen** strahlt immer noch viel vom imperialen Selbstbewusstsein jener Tage aus. Gleichzeitig repräsentiert er wie kaum ein anderes Bauwerk Indiens das letztliche Scheitern der Kolonialmacht, verließen doch nur 23 Jahre später die letzten britischen Truppen durch eben diesen Torbogen Indien.

Im kleinen angrenzenden **Park** steht das Reiterstandbild des Marathen-Fürsten *Shivaji* (1627–1680), der zum Führer des Widerstandskampfes gegen die Mogul-Herrschaft aufstieg und heute als Idol nationaler Eigenständigkeit verehrt wird. Schräg gegenüber befindet sich das Denkmal des Hindu-Reformers und Mitbegründers der Ramakrishna Mission *Swami Vivekananda.*

Besonders gegen Abend, wenn sich neben den Souvenirverkäufern und kleinen Garküchen Hunderte von Einheimischen einfinden, bildet das angestrahlte Gateway of India einen der beliebtesten Treffpunkte Mumbais. Übrigens auch für Taschendiebe ein lukrativer Arbeitsplatz, also Vorsicht!

Taj Mahal Palace Hotel

Überragt wird der „indische Triumphbogen" vom **renommiertesten Hotel Indiens,** dem Taj Mahal Palace. Bauherr war der indische Industrie-Mogul *J.R. Tata,* der sich, nachdem man ihm den Zugang zu einem Hotel mit dem Hinweis „For Europeans only" verwehrt hatte, kurzerhand entschloss, das beste Hotel Mumbais zu errichten. Das Vorhaben ist ihm mehr als gelungen. Die Luxusherberge mit ihren unzähligen Restaurants und Bars, Swimmingpool, Fitnessclub und Business Centre ist nicht nur das berühmteste Hotel Indiens, sondern weltweit eines der renommiertesten überhaupt. Dem Charme des 1903 eröffneten Gebäudes konnte auch der Bau des 1973 hinzugefügten 20-geschossigen Erweiterungsbaus nichts anhaben. Allerdings hat dadurch das unmittelbar davor platzierte Gateway of India viel von seiner einstmals imposanten Ausstrahlung eingebüßt. Das Hotel war eines der Hauptziele der Terroranschläge im November 2008.

Colaba Causeway

Folgt man der vom Gateway of India nach Nordwesten verlaufenden Chetrapati Shivaji Marg, vorbei am Government Emporium mit einer der umfangreichsten Paletten an Kunsthandwerk ganz Indiens, gelangt man nach knapp 100 m zum Wellington Circle. Die von hier nach Süden abzweigende **Shahid Bhagat Singh Road** (bekannter unter ihrem früheren Namen Colaba Causeway) entwickelt sich vornehmlich nach Sonnenuntergang, wenn hier unzählige Straßenhändler auf den schmalen Bürgersteigen ihre Verkaufsstände aufbauen, zu einem vielbesuchten **Night Market.** Das Angebot ist stark auf den Touristengeschmack zugeschnitten und die Preise sind bei weitem nicht so günstig, wie es einem die cleveren Verkäufer weismachen wollen. Die bunte Mischung aus Restaurants, Kneipen, Geschäften, Straßenverkäufern und Touristen aus aller Welt macht den Colaba Causeway zu einem der beliebtesten **Einkaufs- und Flanierboulevards** der Metropole.

Wer mehr am echten indischen Leben als an Shopping interessiert ist, sollte den Colaba Causeway Richtung Süden wandern. Je weiter man sich vom Touristenviertel zwischen Wellington Circle und Arthur Bunder Rd. entfernt, desto bunter und „ländlicher" werden die Eindrücke. Besonders der Bereich um den **Sassoon Dock** und den **Colaba Market,** ca. 1,5 km südlich des Wellington Circle, bietet einen spannenden Einblick in die Enge und Vitalität des täglichen Lebens im Hexenkessel Mumbais. Mit Erlaubnis des Mumbai Port Trust (Tel.: 56565656, www.mumbaiporttrust.com) können die Docks besichtigt werden.

Prince of Wales Museum (Chatrapati Shivaji Maharaj Vastu Sanghralaya)

Nur wenige Meter nordwestlich des Wellington Circle befindet sich der Eingang zu dem in einem Park gelegenen Prince of Wales Museum (K. Dubash Marg, Tel.: 22844519, 22844484, powm@vsnl.com). Das 1923 eröffnete Gebäude zählt neben dem Indian Museum in Kalkutta und dem National Museum in Delhi zu den drei bedeutendsten des Landes. Der im indo-sarazenischen Stil errichtete Bau beherbergt u.a. eine Textil- und eine Waffensammlung, Elfenbeinschnitzereien und eine kleine Abteilung nepalesischer Kunst. Berühmt sind vor allem die ausgestellten **Miniaturmalereien** sowie die **archäologische Abteilung.** Die vielen kunsthistorischen Epochen werden auf speziellen Hinweisschildern fachkundig erläutert, die Ausstellungsstücke machen fast durchweg einen gepflegten Eindruck.

- **Öffnungszeiten:** Di–So 10 bis 18 Uhr, Eintritt 300 Rs (inkl. Audioguide), Kamera 30 Rs, Video 200 Rs, Tel.: 23757943.

Jehangir Art Gallery

Im gleichen Park befindet sich mit der 1952 erbauten Jehangir Art Gallery eine der wichtigsten Stätten **zeitgenössischer Kunst** in Indien. Ergänzend zu den überwiegend älteren Ausstellungsobjekten des Prince of Wales Museum rundet ein Besuch der Galerie das Bild indischer Kunst der letzten drei Jahrhunderte ab.

- **Öffnungszeiten:** tgl. 11 bis 19 Uhr, Tel.: 22843989.

Keneseth-Eliyahoo-Synagoge

Einige Schritte nördlich des Wellington Circle, versteckt in den Gassen von Kala Ghoda, steht die kleine, blaue Keneseth-Eliyahoo-Synagoge (Tel.: 22831502, Dr. V.B. Gandhi Marg, dieselbe Gasse etwas weiter hinein, in der auch das Hotel Lawrence zu finden ist). Das mit kunstvollen Säulen geschmückte Gotteshaus, 1884 von der Sassoon-Familie erbaut, wird liebevoll instandgehalten und auch noch genutzt. Man besucht es wegen der farbenfrohen Fenster am besten im Nachmittagslicht.

Universität

Folgt man der am Museum entlang führenden Mahatma Gandhi Road Richtung Norden, steht auf der linken Seite die 1874 vom englischen Architekten *Sir Gilbert Scott* im französischen Stil erbaute Universität. Der imposante Prachtbau wird von dem sich 80 m hoch über der Universitätsbibliothek erhebenden **Rajabai-Turm** überragt. Zu Zeiten der britischen Kolonialherrschaft wurde in dem Uhrturm viermal am Tag „God save the Queen" gespielt. Im Gegensatz zum Turm können die Universitätsbibliothek und die Invokationshalle besichtigt werden.

Direkt neben der Universität schließt sich der 1879 in venezianischem und neogotischem Mischstil errichtete Bau des **Obersten Gerichtshofes** (High Court, Eldon Rd.) mit seiner 170 m langen Fassade an. Man sollte sich auch im Gebäude umsehen, um ins quirlige Treiben der Juristerei einzutauchen.

Wahrzeichen Mumbais: Hotel Taj Mahal Palace und Gateway of India

Flora Fountain

Die Mahatma Gandhi Road öffnet sich nun zu einem länglich ovalen Platz. Wegen der **Wasserfontäne** in Form einer Blume in seiner Mitte, die zu Ehren des von 1862 bis 1867 in Mumbai regierenden Gouverneurs *Sir Bartle Frere* errichtet wurde, hieß der Platz zunächst Flora Fountain. In Erinnerung an die Opfer des Kampfes um einen unabhängigen Bundesstaat Maharasthra benannte man ihn in den sechziger Jahren in **Hutatma Chowk** (Märtyrer-Platz) um. Im Volksmund ist er jedoch wegen der vielen hier ansässigen Banken und internationalen Firmen auch unter dem Namen **Piccadilly Circus** bekannt.

Veer Nariman Road

Die von hier nach Westen verlaufende Veer Nariman Road führt entlang dem Telegrafenamt und unzähligen auf den Bürgersteigen aufgebauten **Bücherständen,** die von Hitlers „Mein Kampf" über „Was Sie schon immer über Sex wissen wollten" bis zum neuesten Ikea-Katalog eine ungewöhnliche Angebotsvielfalt aufweisen, zu einer lang gezogenen, unbebauten Rasenfläche, die sich nördlich und südlich der Straße erstreckt. An der westlichen Seite des heute vornehmlich als Cricket-Platz und öffentliche Toilette dienenden **Maidan** fällt das sehr schöne **Railway Administration Building** gegenüber der **Churchgate Station** auf, von der täglich Hunderttausende mit Vorortzügen in die nordwestlichen Stadtteile Groß-Mumbais pendeln.

Die hübsche, restaurierte **St. Thomas Church** (Veer Nariman Rd., 6.30–18 Uhr) vereint verschiedene architektonische Stile. Die 1672 begonnene und erst 1718 fertiggestellte Kathedrale ist das älteste noch erhaltene Gebäude der Kolonialgeschichte Mumbais. Im hellen Inneren sind Relikte aus der kolonialen Vergangenheit ausgestellt.

Victoria Terminus

Kehrt man zurück zur Flora Fountain und folgt der Dadabhai Naoroji Road (D.N. Rd.) entlang weiterer schöner Kolonialbauten, gelangt man nach etwa einem Kilometer in Richtung Norden zum stets menschen- und autoüberfüllten **Nagar Chowk.** Optisch beherrscht wird er vom Victoria Terminus, einem der meistbenutzten und architektonisch **beeindruckendsten Bahnhöfe der Welt.** Der über und über verzierte, braune Sandsteinbau aus dem Jahre 1888 gilt als der schönste Bau viktorianischer Gotik in Indien. Nur knapp 100 m östlich des Victoria Terminus schließt sich das nicht minder beeindruckende **Hauptpostamt** (GPO) an.

Wer will, kann hier den Stadtrundgang durchs koloniale Mumbai beenden, indem er über die gegenüber vom GPO nach Süden verlaufende Mint Road nach Colaba und zum Gateway of India zurückkehrt. Man kommt vorbei am **Horniman Circle,** in dessen Mitte ein hübscher, kleiner Park zum Verweilen einlädt, und pas-

201ke Foto: tb

231ke Foto: tb

siert auch die **Town Hall,** die eine der größten Bibliotheken Indiens beherbergt. Alternativ gelangt man durch die quirligen Gassen des Forts und des Bankenviertels zurück zum Wellington Circle.

Rathaus

Wer noch weiter auf den Spuren des kolonialen Mumbai wandeln möchte, sollte sich das gegenüber dem Victoria Terminus gelegene Rathaus (Municipal Corporation Building) nicht entgehen lassen. Der im orientalisch-gotischen Mischstil erbaute Prachtbau wirkt mit seinem 71,5 m hohen Turm ebenso imponierend wie das Bahnhofsgebäude. Den Mittelgiebel des Rathauses krönt in vier Metern Höhe eine Frauenstatue.

Kunstakademie

Nördlich hinter dem Rathaus und dem Pressehaus der Times of India steht die **Sir Jamsetjee Jeejeebhoy School of Art.** Diese 1857 gegründete Kunstakademie wurde von *J. Lockwood Kipling,* dem Vater *Rudyard Kiplings,* geleitet.

Crawford Market

Am nördlichen Ende der Dadabhai Naoroji Road, Ecke Tilak Marg, liegt der Crawfort Market (Mahatma Phule Market), einer der faszinierendsten Orte ganz Mumbais. Stunden könnte man damit verbringen, durch die von vielen Jahrzehnten des Handelns gezeichneten **Markthallen** zu schlendern und sich von den Farben, Formen und Düften von Obst, Gemüse, Gewürzen, lebenden Vögeln und Fisch verführen zu lassen. Gelegentlich wird man am Haupteingang auf der Südwestseite am Uhrturm von Männern angesprochen, die wohl eine Art Eintrittsgeld kassieren wollen oder sich als Führer anbieten, was ein Versuch ist, dem unwissenden Touristen etwas Geld abzuknöpfen. Dieses Spiel lässt sich umgehen, indem man durch den nordöstlichen Hintereingang von der D.N. Rd. aus den Markt betritt, wo man nicht belästigt wird.

Einer der schönsten Bahnhöfe der Welt: Victoria Terminus

Der besondere Tipp: Basarviertel

Wer auf den Geschmack gekommen ist, sollte sich in das nördlich und westlich an den Crawford Market anschließende Basarviertel mit seinem Gewirr enger Gassen begeben, wo die verschiedenen Handwerkszünfte ihren Sitz haben. Besonders faszinierend ist dabei der an der Mauhana Shankatali Road in der Nähe der Ali Road gelegene **Chor Bazaar** (Diebesbasar). Hier wird nahezu alles verscherbelt, von antiken Möbelstücken über wertvolles Chinaporzellan bis zur Rolex, die vom Handgelenk eines reichen Touristen auf verschlungenen Wegen hierher gelangte. Damit man in den engen, stets von Menschen gefüllten Gassen nicht selbst Opfer des Diebesmarktes wird, sollte man seine Wertsachen stets aufmerksam im Auge behalten.

In unmittelbarer Nähe zum Chor Bazaar, an der Abdul Rahman Street, steht der von einem großen, heiligen Teich umgebene, der Schutzgöttin Mumbais gewidmete **Mumbadevi-Tempel.** Ursprünglich befand sich der Tempel dort, wo heute der Victoria Terminus steht. 1737 musste er jedoch der Erweiterung des alten Forts weichen. Der heutige Tempel soll aus dem Jahre 1753 stammen.

Beeindruckend ist etwas südlicher das quirlige Gassenviertel rund um die alles überragende Jamia Masjid, nordwestlich des Crawford Market. Im **Cloth Market,** in dem nichts als Stoffe feilgeboten werden, kann man sich für wenig Geld und viel Erlebnis ein **Kleidungsstück schneidern lassen.** Zunächst sucht man sich einen Stoff aus und bezahlt ihn. Dann wird man zu einem Schneider geführt, der einem daraus das gewünschte Kleidungsstück nach Maßabnahme meist am selben, spätestens zum nächsten Tag näht.

Sonntags sind die meisten Geschäfte im Viertel geschlossen und es ist deshalb weit weniger beeindruckend.

Vom Nariman Point zum Malabar Hill

Nariman Point

Steht das Gateway of India für die Kolonialgeschichte Mumbais, so spiegeln die Glitzerfassaden der Luxushotels und Verwaltungsgebäude am Nariman Point die nachkoloniale Erfolgsgeschichte der Stadt. Auffälligstes Gebäude dieses „Manhattan Mumbais", wie es stolz genannt wird, ist das **Oberoi,** ein Superluxushotel, welches mit seinen beiden Türmen den Himmel der Metropole beherrscht.

Marine Drive

Etwas weiter nördlich entlang des Marine Drive, der imponierenden sechsspurigen Küstenstraße, findet sich das moderne **Air-India-Hochhaus.** 1993 wurde es durch einen von insgesamt sechs Sprengsätzen, die innerhalb nur weniger Minuten im Stadtzentrum explodierten, erheblich beschädigt. Alle Prachtbauten entlang der Marine Drive oder Netaji Subash Chandra Bose Marg, wie Mumbais berühmteste **Promenadenstraße** heute heißt, seit sie in den achtziger Jahren zu Ehren des Freiheitskämpfers umbenannt wurde, stehen auf einer Landmasse, welche erst 1940 künstlich aufgeschüttet wurde.

Allabendlich zum Sonnenuntergang ist der Marine Drive ein beliebter Treffpunkt der Bewohner, die schlendernd den Sonnenuntergang genießen. In letzter Zeit finden sich auch mehr und mehr gesundheitsbewusste Inder zum abendlichen Walken ein.

Chowpatty Beach

Von hier ist es nicht mehr weit zur Chowpatty Beach, die sich in einem Halbbogen vor der Marine Drive erstreckt. Sonnenanbeter und Wasserratten sind hier allerdings fehl am Platze, da der Strand ebenso wie die See gleichermaßen verdreckt sind. Dafür ist Chowpatty besonders gegen

Abend, vor dem Hintergrund der hell erleuchteten Skyline, ein stimmungsvoller Ort, an dem sich Hunderte von Indern einfinden. Erfrischungsstände, Karussells und Gaukler vertreiben ihnen die Zeit.

Historische Bedeutung erlangte Chowpatty, weil hier während des indischen Unabhängigkeitskampfes viele große Demonstrationen stattfanden, an denen mehrere Hunderttausend Menschen beteiligt waren. Auch heute noch wird er von den Parteien als Schauplatz ihrer Wahlveranstaltungen genutzt.

Jedes Jahr im September finden sich Tausende ein, um **Ganesh Chaturhi,** den Geburtstag des beliebten Elefantengottes, zu zelebrieren. Dabei werden kunstvoll bemalte, oft meterhohe Tonskulpturen Ganeshas nach Abhaltung ausgiebiger Kulthandlungen im Meer versenkt.

• H2O Watersports (Tel.: 23677546, sailing @h2osports.biz) veranstaltet zwischen 10 und 22 Uhr am Strand z.B. **Speedboat- und Motorboot-Fahrten** (175 bzw. 100 Rs p.P.) und Rundfahrten (200 Rs p.P. bis 19 Uhr und 280 Rs ab 19 Uhr) in die Bucht. Außerdem werden Wasser- und Jetski (1.000 Rs für 10 Min.) sowie Windsurfen angeboten.

Malabar Hill

Die Marine Drive setzt sich, hinter Chowpatty nach Westen abbiegend, in der Walkeshwar Road fort, die über die steil aufsteigende Bal Gangadhar Kher Marg zum Malabar Hill führt, einer **Landzunge,** die wie ein Daumen ins Meer hinausragt. Malabar Hill ist so etwas wie das Beverly Hills Mumbais, da hier in frischer Seebrise die oberen Zehntausend der Stadt ihren Reichtum mit **herrschaftlichen Villen** zur Schau stellen.

Kamala Nehru Park

Die besten Ausblicke auf Chowpatty und Marine Drive bieten die auf der Spitze des Berges gelegenen Hanging Gardens und der Kamala Nehru Park. Der 1952 angelegte Park ist eine Art **Freizeitpark** für Kinder und wurde nach der Frau des ersten indischen Ministerpräsidenten benannt.

Hanging Gardens und Türme des Schweigens

Die direkt gegenüber gelegenen, über einem Wasserreservoir errichteten Hanging Gardens (neuer Name Pherozeshah Mehta Gardens) gewähren einen Blick in Richtung der Türme des Schweigens, jenem **Bestattungsort,** wo die Parsen ihre Toten den Vögeln zum Fraß vorlegen. Die in der Luft kreisenden Geier sind allerdings das einzige, was man von der Bestattungszeremonie zu Gesicht bekommt, da die Türme selbst durch dichte Bäume vor den neugierigen Blicken Fremder verdeckt sind. Ein Modell kann im Prince of Wales Museum besichtigt werden. Der Grund für diese Bestattungsmethode ist das oberste Gesetz der Parsen, welches besagt, dass die Reinheit der Elemente nicht durch die Bestattung von Toten in der Erde oder ihre Verbrennung beschmutzt werden soll (s. „Menschen und Kultur: Religionen“).

232ke Foto: tb

Raj Bhavan und Walkeshwar-Tempel

Am Ende der Landzunge des Malabar Hill steht Raj Bhavan, einst herrschaftliche Residenz des britischen Gouverneurs und heute **Sitz des Gouverneurs** von Maharashtra.

Der ganz in der Nähe gelegene Walkeshwar-Tempel, ein beliebter **Wallfahrtsort** der Hindus, stammt aus dem Jahre 1715. Er war ursprünglich im 11. Jh. erbaut, danach jedoch mehrfach zerstört worden. Glaubt man der Legende, so soll der Tempelteich entstanden sein, als Rama einen Pfeil in den Boden schoss, um seinen Durst zu löschen.

Die Waschküche Mumbais:
Mahalaxmi Dhobi Ghat

Haji Ali's Tomb

Der Pavillon zum Andenken an *Haji Ali,* der während einer Pilgerfahrt nach Mekka ertrank, liegt äußerst pittoresk auf einer Felsenklippe mitten im Meer. Zu erreichen ist er während der Ebbe über einen ca. 100 m langen **Damm,** der zu beiden Seiten von erbarmungswürdig aussehenden Bettlern gesäumt wird, die auf eine milde Gabe der täglich Tausenden von Pilgern hoffen.

Mani Bhawan

In der schattigen Labarnum-Gasse liegt das hübsche, dreigeschossige Haus mit vorspringenden Holzbalkonen, in dem **Mahatma Gandhi** während seiner zahlreichen Besuche in Mumbai zwischen 1917 und 1934 wohnte. Heute befindet sich in den Räumlichkeiten ein **Museum,** in dem neben berühmten Utensilien wie etwa dem Spinnrad und den Sandalen auch beeindruckende Fotos über den indischen Unabhängigkeitskampf zu sehen sind.

- **Öffnungszeiten:** tgl. 9 bis 18 Uhr, Tel.: 23805864.

Victoria Gardens, Zoo und Victoria and Albert Museum

Vor allem am Wochenende sind die gepflegten, weitläufigen Victoria Gardens im Norden von Central Mumbai mit dem auf dem Areal befindlichen Zoo ein beliebtes und dementsprechend überlaufenes **Ausflugsziel.** Der Zoo beherbergt u.a. Tiger, Löwen, Leoparden, Elefanten, Nashörner, Krokodile, Affen und Zebras.

Das Victoria and Albert Museum (seit einigen Jahren heißt es offiziell Dr. Bha Daji Lad Museum) befindet sich ebenfalls auf dem Gelände der Victoria Gardens und lohnt u.a. wegen einer sehr anschaulichen Fotoausstellung zur **Stadtgeschichte** einen Besuch.

- **Öffnungszeiten:** Der Zoo ist 9–18 Uhr geöffnet, das Museum (Tel.: 23757943) 9.30–17 Uhr. Beide sind Mi geschlossen.

Mahalaxmi Dhobi Ghat

Wer einmal sehen möchte, was mit seiner Wäsche passiert, nachdem er sie morgens im Hotel abgegeben hat, dem sei geholfen. Im Mahalaxmi Dhobi Ghat, dem **„Ufer der Wäscher"** im Stadtteil Mahalaxmi, wringen, prügeln und malträtieren Hunderte von *dhobis* seit bald 150 Jahren die ganze Wäsche Mumbais. Die Wäscher arbeiten jeweils in nebeneinander gelegenen, von niedrigen Zementmauern umgebenen kleinen Parzellen, an denen das zum Waschen benötige Wasser vorbeifließt. Der beste Ausblick auf das Treiben bietet sich von einer Brücke an der vorbeiführenden Hauptstraße.

Zur Anfahrt nimmt man einen Vorortzug von der Churchgate Station bis zum Bahnhof Mahalaxmi. Der Zug sollte ein Slow Train sein, da die meisten Expresszüge Mahalaxmi ohne Halt durchfahren. Die Dhobi Ghats liegen direkt an der Ostseite des Bahnhofs.

Es herrscht **Fotografierverbot!** Vorsicht: Personen, die sich als „Government Officials" ausgeben, behaupten, dass gegen Zahlung von 100 Rs an sie die Erlaubnis zu erhalten sei.

Praktische Tipps

Information

- Das **India Tourism Tourist Office** (Tel.: 22033144/5, 22074333, www.incrediblein dia.org) im 1. Stock in 123, Maharshi Karve Road, gegenüber der Churchgate Station, ist eines der besten Informationsbüros ganz Indiens. Neben einem übersichtlichen Stadtplan erstellen die freundlichen Bediensteten auf Anfrage auch aktuelle Computerausdrucke zu fast allen touristisch interessanten Orten Indiens. Geöffnet ist es Mo–Fr von 8.30 bis 18 Uhr, Sa und an Feiertagen von 8.30 bis 14 Uhr. Hier können auch Privatzimmer bei Familien (um 1.000 Rs/Nacht) vermittelt werden. **Filialen** befinden sich am nationalen (Tel.: 26156920) und internationalen Flughafen (Tel.: 26829248). Staatlich geprüfte Stadtführer können unter Tel. 22036854 gebucht werden.

- **Maharashtra Tourism Reservation Office (MTDC)** in den CDO Hutments, Madame Cama Rd., Nariman Point (Mo–Sa 9.30–17.30 Uhr, Tel.: 22845678, www.maharashtratourism.gov.in), und eine Infobude am Apollo Bunder (Di–So 8.30–15.30 Uhr, am Wochenende zusätzlich 17.30–20 Uhr, Tel.: 22841877), veranstaltet neben Stadtrundfahrten, die an diesen Punkten beginnen (s.u.), diverse mehrtägige Rundreisen zu Zielen in Maharashtra.
- **„Mumbai – This Fortnight"** ist ein hervorragendes, 66 Seiten starkes Heftchen mit einer Fülle von Informationen über Mumbai. Neben Hotel- und Restaurant-Adressen finden sich u.a. Einkaufstipps, Flugpläne, wichtige Adressen von Botschaften und Fluggesellschaften sowie ein Veranstaltungskalender.
- Wer sich länger in Mumbai aufhält, findet im an vielen Kiosken erhältlichen **Stadtplan** von Eicher (250 Rs) einen präzisen Begleiter.

Reisebüros

- Verlässlich ist **Akhbar Travels** (Tel.: 2263 3434, Mo–Sa 10–19 Uhr) an der Dadabhai Naoroji Rd.
- Ebenfalls an der D.N. Rd. findet sich das Hauptbüro von **Thomas Cook** (Tel.: 2204 8556, Mo–Sa 9.30–18 Uhr).
- In Colaba ist **Balaji Tours & Travels** (Tel.: 22824346, (0)9820292453, Mo–Sa 9–19.30 Uhr) an der Best Marg nicht nur eine gute Geldwechseladresse, sondern vermittelt auch zuverlässig Taxis, arrangiert Ausflugstouren und Bahn- und Flugtickets.

Stadtverkehr

Verbindungen zu den Flughäfen

Flughafenbusse:

- **Busse vom nationalen zum internationalen Flughafen** verkehren alle 15 Min. Kann man ein Weiterflugticket vorweisen, ist die Fahrt umsonst, ansonsten kostet sie 20 Rs.
- Der von vielen Individualtouristen benutzte Flughafenbus vom Air-India-Gebäude am Nariman Point zum nationalen Flughafen Santa Cruz und weiter zum internationalen Flughafen Sahar ist **eingestellt worden.**
- **Kleinbusse** vor der Ankunftshalle des internationalen Flughafens verbinden kostenlos mit dem nationalen Flughafen und Hotels in Juhu.

Taxi:

- Taxipreise vom 30 km entfernten **internationalen Flughafen Sahar** nach Colaba, zur Fort-Area und zum Marine Drive sollten per Prepaid-Taxi nicht mehr als 350 Rs (mit AC 440 Rs) betragen, nach Juhu und Bandra 190 Rs und zur Mumbai Central Station 270 Rs. Vom Flughafen in die Stadt muss das Ticket an einem Schalter am Ausgang des Ankunftsgebäudes bezahlt werden. Nach 22 Uhr zusätzlich 25 %, pro größerem Gepäckstück weitere 10 Rs. Nach Bezahlen des Festpreises erhält man eine Quittung, welche einem speziellen Taxi zugewiesen ist. Die ganze Prozedur hat den Vorteil, dass einem die übliche Feilscherei um den Fahrpreis erspart bleibt. Vorsicht: Auch bei den Prepaid-Schaltern gibt es schwarze Schafe, die zunächst sehr viel mehr verlangen.

  Die Fahrt in die Innenstadt dauert nachts (wenn die meisten internationalen Flüge aus Europa landen) etwa 45 Min., tagsüber können es auch 1½ oder 2 Stunden werden. Es stehen auch private Taxis bereit, die aber kaum für einen geringeren Fahrpreis ins Zentrum fahren.
- Billiger, wenn auch nur nach ausgiebigem Verhandeln, kommt in die Stadt, wer sich nach der Ankunft vom „Arrival-" zum **„Departure-Terminal"** begibt und dort eines der sonst leer in die Stadt fahrenden Taxis anhält. Allerdings sind hier die Fahrer besonders „commission-minded" , das heißt, sie wollen einen unbedingt in ein Hotel ihrer Wahl fahren.
- Will man zum Abflug aus der Innenstadt (Colaba) zum Flughafen, ist dies auch bei Verhandlungsgeschick in der Saison schwer unter 300 Rs zu haben, während man davor und danach, selbst zur Nachtzeit, schon ab 250 Rs ein Taxi bekommt.

Da insbesondere die Flüge von Mumbai nach Europa häufig überbucht sind und die oft chaotischen Zustände am Flughafen zusätzlich für Verzögerungen sorgen, empfiehlt es sich unbedingt, spätestens **drei Stunden vor Abflug** am Schalter **einzuchecken.** Wenn man bedenkt, dass die Fahrt von der Innenstadt zum Flughafen mindestens eine Stunde dauert und die Maschinen nicht selten mit Verspätung abfliegen, muss man von der Abfahrt vom Hotel bis zum ersten Essen im Flugzeug sechs bis acht Stunden rechnen. Wer die enorm hohen Preise für Essen und Trinken am Flughafen nicht zahlen möchte, sollte sich einen **kleinen Snack** bzw. eine **Flasche Wasser** bereits vorher kaufen.

S-Bahn/Autoriksha:

- Eine der billigsten und zudem schnellsten Möglichkeiten, von der Innenstadt Richtung Flughafen zu gelangen: Zunächst von Churchgate oder Victoria Terminus in etwa 40 Min. mit einem der ständig zwischen 4.30 und 24 Uhr verkehrenden **Vorortzüge** Richtung Ville Parle oder Andheri (5 Rs) und von dort mit einer der bereitstehenden **Autorikshas** für ca. 30 Rs weiter zum Flughafen. Diese Alternative funktioniert natürlich auch in umgekehrter Richtung, wenn man bei Tageslicht landet, da die Vorortzüge nachts nicht fahren und abends nicht ungefährlich sind. Auch mit viel Gepäck ist dies eine nicht zu empfehlende Option.

Autoriksha

- Autorikshas sind **nur in den Vororten** erlaubt und so für Touristen als Transportmittel praktisch nur dort von Nutzen. Wer sie dennoch benutzt, muss den angezeigten Fahrpreis mit acht multiplizieren, wenn überhaupt mit Taxameter gefahren wird.

Taxi

- Aufgrund ihrer Quasi-Monopolstellung im Innenstadtbereich sind die insgesamt 40.000 (!) Taxis das neben Bussen meistbenutzte Transportmittel Mumbais. Tagsüber schalten die meisten Fahrer ohne Murren den **Taxameter** ein, eine für Indien ganz ungewöhnliche Erfahrung. Bei Fahrtende sollte man sich jedoch nicht zu früh über den angezeigten Fahrpreis freuen, da dieser mit dem Faktor 14 multipliziert werden muss. 2,50 Rs auf der Uhr kosten also schließlich 30 Rs. Jeder Taxifahrer muss eine Umrechnungstabelle, die sogenannte *Taxi Tarif Card,* bei sich führen und auf Verlangen vorzeigen. Vom Gateway of India zum Victoria Bahnhof zahlt man ca. 20 Rs, zum Malabar Hill etwa 60–70 Rs.

Von 22 bis 6 Uhr wollen die meisten Fahrer einen **Nachtzuschlag** (ca. 25 %) herausschlagen und sind kaum bereit, mit Uhr zu fahren. Dann gilt es also wieder, zäh zu verhandeln.

Blaue AC-Taxis, die sogenannten **Cool-Cabs,** sind um ca. 30 % teurer und können auch unter Tel.: 28246216, 28227006, 9820329118 angefordert werden. Ihre Taxameter zeigen den korrekten Preis an.

Bus

- Mumbai besitzt das beste innerstädtische Busnetz ganz Indiens. Die äußerst pittoresken, dunkelroten **Doppeldeckerbusse** sind meist in einem relativ guten Zustand und zudem auch nur während der Hauptverkehrszeiten vollgestopft. Dennoch sollte man sich vor den zahlreichen **Taschendieben** in Acht nehmen, da ansonsten die Fahrt letztlich wesentlich teurer ausfällt als gedacht. Die meisten Strecken kosten kaum mehr als maximal 2 Rs. Ein kleines Heftchen, in dem alle 300 (!) verschiedenen Routen aufgeführt sind, gibt es an vielen Kiosken zu kaufen.
- Einige für Touristen interessante **Routen** sind die Linien 1, 6-Ltd., 7-Ltd., 103 und 124 vom Victoria-Bahnhof nach Colaba. Vom Mumbai-Central-Bahnhof fahren die Busse Nr. 43, 70, 124, 125 nach Colaba. Von Colaba über den Chowpatty Beach zum Malabar Hill fahren u.a. Linien 106 und 108, zu den Hanging Gardens 103 und 106, zum Chowpatty Beach 103, 106, 107 und 123, zum Crawford Market vorbei am Victoria Terminus Linien 1, 3, 21, 103 und 124.
- Mit **Ltd.-(Limited Stops-)Bussen** kommt man schneller ans Ziel, da sie seltener halten.

- Wer mit dem Zug am **Mumbai-Central-Bahnhof** ankommt bzw. von dort losfährt, kann mit einem der alle 5 Min. von und nach Churchgate fahrenden Busse ins Stadtzentrum fahren. Der Preis ist im Bahnticket enthalten. Allerdings gilt auch hier: Vorsicht vor Langfingern!

Stadtrundfahrt

- Tägliche regelmäßige Stadtrundfahrten werden nur von **privaten Anbietern** veranstaltet. Diese haben ihre Verkaufsschalter nahe dem Gateway of India. Überall um das Gateway of India wird man von Schleppern wegen Stadtrundfahrten angesprochen, die je nach Teilnehmerzahl in Minibussen oder Pkw zu recht hohem Preis durchgeführt werden. Skepsis ist jedoch angebracht, die Erklärungen sind häufig nur in Hindi und die Eintrittspreise müssen extra bezahlt werden.
- **Maharashtra Tourism** (Nariman Point, Tel.: 22024482, 22026713) veranstaltet nur noch am Wochenende zwei einstündige Stadtrundfahrten per Doppeldeckerbus (die erste um 7 Uhr, die zweite um 8.15 Uhr, 120 Rs oberes Deck, 50 Rs unteres Deck), die die Sehenswürdigkeiten im Innenstadtbereich passieren. Sie starten bei der Filiale am Gateway of India (Tel.: 22841877). Außerdem noch eine **Abendtour** (19 bis 20.15 Uhr), die die wichtigsten Sehenswürdigkeiten passiert. Abfahrt 19 Uhr am Gateway of India, wo in der Ticketbude von Maharashtra Tourism Karten gekauft werden können. Außerdem gibt's zweimal tgl. außer Mo die **Mumbai Museum Bus Tour** (9.30–14 und 13.30–18 Uhr, Reservierung über Tel.: 22841877, 22845678), welche einige wichtige Museen der Stadt beinhaltet. Preis inkl. Eintritt für die Museen 500 Rs, Startpunkt ist das Gateway of India.
- An Wochenenden und Feiertagen werden einstündige **Open-Deck-Tours** angeboten, die um 19 Uhr und um 20.30 Uhr im Innenstadtbereich wichtige angestrahlte Sehenswürdigkeiten passieren (70 Rs).
- Transway International (Tel.: 26146854) veranstaltet eine **Bombay-by-Night-Tour** für 25 US-$.
- Wesentlich billiger erlebt die Stadt, wer mit einem **Doppeldeckerbus** der Linien 132, 133 oder 138 fährt. Letzterer verkehrt zwischen World Trade Centre und Victoria Terminus.
- Einstündige **Hafen-Besichtigungsfahrten** per Boot starten regelmäßig am Gateway of India (30 Rs).
- Stadtrundgänge zu den wichtigsten Sehenswürdigkeiten im Stadtbereich werden von **The Bombay Heritage Walks Society** auf Anfrage an Sonntagen (außer während der Monsunzeit) für 1.500 Rs (bis drei Personen, 500 Rs für jede weitere Person), durchgeführt. Details: Tel.: 26835856, 23690992, www.bombayheritagewalks.com.
- Eine Vielzahl ungewöhnlicher Ausflüge organisiert **Reality Tours & Travels** (Tel.: (0)9820822253, www.realitytoursandtravels.com). Am ungewöhnlichsten ist wohl der Besuch des größten Slumgebietes Dharavi und seiner Arbeitswelt (2½-Std.-Tour 500 Rs, 4½-Std.-Tour 1.000 Rs), wobei jeder selbst entscheiden muss, inwieweit dies angemessen ist. Ein Großteil der Erlöse dieser Tour werden an ein Sozialprojekt im Slum weitergegeben. Eine weitere Tour führt zu mehreren großen Märkten der Stadt (inkl. Crawford Market), eine andere mit öffentlichen Verkehrsmitteln etwa zum Dhobi Ghat, Victoria Terminus und zu drei großen Märkten. Eine morgendliche Fahrradtour (ab 6.15 Uhr, bevor der starke Verkehr beginnt) steuert bekannte Sehenswürdigkeiten im Fort-Bereich an, lotst aber auch zu sonst nicht von Touristen besuchten Orten wie einem Sammelplatz von Kühen im Innenstadtbereich. Die meisten Touren starten am Regal Cinema in Colaba.
- Will man sich von einem erfahrenen **Guide** auch die etwas unbekannteren Ecken Mumbais (natürlich auch die bekannten) zeigen lassen, ist Herr Raju Chudasama (Tel.: (0)9324231077, raju2india@yahoo.com) der Richtige. Der in Bombay geborene Guide kennt sich bestens in allen Winkeln aus und führt auch zu Orten am Rande Mumbais. Dies geschieht per pedes, per Auto oder in Vorortzügen, wenn es gewünscht wird. Zudem ist er sehr preiswert. Am besten einen Tag vorher einen Termin mit ihm verabreden. Seine Agentur Atlanta Tourist Service bietet auch weitere touristische Dienste an.

- Bei India Tourism können mehrsprachige **Stadtführer** für 600/750 Rs pro Halb-/Ganztagestouren angeheuert werden. Für Führungen in nicht englischer Sprache werden 200 Rs zusätzlich verlangt.
- Jeden Sonntag (außer in der Monsunzeit) wird eine einstündige Bahnfahrt nach Thane im **historischen Heritage Train,** einer alten Dampflok, mit einem kurzen Aufenthalt und Rückfahrt veranstaltet. Abfahrt in Mumbai CST um 15.35 Uhr, Rückkehr um 18 Uhr, 100 Rs Non-AC, 200 Rs AC. Die Tickets sind an den Bahnhöfen Mumbai CST und Thane erhältlich.
- Einen Einblick in das koloniale Reisen gewährt der **Deccan Odyssee** (Tel.: 46868686, www.deccanodyssey.com). Der voll klimatisierte Zug mit elegantem, zeitgerechtem Dekor, aber auch neuen Errungenschaften wie Flachbildfernsehern sowie einem Spa-Waggon mit Sauna und Ayurveda fährt in einer einwöchigen Rundreise einige wichtige Ziele Maharashtras an wie Sindhudurg und Tarkarli, Ajanta und Ellora, Kolhapur sowie Old Goa/Panjim. Start- und Zielort ist Mumbai. Preis p.P. in der Einzelkabine ab 650 US-$, Doppelkabine ab 500 US-$. Buchungen über Maharashtra Tourism Developmet Corp (MTDC, Tel.: 22027667, www.maharashtra tourism.gov.in).

Unterkunft

Mumbai ist zweifellos eine der interessantesten Städte Indiens, doch für viele Reisende mit schmalem Geldbeutel entwickelt sich die Unterkunftssuche oft zu einem Alptraum. Es wäre noch untertrieben zu behaupten, in der Stadt bestünde ein **Mangel an Billigunterkünften.** Faktisch gibt es so gut wie gar keine. Ein auch nur einigermaßen akzeptables Doppelzimmer unter 300 Rs zu ergattern, ist so gut wie unmöglich.

Auf die wenigen billigen Unterkünfte stürzen sich jeden Morgen neben westlichen Travellern auch viele indische, afrikanische und arabische Touristen. Wer in den Monaten Oktober bis März nach 12 Uhr mittags in Mumbai eintrifft, kann seine Hoffnung auf ein billiges Zimmer für die kommende Nacht gleich begraben. Erreicht man die Stadt morgens per Flugzeug, sollte man bereits am Flughafen eine **telefonische Zimmerreservierung** vornehmen. Auf die Bediensteten des Tourist Office ist dabei allerdings nur wenig Verlass, da diese meist versuchen, Touristen in den teuren Hotels unterzubringen, wo sie Kommission kassieren. Besser ist es also, selber anzurufen. Auch die meisten Taxifahrer möchten sich gern einige Rupien hinzuverdienen, indem sie Touristen zu einem Luxushotel chauffieren. Insofern sollte man ihren Hinweisen, dass das gewählte Hotel abgebrannt o.Ä. sei, auch keine Bedeutung beimessen.

Auch die im Folgenden genannten Tarife sind mit Vorsicht zu genießen, da sich die Preisspirale unaufhörlich dreht. 10–20 % Zuschläge pro Jahr sind fast schon die Regel. Reist man zu zweit und möchte sich in einem Zimmer in Colaba hinter dem Taj Hotel einquartieren, wo viele Billig- und Mittelklassehotels liegen, empfiehlt es sich, das Gepäck unter Aufsicht der einen Person in einem Café abzustellen, während der andere sich unbeschwert auf die Suche machen kann. Viel Glück dabei!

Untere Preiskategorie

In Colaba:

- Wie heiß begehrt das von der Heilsarmee (Salvation Army) betriebene **Red Shield Salvation Army Hostel** €€-€€€ (30, Mereweather Rd., Tel.: 22841824, red_shield@vsnl.net, Preise inkl. Mahlzeiten) ist, davon kann man sich jeden Morgen um 10 Uhr ein Bild machen, wenn eine Traube von Individualtouristen sich um eines der wenigen Betten bemüht. Tatsächlich sind besonders die sauberen Schlafsäle für 195 Rs pro Person (inkl. Frühstück) die billigste Übernachtungsmöglichkeit, die es in Mumbai gibt. Einige geräumige Doppel- und Dreibett-Zimmer (AC, nur Gemeinschaftsbad) stehen ebenfalls zur Verfügung, der wesentlich höhere Preis beinhaltet drei obligatorische Mahlzeiten. Ein kleiner Balkon und der Aufenthaltsraum sind beliebte Treffpunkte für die bunte Mischung von Travellern aus aller Welt. Die *safe deposit lockers* (Schließfächer) zum Preis von 3 Rs

Unterkunft

- **3** YWCA
- **8** Suba Palace, The Gordon House
- **21** Carlton Hotel
- **22** Taj Mahal Palace
- **25** Regent Hotel, Hotel Moti International
- **28** Red Shield Salvation Army Hostel
- **32** Hotel Prossers
- **33** Bed and Break Fast
- **35** Hotel Oliver
- **36** Hotel Cowies
- **37** Hotel Kishan & Aga Beg
- **38** Bentley's Hotel
- **40** Ascot Hotel
- **42** Hotel Godwin
- **43** Garden Hotel
- **44** Apollo Guest House
- **45** Sea Palace Hotel
- **46** Strand Hotel und Harbour View
- **48** Delight Guest House
- **49** India Guest House, Sea Shore
- **51** Fariyas Hotel

Einkaufen

- **9** Sahakari Bandar Supermarkt
- **11** Shankar Book Stall
- **12** Search Word Bookshop
- **13** Central Cottage Industries Emporium
- **19** Cottonworld Corp.
- **23** Nalanda Bookshop
- **26** Insha Allah Mahsa Allah
- **31** Cottage Industries Emporium

Essen und Trinken

- **2** flag's
- **4** Falafel's
- **5** Barista Espressobar, Sportsbar Express
- **6** Henry Tham's, Alibaba's Klay Oven
- **8** Polly Esther's
- **10** Majestic
- **11** Café Mondegar
- **12** McDonald's
- **14** Gokul Bar
- **15** Bade Miyan
- **16** Olympia Coffee House
- **17** Café Leopold
- **18** Indigo, Busaba
- **20** Laxmi Vilas
- **22** Insomnia Bar & Nightclub, Shamiana
- **29** Piccadilly, Kamat
- **34** Café Churchill, Wich Latte
- **39** Theobroma
- **41** Basilico
- **47** Barista Creme
- **50** Kailash Parbat

Verkehr

- **1** Jet Airways, Gujarat Tourism
- **7** Ticketverkaufsbude Elephanta Island, Mandwa, MTDC Infobude
- **24** Bootsabfahrt nach Elephanta und Mandwa
- **27** Balaji Tours & Travels
- **30** Colaba Bus Depot

pro Tag (+ 50 Rs Pfand) sollten vor allem die benutzen, die im Schlafsaal übernachten. Am besten ist man schon um 9.30 Uhr da, dann steigen die Chancen, in dieser einzigen guten Gewissens zu empfehlenden Low-Budget-Unterkunft Mumbais unterzukommen.

● Für Mumbai-Verhältnisse gar nicht mal schlecht ist das vorwiegend bei altgedienten Indienreisenden beliebte, klapprige **Carlton Hotel** €€-€€€€ (12, Mereweather Road, Tel.: 22020642), wo auch Drei- und Vierbett-Zimmer zur Verfügung stehen. Verglichen mit anderen Städten zweifelsohne überteuert, doch dafür herrscht in dem alten Holzbau eine angenehme Atmosphäre und vom Wäscheservice bis zum Bus- und Flugticketverkauf bietet der geschäftstüchtige Manager eine Menge Extras an.

Colaba
National Gallery of Modern Art
Madame Cama Rd.
Wellington Circle
Regal Cinema
Nethalai Paresh Marg
Shahid Bhagat Singh Road (Colaba Causeway)
Battery Str.
Shivaji Marg
Steven Str.
Mahakavi Bushan Marg
Adam Str.
Shivaji Statue
Hafen
Apollo Bunder
Gateway of India
DHL
Nawroji F Road
Polizei
Mandlik Rd.
Mereweather Road
Best Marg
J Allana Road
Henry Road
P. J. Ramchandani Marg (Strand Road)
Walton Str.
Oliver Road
Garden Rd.
Arthur Bunder Road
Colaba Market
50 (50 m), $ (200 m)
51 (100 m)
0
50 m
©Reise Know-How 2012

● Die besten Angebote dieser Preisklasse machen **Hotel Kishan** und **Aga Beg's P. Guest House** €€-€€€€ (12, Walton St., Tel.: 2284 2227 [Kishan], 66356758/9 [Aga Beg's]). Besonders die teilweise neuen Zimmer des Aga Beg in den oberen Etagen mit sauberen, teils klimatisierten Zimmern, viele geräumig und mit Fenster, manche mit Blick zum rückwärtigen Park oder in die Bäume. Die billigeren Zimmer haben sauberes Gemeinschaftsbad und oft auch TV. Zudem gibt's billige, fensterlose Zellen nur mit Bett und TV.

● Nur ein Querstraße südlich hat auch das **Apollo Guest House** €€€ (Garden Rd., Tel.: 22041302, apo.gh@hotmail.com) einige etwas teurere Zimmerzellen mit Fenster und sauberem Gemeinschaftsbad. Außerdem gibt's teurere, teils klimatisierte Zimmer mit Bad, die das Apollo zu einer für Mumbai guten Billigwahl machen. Dieses Hotel nicht verwechseln mit dem **Apollo Guest House** €€-€€€ (Tel.: 22045540, hotelapollogh@hotmail.com) am Colaba Causeway unter dem Hotel Causeway, eine weitere billige Herberge mit einfachen Zimmern ohne und besseren mit Bad und TV.

● Zwei Hotels übereinander befinden sich im Kamal Mansion, eine kleine Gasse an der Arthur Bunder Rd. hinein: im 2. Stock das **India Guest House** €€ (Tel.: 22833769) mit einfachen DZ inkl. TV, AC und Fenster Richtung Hafenbecken sowie Badezimmer, außerdem fensterlose DZ ohne TV. Das Gemeinschaftsbad ist annehmbar sauber. Recht laut, aber für eine Nacht wohl o.k. Darüber vermietet das bessere **Sea Shore** €€-€€€ (Tel.: 2287 4237/8) Räume mit sauberem Gemeinschaftsbad. Die Zimmer mit Fenster haben einen schönen Blick zum Hafenbecken.

● Wenn ansonsten absolut keine billige Bleibe in Colaba zu finden ist, kann der Suchende auch mit dem **Delight Guest House** €-€€ (Bhaskar Rao Katgutkar Marg, Parallelgasse zur Arthur Bunder Rd., ab 4. Stock, Tel.: 22872693) Vorlieb nehmen. Die meisten Zimmerzellen ohne Fenster und TV mit Gemeinschaftsbad sind im Notfall für eine Nacht ausreichend.

Nähe Victoria Terminus/Fort-Bereich:

Eine ganze Ansammlung passabler Hotels drängt sich im Bereich der Kreuzung von S.B. Singh Road und P.D. Mello Road in unmittelbarer Nähe zum Hauptpostamt, kaum zehn Gehminuten vom Victoria Terminus entfernt.

● Das **Hotel Manama** €€€-€€€€ (221/5, P.D. Mello Rd., Tel.: 22613412, info@hoteloasisindia.com) ist dem leicht billigeren **Hotel Oasis** €€-€€€ (276, S.B. Singh Road, Tel.: 22697887, www.hoteloasisindia.com) vorzuziehen, weil die Zimmer (mit AC) wesentlich heller und etwas geräumiger ausfallen.

● Akzeptabel ist das **Hotel Tourist International** €€€ (Walchand Hirachand Marg, Tel.: 22619770), die meisten Zimmer mit TV, die billigeren mit Gemeinschaftsbad.

● Ein Tipp ist das **Hotel Lawrence** €€-€€€ (K. Dubash Marg, 3. Stock, Tel.: 22843618, 56336107) am Südende des Fort-Bereichs in einer kleinen Seitengasse gegenüber dem Prince of Wales Museum (beim Restaurant Chetana 50 m in die abzweigende Gasse). Spartanische, aber saubere Zimmer, teils mit Gemeinschaftsbad, sind für die Lage günstig. Nicht vom Treppenhaus abschrecken lassen.

● Ein wenig überteuert, dafür jedoch in einer ruhigen und dennoch zentralen Ecke Mumbais zwischen Azad Maidan und D.N. Rd. gelegen, sind die teils klimatisierten Zimmer des **Hotel Outram** €€-€€€ (Marzaban Rd., Tel.: 22094937, 22004322) zwar etwas dunkel (die billigeren mit Gemeinschaftsbad), dies wird durch den freundlichen Service jedoch aufgewogen.

● IndiaTourism kann **Unterkunft in Familien** (Homestays) ab 800 Rs aufwärts vermitteln.

Mittlere Preiskategorie

In Colaba und Marine Drive:

● Die Zimmer im **Bentley's Hotel** €€€€ (Oliver Rd., Tel.: 22841474, 22882890, www.bentleyhotels.com) sind zwar nicht billig, aber sehr stilvoll, teils mit schönem Mobiliar und Balkon, doch für Mumbai recht preiswert und deshalb meist ausgebucht.

● Ein hervorragender Ableger des *Bentley's* ist **Bed & Break Fast** €€€ (Henry Rd., Tel.: 22881706) in einer alten Villa nicht weit entfernt. Große Zimmer mit dunklem Holzmobiliar, oft mit geschlossenem Balkon sowie mit Gemeinschaftsbad sind erstaunlich billig, zumal das Frühstück im Preis enthalten ist.

- Zentral in Colaba gelegen, ist das **Garden Hotel** €€€€€ (Tel.: 22841476, www.hotelgarden.co.in) eine zweckmäßige Mittelklassebleibe.
- Besser ist das teurere **Hotel Godwin** €€€€€-€€€€€€ (Tel: 22841226, hotelgodwin@mail.com) nebenan. Die hübsch möblierten, luftigen Zimmer mit großen Fensterfronten, die von den oberen Etagen weite Ausblicke über die Stadt gewähren, sind sehr angenehm. Zudem lockt das herrliche Dachrestaurant (Frühstücksbuffet) mit Weitblick.
- Das vielleicht beste Preis-Leistungs-Verhältnis dieser Kategorie gibt es beim **YWCA** €€€-€€€€ (Tel.: 22025053, 23071567, Seiteneingang, 1. Stock). Sehr ordentliche Zimmer mit Frühstück sind ein Schnäppchen für diese Lage, was leider dazu führt, dass man ohne längerfristige Reservierung kaum die Chance hat, eines der begehrten Zimmer zu ergattern. Natürlich sind auch männliche Wesen willkommen.
- In günstiger Lage, jedoch leicht verwohnt, lohnen im **Hotel Cowies** €€€€ (Tel.: 2284 0232, 22840279) dennoch besonders die Zimmer mit Balkon und Fenstern den für Colaba recht günstigen Preis.
- Supersaubere Zimmer in zentraler Lage in einem von sehr freundlichen und ehrlichen Bediensteten geführten Haus zu relativ günstigen Preisen – all das bietet das **Chateau Windsor Hotel** €€€€€ (Tel.: 266 224455, www.chateauwindsor.com) in der Veer Nariman Rd. neben dem Ambassador Hotel.
- Eine sehr gute Wahl ist das **Suba Palace** €€€€€ (Tel.: 22020636, www.hotelsubapalace.com) in der Battery Rd. ganz in der Nähe des Gateway of India. Nicht nur die zentrale Lage, sondern auch die attraktiv gestalteten Räume dieses AC-Hotels sind ihr Geld wert.
- Besonders die exklusive Lage am Marine Drive macht die beiden im gleichen Haus (145 A, Marine Drive) untergebrachten Hotels **Sea Green** €€€€ (Tel.: 66336525, 22822294, www.seagreenhotel.com) und **Sea Green South** €€€€-€€€€€ (Tel.: 22821613, 66336535, www.seagreensouth.com) erwähnenswert. Die klimatisierten Zimmer sind jedoch recht teuer fürs Gebotene.
- Im stilvoll renovierten **Regent Hotel** €€€€€ (8, Best Marg, Tel.: 22871853/4, www.regenthotelcolaba.com) ist eine Übernachtung nicht billig, doch dafür ist das Frühstück inbegriffen und man wohnt zentral und in angenehmen Zimmern (AC).
- Erstaunlich preiswert sind die meist sehr großen Zimmer des **Hotel Moti International** €€€€-€€€€€ (Best Marg, Tel.: 22025714, hotelmotiinternational@yahoo.co.in). Auch der freundliche Besitzer und der kleine Sitout am Eingang machen diese altehrwürdige Kolonialvilla zu einem Schnäppchen, das eben deswegen meist ausgebucht ist, also unbedingt reservieren.
- Leider nicht mehr sonderlich gut in Schuss ist das **Strand Hotel** €€€€-€€€€€ (P.J. Ramjandani Marg, Tel.: 22882222, www.hotelstrand.com) in erstklassiger Lage an der ehemaligen Strand Road. So können nur die etwas zu teuren Zimmer mit Meerblick empfohlen werden. Weit mehr für wenig mehr Geld gibt's im darüber gelegenen **Hotel Harbour View** €€€€€ (Tel.: 22821089, www.viewhotelsinc.com) ab 3. Stock. Die weit besseren Zimmer sind gut in Schuss, wobei die mit Balkon nach vorn die beste Wahl sind. Internetbenutzung ist frei. Außerdem lockt das Dachrestaurant (7.30 Uhr bis Mitternacht) mit Hafenblick.
- Wer es vorzieht, in der Gegend um den Churchgate-Bahnhof in der Nähe des Nariman Point zu wohnen, dem sei das sehr gute, preisgünstige **Astoria Hotel** €€€€-€€€€€ (4, J.T. Road, Tel.: 66541234, www.astoriamumbai.com) empfohlen. Eine hervorragende Mittelklassewahl.

Nähe Victoria Terminus/Fort-Bereich:

- Besonders seine günstige Lage direkt gegenüber dem Victoria Terminus (1. Stock, eine leicht zu übersehende Treppe hinauf) machen das **Hotel City Palace** €€€-€€€€ (Tel.: 22615515, 22614759) zu einer Empfehlung. Die Zimmer, alle mit TV, sind recht klein und nicht billig, trotzdem meist ausgebucht.
- Eine gute Wahl ist das **Hotel Benazeer** €€€-€€€€ (Tel.: 22611725, 40024949-51, www.benazeerhotelmumbai.com) mitten im quirligen Zentrum des Forts mit sauberen AC-Zimmern. Auch das fast preisgleiche **Residency**

Hotel €€€€ (Tel.: 66670555, 22625525-9, residencyhotel@vsnl.com) ganz in der Nähe ist in Ordnung. Viele Zimmer haben durch Renovierung an Qualität und leider auch im Preis zugelegt. Hübsch ist die Dachterrasse oberhalb der Marktgasse.

- Das **Railway Hotel** €€€-€€€€ (Tel.: 302 22300-5) hat hinreichend saubere, nicht sonderlich große AC-Zimmer mit TV und wird hier wegen seiner Lage in V.T.-Nähe erwähnt.
- Trotz einer Rundumerneuerung vermittelt das nostalgisch schöne **Grand Hotel** €€€€€ (17, Sprott Rd., Ballard Estate, Tel.: 22618211, www.grandhotelbombay.com) immer noch viel von jener vergangenen Zeit, als die Touristen der großen Überseedampfer an Land gingen. Das aufpolierte Holzmobiliar in den kleinen, um einen Lichthof gebauten Räumen und die marmornen Badezimmer verbreiten eine gemütliche Atmosphäre. Ein weiteres Plus sind die freundlichen Bediensteten und die Tatsache, dass hier fast immer Zimmer frei sind.

Obere Preiskategorie

- Das legendäre, 1903 erbaute **Taj Mahal Palace** €€€€€€ (Apollo Bunder, Tel.: 6665 3366, tmhresv.bom@tajhotels.com, www.tajhotels.com) galt lange Zeit als eines der zehn besten Hotels der Welt. Wenn auch nicht mehr das modernste, so ist es doch immer noch das renommierteste Hotel Indiens. Im Foyer tummelte sich eine V.I.P.-Parade aus „Bollywoods" Filmstars, arabischen Scheichs und Geschäftsleuten – tatsächlich filmreif. Vorzug des neueren Erweiterungsbaus **Taj Mahal Towers** sind die besseren Ausblicke, es fehlt jedoch das koloniale Flair.

Das Hotel war eines der Hauptziele der **Terrorattacken** in Mumbai im November 2008. Dabei wurde der alte Trakt des Taj durch Brände und Explosionen stark beschädigt. Falls eine Besichtigung dieses Wahrzeichens Mumbais möglich ist, sollte man sich dies nicht entgehen lassen. Eintrittsbedingung für das Hotel, die erstklassigen, teuren Restaurants und den Insomnia-Nachtclub ist jedoch ordentliche Kleidung.

- Leicht überteuerte, doch mit allen Annehmlichkeiten dieser hohen Preisklasse ausgestattete Zimmer in bester Lage bietet das **The Gordon House** €€€€€€ (Tel.: 22894400, www.ghhotel.com) nahe dem Gateway of India. Ein gutes Restaurant ist vorhanden, zwei weitere auf dem Dach (eine Seltenheit in Mumbai) sind geplant.
- Das steil aufragende **Oberoi/Trident Towers** €€€€€€ (Nariman Point, Tel.: 66325757 (Oberoi) und 23890555, 66324343 (Trident), www.oberoimumbai.com, www.tridenthotels.com) am Marine Drive, im einen Teil von der Oberoi-Gruppe, im anderen von der Trident-Gruppe gemanagt, ist wohl die luxuriöseste Nobelherberge in Mumbais Zentrum. Allein die elegant gestaltete Eingangshalle mit dem riesigen Shopping-Komplex lohnt einen Besuch. Ebenso wie im Taj gehören Swimmingpool, mehrere Spezialitätenrestaurants, Business-Centre und Spa, Sauna und Diskothek zu dem über 1.000 Betten verfügenden Doppelkomplex.

Auch das Oberoi Trident war Ziel der Terroranschläge im von 2008, es wurde jedoch nicht so gravierend beschädigt wie das Taj.

- Eine interessante Alternative, weil etwas preiswerter und dennoch „Five-Star", wohnt man im guten **Hotel Taj President** €€€€€€ (Tel.: 56650808, 24042501, president.mumbai@tajhotels.com) in der Cuffe Parade, ganz in der Nähe des World Trade Centre. Allerdings sind die Einzelzimmer zum Teil recht klein. Mit vorzüglichem Thai-Restaurant.
- Erstklassige, teils sehr große Zimmer nach vorn, die wenig teurer sind, machen das luxuriöse **Ascot Hotel** €€€€€€ (Garden Rd., Tel.: 66385566, ascothotel@vsnl.com) im Herzen Colabas zur hervorragenden Unterkunft.
- Das freundliche **Fariyas Hotel** €€€€€€ (25, Off Arthur Bunder Road, Tel.: 61416141, www.fariyas.com) bot lange wegen seiner privaten Atmosphäre eine Alternative für jene, die sich in den riesigen Bettenburgen nicht wohl fühlen. Nach wie vor ist es ein gutes Hotel, doch mit deutlich gestiegenen Preisen nur noch bedingt empfehlenswert, zumal einige Zimmer recht klein geraten sind.
- Auch wegen seiner zentralen Lage bietet das alteingesessene **Ambassador Hotel** €€€€€€ (Tel.: 22041131, www.ambassadorindia.com) an der Veer Nariman Rd. mehr fürs Geld.

● Trotz seines bescheidenen Äußeren ist das **Hotel Marine Plaza** €€€€€€ (Tel.: 22851212, www.hotelmarineplaza.com) eines der luxuriösesten Hotels der Innenstadt. Neben den makellosen Zimmern und dem freundlichen Personal gefällt die Lage direkt am Marine Drive ganz in der Nähe des Nariman Point.

Juhu, Bandra und Flughafen-Hotels

Im Stadtteil Bandra ist in den letzten Jahren eine lebendige Club- und Restaurantszene entstanden, die das neue Indien widerspiegelt. Die unmittelbar angrenzenden Stadtteile sind auch wegen ihrer Nähe zu den Flughäfen sinnvolle Unterkunftsregionen für diejenigen, die nur einen kurzen Stopp in Mumbai einlegen und per Flug weiterreisen.

● Im nördlich an Bandra angrenzenden Juhu sticht das hoch aufgeschossene **Iskcon Hotel** €€€-€€€€ (Hare Krishna Lane, Tel.: 26206860) im Hare Krishna Complex schon durch seine Farbe ins Auge. Geräumige Zimmer mit Balkon und ein gutes Restaurant (Büffet) sind ansprechend.

● Neu ist das Business-Hotel **Suba Galaxy** €€€€-€€€€€ (NS Phadke Rd., Andheri, Tel. 26831188, www.hotelsubagalaxy.com) nahe dem Andheri-Bahnhof und etwa 4 km von den Flughäfen entfernt. Hochmoderne Ausstattung (inkl. Breitbandinternet) in mit dunklem Holz möblierten, aber hellen Zimmern.

● Eine ähnliche und preiswerte Adresse in Bandra ist das **Hotel Metro International** €€€€-€€€€€ (Ramdas Nayak Rd., Tel.: 6694 1010, www.brightgroupofhotels.com). Die komfortablen Zimmer verfügen über Balkone, der Service ist erstklassig.

Wer die Nacht in der Nähe des Flughafens verbringen will, dem stehen eine ganze Reihe von Hotels zur Verfügung. Die meisten finden sich in unmittelbarer Nähe zum Inlandsflughafen Santa Cruz, im Bereich der Nehru Rd. Im Folgenden kann nur eine kleine Auswahl genannt werden, wobei die Qualität in Relation zu den aufgeführten Preisen steht. Insgesamt gilt, dass man den Standortvorteil recht teuer bezahlen muss, da alle Flughafen-Hotels, verglichen mit dem gebotenen Standard, deutlich über dem ohnehin schon sehr hohen Preisniveau in der Innenstadt liegen. So erhält man für etwa 1.800 bis 2.000 Rs kaum mehr als ein bescheidenes Zimmer.

● Die **Airport Restrooms** €€-€€€ (Tel.: 26156500 oder Flughafenauskunft: 2615 6600) am Santa-Cruz-Flughafen (Terminal 1B) gewähren Gästen mit Anschluss-Flugticket innerhalb von 24 Std. Unterkunft, sind aber häufig ausgebucht sind.

● In der Tarifklasse um 2.000 Rs für ein Doppelzimmer befinden sich u.a. folgende Hotels: **Airlink** (Tel.: 26184220, www.hotelairlink.com), **Jayshree** (Tel.: 26183232/3), **Ashwin** (Tel.: 28300845) und **Airlines International** (Tel.: 26260714, airlines@goldenswan.com).

● Noch einmal 500 Rs mehr für ihre AC-Räume verlangen die Hotels **Atithi** (77, Nehru Rd., Tel.: 26116124, atithi@bom8.vsnl.net.in) und **Transit** (Tel.: 26128882, transit@vsnl.com) in einer Seitengasse der Nehru Rd.

● Das **Bawa International** €€€€€ (Tel.: 2611 3636, bawaintl@vsnl.com) ist ein hervorragend geführtes Hotel. Im Haus befindet sich auch die Avalon, „the best Discotheque having perfect Police licence", wie das Management betont ...

● Ausgezeichnet ist das Fünf-Sterne-Hotel **The Orchid** €€€€€-€€€€€€ (Tel.: 26164040, www.orchidhotel.com). Beim Bau wurde besonderer Wert auf die Verwendung natürlicher Materialien gelegt, woraus sich die Bezeichnung „Asia's first certified ecofriendly 5 Star Hotel" ableitet – warum einfach, wenn's auch kompliziert geht.

● Wer es sich in der Nähe des internationalen Flughafens gut gehen lassen möchte, sollte sich im **The Leela Kempinski** €€€€€€ (Tel.: 66911234, www.theleela.com) einquartieren. Swimmingpool, vier Restaurants, drei Bars und Tennisplätze sorgen neben den an- und abfliegenden Flugzeugen dafür, dass keine Langeweile aufkommt.

Essen und Trinken

Mumbai hat mit Abstand die größte Auswahl an Restaurants in Indien. An jeder Straßenecke warten gleich mehrere Gaststätten auf Kunden. Die hohe Anzahl beruht auf der ungeheuren Zahl von Pendlern in der Stadt, die oft 4, 5 oder 6 Stunden täglich aufwenden müssen, um zwischen Wohnort und Arbeitsstätte hin- und herzufahren. Für ein Essen zu Hause bleibt vielen gar keine Zeit. Außerdem hat Mumbai eine solide Mittel- und Oberschicht, deren Mitglieder es sich leisten können, gepflegt zu speisen.

In Colaba und am Nariman Point

- Eines der günstigsten und beständig besten Restaurants in diesem Stadtteil ist das winzige und enge **Laxmi Vilas** (Navroji Forunji Rd., neben Oxford University Press). Das Essen ist typisch südindische (vegetarische) Udipi-Küche (benannt nach ihrem Herkunftsort in Karnataka), mit sehr guten *masala dosas* und lohnenswerten *thalis* zu 35 Rs.
- Etwas weiter südlich am Colaba Causeway liegt das **Kamat.** Neben vegetarischer südindischer Küche gibt es auch sehr gute nordindische Gerichte sowie magenfüllende *thalis.* Das immer gut besuchte Restaurant hat zwei Stockwerke, das obere mit AC.
- Neben dem Kamat hat das kleine Restaurant **Piccadilly** eine weit größere Speisekarte, als es den Anschein hat, z.B. gutes Schawarma und viele weitere Köstlichkeiten. Vorsicht bei den grünen Chilis!
- Dem Namen Entsprechendes gibt's im neuen **Falafel's** ganz nah beim Wellington Circle in ausgezeichneter Qualität.
- Das **Majestic** (Colaba Causeway) ist ein langgedienter Favorit in Colaba, zumindest bei Leuten, die extrem auf den Geldbeutel achten müssen. In dem großen, anspruchslosen Speisesaal gibt es recht gute *thalis* zum Niedrigpreis.
- Braucht man nach schweißtreibendem Wandern in den Gassen des Fort-Bereichs eine Pause, ist das im Herzen des Forts nahe Flora Fountain gelegene **Mocambo Café** eine erstklassige, nicht ganz billige und klimatisierte Adresse für einen Snack inkl. Pizza, Steak und Lamm sowie einer recht umfangreichen Weinkarte. Außerdem gibt es viele leckere Torten.
- Das **Kailash Parbat** (Shahid Bhagat Singh Rd., Ecke 1st Pasta Lane), eines von mehre-

233ke Foto: mb

ren vegetarischen Restaurants im südlichen Colaba, genießt seit Jahren einen ausgezeichneten Ruf bei den Einheimischen, von Touristen scheint es jedoch noch nicht entdeckt worden zu sein. Es befindet sich ca. 500 m südlich des *Regal Cinema,* an der Hauptstraße durch Colaba. Serviert wird die vegetarische Küche der Sindhis, der aus Pakistan eingewanderten Händlerkaste. Das Essen ist preiswert und köstlich, dementsprechend ist es mittags und abends gerammelt voll. Eine Mahlzeit für zwei Personen dürfte ca. 100–150 Rs kosten.

- Das 1871 gegründete **Café Leopold** (Shahid Bhagat Singh Rd.) mitten im Herzen von Colaba ist *der* Traveller-Teffpunkt, obwohl niemand genau weiß, warum. Hier trifft man Leute, denen man zuletzt vor mehreren Monaten in Dharamsala, Varanasi, Puri, Bangkok oder auf Bali begegnet ist. Durchsetzt wird die Traveller-Gemeinde von afrikanischen Seeleuten, die irgendwie hängen geblieben sind, Arabern mit unislamischen Absichten und zunehmend auch von Einheimischen.

Das Essen des Leopold ist allerdings von wechselhafter Qualität und zudem teuer. Es scheint aber genügend Leuten zu schmecken, der Laden ist immer total voll. Außerdem gibt es Bier, das hier zu jeder Tageszeit in Strömen zu fließen scheint. Zapfenstreich ist erst um 24 Uhr, relativ spät für Mumbai. Die im Obergeschoss befindliche Disco (Eingang über Seitenstraße Nawroji F Rd.) ist meist noch länger geöffnet. Das Café Leopold war Ziel der Terroranschläge vom November 2008.

- Das ca. 100 m weiter nördlich an der gleichen Straße (etwas südlich des Wellington Circle) gelegene **Café Mondegar** hat ein ähnliches Ambiente. Die Atmosphäre ist hier noch etwas ausgelassener, was wohl nicht zuletzt an der ständig dudelnden Jukebox liegt. Allerdings hört man in letzter Zeit des öfteren Klagen darüber, dass die Ober hier wie auch im *Leopold* recht unfreundlich werden, wenn man nur für einen Drink hereinschaut, ohne etwas essen zu wollen, und man mehr oder weniger sanft zum Gehen aufgefordert wird.

Cricket vor kolonialer Kulisse

- Schräg gegenüber dem Leopold wartet ein weiteres Irani-Restaurant auf, das **Olympia Coffee House,** das sehr gemütlich eingerichtet ist. Kulinarisch geht es eher deftig zu, da die diversen Mughlai-Speisen oft scharf und fettig sind.
- Ein neues, recht angesagtes Restaurant am Colaba Causeway ist das **Café Churchill,** billiger als *Leopold,* mit ähnlichem Angebot. Es ist sehr klein, deshalb meist voll.
- Ca. 50 m südlich vom Churchill kredenzt das neue **Wich Latte** (Tel.: 65254827, www.wichlatte.com) teils seltsam bezeichnete Gerichte wie *Renwick Reiben (Corned Beef) Tuscan Verde* sowie gute Salate – etwa mit Sauerkraut –, Pizza, Tiramisu, Kuchen und Eis. Was *Clinton's Wich* ist, sollte der neugierige Hungrige selbst herausfinden.
- Eine weitere Alternative zum teuren *Leopold,* wenn auch nur etwas billiger, ist das keine 100 m südlich gelegene **Food Inn** (9.30–0.30 Uhr) mit vielseitiger Karte: *sea food,* Sandwiches, Pizza, Nudeln, Milchshakes, Chicken, *tandoori.*
- Das gepflegte **Basilico** in der Arthur Bunder Rd. wird für seine italienische Küche gelobt (z.B. Gnocchi in Koriander-Limetten-Pesto). Leider ist das Basilico sehr teuer geworden, für ein Hauptgericht sollte man um 500 Rs veranschlagen, außerdem gibt's zum Frühstück frische Baguettes, Croissants und Espresso. Wechselgeld zählen.
- Erstklassige Kebabs, aber auch indische Küche in vorzüglicher Qualität serviert **Alibaba's Klay Oven** an der Shivaji Marg zwischen Wellington Circle und Gateway of India.
- In einem der wenigen Dachrestaurants Mumbais sollte man sich das Frühstücksbuffet auf dem Dach des **Godwin Hotel** (190 Rs) mit weiten Ausblicken über die Stadt nicht entgehen lassen oder seinen Sundowner zum Abendessen dort genießen.
- Wer im schicken **Indigo** (Mandlik Rd., Tel.: 66368980, Hauptgerichte ab 600 Rs, nur mittags und abends geöffnet) speisen möchte, muss reservieren. Die erstklassige europäische Küche und eine exquisite Weinkarte machen jedes Mahl zu einem lukullischen Genuss, der auch auf dem Dach bei Kerzenschein möglich ist. Bekommt man keinen Platz, lockt die gut ausgestattete Bar. Früh-

stück für den gehobenen Anspruch gibt's beim exzellenten **Indigo Delicatessen** (Pheroze Bldg., Shivaji Marg) in der Nähe.

- In ganz Mumbai bekannt für seine ausgezeichneten Barbecue-Gerichte ist **Bade Miyan** in der Tulloch Rd., einer kleinen Gasse zwischen Gateway of India und Café Leopold. Dabei handelt es sich um ein jeden Abend ab 19 Uhr neu aufgebautes Open-Air-Restaurant, welches aus nicht viel mehr als ein paar aufgestellten Tischen besteht. Neben den vorzüglichen und zudem günstigen Gerichten gefällt hier die lockere Stimmung, die bis spät in die Nacht andauern kann.
- Wer danach noch in einer vor allem von Indern besuchten, rauchigen und stimmungsvollen Kneipe sein Glück suchen will, sollte die schräg gegenüber angesiedelte **Gokul Bar** aufsuchen, wo auch kleinere, leckere Snacks serviert werden.
- Gute und billige nordindische Kost ohne viel Schnickschnack bietet das in der Nawroji-F. Rd. gelegene Restaurant **New Apollo.**
- Das **Golden Gate** (Amarchand Mansion, Madame Cama Rd., Tel.: 22026306, 22027989), rechts neben dem YWCA International Guest House gelegen, bietet sowohl Fleisch- als auch vegetarische Gerichte. Sie sind allesamt sehr gut, vor allem leicht zubereitet. Zwei Personen müssen bei vegetarischen Gerichten mit mindestens 400 Rs rechnen, bei Fleischkost mit ca. 600 Rs.
- Das **Shamiana,** der Coffee Shop im Erdgeschoss des Taj Mahal Palace, ist eine alteingesessene Institution in Colaba, in der sich der luxusgewöhnte Geschäftsmann ebenso einfindet wie der knausernde Low-Budget-Traveller, der einmal 5-Sterne-Luft schnuppern möchte. Halbwegs dezente Kleidung ist allerdings anzuraten. Rund um die Uhr geöffnet.
- Nicht ganz so gelungen eingerichtet, aber auch viel billiger ist das empfehlenswerte **Nosh,** gleich neben dem Regal Cinema am Colaba Causeway.
- Nebenan lockt eine kühle Filiale von **Barista Espressobar** mit Fensterfronten und diversen Kuchen, Snacks und Kaffeesorten. Ein Ableger hiervon ist **Barista Creme** im südlichen Colaba an der Arthur Bunder Rd.
- Fast-Food-Freunde kommen im **McDonald's** am Colaba Causeway zu ihrem Recht, weitere Ableger gibt's u.a. gegenüber dem Victoria Terminus.
- Das **Theobroma,** ein gemütliches, kleines Café auf der ruhigeren Seite des Colaba Causeway, lockt mit köstlichen Kuchen und diversen Kaffees zum Nachtisch.
- *Sachin Tendulkar,* Indiens Cricket-Superstar der letzten 10 Jahre, hat offensichtlich derart viel Geld verdient, dass Mumbais Liebling in sein eigenes, nach ihm benanntes Restaurant **Tendulkar's** investiert hat. Das edel, aber unterkühlt eingerichtete Etablissement ist auf die junge Oberschicht Mumbais zugeschnitten und versucht diverse Elemente zu vereinen. Die Küche (indisch, europäisch) ist gut und mit Preisen um die 350 Rs für ein Hauptgericht der Klientel entsprechend teuer.
- Selbstversorgern seien schließlich zwei in der letzten Zeit entstandene Supermärkte nach westlichem Muster ans Herz gelegt: in Colaba am Wellington Circle der **Sahakari Bandar Supermarket,** an dessen Ausgang zur Nethalai Paresh Marg der **Monginis Cake Shop** Gebäck und Torten offeriert, und der **Suryodaya Market** beim Churchgate-Bahnhof.

Im Fort

Wegen der vielen Büros in der Gegend weist der Stadtteil Fort ein Riesenangebot an guten Restaurants auf. Zur Mittagspause sind sie gerammelt voll und schließen spätestens um 21 Uhr. Sonntags bleiben sie ganz geschlossen.

- Eines der besten Restaurants im Viertel ist das vegetarische **Vaibhav** (Mahatma Gandhi Rd.). Besonders gut sind die Paneer-Gerichte, aber auch alles andere ist von höchster Qualität. Kostenpunkt ca. 100–150 Rs für zwei Personen.
- Gleich links nebenan liegt das **Rasraj,** leicht zu erkennen an seinem apfelförmigen Eingang. Es gibt ein großes Sortiment an Fruchtsäften und Milchshakes, dazu aber auch sehr gute Snacks. Zwei Personen kommen mit 50–100 Rs für eine Mahlzeit samt Fruchtsäften aus.
- Das hübsche, im Stil eines Schweizer Chalets errichtete **Ankur** in der von der M.P. Shetty Rd. abgehenden Tamarind Lane gilt

als die beste Adresse für Fischgerichte im Stil der Südwestküste. Man sollte für ein Gericht mindestens 300 Rs veranschlagen.

- In der Gasse hinter dem Rasraj und Vaibhav gibt es zahlreiche weitere preiswerte und gute Restaurants, so z.B. **Dwarka, Gokul, Milan Coffee House, Amrapali** und das besonders empfehlenswerte **Welcome Hindu Restaurant** (ca. 100 m von Flora Fountain entfernt). Außer dem Amrapali sind alle genannten Restaurants vegetarisch.
- Gediegen ist das 1921 eröffnete **Café Universal** (Tel.: 22613985) nicht weit vom Victoria Terminus. Das für seine Sizzler-Gerichte berühmte Restaurant in der SBS Singh Rd. hat zudem Steak, Geflügel und chinesische Küche sowie ein umfangreiches alkoholisches Angebot. Abends meist gerammelt voll mit Einheimischen – ein gutes Zeichen.
- Gleich sechs Restaurants nahezu nebeneinander, alle in der K. Dubash Marg nördlich des Prince of Wales Museum, müssten jeden Gaumen befriedigen. Hinsichtlich Ambiente und Preis sind alle auf die Klientel des sich nördlich anschließenden Bankenviertels ausgerichtet. Man muss bei den meisten mit 300–500 Rs für ein Hauptgericht rechnen. Das zwar gelungen, aber auch etwas „glatt" gestaltete **Joss** serviert außer hervorragenden Fisch- und Fleischgerichten auch Vegetarisches mit Tofu. Alteingesessen ist das **Chetana,** etwas weiter östlich an derselben Straße, das besonders bei Gujaratis und Rajasthanis beliebt ist, da die vegetarische Küche ihrer Heimat serviert wird. Mittags gibt es die leicht süßen Gujarati-Thalis zu 120 Rs, bei denen bis zum Abwinken nachgefüllt wird. Das **Copper Chimney** (Tel.: 22041661, 2244468) bietet exklusive Mughlai-Küche. Zwei Personen müssen bei vegetarischen Gerichten mit ca. 400 Rs rechnen, ansonsten mit ca. 600 Rs. An Wochenenden empfiehlt sich eine Vorbestellung. Etwa zum halben Preis der vorher genannten (um 150 Rs pro Hauptgericht) kann man im **The Silk Route** chinesische Küche, aber auch Fischgerichte speisen. Auch einen Zustell-Service gibt's, Tel.: 23826633. Die modern-glatt gestaltete **Noodle Bar** serviert thailändische und italienische (viel Geflügel), **Bombay Blue** indische Küche.
- Noch weiter östlich am K. Dubash Marg befindet sich das ausgezeichnete **Khyber** (Tel.: 2272227-8, 2271605, 2273973, 12.30–15.30 und 19.30–23.30 Uhr). Schon das Interieur ist äußerst stilvoll, das ganze Ambiente erinnert an den Speisesaal eines Maharaja-Palastes. Auf der umfangreichen Speisekarte finden sich exquisite Gerichte, alles ist von höchster Qualität, dazu kommt ein freundlicher und unaufdringlicher Service. Auch Alkoholika sind in reicher Auswahl vorhanden. Sehr empfehlenswert! Das Restaurant ist oft ausgebucht – gelegentlich von Filmstars, die hier exklusive Partys zelebrieren. Telefonische Voranmeldung ist anzuraten.
- Erstklassig ist das Restaurant **flag's** (Tel.: 22828200) in der Madame Cama Rd. nahe Colaba. Hervorragende internationale und indische Küche (Hauptgericht um 400 Rs), eine umfangreiche internationale Weinkarte (Flasche ca. 3.000 Rs) sowie vielfältige Cocktails vom Absolute Love bis zum Frozen Mudslide (meist um 800 Rs) und Whiskeys sollten viele Gaumen erfreuen.
- Genau gegenüber vom Khyber, im gleichen Haus wie die Jehangir Art Gallery, befindet sich das **Samovar.** Es ist weniger für seine exquisite Küche bekannt, denn als Treffpunkt Mumbais Intellektueller. Die Snacks wie *samosa* und *roti kebab* sind sehr gut.
- Das vielleicht beste Restaurant für Meeresfrüchte und Fisch in Mumbai befindet sich etwas versteckt zwischen Flora Fountain und dem GPO. Das **Bharat** (Mint Rd., Tel.: 22618991) spezialisiert sich auf die traditionellen Seafood-Gerichte von Mangalore, die als besonders schmackhaft gelten. An Wochenenden ist telefonische Voranmeldung ratsam. Ca. 250–400 Rs für zwei Personen.

Am Victoria Terminus

- Das kleine, aber sehr gute und saubere **Shivala Restaurant** (Walchand Hirachand Marg) befindet sich schräg gegenüber Victoria Terminus Station. Es gibt vegetarische Gerichte wie *masala dosas* und sehr gute *thalis* (15 Rs), Fruchtsäfte und *vegetable burgers,* alles sehr preiswert und lecker. Zwei Personen kommen ab 80 Rs zu einem vollen Magen.

●In einer kleinen Seitenstraße parallel zur Dadabahai Naoroji Road, ca. 100 m westlich Victoria Terminus, befindet sich das **Vitthal,** Mumbais berühmtestes Restaurant für *bhelpuri* und *pani puri* – die typischen Mumbai-Snacks, die mit Minz- und Tamarinden-Soße serviert werden. Ca. 100–200 Rs für zwei Personen.

Am Crawford Market

●Genau gegenüber dem Crawford Market (Mahatma Phule Market) ist Mumbais bekanntester Fruchtsaftladen, **Badshah Cold Drink Annexe,** angesiedelt. Es gibt zahlreiche Fruchtsäfte und Milchshakes, dazu sehr gute, hausgemachte Eiscremes und Obstsalate.

●In der quirligen Marktstraße links neben dem Badshah Cold Drink Annexe versteckt sich das kleine **Rajdhani Restaurant,** bekannt in der Gegend für seine guten und reichhaltigen, süß-scharfen Gujarati-Thalis (45 Rs).

●Auf der dem Markt gegenüber liegenden Straßenseite der D.N. Rd. ist das **Abhiruchi Restaurant** eine akzeptable Adresse für eine schnelle Zwischenmahlzeit.

An Churchgate Station und Marine Drive

●Wenn es um die Relation Qualität/Preis geht, gibt es nicht viele Restaurants, die das **Samrat** (Prem Court, Jamshetji Tata Rd.), ca. 300 m südlich der Churchgate Station, überbieten können. Das gemütlich eingerichtete Lokal bietet vegetarische nordindische und Gujarati-Küche, dazu einen sehr aufmerksamen und effizienten Service. Unter anderem stehen typische Gujarati-Gerichte auf der Speisekarte, die es fast nirgendwo anders gibt, z.B. *patra.* Die beliebten Gujarati-Thalis im Samrat sind äußerst reichhaltig. Ansonsten kostet eine volle Mahlzeit etwa 150–300 Rs.

Angeschlossen sind **Relish** (ab mittags geöffnet) mit vielseitiger Speisekarte von libanesischer bis mexikanischer Küche und das Freiluftcafé **210°C** mit preiswerten Backwaren und Kaffee, auch zum Mitnehmen.

●An der Veer Nariman Road wartet das **Gaylord** auf. Es gibt einige gute westliche Gerichte und Backwaren, aber auch nordindische *thalis.* In dem Vorbau an der Straße lässt es sich recht gut sitzen und das Straßengeschehen beobachten.

●**The Pizzeria,** in attraktiver Lage an der Ecke Veer Nariman/Marine Drive, bietet genau das, was der Name verspricht.

●Das **Purohit's,** ein vegetarisches Restaurant an der Veer Nariman Rd., erfreut sich besonders mittags bei Geschäftsleuten großer Beliebtheit. Die einzelnen Gerichte kosten zwischen 100 und 150 Rs.

●Wenige Meter weiter im gepflegten **Indian Summer** gibt es vegetarische und nichtvegetarische Gerichte (um die 200 Rs). Hier wird tgl. zwischen 12 und 15.30 Uhr ein Mittagsbüffet für 300 Rs kredenzt.

●Wiederum nur wenige Schritte weiter wartet das rein vegetarische **Shiv Sagar.** Alles schmeckt vorzüglich und der Service ist effizient und unaufdringlich. Im Restaurant gibt es auch Alkoholausschank. Ab ca. 150 Rs für eine Mahlzeit pro Person.

●In der Umgebung der Churchgate Station besteht auch kein Mangel an billigeren Restaurants. In der Seitenstraße gleich links neben dem Bahnhof liegt das ordentliche **Satkar,** in der Maharishi Karve Road an der Ostseite des Bahnhofs das ebenso gute **Sahyadri;** noch eine Seitenstraße weiter östlich, in der V. Thakersey Road, finden sich die preiswerten **Sanman, Suruchi** und **Balwas.**

●Ein absoluter Tipp für Touristen ist das **Shri Thakker Bhojanalaya** (Mo–Sa 11.30–15 und 19–22 Uhr, So 11.30–15 Uhr). Die seit über 50 Jahren servierten, schon mehrfach ausgezeichenten *thalis* sind ein Genuss. Nicht ganz leicht zu finden im 1. Stock eines ziemlich heruntergekommenen Gebäudes, ist das blitzsaubere Restaurant an einem Abzweig der quirligen Kalbadevi Rd., die schmale Dadysett Agiary Lane hinein, gegenüber dem Adarsh Palace Hotel zu finden. Jeder kennt die Institution in Sachen *thali,* also durchfragen. Mit 250 Rs kann man sich für Mumbai-Verhältnisse billig den Bauch vollschlagen – all you can eat. Falls Taxifahrer sich wegen der abendlichen Staus weigern, dort hinzufahren, kann man auf Buslinien 9 und 124

umsteigen, die vor dem kaum beworbenen Restaurant halten.

- Will man im angesagten **Salt Water Grill** (Tel.: 22365485, (0)9892578494, 16.30–19 und 19.30–22 Uhr) am Chowpatty Beach einen Platz bekommen, sollte man reservieren, sind die Plätze des über dem Wasser positionierten Restaurants doch äußerst begehrt. Falls man keine Reservierung hat, kann man bestenfalls an der Bar seinen Kummer runterspülen.
- Im neuen Gewand präsentiert sich das 50 Jahre alte **Cream Centre** (Marine Drive, 11.30–23.30 Uhr) der Mittelschicht-Klientel entsprechend modern mit italienischer, mexikanischer und indischer Küche und vielerlei Eissorten. Viel schlichter und billiger ist das **Café Ideal** nebenan.

Prince of Wales Museum

- Nur ein paar Meter südlich sind **Café Coffee Day** und **Gelato Italiano** einen Zwischenstopp wert, um die Batterien bei Kaffee, Kuchen und Snacks bzw. Eis aufzufüllen.

Andere Gegenden

- Eine wunderbar gelassene Atmosphäre in erstklassigem Ambiente und exquisite Küche sowie Alkoholisches kredenzt **Olive Bar & Kitchen** (Tourist Hotel, Union Park, Khar, Pali Hill, Tel.: 26058228/9, 19.30–0.30 Uhr, So zusätzlich 12.30–16.30 Uhr) nahe Bandra.
- Im Herzen Bandras ist **Pot Purry** (nur mittags und abends geöffnet) die beste Adresse für Freunde der westlich ausgerichteten Küche. Auch das Alkoholangebot kann sich sehen lassen.
- Auf dem Dach im 7. Stock des Shoppers Stop wird im **Sheesa** (Bandra, Linking Rd., nahe der Swami Vivekanada Rd., nur mittags und abends geöffnet) arabische und indische Küche stilgerecht auf Polstern in Nischen serviert.

Bars

Colaba

- Die **Sportsbar Express** am Colaba Causeway nahe dem Regal Cinema mit Poolbillard ist eine In-Bar, in der man mit einem Bier oder Cocktail - auch härterer Stoff ist zu haben - bei meist guter Rockmusik den Tag ausklingen lassen kann. Abends ist nicht nur deren Pegel jedoch oft recht hoch.
- Neben dem edlen Indigo Restaurant wird auch das **Busaba** (Mandlik Marg, Colaba, 12–15 und 19–0.30 Uhr, Tel.: 22043779) von der In-Crowd Mumbais frequentiert, die Cocktailkunstwerke sind aber preiswerter.
- Mindestens ebenso angesagt, vor allem bei der Schickeria und den Bollywoodstars, ist das **Henry Tham's** (Tel.: 22023186, Apollo Bunder, 19–1.30 Uhr) an der Straße zum Gateway of India, eine spartanische Mischung aus Bar und Restaurant.
- Abends fungiert das meist voll besetzte **Café Mondegar** für den kleineren Geldbeutel vorwiegend als Bierbar. Die jugendliche Klientel vergnügt sich bei Bollywood- und westlicher Popmusik.

Marine Drive

- Auch wenn im Restaurant des **Saltwater Grill** am Chowpatty Beach meist kein Platz mehr zu bekommen ist, verlockt die angeschlossene Bar (19.30–1.30 Uhr), der perfekte Platz für ein abendliches Bier oder einen Cocktail, nachdem man am Marine Drive den Sonnenuntergang genossen hat.
- Auf dem Dach des Hotel Intercontinental ist das **Dome** (Marine Drive, Tel.: 39879999, 18–1.30 Uhr) die vielleicht edelste Bar Mumbais mit atemberaubendem Blick über die Stadt. Auch hier stolpert man gelegentlich über einen Bollywoodstar.

Andere Gegenden

- **Ghetto** (Bhulabhai Desai Marg, Tel.: 23538414, 19–1.30 Uhr) in derselben Gasse wie der Mahalaxmi-Tempel ist das richtige Domizil für die verbliebenen Rocker. Nichts für Nichtraucher!
- Dem Stadtteil entsprechend gestylt, ist **Zensi** (Waterfield Rd., 11.30–1.30 Uhr) in Bandra der richtige Ort für alkoholische Genüsse in Neonlicht mit entsprechendem Publikum.

Bank

- **Thomas Cook** an der D.N. Road nördlich des Flora Fountain (Mo–Fr 9.30–19 Uhr, Sa bis 18 Uhr) wechselt verlässlich und schnell. Eine für die meisten Touristen günstig gelegene Filiale mit langen Öffnungszeiten (Mo–Sa 9.30– 18 Uhr) findet sich am Colaba Causeway. Eine weitere Filiale ist unweit des Chowpatty Beach und Marine Drive in der Judith Rd. (gleiche Öffnungszeiten).
- Längere Öffnungszeiten und bessere Raten sprechen für **Balaji Foreign Exchange** (Mo–Sa 9–19.30 Uhr) an der Best Marg.
- Bei **UAE Exchange** (Tel.: 32542184) an der S.B. Singh Rd. können Bargeld und Reiseschecks zu etwas besseren Raten zu Rupien gemacht werden: Mo–Sa 9.30–18 Uhr. Weitere Filialen u.a. in Bandra (Tel.: 32491254) und in Andheri (Tel.: 32011935), letztere ist auch sonntags geöffnet. Bei den vorgenannten ist schneller elektronischer Geldtransfer (Moneygram) aus dem Ausland möglich.
- Auch an den **Flughäfen** gibt es zuverlässige Geldwechselstuben, u.a. von Thomas Cook. Dennoch sollte man bei allen das Nachzählen nicht vergessen.
- An Geldautomaten herrscht kein Mangel. Die der HDFC-Bank nehmen neben den üblichen internationalen Kreditkarten auch American Express (etwa der ATM rechts neben dem Regal Cinema).

Post

- Das imposante **General Post Office (GPO)** liegt direkt neben dem Victoria-Bahnhof am Nagar Chowk. An Schalter Nr. 1 können Mo–Sa von 9 bis 18 Uhr, feiertags von 11 bis 17 Uhr gegen Vorlage des Passes postlagernde Sendungen in Empfang genommen werden. Die Anschrift für das GPO lautet: Poste Restante, Mumbai GPO, Mumbai 40001, India.
- Das **Paketpostamt** findet sich rechts hinter dem Hauptgebäude in einem Hinterhof, zu

dem man über die P.D. Mello Road gelangt. Geöffnet ist es Mo–Sa 10 bis 16.30 Uhr. Auf dem Bürgersteig vor dem GPO kann man sein Paket von den dort platzierten Schreibern ordnungsgemäß verpacken, versiegeln und beschriften lassen. Auch die notwendigen Formulare erhält man hier. Der Service kostet je nach Größe des Pakets und Verhandlungsgeschick zwischen 20 und 50 Rs.

- Ein kleines, wenig frequentiertes **Postamt** findet sich touristengünstig in der Henry Road in Colaba.
- Die Postämter in den beiden **Flughäfen** sind offiziell rund um die Uhr geöffnet. Besetzt sind sie, zumindest am Santa Cruz Airport, durchaus nicht immer.

Telefon und Internet

- Telefonieren ohne eigenes Handy ist am einfachsten und billigsten in einem der vielen privaten **Telecommunication Offices (ISD)** möglich, die meist an ein Internetcafé angeschlossen sind, etwa in Colaba. Hier werden derzeit 11 Rs/Min. nach Europa verlangt. Das inzwischen häufig mögliche Net-to-Phone-Verfahren kostet nur 4 Rs/Min.
- Die überall vorhandenen **Internetcafés,** besonders in Colaba dicht gesät, verlangen durchschnittlich 30–40 Rs für die Stunde Surfen und 10 Rs für den E-Mail-Check. Vorsicht: wenige nehmen auch noch 80 Rs/Std., ohne dies mitzuteilen. Also besser vorher die Preise erfragen. Schnelle Breitbandverbindungen hat das Internetcafé in der Mahakavi Bhushan Marg (einen schmalen Durchgang hinein, bis 23 Uhr geöffnet), Pick-Up-Commications beim Hotel Oliver sowie das der Sify-i-way-Kette in Colaba, die Al Allana Rd. neben dem Piccadilly Restaurant hinein (1. Stock, 40 Rs/Std., hier ist auch billiges Net-to-phone-Telefonieren möglich, eine weitere Filiale findet sich beim Churchgate-Bahnhof). Um die Ecke des Sea Shore und India Guest House finden sich mit AsiaNet und Perfect Internet zwei schnelle Surfmöglichkeiten, die erst um 1 bzw. 2 Uhr nachts ihre Pforten schließen.

Auch im Fort-Bereich gibt's einige Surfmöglichkeiten. Schnell ist z.B. Meghdoot Communications (9–21 Uhr). Das New Cyber Café im Eingangsbereich des Royale Park Hotel an der D.N. Rd. gegenüber von Victoria Terminus macht zwar nicht den Eindruck, neu zu sein, dennoch ist es recht fix.

Medizinische Versorgung

- Das empfehlenswerteste Krankenhaus Mumbais und gleichzeitig eines der besten ganz Indiens ist das **Breach Candy Hospital** (Tel.: 23633651, 23671888, www.breachcandyhospital.org) an der Bhullabhai Desai Rd. Näher an Colaba und Fort ist das **Bombay Hospital** (Tel.: 22067676, New Marine Lines, www.bombayhospital.com) nördlich Churchgate.
- An **Apotheken** besteht kein Mangel, sowohl am Colaba Causeway, etwa Shahakari Bhandar Chemists (Tel.: 23648435), wie auch im Fort- und Bazaar-Gebiet. Lange geöffnet ist Kemps im Taj Mahal Palace Hotel. Viele Apotheken nahe den Krankenhäusern, z.B. Royal Chemists (Maharishi Karve Rd., Tel.: 22004041) beim Bombay-Hospital, sind 24 Std. geöffnet.

Konsulate

- **German Consulate in Mumbai,** Hoechst House, 10. Stock, Nariman Point, 193 Backbay Reclamation, Tel.: 022-22832422, 22831517, 22832661 oder in dringenen Notfällen Tel.: (0)9821016877, www. germanconsulatemumbai.org.
- **Austrian Consulate in Mumbai,** 26, Maker Chambers VI, 2. Stock, Nariman Point, Tel.: 022-22851734, 22851774, 22851066.
- **Swiss Consulate in Mumbai,** 102 Maker Chambers IV, 10. Stock, 222, Jamnalal Bajaj Marg, Nariman Point, Tel.: 022-228845-63/-64/-65 oder 22831738.
- **Singapur,** Maker Chamber IV, Jamnalal Bajaj Marg, Nariman Point (Tel.: 22043205-9).
- **Sri Lanka,** Sri Lanka House, 34, Homi Modi Street, Fort (Tel.: 22045861).
- **Thailand,** 33, Dr. Purandure Marg, Chowpatty (Tel.: 23631404).

Visumverlängerung

- Wer sein Visum verlängern muss, begibt sich, adrett gekleidet und mit Pass, Wechselquittungen, vier Fotos und viel Geduld ausgerüstet, in den 3. Stock des **Foreigner's Regional Registration Office** (Tel.: 22620446, Sayed Badruddin Rd.) beim Deputy Commissioner of Police gegenüber dem Crawford Market (Mo–Fr 10.30 bis 12.30 und 13.30 bis 15.30 Uhr). Dort schlägt die indische Bürokratie gnadenlos zu. Trotz aller doppelt und dreifach auszufüllenden Formulare sollte man immer schön freundlich bleiben, sonst dauert es doppelt so lange. Normalerweise sollte man eine Visumverlängerung am nächsten Tag bekommen.

Shopping

Staatliche Geschäfte

- Wie in Delhi und Kalkutta, so bietet sich auch dem Neuankömmling in Mumbai mit dem staatlichen **Central Cottage Industries Emporium** an der Mahakavi Bushan Marg, nur etwa 200 m vom Gateway of India entfernt, ein idealer Ort, um sich einen Überblick über die ganze Vielfalt des indischen Kunsthandwerks zu verschaffen. Die Auswahl an prächtigen Seidenstoffen, Möbeln, Teppichen, Götterstatuen, Schmuck und vielem mehr ist einzigartig. Die Festpreise liegen über dem Landesdurchschnitt, doch dafür ist alles von garantierter Qualität und man kann sich in aller Ruhe ohne Anmache von Schleppern umschauen. Zudem wird auf Wunsch alles nach Hause geschickt.
- Auch die meisten **indischen Bundesstaaten** unterhalten in Mumbai Geschäfte.

Basare

Weit weniger geordnet, dafür orientalisch-lebendig geht es auf den verschiedenen Basaren zu, für die Mumbai berühmt ist. Hier muss man handeln, was das Zeug hält (mit den Preisen im Government Emporium hat man einen ersten Anhaltspunkt) und zudem sollte man im Menschengewimmel seine Wertsachen gut verwahren.

- Dies gilt besonders für den **Chor Bazaar** neben der Grant Road. Dieser Diebes- und Flohmarkt ist besonders für Antiquitäten und Lederwaren bekannt.
- Im **Javeri Bazaar** in der Nähe des Crawford-Marktes finden sich unzählige Schmuck- und Juwelengeschäfte. Ein faszinierendes Viertel auch für jene, die nicht über das nötige Kleingeld verfügen.
- Viele Straßenstände öffnen gegen Sonnenuntergang entlang des Colaba Causeway, speziell im Bereich von Wellington Circle bis Best Street. Verkauft wird hier alles, was für Touristen interessant sein könnte: Schuhe, Kleidung, Souvenirs u.Ä. Die Preise sind meist hoch, die Qualität schlecht: keine gute Kombination. Eine Ausnahme bilden allerdings oftmals Hemden, die schon für 50 Rs zu haben sind.

Buchläden

- Ganz ausgezeichnet bestückt ist der **Nalanda Bookshop** im Taj Mahal Palace Hotel. Von anspruchsvoller Wissenschaftsliteratur über internationale Bestseller und aktuelle Zeitungen aus aller Welt, Postkarten, Musikkassetten, CDs bis hin zu Kalendern findet sich alles. Das Geschäft ist bis Mitternacht geöffnet und so kann man im rund um die Uhr geöffneten Coffee Shop des Hotels gleich ein wenig in der neu erstandenen Lektüre schmökern. Leider ist der Zugang zum Hotel durch Sicherheitsmaßnahmen erschwert.
- Mumbais bekannteste Adresse für Bücherkauf ist neben dem vorgenannten der **Strand Book Stall** (Sir P. M. Rd., Tel.: 22661719, www.strandbookstall.com) östlich von Flora Fountain. Eine hervorragende Auswahl, schnelle Bestellung sowie hohe Preisabschläge auch auf neue Titel zeichnen ihn aus.
- Mumbais wohl größter Buchladen ist **Crossword** (Tel.: 24920253) in Breach Candy, 22, Bhulabhai Desai Road (nahe Mahalaxmi-Tempel). Es gibt jede Menge englischsprachige Romane, Reiseliteratur, Sachbücher etc. Während das Crossword jeden Tag von 10 bis 20 Uhr geöffnet hat, ist der **Shankar Book Stall** im Abubaker Mansion neben dem Regal Cinema sonntags geschlossen.

- Eine sehr gute Auswahl besonders für aufwendige Bildbände verschiedener Themenbereiche sowie Prosa, Reisebücher und Magazine findet sich im nahe gelegenen **Search Word Bookshop** (Tel.: 22852521) am Colaba Causeway.
- Zum Schluss sei die **Magna Book Gallery** im Sassoon Bldg. (MG Rd., 2. Stock) wegen des sehr vielfältigen Angebots erwähnt.

Weitere Einkaufstipps

- Modische und gut verarbeitete **Schuhe** kaufen die meisten Touristen in einem der vielen Läden entlang des Colaba Causeway. Hier zahlt man gewöhnlich den Touristenpreis, jedenfalls in den nicht markengebundenen Geschäften. Die Sportartikel-Geschäfte der international bekannten Marken haben ihre Läden entlang dem Colaba Causeway und östlich von Flora Fountain. Hier gelten Fixpreise.
- Erstklassige Adressen für hochwertige **Kleidung** indischer Produktion sind **FabIndia** (Jeroo Bldg., 137, MG Rd., Kala Ghoda, tgl. außer Mo 10–20 Uhr) sowie **Kala Niketan** (95, MK Rd., www.kalaniketangroup.com, 12.30–23.30 Uhr), wo ausschließlich Saris aller Preisklassen feilgeboten werden.
- **Indische Modeschöpfer** präsentieren ihre Kollektionen im **Courtyard** (SP Centre, 40, Minoo Desai Marg, 11–19.30 Uhr) und in den Boutiquen von **Mélange** (33, Altamount Rd. in Kemp's Corner, etwas nördlich vom Chowpatty Beach).
- **Antiquitätensammler** sollten sich in einem der vielen Geschäfte in Colaba und im Bereich der W. Hirachand Road in der Nähe der Hauptpost umschauen. Beim Kauf beachte man die Ausfuhrverbote (s. „Vor der Reise"). Gegenüber dem Regal Cinema ist Phillips (Woodhouse Rd., Tel.: 22020564, www.phillipsantiques.com) ein alteingesessenes Geschäft der oberen Preis- und Qualitätsstufe aus der spätviktorianischen Ära.
- Ein Riesenangebot an qualitativ hochwertigen Waren hält das **Oberoi Shopping Center** neben dem Oberoi Hotel bereit. Auf drei Etagen gibt es zahllose Geschäfte mit Lederwaren, Schuhen, Kleidung, Schmuck, Handwerksartikeln, Teppichen, Edelsteinen, alten Uhren und alten Grammophonen. Eine tolle Auswahl zu immer noch erträglichen Preisen.
- Weniger Ambiente versprüht das staatliche **Khadi Village & Industries Emporium,** das noch aussieht, als hätten die Briten gerade erst Indien verlassen. In dem alten Gebäude in der 286 Dadabhai Naoroji Road (nahe American Express) werden Handwerks- und Textilartikel aus ganz Indien angeboten.
- Mumbai gilt als einer der besten Plätze Indiens, um **Musikinstrumente** zu kaufen. Zwei empfehlenswerte Adressen sind das **Hiro Music House** in der Sir Phirozshah Rd. und das **Rhythm House** (Tel.: 22842835, www.rhythmhouseindia.com, täglich bis 20.30 Uhr geöffnet), K. Dubash Marg, gegenüber dem Max Mueller Bhawan. Hier gibt's neben Instrumenten auch eine hervorragende Auswahl klassischer indischer Musik wie auch indischer und westlicher Rock- und Popmusik.
- Bisher gibt's im Zentrum Mumbais erstaunlicherweise keine großen **Shopping Malls,** obwohl diese sogar in den meisten mittelgroßen indischen Städten an der Tagesordnung sind. So sind für den täglichen Bedarf im Innenstadtbereich der eher kleine **Asiatics Department Store** gegenüber dem Churchgate-Bahnhof und das **Akhbar Alleys** nahe Flora Fountain mit umfangreicherem Sortiment zuständig. Die bislang größte Shopping Mall Mumbais ist **Crossroads** (Pandit MM Maliya Rd., Breach Candy, 10–20 Uhr) im Norden, wo nahezu alles Erdenkliche verkauft wird, man aber leicht den Überblick verliert.
- Wer ein Präsent für die Daheimgebliebenen sucht, sollte im **Bombay Store** stöbern, wenn etwas mehr Geld zur Verfügung steht. Die Auswahl ist reichhaltig, von Silberschmuck und Accessoires über Textilien bis zu Möbeln reicht die Palette.
- Eine Reihe von **Fotoläden** liegt entlang der D.N. Road, zwischen Victoria Terminus und Flora Fountain. Bei den meisten ist Feilschen unerlässlich.
- Will man **orientalische Düfte,** etwa als Souvenir, erstehen, ist man im **Insha Allah Mahsa Allah** (Ecke Best Marg/Colaba Causeway) gut, weil recht preiswert, bedient und beraten.

Kultur und Unterhaltung

Kulturelle Veranstaltungen

- Das **National Centre of Performing Arts** (Tel.: 22833737, Tickets von 50–300 Rs) am Nariman Point ist einer der in ganz Indien bestangesehenen Veranstaltungsorte im Bereich Theater, Ballett und Musik. National wie international bekannte Künstler treten hier auf. Eine gute Gelegenheit, um eine Aufführung von internationalem Format zu einem Bruchteil des in Europa üblichen Eintrittspreises zu sehen.

Genauere Informationen über Ort und Zeit finden sich im beim Tourist Office alle zwei Wochen ausgegebenen Veranstaltungskalender und im Internet.

- Englischsprachige Theateraufführungen finden im **Nehru Centre** (Tel.: 24933340) und im **Prithvi Theatre** (Juhu Church Rd., Tel.: 26149546, www.prithvitheatre.org) am Juhu Beach (hier auch Stücke in Hindi) statt.
- Bei **Not Just Jazz By The Bay** (Eintritt 150 Rs, Tel.: 22851876) am Marine Drive treten genau dem Namen entsprechende Bands auf: meist Jazz, aber auch Blues, Rock und Popmusik an den meisten Abenden der Woche.
- Jedes Jahr im Februar ist **Kala Khobe** eine vielseitige Kunsthandwerksmesse mit unterschiedlichsten Veranstaltungen um den Wellington Circle und im Park des Horniman Circle. Die Erlöse werden für einen guten Zweck verwendet.

Kino

Gelegentlich suchen Bollywood-Headhunter auf den Straßen, vorwiegend in Colaba, **Komparsen aus westlichen Ländern** für ihre Filmproduktionen. Interessierte können neben einem kleinen, bei mehreren Tagen Beschäftigung auch größeren Lohn einen Einblick in die Produktionsbedingungen indischer Filme gewinnen.

- Das **Regal Cinema** (Tel.: 22021017, Tickets 80–150 Rs) am Wellington Circle, Ecke Colaba Causeway, zeigt internationale Kinofilme (meist Hollywood Style) in englischer Version.
- **Eros Cinema** (Tel.: 22030303) gegenüber Churchgate zeigt neben Bollywood-Streifen englischsprachige Filme.

Discos

- In mehreren der First-Class-Hotels wie dem Oberoi und dem Taj Mahal Palace gibt's Nobeldiskotheken, etwa das **Insomnia** (Tel.: 22023366, 66666653, 20–3 Uhr) im Taj, in denen sich die Yuppie-Generation Mumbais trifft. Wer da, wo die Erfolgreichen sich selbst feiern, nicht fehlen will, zahlt 600 Rs Eintritt (1.500 Rs am Wochenende, um 500 Rs für Cocktails) und muss ganz trendy sein.
- Das In-Lokal der nicht ganz so Betuchten ist derzeit das **Razzberry Rhinoceros** im Juhu Hotel. In dieser Mischung aus Pub und Disco trifft sich Mumbais westlich beeinflusstes Jungvolk. An manchen Abenden Bands.
- Trotz oder gerade wegen der etwas altmodischen Rock-, Pop-, und Discomusik der 70er und entsprechenden Dekors ist der Nightclub **Polly Esther's** (Colaba, Battery St., Tel.: 22871122, geöffnet 22–2.30 Uhr) im Gordon House Hotel immer gut besucht. Wechselnde Eintrittspreise, abhängig von Wochentag und Uhrzeit, meist zwischen 800 und 1.000 Rs.

Erholung

- Weniger cool, dafür aber sehr entspannend ist ein Tag im **Breach Candy Club** (Tel.: 23674381) an der Bhulabhai Desai Road in der Nähe des Haji Ali's Tomb. Ein besserer Ort, um sich unter Palmen, auf einem Liegestuhl am Swimmingpool vom brodelnden Mumbai zu erholen, lässt sich kaum denken. Mit 100 (Mo–Fr), 150 (Sa) und 300 (So) Rs ist der Spaß allerdings auch nicht billig. Geöffnet ist von 7 bis 23 Uhr, beim Einlass muss man den Ausweis vorlegen.

Cricket und Pferderennen

- Das große **Wankhede Stadion** (Tel.: 22811795) ist Austragungsort der nationalen (Saison von Oktober bis April) und internationalen Cricketmatches. Um Tickets muss man sich frühzeitig bemühen, Veranstaltungshinweise im Internet.
- Meist am Sonntag und Donnerstag finden auf dem **Mahalaxmi Racecourse** (Tel.: 23071401) Pferderennen statt, am Ende der Saison auch am Wochenende. Eintritt 30 Rs.

Weiterreise

Flug

Air India und die privaten Anbieter fliegen die meisten Flughäfen Indiens täglich, teils mehrmals, an, Genaueres auf den jeweiligen Internetseiten. Mumbai ist zwar immer noch das Ziel von weit mehr nationalen und internationalen Flügen als etwa Delhi und Kalkutta, doch kein guter Ort, um billige Flugtickets zu kaufen. Mit 450 US-$ nach Europa muss man schon rechnen, und auch in andere asiatische Länder wie Thailand ist es mit 250–300 US-$ nicht billig. Über aktuelle **Flugverbindungen** aller Airlines informiert sehr übersichtlich die Website www.yatra.com. Hier Adressen von **Reisebüros,** die sich als relativ preiswert oder zuverlässig erwiesen haben:

- **Transway International,** Pantaky, 3. Stock, 8 Maruti Cross Lane, Fort, Tel.: 22626066.
- **Space Travel,** Nanaboy Mansion, 4. Stock, Sir P.M. Road, Tel.: 22663258.
- **Students Travel Information Centre** (STIC), 6 Maker Arcade, Cuffe Parade, Tel.: 2211431.
- **Thomas Cook,** Dhadabhai Naoroji Rd., Mo–Sa 9.30–18 Uhr, Tel.: 22078556.

Fluggesellschaften:

- **Aeroflot,** Tulsiani Chambers, Nariman Point, Tel.: 22821682/3, 22856648, www.aeroflot.ru.
- **Air France,** 201/B, Sarjan Plaza, 100, Dr. Annie Basant Rd., Worli, Tel.: 23466276, Flughafen: 26828555, www.airfrance.com
- **Air India,** Air India Building, Nariman Point, weitere Büros befinden sich an den beiden Flughäfen, Tel. Inlandsflüge: 22023031, 27580777, internationale Flüge: 22796666, 1-800-227722 (gebührenfrei), Flughafen: 283188888, www.airindia.com.
- **Austrian Airlines,** Express Tower, 8. Stock, Nariman Point, Tel.: 22801280-2, www.austrian.com
- **Bangladesh Biman,** Firuz Ara, M. Karve Rd., Churchgate, Tel.: 22824732, 22824580, Flughafen: 26828957, www.bimanair.com.
- **British Airways,** CG House, 4. Stock, Veer Savarkar Marg, Prabhdevi, Tel.: 22820888, (0)9892577470, Flughafen: 26828806, www.britishairways.com.
- **Cathay Pacific Airways,** Bajaj Bhavan, 3. Stock, Nariman Point, Tel.: 22029561, Flughafen: 26828551.
- **Emirates Airlines,** Mittal Chambers, Nariman Point, Tel.: 22875566, Flughafen: 26829323.
- **Go Air,** Hauptbüro in Andheri, Paper Box House, Tel.: 55420082, Büro am Inlandsflughafen, Tel.: (0)9223222111.
- **Gulf Air,** Maker Chambers V, Nariman Point, Tel.: 22024065, www.gulfairco.com.
- **Jet Airways,** Amarchand Mansion, Madam Cama Rd., Tel.: 22855788, 56986111, Flughafen: 26156666, www.jetairways.com.
- **Kingfisher Airlines,** 241/242, EG, Nirmal Building, Nariman Point, Tel.: 40340500, mehrere weitere Büros in der Stadt, www.flykingfisher.com.
- **Lufthansa,** Express Towers, 1. Stock., Nariman Point, Tel.: 56301940, 56301933, Flughafen: 26829898, www.lufthansa-india.com.
- **Malaysian Airlines,** Atlanta Building, 3. Stock, Nariman Point, Tel.: 22370678, 56505700/57, www.in.malaysianairlines.com.
- **Air Sahara,** Tulsiani Chambers, Free Press Journal Marg, Nariman Point, Tel.: 56374101-4, 22836000, Flughafen: 26828799.
- **Singapore Airlines,** Taj Mahal Palace, Apollo Bunder, Tel.: 22022747.
- **Spice Jet,** Tel.: (0)9871803333, Büro am Inlandsflughafen, www.spicejet.com.
- **Sri Lankan Airlines,** 12 Vaswani Mansion, Dinshaw Vachha Rd., Churchgate, Tel.: 22823288, 22844148, Flughafen: 26828965, www.srilankan.aero.
- **Swiss International Airlines,** Hoechst House, 1. Stock., 193 Nariman Point, Mo–Sa 9–17.30 Uhr, Tel.: 22872210, 22870122, Flughafen: 26828751, www.swiss.com.
- **Thai International,** World Trade Centre, Cuffe Parade, Tel.: 22823084, 56373737.
- **Virgin Atlantic,** Poddar House, 10 Marine Drive, Churchgate, Tel.: 67523702-5 (Reservierung), 22801289 (Helpline), www.virgin-atlantic.com.

Bahn

- In Mumbai gibt's mit dem Chhatrapati Shivaji Terminus (CST), meist besser bekannt unter dem alten Namen Victoria Terminus (V.T.), dem Mumbai Central und Churchgate **drei große Bahnhöfe,** wobei nur die ersten beiden von Fernzügen angefahren werden. Im Victoria Terminus fahren die Fernzüge im östlichen, die Nahverkehrszüge im westlichen Bereich des Gebäudes ab. Mumbai Central befindet sich nicht in der Innenstadt, sondern im Norden.
- Tickets für alle Züge sind sowohl im modernen **Reservation Office von Central Railway** im Victoria Terminus (CST, das Reservierungsbüro befindet sich im östlichen Teil des Gebäudes, tgl. 8–20, So 8–14 Uhr, Touristenschalter ist Nr. 52 im 1. Stock, Treppe hinauf und geradeaus) als auch im **Western Railway Booking Office** zu kaufen. Letzteres befindet sich im selben Gebäude wie *India Tourism* (Touristenschalter Nr. 28, 1. Stock, Mo–Sa 9.30–16.30 Uhr).
- Man kann sich grundsätzlich an jedem Schalter anstellen, nachdem man die in Kästen bereitliegenden **Reservierungsformulare** ausgefüllt hat (genauere Informationen im Kap. „Reisetipps A–Z: Verkehrsmittel"). Man sollte jedoch die Touristenschalter vorziehen, da es hier meist schneller geht und zudem die **Tourist-Quota-Tickets** verkauft werden, die auf ein speziell für Touristen reserviertes Kontingent an Karten zurückgreifen, was bei viel befahrenen Strecken, etwa nach Goa, ein unschätzbarer Vorteil ist. Speziell bei diesem Fahrtziel sollte man sein Ticket in jedem Fall einige Tage vor Zugabfahrt erstehen, um einen Platz zu ergattern. **Auskunft-Tel.: 134.**
- Täglich fünf Direktverbindungen nach **Goa,** davon zwei vom Victoria Terminus. Oftmals sind diese Verbindungen ausgebucht, sodass ein möglichst frühzeitiger Fahrkartenkauf unbedingt erforderlich ist.
- Noch ein **Tipp:** Wer mit dem Zug am Bahnhof **Lokmanyak Tilak** ankommt (z.B. aus Gokarna), muss von dort entweder mit dem Taxi (die Fahrer fallen beim Aussteigen in Heerscharen über Touristen her) in die City fahren oder er fährt mit einem Vorortzug vom ca. 1 km entfernten Kurla-Bahnhof in die Innenstadt, mit Gepäck auch nicht ohne Umstand. Darum ist es ratsam, aus dem überregionalen Zug bis Lokmanyak Tilak schon vorher in **Thane** auszusteigen (falls der Zug dort hält) und von dort per Vorortzug ins Zentrum weiterzufahren. So erspart man sich den langen Fußweg von Lokmanyak Tilak bis Kurla-Bahnhof bzw. die teure Taxifahrt ins Zentrum.
- Wichtige **Verbindungen** sind im **Anhang** aufgelistet.

Bus

- Die **staatlichen Überlandbusse** starten vom riesigen, unübersichtlichen **State Transport Terminal** gegenüber vom Mumbai-Central-Bahnhof, Bellasia Road. Organisation scheint hier ein Fremdwort zu sein, englische Hinweisschilder sind auch nur selten zu finden.

  Buchungen bis zu 30 Tage im Voraus können tgl. zwischen 8 und 23 Uhr in den Büros der einzelnen, dort ansässigen staatlichen Busgesellschaften vorgenommen werden. Am häufigsten von Reisenden frequentiert sind die Strecken nach Pune (Poona) in Maharashtra (3½ Std.) und Aurangabad (12 Std.) sowie nach Goa (15 Std.).
- Eine bessere, wenn auch teurere Alternative bieten die von Maharashtra Tourism (CDO Hutments, Madame Cama Rd.) am Nariman Point eingesetzten **Deluxe-Busse** nach Maharashtra und Goa. Mit 350 bis 650 Rs zahlt man zwar etwas mehr als vom Busbahnhof, doch dafür spart man sich die lange und kostenaufwendige Anfahrt dorthin. Aus dem gleichen Grund buchen die meisten Individualtouristen ihre Bustickets gleich in den jeweiligen Hotels in Colaba.
- Auch viele Privatanbieter fahren nach Goa. Bewährt hat sich z.B. Paulo Travels (Tel.: 26452624, 26433023, www.paulotravels.com), ca. 13 Std., 800 Rs *(sleeper),* 700 Rs *(seater).*

Boote

- Vom Gateway of India starten täglich ab 8.15 Uhr Boote nach **Mandwa** mit Weiterfahrt per Bus bis **Alibag.** Das letzte Boot startet um ca. 18.30 Uhr. Tickets können an den Verkaufsständen von Maldar Catamarans und PNP Maritime Services am Gateway of India erstanden werden (Preis für die einfache Fahrt auf dem Oberdeck 110 Rs, Unterdeck 80 Rs, mit Rückfahrt das Doppelte). Interessant sind diese Fahrten für diejenigen, die an der Maharashtra-Küste nach Süden fahren und evtl. in Ganpatipule Halt machen wollen, ersparen sie sich doch die lange Busfahrt zunächst nach Norden, um Mumbai zu verlassen, und danach wieder nach Süden an die Küste.

Insel Elephanta

Der Ausflug zu der 10 km östlich vom Gateway of India gelegenen Insel Elephanta mit ihren acht Felsenhöhlen gehört zum Standardprogramm jedes Mumbai-Besuches. Falls irgend möglich, sollte man die ca. 7 qkm große Insel jedoch an Wochenenden und Feiertagen meiden, da sie dann von Tausenden picknickfreudiger Städter heimgesucht wird.

Den Namen erhielt die Insel, als im 16. Jh. die Portugiesen dort landeten und beim Dorf Gharapuri einen riesigen **Steinelefanten** vorfanden. Allzu großen Respekt schien ihnen das Tier jedoch nicht eingeflößt zu haben, denn in den nächsten Jahrzehnten nutzten sie die Felsentempel ausgiebig als Schießanlage. Trotz aller Restaurierungsmaßnahmen wurde der Anlage dadurch ein nicht wieder gutzumachender Schaden zugefügt.

Heute legen die Touristenboote an einem künstlich geschaffenen Landungssteg im Norden der Insel an, von wo ein steiler Weg entlang unzähliger Souvenirstände zum Zentrum der im 7. Jh. erbauten **Höhlentempel** führt.

Das meistbesuchte Heiligtum ist der ca. 50 x 50 m große **Mahesha-Felstempel.** Dieser am reichsten ausgestattete Shiva-Tempel beeindruckt neben seinen überlebensgroßen, detailreichen Skulpturen besonders durch die von ihm ausgehende geheimnisvolle Atmosphäre, die durch das von drei Seiten einfallende Licht verursacht wird. Es erhellt die einzelnen Shiva-Darstellungen äußerst effektvoll. Zu sehen ist Shiva u.a. in seiner androgynen Form als Ardhanarishvara, in der er und seine Gemahlin Parvati in einer Gestalt vereint sind. Andere Skulpturengruppen zeigen ihn als tanzenden Shiva Nataraja oder als meditierenden Shiva Yogishvara. Im Allerheiligsten steht ein fast meterhohes *lingam,* der Shiva symbolisierende Phallus, bewacht von acht fast vier Meter großen Türwächtern.

Es lohnt sich, auch noch die anderen Tempelhöhlen zu besuchen und dies mit einem kleinen Inselrundgang zu verbinden. Wer nicht so gut zu Fuß ist (es sind viele Stufen zu erklimmen, Trageservice für 400 Rs vorhanden), kann mit einem Mini-Train vom Bootsausstieg zum Höhleneingang fahren (10 Rs).

- Der **Eintritt** zu den Sehenswürdigkeiten von Elephanta beträgt 250 Rs, montags geschlossen.

Anreise

- **Ausflugsboote** vom Apollo Bunder neben dem Gateway of India fahren täglich (außer während der Monsunzeit) zwischen 9 und 14.30 Uhr etwa alle halbe Stunde. Die Überfahrt dauert etwa eine Stunde. Die letzte Rückfahrt von Elephanta startet um 17.30 Uhr. Ein Rückfahrtticket ohne Führer kostet 120/100 Rs (lux./economy), Kinder 80/70 Rs.

200is Foto: nl

Maharashtra

201is Foto: tb

Ein Höhepunkt der südasiatischen Tempelarchitektur und Weltkulturerbe – die Höhlen von Ajanta

Detail in „Höhle 26“, Ajanta

Überblick

Maharashtra

Fläche:	307.690 km²
Hauptstadt:	Mumbai
Einwohner:	112 Mio.
Bevölkerungsdichte:	365 Ew./km²
Stadtbevölkerung:	45 %
Alphabetisierungsquote:	83 %
Lebenserwartung:	68 Jahre

Touristische Highlights:
- **Matheran** – beschauliches Bergdorf
- **Felsentempel von Ellora und Ajanta** – Höhepunkte der südasiatischen Sakralarchitektur (Weltkulturerbe)

Maharashtra mit der **Bundeshauptstadt Mumbai** ist einer der flächenmäßig größten, bevölkerungsmäßig stärksten und ökonomisch bedeutendsten Bundesstaaten Indiens. Ein Großteil der über 100 Mio. Einwohner des erst 1960 gegründeten Staates sind **Marathen,** ein Volk, das großen Wert auf kuturelle und sprachliche Eigenständigkeit legt.

Dies äußerst sich nicht zuletzt in der von dem höchst umstrittenen Populisten *Bal Thackerey* geführten Shiv-Sena-Partei. Die führende Regionalpartei beruft sich in ihrer rechtsgerichteten Ideologie auf den Marathenführer *Shivaji,* der Mitte des 17. Jh. einen Großteil Zentralindiens unter seine Kontrolle brachte. In einer Allianz mit der ebenfalls nationalistischen BJP steuert die Regierung Maharashtras eine die muslimische Minderheit ausgrenzende Politik.

Konkan-Küste

Geografisch lässt sich der über 300.000 km² große Staat mit der Konkan-Küste, den West-Ghats und dem Dekhan-Plateau in drei deutlich voneinander zu unterscheidende Regionen unterteilen. Die auf einer Länge von knapp 300 km von Mumbai bis nach Goa verlaufende Küstenregion, lange Zeit eines der abgeschiedensten Gebiete Maharashtras, ist seit der Eröffnung der parallel zur Küste verlaufenden Konkan-Eisenbahnlinie besser an das Zentrum Mumbai angeschlossen.

Mango-Bäume, Palmen, Bambus und Teakholz dominieren in dem von vielen Flussläufen durchzogenen Gebiet, welches über 80 % der Jahresniederschlagsmenge während des Monsuns von Juni bis September erhält. Touristisch ist diese von Ausländern nur äußerst selten besuchte Region ein echter Tipp. Die **nördlichen Strände** Maharashtras können zwar nicht mit denen Goas mithalten, auch weil das Meer bis weit hinaus sehr flach und nahezu wellenlos ist, sie sind aber für diejenigen, die nicht weit von Mumbai noch mal ans Meer wollen, durchaus einige Tage Aufenthalt wert. Außerdem sind sie vielleicht für jene interessant, die wegen Überbuchung kein Bahnticket von Mumbai nach Goa bekommen und sich auf dieser Route dorthin begeben, was bequem in zwei bis drei Tagen zu bewerkstelligen ist.

Einsame Strände, verwunschene Forts, malerische Fischerorte, eine intakte, unverfälschte Natur und nicht zuletzt der direkt vor der Haustür gefangene Fisch machen die Konkan-Küste zu einem Juwel für all jene, die abseits ausgetretener Pfade von Mumbai über Land nach Goa fahren wollen.

West-Ghats

Im Osten wird die Küstenregion auf ihrer gesamten Länge von den bis zu **1.400 m** aufragenden West-Ghats flankiert. Die üppige **tropische Vegetation** ist auf die besonders hohen Niederschlagsmengen der sich über dem Arabischen Meer aufladenden Wolkenmassen zurückzuführen. In den West-Ghats entspringen mit dem Girna, der sich später mit dem Tapti vereint, dem Godavari und dem Krishna auch die vier großen Flüsse. Die beiden letztgenannten transportieren die Wassermassen über das stetig nach Osten abfallende Dekhan-Plateau fast 1.000 km bis zum Golf von Bengalen.

Das durch die Höhe bedingt **kühlere Klima** veranlasste die in den Sommermonaten hitzegeplagten Briten sich Wochenend- und Feriensiedlungen – **Hill Stations** genannt – in den West-Ghats zu erbauen. Noch heute sind Orte wie Matheran, Lonavala und Mahabaleshwar bevorzugte Reiseziele vor allem der indischen Mittelschicht aus Mumbai und Pune. Die rasante ökonomische Entwicklung der letzten zehn Jahre hat jedoch gerade in diesen Städten deutliche Spuren hinterlassen. Ungezügelter Bauboom und Luftverschmutzung haben den Orten viel von ihrem ursprünglichen Charme genommen.

Dekhan-Plateau

Der weitaus größte Teil Maharashtras wird von der von tiefen Tälern durchzogenen Dekhan-Scholle gebildet. Dieses vor über 70 Mio. Jahren entstandene **Kernland des indischen Subkontinents** bildete seit Beginn der indischen Geschichte ein kaum zu überwindendes Bollwerk für die von Norden kommenden Heere ausländischer Eroberer.

Ganz im Gegensatz zu den dicht besiedelten Regionen um die Ballungsräume Mumbai, Nagpur und Pune, in denen auch ein Großteil der Industrie Maharashtras angesiedelt ist, finden sich in den nur spärlich bevölkerten Gebieten des Dekhan-Plateaus riesige **landwirtschaftlich genutzte Flächen.** Neben dem Anbau von Baumwolle im Nordosten wird vor allem Getreide, Tabak und Zuckerrohr produziert.

Die touristisch mit Abstand bedeutendsten Sehenswürdigkeiten Maharashtras sind die im Einflussbereich der Großstadt Aurangabad gelegenen Ausgrabungsstätten von **Ellora** und **Ajanta.** Nicht nur für kunsthistorisch Interessierte gehört ein Besuch der **Höhlentempelanlagen** zu einem Höhepunkt jeder Südindienrundreise.

Alibag

↗ XVI/A2

Einwohner: 25.000
Vorwahl: 02141

Alibag, 110 km südlich von Mumbai, hat touristisch kaum etwas zu bieten. Das Dorfleben des ehemals hübschen Fischerortes ist mit dem wirtschaftlichen Aufschwung der letzten Jahre hektisch und laut geworden. Die Einwohnerzahl ist um ein gutes Drittel gestiegen. Auch der Strand ist wenig einladend. Die einzige kleinere Attraktion, die der Ort zu bieten hat, sind **Kutschfahrten** am Strand oder bei Ebbe hinüber zur **Seefestung Colaba.** An Wochenenden ist Alibag das Ziel Hunderter Ausflügler aus Mumbai.

Unterkunft, Essen und Trinken

Wer hier übernachten muss oder will, kann in den folgenden überteuerten Unterkünften Unterschlupf finden:

- Neben dem Busbahnhof als billigste Möglichkeit im Stadtzentrum im einfachen **Hotel Prakash** €-€€ mit großen und recht dunklen Zimmern.
- Gegenüber dem Busbahnhof ist das **Meera Madhav** €€€ (Tel.: 02141-225279-81, hotelmeeramadhav@rediffmail.com) eine akzeptable Unterkunft mitten im Stadtzentrum.
- Äußerst ruhig, aber auch ein wenig abgeschieden wohnt man im gut geführten **Windmill Resort** €€€-€€€€. Die von Palmen umgebene Anlage verfügt über freundliche Zimmer und einen schön gestalteten Pool. Insgesamt eine empfehlenswerte Adresse.
- Die Luxusunterkunft Alibags ist das **Hotel Big Splash** €€€-€€€€ (Tel.: 226801-5, www.hotelbigsplash.com), gute 150 m östlich des Busbahnhofs. Alle in einer Gartenanlage gelegenen Zimmer haben AC und TV, auch einen Swimmingpool und ein Restaurant gibt's.

Post, Internet

- Die **Hauptpost** ist an der Strandstraße zwischen Busbahnhof und Strand zu finden.
- Schräg gegenüber dem Hotel Bigsplash gibt's ein **Internetcafé,** 30 Rs/Std.

An- und Weiterreise

- Die meisten Touristen erreichen Alibag mit dem **Boot-Bus-Kombiticket vom Gateway of India** in Mumbai.
- Folgende **Busverbindungen** sind ab Alibag touristisch interessant: Nach Murud fahren alle 15 Minuten Busse in etwa 2 Std. Auch nach Ratnagiri bestehen Verbindungen, die allerdings 10 Stunden dauern und in nicht gerade komfortablen Bussen absolviert werden müssen. Also sollte man eine **Bahnfahrt** vom 2 Stunden per Bus entfernten **Roha** an der Konkan Railway vorziehen. Zum Mumbai Central Busbahnhof dauert es 3 Stunden.

Chaul

↗ XVI/A2

Das 20 km südlich von Alibag am **Ufer des Roha-Flusses** gelegene Städtchen kann auf eine turbulente Geschichte zurückschauen. 1522 von den Portugiesen gegründet, stieg es schnell zu einer der bedeutendsten Handelsstädte der Westküste auf. Nach dem zwölf Jahre später gegründeten Bassein galt es als die zweitbedeutendste **portugiesische Niederlassung** an der Westküste. 200 Jahre prägten die Portugiesen das Leben, ehe die Marathen 1739 den Ort einnahmen. 80 Jahre später schließlich wurde es unter britische Kontrolle gestellt.

Fort

Selbstverständlich sind es auch hier die architektonischen Wahrzeichen kirchlicher und weltlicher Macht wie Kirchen und Festungsanlagen, die dem Ort seinen Stempel aufgedrückt haben. Viel ist vom ehemaligen Glanz nicht geblieben, auch wenn das von der tropischen Natur überwucherte Fort durchaus einen gewissen Reiz ausstrahlt. Nach Passieren eines der beiden Eingangstore stößt man in dem von Palmenhainen durchzogenen Gelände fast zufällig auf die Überreste einer Kirche und die auf die Küste gerichteten Kanonen. Von den Wehrmauern aus erblickt man auf der anderen Seite des Flusses das von einer Festung beherrschte Dorf Korlai.

Anreise

- Von Mumbai: Am schönsten mit der **Fähre** vom Gateway of India nach Rewas (1½ Std.) und von dort weiter in ca. 1½ Std. mit einem der klapprigen **Busse** über Alibag.

Murud

XVI/A2

Einwohner: 130.000
Vorwahl: 02144

Murud ist für all jene interessant, die weder Zeit noch Lust haben, sich auf den langen Weg nach Goa zu machen, aber noch einmal am Meer sein wollen. Es reicht allerdings nicht an Goas Strände heran. Der Ort ist von Mumbais Gateway of India mit dem Fähre-Bus-Kombiticket bis Alibag und von dort per Bus in gut fünf Stunden zu erreichen.

Alle touristischen Einrichtungen sind nördlich, außerhalb des sich anschließenden eigentlichen Dorfkerns platziert, sodass das Dorfleben selbst eine typisch indische Atmosphäre ausstrahlt. Am Wochenende wird es oft etwas voller im Ort, wenn die Neureichen aus Mumbai einfallen. Um Weihnachten/Neujahr steigen die Preise um etwa die Hälfte. Bekannt ist Murud vor allem durch das 4 km südlich gelegene Janjira Fort (s.u.).

Einen herrlichen Rundblick über Murud mit seinem schönen, aber leider mit Unrat bedeckten Strand bietet der **Dattatreya-Tempel.** 250 Stufen führen zu dem auf der Spitze eines Hügels gelegenen Tempel, in dem der die drei hinduistischen Hauptgottheiten Shiva, Vishnu und Brahma vereinigende Gott verehrt wird.

Einen Besuch lohnt auch der nördlich von Murud gelegene **Palast der Nawabs von Janjira,** der noch heute von den Nachkommen der Herrscherfamilie bewohnt wird. Gegen ein entsprechendes Trinkgeld (ca. 100 Rs) gewährt der Verwalter des eigentlich für die Öffentlichkeit nicht zugänglichen Gebäudes westlichen Besuchern Einlass. Das Geld ist gut angelegt, erlebt man doch so den vergangenen Ruhm der inzwischen verarmten Familie anhand von zahlreichen Einrichtungsgegenständen und historischen Fotos.

Durchaus sehenswert sind schließlich noch die etwas verkommenen **Grabstätten der Nawabs** bei Rajpuri. Wer zu den Gräbern will, kann dies mit dem allmorgendlich um 10.30 Uhr nach Roha fahrenden Bus tun, der dort vorbeifährt, oder auch per Riksha über Rajgiri (von dort nochmals 500 m zu Fuß). Ein Besuch der Gräber lässt sich gut mit einem Spaziergang an den nahe gelegenen, meist menschenleeren Stränden und einem Besuch des Janjira Fort verbinden.

Unterkunft, Essen und Trinken

- Eine gute, billige Wohnmöglichkeit ist das **Seashore Palace** € (Tel.: 274223) zwischen Hauptstraße und Meer, von der lauten Durbar Rd. etwas zurückversetzt. Sehr saubere, große Zimmer, ein kleiner palmenbestandener Garten mit Hängematten, der sehr freundliche und hilfsbereite Besitzer sowie Direktzugang zum Strand machen diese Unterkunft zum besten Angebot dieser Preiskategorie. Es wird allerdings allmorgendlich vom Iman der nahegelegenen Moschee beeinträchtigt. Frühstück ist möglich.
- Näher am Dorfkern gelegen, ist das **Hotel Seaface** €€ (Tel.: 274786) eine gute Alternative. Neue AC-Zimmer sind teurer.
- Eine Alternative sind auch die ca. 50 m von der eigentlichen Anlage entfernten Billigzimmer des **Golden Swan Beach Resort** €€-€€€€€ (Tel.: 274078, www.goldenswan. com). Große Zimmer mit Terrasse, Dusche und Meerzugang in sehr schöner Lage sind für einen akzeptablen Preis zu haben. Leider macht das Personal einen wenig interessierten Eindruck und die Cottages des Hauptbereichs sind weit überteuert.
- Im Mittelklassebereich gibt's viele Unterkünfte, die alle ähnlich makellos saubere, aber auch gesichtslose und nur spärlich möblierte Zimmer mit TV anbieten, etwa das **Shoreline Resort/Club Leisure** €€€-€€€€ (shorelin@nivalink.com) an der Durbar Rd. oder das neue **Sea Shell Resort** €€€-€€€€ am Ortseingang.
- Oben am Hang, ca. 400 m von der Hauptstraße entfernt, liegt sehr hübsch das **Sandpiper Resort** €€€-€€€€ (Tel.: 26405334, www.sandpiperresorts.com). Dort wohnt man mit klasse Meerblick in einfacheren Zimmern im alten und gut ausgestatteten Räumen im neuen Teil mit TV und Terrasse sowie kleinem Swimmingpool, allerdings auch etwas abgeschieden, dementsprechend weit ist der Weg zum Strand. Hohe Abschläge außerhalb der Hauptzeiten sind auszuhandeln.
- Im Dorfkern gibt's mit dem Ocean Bazar einen kleinen **Supermarkt.** Hier, wie auch in einigen Unterkünften können **Fahrräder** für 30 Rs/Tag ausgeliehen werden.

Post, Bank

- Das **Postamt** liegt gegenüber dem Golden Swan Beach Resort an der Durbar Rd.
- **Geldwechsel** ist in Murud nicht möglich.

An- und Weiterreise

- Auch für Murud sollte man die wesentlich schönere Alternative per **Fähre nach Rewas** und von dort weiter per Bus vorziehen (s. Alibag). Besonders pittoresk ist der letzte Abschnitt von Revdanda nach Süden, da die Straße direkt an der Küste entlang führt.
- Schließlich gibt es täglich einen **MSTRC-Bus** (5 Std.) vom Mumbai-Central-Busbahnhof. Nachteil: Abfahrt 5.45 Uhr.
- Der **Busbahnhof** liegt ca. 500 m außerhalb des Ortes an der von der Durbar Rd. auf Höhe des Golden Swan Beach Resort nach Osten abzweigenden Straße. Folgende Verbindungen sind von touristischem Interesse: Die Verbindung mit Roha, dem nächstgelegenen Bahnhof an der Konkan Railway, dauert etwa 2 Std. und bietet auf teils sehr holpriger Straße interessante Einblicke ins indische Dorfleben. Von dort gibt's Anschluss z.B. nach Ratnagiri, Mumbai oder auch Goa. Oft sind von Roha freie Plätze in diesen Zügen zu bekommen, so etwa im 6345 Netravati Exp., der Roha um 14.45 Uhr verlässt und nach Stopps u.a. in Ratnagiri in Madgaon (Goa) um 0.25 Uhr einläuft.

Janjira Fort

Von den vielen die Konkan-Küste säumenden Forts ist die 160 km südlich von Mumbai gelegene Festung von Janjira zweifelsohne eines der beeindruckendsten. Vor über 300 Jahren von den Siddhis von Abessinien erbaut, galt die gewaltige Anlage mit ihren bis zu 12 m hohen Mauern als uneinnehmbar. Wie weit die vielfach kolportierte Geschichte der Wahrheit entspricht, wonach *Shivajis* Sohn einen unterirdischen Tunnel vom Festland zum Fort graben ließ, um das strategisch wichtige, weil nur 20 km von der Marathenhauptstadt Raigad entfernte Fort zu erobern, bleibt dahingestellt.

Etwa 200 m vom Land entfernt auf einen Felsen ins Meer gebaut, ist die kreisrunde Festung mit ihren 19 Bastionen nur per Boot von Rajapuri zu erreichen. Ruinen von Kirchen, Palästen, Badehäusern, einer Moschee, rostige Kanonen und ein kreisrunder, 20 m tiefer See sind alles, was zu sehen ist. Lohnend ist eine Besichtigung wegen der schönen Atmosphäre und der Ausblicke in die Umgebung. Kinder sollten auf keinen Fall allein im Fort herumlaufen, da es viele ungesicherte Absturzmöglichkeiten, auch ins Meer gibt.

Anreise

Die billigste Möglichkeit, zum 4 km von Murud entfernten Janjira Fort zu gelangen, sind die **Sammelrikshas,** die etwa alle 10 Min. in der Nähe des Gemüsemarktes im Dorfkern Muruds losfahren (8 Rs, für eine normale Riksha sind etwa 40 Rs zu veranschlagen). Vom Ausstiegspunkt etwa 100 m die abzweigende Straße bis zum Ticket-Häuschen hochgehen. Ein Ticket für eines der Boote kostet 18 Rs. Es müssen aber erst mindestens 20 Personen zusammen sein, bevor das Boot die kurze Strecke zum Fort in Angriff nimmt, was an Wochentagen eine längere Wartezeit bedeuten kann. Für ein Privatboot muss für den kleinen Hopser mit 500 Rs für drei Personen sehr tief in die Tasche gegriffen werden.

Der besondere Tipp: Bullenrennen

Eine besondere Attraktion in der Gegend von Murud und Kashid sollte man sich keineswegs entgehen lassen: An vielen Wochenenden finden an wechselnden Stränden dieser Region Bullenrennen statt. Dann kommt nahezu die gesamte Bevölkerung der umliegenden Dörfer am jeweiligen Strand zusammen, um die prächtig herausgeputzten Tiere anzufeuern, die vom Jockey im kleinen Wagen angetrieben werden – ein herrlich authentisches Volksfest. Mögliche Termine sollten vor Ort erfragt werden.

Kashid

Das 19 km nördlich von Murud gelegene Kashid hat den schöneren Strand, aber fast keine touristische Infrastruktur außer den Unterkünften und wirkt etwas leblos. Wem diese Abgeschiedenheit gefällt, der sollte sich von Norden kommend vor der Busankunft in Murud bereits dort absetzen lassen. Kashid ist stündlich per Bus mit Murud und Alibag verbunden.

Unterkunft, Essen und Trinken

- Eine gute Billigunterkunft ist das **Matoshree Tourist Home** € an der Durchgangs-

218ke Foto: mb

straße. Einfache, aber gemütliche Zimmer mit Bad bei einer Familie. Auch Verpflegung wird geboten.

- Auch das **Sagar House** €€-€€€ nahe dem Strand bietet einige billigere Zimmer an, vor allem aber sehr saubere und neue mit Terrasse. In der Preisklasse gibt's mehrere weitere Unterkünfte, alle sauber, aber gesichtslos, z.B. das **Nisarg Tourist Home** €€€ (Tel.: 278524).

Straßenschneider

- Einen Zufahrtsweg 200 m von der Hauptstraße entfernt liegt das **Kashid Beach Resort** €€€€ (Tel.: 278629). Die an einen Hang gebaute, architektonisch ansprechende Anlage bietet Terrassenzimmer mit Meerblick. Eine geschmackvolle Adresse mit gutem Restaurant. Allerdings ist das Resort an Wochenenden oft ausgebucht.
- Die Topadresse in Kashid ist das **Prakruti Hermitage** €€€€€ (Tel.: 278509, 278564, www.prakrutiparadise.com). Die großzügige, gepflegte Gartenanlage mit einzeln stehenden Bungalows ist mit allen in dieser Preisklasse üblichen Annehmlichkeiten wie Pool, Einkaufsmöglichkeiten und hervorragendem Restaurant ausgestattet. An Wochenenden durch dann stark steigende Preise überteuert.

Ratnagiri

↗ XVI/A3

Einwohner: 70.000
Vorwahl: 02352

Ratnagiri, die größte Stadt entlang der Konkan-Küste zwischen Mumbai und Goa, verfügt über gleich **zwei Festungsanlagen** aus der Zeit der portugiesischen Herrschaft. Historische Bedeutung hat die trotz ihrer Geschäftigkeit angenehme Stadt nicht nur als Geburtsort von *Lokmanya Tilak,* einem Helden der indischen Unabhängigkeitsbewegung, sondern auch als Wohnsitz von *Thiba,* dem letzten König von Burma. Der **Palast** (Tel.: 226009, tgl. 10–18 Uhr), in dem der von den Briten nach Ratnagiri zwangsexilierte Potentat von 1886 bis zu seinem Tod 1916 lebte, dient heute als Sitz städtischer Behörden.

Der städtische Strand ist abends ein beliebter Treffpunkt der Bevölkerung. Ansonsten ist die Stadt, in deren Umgebung die besten Mangos Indiens angebaut werden, nur als Durchgangsort für Reisende nach Ganpatipule oder anderen Orten an der Küste Maharashtras von Bedeutung.

Information, Stadtverkehr

- Ein kleines, allerdings nicht sehr hilfreiches **MTDC Information Office** findet sich im Bahnhof von Ratnagiri.
- Eine **Riksha** zwischen Bahnhof und Busbahnhof sollte nicht mehr als 40 Rs kosten. Von der Hauptstraße vor dem Banhof in die Stadt verkehren alle halbe Stunde **Busse.**

Unterkunft, Essen und Trinken

- Gibt es keine Busverbindung mehr, kann man sich bei kleinem Budget im neben dem Busbahnhof gelegenen **Regency Hotel** €-€€ (Tel.: 221391-3) einquartieren. Man sollte die leiseren Zimmer nach hinten wählen. Die meisten haben eigenes Bad, einige TV; auch ein Restaurant ist vorhanden.
- Wer möglichst nah am 6 km außerhalb gelegenen Bahnhof wohnen möchte, sollte sich im 2 km von diesem und damit nächstgelegenen **Hotel Kanchan** €-€€ (Tel.: 228250) einquartieren.
- Höheren Ansprüchen genügt das ruhige **Hotel Landmark** €€-€€€ (Tel.: 220120-2), ca. 500 m oberhalb des Busbahnhofs 300 m die Thibaw Palace Rd. hinein. Helle AC-Zimmer mit weitem Blick Richtung Meer. Auch das an der Kreuzung gelegene **Hotel Vihar Deluxe** €€-€€€ (Tel.: 222944/5) ist empfehlenswert.
- Eine gute, schnelle und billige Verpflegungsmöglichkeit bietet das dem Busbahnhof gegenüber gelegene, einfache **Ganesh Bhuwan** mit leckeren *dosas* und *thalis.*
- Wer es etwas komfortabler schätzt, sollte sich in den Restaurants der beiden oben erwähnten teureren Hotels versorgen.

Bank, Internet

- Die einzige Möglichkeit, Geld oder Reiseschecks zu wechseln, bietet die **Federal Bank** (Mo–Fr 10.30–16 Uhr, Sa 10.30–13 Uhr) an der Hauptstraße, etwa 1,5 km vom Busbahnhof entfernt Richtung Bahnhof. Allerdings ist sie aufgrund eines sehr kleinen Hinweisschildes kaum auszumachen, so sollte man sich per Riksha dorthin fahren lassen. Der Eingang ist auf der Rückseite des Gebäudes, Treppenhaus hinauf in den ersten Stock.
- Von mehreren **ATMs** sind der gegenüber dem Busbahnhof von der Federal Bank (nur für Visa-Card) sowie zwei weitere günstig gelegen, einer neben dem Hotel Vihar Deluxe von der UTI-Bank, einer noch etwas weiter stadtauswärts bei der HDFC Bank (nimmt außer allen üblichen auch Amex-Karten an).
- Internet gibt's im gegenüber dem Regency Hotel gelegenen **Shopping Complex** im

1. Stock oder fixer bei **Click's Computers** (bis 23 Uhr), etwa 100 m östlich des Hotels Vihar Deluxe 30 m eine kleine Gasse hinunter. Beide verlangen 20 Rs/Std. Im Bahnhof gibt's **Skumar's Cyber Café.**

An- und Weiterreise

- **Bahn:** Ratnagiri ist an die Konkan Railway angeschlossen, dementsprechend viele und schnelle Verbindungen nach Mumbai und in den Süden sind gegeben. Das effiziente Reservierungsbüro im 6 km vom Stadtzentrum entfernten Bahnhof hat von 8 bis 20 geöffnet. Die schnellste Verbindung von Mumbai bietet der 10103 Mandavi Express, der um 6.55 Uhr abfährt und am nächsten Morgen um 14.30 Uhr in Ratnagiri einläuft. In umgekehrter Richtung etwa der 10112 Konkan Kanya Exp.: Abf. 22.45, Ank. In Mumbai CST 5.50 Uhr. Von und nach Margao (Goa) täglich fünf Züge.
- **Bus:** Im unteren Teil des Busbahnhofs fahren die Stadtbusse ab, auch Richtung Bahnhof, im oberen Teil die Busse zu den weitergehenden Zielen. Nach Ganpatipule fährt ca. alle Stunde ein Bus, der erste um 5.30 Uhr, der letzte um 18 Uhr, nach Goa 2 Busse um 6 und 7.45 Uhr (wesentlich bequemer mit der Bahn), nach Kolhapur etwa alle 30 Min. Auch nach Mumbai ist die Bahn vorzuziehen.

Ganpatipule

↗ XVI/A3

Vorwahl: 02357

Eine wirkliche Perle an der Küste Maharashtras ist das bei Indern schon lange beliebte, aber von westlichen Besuchern noch kaum entdeckte Dorf Ganpatipule, 380 km südlich von Mumbai. Ein wunderschöner, etwa 2 km langer **Sandstrand,** eine **Steilküste** und wenige Touristen sind die Zutaten für einen entspannten Aufenthalt am Meer. Einige Leser fühlten sich durch das aufdringliche Verhalten einheimischer Touristen und durch aggressive Hunde jedoch in ihrer Strandruhe empfindlich gestört. Dies lässt sich durch Ausweichen an den südlich anschließenden Krishnali-Strand vor dem gleichnamigen Beach Resort etwas entschärfen. Die Preise für Unterkunft steigen über Weihnachten/Neujahr auf das Doppelte und sind dann überteuert. Der 50 km nördlich von Ratnagiri gelegene Küstenort ist jährlich Ziel Tausender Pilger, die den berühmten, von außen recht unscheinbaren **Swayambhu-Ganpati-Tempel** (tgl. 5–21 Uhr geöffnet) am Strand besuchen.

Unterkunft, Essen und Trinken

- Das **MTDC Holiday Resort** €-€€€ (Tel.: 235248, 235061/2) macht das vielseitigste Angebot des Ortes. Schön sind die in der weitläufigen Anlage mit Palmen verteilten, einzeln stehenden Häuser, deren Zimmer mit TV jedoch eine Renovierung vertragen könnten. Von den Balkonen bieten sich klasse Ausblicke durch Palmen auf den direkt davor befindlichen Strand und das Meer bieten (AC ist überteuert). Die wesentlich weniger lohnenswerten, dunklen Standard-Zimmer im hinteren Teil der Anlage sind nicht mal so viel billiger. Das **Tarang Restaurant** bietet außer frischen Fischgerichten auch westliche und chinesische Küche.

  Direkt am Strand (ca. 10-minütiger Fußweg oder 5 Minuten den Strand entlang) gibt's großräumige **Zelte** mit abschließbaren Metallschränken und ordentlichem Gemeinschaftsbad für wenig Geld sowie teurere, recht grosse **Konkani Huts** genannte Bambusbungalows, alles sehr schön eingebettet in die von Palmen bestandene Landschaft (Tel.: 235348).
- Etwas versteckt die Gasse rechts neben dem MTDC Holiday Resort ca. 200 m hinein

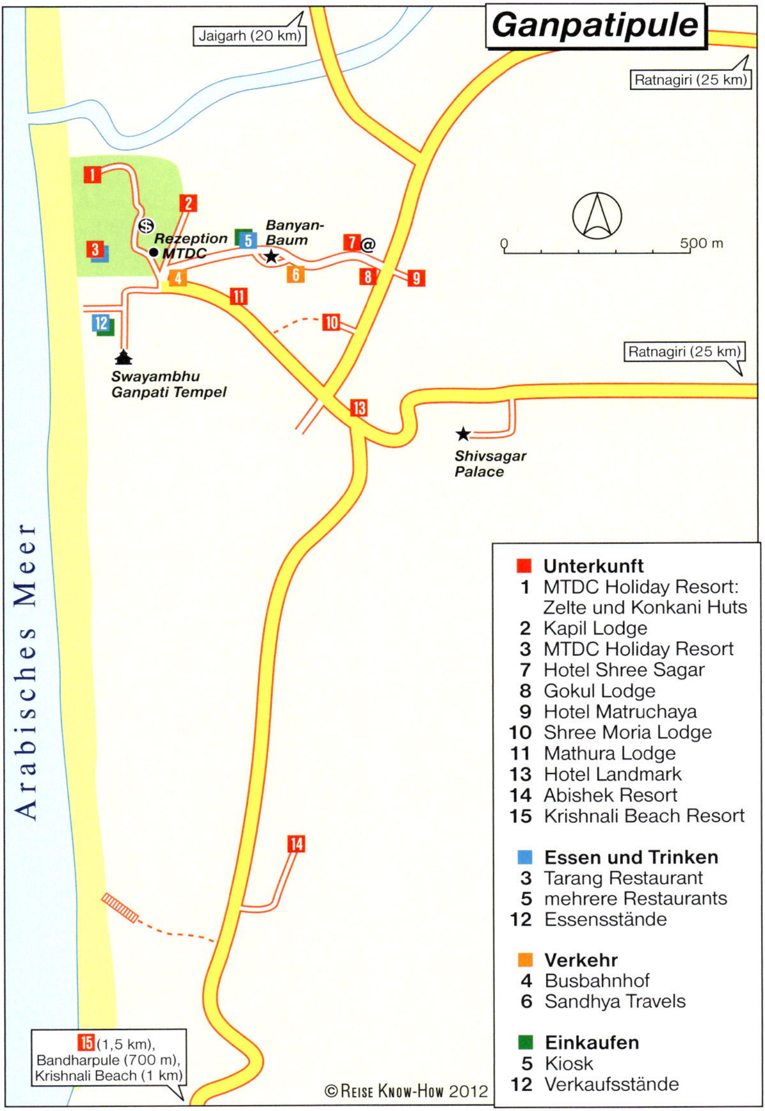
Ganpatipule
Jaigarh (20 km)
Ratnagiri (25 km)
Ratnagiri (25 km)
Rezeption MTDC
Banyan-Baum
Swayambhu Ganpati Tempel
Shivsagar Palace
Arabisches Meer
0
500 m
15 (1,5 km),
Bandharpule (700 m),
Krishnali Beach (1 km)
©Reise Know-How 2012
Unterkunft
1 MTDC Holiday Resort: Zelte und Konkani Huts
2 Kapil Lodge
3 MTDC Holiday Resort
7 Hotel Shree Sagar
8 Gokul Lodge
9 Hotel Matruchaya
10 Shree Moria Lodge
11 Mathura Lodge
13 Hotel Landmark
14 Abishek Resort
15 Krishnali Beach Resort
Essen und Trinken
3 Tarang Restaurant
5 mehrere Restaurants
12 Essensstände
Verkehr
4 Busbahnhof
6 Sandhya Travels
Einkaufen
5 Kiosk
12 Verkaufsstände

findet sich die pinkfarbene **Kapil Lodge** €-€€ (Tel.: 235128). Die hellen und sauberen Zimmer im oberen Stockwerk mit eigenem Bad und Balkon zu den Palmwipfeln sind vorzuziehen. Bitte vorher anrufen, um den Ankunftszeitpunkt abzuklären.

- Akzeptable Zimmer mit Bad im Billigbereich bieten auch die **Gokul Lodge** €-€€ (Tel.: 235031) und das freundliche **Hotel Matruchaya** €-€€ (Tel.: 235291, (0)9372407120).
- Als Mittelklasseherberge ist das **Hotel Shree Sagar** €€-€€€ (Tel.: 235145, www.hotelshreesagar.com). mit teils klimatisierten Zimmern mit TV preisentsprechend. Angenehm sitzt es sich im Gartenrestaurant, gelegentlich wird der Grill entflammt.
- Etwas schläfrig über dem Südende des Strandes ist das **Abishek Resort** €€ schon etwas verwohnt, aber für Abgeschiedenheit Suchende eine gute Adresse. Alle Zimmer haben Balkon und Seeblick. Etwa 5 Min. zum Strand über einen Klippenweg.
- Am Ganpatipule südlich folgenden Krishnali-Strand hinter dem Dorf Bandharpule ist die von Palmen bestandene Anlage des **Krishnali Beach Resort** €€€-€€€€€ (Tel.: 235251-3, krishnal@vsnl.com, rtg_krishnal@sancharnet.in) eigentlich etwas zu teuer. Der hohe Preis ist für jene akzeptabel, die eine halbwegs luxuriöse Unterkunft an einem nahezu menschenleeren und schönen Strand suchen. Natürlich sind ein Restaurant und auch ein (überflüssiger) Pool vorhanden.

Bank

- Neben der Rezeption des MTDC Holiday Resort wechselt eine kleine Filiale der **Bank of Maharashtra** (Mo–Fr 10–14, Sa 10–12 Uhr) nur Travellerschecks, kein Bargeld. Dies kann bei privaten Anbietern, etwa Sandhya Travels, zu schlechten Raten bewerkstelligt werden. Ansonsten sollte man schon vorher genügend Geld gewechselt haben. Einen ATM gibt's noch nicht im kleinen Ort.

Internet, Telefon

- Internetsurfen ist sehr mühselig. Einmal im **Hotel Shree Sagar,** welches aber höchst selten in der Lage ist, überhaupt eine Verbindung herzustellen, sowie mit einer etwas besseren Chance für einen Verbindungsaufbau das **Vinayak Computer Centre** (bis 21 Uhr), ca. 2 Fußminuten die Straße am Busstand hinauf (beide 20 Rs/Std.).
- Bei **Sandhya Travels** (s.u.) ist telefonieren ins Ausland möglich.

An- und Weiterreise

- **Bus:** Nach Ratnagiri etwa stündliche Verbindungen (Fahrtzeit gut 1½ Std.), die erste um 7.30 Uhr, die letzte um 17 Uhr. Drei Busse fahren über Ratnagiri nach Kolhapur (8.15, 14 und 16 Uhr, 5 Std. Fahrtzeit). Nach Goa tgl. ein Direktbus um 6 Uhr morgens, der gegen 15 Uhr Panaji erreicht. Nach Mumbai zwei Busse um 8 und 18 Uhr in 8 Std., ein Bus nach Pune um 6.45 Uhr.
- Wer die lange Fahrt nach Ratnagiri mit einer **Riksha** wagen will/muss, ist mit 200 bis 250 Rs, je nach Verhandlungsgeschick, dabei, mit dem **Taxi** etwa das Doppelte.
- **Jeeps** (5,5 Rs pro Kilometer bzw. 6,5 Rs für AC), **Busse privater Anbieter** sowie **Taxis** können bei Sandhya Travels (Tel.: 235479, (0)9422382091) im Dorfzentrum geordert werden. Busse nach Mumbai: 8 Std., 310 Rs, Pune: 230 Rs. Auch Busse von Ratnagiri aus sind hier zu buchen.

Sindhudurg

↗ XVI/A3

Die **Seefestung** von Sindhudurg war so etwas wie *Shivajis* Antwort auf die von ihm gehasste und dennoch nie eroberte Festung von Janjira. Etwa 200 km weiter südlich ließ der große Marathenführer 1665 diese gewaltige Festungsanlage auf einer aus dem Meer ragenden Felskuppe errichten. Obwohl nur 800 m vor der Malwan-Küste gelegen, dauert die **Überfahrt** mit einem der auf Touristen wartenden Boote mindestens eine halbe Stunde, da der Weg durch eine schmale Fahrrinne führt, die von zwei vorgelagerten Inseln gebildet wird.

Wie so viele Festungsanlagen entlang der Konkan-Küste beeindruckt die „Ozeanfestung", wie Sindhudurg wörtlich übersetzt heißt, abgesehen von ihrer abenteuerlichen Lage durch die gewaltigen Abmessungen. Allein die 3,5 km lange, 10 m hohe und bis zu 4 m dicke Umfassungsmauer lässt ermessen, welche enormen finanziellen und logistischen Anstrengungen die mitten ins Meer gebaute Festungsanlage gekostet haben muss.

Im Inneren steht ein **Tempel** zu Ehren Shivajis mit einem Kultbild des marathischen Nationalhelden. In der Nähe des Eingangstores finden sich zwei überdachte Abdrücke im Stein, die als Finger- und Fußabdruck Shivajis interpretiert werden.

An- und Weiterreise

- **Bahn:** Die besten Verbindungen nach Malwan, das 10 km von der Festung entfernt liegt, bieten sich von Kolhapur und Belgaum, die beide an die Konkan Railway angeschlossen sind (s. dort).
- **Bus:** Täglich viele Verbindungen mit Kolhapur, Belgaum und zum 50 km südlich gelegenen Goa.

Highlight: Matheran

↗ XVI/A2

Einwohner: 6.000
Höhe: 785 m
Vorwahl: 02148

Wer nach dem Hexenkessel Mumbai einige Tage der **Erholung in angenehmem Klima** sucht, für den ist Matheran der ideale Ort. Nachdem der britische Kolonialbeamte *Hugh Malet* das 108 km westlich der Metropole gelegene Städtchen Mitte des 19. Jh. entdeckt hatte, entwickelte sich der Ort innerhalb kürzester Zeit zu einem der beliebtesten Ausflugsziele der „sahibs". Eine **Hill Station** war geboren, die noch heute mit ihren Kolonialgebäuden viel Atmosphäre vermittelt.

Ein Hauptgrund, warum die Stadt weit mehr von ihrem ursprünglichen Charme bewahren konnte als viele andere Hill Stations der Umgebung, liegt in der weitsichtigen Entscheidung der Stadtväter, jeglichen motorisierten Verkehr innerhalb der Stadtgrenzen zu verbieten. So ist Matheran heute die empfehlenswerteste Adresse für ruhesuchende Touristen. Allerdings sollte man seinen Besuch unter der Woche planen, da am Wochenende Tagesausflügler aus Mumbai anrücken.

Das milde Klima des lang gezogenen, auf etwa 800 m Höhe gelegenen Ortes lädt zu ausgiebigen Spaziergängen in die noch weitgehend unberührte Umgebung ein. Hauptanlaufpunkte der vornehmlich einheimischen Touristen sind die über **20 Viewpoints,** von

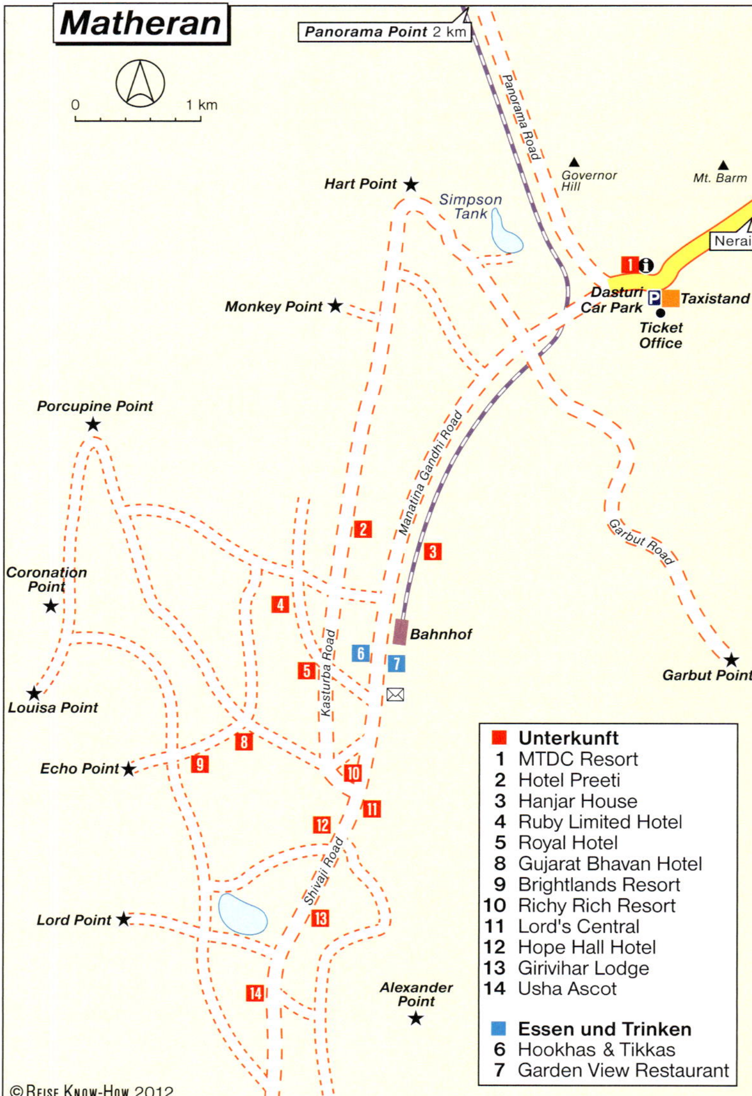
Matheran
0
1 km
Panorama Point 2 km
Panorama Road
Governor Hill
Mt. Barm
Hart Point
Simpson Tank
Nerai
Monkey Point
Dasturi Car Park
Taxistand
Ticket Office
Porcupine Point
Manatina Gandhi Road
Garbut Road
Coronation Point
Bahnhof
Kasturba Road
Louisa Point
Garbut Point
Echo Point
Shivaji Road
Lord Point
Alexander Point
Unterkunft
1 MTDC Resort
2 Hotel Preeti
3 Hanjar House
4 Ruby Limited Hotel
5 Royal Hotel
8 Gujarat Bhavan Hotel
9 Brightlands Resort
10 Richy Rich Resort
11 Lord's Central
12 Hope Hall Hotel
13 Girivihar Lodge
14 Usha Ascot
Essen und Trinken
6 Hookhas & Tikkas
7 Garden View Restaurant
© Reise Know-How 2012

denen sich herrliche Aussichten in die Umgebung bieten. Bei klarem Wetter reicht der Blick nach Westen bis Mumbai, während sich im Osten beeindruckende Ausblicke auf die dichtbewachsenen Hügel der Ghats bieten. Da es in den Wintermonaten nach Sonnenuntergang empfindlich kühl werden kann, sollte eine Jacke bzw. ein Pullover immer griffbereit sein.

Die zweifelsohne schönste Art Matheran zu besuchen ist der berühmte **Toy Train** von Neral Junction. Nicht nur für Eisenbahnliebhaber ist eine Fahrtentlangder 21 km langen, äußerst reizvollen Strecke ein Vergnügen.

Information

Bei dem gegenüber dem Bahnhof gelegenen **Tourist Kiosk** gibt's eventuell einen recht groben Stadtplan. Als eine Art **Kurtaxe** wird von jedem Besucher Matherans eine Eintrittsgebühr von 20 Rs erhoben – zu zahlen am Bahnhof bzw. am Dasturi-Parkplatz, wo alle per Auto oder Bus ankommenden Touristen aussteigen müssen.

Stadtverkehr

Da innerhalb der Stadtgrenzen kein motorisierter Verkehr zugelassen ist, stehen als einziges Transportmittel **Rikshas** und **Ponys** zur Verfügung. Da die Rikshas im hügeligen Matheran von drei Personen gezogen werden müssen und Ponys auch nicht jedermanns Sache sind, bewegt man sich am angenehmsten, schnellsten und preiswertesten per pedes. Vom Parkplatz ins Zentrum dauert es etwa 20–30 Minuten. Träger mit Handkarren verlangen etwa 60–80 Rs fürs Gepäck. Ponys vom Dorfzentrum an der MG Rd. zu den Aussichtspunkten kosten etwa 100 Rs/Std.

Da die Gassen des Ortes, wenn überhaupt, nur spärlich erleuchtet sind, empfiehlt sich nach Sonnenuntergang der Gebrauch einer **Taschenlampe.**

Unterkunft

Wie fast alle Hill Stations verfügt auch Matheran nur über sehr wenige Billig-Unterkünfte; die meisten liegen in der Nähe des Bahnhofs. Die Unterkünfte der mittleren und oberen Preiskategorie sind auf die Bedürfnisse indischer Gäste, vor allem Familien mit Kindern, ausgerichtet und bieten fast ausschließlich Vollpension. Während der Hauptreisezeit um Diwali und Weihnachten steigen die Preise um bis zu 200 %. Die Kategorien gelten für die „normalen" Besuchszeiten.

- Die ruhige Lage in Gehdistanz zum Bahnhof, die für den Preis hübschen, sauberen Zimmer und das freundliche Personal machen die **Pramod Lodge** € (Tel.: 2303020) zur empfehlenswerten Billigunterkunft.
- Eine gute Wahl ist auch das ebenfalls in unmittelbarer Nähe zum Bahnhof und dennoch ruhig gelegene **Preeti** € (Tel.: 230202).
- Das südwestlich des Bahnhofs zu findende Hotel mit dem merkwürdigen Namen **Hope Hall** € (Tel.: 230193) ist ein hübsches, älteres Gebäude inmitten eines Gartens. Große Zimmer mit Mosaikboden und Bad sind beliebt, also reservieren.
- Wen der etwa 10-minütige Fußweg vom Bahnhof nicht abhält, der sollte sein Glück in der sympathischen **Girivihar Lodge** €-€€ (Tel.: 230231) an der Sivaji Rd. versuchen. Belohnt wird man mit einer angenehmen Atmosphäre und hübschen Zimmern, von denen einige sogar über einen eigenen Balkon verfügen. Zudem kann man im Garten die Seele baumeln lassen.
- Das **MTDC Resort** €€ (Tel.: 230277) bietet eine Reihe ganz unterschiedlicher Möglichkeiten, vom Schlafsaal bis zu freistehenden Bungalows. Der Nachteil dieser ansonsten empfehlenswerten Adresse ist die etwas abgelegene Lage, ca. 3 km nordöstlich des Zentrums gegenüber vom Dasturi Car Park.
- Die vielleicht schönste Unterkunft in dieser Preiskategorie ist das stilvolle **Lord's Central Hotel** €€-€€€ (Tel.: 230228, lords@matheran.com), benannt nach dem äußerst sympathischen Besitzer. Neben dem angenehmen Ambiente überzeugt vor allem das vorzügliche hauseigene Restaurant.
- Trotz seines unglücklichen Namens ist das **Richy Rich Resort** €€€€ (Tel.: 23007/8, MG

Rd.) mit freundlich gestalteten, großräumigen Zimmern, einem Pool sowie einem ausgezeichneten vegetarischen Restaurant eine sehr gelungene Anlage.

- Ein gutes Preis-Leistungs-Verhältnis bietet das **Brightlands Resort** €€€ (Tel.: 230417). Zum Hotel gehören ein Tennisplatz und ein Pool.
- Wer ein wenig koloniales Ambiente schnuppern möchte, sollte sich im **Hotel Ruby Limited** €€€€ (Tel.: 230291) einmieten. Die stilvollen Bungalows bieten schöne Aussichten auf die Stadt und eine ruhige Atmosphäre.
- Eine ebenso gemütliche wie angenehme Atmosphäre strahlt das sehr gelungene **Usha Ascot** €€€€€-€€€€€€ (Tel.: 230360, www.ushaascot.com) aus. Man hat die Wahl zwischen einer Reihe von unterschiedlichen, hellen Zimmern mit Balkon oder Terrasse im Haupthaus und in Bungalows. Ein Pool sowie zwei Restaurants runden den positiven Gesamteindruck ab.

Essen und Trinken

Da die meisten Hotels auf Vollpension-Basis operieren und die Gäste dementsprechend fast ausschließlich dort essen, gibt es nur eine sehr geringe Auswahl an Restaurants. Das **Satyavijay** und das **Kwality Fruit Juice House** bieten akzeptable Alternativen.

Probieren sollte man einmal *chikki,* eine Art Süßigkeit aus Honig und Nüssen, die in kleinen Shops mit der Aufschrift **„Chikki Marts"** verkauft werden. Wie bei jeder Verlockung ist jedoch auch hier Vorsicht geboten: Die süße Verführung ist ein gefährlicher Plombenzieher.

- Frisch renoviert, ist das **Garden View Restaurant** bei Einheimischen besonders beliebt – ein gutes Zeichen.
- Gegenüber serviert **Hookhas & Tikkas** auf einer Terrasse über der MG Rd. gute indische Küche (60–120 Rs) und *hookahs* (150 Rs).
- **Khan Parkview Restaurant** im Hotel Khan (Main Rd.) verwöhnt mit Mughlai- und Punjabi-Küche und klasse *parathas.*

Bank

Da die Wechselkurse in Matheran recht bescheiden sind, empfiehlt es sich, in großen Städten wie Mumbai und Pune auf Vorrat Geld zu wechseln. Wer dennoch Geld benötigt, kann in der **Union Bank of India** (Mo–Fr 10–14, Sa 10–12 Uhr) an der MG Rd. Reiseschecks wechseln.

Anreise

- **Bahn:** Die mit Abstand schönste Art nach Matheran zu gelangen, für viele sogar der eigentliche Grund, ist die herrliche Fahrt mit dem sogenannten **Toy Train.** Die tatsächlich einem kleinen Spielzeugzug ähnliche Lok benötigt für die 21 km lange Strecke von der Bahnstation Neral 2½ Stunden. Wegen der besseren Aussicht empfiehlt sich auf der Fahrt von Neral nach Matheran ein Sitzplatz auf der rechten Seite. Drei Züge täglich von Neral: 8.40, 11 und 17 Uhr. Umgekehrte Richtung von Matheran: 5.45, 13.10 und 14.35 Uhr. Während des Monsuns kommt es häufig zu Verspätungen bzw. muss die Fahrt ganz ausfallen. Außerdem verkehren normale Züge tgl. um 10.45 Uhr (Sa/So auch 12.10 Uhr) von Neral nach Matheran, umgekehrte Richtung: 13 Uhr (Sa/So 14.35 Uhr).

Wer **von Mumbai** kommend den 8.40-Zug von Neral erreichen will, sollte den 11007 Deccan Express (Abfahrt Mumbai Central 7.10 Uhr) nehmen. Der 11029 Koyna Express (Abfahrt Mumbai Central 8.40 Uhr) trifft pünktlich zum Toy Train um 11 Uhr in Neral ein. Für die Rückfahrt steht der 11024 Sahyadri Exp (Abfahrt tgl. 10.10 Uhr) zur Verfügung.

Nur wenige der Express-Züge **von Pune** nach Mumbai halten in Neral. Da es hier häufig zu Änderungen kommt, sollte man sich erkundigen.

- **Taxi:** Alternativ zum Zug kann man auch mit dem Taxi für – je nach Verhandlungsgeschick – 250 bis 350 Rs von Neral nach Matheran fahren. Mit 60 Rs wesentlich günstiger ist die Fahrt mit einem Gemeinschaftstaxi, doch kann es zwei Stunden dauern, bis sich genügend Fahrgäste gefunden haben. Ein Tagesausflug von Mumbai kostet um 2.000 Rs.

Lonavala

↗ XVI/A2

Einwohner: 60.000
Höhe: 625 m
Vorwahl: 02114

Auch der etwa auf halber Strecke zwischen den Metropolen Mumbai und Pune gelegene Gebirgsort ist eine von den Briten geprägte Hill Station. Im Gegensatz zu Matheran lädt die Stadt wegen des ungezügelten Baubooms und sehr hohen Verkehrsaufkommens speziell an den Wochenenden nicht zu einem längeren Besuch ein. Ohne touristische Sehenswürdigkeiten im eigentlichen Sinne besitzt Lonavala mit dem 3 km außerhalb in Richtung der Höhlen von Karla und Bhaja gelegenen **Kaivalyadhama Yoga Hospital** eine Institution, die in letzter Zeit auch bei westlichen Reisenden populär geworden ist. Der für Yoga- und Naturheilmittelbehandlung bekannte Ashram wurde 1924 von *Swami Kudalayanandji* gegründet. Dort wird auch Unterkunft und Verpflegung geboten (Weiteres zum Ashram auf der hervorragenden Website www.kdham.com, Tel.: 273039). Ansonsten ist die Stadt einzig als Ausgangsbasis für die gut 10 km entfernten buddhistischen Höhlentempel von Karla, Bhaja und Bedsa von Interesse. Bestenfalls der Obst- und Gemüsemarkt südlich vom Bahnhof lohnt einen Abstecher.

Die Eisenbahnlinie teilt Lonavala in zwei getrennte Bezirke. Während die eigentliche Stadt mit dem Markt südlich des Bahnhofs angesiedelt ist, befinden sich die meisten Hotels, das Postamt sowie die Straße zu den Höhlen von Karla und Bhaja nördlich davon.

Information

- Das **Maharashtra Tourist Office** beim Bahnhof ist mehr eine Arbeitsbeschaffungsmaßnahme, denn eine wirkliche Informationsquelle.

Stadtverkehr

- **Fahrräder** können am Mumbai-Pune-Highway für 5 Rs/Std. ausgeliehen werden.

Unterkunft

- Wer möglichst nah an Bahnhof und Busbahnhof wohnen möchte, sollte sich im **Chandralok** €€-€€€ (Shivaji Rd., Tel.: 272294, hotelchandralok@vsnl.com) einquartieren. Das professionell geführte Hotel bietet mit seinen 18 Zimmern, von denen drei klimatisiert sind, ein gutes Preis-Leistungs-Verhältnis. Empfehlenswert ist auch das hauseigene Restaurant.
- Ähnlich empfehlenswert ist auch das **Lions den Hotel** €€€ (Tel.: 272954) an der Tungarli Lake Rd.
- Eine gute Wahl ist das koloniale Hotel **Swiss Cottages** €€-€€€ (Tel.: 271320). Das hübsche Anwesen strahlt trotz seiner Nähe zum Bahnhof viel Ruhe und Atmosphäre aus.
- Das **Avion Holiday Resort** €€€ (Tel.: 275432) ist ein gutes Mittelklassehotel, welches ähnlich wie das Swiss Cottages trotz seiner zentralen Lage eine angenehme Ruhe ausstrahlt. Alle 52 Zimmer sind zweckmäßig ausgestattet, ein hübscher Pool und das Gazeboo-Restaurant, das einheimische und chinesische Gerichte serviert, runden den positiven Gesamteindruck ab.
- Wer seine Runden in einem solar geheizten Swimmingpool ziehen will, sollte sich im luxuriösen **Fariyas Holiday Resort** €€€€€ (Tel.: 273852-5) einquartieren. Das inmitten einer weitläufigen Gartenanlage gelegene Resort ist die derzeit beste Unterkunft in Lonavala.

Essen und Trinken

Wie bei den meisten Hill Stations in Maharashtra gilt auch für Lonavala, dass die meisten Restaurants den Hotels angeschlossen sind. Dementsprechend dürftig ist die Auswahl an eigenständigen Restaurants.

- Gute Tandoori-Gerichte serviert das **Diamond Garden Restaurant** im Zentrum.
- Wie immer ist auf die auch hier ansässige Filiale der in ganz Indien zu findenden **Kamat-Kette** Verlass.
- Auch **Udupi Refreshment** beim Busbahnhof mit vegetarischer nord- und südindischer Küche ist ein gutes Schnellrestaurant.
- Am besten isst man im klimatisierten **Mehfil Bar & Restaurant** beim Busbahnhof. Aus der umfangreichen Speisekarte kann man zwischen indischen und chinesischen Gerichten wählen.
- Punjabi-Küche zu ähnlichen Preisen serviert das Hotel **Rama Krishna** mit Freiluftbereich auch an der Hauptstraße.
- Wer eher auf westliche Gerichte wie Pizza und Burger Appetit hat, sollte sich ins **Plaza** begeben.
- Süßmäuler kommen beim alteingesessenen **Coppers** am Jaychand Chowk etwas südlich vom Bahnhof zu ihrem Genuss.

Bank, Internet

- Auch in Lonavala ist es äußerst schwierig eine Bank zu finden, die Reiseschecks wechselt. Versuchen kann man es in der **Bank of Maharashtra.**
- Im Internet surft man im **Kumar Resort** an der Hauptstraße für 40 Rs/Std.

Feste

- Zur Zeit des **Shivatri-Festivals** (Februar/März) lohnt der ansonsten wenig einladende Ort einen Besuch, um dem bunten Treiben der Gläubigen zuzuschauen.

Aktivitäten

- **Nirvana Adventures** (Tel. in Kamshet: 02114-266187, in Mumbai: 022-26053724, www.nirvanaadventures.com) veranstaltet Fallschirm-Tandemflüge sowie Paragliding im 25 km östlich von Lonavala gelegenen Kamshek.

An- und Weiterreise

- **Bahn:** Neben täglich 15 Expresszügen, die Mumbai mit Pune, 64 km von Lonavala entfernt, verbinden und alle in Lonavala Halt machen, fahren auch stündlich Shuttle-Züge in 2 Stunden Fahrtzeit nach Pune. Die Fahrt nach Mumbai dauert etwa 3 Stunden.
- **Bus:** Man sollte die ständig nach Mumbai und Pune fahrenden Züge den Bussen vorziehen, da sie bequemer ans Ziel gelangen. Busse fahren vom Busbahnhof (Tel.: 273842) an der Shivaji Rd. alle 30 Minuten zu den Metropolen, nach Mumbai (60 Rs/3 Std., Del. 72 Rs/2 Std.), zudem verkehren einige teurere AC-Busse. Die Strecke nach Pune wird in 2 Std. bewältigt (45 Rs, Del. 62 Rs).

Buddhistische Höhlentempel bei Lonavala

↗ XVI/A2

Karla

Zehn Kilometer nordöstlich von Lonavala findet sich die größte **Chaitya-Halle** Indiens in einem Hang 120 m über der Erde. Der etwa 20-minütige Anstieg lohnt sich, gehört doch die im 1. Jh. v. Chr. von den Mönchen aus dem Fels gehauene Höhle zu den schönsten Beispielen **frühbuddhistischer Architektur** auf dem indischen Subkontinent.

Vorbei an weniger gelungenen, von vier Löwen bekrönten Säulen gelangt man zu der ursprünglich reich ornamentierten, heute leider zum Teil zerstörten Fassade. Das große Chaitya-Fenster bildet die einzige Lichtquelle für die 38 m tiefe und 14 m breite Halle. Besonders gelungen sind die je **15 Säulen** zu beiden Seiten, die oben von knieenden Elefanten, auf denen Paare zu sehen sind, abgeschlossen werden. Das tonnengewölbte Dach mit den parallel angeordneten, originalen **Holzrippen** in der Apsis nimmt die ursprüngliche Holzarchitektur auf. Auch die den Abschluss der Halle bildende, aus dem Fels gehauene **Stupa** wird von einem hölzernen Schirm bekrönt.

- **Öffnungszeiten:** täglich 9–17 Uhr, Eintritt 100 Rs.

Bhaja

Drei Kilometer sind es entlang einer unbefestigten Straße zu den weit weniger von Ausflüglern „heimgesuchten" Höhlen von Bhaja. Die im 2. Jh. v. Chr. in einen bereits von weitem sichtbaren Südwesthang gehauenen Höhlen gehören zu den ältesten nachweisbaren Kulthöhlen Indiens. Von den insgesamt 18 Hallen sind 17 **Viharas** (Versammlungsräume); Halle Nr. 12, die interessanteste, ist ein **Chaitya** (Betsaal). Leider ist auch hier die ursprünglich mit einem Chaitya-Fenster, Veranden und Balkonen reich gestaltete Fassade zum großen Teil zerstört, sodass man direkt ins Innere der Höhle gelangt. Wieder fällt das mit Rippen aus Teakholz gearbeitete Tonnengewölbe über dem Mittelschiff ins Auge. Links und rechts der Chaitya-Halle finden sich **Klosterwohnungen** mit Mönchszellen. Beeindruckend ist auch der weite Ausblick in die tropische Landschaft. Die beiden verfallenen Forts von Lohagad und Visapur liegen in Sichtweite der Bhaja-Höhlen.

- **Öffnungszeiten:** täglich 8–18 Uhr, Eintritt: 100 Rs.

Bedsa

Wegen ihrer abgeschiedenen Lage gut 10 km östlich von Bhaja mit Abstand am seltensten besucht und dementsprechend ruhig und naturbelassen, sind die buddhistischen Höhlenkloster von Bedsa. Künstlerisch sind die im 1. Jh. entstandenen Kultstätten weniger anspruchsvoll als die von Karla und Bhaja. Die einzelnen Fassaden und Säulen sind recht schmucklos, die hölzernen Rippen des Tonnengewölbes nicht mehr vorhanden.

Unterkunft

- Von Lonavala kommend etwa 2 km vor den Abzweigen nach Karla im Norden bzw. Bhaja im Süden des Mumbai-Pune-Highway liegt das staatliche **MTDC Karla Resort** €€-€€€ (Tel.: 02114-282230) etwas südlich der Hauptstraße und damit günstig zu den Sehenswürdigkeiten. Die gepflegten Cottages mit TV sind teilweise klimatisiert, auch ein Wasserspielplatz für Kinder sowie Restaurant und Bar sind vorhanden. Busse lassen in Gehdistanz zum Resort aussteigen.

Anreise

Etwa 10-mal täglich ab 6 Uhr morgens werden die Karla-Höhlen von Lonavala aus mit dem **Bus** angefahren (12 km, 13 Rs, der letzte Bus fährt um 19 Uhr nach Lonavala zurück). Von Karla können die 9 km nach Bhaja per pedes oder per Riksha (ca. 80 Rs) zurückgelegt werden. Zurück zum Malavli-Bahnhof beim Bhaja-Dorf sind es etwa 3 km. Von dort verkehren mehrere Züge nach Lonavala.

Will man die Besichtigung komplett per **Riksha** von Lonavala aus absolvieren, sollte man nach hartem Verhandeln nicht mehr als 350 Rs inkl. Wartezeit zur Besichtigung der Höhlen bezahlen. Die einfache Fahrt nach Karla sollte etwa 90 Rs kosten.

Pune

↗ XVI/A2

Einwohner: 3,9 Mio.
Höhe: 560 m
Vorwahl: 020

Kaum eine andere Stadt ist derart eng mit der Geschichte der Marathen verbunden wie Pune oder **Poona,** wie der Name der zweitgrößten Stadt Maharashtras ausgesprochen wird. Sie war Ausgangspunkt des Aufstiegs von *Shivaji.* Der marathische Volksheld besiegte hier 1646 den Herrscher von Bijapur und entwickelte von dieser Machtbasis aus das **Marathenreich** zum beherrschenden Regionalreich Indiens. Nach einem Intermezzo unter *Balaji Rao Peshwa,* der die Nachkommen Shivajis auf der Festung von Satara einkerkerte, übernahmen schließlich die Briten 1817 das Ruder und machten Pune zur Sommerresidenz der Regierung von Mumbai, der sogenannten **„Bombay Residency".**

Während aus der Zeit Shivajis kaum architektonische Spuren erhalten sind, zeugt noch heute eine Reihe von Gebäuden wie Kirchen, Krankenhäuser, die **Universität** und nicht zuletzt die **Pferderennbahn** von der britischen Kolonialherrschaft. Bis heute haben die unter den Briten in Pune errichteten Bildungsstätten im ganzen Land einen hervorragenden Ruf.

Wegen des im Vergleich zu Mumbai wesentlich angenehmeren Klimas mit relativ geringen Niederschlägen galt Pune lange Zeit als Rentnerparadies. Davon ist angesichts des rasanten Wachstums in den letzten zehn Jahren, welches Pune zu einer der am schnellsten wachsenden Städte Indiens gemacht hat, kaum etwas geblieben. Anstelle von Parks, frischer Luft, Ruhe und Kolonialbauten bestimmen heute vollgestopfte Straßen, Abgase, Hektik und Shoppingcenter das Bild.

Zwar hat die Stadt mit den Kolonialbauten und dem Palast aus der Peshawa-Zeit einige Attraktionen zu bieten, doch insgesamt gehört sie sicherlich nicht zu den besuchenswertesten Zielen einer Südindienreise. Wenn sie dennoch jedes Jahr von Tausenden Westlern besucht wird, dann liegt dies am **Osho Commune International,** dem weltweiten Zentrum der Sanyasin-Anhänger.

Orientierung

Pune liegt am rechten Ufer der Flüsse Mula und Mutha. Der von den Briten geprägte Stadtteil Cantonment mit seinen breiten Straßen, Grünanlagen, dem Botanischen Garten und der Pferderennbahn liegt im Osten der Stadt. Flankiert wird Cantonment im Westen von der Mahatma Gandhi Rd., die mit ihren Banken, Geschäften, Hotels und Restaurants die Hauptverkehrsstraße bildet und im Norden in die Moledina Rd. übergeht. Die von hier abzweigende Sadhu Vaswani Rd., (früher Connaught Rd.) führt zum Bahnhof, in dessen unmittelbarer Nähe sich auch der Busbahnhof, das Tourist Office, die Hauptpost und einige Billighotels befinden. Noch weiter im Nordosten liegt Koregaon Park, ein großzügiger, von Parkanlagen geprägter Stadtteil mit dem berühmten Rajneesh Ashram der Osho Commune, Anlaufpunkt vieler westlicher Reisender.

Die eigentliche **Altstadt** mit verwinkelten Gassen und unzähligen Geschäften liegt im westlichen Bereich Punes, während der Stadtteil Shivaji Nagar auf der linken Seite des Mutha-Flusses eine bevorzugte Wohngegend ist.

Sehenswertes

Raja-Dinkar-Kelkar-Museum

Das ebenso kuriose wie hochinteressante Museum (Tel.: 24482101, www.rajakelkarmuseum.com) in der Bajirao Rd. zeigt ein Sammelsurium aus der privaten Sammlung eines 1990 verstorbenen Geschäftsmannes. Im weitesten Sinne unter **Volkskunst** könnte man die kaum überschaubare Vielzahl der Ausstellungsstücke fassen, die von Musikinstrumenten über Miniaturmalereien, Devotionalien und Töpferwaren bis zu Türschlössern und Mobiliar reicht. Zu sehen sind immer nur Teile der auf insgesamt über 15.000 Objekte geschätzten Sammlung.

- **Öffnungszeiten:** täglich 9 bis 18 Uhr, Eintritt 150 Rs, Fotografieren verboten.

Gandhi National Memorial

Von den vielen Erinnerungsstätten für Indiens großen Sohn gehört diese auf der nördlichen Seite des Mula im Stadtteil Yerwada zu den interessanteren. Die inmitten einer großzügigen Gartenanlage gelegene **Villa** (geöffnet 9–18 Uhr), in der Gandhi zwischen 1942 und 1944 von den Briten unter Hausarrest gestellt wurde, dürfte vielen noch aus dem Film „Gandhi" von *Richard Attenborough* bekannt sein. Erbaut wurde sie ursprünglich 1892 von *Aga Khan* als Privatpalast, bevor sie Mitte der 1950er Jahre in Staatsbesitz überging. Sehr aufschlussreich ist eine Ausstellung mit Fotos aus dem ereignisreichen Leben des Mahatma. Die Gedenkstätte im weitläufigen Garten erinnert an seine Ehefrau *Kasturba,* die hier während der Zeit der Inhaftierung starb.

Pataleshvar-Tempel

Der aus einem Stein gehauene, kleine **Felsentempel** (6–21 Uhr) ist eines der wenigen architektonischen Monumente der Peshwar-Regentschaft. Das im 8. Jh. errichtete Heiligtum in der Jangli Maharara Road wird zusammen mit dem davor platzierten Nandi-Pavillon noch heute von vielen Gläubigen aufgesucht, die dort beten und sich in den umliegenden Grünanlagen erholen. Vor dem Tempel sind außerdem der runde Nandi Inandapa (Säulentempel) und der Jangali Maharaj Mandir (6–22 Uhr), der einem hier 1818 verstorbenen Asketen gewidmet ist, das Ziel der Gläubigen.

Sonstige Sehenswürdigkeiten

Die einstmals das Stadtbild bestimmenden Bauten aus der Zeit der britischen Kolonialherrschaft liegen weit verstreut: das Mitte des 19. Jh. erbaute **Government House** und die nahe gelegene **Universität,** die sehr schönen, zu geruhsamen Spaziergängen einladenen Parkanlagen wie der **Bund Gar-**

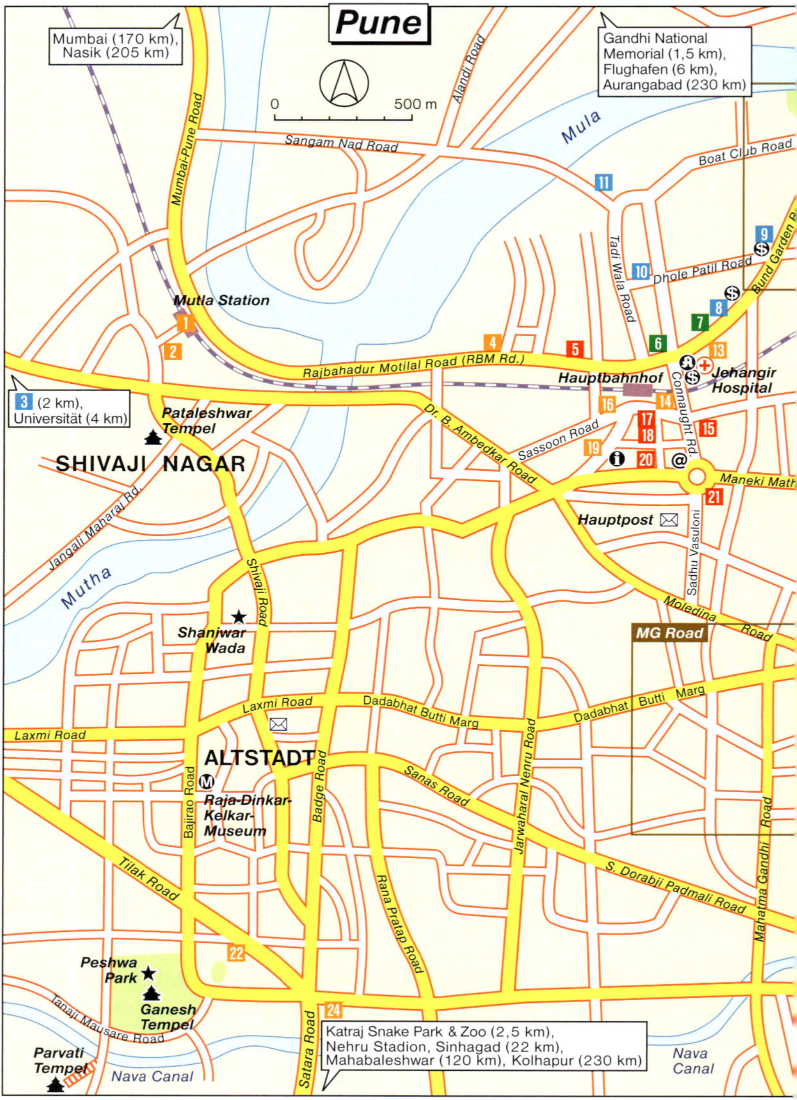
Pune
0 500 m
Mumbai (170 km), Nasik (205 km)
Gandhi National Memorial (1,5 km), Flughafen (6 km), Aurangabad (230 km)
Alandi Road
Mumbai-Pune Road
Sangam Nad Road
Mula
Boat Club Road
Bund Garden R.
Tadi Wala Road
Dhole Patil Road
Mutla Station
Rajbahadur Motilal Road (RBM Rd.)
Hauptbahnhof
Jehangir Hospital
Connaught Rd.
3 (2 km), Universität (4 km)
Pataleshwar Tempel
SHIVAJI NAGAR
Dr. B. Ambedkar Road
Sassoon Road
Maneki Math
Jangali Maharaj Rd.
Hauptpost
Sadhu Vasuloni
Mutha
Shivaji Road
Moledina Road
MG Road
Shaniwar Wada
Laxmi Road
Dadabhat Butti Marg
ALTSTADT
Badge Road
Bajirao Road
Raja-Dinkar-Kelkar-Museum
Sanas Road
Jarwaharal Nenru Road
Mahatma Gandhi Road
S. Dorabji Padmali Road
Tilak Road
Rana Pratap Road
Peshwa Park
Ganesh Tempel
Tanaji Mausare Road
Parvati Tempel
Nava Canal
Satara Road
Katraj Snake Park & Zoo (2,5 km), Nehru Stadion, Sinhagad (22 km), Mahabaleshwar (120 km), Kolhapur (230 km)

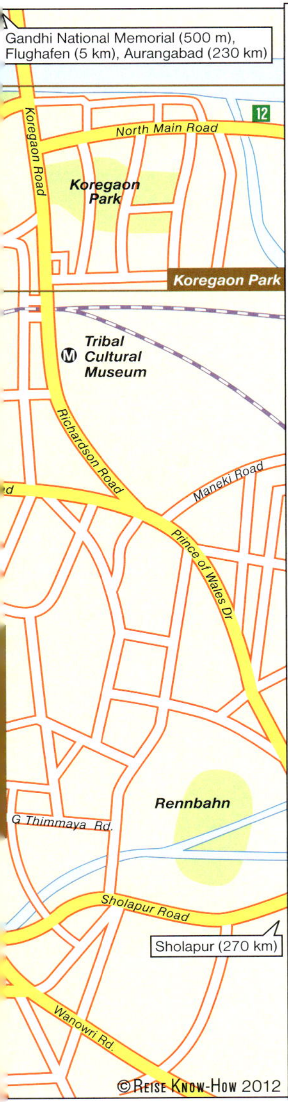

Unterkunft
5 Hotel Le Meridien
15 Hotel Ashirwad
17 National Hotel
18 Hotel Samrat, Hotel Homeland
20 Hotel Woodland
21 Hotel Ritz

Essen und Trinken
3 Vaishali
8 Dosa Diner, Around the Corner
9 Papa John's Pizza
10 Zamu's Place
11 Lush

Verkehr
1 Shivaji Nagar Bahnhof
2 Shivaji Nagar Busbahnhof
4 Air India
13 Bright Travels
14 Taxistand
16 Pune Bahnhof Busstand
19 Pune Municipal Transport (PMT)
22 Architect College Busstand
24 Swargate Busbahnhof

Einkaufen
6 Crossword Bookstore
7 FabIndia
12 Supermarkt

Osho Commune International – ein bisschen Bhagwan für alle

Wer Pune besucht, kommt an der Osho Commune kaum vorbei. Dabei liegt der **Rajneesh Ashram,** das Meditationszentrum, nicht mal zentral im Ort, sondern etwas außerhalb in Koregaon Park, einem vornehmeren Stadtteil im Grünen. Der Besucher trifft spätestens ab der German Bakery, wo auch die Busse nach Goa abfahren, auf die weinroten Farben der Kommune. Einige Mitglieder sehen das nicht gerne: In der indischen Öffentlichkeit soll kein so großes Aufhebens von dem Zulauf des Meditationszentrums gemacht werden. Andererseits bietet der Ashram selbst kaum Schlafgelegenheiten. Viele Besucher wohnen in den umliegenden Hotels und Pensionen oder privat, es handelt sich also schon deshalb nicht um eine geschlossene Kommune.

Bevor sich für Besucher die Tore öffnen, gilt es ein Einführunsgvideo anzusehen. Dann schaut man sich für 10 Minuten in der Anlage um. Innerhalb geht es ziemlich locker zu. Besonders im Winter ist vor lauter Meditationswilligen aus aller Welt und jeden Alters kaum Platz auf den schattigen Wegen. Die Großveranstaltungen in der Buddhahall ziehen Hunderte von Menschen an.

Den ganzen Tag über gibt es etwas zu erleben: Begonnen wird mit der frühmorgendlichen „Dynamischen Meditation", bei der man durch abwechselndes Springen, Tanzen, (spirituelles) Schreien und meditatives Versinken schnell wach wird, danach geht es weiter mit Kundalini, Derwischtänzen oder anderen Aktivitäten. Wem das zu viel wird, der kann sich nach allen Regeln der (spirituellen) Kunst massieren lassen, Lichtbestrahlungen empfangen, Mandalas malen oder „Zen-nis" im Sportzentrum am Rande des Geländes spielen. Dort gibt es auch einen Swimmingpool.

Zwischendurch bietet ein großes Buffet vegetarische Küche, die, wie man stolz bemerkt, im Hygienelabor einem Test unterzogen wurde. Überhaupt macht die Anlage einen für indische Verhältnisse ziemlich sauberen Eindruck. Die Kommune bezeichnet sich selbst als „Wachstums- und Gesundheitszentrum" – genau das richtige für gestresste Traveller, die zu sich finden wollen. Allerdings ist der Aufenthalt nur nach europäischen Maßstäben preiswert.

So ganz ohne **Bhagwan** geht es aber auch nicht. Das Porträt *Oshos* (Bhagwan starb 1990 und heißt seitdem Osho) ziert viele Wände und wer abends still und frisch gewaschen zur **Osho White Robe,** dem Höhepunkt der Tagesveranstaltungen, in nun weißer Robe wandelt, dem wird spätestens jetzt das religiöse Fluidum bewusst: Von der Videoleinwand über dem leeren Ohrensessel hält der konservierte Meister seine gemessenen Reden an die andächtige Gemeinde. Auch wenn nicht jeder im Saal Oshos indisches Englisch einwandfrei verstehen kann, so sind die Vorträge doch alles andere als langweilig. Immer mal wieder erzählt Osho ein Witzchen, das durchaus auch unter die Gürtellinie gehen darf, dann fabuliert er über den Buddhismus, Sufi-Mystizismus oder über humanistisch-europäische Ideen. Er liebt die Dekonstruktion und viele Zuhörer ergötzen sich an seinen amüsanten Bemerkungen über jede Art von Obrigkeitsdenken.

Das kommt gut an, denn viele sind ja hier, um alte Einstellungen zu hinterfragen und abzulegen. Osho liegt im Trend der individualistisch-postmodernen Spaßgesellschaft, die gerne ausprobiert, und dennoch verfolgt er keine Mode. Dazu unterstreicht seine Philosophie zu sehr das Postulat der individuellen Freiheit – übrigens auch seiner eigenen Person gegenüber. Fast glaubt man nicht, dass dieser nette Osho der Rolex-Rolls-Royce-Tantra-Bhagwan sein soll, der in den Achtzigern weltweit für Schlagzeilen sorgte. Damals gab es aufgeregte Bürgerinitiativen, hämische Attacken der konservativen Presse und mehrfach die Ausweisung der Bhagwan-Kommunen, am spektakulärsten war wohl die der Oregon-Kommune. In Deutschland gab es neben den Bhagwan-Diskotheken ganze Stadtviertel, die von dieser Bewegung geprägt waren, fast, als ging eine neue Form der Flower Power durchs Land.

Seit dem Tod Bhagwans ist es ruhig geworden. Die meisten Anhänger, die Sannyasins (*sannyas* = Mut haben, einen spirituellen Weg zu gehen), verfolgen heute ihren Weg im Privaten. Vielleicht aber hat sich auch unsere Gesellschaft seit den achtziger Jahren so verändert, dass es statt Konfrontation eher eines bunten Meditationszentrums bedarf, um zu sich zu finden.

● Das **Visitor's Centre** ist täglich von 9 bis 13 und 14 bis 16 Uhr geöffnet. Geführte Rundgänge (10 Rs) über das Gelände finden täglich zwischen 9 und 10 sowie 14 und 15 Uhr statt. Der hübsche **Osho Teerth Park** steht dem Besucher zwischen 6 und 9 sowie 15 und 18 Uhr offen. Wer eine Einführungsveranstaltung besuchen möchte, muss 250 Rs bezahlen. Will man an den Meditationskursen teilnehmen, gilt es, mehrere kostenpflichtige Prozeduren wie den obligaten Aidstest (220 Rs) hinter sich zu bringen (Ergebnis nach ein paar Stunden), den First-Day-Meditation-Pass (250 Rs) sowie entsprechende (weiße und rotbraune) Kleidung zuzulegen und sich in das Verzeichnis für die Einführungskurse eintragen zu lassen (550 Rs). Die folgenden Meditationstage kosten jeweils 250 Rs.

● Ganz ausgezeichnet ist das neue Hotel der Osho Commune. Die edel und stylish eingerichteten, hellen Zimmer des luxuriösen **Osho Meditation Resort Guest House** €€€€€ (Tel.: 66019900, guesthouse@osho.com) auf dem Gelände werden natürlich nur an Kursteilnehmer vermietet. Im luftverpesteten Pune verwöhnt hier die gefilterte Luft in den klimatisierten Zimmern die Lungen.

● Weitere Infos über die **Osho Commune International,** 17, Koregaon Park, Pune 411001, Tel.: 020-24019999, Fax: 24019990, www.osho.org, oder in Deutschland bei Osho UTA, Venloer Straße 5–7, 50672 Köln. Außerdem erscheint einmal monatlich die „Osho Times", in der man sich über die jeweils angebotenen Kurse schlau machen kann.

den, die **All-Saints-Kirche** sowie die gepflegte, noch heute genutzte **Pferderennbahn.** Auch der **Empress Botanical Garden** neben dem Peshwa Park ist ein beliebtes Ausflugsziel, um unter den hohen Bäumen zu entspannen. Abends versorgen viele Imbissstände die Flaneure.

Inmitten des Gewirrs der Altstadtgassen steht der dreigeschossige **Vishrambagh-Palast.** Der mit sehr schön verzierten Säulen ausgestattete Marathen-Palast beherbergt heute mehrere städtische Behörden und ein kleines Postamt.

Sehenswert ist auch der 1736 von den Peshwar-Herrschern erbaute **Shaniwar Wada** (Samstagspalast, Eintritt 100 Rs, 8–18.30 Uhr). Mit seinen massiven Außenmauern und Eingangstoren, die mit Eisenpickeln gegen Elefantenangriffe beschlagen sind, wirkt der 1828 in einer Feuersbrunst zerstörte Palast eher wie eine Festungsanlage und beeindruckt noch heute durch seine verbliebenen mächtigen Grundmauern. Abends ab 20.15 Uhr veranschaulicht eine Sound & Light Show (Eintritt 25 Rs, tgl. außer Mi) die Geschichte dieser Epoche.

Einen seltenen Einblick in die Kunst der Maskenherstellung aus Pappmaché gewährt das **Tribal Cultural Museum** (Queen's Garden, tgl. 10.30–17.30 Uhr, Tel.: 2636207), 1,5 km östlich vom Bahnhof. Die farbenfrohen Masken wurden auf Festivals und Umzügen getragen.

Sehr schöne Ausblicke auf die Stadt und ihre Umgebung bieten sich von dem mit einem Marathen-Tempel bestandenen **Parvati-Hügel** im Süden von Pune.

Am südlichen Rand Punes sind der **Katraj Snake Park** und der **Zoo** für indische Verhältnisse relativ artgerecht den Bedürfnissen der Tiere angepasst. Neben großen Raubtieren wie den in freier Wildbahn sehr selten gewordenen Tigern und Leoparden sowie Bären und Affen sind natürlich die Reptilien die Hauptattraktionen in diesem sehenswerten Tierrefugium.

Nur einige Meter westlich der MG Road sollte man sich eine Besichtigung des quirligen **City Market** nicht entgehen lassen.

Praktische Tipps

Information

- Das in einem wenig einladenden Gebäudekomplex in der Nähe des Busbahnhofs versteckte **MTDC Tourist Office** (Central Bldg., Mo–Sa 10–18 Uhr, Tel.: 26126867) lohnt nur zum Erwerb eines Stadtplans den Besuch.
- Ein **Info-Kiosk** befindet sich im Bahnhofsgebäude (Mo–Sa 9–19, So 9–15 Uhr, Tel.: 26111720).

Stadtverkehr

- Zum 8 km außerhalb gelegenen **Flughafen** kostet die Fahrt mit dem Taxi ca. 180 Rs, mit der Autoriksha etwa ein Drittel.
- **Autorikshas** sind die beste Fortbewegungsmöglichkeit im weitläufigen Pune. Während des Tages stellen die Fahrer den Taxameter normalerweise ohne Murren ein. Am Ende wird der Fahrpreis anhand einer Umrechnungstabelle, die jeder Fahrer mit sich führen muss, ermittelt. Er beträgt etwa das Sechsfache des auf der Uhr angezeigten. Durchschnittlicher Tagespreis von Koregaon Park zur MG Rd. 30 Rs, zum Bahnhof ca. 20 Rs. Abends und nachts steigen die Preise um ca. 40 %.

• **Fahrräder** werden in vielen Geschäften und Hotels ausgeliehen. Der Preis pro Tag liegt je nach Qualität des Drahtesels zwischen 20 und 50 Rs. Leider ist diese Art der Fortbewegung wegen des stark gestiegenen Verkehrsaufkommens nicht mehr ganz ungefährlich.

Stadtrundfahrt

• **Pune Municipal Transport** (PMT, Tel.: 2626867, 24440417) führt jeden Tag eine ganztägige Stadtrundfahrt (9–18 Uhr) zum Preis von 138 Rs durch. Abfahrt vom Hauptbahnhof und dem PMT-Office beim Busbahnhof.

Reisebüro

• **Rokshan Travels** (Tel.: 26136304, Kumar Pavillion, 1. Stock, East St., 10–18 Uhr) ist eine verlässliche Adresse für Flugtickets sowie Taxi- und Kleinbusvermittlung.

Unterkunft

Untere Preiskategorie:

Leider ist die Auswahl im unteren Preisbereich eher gering, sodass die wenigen akzeptablen Bleiben oft ausgebucht sind.

• Teilweise eine gute Wahl ist das von einem großen Garten umgebene **Grand Hotel** €/€€-€€€ (MG Rd., Tel.: 26360728) etwas südlich vom geschäftigen Zentrum. Bei den billigen Zimmern handelt es sich um sehr einfache (aber auch billige) Verschläge mit dreckigem Gemeinschaftsbad, höchstens für eine Nacht hinnehmbar. Vorzuziehen sind die wenigen im Garten befindlichen großen Doppelzimmer mit Bad und TV. Anmeldung ist angeraten. Im Gartenrestaurant sitzt man am Abend sehr gemütlich, am Tag ist nur einfaches Essen im Hauptgebäude möglich.

• Das altehrwürdige, koloniale, bahnhofsnahe **National Hotel** €€ (14 Sasson Rd., Tel.: 26125054) mit seinem sehr freundlichen und hilfsbereiten Manager hat im Hauptgebäude etwas angestaubte und hohe, oft fensterlose Zimmer sowie billigere und bessere 2-, 3- und 4-Bett-Cottages im hübschen Garten im Angebot.

• Es gibt mehrere Privatunterkünfte in der Nähe der Osho Commune, die großteils in den ruhigen Gassen nördlich der North Main Rd., die meisten in der Lane C, zu finden sind. Die Zimmerpreise bewegen sich meist zwischen 300 und 500 Rs, wobei Ausstattung und Aufenthaltsdauer den Preis mitbestimmen. Kleine Wohnungen werden meist nur an länger Bleibende vermietet. Einige Beispiele: **Shyam Sharam** €-€€ (Lane B, Koregaon Park) mit einigen Apartments und einer Gemeinschaftsküche, **Sai Accomodation** (Lane C, Tel.: (0)9823106607), auch hier neben Zimmern mit Gemeinschaftsbad Apartments für Langzeitler, **Sri Ganesh** (Tel.: (0)9890075354) oder **Rahul Wanave** (Tel.: 26113197). Bei **Sharat Rahut** (30 B Lane C, Tel.: 26130485, (0)9922428790) gibt's neben geräumigen, sauberen Zimmern mit TV und Gemeinschaftsbad auch etwas teurere klimatisierte Zimmer

Mittlere Preiskategorie:

• Sauber und hell sind die Zimmer im **Surya Villa** €€€-€€€€ (Lane A, Koregaon Park, Tel.: 26124501, www.hotelsuryavilla.com), wobei die Zimmer zum Garten 100 Rs mehr kosten. Leider stören einige Krabbeltiere den Aufenthalt ein wenig. Mehr Komfort bieten die luftigen Balkonzimmer des **Hotel Lotus** €€€€ (Lane 5, Koregaon Park, Tel.: 26139701, (0)9822650141, lotus@hotelsuryavilla.com) unter gleicher Verwaltung etwas weiter östlich.

• An der Connaught Rd. ist das **Ashirwad** €€€-€€€€ (Tel.: 26128585/86) ein angenehmes, jedoch auch etwas teures Mittelklassehotel mit dem guten vegetarischen Akashya-Restaurant.

• Das hervorragende **Samrat Hotel** €€€-€€€€ (17 Wilson Rd., Tel.: 26137964-68, thesamrat hotel@vsnl.com) bietet ein gutes Preis-Leistungs-Verhältnis. Drei Fußminuten vom Bahnhof in einer ruhigen Seitengasse gelegen, verfügt das sechsstöckige Hotel über saubere, modern und geschmackvoll eingerichtete Zimmer, alle mit TV und Balkon/Terrasse, wobei die oberen Stockwerke einen tollen Blick über die Stadt bieten. Als Ausweichquartier können die eher kleinen, aber hinreichend sauberen Zimmer im **Hotel Homeland** €€€ (Tel.: 26127659, homeland@satyam.net.in) nebenan dienen.

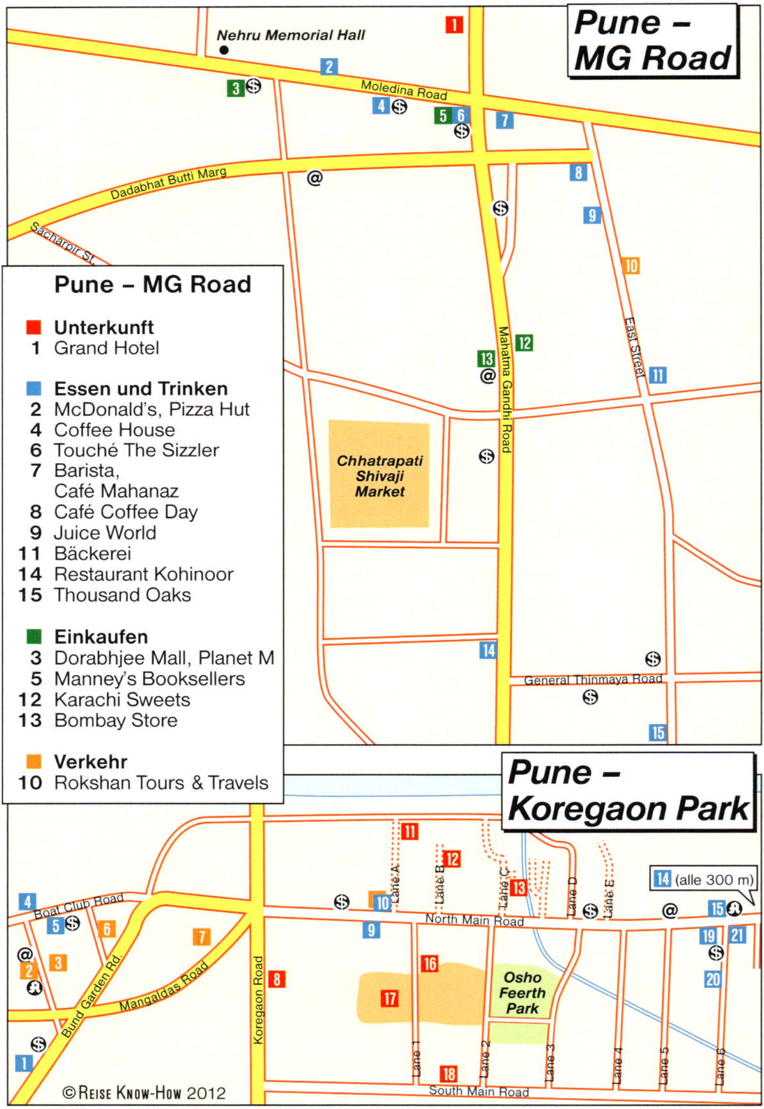
Pune – MG Road
Nehru Memorial Hall
Moledina Road
Dadabhat Butti Marg
Sacharpir St.
Mahatma Gandhi Road
East Street
Chhatrapati Shivaji Market
General Thinmaya Road
Pune – MG Road
Unterkunft
1 Grand Hotel
Essen und Trinken
2 McDonald's, Pizza Hut
4 Coffee House
6 Touché The Sizzler
7 Barista, Café Mahanaz
8 Café Coffee Day
9 Juice World
11 Bäckerei
14 Restaurant Kohinoor
15 Thousand Oaks
Einkaufen
3 Dorabhjee Mall, Planet M
5 Manney's Booksellers
12 Karachi Sweets
13 Bombay Store
Verkehr
10 Rokshan Tours & Travels
Pune – Koregaon Park
Boat Club Road
Bund Garden Rd.
Mangaldas Road
Koregaon Road
Lane A
Lane B
Lane C
Lane D
Lane E
14 (alle 300 m)
North Main Road
Osho Feerth Park
Lane 1
Lane 2
Lane 3
Lane 4
Lane 5
Lane 6
South Main Road
© Reise Know-How 2012

Pune – Koregaon Park

Unterkunft
8 Taj Blue Diamond, Hotel St. Laurn
11 Surya Villa
12 Shyam Sharam
13 Sai Accomodation, Rahul Wanave, Sri Ganesh, Sharat Rahut
16 Hotel Sunderban
17 Osho Meditation Resort GH
18 Hotel South Court

Essen und Trinken
1 Papa John's Pizza
4 Mainland China
5 Just Baked
9 mocha coffee & conversation
10 Zen Restaurant, Gourmet Restaurant, Mona Lisa, German Bakery
14 ABC Farms, High Spirits, Sisha Café
15 Prems
19 Café Coffee Day, Pizza Hut, Bliss Bakery
20 Malaka Spice, Arthur's Theme
21 Pizza Corner

Verkehr
2 Swiss International Airlines
3 Punjab Travels/Paulo Travels (Goa-Busse), Singapore Airlines
6 Jet Airways
7 Air India, Turkish Airlines
10 Paulo Travels

- Eine makellose, wenn auch atmosphärefreie Unterkunft in Bahnhofsnähe ist das große **Woodland** €€€-€€€€ (Tel.: 2626161). Wer sich in einem der 50 Zimmer mit TV einmietet, hat die Möglichkeit eines *complimentary breakfast* und – ganz wichtig – eines *complimentary car wash!*
- Gediegene Atmosphäre erwartet den Gast im altehrwürdigen und etwas angegrauten und deshalb leicht überteuerten **Hotel Ritz** €€€€-€€€€€ (6 Sadhu Paswanthi Path, Tel.: 26122995, ritzinternational@vsnl.net). Stilvoll eingerichtete Zimmer (die billigeren nach hinten) mit Kühlschrank, Balkon und TV sowie das gute Restaurant im Innenhof komplettieren das gute Gesamtbild.
- Die mit Abstand schönste Unterkunft in Pune liegt in der Nähe der Osho Commune: das **Hotel South Court** €€€ (Tel.: 26127575/26127777, South Main Rd.). Der 1919 für Queen Victoria als Sommersitz gebaute, von einem Garten umgebene Palast hat riesige Räume mit antikem Mobiliar, stilechtem Dekor und toller Atmosphäre. Für das Gebotene erstaunlich preiswert, dementsprechend viele Langzeitmieter. Ohne Voranmeldung hat man kaum eine Chance.
- Wegen seiner unmittelbaren Nähe zum Ashram ist das **Sunderban** €€-€€€€€ (19 Koregaon Park, Tel.: 26124949, 6128383, www.tghotels.com) so etwas wie das Haushotel der Bhagwan-Anhänger und deshalb häufig ausgebucht. Der große Preisunterschied erklärt sich aus dem zweigeteilten Haus: einerseits sehr luxuriös eingerichtete Apartments mit Küche, TV und Balkon, andererseits 41 einfache Zimmer im alten Flügel, die für nicht viel mehr als die Übernachtung taugen. Das ansonsten gut geführte Haus verfügt neben einem vegetarischen Restaurant über eine Reihe von Service-Einrichtungen wie Geldwechsel.

Obere Preiskategorie:

- Am Rand von Koregaon Park gelegen, ist das brandneue **St. Laurn Hotel** €€€€€€ (15a Koregaon Rd., Tel.: 40008000, www.stlaurnhotels.com) ein moderner Glasklotz. Neben erstklassigen Zimmern mit ebensolcher Ausstattung (wie Firewire und Flachbildfernseher) sind mehrere erstklassige Restaurants und ein Pool auf dem Dach weitere Annehmlichkeiten, die jedoch ihren Preis haben.

● Auch das nahezu preisgleiche **Taj Blue Diamond** €€€€€€ (11 Koregaon Rd., Tel.: 66025555, bdresv.pune@tajhotels.com) fast nebenan bietet ähnlichen Luxus, wirkt jedoch geschmackvoller.

● Das beste Gesamtbild vermittelt das im Stil eines Palastes erbaute **Le Meridien** €€€€€€ (Tel.: 26050505, www.lemeridien-pune.com) an der Raja Bahadur Mill Rd. Die mit viel Sinn fürs Detail dekorierten Zimmer sind noch ein wenig teurer als die vorgenannten. Auch hier sind Pool auf dem Dach (500 Rs für Besucher), mehrere Bars und Restaurants, Health Club und Tennisplatz etc. selbstverständlich.

Essen und Trinken

Nicht zuletzt wegen der großen Zahl meist mehrere Wochen in Pune lebender westlicher Besucher des Osho-Ashrams verfügt der Ort über außergewöhnlich viele qualitativ gute Restaurants.

● Das **Zen Restaurant,** die immer gut besuchte **German Bakery** und das **Gourmet Restaurant** sind typische Beispiele jener Restaurants, die ihre Popularität der gleich um die Ecke ansässigen Osho-Gemeinde verdanken. Die unmittelbar nebeneinander gelegenen Restaurants bieten hervorragende Gerichte, wobei die German Bakery für ihren ausgezeichneten Kaffee und die leckeren Teigwaren gelobt wird.

● Das daneben gelegene **Mona Lisa,** ebenfalls immer voll, bietet hauptsächlich italienische Küche.

● Gegenüber zeigt sich im angenehmen Freiluftrestaurant **mocha coffee & conversation** gern die indische Jugend.

● Frisch duftende Croissants, Torten, Snacks und Burger locken bei **Just Baked** nahe Koregaon Park. Gegenüber reizt der Freiluftbereich des vegetarischen **Madhuban Restaurant.**

● Die Edelversion eines Chinarestaurants ist **Mainland China** (Dhole Patil Rd., Tel.: 66013030) nahe Koregaon Park. Wegen seiner großen Beliebtheit sollte man reservieren.

● Auch der **Chinese Room** an der Karve Rd. und das **Nanking** an der Bund Garden Rd. servieren das, was ihre Namen vermuten lassen.

● Im östlichen Teil von Koregaon Park versorgen mehrere kulinarische Einrichtungen: Angenehm ist **Prems** (North Main Rd.), leicht zurückversetzt von der lauten Hauptstraße in einem begrünten Hof. Die indisch-westliche Küche lockt viele Gäste an. Wer französische Küche bevorzugt, sollte **Arthur's Theme** (Lane 6, Koregaon Park, Hauptgericht 100–300 Rs) versuchen.

● Noch weiter östlich entlang der North Main Rd. ist **ABC Farms** eine Ansammlung mehrerer Restaurants mit ökologisch produzierten Speisen. Das **Sisha Café** (nur mittags geöffnet) serviert neben iranischer Küche auch Jazzkonzerte. Ebenso angenehm speist man im **Swiss Cheese Garden** z.B. italienisch.

● Teurer ist das **Malaka Spice** (Lane 6, North Main Rd., Tel.: 26136293) mit südostasiatischer Küche in exzellenter Qualität. Hier trifft sich gern die Schickeria der Stadt.

● Wesentlich günstiger und authentischer ist das **Kohinoor Restaurant** an der MG Rd., ein sehr indisches und preiswertes Restaurant mit Atmosphäre.

● Das ebenfalls an der MG Rd. gelegene **Café Mahanaz** ist zwar authentisch, hat aber den Charme einer Wartehalle.

● Das alteingessene **Vaishali** (VC Rd., Tel.: 25672676) ist bekannt für vorzügliche südindische Küche.

● Die äußerst vielseitige Speisekarte des **Flags** (G2 Metropole, Bund Garden Rd., Tel.: 26141617, Hauptgericht 200–500 Rs) sollte jeden zufriedenstellen. So ist das angenehme Restaurant auch meist gut besucht.

● Zu **Pizza Hut** an der MG Rd. und der **Barista Espresso Bar** mit großer Fensterfront gegenüber den Aurora Towers muss man nicht viel sagen.

● Das **Touché The Sizzler** (Tel.: 26134632) an der Moledina Rd. und **Zamu's Place** an der Dhole Patil Rd. sind für ihre ausgezeichneten *sizzlers* bekannt. Als Nachtisch sollte man sich im Touché ein köstliches Eis gönnen. Beide sind nachmittags geschlossen.

● Durstige werden bei **Juice World** (East St.) befriedigt. Zudem gibt's neben frisch gepressten Säften und indischen Snacks auch Pizza und Kaffee zum kleinen Preis.

• Wer im Shivaji-Nagar-Bezirk auf der linken Seite des Mutha-Flusses wohnt und Salate, Milchshakes und Fruchtsäfte mag, sollte das hervorragende **Darshan** an der Prabat Rd. aufsuchen.
• Das akzeptable **Comesum Fast Food Restaurant** im Bahnhofsgebäude ist 24 Stunden geöffnet.

Nightlife

• Techno- und Rock-Musik wird in der **Thousand Oaks Bar** (Tel.: 26343194) in der East St. von DJs aufgelegt. Fr und Sa (200 Rs pro Person) nur für Paare geöffnet, Einzelpersonen müssen sich dann auf der Terrasse vergnügen.
• **The Jazz Garden** veranstaltet meist Mi und Sa Konzerte, Jazz oder Rock.
• Die Bar **High Spirits** neben ABC Farms in Koregaon Park wird vorwiegend von der jungen Mittelschicht und Studenten frequentiert, sodass an Wochenenden selten ein Platz zu finden ist.
• **Lush** (Boat Club Rd.) ist die In-Bar der Stadt. Alle, die gesehen werden wollen, versammeln sich dort zum nicht billigen Vergnügen.

Bank

Abgesehen von vielen Hotels kann man in folgenden Banken schnell und effizient Travellerschecks wechseln und Bargeld per Kreditkarte bekommen:
• **Thomas Cook** (Tel.: 26346171), 13 Thacher House, 2418 G Thimmaya Rd., Mo–Sa 10 bis 18 Uhr.
• Gegenüber hat **Reliable Forex** (Mo–Sa 10–20 Uhr) bessere Wechselraten. Bei beiden ist elektronischer Money Transfer möglich.
• Viele **ATMs** versorgen inzwischen mit Bargeld, wobei die der idbi- und der HDFC-Bank neben den üblichen auch American-Express-Karten akzeptieren. Im Bahnhofsgebäude hat man die Wahl zwischen drei ATMs.

Medizinische Versorgung

• Auf dem Gelände des Jehangir Hospital befindet sich eine rund um die Uhr geöffnete **Apotheke.** Nahe Koregaon Park gibt's eine ebenfalls durchgehend geöffnete Filiale von Apollo Pharmacy.

Post, Internet

• Die **Hauptpost** befindet sich an der Sadhu Vaswani Rd. und ist Mo–Sa von 10 bis 18 Uhr geöffnet, der Paketdienst schließt zwei Stunden früher. Mehrere Filialen gibt's nördlich vom Bahnhof.
• Der durchschnittliche Internet-Preis für 1 Std. in den vielen besonders um Koregaon Park zu findenden Cafés liegt bei 20–30 Rs., um die MG Rd. gibt's erstaunlich wenige Surfmöglichkeiten. Schnell sind die Breitband-Internetcafés von **Dishnet The Hub** (30 Rs) nahe dem Bahnhof in der Connaught Rd., **Buddha Paradise** in Koregaon Park und **sify-i-way** an der MG Road. Im **Railway Cyber** (rund um die Uhr geöffnet) und bei **sify-i-way,** beide im Hauptbahnhof, werden nur volle Stunden abgerechnet.

Shopping

• Die meisten **Shopping Center** wie das **Dorabhjee** (Supermarkt, Planet M, Landmark) und das Kumar Plaza stehen entlang der MG Rd.
• Dort findet sich auch eine Reihe von **Fotoläden,** in denen man sehr schnell seine Bilder auf CD brennen oder ausdrucken kann (ca. 6 Rs pro Ausdruck) wie etwa das Color Photo Studio.
• Die Laxmi Rd. ist der richtige Ort für **Textilien;** die größte Auswahl an **Schmuck** findet man in den Geschäften um den Hanuman Mandir. Eine erstklassige Adresse für hochwertige Textilien ist z.B. FabIndia in der Sasson Rd.
• Manney's Booksellers im Clover Center an der Moledina Rd. und Word Bookshop im Kumar Plaza sind zwei gute **Buchläden.** Eine große Auswahl allerdings etwas abgegriffener Bücher gibt's im Punjab Book Shop.

Feste

• Das jedes Jahr Ende August/Anfang September stattfindende **Ganesh-Chaturthi-Fest** wird außer in Mumbai nirgendwo derart aufwendig gefeiert wie in Pune. Während der 11-tägigen Festivitäten bietet sich die Gelegenheit, außer kirmesähnlichen Vergnügungen auch eine der zahlreichen kulturellen Veranstaltungen zu besuchen. Am Abend des letzten Tages werden die zuvor aufwendig aus Ton gefertigten Ganesh-Statuen in Prozessionen zum Fluß getragen und dort im Wasser versenkt.

An- und Weiterreise

Flug:

- **Air India** (Tel.: 26057002), 39B Wellesley Rd., nahe der Sangam-Brücke, fliegt tgl. nach Delhi, Bangalore, Goa und Mumbai.
- **IndiGo** (Tel.: 18001803838, www.goindigo.in) fliegt nach Ahmedabad, Bangalore, Delhi, Chennai, Kalkutta und Nagpur.
- **Jet Airways** (Tel.: 26123268, Flughafen: 26685591/2), 243 Century Arcade, Naurangi Baud Rd., fliegt mehrmals tgl. nach Delhi, Bangalore, Chennai, Kalkutta und Mumbai.
- **Kingfisher Airlines,** Shop 1 & 2, Gera Garden, neben St. Meera College, Koregaon Park, Tel.: 2605 9351-3.
- **Gujarat Airways** (Tel.: 26191538) fliegt dreimal wöchentlich nach Goa.

Über aktuelle Flugverbindungen aller Airlines informiert übersichtlich die Website www.yatra.com.

Bahn:

- Das **Railway Reservation Office** befindet sich links vom Bahnhof und ist täglich von 8 bis 20 Uhr geöffnet. Schalter 30 ist neben Touristen auch für andere spezielle Klientel zuständig, also geht es auch hier nicht sonderlich fix.
- Hervorragende Anbindungen an alle größeren Städte Indiens. Nach **Mumbai** täglich bis zu 25 Züge, wobei der Deccan Queen und der Pragati Express oft hoffnungslos überfüllt sind.
- Weitere Verbindungen siehe Anhang.

Bus:

Bei Fahrtdauern von mehr als drei Stunden nach Mumbai sind die sehr häufig fahrenden Züge den Bussen vorzuziehen. Pune besitzt drei verschiedene Busbahnhöfe, von denen die Städte entsprechend ihrer geografischen Lage angefahren werden.

- **Railway-Busbahnhof** (Tel.: 26126218): Busse Richtung Süden und Westen: Mumbai (alle 30 Min., Semi-Del./Del. 140/250 Rs), Hubli, Mahabaleshwar (Volvo-Luxusbus um 6 Uhr, 250 Rs), Kolhapur, Panaji (Goa, meist abends, Lux./Volvo-AC 350/550 Rs), Ratnagiri, Solapur und Lonavala.
- **Shivaji-Nagar-Busbahnhof** (Tel.: 25536970): alle Richtung Norden und Nordosten: Ahmedabad, Aurangabad (6 Std., 170 Rs), Hyderabad, Nasik (5 Std., Semi-Del./Del. 200/250 Rs).
- **Swargate-Busbahnhof** (Tel.: 24441591): Busse Richtung Westen und Südwesten: Bangalore, Mangalore und Sinhagarh (alle 20 Minuten).

Abgesehen von den staatlichen MSRTC-Bussen gibt es noch eine Reihe **privater Anbieter,** deren Busse häufig in besserem Zustand sind. So fährt **Paulo Travels** (Jedhe Park Bldg., Tel.: 26057191/2, www.paulotravels.com, mit einer Filiale bei der German Bakery in Koregaon Park, Tickets auch über Punjab Travels (Tel.: 26126267) erhältlich) tgl. für 400/550 Rs (Non-AC/AC, 17.30 und 18 Uhr, 12 Std.) nach Goa. Zudem werden alle größeren Städte Maharashtras und der angrenzenden Bundesstaaten bedient. Viele Büros privater Anbieter finden sich in Koregaon Park. Bahnhofsnah gelegen, fährt **APSRTC** (ST Bus Station Complex, Tel.: (0)9822028806) mit drei Luxusbussen jeden Abend z.B. nach Hyderabad (Non-AC/AC 400/620 Rs).

Vorsicht ist bei nicht am Busbahnhof bzw. im Bus, sondern über Reisebüros gekauften Tickets geboten. Trotz des höheren Preises für private Gesellschaften findet man sich häufig in den staatlichen Bussen wieder.

Taxi:

- Vom **Taxistand am Bahnhof** (Tel.: 26126218) fahren ständig Gemeinschaftstaxis zum Preis von 250 Rs (AC 320 Rs) nach Mumbai.

Sinhagarh

Auf dem Weg zu der 24 km südwestlich von Pune gelegenen Festungsanlage von Sinhagarh passiert man den **Kharakwasla-Stausee.** Der die Wasser des Mutha-Flusses aufstauende Damm wurde bereits 1879 von den Briten konstruiert und gehört damit zu den ersten seiner Art in ganz Zentral-Indien.

Die zum großen Teil leer stehenden alten Bungalows im kleinen **Dorf Sinhagad** wurden von den Briten erbaut, die hier eine ihrer vielen Hill Stations errichteten. Von dort führt ein steiler Weg zu den Überresten der auf 1250 m Höhe gelegenen **Festungsanlage.** Vor allem die schöne Lage macht einen Tagesauslug vom hektischen Pune lohnenswert.

Der Name *Sinhagarh* bedeutet so viel wie „Löwenfestung" und tatsächlich bedurfte es eines diesem Tier eigenen Mutes, um die von gewaltigen Mauern geschützte Burg zu erstürmen. Nachdem dies bereits den Truppen von *Muhammad Tughluq* im 14. Jh. gelungen war, nahmen die Marathen 1670 die Festung ein. Den Sieg mussten sie jedoch teuer erkaufen, verlor doch bei dem Sturmangriff ihr Anführer *Tanaji Malusre* sein Leben. Ein kleines Denkmal zu Ehren des tapferen Kämpfers steht an der Stelle, wo er tödlich getroffen wurde.

Essen und Trinken

- Leckere *thalis* und riesige *dosas* serviert das Restaurant **Banashree** zwischen den Hotels Mookambika und Rajsangam.

Anreise

- Täglich mehrere **Busse** vom Swargate-Busbahnhof und vom Architect College beim Nehru Stadion (45 Min.) in Pune bis zum Bus Terminus kurz hinter dem Stausee bei Sinhagad. Von dort entweder per Anhalter oder Taxi die serpentinenartige Straße hinauf zur Burg. Der letzte Bus zurück nach Pune verlässt Sinhagad gegen 17 Uhr.

Mahabaleshwar

↗ XVI/A2

Einwohner: 13.000
Höhe: 1.372 m
Vorwahl: 02168

Das 117 km südwestlich von Pune gelegene Mahabaleshwar ist stolz darauf, Maharashtras höchste und zugleich **populärste Hill Station** zu sein. Beides stimmt, doch die Popularität hat durchaus ihre Schattenseiten.

Zunächst zum Positiven: Das 1824 von dem britischen General *Lodwick* „entdeckte" Städtchen liegt inmitten einer ebenso lieblichen wie spektakulären Landschaft. Die schönen Wanderwege durch **dicht bewaldete Natur** führen zu diversen Aussichtspunkten, von denen sich spektakuläre Fernblicke genießen lassen.

Besonders beliebt ist der 12 km vom Zentrum entfernte **Arthur's Seat** an der Nordwestseite des Hochplateaus. Entlang des Weges und speziell von einer Aussichtsplattform bietet sich ein grandioser Ausblick in die von tiefen Schluchten durchzogene Umgebung. Hier lässt sich lebhaft nachvollziehen, warum das eindrucksvolle De-

Panchganga Mandir
Mahabaleshwar Mandir
Arthur's Seat (8 km)
Arthur's Seat Road
Elphistone Point
Unterkunft
4 Hotel Panorama
5 Hotel Dreamland
6 MTDC Holiday Resort
7 Anarkali
8 Fountain Hotel
Essen und Trinken
1 Grapevine Restaurant
2 Hotel Rajmahal
3 Aman Restaurant
Petit Road
Bootsverleih
Vehna Lake
Maruti Mandir
Friedhof
Old Mahabaleshwar Road
Temple Road
The Club
State Highway No. 72
Dhobi Falls
SG Makhana Garden
Masjid Road
Ganpati Mandir
Dr. Sabane Road
Satara Road
Busbahnhof
Cycle Mart
Murray Path Road
Babington Point Road
Mahad (60 km), Rajgad Fort (85 km)
Bombay Point (1 km)
(500 m)
Chinaman's Falls

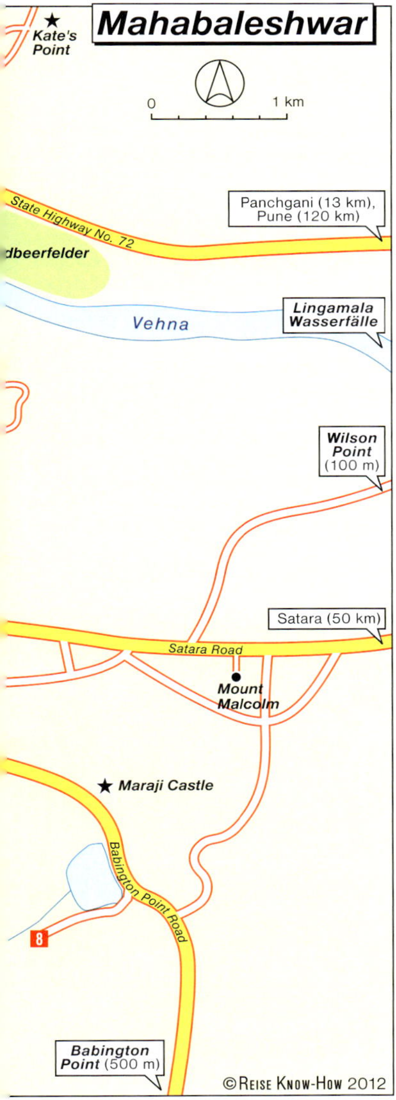

khan-Plateau über Jahrtausende eine unüberwindliche Barriere darstellte.

Die Wanderung zum Arthur's Seat bietet sich als Ganztagsausflug an, zumal sich entlang des Weges noch einige weitere Sehenswürdigkeiten befinden, so etwa **Elphistone Point,** ein anderer Aussichtspunkt, und die beiden sehr pittoresk nebeneinander gelegenen Tempel **Panchganga Mandir** und **Mahabaleshwar Mandir.** Der Name des auch als Krishna-Tempel bekannten Panchganga bedeutet „Fünf Flüsse". Er leitet sich her aus den fünf durch Maharashtra fließenden Gewässern Krishna, Savitri, Gayatri, Koyna und Yenna, deren Quellwasser im Tempel fließen soll – durch das Maul einer in Stein gehauenen Kuh. Die Attraktion des Mahabaleshwar Mandir (tgl. 6–21 Uhr) ist das aus schwarzem Stein in Form einer Kraterlandschaft gestaltete *lingam* (Phallussymbol) im Tempelinneren.

Ein gut anderthalbstündiger Ausflug führt zum **Bombay Point** mit Rückweg über den Tiger Trail. Für alle Ausflüge gibt es Landkarten im MTDC Office.

Auch die Relikte der britischen Kolonialzeit wie diverse Kirchen, verwunschene Friedhöfe, alte Kolonialvillen wie das Mount Malcolm und die alte Bibliothek BD Petit Library sowie der sehr schön gelegene Golfplatz entsprechen dem Klischee einer britisch geprägten Hill Station. Außerdem bietet die Umgebung Mahabaleshwars einige wunderschöne Wasserfälle, wie die Chinaman's oder die Dhobi Falls.

Bedenkt man das angenehme, in den Wintermonaten zum Teil jedoch recht frische Klima und die große Auswahl an Hotels, scheint Mahabaleshwar geradezu der ideale Ort für ein paar ruhige und erholsame Urlaubstage zu sein. Die schon erwähnte Beliebtheit hat den Nachteil, dass der Ort an Wochenenden und während der Ferienzeiten über Diwali und Weihnachten sowie in den Monaten April und Mai hoffnungslos überfüllt ist. Dann und zwischen Juni und September, wenn es fast durchgehend regnet, muss von einem Besuch dringend abgeraten werden.

Information

- Beim **MTDC Tourist Office** (Tel.: 260318), ca. 2 km außerhalb im MTDC Holiday Resort, erhält man eine Überblickskarte – wenn es denn mal geöffnet ist. Auch in Mahabaleshwar wird eine Art Kurtaxe in Form von 8 Rs pro Person berechnet.

Stadtverkehr

- Im hügeligen Mahabaleshwar wird man Rikshas vergeblich suchen. Die vielen **Taxis** und **Kleinbusse** verlangen mindestens 30 Rs (bis zu 2 km Fahrtstrecke). Eine Alternative bieten die von einigen Geschäften verliehenen **Fahrräder,** Preis pro Tag je nach Zustand 30–50 Rs. Bei den teils scharfen Kurven ist besondere Vorsicht geboten. Vor Fahrtantritt auf die Funktionstüchtigkeit der Bremsen achten!

Stadtrundfahrt

- Das **MSRTC** veranstaltet um 14.30 Uhr ab dem Busbahnhof eine viereinhalbstündige Sightseeing-Tour zu 9 Aussichtspunkten sowie nach Old Mahabaleshwar (65 Rs). Weitere Ausflüge südlich Mahabaleshwars, zum Panjganj und zum Pratapgad Fort, werden angeboten. Die überall auf Touristen warten-

202is Foto: tb

den **Taxis** bieten Touren zu den diversen Sehenswürdigkeiten und Aussichtspunkten für ca. 400 Rs in etwa 3 Std.

• Das Bootshaus an der Temple Rd. vermietet **Paddel- und Tretboote** für 160 bzw. 200 Rs pro Stunde (8–20 Uhr) für den **Vehna-See.**

Unterkunft

Wie in allen Hill Stations variieren die Hotelpreise sehr stark entsprechend der Nachfrage. Die hier angegebenen Tarife steigen während der Hauptreisezeit um bis zu 200 %. Da die meisten Hotels auf die Bedürfnisse indischer Familien zugeschnitten sind, bekommt man kaum Einzelzimmer.

• Im staatlichen **MTDC Holiday Resort** €€-€€€ (Tel.: 260318) hat man die Wahl zwischen einer Übernachtung im Schlafsaal, hübschen Doppelzimmern und Bungalows. Die hübsche Lage im Wald beim Old Government House hat den Nachteil, dass man 2 km vom Stadtzentrum entfernt wohnt.

• Mit seinen hübschen Bungalows in einer Gartenanlage ist das zentral gelegene **Hotel Dreamland** €€€ (Tel.: 260060) eine der empfehlenswertesten Unterkünfte der Stadt.

• Das **Anarkali** €€€€€ (Tel.: 260336) an der Kasam Sajan Rd. ist ein gutes Mittelklassehotel in der Nähe des Stadtzentrums. Eine hübsche Gartenanlage und ein kleiner Pool vervollständigen den guten Gesamteindruck.

• Eine gute Mittelklassewahl ist das **Hotel Panorama** €€€€-€€€€€ (Tel.: 260404, www.panoramaresorts.net), zentral und nahe dem Busbahnhof, dessen klimatisierte Zimmer gut ausgestattet sind. Ein Pool (mit kleinem Wasserfall) und ein vegetarisches Restaurant mit Freiluftbalkon sind angeschlossen.

• Eine der schönsten Adressen in Mahabaleshwar ist das **Fountain Hotel** €€€€€ (Tel.: 260131-6, www.fountainhotel.co.in). Unter dem Motto „the best of both worlds" verbindet es den Charme der Kolonialzeit mit zeitgenössischem Luxus. Man hat die Wahl zwischen modernem, orientalischem und kolonialem Stil. Hinzu kommen die ausgezeichnete Lage mit herrlichem Blick über das Konya-Tal und das sehr gute hauseigene Restaurant.

Essen und Trinken

Auch in Mahabaleshwar essen die meisten indischen Gäste in den hauseigenen Hotelrestaurants. Oftmals schmackhaftere und preiswertere Gerichte bieten die kleinen Restaurants und Cafés im Bereich des Bazaar, wie etwa das **Aman Restaurant.**

Das beste an Mahabaleshwars Küche sind die in der Saison (Januar–April) überall im Ort angebotenen Beeren, vor allem **Erdbeeren.** Nicht nur als frische Früchte, sondern auch in Form von Eis, Fruchtsäften und Marmelade versüßen sie einem den Speiseplan.

• Im vegetarischen **Hotel Rajmahal** an der Dr. Sabane Rd. sind die *thalis* gut.

• Etwas teurer geht's im Restaurant des Hotels **Panorama** zu, wo auf dem Balkon der Blick weit schweifen kann.

• Wer viel Wert auf das richtige Ambiente legt, sollte das **Grapevine** an der Masjid Rd. aufsuchen. Hier gibt es nicht nur eine große Auswahl asiatischer wie westlicher Gerichte, sondern auch Bier vom Fass.

Bank

• Die **State Bank of Maharashtra** an der Dr. Sabane Rd. (Main Rd.) wechselt Bares und Reiseschecks. Die **ATMs** der State Bank of India und der Bank of Baroda akzeptieren die wichtigsten internationalen Karten.

An- und Weiterreise

• **Bus:** Neben den diversen privaten Busgesellschaften bietet MTDC eine große Zahl an Verbindungen zu allen Städten der Umgebung, etwa nach Panjganj (20 km, 30 Min.) oder Mahad (nahe Raigad Fort, 55 km, 2 Std.) sowie nach Mumbai Central (6 Std., 240 km, 8 Verbindungen), Kolhapur (195 km, 5 Std., 2 Busse) und Pune (4 Std.). Für die längeren Strecken empfiehlt sich auch wegen der größeren Sicherheit der Mehrpreis für einen Deluxe-Bus. MTDC setzt täglich zwei Luxusbusse vom Nariman Point in Mumbai nach Mahabaleshwar ein (5.30 und 21.30 Uhr, 550 Rs).

Privatanbieter verbinden auch mit Goa für 550/750 Rs für den Sitzplatz/Schlafplatz (Luxusbusse um 7.30, 21 und 22 Uhr, ansonsten gelegentlich mit Buswechsel in Surur, 12 Std.). Für die anderen Verbindungen der Privaten sollte man sich nach dem Endhaltepunkt erkundigen, da viele nicht ganz bis in die jeweilige Stadt, sondern wie z.B. in Mumbai nur bis Borivali (400 Rs) und für Pune bis Swargate (Luxusbus um 11.30 Uhr, 250 Rs) fahren. Verlässlich ist Krishna Travels gegenüber dem Busbahnhof.

Rajkad Fort

Geschichtsinteressierte sollten sich das gut 40 km südwestlich von Pune und ca. 85 km nordwestlich von Mahabaleshwar gelegene Rajkad Fort (8–17.30 Uhr, Eintritt 100 Rs) nicht entgehen lassen. Von dieser **ehemaligen Hauptstadt** aus regierte *Shvaji Maharaj* von 1648 bis zu seinem Tod 1680 das Marathen-Reich. Von dem weitläufigen Gelände bieten sich Ausblicke über Maharashtra. Obwohl nach Fertigstellung im 17. Jh. viele Bauwerke im Fort von den Briten zerstört und nachträglich Gebäude hinzugefügt wurden, sind der Royal Court, die Markthallen und Shivajis Grabstätte immer noch einen Tagesausflug wert.

Zugang zum Fort entweder über fast **1.500 Stufen,** was gut zwei Stunden in Anspruch nimmt und wohl nur für recht sportliche Reisende in Frage kommt, oder über die **Seilbahn** (8.30–17.30 Uhr, Hin- und Rückfahrt 150 Rs), von der sich tolle Rundumblicke über die Landschaft bieten. Ein Guide im Fort kostet 150 Rs.

Anreise

Zum Fort gelangt man über den Mumbai-Goa-Highway bis Mahad, von dort per Bus etwa 45 Minuten zum Fuße des Fort. Ein Taxi von Mahabaleshwar kostet ca 1.300 Rs.

Kolhapur

↗ XVI/B3

Einwohner: 510.000
Höhe: 563 m
Vorwahl: 0231

Kolhapur, die größte Stadt im Süden Maharashtras, ist eine positive Überraschung. Der von westlichen Besuchern so gut wie nie besuchte Ort war ab dem 18. Jh. ein bedeutendes **Fürstentum des Marathenreiches.** Im Norden vom Panchganga-Fluss begrenzt, zeichnet sich Kolhapur durch eine für indische Verhältnisse seltene Mischung aus Urbanität, Gelassenheit und Modernität aus. Obwohl sich im Umkreis der im 10. Jh. gegründeten Stadt einige der größten Industriebetriebe Maharashtras befinden, wirkt Kolhapur angenehm ruhig, ohne die negativen Begleiterscheinungen ungezügelten Wachstums anderer indischer Metropolen. Obwohl keine aussergewöhnlichen Sehenswürdigkeiten vorhanden sind, lohnt der Besuch durchaus.

Im Zentrum mit dem Basarviertel finden sich mit dem alten Palast des Maharajas und dem Mahalakshmi-Tempel zwei der wichtigsten Gebäude der Stadt. Der **alte Palast** beherbergt heute unter anderem städtische Ämter und eine Schule. Der ursprünglich aus dem 7. Jh. stammende, von einer hohen Mauer umgebene **Mahalakshmi-Tempel** (5–22 Uhr) ist eine interessante Mischung alter und neuerer Stilelemente.

Im Inneren des wegen der hier verehrten Muttergottheit auch Amba-Bai-

Tempel genannten Heiligtums findet sich das mit bunten Saris verkleidete Hauptkultbild. Die entrückt-silbrigen Augen der Göttin erinnern ein wenig an die Jain-Heiligenfiguren der Tirthankaras. Die Vielzahl der Gläubigen, die Brahmanenpriester und die zahlreichen weiteren Götterfiguren um das Hauptkultbild verleihen dem Tempel eine ganz eigentümliche Atmosphäre.

Einen Besuch lohnt auch der etwa drei Kilometer nördlich des Stadtzentrums gelegene **neue Maharaja-Palast.** Der 1881 fertig gestellte Bau wurde von dem britischen Stararchitekten *Charles Mant* entworfen, der auch für eine Reihe weiterer Gebäude in Kolhapur wie die Stadthalle, die Bibliothek, das Albert Edward Hospital und die Universität verantwortlich zeichnet. Das in seinem herrlichen Stilgemisch einzigartige Gebäude beherbergt das **Shree Chhatrapati Sahu Museum** (Tel.: 2538060, tgl. 9.30–12.30 und 14.15–18 Uhr, Eintritt 30 Rs, Fotografieren verboten), in dem es die üblichen Maharaja-Utensilien wie Kleidungsstücke, Essbestecke, Trophäen und eine schier unübersehbare Zahl von erlegten und präparierten Tieren zu bestaunen gibt.

Interessant sind auch die etwa fünf Kilometer außerhalb am Panchganga-Fluss inmitten schöner Gartenanlagen gelegenen **Begräbnisstätten** *(chattris)* der Fürstenfamilie.

In Kolhapur werden die traditionellen Sandalen *kolhari chappals* hergestellt, nach denen die Stadt benannt ist.

Im August ist der nahe Kolhapur gelegene Battis Chirale Austragungsort eines bekannten **Schlangenfestes.**

Information

- Das **Touristenbüro** (Tel.: 2652935, Mo-Sa 10–17.30 Uhr) findet sich neben dem Hotel Tourist im Kedar Complex an der Station Rd.

Stadtverkehr

- **Autorikshas** sind die beste Art, um sich in Kolhapur fortzubewegen. Die meisten Fahrer stellen den Taxameter ohne Murren an. Man sollte sich aber vergewissern, dass sie das gewünschte Fahrziel auch wirklich verstanden haben, da viele von ihnen kaum Englisch sprechen.

Unterkunft, Essen und Trinken

- Das gegenüber dem Busbahnhof an der Station Rd. gelegene Hotel **Maharaja** €-€€ (Tel.: 2650421) ist für ein oder zwei Nächte akzeptabel.
- Ein gutes Preis-Leistungs-Verhältnis bietet das wenige Gehminuten vom Bahnhof entfernte **Hotel Tourist** €€ (Tel.: 2650421, kpr_tourist@sancharnet.in). Die zentrale Lage, die sauberen Zimmer mit Fernseher und das freundliche Personal machen es zu einer der besten Billig-Unterkünfte der Stadt. Ein Restaurant ist angeschlossen.
- Gut ist das hübsch beim Tarabai-Park gelegene **Hotel Woodlands** €€ (Tel.: 2650941).
- Mit seiner ruhigen Lage macht das angenehme **Hotel Pearl** €€€ (Tel.: 2650451) einen guten Eindruck. Empfehlenswert ist auch das hauseigene Restaurant.
- Mitten im Zentrum von Kolhapur liegt das empfehlenswerte **Victor Palace** €€€€ (Tel.: 2537001, www.hotelvictorpalace.com). Das Drei-Sterne-Haus bietet für den Preis recht viel Luxus. Empfehlenswert ist das hauseigene Restaurant **Charcoal Grill** mit ausgezeichneten einheimischen Gerichten (80–150 Rs).
- Die mit Abstand schönste Unterkunft von Kolhapur ist das herrliche **Hotel Shalini Palace** €€€-€€€€ (Tel.: 2620401). Dieser zu ei-

nem Hotel umgewandelte ehemalige Sommerpalast des Maharajas von Kolhapur überzeugt durch seine riesigen, wenn auch etwas verstaubten Zimmer, das freundliche Personal und die Lage am Rankala-See.

- Das **Harvest Garden Bar & Restaurant** im Hotel International bietet hervorragende vegetarsiche Kost in Gartenumgebung.
- Abgesehen von den Hotelrestaurants bieten sich die günstigen **Imbissstuben** gegenüber vom Busbahnhof für eine Mahlzeit an.

Bank, Internet

- Die **State Bank of India,** etwas südwestlich vom Zentrum beim Hutatma Park, wechselt Bargeld und Reiseschecks. Die **ATMs** der UTI-Bank und der axis-Bank, beide in der Station Rd., akzeptieren alle wichtigen Kreditkarten bis auf American Express.
- Die meisten **Internetcafés** Kolhapurs verlangen 20 Rs/Std., z.B. Internet Zone im Kedar Complex in der Station Rd.

An- und Weiterreise

- **Flug:** Kingfisher Airlines (Tel.: 1800-2093030, www.flykingfisher.com) fliegt tgl. nach Mumbai. Dies schon ab 500 Rs mit Kingfisher Red, in diesem Fall jedoch nur ohne Voranmeldung.
- **Bahn:** Hervorragende Verbindungen, zum Beispiel mit dem 11012 Mahalaxmi Exp (Abf. 20.30 Uhr) über Pune (7 Std.) nach Mumbai (13 Std.). Nach Goa fährt man besser per Bus.
- **Bus:** Vom 3 km nordwestlich des Stadtzentrums gelegenen Busbahnhof viele Verbindungen zu allen größeren Städten der Umgebung wie Pune (5 Std.), Mumbai, Mahabaleshwar (5 Std.) und Belgaum, von dort auch weiter Richtung Goa. Einige Direktbusse nach Goa (Panaji, 6 Std., 190 Rs) sind unklimatisiert. Neben den staatlichen Bussen gibt es viele gegenüber dem Busbahnhof angesiedelte private Busgesellschaften mit Büros im Mahalaxmi Chambers, deren Busse für längere Strecken wegen des größeren Komforts vorzuziehen sind. Nachtverbindungen nach Mumbai (9 Std.) kosten 350/600 Rs Sitzplatz/Schlafplatz.

Nasik

↗ XVI/A1-2

Einwohner: 1,2 Mio.
Höhe: 610 m
Vorwahl: 0253

Dieser von westlichen Touristen kaum besuchte Ort am Godavari-Fluss ist für die Hindus eine **heilige Stadt.** Seine Bedeutung beruht auf der Legende von der Suche nach dem Trank der Unsterblichkeit *(amrit),* der nach jahrelangen vergeblichen Bemühungen schließlich vom Sohn des Himmelsgottes Indra gefunden wurde. Verkleidet als Krähe flog dieser, verfolgt von den Dämonen, die ihm den Nektar entreißen wollten, um die Erde, bis er nach zwölf Tagen das Paradies erreichte. Während der wilden Verfolgungsjagd fielen vier Tropfen des wertvollen Tranks auf die Städte Haridwar, Prayag (das heutige Allahabad), Ujjain und eben Nasik.

Alle paar Jahre findet in einem dieser vier Orte die **Kumbh Mela** statt, das größte Pilgerfest der Welt, zu dem über 10 Mio. Gläubige eintreffen (das nächste Mal allerdings erst im Jahr 2015). Ein weiterer Grund für die Heiligkeit des Ortes liegt darin, dass Nasik Schauplatz eines der bedeutendsten Ereignisse des großen indischen Epos Ramayana war. Hier soll nach hinduistischem Glauben Sita, die Frau Ramas, der in Nasik im Exil gelebt haben soll, von dem Dämonen Ravanna nach Lanka entführt worden sein.

Trotz seiner religiösen Bedeutung ist Nasik sicherlich keine schöne Stadt. Dass sie dennoch unbedingt einen

Stopp auf der Strecke Mumbai – Aurangabad wert ist, liegt an der **spirituellen Atmosphäre.** Speziell an den **Bade-Ghats** entlang des Godavari-Flusses und dem Ram Kund, einem als heilig angesehenen Teich, lassen sich immer wieder Szenen beobachten, die an die Ghats von Varanasi, die heiligste aller indischen Städte, erinnern. Besonders eindrucksvoll ist die Szenerie frühmorgens: Hunderte von Wäscherinnen mit ihren bunten Saris, Pilger, die ein reinigendes Bad im Fluss nehmen, Brahmanenpriester, die ihre komplizierten Opferrituale vollziehen, Devotionalienhändler, Bettler, Kühe, Schweine, das Gebimmele der Tempelglocken, der Geruch von Räucherstäbchen – Indien pur und das fast gänzlich ohne westliche Touristen.

Nicht entgehen lassen sollte man sich auch den Besuch des riesigen **Gemüsemarktes,** auf dem sich eine Vielzahl von Eindrücken und Fotomotiven bietet.

Unter den über 200 Tempeln, von denen die meisten nur von geringer kunsthistorischer Bedeutung sind, gelten der **Kapaleshvara Mandir** aus dem 14. Jh. und der 1756 errichtete **Sunder-Narayan** als die bedeutendsten. Die Wände des erst vor wenigen Jahrzehnten erbauten **Muktidham Mandir,** eines aus weißem Marmor erbauten Tempels in der Nähe des Bahnhofs, sind mit Szenen aus der Bhagadvad Gita verziert. Alle sind von 6 bis 21 Uhr geöffnet.

Information

- Das hilfreiche **MTDC-Touristenbüro** (Tel.: 2570059, Mo–Sa 10.30–17.30 Uhr) findet sich etwa 1 km südlich des Busbahnhofs an der Old Agra Rd. im Paryatan Bhavan.

Stadtverkehr

- Nasik ist eine recht weitläufige Stadt, weshalb sich **Autorikshas** als bestes Verkehrsmittel anbieten. Vom 8 km südöstlich des Zentrums gelegenen Bahnhof in die Stadt sollte es nicht mehr als 40–50 Rs kosten. Die Fahrt mit den ständig pendelnden **Bussen** zum Busbahnhof ist mit 5 Rs wesentlich billiger. Taxis verlangen teure 500 Rs vom Flughafen ins Zentrum.

Stadtrundfahrt

- Die Hauptsehenswürdigkeiten innerhalb der Stadt sowie die wichtigsten Ziele der Umgebung werden bei der täglich vom **Busbahnhof** startenden Stadtrundfahrt (80 Rs) angefahren – keine schlechte Art, um sich in relativ kurzer Zeit einen Überblick zu verschaffen. Allerdings sprechen die einheimischen Führer, wenn überhaupt, nur radebrechendes Englisch.

Bank, Internet

- Da Nasik kaum westliche Touristen zu Gesicht bekommt, kann es beim Geldwechsel Schwierigkeiten geben. Die beste Chance, Travellerschecks gewechselt zu bekommen, hat man an der **State Bank of India** (Tel.: 2502436, Mo–Fr 10.30–16 Uhr, Sa 10.30–13.30 Uhr) in der Old Agra Rd., nicht weit vom Busbahnhof. Der **ATM** der HDFC-Bank an der MG Rd. wechselt alle gängigen internationalen Kreditkarten.
- Surfen kostet um 20 Rs/Std., etwa im **Cyber Café** (10–22 Uhr) in der Vakil Vadi Rd., nicht weit vom Hotel Panchavati.

Unterkunft, Essen und Trinken

- Für seinen Preis recht gut ist das **Hotel Siddharta** €€ (Tel.: 2573288) an der Nasik-Pune Rd. mit schönem Garten.

●Das große **Dwarka Tourist Hotel** €€ (Tel.: 2594241) bietet 36 akzeptable Zimmer, von denen die klimatisierten deutlich besser sind. Das angeschlossene Restaurant ist auf südindische Küche spezialisiert.
●Vom preisbewussten Rucksacktouristen bis zum gut betuchten Geschäftsreisenden bietet das populäre Panchavati Hotel für jeden etwas. Eigentlich handelt es sich dabei um vier verschiedene Hotels, welche unter den Namen **Panchavati Guest House** €-€€ (Tel.: 2578771), **Panchavati Yatri** €€€ (Tel.: 257 8782), **Hotel Panchavati** €€€ (Tel.: 2575771) und **Panchavati Millionaire** €€€€ (Tel.: 2312318) firmieren. Allen gemein ist, dass sie professionell geführt sind und über mehrere gute Restaurants verfügen, die westliche wie auch einheimische Küche bieten. Hauptgerichte zwischen 40 und 100 Rs.
●Ein gutes Preis-Leistungs-Verhältnis bietet das **Wasan's Inn** €€-€€€ (Tel.: 2577881) an der Old Agra Rd. Das moderne Gebäude verfügt über 24 zum Teil klimatisierte Räume und ein recht gutes Restaurant, welches westliche, chinesische und indische Gerichte serviert.
●Eine gute Wahl, aber leider etwas laut, ist das gegenüber der State Bank of India und in der Nähe des Busbahnhofs gelegene **Hotel Samrat** €€-€€€ (Tel.: 2577211, www.hotelsamratnasik.com). Die Zimmer mit Balkon sind sauber und freundlich eingerichtet. Zudem verfügt das Haus über eines der besten vegetarischen Restaurants der Stadt. Mit 80 Rs nicht ganz billig, aber köstlich sind die *thalis*.
●Das **Hotel Sai Palace** €€€ (Tel.: 2381501) an der Agra Rd. ist mit seinen recht großen, sauberen Zimmern von den Hotels dieser Preiskategorie das empfehlenswerteste.
●8 km außerhalb gelegen, dafür sehr ruhig und gepflegt ist das **Gateway Hotel** €€€€€-€€€€€€ (Mumbai-Agra Rd., Tel.: 6604499, www.gatewayhotels.com). Wie in dieser Preisklasse üblich, überzeugt das Haus durch sein geschultes Personal, die modern ausgestatteten Zimmer und den in dieser Preisklasse üblichen Luxus wie Fitness- und Business-Center, Pool und mehrere Restaurants.
●Mit 180 Sitzplätzen ist das **Patang** wohl das größte Restaurant der Stadt. In typisch indischer Atmosphäre wird neben wenigen chinesischen Gerichten vor allem deftige nordindische Kost serviert.

Weiterreise

●**Flug:** Kingfisher Airlines (Tel.: 1800-2093030, www.flykingfisher.com) fliegt tgl. nach Mumbai.
●**Bahn:** Vom 8 km außerhalb gelegenen Bahnhof täglich mehrere Verbindungen nach **Mumbai.** Da Nasik an der Hauptstrecke Mumbai – Agra liegt, bestehen viele Direktverbindungen nach **Nordindien.** Vom nahe gelegenen Manmad (dorthin häufige Anschlüsse) auch viele Verbindungen in den Süden. Im Anhang finden sich die wichtigsten Verbindungen.

Für Reservierungen kann man sich die lange Anfahrt zum Bahnhof sparen, da es ein kleines **Reservation Office** 500 m westlich des Old Central Bus Stand gibt, welches Mo-Sa von 8 bis 20 Uhr, So von 8 bis 14 Uhr geöffnet hat.
●**Bus:** Vom New Central Bus Stand mindestens stündlich Verbindungen nach Aurangabad (5 Std). Auf der gegenüber liegenden Straßenseite fahren Busse vom Mela-Busbahnhof z.B. nach Pune (4½ Std.). Stündliche Verbindungen mit Mumbai (4½ Std., allerdings wesentlich einfacher mit dem Zug) gibt es vom Mahamarg Busstand an der Old Agra Rd.

Trimbakeshwar-Tempel

Ein von Hindus besonders verehrter Tempel steht in **Trimbak,** knapp 40 km westlich von Nasik. Der Trimbakeshwar-Tempel beherbergt mit seinem

Straßenszene in Aurangabad

Jyoti-Lingam einen der zwölf wichtigsten Schreine Shivas. Dieser darf jedoch nur von Hindus besichtigt werden. Dennoch lohnt der Besuch des Tempels, kann man doch die Pilger dabei beobachten, wie sie sich im vom Godavari-Fluss gespeisten Gangadwar-Teich von ihren Sünden reinigen.

Auch der Aufstieg zum **Brahmagiri-Berg** nahe der Stadt, an dem der Godavari entspringt, ist beeindruckend. Der blumenübersäte Hügel wird von Pilgern bevölkert. Stark nach Weihrauch duftende Tempel am Berg und Sadhus, die dort Höhlen bewohnen, sind weitere bleibende Eindrücke.

Es gibt regelmäßige Busverbindungen vom Old Central Bus Stand in Nasik (45 Min. Fahrtzeit).

Aurangabad

↗ XVI/B2

Einwohner: 650.000
Vorwahl: 0240

Malik Ambar, der vom Sklaven zum ersten Minister des Sultans von Ahmadnagar aufgestiegen war, gründete 1610 Khadke, wie die Stadt am Kham-Fluss zunächst hieß. Ihren heutigen Namen erhielt Aurangabad erst Mitte des 17. Jh., als sie der letzte Großmogul **Aurangzeb** zur Hauptstadt des Dekhan machte. Von der Basis Aurangabad, welches er zu einer Art „Delhi des Südens" ausbaute, wollte Aurangzeb den Süden unterwerfen und so als erster Herrscher nach dem Maurya-Herrscher *Ashoka* (3. Jh. v. Chr.) das

gesamte indische Territorium in einem Reich vereinen. Dieser letztlich zum Scheitern verurteilte Versuch bedeutete das Ende des Mogulreiches.

Zersiedelt und weitläufig, wirkt die nach Mumbai und Pune drittgrößte Stadt Maharashtras trotz ihrer historischen Bedeutung wenig attraktiv. Wegen ihrer Nähe zu den herausragenden Sehenswürdigkeiten von Ajanta und Ellora, der vielfältigen Verkehrsanbindungen und der großen Auswahl

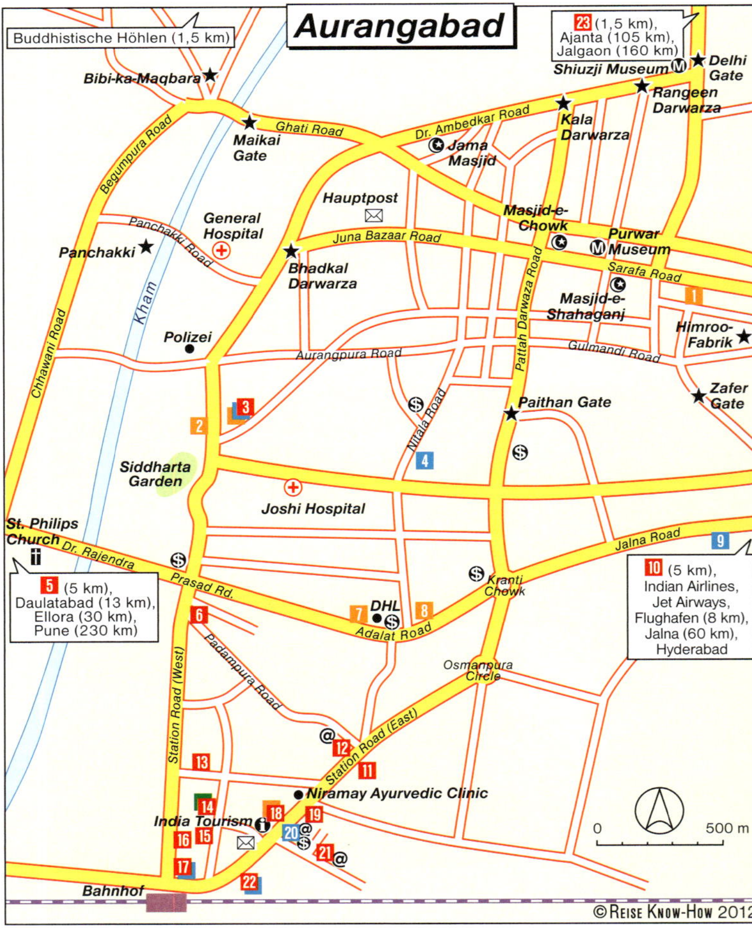

an Hotels aller Preiskategorien wird die Stadt dennoch von vielen Touristen als Basis genutzt.

Die Stadt besteht aus mehreren unzusammenhängenden Teilen ohne ein erkennbares Zentrum. Im Süden wird Aurangabad von der Bahnlinie begrenzt, im Westen vom Kham-Fluss. Vom Bahnhof und einer Reihe von Billig-Hotels im Süden führt die Station Road (West) Richtung Norden zum Busbahnhof. Nordöstlich davon findet sich mit dem Stadtteil Aurangpura die mit dem Juna Basar und mehreren Moscheen deutlich muslimisch geprägte Altstadt. Die Hauptsehenswürdigkeiten von Aurangabad wie Panchakki, Bibi-ka-Maqbara und die buddhistischen Höhlen befinden sich alle auf der westlichen Seite des Kham-Flusses.

Unterkunft
- 3 Hotels Shangrila und Crown Plaza
- 5 The Meadows
- 6 Hotel Panchavati
- 10 Hotel Lemon Tree
- 11 Nandavan
- 12 Sai Residency
- 13 Hotel Regal Plaza
- 14 Hotel Shree Maya
- 15 Hotel Pushpak
- 16 Tourist Home
- 17 Hotel Natraj
- 18 MTDC Holiday Resort
- 19 VITS
- 21 Hotel Peshwa
- 22 Preetam Lodging, Prem Popular Punjab Lodging
- 23 Taj Residency

Essen und Trinken
- 3 Hotel Paradise
- 4 Ashoka Fast Food
- 9 Mingling Restaurant
- 17 Ranjit Restaurant
- 20 Prashant Restaurant
- 22 Hotels New Bharti und Tirupati

Verkehr
- 1 Städt. Busbahnhof
- 2 MSRTC Busbahnhof
- 3 Taxistand
- 7 Manmandir Terminus und Manmandir Travels
- 8 Private Busgesellschaften
- 18 Classic Tours

Einkaufen
- 14 kleiner Supermarkt

Panchakki

Eine für das Baujahr 1695 bemerkenswerte Leistung stellt die im Westen beim Kham-Fluss gelegene **Wassermühle** Panchakki dar. Von einer vier Kilometer entfernten Quelle wird das Wasser über unterirdische Leitungen zu der in einem reizvollen Garten errichteten, unter einem pavillonähnlichen Gebäude platzierten Mühle transportiert. Zuvor wird es in einem großen Becken gesammelt, welches einen Großteil der hübschen Anlage einnimmt.

Gleich daneben steht eine hübsche **Moschee** für den 1624 verstorbenen *Baba Shah Muzaffar*, einem spirituellen Lehrer Aurangzebs.

- **Öffnungszeiten:** tgl. außer Fr 8–20 Uhr.

Bibi-ka-Maqbara

Auf den ersten Blick etwas merkwürdig wirkt sie schon, diese offensichtliche **Kopie des Taj Mahal.** Dementsprechend unterschiedlich fallen die Reaktionen der Besucher auf dieses im

Volksmund „Mini-Taj" genannte Bauwerk aus. Im Vergleich zu seinem von ihm abgesetzten und gefangen genommenen Vater *Shah Jahan,* dem Erbauer des Taj Mahal, sparte der streng gläubige Aurangzeb bei dem Grabmal für seine Frau *Rabia-du-Durani.* Abgesehen von den schön gearbeiteten, durchbrochenen Marmorfenstern *(jalis)* bestimmt weiß getünchter Putz die Außenfassade; die Proportionen wirken im Vergleich zum Taj wenig gelungen.

Löst man sich jedoch von dem großen Vorbild und betrachtet das 1679 erbaute Grabmal unvoreingenommen, wird deutlich, dass es sich dabei um eines der schönsten Bauten der **späten Mogul-Phase** handelt. Die viergeteilte, das Grabmal umgebende Gartenanlage, die sehr gelungenen Minarette, die zum Teil fein gearbeiteten Ausschmückungen und die ruhige, im Gegensatz zum Taj ganz untouristische Atmosphäre machen den eigentlichen Reiz der Bibi-ka-Maqbara aus.

- **Öffnungszeiten:** von Sonnenaufgang bis 22 Uhr, Eintritt: 100 Rs.

Buddhistische Höhlen

Die kunsthistorisch mit Abstand bedeutendste Sehenswürdigkeit Aurangabads liegt etwa 1,5 km nordwestlich der Bibi-ka-Maqbara. Weil das Interesse fast aller Besucher der Stadt auf Ajanta und Ellora konzentriert ist, werden die buddhistischen Kulthöhlen leider häufig übersehen. Das ist schade, gehören sie doch zu den schönsten Beispielen der klassischen Epoche indischer Plastik. Bis auf die Höhle Nr. 4, die im 2. Jh. aus dem Fels gehauen wurde und dem Hinayana-Buddhismus angehört, stammen alle anderen acht Heiligtümer aus der Zeit des **Mahayana-Buddhismus** im 7. Jh. Die fortlaufend nummerierten Kultstätten unterteilen sich in eine Westgruppe mit fünf und eine Ostgruppe mit vier Felsheiligtümern.

Von der unvollendeten Höhle Nr. 1 gelangt man zu der von zwei Türwächtern *(dvarapalas)* flankierten Höhle Nr. 2 mit einem drei Meter hohen **sitzenden Buddha** in der Geste des Lehrens. Während in Nr. 3 die insgesamt zwölf bis ins kleinste Detail ausgearbeiteten Säulen und die Friese mit den Darstellungen aus dem früheren Leben Buddhas beeindrucken, sind die beiden folgenden nur von geringem Interesse.

Ein von Gläubigen angebeteter Buddha steht im Mittelpunkt der nur über eine Treppe zugänglichen Höhle Nr. 6, der ersten der östlichen Gruppe. Wer genau hinschaut, erkennt im Sanktum noch einige Spuren der ursprünglichen Bemalung. Der Eingang zu Nr. 7, der interessantesten Kulthöhle, wird von zwei Bodhisattvas unterschiedlicher buddhistischer Richtungen flankiert. Auf der linken Seite steht ein **Avalokiteshvara** mit dem transzendenten Buddha Amitabha als symbolischer Wächterfigur, umgeben von acht Gefahren, vor denen er die Menschen schützt. Rechts steht **Manjushri,** eine der häufigsten Darstellungen des vor allem in den Himalaya-Staaten praktizierten Vajrana-Buddhismus. Im Inneren thront Buddha; an der Wand links von ihm findet sich ein wunderschönes Relief mit Tänzerinnen und Musikantinnen.

Sehr beeindruckend ist der weite **Rundblick** von den Höhlen über das in der Ebene gelegene Aurangabad.

- **Öffnungszeiten:** von Sonnenauf- bis Sonnenuntergang, Eintritt: 100 Rs.

Himroo-Fabriken

Seit einigen Jahren wird das aus dem 14. Jh. stammende Handwerk des Himroo, einer speziellen Art des **Webens,** wiederentdeckt. In der innerstädtischen Fabrik (Aurangabad Himroo Industry, Zaffar Gate, Mondha Rd., Tel.: 2337830, himroo@hotmail.com) wird dieses uralte Handwerk vorgeführt, außerdem können riesige alte Webstühle vom Beginn des 19. Jh. besichtigt werden; dort hergestellte Artikel wie Saris oder Schals kann man kaufen.

Größer ist das ebenfalls sehenswerte **Paithani Weaving Centre** (Tel.: 2482811, 11.30–20 Uhr) an der Jalna Rd., das auch bei der Paithan Tour (250 Rs, 16–21.30 Uhr) von Classic Tours angefahren wird. Auch hier kann man gewebte Produkte erwerben.

Praktische Tipps

Information

- Die Angestellten von **IndiaTourism** (Tel.: 2331217, indiatourism1@sancharnet.in, im 1. Stock des MTDC Holiday Resort, Station Rd. East, ca. 500 m vom Bahnhof entfernt, 8.30–18 Uhr, Sa bis 13.30 Uhr) sind sehr hilfsbereit.
- **MTDC** (Tel.: 2337788) befindet sich im Erdgeschoss desselben Gebäudes.

Stadtverkehr

- **Autorikshas** sind im weitläufigen Aurangabad die beste Fortbewegungsart. Eine Fahrt vom Bahnhof in die Altstadt sollte nicht mehr als 30 Rs kosten. Für ca. 200 Rs kann man die Hauptsehenswürdigkeiten Aurangabads bei einer Halbtagestour per Autoriksha besichtigen.
- **Taxis** können unter der Mobilnummer (0)9372815622 bestellt werden.

Rundfahrten

- Die von **IndiaTourism** und **Classic Tours** (Tel.: 2335598, (0)9372815622, www.classictours.info, Station Rd. East beim MTDC Holiday Resort) angebotenen **Ganztagestouren nach Ellora** beinhalten auch die Hauptsehenswürdigkeiten von **Aurangabad** wie die buddhistischen Höhlen, Bibi-ka-Maqbara und Panchakki. Wenn man bedenkt, dass auf dem Weg nach Ellora auch noch **Daulatabad** und **Khuldabad,** die Grabstätte Aurangzebs, angefahren werden, kann man ermessen, wie gehetzt die ganze Veranstaltung durchgezogen wird. Die Ellora-Touren von Classic Tours und IndiaTourism starten um 9.30 Uhr (bis ca. 17.30 Uhr, 270 Rs) beim MTDC Holiday Resort. Häufig dauert es jedoch eine Weile, bis alle Teilnehmer von den großen Hotels eingesammelt wurden.
- Empfehlenswerter sind die **Ganztagestouren nach Ajanta** von Classic Tours und IndiaTourism; Start 8.30 Uhr (bis ca. 17.30 Uhr, 400 Rs zuzüglich 30 Rs per Zusatzbus vom T-Point zu den Höhlen) vom MTDC Holiday Resort.
- Bei Classic Tours und IndiaTourism werden auch **Taxis** vermittelt. Verhandelt man selbst mit den Fahrern, von denen viele vor dem MTDC Holiday Resort auf Kundschaft warten, erhält man jedoch einen besseren Preis. Ein Ausflug nach Ellora kostet etwa 700 Rs, nach Ajanta sind ca. 1.200 Rs, für beide zusammen 1.500 Rs zu berappen.

Unterkunft

Untere Preiskategorie:

- Die Nummer eins in der unteren Preiskategorie ist das **Shree Maya** €-€€ (Tel.: 2333093, shrimaya@ban4.vsnl.net.in), weniger als 1 km vom Bahnhof entfernt. Recht saubere, nicht klimatisierte Zimmer mit TV, guter Service, ein Terrassenrestaurant am Abend sowie Frühstücksbuffet sind ein gutes Angebot. Hier werden auch Taxis vermittelt.

- Das nahegelegene **Hotel Pushpak** €€ (Tel.: 6991502, (0)9823145113, htpushpak@rediff mail.com) kann als Ausweichquartier dienen, wenn das Shree Maya voll ist. Die Zimmer sind etwas besser in Schuss, es fehlen jedoch einige Annehmlichkeiten des Shree Maya.
- Nur wenige Meter westlich des Bahnhofsausgangs sind fünf neue Unterkünfte eine gute Option für diejenigen, die spät bzw. ganz früh morgens in Aurangabad ankommen. Den besten Eindruck macht hier das **Preetam Lodging** €€-€€€ (Tel.: 2350445, (0)9271165561) mit blitzsauberen, aber ausdruckslosen Zimmern. Im Mittelklassebereich ist **Prem Popular Punjab Lodging** €€€ am besten.
- Ebenfalls bahnhofsnah, sind das von der Straße durch Innenhoflage abgeschirmte **Hotel Natraj** € (Tel.: 2324260) mit vegetarischem Restaurant sowie das **Tourist Home** € (Tel.: 2337212), beide mit sehr einfach ausgestatteten Zimmern und Schlafsaal, für den ganz kleinen Geldbeutel der entsprechende Schlafplatz.
- Auf der dem Busbahnhof gegenüberliegenden Seite an einer Gasse hinter einem Taxiparkplatz gruppieren sich mehrere eher billige Unterkünfte, von denen das **Hotel Shangrila** €€ (Nehru Place, Tel.: 6453511, shangri la_lion@yahoo.com) – alle supersauberen Zimmer mit TV, einige klimatisiert – die beste Wahl ist, zumal es recht weit von der Hauptstraße und damit ruhig liegt. Das **Crown Plaza** €-€€€ (Tel.: 2361054, 5620028), nicht weit entfernt, kann als akzeptable Ausweichadresse dienen.
- Das **Panchavati** €-€€ (Station Rd., Padampura, Tel.: 2328755, www.hotelpanchavati.com) bietet für den Preis recht angenehme Zimmer und ein empfehlenswertes hauseigenes Restaurant.
- Die nicht klimatisierten, recht großen Zimmer mit Balkon zum hübschen Garten im **Hotel Nandavan** €-€€€ (Tel.: 2336314) sind ihr Geld wert.

Mittlere und obere Preiskategorie:

- Die beste Wahl im unteren Mittelklassebereich ist das neue **Regal Plaza** €€-€€€ (Bansilal Nagar, Tel.: 2329322, (0)9890060660, www.hotelregalplaza.com), nicht weit vom Bahnhof. Die supersauberen Zimmer und der freundliche Service machen dieses Haus in ruhiger Lage zur hervorragenden Unterkunft dieses Preissegments.
- Besonders die rückwärtigen, ruhigen AC- und Non-AC-Balkonzimmer mit TV im auch sonst überzeugenden **Hotel Peshwa** €€-€€€ (Tel.: 2337170, hotelpeshwa@yahoo.in) nahe dem MTDC gestatten einen schönen Ausblick. Eine gute Wahl.
- Das **Sai Residency** €€-€€€ (Tel.: 523577177, (0)9881849559) in den Jai Towers hat recht saubere Zimmer (AC und Non-AC) mit Marmorboden und kleinem Balkon. Die rückwärtigen Zimmer mit weiten Ausblicken sind vorzuziehen. Praktisch ist die Nähe zu einem der Tourist Offices, wo die Rundfahrten beginnen, zu einigen Restaurants und einem Internetcafé im gleichen Gebäude. Außerdem gibt's einen kleinen Pool. Handeln beim Zimmerpreis ist anzuraten.
- Nicht weit entfernt unter alten Bäumen etwas zurück von der Straße gibt's im **MTDC Holiday Resort** €€€ (Tel.: 2331513, (0)989 0515126) besonders große Zimmer, die allerdings verglichen mit dem Say Residency zu teuer sind. Tourist Office im Haus.
- Eine gute Wahl ist das an der Straße zum Flughafen gelegene **Hotel Lemon Tree** €€€€€-€€€€€€ (Airport Rd., Tel.: 6603030, (0)9911 701701, www.lemontreehotels.com). Das 100-Betten-Haus verfügt über ein hervorragendes Restaurant, einen Pool, einen angenehmen Garten und Fitness-Einrichtungen.
- Eine Oase der Ruhe und Entspannung ist das im Norden der Stadt gelegene **Taj Residency Hotel** €€€€€ (Tel.: 6613737, residen cy.aurangabad@tajhotels.com, www.tajho tels.com). Das freundliche Personal (zumeist Lehrlinge der Ausbildungsstätte der Taj-Gruppe), ein großer Pool, ein gutes Restaurant und die Lage inmitten eines großen Gartens machen das zweigeschossige Hotel zu einer der schönsten Unterkünfte der Stadt.
- Wer luxuriös im Zentrum wohnen möchte, sollte das moderne **VITS** €€€€€-€€€€€€ (Sta-

tion Rd. East, Tel.: 2350701, 60017555, www.vitshotelaurangabad.com) wählen. Viel Komfort in den Zimmern wie WiFi und Flachbildschirm-TV, guter Service und ebensolches Restaurant sowie Swimmingpool.

- Noch besser ist **The Meadows** €€€€€-€€€€€€ (Tel.: 2677412-5, (0)9764441814, www.themeadowsresort.com), ca. 5 km von Aurangabad auf dem Weg nach Ellora. Eine tolle Anlage mit Einzel- bzw. Gruppen-Cottages, eingebettet in eine penibel gepflegte und preisgekrönte Gartenanlage mit allem drum und dran wie Swimmingpool, mehreren Restaurants zu entsprechendem Preis.

Essen und Trinken

- Zwei gute vegetarische Restaurants neben dem Bahnhofsausgang servieren in sauberem Ambiente klasse vegetarische Gerichte zum recht kleinen Preis. Qualitativ gleichwertig sind das **Hotel Tirupati** und das **Hotel New Bharti.**
- Wer lieber unter freiem Himmel speist, der hat mit dem **Prashant Restaurant** eine gute Alternative mit schneller, freundlicher Bedienung.
- Eine große Auswahl nicht nur chinesischer Gerichte bietet das **Nanking Restaurant** an der Jalna Rd. Nicht weit von dort findet sich das ähnlich empfehlenswerte, zentral klimatisierte **Kailasa Restaurant.**
- Ausgezeichnete chinesische Gerichte servieren das **Mingling Restaurant** und das Restaurant im **Rajdoot Hotel** am Nehru Marg.
- Das **Ranjit** in der Nähe des Touristenbüros serviert preisgünstige, leckere indische Kost.
- Beim Warten auf den Bus kann man im sauberen **Hotel Paradise** gegenüber dem Busbahnhof außer indischem und chinesischem Essen auch frische Fruchtsäfte und Eis genießen.
- Neben dem Hotel Shree Maya befindet sich ein kleiner **Supermarkt.**

Aktivitäten

- Professionelle ayurvedische Massage bietet die **Niramay Ayurvedic Clinic** (Tel.: 324 0700) gegenüber dem Goldie Cinema. Eine einstündige Massage kostet ca. 700 Rs.

Bank

- Am schnellsten und effizientesten wird man bei **Trade Wings Foreign Exchange** an der Station Rd. West bedient, Mo–Sa 9.30–19.30 Uhr. **Zebra Forex** (Tel.: 2330304), einige Meter südlich, ist etwas länger geöffnet.
- Außerdem gibt's eine **State Bank of India** mit ATM am Kranti Chowk (1. Stock, Mo–Fr 10.30–16 Uhr) mit ähnlichen Umtauschraten.
- Bei der **Bank of Baroda** (Mo–Fr 10.30–15, Sa 10.30–12.30 Uhr) beim Paithan Gate werden Visa- und MasterCard akzeptiert.
- Die **ATMs** der ICICI-Bank nehmen alle wichtigen Karten bis auf Amex, der der HDFC Bank (Station Rd. East) verarbeitet auch diese.

Post, Internet

- Ein **DHL-Büro** an der Adalat Rd. ist offiziell 24 Stunden geöffnet.
- Der durchschnittliche Preis für Internet liegt in Aurangabad bei 20–30 Rs, es gibt einige Ausreißer (60 Rs). Schnell ist das **Internet Browsing Hub** (8–22.30 Uhr). Auch **Net for You** in den Jai Towers ist ok.

An- und Weiterreise

- **Flug:** Air India (Airlines House, Jalna Rd., Tel.: 2485421, Flughafen: 2485780) und Kingfisher Airlines (Tel.: 1800-2093030, www.flykingfisher.com) fliegen täglich, Jet Airways (Tel.: 2441392, Flughafen: 2484269) zweimal täglich nach Mumbai.
- **Bahn:** Die wichtigsten Bahnverbindungen sind im Anhang zu finden. Öffnungszeiten des Reservation Office: Mo–Sa 8–20 Uhr, So 8–14 Uhr. Falls es Probleme beim Ticketkauf gibt (ausgebuchte Züge etc.), ist *Mr. D. Silva* (Tel.: 2335650) sehr hilfsbereit. Vom nahe gelegenen Manmad viele weitere Zugverbindungen.
- **Bus/Taxi:** Busse nach Ajanta (beim T-Point kurz vor Fardapur aussteigen) fahren zwischen 6 und 21 Uhr stündlich, nach Ellora etwa halbstündlich bis 23 Uhr. Außer vom Busbahnhof noch eine Vielzahl weiterer privater Busgesellschaften mit Verbindungen zu allen großen Städten der Umgebung wie Mumbai (meist Nachtbusse, die zwischen 21 und 23

Uhr starten, AC 600 Rs), Pune und Nasik. So bietet z.B. Paulo Travels (www.paulotravels.com) Fahrten nach Goa, Abfahrt am Nachmittag, 16 Uhr, 850 Rs. MSRTC (Tel.: 2242164, www.msrtc.gov.in) und MTDC bieten zusätzlich Luxus-Busse, die über Nacht via Pune nach Mumbai sowie Goa (Abfahrt 16 Uhr, 15 Std., 900 Rs) fahren.

Manmandir Travels (Tel.: 2365748-54) im Manmandir Terminus an der Adalat Rd. mit eigenem Busbahnhof im hinteren Gebäudeteil hat Luxusbusverbindungen nach Pune (7 Busse), Goa (16 Uhr), Nagpur (6 Busse), Jalgaon (18 Uhr), Hyderabad (20 Uhr), Ahmedabad (16.30 und 17 Uhr) und Mumbai (4 Busse, Abf. zwischen 22 und 23.30 Uhr). Weitere Busverbindungen privater Reisebüros vom 7 km außerhalb gelegenen privaten Busbahnhof.

Classic Tours (s. Rundfahrten) vermittelt **Taxis** (die bei eigenem Aushandeln mit den Fahrern preisgünstiger zu haben sind) und Kleinbusse. Einige Preisbeispiele (Non-AC): halber Tag 600 Rs (inkl. 40 km, zusätzliche km 5,5 Rs), ganzer Tag (inkl. 80 km) 1.000 Rs, Jalgaon 1.700 Rs, Ellora- (700 Rs) und Ajanta-Höhlen (1.200 Rs, Ganztagestouren) beide zusammen ca. 1.500 Rs, von/nach Pune 3.400 Rs, Mumbai 5.500 Rs.

Festung Daulatabad

↗ XVI/B2

Unübersehbar beherrscht etwa auf halber Strecke zwischen Aurangabad und Ellora links an der Straße die gewaltige Festung Daulatabad das Bild. Wie ein „Devagiri" (Götterberg, so der ursprüngliche Name), ragt der 240 m hohe **Granitfelsen** aus der Ebene empor.

Geschichte

Seit der ursprünglichen Besiedlung durch die Dynastie der Yadavs **Ende des 12. Jh.** war das Fort heiß umkämpft. 1293 eroberte *Ala-ud-din-Khilji,* damals Vizekönig von Allahabad, die Stadt am Fuße des Götterberges und nahm *Raja Ramachandra* gefangen – ein Schachzug, der sich auszahlen sollte. Er erpresste für dessen Freilassung das sagenhafte Lösegeld von 15.000 Pfund Gold, 25.000 Pfund Silber, 50 Pfund Diamanten und 175 Pfund Perlen, eine wahrlich fürstliche Ausstattung, die der ehrgeizige Potentat gleich reinvestierte, um ein stehendes Heer aufzubauen und drei Jahre später die nach ihm benannte Khilji-Dynastie in Delhi zu begründen. Noch mehrfach wurde die Stadt erobert, ehe sie **Mohammed Bin Tughlaq** zu seiner **Hauptstadt** machte und ihr den Namen Daulatabad, Stadt des Reichtums, verlieh. Bei der erzwungenen Umsiedlung von Delhi verloren Tausende seiner Untertanen beim über 1.000 km langen Fußmarsch ihr Leben.

Aufstieg

Bei dem beschwerlichen, aus verteidigungstechnischen Gründen verwinkelt angelegten Weg zu der von Verteidigungsringen gesicherten Festungsanlage passiert man mehrere im Laufe der Jahrhunderte errichtete Bauwerke. Die links des Weges stehende **Juma Masjid** ließ *Mubarak Khilji* 1318 aus den Materialien mehrerer Jain- und Hindu-Tempel errichten. Der 30 m hohe, deutlich persisch beeinflusste, ursprünglich mit blauen Kacheln verzierte **Chand Minar** diente, ähnlich dem Qutb Minar in Delhi, sowohl als

Siegesturm als auch als Minarett für die daneben platzierte Moschee.

Weiter führt der Weg durch mit Eisenpickeln bewehrte Tore und über Ziehbrücken zum **Chini Mahal.** In dem nur noch als Ruine erhaltenen Palast war der letzte König von Golconda Ende des 17. Jh. für 13 Jahre inhaftiert. Der letzte Abschnitt des ursprünglichen Aufstiegs führt durch einen dunklen **Tunnel** ins Freie. Die dabei zu überschreitenden **Eisenplatten** konnten im Verteidigungsfalle durch Feuer zum Glühen gebracht werden. Hat man schließlich nach weiteren 100 Treppenstufen die **Zitadelle** mit den in die Ferne gerichteten Kanonen erklommen, bietet sich besonders am späten Nachmittag ein herrlicher Rundblick.

- Der **Eintritt** zur Festung beträgt 100 Rs.

Vergnügungspark H_2O

Wer mal wieder ordentlich plantschen will, hat in der bei Daulatabad gelegenen, außer an Wochenenden meist recht leeren Anlage täglich von 10 bis 20 Uhr die Möglichkeit. Eintritt 100 Rs, Kinder 50 Rs (Tel.: 2615681).

Khuldabad

Niemand würde auf den Gedanken kommen in diesem drei Kilometer südlich von Ellora gelegenen Dorf anzuhalten, befände sich hier nicht das **Grabmal des letzten Großmoguls Aurangzeb.** Die im Zentrum des von einer hohen Mauer umgebenen Städtchens gelegene Grabstätte ist Teil des **Alamgirh Dargah,** auf dessen Gelände sich eine Reihe weiterer Mausoleen muslimischer Heiliger sowie eine Moschee befinden.

Das auf ausdrücklichen Wunsch Aurangzebs sehr schlicht gestaltete, nicht überdachte Grab spiegelt eindrücklich seine ernste, von tiefer Religiosität geprägte Persönlichkeit. Der das Grab umlaufende Mamorzaun ist eine spätere Hinzufügung des Nizam von Hyderabad.

Die zum Teil unangenehm aufdringlich auf Spenden dringenden Grabwächter führen den Besucher zu dem Schrein des 1344 verstorbenen *Sufi Saiyad Zain.*

Lonar Crater

Wegen der langen Anfahrt wohl nur für geologisch bzw. astronomisch Interessierte von Bedeutung ist der 175 km entfernte, mit grünlich schimmerdem Wasser gefüllte, bis zu 170 m tiefe Lonar Crater mit einem Durchmesser von 1,8 km, der durch einen Meteoriteneinschlag vor 50.000 Jahren entstand und **einer der größten Krater der Erde** sein soll. Der Kraterrand ist umgeben von einer Reihe von Hindutempeln und ein beliebter Abflugort für Paraglider.

Lonar Crater ist in ca. vier Stunden mit einem Taxi (ca. 1800 Rs hin und zurück) zu erreichen oder recht umständlich per Bus über das 64 km von Aurangabad entfernte Jalna, außerdem mit einem Minibus der Tourist Offices bei einer Mindestzahl von vier Personen (ca. 2.000 Rs.).

Unterkunft

- Als Übernachtungsmöglichkeit direkt am Krater steht das **MTDC Resort** €-€€ (Tel.: 07260-221602) mit Restaurant bereit (am besten im Tourist Office in Aurangabad wegen Buchung nachfragen), nicht klimatisierte Doppelzimmer.

Highlight:
Ellora

↗ XVI/B1

Nachdem die Bewohner Ajantas Ende des 6. Jh. aus bisher unbekannten Gründen ihre Höhlen verlassen hatten, zogen sie zum 100 km südwestlich gelegenen Ellora. Dort begannen sie unverzüglich genau das zu tun, was sie schon zuvor in höchster Vollendung gemacht hatten: Höhlen und Tempel aus dem Fels hauen und mit Götterstatuen, Friesen und Wandmalereien ausschmücken.

Zunächst machten sich Buddhisten und Hinduisten, später Jains an die Arbeit. So entstanden über einen Zeitraum von fünf Jahrhunderten insgesamt **34 Höhlen,** auf einer Länge von zwei Kilometern in den von Nord nach Süd verlaufenden **Hang einer Hügelkette** gemeißelt. Abgesehen von der Bedeutung der einzelnen Bauwerke, die zu den eindrucksvollsten Kulturstätten des indischen Subkontinents gehören und zum **Weltkulturerbe** erklärt wurden, dokumentiert das unmittelbare Nebeneinander der drei großen aus dem Vedismus hervorgegangenen Religionen die dem indischen Denken eigene religiöse Toleranz. Im Gegensatz zu Ajanta gerieten die Höhlen von Ellora nie in Vergessenheit. Zweifelhafte Berühmtheit erlangten die Kultstätten Anfang des 19. Jh., als sie der geheimnisumwobenen **Sekte der Thags** als Zufluchtsort dienten. Von hier aus organisierten die Mitglieder des fanatischen Geheimbundes Überfälle auf Fremde. Nach einem genau festgelegten Ritual wurden diese erdrosselt und der blutrünstigen, von den Thags verehrten Göttin Kali geopfert. Ab 1829 versuchten die Briten mit aller militärischen Macht dem schrecklichen Treiben ein Ende zu setzen. Erst über drei Jahrzehnte später konnten sie nach dem Einschleusen von Geheimagenten die Thags besiegen – eine blutrünstige Geschichte, die angesichts der dem Ort eigenen friedvollen Stimmung umso befremdlicher erscheint.

Besichtigung

Auch wenn die Zufahrt direkt auf den Kailashanatha-Tempel stößt, empfiehlt es sich, die Besichtigung mit den östlich gelegenen buddhistischen Stätten zu beginnen. Aus Platzgründen sollen im Folgenden nur die kunsthistorisch bedeutendsten Tempel dargestellt werden. Nähere Informationen bietet das vom Archaeological Survey of India herausgegebene Büchlein zu Ellora (30 Rs), in dem alle Bauwerke ausführlich beschrieben sind. Der Eintritt zu den Höhlen (Di geschlossen) beträgt 250 Rs, für eine Videokamera sind weitere 25 Rs zu zahlen. Am Ticketschalter können auch offizielle, fachkundige Führer für 300 Rs gemietet werden.

Buddhistische Höhlen

Die zwölf buddhistischen Höhlen bestehen aus drei Gruppen, die sich zeitlich voneinander unterscheiden: Höhlen 1, 2, 3 und 5 entstanden um 400 n. Chr., 4, 6, 7, 8, 9 und 10 im 6.–7. Jh.; die letzten beiden Höhlen 11 und 12 stammen aus dem 11. und 12. Jh.

Höhle 10

Sie wird als das **künstlerisch wertvollste Beispiel** einer Kulthöhle des Mahayana-Buddhismus am Ende der Klassik angesehen. Stilistisch ist sie eine Fortführung der Chaitya-Hallen 19 und 26 in Ajanta.

Der Eingang zu der auch unter dem Namen Visvakarma bekannten Höhle führt durch einen offenen Hof, an dessen drei Seiten sich **Säulenhallen** hinziehen. Diese wie auch der Relieffries darüber sind reich ornamentiert. Die 28 Pfeiler in der 25 m langen Halle laufen auf die Stupa in der Apsis zu und um sie herum. Über ihnen sind drei Reliefbänder zu erkennen, auf denen unter anderem Buddha-Predigtszenen, viele weitere Gottheiten und Gänse dargestellt sind. Vor der neun Meter hohen Stupa thront ein herrlich proportionierter **Buddha.** Die von ihm ausgehende Kraft geistiger Versenkung entfaltet sich besonders am Nachmittag, wenn ihm das Licht, welches durch das kreisrunde Fassadenfenster einfällt, eine besondere Aura verleiht.

Höhle 12

Die über 15 m hohe Tin-Tala-Höhle vereint auf **drei Etagen** eine solche Vielzahl an Buddha- und Bodhisattva-Darstellungen, dass am Betrachter die gesamte stilistische Breite des Mahayana-Buddhismus vorbeizieht. Im Schrein in der Mitte der Rückwand verkörpert ein **großer sitzender Buddha** die weltentrückte Versenktheit der buddhistischen Lehre.

Hinduistische Höhlen

50 m nördlich der Tin-Tala-Höhle beginnt die Reihe der insgesamt 17 hinduistischen Kultstätten. Alle sind **Shiva geweiht** und entstanden unter der Patronage der Chalukyas- und der ihnen folgenden Rashtrakutas-Dynastie in der Zeit vom 6. bis 8. Jh.

Höhlen 14 und 15

Nach der Besichtigung der buddhistischen Höhlen mit den Ruhe, Harmonie und Weltentsagung ausdrückenden Buddha-Figuren erscheint der Kontrast zu den dynamischen, quasi mitten im Leben stehenden hinduistischen Götterfiguren besonders frappierend. Gleich bei den ersten beiden Kultstätten tritt dem Betrachter die ganze Vielfalt des hinduistischen Pantheons in der dem Hinduismus eigenen Erzählfreude entgegen.

Ein gutes Beispiel hierfür sind die **Reliefs** an der Nord- und Südwand der quadratischen Halle 14. Zu sehen sind die beiden hinduistischen Hauptgottheiten Vishnu und Shiva in zahlreichen Szenen aus den hinduistischen Epen, so etwa **Vishnu** in seiner dritten Avatara **als Eber,** der die von Dämo-

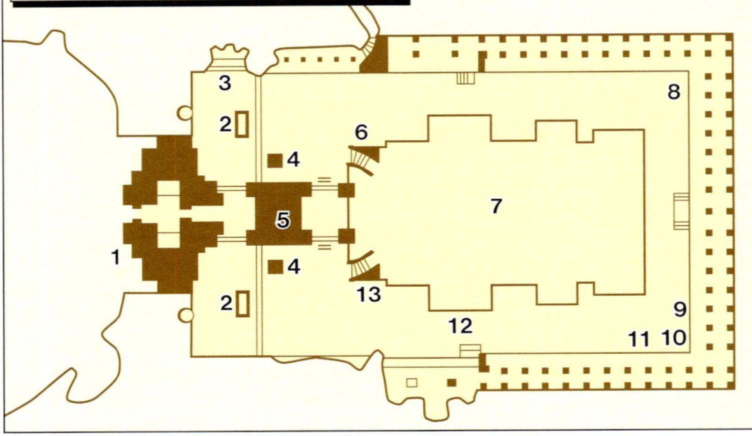

Kailashanatha-Tempel

- **1** Eingangstor
- **2** Elefanten
- **3** Flussgöttinen
- **4** Ornamentierte Pfeiler
- **5** Nandi-Pavillon
- **6** Mahabaratha-Relief
- **7** Tempelanlage
- **8** Relief Heirat Shiva und Parvati
- **9** Relief des tanzenden Shiva Nataraja
- **10** Relief Narasimha (Mannlöwe)
- **11** Relief Vishnu auf der Weltenschlange Shestra liegend
- **12** Ravanna versucht, den Kailash umzustoßen
- **13** Szenen aus dem Ramayana

nen geraubte Erde vom Grund des Ozeans aufhebt, oder **Shiva als kosmischer Tänzer Nataraja** an der Seite seiner Frau Parvati. Genauso erzählfreudig zeigt sich die zweigeschossige, Mitte des 8. Jh. entstandene Höhle Nr. 15.

Höhle 16

Zu behaupten, der ziemlich genau in der Mitte der 34 Höhlentempel platzierte **Kailashanatha-Tempel** sei das großartigste Bauwerk Elloras, kommt noch einer gewaltigen Untertreibung gleich. Ohne Frage zählt dieses unter der Regentschaft von König *Dantidurga* (735–757) begonnene und unter *Krishna I.* (757–773) fertig gestellte Heiligtum zu einem der **großartigsten Sakralbauten Südasiens.**

Einzigartig, ja geradezu abenteuerlich erscheint allein die architektonische Grundidee. Im eigentlichen Sinne handelt es sich bei dem Kailashanatha nicht um ein Bauwerk, sondern um eine **gigantische Skulptur** in Form eines Tempels. In jahrelanger, mühsamer Kleinarbeit mussten die Arbeiter insgesamt 150.000 Tonnen des harten Vulkangesteins abtragen, bis ein 60 x

90 m großer und 30 m tiefer Hohlraum entstand, in dessen Mitte ein 30 x 60 m großer Felsblock stehen gelassen wurde. Hieraus meißelten die Steinmetze und Bildhauer einen Tempel im typisch südindischen, **dravidischen Stil** mit Torbau *(gopuram)*, Hof, Nandi-Schrein, mehreren Vorhallen *(mandapa)* und einem sich nach oben verjüngenden Stufenturm *(shikara)*. So symbolisiert dieses gigantische Felsheiligtum den **Berg Kailash in Tibet,** der nach dem Glauben der Hindus der Mittelpunkt der Erde und Wohnsitz der Götter ist und auf dessen Spitze Shiva thront.

Das gesamte Bauwerk war ursprünglich mit **Stuck** verkleidet und zum Teil mit **Farbe** verziert. Reste hiervon sind noch unter den Vordächern zu erkennen. So erstrahlte der weiß grundierte Tempel (hierdurch wurde die Assoziation an den schneebedeckten Kailash verstärkt) in den Farben Rot, Blau und Gelb.

Um die Einzigartigkeit der Tempelanlage, die gänzlich aus dem Fels herausgearbeitet wurde, auf einen Blick erfassen zu können, sollte man vor dem Betreten den **Aussichtspunkt oberhalb,** bzw. südlich des Kailashanatha besuchen. Ein kleiner Pfad zwischen den Höhlen 15 und 16 führt zu diesem *viewpoint*. Dies ist auch der ideale Platz, um in aller Ruhe den Sonnenuntergang zu genießen.

Hat man das zweistöckige, von den symbolischen **Wächterfiguren** Ganga und Yamuna flankierte Eingangstor durchschritten, stößt der Blick auf das Untergeschoss eines **Nandi-Pavillons,** der wie die Vorhallen und das Sanktum zweigeschossig ist. Dementsprechend sind die Innenräume der über Brücken miteinander verbundenen Tempelbauten nur über eine zum ersten Stock führende Treppe zu erreichen. Flankiert wird der Pavillon von zwei 15 m hohen, mit feinen Reliefs verzierten, quadratischen **Steinpfeilern.** Der um den zentralen Tempelkomplex herumlaufende breite **Graben** diente als Vorhof und Umwandlungsgang.

Dass der Kailashanatha nicht nur wegen seiner Monumentalität ein grandioses Meisterwerk ist, zeigen die unzähligen in Fels gehauenen **Reliefs** mit Szenen aus den großen hinduistischen Epen. Besonders beeindruckend sind die sieben bzw. acht übereinander verlaufenden Friesbänder mit Szenen aus Mahabaratha und Ramayana an der Südwest- bzw. Südostseite.

Sehr schön und detailgenau präsentiert sich die Darstellung Shivas in lässiger Sitzhaltung mit seiner Frau Parvati auf der Spitze des Kailashanatha auf der rechten Seite. Der darunter mit zehn Armen und Köpfen dargestellte Dämon Ravanna versucht verzweifelt den Götterberg umzustoßen.

Höhle 21

An dieser frühesten der buddhistischen Höhlen vom Ende des 6. Jh. gefällt vor allem die sehr schön gestaltete **Fassade.** Beide Seiten der Felswand sind mit Flussgöttinnen verziert. Zu sehen ist unter anderem die Flussgottheit Ganga, unter deren Füßen sich das Seeungeheuer Makara windet – auch hier den immer wieder in symbolischer Form dargestellten Sieg des

123is Foto: tb

Guten gegen das Böse aufzeigend. Weitere himmlische Wesen zieren die mit Ranken und Vasen reich geschmückten Kapitelle der Säulen, die oberhalb der Brüstungsmauern die Fassade gliedern. Über eine Vorhalle, deren kunstvoll verzierte Säulen auf Brüstungsmauern stehen, gelangt man ins Innere des Heiligtums, an dessen Ende die *cella* mit einem **Shiva-Lingam** steht.

Kailashanatha-Tempel („Höhle 16")

Jainistische Höhlen

Die fünf etwa 1,5 km nördlich gelegenen jainistischen Höhlen wurden als letzte in den Stein von Ellora gehauen. Die eindrucksvollste dieser zum Ruhm *Mahaviras,* des 24. und letzten Furtbereiters, erbauten Kultstätten ist die **Höhle Nr. 32.** Wohl Ende des 9./Anfang des 10. Jh. entstanden, liegt sie wie der Kailashanatha-Tempel teilweise unter freiem Himmel. Im Hof des zweigeschossigen Heiligtums stehen eine vollplastische **Elefantenfigur** und eine zehn Meter hohe **Flaggensäule.** Das Besondere der Indra-Sabha genannten Höhle ist die reiche **Bauornamentik.** Besonders im Obergeschoss korrespondiert die üppige Dekoration mit der Vielzahl der Skulpturen, die die Wände des Saales bedecken und Episoden aus dem Leben des Religionsstifters erzählen.

Praktische Tipps

Unterkunft, Essen und Trinken

- Wer es skurril liebt, sollte in der schon allein wegen des Namens bemerkenswerten **Vijay's Rock Art Gallery** €-€€ (Tel.: 02437-244552) einmieten. Das von dem exzentrischen *Vijay* geführte Haus erscheint mit seinen recht einfachen und verwohnten Zimmern allerdings überteuert. Meist lässt sich jedoch entsprechend der Belegquote durchaus handeln.
- Die einzig wirklich empfehlenswerte Unterkunft ist das ganz in der Nähe der Höhlen in einem Garten gelegene **Hotel Kailas** €-€€€ (Tel.: 02437-244543, www.hotelkailas.com). Man hat die Wahl zwischen einfachen Zimmern und hübschen Bungalows, die zum Teil klimatisiert sind. Angeschlossen ist ein recht gutes Restaurant.

Feste

- In Ellora findet jährlich im November/Dezember ein **Festival mit klassischem Tanz** statt. Die genauen Termine sind über das Touristenamt zu erfahren.

An- und Weiterreise

- **Busverbindungen** von und nach **Aurangabad** mindestens jede Stunde (17 Rs). Die meisten Busse nach Ellora starten auf Aurangabads Busbahnhof an Plattform 7 und 8. Sehr freundliches Personal hilft gern weiter. Vorsicht ist allerdings für jene geboten, die noch in aller Ruhe den Sonnenuntergang oberhalb des Kailashanatha-Tempels genießen wollen. Der letzte Bus zurück nach Aurangabad geht irgendwann zwischen 19 und 20 Uhr. Falls man den verpasst, kann man auch einen der vielen vorbeifahrenden LKW anhalten, von denen die allermeisten nach Aurangabad fahren.
- Außerdem kann Ellora mit dem **Taxi** angefahren werden. Die Tagespreise (ca. 8 Std.) liegen je nach Verhandlungsgeschick um die 700 Rs, für ein AC-Taxi ca. 30 % höher.

Highlight: Ajanta

↗ XVI/B1

„Einem Mann kann es im Paradies so lange gut ergehen, wie die Erinnerung an ihn in der Welt frisch bleibt. Warum also sollten wir deshalb darauf verzichten, uns ein Denkmal zu setzen, das so lange überdauern wird, wie Sonne

Besichtigungstipps für Ajanta und Ellora

Um die wunderschönen Stätten von Ajanta und Ellora genießen zu können, gilt es einige Dinge zu beachten. Am wichtigsten ist, dass Ajanta am Montag und Ellora am Dienstag geschlossen ist. Auch die **Wochenenden** sind besser zu **meiden,** da dann Hunderte, manchmal Tausende von Indern anreisen. Wegen der Lichtverhältnisse empfiehlt es sich, Ajanta am Vormittag, Ellora nachmittags zu besichtigen. Das macht auch deshalb Sinn, weil die Höhlen von Ajanta älter sind und man dann chronologisch vorgeht.

Da die einzelnen Besichtigungen mehrere Stunden dauern, die Gegend um Aurangabad tagsüber fast ganzjährig extrem heiß und trocken ist und die Preise in unmittelbarer Nähe der Monumente weit überhöht sind, sollte man sich mit genügend **Getränken** eindecken. Eine **Taschenlampe** hilft enorm, um die im Dunkeln kaum zu erkennenden Wandmalereien zu betrachten. In den meisten Höhlen ist Fotografieren mit Blitzlicht verboten. Es empfiehlt sich die Verwendung **hochempfindlicher Filme.** Videoaufnahmen sind in den Höhlen verboten.

und Mond am Himmel scheinen?" Keine Frage, der Wunsch der Erbauer, beziehungsweise Geldgeber der Felsentempel von Ajanta, die diese Inschrift vor weit über tausend Jahren in den Fels meißelten, Denkmäler für die Ewigkeit zu errichten, ist voll in Erfüllung gegangen. Das beweisen die Zigtausend Besucher, die diese neben Sanchi **bedeutendste buddhistische Stätte Indiens** jährlich besuchen.

Ruhm und Ehre gebührt allerdings auch einem britischen Offizier mit dem schlichten Namen *John Smith,* der die Kultstätten nach über Tausend Jahren des Vergessens am 28. April 1819 zufällig beim Jagen wiederentdeckte. Zuvor waren sie nur von wenigen Dorfbewohnern der Umgebung, einigen *sadhus* (wandernden Asketen) und vor allem Fledermäusen als willkommene Unterkünfte genutzt worden.

Entstehung

In der Blütezeit Ajantas vom **2. Jh. v. Chr. bis zum 6. Jh. n. Chr.** lag die Stadt in der Nähe der wichtigten Handelsroute vom Arabischen Golf nach China. So gehörten die zwangsläufig passierenden reichen Kaufleute zu den spendabelsten Gönnern, die mit ihren Geldern die aufwendigen Arbeiten der hier lebenden Mönche finanzierten. Natürlich entsprang ihre Spendierfreudigkeit nicht selbstlosen Zwecken, versprachen sie sich doch davon das Wohlwollen der Götter und dementsprechend gute Geschäfte. Resultat dieser Verquickung religiöser und pekuniärer Motive sind die 1983 zum **Weltkulturerbe** erklärten, halbkreisförmig aus dem Fels oberhalb des Waghora-Flusses geschlagenen Höhlen. Zusammen bildeten sie ein großes buddhistisches **Kloster.**

Die 29 von Ost nach West durchlaufend nummerierten Höhlen lassen sich zeitlich und stilistsch in zwei Gruppen unterteilen. Höhlen 8, 9, 10, 12 und 13 wurden als erste im 2. bis 1. Jh. v. Chr. erbaut, einer Zeit, als der **Hinayana-Buddhismus** praktiziert wurde. Alle übrigen sich um diese herum gruppierenden Höhlen entstanden in der Zeit vom 2. bis 7. Jh. n. Chr. und repräsentieren den **Mahayana-Buddhismus.** Bei den Höhlen 9, 10, 19, 26 und 29 handelt es sich um **Chaityas,** in denen sich die Gläubigen zum Gebet versammelten, die übrigen sind **Viharas,** buddhistische Klöster, in denen die Mönche lebten.

Besichtigung

Im Folgenden kann aus Platzgründen nur eine kurze Beschreibung der wichtigsten Höhlen erfolgen, wobei entsprechend der offiziellen Zählung von Ost nach West vorgegangen wird. Um die zeitliche Entwicklung der Höhlenarchitektur besser nachvollziehen zu können, sollten kunsthistorisch Interessierte die Besichtigung jedoch bei den ältesten Höhlen, 9 und 10, beginnen und dann mit 16, 17, 26, 2 und 1 fortfahren. Ausführliche Erläuterungen bietet das vom Archaeological Survey of India herausgegebene 80-seitige Buch zu Ajanta. Auch wenn von den Straßenverkäufern wesentlich mehr dafür verlangt wird, sollte man nicht mehr als den offiziellen Preis von

30 Rs bezahlen. Mit 150 Rs um einiges teurer sind die am Kassenhäuschen wartenden einheimischen Führer. Der Eintritt zu den Höhlen beträgt 250 Rs, für eine Videokamera sind weitere 25 Rs zu zahlen.

Die letzten ca 2 km zu den Höhlen werden per Zubringerbus (10 Rs) vom „T-Point" genannten großen Parkplatz zurückgelegt. Die dort von vielen Händlern als Geschenke aufgedrängten kleinen Gegenstände sollte man nicht annehmen, da diese Händler dann später wie Kletten an einem hängen und dieses „Geschenk" auch bezahlt haben möchten, wenn man sonst nichts an ihren Ständen ersteht.

Vor den Höhlen wird man ständig angesprochen, ob eine Führung gewünscht wird. Die einzelnen Guides sind unterschiedlich gut, ebenso wie ihre Englischkenntnisse. Ein vom Tourist Office in Aurangabad empfohlener Führer, der gut Englisch spricht, ist *Mr. Abdul Nasir Al Mohammedi,* Tel.: 02430-88390.

Höhle 1

Dieser schönste Vihara von Ajanta besticht schon vor dem Betreten des Innenraums durch seine bis ins kleinste Detail **skulptierte Fassade.** Dargestellt sind neben Tier- und Pflanzenornamenten unter anderem die vier Aus-

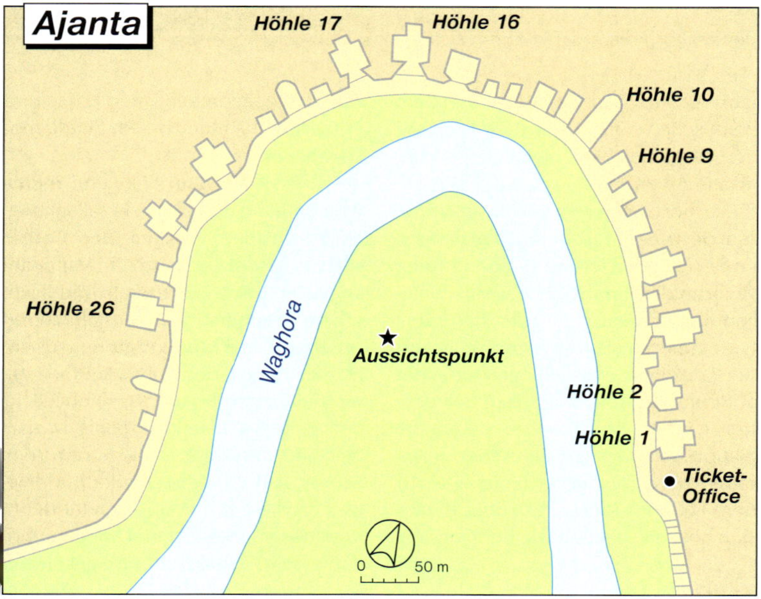

204is Foto: nl

fahrten *Siddharta Gautamas* aus dem heimischen Palast, bei denen er mit der Vergänglichkeit des Lebens konfrontiert wurde.

Die besondere Attraktion im Inneren der quadratischen, 20 m langen und breiten Halle sind die berühmten **Wandmalereien,** welche wahrscheinlich aus dem frühen 7. Jh. stammen. Die farbenprächtige Ausdruckskraft der einzelnen Darstellungen ist leider aufgrund der sehr spärlichen Beleuchtung nur in Ansätzen zu erkennen. Hauptquelle der künstlerischen Inspiration waren auch hier Ereignisse aus dem Leben Buddhas. Darüber hinaus sind höfische Szenen wie der Empfang einer Delegation bei einem König und Alltagsgeschichten wie ein Stierkampf abgebildet.

An der Rückwand links und rechts vom Eingang zum Schrein fallen zwei wunderschöne **Fresken der Bodhisattvas** Avalokiteshvara und Vajrapani ins Auge. Sie verkörpern die buddhistischen Tugenden von Mitgefühl und geistiger Erleuchtung. Während diese Darstellungen deutliche Auflösungserscheinungen zeigen, versinnbildlicht der in der Geste des Lehrens dargestellte **Buddha** im Zentrum des Schreins als Quintessenz der buddhistischen Lehre die unerschütterliche Kraft des von weltlichen Dingen unbeeinflussten, gänzlich in sich gekehrten Buddhisten.

Höhlen von Ajanta

Höhle 2

In den Ausmaßen etwas kleiner, ähnelt Höhle 2 im Aufbau der vorhergehenden. Auch hier schließt sich der Vorhalle die Haupthalle an, die wiederum von einem Schrein abgeschlossen wird, in dem sich ein sitzender Buddha befindet. Einziger Unterschied sind die als Wohnzellen erbauten Schreine an beiden Seiten der Haupthalle. Auch hier faszinieren in erster Linie die einzigartigen Wandmalereien.

Eine der beeindruckendsten Szenen ist die in der ersten Hälfte der linken Wand dargestellte **Geburt Buddhas.** Im schummrigen Licht ist *Maya,* Buddhas Mutter, mit dem in ihre Hüfte eintretenden, eine Lotosblüte in seinem Rüssel haltenden weißen Elefant am heiligen See Anavatapa zu erkennen. Die „unbefleckte Geburt" ist eine der am häufigsten dargestellten Szenen in Ajanta. Unten rechts ist der neugeborende Buddha zu sehen, wie er seine ersten sieben Schritte unternimmt. Als Zeichen seiner Erleuchtung entspringt aus jeder Stelle, an der er den Boden berührt, eine Lotosblume.

Höhle 9

Im Mittelpunkt dieser schmalen, 14 m tiefen Chaitya steht eine 3,50 m hohe **Stupa** mit einem quadratischen Reliquienschrein *(harmika),* über dem früher ein hölzerner Schirm errichtet war. Auch die tonnengewölbte Decke hatte ursprünglich hölzerne Rippen. Die Malereien (in sehr schlechtem Zustand) weisen keine Darstellungen Buddhas auf. Sie stammen aus dem 2. bis 1. Jh. v. Chr., als im Hinayana-Buddhismus die Abbildung des Religionsstifters nur in Form von Symbolen wie einem Bodhibaum oder einem Fußabdruck erlaubt war. Ausnahmen hiervon bilden die sechs Buddhas an der linken Seite der linken Wand und die beiden den Eingang flankierenden Buddha-Figuren, die erst mehrere Jahrhunderte später hinzugefügt wurden.

Höhle 10

Diese größte Hinayana-Chaitya-Halle gilt als die **älteste Höhle von Ajanta.** Eine Inschrift an der Fassade lässt den Beginn des 2. Jh. v. Chr. als Bauzeit annehmen und nennt einen *Vasithiputta Katahadi* als Stifter. In Aufbau und Ausführung ähnelt sie Nr. 9. Die leider auch hier sehr schlecht erhaltenen Fresken zeigen unter anderem die Verehrung eines Bodhibaumes durch ein von Soldaten, Tänzern und Musikanten flankiertes Königspaar. Die horizontale Darstellung in Form eines fortlaufenden Bandes ist ein Charakteristikum der frühen Wandmalereien von Ajanta. Auch bei dieser Höhle handelt es sich bei den Buddha-Abbildungen um spätere Hinzufügungen.

Höhle 16

Eine Inschrift an der linken Seite der Veranda nennt *Varahadeva,* einen Minister des Königs *Harisena* (475–500) als Stifter. Die links vom Eingang zum Kloster über ein paar Treppen zu erreichende **Zisterne** hat Anlass zu der Vermutung gegeben, dass es sich hier um die bedeutendste aller Höhlen von Ajanta handelt. Unterstützt wird die

These durch die zentrale Lage der Kultstätte.

Von der unter anderem mit einer schönen Skulptur des **Schlangenkönigs Nagaraja** verzierten Veranda führt der Weg in die quadratische Halle (20 m Seitenlänge), die auf zwei Seiten je sechs Mönchszellen aufweist. Im Schrein am Ende der Halle thront eine riesige Buddha-Statue in der Position des Lehrens.

Von den leider auch hier stark beschädigten Wandmalereien sei auf eine Szene an der linken Wand direkt hinter dem ersten Pfeiler hingewiesen. Zu erkennen ist eine anmutige, offensichtlich **trauernde junge Frau,** der von einem Diener eine Krone entgegengehalten wird. Dabei handelt es sich um *Sundari,* die den Übertritt ihres Bruders *Nanda,* Buddhas Halbbruder, zum klösterlichen Leben betrauert.

Höhle 17

Die in Aufbau und Ausführung der Nr. 16 sehr ähnliche Kulthalle wurde vom gleichen Stifter finanziert. Über dem Haupteingang fallen die sieben früheren Buddhas und der unter einem Bodhibaum sitzende Zukunftsbuddha Maitreya ins Auge. Keine andere Höhle weist mehr und besser erhaltene **Wandmalereien** auf. Dargestellt sind fast ausschließlich Szenen aus den Jatakas, Erzählungen über die früheren Inkarnationen des Buddha.

Höhle 26

Zum Abschluss der Besichtigung bildet diese 525 n. Chr. erbaute Chaitya-Halle des Mahayana-Buddhismus noch einmal einen Höhepunkt. Der 22 m lange, 11 m breite und 10 m hohe Innenraum vermittelt mit der an der Rückwand stehenden Stupa eine sakrale, einer mittelalterlichen Kathedrale ähnliche Atmosphäre, die durch eine ausgeklügelte Ausleuchtung noch verstärkt wird. Nach oben wird die **dreischiffige Halle** von einer tonnengewölbten Decke abgeschlossen, deren Steinrippen der früheren Holzarchitektur nachempfunden sind. Beeindruckend sind die detaillierten Verzierungen der 26 Säulen und des darüber verlaufenden Frieses im Hauptschiff. Sehr gelungen ist auch der sitzende Buddha an der Vorderfront der zylindrischen Stupa. Besondere Beachtung verdienen jedoch die großartigen Darstellungen des liegenden Buddha und der Versuchung durch Maya an der Wand des linken Seitenschiffes.

Praktische Tipps

Unterkunft, Essen und Trinken

- Die **MTDC Travellers Lodge** €-€€ (Tel.: 02438-224226) hat den großen Vorteil, die einzige Unterkunft direkt bei den Höhlen zu sein. Ansonsten gibt es wenig Positives zu berichten, sind doch die Zimmer wenig gepflegt und auch das Personal könnte hilfsbereiter sein. Akzeptabel sind die beiden angeschlossenen Restaurants.
- Wesentlich angenehmer wohnt es sich im 4 km entfernten **MTDC Holiday Resort** €€ (Tel.: 02438-2244230) in Fardapur. Jedes der

einfachen, aber großen, sauberen Zimmer verfügt über eine kleine Veranda; das Personal ist freundlich, die Atmosphäre friedlich. Da es neben der MTDC Travellers Lodge die einzige Unterkunft in Höhlennahe ist, sind die Preise aber reichlich hoch. Weiterer Nachteil: das hauseigene Restaurant, welches leider nur mäßige und überteuerte Gerichte anbietet.

An- und Weiterreise

- Sehr viele **Busse** täglich von Aurangabad nach Jalgaon. Die letzten 4 km zu den Höhlen werden per Zubringerbus (6/10 (AC) Rs) vom „T-Point" genannten großen Parkplatz zurückgelegt. Die dort von vielen Händlern zum Teil sehr aufdringlich angebotenen Artikel sollte man nicht annehmen, da die Verkäufer dann später wie Kletten an einem hängen. Im Übrigen kostet das gleiche Mitbringsel, welches bei der Ankunft noch für horrende Preise feilgeboten wurde, nach Besichtigung der Höhlen oftmals nur noch einen Bruchteil des Einstandspreises.
- Auch Ajanta ist selbstverständlich mit dem **Taxi** erreichbar. Die Tagespreise liegen bei ca. 1.200 Rs für ein AC-Taxi.

205is Foto: nl

Jalgaon

↗ XVI/B1

Einwohner: 260.000
Höhe: 820 m
Vorwahl: 0257

Der uninteressante Ort ist als nächste Bahnstation zu den Höhlen von Ajanta und Ellora von touristischem Interesse. Da Jalgaon an der Hauptstrecke Mumbai – Delhi und Mumbai – Kalkutta liegt, hält hier eine Vielzahl von Zügen mit hervorragenden Anbindungen an andere Touristenzentren. Wer morgens ankommt, kann theoretisch innerhalb von zwei Stunden mit dem Bus zum knapp 60 km südlich gelegenen Ajanta fahren, die Höhlen besichtigen und noch am gleichen Tag zurückkehren, um abends mit einem Nachtzug weiterzufahren. Empfehlenswert ist ein solcher Parforce-Ritt jedoch nicht.

Unterkunft, Essen und Trinken

- Das beste Preis-Leistungs-Verhältnis im Billigbereich hat das **Hotel Plaza** € (Station Rd., Tel.: 2227354, hotelplaza_jal@yahoo.com). Neben den sauberen Zimmern und dem freundlichen Management überzeugt das Hotel durch seine unmittelbare Bahnhofsnähe.
- Billiger, weniger gut, aber akzeptabel für eine Nacht ist das ganz in der Nähe gelegene **Hotel Amar Prem** € (Tel.: 2226601).
- Das **Morako** €€ (Tel.: 2226621) an der Navi Path zwischen Bahnhof und Busbahnhof bietet akzeptable Zimmer und ein indisches Restaurant im Erdgeschoss.
- Wer etwas mehr Komfort benötigt, findet im **Hotel Kewal** €€-€€€ (Station Rd., Tel.: 2223949) eine akzeptable Mittelklassewahl.
- Neben den Hotel-Restaurants bieten sich die **Gaststätten um den Busbahnhof** mit

schmackhaften und günstigen einheimischen Gerichten an.

An- und Weiterreise

- **Bahn:** Eine Vielzahl von Express-Zügen von und nach Mumbai, Delhi und Kalkutta. Wer nach Bhopal in Madhya Pradesh fahren möchte, sollte den Punjab Mail (5 Std.) nehmen.
- **Bus:** Vom etwa 2 km vom Bahnhof entfernten Busbahnhof fährt eine Vielzahl von Bussen ab 6 Uhr morgens alle halbe Stunde zum 4 km von den Höhlen entfernten Fardapur (2 Std. Fahrtzeit) mit Weiterfahrt nach Aurangabad. Einige wenige Busse fahren auch direkt zu den Höhlen. Ansonsten von Fardapur mit einem weiteren Bus bzw. Taxi.

Privatanbieter mit Büros an der Railway Station Rd. fahren mit Luxusbussen nach Aurangabad (4 Std., 130 Rs), Mumbai und Pune (9 Std., 300 Rs).

- Zwischen Bahnhof und Busbahnhof (2 km) sollte eine **Riksha** nicht mehr als 20 Rs kosten.

Nagpur

↗ XVII/D1

Einwohner: 2,1 Mio.
Höhe: 312 m
Vorwahl: 0712

Die im Nordosten von Maharashtra gelegene Großstadt Nagpur war bis Mitte des 18. Jh. **Hauptstadt der Gond,** eines noch heute in der Umgebung stark vertretenen Volkstammes. Nach einem Intermezzo der Bhonslas, eines Marathen-Stammes, die unter ihrem Anführer *Raghuji* die Macht an sich reißen konnten, eroberten 1854 die Briten Nagpur und machten es einige Jahre später zur **Hauptstadt der britischen Zentralprovinz.** Mit der Stadthalle, dem Raj Bhavan, der Kathedrale All Saints und dem Obersten Gericht, welches dem Rashtrapati Bhavan in Delhi nachempfunden wurde, finden sich noch heute einige eindrucksvolle architektonische Relikte der britischen Kolonialzeit.

Die ansonsten gesichtslose Großstadt am Nag-Fluss lohnt nur aus einem Grund einen kurzen Zwischenstopp: zum Einkauf von Orangen, deren Qualität weit über die Region hinaus bekannt ist.

Orientierung

Wie in vielen indischen Städten bildet auch in Nagpur die Eisenbahn die Trennlinie zwischen zwei deutlich voneinander zu unterscheidenden Stadthälften. Während westlich des im Zentrum gelegenen Bahnhofs das ehemalige Cantonment der Briten mit repräsentativen Kolonialbauten zu finden ist, erstreckt sich im Osten um den Naga-Fluss die Altstadt mit dem Phule-Markt. Beherrscht wird das Cantonment von zwei Hügeln, auf denen mit dem Fort und dem Raj Bhavan zwei geschichtsträchtige Gebäude errichtet wurden. Der Flughafen liegt 8 km südlich des Zentrums, die Chattris der Bhonsla-Familie finden sich im Stadtteil Shukrawari im Südosten der Stadt.

Information

- Das lokale **MTDC-Touristenbüro** (Tel.: 2533325, Mo–Sa 10–18 Uhr) befindet sich im MLA Hostel, Civil Lines, westlich des Sitabaldi Fort. Es ist jedoch von sehr begrenztem Nutzen, da die Beamten recht mürrisch und wenig hilfreich auf westliche Besucher reagieren.

●Wer von Nagpur weiter Richtung Madhya Pradesh fahren möchte, kann sich Informationsmaterialien vom hilfreichen **MP Tourist Office** (Tel.: 2523374) im Gebäude Trade Wings, Lokmat Bhavan, besorgen.

Bank

●Am schnellsten und effizientesten wird man bedient bei **Trade Wings Foreign Exchange,** A/410 Lokmat Bhavan; Mo–Fr 10 bis 17 Uhr, Sa 10 bis 13 Uhr, So 10.30 bis 13 Uhr.
●Auch die **State Bank of India** (Kingsway, Tel.: 2531099, Mo–Fr 11–14 Uhr) westlich des Bahnhofs wechselt Bargeld und Reiseschecks.

Unterkunft

●Das **Chanakya** €-€€ (Tel.: 2522915) ist von den vielen einfachen Unterkünften in unmittelbarer Bahnhofsnähe eines der Besten. Einige der 40 Zimmer sind klimatisiert und es gibt ein angeschlossenes Restaurant.
●Zwei weitere akzeptable Billig-Unterkünfte in Bahnhofsnähe sind die Hotels **Upvan** €-€€ (Tel.: 2534704) an der Mount Rd. und **Blue Moon** €€ (Tel.: 2726061) gegenüber dem Mayo-Krankenhaus an der C.A. Rd. Das Blue Moon besitzt ein hauseigenes Restaurant.
●Eines der besten Preis-Leistungs-Verhältnisse in der unteren Kategorie bietet das **Pal Palace** €€-€€€ (Tel.: 2724725). Neben den sauberen, recht großzügigen Zimmern überzeugt das Haus durch seine ruhige Lage am Gandhi Bagh und das gute hauseigene Restaurant.
●Das **Darshan Towers** €€€ (Tel.: 2726845) ist eines der besten Hotels in der Nähe des Bahnhofs.
●Eine Übernachtung in einem der 62 Zimmer des modernen, zentral klimatisierten **Hotel Jagsons Regency** €€€€ (Tel.: 2261102) hat den Vorteil, dass man in unmittelbarer Nähe zum Flughafen wohnt.

Essen und Trinken

●Wie immer eine gute Adresse für einen kleinen Snack in gemütlicher Atmosphäre ist auch in Nagpur das **Indian Coffee House** an der Central Avenue, Nagpurs Haupteinkaufsstraße.
●Trotz seines Namens bietet das zentral klimatisierte **Continental Restaurant** im Chandralok Building in der Central Avenue nicht nur westliche, sondern auch indische und chinesische Gerichte.
●Das ebenfalls in der Nähe des Bahnhofs gelegene **Jagsons Playmate Restaurant** serviert neben einer großen Bandbreite asiatischer und westlicher Gerichte auch Bier.
●Für indische Verhältnisse luxuriös und daher Treffpunkt der Oberschicht ist das **Zero Mile Restaurant** im Poonam Plaza an der Palm Rd.

An- und Weiterreise

●**Flug:** Air India (Kaveri Bldg., 120 Mount Rd., Tel.: 2526300) und Jet Airways (Tel.: 5617888, Flughafen: 2283384) fliegen täglich nach Mumbai, Delhi und Kalkutta sowie dreimal wöchentlich nach Hyderabad, Ahmedabad, Chennai, Bangalore und Pune. Ein Taxi zwischen Flughafen und Innenstadt kostet um die 350 Rs, eine Riksha ca. 200 Rs.
●**Bahn:** Vom zentral gelegenen Bahnhof gute Anbindung an alle großen Städte der Umgebung wie Mumbai, Jalgaon, Hyderabad und Wardha (Sevgram). Die wichtigsten Verbindungen im Anhang.
●**Bus:** Die staatliche Busgesellschaft MRTC bietet von dem etwa 2 km südlich des Bahnhofs gelegenen Busbahnhof eine Vielzahl von Verbindungen zu allen größeren Städten innerhalb Maharashtras. Orte im benachbarten Madhya Pradesh werden vom 1,5 km entfernten Station-Busbahnhof aus angefahren. Darüber hinaus gibt es noch zahlreiche private Busgesellschaften, deren Tickets in ihren Büros an den Busbahnhöfen gekauft werden können.

218is Foto: tb

Goa

301is Foto: tb

Hotelanlage in Goa

Fischer am Strand von Chapora

Überblick

Goa

Fläche:	3.702 km²
Hauptstadt:	Panaji
Einwohner:	1,47 Mio.
Bevölkerungsdichte:	394 Ew./km²
Stadtbevölkerung:	62 %
Alphabetisierungsquote:	84 %
Lebenserwartung:	63 Jahre

Touristische Highlights:

- **Old Goa** – Kirchen, Klöster und Abteien der ehemaligen Hauptstadt (Weltkulturerbe)
- **Palolem** und **Patnem Beach** – Goas Traumstrände im äußersten Süden

Besondere Tipps:

- **Benaulim** – endloser Sandstrand, nette Leute, entspannte Atmosphäre
- **Agonda** – noch kaum besuchter Bilderbuchstrand im Süden

Tel.-Vorwahl für Goa: 0832

Goa im Internet:

- **www.goa-tourism.com, www.goa tourism.org** (beide offzielle Internetseiten von GoaTourism) und teilweise auch **www.goa-world.com** sind einige von vielen informativen Internet-Seiten zu Goa.
- Eine Übersicht über die kulturellen Veranstaltungen des jeweiligen Monats sowie viel weiteres Informatives vermittelt das monatlich erscheinende Heft „Find All Goa" (10 Rs), das auch im Internet unter **www.findall-goa.com** vertreten ist.
- **www.goacom.com** informiert unter „Whats on" u.a. über kulturelle und andere Veranstaltungen.

Goa ist zwar der kleinste indische Bundesstaat, gleichzeitig jedoch nach Rajasthan der am meisten von Ausländern besuchte. Jene, die nicht direkt aus Europa einfliegen, kommen ins „gelobte Land", um sich an den insgesamt fast 100 km langen Sandstränden von ihren bisherigen Reisestrapazen zu erholen. Ein besserer Ort lässt sich hierfür wahrlich kaum denken, zumal Goa weit mehr zu bieten hat als nur Sonne, Sand und Meer.

Zwar wurde die 451-jährige **Kolonialherrschaft der Portugiesen** 1961 mit dem Einmarsch indischer Truppen beendet und 70 % der Einwohner sind Hindus, dennoch prägt das **mediterrane Flair** nach wie vor die Atmosphäre. Hierzu tragen nicht nur die weiß gekalkten christlichen Kirchen, die portugiesisch anmutenden Häuserfassaden und der alljährliche Karneval bei, sondern auch die auffallend selbstbewussten, westlich gekleideten Frauen und die im übrigen Indien ganz unübliche Vorliebe für alkoholische Getränke, welche zudem auch noch äußerst preiswert sind.

Insgesamt macht Goa im Verhältnis zum restlichen Indien einen geradezu wohlhabenden Eindruck; Slums und Bettler auf den Straßen sind eine Seltenheit und 77 % der Bevölkerung sind des Lesens und Schreibens mächtig. Hinzu kommt die landschaftliche Schönheit. Es sind jedoch nicht nur die Strände, auch eine faszinierende Landschaft mit tiefgrünen Reisfeldern, lieblichen Palmenhainen, Nationalparks und einer interessanten Fauna, vor allem vielerlei Vogelarten, und die sich im Osten anschließenden, dschungelbewachsenen Berge der West-Ghats lassen Goa wie ein **klassisches Tropenparadies** erscheinen. Darüber hinaus sind es die einzigartige Mischung

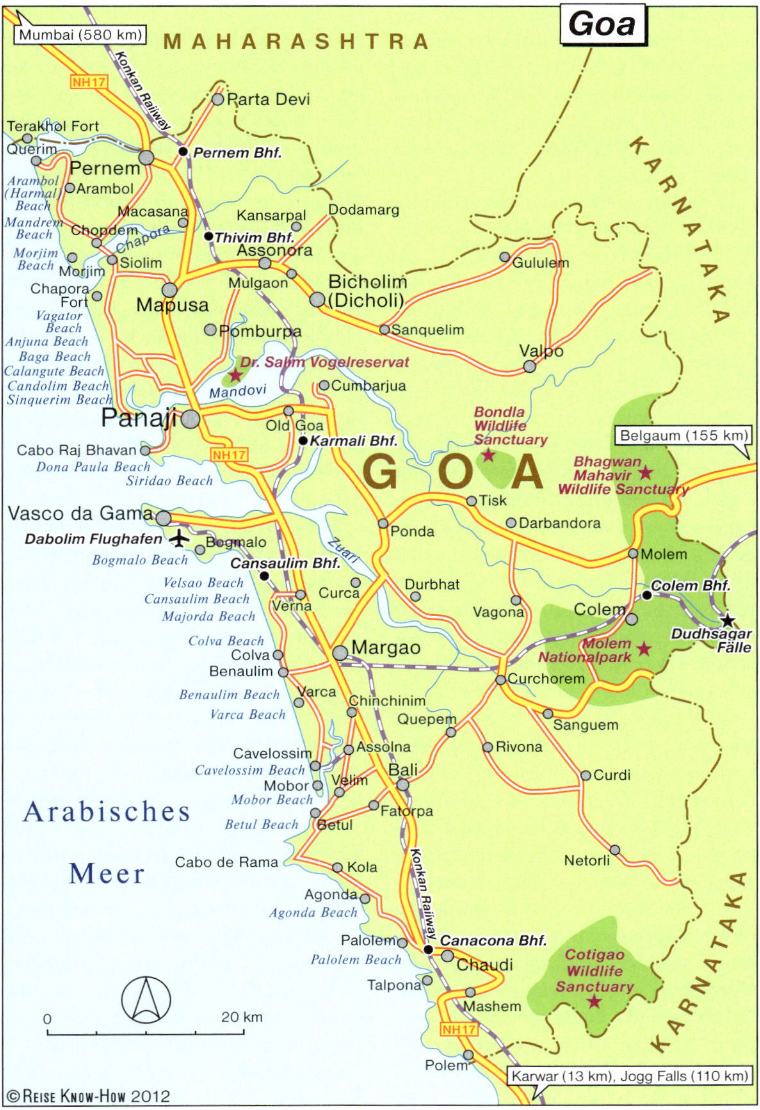
Goa
Mumbai (580 km)
MAHARASHTRA
NH17
Konkan Railway
Parta Devi
Terakhol Fort
Querim
Pernem Bhf.
Pernem
Arambol (Harmal) Beach
Arambol
Macasana
Kansarpal
Dodamarg
Mandrem Beach
Chopdem
Chapora
Thivim Bhf.
Assonora
Morjim Beach
Morjim
Siolim
Mulgaon
Bicholim (Dicholi)
Gululem
Chapora Fort
Mapusa
Vagator Beach
Anjuna Beach
Baga Beach
Calangute Beach
Candolim Beach
Sinquerim Beach
Pomburpa
Sanquelim
Valpo
Dr. Salim Vogelreservat
Mandovi
Cumbarjua
Panaji
Old Goa
Bondla Wildlife Sanctuary
Karmali Bhf.
Belgaum (155 km)
Cabo Raj Bhavan
Dona Paula Beach
Siridao Beach
GOA
Bhagwan Mahavir Wildlife Sanctuary
KARNATAKA
Tisk
Vasco da Gama
Darbandora
Ponda
Dabolim Flughafen
Bogmalo
Bogmalo Beach
Zuari
Molem
Cansaulim Bhf.
Velsao Beach
Cansaulim Beach
Majorda Beach
Curca
Durbhat
Colem Bhf.
Verna
Vagona
Colem
Dudhsagar Fälle
Margao
Molem Nationalpark
Colva Beach
Colva
Benaulim
Curchorem
Benaulim Beach
Varca
Chinchinim
Varca Beach
Quepem
Sanguem
Cavelossim
Assolna
Rivona
Cavelossim Beach
Bali
Curdi
Mobor
Velim
Mobor Beach
Fatorpa
Arabisches Meer
Betul Beach
Betul
Cabo de Rama
Netorli
Kola
Agonda
Agonda Beach
Palolem
Canacona Bhf.
Palolem Beach
Chaudi
Cotigao Wildlife Sanctuary
Talpona
Mashem
0
20 km
Polem
Karwar (13 km), Jogg Falls (110 km)
©Reise Know-How 2012

von indischer und europäisch geprägter Lebensart sowie eine Vielzahl eindrucksvoller Prachtvillen und Sakralgebäude besonders in der Hauptstadt Panjim und in Old Goa, die Goa zu einem der vielseitigsten Reiseziele Indiens machen.

Wie so häufig waren es auch hier Individualtouristen, die dieses traumhafte Fleckchen Erde „entdeckten" – genauer gesagt die Blumenkinder der 1960er Jahre. Wenn es ihnen im Herbst in Kathmandu zu kalt wurde, zogen sie 1.000 km weiter nach Süden, um bei psychedelischer Musik und dem problemlos zu konsumierenden Marihuana den Erleuchtungsweg fortzusetzen. Schnell haftete Goa der Ruf des **skandalträchtigen Hippieparadieses** an, was natürlich sofort die Aufmerksamkeit der internationalen Medien auf sich zog. Was folgte, waren indische Touristen, die die nackten Hippies beobachten wollten und westliche Pauschaltouristen, die das eigentlich auch wollten, aber nicht zugaben.

Später kamen die inzwischen erwachsen und wohlsituiert gewordenen ehemaligen Hippies und schließlich deren Kinder, die Goa zu einem weltweiten Zentrum der **Techno-Szene** machten. Kein Wunder, dass es inzwischen ein wenig voll geworden ist.

Auf die negativen Auswirkungen dieses **touristischen Massenansturmes** für die einheimische Kultur und Umwelt ist in den letzten Jahren zu Recht vielfach hingewiesen worden. So ist wohl kaum ein Bundesstaat Indiens so durchsetzt von **Korruption** wie Goa. Polizisten zahlen hohe Bestechungssummen, um hierher versetzt zu werden, da die Möglichkeiten für illegale Nebeneinnahmen im von reichen Touristen besuchten Goa immens sind und auch gern wahrgenommen werden. Auch das gelassene Lebensgefühl der Goaner hat unter dem Jahrzehnte andauernden Geldfluss der westlichen Touristen schon leichten Schaden genommen. Was dabei meist unerwähnt blieb, ist Goas einzigartige Fähigkeit, dieses kunterbunte Gemisch unterschiedlicher Nationen, Kulturen und Lebensstile problemlos zu beherbergen. Goas Erfolgsgeheimnis besteht bis heute gerade darin, dass hier jeder für sich bleiben, jeder nach seiner Fasson glücklich werden kann.

Zweifelsohne hatte diese Entwicklung einige negative Begleiterscheinungen wie steigende Preise und hässliche Hotelneubauten zur Folge, doch die Behauptung, Goa stände vor dem touristischen Kollaps, ist völlig irreführend. Noch immer gibt es genügend einsame Buchten, in denen man ungestört baden und seine Ruhe finden kann. Die Hippies von einst haben sich an die weniger erschlossenen Strände im äußersten Norden wie etwa Arambol zurückgezogen, die Bettenburgen der Pauschaltouristen stehen in Candolim, Calangute und Baga, die inzwischen zahm gewordenen Individualtouristen lassen in Benaulim und Palolem die Seele baumeln und die Techno-Szene hat sich in Anjuna, Chapora und Vagator angesiedelt.

Einmal in der Woche trifft sich diese Multi-Kulti-Truppe auf dem berühmten

Flohmarkt von Anjuna, inzwischen zusätzlich durch **Ingo's Nightmarket** bereichert. Bei aller Unterschiedlichkeit vereint Inder und Westler das, was Goa auch in Zukunft zu einem der attraktivsten Reiseziele Asiens machen wird: Sonne, Sand, Palmen, köstliches Essen, reichlich zu trinken, (noch) günstige Preise und die seit Jahrhunderten praktizierte Toleranz und Leichtlebigkeit der Goaner, die hoffentlich unter dem andauernden Ansturm der Touristen und den damit verbundenen Begleiterscheinungen keinen weiteren Schaden nimmt.

Ob Vor- oder Nachteil, muss jeder selbst entscheiden: Seit Kurzem wird man beim Sonnenbaden in Goa nicht mehr von den Obst und Saris etc. feilbietenden Frauen besucht. Diese dürfen nur noch in Hütten am jeweiligen hinteren Strandrand ihre Waren verkaufen.

Allgemeine Reisetipps

An- und Weiterreise

Flug

Der 29 km südlich der Bundeshauptstadt Panaji gelegene **Dabolim-Flughafen** wird täglich sowohl von Air India und allen privaten Flugesellschaften als auch von Charterflügen internationaler Airlines von Europa angeflogen. Air India bietet weitere Direktverbindungen mit Mumbai (mehrmals tgl.), Kochi und Chennai (Di, Sa), Bangalore (tgl.), Kozhikode (Mo, Mi, Fr), Chennai (Di, Sa), Delhi (tgl.) und Thiruvananthapuram (Trivandrum). Auch **Kingfisher** und **Jet Airways** fliegen regelmäßig nach Mumbai, Chennai und Bangalore. **Paramount Aiways** (Tel.: 2541592/3, www.paramountairways.com) verbindet tgl. mit Kochi, Trivandrum, Madurai, Chennai und Hyderabad. Über aktuelle Flugverbindungen aller Airlines informiert übersichtlich die Website www.yatra.com.

Noch ein Hinweis: Es ist nicht erlaubt, vom Ausland mit einem **Linienflug** nach Goa zu fliegen und mit einem **Charterflug** Goa wieder zu verlassen.

Alle hier genannten Flughafen-Telefonnummern der **Fluggesellschaften** beziehen sich auf deren Büros am Dabolim-Flughafen, die anderen Nummern auf ihre Büros in Panaji, soweit dort vorhanden: Air India (Colvalkar Centaur, Campal, Panaji, Tel.: 2431101-3, Flughafen: 2542446/7, www.airindia.com), Indigo (Tel.: 1800-1803838, www.indigo.in), Jet Airways (Tel.: 2540029, 1800-225522, Flughafen: 2542 026/7, www.jetairways.com), Go Air (Tel.: 180022211, (0)9223222 111, www.goair.in), Kingfisher (Tel.: 1800-180010, indienweit, www.flykingfisher.com), Spice Jet (Tel.: 1800 1803333, (0)98718 03333, indienweit, www.spicejet.com). Die meisten Airlines besitzen Filialen in Panaji. Die an allen größeren Badeorten wie Colva, Benaulim und Calangute ansässigen **Reisebüros** verkaufen die Flugtickets im Übrigen ohne Aufpreis, da sie die Kommission von den jeweiligen Fluggesellschaften kassieren. So kann man sich die Fahrt nach Panaji ersparen.

Ankunft am Flughafen:

Nach Verlassen des Flugzeugs sind zunächst die üblichen Prozeduren wie Passkontrolle und Kontrolle der *Embarcation Card* und natürlich Gepäckeinsammeln und -durchleutung zu überstehen, was mehr als eine Stunde Wartezeit bedeuten kann. In der Ankunftshalle steht eine **Wechselstube** der State Bank of India bereit (schleppender Service), die zu den tagesüblichen Kursen tauscht. Das Nachzählen des Geldes nicht vergessen und Aushändigung der Quittung verlangen!

Die vor dem Flughafen bereitstehenden **Taxis** sind nach einem genau festgelegten System organisiert. Der Fahrgast muss die Tickets an einem **Prepaid-Schalter** bei der Ein-

220is Foto: mb

gangshalle kaufen. Obwohl die Preise für die einzelnen Ziele festgelegt sind und auf einer aushängenden Tafel eingesehen werden können, versuchen die Ticket-Verkäufer häufig, den ahnungslosen Neuankömmlingen überhöhte Tarife zu berechnen. Also aufgepasst und im Zweifelsfalle auf den offiziellen, aushängenden Preis bestehen! Hat man seinen Fahrschein erhalten, wird einem das Taxi mit der entsprechenden, auf dem Ticket vermerkten Taxi-Nummer zugeteilt. Man sollte diese Nummer jedoch sicherheitshalber mit der Ticket-Nummer vergleichen, da man ansonsten am Ende der Fahrt noch einmal bezahlen muss, wenn man ins falsche Taxi gestiegen ist.

Bahn

Die beiden bedeutendsten Bahnhöfe Goas sind die in **Margao** (Tel.: 2712790, 2712940) und **Vasco da Gama** (Tel.: 2501223). Tickets können entweder dort oder im 1. Stock des Kadamba-Busbahnhofs in Panaji (Tel.: 2285798), in Reisebüros (gegen Aufpreis, durchschnittlich 50 Rs pro Ticket) oder den kleineren, etwas von den touristischen Zentren entfernt gelegenen Bahnhöfen an der Konkan Railway (Thivim, Tel.: 2298682, Karmali, Tel.: 2285798, u.a.) gebucht werden.

Seit der Einweihung der Konkan Railway hat sich die Fahrtdauer **von Goa nach Mumbai** von 24 auf jetzt 12 Stunden reduziert. Da die fünf täglich auf der Strecke verkehrenden Züge jedoch fast immer über mehrere Tage ausgebucht sind, ist es schwierig, einen Sitzplatz zu ergattern. Dies ist für westliche Touristen meist nur über das für Touristen bereitgestellte Platzkontingent in jedem Zug, die sogenannten *Tourist Quota Tickets,* möglich. **Frühzeitige Buchung ist** unbedingt erforderlich. Die wichtigsten Bahnverbindungen sind im Anhang unter „Madgaon" und „Vasco da Gama" zu finden.

Die Tonga – das Taxi des kleinen Mannes

Bus

Von allen größeren Städten Goas wie Panaji, Margao, Vasco da Gama und Mapusa bestehen direkte Busverbindungen nach **Mumbai** und in die größeren Städte der Nachbarstaaten **Maharashtra** und **Karnataka.** Genaueres siehe Ortsbeschreibungen.

Man hat die Wahl zwischen der staatlichen **Kadamba-Busgesellschaft** und sehr vielen **privaten Anbietern,** die ihre Büros fast alle in unmittelbarer Nähe der örtlichen Busbahnhöfe haben. Die privaten sind zwar etwas billiger, doch muss man diesen Preisvorteil fast immer mit unsäglichen Videovorführungen im Bus bezahlen, die einem jeglichen Schlaf rauben. In den Kadamba-Bussen ist man dieser Marter meist nicht ausgesetzt, doch sicherheitshalber sollte man sich beim Ticketkauf danach erkundigen. Die Fahrt nach **Mumbai** dauert gewöhnlich 14–16 Stunden, wobei mehrstündige Verspätungen leider immer wieder vorkommen. Die meisten Busse starten abends gegen 18 Uhr, sodass man Mumbai am nächsten Morgen erreicht. Die Fahrt per *luxury bus* kostet ca. 350 Rs, mit einem luxuriösen Volvo-AC-Bus bis zu 700 Rs.

Verkehrsmittel in Goa

Bus

Alle Strände und Städte Goas sind mit den staatlichen Kadamba-Bussen untereinander verbunden. Darüber hinaus gibt es noch zahlreiche private Busgesellschaften, die um die Gunst der Kunden buhlen. Die Wartezeiten betragen selten mehr als eine halbe Stunde. Da die Fahrpläne auf den Busbahnhöfen und die Hinweisschilder an den jeweiligen Bussen meist in Englisch sind, fällt die Orientierung relativ leicht. Genaue Verbindungsinformationen gibt's in den jeweiligen Abschnitten zu An- und Weiterreise.

Taxi

Taxi- und auch Riksha-Fahren ist in Goa, verglichen mit den anderen Bundesstaaten Indiens, teuer, für westliche Verhältnisse aber immer noch recht billig. Als Faustregel für Taxis gilt: pro erstem Kilometer sind 16 Rs (AC 24 Rs), für die folgenden 10 Rs zu zahlen. Nach 22 Uhr ist ein Nachtaufschlag von 100 Rs, nach 23 Uhr von 200 Rs fällig. Die Rückfahrt zum Ausgangsort muss auch dann, und zwar zur Hälfte, bezahlt werden, wenn das Taxi leer zurückfahrt (dies gilt auch für Rikshas) und davon geht der Fahrer bei einfacher Fahrt selbstverständlich aus. Hinzu kommen noch kleine Zuschläge für größere Gepäckstücke und im Bedarfsfall Übernachtungs- oder Wartezeitzuschläge. Eine sechsstündige Fahrt inkl. 80 km kostet 1.300 Rs, mit AC-Taxis müssen 500 Rs mehr berappt werden.

Gelegentlich gibt es, wie etwa am Flughafen Dabolim oder am Bahnhof von Margao, Prepaid-Schalter, die das Feilschen um den Preis unnötig machen.

Die schnellste Form der Fortbewegung sind die **Taxi-Motorräder,** deren Fahrer erstaunliche Mengen von Gepäck zuladen können. Diese Alternative ist speziell für Einzelreisende preislich interessant, die sich eine Taxifahrt nicht mit anderen teilen können oder wollen. Für eine Fahrt vom Bahnhof in Margao bis Colva oder Benaulim, 6 km entfernt, werden 40 Rs verlangt. Der offizielle Preis beträgt hingegen nur 8 Rs für den ersten und 4 Rs für die folgenden Kilometer. Erkennbar sind sie an den gelben Kotflügeln. Auch viele Privatleute nutzen diese Möglichkeit, etwas hinzuzuverdienen, allerdings oft zu noch überhöhteren Preisen. **Rikshas** (offizieller Preis: 8 Rs für den ersten und jeweils 5 Rs für die folgenden Kilometer) verlangen bis 80 Rs für die Fahrt. Auch diese Art der Fortbewegung ist gerade während der Saison für Touristen weit teurer als im übrigen Indien, der Meter wird so gut wie nie eingeschaltet. Will man den Tarif auch nur in die Nähe des im restlichen Indien für westliche Touristen Üblichen herunterhandeln, wird man weggeschickt.

Mietmotorrad

Nirgendwo sonst in Indien ist es derart unkompliziert, ein Motorrad auszuleihen, wie in Goa. Dementsprechend viele Westler knattern mit **Motorrollern** oder Motorrädern (die legendären Enfields sind nur noch selten im Angebot, meist sind es heutzutage japanische Fabrikate) durchs friedvolle Tropenparadies oder humpeln mit Gipsbeinen durch die Gegend – wenn sie Glück haben, denn jedes Jahr treten mehrere Motorrad-Liebhaber die Heimreise in einer hölzernen Kiste an. Man sollte also schon über Erfahrung verfügen, um die auftretenden Gefahren zu meistern.

Die Motorräder weisen zum Teil erhebliche **technische Mängel** auf, sodass eine genaue Überprüfung vor Fahrtantritt unbedingt zu empfehlen ist. Nicht nur aufgrund der teils **schlechten Straßenverhältnisse,** sondern auch wegen der immer wieder unvermittelt über die Straße laufenden Kinder und Tiere ist eine möglichst **zurückhaltende Fahrweise** unbedingt zu empfehlen – dies gilt insbesondere nach Eintreten der Dunkelheit. Außerdem sind die meist vor und in Ortschaften in die Straße eingebauten Speedbreaker manchmal kaum oder nur sehr spät zu erkennen, was zu Unfällen führen kann. Bei Unfällen sind Ausländer fast immer die Schuldigen – unabhängig davon, ob sie tatsächlich die Verursacher waren. Zudem sollte man wissen, dass **kaum eines** der vermieteten Motorräder **versichert** ist. Das bringt nicht nur zusätzliche Probleme bei Unfällen, sondern auch bei den häufigen **Motorraddiebstählen.**

Die durchschnittlichen **Tagespreise** für Motorroller liegen bei ca. 350 Rs/Tag und 1.800 Rs/Woche bzw. für Motorräder bei 500 Rs/Tag und 2.500 Rs/Woche während der Saison. Außerhalb dieser Zeiten und für langfristige Anmietung sollten natürlich je nach Verhandlungsgeschick mehr oder weniger hohe Rabatte ausgehandelt werden.

Mietwagen

Von mehreren Firmen ist **Hertz** (Padmavati Towers, 18th June Rd. in Panaji, Tel.: 0832-235975, 223998) oder **Wheels** (Tel.: 2224304, 2226891) und **Joey's Car Rentals** (Tel.: 2228989), beide ebenfalls in Panaji, zu empfehlen. In Candolim hat sich **Vailankanni Car Rentals** (Tel.: 276568, (0)9822101598, vailankanni@yahoo.co.in, 800 Rs/Tag inkl. 80 km) als zuverlässig bewährt. Am Flughafen in Dabolim: **Sai Service Rent a Car** (Tel.: 2541644). Auch **GoaTourism** kann das Anmieten von Autos oder Minibussen mit Fahrer arrangieren (Tel.: 2226515, 2224132, gtdcorp@sancharnet.in).

Saison und Preise

Egal, für welchen Strand man sich entscheidet, in der **Weihnachtszeit** von Mitte Dezember bis Mitte Januar ist es vielerorts schwierig, noch ein freies Zimmer zu ergattern. Während dieser vier Wochen wird Goa nicht nur von vielen Zehntausenden europäischen Touristen heimgesucht, sondern zunehmend auch von vielen Indern. Kein Wunder, dass dann die Hotelpreise in die Höhe schnellen. Die genannten Zimmerpreise beziehen sich auf die „normale" Saison von Anfang Oktober bis Mitte November bzw. Mitte Januar bis März. Davor und danach sind hohe Abschläge auszuhandeln.

Sicherheit

Gerade in den billigeren Unterkünften sollte man seine Wertsachen gut verstauen, da dort besonders viel **gestohlen** wird. Türen wie Fenster sollte man immer mit seinem **eigenen Vorhängeschloss** absichern. Auch nachts ist Vorsicht geboten, da viele Traveller bei offenem Fenster schlafen und die Langfinger mit Stangen die Wertsachen aus der Wohnung angeln. Deshalb empfiehlt es sich, alles, was einem lieb und teuer ist, möglichst weit vom Fenster zu deponieren. Wer seine Wertsachen mit zum Strand nimmt und während des Badens unbeaufsichtigt lässt, ist selbst Schuld.

Nacktbaden

Nacktbaden ist an allen Stränden Goas **verboten.** Einige Reisende scheint dies nicht zu interessieren (indische Voyeure umso mehr) und so kommt es immer wieder zu unschönen Szenen, wenn einige von ihnen am „Tatort" von der Polizei verhaftet werden. Was früher eher als Kavaliersdelikt galt, muss heute mit **saftigen Geldstrafen** teuer bezahlt werden. Doch eigentlich sollte jedem auch so klar sein, dass man im zugeknöpften Indien die Moralvorstellungen der Einheimischen nicht mit Füßen treten sollte.

Konsulate

- In Panaji findet sich die **Vertretung der Bundesrepublik Deutschland** (Tel.: 0832-2235526, 2223261, 2223263, 2223264, CMM Building) in der Rua de Ourem (Mo–Do 10–12 und 15–17 Uhr, Fr 10–12 Uhr). Das Honorarkonsulat sollte eher morgens oder nach telefonischer Rücksprache aufgesucht werden, da nachmittags gelegentlich kein hilfsfähiges Personal mehr da ist.
- Eine **österreichische Vertretung** gibt es in Vasco da Gama im 3. Stock des Salgaocar House in der Dr. F. Louis Gomes Rd. (Tel.: 0832-2513816 oder 2513811).
- Für Visaverlängerungen mit gutem Grund wende man sich in Panaji an das **Foreigner's Registration Office** (Tel.: 2426545) bei der Polizei nahe dem Azad Maidan.

Panaji

↗ XX/A1

Einwohner: 100.000
Vorwahl: 0832

Seit die Portugiesen ihre Residenz Mitte des 18. Jh. vom kaum zehn Kilometer entfernten Alt-Goa hierher verlegten, hat sich **Panjim,** wie Panaji gemeinhin ausgesprochen wird, zur **bedeutendsten Metropole Goas** gemausert.

Die erste schriftliche Erwähnung findet Panjim im 11. Jh. als Gebiet, welches von den Kadamba-Königen regiert wurde. *Yusuf Adil Shah* war es, der der Stadt durch den Bau seiner Sommerresidenz Ende des 15. Jh. zu politischer Bedeutung verhalf. Lange konnte er sich an seinem Prachtbau nicht erfreuen, wurde seine Dynastie doch bereits 1510 von den portugiesischen Truppen unter der Führung von *Alfonso de Albuquerque* geschlagen. Aufgrund der strategischen Bedeutung entschloss sich Albuquerque zum Ausbau der Stadt. Damit war der Grundstein für die über 400-jährige Kolonialherrschaft der Portugiesen gelegt. Dennoch stand Panjim für die nächsten 100 Jahre noch im Schatten von Alt-Goa. Erst als die Bewohner wegen der dort grassierenden Epidemien die Flucht ergriffen und die Vizekönige ab 1759 von Panjim aus regierten, stieg sie zur bedeutendsten Stadt Goas auf. 1843 wurde sie auch offiziell zur neuen **Hauptstadt von Portugiesisch-Indien** erklärt.

Heute bildet die am südlichen Ufer des Mandovi-Flusses erbaute Stadt das politische, kulturelle und wissenschaftliche Zentrum Goas. Die meisten westlichen Touristen passieren Panaji nur auf ihrem Weg zu den diversen Stränden bzw. zur Erledigung administrativer Dinge, doch lohnt der Ort durchaus eine Besichtigung.

Trotz der rasanten Entwicklung hat Panaji viel vom mediterranen Charme der Anfangsjahre bewahrt, als es nur ein unbedeutender Vorort Alt-Goas war. Speziell in den Altstadtgassen des östlichen Teils der Stadt mit seinen verwitterten Häuserfassaden, windschiefen Balkonen und unzähligen Kneipen und Cafés fühlt man sich in eine schläfrige portugiesische Provinzstadt versetzt.

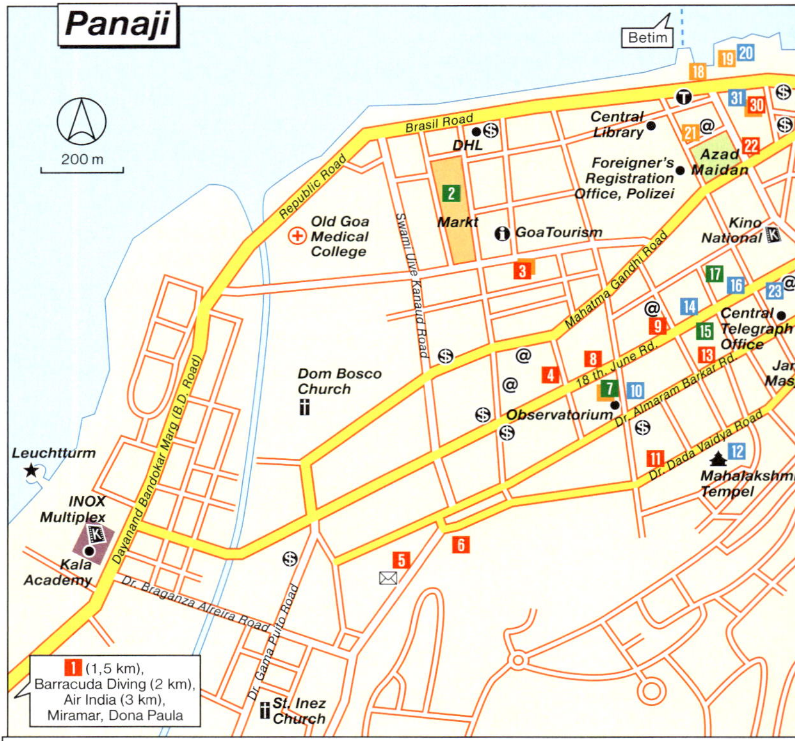

Unterkunft

1 Goa Marriott Resort, Miramar Residency
3 Hotel Delmon
4 Hotel Ashok Plaza
5 Hotel Palacio de Goa
6 Hotel Samrat
8 Keni's Hotel
9 Hotel Check Inn
11 Hotel Mayfair, Hotel Embassy
13 Hotel Nova Goa
22 Hotel Park Plaza
25 Hotel Rajdhani
27 Casa Paradiso
29 Hotel Aroma
30 Hotel Mandovi
33 Hotel Garden View
35 Hotel Manvin's
36 Republica Hotel
37 GTDC Panaji Residency
39 Mandovi White House/ Vincent Residency
43 Elite Guest House
44 Orav's Guest House
45 Udupi Boarding & Lodging
47 Hotel Sona
48 Park Lane Lodge
50 Afonso Guest House
51 Panjim Pousada
52 Panjim Inn
53 Panjim Peoples

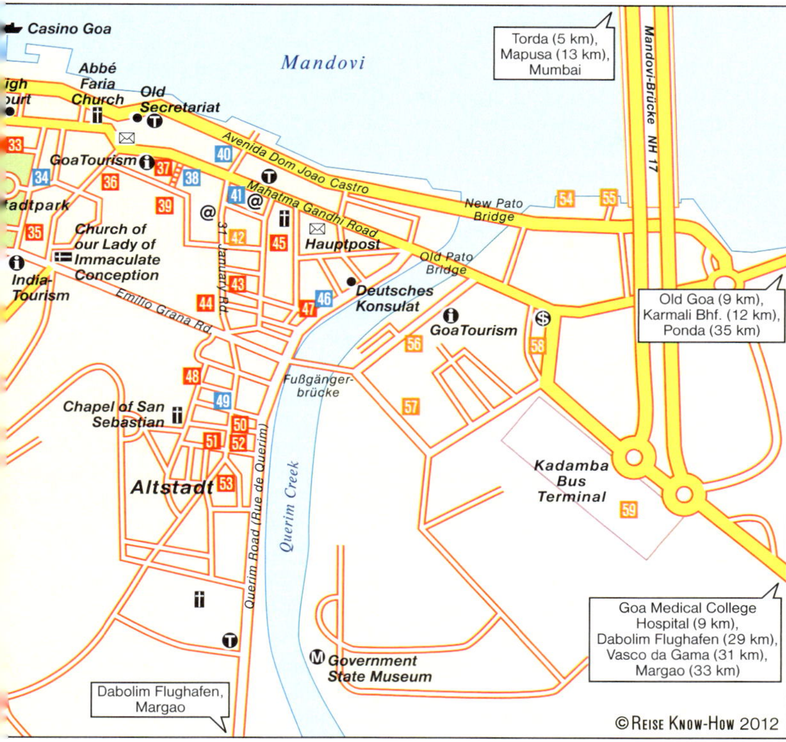

Essen und Trinken
10 Aces Pub
12 Goenchin Restaurant, A Pastelaria
14 Shere-e-Punjab, Safkar Restaurant
16 Café Hema
20 Restaurant Quarterdeck
23 Restaurant Moti Mahal
24 Domino's Pizza
26 Nanadan Restaurant
28 Shere-e-Punjab
31 Restaurant Riorico
32 Café Coffee Day
34 Mr. Baker 1922
38 Ruchira Restaurant
40 Kamat Restaurant
41 Venite Restaurant
46 Horseshoe A Ferradura
49 Viva Panjim

Einkaufen
2 Markt
7 Junk House
15 Padmavati Towers
17 Broadway Book Centre

Verkehr
3 Sahara Airlines
7 Kingfisher Airlines
18 Joey's Car Rental
19 Shipping Terminal
21 MGM Tours
30 Aero Mundial
42 Konkan Tours & Travels
54 Santa Monica Jetty
55 Emerald Waters
56 Jet Airways
57 Alitalia
58 Paulo Travels
59 Railway Reservation Office, Busreservierungsbüros der Bundesstaaten

Sehenswertes

Wie in fast allen größeren Städten Goas befindet sich auch im Zentrum von Panjim mit dem **Municipal Garden** ein begrünter, rechteckiger Park. Von der südöstlichen Ecke des Stadtparks sind es nur etwa 100 m zur Kirche **Our Lady of Immaculate Conception** (Kirche unserer lieben Frau der unbefleckten Empfängnis), der bedeutendsten Sehenswürdigkeit der Stadt. Die von Palmen flankierte Barockkirche mit ihrer schneeweißen Fassade und der weit ausladenden Treppenanlage wurde 1619 errichtet. Im Inneren entpuppt sich das von außen so imposante Gotteshaus als einschiffiger Saalbau. Von den insgesamt vier Altären gefällt besonders der Hauptaltar mit einer Darstellung des Abendmahls und den Skulpturen der Heiligen Peter und Paul. Die Statue der verehrten Frau von Fatima wird jedes Jahr am 13.10. in einer feierlichen Prozession auf einer Sänfte zum Bischofssitz getragen. Tausende von Gläubigen können dann ihre mit Perlen und Edelsteinen besetzte Goldkrone sehen.

Von der Kuppe des hinter der Kirche ansteigenden Hügels bietet sich ein schöner Blick über die pittoresk zwischen dem Mandovi und den dicht bewachsenen Hügeln des Umlandes gelegene Stadt.

Folgt man der links von der Kirche verlaufenden Straße Richtung Norden, gelangt man zum **Secretariat,** dem zweiten beeindruckenden Bau der portugiesischen Periode. Dieses profane Pendant zur Kirche steht an jener Stelle, an der ursprünglich *Yusuf Adil Shah* Ende des 15. Jh. seinen Palast erbaut hatte. Nachdem dieser bei der Eroberung durch die Truppen Albuquerques zum großen Teil zerstört worden war, ließen ihn die Portugiesen wieder neu errichten. Als Idalco-Palast diente er zunächst den aus Portugal anreisenden Würdenträgern als Gästehaus. Ab 1759 residierten hier die Vizekönige. Heute dient er als Sitz der Legislative – viele Limousinen mit gelangweilt auf ihre Vorgesetzten wartenden Chauffeuren stehen auf dem Vorplatz.

Etwa 100 m weiter östlich stößt man auf die etwas merkwürdige Skulptur eines Mannes, dessen ausgestreckte Hände in dramatischer Geste auf eine ihm zu Füßen liegende Frauenfigur weisen. Dabei handelt es sich um ein 1945 aufgestelltes **Denkmal** zu Ehren des Goaners *Josè Custodia de Faria* (1756–1819). Die schillernde Persönlichkeit erlangte als Theologe, Mediziner, Hypnotiker und Politiker zunächst in Goa und später in Europa Berühmtheit.

Für viele Besucher die eigentliche Sehenswürdigkeit Panajis ist die **Altstadt** mit den nach wie vor stark von der portugiesischen Kolonialzeit geprägten Stadtteilen Fontainhas und Sao Tomè. Beim Bummel durch die verwinkelten, zum Teil noch mit Kopfsteinpflaster ausgelegten Gassen mit neoklassizistischen Villen wähnt man sich eher in einer portugiesischen Provinzstadt als an der Westküste Indiens. Das schwül-heiße Klima nagt an den Fassaden der mit hübschen **Holzbal-**

konen ausgestatteten Häuser, doch das unterstreicht noch den morbiden Charme des Viertels.

Neben den alten **Kirchen,** wie der im Zentrum auf einem Hügel errichteten Church of our Lady of Immaculate Conception und der Chapel of San Sebastian im Altstadtviertel Fontainhas, lohnt auch der Besuch des **State Museum of Goa** (Mo–Fr 10–17 Uhr, www.goamuseum.nic.in, Eintritt frei). Auch der 1817 zu Ehren Lakshmis, der Frau Vishnus, erbaute **Mahalakshmi-Tempel** ist sehenswert.

Wer es eher bunt und lebendig mag, sollte den ebenso farbenfrohen wie lautstarken städtischen **Markt** besuchen. Auf dem Dach des Junta House in der Swami Vivekanand Rd. (tgl. 7–21 Uhr von November bis Mai) ist das **Observatorium** der richtige Ort für Sterngucker. Die 2004 entlang dem Mandovi anlässlich des Internationalen Filmfestivals angelegte **Promenade** lockt zum Abendspaziergang.

Strand

Der nächstgelegene Strand nahe Panaji ist in **Miramar,** 3 km südwestlich – ein hübscher Abendausflug mit Blick auf das **Aguada Fort** auf der gegenüberliegenden Seite der Mandovi-Flussmündung.

- Zwischen Panaji und Miramar ist **Barracuda Diving** (Tel.: 6650294) an der Dayananad Bandadkar Rd. seit Jahren Experte für professionelle Tauchgänge.

Praktische Tipps

Information

- Ganz hilfreich ist **IndiaTourism** im blauen Communicade Bldg. (1. Stock, Tel.: 2224132, Mo–Fr 10.30–18 Uhr, Sa 10.30–13 Uhr) am Municipal Garden, wenn man insistiert. Hier können Stadtführer für 350/500 Rs für den halben/ganzen Tag gebucht werden.
- **GoaTourism** im Patto Tourist Home (Dr. Alvares Costa Rd., Tel.: 2438750/1, 2226515, www.goa-tourism.com, Mo–Fr 9.30–17 Uhr sowie jeden 2. Sa) in Busbahnhofsnähe dagegen macht einen lethargischen Eindruck. Beide verfügen über Filialen am Interstate Bus Terminus (Tel.: 225620) und am Flughafen (Tel.: 2541644).

Stadtrundfahrten

- Das Büro von **GoaTourism** in Patto wie auch in der Panaji Residency bietet eine Vielzahl von Ausflugstouren an. Dazu zählen Ganztagestouren (9.30–18 Uhr, 150 Rs) in den Süden Goas (Old Goa, Dona Paula Bay, Margao, einige Tempel) und in den Norden (140 Rs, gleiche Zeiten, nach Mapusa, mehrere Strände, Fort Aguada, Hindu-Tempel in Narva und ein Handicraft Emporium). Auch eine interessante Tour nach Old Goa, zum Dudhsagar-Wasserfall und zu einem Hindu-Tempel (Non-AC/AC 700/800 Rs inkl. Mittagessen, Mi und So 9–18 Uhr) sowie weitere Ausflüge werden angeboten. Ein neunstündiger Tagesausflug u.a. nach Dudhsagar (mit Panaji, Old Goa und Tambdi Surla Temple) wird von GoaTourism (Tel.: 2224132) Mi und So von Panaji und Calangute aus für 600 Rs bzw. 700 Rs (AC) inkl. Mittagessen angeboten (Start 9 Uhr bei der GTDC Panaji Residency).

Bootsfahrten

Eine schöne Möglichkeit, den Sonnenuntergang zu erleben, bieten die von diversen Veranstaltern offerierten Bootsfahrten auf dem **Mandovi-Fluss.** GoaTourism (GTDC, außer in ihrem Tourist Office z.B. im Hotel Panaji Residency vertreten, Tel.: 2227103) startet vom Santa Monica Jetty gleich neben den Mandovi-Brücken. Um 18 und 18.30 (Dusk Cruise) sowie um 19.15 und 19.45 Uhr (Sundown Cruise) starten etwa einstündige Fahrten (150 Rs), bei denen manchmal laute, manchmal ruhigere Livebands die vornehmlich indischen Gäste malträtieren. Eigentlich ist diese „Lärmbelästigung" eine Zumutung, liegt doch der Reiz einer solchen Fahrt in der friedvollen Abendstimmung. Außerdem gibt's zweimal wöchentlich **Dinner Cruises** mit Buffet und Snacks (400 Rs) sowie **Full Moon Cruises** (natürlich zu Vollmond, 2 Std., 200 Rs), eine **Goa by Night Tour** (200 Rs, 18.30–21.30 Uhr, Ziele: Dona Paula Bay, Adil-Shah-Palast, mehrere Kirchen und Tempel und natürlich Kreuzen die Schiffe auf dem Mandovi-Fluss), zweistündige Delfinausfahrten (Mi, Sa und So jeweils um 8.30 Uhr, 250 Rs) sowie weitere Touren. Ähnliche Angebote offerieren auch viele der privaten Anbieter wie Emerald Waters (Tel.: 2431192). Diese bieten auch **Delfinausfahrten** (500 Rs, Abfahrten zwischen 10 und 13 Uhr) und **Backwater-Cruises** an inkl. Mittagessen und Getränken (1.000 Rs).

Stadtverkehr

- Die Innenstadt ist problemlos zu Fuß zu erwandern. Ansonsten bewegt man sich am besten mit einer der zahlreichen **Motorrikshas.** Da die Fahrer so gut wie nie die Uhr einschalten, muss eisern verhandelt werden. Von der Innenstadt zum Kadamba-Busbahnhof sollte man maximal 20 Rs zahlen. Nach Calangute muss man mit 250 Rs rechnen, etwa 150 Rs mehr nach Colva und Benaulim.
- Für die etwa 45-minütige Taxifahrt zum 29 km südlich von Panaji gelegenen **Dabolim-Flughafen** sind es ca. 350 Rs. Günstiger, allerdings auch wesentlich zeit- und nervenaufreibender ist die Fahrt zunächst mit einem öffentlichen Bus zum ganz in der Nähe des Flughafens gelegenen Vasco da Gama und von dort weiter mit Bus oder Motorriksha. Auf die Flughafenbusse ist leider kein Verlass.

Unterkunft

Untere Preiskategorie:

- Ganz billig, aber auch sehr einfach sind die Räume des **Udupi Boarding & Lodging** € (Tel.: 2228047), alle Zimmer mit Gemeinschaftsbad, ein Restaurant ist angeschlossen.
- Ebenfalls billig und auch nicht gerade sauber, aber mit eigenem Bad versehen und teils mit Balkon mit weiten Ausblicken aufwartend, sind die leicht runtergekommenen Zimmer des **Elite Guest House** € (31st of January Rd., Tel.: 2422093).
- Recht gut ist für etwas mehr Geld das **Orav's Guest House** €-€€ (Tel.: 2426128) in derselben Straße. Die vorderen Zimmer haben Balkone und TV und sind geräumig. Die nach hinten gelegenen, billigeren sind sehr viel einfacher, alle mit eigenem Bad.
- Eine gute Wahl ist auch das **Hotel Embassy** €€ (Tel.: 2226019). Alle Zimmer mit Bad und TV sind gut in Schuss.
- Um den Municipal Garden im Stadtzentrum findet sich eine Vielzahl von Unterkünften verschiedener Qualität und Preislage. Am billigsten ist das **Hotel Garden View** €€ (Tel.: 2227844). Nicht ganz saubere Zimmer, teils mit AC und Balkon mit weitem Blick, sind dennoch das Geld wert. Das nahe gelegene, etwas teurere **Hotel Aroma** €€-€€€ (Tel.: 2228311, butterchicken@shere-e-punjab.com) hat auch bessere Zimmer.
- Weitere akzeptable Unterkünfte dieser Preisklasse sind **Keni's Hotel** €€ (Tel.: 222 4581) und **Check Inn** €€ (Tel.: 2228477), beide in der 18th June Rd.

Mittlere Preiskategorie:

- Von einer freundlichen Besitzerin wird das Kolonialhaus des **Afonso Guest House** €€-€€€ (Tel.: 2222359) in der Altstadt geleitet, sehr hübsch möblierte Zimmer, alle mit angeschlossenem Bad und einem einladenden Dachgarten, auf dem neben Softdrinks auch Frühstück serviert wird. Alles zu einem moderaten Preis, was eine Resevierung notwendig macht.
- Eine hervorragende neue Adresse ist das **Casa Paradiso** €€€-€€€€ (Tel.: 242297, www.casaparadisogoa.com) bei der Church of Our Lady Of Immaculate Conception im

Ortszentrum. Die sauberen Zimmer sind geschmackvoll möbliert, modern ausgestattet und erstaunlich billig.

- Eine gute Adresse ist das **Hotel Mayfair** €€€ (Tel.: 2223817) in der Dr. Dada Vaidya Rd., die eher kleinen Zimmer mit TV zum Garten sind wegen der ruhigeren Lage vorzuziehen.
- Sehr schön ist das große, alte **Palacio de Goa** €€€-€€€€ (Gama Pinto Rd., Tel.: 2424289, 2426742, plcedgoa@sancharnet.com), an den Hang gebaut. Viel Atmosphäre und tolle Ausblicke in den zum Mandovi ausgerichteten, einwandfreien, teils klimatisierten Zimmern, alle mit TV und Balkon.
- Auf der gegenüberliegenden Seite des Municipal Garden sind ab dem 4. Stock weite Blicke aus den Zimmern des **Hotel Manvin's** €€€-€€€€ (Tel.: 2228305, www.goamanvins.com) möglich, dessen AC-Zimmer jedoch zu teuer sind. Schön ist der Dachgarten.
- Ein gutes Mittelklassehotel ist das **Delmon** €€€€ (Caetano de Albuquerquw Rd., Tel.: 2226846/7, delmon@bsnl.in). Alle hübsch möblierten Zimmer mit großem TV und Schreibtisch, auch die geräumigen AC-Zimmer sind hervorragend in Schuss.

Obere Preiskategorie:

- Die Kolonialvilla des **Panjim Inn** €€€€-€€€€€ (31th of January Rd., Tel.: 2226523, 2227169, www.panjiminn.com) in der Altstadt besitzt viel Charme mit seinen wuchtigen geschnitzen Holzmöbeln, Kühlschrank, TV und jeweils eigener großer Terrasse. Es ist oft ausgebucht, deshalb sollte man reservieren. Das ganz in der Nähe befindliche, preisgleiche **Panjim Pousada** €€€€€, eine alte Kolonialvilla unter gleicher Leitung, ist noch gediegener. Auch ein hübsches begrüntes Hofrestaurant gibt's. Etwa zum doppelten Preis kann man im **Panjim Peoples** €€€€€€, einer ehemaligen Schule, vier riesige, herrlich antik möblierte Luxuszimmer genießen.
- Einen ausgezeichneten Gegenwert bietet das zentral gelegene **Hotel Nova Goa** €€€€-€€€€€ (A.B. Rd., Tel.: 2226231-7, www.hotelnovagoa.com). Zwar nicht das teuerste, aber sicherlich vom Komfort her das beste der Stadt, wobei die Deluxe-Zimmer nur unwesentlich teurer sind, aber wesentlich mehr Komfort bieten. In punkto Service und Restaurant ist es ebenfalls von hoher Qualität, auch ein Swimmingpool ist vorhanden.
- Das ehemalige Tophotel der Stadt, **Hotel Mandovi** €€€€-€€€€€ (D.B. Marg, Tel.: 2426270-3, www.hotelmandovigoa.com) hat höhere Preise, ist aber immer noch in Ordnung. Die Zimmer sind jedoch inzwischen in die Jahre gekommen.

Essen und Trinken

- Einige der besten Restaurants der Stadt befinden sich in Hotels. Zu nennen ist hier u.a. das Doppelhotel Golden Nova/Nova Goa, in dessen Räumen mit dem **Shivrak** (vegetarisch), dem **Macao** (chinesisch) und dem **Lotus** (goanisch und westlich) gleich drei sehr gute Lokale zur Auswahl stehen.
- Das **Riorico-Restaurant** im Mandovi Hotel gilt als beste Adresse für goanische Küche.
- Nicht nur wegen seiner gediegenen Inneneinrichtung zählt das **Venite Restaurant** in der Altstadt mit seinen kleinen Balkonen zur Gasse im 1. Stock zu den beliebtesten Adressen der Altstadt. Goanische, indische und vor allem italienische Gerichte sind gleichermaßen lecker. Das gemischte Publikum verleiht dem Ort eine angenehm entspannte Atmosphäre, sodass er sich auch ideal für ein nachmittägliches Bier, einen Wein oder härteren Stoff anbietet.
- Etwas versteckt, eine kleine Gasse hinter dem Alonso Guest House hinein, liegt das hübsche **Viva Panjim** (31st January Rd., 11.30–15 und 19–23 Uhr) mit traditioneller goanischer Küche. Die Tische in kolonialer Atmosphäre an der Altstadtgasse sind abends immer voll belegt.
- Das **Horseshoe A Ferradura** an der Rue de Querim (mittags und abends ab 19 Uhr geöffnet) serviert portugiesische Küche (100–150 Rs pro Hauptgericht) wie auch Fischgerichte (200–500 Rs). Zudem ist die Auswahl an Weinen, Cocktails und harten Alkoholika umfangreich.
- Das kleine **Kamat Restaurant,** auch in der Altstadt an der Dom Joao Castro Rd. im 1. Stock (7–22 Uhr geöffnet), ist zwar nicht besonders hübsch, aber authentisch und ser-

viert köstliche *dosas* und *thalis* sowie weitere indische Gerichte schnell, zu kleinem Preis und bei freundlichem Service.

- Gute Küche in gepflegter Atmosphäre bietet das Restaurant **Moti Mahal** in der 18th June Rd. Hauptgerichte in dem AC-Restaurant kosten zwischen 70 und 100 Rs.
- Für China-Fans, die nicht auf den Cent zu achten brauchen, empfiehlt sich das hervorragende **Goenchin Restaurant,** das unter dem Management des Mandovi-Hotels steht.
- Ideal für einen süßen Nachtisch ist die angrenzende Bäckerei **A Pastelaria.**
- Bei **Café Coffee Day,** zentral an der MG Rd. im 1. Stock mit beliebter Terrasse, gibt's wie immer bei dieser Kette verschiedene Kaffees, Kuchen, Torten und kleine Snacks.
- Das **Shere-e-Punjab** im 1. Stock des Hotels Aroma ist bekannt für seine feine nordindische Küche, wobei u.a. die Tandoori-Gerichte zu empfehlen sind.
- Ähnlich, nicht nur was die Namensgebung betrifft, ist das **New Punjab Restaurant** in den Municipal Gardens. Auch hier hat man sich auf die deftige nordindische Kost spezialisiert.
- Das **Safkar Restaurant** neben dem Shere-e-Punjab im 1. Stock mit vielseitiger Speisekarte (Punjabi-, südindische und chinesische Küche sowie Eis und Fruchtsäfte) macht einen guten Eindruck.
- Ein großes Freiluftrestaurant am Mandovi unter Bäumen ist das **Quarterdeck.** Es serviert Multicuisine-Küche.
- **Mr Baker 1922** am Municipal Garden wartet mit köstlichen Kuchen, Gemüsetaschen und anderen Gebäck-Versuchungen auf, einige Tische laden zum Kaffee ein. 8–13 und 15.30–19.45 Uhr.
- Für eine schnelle Pizza zwischendurch bietet sich **Domino's Pizza** (11–23 Uhr) beim Muncipal Garden an. Es gibt auch einen Zustellservice (Tel.: 1600-111-123).

Kultur und Unterhaltung

- Klassische indische Musik und Tanz sowie Theateraufführungen und Kunstausstellungen finden regelmäßig in der **Kala Academy** in Campal (Tel.: 2223280, www.kalaacademy.org, Dr D Bandodkar Rd.) statt. Informationen zu den Veranstaltungen entweder dort, in den Tageszeitungen, unter www.goacom.com oder im Booklet „Find All Goa" (10 Rs).
- Ende November findet im Stadtteil Campal das zweitägige **Goa Heritage Festival** mit klassischem Tanz und Musik sowie Ständen mit südindischem Essen statt.
- Wer gern zockt, sollte das **Kasino-Schiff MV Caravela** besuchen, das gegenüber dem Mandovi Hotel an der Panaji Jetty allabendlich unter dem Namen **Casino Goa** (Tel.: 2234044) in See sticht. Im Preis (Mo–Do 1.000 Rs, Fr–So 1.200 Rs) sind Spielchips im Wert von 400 Rs und Getränke enthalten. Die 4.200 Rs für die Dinner Cruise können komplett in Form von Chips am Roulettetisch verspielt werden.
- Im modernen **INOX Multiplex** (Tel.: 2420 999) nahe der Kala Academy werden englischsprachige und Bollywood-Filme gezeigt.

Bank

- Zwei effiziente Wechselstuben in einem Gebäude im Westen der Stadt sind **Thomas Cook** (Tel.: 2221312, Mo–Sa 9.30– 18 Uhr) und **UAE Exchange** (Tel.: 2422961, Mo–Sa 9.30–18 Uhr, So bis 13 Uhr) in der Dayananad Bandodkar Marg. Beide ermöglichen auch einen schnellen Geldtransfer-Service aus dem Ausland.
- Auch **LKP Forex** (MG Rd., Mo–Sa 9.30–19 Uhr), im Magnum Centre, nicht weit entfernt, ist verlässlich.
- Von vielen **ATMs** in der Stadt akzeptieren die beiden der HDFC-Bank (18th June Rd.) und der idbi-Bank neben Visa-, Visa Electron-, Master-, Maestro- und Cirrus-Card auch Amex-Karten.

Post und Internet

- Die **Hauptpost** befindet sich in der Nähe der Pato-Brücke. Der Poste-Restante-Schalter ist Mo–Sa 9.30–13 und 14–17.30 Uhr geöffnet.
- Ein **DHL/FedEx-Büro** (tgl. 9–18 Uhr, D.B. Marg) ist im gleichen Gebäude wie Amex und Thomas Cook untergebracht.
- Von vielen Internetcafés sind in der Altstadt nur eher langsame und teure zu finden, wäh-

rend im Stadtzentrum schnellere und bessere aufwarten. Da ist einmal **sify-I-way** mit Breitbandverbindungen zu nennen, das rund um die Uhr geöffnet ist, das kleinere im Erdgeschoss nur bis 18 Uhr. Außerdem gibt's mit **Dishnet The Hub** eine weitere sehr verlässliche und schnelle Verbindung (Seiteneingang, 3. Stock, 9.30–19 Uhr, Restzeit wird beim nächsten Mal verrechnet). Beide kosten nur 25 bzw 20 Rs die Stunde. Auch **Log Inn** (1. Stock, 9–23 Uhr, 30 Rs) neben dem Hotel Check-Inn ist mit DSL-Verbindung fix. Zuletzt sei das Internetcafé am Busbahnhof erwähnt (8–19 Uhr).

Medizinische Versorgung

- Das **Government Hospital** an der Avenida Dom Joao Castro hat keinen guten Ruf und sieht auch entsprechend aus. Wesentlich besser ist das **Apollo Victor Hospital** in Margao oder auch das **Goa Medical College** (Tel.: 2223010, 2458700) in Bambolim, 7 km südlich von Panaji.

Reisebüros

Von den zahlreichen Anbietern drei Adressen, die sich über die Jahre als zuverlässig erwiesen haben:

- **Aero Mundial,** Hotel Mandovi, Dr. D. Bandodkar Rd. (Tel.: 2223773).
- **MGM Tours,** Mamai Camotin Building (Tel.: 22251509).
- **Paulo Travels,** Cardoza Bldg., nahe dem Busbahnhof, Tel.: 2438531, www.paulotravels.com.

An- und Weiterreise

Flug:

Air India, Air Sahara und die etwas teurere, weil mit komfortableren Flugzeugen operierende Jet Airways, fliegen mehrfach täglich vom 29 km südlich gelegenen **Dabolim Airport** nach Mumbai. Speziell während der großen Feste wie Weihnachten/ Neujahr, Divali und Deepavali sollte man frühzeitig reservieren. Obwohl die meisten Airlines dann Zusatzflüge anbieten, sind die Maschinen häufig bereits über Wochen im Voraus ausgebucht. Wer kein Ticket ergattert hat, kann es auch mit Stand-By am Flughafen probieren. Versuchen sollte man auch die zweimal wöchentlich (Mo, Do) von Air India eingesetzten Airbusse. Außerdem werden von allen Dreien tgl. Delhi, Kalkutta, Lucknow (Air Sahara via Delhi) und Ahmedabad (Jet Airways via Mumbai) angeflogen.

- **Air India,** 3 km südwestlich des Stadtzentrums im Bezirk Campal, Colvalkar Centaur, Tel.: 2431101-3, Flughafen 2542446/7.
- **Air Sahara,** General Bernhard Guedes Rd., Tel.: 2230237, Flughafen: Tel.: 2541211.
- **Kingfisher Airlines,** Shop No. G-4, 5, 6, EG Glass Tower, Swami Vivekanand Rd., gegenüber Panjim Traffic Cell, Tel.: 242 3040/1.
- Das Büro von **Jet Airways** (Sesa Chor, Patto Plaza, Mo–Sa 9–18 Uhr, Tel.: 2438792) ist ganz in der Nähe von GoaTourism zu finden; am Flughafen: tgl. 9.30–17.30 Uhr, Tel.: 2540026/9).
- **MGM Tours & Travels** am Azad Maidan wie auch **Alitalia** (eine kleine Gasse nahe dem Busbahnhof hinein) verkaufen Tickets des Billiganbieters Deccan Air. Ebenso **Globe Trotters** (Tel.: 2438950-2, gtigoa@sancharnet.in).

Bahn:

- Das **Railway Reservation Office** (Tel.: 2285798) befindet sich im 1. Stock des Kadamba-Busbahnhofs und ist Mo–Sa von 9 bis 11.30 und 13.30 bis 17 Uhr geöffnet, So zwischen 9 und 14 Uhr.

Der Panaji nächstgelegene Bahnhof ist **Karmali** nahe Old Goa, wo die meisten von und nach Mumbai, Madgaon und Karnataka fahrenden Züge einen kurzen Zwischenstopp einlegen.

Bus:

Die staatlichen Busgesellschaften von Goa (Tel.: 2438034-7), Maharashtra (Tel.: 2438253) und Karnataka (Tel.: 2438256) operieren vom **Kadamba-Busbahnhof,** 1 km östlich des Zentrums im Stadtteil Patto.

Abgesehen von den staatlichen Bussen gibt es noch eine Vielzahl von **privaten Anbietern,** deren Büros im Umkreis des Kadamba-Busbahnhofs liegen (etwa Paulo Tours & Travels, nahe und etwas nördlich vom Kadamba-Busbahnhof, Tel.: 2438531, www.pau

lotravels.com, und Konkan Tours & Travel, 31st January Rd., Tel.: 5620338, 5641397). Tickets können entweder dort oder über Reisebüros und Guest Houses gebucht werden. Besonders häufig werden von ihnen die Städte Bangalore, Hampi, Mumbai und Pune angefahren. Zum Einsatz kommen Luxusbusse, nach Mumbai und Bangalore inzwischen auch komfortable und teurere AC-Volvo-Busse, die fast ausschließlich nachts fahren – nicht unbedingt empfehlenswert, da die Unfallgefahr dann besonders hoch ist und einem zudem das Erlebnis der Überlandfahrt bei Tageslicht entgeht. Der Busbahnhof der privaten Anbieter befindet sich unmittelbar neben den Mandovi-Brücken.

- Die in vielen Unterkünften angebotenen **„Super-Deluxe-Sleeping-Busse" nach Hampi** sind bei weitem nicht so attraktiv wie es auf den ersten Blick erscheint. Super Deluxe sind oft nur die Preise, während die mit einzelnen Kabinen versehenen Busse häufig einen äußerst klapprigen Eindruck machen. Zum Schlafen kommt man in den Hühnerkäfigen, wenn überhaupt, nur sporadisch, zumal man sie sich fast immer mit einem Mitreisenden teilen muss.

211ke Foto: mb

- Wesentlich angenehmer ist es, einen der beiden täglich fahrenden Direktbusse um 9.30 oder 10.30 Uhr nach **Hospet** zu nehmen und von dort mit einem Lokalbus die letzten 13 km nach **Hampi** weiterzufahren. Falls die Hospet-Busse ausgebucht sind, kann man ohne großen Zeitverlust zunächst bis Hubli fahren, von wo es jede Stunde Verbindungen nach Hospet gibt.
- Inzwischen kann man recht komfortabel mit dem Bus nach **Mumbai** fahren: Sowohl die staatlichen als auch private Anbieter fahren für 400/700 Rs mit Luxus-/Volvo-AC-Luxusbussen mit liegeplatzähnlichen Sitzen bzw. Betten in der Nacht. Auch nach Mahabaleshwar drei Luxusverbindungen um 9, 19 und 20 Uhr (750 Rs).

! Wenn möglich, sollte man sich dennoch die 500 km lange **Busfahrt nach Mumbai** ersparen. Die 15–18-stündige Fahrt über holprige Straßen und die Pässe der West-Ghats gehört zu den unangenehmsten Strecken Indiens. Da fast immer nachts gefahren wird, kommt man nicht nur total gerädert, sondern auch noch durchgefroren in Mumbai an (also unbedingt warme Kleidung einpacken). Ein weiteres Problem sind einige wahnsinnige Fahrer, die schon so manchen bösen Unfall zu verantworten haben.

- Weitere touristisch wichtige Ziele von GTDC (Privatanbieter offerieren weitere Verbindungen): Nach **Badami** zwei Direktbusse um 9.30 und 11.30 Uhr (Letzterer Semi-Deluxe, 140 Rs, 10 Std.), nach **Bangalore** gibt's mehrere Luxusbusse für 360 Rs um 15.30, 17, 18 und 19 Uhr (13 Std. Fahrtzeit). Privatanbieter verlangen für den AC-Volvo-Luxusbus 750 Rs (Sleeper). Nach **Bijapur** 16 Std., **Ganpatipule** (8.45 Uhr), **Hubli** (halbstündig), **Mahabaleshwar** (16.30 Uhr, 12 Std.). Um nach **Gokarna** zu gelangen, erst nach Margao, von dort weiter mit dem Bus um 13 Uhr (Fahrtzeit von dort: 5 Std.). Ein Semi-Deluxe-Bus nach **Mysore** um 15 Uhr (267 Rs, 17 Std.). Viele Busse nach **Pune** zwischen 7 und 21 Uhr, wobei die 7- und 19-Uhr-Busse

Semi-Deluxe (300 Rs, Sleeper 350 Rs, 13 Std.) sind. Nach **Ratnagiri** ein Direktbus um 12.30 Uhr und stündlich Busse nach **Malwan** (2½ Std Fahrtzeit), beide Ziele in Karnataka.

- Zu den größeren Städten Goas wie **Vasco da Gama, Margao, Old Goa, Calangute** und **Mapusa** (von dort etwa alle 20 Min. Busse nach Arambol, 10 Rs, über Siolim, Chopdem, Madrem) gibt es mindestens alle halbe Stunde Abfahrten vom Kadamba-Busbahnhof. Wer zu den südlichen Stränden Goas reisen möchte, muss jeweils nach Margao und dort umsteigen.
- Kommt man am **Karmali-Bahnhof** an, sollte man zunächst per Motorradtaxi/Riksha für 30/50 Rs bis zum 4 km entfernten **Old Goa** fahren und von dort mit den nahe dem Kreisverkehr haltenden, häufig fahrenden Bussen bis Panaji (12 km, 6 Rs) weiterfahren.

Taxi:

- Für einen Ausflug nach **Old Goa** per Motorradtaxi bzw. Taxi sind 50 bzw 250 Rs zu berappen. Eine Taxifahrt nach Old Goa mit Wartezeit zur Besichtigung und Rückfahrt kostet um 350 Rs, je nach Verhandlungsgeschick.Zum **Flughafen** sollten nicht mehr als 400 Rs gezahlt werden. Nach **Margao** kostet es mit dem Taxi 520 Rs, mit der Riksha 200 Rs.

Umgebung von Panaji

Kolonialvillen

Rund um Panaji finden sich exquisite Beispiele für die berühmten Villen aus der Kolonialzeit, so die **Solar dos Colacos Villa** in Ribandar auf der linken Flusseite des Mandovi zwischen Panaji und Old Goa. Von der im Barockstil erbauten, farbenfrohen Villa, wohl der einzigen am Fluss gelegenen in Goa, lassen sich herrliche Blicke auf vorgelagerte Inseln und die imposanten Kirchen Old Goas in der Ferne genießen. Auch das katholische und hinduistische Einflüsse aufweisende Interieur der Prachtvilla ist interessant.

Zwischen Panaji und Mapusa in Porvorim beeindruckt die **Pinto de Rosario Villa** wegen ihrem opulenten Interieur, das das Ergebnis eines wahllosen Sammeltriebs seines Besitzers darstellt. Auch der italiensch beeinflusste Parkettboden der Eingangshalle, die hochklassigen Antikmöbel, die Kopie von Rembrandts „Nachtwache" und der ca. 200 Jahre alte Liebesstuhl erstaunen.

Museum Houses of Goa

5 km nördlich von Panaji auf dem Weg nach Mapusa ist **Torda** eine Unterbrechung wert. Hier wird in einem architektonisch verwegenen, schiffsähnlichen Holzbau, dem Museum Houses of Goa (von der Hauptstraße gegenüber dem Abzweig nach Calangute abbiegen) die **architektonische Geschichte Goas** veranschaulicht.

- **Öffnungszeiten:** tgl. außer Mo 10–19.30 Uhr, um 19 Uhr Diashow, Tel.: 2410711, www.archgoa.org.

Highlight: Old Goa

↗ XX/A1

Ein „Muss“ für jeden kunsthistorisch Interessierten ist ein Besuch von Alt-Goa, der glanzvollen **Hauptstadt der portugiesischen Kolonie** 9 km östlich von Panaji. Kein anderer Ort Indiens vereint eine derartige Vielzahl großartiger **portugiesischer Bauwerke,** wobei die meisten in der Blütezeit der Machtentfaltung von der Mitte des 16. bis zur Mitte des 17. Jh. errichtet wurden.

Handelsmetropole und Erzbistum

Reisende wie *Duarte Barbosa* berichten Anfang des 16. Jh. von einer wohlhabenden Stadt mit reichen Kaufmannshäusern, Gärten und Basaren, in denen Händler verschiedenster Nationen prächtige Geschäfte machten. Bei dieser äußerst lukrativen mittelalterlichen Form des Import/Export brachten Schiffe aus Hormus, Mekka und Aden arabische und persische Pferde, die sie unter hohen Gewinnen an die Herrscher der im Hinterland angesiedelten Regionalreiche verkauften. Besonders die Machthaber des Vijayanagar-Reiches von Hampi erwiesen sich als ebenso interessierte wie zahlungskräftige Kunden. Zurück ging es voll beladen mit den Schätzen des Orients wie **Gewürzen, Reis, edlen Stoffen und Edelsteinen.** Die Geschäfte liefen so prächtig, dass jedes Jahr über 1.000 Schiffe zwischen Goa, Java, Macao, Japan, China, der arabischen Halbinsel und Portugal verkehrten. Schnell wurde aus Velha Goa, dem alten Goa, das Dourada, das Goldene Goa, das als Hauptsitz des portugiesischen Übersee-Imperiums der Krone allein schon durch die Hafenzölle beträchtliche Gewinne brachte.

Zu jener Zeit sollen bis zu 300.000 Menschen in der **heute fast unbewohnten Stadt** gelebt haben, womit sie seinerzeit größer war als London oder Lissabon. Goa wurde Sitz des Vizekönigs und Erzbistum. Religiöse Orden wie die **Franziskaner** und die **Jesuiten** zog es in die aufstrebende Kolonie. Das „Goldene Goa“ wurde in einem Atemzug mit Lissabon und Rom genannt. Andere sahen in ihr sogar die glanzvollste Metropole jener Zeit, wie das seinerzeit berühmte Zitat belegt: „Wer Goa gesehen hat, braucht nicht mehr nach Lissabon zu fahren“. Portugals Nationaldichter *Luis Vaz de Camões* betitelte es als „la Senhora de todo o Oriente“, als die „Herrin des ganzen Orients“.

„Abstieg“ zum Weltkulturerbe

Strukturelle sowie innen- und außenpolitische Veränderungen führten jedoch dazu, dass der so hell strahlende Stern Goas langsam an Kraft verlor. Für diesen „komentenhaften Abstieg“ von einer der bedeutendsten Städte der Welt zu einer **„Geisterstadt“** gab es vielfältige Gründe. Sie reichten vom Untergang des Vijayanagar-Reiches von Hampi, einem der bedeutendsten Handelspartner, über mehrere **Cholera- und Pestepidemien,** die die Bevölkerung allein im Jahr 1635 halbierten, bis hin zu militärischen Niederlagen gegen die **Marathen** und später die **Engländer.**

Ende des 17. Jh. lebten nur noch 20.000 Einwohner in Alt-Goa, 1759, als die Hauptstadt nach Panaji verlegt wurde, waren es nur noch 2.000. Die ehemaligen Patrizierfamilien waren nach dem Zusammenbruch derart verarmt, dass sie sich gezwungen sahen, ihre Villen als Baumaterial zu verkaufen. So kann es auch nicht verwundern, dass von den Profanbauten aus der großen Zeit Goas heute nichts mehr erhalten ist. Dafür zeugen die 1986 zum **Weltkulturerbe** erklärten **Kirchen und Klöster,** von denen viele in den letzten Jahren aufwendig restauriert wurden, von jener Zeit, als Goa eine der wohlhabendsten Städte der Erde war.

Stadtrundgang

Triumphbogen

Beginnen wir unseren Stadtrundgang sozusagen an königlicher Stelle. Das Ufer des Mandovi mit dem dort angesiedelten Hafen war jener Ort, von wo der Vizekönig die Stadt betrat. Zu seinen Ehren wurde ein Jahrhundert nach der Entdeckung des Seeweges nach Indien durch **Vasco da Gama** der Triumphbogen der Vizekönige erbaut. Der 1954 restaurierte Torbogen ist das Einzige, was von der Prachtstraße, die vom Ufer ins Stadtzentrum führt, noch erhalten ist. Die **Statue** des berühmten Seefahrers in einer Nische desselben blickt zum Meer, während auf der Rückseite die heilige **Katharina von Alexandria**

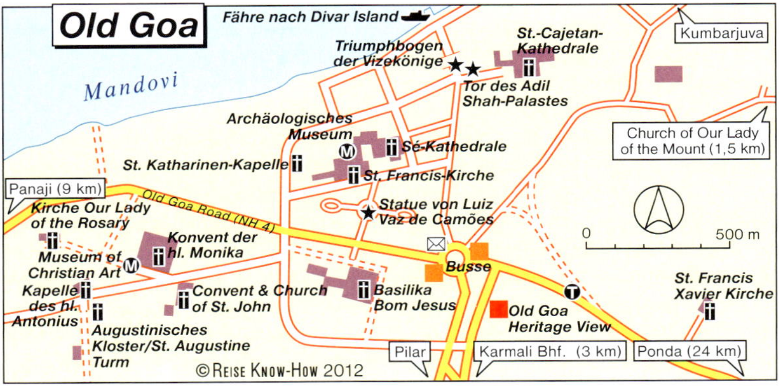

über ihren römischen Peiniger triumphiert. Interessant ist dabei die Darstellung des Peinigers, welcher als Mohr zu erkennen ist – eine eindeutige Anspielung auf den Sultan von Bijapur, dessen Truppen 1510, am Namenstag der heiligen Katharina, von den portugiesischen Truppen unter dem Befehl *Alfonsos de Albuquerque* aus Goa vertrieben wurden.

Reste des Adil-Shah-Palastes

Wenige Meter südwestlich führt ein kleiner Fußweg zu einem links des Weges zu erkennenden **Tor.** Dabei handelt es sich um das einzige Relikt des einst hier errichteten Adil-Shah-Palastes. Der 1820 zerstörte Palast diente nach Abzug der Shah-Truppen bis 1695 als Residenz des portugiesischen Gouverneurs von Goa.

St.-Cajetan-Kathedrale

Am Ende des Weges steht man vor der 1661 nach 11-jähriger Bauzeit fertig gestellten St.-Cajetan-Kathedrale. Das nach dem Ordensgründer der Theatiner, *Cajetano da Thiene,* benannte Gotteshaus lässt in der Fassadengestaltung deutliche Ähnlichkeiten mit **St. Peter in Rom** erkennen. Dies gilt insbesondere für die korinthischen Säulen und Pilaster, den Portikus und die Fenster- und Türlaibungen. Interessant sind die barocke Innengestaltung, die abgedeckte Quelle sowie der Torbogen an der Seite des Gebäudes, der ehemals der Eingang zu einem Palast von *Adil Shah* war, dem Herrscher über Goa vor der Ankunft der Portugiesen.

Sé-Kathedrale

Wieder zurück zur einstigen Prachtstraße und von dort ca. 100 m weiter Richtung Südwesten, steht man vor der Sé-Kathedrale, die im 17. Jh. als größte Kirche Asiens galt. Es dauerte über 100 Jahre, bis der 1563 in Auftrag gegebene Prachtbau fertig gestellt war. Als architektonisches Vorbild diente die allerdings wesentlich kleinere **Kathedrale von Portalegre** in Portugal. 1776 wurde einer der beiden Glockentürme bei einem Blitzeinschlag zerstört.

Einen interessanten Kontrast im Inneren des dreischiffigen Kirchengebäudes mit je vier Seitenkapellen bilden die sich von den weißen Wänden abhebenden, reich verzierten und vergoldeten Altäre. Einen besonderen Blickfang bietet der Hochaltar mit Darstellungen aus dem Leben der heiligen Katharina. Ihre goldene Glocke gilt als eine der größten der Welt. Die Kirche beherbergt 14 Kapellen. Von der als letzte im maurischen Stil erbauten wird gesagt, dass auf ihrem Kreuz im Jahr 1919 ein Abbild Christus' erschienen sei.

St.-Francis-Kirche

Die sich südwestlich anschließende St.-Francis-Kirche wurde 1661 erbaut. Das von außen unscheinbare Gebäude entpuppt sich im Inneren durch seine **barocke Ausgestaltung** als kunstvoll ausgestattetes Gotteshaus. Besonders beeindruckend sind dabei der vergoldete Hochaltar und die ihn flankierenden Gemälde, auf denen die Lebensstationen des heiligen Franziskus dargestellt sind. Stimmungsvoll wirkt die in den letzten Jahren aufwändig restaurierte Kirche, wenn das durch die Fenster einfallende Licht das Innere in eine sakrale Atmosphäre taucht.

Direkt anschließend an die St.-Francis-Kirche wurde der **Franziskaner-Konvent** erbaut, der heute das **Archäologische Museum des Antikendienstes** (tgl. außer Fr von 10–17 Uhr) beherbergt. Anhand der zahlreichen Exponate wird die abwechslungsreiche Geschichte Goas anschaulich nachgezeichnet. Zudem sind Fragmente von Skulpturen hinduistischer Tempel ausgestellt.

Ehemals vor der Sé-Kathedrale platziert, hat die **Statue von Luiz Vaz de Camões** inzwischen ebenfalls im Museum seine Heimat gefunden. Mit seiner imposanten Statur, dem rüstungsähnlichen Anzug und der Positionierung auf einem hohen Sockel erscheint der bekannteste portugiesische Dichter des 16. Jh. zunächst wie ein Feldherr. Die Schriftrolle in seiner rechten Hand soll sein Hauptwerk „Os Lusiades“ darstellen, aus dem er mit großer Emphase vorliest und das ihn als Literaten zu erkennen gibt. Die „Lusiaden“ sind ein Hohelied auf die portugiesische Eroberung und Kolonisierung Goas und glorifizieren den Sieg des Christentums über die „Heiden“.

Im Museum kann man auch das vom Archaeological Survey of India herausgegebene Büchlein „Old-Goa“ erwerben, in dem die einzelnen Gebäude detailliert beschrieben werden.

Basilika Bom Jesus

Die Basilika Bom Jesus gilt als die bedeutendste Kirche Goas. Das 1605 nach 11-jähriger Bauzeit fertiggestellte Gotteshaus, das heute teilweise verfallen ist, birgt die sterblichen Überreste des **heiligen Franziskus Xavier.** Der 1506 in Navarra geborene Schüler von *Ignatius von Loyola* erreichte am 6.5.1542 Goa und bekehrte innerhalb kürzester Zeit Tausende von Menschen, die meisten davon allerdings in Kerala. Seine **Missionierungstätigkeit** weitete er auf andere asiatische Länder wie Japan und das heutige Malaysia aus. Bei seinem Versuch nach China zu segeln, um auch dort das Christentum zu verbreiten, starb er am 3.12.1552 auf der kleinen Insel Sancian vor der Küste Kantons. Als sein Leichnam zwei Jahre später nach Goa überführt wurde, strömten Tausende von Gläubigen zusammen, um von ihm Abschied zu nehmen.

1622 wurde der bei der Verbreitung der christlichen Lehre in seinen Methoden wenig zimperliche *Francisco Xavier* von *Papst Gregor dem XV.* heilig gesprochen. Seit 1636 liegt sein Leichnam, der nach mehr als einem Jahrhundert nach seinem Tod kaum verwest war, in einem schmuckvollen **Silberreliquiar,** das von goanischen Silberschmieden hergestellt wurde. Der Sarkophag wurde 1698 von dem toskanischen Herzog *Cosmas III.* Medici gestiftet. Seit Mitte des 19. Jh. werden die Gebeine Xaviers alle zehn Jahre den Gläubigen gezeigt (das nächste Mal im Jahr 2014). Das Innere der auf einem kreuzförmigen Grundriss stehenden Kirche wird vom **vergoldeten Holzaltar** beherrscht. Die **Wandgemälde** zeigen Szenen aus dem Leben des Heiligen Xavier.

Turm St. Augustine

Von der ehemals größten Kirche in Old Goa existiert heute nur noch der 46 m hohe Turm. Die Kirche St. Augustine wurde 1602 erbaut und 1835 aufgrund von repressiven Maßnahmen der portugisischen Regierung, die wichtige religiöse Regeln außer Kraft setzte, aufgegeben. Dies führte zum Verfall der Kirche, den nur der Turm überstand.

Konvent der hl. Monika

Der zwischen 1606 und 1627 fertiggestellte und nur neun Jahre später nach einer Feuersbrunst neu erbaute Konvent der hl. Monika galt einst als das größte **Nonnenkloster** Asiens. Der dreigeschossige Gebäudekomplex ist nur nach Voranmeldung zu besuchen, da er noch heute als Nonnenkloster für verschiedene Kongregationen dient. Das angeschlossene **Museum of Christian Art** (tgl. 9.30–17 Uhr geöffnet, 10 Rs) beherbergt Bilder und Skulpturen der portugiesisch-christlichen Geschichte in Goa.

Königliche Kapelle

Die 1543 fertig gestellte Königliche Kapelle des hl. Antonius ist dem Nationalhelden Portugals geweiht. Der heutige Bau geht auf umfangreiche Erweiterungsarbeiten Ende des 19. Jh. zurück.

Kirche Our Lady of the Rosary

Die Mitte des 16. Jh. eingeweihte Kirche Our Lady of the Rosary weist eine ungewöhnliche Mischung unterschiedlicher Stilrichtungen auf. Von außen der **manuelischen Bauweise** verhaftet, finden sich im Inneren deutliche Anklänge an die **Spätgotik.** Ein Besuch lohnt aber auch wegen der schönen Lage und dem sehr beeindruckenden Blick, der von hier über den Mandovi und die tropische Vegetation bis nach Panaji reicht.

Unterkunft

Die meisten besuchen Old Goa im Rahmen eines Tagesausflugs, deshalb nur eine Unterkunft für die wenigen, die hier auch übernachten wollen.

- Das **Old Goa Heritage View** €€ (Tel.: 228 5122) südöstlich des Kreisverkehrs bietet einfache, teils klimatisierte Zimmer mit Bad.

Anreise

- Old Goa wird etwa alle 15 Minuten vom Kadamba-Busbahnhof in Panaji aus per **Bus** (staatliche wie private) angefahren (12 Rs). Busse von Old Goa nach Panaji halten nahe dem Kreisverkehr.
- Goa-Tourism in Margao und Panaji offeriert tägliche **Ausflugstouren** nach Old Goa, meist in Verbindung mit anderen Sehenswürdigkeiten. Alle größeren Reiseagenturen verkaufen Tagesausflüge.
- Ein **Taxi** von Panaji nach Old Goa kostet 250 Rs.

Mapusa

↗ XX/A1

Einwohner: 35.000
Vorwahl: 0832

Mapusa, das umgangssprachlich *Mapsa* ausgesprochen wird, hat kaum Sehenswürdigkeiten zu bieten. Einzig der jeden Freitag abgehaltene **Wochenmarkt** lohnt sicherlich einen Besuch. Wegen der Bedeutung als wirtschaftliches und verkehrstechnisches Zentrum des Nordens von Goa versorgen sich viele der in privaten Unterkünften wohnenden Individualtouristen aus Anjuna und Chapora in den örtlichen Geschäften oder nutzen die Direktbusse, die von hier Richtung Mumbai fahren.

Wer in der dritten Woche nach Ostern in der Umgebung weilt, kann das **Fest zu Ehren Unserer Wundertätigen Frau** besuchen. Mittelpunkt des farbenfrohen Spektakels, zu dem auch ein großer Jahrmarkt gehört, ist die ursprünglich 1594 von den Franziskanern erbaute Kirche Our Lady of Miracles.

Information

- Hilfsbereit ist der Leiter von **GoaTourism** (Tel.: 2262390), etwas versteckt hinter dem GTDC Mapusa Residency einen Durchgang hinein, 9.30–17.45 Uhr (13–14 Uhr Mittagspause) geöffnet. Der Schalter in der Lobby des Mapusa Residency verkauft **Sightseeing-Touren** innerhalb Goas (siehe Panaji).

Unterkunft, Essen und Trinken

Die meisten werden nicht in Mapusa übernachten, darum nur drei akzeptable Möglichkeiten in Busbahnhofsnähe:

- Die **GTDC Mapusa Residency** €€-€€€ (Tel.: 2262794) hat gute Zimmer im oberen Preisbereich (Deluxe), während die unwesentlich billigeren Standardzimmer verwohnt sind. Alle verfügen über TV, nach hinten ist es sogar recht ruhig. Falls man im riesigen hauseigenen Restaurant den Kellner entdecken sollte, kann man dort auch essen.
- Für wenig Geld bietet das freundliche **Hotel Vilena** €-€€ (Tel.: 2263115, 260650) viel. Keine 5 Fußminuten vom Busbahnhof entfernt an der Straße Richtung Arambol gelegen, haben die Zimmer teilweise eigenes Bad, auch TV ist möglich, außerdem gibt's ein Dachrestaurant.
- Wer es luxuriöser möchte, sollte sich in Mapusas Top-Hotel, dem **Satyaheera** €€€ (Tel.: 2262849), einquartieren. Sehr angenehm sitzt es sich in dem im obersten Stock befindlichen **Ruchira Restaurant.** Von hier oben sieht die an sich hässliche Stadt sogar ganz ansehnlich aus. Zu essen gibt es indische und chinesische Gerichte.
- Die **Betsy Bar & Restaurant** serviert sowohl vegetarische wie nichtvegetarische Kost.

Bank, Internet

- Bargeldwechsel und Reisescheckeinlösung ist in der **State Bank of India,** busbahnhofsnah, im 1. Stock von 10 bis 13.45 Uhr, Sa von 10 bis 12 Uhr möglich.
- Beim Braganza Hotel gegenüber dem Busbahnhof gibt's einen **UTI-ATM** und ein schnelles **Sify-i-way-Breitband-Internetcafé** (10–22 Uhr). Ein weiterer ATM ist an der Straße nach Arambol den Berg hinauf zu finden, ebenfalls nicht weit vom Busbahnhof entfernt. Beide nehmen alle wichtigen Kreditkarten außer Amex. **Cyberzone** ist ein weiteres, recht fixes **Internetcafé** neben dem Hotel Satyaheera.

An- und Weiterreise

Vom **Kadamba-Busbahnhof** im Stadtzentrum zahlreiche Verbindungen zu allen größeren Städten der Umgebung sowie innerhalb Goas.

- Alle Busse, die von **Mumbai** nach Goa (und natürlich auch umgekehrt) fahren, pas-

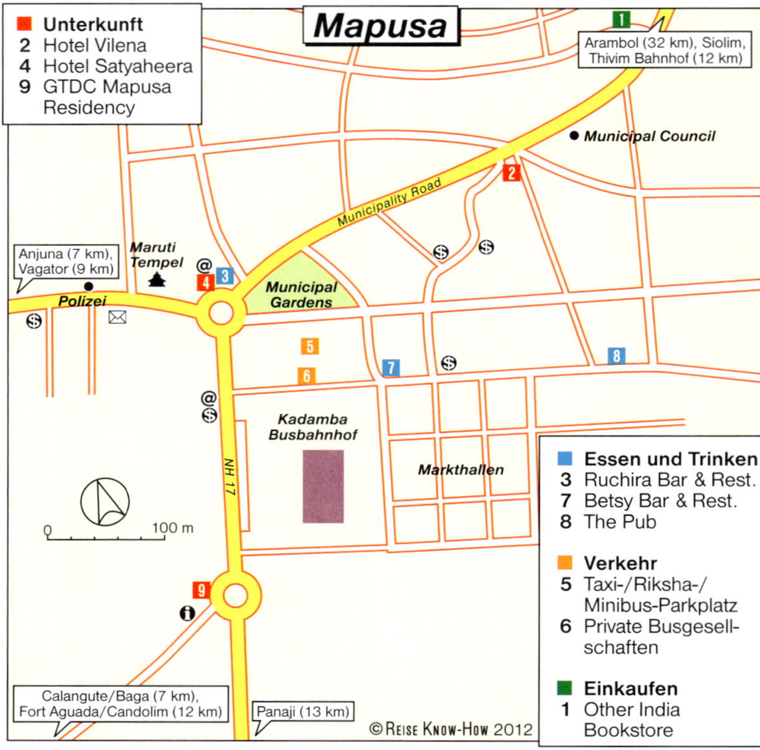

sieren Mapusa. Für Reisende, die zu den nördlichen Stränden wie Arambol, Calangute, Vagator oder Anjuna wollen, empfiehlt es sich, bereits hier auszusteigen, da man sonst bis Panaji fährt und danach die gleiche Strecke wieder zurück. Die meist gegen 18 Uhr in Panaji startenden Busse nach Mumbai nehmen hier etwa eine halbe Stunde später Fahrgäste auf.

- Die meisten **Reisebüros** für Busreisen sind aufgereiht an der Nordseite des Busbahnhofs, dort z.B. Paulo Travels (Tel.: 2250424) und Konkan Tours & Travels.
- Alle im Folgenden genannten Fernziele fahren abends los (nach Mumbai zusätzlich morgens um 7 Uhr). Auf den langen Strecken können jedoch nur die AC-Volvo-Verbindungen empfohlen werden, da Fahrten mit den einfacheren Bussen ziemlich anstrengend sind und besser per Bahn bewältigt werden. Nach **Mumbai** (14 Std., 700 Rs, Sleeper, AC Volvo Luxury Bus), **Hospet** (Hampi, 10 Std., 500 Rs, Semi-Deluxe Sleeper), Bangalore (12 Std., 700 RS, AC Volvo Luxury Bus, Sleeper), **Pune** (10 Std., 300 Rs, Semi-Deluxe, Sleeper).
- **Verbindungen innerhalb Goas:** Mindestens alle 20 Min. fahren staatliche Busse nach Panaji, nach Margao (zu diesen beiden Zielen verkehren nahezu preisgleich auch Privat-

anbieter, die seltener halten, teilweise ohne Halt bis Panaji durchfahren), Chapora (via Anjuna und Vagator) sowie Arambol alle 30 Min. (einige auch weiter bis Querim und zur Fähre nach Terakhol), Mandrem (25 Min.) und Morjim (30 Min.).

- Busse nach **Thivim Dorf** (von dort nochmals 6 km zum Bahnhof) fahren alle 10 Min. Riksha bzw. Taxi zwischen Mapusa und Thivim, dem mit 12 km Entfernung nächstgelegenen **Bahnhof der Konkan Railway,** kosten etwa 150 bzw 220 Rs.
- Wer mit der **Motorriksha** von Mapusa nach Calangute oder Anjuna fahren möchte, muss dafür um die 60 Rs berappen. Mit dem **Taxi** wird es etwa doppelt so teuer, dafür kann man es aber auch mit mehreren Mitreisenden teilen, sodass es im Endeffekt eventuell sogar billiger kommt. Per Taxi nach Panaji 150 Rs, zum Flughafen Dabolim bei Vasco da Gama 550 Rs .

Arambol

Das etwas abgeschieden im Norden Goas nahe der Grenze zu Maharashtra gelegene Arambol mit seinem kilometerlangen Sandstrand Richtung Süden war ehemals ein Geheimtipp der Travellerszene, hat aber über das letzte Jahrzehnt immer mehr **Rucksacktouristen** angezogen und ist heute dementsprechend, besonders im nördlichen Bereich des Strand-Ortes vor den Klippen, mit Guest Houses, Restaurants, Reisebüros, Internetcafés sowie kleinen Läden und Verkaufsständen gepflastert. Weiter nach Süden Richtung Mandrem wird es immer ruhiger und menschenleerer. Fast jeder Tourist und Anwohner ist mit einem knatternden Motorroller (Scooter) oder Motorrad unterwegs. Es gibt zwar keine Hotelburgen in Arambol, mit der Abgeschiedenheit ist es aber vorbei. Dennoch ist Arambol schon wegen seines fantastischen kilometerlangen Sandstrands immer noch ein angenehmer Urlaubsort für Backpacker.

Auch in Aramabol ist es nach Sonnenuntergang unerlässlich, eine **Taschenlampe** dabei zu haben: an vielen schlecht beleuchteten Stellen, etwa ums Kliff, an abgelegenen Wegen oder wegen der gelegentlich auftretenden Stromausfälle.

Unterkunft

Wie häufig an Goas Stränden gibt's auch in Arambol in direkter Strandnähe viele, fast identische **Bambushütten** für durchschnittlich 300 Rs/Tag in der Hauptsaison (zu anderen Zeiten sind hohe Abschläge auszuhandeln). Diese Art Unterkünfte werden hier nur beschrieben, wenn sie etwas mehr als die Grundaustattung bieten. Luxusunterkünfte sucht man in Arambol vergebens.

- Zehn Bambushütten um den als Restaurant fungierenden, mit Palmen bestandenen Innenbereich gibt's im **Residensea Huts** €-€€ (Tel.: 5629629, pkresidensea_37@hotmail.com), teils mit Gemeinschaftsbad, recht hübsch und nahe dem Zentrum, aber etwas überteuert.
- Das den halben Hügel über dem Kliff einnehmende, aus einzeln stehenden, doppelstöckigen kleinen Häusern mit jeweils sechs Zimmern bestehende **Om Ganesh Guest House** €€ (Tel.: 2292488) hat einfache Zimmer mit tollem Blick von den Terrassen/Balkonen über Felsen und Meer zu bieten, keine schlechte Wahl. **Sunny Guest House** €€ (Tel.: 3094265), umrahmt vom vorherigen, bietet nahezu dasselbe etwas weiter unten am Hügel.
- Am Beginn des nächsten, sich nördlich hinter den Klippen anschließenden Strandes besteht die bisher einzige Unterkunft, das **Sweetlake Huts & Restaurant** € (Tel.:

(0)9822138947, (0)9822131374), aus einfachen, den Hang hinaufgebauten Bambushütten auf Stelzen mit kleinen Balkonen davor, alle mit Gemeinschaftsbad.

- Trotz seiner Nähe zum geschäftigen Kernbereich liegt das versteckt gelegene (eine kleine Gasse hinein) **Rudresh Guest House** €-€€ (Tel.: 2292634) recht ruhig und ist besonders bei Langzeitlern beliebt. Die billigeren Zimmer haben Gemeinschaftsbad.
- Die Zimmer des **Padmavati Holiday Home** €-€€ (Tel.: 2292334) sind geräumig, alle mit Terrasse um einen Garten angelegt, eine gute Billigwahl.
- Im südlichen, ruhigeren Strandbereich von Arambol, 100 m zum Strand, ist zunächst das gute **Ave Maria Guest House** €-€€ (Tel.: 297674, 297724, avemaria@satyam.net.in) mit sauberen Zimmern mit Bad zu nennen. Oft ausgebucht, deshalb ist Reservierung angeraten.
- Nutznießer der Beliebtheit des Ave Maria ist das **St. Anthonys** € gleich um die Ecke, das die Überzähligen in sauberen Zimmer mit Terrasse gern aufnimmt.
- Als einzigste Unterkunft Arambols bietet das daneben gelegene, rosafarbene **Vailannkanni Guest House** €€-€€€ etwas mehr Komfort. Der um einen Innenhof gruppierte Komplex hat einfachere Zimmer ohne Meerblick bis zu sehr sauberen mit AC und Balkon zu bieten.
- Noch etwas weiter südlich, etwa 100 m hinter dem Strand unter Palmen, finden sich einige schöne Guest Houses für Ruhesuchende. An erster Stelle sind hier das preisgünstige **Ivon's Holiday Calm Guest House** € (Tel.: 2292672, (0)9822127398) und das ebenso saubere **God's Gift Guest House** €€ (Tel.: 2292391) mit Balkonzimmern und Kochnische gleich nebenan zu nennen. Die oberen Zimmer des Ivon's haben Balkon mit Palmenblick, das teurere und komfortablere God's Gift hat außerdem ein Restaurant.
- Ganz in der Nähe hat **Luigi's Guest House** € (Tel.: 5621792) einfache und billige Zimmer für Leute, die sehr auf ihr Budget achten müssen. Teils mit Gemeinschaftsbad.
- Einen unschlagbaren Standort direkt am Strand unter Schatten spendenden Bäumen

500is Foto: mb

hat das **Horizon Residency** €€ (Tel.: (0)9822 982768). Ebenfalls südlich des Trubels gelegen sind die zwar etwas windschiefen, aber erstaunlich komfortablen und geräumigen Hütten mit Bad sehr begehrt, also vorbestellen. Auch *deposit service* und guter Service sind hervorzuheben.

- Das neue, von einem Italiener geführte **Samsara** €-€€ (Tel.: (0)9822688471, samsa ra_arambol@hotmail.com) auf einem Sandhügel am Strand verfügt außer über etwas eng gebaute, aber ganz gemütliche Bambushütten mit Gemeinschaftsbad noch über einige gemauerte Zimmer mit Bad und ein hervorragendes Restaurant mit italienischer Küche und Fischgerichten.
- Noch weiter südlich, zwischen Arambol und Madrem, sehr ruhig gelegen und deshalb gern für Yogakurse genutzt, ist das preiswerte **Regy's Guest House** € (Tel.: 2292190) eine angenehme, kleine, saubere und strandnahe Unterkunft, alle Zimmer mit eigenem Bad.

Essen und Trinken

An Restaurants besteht wahrlich kein Mangel in Arambol. Fast alle haben das übliche Travellerfood, die meisten auch Fisch und chinesische sowie italienische Küche im Angebot.

- Ab 20 Uhr immer brechend voll sind die Strandrestaurants am Ende der Beach Road wie **21 Coconuts Inn,** wohl weil die meisten nach dem Heruntersteigen vom Motorrad zu bequem sind, noch einige Schritte zu tun.
- Am Nordende des Strandes mit Strandblick ist besonders das **Smile of Bhuddha** in angenehmer Lage und mit guter Küche zu nennen, auch das nebenan gelegene **Rice Bowl** ist in Ordnung. Einige dort haben einen Pool-Billard-Tisch.
- Das alteingesessene und gute **Fellini,** wie auch das Folgende mit hauptsächlich italienischer Küche und Fischgerichten, streitet sich mit dem neuen, von einem Italiener geführten **Samsara** am Strand auf einem Sandhügel um den Titel für das beste Tiramisu Goas. Beide sind empfehlenswert.
- Das neue **La Moella** hat auf Anhieb Zuspruch gefunden auf dem heiß umkämpften Markt in Arambol, da die *pastas, quiches* und *hummus* von arabischen Köchen zubereitet werden (um 150 Rs pro Hauptgericht). Klasse sind auch die Shakes.
- Kaum zu schlagen ist die tolle Lage des **Outback Restaurant** über den nördlichen Kliffs mit entsprechendem Ausblick zum Meer. Das Essen ist durchschnittlich gut.
- Durch seine frischen Croissants, diverse Müslis und die leckeren Kuchen und Torten unter Palmen ist das **Double Dutch** ein idealer Frühstücksort.
- Etwas südlich des Trubels liegt das **Full Moon** direkt am Strand mit Travellerkost, Fischgerichten und dem idealen Sunset-View.
- Zwei kleine **Supermärkte** an der Hauptstraße stehen für Selbstversorger bereit.

Post, Bank, Internet

- Die **Post** liegt im Dorf selbst, also etwa 1 km von den Strandunterkünften entfernt, Mo–Fr 9–17 Uhr (Mittagspause 13.30–14.30 Uhr). Dort kann auch Post empfangen werden (Poste Restante Code: 403524).
- Die meisten der sehr vielen **Reisebüros** offerieren auch Geld- und Reiseschecktausch, aber nicht zu Superkursen, wie sich denken lässt. Ansonsten muss man sich zur **State Bank of India** in Mapusa bemühen (siehe dort).
- Keins der besonders im nördlichen Bereich des Ortes zu findenden, massenhaft vorhandenen Internetcafés ist in punkto Geschwindigkeit hervorzuheben, vielleicht das **Valentino's** (10–23 Uhr) im Blue Fin Guest House am Strandende wegen des guten Equipments. Alle verlangen 40 Rs/Std. Im Valentino's können auch für 60 Rs (inkl. CD) Digitalfotos von Speicherkarten gebrannt werden.

Unterhaltung

- Jeden Mittwochmorgen starten Boote zum **Anjuna-Flohmarkt.** Die Fahrt kann bei Wellengang recht nass werden und dauert etwa

Typisches Strandlokal

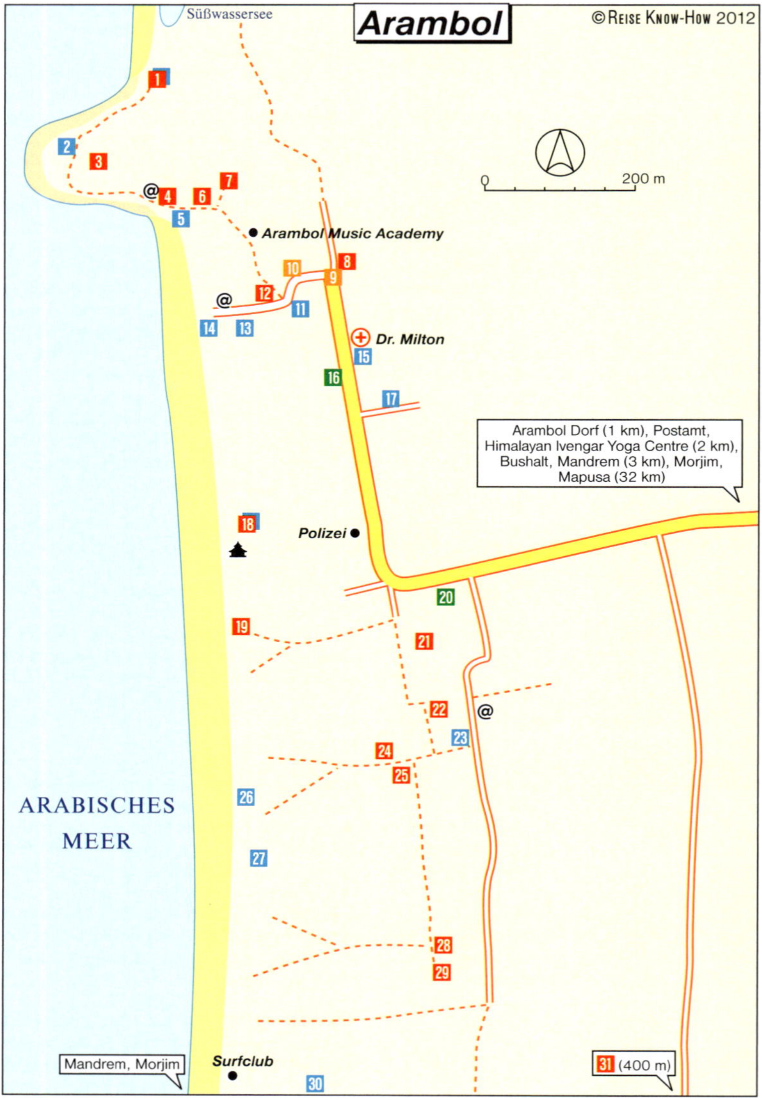

Arambol
© Reise Know-How 2012
Süßwassersee
0
200 m
Arambol Music Academy
Dr. Milton
Arambol Dorf (1 km), Postamt, Himalayan Ivengar Yoga Centre (2 km), Bushalt, Mandrem (3 km), Morjim, Mapusa (32 km)
Polizei
ARABISCHES MEER
Mandrem, Morjim
Surfclub
31 (400 m)
1
2
3
4
5
6
7
8
9
10
11
12
13
14
15
16
17
18
19
20
21
22
23
24
25
26
27
28
29
30

Unterkunft
1 Sweetlake Huts & Restaurant
3 Om Ganesh Guest House, Sunny Guest House
4 Sky King Guest House
6 Residensea Huts
7 Rudresh Guest House
8 Padmavati Holiday Home
12 Famala Hotel
18 Samsara
19 Horizon Residency
21 Mother Mary Guest House
22 Ave Maria Guest House
24 Vailannkanni Guest House
25 St. Anthony's Guest House
28 God's Gift Guest House, Ivon's Holiday Calm Guest House,
29 Luigi's Guest House
31 Regy's Guest House

Essen und Trinken
1 Sweetlake Huts & Restaurant
2 Outback Restaurant
5 Smile of Buddha, Rice Bowl
11 Loeki's Café & Restaurant
13 Fellini Restaurant
14 21 Coconuts Inn
15 La Moella
17 Double Dutch
18 Samsara
23 Breakfast Restaurant
26 Full Moon Restaurant
27 Liquid Sky
30 Surf Club

Verkehr
9 Busse nach Mapusa, Mandrem
10 Taxi-/Riksha-/ Minibus-Parkplatz

Einkaufen
16 Supermarkt
20 Kiosk

90 Minuten, Tickets zum Preis von 200 Rs für Hin- und Rückfahrt sollten vorher, etwa beim Welcome Restaurant am Strand, gekauft werden.

• Vielerorts, so etwa im **Loeki's** an der Beach Road wie auch im **Liquid Sky** am Strand, wird regelmäßig, meist abends ab 19 bis 20 Uhr, **Live-Musik** zum besten gegeben.

• Weitere 200 m südlich hinter den ersten Dünen gibt's im **Surf Club** (flyingfishbarbados@hotmail.com) mit Bar und Disco einen **Open-Air-Club** mit Techno- und Rock- oder auch Bluesmusik. Dienstags und freitags jeweils Party mit Live-Musik und Buffet (100 Rs Eintritt). Auch das umfangreiche Getränkeangebot (diverse Weine und Whiskey-Sorten, Cocktails etc.) und eine lange Speisekarte machen diesen neuen, gelungenen Club zu einem sicheren Tipp.

Sport und Aktivitäten

• **Paragliding** (Tel.: (0)9822580104) ist bei entsprechenden Windverhältnissen von den Klippen im Norden möglich und mit 1.200 Rs für 15–20 Min. nicht billig. Interessierte sollten sich beim Sweet Lake Huts melden. Es sind keine Vorkenntnisse notwendig (Tandemflüge).

• Der **Surfclub**, etwa 1 km südlich des touristischen Kerns, von zwei Deutschen gemanagt (Tel.: (0)9850475241, (0)9822867570, airambol2000@yahoo.de), verleiht Kite-Ausrüstung und bietet auch Lehrstunden für 800 Rs pro Stunde.

• In der **Arambol Music Academy** (Tel.: (0)9326131395) können Interessierte Tabla und klassischen indischen Tanz erlernen.

• Gut 1 km südlich von Arambol ist das **Himalaya Iyengar Yoga Centre** (www.hiyogacentre.com) ein von November bis März geöffneter Ableger der in Dharamsala anerkannt guten Yogaschule für Hatha Yoga. Nahe dem Piya Guest House südwestlich der Kirche, den orangefarbenen Schildern folgen, auch vom Strand aus erreichbar. 5-Tage-Kurse 2.500 Rs bei ca. 3 Std. Übungen täglich.

• Zudem werden vielerorts **Yoga-Kurse** angeboten, etwa beim Double Dutch. Um sich einen Überblick zu verschaffen, ist auch das dortige Schwarze Brett von Nutzen.

Notfälle

- Einen **Polizeiposten** gibt's am Anfang der Beach Road.
- **Dr. Milton,** ein ayurvedischer Arzt, der auch Notfälle vorbehandelt sowie den Transport zum Krankenhaus organisieren kann, ist ebenfalls an der Beach Road zu finden (Sprechzeiten von 8 bis 22 Uhr, Notfall-Tel.: (0)9422593470, (0)9822688538, 24 Std.).

An- und Weiterreise

- Die vielen **Reisebüros** des Ortes verkaufen nationale und internationale Flug- und Bahntickets, Letztere mit goatypisch recht hohen Aufschlägen von 100 Rs für eine Person und 75–50 Rs pro Ticket ab zwei Personen.
- **Bus:** Der Bushalt nach Mapusa befindet sich im eigentlichen Dorf, etwa 1 km vom touristischen Bereich entfernt gegenüber dem Postamt. Es fahren alle 30 Minuten Busse von dort ab. In die Gegenrichtung nach Querim und zur Fähre nach Terakhol sehr viel seltener, die meisten der halbstündig aus Mapusa kommenden Busse fahren weiter nach Pernem.
- **Taxi:** An der Strandstraße zwischen den Verkaufshütten gibt's einen Parkplatz mit stets auf Kunden wartenden Taxis und Minibussen. Ein Taxi nach Panaji kostet 400 Rs, zum Flughafen Dabolim 700 Rs. Weitere Taxipreise finden sich am Anfang des Goa-Kapitels unter „Taxi".

Querim und Terakhol Fort

In dieser abgelegenen nördlichsten Ecke Goas lockt der herrliche, nahezu unberührte **Querim Beach,** der von einem Pinienwald begrenzt wird. Bisher gibt's nur einige wenige und einfache Bambushütten als Unterkunft, meist um 250 Rs pro Tag in der Saison. Ansonsten ist keine touristische Infrastruktur vorhanden, was sich in Goa aber schnell ändern kann beim immer nach neuen, einsamen Stränden suchenden Travellervolk.

Am nördlichsten Punkt Goas, auf der nördlichen Mündungsseite des Tiracol-Flusses auf den Felsen steht das Terakhol-Fort, eher ein großes **Landhaus** als ein richtiges Fort. Das zu Beginn des 18. Jh. von den Marathen erbaute, aber schon bald bis zur Unabhängigkeit Goas 1961 von den Portugiesen übernommene Fort, heute zum größten Teil ein Luxushotel, kann täglich von 11 bs 17 Uhr besichtigt werden.

Unterkunft, Essen und Trinken

- Die gelungen in traditionellem Stil renovierten Zimmer im **Fort Tiracol Heritage Hotel** €€€€€ (Tel.: 2268258, nilaya@goatelecom.com) gewähren spektakuläre Ausblicke über die Felsen. Nicht nur wegen des tollen Meerblicks besonders empfehlenswert ist die auch Nicht-Gästen zugängliche **Lounge Bar** mit hervorragender goanischer Küche.

Anreise

- Zwar wird Querim in gut 1½ Std. von einigen **Bussen** von Mapusa über Arambol aus angefahren. Um von dort das Terakhol-Fort zu erreichen, sind aber noch einige Kilometer Fußmarsch und natürlich die Fährfahrt notwendig. So ist die Anfahrt mit dem **Motorrad** oder **Taxi** durch die abwechslungsreiche Landschaft wesentlich stressfreier.

Strandverkäufer und „Opfer"

• Die **Fähre** von Querim nach Terakhol setzt zwischen 6.30 und 21.30 Uhr alle 30 Min. (5 Rs) über, bei Ebbe wird der Fährbertrieb oft eingestellt. Dann ist meist noch die Überfahrt mit kleineren Fischerbooten möglich, Preise Verhandlungssache.

Mandrem

Das kleine Dorf Mandrem gut 2 km südlich von Arambol besteht aus nur wenigen Häusern an der Hauptstraße. In den letzten Jahren entstehen mehr und mehr Unterkünfte, die schöneren im Dorf bzw. etwas südlich. Ansonsten ist kaum touristische Infrastruktur auszumachen.

Unterkunft, Essen und Trinken

• Von den drei zwischen Hauptstraße und Strand unmittelbar nebeneinander gelegenen und Bambushütten anbietenden Unterkünften hat das **Riva Resorts** €€-€€€ das beste Preis-Leistungsverhältnis. Es werden viele unterschiedliche Hütten angeboten. Hier ist auch Geldwechsel und Internetzugang möglich. Die beiden anderen, das **Riva Beach Resort** €€-€€€ (Tel.: 2247088, www.rivaresorts.com) und das **Sea Paradise** €€ (Tel.: 224 7948, narayanbarde@yahoo.co.in) sind auch ok. Alle haben auch ein Restaurant.

• Das beste Angebot im Dorf macht das **Little Nest** €€ (Tel.: 2247413, (0)9422394809), wo außer gemütlichen und sauberen Zimmern mit Bad und Balkon auch ein komplettes, voll eingerichtetes Haus für bis zu 5 Personen ab einem Monat vermietet wird.

302is Foto: tb

Goa

- Keine Spur von Hektik kommt im **D'Souzas Residency** €€ mit Restaurant im Dorfkern auf.
- Die lohnendste Adresse in Mandrem ist das **Mandrem Beach Resort** €€€ (Tel.: 2247115, 2247608, praceres@satyam.net.in) am Südende des dort fast menschenleeren Strandes. Zweistöckige Bungalows mit jeweils zwei Wohneinheiten in schönem Garten an einem kleinen Fluss sind erstaunlich preiswert. Auch das auf einem Sandhügel platzierte Restaurant mit perfektem Sonnenuntergangsausblick lockt mit guten Fisch- und anderen Gerichten.
- Das **Oasis Restaurant** im südlichen Dorfbereich serviert Pizza, Fischgerichte sowie Tofu auf einer gemütlichen Terrasse zum Fluss.

Bank, Internet

- Außer in einigen Unterkünften wie im Shankar Hotel und im Mandrem Beach Resort gibt's ein **Internetcafé** im Dorfkern bei **Gauri Money Exchange.**

An- und Weiterreise

- Etwa halbstündig verbinden **Busse** an der Hauptstraße Mandrem mit Arambol (manche fahren weiter bis Querim und Terakhol Fort) und Mapusa in der anderen Richtung, von wo sich viele weitere Verbindungen eröffnen (siehe dort).
- Ein **Taxi** nach Panaji kostet 600 Rs, zum Dabolim-Flughafen 900 Rs.

Morjim

Während Arambol weiterhin fast ausschließlich Rucksackreisende anzieht, ist das als Badeort gerade entstehende Morjim-Beach (das eigentliche Dorf liegt etwa 1 km landeinwärts) eher auf besser betuchte Touristen ausgerichtet, auch der indischen Mittelschicht. So sind die in letzter Zeit entstandenen Unterkünfte vorwiegend im Mittelklasse-Bereich angesiedelt. Es gibt aber glücklicherweise keine Hotelburgen, die die Ruhe des Ortes und die Strandatmosphäre sehr stören würden. Dennoch wirkt das kleine Fischerdorf am Strand zwischen den neueren Gebäuden inzwischen paradoxerweise wie ein Fremdkörper.

Unterkunft, Essen und Trinken

- Eine der wenigen billigen Unterkünfte ist das **Goan Café** € (Tel.: 2244394, (0)9822 165100, www.goaplaces.com). Sieben einfache Bambushütten auf Stelzen und unter Bäumen im südlichen, noch etwas ursprünglicher wirkenden Strandbereich waren die erste Strandunterkunft in Morjim überhaupt. Nebenan wirkt die Anlage des ebenfalls alteingesessenen **Britto's Guest House** €€ (Tel.: 2244245) etwas verwahrlost, hat aber gerade dadurch ihren Charme.
- **Golden Eagle Beach Shack & Huts** €-€€ (Tel.: (0)9822381180, jenydsouza@yahoo.com) sind um das Restaurant gebaute Bambushütten am Strand. Die teureren sind größer und haben eigenes Bad.
- Ganz im Gegensatz dazu steht das 2002 mit großem Pomp eröffnete, sehr stylish wirkende **The Other Side** €€€-€€€€ (Tel.: 2244638). Aufgrund des erstaunlich geringen Preises sind die zwei gut ausgestatteten Apartments aber erwähnenswert. Auch zwei AC-Hütten werden vermietet.
- Das neue, auf der dem Strand abgewandten Seite gelegene **Tequila Sunrise** €€-€€€ (Tel.: (0)9822588003) wirkt zwar noch etwas kahl, hat aber makellose Zimmer mit Bad in Strandnähe.
- Die komfortablen **Naga Cottages** €€€-€€€€ (Tel.: (0)9822583240, www.nagacottages.com), versteckt im Wald zwischen Strand und Dorf gelegen, bieten eher kleine Wohnungen als nur Zimmer. Sie sind mit Küchenzeile, Kühlschrank, TV und Balkon/Terrasse ausgestattet. Ca. drei Fußminuten bis zum Strand.
- Upmarket ist **Montego Bay Beach Village** €€€€-€€€€€ (Tel.: 2244222, (0)9822150847,

www.montegobaygoa.com) am Strand mit Restaurant und Internetcafé. Es vermietet Luxuszelte mit Bad sowie ein komplettes Haus. Die neue Anlage wirkt noch etwas kahl.

- Sowohl das **Claw Fish Restaurant** mit Bar und Liegeflächen als auch das **Black Diamond Bar & Restaurant** unter Bäumen nahe dem Fischerdorf am Strand servieren gute Fischgerichte.

An- und Weiterreise

Auch in Morjim sind die allermeisten Touristen mit gemieteten Zweirädern unterwegs. **Busse** starten etwa 1–1½ km vom Strand bzw. den Unterkünften entfernt im eigentlichen Dorf und halten auch südlich an der ersten Kreuzung beim Supermarkt.

- Direktbusse von Morjim nach **Mapusa** fahren etwa halbstündig. Von dort häufig Anschluss zu weitergehenden Zielen.
- Es bestehen nur wenige Direktverbindungen mit **Arambol** (über Mandrem), die letzte um 17.30 Uhr, so nimmt man am besten einen Bus Richtung Mapusa bis Chopdem (6 Rs) und steigt dort in einen der etwa halbstündig vorbeifahrenden, aus Mapusa kommenden Busse um.

Fort Aguada und Candolim

Der nördliche Teil von Goas Küste, fast durchgängig von Sandstrand gesäumt, wird im Süden von Fort Aguada abgeschlossen. Fort Aguada auf der Panaji gegenüber liegenden Mündungseite des Mandovi-Flusses wurde 1612 von den Portugiesen erbaut, um die damalige 10 km landeinwärts/flussaufwärts gelegene Hauptstadt Old Goa vor Angriffen feindlicher Flotten von See aus zu schützen. Das gut erhaltene Fort, auf dem mehrere Süßwasserquellen entspringen, die in früherer Zeit den aus Übersee anlandenden Seefahrern sehr willkommen waren, ist wegen der schönen Ausblicke einen Besuch wert.

Der nahe dem alten gelegene neue **Leuchtturm** steht tgl. zwischen 16 und 17.30 Uhr Besuchern offen. Im östlich dem Fort über dem Mandovi gelegenen **Aguada-Gefängnis** sitzen hauptsächlich wegen Drogendelikten verurteile Gefangene, auch Westler, ein.

Seit Ende der 1970er Jahre wird der nördlich dem Fort sich anschließende **Sinquerim Beach** als einer der ersten Goas für betuchte Touristen erschlossen. Nördlich des Sinquerim Beach schließt sich der hauptsächlich von Pauschaltouristen aus England und Skandinavien frequentierte **Candolim Beach** an. In den vergangenen zehn Jahren wurden viele mehrgeschossige Hotelburgen errichtet, die das Goa-typische Feeling natürlich nicht gerade befördern. Entsprechend der hier vertretenen Klientel ist der **Ort Candolim** außer mit Unterkünften übersät von Läden und Verkaufsständen für Kunsthandwerk, Kitsch und Beachwear sowie Freiluftcafés und Restaurants. Auch die Strände sind gepflastert mit Sonnenliegen und -schirmen, Paragliding und Jetski werden angeboten. Goa-typische Erscheinungen wie Fischerboote oder goanische Architektur gehen in diesem Touristencocktail unter. Allerdings finden sich etwas zurück von den zumeist strandnahen Auswüchsen einige hübsche und verhältnismäßig preiswerte Unterkünfte und alte Kolonialvillen.

Unterkunft

Bei der Beschreibung der Unterkünfte wird von Nord nach Süd vorgegangen.

- Eine einfache, billige und freundliche Unterkunft ist das **Lobo's Guest House** € (Tel.: 2279165) im eher ruhigen Dorfbereich mit großer Veranda.
- Das gegenüber gelegene **Manuel's Guest House** €-€€ (Tel.: 2277729) ist etwas billiger und mit einfacheren, kleineren, aber sauberen Zimmern ausgestattet.
- Im Norden des Dorfs findet sich mit dem **Julia Guest House** €€ (Tel.: 2277219) eine für seinen Preis komfortable Unterkunft mit Garten. Die ineinander übergehenden Zimmer haben Parkettboden und Balkon. Auch der Strand ist nah.
- Direkt am Strand, auch im nördlichen, ruhigeren Dorfbereich gibt's im bunten **D'Mello** €-€€€ (Tel.: 2277395) mit Garten eher kleine Zimmer und einen Gemeinschaftsbalkon als abendlichen Treffpunkt.
- Das leicht teurere, aber auch bessere **Dona Florina** €€-€€€ (Tel.: 2275051, donaflorina@sify.com) ist schon wegen des Panoramablickes übers Meer sein Geld wert.
- Nur wenig südlicher am Strand ist das **Shanu Guest House** €€-€€€ (Tel.: 2276899) preisähnlich, die großen Zimmer im Anbau sind vorzuziehen.
- **Sea Shell Inn** €€-€€€ (Tel.: 2776131) schräg gegenüber der Canara Bank an der Hauptstraße ist nicht nur wegen der blitzsauberen Zimmer, sondern auch wegen Freiluftrestaurant und *deposit service* ein guter Deal. Nur etwas teurer ist das **Casa Sea Shell** €€-€€€ (Tel.: 2479879, seashellgoa@hotmail.com) neben der Nossa-Senora-da-Buona-Successa-Kirche, 200 m südlich. Große Zimmer mit Bad und hilfsbereites Personal.
- Die Straße südlich der genannten Kirche hinein bis zum Strand, erreicht man das **Tidal Wave** €€-€€€ (Tel.: 2276884, newmanwarren@rediffmail.com). Schöne Zimmer mit Seeblick, im neuen Trakt zudem einige kleine Apartments mit Kochnischen überzeugen.
- Saubere Zimmer mit Bad in Strandnähe und ein gemütlicher Garten machen das backsteinerne **Tropicana Beach Resort** €€ (Tel.: 2277732) zu einer exzellenten Wahl. Ist dieses voll, kann man es im fast nebenan

Unterkunft
2 Julia Guest House
4 Dona Florina Guest House
5 D'Mello Guest House
6 Shanu Guest House
8 Diorio's Guest House, Tropicana Beach Resort
9 Manuel's Guest House, Lobo's Guest House
14 Pretty Petal Guest House
16 Sea Shell Inn
17 Tidal Wave
19 Casa Sea Shell
25 Villa Ludovico
27 Taj Holiday Village
29 Fort Aguada Beach Resort
30 Marbella Guest House

Essen und Trinken
3 After Eight
7 Pete's Shack
12 Moonlight Bar & Restaurant
13 Sheetal Restaurant
18 Oriental Restaurant
19 Casa Sea Shell
21 Amigo
22 Stonehouse
23 Restaurant Santa Lucia
24 Melodious Waves
26 10 Downing Street
29 Caravella Restaurant, Aguada Hermitage

Verkehr
10 Vailankanni Car Rentals
15 John's Boat Tours
20 Busse nach Panaji
28 Bushalt

Einkaufen
1 Lawande Centre
11 Markthalle

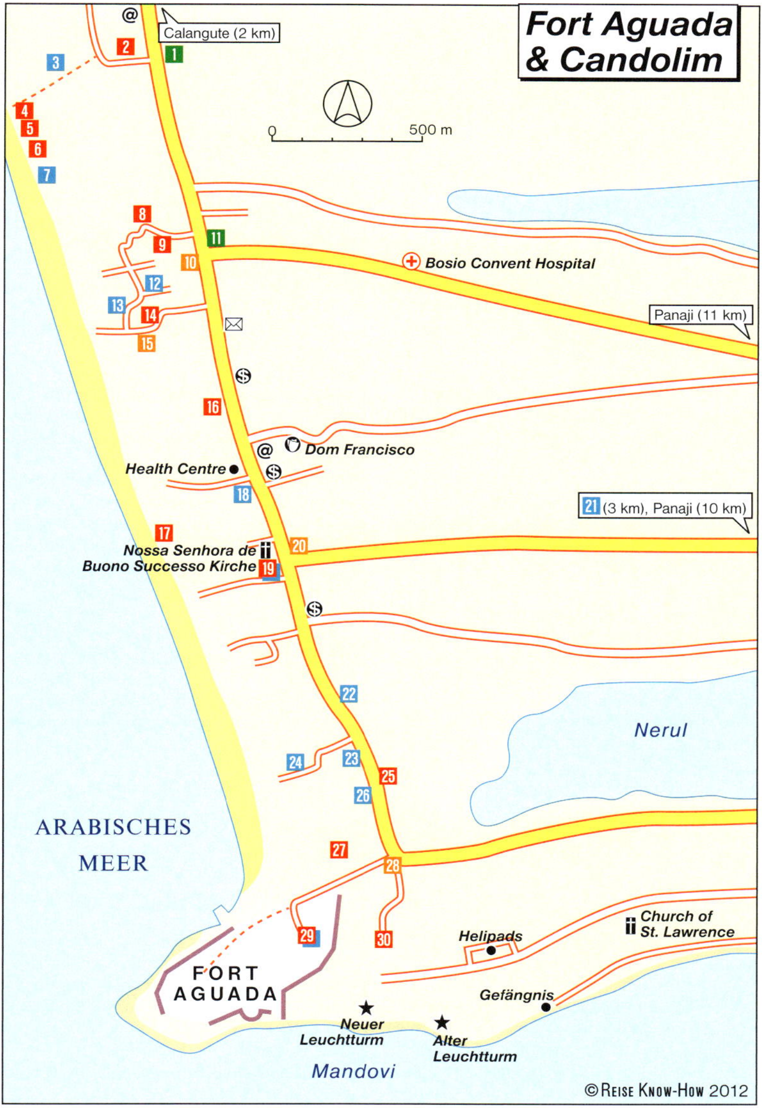
Fort Aguada & Candolim
Calangute (2 km)
0
500 m
Bosio Convent Hospital
Panaji (11 km)
Dom Francisco
Health Centre
21 (3 km), Panaji (10 km)
Nossa Senhora de Buono Successo Kirche
Nerul
ARABISCHES MEER
FORT AGUADA
Helipads
Church of St. Lawrence
Gefängnis
Neuer Leuchtturm
Alter Leuchtturm
Mandovi
1
2
3
4
5
6
7
8
9
10
11
12
13
14
15
16
17
18
19
20
22
23
24
25
26
27
28
29
30

gelegenen **Diorio's Guest House** €€ (Tel.: 2279164), nur etwas teurer, in familiärer Atmosphäre versuchen.

- Das **Pretty Petal Guest House** €€-€€€ (Tel.: 2276184) ist eine große Villa, ebenfalls mit großem Garten und ebensolchen Zimmern. Die teureren haben Balkon, AC und Kühlschrank.
- Die familiengeführte **Villa Ludovico** €€ (Tel.: 2479684), ein typisch goanisches Haus, hat gemütliche Zimmer mit Bad, auch Frühstück wird serviert.
- Das wunderbar restaurierte, ganz im Süden nahe beim Fort gelegene **Marbella Guest House** €€€-€€€€ (Tel.: 2479551) ist eine alte portugiesische Kolonialvilla. Geräumige Zimmer mit wunderschönem Dekor und altem, mit Schnitzereien verziertem Holzmobiliar in ruhiger Umgebung – was will man mehr.
- Topadressen sind natürlich die drei Fünf-Sterne-Luxusresorts (alle €€€€€ bzw. €€€€€€) der Taj-Gruppe (www.tajhotels.com, reservations.goa@tajhotels.com). Einmal das **Taj Holiday Village** (Tel.: 2276044, village.goa@tajhotels.com) am Sinquerim Beach, innerhalb der Außenmauern des Alten Forts das **Fort Aguada Beach Resort** (Tel.: 2276201) mit auf großer Fläche verteilten sogenannten Chalets, mehreren Swimmingpools, große Wassermengen verschlingenden Rasenflächen und sonstigen in dieser Preisklasse üblichen Annehmlichkeiten. Darüber thront das ebenfalls florareiche (und wasserfressende), etwa noch mal doppelt so teure **Aguada Hermitage** mit Einzelbungalows im jeweils eigenen Garten.

Essen und Trinken

Die Palette an Restaurants ist in Candolim so vielfältig wie die der Unterkünfte. Von einfachen Strandrestaurants bis zu edlen Speisetempeln (wo meist entsprechende Garderobe erwartet wird) ist für jeden Geschmack etwas dabei.

- Eins der vielen Strandrestaurant fällt wegen des hervorragenden und vielseitigen Angebots aus dem üblichen Rahmen. Bei **Pete's Shack** gibt es frische Salate italienischer Art (Mozzarella, Olivenöl etc.), Sizzler und Seefrüchte.
- Im goanischen Landhaus des **Stonehouse** werden Fleisch- und Fischgerichte zu Bluesmusik bei gedämpftem Licht und zu angenehmem Preis serviert. Im südlichen Candolim an der Hauptstraße.
- Hervorragend in Ambiente und Küche ist auch das **Santa Lucia,** ein italiensches Restaurant nur wenig südlicher.
- Die lange Speisekarte des **Sheetal** umfasst neben hervorragender Mughlai-Küche auch Huhn, Hammel und Vegetarisches, serviert von Obern in traditioneller Garderobe.
- Im Holzkohleofen werden die Tandoori-Gerichte im Restaurant des **Casa Sea Shell** zu moderaten Preisen gebrutzelt. Auch nordindische, chinesische und westliche Gerichte gibt's.
- Freunde der thailändischen Küche sind bei Chefkoch *Chawee* im **Oriental** bestens aufgehoben (ca. 500 Rs für ein Hauptgericht). Kochkurse inkl. 5-Gänge-Menu sind am Mo Nachmittag möglich.
- Gourmets kommen im Toprestaurant des Taj Aguada, dem **Caravella,** auf ihre nicht geringen Kosten. Hervorragende Köche zaubern Träume aus Fisch in kolonialen Fortruinen mit Meerblick. Auch die Weinkarte ist erlesen. Hauptgericht nicht unter 1.000 Rs.
- Schon ab 18.30 Uhr (sowie von 13 bis 14.30 Uhr) ist das **After Eight** zwischen Candolim und Calangute geöffnet. Durch den ruhigen Garten ein gelungener Ort, um den Tag bei Fisch, Steak (um 250 Rs) oder vegetarisch und einem der vielen angebotenen Weine ausklingen zu lassen. Die Gasse nahe der kleinen Kapelle Richtung mehr hinein.
- Ein guter Tipp ist das 3 km östlich von Candolim zu findende **Amigo** bei der Nerul Bridge, wohin sich kaum ein Tourist verirrt. Hervorragende frische Früchte des Meeres in rustikaler Einrichtung.

Bank, Internet

Viele Private und Reisebüros bieten Geld- und Reisescheckstausch zu ungünstigen Wechselkursen. Für bessere Raten sollten man auf Calangute ausweichen (siehe dort).

- Der **ATM** der UTI-Bank beim Hotel Dona Alcina, Candolim, akzeptiert alle wichtigen Kreditkarten bis auf Amex.

● Internetsurfen ist z.B. bei **The Web,** zentral gelegen, aber recht teuer (50 Rs/Std.), oder im Norden bei **Online World** gegenüber dem Lawande Centre bei geringeren Preisen und schnelleren Verbindungen möglich.

Medizinische Versorgung

● Als Krankenhaus bietet sich das **Bosio Convent Hospital** (Tel.: 2276034) an der nördlichen Ausfallstraße nach Panaji an.

Sport und Unterhaltung

● Viele Anbieter verlangen für etwa einstündige **Bootsausflüge zu den Delfinen** etwa 300 Rs. Halbtägige Ausfahrten mit Mittagessen und Getränken kosten bei John's Boat Tours (Tel.: 2479780, johnboats@rediffmail.com) 600 Rs. Weitere Ausflüge wie eine **Krokodiltour** sowie eine Nachtfahrt auf den **Backwaters** in einem keralischen Hausboot (3.000 Rs) sind im Angebot.

● **Paragliding** für etwa 1.300 Rs/20 Min. sowie das Ausleihen von **Jetski** für 1.000 Rs/20 Min. ist am Strand möglich.

● Gute Aufführungen von **klassischem indischen Tanz** finden jeden Samstag im Tamarind Restaurant des Dom Francisco Hotel statt.

An- und Weiterreise

● **Busse** nach Panaji halten am Bushalt an der Kreuzung gegenüber dem Casa Sea Shell. Einige fahren nach Süden Richtung Fort Aguada Beach Resort. Von dort regelmäßige Verbindungen nach Panaji über Nerul. Außerdem regelmäßige Verbindungen nach Calangute 2 km nördlich.

● Ein **Taxi** nach Panaji kostet 150 Rs, zum Flughafen 550 Rs. Weitere Preise für Taxifahrten in Goa sind der Tabelle am Anfang des Goa-Kapitels zu entnehmen.

● Wer einen **Motorroller** oder ein **Motorrad** mieten will (200 bzw 300 Rs/Tag in der Saison, Discounts für lange Mietzeiten, wobei Verhandlungsgeschick gefragt ist) muss sich darauf einstellen, dass es in der Hauptsaison zu Engpässen kommen kann und dann auf das nördlich gelegene Calangute ausweichen.

Calangute und Baga

Kein anderer Ort Goas repräsentiert den Wandel vom Geheimtipp der Hippies zum Ferienparadies in derart exemplarischer Weise wie dieser **sieben Kilometer lange Strandabschnitt** zwischen den beiden Orten Calangute im Süden und Baga im Norden. Wo vor kaum mehr als zehn Jahren nur vereinzelt einige bescheidene Unterkünfte den Weg säumten, reihen sich heute entlang der Baga Road unzählige **Hotels, Restaurants, Kneipen und Souvenirläden.** Waren es früher zivilisationsmüde Aussteiger, sind es heute europäische Pauschaltouristen, die den Ton angeben. Das ist durchaus wörtlich zu verstehen, denn während der reichliche Marihuana-Genuss die Blumenkinder meist zu relaxtem Dahindösen „animierte", ist die bierselige Laune der meist britischen Pauschaltouristen mancherorts kaum zu überhören. Verglichen damit nehmen sich die immer zahlreicher werdenden einheimischen Touristen sehr friedlich aus. Alle zusammen tragen dazu bei, dass die letzten verschwiegenen Ecken Hotelklötzen weichen müssen, die obendrein keinerlei Bauplanung unterliegen. In Calangute hat die Tourismusindustrie erbarmungslos zugeschlagen und die ehemals verschlafenen Fischerdörfer in hektische **Vergnügungszentren** verwandelt.

Woher die Popularität gerade dieses Strandabschnitts rührt, bleibt angesichts des **dreckigen, rötlichen San-**

303is Foto: tb

des und der gefährlichen Unterströmungen ein Rätsel. Wenn überhaupt, dann lassen einige Stellen im noch nicht ganz so durchkommerzialisierten Baga etwas von der früher herrschenden Atmosphäre erahnen, zieht es doch weiterhin eher Rucksacktouristen an, die sich bei den seltener werdenden Partys im etwas nördlich hiervon gelegenen Anjuna vergnügen wollen. Nirgendwo sonst in Goa existiert eine derartige Dichte an Restaurants, Cafés und Geschäften. Darüber hinaus steht eine kaum noch zu überschauende Zahl an Unterkünften aller Preiskategorien zur Verfügung.

Ausflüge, Reisebüros

- **GoaTourism** bietet viele Tagesausflüge zu Sehenswürdigkeiten in Goa an, die meisten starten in Panaji (Genaueres siehe dort). Eine der Touren startet in Calangute bei der Calangute Residency (Tel.: 2276024, 2276109), wo auch Tickets erworben werden können. Es handelt sich um die jeweils Mi und So stattfindende Dudhsagar Special (9–18 Uhr, Non-AC/AC 700/800 Rs inkl. Mittagessen), die außer Indiens zweithöchsten Wasserfällen auch Old Goa und Tempelbesichtigung beinhaltet.
- Als guter Veranstalter für Ausflugstouren hat sich **Day Tripper** (Tel.: 2276726, www.daytrippergoa.com, nahe dem Kamat Complex) bewährt. Eine Vielzahl von Ausflügen in Goa und auch außerhalb wird angeboten. Auch **MGM Travels** (Tel.: 2276249), ebenfalls in Calangute, hat sich als zuverlässig erwiesen.

Unterkunft

Weit über 150 Hotels, Beach Resorts und Guest Houses säumen die Straße von Calangute bis Baga und die von ihr abzweigenden

Gassen Richtung Strand. Im Folgenden kann selbstverständlich nur eine kleine Auswahl vorgestellt werden. Außerhalb der inzwischen auch von der indischen Mittelschicht stark frequentierten Saisonzeiten sind hohe Preisabschläge nicht nur bei den Unterkünften auszuhandeln. Es werden hier Saisonpreise angegeben, nicht Hochsaisonpreise um Weihnachten und Neujahr, die noch einmal auf das Doppelte steigen können. Bei der Beschreibung der Unterkünfte wird von Nord nach Süd vorgegangen.

- Einige einfache Unterkünfte nördlich des Baga-Flusses sind über eine kleine Brücke mit Baga verbunden. Von hier ist's zu Fuß über den Kliffweg nicht weit bis Anjuna. Da ist einmal das einfache, aber idyllisch gelegene **Divine Guest House** €€-€€€ (Tel.: 2279546) mit kleinen Zimmern, teils mit Gemeinschaftsbad. Zum zweiten sei das **Nani's & Rani's Guest House** €€€ (Tel.: 2276313), ganz in der Nähe, genannt. Einfache Cottages hinter einem Kolonialgebäude, einige mit Bad, andere mit Außendusche sowie Internetanschluss und Quellwasser sind was besonderes. Das **Melissa Guest House** €€ (Tel.: 2279583) bietet saubere Zimmer mit Bad.
- Diesseits des Flusses gleich hinter einer kleinen katholischen Kirche und einer schönen, alten Kolonialstilvilla stehen die von einer sehr freundlichen Familie geleiteten **Alidia Beach Cottages** €€ (Tel.: 2276835, alidia@rediffmail.com). Alles macht einen äußerst gepflegten und liebevollen Eindruck und die Hektik der Baga Road scheint meilenweit entfernt. Ein prima Preis-Leistungs-Verhältnis.
- Das Mittelklassehotel **Cavala Seaside Resort** €€€-€€€€ (Tel.: 2276090) mit Swimmingpool macht mit seiner Backsteinarchitektur von außen einen schönen Eindruck. Die Zimmer, alle mit Balkon, sind ebenfalls ansprechend, doch auch hier gilt wegen der angrenzenden Straße der Tipp: die nach hinten gelegenen Zimmer mieten.
- Sehr beliebt, besonders bei langjährigen Goa-Besuchern, ist das **Villa Fatima Beach Resort** €€ (Tel.: 277418), welches sich inmitten eines kleinen tropischen Gartens mit rückwärtigem Strandzugang befindet.
- Das **Angelina Beach Resort** €€ (Tel.: 2279145) im Zentrum Bagas nahe Tito's ist ebenfalls eine gute Wahl mit großen Balkonzimmern in gutem Zustand.
- Zwei sehr empfehlenswerte Mittelklassehotels befinden sich mit **Capt. Lobos Beach Hideaway** €€€€ (Tel.: 2276103) und **Colonia Santa Maria** €€€€ (Tel.: 2276491) am Ende einer kleinen Gasse, die nach ca. 1,5 km von der Baga Road Richtung Strand abzweigt. Beide Unterkünfte verfügen über einen Swimmingpool, bieten saubere und angenehme Zimmer mit kleiner Kochnische und Kühlschrank in Cottages sowie ein eigenes Restaurant. Zum Strand sind es nur wenige Meter. Das Capt. Lobos Beach Hideaway verlangt allerdings bereits ab Oktober einen Aufpreis, im Dezember und über Weihnachten verdoppeln sich die Preise sogar. Im Colonia Santa Maria sind drei Tage Mindestaufenthaltsdauer.
- Strandzentral etwas südlich von Tito's, also in der quirligen Ecke Bagas, sind die kleinen Erdgeschoss-Zimmer mit großen Terrassen eine ganze Ecke billiger als die größeren im ersten Stock im **Sarita Guest House** €€ (Tel.: 2279087).
- Die **Villa Bonfim** €€€ (Tel.: 2276105) gehört seit Jahren zu den beliebtesten Mittelklassehotels. Die sehr gepflegte Familienpension mit schönem tropischen Garten bietet geräumige DZ; insgesamt eine sehr empfehlenswerte Anlage.
- Biegt man kurz hinter der Villa Bonfim in die Gasse Richtung Strand ein, folgen nach wenigen Metern auf der linken Seite die **Ancora Beach Resort Cottages** €-€€ (Tel.: 2276096): ein ausgezeichnetes Preis-Leistungs-Verhältnis in der unteren Kategorie.
- Gegenüber der Villa Bonfim befindet sich das etwas gehobenere, im portugiesischen Stil erbaute **Ronil Beach Resort** €€€€ (Tel.: 2276101) mit Swimmingpool und guten, sauberen AC-DZ. Während der Hauptsaison viele Pauschaltouristen.
- Das relativ neue **Royal Heritage Resort** €€ (Tel.: 2277172, royalheritage@souzagoa.com) verfügt über einen kleinen Pool und ein recht gutes Restaurant. Ruhig und schön gelegen, 10 Min. Fußweg bis zum Strand und einfache gemütliche Zimmer. Um Weihnachten/Neujahr steigen auch hier die Preise auf das Doppelte bis Dreifache und sind dann zu teuer.

●Am Ende einer Gasse, die im nördlichen Calangute von der Hauptstraße abzweigt, ist **Johnny's Hotel** €-€€ (Tel.: 2277458, johnnys_ho tel@rediffmail.com) eines der besten Billighotels. Abgesehen von der unmittelbaren Strandnähe bietet es ein Roof-Top-Restaurant, freundliches Personal und saubere Zimmer.

●Das kleine **Hotel Clisher** €-€€ (Tel.: 227 6873), etwas versteckt im nördlichen Strandbereich Calangutes hat außer komfortablen Zimmern ein sehr gutes Fischrestaurant.

●**Martins Guest Rooms** €€-€€€ (Tel.: 227 7306) befinden sich in einer großen, hübschen, gelb-grün gestrichenen Villa und werden vom freundlichen Besitzerehepaar *Desmond* und *Marlette Martins* geleitet. In den nach hinten gelegenen der geräumigen Zimmern schläft es sich – da ohne Straßenverkehrslärm – wesentlich ruhiger.

●Sehr empfehlenswert ist auch die am Ende der gegenüber von Martin's abgehenden Straße, strandnah gelegene **Villa Goesa** €€€€ (Tel.: 2277535, alobo@goatelecom.com). Die um einen gepflegten Garten angelegten, aber nicht sonderlich großen Zimmer sind ihren Preis am oberen Ende dieser Kategorie noch wert.

●Das **Joanita Guest House** €€ (Tel.: 2277166) und **Garden Court Resort** €-€€ (Tel.: 2276054), einige Zimmer verfügen über AC und Kochnische, sind zwei Billigdomizile im Dorfzentrum Calangutes. Preisnah in der gleichen Gegend ist das **Popeye's G.H.** €€ (Tel.: 2279296). Die Zimmer in dem von einer netten Familie geführten Haus sind einfach, aber hübsch eingerichtet.

●Teurer ist das nahe gelegene **Varma's Beach Resort** €€€-€€€€ (Tel.: 2276077) in der Mittelklasse. Alle Zimmer der von einer äußerst freundlichen Familie geführten Anlage sind um einen hübschen Innenhof mit Pool angelegt, manche haben eine kleine Veranda.

●**Coco Banana** €€€ (Tel.: 2279068, www.cocobananagoa.com) ist tarif- und qualitätsmäßig eine Stufe tiefer angesiedelt. Es bietet einwandfreie Cottages mit Bad, um einen Garten angelegt, in ruhiger Lage, ebenfalls am Strand. Wird mehr Platz benötigt, sind die zwei nahen Apartments des **Casa Leyla** unter derselben Leitung das Richtige.

●Für Reisende mit kleinerem Geldbeutel empfehlen sich einige einfache Unterkünfte, die entlang der schräg gegenüber des Bushalteplatzes bei der Calangute Residency Richtung Süden abzweigenden Straße gelegen sind. Besonders hervorzuheben ist das sympathische **Angela Guest House** € (Tel.: 2277269), ein alter Favorit der Backpacker-Szene. Es hat Zimmer mit Gemeinschaftsbad.

●Mit den Hotels **Victorian Heritage** €€€€ (Tel.: 2277682), **Cary's** €€€ (Tel.: 2279191) und **Senhor Angelo Resort** €€€ (Tel.: 227 6929) finden sich drei gepflegte Unterkünfte in einer kleinen Seitengasse, die von der Calangute Residency abzweigt. Alle drei verfügen über einen Pool und machen einen gepflegten Eindruck. Insgesamt drei empfehlenswerte Unterkünfte in ruhiger Lage und Gehdistanz zum Meer; Preise in der Nebensaison kaum die Hälte des Tarifs.

●Im südlichen Calangute am Ende der Holiday St. sind das **Hotel Golden Eye** €€€ (Tel.: 2276187) und das **White House** €€€ (Tel.: 2277938) zwei gute Mittelklassedomizile, Zimmer mit Balkon und Meerblick, in ruhiger Lage direkt am hier ruhigen Strand. Das ebenfalls makellose **Dona Cristalina** €€ (Tel.: 2297012) an derselben Straße ist um einiges billiger.

●Das **Kerkar Retreat** €€€€ (Tel.: 2276017) bei der Kerkar Art Gallery ist etwas ungünstig an der Hauptstraße gelegen, hat aber sehr gelungen eingerichtete und dekorierte Zimmer in modernem Stil.

●Strandnahe Balkonzimmer, ein klasse Dachrestaurant und ein einladender Garten sowie hilfsbereites Management sprechen für das **Gabriel's Guest House** €€ (Tel.: 2279486) ganz im Süden Calangutes. Eine hervorragende Alternative ist das **Coelho's Guest House** €€ (Tel.: 2277646), ebenfalls mit großen Balkonzimmern und Dachterrasse mit Meerespanorama.

●**Pousada Tauma** €€€€€€ (Tel.: 2279061-3, www.pousada-tauma.com) ist eine recht neue 5-Sterne-Unterkunft etwas östlich von Calangute. Doppelstöckige Backsteinhäuser, um einen Pool gruppiert in grüner Umgebung, sind ihren hohen Preis wert. Außerdem gibt's außer einem guten Restaurant ein ayurvedisches Gesundheits-Center.

● Eines der luxuriösesten Hotels Goas ist das **Nilaya Hermitage** €€€€€€ (Tel.: 2276793/4, nilaya@goatelecom.com), 6 km landeinwärts. Diese Jet-Set-Herberge (indische Filmstars und *Richard Gere* sollen hier übernachtet haben) verfügt über alle in dieser Kategorie üblichen Annehmlichkeiten.

Essen und Trinken

Calangute und Baga bieten zweifelsohne die größte Auswahl an empfehlenswerten Restaurants in Goa. Die kleine Auswahl wird von Nord nach Süd beschrieben.

● **Lila's Café** nördlich des Baga-Flusses ist ein wunderbarer Ort fürs Frühstück: selbstgebackenes Brot, Croissants, diverse Müslis in friedvollem Garten – so lässt sich der Tag beginnen.

● **J & A,** auch auf der Nordseite des Flusses, ist eines der besten italienischen Restaurants Bagas. Köstliche Pizza, Pasta und Lasagne sowie gute Weine in Gartenumgebung sind um 250 Rs pro Hauptgericht zu genießen. Urig und billig sitzt und speist man in der **Sun-Set Bar & Restaurant,** nicht weit weg.

● Ein gutes Strandrestaurant ist **Mocha,** ein schön gestylter Ort mit Liegepolstern und flachen Tischen zum Genießen des Sonnenuntergangs. Diverse Kaffessorten, Kuchen und auch kleine Gerichte und Alkoholisches werden offeriert.

● Das alteingesessene **Britto's** am Strand ist immer noch gut, mit goanischer und westlicher Küche sowie Kuchen und gelegentlich Live-Musik.

● **Nisha's** ist schon wegen der Lage direkt bei Tito's immer voll. Frische, einfach zubereitete Fischgerichte gibt's für um 300 Rs.

● Die **Casa Portuguesa** ist eine schöne, alte portugiesische Villa, in der man täglich ab 18.30 Uhr in stilvoller Atmosphäre zwischen goanischen und portugiesischen Gerichten auswählen kann, die allerdings in den letzten Jahren reichlich teuer geworden sind.

● Sehr schön sitzt es sich auch auf der weit ausladenden Holzterrasse des dem Hotel Baia do Sol angeschlossenen **Valerio's Restaurant.** Getrübt wird das Vergnügen jedoch durch die gesalzenen Preise, zumal das Essen eher mittelmäßig ist.

● Wer einmal unter Palmen in einem sehr schön gestalteten Garten bei romantischer Musik für indische Verhältnisse ausgezeichnete italienische Pasta und Pizza genießen möchte, für den ist das **Fiesta** (Tel.: 2279894) nahe Tito's die ideale Adresse. Für das Gebotene sind 150–200 Rs für ein Hauptgericht völlig gerechtfertigt. Abends sollte man reservieren.

● Ebenfalls dort ist **Citrus** ein modernes vegetarisches Restaurant mit einfallsreicher Speisekarte.

● Seit Jahren eine der beliebtesten Adressen in Calangute ist das **Souza Lobo Restaurant** direkt am Strand. Die Popularität rührt nicht nur von der perfekten Lage her, die allabendlich zum Beobachten des Sonnenuntergangs einlädt, sondern auch von der guten Küche. Neben leckeren Fischgerichten kann man sich auch an deftigerer Kost wie etwa einem Steak laben.

● Eine gelungen renovierte Kolonialvilla gibt den stilvollen Rahmen für hervorragende, umfangreiche und erstaunlich günstige Fisch- und Fleischgerichte im **Casandre** in Calangute.

● Nahe der Calangute Residency befindet sich das **Trip In,** welches ebenso wie das **Alex Cold Drink House** und das **Milky Way** an Calangutes frühere Jahre als Hippie-Hochburg erinnert.

● Neben der St. John's Chapel lockt der **Infantaria Pastry Shop** u.a. mit frischen Croissants und köstlichem Apfelkuchen, also ein hervorragender Ort fürs Frühstück, obwohl die Preise, goatypisch, in den letzten Jahren in die Höhe geschossen sind.

● Hervorragende fleischlose indische Küche serviert das **The Plaintain Leaf,** *thalis, dosas* und *samosas* zum kleinen Preis.

● Im **A Reverie** nahe dem Goan Heritage zahlt man auch für die Ausstattung, so lockt es eher die reiche Klientel. Doch auch die fantasievollen kulinarischen Kreationen sind schon was Besonderes (ca. 600 Rs pro Hauptgericht).

Nightlife

● Es herrscht kein Mangel an Vergnügungsmöglichkeiten, überall sind kleine **Bars und**

Calangute und Baga
Anjuna
Fußweg nach Anjuna
Anjuna
Baga
Anjuna (5 km), Ingo's Nightmarket (3 km), Club Cubana (2 km)
0
400 m
BAGA
Natural Health Centre
Goa Dive Center
Arabisches Meer
Atlantis Water Sports, H_2O Tripper
Our Lady of Piety Church
Cocoon Art Gallery
Ayurvedic Natural Health Centre (5 km), Mapusa (10 km), Panaji (15 km)
Baga Road
Calangute Anjuna Road
Casa Braganza
Motorradreparaturwerkstatt
Panaji (15 km)
CALANGUTE
St. Alex Church
St. Anthony's Chapel
Kerkar Art Gallery
© Reise Know-How 2012

Unterkunft
1 Nani's & Rani's Guest House
2 Melissa Guest House
3 Divine Guest House
10 Cavala Seaside Resort
11 Alidia Beach Cottages
12 Villa Fatima Beach Resort
19 Angelina Beach Resort
20 Sarita Guest House
21 Ancora Beach Resort Cottages
22 Ronil Beach Resort
23 Villa Bonfim
24 Capt. Lobos Beach Hideaway, Colonia Santa Maria
25 Villa Goesa
26 Martins Guest Rooms
27 Senhor Angelo Resort
28 Johnny's Hotel
29 Hotel Clisher
30 GTDC Calangute Residency
32 Popeye's Guest House, Varma's Beach Resort
36 Garden Court Resort
42 Pousada Tauma
45 Coco Banana
46 Angela Guest House
47 Casa Leyla
48 Royal Heritage Resort
49 Hotels Golden Eye und White House
51 Goan Heritage
52 Coelho's Guest House
53 Gabriel's Guest House
54 Kerkar Retreat

Essen und Trinken
4 Lila's Café
5 J & A
8 Britto's Café
9 Mocha Restaurant
13 Casa Portuguesa
14 Fiesta
15 Mambo's
16 Tito's
17 Nisha's
18 Citrus
26 Milky Way
33 Infantaria Pastry Shop
38 The Plaintain Leaf
44 Restaurant Souza Lobo
50 A Reverie
55 Red Lion Club

Verkehr
7 Boote nach Anjuna
31 Busbahnhof
34 Bushaltestelle
37 MGM Travels
39 Busse nach Panaji
41 Busse nach Panaji
43 Rikshastand
55 Day Tripper Tours

Einkaufen
6 Mackie's Bazaar
32 Modern Book Palace
35 Rama Bookstore
40 Markt, Supermarkt

Tanzlokale zu finden, etwa der **Red Lion Club** im Süden Calangutes. Absoluter Szene-Treff ist aber nach wie vor **Tito's** (www.titosgoa.com) in Baga, nahe am Strand am Ende der kleinen Straße, die hinter der Villa Bonfim abzweigt. Ambiente, Lage und Essen sind hier gleichermaßen delikat, wofür man jedoch auch einiges berappen muss. Die Eintrittspreise für Music-Events mit DJs, Varieté oder Modeschauen variieren je nach Wochentag und Saison. Frauen haben freien Eintritt. Ab 20 Uhr bis weit in die Nacht geöffnet in der Hochsaison, zu anderen Zeiten bis 23 Uhr. Ist es hier zu voll, kann man es im **Café Mambo's** fast nebenan versuchen.

● Gut 2 km außerhalb von Baga Richtung Arpora ist das neuere **Club Cubana** (Tel.: 2279799) eher für betuchtere Klientel gedacht. Dafür spricht schon der Eintrittspreis von 400 Rs für Männer und 300 Rs für Frauen, in dem dann aber die Drinks enthalten sind. Die DJs des an Wochenenden (Fr/Sa) von 21 bis 4 Uhr geöffneten Clubs spielen Hip-Hop und Rythm & Blues (keinen Techno), wozu auf der kleinen Tanzfläche am beleuchteten Pool getanzt wird.

Sport und Unterhaltung

- Kaum zu glauben, aber wahr: Im vergnügungssüchtigen Calangute kann man sich tatsächlich an klassischer indischer Kultur erfreuen. Zweimal in der Woche, jeweils Di und Sa, veranstaltet die **Kerkar Art Gallery** (Tel.: 2276017) im Süden der Stadt eine 90-minütige Aufführung klassischen indischen Tanzes und ebensolcher Musik. Für einen gelungenen Rahmen sorgt die schön geschmückte Bühne. Die Darbietenden sind Studenten der angesehenen Kala Academy in Panaji. Beginn 18.30 Uhr, Eintritt 250 Rs.
- Zwischen Calangute und Baga am Strand verleihen **Atlantis Water Sports** (Tel.: (0)9890047272) und **H_2O Tripper** (Tel.: 2277907) **Jetski** (600 Rs) und machen **Bootsausflüge.** Auch **Wasserski** (800 Rs) und **Paragliding** (800/ 1.500 Rs als Tandemflug) ist möglich.
- Der jeden Mittwoch in Anjuna stattfindende, goaweit bekannte **Flohmarkt** wird morgens ab etwa 9 Uhr bis Sonnenuntergang von Fischerbooten angefahren. Der Preis für die 20-minütige **Bootsfahrt** hängt von der Menge der Passagiere und der Tageszeit ab (um 50 Rs). Wer diese Variante wählt, dorthin zu gelangen, sollte bedenken, dass es bei etwas aufgewühlter See nass werden kann und seine Kamera und evtl. auch sich selbst entsprechend schützen.
- Etwa 3 km nördlich von Baga bei Arpora hat sich mit **Ingo's Nightmarket** nahe dem Chorianginath-Tempel zusätzlich zum **Anjuna Fleamarket** ein weiterer Flohmarkt etabliert. Der von vielen inzwischen favorisierte Markt bietet Live-Musik, Tanz, Verkaufs- und Essenstände mit vielfältiger Küche, Feuerschlucker und vielerlei andere Vergnügungen. Er findet jeden Samstag von 18 bis 2 Uhr morgens statt. Eine kleinere Variante ist **Macky's Bazaar** auf der nördlichen Baga-Flussseite.

Ayurveda

- Professionelle ayurvedische Anwendungen bietet das **Ayurvedic Natural Health Centre** (Chogm Rd., Tel.: 2409275) in Saligao, 5 km ins Landesinnere hinein.
- Eine erstklassige Adresse für ayurvedische Behandlungen ist die Praxis von **Dr. Ruhit** neben Lila's Café nördlich des Baga-Flusses. Der erfahrene Arzt nimmt sich Zeit für seine Patienten und behandelt fachkundig.

Bank

- **Wall Street Finances** in Calangute ist der beste Ort, um Bargeld und Reiseschecks zu wechseln; geöffnet Mo–Sa 9.30 bis 18 Uhr.
- Bürokratischer und dementsprechend langsamer ist die **State Bank of India,** nur wenige Meter weiter Richtung Hauptstraße.
- Als Alternative bietet sich die **Bank of Baroda** (Mo–Fr 9.30–14.15 Uhr, Sa 9.30–12 Uhr, So 9.30–14 Uhr) an, wo Visa-Karten-Inhaber Bargeld ausgezahlt bekommen (1 % Gebühr plus 100 Rs für Bestätigungsanruf).
- In Baga wird man schnell und effizient beim privaten Geldwechsler **ENEM Finances** (tgl. 8 bis 21 Uhr) bedient, die Wechselraten sind aber schlechter.
- Die **ATMs** der UTI-Bank im Benson Complex und der ICICI-Bank am Markt akzeptieren die wichtigen Kreditkarten außer Amex.

Zweiradvermietung

- **Motorräder, Motorroller und Mofas** werden an unzähligen Ständen und in Guest Houses vermietet. Die in ganz Goa üblichen Tagesmieten von 200 bis 350 Rs bei Motorrädern (je nach Zustand und Größe) gelten auch hier. Gelegentlich sind auch **Fahrräder** für meist 50 Rs pro Tag auszuleihen.

An- und Weiterreise

- **Busse** nach Panaji und Mapusa fahren alle halbe Stunde vom kleinen Busbahnhof im Zentrum. Wer von dort kommt, sollte möglichst nicht im Zentrum aussteigen, sondern erst an der Abzweigung Richtung Baga – so ist man näher am Strand und bei den Hotels. Nicht alle Busse fahren bis dorthin, d.h. man sollte sich vorher beim Schaffner erkundigen.
- Für die 20-minütige **Taxifahrt** von Calangute oder Baga nach Panaji muss man mit etwa 200 Rs rechnen.

! Diejenigen, die mit gemieteten Motorrädern und -rollern nach Arpora oder Anjuna anreisen, sollten wissen, dass gerade zu Flohmarkt-Zeiten häufig **Polizeikontrollen** an den Hauptzufahrtsstraßen auf der Lauer liegen, um die Fahrerlaubnis und die Fahrtüchtigkeit des Gefährts (und natürlich bzgl. Drogendelikten) zu überprüfen. Hat man keinen Führerschein dabei, kann es teuer werden. Ein Taxi kostet nach Arpora etwa 70 Rs.

Anjuna

Als Baga und Calangute in den 1980er Jahren zu bürgerlich wurden, zogen sich die Hippies und jene, die sich dafür hielten, in das sich nördlich anschließende, nur durch eine Felsklippe abgetrennte Anjuna zurück. Seitdem sind einige weitere Wellen der Popkultur über Anjuna hinweggezogen. In der wohl **letzten Hochburg der Techno-Szene Goas** treffen sich in den europäischen Wintermonaten zwar auch heute noch Tausende von Vergnügungssüchtigen auf den berühmten **Strandpartys** mit infernalisch lauter Musik, früher vorwiegend in der Shore-Bar, allerdings wird in letzter Zeit diesem Eldorado der Techno-Freaks nach zunehmend in der Presse und von der Bevölkerung wie auch von Politikern vorgebrachten Klagen durch Auflagen der Behörden (z.B. dem Verbot lauter Musik im Freien nach 22 Uhr) die Grundlage entzogen, sodass derzeit nur noch gelegentlich kurzfristig anberaumte Strandpartys an wechselnden Orten stattfinden. Zur Recherchezeit gab es tagsüber noch Partys im Shiva Valley am südlichen Ende des Strandes.

Berühmt ist Anjuna vor allem für seinen mittwochs stattfindenden **Flohmarkt,** zu dem Touristen aus ganz Goa anreisen. Unter dem Motto „Sehen und Gesehen werden" präsentieren sich dann die schrillsten Gestalten und man fühlt sich unvermittelt in die Flower-Power-Zeit zurückversetzt. Dieser sehr kommerzielle Markt lohnt vor allem wegen der vielen Eindrücke und um Fotos zu schießen. Die verkauften Produkte der gelegentlich aufdringlichen Händler sind reichlich überteuert. Es ist zu beachten, dass zu diesem Anlass häufig Polizeikontrollen an den Zugangsstraßen postiert sind, um Fahrzeuge und Fahrerlaubnis zu kontrollieren, also aufpassen, sonst kann's teuer werden.

Das eigentlich beschauliche, etwas weitläufige Anjuna ist zurzeit wohl auf der Schwelle von der Raver-Hochburg zu einem typisch goanischen Badeort mit einem nach Süden breiter werdenden Strand, der von der Steilküste mit sehenswertem Aussichtspunkt abgeschlossen wird. Vielleicht übernimmt aber auch die indische Jugend das Zepter für eine neue Ravergeneration.

Nachdem es zu mehreren schweren Unfällen von Schwimmern mit Motorbooten und Jetski gekommen ist, wurde 2010 ein Teil des strandnahen Meeres mit einem Netz vom offenen Wasser abgeschirmt, was das Badevergnügen nicht fördert.

Unterkunft

Wer sich in den günstigen Guest Houses unmittelbar am Kliffrand einquartiert, sollte sich im Klaren darüber sein, dass man für die dort verlangten Preise von 100 bis 150 Rs kaum mehr als ein kleines, dunkles und nicht unbedingt sauberes Zimmer, häufig ohne eigenes Badezimmer, erwarten darf. Im Übrigen sorgen die angrenzenden Bars dafür, dass einen die dumpfen Techno-Klänge bis spät in die Nacht „bei Laune" halten. Grundsätzlich gilt die Regel, je weiter vom Strand entfernt, desto ruhiger.

- Die einzige wirklich empfehlenswerte Behausung nah am Strand ist das freundliche **Palmasol Cliff Resort** €€-€€€ (Tel.: 2273258) mit baumbestandenem Innenhof an der Kliffstraße. Die Räume haben Bad und TV, Renovierungen sind geplant.
- Eine gute Billigwahl ist das in den Gassen südlich des Zentrums gelegene **Valentino's Guest House** € (Tel.: 2274130). Einfache, saubere und ganz billige Zimmer mit Bad und ein Zelt auf dem Dach werden vermietet.
- Eine Stichstraße am nördlichen Ortsausgang nach Vagator hinein findet sich das gute und meist gut gefüllte **Anjuna Beach Resort** €-€€ (Tel.: 2274499, 9822176753, fabjoe@sancharnet.in), ein zweigeschossiges, altes Kolonialgebäude mit sauberen, teils großen Zimmern mit Terrasse. Das gegenüber gelegene, viel einfachere **Hill View Guest House** €-€€ (Tel.: 2273235) wirkt, da oft kaum belegt, zwar etwas tot, kann aber als Ausweich dienen, wenn das erstgenannte voll ist.
- Von den günstigen entlang der Hauptstraße gelegenen Unterkünften sind **Starco's** € und **Cabin Disco** € (Tel.: 2273254) in Ordnung, hier gibt's nur einfache Zimmer.
- Seinem Namen alle Ehre macht das **Peace Land Holiday Home** €-€€ (Tel.: 2273700). Das am Ende eines Schotterweges zurückversetzt von der Hauptstraße gelegene, meist kaum belegte Haus strahlt eine angenehme Ruhe aus. Hier tönt aus der Musikanlage nicht nur Techno, sondern zuweilen auch indische Musik.
- Das in einer gepflegten alten Villa untergebrachte **Red Cab Inn** €-€€ (Tel.: 2274427) in ruhiger Lage ist sein Geld wert. Neben den gemütlichen Zimmern lockt das hauseigene Restaurant mit guter Küche.
- Die relaxte Atmosphäre des **Rene's Guest House** €-€€ (Tel.: 2773405, (0)9850462217) ist nicht sein einziger Pluspunkt, auch die sauberen Zimmer mit Bad um einen Garten sind ihr Geld wert.
- Sehr angenehm ist das gleich hinter der St. Anthony's Chapel gelegene **White Negro** €€-€€€ (Tel.: 2273326, dsouzawhitenegro@rediffmail.com). Es bietet kühle Zimmer mit Terrasse zum Innenhof. Trotz seiner Strandnähe wirkt die gepflegte Anlage unter Bäumen ruhig und das angeschlossene überdachte Freiluftrestaurant bietet leckere Gerichte. Nebenan gibt's mit dem **Sailor's Guest House** €-€€ eine einfachere Alternative, natürlich auch in guter Lage, falls das White Negro voll ist.
- Sowohl räumlich als auch preislich außerhalb der bisher genannten Unterkünfte liegt das **Laguna Anjuna** €€€€€ (Tel.: 2274305, www.lagunaanjuna.com). Die schön eingerichteten, individuell gestalteten Zimmer der um einen Pool angelegten und mit vielen Pflanzen bestückten Anlage machen einen sehr geschmackvollen Eindruck.
- Die perfekt instand gehaltenen Zimmer des herrlichen **Palace Rodrigues Holiday Home** €€€ (Tel.: 2273358, palacetterodrigeus@rediffmail.com), einer 200 Jahre alten Kolonialvilla nicht weit von den Oxford Stores, haben mit ihren alten, schweren Holzmöbeln und Accessoires viel von der kolonialen Atmosphäre bewahrt – wunderbar und erstaunlich günstig. Nach hinten gibt's zudem zwei billigere Zimmer. Ein Pool ist geplant.
- An der Ausfallstraße Richtung Siolim, ca. einen Kilometer vom Ortszentrum entfernt, liegt das prachtvoll in Schuss gehaltene **Bourgainvilla/Granpa's Inn** €€€-€€€€€ (Tel.: 2273271, granpas@hotmail.com) aus Kolonialzeiten, dessen großzügige Zimmer alle zum gepflegten Garten mit kleinem Swimmingpool gerichtet sind.

Essen und Trinken

Die Auswahl an guten und preiswerten Restaurants ist groß, wobei aus oft unerfindlichen Gründen manches Lokal brechend voll

304is Foto: tb

ist, obwohl es in der vorhergehenden Saison meist gähnend leer war. Da heißt es schon etwas, wenn sich eines seit Jahren der Gunst der Touristen erfreuen kann.

- Hierzu zählen das 20 Jahre alte **Xavier's Restaurant** hinter dem Flohmarkt, bekannt für hervorragende Fischgerichte (150–300 Rs pro Hauptgericht), und das **Munchee's**, ein 24 Std. geöffneter Imbiss, besonders in Partynächten zum Auftanken bei Kaffee und Fruchtsäften beliebt.
- An der Mapusa-Anjuna Rd. ist **Blue Tao** (Hauptgerichte 100–200 Rs) besonders bei Einheimischen wegen der exzellenten, ökologisch arbeitenden Küche beliebt.
- Von den vielen Restaurants im südlichen Strandbereich seien das meist gut besuchte **Lilliput** und das **Sound of the Waves** mit guten Fischgerichten erwähnt.
- Freunde italienischer Küche sind bei **Basilico** (Tel.: 2273721) am besten aufgehoben. Pizza, Pasta, Spaghetti und Salate im Garten sind ab 19 Uhr zu haben.
- **Lafranza's,** etwas hinter dem Strand an der Straße zum Markt, ist ein zu Recht beliebtes Lokal, vor allem wegen der großen Portionen für wenig Geld. Besonders lecker sind die vegetarischen Gerichte.
- Leckere, vielseitige Küche serviert die **Wunderbar,** natürlich unter deutscher Leitung, an der Hauptstraße.
- Der ideale Ort für ein reichhaltiges, leckeres Frühstück in ruhigem Ambiente ist **Martha's Breakfast Home,** ein beschauliches Gartenrestaurant etwa 200 m südwestlich des Lafranza's.
- Nur wenig nördlich hat sich das neue **Sublime** unter amerikanischer Leitung auf Travel-

Reisanbau ist mühsam

lerfood wie Burger und Pizza in exzellenter Qualität spezialisiert.

- Näher an Vagator als in Anjuna liegt das traditionsreiche **Beam me up** nach seinem Umzug an die Ausfallstraße nahe der Tankstelle und ist bei seiner motorisierten Klientel auch weiterhin angesagt.
- Nett sitzt man in einem schönen Garten bei **The Jam Connection** hinter dem Postamt, von einer Österreicherin geführt. Die Speisekarte bietet leckere Salate und Kuchen.
- Ein Renner sind die köstlichen Kuchen und Plätzchen der **German Bakery,** eine gewundene Straße gegenüber Martha's hinein; da-

zu gibt es schmackhafte Hauptgerichte, Suppen, Müsli etc. Man sitzt äußerst bequem in Korbsesseln oder liegt auf Matratzen zu Ambient- und Trance-Musik.

● Etwas weiter folgt das **Haystack Restaurant,** wo man sich freitagabends für 200 Rs nicht nur am reichhaltigen Buffet laben, sondern gleichzeitig die dargebotenen Folklore- und Musikaufführungen genießen kann.

● Selbstversorger finden in den gut ausgestatteten **Oxford Stores** bzw. gegenüber in den **Orchard Stores,** beide im Osten des Dorfs, sowie in der **Oxford Arcade** an der Straße nach Vagator nahzu alles Nötige. Ein weiterer kleiner Supermarkt befindet sich beim Postamt.

Unterkunft

1 Hill View Guest House
2 Anjuna Beach Resort
5 Peace Land Holiday Home
7 Don Joao Resort
10 Valentino's Guest House
11 Red Cab Inn
12 Baba Guest House
13 Manali Guest House
14 Starco's
18 Coutinhos Nest
20 Bourgainvilla/Granpa's Inn
21 Palace Rodrigues Holiday Home
25 Laguna Anjuna
26 White Negro, Sailor's Guest House
27 Palmasol Cliff Resort
29 Rene's Guest House
31 1A Friends

Essen und Trinken

3 Munchee's Restaurant
4 Beam me up
8 Paradiso
10 Basilico Restaurant
17 Wunderbar, Blue Tao
24 The Jam Connection
28 Sublime
30 Martha's Breakfast Home
32 Whole Bean Restaurant
33 Shore Bar
34 Lilliput Restaurant
35 German Bakery
36 Xavier's Restaurant
37 Shiva Valley

Nightlife

● Der immer noch angesagteste Ort für Techno- und Trance-Musik ist das **Paradiso.** Goas größter und inzwischen reichlich kommerzialisierter Club ist auf mehreren Terrassen zum Strand hinunter angelegt. Die bekanntesten DJs nicht nur Goas haben hier schon aufgelegt. Eintrittspreise zwischen 200 und 400 Rs, Frauen meist umsonst.

● Nachdem die anderen Zentren der Szene, die **Shore Bar,** die nur noch zum Fleamarket gut gefüllt ist und danach auch die Nine Bar in Vagator nun gar nicht mehr angesagt sind, war zur Recherchezeit das **Shiva Valley** am südlichen Strandende der In-Place: Partys vom Nachmittag bis 22 Uhr. Ob's in der nächsten Saison noch so ist – keiner weiß es. Ansonsten finden Partys kurzfristig statt. Deren Zeitpunkt und Ort werden per Mundpropaganda weitergegeben – also Ohren auf.

Sport und Unterhaltung

● Yoga-Interessierte sollten sich etwa im **Purple Valley Yoga Centre** (im Hotel Bourgainvilla) informieren. An den meisten Kursen in Hatha-, Asthanga- und Pranayama-Yoga kann auch ohne vorherige Anmeldung teilgenommen werden.

● Vornehmlich am Mittwoch zum Fleamarket wird am Südende des Strandes auf dem Kliff **Paragliding** veranstaltet.

Reisebüros

Von vielen Reisebüros seien einige seit Jahren verlässliche genannt. Bei den meisten ist auch Geldwechsel und Reisescheckeinlösung möglich.

● **MGM Travels,** Tel.: 2273939, Mo–Sa 9.30–18 Uhr.

- **Connexions Travels,** an der Hauptstraße, Tel.: 2274347, tgl. 10–21 Uhr.

Post, Bank, Internet

- Die **Post** liegt etwas östlich des Zentrums. Poste Restante Code: 403509.
- Die **Bank of Baroda** akzeptiert nur Visa- und MasterCard; Bargeld oder Travellerschecks werden nicht gewechselt. Das macht z.B. MGM Travels (s.o., hier ist auch schneller Geldtransfer aus Europa möglich) oder Connexions Travels (s.o.).
- Ein schnelles Internetcafé der **Sify-i-way-Kette** (bis 22.30 geöffnet) findet sich beim Postamt östlich des Zentrums. Hier ist auch billiges Net-to-Phone-Telefonieren (4 Rs/Min.) nach Europa möglich. Auch Connexions Travels hat ein Internetcafé.

An- und Weiterreise

- Zahlreiche **Busse** nach Mapusa und Calangute vom Busbahnhof am nördlichen Dorfende. Wer nach Anjuna fährt, sollte bis zur Endstation durchfahren, da es von dort recht nah bis zu den Unterkünften am Strand ist.

305is Foto: tb

Vagator und Chapora

Die drei beschaulichen **Strände Vagators** gehören zweifellos zu den schönen Goas. Sie haben die auch hier, nur einige Kilometer nördlich der Hochburg Anjuna, zu verzeichnenden Auswüchse der inzwischen wohl im Abebben begriffenen Techno- und Rave-Szene gut überstanden. Es scheint, dass sich auch Vagator wieder zu einem typisch goanischen Badeort zurückentwickelt, der vor allem besser betuchte Europäer wie auch die indische Mittelschicht als Hauptklientel anziehen möchte, wie die Bauweise der Hotelneubauten der letzten Zeit andeutet. Es bleibt abzuwarten, inwieweit dieses Kalkül aufgeht.

Für **Chapora,** kaum einen Kilometer entfernt, scheinen die Aussichten weniger rosig. Nicht mit einem Strand beschenkt, ist es heute eins der letzten Refugien der **Techno-Szene** in Goa. Tagsüber wird das Bild hauptsächlich von auf die nächste Party wartenden, in den gerade angesagten Bars und Restaurants abhängenden Ravern sowie einigen gestandenen, von Bar zu Bar wankenden Trinkern aus Europa bestimmt.

Pittoresk wirkt das nur selten von Touristen besuchte, im 18. Jh. von den Portugiesen auf einem Felsvorsprung erbaute **Chapora-Fort.** Nahezu jeder

Willkommene Erfrischung

Tourist ist mit einem gemieteten Motorrad oder -roller ausgerüstet, dementsprechend enervierend knattern sie im eher weitläufigen Vagator und Chapora herum oder fahren zum nahegelegenen Anjuna.

Unterkunft

Zwar wohnen viele Individualtouristen in Privathäusern, die sie oft für mehrere Monate anmieten, doch wurde in den letzten Jahren vor allem in Vagator eine Reihe von recht hübschen Hotels und Pensionen eröffnet.

Vagator:

- Die leicht verwohnten **Abu John's Bungalows** €-€€ (Tel.: 2273757) in einem leicht verwilderten Garten sind eine gute Billigoption. Alle Zimmer mit Bad und Terrasse.
- Einen schmalen Weg von der Hauptstraße hinab, liegt das **Dolrina Guest House** €-€€ (Tel.: 2274896, www.goa-world.com/dolrina) abgelegen im Tal. Gute Zimmer, teilweise mit Gemeinschaftsbad, in friedvoller Umgebung zu kleinem Preis sind empfehlenswert.
- Nicht nur 15 saubere Zimmer mit Bad um einen von Bäumen beschatteten Hof, auch Yoga- und Meditations-Kurse werden in der **Zambala** €-€€ (Tel.: 2273479) zu moderatem Preis geboten. Das Restaurant mit täglich wechselndem *fixed menu* ist gut.
- Eine abzweigende Straße zwischen Vagator und Chapora hinab, liegt ganz ruhig das **L'Amour Guest House** €€ (Tel.: 2774180). Das von einem freundlichen Golf-Heimkehrer geführte Haus bietet saubere Zimmer mit Bad und Terrasse. Weiter unten im Tal haben Familien einfache Zimmer für wenig Geld in ihren Privathäusern.
- Mit reichlich Grün ist das **Jackie's DayNite** €€€ (Tel.: 2274320) im Dorfzentrum versehen. Große, gepflegte, aber ein bisschen dunkle Zimmer sind preisentsprechend. Ein gutes Freiluftrestaurant und eine Bar sind angeschlossen.
- Von den drei Herbergen mit *Jolly* (www.hoteljollygoa.com) im Namen ist die eng gebaute **Jolly Jolly Roma** €€€ (Tel.: 2273001) zu teuer fürs Gebotene. Gegenüber liegt die wesentlich preisgünstigere **Jolly Jolly Lester** €€-€€€ (Tel.: 2273620). Die hübsche Anlage des **Julie Jolly** €€-€€€ (Tel.: 2273357) mit viel Grün bietet viel fürs Geld. Alle haben Zimmer mit AC und TV.
- Eigentlich sehr hübsch, wenn auch etwas eng um einen grünen Innenhof gebaut, sind die schön eingerichteten Zimmer des **Boon's Ark** €€€ (Tel.: 2274045), aber leider zu teuer. Nicht weit entfernt sind auch die eher dunklen Zimmer mit Bad und Balkon des beliebten **Bethany's Inn** €€-€€€ (Tel.: 2273731) mit Internetcafé und Geldwechsel etwas überteuert.
- Das **Hill Top Motel** €-€€€ (Tel.: 2273665, hilltop104@hotmail.com) ist eine akzeptable Anlage Richtung Anjuna mit Garten und Restaurant. Das Angebot reicht von spartanischen Zimmern mit Gemeinschaftsbad bis zu klimatisierten Zimmern mit Bad, die letzteren überteuert.
- Schon wegen der tollen Lage über dem südlichen Vagator-Strand ist das auch ansonsten empfehlenswerte **Alcove Resort** €€€-€€€€ (Tel.: 2774491, alcove2002@yahoo.com) mit komfortablen und geräumigen Zimmern mit TV, teils mit AC, sowie hervorragendem Freiluftrestaurant über den Klippen eine gute Wahl. Meist ausgebucht, also reservieren.
- 31 komfortable Cottages mit TV des ganz neuen **Suruchi Royal Resort** €€€€ (Tel.: 274365) sind kein schlechtes Angebot, zumal es einen Pool gibt, leider ist es weit vom Meer entfernt und etwas überteuert. Hier gibt's ein Restaurant und ein Internetcafé.
- Eine der besten Unterkünfte der höheren Preisklasse ist das gepflegte **Leoney Resort** €€€€-€€€€€ (Tel.: 2273634, www.leoneyresort.com), inmitten einer hübschen Gartenanlage um einen Swimmingpool angelegt. Die Anlage im Zentrum des Dorfs verfügt über geschmackvoll eingerichtete Zimmer mit Kühlschrank und TV.

Chapora:

- Von den billigen Unterkünften an der Hauptstraße ist **Sherator Villa** € (Tel.: 2274335) das beste. Es bietet wie die anderen einfache

Zimmer mit Bad, aber in etwas besserer Qualität.

- Als Ausweichmöglichkeit ist **Helinda's Bar & Restaurant** € (Tel.: 2274345) hervorragend, das **Sea View Guest House** € mit Zimmern mit Terrasse zum Garten, der sich bis zum Wasser erstreckt, ist einfach.
- Eine Ausnahme von den üblichen Billigbehausungen Chaporas ist das von einem freundlichen alten Ehepaar geleitete **Casa de Olga** €-€€ (Tel.: 2274355, (0)9822157145) an der ruhigen Ausfallstraße zum Hafen. Von ganz einfachen und billigen Zimmern mit Gemeinschaftsbad bis zu geräumigen mit Bad und Balkon, manche sogar mit Kochnische, reicht die Palette.

Essen und Trinken

- An kleinen Strandrestaurants herrscht kein Mangel, **Lobo's** und **Lily's** am Vagator Beach bieten billige Gerichte an.
- Immer gerammelt voll, schon wegen seiner Nähe zum Primrose, ist das **Baskins 31 Robbins.** Im überdachten Freiluftrestaurant gibt's Fastfood nach amerikanischer Art und klasse Eis-Variationen.
- Das gute, von einem Franzosen geführte **Le Bluebird** (Tel.: 2273695) beim Little Vagator Beach hat neben indischer Küche auch gute Pasta sowie Steaks und Wein und auch Vegetarisches im Angebot (Preis pro Hauptgericht etwa 200 Rs).
- Das **Marrakesh** nicht weit entfernt hat arabische Kost wie diverse Kebabs zu meist guter Musik.
- Nicht gerade zentral gelegen, gibt's im **Dipti Restaurant** an der Hauptstraße hervorragendes und preiswertes Essen, eine Bar und einen imposanten Haushahn. Nach hinten sitzt man erhöht auf einer Empore zum Grünen.
- Hervorragend und entsprechend beliebt in schöner Lage über den Klippen ist das Freiluftrestaurant des **Alcove Resort.** Eine lange Speisekarte mit Fischgerichten, italienischer Küche und leckerem Kuchen sowie eine gut ausgerüstete Bar locken. Eine Hauptgericht kostet um 150–200 Rs, Fisch um 350 Rs.
- In Chapora bieten sich eine Vielzahl kleiner Restaurants und Bars rund um die Kreuzung und den Banyan-Baum, wie das **Mohan Restaurant** und das gemütlichere **Noble Nest Restaurant** an der Kreuzung Richtung Vagator. Es macht wenig Sinn, eines besonders hervorzuheben, da sie preislich und qualitativ alle etwa das Gleiche bieten. Die Raver-

Unterkunft

1	Casa de Olga
4	Sherator Villa
8	Sea View Guest House
9	Helinda's Bar & Restaurant
10	L'Amour Guest House
11	Privatzimmer Vermietungen
12	Dolrina Guest House
13	Jolly Jolly Lester
14	Jolly Jolly Roma
17	Abu John's Bungalows
18	Suruchi Royal Resort
21	Bambushütten
24	Alcove Resort
27	Leoney Resort
28	Jackie's DayNite
29	Boon's Ark
30	Bethany's Inn
34	Julie Jolly
36	Zambala
37	Hill Top Motel

Essen und Trinken

2	Leema's Place, German Bakery
3	Noble Nest Restaurant
5	Paulo's Antique Bar
7	Sai Ganesh Café
15	Tin Tin Bar & Restaurant
16	Two Brothers Restaurant
19	Dipti Restaurant
22	Nine Bar
23	Strandrestaurants
25	Restaurant Marrakesh
26	Le Bluebird
31	Baskins 31 Robbins
33	Primrose Café & Bar
35	Beam me up

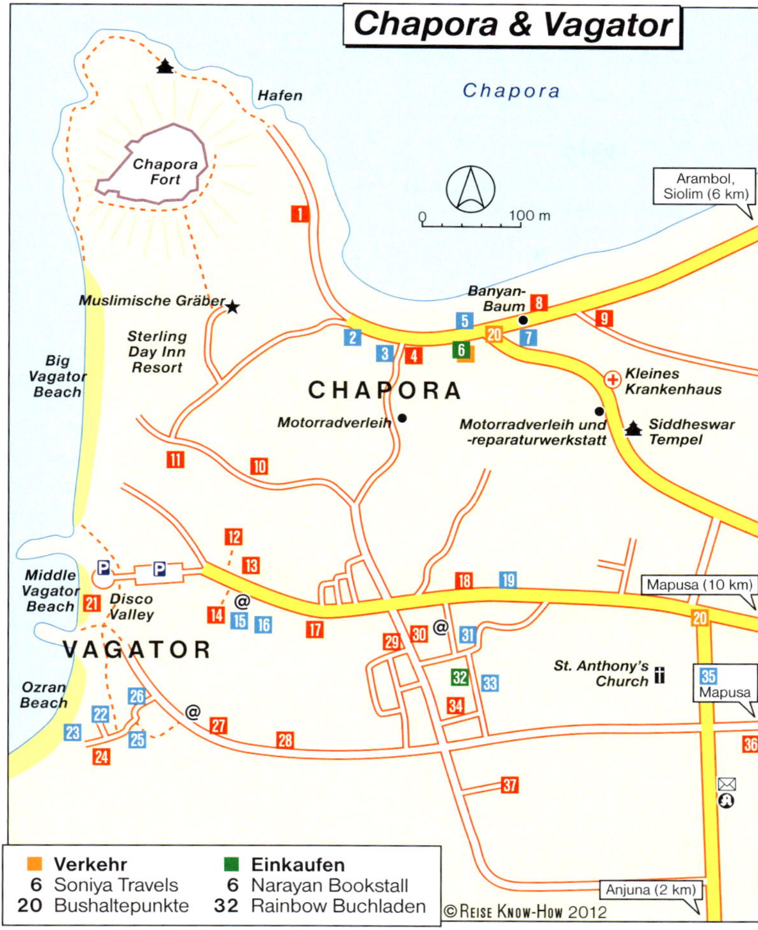

Szene schlendert von einem zu anderen. **Paulo's Antique Bar** war zur Recherchezeit besonders angesagt.

- Etwas abseits liegt **Leema's Place,** ein perfekter Ort fürs Frühstück, hier gibt's auch thailändische Küche.

Nightlife

- Partys werden meist kurzfristig und tagsüber am Strand anberaumt, etwa im **Disco Valley** oder am südlichen Vagator Beach. Der ehemalige In-Treff der Szene, die speziell für diesen Zweck konzipierte riesige **Nine**

Goa

Bar über dem Strand von Vagator, ist inzwischen vollkommen leer, nachdem ein Verbot lauter Musik nach 22 Uhr für Goa ausgesprochen wurde.

- Raver finden in Vagator auch abends nach 22 Uhr und nachts nur noch im **Primrose Café & Bar** ihr lautes Vergnügen im einzig noch erlaubten Club, da nicht in Freiluft.
- Auch im etwas außerhalb Richtung Anjuna gelegenen **Hill Top Motel** gibt's noch eine Chance fürs Abtanzen.

Post, Bank, Internet

- Das **Postamt** liegt an der Verbindungsstraße nach Anjuna und Chapora.
- Es gibt keine offizielle Möglichkeit, in Chapora oder Vagator Geld zu tauschen, also muss man auf **Soniya Travels** oder das **Bethany Inn** (hier auch Vorauszahlung für Visa- und MasterCard gegen 3 % Gebühr) zurückgreifen. Beim zweiten gibt's ein schnelles Breitband-Internetcafé, bei Soniya ein langsameres. Ansonsten stehen die **Bank of Baroda** oder die Reisebüros in Anjuna zur Verfügung.
- Neben dem Leoney Resort hat das **Moondance Cybercafé** (bis 23 Uhr) schnelle Breitband-Internetverbindungen zum stolzen Preis von 50 Rs/Std. Weitere langsamere Möglichkeiten gibt's etwa bei **Eddy's Cybercafé** neben der Tin-Tin Bar & Restaurant.

An- und Weiterreise

- Die wenigen, die nicht mit gemietetem Gefährt unterwegs sind, können etwa halbstündig in die **Busse** zusteigen, die an den beiden östlichen Kreuzungen in Vagator (die Busse halten auf Handzeichen) sowie beim Banyan-Baum in Chapora sowohl Richtung Mapusa als auch Richtung Anjuna vorbeifahren.
- Ein **Taxi/Motorradtaxi** nach Anjuna kostet etwa 80/60 Rs, nach Panaji 250/170 Rs, zum Flughafen Dabolim etwa 550/350 Rs. Ein Taxi nach Arpora zum Nightmarket kostet 80 Rs, hin- und zurück mit Wartezeit muss man mit 130 Rs rechnen.

Vasco da Gama

↗ XX/A1-2

Einwohner: 100.000
Vorwahl: 0832

Die Stadt Vasco da Gama mit ihrem **Hafen Mormugao** ist ein Kind der Industrialisierung. Die im Hinterland abgebauten Rohstoffe, vor allem Erze, werden von hier exportiert. Die wirtschaftliche Bedeutung von Vasco, wie die Stadt gemeinhin genannt wird, hat die Einwohnerzahl in den letzten Jahrzehnten sprunghaft ansteigen lassen. Dabei handelt es sich vornehmlich um Arbeiter aus Maharashtra, Karnataka, Andhra Pradesh und Tamil Nadu. Diese bunte Mischung unterschiedlichster Volksgruppen mag man interessant finden, typisch goanische Einflüsse lassen sich hingegen kaum noch ausmachen.

Die **rasterartig angelegte Stadt** ist recht unansehnlich und wird hier nur deshalb erwähnt, weil sie für viele Touristen sozusagen „strategische" Bedeutung hat, da sie nahe dem **Dabolim-Flughafen** entfernt liegt. Dementsprechend könnte sie für jene, die eine späte Ankunfts- oder frühe Abflugszeit haben, als Übernachtungsmöglichkeit in Frage kommen.

Information

- Ein Informationsstand von **GoaTourism** (Tel.: 2512673) befindet sich in der GTDC Vasco Residency.

Unterkunft, Essen und Trinken

- **Hotel Annapurna** €-€€ (Tel.: 2513655) ist die beste Billigunterkunft der Stadt: saubere Zimmer mit Bad und ein recht gutes vegetarisches Restaurant.

● Die staatliche **GTDC Vasco Residency** €€-€€€ (Tel.: 2513119) liegt bahnhofsnah und ist eine gute, leicht teurere Alternative, wenn das Annapurna voll ist.

● Weitere akzeptable Budgetoptionen sind das **Hotel Gladstone** €-€€ (Tel.: 2513966) am Busbahnhof sowie das **Hotel Maharajah** €€ (Tel.: 2514075) gegenüber von Hindustan Petroleum und das **Hotel Zuari** €€ (Tel.: 2553708). Alle verfügen über Restaurants.

● Das in der Nähe des Bahnhofs gelegene Hotel **La Paz Gardens** €€€€-€€€€€ (Tel.: 2512121, www.hotellapazgardens.com) am Swatantra Path ist das beste Hotel am Platz. Alle Zimmer sind klimatisiert. Ausgezeichnet sind auch die drei hauseigenen Restaurants. Zudem gibt's selbstverständlich einen Zubringerdienst zum Flughafen.

Bank

● Zwei **ATMs** der UTI-Bank neben und südlich des Busbahnhofs verarbeiten Visa- und MasterCard. Der HDFC-ATM gegenüber nimmt auch American Express.

An- und Weiterreise

● **Bahn:** Seit Vasco mit der Eröffnung der Konkan Railway seine frühere Bedeutung als „Hauptbahnhof" Goas an Margao abgetreten hat, fahren hier nur noch einige unbedeutende Züge ab.

● **Bus:** Vom ungünstig 3 km östlich des Zentrums gelegenen **Kadamba-Busbahnhof** zahlreiche Verbindungen zu allen größeren Städten der Umgebung. Zum Dabolim-Flughafen fahren die Busse vom zentralen **Busbahnhof am Markt.** Zwischen beiden verkehren ständig Minibusse. Leider werden auch die von Panaji und Margao anreisenden Passagiere zum Kadamba gefahren.

Bogmalo

Bis auf seine zuverlässigen Tauchschulen ist der Ort Bogmalo südlich von Vasco da Gama von geringem touristischen Interesse. Die Tauchkurse sind jedoch einen Abstecher wert.

● Geführte Tauchgänge im Meer gibt's ab etwa 5.000 Rs, erste Taucherfahrungen im Wassertank ab 2.000 Rs. **Goa Diving** (Tel.: 2555117, (0)9822100380, www.goadiving.com) organisiert professionelle Kurse und Tauchgänge z.B. bei Pidgeon Island. Eine weitere gute Adresse zu fast identischen Preisen ist **Dive Goa** (Tel.: (0)9325930109/10, www.divegoa.com). Dort werden auch Tauchgänge in Karnataka angeboten, wo die Sicht wegen des klareren Wassers besser ist.

Unterkunft

● Wer länger bleiben will, findet im freundlichen **William's Inn** (Tel.: 2538004) eine preisgünstige Bleibe.

● Weit komfortabler ist das **Silk Cotton Resort** €€€€€ (Tel.: 23619400, www.silkcottonresort.com), eine herrliche Bleibe nahe Bogmalo, 3 km vom Dabolim-Flughafen entfernt. Neben der gepflegten Gartenanlage mit großem Swimmingpool überzeugen die Freundlichkeit und Hilfsbereitschaft in dieser familiengeführten Oase und die geschmackvoll eingerichteten, großzügigen Zimmer mit Wasserbereiter, Minibar und Safe sowie weiteren Annehmlichkeiten. Ein Shuttle-Service zum Strand, Vasco-Bahnhof und Dabolim-Flughafen ist vorhanden. Außerdem werden Tauchgänge bei Dive Goa vermittelt.

Margao (Madgaon) ↗ XX/A2

Einwohner: 80.000
Vorwahl: 0832

Die Distrikthauptstadt Margao ist der bedeutendste **Handels- und Verkehrsknotenpunkt** des Südens und nach Panaji die zweitgrößte Stadt Goas. Für jene Besucher, die ihren Badeurlaub in Colva bzw. Benaulim verbringen wollen, ist dies die nächstgelegene größere Stadt. Sie ist per Bus und Zug mit allen Orten Goas sowie den größeren Städten der benachbarten Bundesstaaten verbunden. Seit Margao der wichtigste Haltepunkt der Konkan Railway in Goa ist, sieht die Stadt immer mehr westliche Reisende. Insgesamt macht sie einen angenehmen Eindruck, lohnt aber wohl nur dann einen Besuch, wenn man diesen mit Erledigungen wie Geldwechsel oder Bahnticketkauf kombiniert.

Mittelpunkt Margaos ist der **Agha Khan Park / Municipal Garden,** ein kleiner Stadtpark mit Rasenfläche und Blumenbeeten, um den sich die touristisch wichtigen Einrichtungen wie Hauptpost, State Bank of India, Busbahnhof und das Tourist Office gruppieren.

Zwischen dem Stadtpark und dem alten Bahnhof im Südosten erstreckt sich der **Gandhi Market.** Beim Bummel durch die schmalen Gänge des überdachten Großmarkts taucht man ein in die ganze optische und aromatische Vielfalt der Tropen. Berge von Früchten, Gewürzen und Stoffen schmeicheln Auge und Nase. Im Übrigen findet sich eine Reihe von Ständen mit hübschen Souvenirs zu recht günstigen Preisen.

Einen Besuch lohnt auch die im Norden der Stadt Richtung Kadamba-Busbahnhof erbaute **Heiliggeist-Kirche.** Das ursprünglich 1565 erbaute und 1675 nach mehrfachen Zerstörungen wieder aufgebaute Gotteshaus vermittelt zusammen mit dem weiß getünchten **Monumentalkreuz** in der Mitte des Kirchplatzes mit den umstehenden **lusitanischen Stadthäusern** ein angenehm mediterranes Ambiente. Alljährlich im Mai steht das Gotteshaus im Mittelpunkt eines großen Festes, das zusammen mit dem dann veranstalteten Jahrmarkt Tausende von Menschen anzieht.

Information

- Das Touristenbüro von **Goa Tourism** (Tel.: 2712790, 2715204) befindet sich im Erdgeschoss des von Goa Tourism gemanagten Margao Residency und ist Mo–Sa 8–20 Uhr und So 8–14 Uhr geöffnet. Es werden vor allem Ausflugstouren angeboten (siehe Panaji), als Informationsquelle ist es nicht sonderlich nützlich. Eine der **Sightseeing-Touren** startet in Margao. Die South End Tour (9.30–18 Uhr, 120 Rs) besucht mehrere Tempel, Kirchen und Kolonialvillen im Süden Goas.

Unterkunft

- Eine der besten Billigunterkünfte Margaos ist das **Hotel Poonam** €-€€ (Tel.: 2732945) an der Station Rd. im Stadtzentrum. Einfache, recht saubere Zimmer mit Bad und TV.
- Tadellose, helle und teils klimatisierte Zimmer mit TV und Balkon, besonders der oberen Etagen, machen das **Hotel Woodlands** €€-€€€ (Tel.: 2715522, www.goawoodlands.com) in der Loyaola Furtado Rd. zu einer guten Wahl. Ein Restaurant ist angeschlossen.

• **Hotel Saaj** €€-€€€ (Tel.: 2711757), einen Steinwurf entfernt, bietet die gleiche Ausstattung zu ähnlichem Preis, ebenfalls empfehlenswert.

• Das hübscheste Hotel der Stadt ist das **Hotel La Flor** €€-€€€ (Tel.: 2731402, 2705681-3, laflor@sancharnet.in), eine Gasse westlich der Margao Residency hinein. Große, makellose und helle Zimmer, teilweise klimatisiert, mit großem TV und einwandfreiem Bad in ruhiger Lage sind ein hervorragendes Angebot. Ein gutes Restaurant ist angeschlossen. Nachteil ist die nahe Bahnlinie, die gelegentlich die Ruhe empfindlich stört.

Essen und Trinken

• Seine angenehme Atmosphäre und die ausgezeichneten Gerichte zu recht günstigen Preisen machen das **Longuinhos,** schräg gegenüber vom Tourist Hotel, zu einem beliebten Restaurant. Man fühlte sich ein wenig in ein portugiesisches Lokal versetzt, wären da nicht die ebenso köstlichen wie scharfen indischen Gerichte.

• Schmackhafte indische Kost serviert auch das **Nial Restaurant** an der Kreuzung rechts vom Hauptpostamt. Im Gegensatz zum Longuinhos am Municipal Garden, ideal für ein Bier in den heißen Stunden des Tages, verfügt es jedoch über keine besondere Atmosphäre.

• Hervorragend ist das vegetarische **Tato Restaurant** etwas östlich des Municipal Garden. Hier gibt's große, schmackhafte *thalis* für wenig Geld.

• Verlass ist wie immer auf die in ganz Indien vertretene **Kamat-Kette,** die ihre Filiale am südöstlichen Ende des Agha Khan Garden besitzt. Hier kehren auch Einheimische sehr gern ein. Eine weitere Filiale befindet sich schräg gegenüber vom Bahnhof.

• Freunde der chinesischen Küche sollten das klimatisierte **Gaylin** nordöstlich des Stadtparks aufsuchen. Bei der reichhaltigen Speisekarte sollte für jeden etwas dabei sein.

• Indische und chinesische Küche vom Feinsten sowie arabische Gerichte werden bei **Raissa's Herbs & Spices** (Rafael Pereira Rd., Pridarchini Apartments) kredenzt, ca. 100–150 Rs pro Hauptgericht.

• Am edelsten und feinsten isst man im **Banjara** in der Valaulikar Rd. Das geschmackvoll eingerichtete Lokal serviert leckere nordindische Mughlai-Küche. Mit 90–150 Rs für ein Hauptgericht ist das Vernügen allerdings auch nicht gerade billig.

• Bei **Domino's Pizza** gibt's Namensentsprechendes zum Mitnehmen und einen Zustellservice (Tel.: 2713888).

Bank

• Der effizienteste Ort zum Geldwechseln ist das **Thomas-Cook-Büro** (Tel.: 2232536/7, Mo–Sa 9.30–18 Uhr), zentral beim Municipal Garden gelegen. Außer Barem und allen gebräuchlichen Travellerschecks werden auch Visa- und MasterCard (gegen 2 % Gebühr) eingemünzt.

• Die **State Bank of India** gegenüber an der Westseite des Municipal Garden (Mo–Fr 10–14 Uhr, Sa 10–12.30 Uhr) wechselt Travellerschecks und Bargeld im 1. Stock.

• Die **Bank of Baroda** in der Luis Gomes Rd. zahlt Visa- und Mastercard-Inhabern Bargeld aus.

• Der **ATM** der HDFC-Bank im Zentrum akzeptiert alle internationalen Kreditkarten, während die ATMs der UTI-Bank und der Centurion-Bank keine Amex-Karten annehmen.

Post und Internet

• Das **Main Post Office** liegt direkt nördlich des Stadtparks. Aber Achtung: Der Poste-Restante-Schalter befindet sich in einem Extragebäude, etwa 200 m westlich in der Rua Diogo da Costa.

• Internet kostet durchschnittlich 20 Rs pro Std. Einer von vielen Internetläden ist das **Cyber Inn** im Kalika Chambers. **Goa Space** gegenüber hat bis 23 Uhr geöffnet, **Cyber Link** im Caro Centre nur bis 19 Uhr. Auch im Bahnhof gibt es im hinteren Raum des Kiosks auf Bahnsteig 1 ein ordentliches Internetcafé.

Medizinische Versorgung

• Das wohl beste Krankenhaus Goas ist das neue **Apollo Victor Hospital** (Tel.: 2728888, 2862952/3, Notfall: 2726272, 2726081) in der Station Road auf Höhe des alten Bahn-

Margao
Panaji (34 km), Vasco da Gama (30 km)
Stadion
Lutolim (10 km), Ancestral Goa (10 km), Ponda (17 km)
Osia Hall
Colva (5 km)
Church of the Holy Spirit
Monte Hill
Monte Church
Bernarda da Costa Rd.
Padre Miranda Road
Damodar Tempel
Abbe de Faria Road
Av. Conceicao
0
300 m
Vasco da Gama
Poste Restante Schalter
Polizei
Miguel Loyola Furtado Rd.
Municipal Garden
Municipal Building
Luis Miranda Rd.
Ghandi Market
Martin Dias Rd.
Benaulim (5 km), Colva (6 km)
Apollo Victor Hospital
Station Rd.
(500 m)
Alter Bahnhof
Bharatka Hedge Desai Rd.
Varca (8 km), Cavelossim (12 km)
Chaudi, Palolem (40 km), Agonda (34 km)
Madgaon Bahnhof Hauptzugang (500 m), Chandor (13 km)

Unterkunft
5 Nanutel Hotel
15 Hotel Woodlands
18 Hotel Saaj
20 Hotel La Flor
22 GTDC Margao Residency
26 Hotel Poonam

Essen und Trinken
8 Raissa's Herbs & Spices
10 Tato Restaurant
11 Gaylin Restaurant
12 Banjara Restaurant
14 Marliz Café
17 Longuinhos Restaurant
21 Domino's Pizza
23 Kamat Restaurant
27 Bombay Café

Verkehr
1 Kadamba Busbahnhof
6 Paulo Travels
9 Bushalt für Busse aus Südgoa und zum Busbahnhof Margao
13 Busse nach Colva/ Benaulim/Palolem
16 Bushalt
19 Long Distance Bus Reservation Office
24 Motorradtaxis
28 Madgaon Bahnhof

Einkaufen
2 Fischmarkt
3 Alter Markt
4 Souza Bäckerei
7 Confident Books
25 Markthallen

hofs. Hervorragende Ausstattung und guter Service machen es zur hilfreichen Adresse im Notfall.

An- und Weiterreise

- **Bahn:** Margaos Bahnhof, 2 km südöstlich des Zentrums, ist der wichtigste Bahnhof in Goa für die Konkan Railway. Das Reservierungsbüro im 1. Stock ist Mo–Sa 8–20 Uhr und So 8–14 Uhr geöffnet. Wer eines der heißbegehrten Tickets nach **Mumbai** ergattern möchte, sollte möglichst früh erscheinen. Genauere Informationen erhält man unter Tel.: 2712790. Wichtige Verbindungen sind im Anhang unter „Madgaon" aufgeführt.

Eine schöne Alternative zur Busfahrt bietet die ca. 50-minütige Zugfahrt nach **Chaudi,** von wo es nur ein paar Kilometer nach **Palolem** sind. Wie bei allen Fernzielen ist (auch für die Fahrt nach Hospet/Hampi) die Bahn vorzuziehen, erstens wegen der schönen Ausblicke während der Tagesfahrt, zweitens weil es wesentlich weniger anstrengt.

- **Bus:** Vom Kadamba-Busbahnhof, 3 km nördlich des Zentrums, u.a. Verbindungen nach: Bangalore (14 Std.), Belgaum (5 Std.), Hospet (8 Std., 400/500 Rs Sitz/Bett), Ganpatipule, Hubli (6 Std., alle halbe Stunde), Mangalore (11 Std.), Mumbai (14 Std. mit luxuriösen AC-Volvo-Bussen für 500/700 Rs Sitz/Bett, die meisten nachts), Udipi (18 Std.). Nach Gokarna sollte man den Bus vorziehen, da der Bahnhof von Gokarna recht weit außerhalb liegt, der einzige Bus des Tages um 13 Uhr (5 Std. Fahrtzeit) dagegen bis zum Busbahnhof ins Dorfzentrum von Gokarna fährt. Darüber hinaus ständig Abfahrten zu Zielen innerhalb Goas wie Panaji, Vasco da Gama, Mapusa, Chaudi (Palolem). Reisende, die nicht von Norden nach Margao kommen, können sich die Fahrt zum Kadamba-Busbahnhof im Norden Margaos ersparen und bereits an der Westseite des Stadtparks (Municipal Garden) im Zentrum aussteigen bzw. umsteigen, etwa in Busse nach Colva und Benaulim an der Ostseite des Municipal Garden. Dasselbe gilt natürlich in umgekehrter Richtung.
- **Taxi/Motorriksha:** Die schnellste, preislich aber nur für Einzelreisende interessante Art,

nach Colva und Benaulim (oder auch weiter) zu gelangen, sind die Motorrad-Taxis, die sich mit erstaunlich viel Gepäck beladen lassen. Der Preis bis Colva bzw. Benaulim beträgt jedoch weit überteuerte 90 Rs, mit der Motorriksha 120 Rs, etwa 220 Rs sind es mit dem Taxi. Die weiteren Taxipreise können auf einer Tafel neben dem Prepaid-Schalter rechts vor dem Hauptausgang des Bahnhofs eingesehen werden. Einige Beispiele: Agonda 820 Rs, Arambol 1.370 Rs, Anjuna 1.090 Rs, Calangute 975 Rs, Chapora/Vagator 1.120 Rs, Flughafen 525 Rs, Panaji und Palolem 760 Rs, Old Goa 830 Rs.

Chandor

Der kleine Ort 13 km östlich von Margao wäre keiner Erwähnung wert, stünde hier nicht die herrliche Villa der Familien *de Menezes Braganza* und *Perreira-Braganza*. Der am 15.1.1878 in diesem Haus geborene **Luis de Menezes Braganca** war nicht nur der berühmteste Sohn der Stadt, sondern einer der einflussreichsten Journalisten und Politiker Goas. Ein Gang durch den von den Inhabern liebevoll instand gehaltenen westlichen Teil des **Herrschaftshauses,** das Ende des 18. Jh. erbaut wurde, bietet einen idealen Einblick in die Lebensverhältnisse der goanischen Oberschicht von vor hundert Jahren.

Der Ostflügel, an dem die Zeit etwas intensiver genagt hat, ist im Besitz der Familie *Perreira-Braganza*. Angesichts der reich verzierten Möbel, Spiegel, Antiquitäten, Porzellanwaren und historischen Fotos würde jeder Antiquitätenhändler in Verzückung geraten. Eine besondere Note erhält die Besichtigung durch die Ausführungen des Hausherrn, der eine Reihe hochinteressanter Geschichten und Anekdoten zu den einzelnen Ausstellungsstücken beizusteuern weiß. Gern öffnet er auch die Türen zu der auf dem Platz vor der Villa stehenden **Kirche Our Lady of Bethlehem.** Die Fassade des 1645 von Jesuiten erbauten Gotteshauses wurde 1945 erneuert.

Wer die beiden Flügel der Villa besichtigen möchte, kann dies täglich von 10 bis 17 Uhr tun (Ostflügel Tel.: 2784227, der besser erhaltene Westflügel ist unter Tel. 2784201 erreichbar). Eine kleine Spende, die zur Instandhaltung dieses Kulturgutes verwandt wird, sollte am Ende des Rundgangs stehen.

Einen Kilometer weiter südlich ist das **Fernandes House** (gleiche Öffnungszeiten, Tel.: 2784245) zwar weniger imposant, es hat aber mit über 500 Jahren mehr Zeit auf dem Buckel. Der portugiesische Teil wurde 1821 erbaut. Interessant ist neben der abwechslungsreichen Geschichte des Hauses auch der Tunnel zum Fluss, den die Familie für die Flucht vor Angreifern benutzte.

Im Dorf Quepem südlich von Chandor wurde der **Palacio do Goa** nach aufwendigen Restaurierungsmaßnahmen wieder für Besucher geöffnet (Mo–Sa 10–18 Uhr, Tel.: 2664029, www.palaciodogoa.com). Neben der 200 Jahre alten Villa besticht der ge-

Stierkämpfe gehören zu den Leidenschaften goanischer Männer

pflegte Garten. Nach Voranmeldung kann hier auch hervorragend gespeist werden (ca. 300 Rs pro Hauptgericht).

An- und Weiterreise

- **Bus:** Täglich acht Busse fahren von Margao nach Chandor.
- Per **Taxi** sollte es um die 300 Rs für die Hin- und Rückfahrt kosten.

Lutolim

10 km nordöstlich von Margao ist Lutolim ein verschlafenes Dorf, in dem weitere Villen aus der portugiesischen Kolonialzeit zumindest von außen bewundert werden können. Die einzige der Öffentlichkeit zugängliche Villa ist die 250 Jahre alte **Casa Arajao Alvarez** (tgl. 9.30–18.30 Uhr, Eintritt 100 Rs). Bei Voranmeldung ist auch der Besuch des wesentlich beeindruckenderen **Figueiredo House** (Tel.: 2777028) möglich. Hier können auch goanische Küche genossen und Zimmer €€€€ gemietet werden, die aber nur wegen des kolonialen Ambientes den recht hohen Preis rechtfertigen.

Ein weiteres Beispiel für Kolonialarchitektur, die goanischen mit gotischem Stil verbindet, ist die **Villa Salvador Costa,** im 19. Jh. von den zwei reichen Priestern *Padre Pedrinho* und *Padre Lawrence* erbaut.

Ein weiterer Anziehungspunkt für Touristen ist **Ancestral Goa** (Tel.: 2777034, Eintritt 20 Rs, 9–18.30 Uhr), wo versucht wird, das goanische Leben unter portugiesischer Herrschaft darzustellen.

306is Foto: tb

Goa

An- und Weiterreise

- Lutolim ist am besten per **Motorrad** oder **Taxi** (ca. 150 Rs von Margao hin und zurück) zu erreichen.

Dudhsagar Falls

Die Dudhsagar Falls an der Grenze zu Karnataka ganz im Osten Goas sind nach den Jogg Falls die **zweithöchsten Wasserfälle Indiens.** Nachdem die Wasser des Mandovi das Dekhan-Hochplateau hinter sich gelassen haben, stürzen sie hier 600 m in die Tiefe. In der südöstlichen Ecke des mit 240 km² zwar großen, aber nicht sehr tierreichen Naturreservats **Bhagwan Mahaveer Sanctuary** gelegen, sind die dreigeteilten Wasserfälle besonders nach der Regenzeit von Oktober bis Dezember ein imposantes Naturschauspiel, aber auch danach noch einen Abstecher wert. Der Name der Wasserfälle stammt aus dem Konkani und bedeutet „Meer aus Milch", eine Umschreibung der hoch aufsteigenden Gischt besonders nach der Regenzeit.

Nach Verlassen des Autos am Parkplatz folgt ein etwa 15-minütiger Fußweg, auf dem man ständig von gierig lauernden Affen auf der Suche nach Fressbarem beäugt wird (also aufpassen!), zum tiefen Auffangbecken der Fälle. Hier wird gern gebadet, wodurch es schnell eng im Wasser wird. Einige ruhigere **Badestellen** finden sich etwas flussabwärts, dort können auch schöne Schmetterlinge und Eisvögel beobachtet werden. Obwohl der Weg teils steil und manchmal glatt ist, ist ein Guide (die am Parkplatz natürlich anderes behaupten) bis hierher nicht notwendig, festes Schuhwerk, das auch nass werden darf, jedoch auf jeden Fall. Wer den steilen Anstieg zur Spitze der Fälle wagen will (den etwa 90-minütigen Anstieg sollten nur halbwegs Trainierte in Angriff nehmen), ist hingegen auf kundige Führung angewiesen und wird, oben angekommen, mit fantasischen Ausblicken weit ins Land belohnt.

Plastikflaschen sind an den Dudhsagar-Fällen nicht erlaubt. Sie werden am Eingang abgenommen und beim Verlassen des Geländes zurückgegeben.

An- und Weiterreise

- Dudhsagar ist nur schwer mit öffentlichen Verkehrsmitteln zu erreichen: Zweimal pro Woche wird **Colem** von Zügen aus Margao und Vasco da Gama und natürlich auch von Bussen angefahren. Von dort fahren **Jeeps oder Taxis,** die am Bahnhof bereitstehen, in ca. 30 Minuten für etwa 500 Rs pro Person (inkl. Eintritt und Kameragebühr) bzw. etwa 2.000 Rs für einen Jeep zu den Fällen.
- Eine neunstündiger **Tagesausflug** u.a. zu den Dudhsagar Falls (mit Panaji, Old Goa und Tambdi Surla Temple) wird von GoaTourism (Tel.: 2224132) Mi und So von Panaji und Calangute aus (Start 9 Uhr bei der GTDC Panaji Residency) für 700 Rs bzw. 800 Rs (AC) inkl. Mittagessen angeboten. Zudem bieten vermehrt auch die großen Hotels und Reisebüros All-inklusive-Tagesausflüge zu den Fällen an, die gewöhnlich vom frühen Morgen bis etwa 20 Uhr dauern.
- Ein **Taxi** von den Strandorten kostet, je nach Entfernung, zwischen 1.500 und 2.500 Rs.

Colva

Der sich südlich des Mandovi-Flusses erstreckende Colva Beach setzt sich aus mehreren Strandabschnitten zusammen, die sich, jeweils benannt nach dem nächstgelegenen Dorf, über 30 Kilometer nach Süden bis zur Grenze Karnatakas erstrecken. Je weiter südlich man gelangt, desto menschenleerer und friedvoller wird es.

Colva wurde bereits in den 1970er Jahren vom Tourismus entdeckt, stand jedoch immer ein wenig im Schatten Calangutes. Heute ist man geneigt, diese Tatsache als Segen zu betrachten, blieb dem Ort doch dadurch jene ungesunde Entwicklung erspart, wie sie der nördliche Nachbar erleben musste. Dennoch hat Colva in den letzten Jahren zunehmend unter Auswüchsen des Tagestourismus, verstärkt noch an Wochenenden gelitten. Eine Vielzahl von Ausflugsbooten, von Booten gezogene Fallschirme, Dolphin Cruises etc. verpesten die Luft. Dies betrifft jedoch nur den Strandabschnitt um die Zufahrtsstraße von Margao. Man findet noch genügend ungestörte Plätze, sobald man sich nur wenige Hundert Meter davon entfernt.

Information

- Offiziell hat das **Tourist Office** in der Colva Residency von 8 bis 18 Uhr (13 bis 14 Uhr Mittagspause) geöffnet, allerdings trifft man auch in dieser Zeit nicht immer jemanden an. Außerdem ist es kaum von Nutzen und eher an anderen Geschäften interessiert. Sightsee-

219is Foto: tb

Goa

ing-Touren werden auch vom Hotel Colmar und dem Reisebüro an der Colva Beach Rd. verkauft.

Unterkunft

- Zwei sehr empfehlenswerte Billigunterkünfte befinden sich in romantischer und ruhiger Lage inmitten ausgedehnter Kokospalmenhaine in der Nähe der Hauptverkehrskreuzung: **Joema Tourist Home** € (Tel.: 2888411) und das gemütliche **Garden Cottages** € (Tel.: 2780776) nebenan. Leider ist der Weg zum Strand weit.
- Beliebt bei Individualreisenden sind die **Vailankanni Cottages** € (Tel.: 2788584, 278895). Der Name ist etwas missverständlich, da es sich nicht um einzeln stehende Bungalows, sondern um zwei größere Gebäude handelt, in denen sich die sehr sauberen Zimmer befinden. Im Restaurant im Innenhof des von einer sympathischen Familie geleiteten Hotels gibt es gutes und preiswertes Essen.
- Ähnlich wie bei den Simon Cottages in Benaulim logieren in **Romeo Studio Cottages** €-€€ (Tel.: 2788760, romeo_cottages@rediffmail.com), etwa 500 m südlich von Colva und gleich weit vom Strand entfernt in dörflicher Umgebung, hauptsächlich langzeitbleibende Selbstversorger. Die eher dunklen Zimmer verfügen über Küchenecke, Fernseher und Safe.
- Seit langem ist das ebenfalls südlich und damit vom Tagestrubel in Colva entfernt platzierte **C Rogue Resort** €€-€€€ (Tel.: 2888507, (0)9823456231) am Strand unter Palmen eine auch bei Langzeitlern immer wieder besuchte und beliebte Adresse, die durch ihre gelassene Atmosphäre besticht.
- **Fisherman's Huts** € (Tel.: 2788054) und **Rodrickson Cottages** € sind zwei passable, etwas verschlafene Unterkünfte, etwa 400 m nördlich von Colva gelegen. Die von schönen Bougainvillea-Büschen umgebenen Rodrickson Cottages sind die empfehlenswertere, aber auch etwas teurere von beiden.
- Alteingesessen ist das **Longuinhos Beach Resort** €€€€-€€€€€ (Tel.: 27880687-9, www.longuinhos.net), etwa 200 m nördlich. Die Lage der Ferienanlage direkt am Strand mit Swimmingpool und gutem Restaurant ma-

Unterkunft
2 Sam's Guest House
3 Longuinhos Beach Resort
5 Fisherman's Huts, Rodrickson Cottages
6 White Sands Guest House
7 Holiday Homes
8 Hotel Colmar
9 GTDC Colva Residency
10 Vista de Colva
11 Sea Pearl Resort
12 Skylark Resort
16 Vincy Beach Resort
17 Hotel Sea Coin
19 Hotel Silver Sands
20 Hotel Sukhsagar
21 Star Beach Resort
22 Le Ben Hotel
23 Johnny Cool
24 Joema Tourist Home, Garden Cottages
25 William's Beach Retreat
26 Vailankanni Cottages
31 Romeo Studio Cottages
32 Rosman Guest House
34 Ma Micky Tourist Home

Essen und Trinken
1 Sunshine Bar & Restaurant
3 A Tartaruga Restaurant
4 Lucky Star Restaurant
18 Falcon, Joencon's
27 Shere-e-Punjab
30 Papillon Bar & Restaurant

Einkaufen
13 Second-Hand-Buchladen
14 Kiosk
29 Kiosk
33 Ramola Supermarkt

Verkehr
15 Busse nach Margao und Benaulim
28 Meeting Point Travel

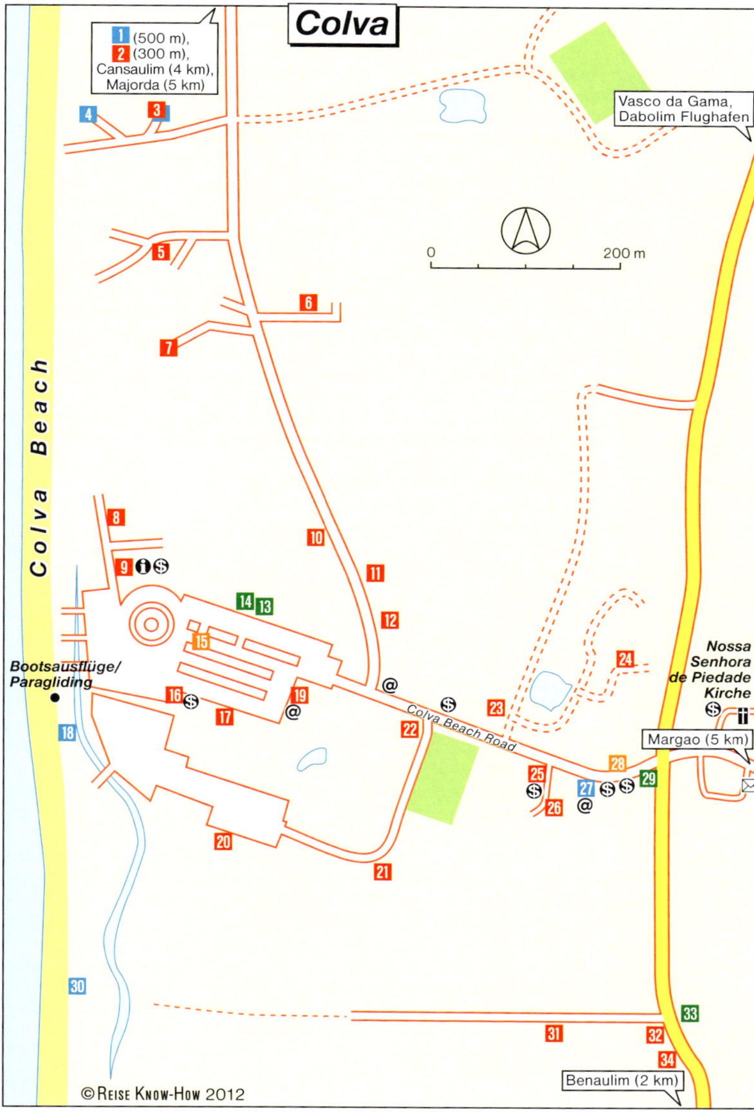
Colva
1 (500 m),
2 (300 m),
Cansaulim (4 km),
Majorda (5 km)
Vasco da Gama,
Dabolim Flughafen
0
200 m
Colva Beach
Bootsausflüge/
Paragliding
Colva Beach Road
Nossa
Senhora
de Piedade
Kirche
Margao (5 km)
Benaulim (2 km)
1
2
3
4
5
6
7
8
9
10
11
12
13
14
15
16
17
18
19
20
21
22
23
24
25
26
27
28
29
30
31
32
33
34
© Reise Know-How 2012

chen das Longuinhos trotz seiner inzwischen reichlich hohen Preise für die ansprechenden, aber nicht überdurchschnittlichen Zimmer zu einer noch empfehlenswerten Unterkunft.

- Das leicht angegraute und recht einsam noch etwas nördlicher gelegene **Sam's Guest House** €€-€€€ (Tel.: 2788753) vermietet saubere Zimmer um einen grünen Innenhof für recht wenig Geld sowie zwei große, klimatisierte Apartments, auch auf Monatsbasis.
- Das **Hotel Sea Coin** €€€ (Tel.: 2788094/6, seacoin@sancharnet.in) im Zentrum des Ortes ist eines der besten der vielen Mittelklassehotels entlang der Hauptstraße. Der tadellose Gesamteindruck und die großen, hellen Zimmer ergeben das vielleicht beste Preis-Leistungs-Verhältnis in dieser Kategorie.
- Die ganz in der Nähe gelegenen **William's Beach Retreat** €€€-€€€€ (Tel.: 2788153, wbretreatgoa@sify.com) und **Silver Sands Hotel** €€€-€€€€ (Tel.: 2788100, 2788021, gutes Restaurant!) verlangen ähnliche Zimmerpreise, wirken jedoch etwas abgewohnt. Allerdings verfügen beide im Gegensatz zum Sea Coin über einen Swimmingpool.
- Die gelungene Anlage des **Vista de Colva** €€€-€€€€ (Tel.: 2788144/7, colmar@sancharnet.in), etwas nördlich von Colva und ca. 200 m vom Meer entfernt, ist empfehlenswert. Große, saubere Zimmer, manche mit AC, sind um einen Pool gruppiert. Auch das angeschlossene Restaurant ist gut.

Essen und Trinken

Wegen ihrer Lage am Meer erfreuen sich die zahllosen, direkt aneinander grenzenden Strandrestaurants in Colva der größten Beliebtheit.

- Alle bieten in etwa das gleiche zu ähnlichen Preisen, doch da der Mensch bekanntlich ein träges Wesen ist, zieht es die meisten Urlauber ins der Straße am nächsten gelegene **Falcon.** Zur Rettung der Touristenehre sei jedoch gesagt, dass selbiges durch die zwei Falken, die das die Holzterrasse umlaufende Geländer bevölkern, eine besondere Attraktivität aufzuweisen hat. Auch das folgende **Joencon's** ist trotz hoher Preise wegen des sehr guten Essens zu empfehlen. Zeit mitbringen, da der Service nicht der schnellste ist.
- Nicht weit von der Kreuzung entfernt, ist die Filiale des **Shere-e-Punjab** eine gute Adresse für preiswertes indisches Essen, veg. und non veg.
- Wer ein wenig mehr Initiative aufbringt, sollte sich auf den Weg zum ca. 1 km weiter südlich am Strand gelegenen **Sucorina Bar & Restaurant** machen. Das bescheidene Strandlokal bietet ausgezeichnete Gerichte zu kleinen Preisen.
- Für einen Snack zwischendurch empfehlen sich auch die Cafés südlich des Rondells, welches den Abschluss der von Margao kommenden Straße bildet. Wen die Parkhausatmosphäre des im Erdgeschoss des **Vincy Beach Resort** gelegenen Restaurants nicht stört, der wird mit einer äußerst schmackhaften und preiswerten Küche belohnt.
- Superlecker und supergünstig sind die jeden Abend von zahlreichen kleinen **Essenswägelchen** beim Rondell angebotenen Mumbai-Bhelpuri-Snacks.
- Eine der besten kulinarischen Adressen in Colva ist das etwas weiter nördlich an der Vasco Rd. auf der anderen Straßenseite gelegene **Umita.** Egal, ob man nun frühstücken möchte oder ein leckeres einheimisches vegetarisches Gericht bevorzugt – Qualität, Preis und Ambiente sind gleichermaßen überzeugend.
- Wer mehr Geld zur Verfügung hat, sollte das exzellente **A Tartaruga** im Longuinhos Beach Resort aufsuchen. Die schöne Holzterrasse mit Blick aufs Meer ist genau der richtige Rahmen, um die ausgezeichneten Fischgerichte und Tandoori-Spezialitäten zu genießen. Ebenfalls in dieser Preisklasse sind das **Lucky Star** mit guten Steaks und das **Sea Pearls** mit hervorragenden Fischgerichten, beide etwas nördlich von Colva, zu empfehlen.
- Weit nördlich Colvas ist die verschlafene **Sunshine Bar & Restaurant** bis Mitternacht geöffnet. Eine nette Bar mit launigem alten Besitzer, gutem preiswerten Essen und reichhaltigem Alkoholangebot in abgeschiedener Lage zu altmodischer Musik, nicht schlecht!

Sport und Unterhaltung

- Am Strand werden kurze Hopser am vom Motorboot gezogenen **Paragliding-Schirm** angeboten (500 Rs für ca. 5 Min). Auch **Jetski** (700 Rs für 15 Min.) kann ausgeliehen werden.
- Außerdem gibt's die üblichen **Delfinausflüge** *(no see – no pay)* um 8.30 Uhr für 300 Rs in der Saison sowie weitere **Bootsausflüge,** etwa die Island Cruise inkl. Verpflegung und Getränke (Bier scheint der Favorit zu sein).
- Nach dem Vorbild von Ingo's Nightmarket bei Arpora gibt's inzwischen auch in Colva einen **Nachtmarkt,** der jedoch nicht die Atmosphäre des erstgenannten erreicht. Jeweils montagabends hinter dem Fussballfeld.

Bank, Internet

- Die **Bank of Baroda** (Mo–Fr 9–12 Uhr, Sa 9–11 Uhr, Tel.: 2780528) bei der Nossa-Senora-de-Piedade-Kirche wechselt Bargeld und Reiseschecks und „vergeldet" Visa- und MasterCard (nur 1 % Gebühr).
- **Weizman Forex** (Mo–Sa 10–19 Uhr) und **Cox & King's** (Mo–Sa 9.30–18 Uhr) an der Hauptstraße wechseln Bargeld und Reiseschecks und nehmen Kreditkarten für 2 % in Zahlung. Auch **Meeting Point Travel** (Tel.: 2710413), in einem Shopping Centre etwa 200 m von der Hauptkreuzung Richtung Strand, wechselt schnell und zu einem günstigen Kurs. Der **ATM** der UTI-Bank an der Hauptkreuzung nimmt alle wichitgen Kreditkarten bis auf Amex. Dasselbe gilt für den ICICI-ATM beim Vincy's BR. LKP Forex in der Colva Residency scheint nicht immer besetzt zu sein.
- Schnelle Internet-Verbindung gibt's bei **sify-i-way** (30 Rs/Std.) am Abzweig nach Cansaulim und schräg gegenüber Meeting Point Travel. Die übrigen, etwa **Ida-Online** oder **Hello Mae Communications,** sind weniger schnell.

Post

- Sehr zuverlässig ist das kleine **Postamt** gegenüber der Kirche Nossa Senhora de Piedade. Dementsprechend großer Beliebtheit erfreut sich der Poste-Restante-Schalter. Hier gibt es auch eine gute Auswahl recht hübscher Postkarten zu kaufen.

Medizinische Versorgung

- Das kleine Krankenhaus von **Dr. Umesh Panandikar** (Tel.: 2788391) kümmert sich um einfache Fälle. Für schwerere Verletzungen oder Krankheiten sollte man das private **Apollo Victor Hospital** in Margao aufsuchen.

An- und Weiterreise

- **Busse** fahren vom Platz am Zugang zum Strand etwa alle halbe Stunde zwischen 7 und 20 Uhr Richtung Margao. Man kann allerdings auch entlang der Hauptstraße (bis zum Postamt) zusteigen, da die Fahrer bei winkenden Gästen anhalten.
- Alternativ nimmt man eine der ständig auf Touristen wartenden **Motorrikshas** (120 Rs) oder ein **Taxi** (220 Rs).
- **Kleinbusse** zum Anjuna Fleemarket starten Mi (Abfahrt 10 Uhr, Rückkehr 17.30 Uhr) auf der großen Parkfläche vor dem Strand für 150 Rs. Für Ingo's Nightmarket, den Flohmarkt Sa von 18 bis 2 Uhr bei Arpora, auch im nördlichen Goa, gibt's einen Zubringerbus (200 Rs), Genaueres siehe Benaulim.
- **Fahr- und Motorräder** gibt's wie üblich in Goa in den jeweiligen Unterkünften oder an diversen Ständen zu den üblichen Preisen.

Nördlich von Colva

Die Strandorte **Cansaulim, Betalbatim, Majorda** und **Utorda,** 4–7 km nördlich von Colva, sind mit ihren Resorts und Hotelburgen fast ausschließlich auf den **Pauschaltourismus** der Mittel- bis Luxusklasse ausgerichtet. Einfache Unterkünfte finden sich kaum. Dies betrifft jedoch nur einen schmalen Streifen unmittelbar am Meer. Das Hinterland, auch in Gehdistanz zum Meer, ist überraschend ursprünglich und unberührt hiervon. Sehenswert in diesen Orten sind die alten Villen und Paläste aus der portugisischen Kolonialzeit, die nur von außen bewundert werden können, da nicht öffentlich zugänglich. Genannt seien hier etwa die **Casa Walfrido Antao** bei Betalbatim, die **Casa dos Piedade Costas** bei Majorda aus dem frühen 17. Jh. oder die **Casa dos Roldao de Souza** (Maison Rodesa) zwischen Cansaulim und Velsao, etwa 100 Jahre alt. Der noch am ehesten den Bedürfnissen von Einzelreisenden entsprechende Ort dürfte Betalbatim sein.

Unterkunft, Essen und Trinken

- In Betalbatim findet sich mit dem **Manvelina** €€ (Tel.: 2730655) ein gemütliches Guest House mit großen Zimmern, auch ein Apartment mit Küchenzeile wird angeboten. Außerdem lockt die Veranda zum Tagesausklang. Die vier luftigen Zimmer des preisähnliche **Ray's Guest House** €€ (Tel.: 2738676) in unmittelbarer Nähe sind familiengeführt. Beide Unterkünfte sind über die Straße gut ans Meer angeschlossen, allerdings ist ein fahrbarer Untersatz vonnöten.
- Von den großen Resorts in Betalbatim seien das **Coconut Grove** €€€€€-€€€€€€ (Tel.: 2880123, www.coconutgrovegoa.com) und das **Nanu Resort** €€€€€€ (Tel.: 2701401-3, www.nanuindia.com) in ruhiger Lage erwähnt, beide natürlich mit Swimmingpools.
- In Majorda ist das **Majorda Beach Resort** €€€€€ (Tel.: 2991111-3, www.majordabeach resort.com) mit mehreren Pools, Health Club, Tennis- und Squashplätzen, Sauna etc. eine der luxuriösesten Anlage dieser Art in Goa.
- Nicht ganz so luxuriös, aber auch kleiner im Preis ist das **Kenilworth Resort** €€€€€ (Tel.: 2754180), kbrgoa@satyam.net.in), auch in Majorda.
- Etwas entfernt vom Strand in den Kokoswäldern gelegen, ist die Luxusherberge des **Coconut Creek** €€€€€€ (Tel.: 2538090, joets@sancharnet.in) bei Bogmalo Luxus pur in minimalistsicher Ausführung. Ein toller Pool und ein gutes Restaurant sind weitere Pluspunkte.
- Nördlich von Betalbatim, an der Verbindungsstraße zwischen Bogmalo und Colva eine kleine Straße hinein, findet sich nach etwa zwei Minuten Fahrtzeit das goaweit berühmte **Martin's Corner.** Das mittags und abends geöffnete Restaurant kredenzt hervorragende, vielfältige Fischgerichte und Geflügel, hat aber auch chinesisch und continental „auf der Pfanne".

An- und Weiterreise

- Es gibt eine eher selten fahrende **Busverbindung** zwischen Cansaulim und Colva. Nach Bogmalo regelmäßige Verbindungen von Vasco da Gama (6 Rs), von dort viele Verbindungen nach Panaji oder Margao.
- Eine Flotte von **Taxis** wartet vor den Luxusresorts auf zahlungskräftige Kundschaft. Eine Fahrt zum Flughafen kostet von Betalbatim etwa 500 Rs, nach Margao 400 Rs.

Benaulim

Das sich nur knapp zwei Kilometer südlich Colvas anschließende Benaulim ist der ideale Ort für all jene, die einen geruhsamen Strandurlaub verbringen wollen. Es gibt sicherlich „trendigere" Strände (Palolem) mit „hippiegerem" Nightlife (Anjuna) und luxuriöseren Hotels (Candolim/Fort Aguada). Was Benaulim dafür auszeichnet, ist die gute touristische Infrastruktur ohne extreme Auswüchse eines Individual- oder Pauschaltourismus, die andere Gegenden Goas an den Rand der Belastbarkeit geführt haben.

Hinzu kommt ein herrlich breiter Sandstrand, auf dessen südlichem Teil die **Fischer** wie vor Hunderten von Jahren ihre großen hölzernen **Auslegerboote** abstellen. Jeden Nachmittag werden diese dann mit vereinten Kräften der Einheimischen und der herbeigerufenen Urlauber ins Meer bugsiert. Viele Traveller mieten sich **Fahrräder** und fahren auf dem breiten, zum Wasser hin festen Strand gen Süden. Je weiter man kommt, desto einsamer wird die dann nur noch von Möwen und wenigen Fischerleuten bevölkerte Landschaft.

Leider haben auch die internationalen Tourismusmanager das bisher kaum genutzte Potenzial dieses südlichen Teils Goas erkannt. Im südlich von Benaulim gelegenen Strandbereich um **Varca** wurden bereits mehrere Luxusresorts errichtet. Auch in den Reisfeldern entlang der Hauptzufahrtsstraße zum Strand wurden einige eröffnet – ein unübersehbares Zeichen dafür, dass es mit den harmonischen Zeiten in Benaulim bald vorbei sein dürfte. Bisher ist aber die gelassene Atmosphäre nur wenig getrübt.

Unterkunft

- Will man in Benaulim möglichst nahe am Meer wohnen, hat man die Wahl zwischen den beiden am Ende der Strandstraße gelegenen Hotels L'Amour Beach Resort und O'Palmar. Das **L'Amour Beach Resort** €€-€€€ (Tel.: 2770404, www.lamourbeachresort.com) verfügt über qualitativ unterschiedliche, meist große Zimmer, von recht einfachen und hellhörigen bis zu klimatisierten. Das gegenüber gelegene **O'Palmar** €€ (Tel.: 2770631, opalmar@sancharnet.in) macht einen weit weniger durchorganisierten Eindruck, zumal es über keinerlei Restauration verfügt. Dafür sind die in Bungalows untergebrachten Zimmer, die alle über kleine Terrassen verfügen, sehr geräumig. Außerdem steht ein Internet-Service zur Verfügung. Beide genannten Unterkünfte sind nichts für Geräuschempfindliche, stören doch an vielen Abenden die lauten Bässe der Musikanlagen der umgebenden Restaurants und Resorts die Nachtruhe bis nach Mitternacht empfindlich.
- An der Straße zwischen Dorf und Strand liegt mit dem einfachen und preiswerten **Caroline Guest House** € (Tel.: 2770590, Zimmer teils mit Gemeinschaftsbad) eine typische, gute Billigunterkunft in günstiger Lage.
- Ganz ähnlich sind die tadellosen Zimmer der **Libra Cottages** €-€€ (Tel.: 2770598) im Dorfzentrum, einige größere Zimmer haben Kochmöglichkeit.
- Weitere Unterkünfte befinden sich im Ortskern etwa einen Kilometer vom Strand. Man hat die Wahl zwischen einer Reihe von privat geführten Guest Houses, die von Standard und Qualität her alle recht ähnlich sind. Die Entfernungen sind so gering, dass man sich in Ruhe nach einer geeigneten Schlafstätte umschauen kann. Zu den empfehlenswertesten Adressen gehören **Rosario's Inn** €-€€ (Tel.: 2770636) mit einfachen und billigen Zimmern hinter einem staubigen Sportplatz, das altmodische **D'Souza Guest House** €-€€ (Tel.: 2770583) mit gemütlichen Balkonzimmern zum hübschen Garten, das **Lloyds Tourist Rooms** €-€€ (Tel.: 2771492), eine kleine Gasse hinein, sowie **Caphina Tourist Cottages** €€ (Tel.: 2770573), wo außer normalen Balkonzimmern auch zwei mit Küche, Kühlschrank und TV im Angebot sind. Die drei Letztgenannten sind im nördlichen Benaulim.
- Das für Benaulim-Verhältnisse große **Simon Cottages** € (Tel.: 2770598), nördlich Benaulims in waldiger Umgebung, ist für Langzeitler interessant, verfügen die einfachen, aber sauberen Zimmer mit Bad und verschließbarem Safe doch zudem über eine Kochmöglichkeit. Nachteil ist die relative Strandferne von ca. 800 m, die die Anmietung eines fahrbaren Untersatzes nötig macht.
- Wer Ruhe der unmittelbaren Nähe zum Strand vorzieht, sollte sich in den Unterkünften der von der Dorfkreuzung nach Süden verlaufenden Straße einquartieren. Zum

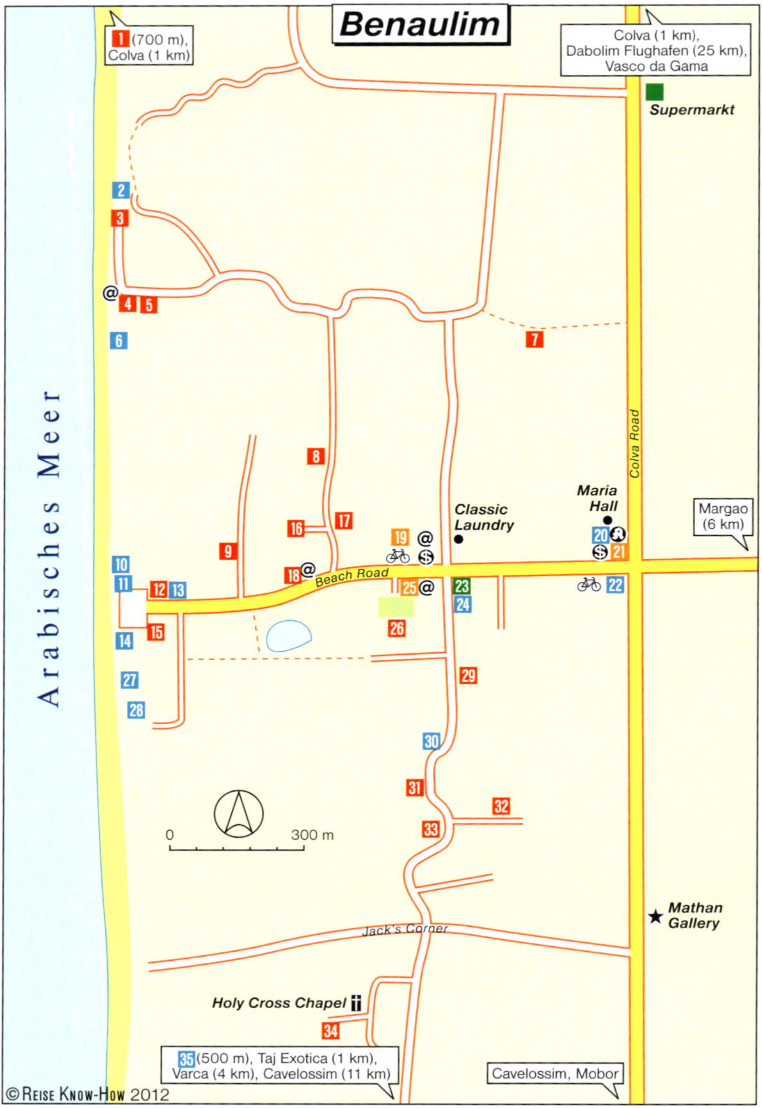
Benaulim
1 (700 m), Colva (1 km)
Colva (1 km), Dabolim Flughafen (25 km), Vasco da Gama
Supermarkt
Arabisches Meer
Colva Road
Maria Hall
Classic Laundry
Margao (6 km)
Beach Road
0
300 m
Mathan Gallery
Jack's Corner
Holy Cross Chapel
35 (500 m), Taj Exotica (1 km), Varca (4 km), Cavelossim (11 km)
Cavelossim, Mobor
2
3
4
5
6
7
8
9
10
11
12
13
14
15
16
17
18
19
20
21
22
23
24
25
26
27
28
29
30
31
32
33
34
©REISE KNOW-HOW 2012

Übersichtskarte S. 293

Unterkunft
1 C Rogue Resort
3 Xavier's Bar & Restaurant, Camilson Beach Resort
4 Furtado's Beach House
5 Quinson Cottages
7 Simon Cottages
8 D'Souza Guest House
9 Costa's Montage
12 L'Amour Beach Resort
15 O'Palmar
16 Lloyd's Tourist Rooms
17 Caphina Tourist Cottages
18 Caroline Guest House
26 Rosario's Inn
29 Libra Cottages
31 Palm Grove Cottages
32 Oshin Holiday Care Cottages
33 Carina Beach Resort
34 Succorina Cottages

Essen und Trinken
2 Baywatch
6 Anthy's Restaurant
10 Coco's, Raj Mahal
11 Johncy's Restaurant
13 Pedro's Restaurant
14 Seaview
20 Fipless Restaurant and Pub
22 Cream Corner (Eisdiele)
24 Americano
27 Tito's Restaurant
28 Dominic's Restaurant
30 Malibou's
35 Joecons Garden

Verkehr
19 Meeting Point Travel
21 Bushalt (Colva, Margao)
25 New Horizon Travels

Einkaufen
23 Kadar Supermarkt

Strand sind es maximal 10–15 Minuten zu Fuß, dafür ist man nicht von Geschäften und Autolärm, sondern von „Palmengeräuschen" und Vogelgezwitscher umgeben. Eine empfehlenswerte Unterkunft, nicht nur in dieser Region, ist das alteingesessene **Palm Grove Cottages** €€€ (Tel.: 2770059, www.palmgrovegoa.com). Neben einigen einfacheren Räumen verfügt die in einem schönen Garten gelegene Anlage auch über anspruchsvollere Zimmer. Sehr empfehlenswert ist auch das hauseigene Restaurant.

● Pittoresk oberhalb von Reisterrassen, etwa 100 m zurückversetzt von der Straße, liegt **Oshin Holiday Care Cottages** €-€€ (Tel.: 2770069, inaciooshin@rediffmail.com). Der Name ist irreführend, handelt es sich doch nicht um einzeln stehende Bungalows, sondern in einem zweistöckigen Gebäude untergebrachte Zimmer mit leider recht spartanischer Einrichtung. Wegen der herrlichen Lage und der günstigen Tarife dennoch eine empfehlenswerte Adresse.

● Das weitläufige **Carina Beach Resort** €€€ (Tel.: 2770413/4, carinabeachresort@yahoo.com) ist eine recht hübsche Anlage mit Swimmingpool, in der vornehmlich Pauschaltouristen zu wohnen scheinen.

● Noch etwas weiter südlich und dementsprechend ruhig wohnt man in den zehn sauberen und hellen Zimmern der **Succorina Cottages** €-€€ (Tel.: 2712072) im südlichen, kaum touristischen Dorfteil, 100 m von der Holy Cross Chapel entfernt.

● Eine gute Alternative zum Dorf sind einige Unterkünfte in ruhiger Lage 500 m nördlich von Benaulim am Sernabatim Beach, die über eine von der Colva-Benaulim-Straße abzweigende Stichstraße und natürlich über den Strand zu erreichen sind. Recht günstig und gemütlich sind die nur einige Meter vom Strand zurück gelegenen **Quinson Cottages** € (Tel.: 2771490, 2702444), ohne eigenes Restaurant.

● Etwas nördlich finden sich mit dem **Xavier's Bar & Restaurant** €€-€€€€ (Tel.: 2771489) und dem etwas teureren **Camilson Beach Resort** €€-€€€€ (Tel.: 2771582, camilson@hotmail.com) zwei schöne Mittelklassealternativen ganz nah am Strand. Bei Ersterem gibt's auch *family rooms* für bis zu vier Personen.

Obere Preiskategorie:

●Eine abgeschlossene Anlage nördlich der Beach Road ist das **Costa's Montage** €€€-€€€€€ (Tel.: 2770047, costas@satyam.net.in). Die einzige wirkliche Luxusherberge in Benaulim mit viel Rasenflächen und Blumen ist zwar hervorragend in Schuss, wirkt aber ein wenig steril. Auf einer sehr gepflegten Gartenanlage verteilt sind Apartments mit allem drum und dran, auch größere für Familien geeignet, zu recht hohem Preis, auch ein Pool ist vorhanden.

Essen und Trinken

●Unter den vielen Strandrestaurants in Benaulim ist **Johncy's** seit Jahren wegen seiner Lage in unmittelbarer Nähe zur Straße und der umfangreichen Speisekarte der absolute Renner. Zudem kann man bis spät in die Nacht hinein das hier besonders gut schmeckende Bier bestellen, was schon so mancher teuer (nicht nur pekuniär) bezahlen musste.

●Großer Beliebtheit erfreut sich auch **Dominic** wegen seiner schmackhaften Fischgerichte. Leider wird das in den letzten Jahren recht groß gewordene Restaurant des sehr geschäftstüchtigen Inhabers mit Musik beschallt, was den schönen Meerblick etwas schmälert. Dienstags und donnerstags auch Live-Musik.

●Wer es etwas ruhiger mag, ist im weniger auffälligen und näher an der Strandstraße gelegenen **Tito's** und **Sea View** besser aufgehoben, um den Sonnenuntergang zu genießen. Die Fischgerichte sind ebenso gut und etwas preiswerter.

●Auch **Anthy's Restaurant,** ebenfalls am Strand, ist für hervorragende Küche bekannt.

●**Pedro's Bar & Restaurant** war vor Jahren das erste in Benaulim eröffnete Lokal und gehört nach wie vor bei Touristen wie Einheimischen zu den beliebtesten, wobei vor allem die vorzüglichen Fischgerichte zu empfehlen sind.

●Köstliches Essen in einer äußerst friedvollen Atmosphäre offeriert das in einem hübschen Garten gelegene Restaurant der **Palm Grove Cottages.**

●Nur wenige Meter nördlich ist das **Malibou's** eine gemütliche Adresse nicht nur zum Frühstück, sondern auch für indische und italienische Küche.

●Beim Kadar-Supermarkt gelegen, ist das **Emericano** eine erstklassige Speisestätte für Pizza, Pasta, aber auch indische Gerichte.

●Schleckermäuler kommen bei **Cream Corner** im Dorfzentrum zu ihrem Genuss. Es gibt Eis vom indischen Ableger von Langnese. Eine Kreuzung weiter Richtung Margao verwöhnt **Baskin & Robbins** mit Eis.

●An der Kreuzung im Dorf steht mit dem **Kadar Supermarket** eine Adresse für Selbstversorger bereit, deren Preise von der Person, die jeweils an der Kasse sitzt, abzuhängen scheinen.

Nightlife

●Südlich Benaulims nicht weit vom Taj Exotica ist das **Joecons Garden** (Tel.: (0)9822 102255, www.joeconsgarden.com) eine gelungene Mischung aus Restaurant, Bar und Disco. Nicht billig und erst ab 17 Uhr bis ca. 23.30 Uhr geöffnet.

●Eine angesagte Bar und Disco ist **Baywatch** (Tel.: 2772795) zwischen Colva und Benaulim am Serbatim Beach. Nur in der Hauptsaison geöffnet.

●Etwas kleiner ist **Fipless Restaurant and Pub** bei Maria Hall.

Sport und Unterhaltung

●Wie auch in anderen Strandorten Goas werden auch hier von vielen Anbietern **Bootsausflüge** angeboten, etwa zum Fischen aufs Meer oder als morgendliche Dolphin Cruise. Die lohnenswerte Tour startet um 8.30 Uhr, kostet meist 300 Rs und dauert eine gute Stunde. Auch **Schwimmen bei den Delfinen** (so sie es zulassen und nicht stiften gehen) ist möglich.

●**Fahrräder** (50 Rs), **Motorroller** (200 Rs) oder **Motorräder** (ca. 300 Rs in der Saison) können an vielen Stellen im Dorf ausgeliehen werden. Für lange Mietzeiten sollten discounts ausgehandelt werden.

Bank

Wie üblich tuscheln einem die überall entlang der zum Strand führenden Straße ansässigen Kashmir-Händler ein „you want to change money?" hinterher.

- Am schnellsten und effizientesten wird man im **L'Amour Beach Resort** oder im **Meeting Point Travel** bedient. Bares und Reiseschecks wie auch viele internationale Kreditkarten werden akzeptiert. **GK Travels** und **New Horizon** an der Kreuzung westlich von Maria Hall nehmen für Visa- und MasterCard 2 % Gebühr.
- Bei der Bank of Baroda gibt's einem **ATM** für die meisten international wichtigen Kreditkarten.

Internet

- Schnelle Breitbandverbindungen der **Sify-i-way-Kette** kosten 30 Rs/Std., einmal im GK Tourist Centre und, bis 24 Uhr geöffnet, hinter Meeting Point Travel. Etwas näher zum Strand hilft **Tansi Online.** Strandnah ist das Internetcafé im **O'Palmar** (bis 18 Uhr).
- Auch am nördlichen Sernabatim Beach gibt's bei **Dominick's Travels** (Tel.: 2772867), einem Reisebüro, das auch Flug-, Bahn- (100 Rs Aufpreis) und Bustickets verkauft, ein Internetcafé (60 Rs/Std.).

Medizinische Versorgung

- Im Dorf ist **Dr. Edgar Bosco Vas** (Tel.: (0)9823238108) Allgemeinmediziner und Hals-, Nasen-, Ohrenarzt. **Dr. Midosha Vas** (Tel.: (0)9823293400) ist für die Zähne zuständig.
- In schweren Fällen sei das **Apollo Victor Hospital** in Margao empfohlen.

An- und Weiterreise

- Wichtige **Bahnverbindungen** vom nahegelegenen Bahnhof Madgaon (Margao) sind im Anhang aufgeführt.
- **Busse** von und nach Margao, Colva und Cavelossim halten etwa alle Viertel- bis halbe Stunde an der Kreuzung Maria-Hall-Kirche. Von hier sind es ca. 10 Minuten zu Fuß zum Strand. Für 15 Rs fährt eine **Riksha.**
- **Minibusse** fahren mittwochs zum Anjuna Fleemarket vom großen Platz in Colva, Genaueres siehe dort. Jeden Samstag existiert eine Busverbindung zu Ingo's Nightmarket bei Arpora zwischen Anjuna und Baga etwas landeinwärts, der zwischen 18 Uhr und 2 Uhr nachts stattfindet. Der Bus startet um 17.15 Uhr vor dem Baywatch nördlich von Benaulim. Preis pro Person inkl. Rückfahrt nach 4 Std. 200 Rs, Kontakttel.: (0)982258 1353. Ein **Taxi** verlangt für beide Fahrten inkl. Wartezeit etwa 800 Rs.

Südlich von Benaulim

Fast ausschließlich **Luxusunterkünfte** haben sich südlich von Benaulim Richtung **Varca** und darüber hinaus an den ganz ruhigen Bilderbuchstränden angesiedelt. Die in dieser Preisklasse übliche Luxusausstattung von mindestens einem Pool und gelegentlich auch einem **Golfplatz** schluckt natürlich ernorme Mengen an kostbarem Wasser und Energie.

Unterkunft, Essen und Trinken

- Das erste Resort zwischen Benaulim und Varca ist das **Taj Exotica** €€€€€€ (Tel.: 2771234, exotica.goa@tajhotels.com). Aller Luxus inkl. Golfplatz, Health Club und Ayurveda und mehrere Swimmingpools auf einer etliche Fußballfelder großen Anlage sind mehr als genug für Goa.
- Die aufgelockert gestaltete, neue Anlage des **Radisson White Sands Resort** €€€€€€ (Tel.: 2727272, www.radisson.com) liegt nebenan und bietet neben dem üblichen dieser Preiskategorie auch ein Gravity Pool und eine Bowlingbahn. Hier können auch luxuriös ausgestattete, strandnahe Zelte mit AC bezogen werden, eine schöne Variante. Am Strand gibt's teures Paragliding und Jetski-Verleih.
- Etwas landeinwärts befindet sich **Michette Holiday Care** €€-€€€ (Tel.: 2745732, michetteholidaycare@rediffmail.com) in Salor südlich Varca in abgeschiedener Dorflage. Es vermietet neben sauberen Zimmern mit Bad

auch zwei Apartments mit Kühlschrank. Einige recht gute Restaurants im Haus und in unmittelbarer Nähe, ca. 400 m zum Strand.

Noch weiter südlich am Ende dieses 27 km langen durchgängigen Strandes liegen **Cavelossim** und **Mobor** an der Südspitze. Auch hier finden sich vorwiegend Luxusherbergen an Stränden, die mit den typischen Strandrestaurants und Sonnenliegen und -schirmen verziert sind. Wie häufig bei diesen Hochpreisunterkünften halten sich die Touristen meist innerhalb ihrer Anlagen auf, sodass die malerischen Strände erstaunlich leer sind. In **Assolna** sind einige Kolonialvillen wie die gut erhaltene Casa dos Costa Martins zu bewundern.

Für Motorradfahrer ist die Strecke an der Küste etwa von Colva oder Benaulim über **Betul** in den Süden Goas nach Palolem oder zum verlassen liegenden **Cabo da Rama** (schöne Ausblicke von dem ansonsten verfallenen Fort) – die eindeutig schönere Variante als auf dem National Highway 17.

Unterkunft, Essen und Trinken

- Das familiengeführte **Dona Sa Maria** €€-€€€ (Tel.: 2745290, www.donasamaria.com) im ruhigen Dorf Tamborim nahe Varca ist eine der Ausnahmen in diesem Hochpreisgebiet. Leider trennen inzwischen vom Grün zurückeroberte, große Betonanlagen, die ehemals der indischen Luftwaffe zu Übungszwecken dienten, das Hotel vom etwa 400 m entfernten Strand. Das Hotel mit hilfsbereiten Besitzern strahlt eine sehr gemütliche Atmosphäre aus: hübsche Zimmer, ein kleiner Pool und ein gutes Restaurant mit Fischgerichten und auch Steak. Inzwischen hat sich dieser Tipp herumgesprochen, so ist Reservierung anzuraten. Es werden morgendliche Ausflüge zum lohnenswerten Bird Watching in der Umgebung angeboten.
- Eine sehr hübsche, billige Wohnmöglichkeit stellt das familiengeführte **Mariner's Inn** €€ (Tel.: 2745732) dar, makellose Zimmer und kleine Apartments mit Küchenecke für Selbstversorger sind ein guter Deal.
- Eine der weniger teuren Unterkünfte in Mobor ist das **Gattino's Guest House** €€€ (Tel.: 2871441). Das blitzsaubere, kleine Hotel bietet einen klasse Gegenwert. Schöne Zimmer mit Blick auf die nahe Flussmündung; ein Restaurant ist angeschlossen.
- Das recht neue **Sao Domingos Guest House** €€€ (Tel.: 2871649, (0)9822168432, www.saodomingosgoa.com) in Cavelossim ist nahezu preisgleich und mit seinen schön möblierten, großen Balkonzimmern ebenfalls sein Geld wert.
- Die 4-Sterne-Anlage des **Holiday Inn** €€€€€€ (Cavelossim, Tel.: 2871303, www.holidayinngoa.com) ist strandnah und bildet mit Tennisplatz, mehreren Restaurants und Pools den Preis- und Luxusstandard der teuren Preisklasse.
- Eines der luxuriösesten Resorts Goas und schon bei den billigen Zimmern etwa doppelt so teuer wie das vorgenannte ist das nebenan gelegene **The Leela Goa** €€€€€€ (Tel.: 2871234, www.theleela.com/hotel-goa-services.html), eine auf riesiger Fläche erbaute Anlage mit 7 Restaurants, Riesenpool, Casino und Golfplatz.
- Neben The Leela Goa gelegen, ist **Betty's Place** eine gemütliche Strandadresse unter Palmen für herrliche Fischgerichte (ausführliche Speisekarte auf der Website www.bettysgoa.com) oder einen Drink. Auch hier können die Ausflugtouren gebucht werden (s.u.).

Aktivitäten

- Über die letzten Jahre hat sich **Betty's Cruise** (Tel.: 2871456, www.bettysgoa.com, Abfahrt für alle Touren vom Pier am Sal-Fluss) in Mobor einen hervorragenden Namen gemacht. Angeboten werden z.B. zweistündige Delfinausflüge, ganztägige, sehr beliebte Bootsausflüge in die Backwaters von Goa

(Day-Out-Cruises, 750 Rs inkl. hervorragenden Fischgerichten, sehr frühzeitig buchen) oder Sunset Cruises (300 Rs) auf dem Sal. Genaueres auf der informativen Website.

An- und Weiterreise

Die meisten Touristen in diesem Gebiet werden mit Motorrad oder Motrorroller unterwegs sein, zumal die Anbindung mit öffentlichen Verkehrsmitteln eher schlecht ist.

- Einige **Taxipreise:** Dabolim-Flughafen: 600 Rs, Panaji 850 Rs, Benaulim 300 Rs, Dudhsagar-Wasserfälle 1.450 Rs (hin und zurück mit Wartezeit).
- Eine **Fähre** verbindet Cavelossim mit Assolna auf der Ostseite der breiten Mündung des Sal-Flusses. Die über eine schmale Straße am Kirchplatz hinein durch Reisfelder zu erreichende Fähre verkehrt alle 20 Minuten, die letzte von Cavelossim um 20.30 Uhr, die letzte von Assolna um 20.40 Uhr.

Highlight: Palolem

Das ist er also, der ultimative **Südsee-Traum** von Goa. Der sichelförmige, etwa zwei Kilometer lange, von zwei bewaldeten Landzungen, zum Hinterland von sich im Wind wiegenden Palmenhainen begrenzte, schneeweiße Strand würde jedem Hochglanzprospekt alle Ehre machen. Lange blieb das Idyll aufgrund seiner versteckten Lage im äußersten Süden Goas vom Tourismus unentdeckt. Die Einwohner lebten hauptsächlich vom Fischfang und von Tätigkeiten, die sich um die Herstellung und den Vertrieb von Kokos-Feni (Schnaps aus Palmwein) drehen. Eigentlich erstaunlich, dass es bis Anfang der 1990er Jahre dauerte, ehe die ersten Westler den Weg hierher fanden.

Was folgte, ist die immer wieder gleiche Geschichte von der Zerstörung gewachsener Dorfstrukturen durch den Ansturm des internationalen Tourismus – sagen viele, die Palolem vor der Erschließung kennen. Jene, die das erste Mal kommen, sind immer noch verzaubert von der landschaftlichen Schönheit, dem Charme, der Ruhe – es ist eben alles eine Frage des Standpunkts und der Erwartungen. Zweifellos gehört Palolem für all jene, die Ruhe und Erholung suchen, immer noch zu den schöneren Orten Goas.

Auch in Palolem ist seit 2010 ein Teil des strandnahen Meeres mit einem Netz vom offenen Wasser abgeschirmt, nachdem es zu mehreren schweren Unfällen von Schwimmern mit Motorbooten und Jetski gekommen war.

Unterkunft

In den Anfangsjahren des Tourismus waren es ähnlich wie ehemals in Anjuna und Vagator fast ausschließlich einfache Zimmer in den Häusern der Fischerfamilien, die als Unterkunftsmöglichkeiten zur Verfügung standen. Mit dem rapiden Anstieg der Besucherzahlen sind in den letzten Jahren über 20 einfache **Bambushütten** auf Stelzen entstanden, die aus nicht viel mehr als ein oder zwei Bettgestellen und einer Bastmatte als Boden bestehen. Alle wurden in dem unmittelbar an den Strand angrenzenden Kokospalmenhain erbaut. Unterschiede zwischen den einzelnen Hütten sind kaum auszumachen, sie kosten um 250 Rs pro Nacht in der Hauptsaison. Eine detaillierte Erläuterung erübrigt sich also. Die gelungensten Unterkünfte finden sich an den beiden Strandenden sowie etwas zurückversetzt vom Strand. Wer länger als eine Woche bleibt, kann meist einen *discount* von bis zu 30 % heraushandeln.

• Mehr Komfort als üblich haben die großen Bambushütten mit Balkon von **Fernandes Huts** €€ (Tel.: 2643743) mit Restaurant mit Liegepolstern unmittelbar am Strand. Noch etwas mehr Komfort bieten die Hütten mit Bad und Terrasse des **Alessandro Resort** €€-€€€ (Tel.: 2644312, alessandra_resort@ walla.com) fast nebenan, für die auch tiefer in die Tasche gegriffen werden muss. Auch hier gibt's ein Strandrestaurant.

• Ebenfalls überdurchschnittlich sind die teils auf Stelzen, teils ebenerdig gebauten Hütten von **Dream Catcher** €€-€€€ (Tel.: 2644873, lalalandjackie7@yahoo.com). Die einfacheren sind mit sauberem Gemeinschaftsbad, die teuren und großen mit Terrasse mit eigenem Bad ausgestattet. Alles in gelungener Umgebung unter Palmen am Nordende des Strandes mit Restaurant und Bar. Hier werden auch Yoga und Massage angeboten. Sehr begehrt, also vorbestellen.

• Abgeschieden hinter einer Meereszunge hinter dem nördlichen Strandende gelegen und bei Flut nur mittels eines Zugboots zu erreichen, ist das ruhige **Ordo Sounsar** €€ (Tel.: (0)9822488769, ordosounsar@rediffmail.com) mit großen Bambushütten in schöner Anlage, einen flachen Hang hinauf gebaut. Ein schönes Freiluftrestaurant/Bar ist ebenfalls vorhanden – eine tolle Wohnstätte.

• Mit seinen auf Stelzen erbauten Bambushütten macht das **Coco Huts** €-€€ (Tel.: 2643104) einen sehr einnehmenden Eindruck. Positiv ist auch die Lage in einem lichten Kokospalmenhain am relativ ruhigen nördlichen Ende des Strandes. Allerdings befinden sich in einem Stelzenbau zwei Wohneinheiten, die nur durch eine dünne Rattanwand voneinander getrennt sind; dementsprechend hellhörig sind sie. Zudem stehen nur Gemeinschaftsbäder zur Verfügung.

• Wem eine Strandentfernung von 500 bis 800 m nichts ausmachen, der findet südlich hinter dem Strand drei empfehlenswerte Unterkünfte in ruhiger Lage: das von einem Deutsch-Inder geleitete, komfortable **Paradias Apartments** €€-€€€ (Tel.: 2644049, fishcurryrice@web.de). Die nette Atmosphäre des **Maria Guest House** €-€€ (Tel.: 2643732, mariaguesthouse@yahoo.com) mit Dachterrasse wiegt die spartanischen Zimmer, einige mit Balkon, wieder auf. Es gibt's ein Internetcafé. Zudem isst man nirgends so köstliche einheimische Gerichte wie hier. Zu guter Letzt das **Palolem Guest House** €€-€€€ (Tel.: 2644880, palolemguesthouse@hotmail.com). Komfortable Zimmer mit sauberem Bad und Balkon zum grünen Garten und Hütten im Garten mit Gemeinschaftsbad. Außerdem gibt's in jedem Raum einen kleinen Safe und im Garten ein gutes Restaurant, ein Pool ist geplant.

• Ebenfalls etwas zurück vom Strand und südlich Palolems bei Colom ist auch das **Oceanic Hotel** €€€€ (Tel.: 2643059, www.hoteloceanic.com) eine gute Alternative zu den Strandbehausungen. Die ansprechenden, hübsch eingerichteten, teils klimatisierten Zimmer mit WiFi und das gute Restaurant sind empfehlenswert. Der Nachteil der Strandferne wird durch den fantastischen Pool mit herrlicher Holzterrasse im Garten fast wieder aufgewogen.

• Etwas abseits, aber dafür ruhig wohnt man in den spartanischen, billigen Räumen des dreistöckigen **D'Mello Rest House** €-€€ (Tel.: 2643439, 2643057), etwas zurückversetzt von der Pundalik Gaitondi Rd. Ein Teil der Zimmer verfügt über ein angeschlossenes Bad und Balkon; die in den oberen Stockwerken sind deutlich angenehmer als die dunklen, modrigen im Erdgeschoss dieser Billigwahl. Qualitativ besser und nur etwas teurer sind die ordentlichen Zimmer mit Bad des ebenfalls ruhigen **Pritham's Cottage** €€ (Tel.: 2643320) ganz in der Nähe. Der erste Stock ist zu bevorzugen. Wer Wert auf TV legt, sollte sich im ordentlichen, aber nicht ganz ruhigen **Devrai Cottages** €€ (Tel.: 2643012) an der Hauptstraße ganz in der Nähe einquartieren.

• Das **Palolem Beach Resort** €€-€€€ (Tel.: 2643054, sunila@goatelecom.com) war die erste Strandunterkunft in Palolem und ist während der Hauptsaison immer gerammelt voll. Der ummauerte Komplex besteht aus einer Vielzahl von Zelten mit Standventilator, Beleuchtung und Schließfach sowie zehn kleinen, teils klimatisierten Zimmern mit eige-

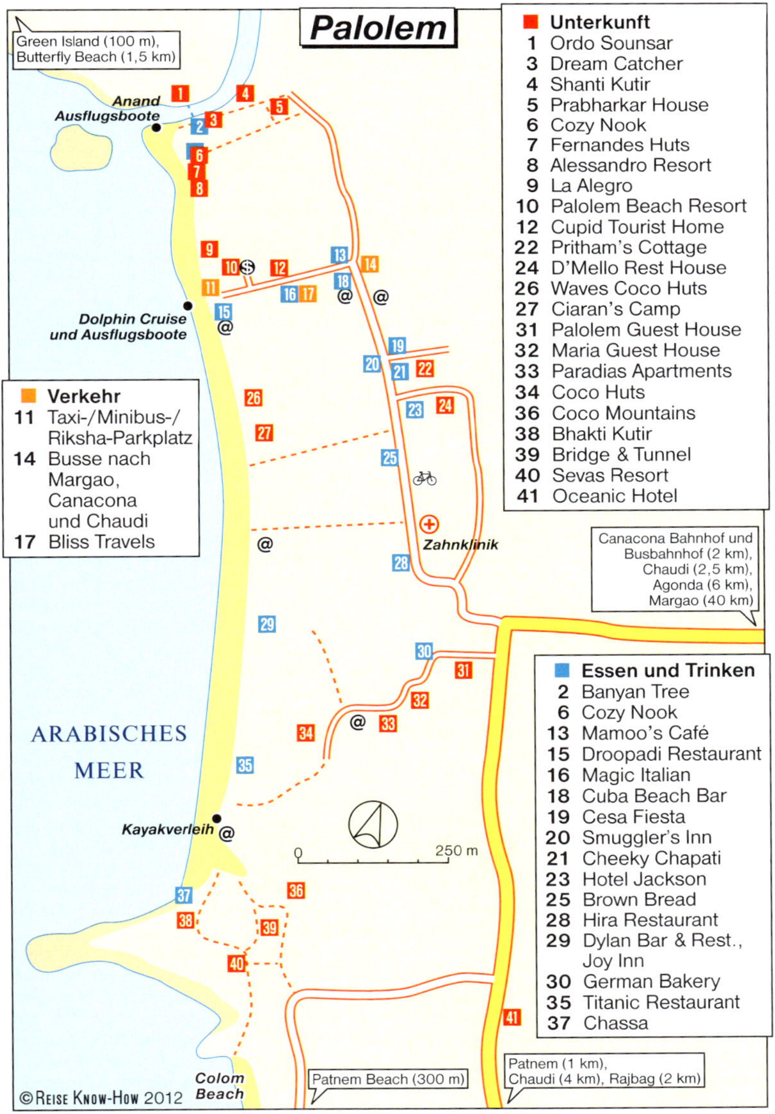
Palolem
Green Island (100 m),
Butterfly Beach (1,5 km)
Anand
Ausflugsboote
Dolphin Cruise
und Ausflugsboote
Zahnklinik
Kayakverleih
ARABISCHES
MEER
0
250 m
Colom
Beach
Patnem Beach (300 m)
Patnem (1 km),
Chaudi (4 km), Rajbag (2 km)
Canacona Bahnhof und
Busbahnhof (2 km),
Chaudi (2,5 km),
Agonda (6 km),
Margao (40 km)
Unterkunft
1 Ordo Sounsar
3 Dream Catcher
4 Shanti Kutir
5 Prabharkar House
6 Cozy Nook
7 Fernandes Huts
8 Alessandro Resort
9 La Alegro
10 Palolem Beach Resort
12 Cupid Tourist Home
22 Pritham's Cottage
24 D'Mello Rest House
26 Waves Coco Huts
27 Ciaran's Camp
31 Palolem Guest House
32 Maria Guest House
33 Paradias Apartments
34 Coco Huts
36 Coco Mountains
38 Bhakti Kutir
39 Bridge & Tunnel
40 Sevas Resort
41 Oceanic Hotel
Verkehr
11 Taxi-/Minibus-/
Riksha-Parkplatz
14 Busse nach
Margao,
Canacona
und Chaudi
17 Bliss Travels
Essen und Trinken
2 Banyan Tree
6 Cozy Nook
13 Mamoo's Café
15 Droopadi Restaurant
16 Magic Italian
18 Cuba Beach Bar
19 Cesa Fiesta
20 Smuggler's Inn
21 Cheeky Chapati
23 Hotel Jackson
25 Brown Bread
28 Hira Restaurant
29 Dylan Bar & Rest.,
Joy Inn
30 German Bakery
35 Titanic Restaurant
37 Chassa
©REISE KNOW-HOW 2012

nem Bad, die teureren mit Fernseher, sowie einem angeschlossenen Restaurant (überteuert und eher mittelmäßig) mit Bar. Die Inhaber machen einen bemühten Eindruck, doch die Enge und Hektik wirken störend.

- Die wohl schönste Unterkunft von Palolem ist das **Bhakti Kutir** €€€-€€€€€ (Tel.: 2643469/72, www.bhaktikutir.com). Zu erreichen sind die komfortabel mit antiken Möbeln eingerichten und individuell (keine gleicht der anderen) gestalteten Hütten in pflanzenstrotzendem Garten über einen etwa 10-minütigen Fußweg, der vom südlichen Strandende zum kleinen Fischerdorf Colom führt und über eine Straße zum Dorf Colom. Die herrliche Lage oberhalb der von Felsen bestandenen Landzunge, das hervorragende deutsch-goanische Management und die angenehme Atmosphäre sowie das ausgezeichnete Restaurant sind den für Palolem hohen Preis wert.
- Das daneben gelegene **Bridge & Tunnel** €€-€€€€€ (Tel.: 2643262, shoumirsh@rediffmail.com) hat keine so schöne Gartenanlage und Hütten, ist aber um einiges billiger und sicher eine gute Ausweichmöglichkeit. Die teuren Hütten sind für bis zu 4 Personen bewohnbar.
- Das **Sevas Resort** €€€ (Tel.: 9326117674, sevasmicho@yahoo.com) liegt günstig bereits auf der anderen Seite des Felsenhügels. Von hier ist leicht auch der etwa 500 m lange, sehr viel leerere Patnem Beach zu erreichen. Komfortable, individuell gestaltete Kleinbungalows unter Palmen mit Restaurant, eine gelungene Anlage.
- Etwas Spezielles zum Schluss: Im Rückraum des nördlichen Strandes im Dorfbereich kann ein ganzes **Haus** angemietet werden. Die in ursprünglichem Stil erbaute Behausung verfügt über die notwendigsten Einrichtungen, ist aber weit davon entfernt, komfortabel zu sein. Mindestmietdauer eine Woche, Kontakt über Tel.: 2643166.

Essen und Trinken

- Nicht nur, weil die meisten zu faul sind, sich weiter am Strand zu einem der anderen Restaurants zu bewegen, ist das Strandrestaurant **Droopadi** abends immer bis zum letzten Platz gefüllt. Allerdings ist auch das Essen hervorragend. Die meist indisch nach Mughlai- oder Tandoori-Art gegarten Fischgerichte sind köstlich und kosten um 150–200 Rs pro Hauptgericht.
- Neben dem alteingesessenen **Dylan** ist das zweigeschossige **Joy Inn** eine etwas luxuriösere Variante der typischen Starndrestaurants.
- Ein äußerst beliebtes Frühstücksrestaurant ist das **Brown Bread** an der Hauptstraße. Selbstgebackenes, dunkles Brot, riesige Müslis, Croissants, Kuchen und frische Säfte ziehen westliche Touristen magisch an.
- **Magic Italian** wird von vielen als das beste italienische Restaurant Goas angesehen. Entsprechend gut gefüllt ist es die meiste Zeit. Die Pizzas, Ravioli, Tagliatelle etc. sind ein Muss für Freunde dieser Küche.
- Ein angenehmer Ort, nicht nur zum Frühstücken, ist das **Cesa Fiesta** mit vielseitiger Speisekarte in gelungenem Garten und zu fairen Preisen. Der gute Service und viele mexikanische Gerichte sind verlockend.
- Gegenüber ist **Smugglers Inn** die richtige Adresse, falls man mal wieder opulent europäisch frühstücken, sich ein fettes Steak einverleiben oder bei einem aktuellen Fußballmatch mit einem Bier in den Polstern fleezen will. Auch die Bar ist gut ausgestattet.
- Wirklich ausgezeichnet ist das gediegene **Classic** an der Straße zu den Coco Huts. Hier gibt's eine unwiderstehliche Auswahl an köstlichen goanischen Hauptgerichten, superleckeren Kuchen und gutem Kaffee.
- Auch **Hotel Jackson** an der Hauptstraße serviert hervorragende Fischgerichte und und ist trotz weniger ansprechender Lage gut besucht – ein gutes Zeichen.
- The **Cheeky Chapati** an der Hauptstraße kredenzt als eines von wenigen Lokalen neben Fischgerichten und Burgern auch noch eine große Auswahl an indischen Gerichten.
- Ausschließlich indische Küche zu kleinem Preis gibt's im **Hira Restaurant,** auch an der Hauptstraße. Gewöhnlich essen dort nur Einheimische.
- Die Restaurants des **Bhakti Kutir** (ausgesuchte Zutaten, guter Service in grüner Ruhe) und des **Cozy Nook** am nördlichen Strandende mit goanischer und nordindi-

scher Küche und köstlich zubereiteten Fischgerichten sind empfehlenswert.

- Ausgezeichnete einheimische Speisen zu günstigen Preisen in angenehmer Atmosphäre bietet das **Sun 'n' Moon.** Kein Wunder, dass es speziell abends schwer ist, einen freien Platz zu ergattern.
- Der derzeit angesagteste Platz für einen Drink ist die **Cuba Beach Bar,** allerdings nicht am Strand, sondern beim Abfahrtspunkt der Busse an der Zufahrtsstraße zum Strand. Auch die Küche ist gut.

Sport und Unterhaltung

- Überall am Strand und in Restaurants wird man angesprochen, einen der **Bootsausflüge** vom Strand aus mitzumachen. Es werden der lohnenswerte Standardausflug Dolphin Watch (300 Rs, *no see – no pay*), Ausfahrten zum Fischen mit Barbecue oder Schnorcheln, zur nahe gelegenen Butterfly Island, zur Monkey Island und ein Sunset Trip offeriert. Am nördlichen Strandende wartet Anand (Tel.: 2643365) den ganzen Tag auf Kundschaft (meist zu kleineren Preisen). Seine Boote haben ein Sonnendach.
- Am südlichen Ende des Strandes von Palolem werden **Kanus** ab 50 Rs/Std. vermietet.
- Abgesehen von den vielerorts zu mietenden **Motorrädern und -rollern** (300 Rs/Tag und 1.500 Rs/Woche bzw. 200 Rs/Tag und 1.000/Woche in der Saison, Discounts für Langzeitmieter), ist der einzig verbliebene **Fahrradverleih** SKS Cycle Shop (7–21 Uhr, 5 Rs/Std., 60 Rs/24 Std.) mit recht guter Ausrüstung an der Hauptstraße zu finden.

Post, Bank, Internet

- Palolem hat kein eigenes **Postamt,** das nächstgelegene ist in Chaudi.
- Abgesehen von vielen privaten Geldwechslern (meist Travel Agencies), die nur zu schlechten Kursen tauschen und gelegentlich Kreditkarten akzeptieren, gibt es in Palolem bei **Thomas Cook Forex** (Mo–Sa 9.30–18.30 Uhr, Mittagspause 13–15 Uhr) am Eingang des Palolem Beach Resort nur eine offizielle Möglichkeit, zu akzeptablen Raten Geld und Reiseschecks zu wechseln oder Geld auf Kreditkarten (Visa, MasterCard, Maestro und Cirrus) zu erhalten. Der nächstgelegene **ATM** im 3 km entfernten Chaudi von der State Bank of India ist für die meisten international üblichen Kreditkarten zuständig.
- Die meisten **Internetcafés** sind im Nordbereich des Dorfs entlang der Straße zum Strand zu finden. Alle nehmen 40 Rs/Std. Moderne Ausstattung haben z.B. Bliss Travels (Tel.: 2643456) und Patron Travels (9 Uhr bis Mitternacht geöffnet), beide nicht weit vom Strandzugang an der Hauptstraße. Sie fungieren auch als Reisebüro. Direkt am Strand lässt es sich bei Networld rund um die Uhr surfen.

Medizinische Versorgung

- An der Straße nach Agonda, etwa 500 m hinter der Abzweigung, findet sich mit dem kleinen und privaten **Dhavalikar Hospital** (Tel.: 2643147, 26443910) das nächstgelegene Krankenhaus. Für schwere Fälle ist das hervorragende **Apollo Victor Hospital** in Margao vorzuziehen.
- An der Hauptstraße findet sich im Notfall eine kleine **Zahnklinik.**

An- und Weiterreise

- **Bus:** Täglich fahren etwa halbstündig Busse vom Ortszentrum in Palolem an der Kurve der Strandstraße nach Margao (und umgekehrt) über den 4 km entfernten Canacona-Busbahnhof (einige fahren vorher noch über Patnem, Rajbag und Chaudi). Der erste verlässt Palolem dort um 6.30 Uhr, der letzte um 17.15 Uhr. Die letzte Verbindung nach Margao von Canacona ist um 19.10 Uhr. Auch von Margao nach Canacona etwa halbstündige Verbindungen. Von dort sind es noch 4 km, für die mit der Motorriksha 50 Rs verlangt werden. Vom Canacona-Busbahnhof kurz vor Chaudi gibt's viele weitere Verbindungen innerhalb Goas und nach Karnataka (z.B. nach Gokarna um 14 Uhr, nach Ankola und Karwar auch spätere Busse).

Viele private Anbieter fahren zu Zielen in Karnataka und nach Mumbai. Nach Hampi kostet die Fahrt in klimatisierten Bussen um 400 Rs, mit luxuriösen AC-Volvo-Bussen

700 Rs, ein Aufpreis, den man nicht scheuen sollte. Verlässlich ist Paulo Travels, in Palolem u.a. durch Manlicka June Travels (Tel.: 2644533) am Ende der Strandstraße vertreten.

- Schließt man sich mit mehreren Personen zusammen, macht es Sinn, eines der von diversen Unterkünften angebotenen **Taxis** zum Flughafen Dabolim für 1.100 Rs zu mieten. Ein Taxi von/nach Margao kostet 750 Rs, ein Motorradtaxi 330 Rs. Für eine Riksha nach Chaudi und zum Canacona-Busbahnhof werden teure 50 Rs verlangt.
- **Bahn:** Am Canacona-Bahnhof, 3 km von Palolem entfernt, halten nur wenige für Touristen interessante Züge. Das Reservierungsbüro (tgl. 10–12 und 15–17 Uhr) verkauft nur Fahrkarten für Züge, die in Canacona halten. Wichtig dürfte der 16345 Netravati Exp. (Abf. 23.20 Uhr) nach Trivandrum in Kerala (über Kannur an 7.15 Uhr, Calicut 9.15 Uhr, Thrissur 12.15 Uhr, Ernakulam 14.05 Uhr, Alapuzzha 15.25 Uhr, Quilon 17.10 Uhr, Varkala 17.38 Uhr) sein. In der anderen Richtung nach Mumbai Lokmanyak Tilak Zug 16346, Abf. 5 Uhr (über Madgaon und Ratnagiri, an 9.50 Uhr, Mumbai an 16.40 Uhr). Als Nachtzug nach Mumbai Lokmanyak Tilak bietet sich der 12620 Matsyagandha Exp. an (Abf. 19.50 Uhr, Mumbai an 6.35 Uhr). Für die Fahrt nach Gokarna ist der 56641 MAO MAQ Pass (Abfahrt 15.45 Uhr) die richtige Verbindung. Für diesen Zug kann nicht reserviert werden, man steigt einfach zu, was gelegentlich zu Überfüllung führt. In entgegengesetzter Richtung fährt der 56640 MAQ MAS Pass um 11.35 Uhr nach Margao und Karwar. Für andere Tickets und Zugverbindungen muss man sich nach Margao begeben oder ein Reisebüro bemühen.

Strände südlich von Palolem

Highlight: Patnem Beach

Der dem Palolem Beach südlich nächstfolgende Strand Colomb Beach ist kaum als solcher zu bezeichnen. Eigentlich ist es nur die Verbindungsbucht zum darauf folgenden, noch recht leeren, ursprünglicheren Bogen des Patnem Beach, einem echten Tipp, ist doch der Palolem Beach inzwischen reichlich zugebaut mit Restaurants und Unterkünften.

Unterkunft, Essen und Trinken

- Etwas Anspruchsvolleren genügen die **Parvati Huts** €€-€€€ (Tel.: (0)9822189913, dineshin1@yahoo.com), deren ebenerdige Rundhütten mit Bad und Moskitonetz leicht über dem sonst üblichen Standard für diese Art Behausungen liegen. Auch badlose, billigere Hütten sind zu haben.
- Das sehr gelungene **Home** €€€ (Tel.: 2643916, homeispatnem@yahoo.com), von einer Schweizerin geleitet und die meiste Zeit des Tages mit „cooler Muzak" beschallt, wartet mit recht komfortablen Zimmern unter Bäumen zu höherem Preis und einem guten Restaurant auf. Hängematten und Liegepolster laden zum Entspannen ein. Außerdem gibt's eine Bar und Poolbillard. Für Ruhesuchende ist das Home jedoch nicht zu empfehlen.
- Die wohl schönste Unterkunft am Patnem Beach ist das ausgezeichnete **Papaya** €€€ hinter dem Casa Fiesta Café. Sehr hübsch gestaltete Bungalows in einem tropischen Garten in schöner, ruhiger Lage.
- Beim **Om Shanti Retreat** € (Tel.: (0)982 2164643) gibt's außer einigen Hütten mit Gemeinschaftsbad und einem Strandrestaurant Mo und Fr auch Live-Musik am Abend im vegetarischen Strandrestaurant, hauptsächlich italienische Küche und Salate.

- Kaum ein besserer Ort als das **Star Restaurant** (auch als Goyan & Goyan bekannt) am Ende der Zufahrtsstraße zum Patnem Beach lässt sich für ein Abendbier, Wein oder die erstklassige indische Küche mit vielen Fischgerichten und gutem Service denken.
- Auf einer Anhöhe über dem nördlichen Patnem Beach ist **Little Haven** eine herrlich gelegene Speisestätte unter Palmen.
- Eine der schönsten Unterkünfte entlang des Patnem Beach sind die sehr gelungenen **Beach Front Bungalows** €€€ (Tel.: (0)9969 016989, www.goyam.net). Die hübsche Lage und die schön gestalteten Bungalows sind den Aufpreis allemal wert.

Internet

- Internetsurfen ist bei **Eddy's Cyberpoint** an der Zufahrtsstraße zum Patnem Beach möglich.

Rajbag Beach

Eine Klippe weiter schließt sich der komplett von dem riesigen Luxusresort International The Grand eingenommene Rajbag Beach an. Die mit allem Luxus, der sich denken lässt, den man aber für Goa nicht unbedingt wünschen sollte (etwa einem 18-Loch-Golfplatz), ausgestattete Herberge ist selten auch nur annähernd belegt, was den Vorteil hat, dass der vorgelagerte Strand fast immer nahezu menschenleer ist.

Talpona Beach

Um an den folgenden, völlig einsamen Talpona Beach zu gelangen, muss man sich für ein paar Rupien zunächst von einem an den Ufern des Talpona-Flusses hockenden Fischer übersetzen lassen, der die beiden Strände trennt. Dort gibt's noch keine Behausung für Touristen.

Galijbag Beach

Noch weiter südlich, 16 km von Chaudi entfernt, ist der völlig abgelegene Galijbag-Strand ab November die Brutstätte von seltenen Schildkröten, die heutzutage unter strengem Schutz stehen. Auch dieser Strand kann auf längerem Fußmarsch, mit dem Bus von Canacona (letzter um 15.30 Uhr) oder über den National Highway 17, 2 km entfernt, erreicht werden. Außer einem Café im Dorf Galijbag gibt's hier keine touristische Infrastruktur.

Der südlichste Strand Goas bei **Polem** ist bisher noch kaum vom Tourismus erschlossen – sicher nicht mehr lange.

Der besondere Tipp:

Agonda

Agonda, 7 km nördlich von Palolem, ist touristisch längst nicht so erschlossen. Bis vor kurzem noch ein absoluter Geheimtipp, gibt es auch heute noch kein Hinweisschild an der Abzweigung der Verbindungsstraße zwischen Palolem und Cabo da Rama, das auf das von dort etwa 1½ km entfernte Agonda hinweist. Ein noch nahezu unberührter, gut 2 km langer **Bilderbuchstrand,** etwa 25 Unterkünfte und einige Restaurants stellen die touristische Infrastruktur dieses Kleinods dar. Man sollte jedoch beim Baden die nicht ungefährliche Unterströmung beachten.

Agonda war Anfang der 1980er Jahre von Investoren aus Delhi auserkoren, mit einem 5-Sterne-Hotelkomplex mit Golfplatz verschandelt zu werden, was aber von den Dorfbewohnern nach Beginn der Bauarbeiten (deren Reste heute verfallen) mit massiven Drohungen vereitelt werden konnte. Heute steht Agonda wohl vor einer weiteren Welle von Bautätigkeit, zwar in kleinerem Maßstab, aber in größerem Umfang. So könnte es mit der idyllischen Ruhe, die hier noch zu finden ist, bald vorbei sein, zumal Palolem inzwischen sehr angesagt ist. Ausweichmöglichkeiten werden in Goa immer gesucht, man sollte also die Gunst der Stunde nutzen, bevor es zu spät ist.

Unterkunft, Essen und Trinken

Während der Strandbereich südlich des Dorfs unberührt, aber auch etwas kahl wirkt, da nur wenige Bäume vorhanden sind, ist er nördlich fast als bewaldet zu bezeichnen. Die Unterkunftsbeschreibung verläuft von Süd nach Nord.

- Am noch sehr abgeschieden wirkenden Südbereich des Strandes finden sich drei empfehlenswerte Unterkünfte, einmal das **Eldfra Beach Guest House** €€ (Tel.: 2647378) mit einfachen Zimmern mit Bad in abgeschiedener Lage und familiärer Atmosphäre. Ganz strandnah bietet das **Caferns** €€ (Tel.: 2644267) saubere Zimmer mit Bad, recht abgeschieden gelegen. Auch das am und auf den Felsen im Süden gebaute **Sun Set Bar** €-€€ (Tel.: 2647796) ist empfehlenswert, besonders der Ausblick vom Restaurant. 200 m zum Strand.
- Das **Sea Rock** €-€€ (Tel.: 2647367) direkt am Strand hat einfache Bambushütten auf Stelzen (Gemeinschaftsbad), zwei gemauerte Zimmer mit Bad und ein einfaches Strandrestaurant im Angebot.
- Sehr geschmackvoll am zurückliegenden Hang gebaut, ist das neue **Palm Beach Lifestyle Resort** €€-€€€ (Tel.: 2647783, (0)9422450380, www.palmbeachgoa.com) unter Palmen, 100 m vom Strand entfernt. Aufgrund der traditionellen Bauweise heizen sich die lehmverputzten, terrakottafarbenen Einzelbungalows mit Terrassen, komfortablem Bad und Moskitonetzen nicht auf. Ein Freiluftrestaurant ist angeschlossen.
- Einen hervorragenden Gegenwert bietet auch das **Fatima Guest House** €€ (Tel.: 2647477) im Dorfzentrum, etwa 200 m zum Strand, mit sehr komfortablen Zimmern mit klasse Bad.
- Das **Simrose** €-€€ (Tel.: 2647259) im Dorfzentrum hat außer den Bambushütten mit Supermeerblick ganz neue Zimmer mit Bad und ein Restaurant in familiärer Atmosphäre.
- Nahe der Kirche sind die Stelzenhütten unter Palmen des **Tito's Guest House** € (Tel.: 2647274) eine hervorragende Billigwahl.
- Mehr Komfort für mehr Geld gibt's im **Madhu Hotel** €€-€€€ (Tel.: (0)9423813442), 10 Saisonhütten mit Bad nahe der Kirche.
- Schon als alteingesessen zu bezeichnen ist das leicht verwohnte, aber durch seine unmittelbare Strandlage und den hübschen, baumbestandenen Garten empfehlenswerte **Forget Me Not** €-€€ (Tel.: 2647611). Zimmer mit Bad sowie Stelzenhütten.
- Äußerst gemütlich sind die von einem deutsch-indischen Ehepaar geführten, sehr geräumigen Rundhütten des **White Sand** €€ (Tel.: 2647831, whitesandbb@yahoo.co.in), alle mit Küchennische zur Selbstversorgung. Unter Bäumen direkt am Strand gelegen – eine klasse Anlage.
- Ebenfalls neu ist das **Abba's Gloryland** €€-€€€ (Tel.: 2647822) nur wenig nördlicher. Die durch ihre Bauweise immer angenehm kühlen Zimmer mit Bad sind geräumig.

Post, Internet

- Agonda hat kein eigenes **Postamt.** Das nächstgelegene ist in Chaudi.
- Es gibt nur ein **Internetcafé** im Dorfzentrum bei der Jasmine Video Library. Ein weiteres im Palm Beach Lifestyle Resort ist nur für Hotelgäste.

An- und Weiterreise

- Wer nicht, wie sicherlich die meisten, per gemietetem Motorrad nach Agonda gelangt, fährt mit dem etwa stündlich (der letzte schon um 15.30 Uhr, So nur ein Bus um 14.30 Uhr) nahe der St. Anne's Church abfahrenden **Bus** bis zum Canacona-Busbahnhof kurz vor Chaudi. Der letzte von Canacona fährt um 18.15 Uhr. An der Hauptstraße zwischen Palolem und Cabo da Rama, etwa 1½ km vom Dorf entfernt, verkehren regelmäßig weitere Busse nach Canacona und Margao.
- **Taxis und Rikshas** sind nur vereinzelt anzutreffen, was sich aber mit der zunehmenden touristischen Bedeutung Agondas in Kürze ändern dürfte. Für ein Taxi zum Canacona-Busbahnhof und auch nach Palolem sind etwa 150 Rs zu zahlen. Per Riksha kostet es etwa ein Drittel weniger.

Cotigao Wildlife Sanctuary

Das 1969 eröffnete, 105 km² große Cotigao Wildlife Sanctuary an der Grenze zu Karnataka beherbergt Sambarhirsche, Gazellen, den Gaur (der indische Bison), Wildschweine, Affen, Schlangen und viele Vogelarten. Selten werden Bären, Panther, Hyänen und Stachelschweine gesichtet. Ein Ausflug vom nur 12 km entfernten Palolem ist eine schöne Abwechslung vom Strandleben. Die beste Besuchszeit ist zwischen Oktober und März, also die Hauptreisezeit, am besten morgens. Von den drei Aussichtstürmen im Park ist die Beobachtung der Tiere nur schwer möglich.

Für die Besichtigung des Parks ist eine motorisierte Fahrgelegenheit notwendig. Verpflegung sollte man selbst mitbringen. Im Park gibt es nur eine Einkaufsmöglichkeit, etwa 2 km vom Eingang einen nicht immer geöffneten Laden im ersten Dorf.

- **Öffnungszeiten:** 7–17.30 Uhr, der Eintritt beträgt 5 Rs pro Person, ein Auto kostet 50 Rs, ein Motorrad 10 Rs, Kamera/Video 25/100 Rs.

Unterkunft

- Einfache Hütten an einem kleinen Fluss unter Palmen werden bei **Pepper Valley** €€ (Tel.: 2642370) auf einer Gewürzplantage vermietet, etwa einen halben Kilometer vom Cotigao Interpretative Centre entfernt.
- Am Parkeingang gibt's einen einfachen **Cottage.** Für Reservierungen bitte die Telefonnummer des Department of Forestry kontaktieren: 2229701.

Anreise

Wer nicht mit dem **eigenen Gefährt** anreist (die einfachste Methode, da man es im Park sowieso benötigt), kann in einen der **Busse** auf dem NH 14 von Chaudi (Canacona-Busbahnhof) Richtung Karwar in Karnataka steigen. Sie passieren knapp 3 km vom Parkeingang entfernt (vorher dem Schaffner bescheid sagen). Von dort zu Fuß oder per **Taxi/Riksha** weiter.

070is Foto: tb

Karnataka

071is Foto: tb

Die archaisch anmutende Landschaft um die alte Tempelstadt Hampi

Nandi-Bulle am Chamundi Hill

Überblick

Karnataka

Fläche:	191.791 km²
Hauptstadt:	Bangalore
Einwohner:	61 Mio.
Bevölkerungsdichte:	319 Ew./km²
Stadtbevölkerung:	35 %
Alphabetisierungsquote:	75 %
Lebenserwartung:	65 Jahre

Touristische Highlights:
- **Mysore** – verschwenderischer Maharaja-Palast, Tempel, Markt und Shopping
- **Gokarna** – uralter hinduistischer Pilgerort und Refugium für Beach- und Erleuchtungshungrige
- **Hampi** – grandiose Ruinenstätte in archaischer Landschaft
- **Badami, Pattadakal und Aihole** – landschaftliche und kunsthistorische Juwelen im ländlichen Indien

Besondere Tipps:
- **Somnathpur** – südindische Tempelarchitektur in lieblicher Landschaft
- **Madikeri** – beschaulicher Bergort in abgeschiedener Lage
- **Bijapur und Bidar** – muslimische Architektur und imposantes Fort

Das 1956 aus dem Fürstenstaat Mysore sowie Teilgebieten der Distrikte Mumbai, Hyderabad, Coorg und Madras zum **Bundesstaat Mysore** zusammengefasste Gebiet nimmt einen Großteil des westlichen Dekhan-Plateaus ein. Welche zentrale Bedeutung den Regionalsprachen bei der geografischen und politischen Unterteilung des Subkontinents zukam, zeigte sich 1972, als das Landesparlament beschloss, das von ca. 80 % der Bevölkerung gesprochene **Kannada** als Grundlage des neuen Namens zu verwenden. „Das Land der Kannada sprechenden Menschen", Karnataka, lässt sich mit der Küstenregion, den direkt dahinter verlaufenden West-Ghats und dem als Mysore-Plateau bekannten Hochplateau des Dekhan in drei Teilregionen unterteilen. Während die Küsten- und Berggebiete durch feuchtheißes Klima geprägt sind, ist das Landesinnere wesentlich trockener. Im halbwüstenartigen Norden ist die Erde durch die geringen Niederschläge und die unbarmherzig scheinende Sonne unfruchtbar und karg.

Entsprechend der sehr unterschiedlichen klimatischen Bedingungen weist Karnataka eine große Vielfalt an **landwirtschaftlichen Produkten** auf. Während entlang der 320 km langen Küste Kokospalmen und Obstbäume vorherrschen, werden die dicht bewachsenen Wälder der Ghats zur Forstwirtschaft und zum Anbau großer Gewürzgärten genutzt. In den weiten, nur dünn besiedelten Ebenen des Ostens werden Baumwolle, Tabak, Hülsenfrüchte und Zuckerrohr angebaut.

Auch wenn Karnataka in erster Linie ein landwirtschaftlich geprägtes Bundesland ist, beherbergt es doch einige **bedeutende Industriezweige.** Hierzu gehören unter anderem Textilien, Papier, Zement sowie Flugzeug- und Motorradbau. Bangalore, die 2006 in Bengaluru umbenannte Hauptstadt des Landes, hat sich im letzten Jahrzehnt weltweit einen Ruf als einer der führenden Standorte der Computer-Industrie erkämpft.

Verglichen mit Goa, Kerala und Tamil Nadu gehört Karnataka unter touristischen Gesichtspunkten eher zu den Randgebieten Südindiens. Das ist schade, hat es doch für jeden Geschmack etwas zu bieten. Die geografische Lage an der strategisch äußerst bedeutsamen und dementsprechend heiß umkämpften Schnittstelle zwischen dem **islamisch geprägten Norden** und dem **tamilischen Süden** hat hier einen sonst kaum zu erlebenden Reichtum an architektonischen Stilen hinterlassen.

Die eindrucksvollen Moscheen, Grabstätten, Zitadellen und Basare von Bijapur, Gulbarga und Bidar im Norden zeugen von der Herrschaft der **Bahmani-Dynastie,** welche zwischen dem 14. und 16. Jh. weite Teile des Dekhan beherrschte. Ein Juwel frühmittelalterlicher Baukunst sind die Tempelanlagen der sich südwestlich anschließenden Landstädtchen Badami, Aihole und Pattadakal. Erbaut in der zwischen dem 4. und 8. Jh. regierenden **Chaulukya-Dynastie,** stellen sie eine höchst interessante Mischung zwischen dem nordindischen und südindischen Tempelbau dar. Zudem bietet sich hier die Möglichkeit, eine vom Tourismus kaum berührte, landschaftlich eindrucksvolle Region zu besuchen.

Ein Höhepunkt jeder Südindien-Reise ist die **Ruinenstätte von Hampi.** Die Verbindung aus großartigen Tempel- und Palastbauten, reizvoller Landschaft und der einzigartigen spirituellen Atmosphäre dieser ehemaligen Hauptstadt des letzten großen Hindu-Königreiches sollte sich niemand entgehen lassen. Belur und Halebid im Süden beherbergen wiederum beeindruckende **Tempelanlagen der Hoysala-Dynastie** (11./12. Jh.), während das nur eine Busstunde östlich gelegene Sravanabelgola mit der fast 20 m hohen, aus dem Fels gehauenen **Gomateshvara-Statue** eine der heiligsten Jain-Stätten des Lanes ist.

Das ca. 100 km westlich gelegene **Bangalore,** die Hauptstadt Karnatakas, verursacht mit seinen modernen, ganz auf westlich getrimmten Einkaufszentren, Kneipen und Diskotheken bei den meisten aus dem ländlichen Karnataka anreisenden Besuchern fast schon einen kleinen Kulturschock. Trotz ihrer weitläufigen Parks und dem auffälligen Reichtum lohnt die **Software-Metropole** wohl nur einen kurzen Aufenthalt.

Für Westler wesentlich interessanter ist das ca. 150 km südwestlich gelegene **Mysore.** Die alte **Fürstenstadt** bietet sich mit ihrer angenehmen Mischung aus prächtigem Maharaja-Palast, einem der eindrucksvollsten Märkte des Südens, guten Einkaufsmöglichkeiten, einer angenehm entspannten Atmosphäre und den interessanten Sehenswürdigkeiten in der Umgebung für einen mehrtägigen Besuch an.

Natur- und Tierfreunde sollten die beiden **Nationalparks Bandipur und Nagarhole** besuchen. Die landschaftlich äußerst reizvolle **Kodagu-Region,** 100 km westlich von Mysore, ist nicht nur ein Zentrum des Kaffeeanbaus, sondern mit den dicht bewachsenen Wäldern und dem angenehm kühlen Klima auch ein ideales Gebiet für Wanderfreunde. Wer sich zum Abschluss der Rundreise durch Karnataka nach Strand und Ruhe sehnt, sollte sich zum **Pilgerort Gokarna** im Norden der weitgehend unberührten Küste aufmachen. Dieser alte Pilgerort erfreut sich besonders bei Rucksacktouristen, die nach Alternativen zum sich nördlich anschließenden Goa suchen, immer größerer Beliebtheit.

Es ist diese selten zu findende Mischung aus kulturellen und landschaftlichen Sehenswürdigkeiten abseits ausgetretener Touristenpfade, die Karnataka speziell für Individualisten zu einem der reizvollsten und interessantesten Bundesstaaten im Süden Indiens macht.

Bangalore (Bengaluru)

↗ XX/B3

Einwohner: 6 Mio.
Höhe: 920 m
Vorwahl: 080

„Die Stadt der Bohnen", so die Übersetzung des alten Namens Bangalore, der 2006 in Bengaluru geändert wurde (aber auch heute noch wird die Stadt meist mit dem alten Namen bezeichnet), ist so etwas wie ein Medienstar. Über wenige andere indische Städte wurde in den letzten Jahren derart häufig in- wie ausländischen Medien berichtet. **„Boomtown"**, „Hottest City in India" – so oder ähnlich lauten die Überschriften zur Hauptstadt des Bundesstaates Karnataka. Hintergrund ist der rasante Aufstieg zum „Zentrum des indischen Silicon Valley", wie die Region um Bangalore wegen der hier ansässigen **Computer-Industrie** genannt wird. Tatsächlich symbolisiert die sechstgrößte Stadt Indiens wie keine andere Metropole des Landes die rasante Entwicklung vom Agrarstaat zur Hightech-Society (siehe auch das Kapitel „Staat und Gesellschaft: Wirtschaft").

Bereits Anfang des 19. Jh. erkannten die Briten das Potential der Stadt, indem sie während der Sommermonate die Madras-Presidency von hier aus regierten. Das milde, relativ trockene Klima auf fast 1.000 m Höhe zog ähnlich wie in Pune viele pensionierte britische Kolonialbeamte und Militärs an. Gleichzeitig prägten die Kolonialherren mit dem Bau von aufwendigen Repräsentationsgebäuden wie dem Justizpalast, dem Vidhana Soudha und zahlreichen viktorianischen Villen das Stadtbild. Schließlich trugen die breiten, baumbestandenen Alleen und großzügige Parkanlagen zum Image Bangalores als eine der Städte mit der höchsten Lebensqualität bei. Als dann auch noch die indische Regierung nach der Unabhängigkeit viele Hochschulen ansiedelte, war der Grundstein zum Aufstieg Bangalores zur Boomtown gelegt. Heute bestimmen die Tausende von hier arbeitenden Computer-Fachleuten mit ihren westlichen Wertvorstellungen und für indische Verhältnisse traumhaften Einkommen den Charakter und das Aussehen der Stadt.

Zwar wurde Bangalore noch vor wenigen Jahren der Titel „Best City to

Work in" verliehen, doch in letzter Zeit scheint die Stadt immer mehr zum Opfer ihres eigenen Erfolges zu werden. Die früher als Gartenstadt gerühmte Metropole bekommt die negativen Auswirkungen des ungezügelten Wachstums zu spüren: Verpestete Luft, Verkehrsstaus, Lärm und Korruption sind der Preis.

Dementsprechend sollte man sich sehr genau überlegen, ob man den „Medienstar" unbedingt gesehen haben muss, zumal Bangalore an echten Sehenswürdigkeiten nichts Außergewöhnliches zu bieten hat. Zweifelsohne ist sie wohl die modernste und liberalste indische Metropole. Wer die MG Road, die Hauptgeschäfts- und Einkaufsstraße mit den Luxushotels, Restaurants, Bars, Shoppingzentren, Designer-Läden und Diskotheken entlanggeht, bekommt angesichts des sich hier zur Schau stellenden **Luxus** einen Kulturschock ganz eigener Art. Dies gilt mindestens ebenso sehr für das Viertel um die Vittal Mallya/Lavelle Rd. mit seinen neuen, modernen Einkaufszentren und Bürogebäuden. Das ländliche Indien scheint Lichtjahre entfernt. Bangalore ist das Schaufenster der Zukunft, der zur Realität gewordene Traum der aufstrebenden Mittelschicht von der wirtschaftlichen Weltmacht Indien. Die Auswirkungen der rasanten „Verwestlichung" der meist jungen indischen Mittelschicht lassen sich kaum irgendwo besser studieren als in Bangalore.

Es fragt sich nur, ob man deshalb nach Indien fährt. Für jene, die sich all diese „westlichen" Errungenschaften nach Wochen der Entbehrungen in der indischen Provinz herbeisehnen, ist Bangalore sicherlich ein paar Tage Aufenthalt wert. Ansonsten sollte man das nur 150 km südwestlich gelegene Mysore vorziehen, kann man dort doch, wenn auch in wesentlich bescheidenerem Ausmaß, die Annehmlichkeiten einer Großstadt in einer typisch indischen Atmosphäre genießen.

Orientierung

Bangalore ist eine weitläufige, großflächige Stadt. Vom Lalbagh im Süden bis zum Cantonment-Bahnhof im Norden sind es gut sechs Kilometer, vom Bahnhof im Westen zum modernen Stadtteil um die MG Road vier Kilometer. Mit seinen unzähligen Geschäften, Bars und Restaurants sind die MG Road und die umliegenden Straßen Treffpunkt der shopping- und vergnügungssüchtigen indischen Mittelklasse und der Studenten. Dazwischen liegt der 120 Hektar große Cubbon Park, um den sich mehrere First-Class-Hotels und das Touristenbüro gruppieren.

Sehenswertes

Cubbon Park

Der ausgedehnte Cubbon Park mitten im Zentrum von Bangalore bildet nicht nur einen angenehmen Kontrapunkt zum hektischen Treiben, sondern dient auch als **grüne Lunge** für die immer mehr unter der Luftverschmutzung leidenden Städter. In dem 1864 angelegten 120 Hektar großen

Tumkur (72 km), Hassan (150 km), Malleswaram (2 km) Yeswantpur Bhf (4 km), Ikson Tempel (4 km), Hessaraghatta/ Nrityagram (30 km), Institute of Naturopathy & Yogic Science (14 km)
Hyderabad (580 km), Nandi Hills (65 km), Bengaluru International Airport (35 km)
Bengaluru Palace
Jayamaha Palast
Cantonment Station
Station Road
Sampige Rd.
Seshadripuram Road
Ausschnitt Gandhi Nagar
Karnataka Chitrakala Parishad
Kumara Krupa Road
Sankey Road
VASANTHA NAGAR
Miller's Road
Alliance Francaise
Thimmaiah Road
Broadway Ro
Nani Cinema
Cunningham Road
Queen's Road
Golf-platz
Wockhardt Hospital
Chandri Chowk
Racecource Road
Planetarium
Commissioner of Police
Hospital Road
Bangalore Turf Club
Bowring Hospital
Subedar Chatram Road
Danavanthri Rd.
Raj Bhawan
Dr. Ambedkar Road
Hauptpost/ High Court
Infantry Road
Sesnadri Road
Vidhana Soudha
Cubbon Road
City Train Station
KSTDC
Cubbon Park
Chinnaswami Cricket Station
Justizpalast
Reservierungsbüro
GANDHI NAGAR
Palace Road
Venkatappa Art Gallery
Polizei
State Central Library
British Art Galle
K.G. Road
Post Office Road
Government Museum
Kasturba Rd.
Bhashyam Road
BALEPET
District Office Rd.
Office of Deputy Commissioner
Nirupathunga Road
Vittal Mallya Rd.
Lavelle Rd.
Chickpet Road
Kanteerava Stadion
TCM Royan Road
Hudson Memorial Church
Kasturba Road
Fort Rd.
Mallya Hospital
CHICKPET
Nagartharpet Road
R. R. M. Ray Road
KSTDC
Universität (2 km), Wonder La (30 km), Mysore (130 km)
Victoria Hospital
Jama Masjid
S. J. Park Road
Mission Rd.
Richmo
Mysore Road
Sri Narasimharaja Road
Fort
Langfort R
Albert Victor Road
Avenue Road
J. C. Road
Lalbagh Road
SHANTI
St. Mark's Road
Pathana Chetty Road
Tipu Sultan Sommerpalast
NAGAR
Siddaiah Rd.
Bull Temple Road
Krishnarajendra Road
Lalbagh Fort Road (Mari Gowda Rd.)
Lalbagh Botanischer Garten
Cabs Den (1 km), Ranga Shankara (2,5 km), Bannerghatta Biological Par
Bull Temple (1 km)

Unterkunft
- 3 Hotel Chandra Vihar
- 5 Sheraton Windsor Manor
- 6 Le Meridien
- 9 The Capitol
- 13 Hotel Oberoi
- 17 Melange Apartments
- 22 Tom's
- 24 Empire Suites
- 26 Taj Residency

Essen und Trinken
- 7 Infinitea
- 14 Barista
- 16 Mavalli Tiffin Rooms
- 19 mocha coffee & conversation, Java City
- 20 Café Schorlemmer
- 21 Casa del Sol, Harima
- 23 Olive Beach
- 27 Beach

Verkehr
- 2 City Market Busstand
- 8 STIC Travels, Kingfisher Airlines
- 12 Lufthansa
- 15 Air India, Jet Airways
- 18 Kingfisher Airlines

Einkaufen
- 1 Krishnarajendra City Market
- 4 Raintree
- 10 FabIndia
- 11 Mysore Saree Udyog
- 25 Garuda Mall

Unterkunft

- 5 Hotel Empire
- 7 Highgates Hotel
- 22 Hotel Rawar's Inn
- 29 Hotel Imperial
- 32 Niligiri's Nest
- 35 Brigade Residency
- 37 The Monarch
- 39 Courzon Court
- 43 Park Residency
- 44 Ballal Residency
- 47 Gateway Hotel
- 53 Hotel Ajantha
- 54 Hotel Ashley Inn

Essen und Trinken

- 1 Hard Rock Café
- 2 Koshy's Bar & Restaurant
- 3 Ice Cream Corner
- 4 Café Coffee Day
- 6 Daily Bread
- 7 The Palms
- 8 Mainland China, Bheemas
- 9 Only Place
- 12 Coconut Grove
- 13 Barista Espressobar
- 15 Ebony, 13th floor
- 16 Three Quarters Chinese, amoeba, 20 ft high, Ruby Tuesday
- 17 Indian Coffee House
- 18 Queen's Restaurant
- 21 The Underground Pub
- 23 Alibi Restaurant
- 24 Café Coffee Day
- 27 Oasis Restaurant, Nando's & Matteo's
- 28 Shanbag Café
- 30 The Rice Bowl
- 31 Pizza Corner
- 36 Pizza Hut, Barista Espressobar
- 38 McDonald's, Café Coffee Day
- 45 Cosmo Village
- 48 PubWorld
- 49 Nagarjuna
- 51 Noodle Bar, Bombay Blue, Café Coffee Day
- 52 Restaurant Tandoor

Verkehr

- 14 Prepaid Autoriksha-Stand

Einkaufen

- 10 Shankar Bookstore
- 11 Foodworld
- 19 Bookworm
- 20 Higginbothams
- 25 Fab Mall
- 26 College Emporium, HMV House
- 33 Supermarkt
- 34 Mota Arcade
- 40 Planet M
- 41 Cauvery Arts & Crafts Emporium
- 42 Crossword
- 46 Garuda Mall (FabIndia)
- 50 Bangalore Central Mall
- 55 Manipal Centre

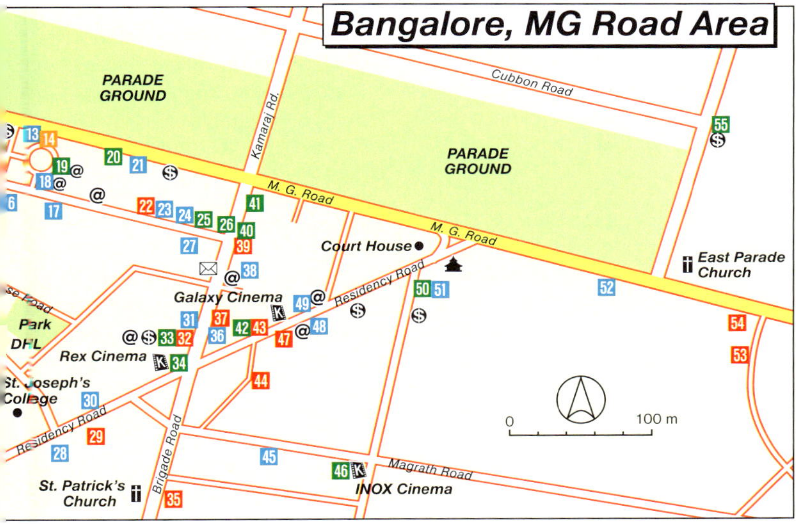

Park (Haupteingang MG Rd.) stehen mit dem **Justizpalast,** der **Bibliothek** und dem **Postamt** mehrere noch aus der britischen Kolonialzeit stammende Repräsentationsbauten.

Aus der gleichen Zeit stammt auch das am südöstlichen Ende erbaute **Government Museum** (tgl. außer Mo 10–17 Uhr, Tel.: 22864483). Abgesehen von der recht interessanten Abteilung der Miniatur-Malereien sind die einzelnen Ausstellungsstücke nur spärlich beleuchtet und zudem kaum beschriftet. Das Ticket fürs Government Museum gewährt auch Zutritt zur angeschlossenen Venkatappa Art Gallery mit den unwirklich anmutenden Landschaftsmalereien von *Sri Venkapatta* (1887–1962), Maler bei den Wodeyar-Herrschern.

Das nur einen Steinwurf entfernte **Vishveshvaraya Industrial and Technological Museum** (Kasturba Rd., Tel.: 22864009, tgl. 10–18 Uhr) lohnt eher für indische Schulkinder einen Besuch. Außerdem finden sich das nahegelegene **Government Aquarium** (tgl. 10–17.30 Uhr, Tel.: 22867440, Eintritt 5 Rs) und der rote Gotikbau der **State Central Library** im Park.

Vidhana Soudha

Mit dem Vidhana Soudha steht das mit Abstand imposanteste Gebäude der Stadt im Nordwesten des Cubbon Park. Der 1956 im neodravidischen Stil errichtete Granitbau beherbergt die Räume der **Bundesregierung** und das **Parlament.** Insgesamt wird man den Eindruck nicht los, dass die Bauherren in ihrem Versuch, ein stolzes Monument der indischen Demokratie zu errichten, allzu sehr von der protzigen Monumentalarchitektur des Raj beeinflusst wurden.

Lalbagh

Eine Oase der Ruhe ist der 1760 von Haider Ali angelegte Lalbagh im Süden der Stadt. Der 96 Hektar große **Botanische Garten** mit seinen über 1.800 tropischen und subtropischen Pflanzen ist geradezu ideal für einen geruhsamen Tagesausflug. Der Name des Gartens bedeutet „Roter Garten“, rote Rosen sind die auffälligsten Pflanzen. Bei einem der „Bangalore Walks“ (s.u.: Stadtrundfahrt) kann man mehr über die teils Jahrhunderte alten Bäume und Pflanzen aus aller Welt erfahren werden. Nahe dem Haupteingang am Südende der KH Road findet sich einer der originalen Wachtürme, den *Kempe Gowda* im 18. Jh. auf einem einem mehrere Millionen Jahre alten Fels erbauen ließ.

• **Eintritt** zum Park 5 Rs, von Sonnenauf- bis Sonnenuntergang geöffnet.

Sommerpalast von Tipu Sultan

Luftig und leicht wirkt der drei Kilometer südwestlich der MG Rd. gelegene Sommerpalast von *Tipu Sultan* (tgl. 8.30–17.30 Uhr, Eintritt 100 Rs). Leider ist der 1789 überwiegend aus Holz gefertigte Bau, der von dem Sohn *Haider Alis* fertiggestellt wurde und vom Daria Daulat Bagh in Srirangapatnam inspiriert ist, in einem recht vernachlässigten Zustand. Ein kleines angeschlossenes **Museum** zeichnet das Leben von Haider Ali und Tipu Sultan nach.

300 Meter nördlich entlang der Krishnarajendra Road auf dem Weg zum Krishnarajendra Market sind die Überreste des ursprünglich von *Kempegowda* und im 18. Jh. von *Haider Ali* neu erbauten Forts nur von außen zu besichtigen.

Krishnarajendra City Market

Wer sich nach einigen Tagen in der Boomtown mal wieder nach den Gerüchen, Stimmen und Farben des „wahren Indien“ zurücksehnt, sollte den nahe von Tipus Sommerpalast befindlichen Krishnarajendra Market (City Market, 6–19 Uhr) besuchen. Auf der dem Tipu-Sultan-Palast gegenüber liegenden Seite der Krishnarajendra Rd. hinter dem City Bus Stand ist die violett gestrichende **Jama Masjid** die imposanteste von mehreren Moscheen in diesem muslimisch geprägten Viertel. Auch die nahegelegenen Gassen östlich und südlich der Busbahnhöfe sind besonders gegen Abend eine herrlich quirlige und authentische Alternative zur Vorzeigemeile der MG Road.

Bullentempel

Besonders wegen der lebendigen Stimmung lohnt der Besuch des im 16. Jh. auf einem kleinen Hügel errichteten Bullentempels (Bull Temple Rd., tgl. 6–13 und 16–21 Uhr) etwa einen Kilometer südwestlich des Lalbagh. Dies gilt besonders am Wochenende, wenn viele Einheimische zu dem gewaltigen, aus einem Granitmonolith gehauenen Nandi-Bullen pilgern, und zum im November abgehaltenen Kadalekayi-Parishe-Fest, wenn die Erdnussbauern aus den ländlichen Gebieten um Bangalore zum Tempel kommen, um für ihre Ernte zu danken.

Karnataka Chitrakala Parishad

Eine umfangreiche Auswahl indischer und internationaler **Gegenwartskunst** präsentiert das hervorragende Karnataka Chitrakala Parishad (Kumarakrupta Rd., Tel.: 22261816, tgl. außer So 10–18 Uhr, Eintritt 10 Rs). Außerdem sind **volkstümliche Kunst** wie goldbelegte Malereien der Mysore-Schule und die farbenfrohen Werke der Himalaya-Berge des russischen Künstlers *Nicholas Roerich* und seines Sohnes sind zu sehen.

Bengaluru Palace

Im Norden der Stadt gibt der Bengaluru Palace interessante Einblicke ins Alltagsleben der Wodeyar-Herrscher. Der Palast wurde in Anlehnung an Windsor Castle in England errichtet und dient heute häufig als **Auftrittsort** bekannter westlicher und indischer **Rock- und Popstars.**

- **Öffnungszeiten:** tgl. 10–18 Uhr, Tel.: 23315789, Palace Rd., Eintritt 200 Rs, Kamera/Video 500/1.000 Rs, die wohl eher abschrecken sollen.

Praktische Tipps

Information

Wie es sich für die Bundeshauptstadt gehört, hat der Reisende die Auswahl zwischen mehreren Touristenämtern. Alle händigen recht gute Stadtpläne (5 Rs) aus.

- **IndiaTourism** (Tel.: 25321683, indtour@nic.in), 48 Church St., KSFC Building, Mo–Fr von 9.30 bis 18 Uhr, Sa bis 13 Uhr geöffnet.
- **Karnataka State Tourist Development Corporation** (KSTDC), mit einem Büro im Badami House am NR Square (Tel.: 22275883, 22275869) und einem weiteren in 10/4 Kasturba Rd., Queen's Circle (Tel.: 22212901-3, 2. Stock). Beide geöffnet täglich außer So von 10 bis 17.30 Uhr. Filialen an Bahnhof und Flughafen, außerdem eine informative Zweigstelle nahe der MG Road in der St. Marks Rd., tgl. 6.30–22 Uhr geöffnet. Auch hier erhält man den sehr detaillierten und aktuellen Stadtplan „Downtown Bangalore", 30 Rs. Außerdem gibt's Filialen am Bahnhof (Tel.: 22870068) und am Flughafen. (Tel.: 25268012). KSTDC vermittelt auch Taxis (Ambassador und Tata Sumo) und Kleinbusse zu Festpreisen für eigene Rundfahrten, natürlich immer mit Fahrer. Beispiel: Ein Ambassador oder Indica kostet 5,5 Rs per Kilometer, für 4 Std./40 km 510 Rs, 8 Std./80 km 906 Rs, wobei für jeden der sicher anfallenden Mehrkilometer wiederum 5,5 Rs zu zahlen sind. Klimatisierte Fahrzeuge (etwa Tata Sumo) kosten, grob gerechnet, etwa ein Drittel mehr.
- **Karnataka Tourism** (KDT, Tel.: 22352828, www.karnatakatourism.org, info@karnataka tourism.org) hat sein Büro im Khanija Bhawan Complex an der Racecourse Rd. (linker Seiteneingang, 1.Stock).
- Am informativsten ist das in den diversen Touristenbüros und Hotels ausliegende **Heftchen „Bangalore this Fortnight"**, in dem neben allen wichtigen Adressen auch die aktuellen Veranstaltungen der nächsten zwei Wochen aufgelistet sind. Das zweimal monatlich erscheinende **City Info** (im Internet: www.explocity.com) gibt's kostenlos in den Touristenbüros und einigen Hotels.
- Im City-Bahnhof informieren die Angestellten des **Tamil Nadu Tourist Information Centre** (Tel.: 22286181) kompetent über den benachbarten Bundesstaat.

Stadtverkehr

- **Flughäfen:** Vom Inlandsflughafen in die ca. 8 km westlich gelegene Innenstadt gelangt man entweder mit einem im Voraus am Schalter zu zahlenden **Taxi** (190 Rs), per **Riksha** (ca. 60 Rs) oder mit einem der öffentlichen **Busse** (ca. 45 Min., 15 Rs). In umgekehrter Richtung kostet ein Taxi von der Innenstadt je nach Standort und Verhandlungsgeschick zwischen 160 und 220 Rs. Vom Busbahnhof fahren die Linien 13 und 333 zum **Domestic Airport.** Vom nächstgelegenen Busausstieg sind es jedoch nochmal 600 m bis zum Flughafengebäude.

Der internationale Flughafen heißt **Bengaluru International Airport** (www.bengaluruairport.com) und liegt 40 km nordöstlich vom Zentrum in Dhevanantalli. Derzeit bestehen folgende Verkehrsanbindungen:

Airport Shuttle Service: Im 30-Minuten-Abstand verbinden rote Shuttlebusse der Bengaluru Metropolitan Transport Corporation (BMTC), Tel.: 22952522, 22952311) den Flughafen mit der Stadt, mehrere Linien verbinden u.a. mit dem Bahnhof und den Busbahnhöfen (ca. 1½–2 Std. Fahrtzeit, 150 Rs), dem Inlandflughafen, der MG Rd. und vielen Luxushotels. Es fahren AC-Volvo- und billigere Non-AC-Busse. Genaueres, etwa Zusteigemöglichkeiten in der Stadt, sind im Internet zu erfahren.

Airport Taxi Service: Die beiden offiziellen Taxiunternehmen für den neuen Airport sind Meru Cabs (Tel.: 43434343) und Easy Cabs (Tel.: 44224422, sie können natürlich auch für andere Ziele in Anspruch genommen werden). Am Flughafen stehen sie bereit, von der Stadt aus sind sie per Telefon zu ordern. Preis pro Kilometer 15 Rs (und 60 Rs pro 1 Std. Wartezeit), in die Innenstadt zahlt man 660 Rs prepaid.

- **Bus:** Bangalore besitzt eines der besten innerstädtischen Busnetze Indiens. Die meisten Busse starten vom **City Bus Stand** (auch unter dem Namen Kempegowda bekannt) beim Bahnhof. Richtung Hauptgeschäfts- und Vergnügungsbereich um die MG Rd. fahren alle Busse von Plattform 17 und 18, Richtung Altstadt von Fahrsteig 8 u.a. die Nummern 31, 35 und 49. Zwei weitere Busbahnhöfe der Stadt sind der **City Market Bus Stand** im Süden der Altstadt und der **Shivajinagar** nördlich des Cubbon Park. Nach Einbruch der Dunkelheit sollten besonders Frauen auf Bustransport verzichten, außerdem sollte man auf Taschendiebe achten.
- **Taxi:** Taxis sind meist recht problemlos zu finden und im weitläufigen Bangalore sicherlich die bequemste Art der Fortbewegung. Man sollte mit Taxameter fahren. Der Mietpreis eines Taxis für 4 Std. beträgt 500 Rs. Wer eines per Telefon ordert (z.B. Spot City Taxi, Tel.: 51100000, Preis pro km: 9 Rs, nachts und außerhalb der Stadtgrenzen die Hälfte mehr, 24 Std. erreichbar, Minimumpreis 35 Rs, 4 km), sollte darauf achten, dass sich das Taxiunternehmen in der Nähe befindet, da die Anfahrt mitberechnet wird.
- **Autovermietung:** Mietwagenfirmen Hertz (Tel.: (0)9972502292), Akhbar Travels (Tel.: 1800-226000), beide mit Filialen am Flughafen, sowie Cabs Den (Wilson Garden, Shantinagar, Tel.: 22483879, 4121666). Sowohl für Selbstfahrer als auch mit Chauffeur.
- **Riksha:** Der Taxameter wird von Rikshafahrern eher ungern eingeschaltet, so ist der Preis meist Verhandlungssache. Zwischen 21 und 5 Uhr wird ein Nachtzuschlag von 50 % auf den angezeigten Betrag berechnet. Offizielle Preise: 10 Rs für den ersten Kilometer plus 5 Rs für jeden weiteren. Eine Fahrt vom Bahnhof oder Busbahnhof zur MG Road sollte tagsüber nicht mehr als 40 Rs kosten. An der MG Rd. und vor der Garuda Mall etwas nördlich machen einige von der Traffic Police überwachte **Prepaid-Schalter** für Rikshas (bis ca. 21.30 Uhr) das lästige Verhandeln überflüssig. Zwar sind die verlangten Preise auch hier etwas überhöht (z.B. von der MG Road zur Bahnhofsregion 53 Rs), jedoch nicht um ein Vielfaches überteuert. Der Prepaid-Schalter am City-Bahnhof ist weniger zuverlässig, hier wird in gemeinsamer Absprache der Fahrer und des Ticketverkäufers der Tourist gern übers Ohr gehauen. Wer eine Riksha für etwa 4 Std. mietet, sollte nicht mehr als 200 Rs zahlen.

Die Riksha- und Taxifahrer in Bangalore verlangen von Touristen das Vielfache des Üblichen und lassen sich nur äußerst zäh herunterhandeln. Am Bahnhof lässt sich dies für Taxis und an der MG Road bis 21 Uhr auch für Rikshas durch den Prepaid-Schalter elegant umgehen. Das Problem mit den Droschkenkutschern wird in Kürze durch die

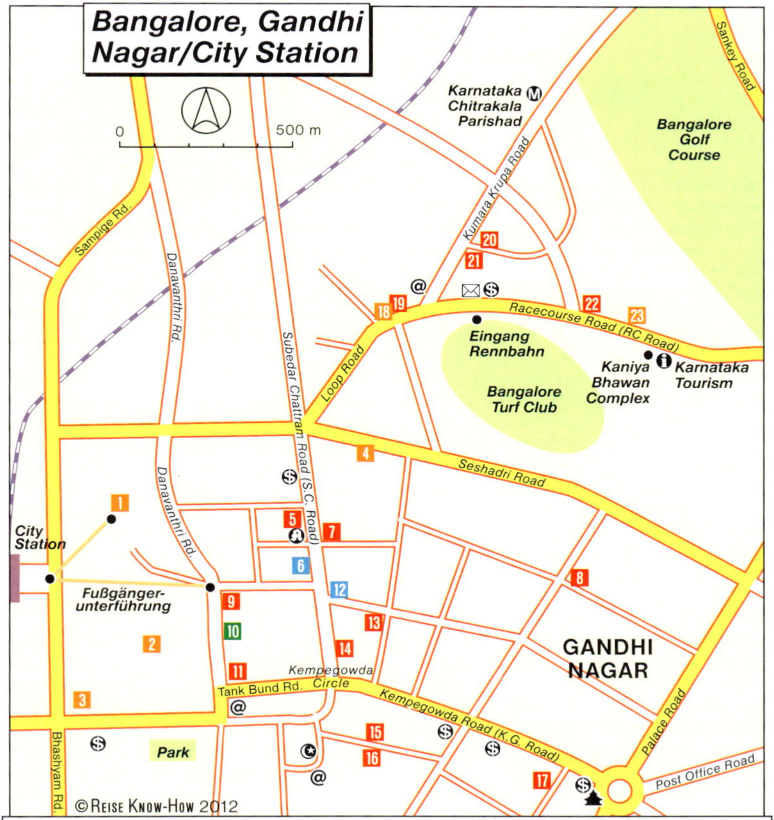

Unterkunft
5 Vybhav Lodge
7 Royal Lodge
8 Dr Rajkumar International
9 Tricolour Hotel
11 Hotel Sherada
13 Sri Lodge
14 Cambay Hotel
15 Sri Kumara Lodge
16 Hotel Swagath, Ashok Palace Lodge
17 Hotel Bangalore Gate
19 Hotel Raceview
20 Hotels Amar Comforts, Abishek und The Solitaire
21 Hotel Bangalore International
22 Taj West End

Essen und Trinken
6 Kamat Hotel, Volga
12 Vybhav Restaurant & Café

Verkehr
1 City Bus Stand (Stadtbusse)
2 KSRTC Bus Stand (Fernbusse)
3 Tamil Nadu Busse
4 Vijayanand Travels, SRS Travels
18 Paulo Travels (Busse nach Goa)
23 KLM

Einkaufen
10 Sangam Mall

neue entstehende Konkurrenz der Metro stark nachlassen.

- **Metro:** Seit 2007 wird in Bangalore die neue Metro gebaut, die ersten Strecken sollen ab etwa Mitte 2012 in Betrieb genommen werden.

Stadtrundfahrt

- Die zweimal täglich (Abfahrt 7.30 Uhr und 14 Uhr) von **KSTDC** angebotene Stadtrundfahrt dauert ca. sechs Stunden und beinhaltet neben dem obligatorischen Stopp im Handicraft Emporium alle Sehenswürdigkeiten. Abgesehen von der bei diesen Veranstaltungen üblichen Hetze, sicherlich eine gute Möglichkeit, um sich im weitläufigen Bangalore einen Überblick zu verschaffen. Der Preis beträgt 110 Rs (120 Rs AC). Weitere, auch mehrtägige Touren werden angeboten. Abfahrt jeweils vom KSTDC-Office (s. Information).
- Wer im hektischen Bangalore die Natur wiederfinden möchte, sollte sich den jeden Sa und So von 7 bis 11 Uhr stattfindenden, äußerst informativen **Bangalore Walks** (Tel.: (0)9880671192, (0)9880108805, www.bangalorewalks.com, 500 Rs inkl. Frühstück) anschließen. Verschiedene Themenschwerpunkte wie etwa das Viktorianische Bangalore oder die Parks (siehe Internet). Auch individuelle Spaziergänge unter fachkundiger Leitung können telefonisch oder über info@bangalorewalks.com gebucht werden.

Unterkunft

Vor der Wahl einer Unterkunft sollte man sich im weitläufigen Bangalore fragen, in welcher Gegend man wohnen möchte. Wie üblich konzentrieren sich auch hier die meisten Billigunterkünfte um die Bahnhofsgegend. Wer in der Nähe der Geschäfte und Unterhaltungsszene wohnen möchte, sollte sich im Bereich der MG Rd. einquartieren. Eine Alternative zu diesen beiden Gegenden bietet der etwa in der Mitte gelegene, recht ruhige Bereich um den Cubbon Park. Bangalore ist eine für indische Verhältnisse teure Stadt, was sich auch in den Hotelpreisen niederschlägt. Wer nachmittags ankommt, sollte möglichst vorher telefonisch reservieren, da viele Hotels bereits frühzeitig belegt sind.

> Wer im Norden der Stadt, d.h. im Bereich der **MG Rd.,** wohnen möchte und mit dem Zug ankommt, sollte bereits am **Cantonment-Bahnhof** aussteigen und nicht bis zum Hauptbahnhof durchfahren.

Bahnhofs- und Busbahnhofsgegend:

Alle Unterkünfte in diesem ersten Abschnitt sind vom Bahnhof aus (vom Busbahnhof sowieso) in ca. 15 Minuten auch zu Fuß erreichbar, man sollte also für eine Riksha nicht mehr als 15 Rs zahlen. Es wird oft ein Vielfaches verlangt.

- Etwas versteckt in einer kleinen Gasse im Bezirk Majestic ist die gemütliche, etwas altmodische **Sri Kumara Lodge** €-€€ (81 Hospital Rd., hierbei handelt es sich nicht um die große Straße im Stadtteil Shivaji Nagar, sondern um eine schmale Gasse gleichen Namens, Tel.: 22870365, (0)934547729). Die einfachen Zimmer mit Bad und TV sind leider etwas hellhörig. Moderner ist die **Ashok Palace Lodge** €-€€ (72 Hospital Rd., Tel.: 41223736, (0)9845122736) gegenüber. Die DZ sind den sehr kleinen EZ vorzuziehen – zwei sehr preiswerte und saubere Wohnmöglichkeiten.
- Für mehr Komfort steht das nahe **Hotel Swagath** €€€-€€€€ (75 Hospital Rd., Tel.: 22877200, www.hotelswagath.com) bereit. Die geräumigen, sauberen Zimmer mit großem Fernseher sind nur leicht überteuert.
- Die **Sri Lodge** €-€€ (2nd Cross, 6th Main Rd., Tel.: 41136840/1) ist eine hervorragende Billigwahl. Die sauberen Zimmer mit TV, einige mit Hocktoilette, sind exzellent. Wegen der lauten Straße rückwärtiges Zimmer wählen.
- Der große Kasten der **Royal Lodge** €-€€€ (Subedar Chatram Rd., Tel.: 22266575, 41146851, www.royallodge.net) in der Nähe bietet recht saubere Zimmer (die billigeren mit Gemeinschaftsbad). Obwohl etwas laut, eine dem kleinen Preis noch entsprechende Leistung.
- Recht groß sind die Zimmer mit Bad in der **Vybhav Lodge** € (Subedar Chatram Rd., Tel.:

22873997, 22253844). Besonders die Zimmer der oberen Etagen sind ihren Preis wert.
- Gegenüber den Busbahnhöfen durch die Untertunnelung der Tank Bund Rd. leicht erreichbar, ist das **Tricolour Hotel** €€€€-€€€€€ (15 Tank Bund Rd., Sangam Point, Tel.: 41279090, www.ibchotels.com, Preise inkl. Frühstück) eine komfortable Mittelklassewahl um die Bahnhöfe. Reservierung wird empfohlen.
- Preiswerter und noch etwas besser wohnt man im erstklassigen **Cambay Hotel** €€€€€ (Tel.: (0)9611155100, 1800-2336655, www.thecambay.com) in der Subedar Chatram Rd. Das brandneue Hotel ist superclean und modern. Alle Zimmer mit Flachbildschirmfernseher, WLAN in den Zimmern und Kühlschrank – ein Schnäppchen. Ein gutes vegetarisches Restaurant ist angeschlossen.
- Einen knappen Kilometer östlich ist das ruhig gelegene **Dr Rajkumar International** €€€€-€€€€€ (5th Main Rd., 2nd Cross, Tel.: 40223344, www.drrajintl.com) eine weitere saubere Mitteklassewahl mit geschmackvoll eingerichteten, gemütlichen Zimmern, teils recht geräumig. Die Suiten verfügen über zwei Badezimmer. Das Thesian Restaurant verwöhnt auch mit fleischlicher Kost.

MG-Road-Gegend:
- Große, saubere Zimmer, der günstige Preis und die zentrale Lage machen das **Ajantha** €€-€€€ (22A MG Rd., Tel.: 25584321) zu einer hervorragenden Unterkunft in der unteren Preiskategorie. Da sich das herumgesprochen hat, ist das Hotel sehr beliebt. Dementsprechend frühzeitig sollte man reservieren.
- Im Zentrum des MG-Road-Gewimmels ist das **Courzon Court** €€€-€€€€ (Tel.: 2558 2997/8, 41232370, Brigade Rd.) eine gute Mitteklassewahl. Die Zimmer, teils mit Badewanne und Balkon in den oberen Etagen, bieten einen hübschen Blick auf den Trubel.
- Auch das **Park Residency Hotel** €€€-€€€€ (Tel.: 25582151, 2558718-20, theparkresidency@gmail.com, Residency Rd.) ist eine sehr gute Wahl in dieser Preisklasse. Schön möblierte, fast luxuriöse AC- und Non-AC-Zimmer in guter Lage zur MG Rd. sind die Pluspunkte.
- Das ruhige, aber dennoch zentral gelegene **Ballal Residency** €€€€-€€€€€ (Tel.: 25597277, ballary@vsnl.com), etwas von der lauten Residency Rd. zurückversetzt, bietet geräumige, saubere AC-Zimmer mit Kühlschrank und teilweise Balkon. Ein vegetarisches Restaurant und eine Bar sind angeschlossen.
- Berücksichtigt man die zentrale Lage, ist das **Rawar's Inn** €€€€ (Church St., Tel.: 255943665/6) mit Restaurant, Pub, Coffee Store und 24 AC-Zimmern mit TV und Badewanne (DZ) durchaus empfehlenswert, die Einzelzimmer sind zu teuer.
- Für diese Region Bangalores erstaunlich preiswert kommt **Tom's** €€€-€€€€ (Hosur Rd., Tel.: 25575875) daher. Die geräumigen, modernen und sauberen Zimmer – die teureren klimatisiert – sind hell und sehr angenehm. Reservierung empfohlen.
- Großes Plus des gemütlichen **Ashley Inn** €€€€ (Ashley Park Rd., Tel.: 41233415/6, (0)9880138580, www.ashleyinn.in) ist die Ruhe in den prächtigen, elegant möblierten Zimmern trotz unmittelbarer Nähe zur hektischen MG Road.
- Gerade teilweise neu gestaltet, hat das **Highgates Hotel** €€€€€ (Tel.: 40222999, (0)9980819000, www.thehighgateshotel.com) an Attraktivität noch gewonnen. Die Nähe zur MG Rd. und die dennoch ruhige, da etwas zurückversetzte Lage an der Church Street, das Innenhofrestaurant, das Gartenrestaurant **The Palms** (Tel.: 40222999) sowie gut ausgestattete Zimmer machen es zu einer guten Wahl. Die wenig teureren, hervorragenden, *Villas* genannten Luxusapartments mit Flat-Screen-Fernseher, großem Kühlschrank und Mikrowelle bieten den besten Gegenwert.
- Die 99 Räume des **Gateway Hotel** €€€€€€ der Taj-Gruppe (Tel.: 66604545, 25584545, gateway.bangalore@tajhotels.com, www.tajhotels.com) in der Residency Rd. sind sehr groß und toll eingerichtet, einige Zimmer in den oberen Etagen bieten einen sehr schönen Ausblick. Selbstverständlich gibt es für den Preis auch einen Pool. Recht teuer, aber auch gut.
- Das **Oberoi** €€€€€€ (Tel.: 25585858, unitresvn@oberoiblr.com) in der MG Rd. gehört selbst im noblen Bangalore zu den luxuriö-

sesten Hotels. Neben all den üblichen Annehmlichkeiten eines Fünf-Sterne-Hotels gefällt vor allem die sehr schöne Lage inmitten eines großen Gartens.

- In letzter Zeit werden mehrere komfortable Apartments in Bangalore auch für Eintagesbenutzung vermietet, eine angenehme Alternative zu den Hotels, zumal die Preise oft erstaunlich moderat sind. Das beste Angebot macht hier **Empire Suites** €€€€€ (35 Castle St., Tel.: 40414041, (0)9916663016, www.hotelempire.in), zwischen Richmond und Brigade Rd. Die ruhigen, elegant eingerichteten Zimmer mit allem nötigen Komfort sind sehr preisgünstig. Sauna und Pool sind vorhanden. Zudem ist ein gutes Multi-Cuisine-Restaurant zur Stelle, wenn man nicht selbst kochen will.
- Das **Hotel Empire** €€€€ (36 Church St., Tel.: 25592821, www.hotelempire.in) des gleichen Besitzers nahe der MG Rd. ist eine gute Mittelklasseherberge, wobei die nur etwas teureren Deluxe- und Super-Deluxe Zimmer viel geräumiger sind als die Standard-Zimmer.
- Nur etwas weniger Komfort in ähnlich günstiger Lage in einem Wohnblock im Erdgeschoss offeriert **Melange Apartments** €€€€€ (21 Vittal Mallya Rd., Tel.: 22129700, www.melangebangalore.com) auf der anderen Seite des MG-Rd.-Gebietes, deren zwei unterschiedlich große, teils mehrräumige Wohnungstypen etwas teuer, aber sauber, hervorragend ausgestattet und ruhig sind.

Pferderennbahn und Cubbon Park:

- Einen angenehmen und hellen Eindruck machen die teilweise recht großen AC- und Non-AC-Zimmer des **Raceview Hotel** €€€ (Racecourse Rd., Tel.: 22203401-3) an der Rennbahn.
- Die zehn großen Zimmer des gemütlichen **Amar Comforts Hotel** €€€ (Kumara Krupta Rd., Tel.: 22354279/80, 41512108, (0)9844067108, amarcomforts@gmail.com) westlich der Pferderennbahn sind mit ihrer guten Ausstattung besser als die des nebenan gelegenen, unter gleicher Leitung stehenden **Abishek The Hotel** €€€€ (Tel.: 41136777, 41138799, www.abishekthehotel.com), beide in der Kumara Krupa Rd., dennoch sind beide eine ansprechende Mittelklassewahl.
- Der früher dem Sohn des Maharaja gehörende alte Prachtbau des **Bangalore International** €€€€€-€€€€€€ (Crescent Rd., Tel.: 30524282, 22268011, hbi@nalapad.com) ist ein sehr schön eingerichtetes, helles Komforthotel geworden mit geräumigen Zimmern mit alten Möbeln und schönen Badezimmern. Das Frühstücksbuffet (200 Rs) ist auch für Nicht-Gäste ein verlockendes Angebot, zumal es in einem hübschen Lichthof eingenommen wird.
- Angenehm und modern kommt das **The Solitaire** €€€€€€ (Crescent Rd., Tel.: 4044 3636, www.thesolitairehotel.com) nebenan daher. Alle in dieser Preisklasse üblichen Annehmlichkeiten wie Pool auf dem Dach und geräumiger Spa, WLAN in den Zimmern sowie mehrere Restaurants (japanisch/spanisches Restaurant im 8. Stock und The Nawab mit indischer Küche im EG) machen den Aufenthalt in dieser Luxusherberge zum Genuss.
- Das wohl schönste Hotel der Stadt ist immer noch das **Taj West End** €€€€€€ (Tel.: 66605660, 22255055, westend.bangalore@tajhotels.com, www.tajhotels.com) an der Racecourse Rd. Wie beim Oberoi ist es auch hier die herrliche Lage inmitten einer fast schon einem Botanischen Garten ähnelnden Anlage, die den besonderen Charme dieses Spitzenhotels ausmacht. Auf jeden Fall Zimmer im alten Flügel buchen!

Essen und Trinken

Keine andere Stadt Südindiens bietet auch nur annähernd eine derartige gastronomische Vielfalt. Die Auswahl ist riesig und reicht von einfachen Snackbars mit leckeren und magenfüllenden *thalis* schon für 20–30 Rs bis zu Gourmetrestaurants internationalen Standards, in denen man dann aber auch europäische Preise zahlt. Besonders beliebt bei Travellern sind die vielen, sowohl was die Gerichte als auch was Einrichtung und Ambiente betrifft, auf westlichen Geschmack getrimmten Restaurants. Vor allem der Bereich um die MG Rd. ist gepflastert mit Lokalitäten, die Steaks, Pizza, Pasta, Sandwiches und dergleichen Köstlichkeiten anbieten. Viele Restaurants der gehobenen Kategorie sind zwischen 15 und 19 Uhr geschlossen.

Bahnhofsgegend:

- Alle Restaurants nahe dem Bahnhof und den Busbahnhöfen sind eher einfach und billig. Ein typisches Beispiel ist das schräg gegenüber der Royal Lodge gelegene vegetarische **Kamat Hotel.** Auch das **Volga Restaurant** mit AC-Bereich und Dachterrasse ist akzeptabel. Besonders im 1. Stock des **Vybhav Café** schräg gegenüber lässt sich das muntere Treiben auf der Straße eingehend studieren. Die vegetarische indische Küche – gute *thalis* und *dosas* – ist einfach, preiswert und gut. Alle genannten Lokale in der Subedar Chatram Road.
- Für höhere Ansprüche sollte man das vegetarische **Restaurant des Hotel Cambay** aufsuchen.

Um die MG Road:

- Wer einmal echte (und damit scharfe) Andhra-Pradesh-Küche wagen möchte, für den ist das **Nagarjuna** in der Residency Rd. gleich neben dem Galaxy Kino die beste Adresse. Die köstlichen Gerichte werden „Andhra-gerecht" auf Bananenblättern serviert. Auch das **Bheemas** in der Church St. serviert Köstlichkeiten aus Andhra Pradesh.
- Nebenan ist **Mainland China** (Tel.: 2559 7722) ganz auf die Mittelklasseklientel zugeschnitten, entsprechend stylish geht's zu. Die natürlich chinesische Küche ist hervorragend.
- Ebenfalls chinesisch und auch ansonsten ähnlich ist das **Three Quarters Chinese** (22 Church St., Tel.: 25327982, durchschnittlich 350 Rs pro Gericht). Auf der Außenterrasse wird kontinentale Küche serviert. Mo–Do zwischen 15.30 und 19 Uhr geschlossen.
- Nebenan nutzen **20 ft high** und **Ruby Tuesday** dieselbe Freiluftterrasse. Im Erstgenannten lockt neben Fischspezialitäten und Lamm auch Borschtsch, die russische Gemüsesuppe (Küche bis 23 Uhr, ca. 300 Rs für ein Hauptgericht). Im Zweiten gibt's amerikanische, mexikanische und italienische Gerichte (ca. 350–500 Rs) bis 23.30 Uhr, danach nur noch Getränkeausschank.
- Ein Favorit der Szene ist die **Casa Piccolo,** Devatha Plaza, 131 Residency Rd. Neben einer riesigen Auswahl an Pizza gibt es unter anderem Steaks und Wiener Schnitzel. Zum Nachtisch sollte man sich ein Eis gönnen.
- Wer es lieber einheimisch-urig mag, sollte im **Shanbhag Café** in der Residency Rd. die ebenso leckeren wie preisgünstigen *thalis* probieren. Ebenso meist von Einheimischen geprägt ist die Kundschaft des **Indian Coffee House,** das leider nicht mehr im alten Kolonialbau an der MG Rd, sondern in der Church Rd. residiert. Es ist immer noch wegen seiner sehr preiswerten südindischen Gerichte einen Besuch wert.
- Mit Gerichten um die 90 bis 130 Rs um einiges teurer, dafür jedoch auch stilvoller isst man in dem sehr schönen **Coconut Grove** in der Church Street. Das auf die Küche Goas und Keralas spezialisierte Restaurant lohnt mit seinem freundlichen Service und der netten, mit viel Grün aufgelockerten Atmosphäre die Mehrausgabe allemal. Außerdem gibt's Geheimnisvolles wie die *Tellicherry Time Bomb.*
- Nicht nur wegen seiner schmackhaften indischen Gerichte, sondern auch aufgrund des innovativen Dekors ist das **Queen's** im Shrunagar Shopping Center in der Church Street eines der beliebtesten Restaurants der Stadt und erstaunlich preiswert für die MG-Road-Gegend.
- Vornehmlich Sushi sowie Nudelgerichte, *tempura* und andere Seltsamkeiten gibt's für Freunde der japanischen Küche im **Harima** (Residency Rd., 4. Stock des Devatha Plaza, Tel.: 41325757). Ein Stockwerk tiefer ist das Bistro **Casa del Sol** (Tel.: 51510101) der richtige Ort für mediterranes Ambiente. Sonntags lockt ein umfangreicher Brunch (530 Rs). Mittwoch gibt's Disco, Donnerstag Salsa-Tanzkurse.
- Für Freunde von Burgern, Steaks und leckeren Kuchen ist der entspannte **Only Place** (Museum Rd., Tel.: 30618989) genau das Richtige.
- Mit Überblick speist man auf der Dachterrasse des **Ebony** (84 MG Rd.) auf dem Barton Centre. Etwas seltsame, aber exzellente Kombination von thailändischer und französischer Küche (100–250 Rs pro Hauptgericht).
- Ein idealer Treff, um die einheimischen Intellektuellen bei einem Schwatz oder beim Zeitunglesen zu beobachten ist das **Koshy's** in der St. Mark's Rd., aufgeteilt in Raucher- und Nichtraucherbereich.

● Alteingessen und edel speist es sich im **Tandoor** (12–15 und 19–23 Uhr, Tel.: 25596961), welches ausschließlich indische Küche der oberen Preisklasse (Hauptgericht um 400 Rs) serviert. Zudem Weine aus aller Welt und viele Cocktails.

● Neu ist das fantastisch gelungene **Olive Beach** (Wood St. in Gehdistanz von der MG Rd., Tel.: 41128400, (0)9945565483, 12–15, 16–18 und 19–23 Uhr, Hauptgericht um 500 Rs, Sonntagsbrunch 1.500 Rs, www.olivebarandkitchen.com). Das herrliche Ambiente, die exzellente internationale Küche und der erstklassige Service in diesem Restaurant, teilweise baumbestanden unter freiem Himmel, lassen die Hektik Bangalores vergessen. Deutsche, französische, australische Weine, internationale Biere und Cocktails sorgen für eine lockere Zunge. Ohne Reservierung kaum eine Chance, einen Platz zu ergattern. An jedem 1. und 3. Sa des Monats „Gourmet Bazar" (12–16 Uhr), an jedem 2. Sa Kleider-, Accessoires- und Schmuck-Flohmarkt (18–23 Uhr).

● Etwas weniger edel geht es im **Oasis Restaurant** in der Church Street zu, eine Einfahrt zurück. U.a. keralische Küche sowie Fisch werden in guter Qualität kredenzt.

● Spezialisiert auf Kaffee und Kuchen sowie Snacks sind auch die Filialen der AC-gekühlten **Barista Espressobar** mit ebenso cooler Musik an der MG Rd. unter freiem Himmel sowie die Filialen von **Café Coffee Day.**

● Clean und nach westlichem Vorbild angelegt ist der **Foodworld Supermarket** an der MG Rd. (Untergeschoss des Times of India Bldg., tgl. 10–22 Uhr), mit vielen westlichen Marken, Bier, Wein sowie frischem Obst und Gemüse. Auch im Einkaufszentrum **Bangalore Central Mall** gibt's einen Supermarkt.

Andere Gegenden:

● Westlich der MG Road ist **mocha coffee & conversation** (Vittal Mallya Rd.), ein Freiluftrestaurant mit Snacks, Kaffee und Kuchen, recht angesagt. Noch besser läuft **Java City** daneben, besonders bei Jugendlichen der indischen Mittelschicht beliebt.

● In der Teebar **Infinitea** in der Cunningham Rd. gibt's Tee ohne Ende in angenehmer Umgebung. Zudem alles Erdenkliche für ein gelungenes Frühstück, Mittag- und Abendessen. Nebenan gibt's im **Restaurant Shezan** chinesische Kost.

● Das nur wenig nördlich der Lalbagh-Gärten gelegene **Mavalli Tiffin Rooms** (Lalbagh Rd., 6.30–11, 12.30–14.45, 15.30–19.30 und 20–21 Uhr) ist fast schon eine Institution. Besonders zu empfehlen sind die *dosas* und umfangreichen *thalis*.

Nightlife

Was für die kulinarische Bandbreite gesagt wurde, gilt erst recht in Bezug auf die Freizeitindustrie – Bangalore bietet für fast jeden Geschmack etwas, die Auswahl ist riesig. Wegen der vielen einkommensstarken jungen Angestellten der Computer- und Elektronikunternehmen sind in den letzten Jahren **Bars, Cafés und Diskotheken** wie Pilze aus dem Boden geschossenen – eine willkommene Abwechslung zu dem im übrigen Indien, wenn überhaupt, nur in den Bars der Nobelhotels stattfindenden Nachtleben. Allerdings teilt Bangalore ein typisch indisches Übel mit dem Rest des Landes – der Glaube, dass Lautstärke mit Qualität gleichzusetzen ist. Dementsprechend werden vor allem in den Discos die Anlagen bis zum Anschlag aufgedreht. Die häufig mit an den Decken hängenden Fernsehern im Stil der amerikanischen Sportbars ausgestatteten **Kneipen** schließen um 23.30 Uhr. An Wochenenden verlangen die angesagtesten Bars um 500 Rs für Paare und 300 Rs für Einzelgäste, der meist mit dem Preis der gebecherten Drinks verrechnet wird.

● Typisch für die vielen Kneipen im Vergnügungsviertel um die MG Rd. ist das **PubWorld** im Laxmi Plaza an der Residency Rd.: überkandidelt auf modern getrimmt, junges, gutbetuchtes Publikum, laute Musik. Trotzdem ein guter Ort, um ein kaltes, frisch gezapftes Bier zu trinken. Auch **The Underground Pub,** natürlich *under ground,* ist etwas edler.

● Seit vielen Jahren ist das **Hard Rock Café** (St. Mark's Rd.) der Ort für einen Drink und etwas in die Jahre gekommene Rockmusik.

● Die etwas gediegenere Atmosphäre des **Black Cadillac,** 50 Residency Rd., spricht eher ein Publikum mittleren Alters an, auch die Preise sind höher. Ultralaut geht es dafür im eine Etage darüber gelegenen **Cyber Pub** zu. Inspiriert von den ohrenbetäubenden Klängen kann man an den bereitstehenden Computern mit seinen Freunden im Internet chatten.

- Die schon in vielen Dekors dahergekommene **Cosmo Village** (Magrath Rd.) etwas südlich der MG Rd. ist immer noch eine der angesagtesten Bars der Stadt.
- Einen Drink in luftiger Höhe sollte sich der von der Hektik der MG Road Geplagte im entspannten **13th floor** (Barton Centre, MG Rd.) nicht entgehen lassen.
- Wer seinen Cocktail immer schon mal mit Sand unter den Füßen schlürfen wollte, ohne nach Goa zu müssen, kann dies im **Beach** (100 Ft. Rd., Indiranagar, 2,5 km westlich der MG Rd.) tun.

Kultur und Unterhaltung

- Im engagierten Kulturzentrum **Ranga Shankara** (8th Cross, JP Nagar, Tel.: 26592777, www.rangashankara.org) werden äußerst vielfältige und vielsprachige Theateraufführungen und Tanzveranstaltunngen dargeboten (Genaueres siehe Website).
- Das neuntägige **Karaga Festival** im April ehrt die Göttin Draupadi. Den Höhepunkt des im Dharmaraja-Swami-Tempel (im Stadtteil Nagareth Peth) begangenen Festes bilden farbenprächtige Umzüge mit Schwerttänzen und vielerlei Sehenswertem.
- Im **amoeba** (bis 23 Uhr geöffnet) an der Church Road kann man für 80–125 Rs, je nach Tageszeit, die Bowlingkugel rollen lassen. Außerdem gibt's einen ebenso beliebten Bar-/Loungebereich mit lauter Popmusik.
- Von Lesern wird der Besuch der **Pferderennen** an der Racecourse Rd. empfohlen (Eintritt 10 Rs, Wetteinsätze ab 100 Rs). Saison ist von November bis Februar und Mai bis Juli, üblicherweise an Freitagen und Samstagen. Zuständig für Tickets für das Stadion an der Racecourse Rd. ist der Bangalore Turf Club (Tel.: 22262391, www.bangaloreraces.com).
- Das riesige **M. Chinnaswamy Stadion** (MG Rd., Tel.: 22869970) ist Austragungsort vieler Cricketmatches, auch der indischen Nationalmannschaft, für die jedoch nur schwierig Karten zu ergattern sind. Ticketpreise 50–500 Rs, wobei gut 200 Rs für einen akzeptablen Platz schon berappt werden sollten.
- **Kinos:** Während die modernen **INOX Cinema** und **PVR Cinema** ausschließlich Bollywood- und Hollywood-Kost servieren, gibt's im **Nani Cinema** (www.collectivechaos.org/nani.html) freitags und samstags anspruchsvolleres Kino indischer und europäischer Herkunft.

Sport und Aktivitäten

- Das **Institute of Naturopathy & Yogic Sciences** (Tel.: 2371777, Tumkur Rd., Jindalnagar), 20 km nordwestlich von Bangalore, sowie Soukha (Soukha Rd., Samethanahalli Whitefield, Tel.: 7945001, www.soukha.com), eine Gesundheitsfarm für Ayurveda und Yoga, 16 km östlich der Stadt, sind weltweit anerkannte Adressen für ganzheitliche Gesundheitstherapie.

  Günstiger zu erreichen ist das **Urban Yoga Centre** (100 Ft. Rd., Indiranagar, Tel.: 3200 5720, www.urbanyoga.in), ein modernes Yoga-Studio, auch Verkauf von Yoga-Produkten, 3 km östlich der MG Rd.

Bank

- Am schnellsten und effizientesten wird man bei **Thomas Cook,** 55 MG Rd. Ecke Brigade Rd. (Mo–Sa 9–18 Uhr, Tel.: 25581340, bei Kreditkarten 2 % Gebühr), und bei **UAE Exchange** (Mo–Sa 9.30–18 Uhr, So 9.30–13.30 Uhr, Tel.: 25594095) im Manipal Centre (Nordflügel) an der Dickenson Rd. bedient. Bei beiden ist auch schnelle Geldüberweisung aus dem Heimatland möglich.
- Gute Alternativen sind **Wall Street Finances,** 3 House of Lords, 13/14 St. Mark's Rd., Mo–Sa 9.30 bis 18 Uhr, TT Forex (Mo–Fr 9.30–17.30, Sa bis 14 Uhr) in der Cunningham Rd. und **Weizman Forex,** Residency Rd., Mo–Fr 10–18.30 Uhr, Sa und So 10–18 Uhr, die Bares und Reiseschecks annehmen.
- Recht zügig geht es auch in der **Bank of Baroda,** 72 MG Rd., zu.
- Eine Vielzahl von **ATMs** steht zur Verfügung, so auch im Bahnhof von der Canara

Bank oder etwas südlich des Bangalore Central von der ICICI-Bank. ATMs, die außer den üblichen Visa-, Master-, Maestro- und Cirrus-Kreditkarten auch American Express akzeptieren, sind die der HDFC-Bank in der District Office Rd., in der Kasturba Rd. und in der Subedar Chatram Rd.

Post, Internet

- Die **Hauptpost** befindet sich in der Cubbon Rd. und ist Mo–Sa von 8.30 bis 17.30 Uhr und So von 10.30 bis 16.30 Uhr geöffnet. Der Poste-Restante-Schalter Nr. 22 ist sonntags geschlossen.
- Näher zur MG Rd. befindet sich ein **kleines Postamt** an der Brigade Rd.
- **DHL** (Tel.: 2558855) ist Mo–Fr 10–18 Uhr und Sa 10–16 Uhr geöffnet.
- Im Bereich der MG Rd. befindet sich mehr als ein Dutzend **Internet-Anbieter,** die meist zwischen 20 und 30 Rs pro Std. verlangen. Cyberia gegenüber von Pub World hat schnelle Breitbandverbindungen (30 Rs/Std., bis Mitternacht geöffnet). Um die Busbahnhöfe bieten sich z.B. Cyber Station (9–23 Uhr), CyberNet oder Modi Internet beim Kamat Hotel (beide 20 Rs/Std.) an.

Medizinische Versorgung

- Die **Notfallnummer** ist 102.
- Das staatliche **Bowring and Lady Curzon Hospital** (Tel.: 25591362) ist akzeptabel.
- Zentral liegt das private **Mallya Hospital** (Vittal Mallya Rd., Tel.: 22277979) am südlichen Ende der Kasturba Rd., wo es auch eine 24 Std. geöffnete **Apotheke** gibt. Gut bestückt ist auch **Chetak Pharma** (Untergeschoss des Devatha Plaza, Mo–Sa 9–21, So 9.30–14 Uhr) in der Residency Rd. Außerdem finden sich mehrere Apotheken im Bahnhofsbereich neben und gegenüber der Royal Lodge, dort auch eine homöopathische Apotheke.

Kulturinstitute

- Das **Max Mueller Bhavan** (Goethe-Institut, www.goethe.de/bangalore, Tel.: 25205305, 716 CMH Rd., in Indiranagar, Mo–Fr 9–17 Uhr) verfügt über eine Bücherei mit deutscher Literatur und ein Café. Zudem finden manchmal Veranstaltungen wie Konzerte, Lesungen oder Filmvorführungen statt. Genaueres auf der informativen Internetseite.
- In der **Alliance Francaise** (Tel.: 41231340, www.allfranceblr.com, 108 Thimmaiah Rd., Mo–Sa 10–13 und 15–18 Uhr) gibt's Ähnliches, natürlich in französischer Sprache.

Shopping

- Bangalore ist eine hervorragende Einkaufsstadt. Speziell in den Läden und Kaufhäusern entlang der Hauptshoppingmeile um die MG Rd. gibt es verglichen mit Europa sehr günstige und modische **Kleidung** zu kaufen.
- Eine große Auswahl indischer wie westlicher **Musik** bieten *HMV* mit zwei Filialen in der Brigade Rd. und der St. Mark's Rd., *Planet M* in der Brigade Rd. sowie das auch in anderen größeren Städten vertretene *Rhythms,* ebenfalls in der St. Mark's Rd.
- Von den vielen reich bestückten **Buchhandlungen** sei der auch in Bangalore hervorragend ausgestattete Ableger des berühmten *Strand Book Stall* (Dickenson Rd., Manipal Centre, Südflügel, 1. Stock, Tel.: 25580000, strandbk@bgl.vsnl.net.in) aus Mumbai erwähnt. Auch *Motilal Banarsidas,* 16 Mark's Rd., und *Gangarams,* 72 MG Rd., oder *Higginbothams,* MG Rd. (eine weitere Filiale im City-Bahnhof), können empfohlen werden.
- Eine gute Übersicht über **Kunsthandwerkliches** gibt es unter anderem im *Central Cottage Industries Emporium,* 144 MG Rd., und im *Cottage Industries Exposition,* 3 Cunningham Rd. Beide sind allerdings nicht gerade billig. Auch hier gilt, dass man in den kleineren Städten in Karnataka häufig wesentlich günstiger kauft.
- Im renovierten, von Bäumen und Rasenflächen umgebenen Kolonialgebäude des **Raintree** (Sankey Rd., Mo–Sa 10–19, So 11–18 Uhr) nahe der MG Rd. shoppt es sich sehr angenehm. Kunsthandwerk, Teppiche, Designerkleidung, Möbel und Interieur der gehobenen Preisklasse sind meist gut verarbeitet. Ideal für diejenigen, die noch ein geschmackvolles Geschenk vor dem Rückflug benötigen. Zudem lockt ein luftiges Café.

- **Seidengeschäfte** und eine Vielzahl an **Schneidern,** die einem innerhalb von wenigen Stunden maßgeschneiderte Hemden, Hosen, Röcke und Jacken anfertigen, finden sich im und um den City Market. Dies ist auch der ideale Ort, um **Gewürze** und **frisches Obst** zu kaufen.
- Mehrere Filialen von **FabIndia** (Tel.: 25532070, 10–20 Uhr) verkaufen hochklassige, moderne **Kleidung und Kunsthandwerk** indischer Herkunft. Günstig gelegen ist die Filiale in der **Garuda Mall** an der Magrath Rd., etwas südlich der MG Road. Nördlich der MG Road verkauft **Mysore Saree Udyog** (Kamaraj Rd., 1. Stock, Mo–Sa 10.30–20.30 Uhr) ausschließlich **Seidenprodukte** hoher Qualitäts- und Preisklasse. Leider etwas außerhalb, 5 km südwestlich an der Honsur Rd., befindet sich das größte FabIndia-Geschäft.
- Ein typisches Beispiel der riesigen **Shopping Malls** im neuen Indien ist die Leela Gallery an der Airport Rd. Günstiger gelegen sind die Bangalore Central Mall an der Residency Rd. und die Garuda Mall an der Magrath Rd.

An- und Weiterreise

Flug:

Vom neuen, gut organisierten **Bengaluru International Airport** (Tel.: 23540000, 6782258/9, feedback@bialairport.com, www.bengaluruairport.com, aktuelle Fluginformationen auf der Website und unter Tel.: 1800-4254425), 40 km nordöstlich vom Zentrum in Devanahalli werden viele internationale Ziele angeflogen. Ein **Taxi** in die Innenstadt kostet etwa 650 Rs. Weiteres siehe oben unter „Stadtverkehr". Zudem gibt's rote, klimatisierte Volvo-Busse, die für 165 Rs mit dem Flughafen verbinden.

Der ehemalige internationale Flughafen, 8 km östlich vom Zentrum, ist zum **Domestic Airport** degradiert. Von hier werden alle Flughäfen in Südindien mehrmals täglich angeflogen, dazu die wichtigsten Städte im Norden. Über aktuelle Flugverbindungen aller Airlines informiert übersichtlich die Website www.yatra.com.

- **Air India** (Tel.: 66783001, 1800-4254425, 222777247-50, Tele-Check-In: 1407, Flughafen 66785172, www.airindia.in), Unity Buildings, Jayachamaraja Road. Weiteres Büro für Inlandsflüge: Cauvery Bhawan, Kempegowda Rd., Tel.: 22978427.
- **Jet Airways** (Tel.: 39893333/9999, Flughafen: 25220688, www.jetairways.com), 1-4 M Block, Unity Building, JC Rd.
- **Go Indigo** (Tel.: 1800-1803838, www.giindia.com).
- **Kingfisher,** Tel.: 41120600, indienweit: 01800-1800101 (gebührenfrei), UB Tower, 24 Vittal Mallya Rd., Mo–Fr 9–19.30, Sa 9–18 und So 9.30–17 Uhr, und an der 35/2 Cunningham Rd., Tel.: 41979797, www.flykingfisher.com.
- **Spice Jet,** Tel.: 1800-1803333, (0)98718 0333, www.spicejet.com.
- **Air France** (Tel.: 66783110, 1800-110077, www.airfrance.in), Sunrise Chambers, 22 Ulsoor Rd.
- **British Airways** (Tel.: 22271205, 1800-10 21213, www.visitba.com), 7 St. Mark's Rd.
- **Gulf Air** (Tel.: 25236324, 1800-2092099, www.gulfairco.in), Sunrise Chambers, 22 Ulsoor Rd.
- **Lufthansa** (Tel.: 25588791, 66784050, Mo–Fr 9–13 u. 13.30–17 Uhr, Sa 9–13 Uhr, www.lufthansa-india.com), 44/2 Dickensen Rd.
- **KLM** (Tel.: 1800-114777, www.klm.com), 22 Ulsoor Rd.
- **Singapore Airlines** (Tel.: 2213833), 51 Richmond Rd.
- **Swiss** (Tel.: 25320078, www.swiss.com), 17 Park View, Curve Rd., Tasker Town.

Bahn:

Mit **Cantonment** und **City Train Station** gibt es zwei Bahnhöfe in Bangalore. Der zweitgenannte ist der Hauptbahnhof, dort befindet sich auch links vom Hauptgebäude das **Reservierungsbüro.** An Schalter Nr. 13 ganz rechts können Ausländer ihre Tickets kaufen, geöffnet Mo–Sa von 8 bis 20 Uhr, Sa 8 bis 14 Uhr. Zudem gibt's spezielle Schalter für Frauen und Kreditkartenzahler. Inhaber des Indrail-Pass begeben sich in den ersten Stock zum Chief Reservations Supervisor's Office. Falls man nicht sofort eine Fahrkarte ausgehändigt bekommt, sondern zunächst auf die Warteliste gesetzt wird, sollte man sich zum Büro des Commercial Officer im Divisional Railway Office in der Gubbi Thotdappa Rd. nördlich des Hauptgebäudes begeben und ein Formular ausfüllen. Etwa acht Stunden vor Abfahrt bekommt man die endgültige Bestätigung (klappt fast immer), ansonsten bekommt man den Ticketpreis zurück – ein klassisches Beispiel indischer Bürokratie. Aber wie gesagt, nur in sehr, sehr seltenen Fällen steht man am Ende der Prozedur ohne Fahrschein da.

Züge nach **Goa** starten vornehmlich vom 8 km nordwestlich vom Zentrum gelegenen **Yesvantpur-Bahnhof** (Rahman Khan Rd.).

Die wichtigsten Verbindungen finden sich in der Tabelle im Anhang.

Bus:

Vom riesigen **zentralen Busbahnhof** (in der südlichen Hälfte starten die Fernbusse, in der nördlichen die Stadtbusse) gegenüber vom City-Bahnhof werden fast alle Orte innerhalb Karnatakas angefahren. Darüber hinaus hervorragende Verbindungen in die benachbarten Bundesstaaten Andhra Pradesh (Andra Pradesh State Road Transport Corporation, APSRTC, Tel.: 22873915), Kerala, Maharashtra, Goa (Kadamba Transport Corporation, Tel.: 22351958) und Tamil Nadu (die Busse mit Zielen in Tamil Nadu von State Express Transport Corporation (SETC, Tel.: 22876974) starten in der südwestlichen Ecke des Busbahnhofs) mit den jeweils dafür zuständigen staatlichen Busgesellschaften. Wegen der großen Nachfrage auf vielen längeren Strecken speziell in den Bussen ist eine frühzeitige Reservierung beim computerisierten Office von **Karnataka State Road Transport Corporation** (KSRTC, Tel.: 22870099, Auskunft: 22872050, (0)984421485, www.ksrtc.com) in der Nähe des Bussteigs Nr. 13 angeraten. Es gibt weitere Buchungsbüros von KSRTC in der Stadt, etwa im Devatha Plaza, 131 Residency Rd. nahe der MG Rd. Die komfortablen von KSRTC eingesetzten Luxusbusse werden als *Rajahamsa* oder *AC-Volvo* bezeichnet.

Im Folgenden eine Auflistung von Fahrtzielen von KSRTC (mit Anzahl der Verbindungen pro Tag und Fahrtdauer) zu einigen touristisch interessanten Orten: Badami (8, 10 Std., AC-Luxus 470 Rs), Bandipur Nationalpark (5, 5 Std., um 10 Uhr ein AC-Luxusbus, 275 Rs), Bidar (2, 12 Std.), Bijapur (7, 13, 19 und 21 Uhr AC-Volvo 520 Rs), Calicut (3 Rajahamsa-Verbindungen, 9, 21 und 22 Uhr, 12 Std.), Chennai (9, 9 Std. Rajahamsa 250 Rs, AC-Volvo 455 Rs), Ernakulam (6, 11 Std., Rajahamsa/AC-Volvo 380/640 Rs), Goa (Panaji, 6, 13 Std., Rajahamsa 490 Rs, AC-Volvo 780 Rs), Gokarna (1, 12 Std., 21 Uhr, Steig 4), Gulbarga (2, 15 Std., Steig 3), Hassan (30, 4 Std.), Hospet (Hampi, 3, 10 Std., Rajahamsa um 20 Uhr, 300 Rs), Hubli (6, 9 Std.), Hyderabad (10, 12 Std., Rajahamsa 380 Rs, AC-Volvo 660 Rs), Jogg Falls (1, 9 Std., 320 Rs), Kannur und Kasargode (Nord-Kerala, mehrere Verb. morgens und abends, Steig 6, 11 Std.), Kodaikanal (1, 12 Std.), Madikeri (16, 6 Std., 9.30 und spät abends Rajahamsa, Steig 6), Madurai (5, 10 Std.), Mangalore (10, 8 Std.), Mumbai (4, 19 Std., AC-Volvo 1050 Rs), Mysore (40, 3 Std., Rajahamsa 140 Rs, AC-Volvo viele Verb., 210 Rs, Steig 7), Ooty (6, 8 Std., AC 250 Rs), Pondicherry (5, 9 Std., semdel 140 Rs), Puttaparthi (13, 4 Std., AC-Volvo 220 Rs), Sravanabelagola (3 Verb. 7, 11.45 und 14.15 Uhr, Steig 5a) Udhagamandalam (Ooty, 7, 8 Std., Rajahamsa 235 Rs).

Wer den geringen Aufpreis nicht scheut, sollte gerade auf langen Strecken die oftmals komfortableren Busse **privater Gesellschaften** vorziehen, die ihre Büros alle um den Bahnhofsvorplatz platziert haben. Allerdings fahren die meisten Privatbusse nachts. Für Verbindungen nach Goa hat sich **Paulo Travels** bewährt (Tel.: 22384040, 65994588, www. paulotravels.com, das Büro ist westlich der Rennbahn an der Racecourse Rd./nahe Abzweig Kumara Krupta Rd.), die mit komfortablen AC-Volvo-Bussen die Strecke in etwa 10 Std. (vier Busse abends, zwischen 17.30 und 21.30 Uhr, 800 Rs Schlafplatz, 750 Rs Sitzplatz) via Karwar (nicht weit von Gokarna) bewältigen. Außerdem nach Udupi und Mangalore (beide 325 Rs) und zu weiteren Zielen. Das verlässliche **Viyanand Travels** (Tel.: 22971202-7, mit eigenem Busbahnhof an der Ananda Rao Rd., in Bangalore auch bei **Ashok Travels,** Tel.: 22971101, www.vrllogistics.com) fährt nach Bijapur (19

216is Foto: mb

und 21.45 Uhr, 10 Std., AC-Volvo 480 Rs), Gulbarga (420–520 Rs), Hospet (für Hampi, 23 Uhr, 310–410 Rs) Hubli (9 Std., AC-Volvo 500 Rs, 23 Uhr), Pune AC-Volvo 700 Rs), Pondicherry (5 AC-Volvo-Busse zwischen 8.30 und 22.30 Uhr, 370 Rs) und Gulbarga (420–520 Rs). Auch **SRS Travels** (Tel.: (0)994 5688488, www.srsbooking.com) an der Ananda Rao Rd. fährt viele dieser Ziele mit komfortablen Bussen an. Nach Tiruvannamalai gibt's die meisten Verbindungen vom Satellite Busstand (Steig 6) an der Mysore Rd. Ansonsten fahren Luxusbusse Richtung Pondicherry über Mysore (es muss jedoch der Fahrpreis bis Pondicherry gezahlt werden).

Umgebung von Bangalore

Bannerghatta Biological Park

Im Bannerghatta Biological Park (Tel.: 080-27828425), 25 km südlich von Bangalore, haben etwa **30 Tiger und 10 Löwen** ein neues Zuhause gefunden, die größtenteils in Zirkussen ein elendes Leben fristeten. Im täglich außer Mo von 9–17.30 Uhr geöffneten Park bringen einstündige Ausfahrten im Minibus (zwischen 11 und 16 Uhr, 85–110 Rs) die Besucher zu den Großkatzen.

Freizeitpark Wonder La

Ein idealer Ort, ausgelassen zu plantschen, ist der neue Freizeitpark Wonder La (www.wonderla.com, wochen- und tageszeitabhängige Eintrittspreise um Erw./Kind 450/350 Rs), 30 km südwestlich von Bangalore Richtung Mysore. Hier amüsiert sich vorwiegend die indische Mittelschicht der reichen Großstadt in einer Vielzahl von Becken, Wasserrutschen und bei anderen, auch trockenen Vergnügungen wie Pferdereiten und Karussells. Viele Restaurants sorgen für die nötigen Kalorien.

Tanzdorf Nrityagram

Nahe Hessaraghatta wird im Tanzdorf Nrityagram (Tel.: 080- 28466313, www.nrityagram.org), 30 km nordwestlich von Bangalore, alljährlich am ersten Samstag im Februar das **Vasantahabba Festival** zelebriert. Natürlich ist die modern gestaltete **Schule für klassischen indischen Tanz und Musik,** im Jahr 1989 vom 1998 verstorbenen *Protima Gaudi Bedi* ins Leben gerufen, auch zu anderen Zeiten einen Besuch bzw. einen Kurs wert. Näheres auf der informativen Website.

Sitz des Parlaments: Vidhana Soudha

Highlight: Mysore

XX/B3

Einwohner: 800.000
Höhe: 720 m
Vorwahl: 0821

Breite, baumbestandene Alleen, hübsche Parkanlagen, ein märchenhafter Maharaja-Palast, ein farbenprächtiger Markt, viele kleine Geschäfte, gute Restaurants und Hotels sowie die heitere, gelassene Atmosphäre machen das 160 km südwestlich von Bangalore gelegene Mysore zu einer der angenehmsten Städte im Süden Indiens. Trotz seiner Einwohnerzahl von 750.000 ist der erstmals im 12. Jh. unter dem Namen Mayisur (Büffelstadt) erwähnte Ort recht übersichtlich und wirkt im Vergleich zu anderen indischen Städten ruhig und freundlich.

Ähnlich einem kleinen Fürstenstädtchen in Mitteleuropa scheint das die Geschicke der Region prägende Herrscherhaus noch heute der Kristallisationspunkt der eigenen Identität zu sein. Die **Mysore-Dynastie der Wodeyars** geht auf das Ende des 14. Jh. zurück, stand jedoch bis zur Mitte des 16. Jh. unter der Kontrolle des Vijayanagar-Reiches von Hampi. Nach dessen Untergang übernahm *Raja Wodeyar* (1578–1617) die Herrschaft und etablierte Mysore als die führende Regionalmacht. Abgesehen von einem kurzen Intermezzo in der zweiten Hälfte des 19. Jh., als *Haider Ali* und dessen Sohn *Tipu Sultan* die Macht an sich rissen, bestimmten die Wodeyars zumindest formell bis zur Unabhängigkeit 1947 das Geschehen. Außer dem alles beherrschenden Stadtpalast sind es noch zahlreiche weitere Gebäude der Wodeyars und attraktive Bauten der britischen Kolonialzeit, die bis heute das Stadtbild bestimmen.

Auch wegen der hochinteressanten Ziele in der Umgebung wie Srirangapatna, dem Standort der Vizekönige von Vijayanagar, und vor allem dem wunderschönen Hoysala-Tempel von Somnathpur sollte man für Mysore mindestens drei Tage einplanen.

Orientierung

Trotz seiner Größe ist Mysore in dem für Touristen interessanten Innenstadtbereich übersichtlich und problemlos zu Fuß zu erkunden. Genau im Zentrum liegt die Hauptverkehrskreuzung New Statue Circle mit einer Statue des Maharajas *Chamarajendar Wodeyar* in der Mitte. Südlich hiervon schließt sich die großflächige Palastanlage an, die fast den gesamten südöstlichen Teil der Innenstadt einnimmt. Die vom New Statue Circle nach Osten verlaufende Victoria Albert Rd. führt zum Hardings Circle, einem weiteren großen Platz, um den sich unter anderem eine Reihe von Mittelklassehotels und Reisebüros gruppieren.

Von dem 200 m westlich des New Statue Circle angelegten KR Circle sind es nur wenige Minuten zu Fuß entlang der Hauptgeschäftsstraße, der Sayaji Rao Rd., bis zum Eingang des eindrucksvollen Devaraja-Marktes. Noch einmal 1,5 km nordöstlich hiervon findet sich der Bahnhof.

208is Foto: tb

Sehenswertes

Stadtpalast (Amba Vilas)

Der Realität gewordene Traum aus „Tausendundeiner Nacht", Sinnbild für die Verschwendungssucht der Maharajas, geschmackloses Monstrum – egal für welches Attribut man sich nun entscheidet, eins ist sicher: der mitten im Zentrum der Stadt platzierte Maharaja-Palast ist nicht nur die mit Abstand bedeutendste Sehenswürdigkeit von Mysore, sondern eines der ungewöhnlichsten Gebäude im Süden Indiens.

Der Stadtpalast von Mysore

Das von dem britischen Stararchitekten *Henry Irwin* entworfene Schloss wurde 1912 an Stelle des 1897 niedergebrannten alten Holzpalastes errichtet und verschlang die für damalige Verhältnisse sagenhafte Summe von 4,2 Mio. Rs. Nach einem 1998 ergangenen Gerichtsurteil gilt die Landesregierung von Karnataka als offizieller Besitzer. Die noch heute einen Teil des Palastes bewohnende Fürstenfamilie der *Wodeyars* hat jedoch Berufung eingelegt, sodass ein Ende des seit Jahrzehnten anhängigen Rechtsstreites nicht in Sicht ist.

Der Zugang zu der von einer Mauer umgebenen Anlage erfolgt durch das Südtor, eines der insgesamt sechs Eingangstore. Obwohl von den meisten

Besuchern übersehen, sollte man einen Blick auf den schönen **Sri Varahaswami-Tempel** mit seinem hoch aufragenden *gopuram* zur Rechten werfen. Im Sanktotum findet sich eine **Vishnu-Skulptur,** welche ursprünglich Ende des 17. Jh. vom Maharaja von Mysore für einen Tempel in Srirangapatna gestiftet wurde. Nachdem das Heiligtum Opfer der Zerstörungswut

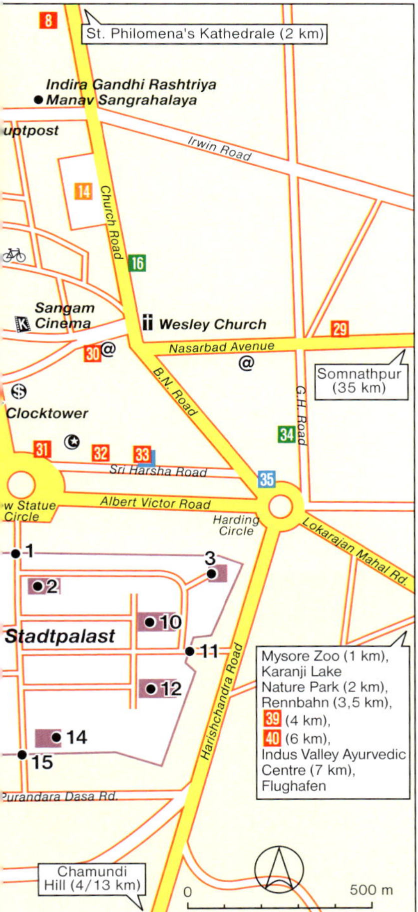

Unterkunft
2 Royal Orchid Metropole
4 KSTDC Hotel Mayura Hoysala
6 King's Kourt Hotel
8 Hotels Abishek und Royal Heritage
9 Amogha Residency
12 Hotel Chandra Palace
13 Hotel Bombay Tiffany's
17 Hotel Indra Bhawan
20 Vyshak International
21 Hotel Dasaprakash
23 Hotel Maurya
29 Sandesh The Prince
30 Hotel Adhi Manor
31 Hotel Palace Plaza, Hotel Viceroy
32 Hotels Maurya Palace und Maurya Residency
33 Parklane Hotel und Restaurant
36 Ivengar's Plaza
39 Windflower Resort & Emerge Spa
40 Lalitha Mahal Palace Hotel

Essen und Trinken
2 Tiger Trail Restaurant
3 Café Coffee Day
15 RRR
22 Bombay Indra
24 Paras Restaurant
26 Restaurant Shilpashri
33 Parklane Hotel und Restaurant
35 Pizza Corner

Verkehr
1 Bahnreservierungsbüro
5 Air India
14 Zentraler Busbahnhof
27 Taxis und Minibusse
37 Städt. Busbahnhof

Einkaufen
10 Government Cauvery Arts & Crafts Emporium
11 Shruti Musical Works
16 Kodak Express
18 Kodak Express
19 Amrutha Ayurvedala
25 Foodworld Supermarkt
28 Geetha Book House
34 Government Silk Emporium
38 NKCA Ayurvedisches Kaufhaus

Tipu Sultans wurde, transferierte man die Statue nach Mysore.

Da Kameras im Inneren verboten sind, empfiehlt sich der Bereich unmittelbar hinter dem Südtor zum Fotografieren des Amber Vilas genannten Stadtpalastes. Nach dem Ausziehen der Schuhe in der Garderobe begibt man sich zusammen mit den anderen, vornehmlich einheimischen Besuchern auf den Rundgang durch die unzähligen Räume des im indosarazenischen Stil errichteten Märchenschlosses.

Vorbei an Respekt einflößenden Kanonen gelangt man zum **Ghombe Thotti,** in dem ursprünglich jene kunstvoll gefertigten Figuren ausgestellt waren, welche auf Prozessionswagen zum Dussehra-Fest durch die Stadt getragen wurden. Nach Passieren des aus Messing gefertigten, großen **Elefantentores,** welches den Übergang zum Palastinneren markiert, fällt unter anderem ein Modell des alten abgebrannten Holzpalastes und ein mit Gold überzogener **Elefantensitz** *(howdah)* des Maharajas ins Auge. Die das Gefährt schmückenden roten und grünen Lichter dienten ganz pragmatischen Zwecken: Mit den batteriebetriebenen Lampen signalisierte der Herrscher seinem *mahout* (Elefantenführer), wann er anhalten (rot) beziehungsweise weiterreiten (grün) wollte.

Weiter führt der Weg durch langgezogene Gänge, deren Wände gänzlich mit **Szenen des Dussehra-Festes** des Jahres 1930 geschmückt sind. Die beeindruckenden Wandgemälde, zu deren Fertigstellung mehrere Künstler über 15 Jahre benötigten, vermitteln einem Bilderbuch gleich interessante Einblicke in das Leben vor fast 100

074is Foto: tb

Jahren. Das indienweit begangene Dussehra-Fest im September/Oktober ist in Mysore besonders prächtig.

Als nächstes gelangt man zu dem achteckigen **Kalyana Mandapa,** der mit seiner exquisiten Ausstattung zu einem der eindrucksvollsten Räume der Palastanlage zählt. Alles, was gut und teuer war, ließ der Maharaja für diesen königlichen Hochzeitssaal aus Europa importieren. Besonders ins Auge fallen die geschwungenen Eisepfeiler aus Glasgow, böhmische Kristall-Lüster und kunstvoll verzierte Pfauenmotive aus belgischem Glas, weshalb der Raum auch als Peacock Pavillion bekannt ist. Beeindruckend sind auch die detailreichen Deckenmalereien.

Über eine italienische Marmortreppe gelangt man zur großartigen **Durbar Hall,** einer mit goldverzierten Säulen ausstaffierten Kollonadenhalle. Die bekanntesten Maler ihrer Zeit schmückten die Wände mit großartigen Gemälden der königlichen Familie aus Travancore in Kerala. Die Deckenmalereien zeigen Darstellungen der verschiedenen Erscheinungsformen von Vishnu. Bei aller Farbenpracht und künstlerischen Ausgestaltung beeindruckt vor allem der herrliche Blick von der nach Süden offenen Empfangshalle über die Parkanlage bis zum Chaumundi Hill - ein dem Machtverständnis der Wodeyars angemessener Rahmen, um öffentliche Audienzen abzuhalten und den Glanz und Reichtum der Dynastie gebührend zu repräsentieren.

Weniger pompös, dafür im Detail mindestens ebenso beeindruckend ist die sich anschließende **Private Dur-**

Besichtigungstipp

Besonders eindrucksvoll ist ein Besuch des Stadtpalastes **sonntagabends** und während des zehntägigen **Dussehra-Festes,** wenn zwischen 19 und 21 Uhr über **5.000 Glühbirnen** das Schloss erleuchten. Halb Mysore scheint sich dann auf der für die Öffentlichkeit frei zugänglichen Parkanlage vor dem Palast zu versammeln, um das Bild wie aus Tausendundeiner Nacht und die einzigartige Atmosphäre zu erleben. Besonders der letzte Tag des Dussehra-Festes ist beeindruckend. Neben Prozessionen geschmückter Elefanten, vielen Blaskapellen und verkleideten Umzugsteilnehmern, die durch die Straßen ziehen, ist die Abschlussveranstaltung am Abend auf dem Bannimantap Parade Ground mit Lichtern und Feuerwerk der Höhepunkt des Festivals.

Da Mysore während Dussehra besonders viele Gäste anzieht und kaum ein Platz bei den vielen Veranstaltungen zu ergattern ist, haben sich die Stadtoberen die **Dussehra-Gold-Card** einfallen lassen. Die mit 6.000 Rs für zwei Personen recht teure Karte gewährt Zugang und gute Sitzplätze zu allen wichtigen Sehenswürdigkeiten und Festereignissen. Karten nur für den Palast und die Abschlussveranstaltung auf dem Bannimantap Parade Ground sind für 250 bis 1.000 Rs zu bekommen. Kontakt über das KSTDC-Büro oder das Dussehra Information Centre (Tel.: 2418888, www.mysoredasara.com).

Von 5.000 Glühbirnen erleuchtet, wirkt der Stadtpalast noch märchenhafter

bar Hall. Von der Vielzahl der sehenswerten Objekte sei nur die wunderschöne, mit Einlegearbeiten verzierte **Elfenbein-Tür** zum Ganesh-Tempel erwähnt. Die Herkunft des reich mit Gold und Diamanten verzierten **Throns** des Maharajas ist legendenumwoben. Dieser wird nicht ausgestellt. Ganz offensichtlich um die eigene Herrschaft zu glorifizieren, sehen die Wodeyars darin den Thron der Pandavas aus dem Mahabharata. Wenn auch weniger ruhmreich, dafür wesentlich wahrscheinlicher ist, dass es sich bei dem Schmuckstück um ein Geschenk des verhassten letzten Großmoguls *Aurangzeb* an *Chikka Devaraja* von Mysore von 1699 handelt.

Nach Beendigung des Rundgangs wird man gedrängt, noch das neben dem Hauptpalast gelegene **Residential Museum** zu besuchen. Mit seinem unsystematischen Sammelsurium aus Kostümen, Spielzeug, Möbelstücken, Trophäen, Waffen und Gemälden enttäuscht das der Fürstenfamilie unterstehende Museum. Insgesamt kann man sich des Eindrucks nicht erwehren, dass es vornehmlich als Köder für die daneben gelegenen Souvenirläden dient.

- **Stadtpalast:** Eintritt 200 Rs, Kamera 5 Rs (wer nicht zahlen will, muss seine Kamera am Eingang abgeben, sonst könnte es Schwierigkeiten mit Aufsehern geben), tgl. 10–17.30 Uhr, www.mysorepalace.org. Das **Museum** ist täglich von 10.30 bis 18.30 Uhr geöffnet, Eintritt 20 Rs. Leider führt eine Sicherheitskontrolle am Zugang zum Stadtpalast zu längeren Schlangen in den Hauptbesuchszeiten, also vor allem zwischen 18.30 und 19.30 Uhr, wenn die Beleuchtung eingeschaltet wird.

Devaraja-Markt

Der mitten im Zentrum von Mysore gelegene Devaraja-Markt (tgl. 6–20.30 Uhr) gehört zu den farbenprächtigsten Märkten Südindiens und ist ein absolutes Muss eines jeden Mysore-Aufenthaltes. Vor allem die **Obst- und Blumenstände** scheinen geradezu unter der Last des Angebots zu bersten.

Die einzigartige Fülle an farbenprächtigen Eindrücken lässt den Finger des Fotografen ständig am Auslöser. Lieblingsmotiv sind die kleinen Pyramiden aus **Kunkum-Farbpulver.** Interessante Fotomotive bieten sich auch an der westlich hinter dem Markt verlaufenden kleinen Straße, wo die von den überladenen LKW angefahrenen Waren von Kulis zu den einzelnen Ständen getragen werden. Besonders morgens und nach Sonnenuntergang, wenn die überdachten Stände von Kerosinlampen erhellt werden, lohnt der Besuch.

Jaganmohan-Palast

Wer nach dem Besuch des Stadtpalastes noch aufnahmefähig ist, kann sich das vornehmlich Gemälde ausstellende Museum im nur 300 m westlich gelegenen Jaganmohan-Palast (Tel.: 2423693) anschauen. Einen Besuch lohnt allein der hübsche, 1861 als Residenz der Wodeyars errichtete Palastbau, welcher 1915 nach Fertigstellung des Amba Vilas in ein Museum umgewandelt wurde.

Der Devaraja-Markt ist einer der schönsten Märkte im Süden Indiens

Neben den im Erdgeschoss aushängenden **Fotos der Herrscherfamilie** sind **Uhren** aus Europa ausgestellt. Im ersten Obergeschoss finden sich Gemälde aus der ersten Hälfte des 20. Jh., im zweiten Obergeschoss unter anderem **Brettspiele** und **Musikinstrumente.**

● **Jayachamarajendra Art Gallery** im Jaganmohan-Palast, tgl. von 9 bis 17.30 Uhr, Eintritt 20 Rs, Kinder 10 Rs, Fotografierverbot.

Chamundi Hill

Der vier Kilometer südöstlich des Zentrums gelegene Chamundi Hill ist der nach dem Stadtpalast touristisch meistbesuchte Ort von Mysore. Den über eine 13 km lange, windungsreiche Straße zu erreichenden Gipfel ziert der **Sri-Chamundeshvari-Tempel** (tgl. 7–14 und 15.30–21 Uhr, Tel.: 2590027). Im Inneren des siebenstöckigen, 37 m hohen Heiligtums findet sich die goldene **Statue von Chamundi,** der Schutzgöttin von Mysore. Chamundi ist eine Form der Göttin Durga, die den Büffeldämon Mahishasura tötete. Die bunte Statue Mahishasuras steht im Hof der Tempelanlage.

Nicht entgehen lassen sollte man sich einen Besuch des herrlich skurrilen **Godly-Museums** bei dem von mehreren Souvenir- und Essensständen flankierten Parkplatz. Im Inneren werden den Gläubigen alle Laster des weltlichen Lebens wie Egoismus, das Schauen unmoralischer Filme und vor allem „body-building" plastisch vor Augen geführt – wer da kein schlechtes Gewissen bekommt ...

209is Foto: tb

Hinter der Mahishasura-Statue beginnt der Abstieg von dem 1.065 m hohen Gipfel. Wer die **1.000 Treppenstufen** nicht scheut, wird dafür mit einem hübschen, von zahlreichen kleinen Heiligtümern gesäumten **Pilgerweg** und interessanten Ausblicken auf Mysore und Umgebung belohnt. Nach etwa der Hälfte der Strecke gelangt man zu der fünf Meter hohen, aus einem Granitblock gemeißelten **Skulptur eines Nandi-Bullen.** Glaubt man der Legende, wurde das Tragtier Shivas innerhalb einer Nacht aus dem Fels gehauen. Mit seinen von Pilgern gespendeten bunten Blumengirlanden bietet die pechschwarz polierte Skulptur aus dem Jahre 1659 ein beliebtes Fotomotiv. Geht man von hier weiter bis zum Fuße des Berges, taucht im Nordosten der schneeweiße **Lalitha Palace** auf. Der 1921 vom Maharaja als Gästehaus errichtete Prachtbau wurde 1974 in ein Luxushotel umgewandelt.

Am Ende des Treppenweges angekommen, warten meist schon Rikshafahrer, die die nun „knieweichen" Wanderer für ca. 30 Rs in die Stadt fahren. Für einen Ausflug mit dem Taxi von Mysore sollten inkl. Wartezeit nicht mehr als 300 Rs, mit der Riksha etwa die Hälfte bezahlt werden. Rikshas fahren meist nur bis zum Nandi-Bullen, von wo nochmal ca. 300 Treppenstufen erklommen werden müssen. Auch Stadtbus Nr. 201 verbindet alle halbe Stunde mit Chamundi Hill.

Weitere Sehenswürdigkeiten

Das **Indira Gandhi Rashtriya Manav Sangrahalaya** (Wellington House, Irwin Rd., Tel.: 2448231, tgl. außer Mo 10–17.30 Uhr) hat es sich zur Aufgabe gemacht, die ländlichen Traditionen und kulturellen Ausdrucksformen indischer Kunst zu bewahren. Die in Bhopal ansässige Organisation betreibt in Mysore ein Kulturzentrum mit regelmäßigen Ausstellungen und Lesungen und veranstaltet Workshops, in denen die traditionellen Kunstformen erlernt werden können.

Die riesige, zwischen 1933 und 1941 in neogotischem Stil erbaute **Kathedrale St. Philomena's** ist besonders für ihre reich verzierten, farbenfrohen Fenster berühmt (tgl. 5–18 Uhr).

Der schon 1892 gegründete **Jayachamarajendra-Zoo** (tgl. 8.30–17.30 Uhr, Eintritt 15 Rs, Kamera/Video 10/150 Rs, Tel.: 2440752) im Südosten der Stadt erstreckt sich über 38 ha. Es wurde versucht, ein möglichst grünes, natürliches Habitat für die Tiere zu kreieren. Hinter dem Zoo lädt der **Karanji Lake Nature Park** (tgl. 8.30–17.30 Uhr, Eintritt 10 Rs, Kamera/Video 10/25 Rs) zur Vogelbeobachtung ein. Imposantes Federvieh und Schmetterlinge sind einen Besuch wert.

Auf dem Universitätsgelände 3 km westlich der Stadt beherbergt das **Jayalakshmi Vilas Complex Museum** (Tel.: 2419348, Mo–Fr sowie jeden 2. Sa 10–17.30 Uhr) u.a. eine erstklassige Kollektion von Holz- und Lederpuppen, folkloristische Bekleidungsstücke und einen 300 Jahre alten Tempelwagen.

Im **Rail Museum** (Tel.: (0)984406 0012, tgl. außer Mo 9.30–18.30 Uhr, Eintritt 5 Rs, Kamera/Video 10/25 Rs) an der KRS Road können der Reisestil der Maharajas sowie Dampfmaschinen dieser Epoche bewundert werden.

Praktische Tipps

Information

- Die Angestellten von **Karnataka Tourism** im Old Exhibition Building (Tel.: 2422096, adtourismmysore@gmail.com, Mo–Sa 10–17.30 Uhr) an der Irwin Rd. sind äußerst freundlich und hilfsbereit.
- Auch das **KSTDC-Büro** im KSTDC Hotel Mayura Hoysala (Tel.: 2423652, www.kstdc.nic.in, 7–20 Uhr) steht für Informationen zur Verfügung, ist jedoch in erster Linie für den Verkauf der von hier abfahrenden Stadtrundfahrten und Tagesausflüge in die Umgebung zuständig. Am Bahnhof (Tel.: 2422719) und am Busbahnhof (Tel.: 2444997) gibt's weitere KSTDC-Schalter.

Stadtverkehr

- **Rikshas** sind problemlos zu finden, nicht alle schalten den Taxameter ein. Falls nicht, sollte man vom Stadtzentrum zum Bahnhof maximal 20 Rs, etwa 5 Rs weniger zum Busbahnhof veranschlagen.
- Es gibt die Möglichkeit, **Motorräder und Scooter** auszuleihen: bei M.S. Ragharendra, KVV Press, Chamunasharani Rd. (Siddappa Square, Lakshmipuram, Tel.: 2333876, 2333 969), und bei Shiva Mysore, Tel.: (0)984422-6082.

Stadtrundfahrt

- Die von KSTDC (s.o.) angebotene, ganztägige **Stadtrundfahrt** beinhaltet nicht nur die innerhalb der Stadt gelegenen Sehenswürdigkeiten, sondern auch Ziele der Umgebung wie Chamundi Hill, Srirangapatnam und Brindavan Gardens. Trotz der erforderlichen Mindestteilnehmerzahl von zehn Personen findet die Tour in der Touristensaison fast immer statt. Abfahrt ist um 8.30 Uhr vom KSTDC-Büro am Hotel Yatri Niwas, Rückkehr etwa um 20.30 Uhr, Preis 175 Rs, zu denen noch Eintrittspreise von 345 Rs hinzukommen. Die Stadtrundfahrt ist allerdings sehr gedrängt, sodass sie teilweise durchgehetzt wird. Die gewonnenen Minuten werden beim Mittagessen und einem Besuch eines Ladens und unnötig langem Aufenthalt in den Brindavan Gardens wieder „vernichtet".
- Für ca. 900 Rs kann man ein eigenes **Taxi** mieten und sich alle Sehenswürdigkeiten in Ruhe anschauen.
- Die während der Saison von KSTDC angebotenen **Ganztagesausflüge** nach Belur, Halebid und Sravanabelgola (7.30–21 Uhr, 450 Rs) sowie nach Ooty (500 Rs, AC 520 Rs, 7–21 Uhr) sind wegen der langen Fahrzeiten und der zu geringen Besichtigungszeit an den einzelnen Orten nicht zu empfehlen. Viele weitere Ein- bis Mehrtagestouren, etwa nach Gokarna, Tirupati oder zu den Jogg Falls, werden angeboten.
- Auch der Travel Desk im Hotel Dasaprakash (Tel.: 2529949) bietet **Ausflugsfahrten** in die fernere Umgebung an.

Unterkunft

Außer Bangalore weist keine andere Stadt Karnatakas eine solch hervorragende Bandbreite an guten Hotels in allen Preiskategorien auf. Als weiterer Pluspunkt kommt hinzu, dass bis auf die Luxusklasse die meisten im unmittelbaren Innenstadtbereich zu finden sind.

Untere Preiskategorie:

- Zwar haben die Preise im zentral gelegenen **Hotel Maurya** €€-€€€ (Tel.: 2426677, (0)9590277728) angezogen, doch sind die um einen Lichthof gruppierten Zimmer, besonders die EZ, immer noch eine hervorragende Billigwahl. Die billigsten haben keine Dusche (stattdessen Wasserhähne und Plastikbecher). Super-Deluxe ist allerdings überteuert. Nicht die Zimmer im obersten Stock wählen, sie heizen sich tagsüber stark auf.
- Seit Jahren eine der bei Travellern beliebtesten Unterkünfte ist das im Zentrum am Gandhi Square gelegene **Hotel Dasaprakash** €-€€€ (Tel.: 2442444, www.mysoredasaprakashgroup.com). Trotz seiner fast schon

beängstigend vielen (154) Zimmer wirkt der um einen Innenhof angelegte Bau recht angenehm. Die EZ sind ziemlich spartanisch eingerichtet, mit AC werden nur DZ angeboten. Die Speisekarte im hauseigenen Restaurant ist kurz, das Essen aber schmackhaft. Leider ist es durch den Innenhofparkplatz nachts nicht sonderlich leise.

- Von mehreren Billigunterkünften an der Devanthri Rd. ist das spartanische **Indra Bhawan** € (Tel.: 2423922) die beste Wahl. Die lauten Zimmer zur Hauptstraße sollten gemieden werden.
- Das zentral gelegene **Hotel Chandra Palace** €€-€€€ (KT Rd., Tel.: 2421333, hotelchandrapalace@gmail.com) und nördlicher an der Irwin Rd. die teils klimatisierte **Amogha Residency** €-€€ (Tel.: 2449893) sind zwei saubere Unterkünfte, die erste mit vegetarischem Restaurant. Bei der zweiten Zimmer nach hinten wählen.
- Immer noch empfehlenswert ist das nahegelegene **Bombay Tiffany's** €€-€€€ (Sayyaji Rao Road Cross, Tel.: 2435255-57, bombaytiffanys@yahoo.co.in). Alle sehr sauber gehaltenen Non-AC-Zimmer (TV, untere Preisklasse teils ohne Fenster) sind geschmackvoll eingerichtet und preiswert, leider aber etwas hellhörig. Ähnlich in Preis und Leistung ist **Ivengar's Plaza** €€-€€€ beim Jaganmohan Palast. Hier gibt's auch AC.
- Etwas abseits vom Stadtkern, ist das staatliche **KSTDC Mayura Hoysala** €€-€€€ (Tel.: 2421142, www.nic.in/kstdc) in der Jhansi Lakshmi Bai Rd. Teils leicht verwohnte Zimmer mit einfachem Mobiliar in einem Gebäude aus der Kolonialzeit, von einem Garten umschlossen. Restaurant sowie Bar sind angeschlossen.
- Auch ein wenig abseits vom Zentrum, auf der anderen Seite der Innenstadt an der Ooty Rd. in der Nähe des Busbahnhofs, ist das **Hotel Abishek** €€-€€€ (Tel.: 243540812) eine gute Adresse. 35 hübsch eingerichtete Zimmer (alle mit TV, viele mit Badewanne) bieten ein sehr gutes Preis-Leistungs-Verhältnis. Nur wenig nördlich ist das **Royal Heritage** €€-€€€ (Nilgiri Rd., Tel.: 5265330,

077is Foto: tb

contact@hotelroyalheritage.com) ganz ähnlich in Qualität und Preis.

Mittlere Preiskategorie:

In den letzten Jahren sind in dieser Preisklasse viele neue Unterkünfte entstanden, was wegen des Konkurrenzdrucks zu einer hohen Qualität in diesem Preissegment geführt hat.

●Ein typisches Beispiel hierfür ist das **Hotel Adhi Manor** €€€€ (Chandragupta Rd., Tel.: 4001000, www.adhimanor.com), günstig nahe dem Gandhi Square gelegen. Die etwas ausdruckslosen Zimmer sind blitzsauber und preiswert.

●**Hotel Maurya Palace** €€€-€€€€ (Tel.: 2435 912/13, www.sangrouphotels.com) und das preisgleiche **The Maurya Residency** €€€-€€€€ (Tel.: 2523375/76), nebeneinander in der Sri Harsha Rd., haben das gleiche Management. Mit Restaurant und Bar bieten beide die ihrer Preisklasse entsprechende Leistung.

●Das **Hotel Viceroy** €€€-€€€€ (Tel.: 2428001, viceroymys@dataone.in), auch in der Sri Harsha Rd., verfügt über für den Preis etwas kleine AC- und Non-AC-Zimmer, teils mit Badewanne. Dennoch macht es einen sehr gepflegten Eindruck und ist vielen Unterkünften der oberen Preiskategorie vorzuziehen. Außerdem gibt's ein gutes AC-Restaurant im Erdgeschoss und ein weiteres mit schöner Aussicht auf dem Dach.

●Empfehlenswert ist auch das wenige Meter entfernte **Hotel Palace Plaza** €€€-€€€€ (Tel.: 2417592, 2420424, www.hotelpalaceplaza.com), ein typisches Mittelklassehotel in der Nähe des Lalitha Mahal Palace. Während die nicht klimatisierten Zimmer recht klein sind, bieten die AC-Räume ein gutes Preis-Leistungs-Verhältnis. Ausgezeichnet ist das angeschlossene Restaurant.

●Das komplett neu gestaltete, inzwischen fünfstöckige **Parklane Hotel** €€€€€ (Harsha Rd., Tel.: 4003500, 2430400, www.parklanemysore.com) ist eine der besten Herbergen dieses Preissegments. Die 30 modernen, mit Sinn fürs Detail eingerichteten Zimmer, die teureren mit Badewanne und Balkon, sind sehr preiswert. Das offene, beliebte Restaurant im 1. Stock mit Laubdach und allabendlicher Live-Musik (20–22 Uhr) spricht zudem für das Parklane. Auf dem Dach ist ein kleiner Pool nur für Gäste.

Eingangstor zu einem Hindu-Tempel auf dem Gelände des Stadtpalastes

●54 sehr geräumige AC- und Non-AC-Zimmer mit großen Fenstern, Granitboden, tollem Badezimmer und Kühlschrank sind im **King's Kourt Hotel** €€€€-€€€€€ (Tel.: 2421142, kingskourt@gmail.com) mit Restaurant und Cocktailbar im Angebot. Von hier werden Ausflüge per Minibus zum Nagarhole-Nationalpark organisiert. Falls Übernachtung gewünscht, ist dies im **King's Sanctuary** €€€€€€ (Tel.: (0)9343482480, www.kingssanctuary.com) möglich. Genaueres siehe Nagarhole.

●Das ausgezeichnete **The Green Hotel** €€€€-€€€€€ (Tel.: 2512536) 4 km westlich der Stadt macht mit seiner Lage in einem schönen Park seinem Namen alle Ehre. Die teureren Zimmer im alten Teil haben viel Atmosphäre, im neuen, dem Garten zugewandten Flügel wird's preiswerter. Das aus der vorletzten Jahrhundertwende stammende Haus legt viel Wert auf umweltgerechte Betriebsführung und verfügt über sehr schöne und große Zimmer mit Veranda. Bei vorheriger Anmeldung wird man kostenlos aus dem Stadtzentrum abgeholt.

Obere Preiskategorie:

●Das 4-Sterne-Hotel **Sandesh The Prince** €€€€€ (Nazarbad Rd., Tel.: 2436777/999, www.sandeshtheprince.com) im Zentrum beeindruckt nicht nur mit seiner Eingangshalle. Auch mit allem in dieser Klasse Üblichen ausgestattete Zimmer mit Aussicht in den oberen Etagen sowie Pool (nur für Gäste), Beauty Parlour, Geschäfte, Fitnessräume und zwei edle Restaurants führen zu 4 Sternen. Die Zimmer im 4. Stock mit Balkon wählen, der Preis ist derselbe wie für Zimmer ohne Balkon.

●Die schönste Adresse im Innenstadtbereich ist sicherlich der perfekt restaurierte ehemalige Palast **Royal Orchid Metropole** €€€€€-

€€€€€€ (Jhansi Lakshmi Bai Road, Tel.: 4255566, (0)9902000142/3, www.royalorchidhotels.com). Die herrliche Oase, deren Zimmer unterschiedlich in kolonialem Dekor geschmückt sind, mit Swimmingpool und altem Baumbestand ist nicht mal sonderlich teuer fürs Gebotene. Zwei erstklassige Restaurants, eines davon im Garten, Coffee Shop, Health Club und Ayurveda runden das Bild ab.

•Balinesische Architektur gepaart mit moderner Ausstattung sind die Merkmale des neuen Luxustempels **Windflower Resort** €€€€€-€€€€€€ (Maharana Pratab Rd., Nazarbad, Tel.: 252200, www.thewindflower.com) 4 km südöstlich der Stadt neben der Rennbahn. Den hervorragend gestalteten, geräumigen Zimmern wird durch Freiluftduschen und kleine Privatpools das gewisse Etwas verpasst. Das dem Hotel angeschlossene Emerge Spa (Tel.: 2522400, www.emergespa.co.in) verwöhnt auf höchstem Niveau den geplagten Leib des Gastes mit ayurvedischen Behandlungen, balinesischer Massagekunst, Hydro- und Lithos-Therapie, Yoga etc.

•Für viele immer noch das Non-Plus-Ultra in Mysore ist das **Lalitha Mahal Palace Hotel** €€€€€-€€€€€€ (Tel.: 2470470, www.lalithamahalpalace.com), 7 km vom Stadtzentrum entfernt. Der neoklassizistische Bau diente urprünglich als Gästehaus des Maharaja. Während die Zimmer im Altbau noch viel Charme, aber weniger Luxus bieten, wirken jene im Neubau austauschbar. Sonst sind alle Annehmlichkeiten einer Luxusherberge wie Pool, Tennisplatz, Bar und Luxusrestaurant vorhanden.

Essen und Trinken

•Wen die einer Bahnhofshalle ähnelnde Atmosphäre nicht in seinen Gaumenfreuden beeinträchtigt, für den ist das im Erdgeschoss des Hotel Dasaprakash zu findende **Akshaya Restaurant** die ideale Adresse. Äußerst leckere und günstige *thalis* sind die Spezialität dieses rein vegetarischen Restaurants.

•Wesentlich stimmungsvoller sitzt es sich auf der Dachterrasse des **Shilpashri Restaurant** am Gandhi Square. Auch wenn die Preise in letzter Zeit deutlich angezogen haben, erfreut es sich wegen der besonders nach Sonnenuntergang schönen Atmosphäre und der schmackhaften einheimischen wie westlichen Gerichte bei Travellern großer Beliebtheit. In der angeschlossenen Bar werden oft Krickettspiele gezeigt.

•Gegenüber auf der anderen Seite des Gandhi Square findet sich das Restaurant **Hotel RRR.** Hervorragend sind die bei Einheimischen wie Travellern gleichermaßen beliebten Thali-Gerichte und die auf Bananenblättern servierten Tagesgerichte im hinteren, klimatisierten Raum.

•Das **Parklane** in der Sri Harsha Rd. ist ein weiterer langjähriger Favorit der Traveller-Szene. Das begrünte Innenhof-Restaurant bietet eine große Vielfalt an Gerichten zu angemessenen Preisen, zumal abends klassische indische Live-Musik den Schmaus versüßt. Reservierung wird empfohlen.

•Sehr angenehm, besonders im 1. Stock, sitzt man im effizienten **Paras Restaurant** gegenüber dem Devaraja Market mit sehr freundlicher Bedienung. Es gibt vegetarische indische Küche; mittags kann es sehr voll werden. Ist das Paras geschlossen, bietet sich das authentisch indische **Bombay Indra Bhavan** 100 m westlich als Ausweichmöglichkeit an.

•Das zentral klimatisierte **Noodles** ist ein chinesisches Spezialialitätenrestaurant in der B.N. Rd. beim Harding Circle.

•Eine große Auswahl schmackhafter und günstiger und vegetarischer Gerichte bietet das klimatisierte **Restaurant Samrat** an der Dhanavantri Rd.

•Kaum von Westlern besucht ist das sehr gute **Dynasty Restaurant** im Hotel Palace Plaza. Die Atmosphäre ist in den etwas dunklen Räumen mit gepolsterten Stühlen und ruhiger indischer Hintergrundmusik eher gediegen – wie üblich in indischen Restaurants. Speziell die indischen Gerichte sind sehr lecker und trotz des gehobenen Ambiente preiswert.

•Ähnlich, wenn auch nicht ganz so gut, ist das **Jewel Rock** im Erdgeschoss des Hotels Maurya Palace. Die meisten der chinesischen und indischen Gerichte kosten zwischen 70 und 140 Rs.

•Mit seiner gepflegten Innenausstattung fast schon edel ist das zentral klimatisierte **The**

Detailansicht des im indosarazenischen Baustil errichteten Amba Vilas

Pavillion im Hotel The Viceroy. Eine hervorragende Adresse, zumal die Preise der indischen Gerichte durchaus im üblichen Rahmen liegen. Abends lockt das Dachrestaurant.

- Erste Klasse ist nicht nur das Ambiente des **Tiger Trail** im herrlich restaurierten Hotel Royal Orchid Metropole. Allein die hervorragenden Tandoori-Gerichte (um 250 Rs) und eine ansonsten vielfältige Speisekarte sind den Besuch im offenen Hof mit tollen alten Bäumen wert, abends bei Kerzenschein und gelegentlich klassischer indischer Musik. Zum Dinner sollte man reservieren. Das tägliche Lunch-Buffet von 12.30 bis 15.30 Uhr kostet wochentags 299 Rs, am Wochenende 399 Rs.
- Süßmäuler finden in einer der Filialen von **Bombay Tiffany's** an der Ostseite des Devaraja-Marktes eine köstliche Anlaufstelle.
- Wer sich selbst verpflegen möchte, ist mit dem gut sortierten, sauberen **Supermarkt Food World** nach westlichem Vorbild bestens bedient. Auch Gebäck ist dort zu haben.

Bank

- Die beste Adresse zum Geld- und Reisechecktausch ist **UAE Exchange** (1. Stock, Devaraj Urs Rd., nahe KR Circle, Tel.: 2423350) mit guten Raten, die meist noch etwas ausgereizt werden können, und langen Öffnungszeiten (Mo–Sa 9.30–18 Uhr). Auf Kreditkarten wird für zusätzliche 1,5 % Geld ausgezahlt. Hier ist auch schneller Geldtransfer (per Moneygram) möglich.
- Recht effizient wird man in der **State Bank of Mysore** (Mo–Fr 10.30–14.30 Uhr, Sa 10.30–12.30, alle Travellerschecks) an der Kreuzung Savaji Rao Rd./Sadar Patel Rd. bedient. Auch in der Filiale an der Kreuzung Ashika/Irwin Rd. im 1. Stock (Mo–Fr 10.30–14.30 und 15–16 Uhr, Sa 10.30–12.30 Uhr) werden American-Express-Travellerschecks sowie Bargeld im Nebengebäude rechts zu guten Raten getauscht.
- Am Clocktower gibt's eine Wechselstube von **Thomas Cook** (Tel.: (0)9880582250, Mo–Fr 9.30–18 Uhr, Sa bis 17 Uhr), wo alle Travellerschecks und Karten zu mittelprächtigen Raten akzeptiert werden, natürlich wird auch Bargeld gewechselt.
- Nahe dem KR Circle steht ein **ATM** der Canara Bank, am Gandhi Square einer der Bank of Baroda, ein weiterer der UTI-Bank westlich an der Devarai Urs Rd. Alle nehmen die wichtigsten Kreditkarten bis auf Amex an.

Medizinische Versorgung

- Ein gutes Krankenhaus im Innenstadtbereich ist **Chitra Hospital** (Tel.: 2445954) nahe der großen Jama Masjid in der Irwin Rd. Auch das **Basappa Memorial Hospital,** 2 km westlich der Innenstadt (Vinoba Rd., Tel.: 2512401) wird gelobt.
- Mehrere **Apotheken** liegen dicht beieinander an der Dhanavantri Rd.

Yoga, Ayurveda

- Eine Institution im Ashtanga Yoga ist *K. Pattabhi Jois,* der im **Ashtanga Yoga Research Institute** (235 8th Cross Rd., Tel.: 2516756, www.aryi.org) praktiziert.
- Fachkundige Kurse in Yoga, Sanskrit und Meditation offeriert **Yogacharya Venkatesh** im Atma Vikasa Centre (Tel.: 2341978, www.atmavikasa.com, Kuvempunagar Double Rd.) zwei Kilometer westlich von Mysore. Die meisten Kurse dauern mindestens einen Monat, eine vorherige Anmeldung per E-Mail ist erforderlich.
- Für betuchtere Gäste ist das **Indus Valley Ayurvedic Centre** (Tel.: 2463437, www.ayurindus.com), 7 km östlich von Mysore, die richtige Adresse, um Ayurveda-Kurse auf strikter Grundlage der Vedas zu erlernen. Für zweitägige Behandlungen etwa sind um 160–310 Euro zu zahlen, inkl. Unterkunft und Verpflegung.
- **NKCA Pharmacy** (N.S. Rd., Tel.: (0)934 2188140), ein ayurvedisches Kaufhaus, bietet ein breites Angebot ayurvedischer Produkte auch in Großmengen. Für entsprechende Beratung ist gesorgt.
- Fachlich hervorragend beraten wird man im **Amrutha Ayurvedala** (Mo–Sa 9–21, So 9–13 Uhr) beim Hotel Vyshak International. Die preiswerte Naturmedizin kann im kleinen angeschlossenen Laden gekauft werden.

Post, Internet

- Die **Hauptpost** (geöffnet Mo–Sa von 10 bis 19 Uhr, So 10.30 bis 12.30 Uhr) befindet sich an der Ashoka Rd., Ecke Irwin Rd. Der im gleichen Gebäude zu findende Poste-Restante-Service (Post-Code für Mysore: 570001) schließt an manchen Tagen bereits zwei Stunden früher. Ein kleines Postamt im 1. Stock am KR Circle ist günstig gelegen.
- Nahe der N.S. Rd. ist ein **DHL-Büro** (Tel.: 2422701) Mo–Sa 9.30–20.30 Uhr geöffnet.
- Der Durchschnittspreis für eine Stunde surfen liegt derzeit in den verhältnismäßig wenigen Internetcafés bei 30 Rs, etwa zwischen Gandhi Square und Clocktower bei **Arkashri Cyber** im 1. Stock (8–22.30 Uhr) sowie bei zwei Internetcafés zwischen Gandhi Square und Busbahnhof, alle mit mittelmäßiger Geschwindigkeit. Auch **Cyber Corner** (1. Stock) ist hinreichend schnell. Fixe Breitbandverbindungen gibt's bei **Cyber Net** (10–22 Uhr, N.S. Rd.)

Shopping

In Mysore ist es nicht nur das gute Angebot, sondern auch die relaxte Atmosphäre, die zum Shoppen einlädt. Besonders begehrt sind die berühmten Sandelholzarbeiten, Seide und Räucherstäbchen.

- Den besten Überblick über das breitgestreute Angebot verschafft ein Besuch des **Government Cauvery Arts and Crafts Emporium** (tgl. 10–19.30 Uhr) an der Sayaji Rao Rd. im Stadtzentrum. Es macht durchaus Sinn, sich die (relativ hohen) Festpreise der einzelnen Artikel zu notieren und mit diesem Preisvergleich die umliegenden Geschäfte aufzusuchen. Weitere **Souvenirshops** finden sich entlang der Dhanavanthri Rd.
- Die Devaraj Urs Rd. ist die richtige Gegend für Seide. Ansonsten lohnt auf jeden Fall ein Besuch der **Government Silk Factory** (Mananthody Rd., Tel.: 2481803, Mo–Sa 7–11 und 11.30–15 Uhr) in Ashokapuram, etwa 2 km außerhalb, wo man auch den Herstellungsprozess der Seide erklärt bekommt. Auch hier ist ein kleiner Laden (nur Saris) mit Festpreisen angeschlossen.
- Einen interessanten Einblick in die Herstellung und Verarbeitung von Sandelholz bietet die **Government Sandalwood Oil Factory** (Mo–Sa 9–13 und 14–17 Uhr, Tel.: 2483531), auch im Süden der Stadt.

An- und Weiterreise

Flug:

Im KSTDC-Gebäude findet sich ein Büro von **Air India** (Tel.: 2421846, 2426317, Mo–Sa 10–17.30 Uhr). Allerdings fliegt zurzeit nur Kingfisher Airlines vom neuen Flughafen von und nach Bangalore. Tickets können über **Skyway International** (Jhansi Lakshmi Bai Rd., Tel.: 2444444, Mo–Sa 10–18 Uhr) erworben werden. Über aktuelle Flugverbindungen aller Airlines informiert übersichtlich www.yatra.com.

Bahn:

Das **Reservierungsbüro** (Mo–Sa 8 bis 20 Uhr, So 8 bis 14 Uhr) am Bahnhof ist computerisiert. Gleich bei der Ankunft im Reservierungsgebäude sollte man sich eine Wartenummer am Automaten ziehen und dann bis zur Anzeige der eigenen Wartenummer das am Auskunftsschalter erhältliche Reservierungsformular ausfüllen. *Tourist quota* gibt es nicht, so sollte man sich rechtzeitig um Fahrscheine bemühen. Die meisten Fernverbindungen gehen zunächst bis **Bangalore** (3 Std.), von dort weiter mit einem Anschlusszug. Nach Bangalore fahren täglich sieben Express-Züge. Der sehr teure Shatabdi Express (12008, Abf.: 14.14 Uhr) lohnt den Aufpreis wohl nur, wenn man mit ihm bis zum Endziel **Chennai** (7 Std.) durchfährt.

Wer nach Norden will, sollte zunächst mit dem recht langsamen Passenger Train (6.15 und 10.00 Uhr) in gut 3 Std. nach Arsikere und von dort weiter nach Hubli (Badami) oder Hospet (Hampi) fahren. Wer einen Tagesausflug nach Halebid und Belur plant, kann dies per Bahn tun: Nach Hassan (Halebid/Belur) fährt morgens um 7.30 Uhr in 2½ Std. der 56266 Mys Ask Pass. Mehrere Abendverbindungen zurück, etwa der 56265 Ask Mys Exp., Abf. in Hassan um 18.40 Uhr, und der 16205 Mysore Exp., Abf. 20.10 Uhr.

• **Weitere Verbindungen** siehe Anhang.

Bus:

Am zentralen **Busbahnhof** an der Bangalore-Mysore Rd. in der Nähe der Innenstadt kann man am computerisierten Schalter Fahrscheine bis zu drei Tage im Voraus kaufen. Der im Busbahnhof angeschlagene Fahrplan ist nicht in allen Einzelheiten aktuell, deshalb jeweils noch einmal am hilfsbereiten Inquiry Counter (Tel.: 2444997, 2520853) checken. Außerdem sind die Abfahrtszeiten für Fernbusse unter www.ksrtc.org/timetable.asp zu erhalten.

Während für die längeren Entfernungen die Bahn vorzuziehen ist, empfiehlt sich für kürzere Strecken wie etwa nach Hassan, Belur und Halebid die Fahrt per Bus. Im Folgenden eine Auflistung der **Fahrziele** (Anzahl der Verbindungen pro Tag und Fahrtdauer in Klammern): Arsikere (alle 30 Min., 2 Std., zur Weiterfahrt per Bahn nach Hubli/Badami), Badami (1 Direktbus um 17.30 Uhr), Bandipur (stündl., 2 Std.), Bangalore (alle halbe Stunde, 3 Std., Rajahamsa/Volvo AC 120/220 Rs), Ernakulam (3 Busse abends, 12 Std., Reservierung nötig, Rajahamsa 390 Rs), Chennai (3 Busse abends, 12 Std.), Gokarna (1, über Shimoga (8 Std.), von dort nochmals 4 ½ Std.), Hassan (30, 3 Std.), Hospet (2, 11 Std.), Hubli (8 Busse zwischen 5.30 und 22.30 Uhr), Kochi (5, 12 Std.), Madikeri (alle 30 Min. zwischen 6.30 und 20.30 Uhr). Die meisten Busse nach Mangalore (12, 7 Std., Ord./Rajahamsa 140/225 Rs) fahren auch über Coorg, die Hauptstadt des Coorg-Distrikts. Die Busse nach Ooty (8, 5 Std., Ord./Rajahamsa 75/115 Rs) passieren alle den Bandipur-Nationalpark. Nach Sravanabelgola besteht nur eine Direktverbindung pro Tag. Tipp: Zunächst mit einem der stündlich abfahrenden Busse nach Channarayapatna und von dort die letzten 10 km mit einem Lokalbus zum Jain-Heiligtum.

Zusätzlich zu den hier aufgelisteten Verbindungen gibt es noch die privaten Busgesellschaften, die vom **Private Busstand** in der Nähe der Wesley-Kathedrale abfahren. Von hier auch alle halbe Stunde nach Narsipur oder Bannur, von dort weiter nach Somnathpur.

Busse unter anderem nach Chamundi Hill und Srirangapatnam fahren mindestens alle 30 Minuten vom **City-Busbahnhof** beim KR Circle.

Brindavan Gardens

Die unterhalb des 1931 fertiggestellten Krishnaraja-Sagar-Staudamms angelegten Terrassengärten (Tel.: 08236-290019) sind ein beliebtes Ausflugsziel indischer Familien. Besonders groß ist der Andrang zu den 17 km nordwestlich von Mysore gelegenen Gärten an Wochenenden und abends um 19 Uhr, wenn die unzähligen **Teiche**

und Springbrunnen illuminiert werden (Eintritt 10 Rs). Die Stadtbusse Nr. 365, 393 und 394 (Plattform 6) fahren zu den Gärten.

Unterkunft

- Auf dem Areal befindet sich das brandneue, komfortable **Royal Orchid Brindavan Gardens** €€€€ (Tel.: 080-25584242) mit schöner Aussicht aus der Bar auf die Gartenanlage.

Srirangapatna

↗ XX/B3

Die 16 km nordöstlich an der Straße nach Bangalore gelegene **Festungsanlage** von Srirangapatna stand ab dem 15. Jh. immer wieder im Brennpunkt der Geschichte. 1454 errichteten die **Herrscher von Vijayanagar** ein Fort, von dem der Vizekönig den südlichen Teil des Reiches beherrschte. Nachdem die Vijayanagar-Könige in der zweiten Hälfte des 16. Jh. entscheidend an Macht einbüßten und die **Fürsten von Mysore** zunehmend zur führenden Regionalmacht aufstiegen, machte schließlich 1616 der Wodeyar *Raja* Srirangapatnam zu seiner Hauptstadt.

1761 stürzte **Haidar Ali** die Wodeyars und machte die Stadt zum Zentrum seines erbitterten Widerstands gegen die britischen Kolonialherren. Nach mehreren verlustreichen Schlachten gelang es den **Briten** schließlich am 4. Mai 1799 mit Unterstützung der Marathen und des Nizzam von Hyderabad die Festung zu stürmen – für die Briten ein historischer Sieg, war damit doch der Weg frei zur vollständigen Herrschaft über den Süden Indiens. Prominentestes Opfer dieser blutigen Entscheidungsschlacht war **Tipu Sultan,** der Sohn Haider Alis, noch heute im ganzen Land wegen seines heldenhaften Widerstands als „Tiger von Mysore" bekannt.

Das auf einer fünf Kilometer langen und einen Kilometer breiten **Insel im Cauveri-Fluss** gelegene Srirangapatna unterteilt sich mit der eigentlichen Festung im Westen, dem östlich sich anschließenden Sommerpalast und den Grabstätten am östlichen Ende in drei Bereiche.

Im Zentrum der zum großen Teil von den Briten zerstörten Festungsanlage steht der erstaunlich gut erhaltene **Sri-Ranganathaswami-Tempel** (7.30–13 und 16–20 Uhr). Das noch heute von vielen Gläubigen besuchte Vishnu-Heiligtum, welches auch als Namensgeber der Stadt fungierte, stammt ursprünglich aus dem 9. Jh. und erfuhr im Laufe der Zeit mehrere Erweiterungen. Den gewaltigen, fünfstöckigen *gopuram* ließ Haider Ali im 18. Jh. errichten. Die Jama Masjid, von seinem Sohn Tipu Sultan in der Nähe des Osttores platziert, überragt mit seinen beiden Minaretten die umliegenden Gebäude.

Knapp einen Kilometer östlich des ursprünglich mit drei Mauerringen gesicherten Forts steht mit dem **Sommerpalast** (Daria Daulat) das wohl beeindruckendste Gebäude von Srirangapatna. Das zweigeschossige Holzgebäude inmitten einer gepflegten Gartenanlage macht mit seiner säulengetragenen, umlaufenden Veranda einen angenehmen, fast schon spielerischen Eindruck. Im gut erhaltenen Inneren findet sich eine **Ausstellung** von persönlichen Gegenständen sowie Gemälden und Zeichnungen, die historische Momente aus dem Leben Tipus zum Thema haben (Eintritt 100 Rs , tgl. 9–17 Uhr geöffnet).

Weitere zwei Kilometer östlich stößt man auf das 1784 von Tipu Sultan errichtete, von einem Garten umgebene **Gumbaz-Mausoleum** (8–20 Uhr). Hinter einem mit schönen Elfenbeinintarsien geschmückten Tor gelangt man ins Innere des von einer weiß getünchten Kuppel überwölbten Grabbaus. Neben den schlichten Gräbern von Haider Ali und Tipu Sultan findet sich hier auch das Grab von Tipus Mutter. Ca. 500 m entfernt steht eine 1800 von *Abbe Dubois* erbaute Kirche.

Stadtverkehr

- Die einzelnen Sehenswürdigkeiten liegen weit auseinander. Ideal zum Erkunden der Insel sind die beim Busbahnhof zu mietenden **Fahrräder.** Als Alternative bieten sich **Pferdekutschen** (Tongas, ca. 100 Rs für 3 Std.) und **Rikshas** an. Für eine dreistündige Besichtigung mit der Riksha werden um die 150 Rs verlangt.

Unterkunft

- Das staatliche **Hotel Mayura River View** €€ (Tel.: 08236-52114) in hübscher Lage am Cauveri-Fluss bietet einfache, saubere Zimmer. Ein passables Restaurant ist auch vorhanden.
- Am Fluss gelegen, ist das **Swaasthya Ayurveda Village** €€€ (Tel.: 217476, www.swaasthya.com) an der Bangalore Mysore Rd. eine Oase der Ruhe. Hier sind nicht nur Gäste willkommen, um eine der vielen, preiswerten ayurvedischen Behandlungen zu genießen. Im Preis sind neben den einfachen, aber völlig hinreichenden Zimmern auch die Mahlzeiten und Yoga enthalten.

An- und Weiterreise

- **Bus und Bahn:** Nur die Passenger-Züge von Mysore nach Bangalore halten in Srirangapatna (20 Min. Fahrtzeit). Srirangapatna liegt an der Hauptstraße Mysore – Bangalore. Entsprechend häufige Verbindungen in beide Orte, etwa mit den Bussen 313 und 316 alle halbe Stunde vom städtischen Busbahnhof in Mysore. Gegenüber dem Busstand von Srirangapatna fahren Busse privater Gesellschaften nach Brindavan Gardens (30 Min. Fahrtzeit).
- Eine **Riksha** von Mysore kostet etwa 300 Rs (mit 3 Std. Wartezeit).

Ranganathittoo-Wasservogel-Schutzgebiet

Das Vogelschutzgebiet drei Kilometer südwestlich von Srirangapatna ist besonders während der Regenzeit von Juni bis Oktober einen Besuch wert. Auf dem von dichtem Buschwerk und Schilf geprägten Gelände auf einer Insel im Cauveri-Fluss findet sich zu jener Zeit eine Vielzahl von Wasservögeln wie **Ibisse, Löffler, Störche** und **Kormorane** ein. Außerdem sind **Sumpfkrokodile, Indische Fischotter** und eine Kolonie von **Indischen Flughunden** zu sehen. Die Tierwelt kann von kleinen Booten aus am besten frühmorgens oder am späten Nachmittag beobachtet werden.

- **Eintritt** 75 Rs, Kamera 25 Rs, Video 100 Rs, tgl. von 8.30 bis 18 Uhr geöffnet. Kurze **Bootsfahrten** auf dem See kosten 100 Rs. Ein Restaurant sorgt fürs leibliche Wohl.

Der besondere Tipp: Somnathpur

Der 35 km östlich von Mysore gelegene **Keshvara-Tempel** gilt als eines der schönsten Beispiele des Hoysala-Stils. Ein Abstecher zu diesem Juwel der südindischen Tempelarchitektur empfiehlt sich nicht nur für kunsthistorisch interessierte Reisende. Das nur selten von Touristen besuchte Heiligtum steht in einer unberührten Landschaft, die interessante Einblicke in das südindische Dorfleben ermöglicht.

Der 1268 von einem Minister des Hoysala-Königs *Narashima III.* gestiftete Keshvara-Tempel ist das zeitlich letzte und künstlerisch höchststehende Beispiel der **Hoysala-Periode.** Das Heiligtum liegt inmitten eines 65 x 53 m großen, rechteckigen Hofs, der von einem Gang mit 64 Zellen umgeben ist, die ursprünglich mit Götterskulpturen geschmückt waren. Weitaus stärker als die 100 Jahre früher errichteten Tempel von Belur und Halebid betonten die Bauherren von Somnathpur den **sternförmigen Grundriss.** Der Keshvara-Tempel soll von *Janaka Acarya,* einem der berühmtesten Bildhauer der Hoysala-Periode, entworfen worden sein.

Der **zentrale Säulensaal** verfügt im Inneren über 18 Säulen, während die Außenfassaden von 16 Stützen gebildet werden, deren Zwischenräume mit *jalis* – gitterförmig durchbrochenen Steinplatten – geschmückt sind. Besondere Beachtung verdient die plastische Ausgestaltung der gedrechselten Säulen der Haupthalle. In ihrer detailgenauen Ausschmückung erinnern sie an die Marmorbauten der Jainarchitektur.

An den Saal schließen drei **Schreine** *(garbhagrihas)* an, denen jeweils eine Halle vorgelagert ist. Diese *trikutashala* (Hügel mit drei Gipfeln) genannte Form entspricht der Zahl der hier verehrten Gottheiten. Der Hauptschrein im Westen beherbergt eine Statue Vishnus in seiner Erscheinungsform als Keshara, die Schreine im Süden und Norden beherbergen zwei Darstellungen Krishnas als Venugopula beziehungsweise Janardhana. Über jedem der drei Schreine erhebt sich ein elf Meter hoher Turm.

Am beeindruckendsten sind die von den Steinmetzen in den hohen Sockel des Haupttheiligtums eingearbeiteten, übereinander liegenden **Reliefbänder.** Ähnlich wie in Halebid begeistern die jeden Zentimeter ausschmückenden Dekorationen trotz ihres Alters von fast 800 Jahren durch eine verblüffende Lebendigkeit und Dynamik. Von unten nach oben sind die folgenden Friese mit ihrem jeweiligen Symbolgehalt zu sehen: Elefantenfries (Beständigkeit des Reiches), Pferde und Reiter (Dynamik und Expansion des Reiches), Blütenranken auf einem Dämonenantlitz (Lebensfülle und alles verschlingende Zeit), Kampfszenen aus Mahabaratha und Ramayana; Seeungeheuer (Fruchtbarkeit verheißendes Glückszeichen); hochfliegende Gänse (freier Geist und Wiedergeburt).

- Der **Eintritt** beträgt 100 Rs, 9–17.30 Uhr. Wegen des besseren Lichts sollte man das Heiligtum vormittags besuchen.

Keshvara-Tempel

Anreise

- Wer sich nicht der von KSTDC in Mysore organisierten Tour anschließt (s. dort), fährt zunächst vom privaten Busbahnhof in **Mysore** nach **Bannur** (45 Min.) und von dort noch einmal per **Lokalbus** in 20 Minuten nach Somnathpur, was völlig problemlos klappt. Bezüglich der seit Langem angekündigten Direktbusse von Mysore nach Somnathpur, erkundigt man sich am besten aktuell vor Ort.

Bylakuppe

Auf den Straßen Mysores sieht man viele tibetische Mönche. Grund ist der Ort Bylakuppe, ca. 60 km von Mysore und 5 km südöstlich von Kushalnagar gelegen, wo nach der Annektierung Tibets durch China im Jahr 1959 mehreren Tausend Mönchen und Flüchtlingen Unterschlupf gewährt wurde. Auf den ursprünglich 1.200 zur Verfügung gestellten Hektar sind inzwischen mehrere Dörfer, Klöster und eine Universität sowie ein eigener Radio- und Fernsehsender entstanden. In der friedvollen Atmosphäre der **tibetanischen Enklave** leben heute etwa 5.500 buddhistische Mönche und 20.000 Exiltibeter.

Als Gast kann man an den täglich abgehaltenen Meditationen teilnehmen. Wer länger als einige Tage in Bylakuppe bleiben will, benötigt ein *Protected Area Permit (PAP)* vom Ministry of Home Affairs in Delhi, welches über das Sera Jey Choeling Centre (dessen Ursprünge auf das frühe 15. Jh. zurückgehen, Tel.: 258723, www.serajeymonastery.org) oder das Namdroling Kloster (Tel.: 08223-254036, www.palyul.org) zu erhalten ist.

Im letztgenannten Kloster sollte man sich den Besuch des imposanten **Goldenen Tempels** (7–20 Uhr) mit einer 18 m hohen, vergoldeten Buddha-Statue keinesfalls entgehen lassen. Wenn möglich, sollte man zu Schulzeiten der Novizen vor Ort sein, wenn die Trommeln, Gongs und Gesänge von Hunderten Jungmönchen die Luft erfüllen. Auch der Besuch des herrlichen Parks ist erholsam.

Abhängig von Vollmond wird im Januar/Februar alljährlich das eine Woche andauernde tibetanische Neujahrsfest mit Feuerzeremonien, Pujas und Tänzen begangen.

Unterkunft, Essen und Trinken

- Im dem Goldenen Tempel gegenüber liegenden Palyor Dhargey Ling Shopping Centre ist im obersten Stockwerk im gleichnamigen **Guest House** € (Tel.: 08223-258686) eine einfache Unterkunft zu finden (TV kostet extra).
- Ebenfalls in diesem Gebäude versorgt das **Shanti Family Restaurant** mit tibetischer Kost, indischer Küche und Shakes.
- In nahen Kushalnagar stehen viele Unterkünfte zur Verfügung. Preiswert ist die **SDM Lodge** €-€€ (Tel.: 08276-273362, (0)9448074302). Wer etwas mehr ausgeben kann, ist im klimatisierten **Shylaya Arris** €€€ (Tel.: 08276-272762, 272072, shylajarris@rediffmail.com) mit gutem Restaurant komfortabler aufgehoben. Diese sind auch für das Dubare Forest Reserve (s.u.) günstig gelegen.

An- und Weiterreise

- Die meisten **Busse** zwischen Mysore (ca. 3 Std., Fahrtzeit, 56 Rs) und Madikeri (ca. 1½ Std., 28 Rs) passieren Kushalnagar. Von dort etwa 30 Rs per Riksha bis Bylakuppe. Außerdem häufige Verbindungen von Hassan (4 Std., 60 Rs).

Bandipur-Nationalpark

↗ XX/B3

Der 840 km² große Nationalpark 78 km südlich von Mysore entstand 1941 aus dem **Jagdgebiet des Maharajas von Mysore.** Das hügelige Waldgebiet wird von den drei anderen Schutzgebieten Nagarhole im Norden, Wyanad im Westen und Mudumalai im Süden umschlossen. Der Moayar-Fluss markiert die Südgrenze und schneidet sich tief in die Landschaft ein. Von der höchsten Erhebung, dem 1454 m hohen **Gopalswamy Betta** mit dem darauf errichteten Fort und einem Tempel, bietet sich ein herrlicher Ausblick zum Mysore-Plateau im Norden. Der übrige Teil des Parks liegt auf einer durchschnittlichen Höhe von 800 m. Das Landschaftsbild wird von trockenem **Laubwald** beherrscht, der im regenärmeren Südosten in eine **Dornbuschzone** übergeht. Im niederschlagsreicheren Nordwesten breitet sich ein mit Teakbäumen durchsetzter feuchter Laubwald aus.

Nachdem die Tigerpopulation 1973, im Jahr der Einführung der Rettungsaktion **Project Tiger,** auf 10 gesunken war, sollen es heute wieder 80 Exemplare sein. Die Chancen, einen der Könige des Dschungels zu Gesicht zu bekommen, sind wegen der dichten Vegetation, der Größe des Parks und der durch den Park führenden Nationalstraße sehr gering. Wesentlich aussichtsreicher ist es, eine Herde von frei lebenden **Elefanten** zu sehen, deren Zahl auf etwa 2.000 geschätzt wird.

Die beste Jahreszeit zur Tierbeobachtung sind die Monsunmonate von Juni bis September. Während der trockenen Jahreszeit wandern die Elefanten in die Feuchtgebiete des angrenzenden Mudumalai-Tierschutzgebietes, weil es dort mehr Schatten und Nahrung gibt. Andere häufig vorkommende Tiere sind Sambarhirsche, Gaur, Axishirsche, Muntjak, Wildschweine und Schakale.

Trotz der attraktiven Landschaft kann Bandipur nur bedingt empfohlen werden. Auf keinen Fall sollte man an Wochenenden anreisen, wenn Hunderte von lautstarken Tagesausflüglern die letzten Tiere ins Unterholz treiben.

- Der Park ist täglich von 6 bis 18 Uhr geöffnet (im März geschlossen), Eintritt 200 Rs, Kameragebühr 20 Rs, Videogebühr 200 Rs.

Fortbewegung innerhalb des Parks

- Will man nicht auf die sehr teuren Privatarrangements der Anbieter in Mysore und Bangalore zurückgreifen, bleibt nur die wenig erbauliche, etwa einstündige **Bustour** des Forest Department. (Das ist das eigentliche Manko an Bandipur.) Abfahrt täglich 6, 7, 8, 16 und 17 Uhr, Preis 175 Rs pro Person. Auch nicht besser sind die halbstündigen **Elefantenausritte** zum Preis von 150 Rs pro Person. Wegen des kleinen Radius ist die Chance, ein Tier zu erspähen, relativ gering.

Unterkunft

Wie in Nationalparks üblich, sind die Unterkunftsmöglichkeiten begrenzt. Also sollte man sich frühzeitig anmelden.

- Die einzige Übernachtungsmöglichkeit innerhalb des Parks bieten die vom Forest Department vermieteten **Bungalows** €€ und **Schlafsäle** €€-€€€. Obwohl einfach in der Ausstattung und manchmal etwas muffig, sind sie wegen der zentralen Lage und des günstigen Preises trotzdem eine gute Unterkunft. Bescheidene Mahlzeiten werden auf Anfrage von den Parkwächtern zubereitet. Zu buchen in Mysore über das Bandipur National Park Booking Office, Field Director, Project Tiger, Aranya Bhavan Building, Ashokpuram, Tel.: 0821-2480901, fdptrm@sancharnet.in, oder über das Forest Department in Bangalore, Aryana Bhavan, 18th Cross, Malleswaram, Tel.: 080-23341993.

- Das staatliche **KSTDC Hotel Mayura Prakruti** €€-€€€ (Tel.: 0821-2633001) liegt vier Kilometer außerhalb des Parks an der Straße nach Mysore. Man hat die Wahl zwischen Cottages, Zimmern mit Bad und Schlafsälen. Am besten bereits bei den KSTDC-Büros in Mysore oder Bangalore buchen.
- **Tusker Trails** €€€€ ist eine hübsche Anlage mit um einen Pool gruppierten Bungalows. Die Preise für eine Übernachtung der von der Herrscherfamilie von Mysore gemanagten Anlage beinhalten Vollpension und organisierte Parkausflüge. Zu buchen über Hospital Cottage, Bangalore Palace, Bangalore (Tel.: 080-23618024, www.nivalink.com/tuskertrails/index.html).
- Ebenfalls „all inclusive" sind die Preise des **Bush Betta** €€€€€ (Tel.: 022-24042211, bushbetta@nivalink.com), einer stilistisch sehr gelungenen Resortanlage 4 km von Bandipur an der Straße nach Mudumalai, etwas zurückversetzt. Die Luxusanlage leidet nach Meinung vieler Reisender unter schlechtem Management.
- Komfortabel ist die staatlich geleitete **Bandipur Safari Lodge** €€€€€ (zu buchen über Jungle Lodges & Resorts in Bangalore, MG Rd., Shrungar Shopping Complex, Tel.: 080-25597021, www.junglelodges.com), 3 km vom Parkeingang entfernt. Auch hier beinhalten die Preise eine tägliche Safari per Jeep, den Elefantenausritt und die Eintrittsgebühr zum Park.
- Brandneu ist **Cicada Bandipur** €€€€€-€€€€€€ (Tel.: (0)9449813006, www.cicadaresorts.com/bandipur) direkt an der Nationalparkgrenze. Neben komfortablen Zimmern werden auch Hütten mit Zeltdach und Blockhütten mit großen Fensterfronten und Ausblick ins Grüne vermietet. Wie schon der Ableger in Nagarhole verfügt auch diese Cicada-Ausgabe über alle Luxusattribute ihrer Preisklasse wie Pool, Gym, Ausflüge und ayurvedische Anwendungen.

An- und Weiterreise

- Nicht zuletzt die hervorragende stündliche **Busanbindung** (der letzte um 15 Uhr) macht Bandipur zu einem Hauptausflugsziel gerade an Wochenden. An der Hauptstraße zwischen Mysore (2½ Std.) und Ooty (3 Std.) gelegen, stoppen alle vom Zentral-Busbahnhof von Mysore nach Ooty fahrenden Busse am Tourist Reception Center. Per **Taxi** von Mysore kostet es etwa 2.000 Rs mit Übernachtung.

Nagarhole-Nationalpark

Das große Plus des sich nördlich an Bandipur anschließenden Nagarhole-Nationalparks ist der 1974 künstlich aufgestaute **Kabini-See.** An den Ufern des malerischen Gewässers versammelt sich besonders in der Trockenzeit eine Vielzahl von Tieren, wodurch sich hervorragende Möglichkeiten zur Tierbeobachtung bieten. Besonders für die zahlreichen **Elefanten** (Gesamtzahl etwa 1.300) ist der rund um den Stausee wachsende, hohe Bambus eine hervorragende Nahrungsquelle. Im Gegensatz zu Bandipur wird der Park aufgrund seiner abgeschiedeneren Lage weit weniger von Touristen besucht, sodass er sich auch als schöner Ort zum Entspannen anbietet.

Entsprechend der unterschiedlichen Feuchtigkeitszonen bestimmt im relativ trockenen Nordosten des 643 km² großen Nationalparks eine Dornbuschzone die Landschaft, in der Mitte trockener, im Südwesten feuchter Laubwald. Während der Tierbestand dem des Bandipur-Nationalparks ähnelt, weist Nagarhole aufgrund seiner zahlreichen Feuchtbiotope eine große Vielfalt an **Wasservögeln** auf. Zu sehen sind unter anderem Kormorane, Schlangenhalsvögel, Malaienstörche, Reiher, Graufischer, Fischadler und Graukopf-Seeadler.

Nach Konflikten zwischen den Ureinwohnern, den Kurumbas, einem Stamm der Adivasi, und den Parkwächtern in den 1990er Jahren ist es derzeit ruhig, jedoch kann der nach wie vor schwelende Konflikt zwischen den zunehmend um ihre Rechte fürchtenden ca. 40.000 Ureinwohnern und der Parkverwaltung jederzeit wieder aufflammen. Wie selbstbewusst die Kurumbas inzwischen geworden sind, zeigt ihr erfolgreicher Widerstand gegen den **Bau eines Luxusresorts** der Taj-Gruppe innerhalb des Parks. Gefahren für Touristen sind jedoch nicht zu erwarten.

- Der Park ist ganzjährig geöffnet. Eintritt 150 Rs, Kameragebühr 50 Rs, Videogebühr 100 Rs. Wegen der angenehmen Temperaturen empfiehlt sich der Besuch vor allem in den Monaten Oktober bis Februar. Die besten Chancen, Tiere aus nächster Nähe zu sehen, bieten sich in der Trockenzeit von Februar bis Juni. Während des Monsuns von Juli bis September bestimmen überschwemmte Straßen und Blutegel das Bild.

Fortbewegung innerhalb des Parks

- Besuchern, die nicht innerhalb des Parkgeländes wohnen, bleibt nur die Möglichkeit, mit den täglich vier (zwei morgens, zwei am späteren Nachmittag) offiziellen **Bustouren** auf Pirsch zu gehen. Preis pro Person 95 Rs. Anmeldung beim 24 Stunden geöffneten Visitors' Center oder dem Forest Office in Hunsur, Tel.: 08222/252041. Elefantenritte werden nicht durchgeführt.

Unterkunft, Essen und Trinken

Wie in Bandipur ist auch hier eine frühzeitige Anmeldung unbedingt erforderlich.

- Die günstigste Übernachtungsmöglichkeit bieten die vom Forest Department vermieteten **Bungalows** €€€ und die **Schlafsäle** € in Nagerhole City. Die recht einfach ausgestatteten Zimmer sind angesichts der sehr schönen Lage akzeptabel. Die maximale Übernachtungsdauer ist zwei Nächte. Falls keine Gäste nachrücken, kann vor Ort auch verlängert werden. Zu buchen bei den Forest Departments in Mysore und Bangalore (Adressen s. Bandipur) oder beim Deputy Conservator of Forests in Hunsur (Tel.: 08222-252041).
- Das **Jungle Inn** €€€€€ (Honsur-Nagarhole Rd., Tel.: 0822-246022, www.jungleinnnagarhole.com, die erste Nacht ist teurer als die folgenden: EZ/DZ 1. Nacht 110/170 US-$, ab 2. Nacht 60/100 US-$) ist eine akzeptable Anlage in der Nähe des Parkeingangs. Überteuert sind die vom Hotel durchgeführten Safaris und das hauseigene Restaurant. Ein Plus hingegen sind die gastfreundliche Atmosphäre und die abendlichen Lagerfeuer.
- Die mit Abstand schönste Übernachtungsmöglichkeit bietet die herrlich am See gelegene **Kabini River Lodge** €€€€€ (Tel.: 080-25597021, Jungle Lodges & Resorts in Bangalore, MG Rd., Shrungar Shopping Complex) im Nationalpark, ein idealer Ort, um auf der Veranda mit Blick auf den See zu relaxen. Man kann zwischen Zelten, Zimmern und Cottages wählen. Für Unterkunft, Essen, Safaris, Bootsausflüge sowie Elefantenausritte am Morgen muss man jedoch tief in die Tasche greifen.
- Etwas luxuriöser ist **Water Woods** €€€€€-€€€€€€ (Tel.: 08228-264421, www.waterwoods.net) neben der Kabini River Lodge.

Die 5 direkt am See gelegenen Zimmer sind angenehm möbliert und umgeben von einem herrlichen Garten. Außerdem gibt's einen Gym-Raum und einen 6-Loch-Golfplatz.

- Neu ist **Cicada Kabini** €€€€€€ (Tel.: 080-41152200, (0)9945602305, www.cicadaresorts.com/nagarhole) nebenan. Dieses nach ökologischen Gesichtspunkten erbaute Resort ist herrlich in die großflächige Gartenanlage integriert. Safaris und Kayaktouren werden arrangiert.
- Außerdem steht die **King's Sanctuary** €€€€€€ (Tel.: 08222-211111, (0)9343482480, www.kingssanctuary.com) zur Verfügung. Die komfortablen, frei stehenden Bungalows, teils doppelstöckig, knapp 20 km vom Parkeingang entfernt, sind gemütlich eingerichtet, wenn auch etwas teuer. Ein Freiluftrestaurant mit Bar und ein Pool komplettiert die Anlage.

Anreise

- Die Verkehrsverbindungen sind recht spärlich. Täglich zwei Direktbusse von **Mysore** (dem Schaffner Bescheid geben, dass man in Nagarhole aussteigen möchte). Alternativ fährt man zunächst mit einem der täglich zwei vom zentralen Busbahnhof in Mysore abfahrenden Busse in drei Stunden nach **Hunsur,** die restlichen 10 km mit dem Taxi (ca. 100 Rs) bis zum Visitors' Center.

Der besondere Tipp:

Madikeri

↗ XX/B3

Einwohner: 33.000
Höhe: 1.520 m
Vorwahl: 08272

Der beschauliche Bergort Madikeri ist die Hauptstadt des kleinen **Kodagu-Distrikts.** Die früher unter dem Namen **Coorg** bekannte Region zählt mit ihrer äußerst reizvollen Landschaft und der bis heute um ihre Eigenständigkeit und Unabhängigkeit kämpfenden Bevölkerung zu einer der schönsten und interessantesten Reiseziele Karnatakas. Sie wurde von westlichen Touristen bisher kaum entdeckt. Bedingt durch die abgeschiedene Lage inmitten einer gebirgigen, nur durch wenige Straßen mit der Außenwelt verbundenen Region haben die **Kodavas** genannten Einheimischen eine ganz eigene Identität entwickelt. Neben ihrer hochgewachsenen Statur und dem hellhäutigen Äußeren heben sie sich durch den von ihnen praktizierten **Animismus und Ahnenkult** von der hinduistischen Mehrheit ab. Auch ihre Sprache weist mehr Ähnlichkeiten mit dem Tamil als dem sonst gesprochenen Kannada auf.

Wie die meisten anderen Minderheiten Indiens sehen sich jedoch auch die Kodavas einem zunehmenden Verlust ihrer kulturellen Identität ausgesetzt. So tragen sie ihre **charakteristischen Kleidungsstücke** nur noch bei feierlichen Anlässen wie Hochzeiten und Beerdigungen. Bei den Männern fallen besonders die knielangen Män-

080is Foto: tb

Die Gegend um Madikeri
ist ein bedeutendes Teeanbaugebiet

tel *(kupyas)*, die um die Taille getragenen Dolche *(peechekathis)* und die flachen Turbane ins Auge. Ein besonderer Blickfang sind die bunten, im Rücken gefalteten Saris und die farbigen, an der Seite gebundenen Kopftücher der Frauen. Die beste Möglichkeit, um die Kodavas in ihren traditionellen Kleidern zu sehen, bietet der freitags in der Nähe des Busbahnhofs von Madikeri stattfindende Markt.

Der sich entlang mehrerer Bergkämme hinziehende Ort bietet sich als idealer Ausgangspunkt zur Erkundung der herrlichen, von **Kaffee-, Tee- und Kardamomplantagen** sowie dichten Wäldern geprägten Hügellandschaft der Umgebung an. Besonders schön ist die Aussicht morgens und gegen Sonnenuntergang vom **Raja's Seat,** einem für die lokalen Herrscher angelegten Garten im Südwesten, ca. 15 Minuten vom Stadtzentrum entfernt. Beeindruckend ist auch der Blick von den drei Kilometer nördlich gelegenen **Grabstätten der Rajas** aus dem Jahr 1820.

Die Stadt selbst bietet nur wenige Sehenswürdigkeiten. Das Anfang des 19. Jh. für die lokalen Herrscher erbaute **Fort** beherbergt heute städtische Einrichtungen. Skurril ist das innerhalb der Festungsmauern in den Räumen der St.-Mark's-Kirche eingerichtete **Museum** mit Ausstellungsstücken aus der Zeit des Raj. Eine ungewöhnliche Mischung hinduistischer, keralischer und islamischer Stilelemente weist der **Omkareshvara-Tempel** aus dem Jahr 1820 auf.

Die Bewohner der Kodagu-Region feiern mit dem **Huthri Festival** den Beginn der Reisernte mit Tanz und traditioneller Musik. Das einwöchige Fest beginnt zu Vollmond im November/ Dezember.

Wandern

Die von Touristen bisher kaum entdeckte Coorg-/Kodagu-Region ist mit ihrer landschaftlichen Schönheit und dem welligen Terrain geradezu ideal für Wanderausflüge. Herrliche Aussichten, frische Luft und die reiche Vogelwelt machen das Wandern hier zu einem echten Vergnügen. Die Einheimischen in ihren sehr ursprünglich gebliebenen Dörfern sind äußerst freundlich. Wegen der geringen Niederschläge und dem angenehmen Klima (nachts kann es jedoch empfindlich kühl werden) gelten die Monate Oktober bis März als beste Wandersaison.

Die geringe bis völlig fehlende touristische Infrastruktur erfordert eine **sorgfältige Vorbereitung.** Ausgeschilderte Wege und brauchbare Wanderkarten gibt es so gut wie gar nicht und die dichtbewaldete Region ist für Ortsunkundige kaum zu durchschauen. Mehrtägige Wanderungen sind deshalb nur in Begleitung eines ausgewiesenen **Führers** zu empfehlen, zumal einige Gebiete für Ausländer gesperrt sind. Die unten genannten Agenturen stellen Führer für etwa 400 Rs pro Tag. Etwa 100 Rs billiger sind privat verpflichtete Bergführer, doch sollte man sich vorher versichern, dass sie auch über jahrelange Erfahrung verfügen. **Träger** verlangen zwischen 100 und 200 Rs pro Tag für ihre Dienste. Die Wochenenden sollten gemieden werden, da sich dann zunehmend die hart arbeitenden Großstädter aus Bangalore in die Wälder der Region um Madikeri aufmachen.

Übernachtet wird gewöhnlich in Privathäusern, Schulen, Plantagen oder

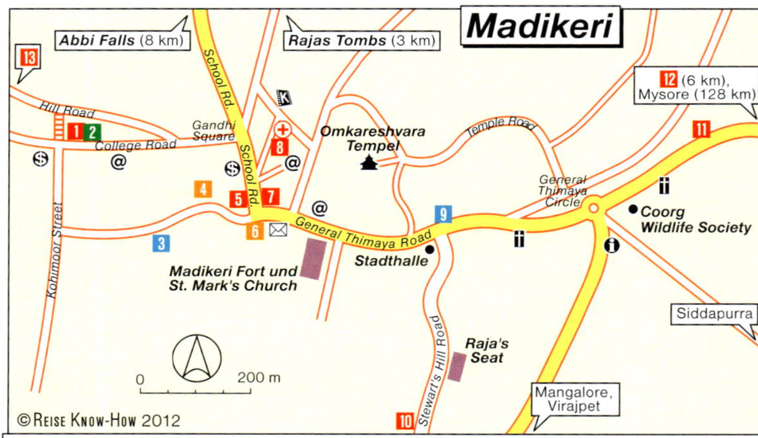

Unterkunft
- 1 Hotel Hill View
- 5 Vinayaka Lodge
- 7 Cauvery Capitol Hotel
- 8 Hilltown Hotel
- 10 KSTDC Maurya Valley View
- 11 East End Hotel
- 12 Capitol Village Resort
- 13 Coorg International

Essen und Trinken
- 3 Hotel Athithi
- 9 Vinka's Restaurant

Verkehr
- 4 Busbahnhof
- 6 Privater Busbahnhof

Einkaufen
- 2 Supermarkt

Unterkünften des Forest Department, buchbar über die folgenden Reisebüros, die natürlich auch Trekking-Touren organisieren:

- **Coorg Tourist Travel Agency** (Tel.: 225274, 225817), Vinayaka Lodge.
- **Ganesh Aiyanna Travel Agency** (Tel.: 225 492), Hotel Cauvery Capitol.
- Hervorragende Trekkingausflüge organisiert **Coorg Trails** (Tel.: 594061, (0)98866 65459, coorgtrails@yahoo.co.in, nahe Town Hall, 9–20.30 Uhr, Tagesausflug ca. 400 Rs p.P.) und **Friends Tours & Travels** (Tel.: 229974; v_trak@rediffmail.com) in der College Rd.

Information

- Den Weg zum **Tourist Office** (täglich außer So von 10.30 bis 17.30 Uhr, Tel.: 228580) im PWD Building in der Nähe des General Thimaya Circle kann man sich sparen. Die Bediensteten zeichnen sich – wenn anwesend – durch eine an Desinteresse nicht zu überbietende Einstellung aus. Wesentlich informativer ist ein Besuch in den **lokalen Reiseagenturen** (s.o.).

Stadtverkehr

- Madikeri ist eine kleine Stadt. Innerhalb des Stadtgebietes sollte man für die überall bereitstehenden **Rikshas** nicht mehr als 25 Rs zahlen.
- Vielerorts können **Motorräder** für ca. 300 Rs Tagesgebühr (Kaution um 500 Rs) ausgeliehen werden, etwa bei Spice's Mall (Tel.: (0)9449275669) gegenüber dem Busbahnhof.

Nützliche Adressen

- Die **Canara Bank** an der School Rd. tauscht Travellerschecks von Thomas Cook und American Express sowie Bargeld zu recht guten Raten, ist aber nur Mo–Fr 11–14.30 Uhr geöffnet. Die **State Bank of India** an der College Rd. (Mo–Fr 10.30–14.30 und 15–16 Uhr, Sa 10.30–13 Uhr) wechselt nur Bargeld. Für Kreditkarten ist der ATM der **ICICI-Bank** an der College Rd. zuständig.
- Das **Krankenhaus** ist zentral gelegen (Tel.: 222658) und für den Notfall hinreichend.
- **Internet** kostet 25 Rs/Std. und ist im Cyberland (die Treppen hinunter) sowie in Ottos Cyber Center an der General Thimaya Rd. möglich.
- Das **Postamt** ist Mo–Sa 9.30–17.30 geöffnet.

Unterkunft, Essen und Trinken

Westliche Individualtouristen bleiben nur selten über Nacht in Madikeri, dementsprechend gibt es praktisch keine typische „Traveller-Unterkunft". Fast alle Häuser der gehobenen Kategorie befinden sich etwas außerhalb des Stadtzentrums.

- Wegen des Lärms von dem unmittelbar angrenzenden Busbahnhof nur bedingt zu empfehlen, ansonsten aufgrund ihres günstigen Tarifs, der zentralen Lage und der sauberen, aber dunklen Zimmer akzeptabel ist die **Vinayaka Lodge** € (Tel.: 229830).
- Qualitätsähnlich ist die zu einem Hotel umgewandelte alte Kolonialvilla **East End Hotel** €-€€ (Tel.: 229996) an der General Thimaya Rd. am Ortseingang mit großen, aber recht dunklen und aussichtslosen Zimmern zu günstigen Preisen; allerdings sollte man wegen der Straße nur die rückwärtigen buchen. Das hauseigene Restaurant gilt bei den Einheimischen als das beste der Stadt.
- Mit seinen großen Zimmern eine gute Alternative bietet das **Cauvery Capitol Hotel** €-€€ (Tel.: 225492) an der School Rd. Das Restaurant im Erdgeschoss serviert leckere, preisgünstige einheimische Gerichte. Der Besitzer organisiert Trekkingtouren zum höchsten Berg der Region, dem Tadiyendamol.
- Große, saubere Zimmer mit Fernseher und kleinem Balkon (manchmal sogar zwei) mit schöner Aussicht machen dem Namen **Hotel Hill View** €€-€€€ (Hill Rd., Tel.: 223808, 221067) alle Ehre. Restaurant und Bar sind angeschlossen.
- Eines der besten Angebote der Stadt macht das **Hilltown Hotel** €-€€ (Tel.: 223801-5, www.hilltownhotel.com) in der Daswal Rd.

Klasse Zimmer, gut möbliert, zentrale Lage und ein gutes Restaurant, außerdem kleine und billige Einzelzimmer für Alleinreisende.

- Der beschwerliche, etwa 20-minütige Anstieg zum **KSTDC Maurya Valley View Hotel** €€€ (Tel.: 228387, Preis mit Frühstück) lohnt sich wegen seiner herrlichen Lage hinter dem Raja's Seat. Die tolle Aussicht und die geräumigen Zimmer trösten über den bei staatlichen Hotels üblichen schleppenden Service hinweg. Ideal für einen Sundowner ist die Terrasse des hauseigenen Restaurants. Auch die Gerichte sind empfehlenswert.
- Das schicke **Coorg International** €€€€€ (Convent Rd., Tel.: 228071, www.coorginternational.com) gilt mit seinen großen, gepflegten Zimmern, freundlichen Bediensteten und diversen Einrichtungen wie Geldwechsel, Reiseagentur und sehr gutem Restaurant als eine der besten Unterkünfte der Gegend.
- Beim Warten auf den Bus ist das **Hotel Athithi** mit langer Speisekarte und ohne Aussicht naheliegend.
- Eine Ecke teurer geht's im **Vinka's Restaurant** (16–22 Uhr) zu. Hier gibt's auch Fisch.

Unterkünfte in der Umgebung:

- Die schönste Unterkunft im Mitteklassebereich ist das **Capitol Village Resort** €€€ (Tel.: 225492), 6 km außerhalb Madikeris. Die Bungalows inmitten einer gepflegten Gartenanlage sind ein idealer Ort, um die Ruhe und die gute Luft zu genießen.
- Eine schöne Alternative ist das in den Bergen gelegene **Rainforest Retreat** €€€€ (Tel.: 265636/38, www.rainforestours.com). Die 10 km nordwestlich von Madikeri gelegene Herberge bietet gemütliche Cottages mit Bad im Grünen. Rainforest-Ecotours setzt auf umweltschonenden Tourismus. Diverse, individuell gestaltbare Trekking- und Kayaktouren in die Berge der Umgebung sowie zu einem Elefantencamp, aber auch entferntere Ziele wie die nördlichen Nationalparks Keralas werden angeboten. Genaueres siehe Website.
- Bei der **Alath-Cad Estate** €€€€ (Ammathi, Coorg, Tel.: 08274-252190, (0)9449617665, www.alathcadcoorg.com) handelt es sich um eine 26 ha große Kaffeeplatage 28 km südöstlich von Madikeri, in deren Mitte Zimmer und Bungalows im Grünen vermietet werden. Hervorzuheben sind freundlicher Service und preiswerte Speisen.
- Zelte und Bungalows der Luxusklasse zu hohem Preis auf einer 120 ha großen Plantage bieten das **Orange County Resort** €€€€€€ (Bheeramballi Village, nahe Kabini, Tel.: 08274-258481, www.orangecounty.in), 32 km südlich von Madikeri. Einige der Bungalows verfügen über eigene Pools. Ausflüge und ayurvedische Behandlungen können gebucht werden. Auch über TrailsIndia in Bangalore (Tel.: 080-25325302, www.trailsindia.com, St. Patricks Business Complex, Museum Rd.) zu buchen.

An- und Weiterreise

- Vom zentralen Busbahnhof (Tel.: 229134) mindestens stündliche Verbindungen nach Mysore (3½ Std., 80 Rs), Hassan (3½ Std., 79 Rs), Mangalore (3 Deluxe Busse, 4 Std., 110 Rs) sowie nach Bangalore (7 Std., 4x tgl. morgens, 140 Rs), die über Mysore fahren. Wer nach Mysore (3 Std., 70 Rs) will, sollte die Verbindungen über Siddapura meiden, da diese eine Stunde mehr benötigen. Außerdem eine Verbindung nach Gokarna (9.30 Uhr), zwei nach Hubli (Badami, 9.30, 19.30 Uhr), zwei nach Ooty am Morgen, zwei nach Madurai (15.30, 19 Uhr) und zwei nach Cannanore im Norden Keralas (5.15 und 17.15 Uhr). Vom privaten Busbahnhof fast ausschließlich Verbindungen zu den umliegenden Dörfern.

Dubare Forest Reserve

Das Reservat am Cauvery-Fluss nahe Kushalnagar beherbergt 12 ehemalige Arbeitselefanten, die hier ihren Lebensabend in Ruhe genießen können. Die Tiere werden um 9.30 Uhr im Fluss gewaschen und dann gefüttert. Wer Ausritte auf den Dickhäutern unternehmen will, muss schon um

8.30 Uhr vorort sein. Das Gesamtprogramm kostet 250 Rs inkl. Eintritt.

Unterkunft

- **Jungle Lodges & Resort** in Bangalore (MG Rd. Shrungar Shopping Complex, Tel.: 080-25597021, www.junglelodges.com) nimmt Buchungen für Dubare entgegen. Diese Organisation verwaltet zudem die Unterkunft des Reservates, das **Dubare Elephant Camp** €€€€€ (Tel. für Buchungen (0)9449599755), dessen Preis Elefantenausritte beinhaltet. Außerdem werden Rafting-Touren auf dem Cauvery organisiert, die teilweise hohe Adrenalinausschüttung verursachen.

Weitere Unterkünfte in den Orten Kushalnagar (siehe bei Bylakuppe) und Madikeri.

Kakkabe

Als Ausgangspunkt für die Besteigung des 1745 m hohen **Tadiyendamol,** des höchsten Berges dieser Region, ist Kakkabe von touristischer Bedeutung. Auch der 3 km von Kakkabe entfernte, renovierte, kleine **Nalakunad-Palast** (tgl. 9–17 Uhr) eines Kodagu-Herrschers, der 1794 erbaut wurde, ist einen Ausflug wert.

Unterkunft

- Die besten Unterkünfte finden sich nahe dem Palast. Nur wenig oberhalb ist die **Palace Estate** €/€€€ (Tel.: 08272-238446, (0)9880447702, www.palaceestate.co.in) ein ausgesprochen preiswerter und gemütlicher Homestay, dessen billige Zimmer über Gemeinschaftsbad verfügen, die teureren mit eigenem Bad. Die bemühte Familie, das hervorragende Essen und die tollen Ausblicke sind preiswert.
- Ebenfalls nahe dem Nalakunad Palast ist das **King's Cottage** €€ (Tel.: 08272-238464) mit einfachen Zimmern und herrlichen Ausblicken eine weitere hübsche Bleibe.
- Wundervoll ist das **Honey Valley Estate** €-€€ (Tel.: 238339), dessen angenehme Zimmer teils Gemeinschaftsbad haben. Das in 1.250 m Höhe gelegene Refugium ist nur per Jeep (90 Rs) oder einstündigem Fußmarsch zu erreichen. Die Mahlzeiten aus biologischem Anbau kosten 300 Rs pro Tag. Auch der freundliche Besitzer ist ein Pluspunkt. Ohne Reservierung hat man kaum eine Chance.

An- und Weiterreise

- Regelmäßige **Busverbindungen** von Madikeri in 1½ Std.

Hassan

↗ XX/B3

Einwohner: 120.000
Vorwahl: 08172

Wegen seiner Nähe zu den Hoysala-Tempeln von Belur und Halebid und dem Jain-Heiligtum von Sravanabelgola, der guten touristischen Infrastruktur und günstigen Verkehrsanbindungen übernachten viele Reisende in dieser ansonsten uninteressanten Stadt. Wer sich mit einfachen Hotels bescheiden kann, sollte allerdings eine Übernachtung in einem dieser wesentlich atmosphärereicheren Orte vorziehen. Wie viele Städte Indiens wird auch Hassan mit reger Bautätigkeit der boomenden Wirtschaft angepasst.

Information

- Das hilfsbereite **Tourist Office** (Tel.: 268862) befindet sich in der Church Rd; Mo–Sa 10 bis 17.30 Uhr.

Stadtverkehr

- Innerhalb des Stadtgebiets sollte man für die **Rikshafahrt** nie mehr als 15 Rs zahlen, zum 2 km außerhalb gelegenen Bahnhof 20 Rs.

Unterkunft, Essen und Trinken

Frühzeitige Anmeldung ist bei den Hotels der oberen Preiskategorie erforderlich.

- Als echte Billigwahl mit verwohnten Zimmern für ganz wenig Geld ist das **Hotel Harsha Mahal** € (Harshamahal Rd., Tel.: 268533) nur etwas für sehr Sparsame.
- Nur die hellen, geräumigen Doppelzimmer mit TV sind eine echte Empfehlung im etwas versteckten **Sri Ganesha Lodge** € (Tel.: 232733), einige Meter südlich vom Busbahnhof. Die Einzelzimmer ohne Fenster haben Zellencharakter.
- Wer etwas mehr ausgeben kann, ist im **Hotel Sumukha Yatriniwas** €-€€ (Church Rd., Tel.: 262366, 262377) besser untergebracht. Neben den großen, teils klimatisierten Zimmern mit TV ist auch das kalt wirkende, dennoch beliebte Restaurant ein Pluspunkt.
- Leicht verwohnt, aber noch in Ordnung ist das **Sri Krishna** €-€€€ (BM Rd., Tel.: 263240, srikrishna2000@hotmail.com). Die geräumigen Zimmer mit Ausblick in den oberen Etagen und das südindische Gerichte (besonders die köstlichen *thalis*) servierende Restaurant machen das Hotel noch empfehlenswert.
- Die makellosen Zimmer mit TV und Kühlschrank des **Hotel Southern Star** €€€€-€€€€€ (Tel.: 251816, sshassan@sancharnet.in) an der Bangalore-Mangalore Rd. sind etwas überteuert. Wegen des Straßenlärms sollten die nach hinten gelegenen Zimmer gebucht werden. Das angeschlossene Restaurant ist gut.
- Faktisch neu gebaut, ist das ehemalige staatliche, zentral klimatisierte **The Ashhok Hassan** €€€€€-€€€€€€ (BM Rd., Tel.: 268731-6, www.hassanashok.com) eine äußerst angenehme, moderne Luxusherberge mit erstklassigem Service geworden. Die gelungen modern eingerichteten Zimmer haben Schreibtisch und Kühlschrank. Auch das Restaurant erfüllt hohe Qualitätsansprüche. Nicht entgehen lassen sollte man sich ein eiskaltes Bier im ruhigen Garten. Ein Pool und ein Health Club komplettieren die angenehme Anlage.
- Auf dem Weg nach Belur ist das **Hoysala Village Resort** €€€€€ (Belur Rd., Tel.: 256764) eine angenehme Luxusanlage in einem einladenden Garten mit Baumhaus. Komfortable und geräumige Zimmer mit großen Fenstern ins Grüne und die nötigen Einrichtungen sind preisentsprechend.
- Neben den in den Hotelbeschreibungen genannten Restaurants kann das **GRR Restaurant** gegenüber dem Busbahnhof mit südindischer Küche als Billigadresse empfohlen werden.

Nützliche Adressen

- Die **State Bank of Mysore** an der Bus Stand Rd. wechselt in einem Extraraum auf der rechten Seite (Mo–Fr 10–14.30, Sa 10–12.30 Uhr) nur Reiseschecks. Die **State Bank of India** einige Meter südlich vom Gandhi Square (2. Stock, Mo–Fr 10.30–16 Uhr) nimmt zudem Bares, Reiseschecks nur von American Express und Thomas Cook. Die ATMs beider Banken akzeptieren die meisten Plastikkarten. Dies tut auch der ATM der **Canara Bank** 50 m südlich des Narsimha Circle.
- Schnelle Internetverbindungen sind in der Harshamahal Rd. bei **Cyber Park** (1. Stock, bis 22.30 Uhr) für 30 Rs/Std. mit hervorragender Ausrüstung zu haben. Etwas langsamer ist **Cyber Net** im Untergeschoss des Survana Regency Hotel sowie **Netway,** einige Meter von der BM Road die Seitenstraße hinein.
- Zentral zwischen State Bank of Mysore und Post ist **Kodak Express** für schnelle Fotoabzüge zuständig.
- Am Narsimha Circle ist das Hauptbüro der **Polizei.**

An- und Weiterreise

- **Bahn:** Die drei langsamen Passenger-Trains täglich benötigen 3½ Std. nach Mysore, z.B. der 56265 Ask Mys Pass, der Hassan um 18.40 Uhr verlässt. Zum Küstenort **Mangalo-**

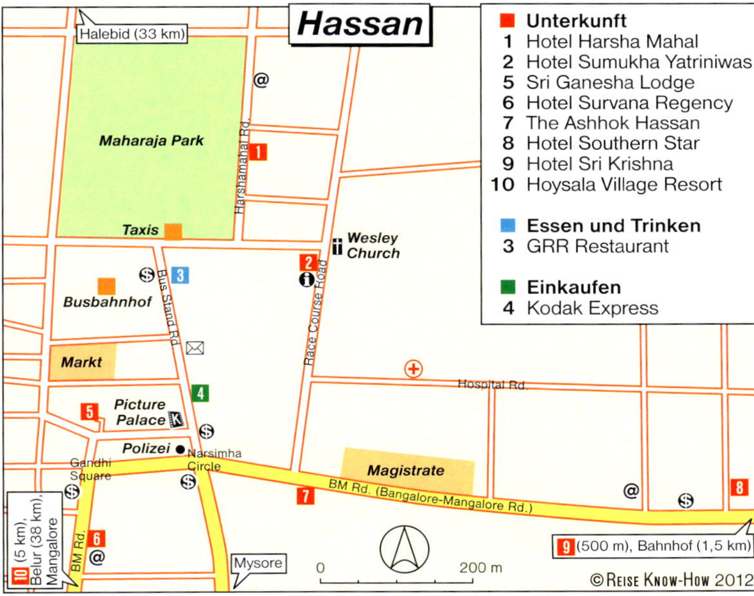

re gelangt man täglich in 8 Std. Wer nach **Bangalore** will, muss zunächst nach **Arsikere** und von dort per Bahn oder Bus weiter.

- **Bus:** Vom zentralen Busbahnhof zahlreiche Verbindungen mit staatlichen, privaten und Luxusbussen nach **Mangalore** und **Bangalore** (jeweils 5 Std., AC-Volvo Busse von KSRTC nach Bangalore um 18.30 Uhr, 195 Rs). Auch **Mysore** (3½ Std.) wird täglich bis zu 15 Mal angefahren. Ein Direktbus fährt um 7.30 Uhr von Plattform 5 in 10 Std. nach **Hospet.** Nach **Madikeri** ein Direktbus um 13.30 Uhr in 5 Std. auf schlechter Fahrbahn.

Wer **Halebid und Belur** an einem Tag besichtigen möchte (was problemlos möglich ist), sollte zunächst von Hassan nach Halebid (1 Std., 13 Rs, der erste Bus um 7 Uhr) fahren, da es von Belur häufiger und späte Verbindungen zurück nach Hassan (1½ Std., der letzte um 23.20 Uhr, 27 Rs) gibt. Von Halebid nach Belur braucht der Bus nur 30 Minuten.

Nach **Sravanabelgola** (kein Direktbus) zunächst mit einem der unzähligen Richtung Bangalore fahrenden Busse bis Channarayapatna (1 Std.) und von dort mit einem Lokalbus in 30 Minuten bis zum Jain-Heiligtum.

- **Mietwagen:** Wer unbedingt mit Belur, Halebid und Sravanabelgola alle drei Sehenswürdigkeiten im Umkreis von Hassan an einem Tag besichtigen möchte, kann dies nur mit einem der von vielen Hotels angebotenen Mietwagen schaffen. Preis für die Tagestour ca. 1.500 Rs. Nur Halebid und Belur für 3 Personen und 6 Stunden schlagen mit etwa 700 Rs, für den ganzen Tag mit 1.100 Rs zu Buche. Taxis warten an der Straße nördlich vom Busbahnhof auf Kunden.

Halebid

↗ XX/B3

Einwohner: 4.000
Vorwahl: 08177

Wie sich die Zeiten ändern: Heute ein unscheinbares Dorf, welches aus nicht viel mehr als ein paar Straßenzügen besteht, war das 32 km nordwestlich von Hassan gelegene Halebid in der Zeit vom 12. bis 14. Jh. die **Hauptstadt des mächtigen Hoysala-Reiches.** Gegründet von König *Vishnuvardhana* (1110–1152) unter dem Namen Dorasamudra, wurde in der Stadt im Laufe der nächsten 200 Jahre von ihm und seinen Nachfolgern eine Reihe von Tempeln errichtet, von denen der Hoysaleshvara und der Kedareshvara die beeindruckendsten sind.

1310 plünderte das Heer von *Malik Kafur,* General des in Delhi regierenden *Ala du din Khalji,* die Stadt und machte den Hoysala-König *Ballala* zu seinem Vasallen. 15 Jahre später kam das endgültige Ende der Dynastie, als ein weiteres muslimisches Heer die verbliebenen Reste der einst blühenden Hauptstadt in Schutt und Asche legte. Aus Dorasamudra wurde Halebid, die „alte Hauptstadt", die im Laufe der Jahrhunderte immer mehr in Vergessenheit geriet.

Hoysaleshvara-Tempel

Da das gesamte Tempelareal inmitten einer abgezäunten, weitläufigen Parkanlage steht, kann man sich in aller Ruhe, ohne von Souvenirverkäufern belästigt zu werden, auf Besichtigungstour begeben.

Der erste Anblick des Hoysaleshvara-Tempels ist für viele Besucher etwas irritierend, fehlen ihm doch die sonst für Hindu-Heiligtümer charakteristischen Tempeltürme. Bis heute ungeklärt ist, ob sie nie erbaut, später durch Erdbeben zerstört oder abgetragen wurden. Fast 50 Jahre soll es gedauert haben, bis der Shiva-Tempel Ende des 12. Jh. fertig gestellt wurde.

Wie üblich bei Hoysala-Tempeln steht die gesamte Anlage auf einer 1,60 m hohen **Terrasse.** Vorbei an einer frei stehenden Säule, die an einen rituellen Selbstmord erinnern soll, und zwei Pavillons östlich vom Eingang mit Nandi-Bullen, den Reittieren Shivas, gelangt man durch ein Krokodilstor *(makara-torana)* ins Innere des Doppelheiligtums. Die zwei kreuzförmigen Bauten stehen nebeneinander und sind durch einen quer gebauten Raum verbunden. Durch die mit steinernen Gitterwerken geschmückten Öffnungen zwischen den Säulen der Außenfassaden wird das Innere erhellt. Die auf der Eingangsachse gelegenen Säulenhallen *(mandapas)* mit einem großen *nandi* führen in die mit je einem Shiva-Lingam (Phallussymbol) versehenen Sanktuarien.

Am beeindruckendsten sind jedoch die **Reliefbänder** und darüber der einzigartige **Figurenschmuck** an den fast acht Meter hohen Außenwänden. Ähnlich wie in Somnathpur zeigen die Reliefbänder von unten nach oben Elefanten, Löwen, Pferde mit Reitern, Blütenranken, Kampfszenen aus Mahabaratha und Ramayana, *makaras* (Seeungeheuer) und hoch fliegende Gänse.

0815is Foto: tb

Die über 280 Figuren in den Nischen darüber führen dem Besucher in einzigartiger Gestaltungsfreude das ganze Spektrum der hinduistischen Götterwelt plastisch vor Augen. Zu sehen sind unter anderem Ravanna, der die erhaben auf dem Kailash thronenden Shiva und Parvati zu erschüttern versucht, Krishna mit der Querflöte, die Naturgötter Chandra, Surya und Indra sowie eine wunderschöne Plastik des tanzenden Ganesha. Der Tempel ist von Sonnenauf- bis Sonnenuntergang geöffnet. Das kleine Museum nebenan zeigt Skulpturen (tgl. außer Fr 10–17 Uhr, 2 Rs).

Herrlicher Detailreichtum an den Außenwänden des Hoysaleshvara-Tempels von Halebid

Weitere Sehenswürdigkeiten

Wesentlich kleiner, im sternförmigen Grundriss und in der künstlerischen Ausgesaltung ebenfalls sehr beeindruckend ist der südöstlich vom Hoysaleshvara gelegene **Kedareshvara-Tempel.** Erbaut wurde er etwa 50 Jahre später. Noch etwas weiter südlich finden sich mehrere von außen recht schmucklose **Jain-Tempel** aus dem 14. Jh. Besuchenswert ist auch das **archäologische Museum** (geöffnet tgl. außer Fr von 10 bis 17 Uhr) in der Nähe des Haupteingangs zum Hoysaleshvara-Tempel mit einer Vielzahl von Fundstücken, von denen mehrere im angrenzenden Garten unter freiem Himmel ausgestellt sind.

Unterkunft, Essen und Trinken

- Die einzige Übernachtungsmöglichkeit ist das **KSTDC Mayura Shantala** € (Tel.: 273224), eine einfache, aber gemütliche kleine Unterkunft (nur 4 Zimmer) mit eigenem Restaurant, Veranda und Garten, der auch Nicht-Gästen eine angenehme Mittagspause unter Bäumen verspricht.

An- und Weiterreise

- Zahlreiche Busse nach Belur (16 km, 30 Minuten, der letzte um 20 Uhr) und Hassan (30 km, 1 Std., der letzte Bus gegen 19 Uhr). Für alle weiter entfernten Ziele muss man nach Hassan. Nach Sravanabelgola gibt's keine Direktverbindungen. Zunächst einen Bus nach Channarayapatna (20 Min.) und dort einen Anschlussbus nehmen.

Belur

↗ XX/B3

Einwohner: 20.000
Vorwahl: 08177

Vishnuvardhana (1110–1152), der erste bedeutende König der Hoysala-Dynastie, war ursprünglich Jain. Erst unter dem Einfluss des großen Hindu-Philosophen *Ramanuja* konvertierte er zum Vishnuismus und wechselte seinen Namen. Der von ihm initiierte Bau des **Chennakeshvara-Tempels** (von Sonnenauf- bis Sonnenuntergang geöffnet, gut fünfminütiger Fußweg vom Busbahnhof) im 16 km südwestlich von Halebid gelegenen Belur markiert diese für das gesamte Reich fundamentale Konversion. Gleichzeitig erinnert der Tempel an den Sieg über die Chola-Dynastie in der Schlacht von Talakad und die damit einhergehende Unabhängigkeit des Reiches. Obwohl einer der ersten großen Staatsbauten der Dynastie, stellt er bereits einen Höhepunkt des **Hoysala-Stils** dar.

Man betritt den von einer hohen Mauer umgebenen Tempelhof (132 x 108 m) durch einen hoch aufragenden *gopuram*. Der vielstufige, mit zahlreichen Gottheiten verzierte **Torbau** wurde erst 1397 von einem General des Vijayanagar-Reichs finanziert. Der gewaltige **hölzerne Tempelwagen** rechts vom *gopuram* kommt während des zwölf Tage dauernden Car-Festivals im März/April zum Einsatz.

Aufbau und Ausführung des Heiligtums, dessen Bau 1116 begonnen wurde, ähneln dem Hoysaleshvara-Tempel von Halebid. Auch hier fällt der „fehlende" Tempelturm sofort ins Auge. Das auf einem doppelkreuzförmigen Grundriss angelegte Heiligtum erhebt sich auf einem hohen, vielfach gezackten, **reich verzierten Sockel.** Dieser bietet genug Platz, um den Tempel zu umschreiten und die einzigartige Fülle an Skulpturen aus der Jain- und Hindu-Mythologie in Ruhe zu betrachten. Unter dem vorkragenden Dach hängen anmutige weibliche Konsolenfiguren *(mandalikas)*.

Vom Haupteingang, an dem neben anderen Figuren der Stifter-König *Vishnuvardhana* mit seiner Gemahlin *Santaladevi* dargestellt ist, führt der Weg in den großen Versammlungs- und Tanzsaal, dessen Decke von 46 gedrechselten Säulen getragen wird. Besonders beeindruckend ist der mit zahlreichen Hindu-Gottheiten verzierte Zentralpfeiler. Ein viertes Portal auf der Mittelachse ermöglicht den Zugang vom *mandapa* in das Sanktum. Das Hauptkultbild zeigt **Vishnu** in seiner Form als Chennakeshvara. In den Händen seiner vier Arme trägt er die Attribute Muschel, Keule, Rad und Scheibe. Die mit steinernem Gitterwerk *(jali)* geschmückten Fensteröffnungen sind möglicherweise erst 50 Jahre später, unter *Ballala II.*, hinzugefügt worden. Während die Außenfassaden des Sanktums einen sternförmigen Grundriss haben, ist der Innenraum als Rechteck angelegt.

Information

- Das **Tourist Office** (Tel.: 222209, tgl. 10–17 Uhr) befindet sich im KSTDC Mayuri Velapuri.
- Wer die zahlreichen Götterfiguren an den Tempelwänden und die dazu gehörigen Legenden detailliert erklärt haben möchte, kann die am Tempeleingang auf Touristen wartenden **Guides** mieten. Preis je nach Gruppengröße und Verhandlungsgeschick zwischen 100 und 200 Rs für eine Stunde.

Unterkunft, Essen und Trinken

Im Gegensatz zu Halebid verfügt Belur über eine Reihe von Unterkunftsmöglichkeiten. Wer sich zu einer Übernachtung entschließt, hat den Vorteil, dass er den Tempel vor Ankunft der Tagesausflügler von Hassan ganz für sich allein hat. Abgesehen von den Pilgermonaten März/April sollte es keine Engpässe bei den Unterkünften geben. Alle genannten Unterkünfte sind vom Busbahnhof in 5 Minuten zu Fuß erreichbar.

- Für eine Nacht annehmbar übernachtet man in den teilweise hellen, freundlichen Zimmern des **KSTDC Mayuri Velapuri** €-€€ (Tel.: 222209). Akzeptabel ist das angeschlossene Freiluftrestaurant.
- In der **Sumukha's Residency** €-€€ (Tel.: 222181, (0)9448441423) schräg gegenüber sind speziell die Deluxe-Zmmer im hinteren, neuen Trakt des Gebäudes eine klasse Wahl und ein Schnäppchen. Die sehr sauberen, teils klimatisierten Zimmer mit Marmorboden sind zudem hell. Die Ordinary-Zimmer vorn sind verwohnt.
- Die einzig komfortable Adresse Belurs ist das **Vishnu Regency** €€ (Tel.: 223011, www.hoysalatourism.com) in der Kempegowda Rd., nur gut hundert Meter vom Tempel entfernt. Die mit TV und Bad ausgestatteten, teils klimatisierten Zimmer sind sauber, das angeschlossene Restaurant bietet nordindische und chinesische Gerichte.
- Das **Indian Coffee House** im letzten Gebäude links an der Zufahrtsstraße zum Tempel hat günstige, leckere *thalis* und Snacks.
- Nahe der Kempegowda-Statue gibt's im **Shankar Hotel** (Temple Rd., 7.30–21 Uhr) preiswerte, gute *thalis* und *dosas*.

Bank

- Geldwechsel ist in Belur nicht möglich. Ein **ATM** der State Bank of India gegenüber dem KSTDC Mayuri Velapuri nimmt die meisten Kreditkarten.

An- und Weiterreise

- Von dem ca. 15 Minuten vom Tempel entfernten Busbahnhof ständig Verbindungen zwischen 6 und 19.30 Uhr zum 30 Minuten entfernten **Halebid.** Der letzte Bus von Belur nach Hassan fährt um 21.20 Uhr ab. Ansonsten eine Reihe von Überlandbussen nach **Bangalore, Mysore** und **Mangalore.** Um 18.30 Uhr fährt ein luxuriöser AC-Volvo-Bus von KSRTC nach Bangalore (210 km, 175 Rs).
- Wer den Direktbus nach **Hospet** um 7.30 Uhr (10 Std., 130 Rs, von Plattform 5) verpasst, gelangt nur mit zweimaligem Umsteigen in Kadur (1 Std.) und Shimoga nach Hospet bei Hampi.
- Auch von Belur gibt es keine Direktverbindung nach Sravanabelgola. Zunächst mit dem Bus nach Channarayapatna (20 Min.) und dort einen Anschlussbus besteigen.

• Belur und Halebid können auch im Rahmen der von den KSTDC-Büros in Bangalore und Mysore angebotenen **Tagestouren** besucht werden.

Sravanabelgola

↗ XX/B3

Einwohner: 5.000
Vorwahl: 08176

Das 49 km südöstlich von Hassan gelegene Sravanabelgola, eine der bedeutendsten **Jain-Stätten** des Landes, ist ein sagenumwobener Ort. Glaubt man der Gründungslegende - und wer in Indien nicht an Legenden glaubt, hat das Land nicht verstanden - soll der Heilige *Bhadrabahu* im 6. Jh. v. Chr. zusammen mit seinen 2.000 Anhägern auf der Flucht vor einer in seiner Heimatstadt Ujjain wütenden Dürre den zwischen zwei aus der Ebene aufragenden Felsen gelegenen Ort passiert haben. Am Ende seiner Kräfte entschloss er sich zum Rückzug auf den Chandragiri-Hügel, wo er sich durch bewusstes Fasten zu Tode hungerte. Körperliche Askese als Mittel zur Erlangung geistiger Erleuchtung wird von den streng gläubigen Jains noch heute hoch angesehen. Im 3. Jh. v. Chr. soll auch der große Maurya-Kaiser *Ashoka* dem Beispiel gefolgt sein und nach zwölf Jahren strengster Askese auf dem Chandragiri verstorben sein.

Die zwei Jahrtausende zurückreichende spirituelle Bedeutung des Ortes hat viele Herrscher zum Bau heiliger Stätten veranlasst. Selbstverständlich finanzierten sie die Tempel zu Ehren der Heiligen in der Hoffnung auf göttliche Segnung ihrer meist auf sehr weltlichen Wünschen nach Macht und Reichtum beruhenden Herrschaft. Neben der von der Dynastie der Gangas im 10. Jh. in Auftrag gegebenen Gomateshvara-Statue, dem berühmtesten Bauwerk von Sravanabelgola, finden sich auf den Hügeln beziehungsweise in dem kleinen Ort selbst unter anderem Bauwerke der Hoysalas und des Herrscher-Geschlechts der Wodeyars von Mysore.

Gomateshvara-Statue

Nachdem man seine Schuhe am Eingang abgegeben hat, sind 620 in den harten Granitfels gehauene Stufen zu erklimmen, bis man vor den gewaltigen Ausmaßen der **Kolossal-Statue des Gomateshvara** steht. Während des etwa 30-minütigen Aufstiegs (da es weder Schatten noch Verpflegungsstellen gibt, unbedingt genügend Wasser mitnehmen!) sollte man die kleinen Verschnaufpausen für die sich immer wieder bietenden schönen Ausblicke auf den Ort Sravanabelgola und seine Umgebung nutzen.

Je näher man dem Gipfel des Indragiri-Hügels auf 143 m Höhe kommt, desto häufiger passiert man entlang des Pilgerwegs errichtete Tempelstätten. Der **Odegal Basti** stammt aus der Hoysala-Periode und ist dem ersten Furtbereiter *Adinath* gewidmet. Seine Skulptur im Sanktum wird flankiert von einem Schrein für den 16. Tirthankara *Shantinath* (links) und einem für *Neminath,* den 22. Furtbereiter. Die von einem Pavillon umstandene **Tyagada-Brahmadeva-Säule** soll vom Erbauer der Gomateshvara-Statue im 10. Jh. errichtet worden sein, wie eine der vielen Inschriften besagt. Wiederum einige Treppenstufen weiter oben gelangt man zum **Akhanda Bagilu,** einem Torbau mit einem fein gearbeiteten Gajalakshmi-Relief im Türsturz. Zu beiden Seiten finden sich zwei Zellen mit Darstellungen von *Bahubali* und seinem Bruder *Bharata*.

Durch mehrere Vorhöfe führt der Weg zu einem für die gewaltigen Ausmaße des Kolosses sehr eng geratenen Innenhof, in dessen Mitte die Skulptur des Gomateshvara aufragt. Selbstverständlich wird die Verehrung des auch als Bahubali bekannten Gomateshvara durch eine **Legende** erklärt. Danach wurde er als Sohn von König *Vrishabhadeva,* dem späteren ersten Furtbereiter *Adinath,* geboren. Nachdem sein Vater abgedankt und sich ins Kloster zurückgezogen hatte, kam es zwischen Bahubali und seinem Bruder zu Erbstreitigkeiten. Obwohl er als Sieger aus dem schließlich sogar gewalttätigen Konflikt hervorging, entschloss sich Bahubali in Erkenntnis der Vergänglichkeit weltlicher Güter dazu, das Königreich seinem Bruder zu überlassen. Er zog sich zum Meditieren in die Einsamkeit des Waldes zurück, wo er aufrecht stehend nach jahrelanger Meditation schließlich *moksha,* die Erlösung aus dem Kreislauf der Wiedergeburten, erlangte.

Die 17,50 m hohe Statue zeigt den aufrecht stehenden Gomateshvara gänzlich unbekleidet. *Chavundaraya,*

082is Foto: tb

der Stifter der um 980 erbauten Statue, ein General von Ganga-König *Racamalla,* war Anhänger der Digambaras. Diese neben den Swetambaras („Weiß Gekleideten") zweite Sekte im Jainismus bildet die von ihnen verehrten Heiligen als Zeichen des völligen Verzichts auf materielle Güter ohne Kleidungsstücke ab. Ameisenhügel zu Gomateshvaras Füßen, Pflanzen und Blumenranken entlang seiner Beine, der weltentrückte, meditative Gesichtsausdruck, die lockigen Haare und die langen Ohrläppchen versinnbildlichen seine jahrelange Meditation inmitten

Der Gomateshvara-Koloss auf dem Indragiri-Hügel ist ein Jain-Heiligtum ersten Ranges

der Waldeinsamkeit sowie seine majestätische Herkunft. Die beiden den Gomateshvara flankierenden **Yakshas** wurden erst im 12. Jh. hinzugefügt. Die Tempelkorridore mit ihren **Kultbildern** der 24 Tirthankaras, Yakshas und Bahubalis wurden im Laufe der Jahrhunderte um die ursprünglich frei stehende Statue gebaut.

Mahamastaka-Abhisheka-Zeremonie

Mit etwas Glück wird man Zeuge einer der von den reichen Jains zu speziellen Anlässen wie Hochzeiten oder Geschäftseröffnungen durchgeführten **Pujas.** Alle zwölf bis dreizehn Jahre ist der Gomateshvara Schauplatz der Mahamastaka-Abhisheka-Zeremonie. Zu dieser „Kopf-Salbung" reisen Tausende von Jain-Pilgern und Kamerateams aus der ganzen Welt an.

Höhepunkt der mehrere Tage andauernden Feierlichkeiten ist die **Salbung der Statue.** Von einem eigens zu diesem Zweck erbauten Holzgerüst wird aus insgesamt 1.008 (heilige Zahl) Tonkrügen, die in der Nacht zuvor in Form eines Diagramms am Fuß der Statue aufgestellt wurden, heiliges Wasser über den Kopf der Figur gegossen. Danach erfolgt die eigentliche Salbung, indem Priester dem Gomateshvara eine Mischung aus Milch, *ghee* (geklärte Butter), Honig, Kokosnussmilch, Zuckerrohrsaft, Safran, Mohn, Sandelholzpaste, Mandeln und Datteln über Kopf und Körper gießen. Versetzt wird das heilige Gemisch mit zinnoberroten Farbpigmenten, Blumen, Goldstücken und Goldstaub.

An potentiellen Spendern der vornehmlich als wohlhabende Händler bekannten Jains mangelt es nicht. Ob die mehrere Millionen Dollar verschlingende Zeremonie allerdings im Einklang mit der materielle und körperliche Enthaltsamkeit predigenden jainistischen Religion steht, mag bezweifelt werden. Das genaue Datum dieser erstmals 1389 in einer Inschrift erwähnten Zeremonie richtet sich nach dem Eintreten einer komplizierten Sternformation. Das nächste Mal findet die Salbung Ende 2017/Anfang 2018 statt.

So gut wie alle westlichen Touristen machen in Sravanabelgola bloß einen kurzen Zwischenstopp. Maximal drei Stunden – und schon ist man wieder im Bus Richtung Bangalore oder Hassan. Das ist schade, entgehen einem doch so die neben der Gomateshvara-Statue zu besichtigenden anderen interessanten Heiligtümer und die Atmosphäre des Pilgerortes.

Wer über Nacht bleibt, sollte unbedingt schon ganz früh morgens zum Indragiri-Hügel aufsteigen, um den Sonnenaufgang oben zu genießen – ein unvergessliches Erlebnis. Als weitere Belohnung erblicken die Frühaufsteher das Gesicht des nach Norden schauenden Gomateshvara zum großen Teil im Sonnenlicht.

Chandragiri-Hügel

Wer nach Besteigung des Indragiri noch über genügend Energien verfügt, sollte den nördlich gelegenen Chandragiri-Hügel besichtigen. Auch hier gelangt man über in den Fels gehauene Stufen zum nur 53 m hohen Gipfel. Im Gegensatz zum Indragiri liegen die hier errichteten Tempel nicht verstreut über den Berghang, sondern eng zusammen innerhalb eines von einer Mauer umgebenen Areals. Während die Tempel aus der Zeit zwischen dem 9. und 12. Jh. stammen, wurde die Mauer erst im 19. Jh. hinzugefügt.

Nach Betreten der Einfriedung steht man zunächst vor der **Kuge-Brahmadeva-Säule.** Sie wurde zur Verehrung des Ganga-Königs *Narasimha* im Jahr 974 errichtet. Ein kleiner, westlich gelegener Schrein beherbergt die 3,30 m hohe Statue des 16. Tirthankara *Santinath. Parsvanath,* der 23. und vorletzte Furtbereiter des Jainismus, wird in Form einer 4,50 m hohen Statue im **Parsvanath Basti** nördlich der Kuge-Brahmadeva-Säule verehrt. Die daneben aufragende Säule wurde erst im 17. Jh. hinzugefügt.

An der Stelle des im 12. Jh. errichteten **Chandragupta Basti** soll ursprünglich ein von dem großen Mauraya-Kaiser *Ashoka* errichtetes Heiligtum gestanden haben. Im Inneren des hübschen Hoysala-Tempels gefallen die fein gearbeiteten Säulen und Paneele. Laut einer Inschrift soll der sich nördlich anschließende, nach dem Stifter der Gomateshvara-Statue benannte **Chavunda-Raya-Tempel** im Jahre 982 errichtet worden sein.

Eine kleine, unscheinbare **Höhle** außerhalb der das Tempelareal umschließenden Mauer soll der Ort gewesen sein, in dem sich der Heilige *Bhadrabahu* zu Tode gefastet haben soll. Ein paar Fußabtritte im Inneren sind das Einzige, was an den „Entdecker" Sravanabelgolas erinnert. Auch der Chandragiri-Hügel lohnt allein wegen der sich bietenden schönen Aussichten den Aufstieg. Die im Vergleich zum Indragiri wenigen Pilger und Touristen lassen einen die schönen Morgen- und Abendstimmungen in aller Ruhe genießen.

Tempel am Fuß der Hügel

Neben den Tempelbauten auf den beiden Hügeln finden sich noch weitere Sakralbauten in der Stadt selbst. Der **Bhandari Basti** wurde 1159 vom Schatzmeister des Hoysala-Königs *Raja Narasimha* in Auftrag gegeben. Wie fast alle Tempel in Sravanabelgola wurde er im **südindischen Vimana-Stil** errichtet. Im Inneren beherbergt der Bhandari Basti die Statuen aller 24 Tirtankharas.

Nur etwa 200 m weiter hat der oberste Priester *(archaya)* von Sravanabelgola seinen Sitz. In dem von etwa 30 Mönchen und Nonnen bewohnten **Kloster** *(math)* fallen unter anderem die schönen Wandmalereien aus dem 17. Jh. ins Auge. Die Motive erzählen Geschichten aus dem Leben Parshvanaths sowie der beiden Brüder Bahubali und Bharata.

Information

- Ein hilfreiches **Touristenbüro** (tgl. 10–17.30 Uhr, Tel.: 257254) findet sich am Fuß des Vidhyagiri-Hügels. Dort stehen für Fußmüde auch Träger mit ihren Tragsesseln bereit, um den Berg zu bezwingen (140 Rs).

Unterkunft, Essen und Trinken

- Die insgesamt 21 von der zwischen Post und Busbahnhof auf dem Weg in den Ort zu findenden jainistischen Organisation **SDJMI**

083is Foto: tb

(Tel.: 257258) gemanagten **Pilgerherbergen** *(dharamsalas)* bieten sich als einfache Übernachtungsmöglichkeit an. Die einfachen, aber sauberen und günstigen Zimmer (zwischen 80 und 160 Rs) sind über die 24 Stunden geöffnete zentrale Zimmervermittlung zu buchen, sind jedoch durch den Busverkehr auch nachts nicht gerade ruhig. Ebenfalls ganz billig sind die Einfachzimmer des **Jain Guest House** €.

- Das nur etwa 100 m vom Aufgang zum Indragiri-Hügel entfernte private **Hotel Raghu** €-€€ (Tel.: 257238) unter nepalesischer Leitung vermietet passable, teilweise klimatisierte Zimmer mit Bad. Das Restaurant im Erdgeschoss serviert sehr schmackhafte und günstige einheimische Kost.

An- und Weiterreise

- Es gibt drei Direktbusse nach **Bangalore** (3½ Std., letzter Bus am frühen Nachmittag) und **Mysore** (2½ Std.), aber keine Direktverbindung nach Hassan und Belur, doch wesentlich mehr Verbindungen bieten sich vom 10 km nordwestlich an der Straße Bangalore – Mangalore gelegenen **Channarayapatna** (20 Min. Fahrtzeit). Von dort geht es auch problemlos weiter nach Hassan und zu vielen weiteren Zielen in Karnataka.

Pilger und Priester bei einer Zeremonie zu Füßen der Monumentalskulptur

Karwar

↗ XX/A2

Einwohner: 60.000
Vorwahl: 08382

Die wenig attraktive Stadt an der Mündung des Kali-Nadi unweit der **Grenze zu Goa** kommt wegen der guten Verkehrsverbindungen nach Süden Richtung Kerala und nach Osten ins Hinterland als Umsteigeplatz in Frage. Die landschaftlich sehr schöne Region südlich von Karwar soll in den nächsten Jahren zum **größten Marinehafen Indiens** ausgebaut werden. Wer ein wenig Zeit überbrücken muss, kann an dem nördlich des Flusses gelegenen **Devbagh Beach** faulenzen oder mit einem gemieteten Fahrrad eine Tour entlang dem schönen Kali-Fluss unternehmen.

Unterkunft, Essen und Trinken

- Wer zentral und günstig in der Nähe des Busbahnhofs wohnen möchte, sollte die **Anand Lodge** € (Tel.: 21613) aufsuchen.
- Etwas weiter entfernt vom Busbahnhof, dafür deutlich besser ist das **Hotel Dwarka** € (Tel.: 20344) an der Kaiga Rd. Die geräumigen, sauberen Zimmer, die ruhige Lage und das angeschlossene vegetarische Restaurant machen es zur besten Low-Budget-Unterkunft von Karwar.

- Eine Vielzahl von Zimmern unterschiedlicher Qualität und Preisklasse vermietet das gute **Hotel Bhadra** €-€€€ (Tel.: 25212) an der Kali-River-Brücke. In dem 4 km nördlich der Stadt gelegenen Haus gibt es auch ein Restaurant.
- Die eigentliche Attraktion Karwars ist das am gleichnamigen Strand gelegene **Devbagh Beach Resort** €€€-€€€€ (Tel.: 21603, junglelodges@vsnl.com), 3 km vom Busbahnhof entfernt. Die wunderschön inmitten einer weitläufigen Gartenanlage errichteten Bungalows mit direktem Zugang zum herrlichen hauseigenen Strand würde man eher in Kerala oder Goa als im unscheinbaren Karwar vermuten. Die sehr schöne Anlage ist nur mittels einer zehnminütigen Bootsfahrt von der Anlegestelle an der Nadi-Kali-Brücke zu erreichen.
- Mit den Restaurants **Udipi, Savita** und **Sitara** befinden sich die besten Lokale an der Main Rd. Das letztgenannte verfügt über eine hübsche Dachterrasse.

Bank

- **Indian Bank** und **State Bank of India** (Mo–Fr 10 bis 14 Uhr) wechseln neben Bargeld auch Travellerschecks der bekannten Geldinstitute wie American Express und Thomas Cook.

An- und Weiterreise

- **Bahn:** Der Bahnhof befindet sich 10 km außerhalb der Stadt. Außer mit Bussen und Tempos ist er auch mit Rikshas für ca. 50 Rs zu erreichen. Karwar liegt an der Konkan Railway, dementsprechend viele Verbindungen gibt es nach Norden Richtung Goa und nach Süden Richtung Kerala. Wichtige Verbindungen sind im Anhang zu finden.
- **Bus:** Vom südlich der Innenstadt gelegenen Busbahnhof stündlich Busse nach Goa, mehrere Verbindungen täglich nach Hubli (4 Std.) und Belgaum (5 Std.). Für die Langstrecken wie Mumbai, Bangalore oder Mangalore ist die Bahn vorzuziehen. Alternativ zu den täglich drei Direktbussen nach Gokarna kann man einen der zahlreichen Busse über die N 17 nach Ankola nehmen. Von dort aus weiter mit einem Regionalbus.

Highlight: Gokarna

↗ XX/A2

Einwohner: 2.000
Vorwahl: 08386

Gokarna (häufig auch **Gokarn** genannt), ist einer jener Orte, von dem man sich wünschen würde, er sei nie entdeckt worden. Das kleine, aus kaum mehr als zwei Straßen bestehende Dorf bezaubert durch seine **Ruhe und Spiritualität.** Wegen des hier beheimateten, hoch verehrten **Prana Lingam** gilt Gokarna für gläubige Hindus seit über zwei Jahrtausenden als ein besonders heilger Ort. Zwei große Tempel im Ortszentrum und mehrere Pilgerherbergen zeugen von der religiösen Bedeutung und dem regen Pilgeraufkommen.

Bis vor einigen Jahren war Gokarna ein weißer Fleck auf der touristischen Landkarte. Nachdem jedoch die von der Kommerzialisierung Goas enttäuschten Rucksacktouristen auf der Suche nach einem neuen Refugium die **herrlichen Strände** und den unverfälschten Charme Gokarnas entdeckt haben, ist zu befürchten, dass die weltentrückte Atmosphäre vom zunehmenden Tourismus überrollt wird. Gerade ist oberhalb des Om Beach, dem ersten Strand südlich von Gokarna, eine Luxusunterkunft fertiggestellt worden, eine Straße dorthin ist im Bau. Weitere werden höchstwahrscheinlich folgen.

Noch bestimmen jedoch Hindu-Wallfahrer, Sadhus und Brahmanenpriester das Bild, die Traveller fügen einen weiteren Farbtupfer hinzu. Wer diese einnehmende Mischung aus Spiritualität und Strandurlaub in einem noch nicht vom Massentourismus bestimmten Ambiente erleben will, sollte die Gelegenheit nutzen, ehe es zu spät ist.

Selbst wer nur zum „Sonnenanbeten" nach Gokarna gekommen ist, sollte zumindest einen Vormittag zur Erkundung des sympathischen Dorfes reservieren. Die Car Street, Gokarnas Hauptstraße mit ihren pittoresken, von roten Ziegeldächern bedeckten **Holzhäusern,** läuft nach Westen auf den mittelalterlichen **Mahabaleshwara-Tempel** zu. Das in dessen Inneren platzierte *lingam* soll, glaubt man der Legende, von dem Dämonen Ravanna, König von Lanka und Gegenspieler Ramas im großen hinduistischen Epos Ramayana, vom Berg Kailash, dem Wohnsitz Shivas, gestohlen worden sein. Ganesha, der elefantenköpfige Sohn von Shiva und Parvati, der das Heiligtum durch einen Trick zurückgewann, wird im benachbarten **Sri-Mahaganpati-Tempel** verehrt.

Die alljährlich zum Shiva-Lingam nach Gokarna pilgernden Wallfahrer sind von dem Wunsch beseelt, dass sich ein Teil der dem Kultobjekt zugesprochenen magischen Kräfte auf sie überträgt. Die zwei großen, reich verzierten Tempelwagen *(rath)* am Rande des Mahaganpati-Tempels werden während des **Shivrati-Festes** (Shivas Geburtstag) im Februar mit Shiva-Skulpturen versehen und von Gläubigen durch die von Pilgern gesäumte Car Street gezogen.

Strände

Wer in Erwartung südseeähnlicher Strände gleich nach der Ankunft in Gokarna als erstes zum kahl wirkenden **Stadtstrand** läuft, wird sicherlich enttäuscht sein. Hier halten sich vornehmlich Einheimische und Pilger auf, was zwar eine lebendige und bunte Atmosphäre zur Folge hat, mit der Sauberkeit ist es jedoch nicht weit her. Doch keine Angst: Die vier tatsächlich paradiesisch schönen Strände im Süden der Stadt halten jedem Südsee-Klischee Stand.

Ein südlich des Ganapati-Tempels beginnender Fußweg über ein Felsplateau mit herrlichen Ausblicken über das azurblaue Meer führt in 20 Minuten zum **Kudle Beach.** Dieser von Travellern meistbesuchte Strand verfügt mit mehreren Strandcafés und einem einfachen Guest House über die beste touristische Infrastruktur. Auch der sich südlich, nach 15 Gehminuten anschließende, landschaftlich schönere **Om Beach** ist in den letzten Jahren von Individualreisenden entdeckt worden. Inzwischen ist zu diesen beiden Stränden eine Straße fertiggestellt, die den Zugang erheblich erleichtert.

Die Strände **Half Moon** und **Paradise,** weitere 20 und 30 Gehminuten entfernt, sind wesentlich kleiner, besonders der zweite, und liegen noch etwas im Dornröschenschlaf. Die Erschließung der Strände nimmt mit der Entfernung zu Gokarna ab. Besonders der letzte ist ideal für Natur- und Ruhesuchende. Wie schnell die touristische Erschließung dieser Traumstände dauern wird, bleibt abzuwarten.

• Es ist nicht sonderlich empfehlenswert, nach Sonnenuntergang von Gokarna aus zu Fuß zu den Stränden, besonders natürlich den weiter entfernten, aber auch zum ersten (Kudle Beach), evtl. noch mit Gepäck, zu gehen, da die Wegstrecke teils sehr steinig, uneben und auch steil ist (ganz besonders zu den entfernteren Stränden). Nur einige Meter sind beleuchtet und es ist gelegentlich zu Überfallen, auch mit Gewaltanwendung, gekommen. Es besteht erstens die Möglichkeit, die Strände per **Boot** (je nach Saison für 100–150 Rs zum Kudle für bis zu 3 Personen, ab 4. Passagier werden jeweils weitere 50 Rs verlangt, 200–250 zum Om, 250–300 zum Half Moon und 300–350 zum Paradise Beach) vom Gokarna-Strand aus zu erreichen, außerdem, noch recht teuer, da bisher noch ein großer Umweg vonnöten ist, per **Riksha** oder **Taxi.** Für die beiden letzten Strände kann man bis zum Dorf Belankan den **Bus** nehmen (8 Verbindungen tgl., der letzte gegen 20 Uhr, 7 Rs). Von dort sind es nochmals 20 Min. zu Fuß.

Zwischen Kudle und Om Beach warten Taxis und Rikshas auf Kunden, bei denen der Fahrpreis zäh verhandelt werden sollte, da sie mit utopischen Forderungen die Verhandlung beginnen. Für die 3 km weite Fahrt ins Dorf sollten nicht mehr als 100 Rs, zum Bahnhof nicht mehr als 150 Rs – beides auch schon überteuerte Touristenpreise – gezahlt werden. Für weniger ist die Fahrt aber in der Saison kaum zu bekommen. Taxis verlangen gut 50 % mehr.

Unterkunft

Man hat die Wahl zwischen den einfachen **Guest Houses und Pilgerherbergen** in der Stadt sowie sehr spartanischen **Strandhütten**. Kaum eines der Hotels bzw. Guest Houses in Gokarna verfügt über AC. Natürlich gilt dies insbesondere für die diversen sehr einfachen, meist nur aus Bambusgerüst und Palmblättern bestehenden Unterkünfte an den verschiedenen Stränden, an denen gemauerte Unterkünfte rar sind. Die Unterkünfte im Ort bieten den Vorteil, dass man die recht gute Infrastruktur nutzen kann und zudem die Atmosphäre des Pilgerortes miterlebt.

! Das größte Problem besteht jedoch in der Sicherheitslage. Da **Diebstähle** recht häufig vorkommen (die allermeisten Strandhütten können nur notdürftig verriegelt werden), empfiehlt es sich, seine Wertgegenstände gegen Gebühr in einem der Guest Houses im Ort zurückzulassen.

Unterkünfte im Dorf:

• Nur einige Meter vom Busbahnhof liegt das **Om Hotel** €-€€ (Tel.: 256445), mit recht sauberen, allerdings etwas verwohnten Zimmern mit Balkon (und TV gegen Aufpreis). Um die Ecke sind die Zimmer mit Balkon der **New Prasad Nilaya Lodge** €-€€ (Tel.: 257135, 256675) eine passable Ausweichadresse.

• Zurück von der Hauptstraße gelegen, hat das **Vaibhav Niwas** €-€€ (Tel.: 256714) als eines der billigsten und beliebtesten Angebote der Stadt mit sauberen und recht hellen, aber kleinen Zimmern, teils mit Gemeinschaftsbad, eine Menge zu bieten. Umschauen, da die Zimmer sehr unterschiedlich sind. Ein weiterer Vorteil ist das Internetcafé im Haus.

• Etwas östlich des Busbahnhofs gelegen, zwischen Palmen und Mangobäumen einen Hang hinauf, findet sich das **Shastri Guest House** € (Tel.: 256220, dr_murti@rediffmail.com). Besonders die Zimmer im 3. Stock über den Palmengipfeln den Hang hinauf sind ihr Geld wert. Derselbe Besitzer hat außerdem an der Straße ganz billige Einzelzimmer mit Gemeinschaftstoilette in der **Yokahshama Lodge.**

• Schöne Zimmer mit Balkon bzw. Terrasse machen das von einem Garten umgebene **Naga Palace** €€ (Tel.: 257424, ravi_nagapalace@rediffmail.com) zu einer ansprechenden Bleibe. Nicht weit entfernt ist das **Narayan Nilaya Farm House** €-€€ (Tel.: 256495, (0)9845717082) eine ebenso ruhige Ausweichadresse mit großem Garten.

• **Nimmu House** €€ (Tel.: 256730, nimmuhouse@sancharnet.in) ist eine der alteingesessenen Herbergen nahe dem Strand. Nach einer Renovierung sind die Zimmer, alle mit Bad, komfortabler und teurer. Dennoch weiterhin eine ansprechende und angesagte Adresse.

● Wird mehr Komfort benötigt, ist das neue **Shri Sai Ram** €€-€€€ (Tel.: 256720, (0)944 806435) beim Busbahnhof eine entsprechende Adresse. Alle Zimmer mit TV; gute Matrazen und ein Dachrestaurant sind die Vorzüge dieser Bleibe.

● Teils mit zwei Balkonen versehen sind die geräumigen und sauberen AC-Zimmer im **Gokarna International** €-€€€ (Tel.: 256622, 257368, hotelgokarn@yahoo.com). Auch die nicht klimatisierten Zimmer, ebenfalls mit Balkon und TV, bieten viel für nicht mal viel Geld. Ein Restaurant steht zur Verfügung. Nachteil ist die relative Strandferne.

● Dasselbe Manko hat das ähnlich ausgestattete **Shiva Prasad** €-€€€ (Tel.: 257032, 256828), nochmal 100 m höher. Auch hier sind gerade die Zimmer im Non-AC-Bereich sehr preiswert.

Strand nördlich von Gokarna:

Nördlich von Gokarna sind in den letzten Jahren am Strand viele neue Behausungen entstanden, die am besten zu Fuß über denselben zu erreichen sind. Sie sind besonders während des Car Festival, wenn ansonsten kaum ein Bett zu bekommen ist, eine mögliche Anlaufadresse. Hier wohnt man sehr ruhig und hat den Strand meist für sich allein. Mit den lieblichen Stränden südlich von Gokarna kann er aber atmosphärisch nicht mithalten. Mit zunehmender Dorfferne wirkt der kahle Strand, je nach Sichtweise, umso verlassener oder abgeschiedener.

● Die erste empfehlenswerte Adresse, etwa 100 m vom Dorf entfernt, ist **Amrith Garden** €-€€ (Tel.: (0)9448996277). Die Doppelzimmer mit Bad sind nach Handeln preisentsprechend.

● Weiter nördlich sind das **Namaste Garden** € in gemütlicher Anlage, alle Zimmer mit Gemeinschaftsbad, und das **Shiva Shanti Café** € (Tel.: (0)9845717746, auch Zimmer mit Bad) die besten Strandherbergen.

● Etwa 1 km nördlich vom Dorf gelegen, ist das **Sunset Café Guest House** € eine gelungene Wohnherberge an Gokarnas Strand. Die einfachen Zimmer, die billigeren mit Gemeinschaftsbad, sind in eine hübsche, baumbestandene Gartenanlage integriert, Hühner laufen herum, auch das Restaurant am Strand macht einen guten Eindruck. Zudem gibt's hier ein Internetcafé.

Strände südlich von Gokarna:

Die Übernachtungsmöglichkeiten an einem der Strände südlich von Gokarna werden zunehmend komfortabler, inzwischen gibt's an den ersten beiden auch Mittelklasse und ein Luxusresort. Dennoch finden auch Rucksacktouristen immer noch sehr billige Bleibe in Palmblatthütten. Hier sind die sanitären Einrichtungen meist mit Gemeinschaftsdusche und -toilette im Garten naturgegeben äußerst bescheiden und auch die Wasserversorgung ist bei den entfernteren Stränden zuweilen schwierig. Manchmal gibt es elektrischen Strom in den Hütten, deren Preis für eine Nacht schon bei 40 Rs beginnt. Zunächst der **Kudle Beach:**

● Als eines der wenigen verfügt der **Spanish Place** €-€€ (Tel.: 256963) über zwei steingemauerte DZ in einem separaten Garten sowie kleinen, sauberen Hütten mit Moskitonetz. Die Gemeinschaftsbäder sind sehr sauber. Besonders durch seine schöne Atmosphäre und das gute Restaurant eine der schönsten Unterkünfte am Kudle Beach.

● Die zweite Möglichkeit, ummauert zu nächtigen bietet das **Shangri La** € mit 10 DZ mit Terrasse, sehr einfach eingerichtet und hübsch nach hinten zu den Feldern gelegen. Auch hier gibt's ein Restaurant zum Strand hin. Auch im **Ganga** € am Strandanfang werden gemauerte Zimmer vermietet.

● Etwas zurück, 100 m hinter dem Strand in den Feldern sind die Zimmer mit Terrasse des **Tasty Home** € (Tel.: (0)9845275775) einfach, die Atmosphäre ist angenehm.

● Ganz billige Lehmhütten etwas zurück den baumbeschirmten Hang hinauf sind im **Mango Tree** € zu haben, wo man inmitten der Familie wohnt, sehr hübsch. Auch im **Shanti Guest House** € sind die Palmblatthütten aufs Nötigste beschränkt, aber für entsprechende Ansprüche völlig hinreichend.

● Das **Sunset Guest House** € (Tel.: (0)944 8526270, (0)9341079315) bietet zwei etwas bessere und 13 normale Hütten. Sunset Café mit German Bakery zum Strand hin sind verlockend.

Unterkunft

1 Sunset Café Guest House
2 Shiva Shanti Café
3 Namaste Garden
4 Amrith Garden
5 Shiva Prasad
6 Gokarna International
7 Naga Palace
8 Om Hotel
9 New Prasad Nilaya Lodge
10 Vaibhav Niwas
11 Shastri Guest House
15 Nimmu House
17 Ganga Guest House
18 Spanish Place
19 Sunset Guest House
20 Shangri La Guest House
22 Shanti Guest House
23 Dimapa Place
24 Om Beach Resort
25 Namaste
26 Swa Swara
27 Sangam Café

Essen und Trinken

10 Vaibhav Niwas
12 Pai Restaurant
13 Shree Shakti Cold Drinks
14 Preema Restaurant, Mahalaxmi Restaurant
16 Half Way House
17 Ganga
18 Spanish Place
21 Shiva Prasad Restaurant
25 Namaste Café
26 Swa Swara

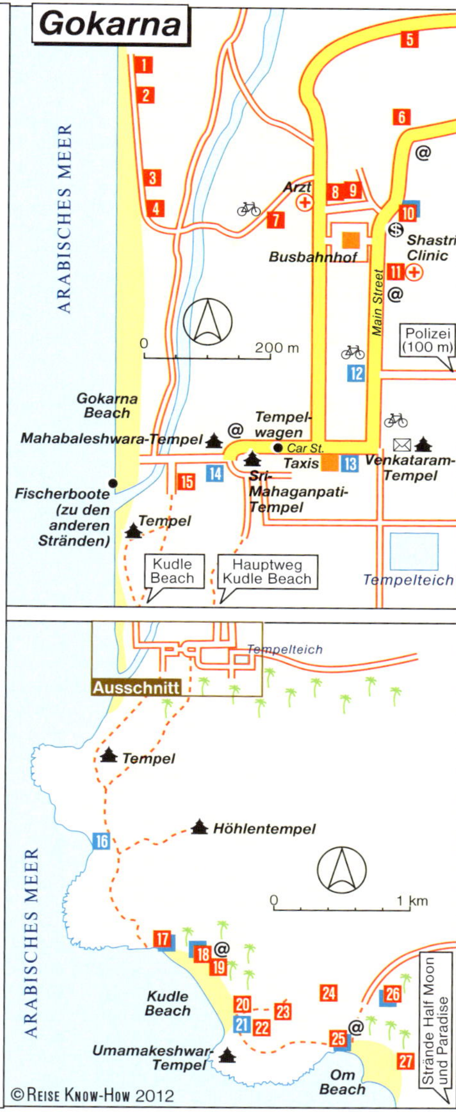

●Die erste Unterkunft mit Komfort ist das **Hotel Gokarn International** €€-€€€ (Tel.: 256843). Makellos saubere Zimmer mit Balkon direkt am Strand sind perfekt für Mittelklasseansprüche an diesem ansonsten mit Billigbleiben glänzenden Strand.

●Kurz vor dem Erreichen des Kudle Beach sind auf baumbestandener Gartenanlage die Bungalows des neuen **Namaste Farm House** €-€€ (Tel.: 235206) erstaunlich preiswert und eine der gelungensten Herbergen an den Stränden.

●Am Om Beach sind in den letzten Jahren einige weitere gemauerte Unterkünfte hinzugekommen. Stellvertetend sei das alteingesessene **Namaste** €-€€ (Tel.: (0)9448906436) genannt, gleich die erste Herberge an diesem Strand. Auch gut eingerichtete Bungalows mit Bad stehen zur Verfügung. In den beiden mit Küche ausgestatteten, recht komfortablen Bambusbungalows rückt einem leider die Natur in Form von Ameisen und anderem Getier auf die Pelle.

●Ansonsten gibt's auch an diesem Strand vorwiegend die einfachen Bambushütten mit Gemeinschaftsaußentoilette. Typische Beispiele sind **Dolphin Shanti Café** € (Tel.: (0)9342989567), **Sangam Café** € (Tel.: (0)93435724602) und **Om Sri Shanti Café** € (Tel.: (0)9845724602) mit einem luftigen zweistöckigen Restaurant.

●Seltsam steril wirkt die Luxusanlage des **Swa Swara** €€€€€ (Tel.: 257132/3, www.cghearth.com) oberhalb des Om Beach. Kleine, mit allem Luxus versehenen Häuser, mehrere Restaurants, Pool, Ayurveda-Behandlungen etc. sind nur einige der Annehmlichkeiten in dieser von einer hohen Mauer begrenzten Anlage.

●Es folgen jeweils weitere etwa 20 Fußminuten entfernt die völlig abgeschiedenen Bilderbuchstrände Half Moon Beach und Little Paradise Beach. Hier sind Kletterkünste gefragt, sind sie doch nur über schmale, teils recht steile Pfade zu erreichen. Beim ersten stehen wenige Einfachhütten für 100 Rs, beim zweiten nur das **Om Shiva** € (kein Tel.) zur Verfügung.

●Der letzte Strand mit etwas mehr touristischer Infrastruktur heißt Paradise Beach und trägt seinen Namen zu Recht. Er ist auch über die Straße nach Belankan zu erreichen (s.o.). Hier gibt's fünf Unterkünfte, etwa das **Om Shakti** € (Tel.: (0)9901185654) mit billigen Zimmern und Hütten und einem Restaurant unter Palmen, eine klasse Adresse, das **Om Shanti** €, wo man schon ganz billig in Zimmern ohne fließend Wasser (Quellwasser zum Trinken und Duschen vorhanden) und Strom unterkommt (hier gibt's auch erstklassige Pizza), oder das **Namaste Sunrise Café** € (Tel.: (0)934 1755119).

Essen und Trinken

Am besten und billigsten isst man in den zahlreichen einfachen, auf die Bedürfnisse der Pilger ausgerichteten Lokalen entlang der Hauptstraße. Besonders beliebt sind die leckeren (vegetarischen) *thalis.* Ansonsten gibt es unter anderem *samosas, wadas* und *masala dosas.*

●Die Speisekarte des **Preema Restaurant** ist mit Spaghetti, Omeletts, Sandwiches, Müsli, *lassis,* Eiscreme und köstlichem Honig lang und „travellerfreundlich", entsprechend ist zur Hauptzeit kaum ein Sitzplatz zu finden. Das gleiche gilt für das Restaurant des **Vaibhav Niwas.**

●Durch sein Dachrestaurant ist das **Mahalaxmi Restaurant** die wohl hübscheste Speiseadresse des Dorfes (streng vegetarisch). Abends ist es oft gut besucht, sodass es zu Wartezeit kommen kann, die von den hauseigenen Katzen verkürzt wird, ansonsten kann auch an der Straße gespeist werden. Auch hier werden Zimmer €-€€ vermietet, von denen aber nur die drei zum Meer gelegenen empfohlen werden können.

●Eine große Auswahl an Fischgerichten, Pizza und Huhn sowie tibetsche und indische Gerichte machen das strandnahe **Sea Green Café** zu einem der wenigen Restaurants, die auch Fleisch servieren.

●Sehr beliebt ist auch **Shree Shakti Cold Drinks** an der Car Street.

●Kaltes Bier bekommt man unter anderem in der Bar des **Om Hotel.**

●Auf halbem Weg zwischen Gokarna und Kudle Beach findet sich für eine Verschnaufpause das gemütliche **Sri Sri Guest House,** das auch einfache Zimmer € in einer weitläufigen, baumbeschatteten Gartenanlage vermietet.

- An den verschiedenen Stränden sind u.a. wegen schöner Atmosphäre **The Spanish Place** und das vegetarische **Shiva Prasad** (Kudle Beach) und außerdem das große **Namaste Café** am Beginn des Om Beach empfehlenswert.

Bank

- Da es in Gokarna keine Bank gibt , muss auf private Geldwechsler zurückgegriffen werden. Die mit Abstand besten Kurse zahlt **P.A.I. Forex** (tgl. 9–21 Uhr), eine kleine Wechselstube unweit des Busbahnhofs, die Bargeld und Reiseschecks zu Rupien macht. Entsprechend stark wird das kleine Büro von Travellern frequentiert. Auch für Visa-, Master- und Maestro-Card gibt's gegen 3 % Gebühr Geld. Hier werden außerdem Taxis und **Zug-** (75 Rs zusätzlich) und **Flugtickets** (100 Rs) vermittelt.
- Im Dorf gibt's nur einen **ATM** der Karnataka Bank, der jedoch nur VisaCard-Besitzer zufriedenstellt. Für alle anderen Karten muss man zum Geldwechsler. Der nächstgelegene ATM, der auch die meisten anderen internationalen Karten akzeptiert, ist in Ankola bei der State Bank of India zu finden.

Post, Internet

- Die **Hauptpost,** wo poste restante (Post-Code für Gokarna: 581326) und Speedpost möglich sind, liegt etwas ungünstig für Touristen oberhalb des Dorfes. Ein günstiger gelegenes **Postamt** findet sich etwas versteckt im 1. Stock über einem kleinen Tempel am Ende der Car St. (Mo–Sa 9–13, 14–17 Uhr).
- Der durchschnittliche Stundenpreis für Internet beträgt 40 Rs, am Tage hat man aber oft quälend langsame Verbindungen. Im Dorfkern ist **Mahalaxmi Cyber** zentral gelegen nahe dem Strand. Das meist ruhigere **Kinary's Cybercafé** (1. Stock) hat die schnellsten Leitungen. **Shastri Cyber** und **Shri Ganesh Cyber** oberhalb des Dorfes sind meist etwas fixer als der Durchschnitt. Die vereinzelten Surfmöglichkeiten an den nördlichen Stränden sind etwas teurer.

Fahrräder

- Abgesehen von vielen Taxis an der Hauptstraße sowie vereinzelten Rikshas kann man sich auch prächtig mit Fahrrädern zum Tagespreis von 40 Rs (1 Std. 5 Rs) fortbewegen, allerdings nicht zu den entfernteren Stränden.

Medizinische Versorgung

- Neben mehreren **Ärzten** gibt's mit der **Shastri Clinic** (Tel.: 256220, 24 Std. Notfalldienst) ein effizientes und hilfsbereites Krankenhaus.

An- und Weiterreise

- **Bahn:** Gokarnas 9 km vom Dorf entfernter Bahnhof (mit Bussen, Taxis und Rikshas zu erreichen) ist an die Konkan Railway angeschlossen, dementsprechend gute Direktverbindungen, u.a. nach Mumbai, Kerala und Goa (Zug 56640 nach Margao), ansonsten auch gute Verbindungen von Ankola und Kumta. Einige Verbindungen siehe Anhang. Bei Ankunft am **Bahnhof Gokarna Rd.** stehen für einige Züge mehrere Minibusse bereit, die Fahrgäste für 40 Rs nach Gokarna fahren. Allerdings ist dies nicht bei allen Zügen der Fall, zudem ist die Zahl der Busse oft zu gering. Dann muss auf Rikshas (70 Rs) oder Taxis (130 Rs) zurückgegriffen werden. Will man per Minibus nach Ankunft in Gokarna gleich weiter zum Kudle und Om Beach, muss der Fahrpreis ausgehandelt werden. Die billigste Möglichkeit vom Bahnhof nach Gokarna Dorf zu gelangen (und natürlich auch umgekehrt), sind die knapp 1 km von Bahnhof an der Hauptstraße etwa halbstündlich passierenden Linienbusse (6 Rs, per pedes vom Bahnhof kommend an der Hauptstraße, gut 5 Minuten Fußweg bis dorthin, die nach rechts fahrenden Busse nach Gokarna).

Beim New Prasad Nilaya Lodge Hotel verlangt ein **Konkan Railway Booking Office** für die Zugfahrkarten der Konkan Railway teure 150 Rs extra, ist aber meist nicht so überlaufen wie P.A.I. Forex (s.o.). Die Extrakosten lohnen sich dennoch, da sonst der lange Weg zum Schalter des Gokarna Rd. Bahnhofs in Angriff genommen werden muss.

- **Bus:** Abgesehen von den halbstündlich bis stündlich fahrenden Bussen nach Ankola (ca. 25 km von Gokarna entfernt, sie passieren auch nahe dem Bahnhof von Gokarna Rd., nach Austieg an der Hauptstraße etwa 1 km zu Fuß) sind folgende Busverbindungen von touristischer Bedeutung: Nach Goa (Margao 8.15, 5 Std., sonst über Ankola) täglich ein Direktbus. Ansonsten mit einem der drei Busse (6.30, 8.15 und 10.45 Uhr) in 2 Std. nach Karwar und von dort weiter. Alternativ erst nach Ankola, dann weiter nach Karwar. Nach Mangalore ein Direktbus täglich in 7 Std. Alternativ zunächst mit dem Lokalbus nach Kumta (halbstündige Verbindungen) und von dort weiter. Weitere für Touristen interessante Orte: Hubli zur Weiterfahrt nach Badami (6, 6.30, 9, 14.30, 15.45 Uhr, 4 Std.), Hospet/Hampi (7 und 14.30 Uhr, 10 Std.), Bangalore (17 und 19 Uhr, 12 Std.), Mysore (1 Bus 6.45 Uhr, 14 Std.). Die genauen Abfahrtszeiten können sich kurzfristig ändern und sollten am Busbahnhof erfragt werden.

Nach Hampi und Bangalore existieren **Nachtverbindungen von Privatanbietern,** etwa Vijayanand Travels (Tel.: 256891), mit teils klimatisierten Luxusbussen, die ihre Büros entlang der Car Street haben. Für die Fahrt nach Bangalore (10 Std. Fahrtzeit) werden um 350 Rs, nach Hospet/Hampi 500–700 Rs verlangt. Nach Hampi starten sie meist vom Varadaraj Hotel, 3 km von Ankola entfernt, etwa zwischen 20 und 22 Uhr.

Ein Tipp: Will man mit Gepäck per Bus zum Gokarna- oder Ankola-Bahnhof zur Weiterfahrt, sollte man den Busschaffner am besten mehrmals darauf hinweisen, Bescheid zu sagen (er vergisst es gern), wenn einer der beiden Bahnhöfe passiert wird. Man kann es selbst nicht erkennen und der Weg zurück, besonders vom Ankola-Busbahnhof zum Bahnhof, ist sehr lang.

Murudeshwara

Am Strand von Murudeshwara, ca. 70 km südlich von Gokarna, ragt die mit 37 m Höhe zweitgrößte **Shiva-Statue** weltweit auf (www.karnataka.com/tourism/murudeshwar). Nebenan weist ein 80 m hoher Gopuram (Tempelturm) den Weg zu dem von einem Industriellen wiederaufgebauten alten Tempel. Als Tagesausflug eine willkommene Abwechslung vom Strandleben Gokarnas.

An- und Weiterreise

- Per **Bus** bis **Kumta** und dort einen weiteren Bus bis Murudeshwara besteigen oder per **Taxi** für ca 1.000 Rs inkl. Rückfahrt. Zur Rückfahrt per **Bahn** eignet sich der 12620 Matsyaganda Exp. bis Gokarna Rd., Abf. 17.43 Uhr, Ankunft 18.40 Uhr.

Jogg Falls

↗ XX/A2

Dieser **höchste Wasserfall Indiens** besteht eigentlich aus vier Fällen, von denen der höchste **290 m tief** in die Schlucht stürzt. Seitdem die Wassermassen des die Jogg Falls speisenden Sharavati-Flusses durch den Bau des Klinganamakki-Staudamms stromaufwärts deutlich reduziert wurden, hält sich das Spektakel allerdings in Grenzen. Grandios ist jedoch die sattgrüne, fast gänzlich unberührte Landschaft der abgelegenen Region.

Die schönste Aussicht auf die Wasserfälle bietet sich von der gegenüberliegenden Seite der Schlucht, wo auch der Bushalteplatz und diverse Teebuden zu finden sind. Von hier führt ein landschaftlich schöner, aber auch **steiler Abstieg** (Wanderschuhe oder zumindest stark profilierte Schuhe erforderlich!) zum Fuß der Wasserfälle. Unten angekommen, kann man sich in einem der Pools von den Strapazen erholen.

Die beste Zeit zum Besuch der Jogg Falls sind die Monate Oktober bis Januar. Nicht zu empfehlen sind die Monsunmonate, wenn Blutegel, schlammige Wege und Nebel Wanderung und Aussicht beeinträchtigen.

Information

- Nahe dem Busbahnhof ist das **Touristenbüro** (Tel.: 08186-244732, Mo–Sa 10–17 Uhr) hilfsbereit.

Unterkunft, Essen und Trinken

- Das hässliche **KSTDC Mayura Gerusoppa** €-€€ (Tel.: 08186-244732/47) liegt etwa 200 m oberhalb des Parkplatzes. Die tolle Aussicht und das freundliche Personal trösten über den vernachlässigten Zustand der geräumigen Zimmer hinweg. Besser als im angeschlossenen Restaurant isst man in den kleinen Verpflegungsständen rund um den Parkplatz.
- Gut ist der **Inspection Bungalow** € an der Oberkante der Fälle, der natürlich auch tolle Ausblicke zu bieten hat. Zu buchen über Tel.: 08383-22164 in Siddapur.
- Für den Fall, dass das Mayura belegt ist, muss man mit dem unter gleicher Leitung stehenden **Tunga Tourist Home** € am Parkplatz vorlieb nehmen.

An- und Weiterreise

- Mehrere Busse täglich nach **Karwar** (5 Std., von dort weiter nach Goa) über Kumta (von dort nach Gokarna) und **Udipi.** Für alle Ziele Richtung Osten bieten sich viele Verbindungen vom 30 km östlich gelegenen **Sagar,** welches mit einem Lokalbus in 1½ Stunden von den Jogg Falls aus zu erreichen ist. Die genauen Abfahrtszeiten erfährt man im **Tourist Office,** das im Tunga Tourist Home untergebracht ist (Mo–Sa 10 bis 17 Uhr).

Udipi

↗ XX/A3

Einwohner: 120.000
Vorwahl: 0820

Der hübsche, kleine Ort (auch als Udupi bekannt) ist im ganzen Land für seine *masala dosa* berümt. „Udipi-Restaurants", in denen die knusprigen, mit scharfen Einlagen gefüllten **Reispfannkuchen** serviert werden, finden sich vor allem im Süden Indiens in vielen Städten.

Der eigentliche Grund, warum der 58 km nördlich von Mangalore gelegene Ort unbedingt einen Stopp auf dem Weg entlang der Küstenstraße lohnt, ist seine Bedeutung als **Vaishnava-Zentrum.** Der Hindu-Heilige *Madhvacharya* legte Mitte des 13. Jh. den Grundstein für den **Krishna-Tempel** (tgl. 4.30–22 Uhr) im Zentrum des Ortes, der jedes Jahr Hunderttausende von Pilgern anzieht. Es ist die Atmosphäre eines uralten Pilgerortes inmitten schöner Landschaft, die den eigentlichen Reiz Udipis ausmacht. Darshan ist auch für männliche Nicht-Hindus möglich, der Hauptschrein muss hierfür mit freiem Oberkörper betreten werden.

Jedes zweite Jahr im Januar (gerade Jahreszahlen) wird beim **Paryaya-Fest** die Tempelverwaltung von einem Swami zum nächsten übergeben, was Anlass für Prozessionen und andere Feierlichkeiten ist.

Sri Krishna Math

Der Tempelvorplatz wird von den hübschen Häusern der acht **Kloster-**

gemeinschaften *(maths)* bestimmt, die von Madhvacharya im 13. Jh. gegründet wurden. Bei den im Laufe der folgenden Jahrhunderte errichteten Gebäuden gefallen die kunstvoll dargestellten Erscheinungsformen von Vishnu in den Türstürzen. Obwohl das Innere für Nicht-Hindus nicht zugänglich ist, lohnt auch der **Anandeshvara-Tempel** schräg gegenüber vom Haupttempel mit seinen zahlreichen Götterdarstellungen an den umlaufenden Kollonaden einen Besuch.

Die jeweiligen Hohen Priester der acht Klöster wechseln sich im zweijährigen Rhythmus bei der Leitung des Krishna-Tempels an der Car Street (5.30–20.30 Uhr geöffnet) ab. Lohnend ist ein Besuch Udipis zu dieser Amtseinführung, dem Udupi-Paryaya-Fest, das jeweils am 18. Januar in „geraden" Jahren mit Umzügen und Ritualen begangen wird. Der neue *archaya* wird in einer aufwendigen Zeremonie durch die von Gläubigen gesäumten Straßen geführt, bevor er seinen Einzug in den Tempel hält.

Von außen ist der Sri Krishna Math nicht sonderlich beeindruckend. Umso interessanter ist dafür das rege Treiben in der um einen Tempelteich (Madhva Sarovara) angelegten Anlage. Das für südindische Tempelanlagen typische kunterbunte Gemisch aus tiefer Religiosität und Geschäftigkeit bietet eine Vielzahl faszinierender Sinneseindrücke.

Eine Überraschung erwartet die Gläubigen im Tempelinneren: Die hoch verehrte **Statue Krishnas** dreht den Pilgern den Rücken zu. Hintergrund dieser einzigartigen „Kehrtwendung" ist Krishnas Zuwendung zu den Benachteiligten der Gesellschaft. Glaubt man der Legende, begab sich ein Pilger der unteren Kasten auf die Rückseite des Tempels, nachdem ihm der Eingang zum Tempel untersagt worden war. Krishna drehte sich daraufhin zu ihm um und so ist er heute durch ein kleines Fenster in der Rückwand von vorn zu sehen.

Ob eine große Charlie-Chaplin-Statue in der Nähe des Krishna-Tempels gebaut werden darf, wie es ein Verehrer plant, steht nach Protesten von Gläubigen in den Sternen.

St. Mary's Island

Bedenkt man die Vielzahl herrlicher Strände entlang der Konkan-Küste, lohnt der **Malpe Beach,** wo eigenartige, achteckige Felsen den Strand zieren, fünf Kilometer nördlich von Udipi höchstens für eine kurze Abkühlung zwischendurch. Historisch interessant ist die der Küste vorgelagerte Insel St. Mary's Island. Auf der winzigen, von Palmen bestandenen Insel soll *Vasco da Gama* im 15. Jh. ein Kreuz aufgestellt haben, bevor er bei Kozhikode in Kerala anlandete. Historisch überliefert ist das Ereignis zwar nicht, doch zumindest an Wochenenden pilgern ganze Busladungen von Einheimischen zu der Insel – eine gute Gelegenheit, um sich auf einem der dann häufig fahrenden **Fährboote** (70 Rs, in der Woche um 10.30 und 15.30 Uhr) einen Platz zu sichern. Unter der Woche, wenn die Insel wenig besucht wird, verlangen die Bootsleute bis zu 800 Rs für die halbstündige Überfahrt.

Am Strand von Malpe, einem kleinen Fischerdorf, ist das Restaurant des **Paradise Isle Beach Resort** €€€€€ (Tel.: 2537300, www.theparadiseisle.com) die beste Verpflegungsmöglichkeit.

Information

- Das **Tourist Office** im Krishna Bldg. in der Car Street (Tel.: 2529718) bietet gute Informationen zu Ort und Umgebung, Mo–Sa 10–13.30 und 14.30–19.30 Uhr geöffnet.

Unterkunft

- Ein ausgezeichnetes Preis-Leistungs-Verhältnis bietet die **Vyavahar Lodge** € (Tel.: 2522568) an der Kankads Rd. Neben den sauberen, großen Zimmern gefällt das hauseigene Restaurant. Leckere *thalis* gibt es schon für 25 Rs.
- Viel fürs Geld bietet auch das **Hotel Sharada International** €-€€€ (Tel.: 2522910-3). Man hat die Wahl zwischen einer Vielzahl von Zimmern, unter anderem mit AC, sowie zwei Restaurants. Einziger Nachteil ist die Lage einen Kilometer außerhalb des Ortes an der Hauptstraße Richtung Malpe.
- Die **Kalpana Lodge** €-€€ (Tel.: 2520440) ist als Ausweichquartier passabel. Die AC-Räume sind deutlich besser als die recht schmalen Non-AC.
- Das **Kediyoor** €€-€€€ (Tel.: 252238) ist ein ordentliches Mittelklassehotel beim Busbahnhof. Es gibt drei (!) gute Lokale im Haus.
- Das beste Hotel der Stadt ist das **Swadesh Heritage** €€-€€€ (Tel.: 2529605). Geräumige, klimatisierte Zimmer, die Lage beim Busbahnhof und das vorzügliche Restaurant sind den Aufpreis wert.
- **Woodlands** (8–21.30 Uhr) südlich vom Tempel im UR Rao Complex ist eine hervorragende Speisestätte und berühmt für seine vegetarische Küche, besonders *Masala Dosa*. Vor 11.30 und nach 15.30 Uhr wird das Teiggemüse serviert, dazwischen gibt's ebenso preiswerte *thalis*.

An- und Weiterreise

- **Bus:** Die drei Busbahnhöfe im Stadtzentrum liegen derart eng beieinander, dass man sie kaum auseinander halten kann. Der City-Busbahnhof ist für Kurzstrecken u.a. nach Malpe zuständig. Die privaten Anbieter fahren von dem sich anschließenden Service-Busbahnhof u.a. nach Mangalore, Goa und Kerala. Schließlich gibt es noch den KSRTC-Busbahnhof: Auch von hier werden viele Ziele in Karnataka wie Hospet, Bangalore, Hassan und Mangalore angefahren.
- **Bahn:** Einige wichtige Verbindungen vom 3 km außerhalb gelegenen Bahnhof sind im Anhang aufgelistet. Nach Gokarna etwa der 56640 Madgaon Pass (Abfahrt 7.50 Uhr, 2½ Std.), der bis Margao, Goa (Ankunft 12.40 Uhr), weiterfährt.

Sringeri

↗ XX/A2-3

Höhe: 800 m
Vorwahl: 08265

Der verträumte, von dichten Wäldern und Kaffee-Plantagen umgebene Ort ist wegen seiner landschaftlich äußerst reizvollen Lage auf 800 m Höhe an den Rändern der **West-Ghats** eine Reise wert. In diesem entlegenen Städtchen am Ufer des Tunga-Flusses, dem regensreichsten Ort Südindiens, gründete der große Hindu-Reformer *Shankara* im 9. Jh. die shivaistische Gemeinschaft der Amnaya Matha. Ausgehend von dieser Keimzelle entwickelte sich der Ort zu einer der bedeutendsten Wallfahrtsstätten der Region. Selbst die Herrscher des mächtigen Vijayanagar-Reiches pilgerten zwischen dem 14. und 16. Jh. häufig von ihrer Hauptstadt Hampi aus nach Sringeri.

Im Mittelpunkt der religiösen Verehrung steht der von außen unscheinbare **Sharada-Tempel.** Nach der Puja in dem Saraswati gewidmeten Tempel gehen die Gläubigen die Ghats zum Ufer des Tunga-Flusses hinunter, um ihr Karma durch das Füttern der als heilig geltenden Fische zu verbessern.

Südlich von hier steht der wunderschöne, im 16. Jh. erbaute **Vidyashankara-Tempel** (tgl. von 6 bis 14 und 17 bis 21 Uhr). Das zu Ehren Shankaras errichtete Heiligtum steht auf einem reich mit Götter- und Tiermotiven geschmückten Sockel. Beeindruckend sind die zwölf Säulen des *mandapa,* deren mystische Tierdarstellungen die Tierkreiszeichen symbolisieren sollen.

Das Sanktum mit dem Vindyashankara-Lingam wird von drei Schreinen umgeben, in denen Brahma und Saraswati (Süden), Vishnu und Lakshmi (Westen) sowie Mahesha und Uma (Osten) verehrt werden. Der Versuch, verschiedene Stilrichtungen miteinander zu verbinden, zeigt sich besonders augenfällig in der Dachkonstruktion in Form eines Shikara.

Abends ist das Ghat ein herrlicher Ort, um den Sonnenuntergang zu genießen.

Unterkunft, Essen und Trinken

●Das direkt am Tempeleingang platzierte **Reception Centre** vermittelt sehr günstige **Zimmer** €, jeweils nur für eine Nacht, die unter der Leitung der Tempelverwaltung stehen. Zwar gibt es auch einfache Schlafsäle, doch an die wenigen sich nach Sringeri verirrenden Ausländer werden die schlichten, aber

210is Foto: tb

sauberen DZ mit angeschlossenem Bad vermietet. Preisgünstige einheimische Gerichte gibt's in den diversen einfachen Restaurants um den Tempel herum und entlang der Hauptstraße.

An- und Weiterreise

- Erstaunlich viele, teils zeitaufwendige **Busverbindungen** von dem in der Nähe des Tempels gelegenen Busbahnhof. Nach Belur gibt es allerdings keine Direktverbindungen. Wer keine Direktanschlüsse zu weiter gelegenen Zielen bekommt, sollte die nächstgelegenen größeren Orte wie Karkal oder Shimoga anfahren. Direktverbindungen z.B. nach Mangalore (80 Rs).

Mudabidri

↗ XX/A3

Der kleine Ort 35 km nordöstlich von Mangalore lohnt einen Zwischenstopp auf der landschaftlich schönen Fahrt nach Sringeri. Ein Jain-Pilger soll hier das ungewöhnliche Schauspiel einer Kuh und eines Tigers gesehen haben, die friedlich nebeneinander aus einem See tranken. Als er an der gleichen Stelle wenig später auch noch eine Statue des 22. Tirthankaras *Parsvanath* fand, bestand für ihn kein Zweifel mehr an der Heiligkeit des Ortes. Sogleich begann er mit dem Bau des **Guru Basadi,** eines von inzwischen 18 Tempeln in Mudabidri. Wie man sieht, bietet die reiche indische Fantasie genügend Stoff, um die religiöse Bedeutung eines Ortes mythologisch zu untermauern.

Von den diversen Jain-Bastis und Klöstern *(maths)* ist das **1.000-Säulen-Basadi** wohl das interessanteste. Das Mitte des 15. Jh. erbaute Heiligtum inmitten einer hohen Umfassungsmauer erinnert mit dem von Holzpfeilern getragenen Pagodendach an die Sakralarchitektur des Kathmandu-Tales in Nepal. Vorbei an einer 17 m hohen Säule und zwei steinernen Elefanten gelangt man zum Tempel. Der Name „Tausend-Säulen-Halle" rührt von den zahlreichen ornamentierten Säulen her, die die zwei hintereinander gelegenen Hallen tragen. Im für Nicht-Hindus gesperrten Sanktum stehen die Bronze-Statuen mehrerer Jain-Heiliger.

Es bestehen regelmäßige Busverbindungen von Mangalore und Sringeri zu dem Pilgerort.

Dharamsthala

↗ XX/A3

75 km östlich von Mangalore, nicht weit vom National Highway 48 auf dem Weg nach Hassan und Bangalore, ist Dharamsthala der zweite interessante von vier **jainistischen Pilgerorten** dieser Region (neben den aufgeführten noch Venur und Karkal). Am Nethravati-Fluss gelegen, ist er das Ziel von durchschnittlich 10.000 Pilgern täglich, an Feier- und Festtagen sind es bis zu zehnmal so viele.

Der nicht konfessionsgebundene **Mangunatha-Tempel** (6.30–14 und 17.30–20.30 Uhr), an dessen Eingang Elefanten die Gläubigen segnen, ist das Herz des Ortes, den Männer mit bloßem Oberkörper und langen Hosen betreten sollten. Zur Verpflegung steht die Tempelküche (11.30–14 und 19.30–22 Uhr) bereit, die einfache indische Kost serviert. Die sich anschließende Halle zur Verpflegung der Gläubigen hat ein Fassungsvermögen von 3.000 Pilgern.

Neben dem Tempel sind das **Manjusha Museum** (10–13 u. 16–21 Uhr, 2 Rs) mit Skulpturen, Juwelen und Kunsthandwerk und das hier erstaunlich anmutende **Car Museum** (8.30–13 und 14–19 Uhr, 3 Rs) mit 50 Oldtimern aus meist westlicher Manufaktur sowie eine 12 m hohe **Bahubali-Statue** sehenswert.

Neben anderen Festen wie Diwali sind das dreitägige **Manjunatheshwara-Fest** im November und das **Laksha-Deepotsava-Fest** (Nov./Dez.) mit Laternenumzügen und Lichtern Highlights der Festival-Saison in Dharamsthala.

Unterkunft

- Wer in Dharamsthala nächtigen will, kann über das **Tempel Office** (Krishna Bldg., Car St., Tel.: 08256-277121, www.shridharamsthala.org) eine einfache Bleibe für 50 Rs in einer der Pilgerunterkünfte zugeteilt bekommen. Viele vegetarische **Restaurants** versorgen mit preiswerten Speisen.

An- und Weiterreise

- Regelmäßige **Busverbindungen** von Mangalore (2 Std., 35 Rs) und Bangalore.

Mangalore

↗ XX/A3

Einwohner: 530.000
Vorwahl: 0824

Seit vielen Jahrhunderten gilt das an einer Lagune gelegene Mangalore als eine der wichtigsten Hafenstädte der Westküste. Die günstige Lage und die wirtschaftliche Bedeutung machten die Stadt zu einem natürlichen „Objekt der Begierde" für die ausländischen Eroberer. Historisch überliefert ist die Erwähnung durch den muslimischen Geschichtsschreiber *Ibn Batuta* im 14. Jh., der Mangalore als einen Hauptumschlagplatz für Gewürze und den hier stattfindenden regen Handel mit dem vorderen Orient beschrieb. Für die Herrscher von Vijayanagar war Mangalore für den großen Gewinne versprechenden Außenhandel unentbehrlich.

Mit der Ankunft der **portugiesischen Eroberer** Ende des 15. Jh. begann die mehrere Jahrhunderte dauernde Herrschaft der europäischen Mächte, welche sich bis heute im Stadtbild widerspiegelt. Mit ungefähr 20 % bildet die **katholische Gemeinde** einen für indische Verhältnisse ungewöhnlich hohen Anteil an der Gesamtbevölkerung. Nach einem kurzen Intermezzo durch *Haider Ali,* der die Stadt im 18. Jh. unter seine Kontrolle brachte und zu einem Zentrum des Schiffbaus machte, übernahmen die **Briten** 1799 die Macht.

Bis heute ist der zehn Kilometer nördlich der Innenstadt gelegene **Tiefseehafen** die wirtschaftliche Schlagader von Mangalore. Die wichtigsten von hier exportierten Waren sind Cashewnüsse aus Kerala, Kaffee aus der Kodagu-Region und Granit. Aus Japan wird vornehmlich Holz importiert. Trotz oder vielleicht gerade wegen ihrer ökonomischen Bedeutung hat die prosperierende, hektische Großstadt kaum touristische Bedeutung, zumal starke Bautätigkeit den Innenstadtbereich, wie derzeit in vielen Städten Indiens, in großen Teilen neu und chic gestaltet. Vom alten Stadtkern sind nur noch der Bereich um die St.-Aloysius-Kirche und die Universität sowie einige Gassen zwischen der KS Rao Rd. und den Busbahnhöfen erhalten. So dient Mangalore den meisten Touristen vornehmlich als Umsteigeort der Konkan Railway oder als Zwischenstation auf dem Weg nach Hassan (für Halebid und Belur).

Mangalore ist eine recht weitläufige und unübersichtliche Stadt. Die verwinkelten Straßen und das hügelige Terrain tragen auch nicht gerade zur besseren Orientierung bei. Vom Zentrum bis zum Busbahnhof sind es fast vier Kilometer. Mit dem Bahnhof, der Hauptpost, den meisten Hotels, Restaurants und Banken befinden sich jedoch fast alle touristisch wichtigen Einrichtungen im Zentrum, welches von der **Maidan Rd.,** deren Verlängerung, der **KS Rao Rd.,** sowie der **Balmatta Rd.,** durchzogen wird.

Sehenswertes

Die **Most Holy Rosary Church** im Südwesten der Stadt erinnert mit ihrer dem Petersdom in Rom nachempfundenen Kuppel an die katholische Vorherrschaft in Mangalore. Mit der schmucklosen, weißen Außenfassade wirkt das 1910 errichtete Gotteshaus ansonsten wenig interessant.

Der hinduistische **Mangladevi-Tempel** etwa einen Kilometer weiter südöstlich wurde nach einer Malabar-Prinzessin benannt, die auch als Namensgeberin der Stadt Mangalore fungierte.

Die 1885 mit romanischen Stilelementen errichtete **St. Aloysius Chapel** (Mo–Sa 8.30–18 Uhr, So 10–12 und 14–18 Uhr) ist wegen ihrer schönen, großflächigen Wandmalereien und Fresken bekannt. Neben den von dem italienischen Künstler *Antonio Moscheni* Anfang des 20. Jh. gefertigten Fresken bietet die sehr friedvolle Anlage am Lighthouse Hill eine Möglichkeit zur Erholung von der hektischen Innenstadt. Auch der gegenüberliegende Tagore Park ist ein Ruhepol.

Mangalores bedeutendster Tempel, der **Kadri Manjimatha Mandir** (6–13 und 15–20 Uhr) drei Kilometer nordöstlich des Zentrums, steht inmitten einer weitläufigen Parkanlage. Berühmt ist das im 10. Jh. erbaute, von neun Teichen umgebene Heiligtum für seine Lokeshvara-Bronzestatue. Die im Jahr 958 gefertigte Skulptur und das Shiva-Lingam im Sanktum gehören zu den meistverehrten Kultgegenständen des Tempels. Pujas finden um 8, 12 und 20 Uhr statt. Die Buslinien 3, 4 und 6 stellen die Verbindung zum Tempel her.

Beim alten Hafen, ca. 3 km nordwestlich des Zentrums, sind mit dem **Sultan's Battery** (Sultan Battery Rd., tgl. 6–18 Uhr, Eintritt frei) nur noch die

Mangalore
Udupi (60 km)
Flughafen (15 km)
Sultan Battery Rd.
Sultan's Battery (1 km)
Hat Hill Rd.
Bajaj Karvor Rd.
Bajaj Main Rd.
Lalbagh Circle
Kanal
New Rd.
Shreemathi Bai Memorial Gov. Museum
Mudabidri (35 km)
Corp.-Bldg.
Kadri Manjimatha Mandir
Lalbagh Road
Ferry Road
Kambla Rd.
Kudumal Rd.
Sultan's Battery (2 km)
Dongarkeri Rd.
Universität
St. Aloysius Chapel
Tagore Park
Collector's Circle
Balmatta Rd.
Prahbat Cinema
Car Street
KML Hospital
MMT Rd.
GHS Rd.
KS Rao Rd.
New Lighthouse Rd.
Balmatta Rd.
Falnir Road
Marktgassen
Kankanadi Bahnhof (4 km), 26 und Ullal Beach (11 km)
JM Rd.
Maidan Road
Mangalore Bahnhof
Jumma Masjid Rd.
Bunder Rd.
Maidan Cross Rd.
Gurupur Fluss
Town Hall
Old Port Rd.
Fischereihafen
Most Holy Rosary Church
Hauptpost
Mangladevi Tempel (600 m)
0
500 m
© Reise Know-How 2012

Unterkunft
8 Hotels Manorama und Shaan Plaza
10 Hotel Navratna Palace
13 Samfaz International, Poonja International
16 Hotel Gold Finch
25 Hotel Moti Mahal
26 Summer Sands Beach Resort
27 The Gateway Hotel

Essen und Trinken
2 Café Coffee Day
3 Pizza Hut
7 Utsava Restaurant
9 Janatha Deluxe Restaurant
10 Pai Café
12 Punjabi Dhaba
18 Pallkhi Restaurant
19 Hao Hao Chinese Restaurant
20 Juice Corner
21 Café Coffee Day
22 Kandham Restaurant
23 Restaurant Taj Mahal
28 Cardamom Restaurant

Verkehr
4 Busbahnhof
5 Air India
6 Jet Airways, Kingfisher Airlines
17 Bushaltestelle
24 Büros priv. Busanbieter
29 Busbahnhof Privatanbieter
30 Städt. Busbahnhof

Einkaufen
1 Bharat Mall
11 Kodak Express
14 Janatha Bazaar
15 Higginbothams

Überreste des Forts Tipu Sultans zu besichtigen. Neben Taxi und Riksha fährt auch Buslinie 16 dorthin.

Information

- Das ohnehin nicht sonderlich engagierte **Tourist Office** (Tel.: 2442926) wurde aus dem Zentrum ins Corporation Bldg. knapp 2 km außerhalb an den Lalbagh Circle verlegt und ist deshalb kaum zu finden, geöffnet Mo–Sa von 10–17 Uhr.

Stadtverkehr

- Im weitläufigen und hügeligen Mangalore sind **Rikshas** das beste Fortbewegungsmittel. Im Innenstadtbereich sollte man nicht mehr als 20 Rs zahlen, zum 3 km nördlich gelegenen Busbahnhof sind es etwa 30–40 Rs.
- Zum 22 km nördlich gelegenen **Flughafen** gelangt man am günstigsten mit der Linie 47 B und C vom städtischen Busbahnhof. Taxifahrer verlangen ca. 350 Rs für die Fahrt.

Unterkunft

- Die beste Billigwahl der Stadt ist das neue **Samfaz International** €€-€€€ (KS Rao Rd., Tel.: 2563141, 2564141, www.samfazinternational.com) mit freundlichem Service, einige Meter von der Straße zurückversetzt. Die sauberen Zimmer mit TV und Dusche haben teilweise Balkon, nach hinten ruhig mit Blick in Baumwipfel. Verlockend ist das vielseitige Dachrestaurant.
- Akzeptabel ist auch das **Hotel Manorama** €-€€ (Tel.: 2440306) an der KS Rao Rd. Vom wenig einladenden Äußeren sollte man sich nicht abschrecken lassen, hat das zentral gelegene Haus doch große, saubere Räume, einige auch mit AC, und ein hauseigenes Restaurant. Nebenan ist das **Shaan Plaza** €€-€€€ (Tel.: 2440313) in Qualität und Preis nahezu identisch. Die teureren Deluxe-Zimmer sind sehr geräumig, nach hinten Blick ins Grüne.
- Auch das etwas preisgünstigere **Navratna Palace** €€-€€€ (Tel.: 2441104) an der KS Rao Rd. ist eine ganz ähnliche Alternative. Das hauseigene **Pai Café** serviert vorzügliche und preiswerte *thalis*.

•Ein gutes Mittelklassehotel ist das **Moti Mahal** €€€ (Tel.: 2441411-3, www.motimahal mangalore.com) an der Falnir Rd. Eine Reihe von Service-Angeboten wie Geldwechsel, Reisebüro, ein Pool und drei gute Restaurants stehen zur Verfügung.

•Das **Poonja International** €€-€€€ (KS Rao Rd., Tel.: 2440171, www.hotelpoonjainterna tional.com) ist weit billiger als es von außen zu vermuten ist. Aus den geräumigen Zimmern, von denen die AC-Zimmer u.a mit Kühlschrank besser ausgestattet sind, bietet sich aus den oberen Etagen ein weiter Ausblick bis zum Meer.

•**The Gateway Hotel** €€€€€ (Tel.: 2420420, www.thegatewayhotels.com) in der Old Port Rd., 1 km westlich des Zentrums, war einmal das beste Hotel der Stadt und ist immer noch eine vortreffliche Bleibe. Das zentral klimatisierte Haus vermietet 96 attraktive Zimmer und bietet alle Annehmlichkeiten eines Vier-Sterne-Hotels wie Business Centre, Swimmingpool und Reisebüro sowie das gute, jedoch recht teure **Cardamom Restaurant,** welches für seine vorzüglichen Fischgerichte gerühmt wird. Zudem leckeres Mittagsbüffet (295 Rs) sowie Mi und Sa abends Live-Musik.

•Das neue, moderne **Gold Finch** €€€€€€ (Bunts Hostel Rd., Tel.: 4245678, www.gold finch.com) ist das luxuriöseste Hotel der Stadt. Alle Annehmlichkeiten dieses Glasklotzes wie mehrere hochklassige Restaurants, Pool und WLAN sind natürlich nicht billig.

Am Ullal Beach:

•11 km südlich von Mangalore ist der ruhige, abgeschiedene Ullal Beach einen Halbtagesausflug wert, zumal neben dem Meer auch der schöne Pool des **Summer Sands Beach Resort** €€€€€ (Tel.: 2467690, www. summersands.in) lockt. Hier können angenehme Bungalows, teils mit AC, in ruhiger, grüner Umgebung gemietet werden. Eintritt zum Hotel beträgt für Besucher 25 Rs (die bei eventuellem Verzehr verrechnet werden), für die Benutzung des Pools zahlt man 60 Rs. Das meernahe Restaurant ist eine hervorragende Adresse für Fischgerichte.

Neben Riksha/Taxi (ca. 150/250 Rs für die einfache Fahrt) verbinden die Busse 44A, C und D mit Ullal.

Essen und Trinken

Neben den oben erwähnten Hotelrestaurants gibt's eine Vielzahl von Speisemöglichkeiten aller Preisstufen. Viele servieren delikate Fischgerichte, kein Wunder in der Hafenstadt Mangalore.

•Im Hotel Shaan Plaza neben dem Manorama ist das **Restaurant Janatha Deluxe** zwar in keiner Weise luxuriös oder auch nur gemütlich, das preiswerte vegetarische Essen ist jedoch sehr gut.

•Wesentlich angenehmer sitzt man im hellen, ebenfalls gut frequentierten **Utsava Restaurant** (6.30–22.30 Uhr), etwa 100 m nördlich eine Einfahrt hinab. Schneller Service und gute vegetarische Küche zu kleinem Preis.

•Das nüchterne, aber gute **Restaurant Taj Mahal** ist für seine wohlschmeckenden *thalis* bekannt.

•Gute und vielfältige chinesische Kost serviert das **Hao Hao Chinese Restaurant** (um 70 Rs) in der Verbindungsstraße nahe der Balmatta Rd.

•Gehobene Qualität gibt's im **Pallkhi Restaurant** (Tej Towers, 3. Stock, Tel.: 2444929, 12–15 und 19–23.30 Uhr) an der Balmatta Rd. Trotz des komfortablen Ambientes sind auch die erstklassigen Fischgerichte auf der vielseitgen Speisekarte erstaunlich preiswert, ca. 150 Rs pro Hauptgericht. Außerdem eine reiche Alkohol- und Cocktailauswahl.

•Auch das **Lalith Bar & Restaurant** (Balmatta Rd., 3. Stock, 9–15 und 17–23 Uhr) ist eine erstklassige Fischadresse zum kleineren Preis (40–100 Rs). Auch hier können im dunklen Interieur alkoholische Mixturen genossen werden.

•Gegenüber der Zufahrt zum Busbahnhof verkürzen **Café Coffee Day** und **Pizza Hut** im Bharat Mall Complex (Lalbagh Circle, Bejaj Main Rd.) die Wartezeit auf den Bus.

Shopping

Mangalore eignet sich als aufstrebende Großstadt und Zentrum des Handels gut für einen Einkaufsbummel. Wer noch etwas im alten Flair schwelgen will, sollte die **Marktgassen** südwestlich der Hauptkreuzung aufsuchen.

- In der alten Markthalle des **Janatha Bazaar** ist ein kleiner **Supermarkt** ein hinreichend ausgestatteter Anlaufpunkt für Selbstversorger. Die ganze Gegend drumherum ist gepackt mit **Geschäften** und **Straßenständen,** wo alles Mögliche verkauft wird.
- Für gehobenere Ansprüche sind die teils mit westlichen Marken bestückten **Geschäfte an der Balmatta Rd.** die richtige Adresse.
- Gewohnt vielseitig ist das Angebot von **Higginbothams** (Lighthouse Hill Rd.). Neben aktuellen Buchausgaben gibt's auch Postkarten und Landkarten.

Bank

- Schneller als bei den bekannten Geldinstituten wechselt man bei **UAE Exchange** in der KS Rao Rd. (Mo–Sa 9.30–18.30 Uhr, die Filiale im Lilly's Centre in Balmatta (3. Stock) hat auch sonntags von 10 bis 13 Uhr geöffnet). Zudem sind **Trade Wings** (Tel.: 2427225) in der Lighthouse Hill Rd. und **Thomas Cook** in der Crystal Arcade (Balmatta Rd., Mo–Sa 9.30–18.30 Uhr) effizient. Alle Mo–Sa 10–17.30 bzw. 18.30 Uhr geöffnet.
- Viele **ATMs** vorwiegend an der Balmatta und der KS Rao Rd.

Post, Internet

- Das **GPO** liegt am Shetty Circle, ca. 10 Gehminuten vom Zentrum entfernt, Mo–Sa 10–19 Uhr, So 10.30–13 Uhr.
- Von vielen **Internetcafés** in der Innenstadt bauen die von **sify-i-way** (bis 22 Uhr geöffnet, 25 Rs/Std.), etwa an der KS Rao Rd. fixe Breitbandverbindungen auf.

Medizinische Versorgung

- Ein gutes Krankenhaus ist das **Kasturba Hospital** (Tel.: 0820-2571201) in Manipal. Nahe dem **KML Hospital** an der Balmatta Rd. hat eine **Apotheke** rund um die Uhr geöffnet.

An- und Weiterreise

- **Flug:** Mindestens einmal täglich fliegen **Air India** (innerindische Flüge im Airlines House, Hathill, am Lalbagh, Tel.: 2451046/7, Flughafen 2254253/4) bzw. **Jet Airways** (DS Ram Bhavan Complex, KS Rao Rd., Kodiabail, Tel.: 2440358, 2253432) nach Mumbai, Bangalore und Chennai. Auch **Kingfisher Airlines** (Büro im selben Gebäude, Tel.: 2496948, 1800-1800101) fliegt tgl. nach Bangalore. Über aktuelle Flugverbindungen informiert übersichtlich die Website www. yatra.com.
- **Bahn:** Mit der Konkan Railway entlang der Küste sind die südlich (Kerala) und nördlich (Goa) gelegenen Ziele am schnellsten per Bahn zu erreichen. Einige der Konkan Railway Züge fahren vom 5 km östlich gelegenen **Kankanadi-Bahnhof** (ca. 50/100 Rs per Riksha/Taxi sowie per Buslinien 9 und 11c). Ansonsten Abfahrt vom Hauptbahnhof im Süden der Stadt.
- **Bus:** Vom **KSRTC-Busbahnhof** (Bejaj Main Rd., Tel.: 2211243, Reservierung: 2431107) knapp 3 km nördlich der Innenstadt täglich zahlreiche Busse nach Bangalore (8 Std., AC-Volvo 420 Rs), Goa (10 Std., Panaji 300 Rs), Hassan (4 Std., 87 Rs), Kasargode (1 Std., AC 60 Rs), Karwar (8 Std., 138 Rs), Kochi (10 Std.), Madikeri (4 Std.), Mysore (7 Std., 150 Rs, Deluxe 300 Rs), Udipi (1½ Std.). Besonders für die schlechte Strecke nach Hassan sollte man einen komfortablen Bus vorziehen, etwa einen AC-Volvo für 180 Rs.

Wer den Direktbus nach Gokarna um 13 Uhr verpasst, nimmt einen der vielen Busse Richtung Goa und steigt in Kumta aus, von dort weiter mit dem Lokalbus. Wer in Goa die südlichen Strände vorzieht, sollte entsprechend frühzeitig vor dem Endziel Panaji aussteigen, sonst fährt man die Strecke zum Teil wieder zurück. Der nächste Ort zum Strandort Palolem ist Chaudi (Canacona Station); Margao ist der Ausgangspunkt für Colva und Benaulim. Auch für diese Ziele sollte man in Margao bereits in der Stadt am Municipal Garden aussteigen und nicht bis zum nördlich gelegenen Busbahnhof durchfahren.

Vom provisorischen **Private Bus Stand** gegenüber dem großen städtischen Busbahnhof fahren viele von den Privatgesellschaften eingesetzte Luxusbusse vornehmlich nachts zu weiter entfernten Zielen wie Goa, Bangalore und Kerala. Viele dieser Busunternehmen haben ihre Büros gegenüber der Milagres Church. Als eine der besten Gesellschaften gilt **Vijayanand Travels** (VRL, Tel.: 2494445, 2493536, www.vrllogistics.com).

Hospet

↗ XX/B2

Einwohner: 165.000
Vorwahl: 08394

Die Provinzhauptstadt dient den meisten Reisenden als Ausgangspunkt für das 13 km nordöstlich gelegene Hampi. Wegen der geringen Entfernung und dem besseren Hotelstandard nutzen viele Reisende den Ort als Standortquartier, um Hampi im Rahmen eines oder mehrerer Tagesausflüge zu besichtigen. Damit entgeht ihnen allerdings die einzigartige Atmosphäre dieser Ruinenstätte, die sich am besten in den frühen Morgenstunden und bei Sonnenuntergang genießen lässt. Hospet selbst ist besonders gegen Abend, wenn sich die Straßen füllen, wegen seiner unverfälschten Atmosphäre einen Spaziergang wert. Das muslimische **Muharram Festival** wird im Februar/März mit Feuerläufern und anderen Attraktionen begangen.

Information

- Das **KSTDC Tourist Office** (Tel.: 228537) am Rotary Circle ist vor allem am Verkauf der Touren nach Hampi interessiert, ansonsten wenig kompetent. Öffnungszeiten: Mo–Sa von 10 bis 17.30 Uhr, in den Sommermonaten April und Mai nur von 8 bis 13 Uhr.

In der Saison von Oktober bis März findet die **Hampi Tour** tgl. von 9.30 bis 17 Uhr statt (175 Rs, nur bei einer Mindestteilnehmerzahl von 10 Personen, also vorher erkundigen), zu anderer Zeit nur nach vorheriger Anmeldung.

Unterkunft, Essen und Trinken

- Wegen seines günstigen Preises, der zentralen Lage gegenüber dem Busbahnhof und des guten hauseigenen **Shanti Restaurant** gilt die **Vishwa Lodge** €-€€ (Tel.: 227174), etwas zurückgelegen durch eine Einfahrt zu erreichen, als gute Billigunterkunft. Dem kleinen Preis entsprechend sind die Zimmer allerdings nicht viel mehr als sehr einfache, kleine Schlafstätten für eine oder zwei Nächte, haben aber teilweise schon TV.
- Wer mehr Geld zur Verfügung hat, findet im **Hotel Priyadarshini** €€-€€€ (Tel.: 228838, www.priyainhampi.com) an der MG Rd. zwischen Bahnhof und Busbahnhof eine akzeptable, wenn auch leicht überteuerte Bleibe. Man hat die Wahl zwischen Zimmern für wenig Geld bis zu großen Zimmern mit AC, alle mit Balkon. Das angeschlossene **Gartenrestaurant Manasa** ist auf die Küche von Andhra Pradesh spezialisiert und in der Saison abends immer brechend voll. Das **Chalukya** serviert ausschließlich vegetarische Kost. Als zusätzliches Plus kann man im Reisebüro im Foyer des Hotels Tickets für die Weiterfahrt kaufen.
- Schräg gegenüber sind die teils klimatisierten Zimmer des **Hotel Yatri Niwas** €€-€€€ (Tel.: 221525) eine mindestens ebenbürtige Alternative, haben aber keinen Balkon.
- Zu Recht seit Jahren die unbestrittene Nummer 1 der Traveller-Szene ist das **Hotel Malligi** €€-€€€ (Tel.: 228101, www.malligihotels.com). Die billigen, teils klimatisierten Zimmer mit TV im alten Flügel sind einfach, aber für den Tarif durchaus in Ordnung. Wesentlich wohnlicher und wesentlich teurer sind hingegen die Zimmer im zentral klimatisierten neuen Flügel. Das schicke **Waves Restaurant** im Neubau mit ebenso leckeren wie für das nette Ambiente preiswerten indischen Gerichten ist jeden Abend gerammelt voll. Mehr Atmosphäre hat jedoch das **Madhu Paradise,** ein vegetarisches Freiluft-Restaurant im Altbau. Einziger echter Nachteil des gut geführten Hauses sind die zahllosen Moskitos, weshalb ein Mückenspray zur Grundausstattung gehören sollte. Auch ein recht großer Swimmingpool ist vorhanden und Internet ist möglich (60 Rs/Std.).
- Das **Karthik Boarding & Lodging** €€-€€€€ (Tel.: 224938, 226643) an der Sadar Patel Rd. ist ein ordentliches Hotel in ruhiger Lage. Schön wohnt man in einem der Zimmer in der Villa hinter dem Haupthaus. Das ange-

schlossene Gartenrestaurant ist recht gut, der Service allerdings lässt zu wünschen übrig.

- Im **Iceland** gibt's nordindische Snacks und Eis in guter Qualität, zudem billig.
- Nah am Busbahnhof hat **Kamdhemu Sweets** nordindische und chinesische Kost und Süßes zu kleinem Preis, leider keine Aussicht, 15.30–18.30 Uhr geschlossen.

Bank, Internet

- Neben der **State Bank of India** (Mo–Fr 10.30–16.15, Sa 10.30–13.30 Uhr) und der **Andhra Bank** (Mo–Fr 10.30 bis 14 Uhr und Sa 10.30 bis 12.30 Uhr) kann man Geld und Schecks auch bei **Neha Travels** beim Hotel Priyadarshini an der MG Rd. wechseln. Auch die Hotels Malligi und Karthik wechseln – allerdings nur für Gäste. Die State Bank of India hat auch einen **ATM,** der Master- und Maestro-Card-Besitzer zufrieden stellt. Der ATM der State Bank of Mysore akzeptiert Visa- und Maestro-Card.

- Das schnellste Internetcafé des Ortes ist wohl das **Net Café** beim Hotel Priyadarshini (40 Rs/Std.). Langsamer und halb so teuer ist das **Shree Shaya Internet** am Rotary Circle. Beide sind bis 22 Uhr geöffnet.

Medizinische Versorgung

- Im Falle des Falles stehen das **Hospet Hospital,** dort *Dr. Ashar* (Tel.: 228812), und *Dr. Vasthad* (Tel.: 227666) im **Medinova Hospital** (Tel.: 225789) zur Verfügung.

An- und Weiterreise

- **Bahn:** Vom 1 km nördlich des Zentrums gelegenen Bahnhof (15 Rs per Riksha) tgl. ein Direktzug (16591 Hampi Exp., Abf. 20.30 Uhr) nach Bangalore (9 Std.). Weitere Expresszüge vom 3 Std. entfernten Guntakal. Nach Goa gibt's 4x wöchentlich Direktverbindungen (18047 Amaravati Exp., Abf. 6.30 Uhr, Ank. in Madgaon 13.55 Uhr), ansonsten über Hubli. Nach Badami und Bijapur zunächst nach Gadag (alle Hubli-Züge halten dort), von dort weiter per Bahn oder Bus. Man sollte sich nicht von den aufdringlichen Riksha-Fahrern einwickeln lassen: Jede Fahrt innerhalb Hospets kostet nicht mehr als 20 Rs.
- **Bus:** Vom zentral gelegenen Busbahnhof (Tel.: 228441) tgl. zahlreiche Verbindungen nach Bangalore (9 Std., Ordinary/Deluxe 320/400 Rs), Bijapur (6 Std., 130 Rs), Hubli (5 Std., 85 Rs), Hyderabad (11 Std., 6 Nachtbusse, 350 Rs Deluxe), Mysore (8 Std.). Nach Bidar und Mangalore (beide etwa 10 Std., um 200 Rs) nur je ein bis zwei Direktbusse täglich. Der einzige Direktbus nach Hassan fährt um 7.30 Uhr, ansonsten über Shimoga (5 Std). Busse nach Panaji über Margao und Vasco da Gama in Goa (11 Std., 215 Rs) frühmorgens, nach Margao um 19 Uhr und 19.30 Uhr. Wer einen der beiden Direktbusse nach Badami (6 Std., 130 Rs) verpasst, sollte zuerst mit einem der vielen Busse nach Ilkal oder Gadag fahren, von wo es zahlreiche Verbindungen nach Badami gibt. Nach Gokarna zunächst bis Hubli (4½ Std., 85 Rs), dort einen Anschlussbus besteigen.

Zusätzlich verkehrt eine Vielzahl von **Nachtbussen nach Goa,** die von privaten Busgesellschaften, etwa Paulo Travels beim Hotel Priyadarshini (Tel.: 225867, www.paulotravels.com) eingesetzt werden. Wer sich für eine Busfahrt entscheidet, sollte die teureren, aber auch wesentlich komfortablen Volvo-Busse vorziehen. Die klimatisierten Busse sind entweder als Sleeper oder Semi-Sleeper (600/650 Rs) zu haben, wobei die zweitgenannten für die meisten weniger schlafraubend sind als die mit Kojen, in denen man wenig Halt findet und recht heftig hin- und her geschleudert wird. Ob es sich allerdings lohnt, einen der in vielen Unterkünften angebotenen „Super-Deluxe-Sleeping-Busse" nach Goa (über Ankola nahe Gokarna) zu buchen, scheint mehr als fraglich. Super Deluxe sind häufig nur die Preise (450 Rs Schlafplatz, 400 Rs Sitzplatz), während die mit einzelnen Kabinen versehenen Busse oft einen klapprigen Eindruck machen. Zugverbindungen sind vorzuziehen. Vijayanand Travels (Tel.: 226029) nahe der Vikas Bank fährt tgl. um 18 Uhr nach Mumbai (700–800 Rs).

Nach **Hampi** fahren von Sonnenauf- bis Sonnenuntergang alle halbe Stunde in 30 Minuten Busse (13 Rs, Steig 10). Riksha-Fahrer verlangen für die Hin- und Rückfahrt 200 Rs, für die einfache Fahrt ohne Wartezeit etwa 60 Rs, der Bus ist wesentlich billiger. Eine Riksha vom Zentrum des Dorfs zum nördlich gelegenen Bahnhof sollte nicht mehr als 10 Rs kosten.

- Nur etwas für Hartgesottene ist die **Fahrradfahrt nach Hampi,** mit Besichtigung und Rückfahrt am gleichen Tag. Mieträder werden an vielen Ständen angeboten.

Prozessionswagen-Skulptur am Vitthala-Swami-Tempel in Hampi

Highlight: Hampi

↗ XX/B2

Vorwahl: 08394

„Als ich auf einen Hügel stieg, sah ich nicht alles, da die Stadt zwischen mehreren Hügeln eingebettet ist. Sie schien mir von dort oben aus so groß wie Rom und war herrlich anzusehen. (...) Unterhalb des Mauerviertels fließt ein kleiner Fluss und ziehen sich Gärten mit vielen Obstbäumen entlang, meist Mangobäume, Betelnußpalmen sowie Brotfrucht-, Limonen- und Orangenbäume, die so eng stehen, daß sie wie ein dichter Wald aussehen, und nicht zu vergessen die Weinstöcke mit ihren gelben Trauben. (...) Die Stadt hat so viele Einwohner, daß ich keine Zahl nennen möchte, weil ich befürchten müßte, daß man sie für erdichtet hält, aber ich versichere, daß keine Truppe, zu Pferd oder zu Fuß, sich durch irgendeine Straße oder eine Gasse ihren Weg bahnen könnte, so viel sind der Menschen und Elefanten."

Der portugiesische Kaufmann *Domingo Paes* im Jahr 1503

„Überall werden Rosen verkauft. Ohne Rosen können die Leute nicht leben, sie sind so nötig wie das Essen. Die Geschäfte stehen dicht gedrängt, jede Klasse und Berufsgruppe hat ihre eigenen Läden; die Goldschmiede verkaufen öffentlich Perlen, Rubine, Smaragde und Diamanten. Viele Bäche durchrieseln die schöne Stadt und den Königspalast, desgleichen auch zahlreiche ausgemeißelte Wasserkanäle aus polierten Steinen."

Der persische Botschafter *Abdu'r-Razzaq* im Jahr 1443

Viele weitere historische Augenzeugenberichte ließen sich anführen, die vom Glanz **Vijayanagars** schwärmen, der ehemaligen **Hauptstadt des letzten großen Hindu-Reiches** Südindiens vor Ankunft der muslimischen Eroberer. Die „Siegesstadt" war in ihrer Blütezeit im 15. Jh. bis zu ihrem Untergang im Jahr 1565 Ziel vieler europäischer Handelsreisender.

Die Tempel sind heute zum großen Teil zerstört, an Stelle des Königspalastes stehen heute armselige Hütten, statt mit Rubinen und Smaragden handelt die verarmte Dorfbevölkerung mit Obst und Gemüse. Aus der strahlenden Weltstadt Vijayanagar wurde das unscheinbare Dorf Hampi – was blieb, ist eine von diesem magischen Ort ausgehende, einzigartige Faszination.

Viele reisen nach Hampi in der Absicht, die auf einem Gelände von 26 km² verstreuten **Tempel und Paläste** innerhalb von einem oder maximal zwei Tagen zu besichtigen – und bleiben viel länger, weil sie dem unvergleichlichen Charme erliegen. Neben den kunsthistorisch einzigartigen Baudenkmälern sind es die von **großen Granitfelsen und grünen Oasen** durchsetzte, archaisch anmutende Landschaft, die zeitlosen Bilder der Pilger und Sadhus, die ihre farbenfrohen Kleider im Tungabhadra-Fluss waschen, das allgegenwärtige Klingeln der Tempelglocken und das magische Licht zum Sonnenuntergang, die einen nicht wieder loslassen.

Leider wird das ansonsten von Friedfertigkeit und Ruhe gekennzeichnete Hampi von Dezember bis Februar von Tausenden **vergnügungssüchtiger Traveller aus Goa** heimgesucht. Neben dem in aller Öffentlichkeit konsumierten Rauschgift sind dann speziell in den Vollmondnächten Techno-Parties der große Renner. In völliger Verkennung der Bedeutung Hampis als einer höchst religiösen Stätte treten viele Traveller in ihrer hedonistischen Vergnügungssucht spärlich bekleidet die Kultur der Einheimischen mit Füßen. Kein Wunder, dass diese „Unkultur" auch eine Reihe unschöner Begleiterscheinungen nach sich gezogen hat. **Diebstähle und Überfälle** sind inzwischen ein so akutes Problem, dass sich jeder Neuankömmling bei der Ankunft registrieren lassen muss.

Dies ändert jedoch nichts daran, dass das 1986 zum **Weltkulturerbe** erklärte Hampi zu den beeindruckendsten Sehenswürdigkeiten ganz Indiens gehört. Nur in wenigen anderen Orten wie etwa Varanasi oder Pushkar meint man dem „Ewigen Indien" so nahe zu sein wie hier. Für jene, die genügend Zeit und Muße mitbringen, um den Ort auf sich wirken zu lassen, wird der Besuch ein unvergessliches Erlebnis sein.

Geschichte

Zwei Brüder stehen am Anfang der ungewöhnlichen Erfolgsgeschichte Vijayanagars. *Harihara* und *Bukka* waren als Schatzmeister des unabhängigen Reichs **Kampila** zu Einfluss gekommen, welches als Vorgängerstaat Vijayanagars nur 20 km östlich des heutigen Hampi lag. Im Jahr **1327,** nach der Niederlage Kampilas gegen die **muslimische Tughluq-Dynastie** aus Delhi, gerieten die Brüder in Gefangenschaft, wo sie angeblich zum Islam übertraten. In dem Glauben, damit seien sie auch zu treuen Gefolgsleuten geworden, schickte sie *Muhammad-bin-Tughluq* wieder nach Kampila, wo der inzwischen regierende muslimische Stadthalter wegen der außer Kontrolle geratenen Aufstände um Hilfe aus Delhi gesucht hatte. Tatsächlich erwiesen sich die beiden hinduistischen Prinzen als erfolgreiche Feldherren. Nachdem sie jedoch die Rebellionen niedergeschlagen hatten, sagten sie sich von Delhi los und gründeten ihr eigenes, unabhängiges Königreich mit der **Hauptstadt Vijayanagar.**

Innerhalb weniger Jahre ließen die militärische Härte, das wirtschaftliche Geschick und die administrative Weitsicht von Harihara und Bukka das Reich zur **führenden Regionalmacht im Süden Indiens** aufsteigen. Unter der Regentschaft von *Devaraya II.* (1422–46) sollen die Grenzen von der Malabar-Küste im Westen bis Orissa im Osten und von der Südspitze Indiens bis nach Gulbarga im Norden gereicht haben.

Eine der Grundlagen des Erfolges war die Anlage eines ausgeklügelten **Bewässerungssystems,** welches neben der Trinkwasserversorgung auch die Bewässerung der kultivierten Felder sicherstellte – eine technische Meisterleistung für die damalige Zeit. Der auf dem Anbau von **Baumwolle** und dem Handel mit **Edelsteinen und Gewürzen** basierende Reichtum ermöglichte den Königen von Vijayanagar den Bau großartiger **Tempelanlagen und Paläste.**

Den Höhepunkt der Macht und die größte Ausdehnung erreichte Vijayanagar unter der Regentschaft von *Krishnadeva Raya* (1509–29). Zu jener Zeit sollen sogar das heutige Myanmar und Sri Lanka tributpflichtig gewesen sein. Auf welch imperialer militärischer und finanzieller Basis das Reich zu jener Zeit stand, belegt ein Zitat des bereits erwähnten Portugiesen *Domingo Paes:* „Der König unterhält ständig 50.000 besoldete Soldaten, darunter 6.000 Reiter, die zur Palastgarde gehören. (...) Er besitzt 20.000 Speer- und Schildträger, außerdem 2.000 Handwerker, wie Hufschmiede, Maurer, Zimmerleute und Wäscher."

Die gesamte militärische Stärke war jedoch vergeblich, als König *Rama Raya* den verhängnisvollen Fehler beging, die untereinander verfeindeten Moslemreiche der Region gegeneinander ausspielen zu wollen. Als Folge schlossen sich die Armeen der Sultanate Bidar, Golgonda, Ahmadnagar und Bijapur zu einer gemeinsamen Front gegen das letzte verbliebene Hindu-Reich im Süden zusammen. Die **Schlacht am 25. Januar 1565** in der Nähe der Städte Tangdi und Rakshasi, 100 km nördlich der Hauptstadt, endete in einer **katastrophalen Niederlage,** der auch König Rama Raya zum Opfer fiel.

Drei Tage später erreichte die siegreiche Armee die Stadt, aus der bereits ein Großteil der Bewohner geflohen

Sicherheitshinweise für Hampi

Im Schlepptau der in den letzten Jahren deutlich gestiegenen Touristenzahlen haben sich auch einige zwielichtige Gestalten in Hampi angesiedelt. Das weitläufige und unübersichtliche Ruinengelände mit den verstreut in der Landschaft gelegenen Sehenswürdigkeiten ist geradezu ideal, um allein umherwandernde Besucher zu überraschen und danach wieder unterzutauchen. Besonders die Region um den Matanga Hill und die abgelegenen Gegenden am Tungabhadra-Fluss gelten als problematisch. Zur Panik besteht aber sicherlich kein Anlass, zumal in letzter Zeit vermehrt Polizeistreifen durch die am meisten begangenen Pfade unterwegs sind. Dennoch gilt es einige **Vorsichtsmaßnahmen** zu beachten:

- **Wertsachen** sollten im Schließfach des Guest House zurückgelassen werden.
- Vor allem nach Sonnenuntergang sollte man, wenn überhaupt, **nicht allein,** sondern nur mit anderen Reisenden umherwandern.
- Niemals von Fremden Essen, Getränke oder Genussmittel annehmen – sie könnten **einschläfernde Mittel** enthalten.
- Darüber hinaus ist das Konsumieren von **Haschisch** verboten und kann mit einer saftigen Geldstrafe oder einer Haftstrafe geahndet werden.
- Vom Busbahnhof startende **Sammelriksha-Fahrer** fordern von unwissenden westlichen Touristen oft weit überhöhte Preise für die Fahrt nach Hospet (bis zu 50 Rs). Der offizielle Preis beträgt 13 Rs. Man sollte auch nicht mehr zahlen. Falls der Fahrer die Mitnahme dann verweigert, steht immer noch der halbstündig abfahrende Bus bereit.
- Auch vor einigen **Ohrsäuberern** sei gewarnt, die oft viel zuviel verlangen (bis zu 1.000 Rs) und gelegentlich nicht grade fachgerecht zu Werke gehen.
- Schließlich ist es eine leider immer häufiger auftretende Unsitte vieler Traveller, mit **nacktem Oberkörper** herumzulaufen. Abgesehen davon, dass sie damit die einheimischen Sitten missachten, setzen sie sich der Gefahr eines Moskitostiches aus. Hampi ist **Malariagebiet** und dementsprechend „zugeknöpft" sollte man sich kleiden. Die frei bleibenden Körperstellen wie Hände und Füße sind mit Mückenschutzmittel einzureiben. Dies ist besonders von den aus Goa anreisenden Touristen zu beachten, die möglicherweise ein freizügigeres Auftreten gewöhnt sind.

war. Was folgte, war eine über mehrere Wochen andauernde Plünderung und Brandschatzung. Gold und Juwelen wurden aus den Palästen, Tempeln und Läden der Händler kübelweise abtransportiert. Einer der Diamanten soll, glaubt man einem portugiesischen Chronisten, „so groß wie ein Hühnerei" gewesen sein. Der Jagd nach Schätzen folgten die Brecheisen und Äxte der Kulturschänder. Viele Tempel und Paläste fielen der muslimischen Zerstörungswut zum Opfer, eine Katastrophe, von der sich die einstige „Siegesstadt" nie wieder erholen sollte.

Orientierung

Die über eine **Fläche von 26 km²** verteilten Ruinen lassen sich in drei Bereiche aufteilen: In dem als **Hampi Bazaar** bezeichneten Ortszentrum mit dem Virupaksha-Tempel als Mittelpunkt befinden sich die meisten Guest Houses, Restaurants und das Museum. Nordwestlich hiervon und zu Fuß problemlos zu erreichen ist das Gebiet entlang des **Tungabhadra-Flusses** (in dem schon Krokodile gesichtet wurden) zwischen dem Matanga Hill und dem Vitthala-Tempel. Drei Kilometer südlich (nordwestlich an das Dorf Kamalapuram anknüpfend) erstreckt sich der **„Königliche Bereich".** Wie es der Name vermuten lässt, handelt es sich hier vornehmlich um die Reste der königlichen Repräsentationsbauten wie Paläste, Bäder, Empfangshallen und Stallungen.

Die Reihenfolge der Beschreibung der Sehenswürdigkeiten richtet sich nach dem von den meisten Besuchern bevorzugten Rundgang. Dieser beginnt in Hampi Bazaar und „arbeitet" sich danach über die Felsformationen zu den einzelnen Tempeln entlang des Tungabhadra vor, um schließlich im kleinen Dorf Anegondi auf der anderen Flussseite zu enden. Einen ganzen Tag sollte man für diese Besichtigung mindestens einkalkulieren. Einen weiteren Tag benötigt man für die „Königlichen Anlagen" nördlich des Örtchens Kamalapuram.

Von Hampi Bazaar über Anegondi zum Ragunatha-Tempel

Virupaksha-Tempel

Der den Ort überragende Virupaksha-Tempel ist das Ziel fast aller Pilger. Besonders eindrucksvoll ist ein Besuch zu den **offiziellen Gebetszeiten** von 6.30 bis 8 Uhr und 18.30 bis 22 Uhr, wenn der große Tempelhof von den Gesängen der Gläubigen und dem Läuten der Tempelglocken beherrscht wird.

Geweiht ist das Heiligtum **Shiva** in seiner Inkarnation als „Herr und Meister des Flusses". Dies geht auf einen alten Lokalkult zu Ehren eines Flussgottes zurück, der später mit Shiva gleichgesetzt wurde. Das gewaltige Heiligtum liegt im Zentrum einer von Granitpfeilern und langen, gedeckten Gängen gebildeten Umfassungsmauer. Vier an den Kardinalpunkten errichtete, etwa 50 m hohe *gopurams* bilden die weithin sichtbaren Eingänge. Das **östliche Haupttor** besteht aus neun Geschossen. Die trapezförmigen Stufen des Daches erheben sich auf einem mächtigen Granitsockel. Die Skulpturen an der Turmfassade stellen die Bewohner des himmlischen Wohnsitzes dar, den der mit zahlreichen Miniaturtempeln durchsetzte *gopuram* symbolisieren soll. In Gestaltung und Modellierung sind die stucküberzogenen Skulpturen im Detail wenig ausgearbeitet, was sich besonders bei den erotischen Darstellungen zeigt.

Hinter der Umfassungsmauer erhebt sich ein weiterer, wesentlich kleinerer Torbau, der in den nächsten Hof führt. In dessen Mitte steht der 1520 in Erinnerung an einen Sieg über die Muslime errichtete **Pampapati-Swami-Tempel.** Es folgt ein zur Umschreitung des Kultbildes angelegter, gedeckter Gang. Die Basis der Pfeiler bilden **Löwenskulpturen,** mit denen eine etwa 800 Jahre früher in Mahabalipuram begründete Tradition aufgegriffen wurde.

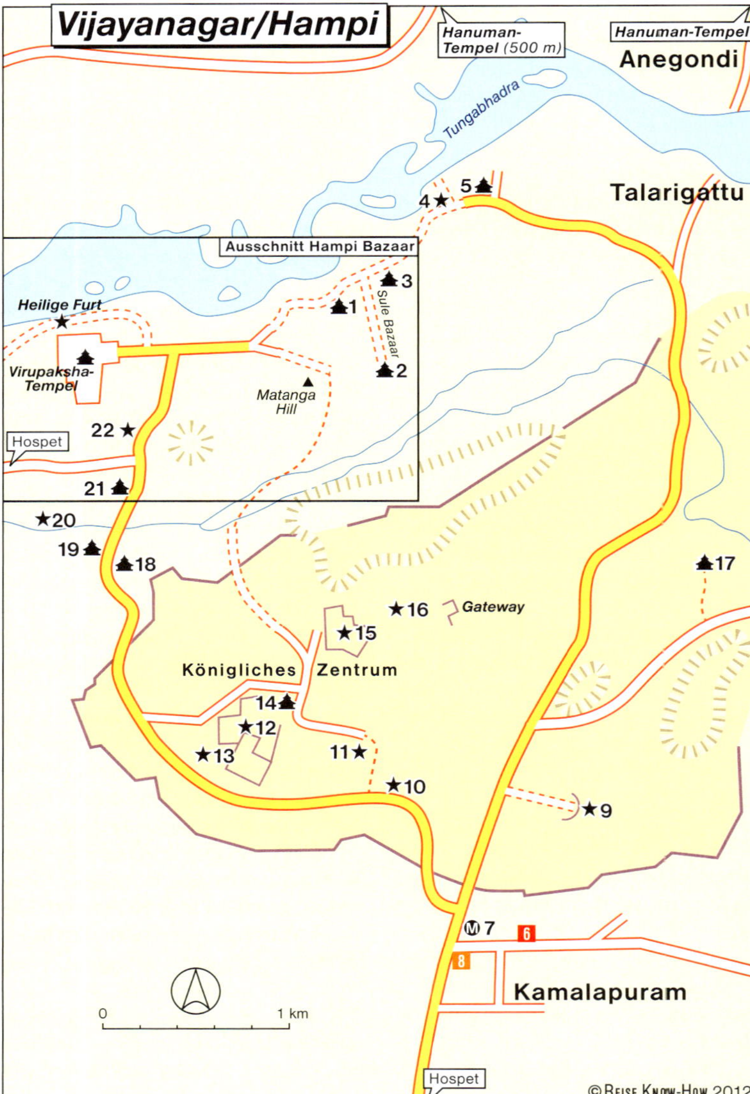

Vijayanagar/Hampi
Hanuman-Tempel (500 m)
Hanuman-Tempel
Anegondi
Tungabhadra
Talarigattu
5
4
Ausschnitt Hampi Bazaar
3
1
Sule Bazaar
2
Heilige Furt
Virupaksha-Tempel
Matanga Hill
22
Hospet
21
20
19
18
17
16
Gateway
15
Königliches Zentrum
14
12
13
11
10
9
7
6
8
Kamalapuram
0
1 km
Hospet
© Reise Know-How 2012

- 1 Kodanda-Rama-Tempel
- 2 Achuta-Raya-Tempel
- 3 Rama-Tempel
- ★ 4 King's Balance
- 5 Vitthala-Swami-Tempel
- Ⓜ 7 Archäologisches Museum
- ★ 9 Bhima's Gate
- ★ 10 Queen's Bath
- ★ 11 Mahanavami Dibba
- ★ 12 Audienzhalle des Königs
- ★ 13 Danaik-Komplex
- 14 Hazara-Rama-Tempel
- ★ 15 Zenana und Lotus Mahal
- ★ 16 Elefantenställe
- 17 Malyavanta Raghunatha Tempel
- 18 Uddhana-Virabhadra-Tempel
- 19 Chandeshvara-Tempel
- ★ 20 Monolith-Skulptur Vishnus
- 21 Shiva-Tempel
- ★ 22 Krishna-Tempel und Ganesha-Skulpturen

Unterkunft
6 Hotel Mayura Bhuvaneshwari

Verkehr
8 Busbahnhof Kamalapuram

Allerdings hat sich ihr Stil insofern verändert, als die realistischen Formen einer expressionistischen Gestaltungsweise gewichen sind. Die Decke des von dem Wandelgang umschlossenen großen Tanz- und Versammlungssaals *(mandapa)* wird von zahlreichen monolithischen Säulen getragen. Ein **Nandi-Bulle aus Messing** bewacht den Eingang zum Sanktum, in dem ein **Shiva-Lingam** steht. Im hinteren Hofbereich befindet sich ein flaches, fensterloses Gebäude mit einem niedrigen *garbhagriha,* dessen kleiner *shikara* einen Gegensatz zu den gewaltigen Türmen der Außentore bildet.

● Wer etwa 30–50 Rs (Verhandlungssache) ausgeben möchte, sollte sich einen der überall bereitstehenden **Tempelguides** nehmen, die einen auch bis auf das Tempeldach führen können, von wo sich sehr schöne Aussichten bieten. **Eintritt** 2 Rs, Kamera 50 Rs, Video saftige 500 Rs.

Hemakuti Hill

Der sich südlich an den Virupaksha-Tempel anschließende Hemakuti-Hügel ist allabendlich Treffpunkt der Rucksackszene. Die wunderschöne Aussicht über die im sanften Licht der Abendsonne liegenden Felder und Tempelruinen sollte man sich nicht entgehen lassen. Viele Traveller scheinen sich die magische Stimmung mit dem Genuss eines Joints verschönern zu wollen. Der süßliche Duft durchzieht die Überreste der zwischen dem 9. und 10. Jh. auf dem Hügel errichteten Tempelruinen.

Hampi Bazaar

Verlässt man den Virupaksha-Tempel wieder durch den Haupteingang im Osten, gelangt man zum **Ortszentrum.** Auf der Seite Richtung Fluss hat sich auf der Höhe zwischen Tempel und Busbahnhof ein Großteil der auf die Bedürfnisse der Traveller-Gemeinde zugeschnittenen **Läden** angesiedelt. Kaum eines der einfachen Häuschen, welches nicht ein Guest House, Restaurant oder Reisebüro, einen Souvenirshop oder Kiosk beherbergt. Die sich etwa 800 Meter nach Osten erstreckende, ca. zehn Meter breite, als Hampi Bazaar bezeichnete Straße wird zu beiden Seiten von Überresten ehemaliger **Villen** flankiert, die heute von der Dorfbevölkerung als Wohnhäuser genutzt werden. Ein riesiger,

aus einem Granitfelsen gehauener Nandi-Bulle und eine Halle mit fein skulpturierten Säulen markieren das Ende der ehemaligen Prachtstraße.

Matanga Hill

Nicht entgehen lassen sollte man sich den unmittelbar dahinter beginnenden, recht anstrengenden Aufstieg zum Matanga Hill. Für die Mühen wird man mit einem **grandiosen Rundblick** über die weitläufige Ruinenstätte und die fantastische Landschaft belohnt. Frühaufsteher können auf dieser hohen Warte traumhaft schöne Sonnenaufgänge erleben. In dem kleinen Tempel auf dem Gipfel wird Viabhadra, eine der über 1.000 Erscheinungsformen Shivas, verehrt. Auf der Rückseite des Hügels führt eine gewaltige, aus aufgeschichteten Steinen bestehende Stiege den Hügel hinunter; unten angekommen, kann man links an einer Bananen-Plantage wieder zum Ausgangspunkt zurückkehren – ein hübscher, kurzer Spaziergang.

Vom Matanga Hill eröffnet sich ein weiter Ausblick nach Osten auf den Achuta-Raya-Tempel und die archaisch anmutende Umgebung Hampis

Am Fluss entlang

Der kleine, ausgeschilderte Pfad, der am östlichen Ende von Hampi Bazaar links (nach Norden) abzweigt, führt nach ca. 500 m zu den heiligen **Bade-**

Ghats. Entlang des Weges über das Felsplateau passiert man mehrere Schreine und Tempel. Der **Kodanda-Rama-Tempel** fällt schon von weitem wegen der vielen sich hier aufhaltenden **Affen** auf. Im *garbhagriha* findet sich ein besonders schön gearbeitetes Relief mit Darstellungen von Rama, seiner Frau Sita und seinem Bruder Lakshmana, drei der bedeutendsten Akteure des Ramayana-Epos. Der Getränkestand neben dem bei Pilgern hoch verehrten kleinen Tempel lädt zu einer Pause ein.

Folgt man dem Weg entlang des Flusses, zweigt rechts (nach Süden) ein als **Sule Bazaar** bezeichneter Weg ab, der an dem beeindruckenden **Achuta-Raya-Tempel** endet. Der vom gleichnamigen König Mitte des 16. Jh. errichtete Bau ist zwar zum großen Teil zerstört, doch allein die gewaltigen Ausmaße des Eingangstores lassen die einstige Bedeutung und Größe erkennen. Die verwunschene Lage am Fuß des Matanga-Hügels verleihen dem Ort eine ganz eigene Atmosphäre.

Wieder auf dem Hauptweg und weiter Richtung Vitthala-Swami-Tempel passiert man den **Rama-Tempel** mit schön gearbeiteten Reliefs und einer hohen Säule vor dem Eingang. In der gegenüber dem Tempel zu sehenden Felsspalte, **„Sugrivas Höhle“,** soll der Affenkönig Sugriva die Juwelen für Sita aufbewahrt haben ...

Weiter Richtung Osten gelangt man zu zwei hübsch verzierten Säulen, die einen Querbalken tragen, an dessen Unterseite drei Haken zu erkennen sind. An dieser als **King's Balance** bezeichneten Konstruktion sollen die Könige zu speziellen Anlässen mit Edelsteinen und edlen Metallen aufgewogen worden sein. Danach wurden die Schmuckstücke unter den Geistlichen verteilt – eine wenig soziale Form der Umverteilung, wenn man bedenkt, dass der Reichtum der Könige von den hart arbeitenden Bauern erarbeitet wurde.

Vitthala-Swami-Tempel

Der von dem großen *Krishnadeva Raya* zur Blütezeit Vijayanagars Anfang des 16. Jh. erbaute Vitthala-Swami-Tempel, etwa 1½ Kilometer von Hampi Bazaar entfernt, ist ein Meisterwerk der mittelalterlichen Baukunst Indiens. Sein rechteckiger, deutlich vom Brihadeshvara-Tempel in Tanjore beeinflusster Grundriss hat ein Ausmaß von 165x100 m. Die Umfassungsmauer, an die sich ein gedeckter Gang mit drei Grundpfeilerreihen anschließt, wird durch drei Tortürme unterbrochen, die die Eingänge markieren. Vor der *cella* und dem quadratischen *mandapa* befindet sich ein großer, luftiger *ardha-mandapa*.

Von besonderem Interesse ist der Vishnu in seiner Inkarnation als Vithoba gewidmete Tempel wegen seiner ungewöhnlichen **Pfeiler.** Die quadratischen Stützen bilden eine Einheit mit Figuren von sich aufbäumenden **Elefanten,** die von Kriegern geritten werden. Unter den Elefanten sind *makaras* zu erkennen, **Fabelwesen,** die eine Mischung aus Fischen, Delfinen und Krokodilen darstellen. Die Kunstfertigkeit der Steinmetze und Bildhauer zeigt sich auch in den ebenfalls monolithischen Säulenbündeln aus je vier schlanken Stützen, die auf einem aus vier kleinen, sitzenden **Löwenfiguren** bestehenden, quadratischen Sockel ruhen. Diese Granitsäulen tragen ein weit vorspringendes Dach.

Im Hof des Vitthala-Swami-Tempels steht ein Tempelbau in Form eines **Prozessionswagens** *(ratha)* mit vier großen Rädern. Er ist die steinerne Umsetzung der großen hölzernen Wagen, die noch heute für die Prozession um die Stadt benutzt werden.

● Der Tempel ist von 8.30 bis 17.30 Uhr geöffnet. **Eintritt** zum Vitthala-Swami-Tempel beträgt 250 Rs, Kamera und Video jeweils 25 Rs. Er schließt auch die Elefantenställe ein, daher die Eintrittskarte aufheben (nur einen Tag gültig).

Rund um Anegondi

Verlässt man den Tempelkomplex in östlicher Richtung, gelangt man nach etwa 800 m zum Dorf **Talarigattu.** Von hier kann man sich mit einem der kleinen Nussschalen ähnelnden Ruderboote *(puttis)* zum auf der anderen Flussseite gelegenen Dorf **Anegondi** übersetzen lassen. Eine Brücke war zur Recherchezeit im Bau. Es wird angenommen, dass die Herrscher von Vijayanagar hier siedelten, bevor sie ihre glanzvolle Hauptstadt auf der anderen Seite gründeten. Mehr als wegen der im Dorf und der Umgebung verstreuten Überreste von Tempeln, Palästen und Festungsanlagen lohnt der Abstecher wegen der im Vergleich zu Hampi Bazaar noch weltabgeschiedeneren Atmosphäre.

Ein längerer Ausflug von Anegondi, wo in letzter Zeit auch einige Guest Houses eröffnet wurden, führt Richtung Westen zum **Pampla Sarovar,** einem verwunschenen kleinen Ort mit Badestelle und Tempel. Speziell zum Sonnenuntergang lohnt der Besuch des Tempels **Hanuman Mandir,** von dem sich eine sehr schöne Aussicht bietet.

Wer jetzt noch über genügend Energie und Interesse verfügt, kann zum Dorf Talarigattu zurückkehren und dort der Straße nach Westen Richtung Kamalapuram folgen. Etwa auf halber Strecke führt ein links abzweigender Pfad zu dem am Fuße des Malyavanta-Hügels platzierten **Ragunatha-Tempel.** Das dreigeschossige östliche Eingangstor führt zum Innenhof des im 16. Jh. erbauten Heiligtums. Im Sanktum steht ein interessantes Relief mit Rama, Sita, dem vor ihnen knieenden Hanuman und Lakshman in stehender Position.

Königliches Zentrum

Die etwa drei Kilometer südlich von Hampi Bazaar gelegenen Überreste der königlichen Bauten (alle von 8.30 bis 17.30 Uhr geöffnet) sind zum großen Teil nur noch als Ruinen erhalten. Um sich einen Überblick über die Anlage der Stadt und die Anordnung der einzelnen Gebäude zu verschaffen, lohnt vor der eigentlichen Erkundung der weitläufigen Ausgrabungsstätte ein Besuch des **Archäologischen Museums** in Kamalapuram, in dem ein sehr gutes Modell der königlichen Gebäude zu besichtigen ist. Das nur knapp zwei Gehminuten vom Busbahnhof entfernte Gebäude ist täglich außer Freitag von 10 bis 17 Uhr geöffnet (Eintritt 5 Rs). Rikshas für das gesamte Königliche Zentrum sind für ca. 250 Rs für den halben Tag zu erhalten.

Queen's Bath

Ursprünglich waren die verschiedenen Bereiche des königlichen Zentrums, welches man sich als eine Art Regierungszentrum und Privatwohnsitz des Königs vorstellen muss, von sieben Stadtmauern umschlossen, von denen heute nur noch einige spärliche Überreste erhalten sind. Als erstes Gebäude des vom Dorf Kamalapuram Richtung Nordwesten führenden Weges gelangt man zum **Bad der Königin.** Der von außen schmucklose Bau gefällt durch ein 15 m² großes **Wasserbecken** im Inneren mit umlaufenden Korridoren und gelungenen Stuckarbeiten an den Kuppeln. Unter den hübschen Balkonen suchten die Damen des Hofes beim täglichen Bad Schutz vor der Sonne.

Mahanavami Dibba

Als nächstes folgt mit dem Mahanavami Dibba eines der nicht nur wegen seiner Ausmaße beeindruckendsten Gebäude des königlichen Zentrums. Hierbei handelt es sich um die Basis eines darüber errichteten, prunkvollen, mehrgeschossigen **Holzpavillons,** von dem König *Krishnadeva Raya* öffentlichen Empfängen, Paraden und Musik- und Tanzvorführungen beigewohnt haben soll. Der häufig zu findene Name **„Haus des Sieges"** geht auf den Portugiesen *Domingo Paes* zurück, laut dessen Reiseaufzeichnungen der König den später durch ein Feuer zerstörten Holzpalast anlässlich einer siegreichen Schlacht gegen die Truppen Orissas errichtet haben soll.

Die drei pyramidenartig ansteigenden Plattformen aus Granit gefallen besonders wegen ihrer reich ornamentierten Flachreliefs. Zu sehen sind unter anderem königliche Prozessionen, Militärparaden, Elefantenkämpfe, Musikanten und Szenen des täglichen Lebens. Nicht zufällig sind die Steinmetzarbeiten an der westlichen Seite besonders beeindruckend, betrat doch der König von hier die Plattform. Die wegen ihrer konischen Hüte und Schwerter als Repräsentanten Chinas gedeuteten Personen an der östlichen Seite belegen die diplomatische Bedeutung Vijayanagars zur Zeit seiner größten Machtausdehnung im 16. Jh. Über die Funktion der nordwestlich des Mahanavami Dibba freigelegten unterirdischen Kammer aus grünem Kalk herrscht bis heute Ungewissheit.

Audienzhalle

Auch von der ehemaligen Audienzhalle des Königs knapp 140 m westlich blieb nur die Basis erhalten. Ursprünglich muss es sich hierbei um eines der größten und beeindruckendsten Gebäude gehandelt haben, wie die noch erhaltenen Sockel einer **100-Säulen-Halle** erkennen lassen. Der durch eine Einfriedung gekennzeichnete Raum zwischen der Audienzhalle und dem

Mahanavami Dibba war Schauplatz der öffentlichen Prozessionen und Paraden. Die bedeutendste Zeremonie des Jahres war das jeweils im September stattfindende Mahanavami-Fest. Anlässlich der neuntägigen Festivitäten, zu denen alle Noblen des Reiches dem König ihre Aufwartung machten, wurden mehrere Hundert Wasserbüffel und Schafe geopfert.

Bei dem kleinen **Hazara-Rama-Tempel** nördlich der Audienzhalle fallen besonders die Friese an den Außenmauern und die gedrechselten Säulen im *mandapa* ins Auge. Auch die Wände des benachbarten Schreins und die Innenseite der die Anlage umlaufenden Mauer sind reich mit Szenen aus dem Ramayana verziert.

Wohnbereich der Frauen

Die zahlreichen, ebenfalls von einer Mauer umschlossenen Gebäude nördlich hiervon werden allgemein als **Zenana,** also als Wohnbereich der Frauen des königlichen Hofes, bezeichnet. Mit dem **Lotus Mahal** findet sich der schönste Bau des Zenana im Zentrum. Der elegante zweigeschossige Pavillon vereint hinduistische und muslimische Stilelemente auf harmonische Weise. Leider ist von den reichen Stuckarbeiten an der Außenfassade kaum etwas erhalten geblieben. Im schmucklosen Inneren mit seinen 24 quadratischen Säulen führt eine heute nicht mehr zugängliche Treppe zum oberen Stockwerk. Von hier bietet sich ein schöner Blick auf die Balkone und Bögen.

Elefantenställe

Nordwestlich vom Zenana-Bezirk steht ein langgezogener, eleganter Gebäudekomplex, welcher als Stallungen für die Elefanten interpretiert wird. Die insgesamt elf Ställe machen mit ihren hohen, bogenförmigen Eingängen und den unterschiedlich gestalteten Kuppeldächern einen fast schon palastartigen Eindruck. Sie betonen damit die herausragende Bedeutung der Elefanten als Repräsentanten der königlichen Macht und Würde.

- Der **Eintritt** zum Lotus Mahal/Zenana und zu den Elefantenställen beträgt 250 Rs für beide zusammen, Video 25 Rs. Er gilt auch für den Vitthala-Swami-Tempel am selben Tag. Also das Ticket aufbewahren!

Danaik-Komplex

Der Danaik-Komplex südwestlich des Hazara-Rama-Tempels ist ein etwas unübersichtlicher, von mehreren Mauern durchzogener Gebäudekomplex. Neben einem 33 x 20 m großen Sockel, der eventuell als Basis eines weiteren Palastes gedient haben könnte, fällt eine große **Säulenhalle** im Südosten der Anlage auf. Die Bezeichnung *igdah* (Moschee) erscheint wegen der nördlichen Ausrichtung des Gebäudes und der Hindu-Ornamentik wenig einsichtig.

Von den zahlreichen **Wachtürmen,** die ursprünglich den Danaik-Komplex überragten, stehen mit dem zweigeschossigen, oktagonalen Band Tower und dem Moslem-Wachturm nur noch zwei.

Auch die Bedeutung der von hohen Mauern umgebenen, früher als **König-**

liche Münze bezeichneten Anlage wird kontrovers interpretiert. Neuere Ausgrabungen haben Fundamente von Palästen zutage gefördert, sodass man heute davon ausgeht, dass es sich um den privaten Wohnbezirk der königlichen Familie gehandelt haben könnte.

Weitere Sehenswürdigkeiten

Eine Reihe weiterer von Touristen recht selten besuchter Tempel befindet sich entlang des Weges, der vom königlichen Bezirk Richtung Norden nach Hampi Bazaar führt. Als Erstes stößt man auf den **Uddhana-Virabhadra-Tempel,** ein Shiva-Heiligtum aus dem 16. Jh. Das Kultbild Virabhadras, Schutzgott des Vijayanagar-Reiches, hält in seinen vier Armen Pfeil, Bogen, Schwert und Schild als Zeichen seiner kriegerischen Natur. Rechts von ihm ist der ziegenköpfige Weise Daksha zu erkennen. Im Sanktum steht ein ungewöhnliches *lingam,* dem besondere Kräfte zugesprochen werden.

Der **Chandeshvara-Tempel** direkt gegenüber ist mit seinem offenen *mandapa,* den durchbrochenen Fenstern und den Pfeilern ein typisches Bauwerk der Vijayanagar-Periode. Im Inneren der zerstörten *garbhagriha* findet sich ein Garuda.

Einen Abstecher lohnt auch die **Monolith-Skulptur Vishnus** in Form eines Mann-Löwen (Narasimha), links von der Straße Richtung Hampi Bazaar. Trotz seiner Größe von 6,70 m gefällt die von einer Mauer umgebene Skulptur durch ihre feinen Konturen. Ursprünglich stand der aus einem Granitfelsen gehauene Monolith im Zentrum eines 1528 von König *Krishnadeva Raya* in Auftrag gegebenen Tempels. Vor wenigen Jahren fand man bei Ausgrabungen die Figur Lakshmis, die ursprünglich auf dem linken Knie Narasimhas saß. Alle vier Arme des von einem Makara-Torbogen und einer siebenköpfigen Naga überwölbten Narasimha sind im Laufe der Jahrhunderte abgebrochen.

Links vom Vishnu-Tempel findet sich ein kleiner **Shiva-Tempel** mit einem

088is Foto: tb

Neben recht gut erhaltenen Tempelanlagen und königlichen Gebäuden stehen vielerorts nur noch Fragmente ehemaliger Prachtbauten in der Landschaft

drei Meter hohen *lingam* im Sanktum. Laut einer Inschrift im Tempelinneren wurde der nördlich vom Narasimha erbaute **Krishna-Tempel** im Jahr 1513 von dem großen Bauherrn Krishnadeva Raya in Auftrag gegeben. Auch diese verwinkelte Tempelanlage mit mehreren Nebenschreinen ist im typischen Vijayanagar-Stil errichtet. Auffallend ist eine Säule im *ardha-mandapa,* auf der alle zehn Erscheinungsformen Vishnus zu sehen sind. *Garbhagriha* und *antarala* gefallen wegen ihrer fein ornamentierten Außenwände und schönen Reliefs.

Interessant ist auch ein **Schrein** im Süden der Tempelanlage, in der Shiva in seiner Form als Schlangengott (Subrahmanya) zu finden ist – eine für einen Vishnu-Tempel ungewöhnliche und seltene Darstellungsform.

Auf der Rückseite des Krishna-Tempels am Fuße des Hemakuta-Felsens stehen zwei schöne **Ganesha-Skulpturen.** Der 2,40 m hohe Sasivekalu-Ganesha ist in sitzender Form inmitten einer offenen Säulenhalle platziert. Weiter oben steht eine 4,50 hohe Granitskulptur des Elefantengottes mit einer von schmalen, eleganten Pfeilern geprägten Vorhalle. Von hier bietet sich ein sehr schöner Blick Richtung Hampi Bazaar, dem Ausgangspunkt der Besichtigung Vijayanagars.

Im November vermittelt das **Viyaja Utsav Festival** mit zwischen den Tempelruinen und Felsen gezeigten Aufführungen, klassischer Musik und Tänzen einen bescheidenen Eindruck von der vergangenen kulturellen Größe des Vijayanagar-Reiches.

Praktische Tipps

Information

- Das **Tourist Office** (Sa–Do 10–17.30 Uhr, Tel.: 241339) im Zentrum von Hampi Bazaar ist von eher geringem Informationswert. Wer eine individuell geführte Tour zu den einzelnen Ausgrabungsstätten wünscht, kann hier für 300 Rs für einen halben und 500 Rs für einen ganzen Tag einen **Guide** mieten. Wenig teurer ist der private Guide *Kumar D.V.* (Tel.: 241254), der gut Englisch spricht.
- Recht informative Broschüren, Bücher sowie Postkarten zu Hampi können im **Aspiration Stores** am Hampi Bazaar erstanden werden.
- **Hampi Heritage Gallery** veranstaltet halbtägige Ausflüge (10–14 und 15–18 Uhr) zu Fuß oder per Fahrrad (200 Rs).

Stadtverkehr

Wer gut **zu Fuß** ist, sollte die weitläufige Ruinenstätte innerhalb von zwei bis drei Tagen erwandern. Dies ist immer noch die schönste Art, die ruhige Atmosphäre des Ortes auf sich wirken zu lassen. Allerdings gehört neben Hut, Sonnenschutz und Trinkflasche auch ein Insektenschutzmittel als Vorbeugung gegen die morgens und abends anrückende Moskito-Armee unbedingt in den Tagesrucksack.

- Trotz des zum Teil hügeligen und sandigen Terrains sind die überall zu mietenden **Fahrräder** eine gute Fortbewegungsart. Die Drahtesel kosten je nach Zustand zwischen 30 und 40 Rs pro Tag. Man sollte Fahrräder mit Gangschaltung vorziehen. **Mopeds** kosten etwa 200 Rs pro Tag.
- **Autorikshas** verlangen für eine Halbtagestour etwa 300 Rs. Allerdings können sie viele Tempel nicht direkt anfahren, sodass man häufig noch einige Meter zu Fuß zurücklegen muss. **Taxis** oder **Kleinbusse** von Hospet aus verlangen etwa 800 Rs für den Tagesausflug, **Jeeps** für bis zu 6 Personen bis 1.000 Rs.
- Zum Übersetzen auf die andere Flussseite fahren **Boote** (nicht mehr wie früher die *coracles* genannten, runden Bambusboote). Der Preis beträgt recht happige 15 Rs, weite-

re 2–5 Rs pro Gepäckstück, am Abend kann die Überfahrt auch mal 20 Rs oder mehr kosten. Die Boote fahren von 6 bis 18 Uhr.

Unterkunft

Mehr als 50 einfache Guest Houses und Lodges buhlen inzwischen um die Gunst der westlichen Besucher. Zentrum der Travellergemeinde ist der Bereich zwischen dem Virupaksha-Tempel, dem Tungabhadra-Fluss und Hampi Bazaar. Ein Großteil der Häuser wurde hier in Unterkünfte, Restaurants, Cafés und Geschäfte umgewandelt. Eine Alternative sind mehrere Unterkünfte nördlich des Flusses, der mit Booten überquert werden kann. In letzter Zeit wurden in Anegondi, ca. 3 km nordöstlich von Hampi auf der gegenüberliegenden Seite, mehrere Homestays eröffnet. Trotz des großen Angebots kann es während der Hauptreisemonate Dezember und Januar zu Engpässen kommen. Dementsprechend steigen die Preise dann auf das Doppelte an. Ob die seit Jahren kursierenden Gerüchte wahr werden, wonach die Regierung alle privaten Unterkünfte und Restaurants in Hampi schließen will, um den Ort in ein großes Freilichtmuseum umzuwandeln, zu dem nur noch Tagesausflügler Zutritt haben, ist zur Zeit nicht abzusehen.

Im Folgenden kann nur eine kleine Auswahl der Übernachtungsmöglichkeiten genannt werden.

Noch immer übernachten viele westliche Besucher wegen der vermeintlich besseren Hotels in **Hospet.** Damit entgeht ihnen allerdings die einzigartige Atmosphäre Hampis, die sich besonders in den frühen Morgenstunden und am späten Nachmittag erleben lässt. Zudem wurden in den letzten Jahren einige ansprechende Unterkünfte in Hampi selbst, meist auf der nördlichen Flusseite, gebaut. Die Preise fallen außerhalb der Hauptsaison besonders im Billigbereich auf einen Bruchteil des Saisonpreises.

- Seit Jahren Favorit der Travellerszene ist das um einen Innenhof angelegte **Shanti Guest House** € (Tel.: 241568) am Virupaksha-Tempel. Wie häufig bei solchen Unterkünften ist es die relaxte Atmosphäre, die die Attraktion ausmacht. Die um einen begrünten Innenhof angelegten, sehr kleinen Zimmer mit Gemeinschaftsbad sind nicht mehr als saubere Schlafstätten.
- In Punkto Atmosphäre kann das **Garden Paradise** € (Tel.: 241954, eher abends) sicher mithalten. Zwar sind die vier Hütten sehr einfach und auch nicht gerade sauber, außerdem gibt's nur Gemeinschaftsbad ohne fließendes Wasser, aber die Atmosphäre ist einzigartig in Hampi: mit sehr schönem Flussblick und abends Lagerfeuer.
- Akzeptable und typische Billigunterkünfte sind die Guest Houses **Kiran** € (Tel.: 241479) nahe dem Fluss und **Shankar** €. Entsprechend der sehr niedrigen Kosten gibt's nur spartanische Zimmer meist mit Gemeinschaftsbad.
- Die folgenden vier Unterkünfte haben alle Dachrestaurants mit schönen Rundblicken. Das **Gopi Guest House I** € (Tel.: 241695) hat einfache DZ mit Bad und teils mit zwei Fenstern. Die obere Etage ist besser. Im **Sandhya Guest House** € mit tollem Flussblick sollte man die Zimmer mit Fenster wählen. Auch **Vicky's Guest House** € (Tel.: 241694) offeriert einfache Zimmer, die billigen mit Gemeinschaftsbad.
- Das **Padman Guest House** €€-€€€ (Tel.: 241331, hampipadma2002@yahoo.co.in) und das **Ranjana Guest House** €€-€€€ (Tel.: 241696), beide ebenfalls nahe dem Busbahnhof, haben etwas mehr Komfort als die vorgenannten und einige AC-Zimmer. Jedoch sind beide etwas dunkel und leicht überbezahlt, dennoch meist voll.
- Etwas mehr Komfort bietet das staatliche **Hotel Mayura Bhuvaneshwari** €€€ (Tel.: 241574) in Kamalapuram. Neben den relativ geräumigen Zimmern mit Bad und zum Teil AC verfügt das Hotel über ein angeschlossenes vegetarisches Restaurant, eine Bar und einen angenehmen Garten. Allerdings vermisst man hier natürlich die wunderbare Umgebung der Ruinen, ähnlich wie die Hospet-Logierer.

■ **Unterkunft**
1 Island Bakery Guest House
2 Kishkinda Heritage Resort
3 Mowgli Guest House
4 Laxmi Golden Beach Resort
5 Gautam Guest House
6 Gopi Guest House II
7 Ranjana Guest House, Uma Shankar River View
8 Sai Plaza
9 Raju View Guest House
11 Sunny Guest House
12 Manju's Place
13 Goan Corner
18 Rama Guest House
20 Shankar Guest House
22 Shanti Guest Hosue
23 Ganesh Guest House
24 Sandhya Guest House
29 Gopi Guest House I
30 Pushpa Guest House
31 Kiran Guest House
32 Vicky's Guest House
33 Herman Guest House
35 Vishnu Guest House
37 Ashok und Nandi Guest Houses
39 Ravi Guest House
40 Garden Paradise
42 Ranjana Guest House
43 Padman Guest House

■ **Essen und Trinken**
10 Little Italy Restaurant
14 Mango Tree Restaurant
15 Waterfall Restaurant
16 Moonlight Café
17 Suresh Restaurant
19 Om Shiva Restaurant
25 Prince Restaurant
26 Sri Venkateshwara Restaurant
32 Vicky's Guest House
38 Geeta Restaurant
39 Ravi Restaurant
40 Garden Paradise
41 Ganesh Restaurant
45 Geeta River View Restaurant

■ **Verkehr**
8 VCR Travels
28 ISSTA Travels
34 Paulo Travels
36 Laxmi Travels
44 Busstand

■ **Einkaufen**
21 Second Hand Buchladen/Kiosk
27 Aspiration Stores

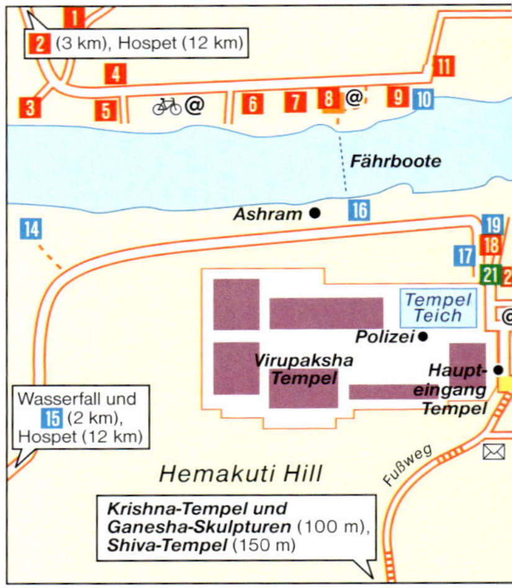

Nördlich des Tungabhadra-Flusses:
(andere Vorwahl: 08533)

- Viele der Herbergen auf der anderen Flussseite bestehen aus um einen oft mit Restaurant versehenen Innenhof angelegten Hütten, meist mit Bad. Typische Beispiele hierfür sind das **Sai Plaza** €-€€ (Tel.: 287624), das **Gautam Guest House** € mit Bad und das neue und bessere **Nargila/Ranjana Guest House** €-€€ (Tel.: 309878), dessen Hütten mit Bad bestens in Schuss sind.
- Eine hervorragende Wahl ist das **Uma Shankar River View** €€-€€€ (Tel.: 287067), dessen 11 saubere Zimmer mit Terrasse und Moskitonetz liebevoll eingerichtet und gemütlich sind. Besonders die obere Etage ist zu empfehlen, ein gutes Restaurant ist angeschlossen.
- Auf dem baumbestandenen, weitläufigen Areal des **Mowgli Guest House** €€-€€€ (Tel.: 287033, (0)9448217588, hampimowgli@hotmail.com) stehen 28 Hütten (manche mit bis zu vier Wohneinheiten, andere einzeln stehend) und Apartments verschiedener Qualität, Ausstattung und Lage, von denen einige

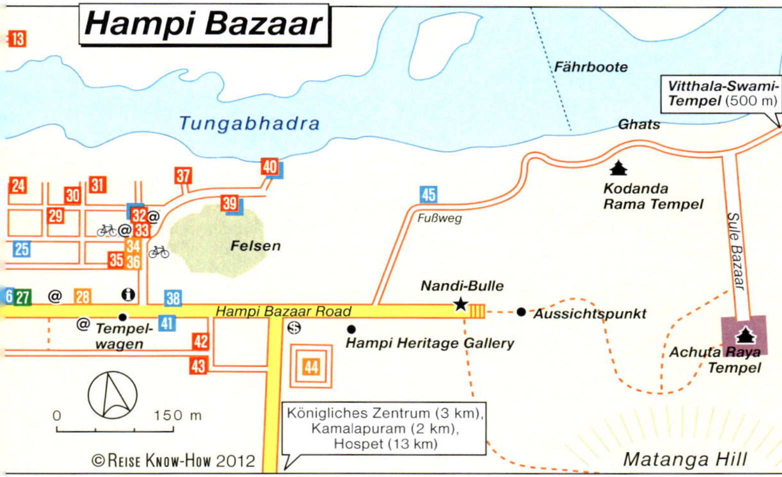

sehr schöne Sonnenuntergange über den Fluss beobachten lassen. In der Mitte befindet sich ein schön angelegtes Freiluftrestaurant mit umfangreicher Speisekarte. Trotz meist recht lauter Bewohner eine empfehlenswerte Unterkunft.

- Kurz nach der Flussüberquerung gelangt man zum mit Blumen und anderen Pflanzen liebevoll gepflegten **Sunny Guest House** € (Tel.: 287005, (0)9448566368). Es gibt saubere Zimmer mit Bad und kleiner Terrasse sowie größere, schön eingerichtete und teurere Rundhütten mit Bad neben Reisfeldern.
- Recht abgelegen ca. 10 Fußminuten vom Bootsausstieg, bezieht das **Manju's Place** €€ (Tel.: 287017) gerade hieraus seinen Reiz. In ruhiger Umgebung inmitten von Reisfeldern sind die 10 sauberen Zimmer mit Moskitonetz sowie einige Lehmhütten im Garten nahe am Fluss eine schöne Adresse. Weniger Komfort bieten die noch mal 100 m entfernten Hütten der **Goan Corner** €. Beide mit Restaurant.
- Den Weg gegenüber dem Zugang zum Mowgli hinauf findet sich eine zwar einfache, aber durch die freundliche, familiäre Atmosphäre und abgeschiedene Lage sehr ansprechende Herberge. Das **Island Bakery** € (Tel.: 287018) ist etwas für Ruhe suchende.
- Das **Laxmi Golden Beach Resort** €€-€€€€€ (Tel.: 287008/9, (0)9448436537) hat zwar keinen Strand, aber einen großen Swimmingpool unter Felsen mit Blick auf Hampi. Das vielseitige Angebot auf dem neu gestalteten, großräumigen Gelände reicht von einfachen Hütten mit Bad über kleine, recht luxuriös ausgestattete Bungalows bis hin zu mit viel Komfort versehenen, klimatisierten Suiten. Auch das schöne Freiluftrestaurant trägt zum guten Gesamteindruck bei.
- 3 km nordwestlich bei Sanapur ist das **Kishkinda Heritage Resort** €€€-€€€€ (Tel.: 287 034, www.kishkindaheritage.com) eine Anlage mit teils klimatisierten Rundhütten mit TV, mit Korbmöbeln eingerichtet. Ein Vergnügungspark mit Bootsfahrten und Wasserspielen, Swimmingpool, Restaurant, Bar sowie Internetcafé komplettieren das Ganze.

Anegondi:

Touristische Aktivitäten und einige Unterkünfte in Anegondi nördlich des Tungabhadra-Flusses werden vom **Kishkinda Trust** (TKT, Tel.: 08533-267791, (0)9342364973, www.thekishkindatrust.org) gemanagt. Die 1995 gegründete Organisation fördert nachhaltigen Tourismus, betreibt ökologische Landwirtschaft, setzt sich für die Erhaltung traditioneller Gebäude ein und fördert die Rechte der Frauen in dieser Region. Außerdem managt der Trust touristische Aktivitäten wie Felsklettern und Abseilen oder Trekking.

- Für familiäre Unterkunft mit Verpflegung in Anegondi (etwa **Champa Guest House** €€ mit gemütlichen Einfachzimmern oder das komfortablere **Naidale Guest House** €€€ im Dorfkern) ist der Kishkinda Trust zu kontaktieren.
- Von Frauen hergestelltes Kunsthandwerk kann im **Hoova Craft Shop & Café** gekauft werden, auch ein beschaulicher Ort für ein schmackhaftes Mahl.

Essen und Trinken

Wie in Traveller-Zentren üblich unterscheiden sich die zahlreichen Cafés und Restaurants weniger durch ihre Speisekarten als vielmehr durch Lage und Ambiente. Neben der weltweit üblichen Travellerkost wie Omeletts, Pancake und Fried Rice bieten die meisten auch indische Snacks.

- An der Spitze der Hitliste stehen **Sri Venkateshwara, Geeta** und **Ganesh** an der Hauptstraße, **Om Shiva** und **Suresh Restaurant** tempelnah sowie **Welcome** beim Busbahnhof. Alle haben eine ähnliche Speisekarte mit dem typischen, auf Traveller zugeschnittenen Angebot.
- Kulinarisch ähnlich, aber romantischer isst man im **Moonlight Café** am Flussufer.
- Ganz wunderbar entspannend ist die Atmosphäre im **Garden Paradise** unter Bäumen mit Blick auf den Fluss, abends mit Lagerfeuer. Auch tagsüber ein idealer Ort, die Hitze des Tages auf den Liegeflächen bei einem Drink abzuwarten.
- Wegen seiner ruhigen Lage beim Fluss einige Hundert Meter westlich des Virupaksha-Tempels gehört das **Mango Tree** zu den besten und stimmungsvollsten Adressen Hampis.
- Ebenfalls schön am Fluss, auf dem Weg zum Vitthala-Swami-Tempel gelegen, lädt das **Geeta River View Restaurant** zum Verweilen ein.
- Von den zahlreichen Dachgartenrestaurants der Guest Houses gehört **Vicky's** zu den Favoriten. Es serviert leckere *thalis*.
- Der einzige Ort, wo man im heiligen und deshalb offiziell antialkoholischen Hampi legal ein kaltes Bier trinken darf, ist die Bar des Hotels **Mayura Bhuvaneshwari** in Kamalapuram.
- Eigentlich sitzt es sich auf der anderen Flussseite im Restaurant des **Mowgli** schön unter den Bäumen, leider gibt's aber dauernde Musikberieselung.

Nützliche Adressen

- Die **Canara Bank** (Mo–Fr 11–14 Uhr, Sa 11–12.30 Uhr) am Busbahnhof wechselt kein Bargeld, aber Travellerschecks. Für Kreditkartenauszahlung (Visa- und Mastercard) ist eine Gebühr von 1 % fällig. Einige Reisebüros wie etwa **Neha Travels** wechseln Bargeld und Reiseschecks. Auf der anderen Flussseite verlangt **VLR Travels** für Kreditkartenauszahlung 3 % Gebühr.
- Ein **Postamt** in der Parallelgasse zum Hampi Bazaar ist Mo–Fr 8–20 Uhr geöffnet.
- Als Touristenort ist in Hampi der Internetpreis mit 40–50 Rs/Std. recht hoch, außerdem sind die Verbindungen nicht die stabilsten. Zentral nahe dem Tempel liegt das **Shree Rama Cybercafé.** Hier können auch die Memory-Chips der Digitalkameras eingelesen und auf CD (60 Rs inkl. CD) gebrannt werden. Auf der nördlichen Flussseite stehen **Shree Online** und das Internetcafé von **VLR Travels** zur Verfügung.
- Kurz hinter dem Eingang zum Virupaksha-Tempel findet sich eine kleine Bude der **Polizei.** Das Hauptamt ist unter Tel.: 08533-230100 oder 230854 erreichbar.

Medizinische Versorgung

- Ein von vielen empfohlener **Arzt** ist der *Babu Doctor* (Tel.: 241261) in Kamallapuram, der nicht, wie einige schwarze Schafe, überzogene Preise nimmt. Im Notfall auch über das Shanti Guest House zu kontaktieren. Empfohlen wurde auch *Dr. BKY* (Tel.: 08533-267546), der im Notfall 24 Std. bereitsteht.

- Homöopathisch wird in der **Shree Padma Homeopathic Clinic** (Tel.: 241508) behandelt, im Notfall aber auch mittels klassischer Medizin.

An- und Weiterreise

- Das 13 km südwestlich gelegene **Hospet** (siehe dort) ist die Drehscheibe des Verkehrs von und nach Hampi. Will man sich ein Zugticket von einem der Reisebüros (z.B. VLP Travels, Tel.: 277601) besorgen lassen, ist eine Gebühr von 50–60 Rs fällig, aber wer macht sich schon gern selbst auf den weiten Weg nach Hospet.
- **Busverbindung** Hospet – Hampi zwischen 6.30 und 21.30 Uhr im Halbstunden-Takt (13 Rs) über Kamallapuram. In umgekehrter Richtung zwischen 6 und 20.30 Uhr. Es lohnt allenfalls mit viel Gepäck, hierfür eine Riksha (100 Rs) zu nehmen, auch ein Taxi ist eigentlich nicht nötig (etwa 180 Rs). Eine abendliche, komfortable Rajahamsa-Verbindung von KSRTC nach Bangalore (20.45 Uhr, 8½ Std., 300 Rs).

Viele der Reisebüros (etwa VLR Travels, ISSTA Travels, Tel.: 241693, und Neha Travels) verkaufen Tickets für Busfahrten z.B. nach Goa und Ankola nahe Gokarna, die alle in Hospet starten. Eine Nachtfahrt nach Goa kostet 550 Rs für einen Schlaf- und 500 Rs für einen Sitzplatz. Mysore wird per Nachtbus in 9 Std. erreicht (300 Rs), Bangalore (290 Rs) in 9 Std. in bequemen Rajahamsa-Bussen. Busse privater Busgesellschaften etwa aus Goa fahren bei der Ankunft meist bis Hampi Bazaar, der Startpunkt ist jedoch in Hospet (Näheres siehe dort).

Gadag

↗ XX/B1-2

Einwohner: 140.000
Höhe: 630 m
Vorwahl: 08372

Das 53 km östlich von Hubli gelegene Gadag ist als Zentrum der Baumwollverarbeitung in erster Linie von wirtschaftlicher Bedeutung. Von touristischem Interesse ist die nur sehr selten besuchte Stadt als Ausgangsbasis für die elf Kilometer östlich gelegene Tempelstadt Lakkundi sowie als Umsteigeort nach Badami. Da das Angebot an Hotels recht spärlich ist, empfiehlt sich ein Besuch Gadags und Lakkundis eher im Rahmen eines Zwischenstopps auf dem Weg von und nach Hubli beziehungsweise Hospet, wo sich weitaus bessere Übernachtungsmöglichkeiten bieten.

Die Hauptsehenswürdigkeiten von Gadag sind die **Chalukya-Tempel** Trikuteshvara und Sarasvati. Beide stehen unmittelbar nebeneinander im Süden der Stadt. Der Name des laut einer Inschrift Mitte des 9. Jh. erbauten Trikuteshvara bedeutet „Herr der drei Gipfel". Im Sanktum des Shiva-Heiligtums fallen die drei nebeneinander platzierten *linga* ins Auge. Der Sarasvati-Tempel gefällt vor allem wegen der kunstvoll verzierten Säulen der Vorhalle. Das Hauptkultbild der Göttin des Lernens im Tempelinneren ist zum Teil zerstört.

Wegen seiner reichen Ausschmückungen an den Außenwänden lohnt auch der im Stadtzentrum stehende **Someshvara-Tempel** einen Besuch.

Unterkunft, Essen und Trinken

- Von den Billigunterkünften ist die **Shanbag Lodge** € (Tel.: 2428856) in der Nehru Rd. zwischen Bahnhof und Busbahnhof die beste. Das hauseigene Restaurant bietet günstige, schmackhafte einheimische Kost.
- Empfehlenswert ist das **Hotel Durga Vihar** €-€€ (Tel.: 2428878). Das an der Straße nach Hospet gelegene Haus überzeugt durch seine geräumigen, sauberen Zimmer und das angeschlossene vegetarische Restaurant.
- Die **Prasat De Luxe Lodge** €€ (Tel.: 242 8776) in der Nähe des Busbahnhofs bietet mit ihren sauberen, freundlichen Zimmern, der zentralen und dennoch ruhigen Lage und dem angeschlossenen vegetarischen Restaurant das beste Preis-Leistungs-Verhältnis in Gadag.
- Im in der Nähe gelegenen **Vikram Hotel** kann man nicht übernachten, dafür jedoch leckere vegetarische und nichtvegetarische Gerichte zu sich nehmen.

An- und Weiterreise

- **Bahn:** Gadag liegt an der Hauptstrecke Hubli – Guntakal; die touristisch wichtigsten Verbindungen sind im Anhang aufgeführt. Für Hospet und Hubli empfiehlt sich jedoch die Fahrt per Bus, da die Züge häufig mehr Verspätung haben, als die eigentliche Fahrt dauert.
- **Bus:** Vom zentralen Busbahnhof täglich zahlreiche Verbindungen nach Hubli (1½ Std.), Hospet (2½ Std.), Badami (2 Std., 6 Busse), Bijapur (5 Std.) und Gulbarga (9 Std.).

Lakkundi

Das elf Kilometer östlich von Gadag nahe der Straße nach Hospet gelegene Lakkundi gilt wegen seiner **Hindu- und Jain-Tempel** als ein Kleinod mittelalterlicher Baukunst. Seine Blütezeit erlebte der heute verschlafene Ort Ende des 12. Jh., als der Hoysala-König *Ballala II.* ihn zur Verwaltungshauptstadt erklärte. Alle bedeutenden Sakralbauten stammen aus der Zeit zwischen dem 11. und 13. Jh.

Leider hat die an sich begrüßenswerte Tatsache, dass Lakkundi vom Tourismus fast unbeleckt ist, den negativen Effekt, dass die wenigen Besucher von bettelnden Kindern und Jugendlichen belagert werden. Am besten nimmt man die Dienste eines der sich als Führer anbietenden Männer in Anspruch. Sie können die Jugendlichen ein wenig auf Distanz halten und einem gleichzeitig die zum Teil versteckt zwischen den Häusern liegenden Tempel zeigen.

Der schönste und besterhaltene der insgesamt 17 Tempel ist der 1087 in Auftrag gegebene **Kashi-Vishveshvara-Tempel** im Süden des Dorfes. Man betritt den langgezogenen, auf einer kürzlich restaurierten Basis stehenden Granitbau durch eine offene Säulenhalle. Der sich anschließende *mandapa* führt zum Sanktum mit einem Shiva-Lingam, über dem sich ein kleiner Tempelturm mit einer *kalasha,* einer Vase als Symbol der Fruchtbarkeit, und einem Amalaka-Stein als Abschluss erhebt. Die eigentliche Faszination dieses vom Aufbau her traditionellen Tempels liegt in der einzigartigen Plastizität, Detailgenauigkeit und Vielfalt der Götterfiguren und Friesbänder. Besonders eindrucksvoll sind die Steinmetzarbeiten entlang der Südseite und an den vier Säulen im *mandapa.*

Ähnlich in Aufbau und Ausführung ist der nebenan errichtete **Nanneshva-**

ra-Tempel, der zur gleichen Zeit wie der Kashi Vishveshvara entstand. Einen bunten Farbtupfer als Kontrast zum Grau der Tempelbauten bildet der sich südlich anschließende **Teich.** Besonders morgens und am Nachmittag bieten sich schöne Fotomotive, wenn sich hier die Dorffrauen in ihren bunten Saris zum täglichen Bad und zum Wäschewaschen versammeln.

Einen Besuch lohnt auch das kleine **Museum** in der Nähe von zwei Jain-Tempeln im Westen des Dorfes.

An- und Weiterreise

- Da Lakkundi an der Hauptstraße zwischen Gadag und Hospet liegt, kann man jeden der zahlreichen zwischen diesen beiden Orten verkehrenden **Busse** zur An- und Weiterreise benutzen.

Hubli

↗ XX/A2

Einwohner: 800.000
Vorwahl: 0836

Hubli ist eine **große Industriestadt** ohne Sehenswürdigkeiten. Nur als wichtiger Verkehrsknotenpunkt zwischen der Küste und dem Binnenland mit Anbindung unter anderem an Mumbai, Goa, Kerala, Hampi und Badami ist der Ort von touristischer Bedeutung. Die Distanz zwischen Bahnhof und altem Busbahnhof entlang der Hauptstarße Lamington Road beträgt etwa 1½ km und weiter zum neuen Busbahnhof nochmals 2 km. Am Bahnhof existiert ein Prepaid-Schalter für Rikshas. Es sollte nicht mehr als 20 Rs zwischen Bahnhof und altem Busbahnhof sowie weitere 15 Rs bis zum neuen Busbahnhof kosten.

Unterkunft, Essen und Trinken

- Eine gute Billigunterkunft ist die **Kamat Lodge** € (Tel.: 2362845) mit vegetarischem Restaurant und bahnhofsnah.
- Ebenfalls bahnhofsnah in einer Seitenstraße finden sich mit dem **Hotel Nataraj** €-€€ (Tel.: 2366621) und dem gegenüber gelegenen **Hotel Ajanta** € (Tel.: 2362216-8, Jayachamaraj Nagar) zwei Unterkünfte mit AC- und Non-AC-Zimmern; das zweite ist etwas verwohnt und billiger, das erste hat Balkone.
- Schön möblierte, saubere Zimmer gibt's im **Samrath Ashok** €-€€ (Tel.: 2362380, Lamington Rd.).
- Balkone mit Aussicht, große, teils klimatisierte und mit TV versehene Zimmer und Metallbetten sind die Merkmale des **Ashoka Towers** €-€€ (Tel.: 2362271), eine preiswerte Sache. Das ganz in der Nähe gelegene Restaurant **Royal Palace** bietet eine Vielzahl einheimischer Speisen. Hauptgerichte kosten zwischen 60 und 90 Rs.
- Klasse ist das Hotel **Ashwamedha Comforts** €-€€€ (Tel.: 2369980-3) direkt am Bahnhof. Mit sehr sauberen, hübsch möblierten AC- und Non-AC-Zimmern bekommt man sehr viel fürs Geld.
- Fast einen Hauch von Luxus hat das **Hotel Swathi** €€-€€€ (Tel.: 2364702-4) zwischen Bahnhof und Busbahnhof zu bieten, der beste Gegenwert in Hubli für blitzblanke, teils klimatisierte Zimmer mit TV.
- Nahe dem Flughafen ist das moderne **Clarks Inn** €€€€-€€€€€ (Tel.: 2232675) die beste Adresse der Stadt. Gut ausgestattete Zimmer mit WLAN und LCD-TV, drei Restaurants und zwei Pools, Spa und Fitnessräume sind alles, was man braucht – und das erstaunlich billig.
- Als bestes Restaurant der Stadt gilt das **Kamat Hotel** in der Lamington Rd. Man hat die Wahl zwischen indischen und chinesischen Gerichten. Eine weitere gute und billige Adresse direkt am Bahnhof ist das namens-

ähnliche vegetarische **Kamat's Chhaya.** Dort gibt's auch Eis. Das **Bombay Restaurant** gegenüber hat schon ab 5 Uhr morgens auf.

- Wer sich mit Süßigkeiten und Gebäck für eine Bahn- oder Bustour eindecken will, wird im **Nisha Pedla & Nankins** nahe dem Bahnhof gut versorgt.

Nützliche Adressen

- Da es in Badami keine offizielle Möglichkeit zum **Geld Tauschen** gibt, sollte man dies schon hier erledigen. Es gibt einen **ATM** im Bahnhofsgebäude der ICICI-Bank sowie einen weiteren an der Ausfallstraße gegenüber dem neuen Busbahnhof an der UTI-Bank. Die Bank of India (Mo–Fr 10–14 und 14.30–16.30 Uhr, Sa 10–13 Uhr) tauscht Travellerschecks aller Firmen, allerdings nur US-$ und Engl. Pfund, kein Bargeld.
- Ein **Internetcafé** gibt's neben dem Hotel Natraj, bahnhofsnah (25 Rs/Std.)
- Die **Hauptpost** liegt 100 m vom Bahnhof entfernt in der Lamington Rd.

An- und Weiterreise

- **Flug:** Nach jahrelangem Dornröschenschlaf ist Hublis Flughafen durch Kingfisher Airlines wachgeküsst worden. Vom 6 km außerhalb gelegenen Flughafen werden Mumbai und Bangalore 2x tgl. angeflogen. Tickets können telefonisch (Tel.: 1800-1800101), per Internet (www.flykingfisher.com) oder in Reisebüros (etwa Fly Wing Tours & Travels, Tel.: 2365807, Lamington Rd.) erworben werden. Über aktuelle Flugverbindungen aller Airlines informiert die Website www.yatra.com.
- **Bahn:** Während die Orte der Umgebung wie etwa Gadag und Hospet schneller mit dem Bus zu erreichen sind, empfiehlt sich für weiter entfernt gelegene Ziele wie **Mumbai, Pune** und **Bangalore** die Fahrt mit dem Zug. Die Züge Richtung Mumbai halten auch in Pune. Nach Bijapur muss man den Zug in Gadag wechseln. Da dies nicht zuletzt aufgrund der häufigen Verspätungen eine zeitaufwendige Angelegenheit werden kann, sind auch hier Busse vorzuziehen. Auch nach Goa sind Busse die bessere Lösung, da die Züge nur bis Londa fahren. Im Anhang sind einige Ferndestinationen aufgelistet. Das Reservierungsbüro ist 8–20 Uhr geöffnet.
- **Bus:** Hubli hat einen neuen, sehr übersichtlichen Busbahnhof ca. 2 km außerhalb der Stadt mit einem computerisierten Informations- und Reservierungsbüro (tgl. 7.30–22 Uhr). Reservierungen sind bis 5 Tage vor Reiseantritt möglich, Auskunfts-Tel.: 2221085. Viele der Busse z.B. nach Badami (5x tgl: 8, 13.30, 15, 17, 17.45) halten weiterhin kurz auch am alten Busbahnhof im Stadtzentrum, wo dann allerdings keine Sicherheit auf einen Sitzplatz besteht, was bei dem schlechten Straßenzustand dieser Strecke unangenehm werden kann.

Weitere Fahrtziele u.a. nach Bangalore (6x tgl. zwischen 7.30 und 22.30 Uhr), Bijapur (10 Busse tgl.), Gulbarga (6x tgl.), Mumbai (über Pune, 7 Busse), Mysore (6, 18, 20.30 Uhr), Gokarna (in 5 Std., 6, 8.30, 10.30, 12, 13.30, 18 Uhr), Panaji (Goa, tgl. 20 Busse), Vasco (Goa, 7 Busse), Madgaon (Goa, 1, 6.15, 10.30, 13.45, 14, 17.15 Uhr). Am neuen Busbahnhof gibt es ein Buchungsbüro von Goa Kadamba Transport Ltd. Außerdem existieren zahlreiche private Gesellschaften, von denen die meisten ihre Büros gegenüber dem alten Busbahnhof besitzen. Vijayanand Travels (Tel.: 2237560/4) gegenüber Glass House im HDMC Complex fährt nach Bijapur (160 Rs, 23.15 Uhr), Bangalore (380–420 Rs, AC-Volvo 22.30 Uhr, 500 Rs), Gulbarga, Pune (AC-Volvo 520 Rs, 22.30 Uhr) und Mumbai (500–620 Rs, AC-Volvo 720 Rs).

Highlights:
Badami, Pattadakal und Aihole

Ein Besuch der im Folgenden beschriebenen Städte Badami, Pattadakal und Aihole wird für alle, die **kunsthistorische Sehenswürdigkeiten** erster Güte inmitten einer **archaisch anmutenden Landschaft** und abseits ausgetretener Touristenpfade erleben möchten, zu einem unvergesslichen Erlebnis werden.

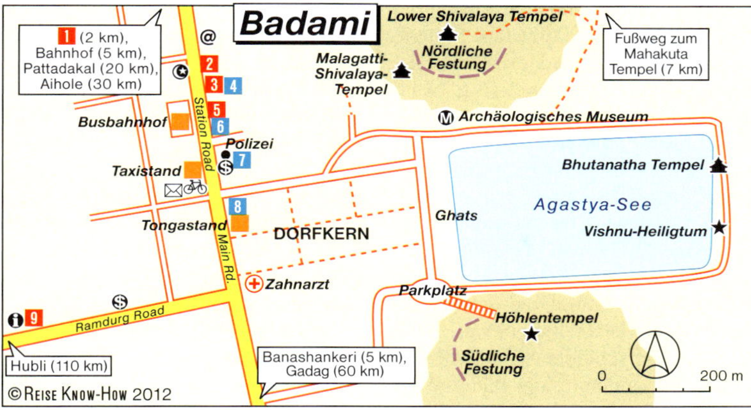

Unterkunft
1 Hotel Badami Court
2 Hotel New Satkar
3 Hotel Mookambika Deluxe
5 Hotel Rajsangam
9 KSTDC Mayura Chalukya

Essen und Trinken
4 Kanchana Restaurant
6 Banashree
7 Golden Plate Cuisine
8 Shri Laxmi Vilas

Badami

↗ XX/B1

Einwohner: 25.000
Vorwahl: 08357

Allein die Lage am **Ufer eines Stausees,** eingebettet in eine reizvolle Landschaft, umgeben von malerischen, ockerfarbenen Felshängen nimmt einen unmittelbar für das kleine Städtchen Badami ein. Den Agastya-Tirtha-See ließ König *Pulakeshin I.,* der erste große Herrscher der Chaulukya-Dynastie, anlegen. Er verlegte die Hauptstadt im Jahr 543 nach Badami, womit der langsame **Aufstieg des Chalukya-Reichs** begann.

Es bedurfte jedoch der ebenso weitsichtigen wie entschiedenen Regentschaft von *Pulakeshin II.* (610–642), um das Chaulukya-Reich zur führenden Regionalmacht in Zentralindien aufsteigen zu lassen. Während seiner 33-jährigen Regentschaft dehnte er die Grenzen seines Reiches bis nach Maharashtra im Norden, der Konkan-Küste im Westen und dem Gebiet des heutigen Andra Pradesh im Osten aus. Auf dem Zenit seiner Machtentfaltung stand das Chaulukya-Reich Anfang des 8. Jh., nach dem Sieg über die Pallavas mit ihrer Hauptstadt Kanchipuram. Thronstreitigkeiten führten danach jedoch zum Niedergang. Nach der Niederlage gegen den Rashtrakuta-König *Dantidurga* im Jahr 753 war es mit der Selbstständigkeit der Chaulukyas endgültig vorbei.

Eine Vielzahl hochinteressanter Tempelanlagen zeugt von der Zeit, als das heute ebenso unscheinbare wie reizvolle Badami Hauptstadt eines der mächtigsten Reiche Indiens war. In Badami, wo verschiedene Einflüsse und Stile aufeinander trafen, bildete sich ein besonderer Mischstil heraus, der eine Vielfalt von Bauten und Formen hervorbrachte.

Sehenswertes

Höhlentempel und südliches Fort

Trotz seiner in der architektonischen Gestaltung und künstlerischen Ausformung hochinteressanten frei stehenden Tempel ist Badami in erster Linie für seine **Felsheiligtümer** bekannt. Die feinkörnigen Sandsteinklippen luden geradezu zum Bau von **Kulthöhlen** ein. Der leicht zu bearbeitende Stein war für die Steinmetze wie geschaffen zum detailgenauen Ziselieren der Götterskulpturen. Insgesamt vier über steile Stufen zu erreichende und miteinander verbundene Kultstätten wurden zwischen dem 6. und 7. Jh. in den südlichen Fels im Südosten der Stadt gehauen – drei hinduistische und eine jainistische.

Vom Aufbau her ähneln sich alle vier. Axial hintereinander liegen jeweils eine rechteckige, von Säulen getragene Veranda, eine zumeist quadratische Säulenhalle und eine kleine, quadratische *cella*. Die Säulen mit quadratischen Grundflächen gehen in einen runden Schaft über und werden von einem Vasen- oder Kissen-Kapitell gekrönt. Die Kunstfertigkeit der Steinmetze entfaltet sich besonders an den Konsolen der Säulen der Fassade, die mit Figuren von Göttern, Menschen und Tieren geschmückt sind.

Bereits in der Veranda von **Höhle Nr. 1** tritt dem Besucher die reiche Ornamentik der hinduistischen Götterwelt entgegen. Links ist eine Wächterfigur mit einem Nandi-Bullen darüber zu sehen, rechts Shiva als kosmischer Tänzer Nataraja mit 18 Armen. In der sich anschließenden Vorhalle steht links Vishnu, rechts Shiva in seiner zweigeschlechtlichen Form als Ardhanar-Ishvara (Der Herr, der zur Hälfte weiblich ist). Ihm gegenüber findet sich die Darstellung von Vishnu und Shiva in einer Figur (Hari-Hara) und an der Rückwand Durga als Vernichterin des Büffeldämons. Interessant ist auch die reich dekorierte Decke der folgenden Halle. Die *cella* des Shiva geweihten Heiligtums enthält ein *lingam*.

In der etwas höher gelegenen **Höhle Nr. 2** haben die Bildhauer vor allem diverse Vishnu-Inkarnationen in den Stein gehauen. Besonders gelungen ist die Darstellung eines Rades unter der Decke, das von 16 Fischen geformt wird. Am meisten beeindrucken jedoch die fein gearbeiteten Friese an den Architraven der Veranda. Wie in einem Bilderbuch hinduistischer My-

212is Foto: tb

thologie und Geschichte wurden hier ganze Szenenabfolgen von den Steinmetzen festgehalten. Zu sehen sind unter anderem das Quirlen des „Milchmeeres" durch Götter und Dämonen sowie verschiedene hinduistische Götter auf ihren Reittieren. Statt einer *stella* findet sich am Ende der Anlage nur ein würfelförmiger Altar.

Höhle Nr. 3, die größte und älteste der vier Kultstätten, gilt als Höhepunkt der Chaulukya-Bauhütte von Badami. Mehr noch als in den beiden anderen Höhlen haben hier die Bildhauer ihrer Gestaltungsfreude freien Lauf gelassen. Wieder dienten ihnen die hinduistischen Epen und Götterfiguren als Quelle ihrer Darstellungen, wobei die Säulen der 23 m langen Fassade besonders detailgenau verziert wurden. Auch Spuren der ursprünglichen Bemalung sind in der Vishnu geweihten Höhle noch zu erkennen.

Verglichen mit den hinduistischen Kulthöhlen fällt die etwa ein Jahrhundert später **von Jains erbaute Höhle Nr. 4** im Osten deutlich ab. Einen Besuch lohnt sie dennoch wegen der sehr schönen Aussicht vom Vorplatz auf den See und das Dorf.

Der Zugang zu den angrenzenden **Überresten des südlichen Forts** über eine steile Treppe zwischen den Höhlen 2 und 3 war zur Recherchezeit nicht begehbar. Um das die Höhlen attraktiv

Höhlentempel von Badami

ausleuchtende Sonnenlicht zu erleben, sollte man sie bis spätestens 15 Uhr besichtigen.

- Der **Eintritt** zu den Höhlen beträgt 100 Rs, Videokamera 25 Rs.

Tempelgruppe am See

Um den durch einen **mittelalterlichen Damm** gestauten See liegen mehrere Tempel, die eine bemerkenswert pittoreske, in die Landschaft integrierte Gruppe von Bauwerken bilden.

Der im 12. Jh. in romantischer Lage am östlichen Ufer des Stausees errichtete **Bhutanatha-Tempel** veranschaulicht die stilistische Entwicklung der Chaulukya-Architektur. Eine axial angelegte Treppe führt über den – im Vergleich zur Größe des eigentlichen Tempels – überproportional hohen Sockel zur offenen Vorhalle. In dem sich anschließenden *mandapa* fallen sofort die eingenwillig gestalteten Säulen ins Auge. Die Form von übereinander liegenden, runden und eckigen Elementen erinnert an verschiedene um 1000 zu datierende Tempel im südlichen Dekhan, wie etwa in Belur und Halebid.

In unmittelbarer Nähe haben Künstler **Reliefs** verschiedener Hindu-Gottheiten in den Fels gehauen. Wiederum nicht weit von hier, am südöstlichen Ufer des Stausees, wurde 578 unter einem überhängenden Felsen ein **kleines Heiligtum zu Ehren Vishnus** angelegt. An der Stirnseite des Schreins findet sich ein schön gearbeitetes Relief, welches Vishnu zeigt, wie er umgeben von zahlreichen Verehrern auf der die Urwässer symbolisierenden Schlange Sesha ruht.

Das Gebiet um den See bietet sich ideal für eine **beschauliche Ruhepause** inmitten typisch indischen Lebens an: Man sieht Pilgern beim Picknick zu und Frauen beim Waschen an den zum See hinunterführenden Treppenstufen oder genießt einfach die Nachmittagssonne mit schöner Aussicht auf die im Hintergrund gelegenen Felsentempel.

Frei stehende Tempel und nördliches Fort

Ein zum Teil steiler und windungsreicher Anstieg führt vom archäologischen Museum über Felsen und Treppen zum **Lower-Shivalaya-Tempel.** Von dem in der ersten Hälfte des 6. Jh. erbauten Heiligtum ist nur noch der *shikara* erhalten. Der von einem achteckigen Aufsatz gekrönte Turm zeigt eine frühe Form der Baumodelle, die später die Stufen der pyramidenförmigen Dächer schmückten. Die Fläche zur Linken ist derart schmal, dass die Vermutung nahe liegt, der fehlende *mandapa* sei bei einem Felsabsturz in die Tiefe gerissen worden.

Oberhalb erhebt sich der zur gleichen Zeit entstandene **Azar-Shivalaya-Tempel.** Vom *mandapa* sind nur wenige Reste wie die kleinen Elefantenfiguren, die den Eingang markieren, erhalten. Auf beiden Seiten des in das *garbhagriha* führenden Eingangs öffnet sich der das Sanktum umlaufende Umgang. Auffallend sind die hübschen Friese an den Grundmauern. Mit den üppigen Ranken, zwischen denen sich mystische Wesen tummeln, wurden Motive der nordindischen Gupta-Kunst aus dem 4. und

5. Jh. aufgenommen. Von den Bauten des aus dem 15. Jh. stammenden **nördlichen Forts** sind nur noch wenige Ruinen erhalten.

Der im 7. Jh. errichtete, in sehr gutem Zustand befindliche **Malagatti-Shivalaya-Tempel** steht inmitten einer Felslandschaft außerhalb der heutigen Stadt. Der klotzige Tempel im frühdravidischen Baustil scheint mit dem Fels verwachsen zu sein. Das Dach setzt sich aus vorkragenden, übereinander geschichteten Steinplatten zusammen, der Turm trägt eine achteckige Kuppel. Auf den Stufen des Daches sind zahlreiche Miniaturbauten angeordnet, während das Gesims mit *kudus,* hufeisenförmigen Öffnungen, geschmückt ist. Die Fassaden sind mit Skulpturen des hinduistischen Panteons wie Shiva, Vishnu, Garuda und Krishna ausgeschmückt. Über den gitterförmig durchbrochenen Steinplatten, durch die das Licht ins Tempelinnere fällt, sind schön gearbeitete Makara-Darstellungen zu erkennen.

Archäologisches Museum

Das Museum mit schönen antiken Skulpturen des Gebiets liegt an der Nordwestecke des Stausees.

- **Öffnungszeiten:** Mo–Do und jeden 2. Sa 10–17 Uhr.

Praktische Tipps

Information

- Das **Tourist Office** (Tel.: 220414) direkt neben dem Hotel Mayura Chalukya ist Mo–Sa 10–17 Uhr geöffnet, im April und Mai jedoch nur 8–13 Uhr.

Stadtverkehr

- Für die Fahrt vom 5 km außerhalb gelegenen Bahnhof in die Stadt stehen **Tongas** (35 Rs), **Autorikshas** (40 Rs) oder **Taxis** (60 Rs) zur Verfügung.
- Wer die umliegenden Stätten Aihole, Pattadakal und Mahakuta im Rahmen eines **Tagesausflugs** besichtigen möchte, kann sich für ca. 700 Rs ein **Taxi** mieten. Die Reiseagentur im Hotel Mookambika bietet für 200 Rs pro Person bei einer Mindestteilnehmerzahl von drei Personen eine Tour mit den gleichen Zielen an.
- **Fahrräder** zum Preis von 25 bis 30 Rs pro Tag werden beim Busbahnhof vermietet, der Stundenpreis liegt bei 4 Rs.

Unterkunft, Essen und Trinken

- Das meiste im Billigbereich bietet das **Hotel New Satkar** €-€€ (Tel.: 220417) nahe dem Busbahnhof: moskitosichere Zimmer (nicht klimatisiert) für wenig Geld – wichtig in Badami, wenn man kein eigenes Netz hat.
- Nur die gut gepflegten Non-AC-Zimmer mit TV, besonders die mit Balkon im 1. Stock, des **Mookambika Deluxe** €€-€€€ (Tel.: 220067, mookambikabadami@sify.com) sind ihr Geld wert, die AC-Zimmer sind weit überteuert. Das angeschlossene Dachterrassen-Restaurant **Kanchana** ist ausgezeichnet und bietet eine große Auswahl an indischen und westlichen Gerichten.
- Besser ist das staatliche **KSTDC Mayura Chalukya** €€ (Tel.: 220046) im Südosten der Stadt an der Ramdurg Rd. am Ortseingang. Große, nach Renovierungsmaßnahmen wieder wohnliche Zimmer, alle mit Moskitonetz versehen, für wenig Geld; Tourist Office im Haus.
- Nicht nur wegen des kleinen Dachpools mit Aussicht ist das neue **Hotel Rajsangam** €€€-€€€€ (Tel.: 221991, www.hotelrajsangam.com) mit sauberen Zimmern (die Deluxe-Zimmer nach hinten lohnen den Aufpreis) eine lange erwartete, hervorragende Mittelklassewahl in Badami. Hier ist leider nur recht teures Internetsurfen (Breitbandverbindungen, 100 Rs/Std.) möglich.

- Wer über das nötige Kleingeld verfügt, kann sich im 2 km außerhalb an der Straße zum Bahnhof gelegenen **Hotel Badami Court** €€€€-€€€€€ (Tel.: 220230) einquartieren. Die Zimmer des um einen hübschen Garten mit Pool (100 Rs für Nicht-Gäste) angelegten Anwesens sind groß, wenn auch relativ spartanisch eingerichtet. Akzeptabel, allerdings auch teuer ist das Restaurant. Insgesamt ist das Badami Court eine gelungene Hotelanlage. Ob sie allergings den Aufpreis etwa gegenüber dem Mookambika wert ist, scheint zweifelhaft.
- Typisch indische Atmosphäre und billiges Essen gibt's im **Shri Laxmi Vilas** im Dorfzentrum.
- Westliche Küche und weitere, auch fleischliche Gerichte serviert **Golden Plate Cuisine** (Station Rd.).
- Nur vegetarische Kost gibt's bei **Banashree** (Station Rd.) beim Hotel Rajsangam. Klasse sind die nordindischen *thalis* (65 Rs).

Nützliche Adressen

- Nur die Hotels Mookambika und Badami Court bieten die Möglichkeit zum **Geldwechsel,** allerdings ausschließlich Bargeld in US-$ zu einem schlechten Kurs. Falls man dort „knapp bei Kasse" ist, was nicht selten vorkommt, gilt dieser Service zudem nur für Hotelgäste. Deshalb empfiehlt es sich dringend, bereits vor dem Besuch von Badami, Aihole und Pattadakal Geld zu wechseln. Ein ATM der State Bank of India an der Ramdurg Rd. gibt auf die meisten Kreditkarten Bares.
- Die **Post** an der Hauptstraße ist Mo–Fr 9–14 und 14.30–17 Uhr, Sa 9–14 Uhr geöffnet.
- Es gibt nur ein **Internetcafé** in Badami, welches aber wegen häufiger Stromausfälle, schlechter Verbindungen oder weil es einfach geschlossen ist, selten weiterhilft.

An- und Weiterreise

- **Bahn:** Passenger Trains, das heißt langsame Bummelzüge, fahren mehrmals täglich vom 5 km außerhalb gelegenen Bahnhof in 2½ Std. nach Bijapur (06535 Bijapur Exp., Abf. 7.35 Uhr) und Hubli über Gadag (56907 BJP UBL Pass, Abf. 10.05 Uhr, Gadag an 11.55 Uhr, Hubli an 14.00 Uhr). Von dort Anschlüsse Richtung Norden und Süden, u.a. nach Bangalore bzw. Hospet (Hampi).
- **Bus:** Vom zentral gelegenen Busbahnhof an der Station Rd. gute Verbindungen nach Gadag (2 Std.), Hubli (3 Std.), Bijapur (2½ Std.), Hospet (5 Std., 85 Rs) und Bangalore (12 Std., Ord./Del. 260/390 Rs). Wegen des schlechten Straßenzustands von Hubli aus und der längeren Fahrtstrecke sollte man Gadag (2 Std., 30 Rs) als Anfahrtsort wählen (wenn man die Wahl hat). Nur wenige Busse fahren nach Aihole (2 Std., etwa um 12.30 Uhr) und mehrere nach Pattadakal (30 Min., 16 Rs). Wer beide Orte an einem Tag besuchen möchte, was problemlos möglich ist, sollte zunächst nach Aihole fahren, da der letzte Bus von Pattadakal zurück nach Badami um 20 Uhr, später als der letzte von Aihole fährt.

Mahakuta

Der Tempelkomplex von Mahakuta liegt sieben Kilometer östlich von Badami am Fuß eines Hügels. Rein architektonisch sind die Tempel von Badami interessanter. Wegen der sakralen Atmosphäre des hoch verehrten, häufig von Pilgern und Sadhus besuchten Shiva-Heiligtums ist der von einer hohen Mauer umgebene Tempelbezirk (10–18 Uhr) dennoch einen Besuch wert. Der **Mahakuteshvara-Tempel** nördlich des Tempelteiches beherbergt ein viergesichtiges *lingam*. Der Sockel ist ebenso mit schönen Götterdarstellungen verziert wie der des gegenüberliegenden **Mallikarjuna-Tempels.** Beide stammen aus dem 6./7. Jh.

Tempel von Pattadakal

An- und Weiterreise

- Die **Busse** nach Aihole fahren nicht weit vom Mahakuta-Tempel vorbei. Ansonsten stehen Taxis oder Tempos bereit.
- Alternativ führt in Badami ein alter, hinter dem Museum beginnender **Pilgerpfad** nach Mahakuta. Bei der fast ganzjährigen Hitze und den völlig fehlenden Versorgungsmöglichkeiten ist dieser Weg jedoch nur morgens zu empfehlen – und auch das nur mit Kopfbedeckung und genügend Trinkwasser.

Banashankari

Ähnlich wie Mahakuta lohnt der Abstecher in das kleine Dorf Banashankari, fünf Kilometer südlich von Badami Richtung Gadag, weniger wegen seiner zahlreichen Tempel als vielmehr aufgrund der spirituellen Atmosphäre. Auch hier sind es die zahlreichen Pilger, die den besonderen Reiz des Ortes ausmachen.

213is Foto: tb

Auf keinen Fall entgehen lassen sollte man sich einen Besuch während des jährlich im Januar/Anfang Februar stattfindenden **Tempelfestes.** Tausende von Einheimischen strömen dann in den sonst friedvollen Ort, der sich zu diesem Anlass in einen riesigen Jahrmarkt verwandelt. Schausteller, Gaukler, Musikanten, unzählige Verkaufs- und Essenstände sowie die traditionellen Kleider der Einheimischen bilden ein faszinierend buntes Kaleidoskop des traditionellen Indien. Ein besonderer Höhepunkt ist der an der Straße nach Badami abgehaltene **Rindermarkt.** Der genaue Termin ist beim Tourist Office in Erfahrung zu bringen.

Pattadakal

↗ XX/B1

Das zwischen Badami und Aihole gelegene Pattadakal („Stadt der Königsrubine") war Schauplatz der aufwendigen Krönungszeremonien der Chaulukya-Herrscher. Mit dem Bau imposanter Tempel versuchten die sich als Stellvertreter Gottes auf Erden verstehenden Könige ihre uneingeschränkte Macht zu dokumentieren. Die meisten der über 40 heute zum **Weltkulturerbe** zählenden Tempel entstanden während der Regierungszeit von *Vikramanditya II.* (733–746).

Kaum ein anderer Ort Indiens bietet auf so engem Raum eine derartige Konzentration an Sakralbauten der beiden beherrschenden indischen Baustile. Der **Nagara- oder nordindische Stil** wird in erster Linie durch den sich in Kurven konisch nach oben verjüngenden Tempelturm gekennzeichnet. Im Gegensatz dazu zeichnet sich der **Vimana- oder südindische Baustil** durch terrassenförmig nach oben zurückspringende Stockwerke aus. Zum friedvollen Gesamteindruck des 15 km nordöstlich von Badami an einer Biegung des Malaprabha-Flusses gelegenen Städtchens trägt bei, dass die Haupttempelgruppe innerhalb einer gepflegten Gartenanlage liegt.

Sehenswertes

Zum Gedenken an einen Sieg über die Pallava-Dynastie in Kanchipuram ließen zwei Gemahlinnen des Königs *Vikramaditya* Mitte des 8. Jh. die beiden nebeneinander gelegenen Tempel Mallikarjuna und Virupaksha errichten. Beide dürften wegen der gleichartigen Handschrift von demselben Baumeister stammen, wobei die Grundrisse eindeutig dravidisch sind. Die Reliefs auf den Pfeilern des um 745 errichteten **Mallikarjuna-Tempels** zeigen Szenen aus den hinduistischen Epen Ramayana und Mahabharata. In ihrem Erzählstil gleichen sie modernen Bildergeschichten. Mit seinen 20 reliefgeschmückten Pfeilern ist der *mandapa* ein gutes Beispiel für die Pfeilersäle der mittelalterlichen südindischen Architektur. Mächtige Stürze und Kapitelle sowie die Licht-Schatten-Spiele auf den Reliefs lassen eine geheimnisvolle Atmosphäre entstehen.

Der **Virupaksha-Tempel** ist nicht nur der größte Tempel von Pattadakal, sondern gilt gleichzeitig als der schönste. Vor seiner von einem schmalen Umgang umgebenen *cella* liegt ein Pfeilersaal mit vier Reihen zu je vier Stützen. Der Pfeilersaal, der den Mittelpunkt der Gesamtanlage bildet, hat an drei Seiten je ein vorspringendes Portal, was ihm eine ungewöhnliche, kreuzartige Form verleiht. Zwei der *cella* vorgelagerte Pfeiler schließen eine Art Vorhalle ab. Um das *garbhagriha* läuft ein schmaler Wandelgang, der wie der äußere Umgang für Prozessionen bestimmt ist. Die *cella* ist durch Vor- und Rücksprünge gekennzeichnet, deren vertikaler Rhythmus einen deutlichen Gegensatz zum horizontalen Sockelsims bildet.

Die Nischen der Außenfassaden sind mit Götterstatuen und Fabelwesen dekoriert. Vor dem auf der Hauptachse liegenden Portal steht ein reich geschmückter *mandapa* mit weit hervor ragendem Dach. Der die Mitte des Hofs markierende Schrein beherbergt einen kolossalen *nandi,* das Reittier Shivas. In der weiten Hofanlage findet sich noch eine Reihe weiterer Nebenschreine. Die gesamte Anlage ist von einem kreuzförmigen Mauerring umgeben, der in seinen Konturen denen des Tempelgrundrisses entspricht.

Die Ruine des **Galaganatha-Tempels,** einer der frühesten Bauten, zeigt Merkmale des nordindischen Tempelbaus, während der kleine, um 725 erbaute **Sangameshvara-Tempel** Anklänge an die Pallava-Kunst erkennen lässt. Er erinnert stark an den Arjuna-Ratha in Mahabalipuram, ist jedoch nicht aus einem Fels gehauen, sondern wie der Kailasanatha-Tempel in Kanchipuram aus Hausteinen errichtet. Weitere interessante Tempel in unmittelbarer Nähe sind der **Kashivishveshvara** und der **Kada Siddeshvara.** Mit ihrem ausgeprägten, sich konisch nach oben verjüngenden *shikara* sind beide typische Vertreter des nordindischen Nagara-Stils.

Im Januar findet in Pattadakal das erstklassige **Classical Dance Festival** statt.

- Der **Eintritt** zu den Tempeln von Pattadakal beträgt 250 Rs (Einheimische 10 Rs!), Videokamera 25 Rs. Sie sind von 6 bis 18 Uhr geöffnet.

Unterkunft, Essen und Trinken

Übernachtungsmöglichkeiten stehen nicht zur Verfügung, sodass Pattadakal nur im Rahmen eines Tagesausflugs von Aihole oder Badami besucht werden kann. Getränke sowie kleine Appetithappen wie *idlis, pakoras* oder *samosas* bieten die Teeläden um das Tempelgelände.

An- und Weiterreise

- Mindestens stündliche **Busverbindungen** nach Badami (der letzte gegen 20 Uhr) und Aihole.

Aihole

↗ XX/B1

Mehr als 30 Tempel aus der Blütezeit der Chaulukya-Periode zwischen dem 7. und 9. Jh. sind in dem kleinen Dörfchen Aihole, 27 km nordöstlich von Badami, zu besichtigen. Viele Tempel sind erst in letzter Zeit entdeckt worden, weil sie von der Dorfbevölkerung als Stallungen und Behausungen benutzt worden waren. Die genaue Bedeutung der ursprünglich unter dem Namen Aryapura bekannten Stadt innerhalb des Chaulukya-Reiches ist bis heute ungeklärt. Der Reiz des von einer zum Teil noch erhaltenen Stadtmauer umschlossenen Aihole beruht auf der Mischung aus kunsthistorisch hochinteressanten Tempelbauten, einem archaisch anmutenden Dorfleben und einer friedlichen, vom Massentourismus noch gänzlich unberührten Atmosphäre.

Sehenswertes

Der in der ersten Hälfte des 7. Jh. erbaute **Lad-Khan-Tempel** verdankt seinen Namen einem muslimischen Einsiedler, der ihn im 19. Jh. bewohnte. Mit seinen gedrungenen Proportionen und dem schweren, fast flachen Dach spiegelt er die Anfänge der Steinarchitektur wieder. Ein Tempelturm ist nur in Ansätzen zu erkennen. Dem quadratischen Bau vorgelagert ist eine Vorhalle, deren Dach von vier zentralen und acht äußeren Stützen getragen wird. Zwischen den äußeren Pfeilern sind Brüstungsmauern eingezogen. Diese Art der Veranda diente wahrscheinlich als *mandapa*. Die Eingangspfeiler sind mit einem feinen Relief geschmückt, dessen Elemente an den Schmuck buddhistischer Bauten erinnern.

Der quadratische Bau hat im großzügig gestalteten Innenraum zwei konzentrisch verlaufende Umgänge, in deren Zentrum ein erst später aufgestelltes Nandi-Bildnis steht. Die ebenfalls nachträglich eingebaute *cella* ist gegen die Rückseite gesetzt. Das Tempelinnere wird auch hier durch das diffuse Licht der durch die Yali-Fenster eindringenden Sonnenstrahlen erhellt.

Mit seinem offenen, u-förmigen Umgang weist der zwischen 675 und 725 errichtete **Durga-Tempel** einen ungewöhnlichen Grundriss auf, der interessante Parallelen zu buddhistischen Klosteranlagen *(chaityas)* andeutet. Untermauert wird die Anlehnung an buddhistische Bauten durch einen äußeren, von quadratischen Pfeilern gestützten Wandelgang.

Auf die Eingangshalle folgt ein Saal mit acht Pfeilern, die in zwei Reihen zur halbrunden *cella* führen. Im *garbhagriha,* das von einem nur in Ansätzen zu erkennenden, teilweise verfallenen *shikara* gekrönt wird, dürfte früher ein Kultbild Vishnus gestanden haben.

Wie es der Name „erhöht liegender Tempel" vermuten lässt, steht der **Meguti-Tempel** auf einem Hügel im Südosten der Stadt. Laut einer Inschrift wurde er 634 während der Regierungszeit des großen *Pulakeshin II.* errichtet. Im Sanktum des Jain-Heiligtums findet sich die Statue eines Tirthankaras. Der Aufstieg zum Tempel lohnt schon wegen der herrlichen Aussicht über das Dorf und die Umgebung.

Unter den zahlreichen Tempelanlagen Aiholes verdient noch der etwas abseits gelegene **Hucchappaya** Erwähnung. Der vermutlich Ende des 7. Jh. errichtete Bau verfügt über eine quadratische *cella,* einen *mandapa* und eine Vorhalle, ein Umgang ist nicht vorhanden. Im Gegensatz zum

214is Foto: mb

Durga-Tempel fallen besonders die nahezu fensterlosen Wände auf. Schwere Steinplatten bedecken den gedrungenen, niedrigen Bau, dessen Skulpturen an den Gupta-Stil des 4./5. Jh. in Nordindien erinnern. Das kleine **Museum** hinter dem Durga-Tempel (tgl. außer Fr 10–17 Uhr) zeigt Skulpturen der frühen Chalukya-Periode.

- Der **Eintritt** zu den Tempeln von Aihole beträgt 100 Rs, Öffnungszeiten 8–18 Uhr.

Unterkunft, Essen und Trinken

- Als einzige Übernachtungsmöglichkeit steht das staatliche **KSTDC Touist Home** € (Tel.: 08351-284541) zur Verfügung, eine einfache, passable Bleibe, fünf Gehminuten vom Zentrum entfernt. In den EZ muss man sich mit einem Gemeinschaftsbad begnügen, die DZ verfügen über ein angeschlossenes Bad. Essen kann auf Wunsch serviert werden.

An- und Weiterreise

- Mehrere **Direktbusse** (der letzte gegen 19 Uhr) nach Badami, alle über Pattadakal.

Der besondere Tipp: Bijapur

↗ XX/B1

Einwohner: 250.000
Vorwahl: 08352

Als **„Agra des Südens"** wird das 125 km nördlich von Badami gelegene Bijapur häufig bezeichnet – ein treffender Vergleich, wenn man den deutlich **muslimischen Charakter** der Stadt und die Vielzahl beeindruckender islamischer Gebäude bedenkt. Sie sind die Relikte der mehr als 300-jährigen islamischen Herrschaft über Bijapur, die Ende des 13. Jh. mit der Regentschaft der Bahmanis begann.

Als das Bahmani-Reich Ende des 15. Jh. zerfiel, machte sich der vom Sklaven zum Heerführer aufgestiegene *Yusuf Adil Shah* 1489 selbständig und gründete seine eigene Dynastie mit der Hauptstadt Bijapur. Nachdem sich die bis dahin zerstrittenen fünf muslimischen Dynastien von Bijapur, Golkonda, Ahmednagar, Bidar und Gulbarga 1565 zu einem gemeinsamen Bündnis zusammengeschlossen und das letzte Hindu-Königreich Vijayanagar besiegt hatten, begann die Blütezeit Bijapurs. Zu jener Zeit, als auch ein Großteil der Prachtbauten entstand, soll die Stadt einen Umfang von 48 km gehabt haben.

Ein Jahrhundert später waren die Macht und der Reichtum der Yusuf-Shah-Dynastie durch die im Laufe der Jahrzehnte wieder ausbrechenden kriegerischen Auseinandersetzungen mit den benachbarten Sultanaten derart geschwächt, dass die Truppen des letzten Großmoguls *Aurangzeb* Bijapur 1686 nach einjähriger Belagerung erobern konnten. Die folgende Brandschatzung und eine Epidemie, der die Hälfte der Bevölkerung zum Opfer fiel, bedeutete das Ende Bijapurs als Machtzentrum in Zentralindien.

Mit ihren verwinkelten Altstadtgassen, einem lebhaften Bazaar, zahlreichen beeindruckenden Moscheen, Mausoleen und Festungsanlagen so-

Ibrahim Rauza in Bijapur

wie einer zur Hälfte aus Muslimen bestehenden Bevölkerung hat sich die Stadt eine stark islamisch geprägte Atmosphäre bewahrt. Im Unterschied zu Agra finden sich hier jedoch nur wenige westliche Touristen ein.

Orientierung

Weithin sichtbar beherrscht wird die Stadt durch das Gol-Gumbaz-Mausoleum im Osten. Etwa einen Kilometer östlich und damit außerhalb der zehn Meter hohen, mit neun Eingangstoren versehenen Schutzmauer befindet sich der Bahnhof. Das Stadtzentrum wird durch die Zitadelle markiert. Südlich hiervon stehen die meisten der zahlreichen Moscheen Bijapurs. Wie eine Schlagader zieht sich die Station Rd. von Ost nach West durch die Stadt. Hauptverkehrsknotenpunkt ist der Gandhi Square, in dessen Nähe sich auch die Hauptpost und einige Hotels befinden. Etwa 200 m südlich hiervon liegt der Busbahnhof. Mit dem Ibrahim Rauza findet sich die zweite Hauptsehenswürdigkeit der Stadt etwa einen Kilometer westlich der Ringmauer.

Sehenswertes

Gol-Gumbaz-Mausoleum

Als Dokument der Adil-Shah-Dynastie überragt das gewaltige Gol Gumbaz weithin sichtbar die Stadt. Wie so häufig bei Herrschaftsbauten, die in erster Linie als Monument der Allmacht des Potentaten errichtet wurden, geht auch hier die Monumentalität zu Lasten von Qualität und Ästhetik. Der mit 38 m Durchmesser nach dem Petersdom **zweitgrößte Kuppelbau der Welt** macht einen unproportionierten, protzigen Eindruck.

Das Mausoleum für Sultan *Muhammad Adil Shah* (1627–1656), einen der letzten großen Herrscher Bijapurs, steht in der Mitte eines 60 cm hohen, 180 m² großen Sockels, auf dem ein weiterer repräsentativer Torbau, eine Moschee und ein Dharamsala erbaut wurden. Beherrschendes Element des kubischen Grabmals ist neben den vier siebenstöckigen Ecktürmen die 59 m hohe Kuppel mit einer überspannten Gesamtfläche von 1.600 m². Die Dicke der Kuppelschale aus Ziegeln und Mörtel beträgt drei Meter am Fuß und verjüngt sich bis zum Scheitel um 30 cm.

Die gewaltigen Ausmaße lassen sich am eindrucksvollsten von der sogenannten **Flüstergalerie** aus ermessen, einem 3,60 m breiten Wandelgang im Inneren der Kuppel. Der Zugang erfolgt über die gewundene, schmale Treppe des Südostturms. Die bereits im Namen zum Ausdruck kommende besondere Akustik lässt sich allerdings nur am frühen Morgen erleben. Danach verwandeln die Busladungen von indischen Touristen das Flüstern in ein allgemeines Geschrei. Eine beeindruckende Aussicht in die Umgebung bietet sich von der Brüstung des Grabmals.

Die Grabstätten von Muhammad Adil Shah, seiner Frau, weiteren Familienangehörigen sowie seiner Lieblings-Kurtisane stehen im Zentrum des Kuppelbaus. Ein kleiner Schrein zu Ehren

502is Foto: mb

eines Sufi-Heiligen in der Ecke des Mausoleums ist Mittelpunkt des alljährlich im Februar stattfindenden **Urs-Festes,** zu dem Hunderttausende von Gläubigen nach Bijapur pilgern.

- **Eintritt** zum Gol Gumbaz: 100 Rs, tgl. von 6 bis 18 Uhr geöffnet.

Stadtmauer

Eine der Hauptattraktionen von Bijapur ist die zehn Kilometer lange, bis zu zwölf Metern dicke Stadtmauer, die als zusätzliche Sicherung auch noch von einem fünfzehn Meter breiten Graben umgeben wurde. Der imposante Eindruck dieser Festungsmauer, die nicht überall in gutem Zustand ist, wird noch verstärkt durch die mit riesigen Kanonen bewehrte Bastionen.

Besonders beeindruckend ist die **Löwenbastion** (Burj-i-Sherza). Die hier aufgestellte, vier Meter lange **Kanone Malik-i-Maidan** soll im 16. Jh. als Beutestück nach Bijapur gekommen sein. Angeblich bedurfte es der Zugkraft von 400 Ochsen, zehn Elefanten und Hunderten Männern, um das 5,5 Tonnen schwere Geschütz an die exponierte Stelle zu hieven. Mit seiner markanten, in Form eines aufgerissenen Löwenmauls gestalteten Mündung gehört die Malik-i-Maidan zu den meistfotografierten Objekten der Stadt. Weitere, zum Teil noch größere Kanonen sind in unmittelbarer Nähe positioniert. Von der bis zu 24 m hohen

Gol Gumbaz

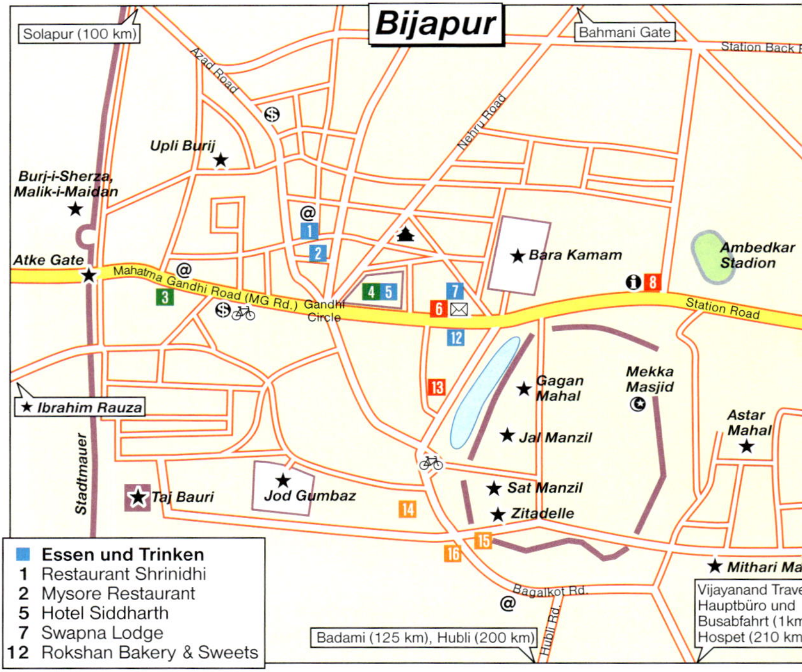

„Oberen Bastion" (Upli Buruj) bietet sich ein weiter Blick über die Stadt.

Jama Masjid

Beeindruckende Ausmaße besitzt auch die **Freitagsmoschee** (Jama Masjid Rd., tgl. 9–17.30 Uhr) einen Kilometer südwestlich des Gol Gumbaz. Im Gegensatz zum Grabbau besticht der 1565 von *Ali Adil Shah* (1558–1580) finanzierte Bau jedoch in erster Linie durch seine anmutige Architektur. Hinter der schlichten Fassade mit zweistöckigen Arkaden öffnet sich die quadratische Gebetshalle. Nach oben abgeschlossen wird sie von einer halbrunden Kuppel von 17 m Durchmesser. Besonders beeindruckend ist der vergoldete, mit leuchtenden Farben dekorierte Mihrab. Die hübschen Schmuckeinlagen im Fußboden ahmen Gebetsteppiche nach und weisen den Gläubigen ihren Platz.

Mithari Mahal und Astar Mahal

Bei dem Anfang des 17. Jh. erbauten palastähnlichen Mithari Mahal handelt es sich um einen aufwendigen **Torbau** zu einer verglichen damit sehr bescheidenen **Moschee** unmittelbar da-

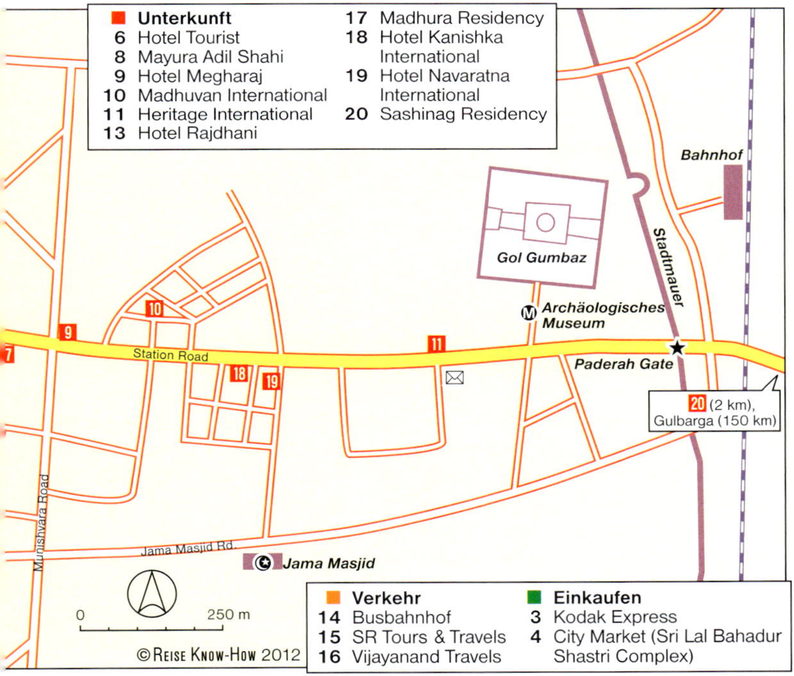

hinter. Das elegante Gebäude gefällt vor allem wegen seiner Zierminarette, der hübschen Balkone und der detailgenauen Steinmetzarbeiten.

Eine Gasse auf der anderen Seite des Mithari Mahal führt zu dem teilweise verfallenen Astar Mahal. Der ursprünglich Ende des 16. Jh. als **Justizpalast** errichtete Bau erlangt seine heutige Bedeutung als Aufbewahrungsort für die Barthaare des Propheten. Die **Reliquie** befindet sich im Zentrum der nach vorn offenen Halle. Neben dieser sind die spärlichen Überreste des Jahaz Mahal zu erkennen.

Zitadelle und Jod Gumbaz

Vom Astar Mahal führt eine Treppe zur Zitadelle, dem ehemaligen **Regierungssitz des Sultanats.** Ein Großteil der Paläste und Schlösser ist ebenso zerstört wie die Festungsmauer, die diese Stadt in der Stadt nach außen abgrenzte. Der **Gagan Mahal** (Himmelspalast) im Nordwesten der Anlage muss früher einmal einer der größten Repräsentationsbauten innerhalb der Zitadelle gewesen sein. Von der noch teilweise erhaltenen Fassade aus mit den drei 15 m hohen Spitzbögen nahmen die in feinste Stoffe gekleideten, mit Diamanten geschmückten Herrscher die Paraden aus Anlass großer Festtage und Schlachten ab, so z.B. 1565 nach dem bahnbrechenden Erfolg gegen die Truppen Vijayanagars. Weit weniger glorreich war das Jahr 1686, als *Aurangzeb* hier die Unterwerfungsurkunde von *Sikandar Adil Shah,* dem letzten Sultan von Bijapur, entgegengenommen haben soll.

Von den ehemals sieben Stockwerken des **Sat Manzil** stehen noch fünf. Bei dem während der Regierungszeit von *Muhammad Adil Shah* errichteten Palast soll es sich um die Privatresidenz seiner Lieblings-Kurtisane *Rambha* gehandelt haben, die zusammen mit dem Herrscher im Gol Gumbaz beigesetzt ist. Ein hübscher Blickfang ist der unmittelbar vor dem Sat Mahal erbaute **Jal Manzil,** ein schön verzierter Wasserpavillon, der inzwischen im Trockenen steht. Mit der **Karimuddin's Masjid** und der **Mekka Masjid** finden sich zwei schöne Moscheen im Bereich der Zitadelle.

Etwa 200 m westlich der Zitadelle an der Bagalkot Rd. weisen die beiden Kuppeln des **Jod Gumbaz** den Weg zu den Gräbern eines Generals von *Adil Shah* sowie seines spirituellen Führers, *Abdul Razzaq Qadiri.* Die umgebenden Gärten sind mit vielen Blumen und Baumbestand ein meist gut besuchter Ruheort der Bewohner, die sich gern auf ein Gespräch einlassen.

Ibrahim Rauza

Neben dem Gol Gumbaz gilt das Ibrahim Rauza, einen Kilometer westlich der Stadtmauer, als die zweite Hauptsehenswürdigkeit von Bijapur. Damit hat es sich jedoch auch schon mit den Gemeinsamkeiten, zeichnet sich doch das **Grabmahl für Ibrahim II.** und seine Frau im Gegensatz zu dem monströsen, von Touristenmassen heimgesuchten Gol Gumbaz durch eine heitere, friedvolle Atmosphäre aus. Das Grabmal und die dazugehörige Moschee auf einem gemeinsamen Sockel sind Musterbeispiele für den in Badami gepflegten Baustil, der in der Tradition des Bahmani-Stils steht. Die zwiebelförmigen Kuppeln beider Gebäude ruhen auf einem Tambour, der hinter einem Kranz aus Lotusblüten fast vollständig verschwindet. Auch die ornamentale Ausfüllung der Freiflächen mit Rosetten, Arabesken und Inschriften steht ganz in der Tradition der Bijapur-Schule. Einen schönen Blick auf die liebliche Anlage genießt man von der den Grabbezirk umlaufenden Mauer.

- **Der Eintritt** zum Ibrahim Rauza beträgt 100 Rs, Video 25 Rs, tgl. von 6 bis 18 Uhr geöffnet, Schuhe sind am Eingang abzugeben.

Zentraler Markt

Einen herrlichen Eindruck ursprünglichen indischen Alltagsleben erfährt, wer sich in den Marktgassen um den Sri Lal Bahadur Shastri Complex nördlich der MG Road treiben lässt. Vollgestopft mit Händlerläden und Handwerk aller Art, herumlaufenden Ochsen und Ziegen ist diese Gegend noch fast gänzlich unberührt von den Errungenschaften des modernen Indien.

Praktische Tipps

Information, Stadtverkehr

- Das nahezu unbrauchbare **Tourist Office** (Tel.: 250359) findet man gleich hinter dem Hotel Adil Shahi Annexe an der Station Rd., kann es aber auch gleich meiden.
- **Autorikshas** sollten vom Bahnhof in die Innenstadt nicht mehr als 20 Rs kosten. Genauso viel berappt man für eine Fahrt vom Gol Gumbaz zum Grabmal Ibrahim Rauzas. Für die Besichtigung aller Sehenswürdigkeiten Bijapurs innerhalb eines halben Tages werden 200 Rs verlangt.
- **Tongas** berechnen für Fahrten vom Bahnhof ins Stadtzentrum etwa 15 Rs.
- **Fahrräder** bieten im relativ geruhsamen Bijapur eine gute Möglichkeit, die diversen Sehenswürdigkeiten zu besichtigen. Beim Mayura Adil Shahi Hotel und an einem Stand schräg gegenüber vom des Busbahnhof werden recht klapprige Drahtesel für 3 Rs pro Std. oder 30 Rs pro Tag vermietet.

Unterkunft, Essen und Trinken

- Von den zahlreichen Billigunterkünften ist das zentral in einer Gasse zwischen Gandhi Square und Busbahnhof gelegene **Hotel Rajdhani** € (Tel.: 253468) eine ordentliche Option. Für eine bis zwei Nächte sind die sehr schlichten und hellen Zimmer mit Hocktoilette um einen Lichthof für den geringen Preis sicher akzeptabel.
- Zwischen Gol Gumbaz und Innenstadt ist das **Navaratna International** €€ (Station Rd., Tel.: 222771) eine angenehme Adresse. Geräumige, saubere Zimmer mit TV und ein gutes vegetarisches Restaurant sind preisentsprechend. Auch hier gibt's mit der **Madhura Residency** €-€€ (Station Rd., Tel.: 242092) eine qualitativ und preislich ähnliche Ausweichadresse. Auch das etwas verwohnte **Kanishka International** €€ (Station Rd., Tel.: 223788/89) ist ansonsten sehr ähnlich. Zudem hat es einen Fitness-Raum. Alle genannten haben auch klimatisierte Zimmer und ein Restaurant.
- Wer Grün nicht mag, sollte das **Madhuvan International** €€-€€€ (Tel.: 255571-3, www.hotelmadhuvan.com) in einer ruhigen Seitengasse, 100 m von der MG Road entfernt, meiden. Ansonsten sind die großen, teils klimatisierten Zimmer eine preiswerte untere Mittelklassewahl. Das beliebte Gartenrestaurant (ab 18 Uhr) findet wegen guter Qualität auch viele Kunden von außerhalb. Zudem gibt's Swimmingpool und Fitness-Raum.
- Wer mehr Komfort benötigt, muss sich außerhalb der Stadtmauern in der 2 km östlich gelegenen **Shashinag Residency** €€€€ (Solapur-Chitradurga-Bypass-Rd., Tel.: 260344, www.hotelshashinag.com) einquartieren. Neben den großen Zimmern sind der kleine Pool und der Gym-Raum Pluspunkte.
- Neben den erwähnten Hotelrestaurants lohnen noch die beiden am Gandhi Chowk gelegenen, vegetarischen Restaurants **Shrinidhi** und **Mysore** (1. Stock, beim Hotel Tourist) einen Besuch, auch um zu beobachten und mit der einheimischen Bevölkerung ins Gespräch zu kommen. Beide servieren südindische vegetarische Gerichte zu günstigen Preisen.
- Komfortabler sitzt man neben dem oben erwähnten Restaurant des Madhuvan International im **Hotel Siddharth** auf dem Marktgebäude (hier gibt's auch Nicht-Vegetarisches und Alkohol) und nur wenig östlich neben dem Hotel Tourist im **Swapna Lodge Restaurant,** wo eine Freiluftterrasse zu Abendmahl und Bier bittet.
- **Rokshan Bakery & Sweets** nahe der Zitadelle versorgt mit Entsprechendem.

Bank

- Die einzige, leider langwierige Möglichkeit zum Geldwechseln bietet die **Canara Bank** (Azad Rd., Tel.: 250163, Mo–Fr 10.30–16, Sa 10–13 Uhr), etwas nördlich vom Gandhi Circle an der Straße Richtung Norden zum Bharpur Gate. Zum Tausch von Reiseschecks wird eine Kopie der ersten Seiten des Reisepasses verlangt. Auch die **State Bank of India** wechselt Reiseschecks. Einige **ATMs** akzeptieren Kreditkarten, etwa der ATM der State Bank of India beim Hotel Madhura Residency sowie der ATM der Canara Bank.

Medizinische Versorgung

- Das riesige **Al Ameen Medical College** (Tel.: 270045, 270058-60) im Norden der Stadt ist modern ausgestattet.

Internet und Foto

- Die beste Surfmöglichkeit hat **Net Mania** etwa 100 m südlich vom Busbahnhof (1. Stock, bis 22 Uhr). Ansonsten sind **Cyber Park** (9–22.30 Uhr) an der MG Rd. und **Prithvi Net** (30 Rs/Std., bis 21 Uhr), etwas versteckt im Shri Mahalaxmi Complex, noch akzeptable Adressen.
- **KodakExpress** an der MG Rd. druckt Fotos in etwa einer Stunde aus und hat etwas Zubehör und Filme.

Kultur

- Jedes Jahr Anfang Februar ist Bijapur Schauplatz des **Lingayat-Siddeshwara-Musikfestivals,** zu dem einige bekannte Vetreter der klassischen indischen Musik anreisen.

An- und Weiterreise

- **Bahn:** Zurzeit fahren täglich fünf Züge nach Solapur im Norden (etwa um 16.20 Uhr der 17308 Basava Exp. und um 7.00 Uhr der 57642 Bsk SUR Pass, 2½ Std.) mit Anschlüssen an alle größeren Städte in Zentral- und Nordindien sowie nach Badami (4½ Std.) und Gadag (6 Std.) in den Süden. Eine Direktverbindung nach Gulbarga ist der aus Bagalkot kommende 17308 Basava Exp. (Abf.: 16.20 Uhr, Ank. 21.44 Uhr) über Solapur (an 19.05 Uhr). Dieser Zug fährt weiter bis Yesvantpur, einem Vorort von Bangalore (an 10.25 Uhr). Nach Bagalkot (von dort per Bus weiter nach Badami) der 11423 SUR Bagalkot Exp., Abf. 8.25 Ank. 10.25 Uhr.

Die in einigen Hotels ausliegenden Informationen zu Zugverbindungen entsprechen häufig nicht dem neuesten Stand.

- **Bus:** Hervorragende Anbindungen mit **KSRTC** (Tel.: 251344) an alle größeren Städte der Umgebung: Badami (4½ Std. um 10 und 16.30 Uhr, ansonsten erst bis Bagalkot, von dort alle habe Stunde Busse nach Badami), Gadag (6 Std.), Hubli (halbstündig, 6 Std.), Hospet (5 Std., meist die Bangalore-Busse), Gulbarga (halbstündig, 4 Std., 118 Rs), Bidar (5 Busse, 8 Std., nur Exp.-Busse), Solapur (3 Std., halbstündig) sowie nach Hyderabad (11. Std., Luxusbusse um 19 und 21.30 Uhr, 330 Rs) und Bangalore (viele Verbindungen, Luxusbusse meist abends, Del. 370, AC-Volvo um 20.30 Uhr, 480–570 Rs).

Darüber hinaus fahren mehrere um den Busbahnhof (Tel.: 251344) angesiedelte Privatgesellschaften, wie Vijayanand Travels und SRS Tours & Travels (Tel.: 252459, nur nichtklimatisierte Busse nach Bangalore, 330 Rs) mit Deluxe-Bussen u.a. nach Bangalore (6 Std., 300–350 Rs), Hyderabad (13 Std.), Pune (8 Std.) und Mumbai (12 Std.). In mehreren Büros von **Vijayanand Travels** (Tel.: 242672, (0)9448051000, www.vrllogistics.com), etwa beim Busbahnhof oder auf der oberen Fläche des Lal Bahadur Shastri Market (Tel.: 251000) können Tickets erworben werden. Die Busse starten etwas südlich der Stadt beim Hauptbüro in Marata Vidyalay (Riksha 20 Rs). Nach Bangalore zwischen 18 und 21.30 Uhr im AC-Volvo-Bus, 520 Rs. Außerdem Luxusbusse nach Mangalore (15.15 Uhr, 420–520 Rs), Hubli (23.15 Uhr, 160 Rs) und Mumbai (zum Victoria Terminus im Zentrum, zwischen 20.30 und 23 Uhr, 400 Rs).

- Noch ein Hinweis: Wer in **Solapur** per Bus nach Bijapur weiterfahren will (Busse von dort etwa halbstündig (63 Rs, ca. 2½ Std.), sollte am Bahnhof ankommend nicht zum Busbahnhof fahren, sondern den Bus gleich an der Hauptstraße per Handzeichen anhalten lassen und zusteigen, da man ansonsten die Strecke doppelt zurücklegt. Bahnverbindungen nach Bjapur gibt's nur morgens zwischen 6.05 und 7.45 Uhr.

Bekommt man in Solapur keinen Anschluss mehr nach Bijapur (der letzte Bus fährt gegen 19 Uhr), ist die neue, saubere **Shivranjan Deluxe Lodge** € (Tel.: 2316676), gut 100 m südlich vom Bahnhof zwar einfach, aber für eine Nacht völlig ausreichend. Der freundliche Verwalter hilft gern, wenn der vor dem Haus vorbeifahrende, richtige Bus rausgepickt werden muss.

Gulbarga

↗ XX/B1

Einwohner: 350.000
Vorwahl: 08472

Ebenso wie das 165 km südwestlich gelegene Bijapur ist auch Gulbarga nach wie vor stark von seiner **islamischen Tradition** geprägt. 1347 hatte sich *Ala-du-din Hasan Bahman Shah* vom Tughluk-Sultanat in Delhi gelöst. Drei Jahre später gründete er mit der Hauptstadt Gulbarga, welche er zunächst Hasanabad nannte, die **Bahmani-Dynastie.** Während der folgenden sieben Jahrzehnte stieg Gulbarga zu einer der bedeutendsten Städte des Dekhan auf. In dieser Zeit entstand ein Großteil der beeindruckenden Moscheen und Grabanlagen. Auch wenn *Ahmad I.* 1424 die Hauptstadt nach Bidar verlegte, blieb Gulbarga bis Mitte des 17. Jh. eine wichtige Verwaltungsstadt.

Insgesamt herrscht in dem nur äußerst selten von Westlern besuchten Ort eine wenig einladende Atmosphäre. Wegen ihrer beeindruckenden Grabanlagen lohnt sie dennoch einen kurzen Zwischenstopp auf der Strecke von Hyderabad nach Bijapur.

Sehenswertes

Zitadelle

Selbstverständlich steht auch im Zentrum dieser ersten Hauptstadt der Bahmanis eine Zitadelle. Ebenso wie in Bijapur ist sie von einem Graben und einer 16 m dicken **Schutzmauer** umgeben, die von mit Kanonen bestückten Wachtürmen unterbrochen wird. Die großen Eingangstore sind als Schutz gegen angreifende Elefanten mit spitzen Eisenpickeln beschlagen. Auch die im Zick-Zack-Kurs angelegten Straßen zwischen den diversen Toren und Innenhöfen dienten dazu, den Schwung und damit die Schlagkraft der anstürmenden Armee abzubremsen. Ein Spaziergang entlang der Außenmauer lohnt wegen der sich immer wieder bietenden schönen Ausblicke.

Das einzig wirklich bedeutende und gut erhaltene Gebäude innerhalb der Zitadelle ist die **Jama Masjid.** Mit dem Bau wurde zwar laut einer Inschrift bereits 1367 begonnen, doch sollte es annähernd 150 Jahre dauern, bis das 5.000 Gläubigen Platz bietende Gotteshaus fertig gestellt war. Die Große Freitagsmoschee ist insofern in ganz Indien einzigartig, als sie komplett überdacht ist und zudem über keinerlei offene Höfe verfügt. Als Lichtquelle dienen die offenen Bögen über der Umfassungsmauer. Das Fehlen von Predigtkanzel und Waschanlagen hat zu der Vermutung Anlass gegeben, dass es sich bei dem Bau in erster Linie um eine große Versammlungshalle gehandelt haben könnte.

Die in der zweiten Hälfte des 14. Jh. erbaute **Shah Bazar Masjid** nördlich der Zitadelle gilt als die älteste Moschee der Stadt.

Grabstätten

Die meistbesuchten Stätten von Gulbarga sind die weitläufigen Grabstätten **Haft Gumbaz** und **Hazrat Gesu**

Daraz. Dabei handelt es sich um zwei große, von diversen Innenhöfen durchsetzte Gebäudekomplexe im Osten bzw. Nordosten der Stadt. Neben den eigentlichen Grabstätten für die Sultane der Bahmani-Dynastie bzw. einen Sufi-Heiligen beherbergen sie auch verschiedene Schulen, Moscheen und Pilgerherbergen. Besonders beeindruckend ist das Mausoleum von *Hazrat Gesu Daraz,* einem Muslim-Heiligen, der am Hofe der Bahmanis großen Einfluss erlangte. Der nach seinem Tod 1422 errichtete Grabbau besticht durch seine elegante Schlichtheit, die sich vor allem in der zweistöckigen, durch diverse Bögen gegliederten Fassade und der sich darüber erhebenden großen Kuppel spiegelt. Der weiße Marmorbau übertrifft in seiner Wirkung noch die als Haft Gumbaz bezeichneten Grabstätten der Bahmani-Herrscher.

Praktische Tipps

Stadtverkehr

- Da es keinen Fahrradverleih gibt, sind **Autorikshas** die beste Fortbewegungsmöglichkeit im weitläufigen Stadtgebiet. Innerhalb der Innenstadt zahlen Einheimische maximal 30 Rs für eine Fahrt. Für eine Halbtagestour zu den Hauptsehenswürdigkeiten sollte man mit etwa 250 Rs rechnen.

Unterkunft, Essen und Trinken

- Eines der besten Preis-Leistungs-Verhältnisse bietet das angenehme **Santosh** €-€€ (Tel.: 247991) an der University Rd. in ruhiger, allerdings auch etwas abseitiger Lage am Stadtrand. Neben den geräumigen Zimmern und dem freundlichen Personal gefällt das hauseigene Restaurant.
- Viel fürs Geld gibt's auch in der **Moonlight Lodge** €-€€ neben dem Busbahnhof.
- Wer im Zentrum wohnen möchte, sollte sich im **Raj Rajeshwari** €-€€ (Tel.: 225881) an der Mill Rd. einquartieren. Auch hier sind es die geräumigen, sauberen Zimmer und das hauseigene vegetarische Restaurant, welche für das gut geführte Haus sprechen.
- Das **Southern Star** €-€€ (Tel.: 224093) beim Super Market ist ein nüchterner Neubau, in dem man die Wahl zwischen recht spartanischen Zimmern und solchen mit Fernseher und AC hat. Zwei Restaurants sind angeschlossen.
- Zwischen einfachen, billigen, aber auch wenig einladenden Zimmern im Altbau oder schönen AC-Zimmern im Neubau kann man im **Hotel Adithya** €-€€€ (Tel.: 224040) an der Main Rd. wählen.
- Mehr Komfort als in den Vorgenannten gibt's im **Sun International** €€-€€€ (Bangalore Rd., Tel.: 239480-2, hotelsun@gmail.com). Neben den teils geräumigen und klimatisierten Zimmern sprechen der gute Service und die beiden Restaurants für das Haus.

An- und Weiterreise

- **Bahn**: Gulbarga liegt an der Haupttrasse zwischen Chennai und Mumbai und bietet dementsprechend gute Zugverbindungen. Pune, Tirupati und Kanchipuram sind die bekanntesten Touristenattraktionen an der Strecke. Wer nach Hampi möchte, kann zunächst bis Guntakal fahren und von dort weiter nach Hospet oder per Bus. Einige Bahnverbindungen sind im Anhang zu finden.
- **Bus:** Vom Busbahnhof im Südwesten der Stadt zahlreiche Verbindungen zu allen größeren Städten Karnatakas (Bidar wird in 3 Std. erreicht, 83 Rs), zudem teils komfortable Nachtbusse der diversen um den Busbahnhof angesiedelten privaten Gesellschaften, z.B. Vijayanand Travels (Tel.: (0)9243260106), zu weiter entfernten Zielen wie Pune, Mumbai, Hospet, Hubli und Chennai.

Der besondere Tipp:

Bidar

↗ XVII/C3

Einwohner: 180.000
Vorwahl: 08482

Von den drei durch ihre gemeinsame Bahmani-Historie geprägten Städten Bijapur, Gulbarga und Bidar ist die letztgenannte wohl die angenehmste. Das von 1424 bis 1487 als Hauptstadt der Bahmanis dienende Bidar lohnt abgesehen von den architektonischen Relikten seiner glorreichen Vergangenheit auch wegen des angenehmen Klimas und der hübschen Altstadt einen kurzen Besuch. Allerdings machen hier nur sehr wenige westliche Besucher Halt, sodass man als solcher umso mehr im Mittelpunkt des Interesses steht. Im übrigen sollte man bedenken, dass die touristische Infrastruktur äußerst bescheiden ist und nur Hotels der unteren Kategorie zur Verfügung stehen.

Sehenswertes

Fort

Auch in Bidar bestimmt das gewaltige Fort (Eintritt frei, von Sonnenauf- bis Sonnenuntergang geöffnet) die Stadt. Durch seine Lage auf einem **Plateau** aus rötlichem Laterit, welches im Norden und Osten bis zu 200 m über die Ebene hinausragt, wird seine alles beherrschende Ausstrahlung noch verstärkt. Außer von der sechs Kilometer langen, von 37 Bastionen und sieben Toren durchsetzten Schutzmauer wird das Fort ähnlich einer mittelalterlichen europäischen Trutzburg von drei Gräben geschützt, über die früher Ziehbrücken führten. Bauherr war *Ahmad Shah Bahmani,* der Bidar zur Hauptstadt des Bahmani-Reiches erkoren hatte.

Betritt man die Festungsanlage durch das Haupteingangstor im Süden, erreicht man über eine gewundene Straße zunächst mit dem **Rangin Mahal** das besterhaltene Gebäude innerhalb des Forts. Trotz seiner geringen Ausmaße gilt der von *Ali Barid* (1542–1580) finanzierte „Farbenpalast" wegen der schön verzierten Säulen und Decken, den Holzschnitzereien über den Türstürzen und den Perlmuttintarsien zu den schönsten Bauten der Bahmani-Schule.

Auch die im Westen gelegene, ursprünglich 1327 erbaute und später erweiterte **Solah-Khamba-Moschee** gefällt wegen ihrer detailgenauen Verzierungen. Beim weiteren Rundgang durch das weitläufige Fort passiert man die Überreste königlicher Gebäude wie Empfangshallen, den Bereich der Haremsfrauen *(zenana)* und die Badeanlagen *(hamam)*. Lohnenswert ist ein Spaziergang entlang der westlichen Umfassungsmauer, von wo sich immer wieder schöne Ausblicke auf Stadt und Umgebung bieten. Ein Führer wird über das Archaelogical Office (Tel.: 230418) vermittelt.

Leider waren mehrere Regionen des Forts zur Recherchezeit abgesperrt und damit unzugänglich. Vorsicht vor langen Dornen auf dem Gelände, die auch durch Schuhsohlen stechen!

Mahmut Gawan Madrasa

Mitten im Zentrum der sehr pittoresken, noch heute stark **muslimisch geprägten Altstadt** steht mit den Ruinen des Mahmut Gawan Madrasa das kunsthistorisch mit Abstand bedeutendste Gebäude von Bidar. *Mahmut Gawan,* der Bauherr dieses als **Seminar und Bibliothek** errichteten Gebäudes, galt als eine der einflussreichsten und schillerndsten Figuren des Bahmani-Reichs. Nachdem der Kaufmann 1453 vom Iran kommend in Bidar angelangt war, durchlief er aufgrund seines Reichtums sowie militärischen und diplomatischen Geschicks eine rasante Karriere, die ihn schließlich innerhalb von nur zwölf Jahren zum ersten Minister des Bahmani Reichs aufsteigen ließ. Gleichzeitig erwarb sich Mahmut Gawan als außergewöhnlicher Kunstkenner einen Namen. Aus Dankbarkeit für die ihm erwiesene Gastfreundschaft ließ er 1472 das dreigeschossige Gebäude errichten.

Leider sind nur noch die Außenmauern erhalten, nachdem ein Blitzeinschlag im Jahr 1695 das hier gelagerte Schießpulver zur Explosion brachte. Die markantesten Teile sind die dreigeschossige Fassade mit den zum Teil noch vorhandenen glasierten Kacheln und das weithin sichtbare **Minarett,** welches deutlich von Vorbildern der zentralasiatischen Heimat des Erbauers geprägt ist.

Grabbauten

Die weißen Kuppeln der zwei Kilometer nordöstlich von Bidar erbauten **Grabstätten der Bahmani-Sultane** sind schon von weitem zu erkennen. Die beeindruckendste der insgesamt acht Grabstätten ist die von *Alla-du-din Shah I.,* dem Sohn von *Ahmad Shah I.,* der die Hauptstadt der Bahmanis von Gulbarga nach Bidar verlegte. Neben den glasierten Kacheln gefällt besonders die mit bunten Wandmalereien im Inneren verzierte Kuppel. Auffällig ist die zunehmende Schlichtheit der Grabstätten der späteren Sultane. Hierin spiegelt sich der zunehmende Machtverlust der Bahmanis wieder, die schließlich nicht viel mehr als Marionetten der Baridis waren, welche die Geschicke der Stadt bis 1619 bestimmten.

Deren Grabstätten finden sich auf der anderen Seite im Westen der Stadt. Hier ist es weniger die architektonische Gestaltung als die reizvolle

215is Foto: tb

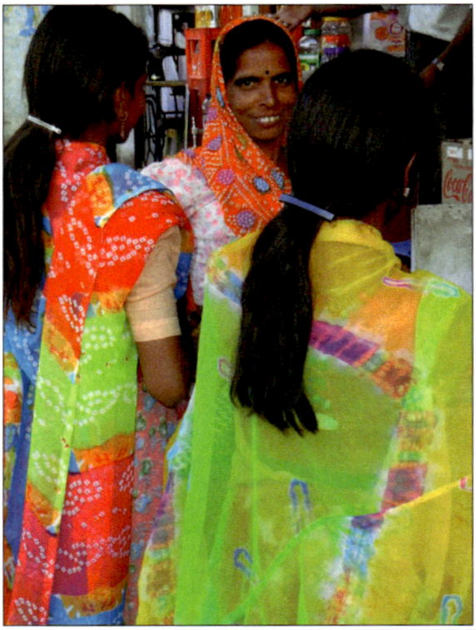

Lage inmitten einer hübschen Parkanlage, die einen Besuch lohnt. Am gelungensten ist das **Grab von Ali Barid** (1542–1579). Es unterscheidet sich von den anderen dadurch, dass es nach allen Seiten offen ist. In unmittelbarer Nähe befindet sich die Stelle, an der die 67 Konkubinen des Herrschers beigesetzt sind.

Etwa auf halber Strecke zwischen den Mausoleen der Bahmanis und Bidar lohnt noch die sehr gelungene **Grabstätte Chaukhandi** einen Abstecher. Die letzte Ruhestätte für den 1460 verstorbenen shiitischen Heiligen *Khalil Allah* ist ein quadratischer Kuppelbau mit schönen Kalligrafien.

Praktische Tipps

Stadtverkehr

- Die beste Möglichkeit, um sich die weit verstreuten Sehenswürdigkeiten zu erschließen, bieten die neben dem Busbahnhof von einigen Händlern angebotenen **Fahrräder** (3 Rs/Std., 14 Rs/Tag). Eine Rundfahrt per Riksha sollte etwa 250 Rs kosten.
- **Autorikshas** kann man an der Hauptstraße mieten. Allerdings sprechen die allerwenigsten Fahrer Englisch, dementsprechend umständlich gestalten sich die Preisverhandlungen. Auf jeden Fall gilt es, sich vor Fahrtantritt genau zu versichern, dass der Fahrer das gewünschte Ziel auch wirklich verstanden hat. Vom Busbahnhof in die Innenstadt sollte es nicht mehr als 20 Rs kosten.

Unterkunft, Essen und Trinken

- Falls Zimmer frei sind, ist das gute **Hotel Ashoka** €-€€ (Tel.: 223931) zu empfehlen. Leider liegt es recht weit vom Busbahnhof entfernt. Wegen der Kreuzung vor dem Haus ist es recht laut. Zwar stehen nur DZ zur Verfügung, doch die sind für den Preis angenehm und wohnlich. Auch einige wenige AC-Räume sind vorhanden.
- Als Alternative kommt das günstiger gelegene **KSTDC Mayura** € (Tel.: 228142) an der Udgir Rd. in Betracht.
- **Krishna Regency** €-€€ (Tel.: 221991), nicht weit vom Busbahnhof in derselben Straße, bietet zweckmäßige Zimmer mit TV und freundlichen Sevice. Leider gibt's kein Restaurant mehr.
- Die meisten Hotels verfügen über recht gute **Restaurants,** wobei das im Mayura den Vorteil hat, dass man in angenehmer Atmosphäre im Freien sitzen kann. Das Restaurant des **Sapna International** €€ (das zudem akzeptable Zimmer vermietet, Tel.: 220991), ist die richtige Adresse für Fleischesser, außerdem gibt's hier Alkoholisches.
- Gegenüber dem Busbahnhof lockt das **Jyothi Udupi** mit preiswerten *dosas, thalis* und Eiscreme.

Post und Internet

- Im Stadtzentrum entlang der Udgir Rd. finden sich die für Touristen wichtigen Einrichtungen wie Post und Internet. Schnell ist **Arien Computers,** 20 Rs/Std., bis 22.30 geöffnet.

An- und Weiterreise

- **Bahn:** Bidars Bahnhof, 1½ km südwestlich der Stadt, liegt an einer Nebenstrecke und wird vorwiegend von Bummelzügen angefahren. So macht bestenfalls die Verbindung nach Hyderabad (5½ Std., 57550 Hyderabad Pass, Abf. 14.10 Uhr) Sinn. Ansonsten besser per Bus. Vom per Bus 3 Std. entfernten Gulbarga gibt's viele weitere Bahnverbindungen, von denen die wichtigsten im Anhang aufgeführt sind.
- **Bus:** Vom Busbahnhof (Tel.: 228508) zahlreiche Verbindungen zu den umliegenden Städten: Gulbarga (3 Std., 50 Rs), Bijapur (8 Std., 135 Rs), Hyderabad (3½ Std.), Bangalore (12 Std., Del. 390 Rs, AC 710 Rs).

Die Busse des verlässlichen **Vijayanand Travels** (Vishal Plaza, Tel.: 245356, 220220, www.vrllogistics.com) fahren tgl. um 17.45 Uhr nach Bangalore (470–600 Rs).

095is Foto: tb

Andhra Pradesh

097is Foto tb

Blumenmarkt in der Altstadt von Hyderabad

Vishnu-Anhänger

Überblick

Andhra Pradesh

Fläche:	275.045 km²
Hauptstadt:	Hyderabad
Einwohner:	84 Mio.
Bevölkerungsdichte:	308 Ew./km²
Stadtbevölkerung:	28 %
Alphabetisierungsquote:	67 %
Lebenserwartung:	65 Jahre

Touristische Highlights:

- **Hyderabad** – ein Bummel durch die quirligen Basare
- **Golkonda** – die weitläufigen Ruinen der gewaltigen Festung

Der besondere Tipp:

- **Tirupati** – der alltägliche Wahnsinn im meistbesuchten Tempel Indiens

Das Land der Andhra ist zwar der größte Bundesstaat Südindiens, touristisch gehört es jedoch zu den Stiefkindern. Nur ganz wenige Westler verirren sich hierher. Verwundern kann dies nicht, hat doch das dünn besiedelte und stark **landwirtschaftlich geprägte** Andhra Pradesh nur wenige Sehenswürdigkeiten zu bieten.

Die meisten der wenigen Touristen besuchen die **Hauptstadt Hyderabad.** Obwohl eine in den letzten Jahren enorm gewachsene Millionenstadt, die unter Überbevölkerung, Luft- und Wasserverschmutzung leidet, lohnt ihr Besuch, bietet sie doch eine Reihe beeindruckender islamischer Bauwerke, die ihr den Namen „Agra des Südens" eingetragen haben. Auch die quirligen Basare und die verschleierten Frauen spiegeln den bis heute dominierenden muslimischen Einfluss wieder.

Unbedingt sehenswert ist auch das nur fünf Kilometer westlich gelegene **Golkonda-Fort,** Zentrum der Shah-Dynastie, bevor diese ihre Hauptstadt nach Hyderabad verlegte. Die übrigen Sehenswürdigkeiten verteilen sich weit verstreut über den von tiefen Tälern geprägten Bundesstaat. **Warangal,** 160 km nordöstlich gelegen und die ehemalige Hauptstadt des Kakatiyan-Königreichs, beherbergt mehrere hinduistische Tempel. Die weite Anfahrt lohnt allerdings wohl nur für kunsthistorisch besonders Interessierte. Darüber hinaus gibt es eine Reihe weiterer **Ruinenstädte** zu besichtigen wie Amaravati und Nagarjunakonda, ca. 150 km südöstlich von Hyderabad.

Auf keinen Fall entgehen lassen sollte man sich einen Besuch des **Venkateshvara-Tempels von Tirupati.** Dieser reichste Tempel ganz Indiens zieht jedes Jahr Millionen von Pilgern an. Wegen seiner Lage im äußersten Südosten ist er jedoch wesentlich einfacher vom nur 150 km südöstlich gelegenen Chennai aus zu besuchen.

Bei der Reiseplanung sollte man bedenken, dass Andhra Pradesh fast jedes Jahr im Oktober oder November von **orkanartigen Unwettern** heimgesucht wird. Die mit den Stürmen einhergehenden sintflutartigen Regenfälle setzen meist Straßen und Eisenbahnlinien unter Wasser, was zu großen Beeinträchtigungen führt. Diese Monate sind also besser zu meiden.

Hyderabad

↗ XVII/C3

Einwohner: 5,5 Mio.
Vorwahl: 040

Hyderabad, die fünftgrößte Stadt Indiens, ist ein einziger Widerspruch. Das äußert sich allein schon im Stadtbild, welches durch die markante Trennung der beiden **Stadtteile Hyderabad und Secunderabad** gekennzeichnet ist. Secunderabad ist ein Kind der Briten. Dementsprechend weitläufig, modern und langweilig kommt es daher. Welch ein Gegensatz zum sich südlich anschließenden chaotischen, lebhaften Hyderabad.

Gegründet 1591 von *Muhammad Quli Shah,* dem fünften Herrscher der Qutb-Shahi-Dynastie, entwickelte sich Hyderabad im Laufe der nächsten 300 Jahre zum politischen und kulturellen Zentrum der muslimischen Herrschaft im Süden Indiens. Großartige architektonische Monumente jener glorreichen Vergangenheit wie das Charminar, das Wahrzeichen der Stadt, der Salar-Jang-Palast und die Mecca Masjid zählen zu den beeindruckendsten Bauwerken dieser Periode. Dementsprechend stolz sind die Hyderabadis auf den gern zitierten Beinamen „Agra des Südens".

Finanziert wurden die sündhaft teuren Monumente durch die scheinbar unerschöpflichen **Diamantenminen** in der Umgebung des nahe gelegenen **Golkonda.** Nach Angaben des französischen Diamantenhändlers und Weltenbummlers *Jean-Baptiste Tavernier* schufteten dort tagein, tagaus 60.000 Männer und Frauen und finanzierten damit den märchenhaften Reichtum des **Nizams von Hyderabad,** der als reichster Mann der Welt galt. Anekdoten über seinen unermesslichen Reichtum und seinen nicht minder beeindruckenden Geiz füllen Bände.

Die viel beschworene Vergangenheit wird jedoch zunehmend von der Last der Gegenwart erdrückt. Die einst für maximal 500.000 Menschen angelegte Stadt platzt mit ihren heute **5,5 Mio. Einwohnern** aus allen Nähten. So faszinierend ein Gang durch die verwinkelten Altstadtgassen und über die Basare auch sein mag, so sehr wird die Wahrnehmung für die Reize Hyderabads getrübt von der verpesteten Luft, dem Lärm, der Überbevölkerung und der Armut. Kein Wunder, dass angesichts der Beschwerden des Alltags bei den breiten Massen die Sehnsucht nach der **heilen Welt des Kinos** besonders ausgeprägt ist. Dies gibt einen idealen Nährboden für den Aufstieg der wie Götter verehrten Filmstars. Gerade in Hyderabad finden sich viele berühmte Beispiele für deren Karriere von der Scheinwelt des Kinos in die Politik.

In all das Neben- und Durcheinander von glorreicher Vergangenheit und bedrückender Gegenwart mischt sich seit ein paar Jahren die Aussicht auf eine bessere Zukunft. Hyderabad ist dabei, Bangalore den Rang als Indiens führende **High-Tech-City** abzulaufen. Tausende von jungen, ambitionierten, westlich orientierten Computerfachleuten haben die Stadt zum Mekka eines postmodernen Traums gemacht. Es ist diese ebenso spannende wie verwirrende Mischung, die Hyderabad zu einer interessanten Stadt macht.

Orientierung

Auf die markante Unterteilung in das moderne, von den Briten gegründete Secunderabad und das alte, stark muslimisch geprägte Hyderabad wurde bereits hingewiesen. Getrennt sind die Stadtteile durch den im 16. Jh. angelegten **Hussain Sagar,** einen See, in dessen Mitte eine gewaltige Buddha-Statue aufragt. Von touristischem Interesse ist Secunderabad nur wegen des Bahnhofs, von dem viele wichtige Fernzüge abfahren. Der neue, 2008 eröffnete internationale Flughafen befindet sich 18 km südwestlich des Zentrums. Der nationale Flughafen ist im Stadtteil Begumpet, 8 km nördlich.

Hyderabad erstreckt sich südlich des Sees beiderseits des **Musi-Flusses,** der die meiste Zeit des Jahres nur aus einem kleinen Rinnsal besteht. Auf der nördlichen Flussseite liegen Bahnhof und Busbahnhof. In der Gegend um den Abids Circle, an dem sich unter anderem die Hauptpost befindet und von dem die MG Rd. nach Norden abgeht, haben sich mehrere Budget-Hotels angesiedelt. Der mit Abstand interessanteste Teil Hyderabads befindet sich südlich des Musi. Hier stehen der vom quirligen Basarviertel umgebene Char Minar, die Mecca Masjid und das Salar-Jang-Museum.

Golkonda, die alte Hauptstadt der Shahi-Dynastie, befindet sich fünf Kilometer westlich der Innenstadt.

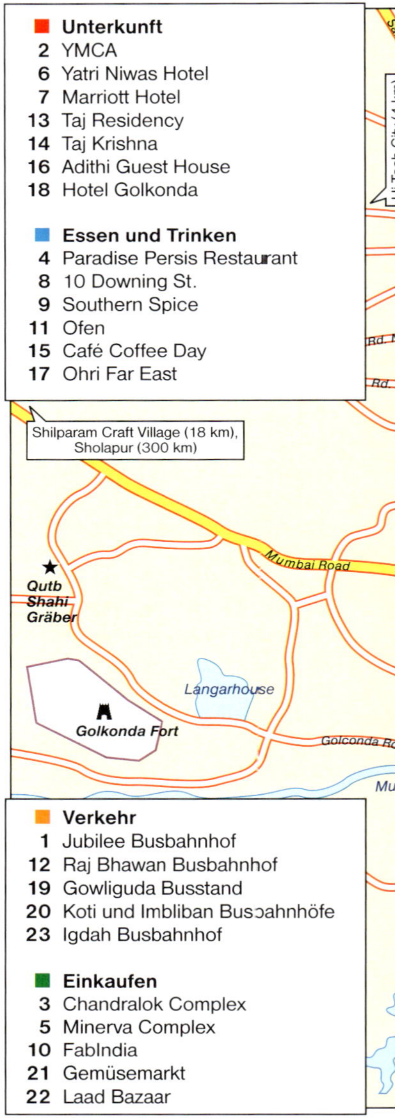

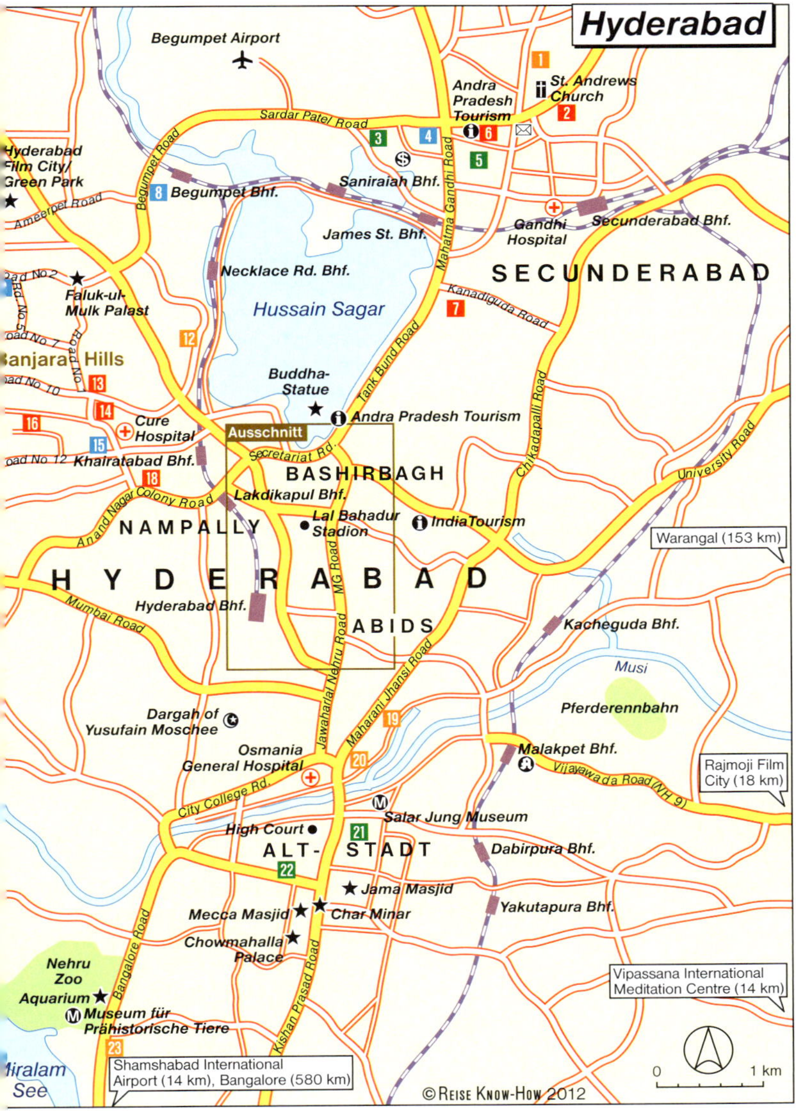
Hyderabad
Begumpet Airport
Sardar Patel Road
Andra Pradesh Tourism
St. Andrews Church
Hyderabad Film City/ Green Park
Begumpet Road
Ameerpet Road
Begumpet Bhf.
Saniraiah Bhf.
James St. Bhf.
Mahatma Gandhi Road
Gandhi Hospital
Secunderabad Bhf.
SECUNDERABAD
Necklace Rd. Bhf.
Faluk-ul-Mulk Palast
Hussain Sagar
Kanadiguda Road
Banjara Hills
Tank Bund Road
Buddha-Statue
Andra Pradesh Tourism
Cure Hospital
Chikadapalli Road
Ausschnitt
Secretariat Rd.
Khairatabad Bhf.
BASHIRBAGH
Anand Nagar Colony Road
Lakdikapul Bhf.
University Road
NAMPALLY
Lal Bahadur Stadion
IndiaTourism
Warangal (153 km)
HYDERABAD
MG Road
Mumbai Road
Hyderabad Bhf.
ABIDS
Kacheguda Bhf.
Jawaharlal Nehru Road
Maharani Jhansi Road
Musi
Dargah of Yusufain Moschee
Pferderennbahn
Osmania General Hospital
Malakpet Bhf.
Vijayawada Road (NH 9)
Rajmoji Film City (18 km)
City College Rd.
Salar Jung Museum
High Court
ALT-STADT
Dabirpura Bhf.
Jama Masjid
Mecca Masjid
Char Minar
Yakutapura Bhf.
Chowmahalla Palace
Bangalore Road
Kishan Prasad Road
Nehru Zoo
Aquarium
Museum für Prähistorische Tiere
Vipassana International Meditation Centre (14 km)
Shamshabad International Airport (14 km), Bangalore (580 km)
0
1 km
©REISE KNOW-HOW 2012
Andhra Pradesh

Sehenswertes

Char Minar

Wie ein Fels in der Brandung des tosenden Verkehrs und des chaotischen Alltagslebens steht der Char Minar im **Zentrum der Altstadt.** Glaubt man der Legende, so ließ *Mohammed Quli Qutb Shah* den Prachtbau 1591 in Gedenken an eine kurz zuvor überstandene Pest errichten. Da das Baudatum identisch ist mit der Stadtgründung und sich zudem die wichtigste Nord-Südachse der Stadt und die in Ost-Westrichtung verlaufende Hauptbasarstraße am Char Minar kreuzen, bedarf es jedoch keiner großen Fantasie, um zu vermuten, dass es dem Herrscher in erster Linie darum ging, im Zentrum seiner Hauptstadt einen repräsentativen Prachtbau zu errichten, der sowohl seine eigene Machtfülle als auch die Bedeutung des Islam verewigt. Dieses Unterfangen ist ihm auf eindrucksvolle Weise gelungen.

Mit den sich nach vier Seiten öffnenden, jeweils 15 m hohen Bögen und den vier Minaretten an den Ecken, die 53 m in den Himmel ragen, ist das beigefarbene Char Minar („Vier Bögen") eine ebenso gelungene wie ungewöhnliche **Mischung aus Triumphbogen und Moschee.** Nicht entgehen lassen sollte man sich die Aussicht von den über den Torbögen verlaufenden Arkadengängen. Stunden könnte man hier verbringen beim Betrachten des bunt-chaotischen Treibens zu seinen Füßen, so auf die benachbarte riesige Mecca Masjid und die Altstadt. Nachdem der Zutritt für einige Jahre wegen Sicherheitsbedenken gesperrt war, ist er inzwischen wieder freigegeben (9–17 Uhr, Eintritt 100 Rs). Abends wird der Char Minar eindrucksvoll angestrahlt.

Mecca Masjid

Schräg gegenüber vom Char Minar steht die Mecca Masjid, mit einem Fassungsvermögen von über 10.000 Menschen eine der größten Moscheen Indiens. Die Fassade des 1614 begonnenen, aber erst 70 Jahre später fertig gestellten Gotteshauses wurde der Großen Moschee in Mekka nachempfunden. 1.400 Ochsenkarren waren nötig, um die riesigen schwarzen Granitquader, aus denen es erbaut wurde, aus elf Kilometern Entfernung nach Hyderabad zu transportieren. Einige der Ziegel über der Hauptfassade sollen aus Mekka stammen. Leider wird dem Bau durch den entlang der Außenmauern zur Abwehr von Tauben angebrachten Stacheldraht viel von seiner Wirkung genommen.

Das Gebäude links neben der Mecca Masjid beherbergt die Gräber des 1803 verstorbenen Nizam *Ali* und seiner Nachfolger. Die vier raumgreifenden, **Char Kaman** genannten Bögen überspannen die nördlich vom Char Minar abgehenden Straßen. Ursprünglich sollten sie den würdigen Rahmen zum südlich hiervon gelegenen Platz der Könige bilden, von dem heute nichts mehr zu sehen ist.

Im Jahr 2007 kamen in der Mecca Masjid 14 Menschen bei einem Bombenanschlag ums Leben.

Highlight: Basarviertel

Nach der geruhsamen Einstimmung aus der „gesicherten Entfernung" der erhöhten Arkadengänge des Char Minar sollte man hinabsteigen in das Gassengewimmel des sich westlich davon erstreckenden **Laad Bazaar.** Er gehört zweifelsohne zu den faszinierendsten Basaren Indiens. Seit Jahrhunderten hat sich hier, abgesehen von den immer noch zunehmenden Menschenmassen, kaum etwas geändert. Die ganze Pracht des Orients breitet sich in einer **einzigartigen Fülle von Sinneseindrücken** vor den Augen, Ohren und Nasen der Besucher aus: Mit bunten Stoffen, Schmuck, Obst und Gemüse überladene Stände und Geschäfte, der Duft von Gewürzen, Räucherstäbchen und Garküchen, der Gestank von offenen Kanälen und Abfallhaufen, das Gehämmere und Geschweiße der Handwerker, das Gewimmel von Lastenträgern, fahrenden Händlern, quiekenden Schweinen, majestätisch durch das Chaos schreitenden Kamelen, hupenden Motorrikshas und stinkenden LKW – das alles gleichzeitig und unmittelbar nebeneinander ist ein ungefilterter Frontalangriff auf die Sinne, der einen ebenso faszininiert wie irritiert zurücklässt.

Chowmahalla Palace

In Gehdistanz 500 m südwestlich des Char Minar gelegen, ist dieser herrliche Palast (Tel.: 24522032, www.chowmahalla.com) aus dem 18. Jh., dessen Restaurierung erst vor Kurzem abgeschlossen wurde, ein imposantes Beispiel für eine Vielzahl verschiedener Baustile, die während der hundertjährigen Bauzeit in perfekter Weise ergänzt wurden. Neben indo-sarazenischen sind auch persische, europäische und rajasthanische Einflüsse erkennbar. Im nördlichen Bereich beeindruckt das Khilwat Mubarak, die Durbar Hall mit riesigen Kronleuchtern, in der die Feste der Nizams abgehalten wurden. Heute dient die Halle als Museum für **Waffen, Kleidungsstücke und Fotografien.** Der südliche Bereich beherbergt kleine Palastanlagen mit **antikem Mobiliar,** einer **Oldtimer-Sammlung** und einigen teils skurrilen Artefakten und Gebrauchsgegenständen.

- **Öffnungszeiten:** tgl. außer Fr 10–17 Uhr, Eintritt 150 Rs, Kamera 50 Rs.

Salar-Jung-Museum

Das Salar-Jung-Museum am Südufer des Musi kann für sich in Anspruch nehmen, nicht nur das größte, sondern auch das skurrilste Museum von Hyderabad zu sein. Unter dem Motto „you name it we have it" trug *Salar Jung,* der im 19. Jh. mehr als 30 Jahre als Premierminister des Nizams diente, über 35.000 Exponate zusammen. Neben einer Reihe sehr hochwertiger indischer Bronze-Objekte, Malereien, Textilien, Manuskripte, Teppiche, Möbelstücke und Waffen finden sich unzählige weitere Stücke, die der offensichtlich wohlhabende Sammler auf seinen diversen Auslandsreisen zusammentrug.

- **Öffnungszeiten:** Das Museum ist tgl. außer Fr von 10.30 bis 17 Uhr geöffnet, Ein-

Hyderabad – Abids & Nampally
Hussain Sagar
Andra Pradesh Tourism
Lumbini Park
Sanatnagar Rd.
Tank Bund Rd.
Secunderabad (3 km)
Secretariat Rd.
British Library
Liberty Plaza
Banjara Hills (4 km)
Sri-Venkateshvara-Tempel
Bashibagh Rd.
Lakdi-ka-Pul Rd.
Birla Planetarium & Museum
Hill Fort Rd.
Himayatnagar Rd.
Ravindra Bharati Theater
Andra Pradesh Tourism
IndiaTourism (200 m)
Uhrturm
Nampally High (Public Gardens) Rd.
Health Museum
Archäologisches Museum
Lal Bahadur Stadion
Old MLA Quarters Rd.
Public Gardens
Chapel Rd.
Mahatma Gandhi (M.G.) Rd.
King Koti Rd.
Hyderabad (Nampally) Bahnhof
Station Rd.
Abids Circle
Bank Str.
Mazamjahi Rd.
Ramakrishna Kino
0
300 m
Nehru Zoo (6 km), Char Minar, Altstadt
1 2 3 4 5 6 7 8 9 10 11 12 13 14 15 16 17 18 19 20 21 22 23 24 25 26 27 28 29 30 31

Unterkunft
2 Central Court Hotel
8 Park Hotel
9 Anmol International
13 Taj Mahal Hotel
16 Hotel Quality Inn Residency
18 Hotel Rajmata
23 Hotel Swadesh Lodge, Hotel Saiprakash
24 Hotel Saptagiri
25 High Street Grande
29 Hotel Jaya International

Essen und Trinken
1 Kamat Restaurant
6 Universal Bakers
10 McDonald's, Castle Bakers
14 Palace Heights Restaurant & Bar
17 One Flight Down
20 Gopi Restaurant
21 Kamat Hotel
22 Cream Corner
26 Shalimar
28 Café Coffee Day, Jaya Green
30 Kamat Restaurants

Verkehr
3 Air India
4 Jet Airways
7 British Airways

Einkaufen
5 Kalanjali
11 Gangotri Government Emporium
12 MR Books
15 A. Hussain & Co Bookshop
19 Cheneta Bhavan
27 MBM Mall
31 Sultan's Bazaar

tritt 150 Rs. Wegen des enormen Andrangs einheimischer Besucher sollte man den Sonntag besser meiden.

Hussain-Sagar-See

Ein schöner Ort, um dem Trubel der Altstadt zu entgehen, ist der Bereich um den Hussain Sagar, jenen künstlichen See, der zwischen Secunderabad im Norden und Hyderabad im Süden liegt. Gegen Sonnenuntergang flanieren Hunderte von Einheimischen auf der Tank Bund Rd., die das östliche Ufer des Sees begrenzt. Zahlreiche mobile Essensstände sowie Eis- und Souvenirverkäufer mischen sich unter die Schar der Erholungssuchenden. Entlang des knapp zwei Kilometer langen Weges und in den umliegenden **Parkanlagen,** die vor allem am Wochenende als Picknickplätze genutzt werden, stehen 35 Skulpturen, welche berühmte Persönlichkeiten der Geschichte von Andhra Pradesh darstellen.

Von hier bietet sich ein eindrucksvoller Blick auf eine **monumentale Buddha-Statue** mitten im See. Anfang 1990 stand sie im Mittelpunkt einer landesweit Aufsehen erregenden Geschichte, die sich so wohl nur in Indien zutragen kann. Die 350 Tonnen schwere und 17,50 m hohe Figur war eines der vielen Prestigeobjekte, mit denen sich der zu jener Zeit wie ein Gott verehrte Ministerpräsident von Andhra Pradesh, der frühere Filmstar *NT Ramao Rao,* ein Denkmal setzen wollte. Als die Statue nach fünfjähriger Arbeit im 50 km entfernten Raigir fertig gestellt worden war, verfrachtete man sie

504is Foto: mb

nach Hyderabad. Der unter landesweitem Medieninteresse verfolgte Versuch, das Monstrum an seinen heutigen Platz im See zu verschiffen, endete in einer **Tragödie:** das Lastschiff sank, acht Menschen kamen ums Leben. Es dauerte weitere zwei Jahre, bis die am Grund des Bodens liegende – und wie durch ein Wunder unversehrte – Buddhastatue geborgen und auf den Sockel im See gehievt werden konnte. Ob Buddha, dessen Lehre ja gerade die Überwindung des Egos zum Kern hat, mit dieser Art der Verehrung einverstanden gewesen wäre, ist mehr als zweifelhaft.

Prachtbau Char Minar

- **Bootsfahrt:** Wer sich das beeindruckende Monument falsch verstandener Großmannssucht einmal aus der Nähe ansehen möchte, kann mit einem der vom Lumbini-Park (tgl. außer Mo zwischen 9 und 21 Uhr geöffnet) an der Secretariat Rd. abfahrenden Boote eine Rundfahrt machen. Preis für die halbstündige Fahrt: 20 Rs, Abfahrt jede volle Stunde zwischen 10 und 20 Uhr.

Shri-Venkateshvara-Tempel

Der aus schneeweißem Marmor erbaute Shri-Venkateshvara-Tempel ist ein weiteres Exemplar der in vielen Städten Indiens erbauten Tempel der bekannten Industriellenfamilie *Birla*. Der 1976 fertig gestellte Prachtbau beeindruckt neben der vorzüglichen Verarbeitung in erster Linie durch die Mischung verschiedener Stilrichtungen und die Darstellung von Götterskulpturen aller großen in Indien vertretenen Religionen. Die damit zum Ausdruck gebrachte religiöse Toleranz ist ein Charakteristikum aller unter dem Namen **„Birla Mandir“** bekannten Tempelanlagen; entsprechend friedvoll und gelassen ist die Atmosphäre. Wegen der eindrucksvollen Aussicht über die Stadt lohnt ein Besuch des südlich des Hussain Sagar auf einem Hügel gelegenen Tempels vor allem zum Sonnenuntergang, wenn sich hier viele Einheimische einfinden.

- **Öffnungszeiten:** Der Tempel ist täglich von 7 bis 12 und 15 bis 21 Uhr geöffnet.

Public Gardens und Planetarium

Ein weiterer schöner Ort, um sich von der Großstadthektik ein wenig zu erholen, sind die unterhalb des Shri-Venkateshvara-Tempels gelegenen Public Gardens. Neben den weiten Rasenflächen mit altem Baumbestand und kleinen Seen gefallen auch die zum Teil noch von der Kolonialzeit geprägten Herrschaftshäuser wie etwa das **Parlamentsgebäude.**

Ganz in der Nähe des Tempels findet sich auch das ebenfalls vom Birla-Trust finanzierte Planetarium. Die durchaus interessanten, wegen der „quäkigen" Tonbandstimme allerdings etwas schwer verständlichen **Vorstellungen** in englischer Sprache finden Mo–Sa um 11.30, 16 und 18 Uhr statt, der Eintritt beträgt 10 Rs.

Rajmoji Film City

Das Pendant zu Bollywood bei Mumbai erstreckt sich über eine Fläche von 800 Hektar ca. 30 km südlich von Hyderabad. Entsprechend der typisch indischen Filme, die hier am laufenden Band produziert werden, kann der Besucher in Rajmoji Film City bei der Produktion unterschiedlichster Genres zuschauen. Vom Schmachtfetzen mit Tanzeinlagen über Zauberkunststücke bis zu Wild-West-Vorführungen wird vieles geboten, ein Muss für Filminteressierte. Offene Busse kutschieren die Besucher in vier Stunden über das Gelände.

- **Öffnungszeiten:** tgl. von 9 bis 18 Uhr, Eintritt 250 Rs. Das Royal Package für 650 Rs bietet AC-Busse sowie ein Mittagessen im 5-Sterne-Restaurant. Bus Nr. 204 benötigt etwa eine Stunde vom Koti Busstand zur Film City, zudem Bus 205, Start u.a. beim Women's College. Neben dem ATDPC bieten viele private Büros Fahrten nach Rajmoji.

Praktische Tipps

Information

- Wie üblich in einer Landeshauptstadt besitzt auch Hyderabad gleich mehrere Touristenämter. Das Hauptbüro von **Andra Pradesh Tourism (APTDC)** liegt an der Tank Bund Rd. (Tel.: 23453036, 23450165, www.aptourism.in), ein zweites Büro befindet sich im Yatri Niwas Hotel (Tel.: 27893100, 27816375) in Secunderabad. Beide sind täglich von 7 bis 19 Uhr geöffnet. Allerdings sind sie hauptsächlich am Verkauf der angebotenen Ausflugstouren interessiert. Darüber hinaus gibt es noch Filialen am Flughafen und am Bahnhof von Secunderabad.
- Ein Besuch im **India-Tourism-Büro** (Tel.: 23261360/3, indtour@hdtdot.net.in) an der Liberty Rd., Himnayatnagar, Mo–Fr von 9.30 bis 18 Uhr geöffnet, ist lohnenswert. Das Personal ist äußerst bemüht und hilfsbereit.
- Die beste schriftliche Informationsquelle ist das monatlich erscheinende **Magazin „Channel 6"**, in dem neben aktuellen Veranstaltungen auch viele nützliche Adressen von Hotels, Restaurants und Geschäften aufgelistet sind. Erhältlich an den meisten Kiosken und in Buchhandlungen zum Preis von 15 Rs.

Stadtverkehr

Das verwinkelte Straßensystem und die völlig konfusen Hausnummern zusammen mit dem nur von Wenigen gesprochenen Englisch lassen einen in Hyderabad zuweilen verzweifeln. Deshalb gilt hier noch mehr als in anderen indischen Städten die Regel, sich vor Fahrtantritt absolut zu versichern, dass der Chauffeur das gewünschte Ziel auch wirklich verstanden hat. Ansonsten verliert man sich in der sehr weitläufigen Stadt, was nicht nur viel Zeit und Nerven, sondern auch noch Geld kostet.

- Zum 8 km nördlich der Stadt gelegenen **nationalen Flughafen** in Begumpet fahren die Buslinien Nr. 10, 45, 47 und 49 von Secunderabad. Riksha-Fahrer verlangen zwischen 40 und 80 Rs, Taxifahrer um 120 Rs. Eine Taxifahrt zum 2008 eröffneten, 18 km südwestlich des Zentrums in Shamshahad gelegenen

internationalen Flughafen kostet ca. 200 Rs. Da der Flughafen weit besser geplant wurde als dessen Anbindung an die Stadt, bestanden zur Recherchezeit größere Probleme, den Flughafen in angemessener Zeit mit anderen Verkehrsmitteln zu erreichen.

- Preisgünstig und stauunabhängig lässt sich die Stadt mit den **MMTS-Zügen** durchqueren. Die beiden Hauptlinien durchschneiden die Stadt westlich und östlich des Hussain Sagar. Die Schilder an den Zügen bezeichnen jeweils Start- und Endstation des Zuges mit abkürzenden Buchstaben. Die Linie Hyderabad-Lingampalli (HL) verbindet etwa den Hyderabad-Bahnhof mit der Westseite des Hussain Sagar, dem Begumpet-Bahnhof und der Hi-Tech-City im Westen. Eine weitere touristisch wichtige Verbindung ist die Falaknuma-Begumpet-Linie zwischen dem Bahnhof Begumpet über den Bahnhof Secunderabad nach Süden in die Altstadt östlich Char Minar (Bhf. Yakutpura). Leider verkehren die Züge nur alle 45 Min., Preis zwischen 5 und 10 Rs.
- Einige **Busverbindungen:** Secunderabad Bahnhof zum Char Minar Busse 2, 8A, 2U, 8U, Secunderabad nach Nampally 20P, 20V, 49, Nampally zum Char Minar etwa Bus 87, Nampally nach Golkonda Busse 119OR und 142M, Char Minar nach Golkonda 65G und 66G.
- Innerhalb des Stadtgebietes zahlen die Einheimischen mit der **Autoriksha** maximal 20 Rs. Von Touristen wird meist das Zwei- bis Dreifache verlangt. Zwischen 22 und 5 Uhr kommt ein Nachtzuschlag von 50 % auf den angezeigten Fahrpreis. Vom Bahnhof in Secunderabad bis nach Hyderabad sollten es nicht mehr als 50 Rs sein.
- Wer ein wenig mehr Geld zur Verfügung hat, sollte sich beim APT-Office oder über sein Hotel einen **Mietwagen** besorgen – eine ideale Möglichkeit, um das weiträumige Hyderabad und das 11 km entfernte Golkonda in aller Ruhe zu besichtigen. Die Preise variieren zwischen 650 und 1.000 Rs pro Tag.

Stadtrundfahrt

- **APTDC** (s.o.) veranstaltet täglich eine ganztägige Stadtrundfahrt, die mit Qutb-Shahi-Gräbern, Golkonda Fort, Salar-Jung-Museum, Mecca Masjid, Char Minar und Nehru-Zoo alle bedeutenden Sehenswürdigkeiten beinhaltet. Mehr noch als bei anderen Orten bleibt an den einzelnen Stationen viel zu wenig Zeit zur Besichtigung. Für Reisende mit begrenzter Zeit macht die Stadtrundfahrt eventuell dennoch Sinn. Der Freitag ist allerdings kein guter Tag, da dann die Qutb-Shahi-Gärten und das Salar-Jung-Museum geschlossen sind. Abfahrt ist morgens um 7.45 Uhr vom Yatri Niwas Hotel. Danach kann man um 7.55 Uhr am Bahnhof von Secunderabad und um 8.30 Uhr am Gagan Vihar an der Mozamjahi Rd. in Hyderabad zusteigen. Der Preis von 270 Rs beinhaltet nicht die Eintrittspreise.
- Eine weitere Tour führt zur Filmstadt **Ramoji Film City** gut 30 km außerhalb der Stadt (700 Rs, 7.45–18.30 Uhr), eine Abendtour (200 Rs) fährt zur **HiTec City** und zum **Botanischen Garten** und erreicht **Golkonda** zur abendlichen **Sound- und Light-Show.**
- Die von APTDC an Wochenenden veranstaltete Tagestour zum Stausee **Nagarjuna Sagar** (7–21.30 Uhr, 450 Rs) ist nur bedingt zu empfehlen, da man einen Großteil der Zeit mit Hin- und Rückfahrt im Bus verbringt (s. Nagarjunakonda). Per AC-Volvo-Bus mit vier Übernachtungen nach Tirupati/Tirumala (Start So und Fr, 1.950/2.050 Rs).

Unterkunft

Hyderabad ist keine Traveller-Stadt. So gibt es auch nur ganz wenige Unterkünfte, die sich auf die Bedürfnisse westlicher Individualreisender eingestellt haben. Im Übrigen sind die meisten Low-Budget-Hotels derart heruntergekommen, dass nur sehr wenige empfohlen werden können. Die folgende Auflistung enthält bis auf wenige Ausnahmen ausschließlich Hotels in Hyderabad selbst, da der Ortsteil Secunderabad touristisch praktisch ohne Interesse ist.

Untere Preiskategorie:

- Eine gute Billigadresse in Hyderabad ist das mit Fußbodenfliesen und bunten Glasfenstern im zweiten Stock dekorierte **Hotel Swadesh Lodge** €€ (Nampally Station Rd., schräg gegenüber dem Restaurant Kamat Hotel,

Tel.: 24731973, 69800501) nahe dem Bahnhof. Die Zimmer im dritten Stock sind supersauber und angenehm. Da die Fenster der Zimmer, die teureren mit TV, nicht direkt zur lauten Straße gerichtet sind, ist es auch halbwegs ruhig. Den ersten Stock sollte man nicht wählen.

- Das ebenfalls bahnhofsnahe **Anmol International** €€-€€€ (Tel.: 23244041-5, www.hotelanmolinternational.com) hat zwar etwas verwohnte, aber recht helle, teils klimatisierte Zimmer mit Fernseher und ganz hübschem Mobiliar im Angebot. Etwas nördlicher haben alle Zimmer des **Park Hotel** €€-€€€ (Tel.: 66789125) Balkon. Man sollte die ruhigeren rückwärtigen Zimmer dieser preiswerten Unterkunft wählen.
- Akzeptabel im unteren Preisbereich ist das **Hotel Saptagiri** €-€€€ (Tel.: 24610333, 2460 3602, Nampally Station Rd., www.hotelsaptagirideluxe.com), die Zimmer sind hinreichend sauber bis gut in Schuss, es ist zentral gelegen und der Locker Service ist umsonst. Einige Meter eine von der lauten Station Rd. abgehende Gasse hinab.
- Um einen Innenhof und damit geschützt vom Straßenlärm ist das angenehme, bahnhofsnahe **Hotel Rajmata** €€-€€€€ (Nampally Station Rd., Tel.: 66665555, 26665555) mit Zimmern inkl. TV und Marmorfußboden. AC mit Kühlschrank.
- Obwohl die Empfangshalle des ähnlichen **Saiprakash** €€-€€€ (Nampally Station Rd., Tel.: 24611726, www.hotelsaiprakash.com), knapp 1 km südöstlich des Bahnhofs mehr verspricht, als die Zimmer halten können, sind diese ihr Geld wert: große Fenster, schönes Mobiliar, TV und Badewanne als Ausstattung und freundliches Personal. Zwei gute, günstige Restaurants sind angeschlossen.

Mittlere Preiskategorie:

- Das aus der Kolonialzeit stammende **Taj Mahal Hotel** €€€ (Tel.: 40090000, 24758250, tajmahal_abid@rediffmail.com) verfügt über renovierte, recht einfach möblierte AC-Zimmer mit Flachbildschirmfernseher und Kühlschrank, außerdem stehen zwei Restaurants zur Verfügung. Bei Abschaltung der Klimaanlage werden die Zimmer 75 Rs billiger, sind aber immer noch recht teuer.
- Die herausragende Adresse dieses Preissegments ist das brandneue **High Street Grande** €€€-€€€€ (Lane Adj., Gowardhan Chambers, Nampally Station Rd., Tel.: 24606699, www.hotelhighstreet.com) am Abids Circle (Zugang von der parallel verlaufenden Straße). Blitzsaubere, geschmackvoll gestaltete Zimmer zum Schnäppchenpreis und das hervorragende **Chungroo Restaurant** lassen die anderen Unterkünfte verblassen, was Komfort betrifft.
- Falls das High Street Grande ausgebucht ist, kann das nahe gelegene **Jaya International** €€-€€€ (Hanuman Tekdi Rd., Tel.: 24752929, hoteljaya2007@yahoo.com) als akzeptable Ausweichadresse dienen. Helle, saubere Zimmer mit Balkonen mit Aussicht machen es ebenfalls zu einer gefragten Adresse, deshalb unbedingt Tage vorher reservieren!
- Wer möglichst bahnhofsnah in einem guten Mittelklassehotel wohnen möchte, ist im **Quality Inn Residency** €€€€€-€€€€€€ (Public Garden Rd., Tel.: 30616161, www.qualityinnresidency.com) gut aufgehoben. Das moderne Haus beherbergt im Erdgeschoss ein gutes Restaurant.
- Wie in vielen indischen Großstädten gibt es auch in Hyderabad inzwischen mehrere Apartmenthotels. Ein typisches Beispiel ist das **Adhithi Guest House** €€€-€€€€ (Valley View Apartments, Rd. No. 13a, Abzweig von Rd. No. 1 bei State Bank of India, Tel.: 23312649, (0)9246544051, www.athidhiguesthouse.com) in einer ruhigen Seitenstraße in den Banjara Hills. Es werden hinreichend komfortable, saubere Zimmer, teils mit Balkon inkl. Frühstück vermietet.

Obere Preiskategorie:

- Das **Central Court Hotel** €€€€€ (Tel.: 232 32323, (0)9849323232, www.centralcourt.com) hat hübsch eingerichtete, saubere Zimmer mit Telefon und TV, freundlichen Service sowie ein hervorragendes Restaurant, was das gut geführte Haus zu einem der besten Drei-Sterne-Hotels der Stadt macht.
- Eine der besten Adressen Hyderabads ist das **Marriott Hotel** €€€€€€ (Tel.: 27522999, www.marriott.com) am Hussain-Sagar-See. Neben allem für ein Fünf-Sterne-Hotel üblichen Luxus sei hier das ausgezeichnete

hauseigene Bidri Restaurant mit hervorragenden einheimischen Gerichten erwähnt.

- Inmitten einer weitläufigen Gartenanlage wirkt das luxuriöse **Taj Krishna** €€€€€€ (Rd. No. 1, Banjara Hills, Tel: 66664242, www.tajhotels.com), mit Tennisplätzen, Golfplatz, Swimmingpool etc. wie eine Stadt in der Stadt.

Essen und Trinken

Die **Küche von Andhra Pradesh** gilt in ganz Indien als eine der besten des Landes. Charakteristisch ist die Kombination von scharfen Gewürzen, speziell Chilies, mit dem etwas süßlichen Aroma der würzigen Soßen, die häufig mit Früchten versetzt sind. Der Besuch eines landestypischen Restaurants sei in Hyderabad jedem ans Herz gelegt, etwa um sich an einem *Hyderabadi Biriyani* zu laben.

- Ein typisches, wenn auch etwas teures Andhra-Lokal ist das **Paradise Persis Restaurant** in der MG Rd. in Secunderabad. Das weitläufige Restaurant bietet über 300 Personen Platz, ist klimatisiert und gilt bei den Einheimischen seit Jahren als eine der besten Adressen der Stadt.
- Einen guten Namen besitzt auch das **Ballerina Restaurant** im 3. Stock des Happy Trade Centre, nur 200 m vom Bahnhof in Secunderabad entfernt. Auch diese Lokalität ist klimatisiert und bietet neben der Andhra-Küche chinesische und europäische Gerichte sowie leckere *thalis*.
- Mit Preisen um die 50 Rs für ein Hauptgericht um einiges billiger isst man in den Filialen der **Kamat-Kette,** so z.B. in mehreren Restaurants verschiedener Ausstattung auf dem Platz des Ramakrishna-Kinos.
- Wer sich zur Abwechslung mal wieder nach der schweren Küche des Nordens sehnt, ist beim **Shere-e-Punjab** am Bahnhof in Hyderabad gut aufgehoben.
- Eine Filiale von **Jaya Green** lädt in der MBM Mall am Abids Circle zu Espresso, diversen Kaffeesorten und Kuchen (inkl. Schwarzwälder Kirsch) sowie Snacks bei Popmusik ein.
- Das elegante **Palace Heights Restaurant & Bar** im Triveni Complex, eine kleine Straße von der MG Rd. hinein, kredenzt bei schönen Ausblicken über die Stadt außer gutem Essen (Hauptgericht 150–250 Rs) auch eine Auswahl an internationalen Weinen.
- Einige der besten Restaurants finden sich in den Hotels der Stadt. Ausgezeichnet ist zum Beispiel das **Restaurant im Hotel Saiprakash.** Extrem leckere süd- und nordindische Gerichte, das Ganze günstig und bei freundlichem Service – ein guter Deal. Dem Namen entsprechend wesentlich teurer und gediegener isst man bei **Rich 'n' Famous** im gleichen Haus – ausgefallene Gerichte zu ebenso ausgefallenen Preisen.
- Wegen seiner vorzüglichen Curry-Gerichte gilt das alteingesessene **Shalimar** im Sri Brindavan Hotel an der Station Road bei Einheimischen als eines der besten Restaurants der Stadt.
- Eine ausgezeichnete Adresse ist das **Touch of Class** im Central Court Hotel. Die Auswahl reicht von scharfen, südindischen vegetarischen Gerichten über Fleischspieße vom Grill bis zu westlichen Speisen. Sehr empfehlenswert ist auch das mittägliche Buffet.
- Das bahnhofsnahe **Gopi Restaurant** bietet nord- und südindische Küche in ruhiger Lage und ganz schöner Einrichtung mit Zierfischen. Erstklassig ist die angeschlossenen Milch-Bar mir köstlichen *lassis*.
- Nicht nur das Eis ist sehr kühl im unweit vom Bahnhof in Hyderabad zu findenden **Cream Corner,** wo man klimatisiert an pompösen Eisbechern seinen Heiß- bzw. Kalthunger stillen kann, allerdings nicht ganz billig.
- Unter dem Hotel Quality Inn Residency findet sich die Bar **One Flight Down** mit Poolbillard.
- Im Norden befriedigt die Bar **10 Downing St.** (My Home Tycoon Bldg. südlich vom Bahnhof Begumpet) Durstige.
- Wie der Name schon sagt, hat **Universal Bakers** in der Liberty Rd. und auch **Castle Bakers** an der MG Rd. ein vielseitiges Backwarenangebot.
- Freunde der asiatischen Küche werden bei **Ohri Far East** (Rd. No. 12, Hauptgerichte um 150 Rs) mittags und abends in den Banjara Hills erstklassig verwöhnt.

- In der gleichen Gegend werden im **Southern Spice** (Rd. No. 2) feurige Gaumenfreuden zu gleichen Öffnungszeiten serviert.
- Benötigt man eine Kaffeepause beim Shoppen in den Banjara Hills, ist **Ofen** (Rd. No. 10) mit einer großen Auswahl an ebendiesem und vielen Kuchenköstlichkeiten der richtige Ort.

Bank

- Am schnellsten und effizientesten wechselt man sein Geld bei der Filiale von **Thomas Cook** (Tel.: 23296521, Mo–Fr 9.30–18 Uhr, weitere Filiale an der Secretariat Rd.) im 1. Stock des Gebäudes der Nasir Arcade an der AG Office Rd. (täglich außer So 9.30–18 Uhr). Schräg gegenüber ist **UAE Exchange** (Tel.: 23233689, Mo–Sa 11–21 Uhr), die kleine Chapel Rd. hinein, mit besseren Raten, wenn man etwas handelt, ebenso zuverlässig. Eine weitere Filiale an der Liberty Rd. (Grandpa's Royal Mansion, Tel.: (0)9848 162782, Mo–Fr 9.30–18 Uhr, Sa bis 16 Uhr, So bis 13.30 Uhr).
- Mit „Best rates in India" scheint **Prithvi Forex** (9.30–19.30 Uhr) im Liberty Plaza, Liberty Rd., nicht zu übertreiben.
- Nicht weit vom Abids besteht eine weitere Möglichkeit für Bargeld- und Travellerscheck-Wechsel im 3. Stock der **Canara Bank** (Mo–Fr 10–14 Uhr, Sa 10–12 Uhr). Außerdem ist im Erdgeschoss ein ATM vorhanden.
- Außer den oben genannten **ATMs** sind noch viele weitere vorhanden, etwa von der UTI-Bank in Nampally bahnhofsnah bei Gagan Vihar und Polizei. Zentral in Secunderabad (MG Rd./S.P. Rd.) akzeptiert der HDFC-ATM auch American-Express-Karten.

Post, Internet

- Die meisten Touristen gehen zum **Main Post Office** am Abids Circle, geöffnet täglich von 10 bis 18 Uhr, der Poste-Restante-Schalter allerdings nur Mo–Fr von 10 bis 15 und So von 10 bis 13 Uhr.
- Das **Head Post Office** in Secunderabad an der Rashtrapati Rd. hat die gleichen Öffnungszeiten.
- Darüber hinaus gibt es noch mehrere kleine über die Stadt verteilte **Postämter.** Wer Pakete nach Europa aufgeben möchte, sollte dies allerdings nur von den zwei zuvor genannten Adressen tun.
- **Internetcafés** (durchschnittlich 20–30 Rs/Std.) sind selten im Stadtgebiet und diese wenigen liegen gut versteckt. Mit Lakshmi Xerox (bis 21 Uhr) und Sri Ganesh Internet (bis 22 Uhr) finden sich zwei der schnellsten in der Zufahrt zur Tiefgarage des Liberty Plaza am Beginn der Liberty Rd. In einer von der MG Road abgehenden Gasse links neben dem Gangotri Government Emporium, 50 m hinein, hat sich Cyber Solutions (11–21 Uhr) versteckt. Bahnhofsnah kann im Gateway Hyderabad Complex (Zugang an der rechten Seite des Gebäudes im Untergeschoss im Rückraum eines Kiosk) bei Gumohar Online gesurft werden.

Shopping

- Um sich einen Überblick über das Angebot zu verschaffen, bevor man sich in die ebenso chaotischen wie faszinierenden Basare von Hyderabad begibt, bietet sich das **Central Cottage Industries Emporium** im Minerva Complex an der Sarijini Devi Rd. in Secunderabad an.
- Nicht ganz so übersichtlich, aber dafür in Hyderabad, südlich des Bahnhofs, befindet sich **Cheneta Bhavan.** In diesem Einkaufszentrum gibt es zahlreiche Geschäfte, die sich auf Textilien und Kunsthandwerk der verschiedenen Bundesstaaten des Südens spezialisiert haben.
- Wesentlich tiefer muss man im edlen **Kalanjali** an der Nampally High Rd. ins Portemonnaie greifen. Dafür erhält man hier qualitativ hochwertige kunsthandwerkliche Produkte, die auf Wunsch auch nach Hause geschickt werden. Die Preise sind fixed, d.h. nicht verhandelbar. Die Nampally Station Rd. ist im Übrigen gespickt mit Textilgeschäften.
- Ebenfalls erstklassig sind die schmuckvollen Kleidungsstücke und Seidenprodukte bei **FabIndia** (Banjara Hills, Rd. No. 9, tgl. außer Mo bis 19.30 Uhr).
- Von den zahlreichen guten Buchläden seien hier genannt: auf kleinster Fläche eine allerdings recht ungeordnete Riesenmenge unterschiedlichster Bücher aller Themenberei-

100is Foto: tb

che (auch schöne Postkarten) bei **A. Hussain & Company Bookshop** (Mo–Sa 10–21 Uhr) nicht weit vom Abids Circle, außerdem **Book Point,** 272 Himayatnagar Rd., und **Higginbothams,** 1 Lal Bahadur Stadium.

An- und Weiterreise

Flug:

Der nationale Flughafen befindet sich 8 km nördlich von Hyderabads Zentrum. 2008 wurde der internationale Flughafen in Shamshabad, 18 km südwestlich des Zentrums, eröffnet. Die Zufahrtsbedingungen zum Flughafen wurden nachlässiger geplant als der Flughafens selbst, sodass viele Fluggäste über die langen Zufahrtszeiten klagten. Von Hyderabad tägliche Verbindungen nach Bangalore, Chennai, Delhi, Kalkutta, Mumbai, Tirupati und Vishakapatnam. Über aktuelle Flugverbindungen informiert übersichtlich www.yatra.com.

Fluggesellschaften:

- **Jet Airways,** Hill Fort Rd., Adarsh Nagar, Tel.: 23301222, 39824444, www.jetairways.com.
- **Air India,** HACA Bhavan, Hill Fort Rd., Mo–Sa 9–17 Uhr, Tel.: 26312340, 1800-1801407.
- **Air Sahara,** Secretariat Rd., Tel.: 66782020.
- **Kingfisher Airlines,** 110 Summit House (1. Stock), Hill Fort Rd., Adarsh Nagar, Tel.: 23210985, www.flykingfisher.com.
- **Paramount Airways,** Tel.: 044-43434444 (24 Std.), Flughafen: 66605220-2, www.paramountairways.com.

Zwei der wichtigsten Gewürze in der besonders scharfen Küche von Andhra Pradesh: Chilis und Knoblauch

Bahn:

Hyderabad verfügt mit **Secunderabad,** Hyderabad (auch **Nampally Station** genannt) und dem schönen Kolonialbahnhof **Kacheguda** über drei Bahnhöfe, von denen die beiden ersten die mit Abstand wichtigsten sind. In Secunderabad halten viele bedeutende Durchgangszüge.

Secunderabad und Hyderabad haben **Reservierungsbüros** (Touristenschalter in Hyderabad ist Schalter 211). Beide sind Mo–Sa von 8 bis 14 und 14.30 bis 20 Uhr und So von 8 bis 16 Uhr geöffnet. Um das Anstehen zu verkürzen, können Westler auch beim **Chief Reservation Inspector** am Bahnsteig 1 ein Ticket kaufen (tgl. 9 bis 17 Uhr). Wegen der wenigen Touristen bekommt man meist problemlos ein Ticket über die *tourist quota.* Beim Ticketkauf sollte man sich unbedingt erkundigen, von welchem Bahnhof der gewünschte Zug abfährt. Wichtige Verbindungen im Anhang unter Hyderabad/Secunderabad. Auskünfte in Englisch unter Tel.: 1331, Reservierungen unter Tel.: 1345.

Bus:

Von dem neuen, übersichtlichen und gut organisierten **Imbliban-Busbahnhof** (Tel.: 24613955) 3 km südwestlich der Innenstadt werden alle größeren Städte angefahren (Tel. des Auskunftsschalters: 24618685, 2461 4406) Das Reservierungsbüro ist täglich von 8 bis 21 Uhr geöffnet. Auch vom **Jubilee Busbahnhof** (Tel.: 27802203, Reservierungsbüro tgl. 8–21 Uhr) in Secunderabad werden viele Ziele angefahren. Einige Verbindungen:

- **Aurangabad,** 2x tgl., 14 Std.
- **Bangalore,** 7x tgl, 13 Std.
- **Chennai,** 2x tgl., 14 Std.
- **Gulbarga,** 6x tgl., 4 Std.
- **Hospet,** 2x tgl., 11 Std.
- **Mumbai,** 8x tgl., 17 Std.
- **Tirupati,** 11x tgl., 13 Std.
- **Vijayawada,** 14x tgl., 7 Std.

Darüber hinaus gibt es noch zahlreiche Verbindungen privater Busgesellschaften, die sich großteils um den Bahnhof von Hyderabad (Nampally) angesiedelt haben und zu allen größeren Zielen fahren, meist über Nacht, Start am späten Nachmittag.

Highlight: Golkonda

Ein Besuch des fünf Kilometer westlich von Hyderabad gelegenen Golkonda gehört zum selbstverständlichen Bestandteil eines jeden Besuchs von Andhra Pradesh. Die strategische Bedeutung des **Forts,** das sich auf einem über 100 m aus der Ebene aufragenden Hügel befindet, ist schon von Weitem auf den ersten Blick ersichtlich. Hatte man diese Anhöhe unter seine Kontrolle gebracht, so beherrschte man das weite, landwirtschaftlich äußerst ertragreiche Umland und vor allem die nahe gelegenen Diamantenfelder – bis Mitte des 17. Jh. die größten der Erde.

So kann es nicht verwundern, dass Golkonda über die Jahrhunderte ein heiß begehrtes und dementsprechend erbittert umkämpftes „Objekt der Begierde" war. Eine Auflistung der verschiedenen Herrscher von Mankal, wie die Festung zunächst hieß, liest sich denn auch wie ein „Who is who" der großen Dynastien des Dekhan. Waren es zunächst die **Kakatiya-Könige von Warangal,** wurde das Zepter der Macht in den folgenden Jahrhunderten, wenn auch unfreiwillig, an das **Khilji-Sultanat von Delhi** und die **Bahmanis von Gulbarga** weitergereicht. Mit dem Niedergang des Bahmani-Reichs machte sich der Gouverneur der Provinz Telangana selbstständig und verlegte 1518 die Hauptstadt von Warangal nach Golkonda. Auch wenn die **Qutb-Shahi-Dynastie** 1591 nach Hyderabad umzog, blieb Golkonda unter ihrer Kontrolle und wurde erst 1678 nach achtmonatiger Belagerung von den Truppen **Aurangzebs** erobert.

Auch wenn viele Bauten innerhalb des Forts im Laufe der Jahrhunderte von den zahlreichen Schlachten sowie dem natürlichen Verfall gezeichnet sind, lässt sich mit ein wenig Fantasie auch heute noch ein Eindruck von der einstigen Größe und Pracht der Anlage gewinnen.

Besichtigung

Für die Besichtigung des insgesamt über 40 km² großen Geländes sollte man sich mit Hin- und Rückfahrt von bzw. nach Hyderabad einen ganzen Tag Zeit nehmen. Im Folgenden kann nur ein kleiner Ausschnitt der großen Anzahl der Gebäude beschrieben werden. Wer einen umfassenderen Einblick in die Geschichte und die einzelnen Bauwerke erhalten möchte, sollte einen der am Eingang auf Besucher wartenden Führer engagieren. Für die ca. zweistündige Führung verlangen sie etwa 250 Rs. Empfehlenswert ist auch das von verschiedenen Verkäufern angebotene Heftchen „Guide to Golconda & Outb Shahi Tombs" des Archaeological Survey of India (20 Rs).

Das Fort

Durch das **Fateh Darwaza,** eines von ursprünglich acht Toren, die durch die gewaltige, insgesamt elf Kilometer lange Außenmauer führen, gelangt man in die Stadt. Verstreut über das weitläufige Gelände unterhalb der Zitadelle, blieben nur wenige Gebäude erhalten. Hierzu gehören u.a. die **Juma Masjid** und das **Kotara Hauz,** ein großes Wasserbecken, welches ein integraler Bestandteil des komplexen Wasserversorgungssystems war.

In die eigentliche **Zitadelle,** eine Art Stadt in der Stadt, in der zwischen 1518 und 1591 insgesamt sieben Könige der Qutb-Shahi-Dynastie samt ihrem Hofstaat residierten, gelangt man durch das reich verzierte, in den letzten Jahren aufwendig restaurierte **Balahisar-Tor.** In dem als **Grand Portico** bezeichneten Vorhof direkt dahinter veranschaulichen die Führer durch Händeklatschen die ausgezeichnete Akustik der Festungsanlage. Selbst leise Gespräche können bis zur Durbar Hall auf der Spitze des steil ansteigenden Forts verstanden werden. Was heute zur Belustigung und zum Erstaunen der Besucher dient, wurde ursprünglich entwickelt, um Angriffen und Verschwörungsversuchen möglichst frühzeitig entgegentreten zu können.

Links vom Balahisar-Tor ist ein dreigeschossiger, als **Aslah Khana** ausgeschilderter Bau erhalten, der früher als Waffen- und Munitionslager diente. Auf der anderen Seite, rechts vom Eingang zum Fort, erkennt man die Reste eines **Bades,** in dem die rituellen Waschungen der verstorbenen Adligen vor der Bestattung durchgeführt wurden. Folgt man dem ausgewiesenen Weg vorbei an Verwaltungsbauten, einem hübschen Garten und einem leider recht verfallen Stufenbrunnen, gelangt man zum Fuß eines steil nach oben führenden **Treppenweges,** der bis zur Durbar Hall auf dem Gipfel des 115 m aufragenden Granithügels führt. Etwa auf halber Höhe gelangt man zu einer unscheinbaren **Zelle,** die den Namen *Ramdas* trägt. Dabei handelt es sich um den Schatzmeister eines Qutb-Shah-Königs, der in diesem dunklen Verlies einsaß, weil er eine große Summe Geldes veruntreut hatte.

Weiter nach oben führt der Weg vorbei am **Ambar Khana,** ebenfalls ein Waffenlager, an der erstaunlich gut erhaltenen **Ibrahim-Qutb-Shah-Moschee** und am kleinen **Mahakali-Tempel** bis zur **Durbar Hall.** Bei diesem dreigeschossigen Repräsentationsbau, in dem die Herrscher Hof hielten, kann man tatsächlich von einem krönenden Abschluss der gewaltigen Anlage sprechen, bietet sich doch vom Obergeschoss ein beeindruckender Ausblick auf Golkonda und das umliegende Land.

- **Öffnungszeiten:** Das Fort ist tgl. von 9 bis 18 Uhr geöffnet. Wegen der schönen Lichtverhältnisse, der angenehmen Temperaturen und der dann noch geringen Besucherzahl empfiehlt sich ein Besuch möglichst frühmorgens. Täglich um 18.30 Uhr (Nov.–Febr.) bzw. 19 Uhr (März–Okt.) Uhr findet eine Licht- und Tonschau (50 Rs) in englischer Sprache statt, bei der die ereignisreiche Geschichte Golkondas dramatisch nacherzählt wird. Eintritt zum Fort: 100 Rs.

Anreise

- **Bus:** Nr. 118G vom Koti Busstand, Nr. 119 von Nampally am Eingang der Public Gardens, Nr. 65G und 66G vom Char Minar, Nr. 80D vom Bahnhof in Secunderabad fahren nach Golkonda. Auch alle Busse mit dem Fahrtziel „Langarhouse" fahren bis kurz vor Golkonda. Von dort kann man mit Minibussen oder zu Fuß den Rest zurücklegen.
- **Autorikshas** verlangen für die Hin- und Rückfahrt inklusive zwei Stunden Wartezeit, was viel zu wenig ist, 200 Rs.

Gräber der Qutb-Shahi-Dynastie

Wer nach der Besichtigung von Golkonda noch Zeit, Interesse und Energie besitzt, sollte sich die gut einen Kilometer nordwestlich der Fortmauern gelegenen Grabbauten der Qutb-Shahi-Herrscher anschauen. Die Gesamtzahl von 82 erklärt sich aus der Tatsache, dass hier neben den Königen auch Verwandte des Königshauses sowie verdiente Persönlichkeiten wie Heerführer, Minister und Künstler beigesetzt sind. Zur ruhigen Atmosphäre der Anlage trägt die von einer Mauer begrenzte, gepflegte Grünanlage bei. Das auffälligste Stilelement der Mausoleen sind die auf einem Tambour ruhenden Lotuskuppeln. Dort und an den Außenwänden sind zum Teil noch Reste der ursprünglich reichen Bemalung und Verzierung zu erkennen. Mit einer Höhe von 56 m ragt das Mausoleum *Muhammad Quli Qutb Shahs* heraus.

- **Öffnungszeiten:** Die Grabanlage ist täglich außer Fr von 9 bis 18 Uhr geöffnet. Eintritt 20 Rs, Kamera/Video 20/100 Rs.

Anreise

Um von Golkonda zu den Gräbern zu gelangen, kann man entweder entlang der Hauptstraße oder – wesentlich angenehmer – über die Felder gehen oder eine Riksha nehmen.

Warangal

↗ XVII/D2-3

Einwohner: 530.000
Vorwahl: 0870

Das 155 km nordöstlich von Hyderabad gelegene Warangal war in der Zeit vom 12. bis 17. Jh. ein strategisch und wirtschaftlich bedeutsamer Ort. Von 1110 bis 1323 residierten hier die Kakatiya-Könige, deren Dynastie einen Großteil des heutigen Andhra Pradesh beherrschte. Abgelöst wurden sie von *Ulugh Khan,* dem späteren Begründer der Tughluk-Dynastie von Delhi, der die damals schon gewaltige Festung nach schweren Verlusten erobern konnte. 1424 ging die Macht an das Bahmani-Reich über, bis sich schließlich *Quli Qutb Shah,* der letzte Gouverneur von Warangal, 1518 vom dahinsiechenden Bahmani-Reich unabhängig machte und die Hauptstadt nach Golkonda verlegte. Die Parallelitäten zur Geschichte Hyderabads sind offenkundig.

Auch wenn Warangal heute eine wenig ansehnliche **Provinzhauptstadt** ist und einzig als Zentrum der Baumwollverarbeitung eine überregionale Rolle spielt, befinden sich doch in ihrer unmittelbaren Umgebung einige recht interessante Relikte der ereignisreichen Vergangenheit.

Fort

Im Inneren des von einer mächtigen, über sechs Kilometer langen Mauer und einem Erdwall umgebenen Forts finden sich zahlreiche Gebäude, die über mehrere Jahrhunderte von den diversen Herrschern errichtet wurden. Die meisten sind allerdings in einem schlechten Zustand, zumal hier im Gegensatz etwa zu der Festungsanlage von Golkonda keinerlei Restaurierungsmaßnahmen durchgeführt wurden. Von den zahlreichen zum Großteil zerstörten Hindu-Tempeln aus der Kakatiya-Periode ist noch der 1162 erbaute, Shiva geweihte **Svayambhu** am interessantesten. Optisch beeindruckender sind aber die frei stehenden **Torbögen,** an denen zum Teil noch die Originalbemalung zu erkennen ist.

• **Eintritt:** 100 Rs, von Sonnenauf- bis Sonnenuntergang geöffnet. Zu erreichen per Bus von Warangal oder per Riksha (100 Rs mit Rückfahrt).

Hanamkonda

Das sechs Kilometer von Warangal entfernte Hanamkonda am Fuße des gleichnamigen Felsens war früher ein eigenständiger Ort, ist jedoch in den letzten Jahren durch das ins Umland ausgreifende Warangal „zwangseingemeindet" worden. Der Name des hier im Jahr 1162 von König *Pratapa Rudra* errichteten **1.000-Pfeiler-Tempels** (tgl. von 6 bis 18 Uhr geöffnet) bezieht sich auf den *mandapa* des Tempelkomplexes. Zwar sind es nicht 1.000, sondern „nur" um die 300 Pfeiler, die die Decke der Halle stützen, doch ihre exquisite Ornamentierung rechtfertigt die Übertreibung allemal. Das durch die durchbrochenen Steinfenster einfallende Licht taucht das Innere in eine geheimnisvolle Atmosphäre. Einen Augenschmaus bilden auch die detailgenauen Friese an den Außenwänden des *mandapa*. Umstanden wird die Halle von drei Schreinen, in denen Vishnu, Shiva und Surya verehrt werden.

Information, Bank

- Der **Touristen-Kiosk** ist im Kazipet-Bahnhof, das **Regional Tourist Information Centre** 3 km nördlich beim Tourist Resthouse, beide sind nicht sonderlich hilfreich.
- Die **State Bank of Hyderabad** (Mo–Fr 10.30–14.30 Uhr) befindet sich gegenüber dem Regional Tourist Information Centre. Mehere ATMs an der JPN Road akzeptieren die meisten Kreditkarten.

Stadtverkehr

- Die angenehmste Art, sich im weitläufigen Warangal umzusehen und die am Stadtrand gelegenen Sehenswürdigkeiten anzuschauen, bilden die von einigen Läden an der Station Rd. vermieteten **Fahrräder.** Mehr als 30 Rs pro Tag sollte man nicht zahlen.
- **Motorrikshas** verlangen für einen halbtägigen Ausflug zum Fort und nach Hanamkonda um die 150 Rs.

Unterkunft, Essen und Trinken

Die meisten der Budget-Unterkünfte befinden sich in der parallel zur Bahnlinie verlaufenden Station Rd. ganz in der Nähe des Bahnhofs.

- Wer möglichst zentral, günstig und nicht länger als eine Nacht in Warangal unterkommen möchte, sollte in der **Vijaya Lodge** € (Tel.: 2501222) an der Station Rd., 100 m von Bahnhof entfernt, ganz gut aufgehoben sein. Bei dem Preis kann man keine hohen Ansprüche stellen, doch immerhin verfügen selbst die EZ über ein (allerdings winziges) Badezimmer.
- Um einiges komfortabler, aber teurer wohnt es sich im **Hotel Ratna** €€-€€€ (MG Rd., Tel.: 2560645). Die teureren Zimmer verfügen über AC, TV und Telefon.
- Das qualitativ und preislich ähnliche **Hotel Ashoka** €€-€€€ (Tel.: 2579260) hat den Nachteil, im Stadtteil Hanamkonda und damit 6 km vom Stadtzentrum entfernt zu liegen. Wegen der Lage an der Straße unbedingt die rückwärtigen Zimmer buchen. Für das Haus sprechen die zwei ausgezeichneten Restaurants und eine Bar.
- Die Lage in der Nähe des Bahnhofs, die sauberen Zimmer (v.a. die AC-Räume sind empfehlenswert) und das ausgezeichnete hauseigene Restaurant machen das **Hotel Surya** €€ (Tel.: 2441834) an der Station Rd. zu einer der besten Adressen der Stadt.

An- und Weiterreise

- **Bahn:** Warangal besitzt sehr gute Anbindungen an alle größeren Städte in Andhra Pradesh. Da der Ort an einer Hauptbahnlinie liegt, bieten sich hervorragende Verbindungen u.a. mit Chennai, Hyderabad und Vijayawada. Wichtige Verbindungen sind im Anhang aufgeführt.
- **Bus:** Mit einem der vielen Busse benötigt man 3–4 Stunden von und nach Hyderabad vom Hamamkonda-Busbahnhof (6 Rs per Bus dorthin, Tel.: (0)9959226056). Nach Vijayawada vom Warangal-Busbahnhof (Tel.: (0)9959226057) mit einem der 7 Busse dauert die Reise ca. 7 Std.

Palampet

↗ XVII/D2

Das 60 km nordöstlich von Warangal gelegene Palampet sieht so gut wie nie ausländische Besucher. Seine reizvolle Lage unterhalb eines antiken Staudamms und vor allem der Ramappa-Tempel lohnen jedoch einen Besuch. Wegen der problematischen Übernachtungssituation empfiehlt es sich, Palampet als Zwischenstopp auf dem Weg von oder nach Warangal oder im Rahmen eines Tagesausflugs von dort zu besichtigen.

Beherrscht wird das unscheinbare Dorf von den Staumauern des 20 km² großen **Ramappa-Stausees,** welcher im 13. Jh. von einem gewissen *Recerla Rudra,* einem General des Kakatiya-Königs *Ganapati,* angelegt wurde. Selbiger gilt auch als Bauherr des in reizvoller Lage zwischen Palmen und Reisfeldern gelegenen **Ramappa-Tempels** (tgl. 6–18.30 Uhr geöffnet). Wie die Hoysala- und die späteren Chalukya-Tempel steht er auf einem hohen Sockel und wurde auf einer Ost-West-Achse ausgerichtet. Vorbei an einem kolossalen Nandi-Bullen, der den Tempel als Shiva-Heiligtum ausweist, gelangt man zum Eingang der *cella,* über dem ein von Ganesha und Muttergottheiten flankierter, tanzender Shiva zu erkennen ist.

Die weithin gerühmte Bedeutung des Tempels beruht auf den großartigen **Steinmetzarbeiten.** Sockel, Außenmauern und die Stützen des vorkragenden Tempeldaches sind extrem detailgenau mit Götterfiguren, grazilen Tänzerinnen, Musikern, Prozessionsszenen, Tiermotiven und ornamentalen Mustern verziert – ein Kleinod der mittelalterlichen Tempelarchitektur weitab aller Touristenpfade.

Unterkunft, Essen und Trinken

- Als einzige Unterkunft steht das **Vanavihar Tourist Rest House** € am Ufer des Stausees zur Verfügung. Wer in einem der drei sehr spartanischen Doppelzimmer übernachten möchte, muss sich zuvor beim Tourist Office am Bahnhof von Warangal anmelden. Bewirtung gibt es keine.

An- und Weiterreise

- Zunächst mit einem der regelmäßig fahrenden **Busse** vom Hamamkonda-Busbahnhof nach Palampet. Als Tagesausflug mit dem **Taxi** von Warangal sollten gut 1.000 Rs hinreichen.

Vijayawada

↗ XVII/D3

Einwohner: 1.000.000
Vorwahl: 0866

Vijayawada, etwa in der Mitte zwischen Orissa im Norden und Tamil Nadu im Süden, ist eine positive Überraschung. Die Stadt am linken Ufer des Krishna-Flusses, etwa 80 km von der Küste entfernt, unterteilt sich in die weitläufige, für indische Verhältnisse auffallend grüne und urbane Neustadt und die lebhafte, von Flüssen und Kanälen durchzogene Altstadt.

Touristisch ist das bedeutende Wirtschaftszentrum im Küstengebiet in erster Linie als Verkehrsknotenpunkt von Interesse. Die wichtigste Nord-Süd-Trasse der Eisenbahn zwischen Kalkutta und Chennai und die Trasse nach Westen Richtung Hyderabad sowie vielbefahrene Überlandstraßen kreuzen sich hier. Daraus erklärt sich auch die große Auswahl an Hotels.

Wahrzeichen Vijayawadas ist der auf dem Gandhi Hill erbaute **Stupa,** von dem sich ein schöner Blick über die Stadt und das Krishna-Delta bietet. Der **Kanaka-Durga-Tempel** auf dem Indrakila-Hügel beherbergt die Schutzgöttin von Vijayawada. Glaubt man der Legende, so vertrieb sie einst einen in der Gegend ansässigen Dämon und schuf damit das Fundament für die Stadtgründung.

In der Umgebung lohnen einige kunsthistorisch interessante **Höhlentempel** einen Besuch. Jene in der Nähe des kleinen Dorfes **Mugalrajapuram,** fünf Kilometer südöstlich des Zentrums, stammen aus dem 5./6. Jh. Am besten erhalten ist Höhle Nr. 4, die als Vorläufer der frühen Kulthöhlen von Kanchipuram gilt. Hinter der Haupthalle gelangt man zu einer dreifachen *cella,* in der ähnlich den frühen Pallava-Tempeln Brahma, Vishnu und Shiva verehrt werden. Zu erreichen ist der Tempel außer mit Taxi oder Riksha auch mit dem Bus 301 vom Busbahnhof in Vijayawada.

Ein weiteres Vorbild für die frühen Pallava-Bauten in Mamallapuram ist der **Höhlentempel-Komplex von Undavalli** (Eintritt 100 Rs, Fotografieren erlaubt, 9–17 Uhr), acht Kilometer westlich von Vijayawada auf der anderen Flussseite. Im Innern finden sich Shiva, Vishnu und Parvati darstellende Skulpturen. Ebenfalls im 5./6. Jh. entstanden, diente der viergeschossige Haupttempel in einer Schlucht über dem Krishna als buddhistisches Kloster. Auch wenn die Einzelskulpturen wenig überzeugen können, gefällt doch die Gesamtanlage durch ihre verwunschene Lage inmitten von Reisfeldern und Bananenplantagen. Außer per Taxi auch mit Bus 301 von Vijayawada erreichbar.

Information

- Das **APTDC-Büro** (Tel.: 2571393, 8–20 Uhr) an der MG Road gegenüber den PWD Grounds ist wenig hilfreich. Ein hilfsbereiteres Touristenbüro befindet sich **im Bahnhofsgebäude** (tgl. 10–17 Uhr, Tel.: 2577577).

Unterkunft, Essen und Trinken

Vijayawada ist nicht gerade gesegnet mit akzeptablen Billigunterkünften. Wer es sich leisten kann, sollte besser in einem der guten Mittelklassehotels nächtigen. Alle hier genannten Unterkünfte verfügen über angeschlossene Restaurants.

- Das **Hotel Mamata** €-€€ (Tel.: 2571251) an der Elluru Rd. ist eine der besten Budget-Unterkünfte in Bahnhofsnähe. Ein Drittel der 52 Zimmer ist klimatisiert.
- Eine Stufe besser und dementsprechend etwas teurer ist das **Raj Towers** €€ (Tel.: 2571311), ebenfalls an der Elluru Rd. Alle Zimmer des nüchternen, aber professionell geführten Hauses verfügen über ein eigenes Bad, zum Teil sind sie klimatisiert. Von den oberen Stockwerken weite Ausblicke. Leider kann es in der Bar recht laut werden.
- Wiederum einen Touch besser ist das **Hotel Ila Puram** €€€ (Tel.: 2571282, Fax: 2575251) an der Besant Rd. Alle Zimmer des zentral klimatisierten Hauses verfügen über Bad, TV und Telefon.
- Fast identisch in Preis und Leistung ist das **Hotel Manorama** €€€ (Tel.: 2572626) in der MG Rd.
- Das beste der zahlreichen Mittelklassehotels von Vijayawada ist das **Swarna Palace** €€€-€€€€ (Eluru Rd., Tel.: 2573222). Das von freundlichem Personal geführte Haus überzeugt durch seine geräumigen, sauberen Zimmer (alle mit Bad, Telefon und Kabel-TV), die zentrale Lage sowie das ausgezeichnete hauseigene Restaurant.
- Ein gutes Mittelklasse-Hotel ist das **Fortune Murali Park** €€€€-€€€€€ (Tel.: 3988008, www.fortunehotels.in) an der MG Road. Alle 70 Zimmer verfügen über AC, Fernseher und Internet-Anschluss.
- Die beste Unterkunft ist das **Quality Inn DV Manor** €€€€-€€€€€ (Tel.: 2474455) in der MG Road mit 94 zentral klimatisierten Räumen. Hinzu kommt freundliches Personal und ein ausgezeichnetes Restaurant, das einheimische und chinesische Gerichte serviert.
- Wegen der hervorragenden Speisen (Kebabs, *biryani* und nordindische Küche) kann es im **Cross Roads** (Praksam Rd., 11–22.30 Uhr) zu Wartezeiten kommen.

Bank, Internet

- Geld und Reiseschecks können bei der **State Bank of Hyderabad** (1. Stock des Vijaya Commercial Complex in Governorpet) und bei **Millenium Foreign Exchange** an der MG Rd. (Mo–Sa 10–20.30 Uhr) getauscht werden, wobei auf Reiseschecks ungewöhlicherweise eine Gebühr von 2 % erhoben wird. Der **ATM** der HDFC-Bank in den Mahalakshmi Towers (RGA St.) akzeptiert die wichtigen internationalen Kreditkarten.
- Internetsurfen ist für 20–30 Rs/Std. bei einer Vielzahl von Internetcafés möglich. Schnell geht's bei **District Telecom Office** in der MG Rd.

An- und Weiterreise

- **Flug: Kingfisher Airlines** (www.flykingfisher.com) fliegt täglich nach Bangalore, Chennai und Hyderabad. Über aktuelle Flugverbindungen aller Airlines informiert die Website www.yatra.com.
- **Bahn:** Als Hauptverkehrsknotenpunkt bietet Vijayawada vom zentral gelegenen Bahnhof hervorragende Anbindungen an alle größeren Städte in Andhra Pradesh sowie entlang der Küste bis nach Orissa und Tamil Nadu. Die wichtigsten sind im Anhang aufgelistet.
- **Bus:** Vom großen, gut organisierten Busbahnhof 1,5 km östlich vom Stadtzentrum täglich viele Verbindungen u.a. nach Chennai (7 Std.), Guntur (1½ Std.), Hyderabad (6 Std., Deluxe- und mehrere Volvo-Luxusbusse für 280 Rs), Tirupati (7 Std., 90 Rs), Vishakhapatnam (10 Std., auch Volvo-Luxusbusse für 390 Rs), Warangal (5 Std.).

Amaravathi

Mit 27 m Höhe stand **Indiens größte Stupa** in Amaravathi, 50 km südwestlich von Vijayawada. Das im 3. Jh. v. Chr. von buddhistischen Mönchen erbaute Heiligtum zeugte vom Anspruch Kaiser *Ashokas,* die Religion in Indien zu verbreiten. Leider sind nur noch die Grundmauern übrig geblieben. Im angeschlossenen **Museum** (tgl. außer Fr 10–17 Uhr) gibt eine kleine Replik der Stupa mit geschnitzten Säulen, der marmorgekrönten Spitze und marmornen Reliefs einen Eindruck vom Leben Buddhas.

Einen Kilometer entfernt beeindruckt das **Dhyana Buddha,** eine 20 m hohe Statue eines sitzenden Buddha.

Anreise

- **Busse** von Vijayawada benötigen zwei Stunden (Abfahrt etwa alle eineinhalb Stunden). Zügiger geht es mit Umsteigen in Guntur in knapp einer Stunde.

Nagarjunakonda

↗ XVII/D3

Vorwahl: 08680

Ein Besuch im 150 km südöstlich von Hyderabad gelegenen Nagarjunakonda kommt einem Eintauchen in die fast zweitausend Jahre zurückliegende Geschichte gleich. Wobei der Begriff „eintauchen" durchaus wörtlich zu nehmen ist, handelt es sich dabei doch um die geborgenen **Überreste einer alten Hauptstadt,** welche inzwischen unter den Wassermassen des hier aufgestauten **Stausees Nagarjuna Sagar** versunken ist. Das Kraftwerk gehört mit einer Leistung von 900.000 Kilowatt jährlich zu den größten Indiens; der See bewässert ein Gebiet von annähernd 15.000 km².

Ursprünglich hieß die ehemalige Hauptstadt der hier zwischen 175 und 250 n. Chr. herrschenden Ikshvakus

Vijayapuri, was so viel wie Siegesstadt bedeutet. Der heutige Name „Hügel des Nagarjuna" ist eine Ehrenbezeigung für *Nagarjuna*. Der große Philosoph und Erneuerer des Mahayana-Buddhismus lebte im zweiten vorchristlichen Jahrhundert. Vijayapuri war berühmt für die dort praktizierte religiöse Toleranz. So sollen die Könige Hindus gewesen sein, während sich die Damen des Hofes zum Buddhismus bekannten. Architektonisches Produkt dieser einzigartigen Konstellation war das Nebeneinander hinduistischer Tempel und buddhistischer *viharas* und *stupas*.

Nachdem die Ikshvakus Vijayapuri aufgegeben hatten, verschwand die Stadt im Niemandsland; erst **1927** wurde das verlassene Tal **von Archäologen wiederentdeckt.** Was folgte, waren insgesamt vier umfangreiche Ausgrabungen, bei denen die Überreste der ehemals glanzvollen Stadt freigelegt wurden.

Museumsinsel

Nachdem die Regierung unter *Jawaharlal Nehru* 1955 ihr Plazet für den Bau eines Staudamms an dieser Stelle gegeben hatte, wurden die bedeutendsten Monumente der insgesamt 100 archäologischen Stätten abgetragen und auf einer Insel mitten im See **originalgetreu wieder aufgebaut.** Bei dieser Insel handelt es sich um die Spitze eines Hügels, welcher aus dem See aufragt. Die Überreste einiger Gebäudeteile, Mauern und Tore waren ursprünglich Teil einer Festungsanlage, die an dieser strategisch wichtigen Stelle Anfang des 14. Jh. erbaut wurde. Die Museumsinsel ist ein im übrigen Indien leider nur sehr selten realisiertes Musterbeispiel für eine ebenso behutsame wie gepflegte Aufbereitung archäologischer Funde in einem ansprechenden äußeren Rahmen. Einen für den Beginn der Besichtigung hilfreichen Überblick über das Ausgrabungsgelände und die Lage der einzelnen Bauten vermittelt ein anschauliches Modell im Museum (tgl. außer Fr 9.30–16 Uhr, Eintritt 100 Rs). Darüber hinaus sind dort Münzen, Keramiken sowie sehr schöne Götterstatuen ausgestellt. Verteilt über die gepflegten Anlagen des Freilichtmuseums sind u.a. originalgetreu rekonstruierte Badeanlagen, ein großer *stupa* aus dem 3. Jh., eine Klosteranlage sowie ein 1.000 Personen Platz bietendes Amphitheater zu besichtigen.

- **Bootsfahrt:** Um 8.30 und 13.30 Uhr fahren zwei Boote vom Ufer des Nagarjuna Sagar zur Museumsinsel. Am Wochenende verkehren zusätzliche Morgenfähren. Die Überfahrt dauert etwa 45 Minuten und kostet 50 Rs. 90 Minuten später geht's mit der gleichen Fähre zurück. Dabei bleibt jedoch viel zu wenig Zeit zur Besichtigung. Will man zudem die friedvolle Atmosphäre und die landschaftliche Schönheit der Insel in aller Ruhe genießen, empfiehlt es sich, die Morgenfähre zu nehmen und erst nachmittags mit dem zweiten Boot zurückzufahren.
- **Verpflegung:** Die **Cafeteria** auf der Insel bietet kleine Snacks und Getränke, doch wer mehrere Stunden bleiben möchte, ist gut beraten, eigene Verpflegung mitzubringen.

Information

- Gegenüber dem Busbahnhof im Project House findet sich das **AP Tourism Office** (Tel.: 276634, Mo–Sa 9–18 Uhr).

Unterkunft, Essen und Trinken

Die Übernachtungsmöglichkeiten sind ebenso begrenzt wie einfach.

- Relativ neu und in gutem Zustand, zentral gelegen gleich gegenüber der Bootsablegestelle ist das **Nagarjuna Resort** €€ (Tel.: 08642-242742). Das gut geführte Haus hat große, saubere, teils klimatisierte Zimmer mit schöner Aussicht und ein Restaurant.
- Am schönsten wohnt man im geräumigen, vom APTDC gemanagten **Vijay Vihar Complex** €€€€ (Tel.: 277362), etwa zwei Kilometer oberhalb der der Bootsanlegestelle auf einem Hügel gelegen. Falls möglich, sollte man sich in eines der Zimmer mit Balkon und Aussicht über den See einmieten. Insgesamt eine schöne Anlage, auch wenn es die Bediensteten mit der Sauberkeit nicht ganz so genau nehmen. Gut ist das hauseigene Restaurant.
- Ebenfalls unter der Leitung des APTDC ist das 3 km entfernte, teils klimatisierte **Project House** €€-€€€ (Tel.: 276540). Die Entfernung zur Bootsanlegestelle sollte kein Problem sein, da der Fußweg oberhalb des Sees recht angenehm ist und im übrigen ein Shuttle-Service besteht. Leider lassen auch hier Service und Hygiene zu wünschen übrig. Vor dem Einchecken sollte man die sanitären Anlagen auf ihre Funktionsfähigkeit überprüfen. Ein vegetarisches Restaurant ist angeschlossen.

An- und Weiterreise

- Am unkompliziertesten ist ein Besuch im Rahmen der von APTDC durchgeführten **Tagestouren von Hyderabad.** Da dabei jedoch ein Großteil der Zeit für die Busfahrt verloren geht und zudem mit dem in der Nähe des Sees gelegenen Ethiopothala-Wasserfall und einem buddhistischen Monolithen zwei weitere, weniger interessante Stätten besucht werden, bleibt letztlich zu wenig Zeit für das Freilichtmuseum.
- Wer individuell anreisen möchte, nimmt einen der zahlreichen **Busse von Hyderabad** oder Vijayawada. Die Fahrtzeit beträgt drei bis vier Stunden. Der nächstgelegene **Bahnhof** ist Macherla, 22 km von Nagarjuna Sagar entfernt. Von dort regelmäßige Busverbindungen zum Ziel.

Der besondere Tipp:

Tirumala/Tirupati

⇗ XXI/C2

Einwohner: 300.000
Vorwahl: 0877

Schon einmal etwas von Tirumala gehört? Sicher nicht. Läge dieser Ort nicht in Andhra Pradesh und damit in einem der von westlichen Touristen am wenigsten besuchten Bundesstaaten Indiens, sondern zum Beispiel in Tamil Nadu, würden die meisten einen Stopp in diesem faszinierenden Pilgerort einlegen. Tirumala ist das größte Pilgerzentrum Indiens und besitzt einen der reichsten Tempel des Landes. Er steht nach dem Vatikan an zweiter Stelle der meistbesuchten Pilgerorte der Welt. Da die auf den ersten Blick so abseits gelegene Stadt in nur vier Stunden problemlos mit dem Zug von Chennai zu erreichen ist, ist Tirumala nicht nur ein Highlight von Andhra Pradesh, sondern auch ein besonderer Tipp für Tamil-Nadu-Besucher.

Tirupati

Tirupati, 18 km entfernt am Fuß des Plateaus, auf dem Tirumala thront, dient den meisten Besuchern nur als Zugangs- und Übernachtungsort. Dennoch hat auch Tirupati einige sehenswerte Tempel zu bieten: etwa den **Kodandaram-Swami-Tempel** (erbaut im 10. Jh., auch hier wird wie in Tirumala

In enge Gänge eingepfercht, müssen die Pilger häufig viele Stunden anstehen, um bis zum Zentrum des Venkateshvara-Tempels vorzudringen

neben vielen anderen Festivals Brahmotsavam zelebriert) sowie den einzigen Shiva gewidmeten Tempel **Sri Kapileshwara Swami.** Speziell ein abendlicher Besuch lohnt im **Govinda-Rajaswami-Tempel** ganz nahe dem Bahnhof mit seinem weithin sichtbaren Gopuram, im Jahr 1130 eingeweiht. Auch das Umherlaufen in den Gassen um die Gandhi Rd. mit „touristenfreiem" Alltagsleben ist ein eindruckvolles Erlebnis. 3 km nördlich der Stadt lohnt der Besuch des **Kapila-Theertham-Wasserfalls.**

Venkateshvara-Tempel in Tirumala

In Tirumala liegt der einzigartige Venkateshvara-Tempel. Das auf der Spitze des Tirumala-Felsens gelegene, faszinierende Heiligtum gehört zu den **meistbesuchten Pilgerstätten der Welt.** Bis zu 100.000 Gläubige täglich strömen in diese entlegene Ecke von Andhra Pradesh. Allein der Verkauf der bis zu 25.000 pro Tag erbrachten Haaropfer der Pilger beschert dem Tempel einen Gewinn von jährlich knapp 2 Mio. US$. Auch die Zahl von 12.000 Tempelbediensteten verdeutlicht, dass es sich hier um eine gewaltige Anlage handelt, die den gesamten Ort beherrscht. Die geradezu im Geld schwimmende Tempelverwaltung (www.tirumala.org) unterhält in der Stadt gleich mehrere Schulen, Krankenhäuser, eine Universität und diverse soziale Einrichtungen.

Der in 700 m Höhe gelegene Venkateshvara-Tempel geht in seinen Ursprüngen auf das 10. Jh. zurück. Ge-

102is Foto: tb

Tirumala
1
2
North Mada Street
4
3
East Mada Street
West Mada Street
5
Museum
Venkateshvara-
Tempel
Pilgerspeisung
South Mada Street
Haaropfer
6
12
Shopping Complex
Ananda
Alwar
Tank
11
10
8
Rose Garden
Gitopadeshan
Pa
9

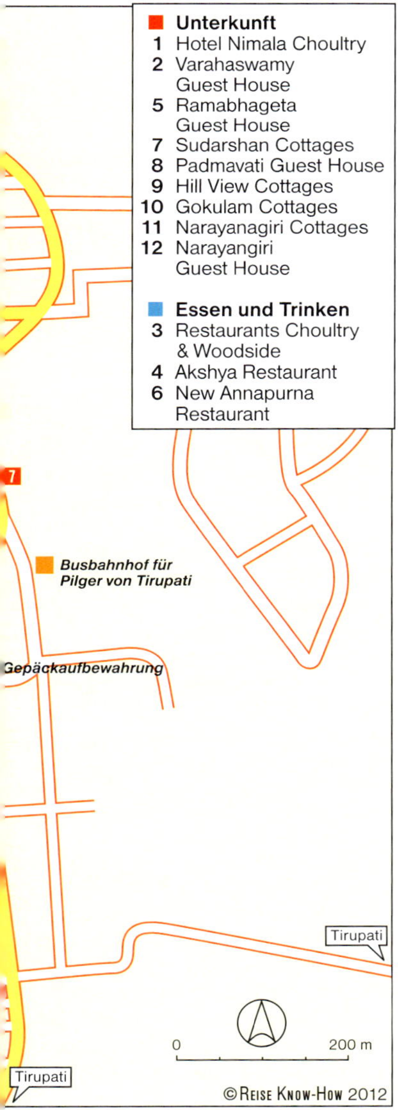

weiht ist er einem der vielen Avataras Vishnus. Dabei ist es weit weniger die Architektur der weitläufigen Tempelanlage als vielmehr die von den Pilgermassen geprägte Atmosphäre, die den Besuch des Tempels zu einem ganz besonderen Erlebnis werden lässt. Um zum Sanktum zu gelangen, muss man sich zusammen mit Pilgern durch ein verwirrendes **Labyrinth von Gängen, Hallen und Höfen** schieben. Die Richtung ist dabei mittels enger, von Gitterzäunen begrenzter Pfade vorgegeben. Im Innersten angelangt – der Venkateshvara ist einer der ganz wenigen Tempel in Südindien, in denen auch Nicht-Hindus der Zutritt zum Sanktum gestattet ist – kann man gerade einmal einen kurzen Blick auf die von Blumengirlanden überhäufte Gottheit werfen, bevor einen der Strom der von hinten drängenden Massen weiterschiebt.

Wer sich diesen ebenso zeitaufwendigen wie für empfindliche Menschen beängstigenden **Massenauflauf** ersparen möchte, der an speziellen Feiertagen bis zu zehn Stunden in Anspruch nehmen kann, sollte sich dem zum Preis von 50 Rs angebotenen *special darshan* anschließen. Hierzu muss man sich in einem ausgeschilderten, computerisierten Büro in eine Namensliste eintragen. Danach gelangt man unter Umgehung der Schlange von Gläubigen Richtung Tempelzentrum. Allerdings kann dies an besonders stark frequentierten Tagen immer noch zwei Stunden und mehr dauern. Die stets auf Bakschisch erpichten Tempelangestellten bieten

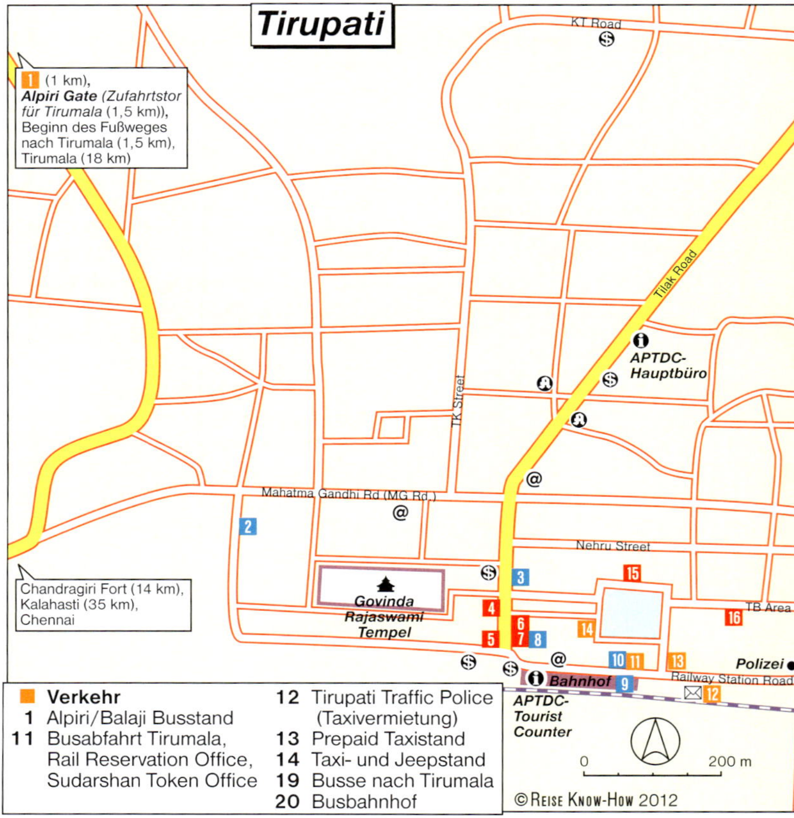

jedoch für eine Summe von ca. 200 Rs eine Sonderbehandlung, die Schlupfwege wie von Geisterhand öffnet und einen wesentlich schneller ans Ziel bringt. Wegen der sehr seltenen ausländischen Besucher fallen Westler ohnehin den Tempelwärtern ins Auge.

Doch auch um den Tempel herum eröffnet sich eine faszinierende Szenerie, die das jahrtausendealte, tiefreligiöse Indien vergegenwärtigt. Die oftmals von weither anreisenden Pilger laufen mit Sack und Pack umher. Es ist beeindruckend zu sehen, wie die Tempelverwaltung das auf den ersten Blick chaotische Treiben wie eine gut geölte, perfekt aufeinander eingespielte Maschinerie voll im Griff hat. Problem-

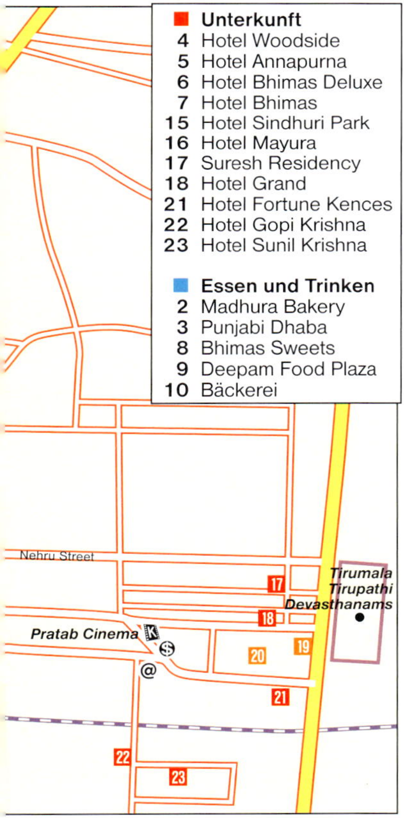

los kann man hier Stunden damit verbringen, das Schauspiel in aller Ruhe an sich vorbei ziehen zu lassen.

Das wichtigste von vielen jährlich wiederkehrenden Tempelfesten ist **Brahmotsavam.** Es wird jedes Jahr im September/Oktober begangen. Genaueres zum Tempel und den Festen findet man unter www.tirumala.org.

Anstatt mit Bus oder Taxi zu fahren, können sich Sportliche auch zu Fuß von Tirupati auf den steilen, etwa 14 km langen, gut ausgebauten Treppenweg mit einigen Sonnenschutzdächern und wenigen Kiosken zum Ausruhen nach Tirumala machen. Wasser und Proviant für den etwa **fünfstündigen Aufstieg** nicht vergessen! Das Gepäck wird, falls man in Tirumala nächtigen will, kostenfrei nach oben zum Reception Centre transportiert, wenn man es am Alpiri-Zufahrtstor am Beginn der Steigung abgibt.

Praktische Tipps

Information

- Das **APTDC**-Hauptbüro in der Tilak Rd. in Tirupati (Sridevi Complex, Tel.: 2289120, tgl. 7–19 Uhr) und der **Tourist Counter** am Bahnhof (APTDC, Tel.: 2289128, (0)9440 540868, tgl. 6–21 Uhr, zwischen 14 und 16 Uhr Mittagspause) geben Auskunft über An- und Abfahrtszeiten von Zügen und Bussen. Darüber hinaus kann man hier auch eine organisierte **Ganztagestour** (9.30 bis 17 Uhr, 300 Rs) buchen. Diese schließt zwar das Chandragiri-Fort und diverse Hindu-Tempel ein, jedoch sinnigerweise nicht den Venkateshvara-Tempel.
- Von **APTDC** in Hyderabad werden **Wochenend-Touren** (Fr 18 Uhr bis Mo 7 Uhr, 1.550 Rs) nach Tirupati veranstaltet. Dasselbe Angebot gibt's von **KSRTC** in Bangalore sowie von **Tamil Nadu Tourist Development Corporation** (TTDC) in Chennai.

Stadtverkehr

- **Fahrradrikshas** stehen überall bereit. Mehr als 20 Rs muss man für keine Strecke im Bereich der Innenstadt bezahlen – zumindest müssen Einheimische das nicht. Von Touristen wird gern das Zwei- bis Dreifache erwartet.

• **Busse** fahren mindestens alle halbe Stunde vom zentralen Busbahnhof (Ostsseite) und auch schräg gegenüber dem Bahnhof beim Rail Reservation Office (wo zugestiegen werden kann, das Ticket ist dann beim nächsten Stop am Balaji Busstand im Norden Tirupatis zu erwerben) in 45 Minuten nach Tirumala zum Venkateshvara-Tempel (22 Rs einfach, 44 Rs Rückfahrtticket). Allerdings sind sie an Wochenenden und Feiertagen derart überfüllt, dass man bis zu 90 Minuten Schlange stehen muss, um sich dann in einen zu quetschen. Nach einem weiteren Zwischenstopp am kleinen Alipiri/Balaji Busstand und vor dem Aufstieg nach Tirumala werden am Zufahrtstor gelegentlich stichprobenartig die mitgeführten Taschen durchsucht.

• Wer sich dies ersparen will, sollte eines der am Busbahnhof und Bahnhof bereitstehenden **Gemeinschaftstaxis** vorziehen. Bei vier Personen kostet die Fahrt etwa 70 Rs pro Person für eine Strecke. Mietet man ein Taxi für sich allein, muss man mit 400 Rs für die Hin- und Rückfahrt inklusive zwei Stunden Wartezeit rechnen. Bei großer Nachfrage können sich die Preise allerdings auch verdoppeln. Viele **Jeeps** und **Taxis** warten um den Tempelteich bei TP Area auf Kundschaft.

• Im Bahnhofsgebäude (linke Seite) hilft ein Prepaid-Schalter der Tirupati Traffic Police für Taxis und **Rikshas.** Nach Tirumala 250 Rs für die einfache Fahrt, Hin- und Rückfahrt mit Wartezeit (insgesamt 5 Std.) 475 Rs.

Unterkunft, Essen und Trinken

Tirupati:

Die meisten Touristen wohnen in Tirupati und fahren von dort zur Besichtigung nach Tirumala. Entsprechend groß ist die Auswahl an preiswerten Unterkünften, die meisten um Bahnhof und Busbahnhof. Besonders an der G Car Street nahe dem Bahnhof reihen sich mehrere Hotels der unteren Preisklasse aneinander. Alle genannten Unterkünfte haben TV.

• Am Beginn der G Car Street gleichen sich die **Hotels Woodside** (Tel.: 2284464), **Annapurna** (Tel.: 2250666, die teureren AC-Zimmer befinden sich im rückwärtigen Teil und sind damit ruhiger, jedoch auch dunkler) und **Bhimas** in Preis €-€€€ und akzeptabler Qualität, das erste mit dem besten Restaurant, das zweite mit den besten Zimmern. Das teurere **Bhimas Deluxe** €€-€€€ (Tel.: 225521, www.bhimas.com) vermietet ausschließlich klimatisierte Zimmer, die etwas wohnlicher und geräumiger sind. Für 12 Stunden werden dort die Zimmer billiger vermietet.

• Erstaunlich viel fürs Geld gibt's im **Sunil Krishna** €-€€ (Old Tiruchanoor Rd., Tel.: 2284418, hotelgk@yahoo.com) südlich der Bahngleise in ruhiger Umgebung. Supersaubere, helle Zimmer mit eben solchem Bad kosten nicht mehr als die vorgenannten, sind aber besser. Ein paar Meter entfernt ist das preisgleiche **Gopi Krishna** €-€€ (Old Tiruchanoor Rd., Tel.: 2284417) nur wenig schlechter. Beide sind teilweise klimatisiert.

• Wer nah am Busbahnhof logieren will, sollte sich in der **Suresh Residency** €-€€ (Tel.: 222299, (0)9866176666) einquartieren. Auch hier sind die makellosen, teils klimatisierten Zimmer in einer Seitengasse einige Meter nördlich abends sehr ruhig. Weiteres Plus ist das Internetcafé im Haus.

• Direkt am Busbahnhof sind die großen, sauberen Zimmer des modern-gläsernen **Hotel Grand** €€-€€€€ (Tel.: 2257115, www.hotelplrgrand.com) die richtige Bleibe, falls man mehr für mehr Komfort ausgeben will.

• Im **Hotel Mayura** €€ (Tel.: 2225251, mayura@netltlinx.com) an der TP Area sind besonders die AC-Zimmer mit Kühlschrank vorteilhaft. Zudem steht ein hauseigenes vegetarisches Restaurant zur Verfügung.

• Eines der besten Häuser der Stadt ist das überraschend preiswerte **Fortune Kences** €€€-€€€€€ (Tel.: 2255855, www.fortuneparkhotels.com), eine komfortable Mittelklassewahl der WelcomGroup am Busbahnhof. Besonders die Studio-Suiten mit großen Fensterfronten sind angenehm. Im **Greens Restaurant** werden zum Frühstück und Abendessen Buffets aufgefahren. Außerdem ein 24 Std. geöffneter **Coffeeshop.**

• Günstige *thalis* und vegetarische nordindische Küche im **Punjabi Dhaba** (7–23 Uhr, um 50 Rs) sind auch bei Einheimischen sehr beliebt.

- Das saubere **Deepam Food Plaza** im Bahnhofsgebäude ist ein billiges vegetarisches Schnellrestaurant.
- **Bhimas Sweets** verkauft Eis und Kuchen, die **Madhura Bakery** nahe der Gandhi Rd. Kuchen und Kekse.

Tirumala:

Die zahlreichen Unterkünfte in Tirumala reichen von einfachen Schlafsälen (ab 100 Rs) bis zu komfortablen Hotels mit Preisen bis zu 2.500 Rs. Alle stehen unter der Leitung der Tempelverwaltung **Tirumala Tirupathi Devasthanams** (www.tirumala.org), über selbige sind sie von Pilgern zu buchen. Während der Hauptpilgerzeiten sind sie meist lange im Voraus ausgebucht. Touristen müssen sich an das **Central Reception Office** (CRO, Tel. für Anfragen: 2263922, 2263883, Mo–Sa 10–17 Uhr, für Zimmerbuchung CRO-Computers, Tel.: 2263492) nahe dem Busbahnhof in Tirumala wenden. Auch Online-Reservierung ist über www.ttdsevaonline.com möglich, wenn keine Festivals stattfinden.

- Billig sind etwa die von Pilgern frequentierten **Varahaswami Guest Houses** € oder das **Ramabhageta Guest House** € gegenüber dem Tempel. Für mehr Komfort steht das teils klimatisierte **Padmavati Guest House** €€ zur Verfügung.

Bank

- Am schnellsten geht Geldwechsel und Reisescheckstausch in Tirupati bei **UAE Exchange** (Mo–Sa 9.30–13.30 und 14–18 Uhr, Tel.: 21102005) in der Tilak Rd. Auch die **State Bank of India** in der KT Rd. wechselt Bargeld und Reiseschecks. Zwei **ATMs** der State Bank of India und der ICICI-Bank sind einige Meter westlich vom Bahnhof und etwas westlich vom Busbahnhof nahe dem Pratab Cinema zu finden.

In Tirumala wechselt die State Bank of India im großen **Shopping Complex.** Dort gibt's auch zwei **ATMs** der State Bank of India und der Bank of Baroda für die meisten Kreditkarten.

Nützliche Adressen

- Die **Hauptpost** Tirupatis befindet sich an der Tilak Rd., ein günstiger gelegenes Postamt ist links neben dem Bahnhof.
- Internetsurfen ist in Tirupati bei **sify-i-way** (bis 21 Uhr) in der Gandhi Rd. und **Cybermate** in der Tilak Rd. am schnellsten. Touristisch günstig ist das **Internetcafé** (6–22 Uhr, Pause zwischen 12.30 und 15 Uhr) im Hinterzimmer des Medical Store gegenüber dem Bahnhof positioniert. Am Busbahnhof hilft **Net Hill** weiter. In Tirumala ist das Internetcafé im **Shopping Complex** mit Breitbandverbindungen versehen.
- Einige Apotheken von **Apollo Pharmacy,** z.B. am Beginn der Tilak Rd., sind 24 Std. geöffnet.
- Die Polizei ist nicht weit vom Bahnhof in der Railway Station Rd. zu finden.

An- und Weiterreise

- **Flug:** Air India (bei National Aviation Company of India im TTD's Srinivasam Pilgrim Amenties Complex an der Tirumala Bypass-Road, tgl. 9.30–17.30 Uhr, Tel.: 2283992, Flughafen: 2275336) fliegt tgl. von und nach Hyderabad. Kingfisher Airlines (Tel.: 1800-2333131, www.flykingfisher.com) fliegt tgl. nach Hyderabad und Vishakhapatnam.
- **Bahn:** Die schnellste und bequemste Art, nach Tirupati zu gelangen, ist mit einem der drei täglich fahrenden Express-Züge von Chennai, die für die 150 km lange Strecke gerade einmal 3½ Std. benötigen. Wer früh morgens von Chennai abfährt, kann Tirupati im Rahmen eines Tagesausflugs besuchen und abends nach Chennai zurückfahren – das artet allerdings in eine ziemliche Hetze aus. Weitere Verbindungen bestehen u.a. nach Madurai (18 Std.) mit Stopps u.a. in Chidambaram und Tiruchirapalli sowie nach Vijayawada (9 Std.). Das **Rail Reservation Office** (Tel.: 2225858, 100 m westlich des Bahnhofsgebäudes auf der gegenüberliegenden Straßenseite ist von 8 bis 20 Uhr mit Mittagspause gegen 14 Uhr geöffnet, So nur von 8–14 Uhr.
- **Bus: APSTRC,** der staatliche Busoperator, fährt zu allen wichtigen Zielen in Andra Pradesh. Nach Hyderbad neben Luxusbussen

(12 Std., 320 Rs) auch AC-Volvo-Busse (10 Std., 560 Rs). Obwohl man wesentlich bequemer per Zug anreist, gibt es eine Vielzahl von Busverbindungen insbesondere von und nach Chennai (5 Std., 55 Rs). Darüber hinaus gibt es Direktverbindungen nach Kanchipuram (5 Std.), Mamallapuram (7 Std.) und Puttaparthi (8 und 10 Uhr morgens, 8 Std., 140 Rs). Nach Vijayawada abends zwei Rajahamsa-Busse. Nach Bangalore neben Luxury- (6 Std.) und komfortablen Rajahamsa-Bussen auch neun AC-Volvo-Verbindungen (5 Std., 315 Rs) von KSTRC (Tel.: 2221889). Express-Busse kosten 135 Rs. Außerdem fährt KSRTC nach Hassan (5.30 und 21 Uhr, der zweite weiter bis Mangalore), Mysore (6 Uhr) und Hubli (16.30 Uhr, AC-Volvo).

- **Taxi:** Nicht weit vom Bahnhof an der Railway Station Rd. gegenüber dem Rail Reservation Office vermittelt die Tirupati Traffic Police Taxis zu **Festpreisen.** Weitere Taxiorganisationen und Jeeps rund um den Tempelteich an der TP Area Rd.

Chandragiri Fort

Pittoresk sind die erhaltenen Teile der ehemals viel größeren Anlage des Chandragiri Fort (tgl. 8–18 Uhr, Tel.: 2276246, Eintritt 100 Rs), das **Rani Mahal** und das **Raja Mahal,** 14 km westlich von Tirupati. Der im 15. Jh. erbaute Gebäudekomplex thront auf einem Felsen. Er wurde für die königliche Familie der *Vijayagars* erbaut und ähnelt damit den historischen Gebäudekomplexen in Hampi. Die allabendliche englischsprachige Version der von Bollywoodstars moderierten Sound- und Lightshow findet von November bis Februar um 19.30 Uhr, sonst um 20 Uhr statt (30 Rs).

An- und Weiterreise

- **Busse** nach Chandragiri passieren den Bahnhof alle 15 Minuten. Mit dem **Taxi** sollten inkl. Wartezeit und Rückfahrt nicht mehr als 250 Rs gezahlt werden.

Kalahasti

36 km von Tirupati entfernt in Kalahasti wird der heilige Schrein des Windgottes Vayu im **Sri-Kalahasteeswara-Tempel** angebetet. Der Legende nach wurde hier der Shiva-Lingam von Schlange (Sri), Spinne (Kala) und Elefant (Hasti) verehrt, daher rührt der Name des Tempels. Zudem ist Kalahasti ein Zentrum des auch heute noch angewendeten **antiken Malstils Kalamkari.** Die Gemälde werden ausschließlich mit Hilfe von Naturmaterialien und -farben mit angespitzten Bambusstäben gefertigt.

An- und Weiterreise

- **Busse** fahren etwa alle Viertelstunde vom Busbahnhof nach Kalahasti, per Taxi inkl. Rückfahrt etwa 500 Rs.

Puttaparthi

↗ XXI/C2

Vorwahl: 08555

Puttaparthi, 120 km von Bangalore entfernt, ist vor allem wegen seines **Ashrams Prasanthi Nilayam** bekannt, der vor gut 40 Jahren von dem dort geborenen *Sathya Sai Baba* gegründet wurde, dem eine weltweite Anhängerschaft folgte. Schon im zarten Alter von 14 Jahren erklärte er sich zur Wiedergeburt des 1918 gestorbenen Heiligen *Sai Baba*. Zu seinem 75. Geburtstag am 23. November 2001 versammelten sich ca. eine Million Menschen aus aller Welt in Puttaparthi, um ihn mit einer großen Prozession zu ehren. Zu den Anhängern des als wahren *Avatar* angesehenen Sathya Sai Baba gehörten auch viele (vor allem indische) Film- und Sportstars und Politiker. Die jährlich viele Millionen Dollar Spendeneinnahmen aus den etwa 1.900 Zentren in 155 Ländern des nicht von Skandalen verschonten Heiligen (wie auch schon bei *Rajneesh* aus Pune) werden in den Aufbau der Infrastruktur, in kostenlose Ausbildung (etwa im *Sri Sathya Insitute of Higher Learning,* 1981 gegründet), die medizinische Versorgung und in Wasserleitungen und -reservoirs für die Armen sowie in Werbung für den Ashram gesteckt. Sathya Sai Baba ist im April 2011 verstorben. Inwieweit dies Auswirkungen auf den Ashram und die Stadt haben wird, ist derzeit nicht absehbar.

Auf dem Gelände stehen neben mehreren **Tempeln** (z.B. dem 1949 gebauten Prasanthi Mandir im Zentrum) auch der Hauptversammlungsort, die **Sai-Kulwant-Halle** mit einem Fassungsvermögen von 20.000 Personen (in der das tägliche *darshan* stattfindet), die **Sarva-Darma-Stupa,** eine Moschee, ein Stadion und ein Planetarium. Das moderne **Sri Sathya Sai Beneral Hospital** liegt 7 km vom Ashram entfernt.

Neuankömmlinge, die hier wohnen möchten, werden zunächst zum *Registration & Accommodation Office* verwiesen. Vom Bahnhof aus fahren kostenlose Shuttle-Busse zum Ashram. Für die Riksha zahlt man ca. 50 Rs.

Unterkunft, Essen und Trinken

- Die meisten Besucher wohnen im **Ashram** € (Tel.: 287390, www.sriathyasai.org.in) mit sehr einfacher Unterkunft und Verpflegung.
- Die mehr werdenden Unterkünfte außerhalb des Ashrams genügen teilweise auch höheren Ansprüchen. Immer noch billig ist das **Sri Sai Sadan Guest House** € (Tel.: 287507) beim Hanuman-Tempel an der Main Road. Große, teils klimatisierte Zimmer mit Balkon und TV sowie ein Dachrestaurant machen es zu einer guten Option.
- Höheren Ansprüchen genügt das moderne **Hotel Chaithanya** €€-€€€ (Tel.: 287265, hotelchaithanyaintl@yahoo.com) mit um einen Innenhof gruppierten, teils klimatisierten Zimmern mit TV.
- Die beliebtesten Restaurants sind das **World Peace Café** an der Main Rd. gegenüber dem Ashram, mit Kräutertees aller Art und kleinen Gerichten wie Suppen, sowie das **Bamboo Nest** (1. Stock, Hauptgerichte um 80 Rs, 9.30–14 und 16.30–21 Uhr), tibetanisch geführt, an der Chitravathi Rd. Es serviert billige Nudelgerichte, *momos* und Säfte.

An- und Weiterreise

- **Bahn:** Zunächst von Hyderabad oder Bangalore bis Dharmavaram. Von dort gibt's regelmäßige Busverbindungen nach Puttaparthi. Am Busbahnhof ist ein Bahnreservierungsbüro Mo–Sa 8–12 und 17–19 Uhr, So 8–14 Uhr geöffnet.
- **Bus:** Vom großen Busbahnhof in Puttaparthi Verbindungen in alle wichtigen Städte Andra Pradeshs und überregional etwa nach Bangalore (4 Std. Fahrtzeit, Express-Busse 110 Rs, auch komfortable Volvo-Busse für 243 Rs) und Chennai (2 Busse, 12 Std.). Nach Tirupathi/Tirumala Express- und Deluxe-Busse in ca. 8 Std.
- **Taxi:** Ein Taxi von Bangalore kostet um 1.500 Rs, was natürlich vom Verhandlungsgeschick abhängt.

104is Foto: tb

Kerala

106is Foto: tb

Die Reisbarken von Kerala verkehren vornehmlich in den Backwaters und werden noch heute als Transportmittel eingesetzt

Musiker beim Puram-Fest

Überblick

Kerala

Fläche:	38.863 km²
Hauptstadt:	Thiruvananthapuram (Trivandrum)
Einwohner:	34 Mio.
Bevölkerungsdichte:	859 Ew./km²
Stadtbevölkerung:	42 %
Alphabetisierungsquote:	94 %
Lebenserwartung:	74 Jahre

Offizielle Websites:
www.keralatourism.org, www.ktdc.com

Touristische Highlights:
- **Ayurveda-Urlaub** – Balsam für Geist und Seele
- **Backwaters** – mit einer Reisbarke durch den Garten Eden
- **Periyar-Wildschutzgebiet** – auf der Pirsch nach Elefanten in einem der schönsten Nationalparks des Landes
- **Kochi** – eine der interessantesten und schönsten Städte des Südens
- **Thrissur** – das Elefantenfest Puram

Besondere Tipps:
- **Tholpetty Wildlife Sanctuary** – tierreicher, selten besuchter Nationalpark im Norden Keralas
- **Bootstour** mit Übernachtung
- **Marari Beach** – ruhiges Strandleben in unmittelbarer Nähe der Backwaters
- **Malabar-Küste** – unberührte Strände in Nordkerala abseits der Touristenpfade

„Kollam kandal illam venda" – wer nach Kerala kommt, wird seine Heimat schnell hinter sich lassen. Dieses alte keralische Sprichwort scheint angesichts der einzigartigen Schönheit dieses nach Goa zweitkleinsten südindischen Bundesstaates eher noch untertrieben. Bei einer Reise durch das nur 550 km lange und maximal 150 km breite Gebiet im äußersten Südwesten des Subkontinents wähnt man sich angesichts der geradezu überbordenden **tropischen Natur** in einem Garten Eden. Saftig grüne Reisfelder, Tee-, Kaffee- und Kautschukplantagen, Baumwollfelder, Mango- Papaya-, Apfel- und Jackfruchtbäume, der Anbau von Kardamom, Pfeffer, Zimt und Nelken sowie vor allem der Lebensbaum Keralas, die Kokospalme, bestimmen im feuchtwarmen Klima das Landschaftsbild. Allein acht Millionen Keraliten finden in der **Kokosindustrie** ihr Auskommen, pflücken fünf Milliarden Kokosnüsse pro Jahr.

Ein weiterer wichtiger Wirtschaftsfaktor ist die Fischindustrie und natürlich in zunehmendem Maße der **Tourismus** in „God's Own Country", wie Kerala von findigen Marketingfachleuten der Branche etikettiert wurde.

Abgesehen von der geradezu unverschämt großzügigen tropischen Fülle wird das 1956 aus dem Zusammenschluss der ehemaligen Fürstentümer Travancore und Cochin sowie dem Distrikt Malabar entstandene Kerala durch die 44 an den Hängen der West-Ghats entspringenden Flüsse sowie durch das weit verzweigte **Lagunensystem der Backwaters** geprägt. Eine Fahrt durch diese Welt von künstlichen Kanälen und Seen gehört zu einem Höhepunkt jeder Südindien-Tour.

Durch die natürliche Barriere der bis auf knapp 2.000 m ansteigenden **West-Ghats** vom Hinterland abgeschlossen, richtet sich der Blickwinkel der Keraliten schon seit über 2.000

Jahren zum Meer, nach Übersee. Umgekehrt lockte der einzigartige tropische Reichtum mit seiner Vielzahl an **Gewürzen** schon in frühester Zeit Händler aller Nationen nach Kerala. Die lokalen Machthaber stellten sich aus ganz eigennützigen Erwägungen gut mit den fremden Händlern, hießen sie mit offenen Armen willkommen, mehrte doch der rege Handel mit ihnen Macht und Wohlstand. Aus dieser Zweckgemeinschaft wurde im Laufe der Jahrhunderte eine Solidargemeinschaft, die die Notwendigkeit zur gegenseitigen Toleranz mehr und mehr als Selbstzweck verinnerlichte.

So gilt Kerala heute als eine Art Vorzeigestaat für ein fortschrittliches, multikulturelles, offenes und gebildetes Indien. Nirgendwo sind die **Alphabetisierungsquote** und die durchschnittliche **Lebenserwartung** so hoch, die Kindersterblichkeit und das Bevölkerungswachstum so gering. Zudem ist Kerala der einzige Bundesstaat Indiens, in dem mehr Frauen als Männer leben.

Einen erheblichen Anteil an dieser Erfolgsbilanz haben die seit 1957 mit einigen Unterbrechungen regierenden **Kommunisten.** Die von ihnen durchgeführte Landreform hat dazu geführt, dass heute 90 % der Bauern ihren eigenen Grund und Boden bestellen. Ihr Leitmotiv war dabei nicht das Kommunistische Manifest, sondern es waren die drei schon von *Mahatma Gandhi* propagierten Ideale Erziehung, Pressefreiheit und Dezentralisierung.

Natürlich hat auch diese scheinbar so makellose Erfolgsbilanz ihre Schattenseiten. Die alles durchdringende Macht der Gewerkschaften hat den Keraliten den zweifelhaften Ruf eingetragen, geradezu streiksüchtig zu sein. Wer sich auch nur zwei Wochen in Kerala aufhält, wird mit größter Wahrscheinlichkeit von den Auswirkungen irgendeines **Streiks** betroffen sein. Für die Keraliten gehört es fast schon zum Alltag, dass entweder die Banken, die Behörden, der öffentliche Nahverkehr oder zentrale Wirtschaftszweige durch Streiks lahmgelegt werden. Alle sind organisiert, allein die Transportarbeiter sind in 63 Gewerkschaften aufgeteilt. Wegen der ständigen Streiks und der Löhne, die fast doppelt so hoch sind wie in anderen Bundesstaaten, gibt es in Kerala nur wenig Industrie und die **Arbeitslosigkeit** liegt mit vier Millionen enorm hoch. Kerala hat dementsprechend eine der höchsten Alkoholi-

Fahrpreise in Kerala

In Kerala gelten, wie in Goa, **offizielle Taxipreise** für Touristendroschken: Pro Kilometer sind 6 Rs (8 Rs mit AC) zu zahlen, mindestens jedoch pro Fahrt 75 Rs (95 Rs AC). An touristisch wichtigen Orten wie dem Flughafen von Trivandrum und dem Bahnhof von Ernakulam gibt es Prepaid-Schalter. Gelegentlich sind, etwa in Munnar oder Kovalam, die offiziellen Taxipreise am Taxistand auf einem Schild einzusehen.

Der offizielle **Rikshapreis** pro Kilometer beträgt 4 Rs, Minimalpreis ist 10 Rs, jedoch wird meist wesentlich mehr verlangt und man muss kräftig feilschen, um auch nur halbwegs in die Nähe dieses Preises zu gelangen.

ker- und Selbstmordraten in Indien zu verzeichnen.

Andererseits sind die für das übrige Indien so charakteristischen Bilder von Hunger, Armut und Ausbeutung so gut wie unbekannt. Neben dem naturgegebenen Reichtum und den sozialen Errungenschaften sind hierfür auch die geschätzten 800 Mio. US$ verantwortlich, die von den etwa eine Million im Ausland, vor allem in den arabischen Ölstaaten meist im Niedriglohnsektor arbeitenden Keraliten an ihre Verwandten nach Hause geschickt werden.

Kerala gehört zu den angenehmsten, schönsten und entspannendsten Reisezielen des Indischen Subkontinents. Egal, ob man nun Erholung für Seele und Geist in einem der zahlreichen Ayurveda-Hotels sucht, an den Stränden von Kovalam oder Varkala faulenzt, in den saftig grünen Bergen der West-Ghats wandert, sich im Periyar-Nationalpark auf die Pirsch nach Elefanten und Tigern begibt, den musikalisch wie optisch faszinierenden Kattakali-Tänzen beiwohnt, mit einem Hausboot durch die paradiesische Welt der Backwaters gleitet oder die raffinierte Kerala-Küche kostet – Reisen in Kerala, das ist in erster Linie ein Genuss für die Sinne.

Thiruvananthapuram (Trivandrum)

↗ XXII/B2

Einwohner: 890.000
Vorwahl: 0471

Ist Thiruvananthapuram, die **Hauptstadt Keralas,** nun ein geruhsamer Verwaltungsort oder eine hektische Großstadt? Bei der Beantwortung dieser Frage kommt es wie immer auf den Standpunkt an, in diesem Falle, ob man die Tage zuvor „on the road" war oder das Leben an den Stränden von Kovalam oder Varkala genossen hat. Im ersten Fall wird man die sich über mehrere Hügel erstreckende „heilige Stadt von Anantha" mit ihren breiten Straßen, zahlreichen Parks und hübschen Kolonialbauten als angenehmen Kontrast zur Hektik anderer indischer Großstädte erleben. Traveller hingegen, die vom gerade einmal 30 Busminuten entfernten Kovalam anreisen, um bei einem Tagesausflug einige Einkäufe oder andere Dinge zu erledigen, erleben das Stadtzentrum um die hektische, laute und luftverschmutzte MG Rd. als kleinen Kulturschock. Entsprechend schnell kehren sie zu ihren Strandparadiesen zurück.

Der zweite Fall dürfte die Regel sein, dient Thiruvananthapuram für die allermeisten Touristen doch nur als Durchgangsstation zu den Stränden im Süden und Norden. Tatsächlich hat die Stadt nur wenige Sehenswürdigkeiten zu bieten, doch als Abwechslung lohnt der freundliche Ort mit seinen sympathischen Bewohnern durchaus einen Abstecher.

Der komplizierte Name Thiruvananthapuram rührt von der heiligen Schlange Anantha her, auf der Vishnu zwischen zwei Weltperioden im Meditationsschlaf im kosmischen Ozean ruht und die, glaubt man der Legende, hier geboren worden sein soll. Wer sich den Zungenbrecher sparen möchte, kann den bei den Einheimischen immer noch gebräuchlichen **alten Namen Trivandrum** verwenden.

Orientierung

Hauptschlagader und bedeutendste Straße ist die auf einer Länge von ca. vier Kilometern von Nord nach Süd verlaufende Mahatma Gandhi (MG) Rd. Entlang der meist mit Autos und Bussen verstopften Trasse reihen sich fast alle wichtigen Gebäude und Einrichtungen aneinander. Im Süden finden sich mit dem Fort und dem Shri-Padmanabhaswamy-Tempel die Hauptsehenswürdigkeiten der Stadt. Knapp einen Kilometer weiter nordöstlich an der Central Station Rd. liegen in unmittelbarer Nachbarschaft der Bahnhof und der Busbahnhof. Die Mitte der MG Rd. wird durch das Secretariat, das schönste Kolonialgebäude der Stadt, markiert. In der näheren Umgebung liegen viele Hotels, Restaurants und Geschäfte. Im Norden befinden sich der Botanische Garten mit dem Zoo und das Napier-Museum. Wer ruhigere, noch von der kolonialen Vergangenheit geprägte Viertel erleben möchte, sollte sich weg von der MG Rd. Richtung Osten begeben.

Sehenswertes

Sri-Padmanabhaswamy-Tempel

Der Sri-Padmanabhaswamy-Tempel liegt inmitten des **alten Forts** im Südwesten der Stadt. Nicht-Hindus haben keinen Zutritt zum Inneren des Ende des 18. Jh. erbauten, Vishnu geweihten Heiligtums. Wegen des siebenstöckigen, 17 m hohen *gopuram* im typisch dravidischen Stil und der von religiöser Inbrunst gekennzeichneten Atmosphäre um den großen Tempelteich lohnt dennoch ein Besuch.

Im Juli 2011, kurz nach der Enteignung der ursprünglichen Besitzer durch den keralischen Staat, wurde in mehreren Geheimkammern im Tempelinnern ein riesiger **Schatz** entdeckt, der nach der ersten Schätzung einen Wert von ca. 10 Mrd. Euro haben soll. Neben einer halben Tonne Goldmünzen besteht er aus Silber, Diamanten, Smaragden, Rubinen und anderem Geschmeide.

• **Öffnungszeiten:** Wer in den Tempelbereich gehen möchte, kann dies von 16 bis 19.30 Uhr tun (mit einigen kurzen Unterbrechungen auch in diesen Zeiten).

Puttan-Malika-Palast

Mit seinen Giebeldächern aus roten Ziegeln, den umlaufenden Veranden und kunstvoll verzierten Holzpfeilern bietet der Puttan-Malika-Palast südlich des Tempelteichs ein sehr schönes Beispiel für die **Kerala-Architektur.** Insgesamt 5.000 Arbeiter benötigten vier Jahre, um den Wohnsitz für den Raja von Travancore fertigzustellen. Die einzelnen Ausstellungsstücke im

Inneren des zum Teil in ein **Museum** umgewandelten, 200 Jahre alten Palastes können nicht mit dem Glanz der Architektur konkurrieren. Dennoch bietet ein Rundgang interessante Einblicke in das fürstliche Leben vor 100 Jahren. Zu sehen ist ein buntes Gemisch aus Waffen, Kleidungsstücken, Trophäen und Gastgeschenken ausländischer Besucher. Besonderes Interesse verdienen die historischen Aufnahmen der Herrscherfamilie. Ein Festival der klassischen indischen Musik findet im Palast jedes Jahr im Januar/Februar statt.

• **Öffnungszeiten:** täglich außer Mo von 8.30 bis 13 und 15 bis 17 Uhr. Eintritt: 20 Rs, Kamera 15 Rs.

Botanischer Garten und Zoo

Der Botanische Garten im Norden der Stadt lohnt in vielerlei Hinsicht einen Ausflug. Als grüne Lunge von Thiruvananthapuram bietet er sich für einen geruhsamen Spaziergang an. Gleichzeitig beherbergt er den Zoo und zwei Museen. Der inzwischen moderne Zoo mit viel Grün macht einen guten Eindruck und hebt sich damit von den meisten anderen Tiergehegen Asiens ab. Auf gewundenen Wegen zwischen Seen durchwandert der Besucher die großzügig gestalteten Käfiganlagen. Auch das angeschlossene Reptilienhaus ist sehenswert.

• **Öffnungszeiten des Zoos:** tgl. außer Mo von 9.30 bis 17 Uhr; Eintrittskarten für den Zoo und das Reptilienhaus, die Art Gallery und alle Museen können von 10 bis 16 Uhr für 6 Rs an einem Ticketschalter am Zooeingang gekauft werden. Kamera 20 Rs.

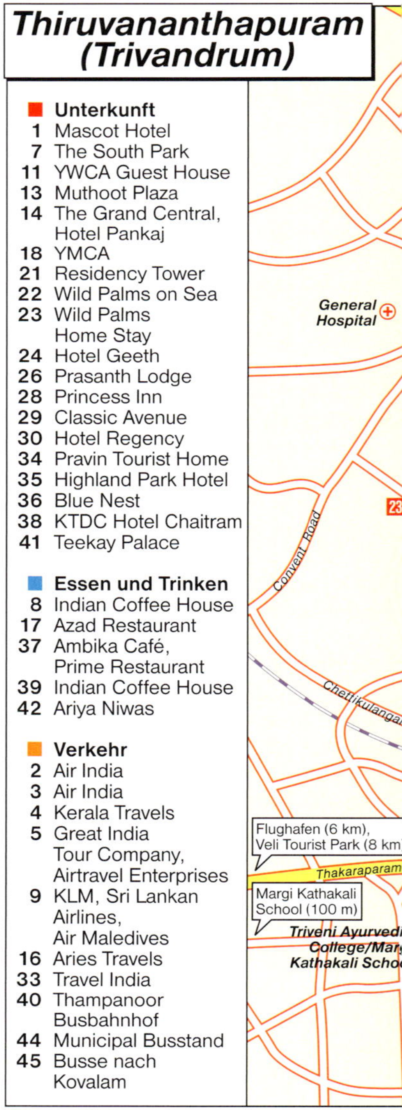

Zoo
Shri Chitra Art Gallery
Kanakakunna Palace
Vallayambalam Junction
Ponmudi (56 km), Jet Airways (200 m)
PM Junction
Museum of Science & Technology
22 (20 km), Varkala (50 km), Ernakulam (230 km)
Ticketverkauf Zoo und Museen
Natural History Museum
Napier Museum
Museum Rd.
Stadion
M. G. Rd.
Tourist Facilitation Center
Christ Church of India
0
500 m
Stadion
St. Joseph's Cathedral
Palayam Junction
University of Kerala
Victoria Jubilee Town Hall
Phantom Thanu Pillai Statue
St. George's Orthodox Church
Spencer Junction
Punnen Rd.
Thycaud Hospital Road
Statue Road
Sportplatz
Secretariat
Rd.
Police Headquarters
Academy of Magical Science (4 km)
YMCA
Commissioner of Police (Visumverlängerung)
Ambujavilasom Rd.
Press Road
M. G. Road
Manjalikulam Road
G.A.K. Road
Dharmalayam Road
Ayurveda College
Shree Kumar Cinema
Central Station Road
Polizei
Hospital Road
Bahnhof
M. G. Road
Power House Road
Padmanabhaswamy Tempel
Tempelteich
East Fort
Puttan Malika Palast Museum
Chalai Bazar Road
Padmanabhapuram Palast (53 km), Kanyakumari (85 km)
CVN Kalari Sangham
South Rd.
Kovalam (17 km)
© REISE KNOW-HOW 2012
Einkaufen
6 Connemara Markt
10 Foodworld Supermarkt
12 DC Books
15 Modern Book Centre
19 British Library
20 SMSM Institute
25 CLS Books
27 Sankar's Tea & Coffee
31 Continental Books
32 Higginbothams, Paramount Digital Lab
43 Parthas

Napier-Museum

Ähnlich wie beim Puttan-Malika-Palast gefällt auch das im Botanischen Garten gelegene Napier-Museum in erster Linie wegen seiner ebenso ungewöhnlichen wie gelungenen keralischen Architektur. Der 1880 in einer gepflegten Gartenanlage für den Präsidenten der Madras Presidency, Lord *Napier,* erbaute **Palast** stellt mit seinem dreistufigen Giebeldach, der rosaroten, mit kleinen Mustern verzierten Fassade und den zwei markanten Seitentürmen ein ungewöhnliches Stilgemisch dar. Genauso bunt sind die im Inneren ausgestellten Objekte, die von sehr schönen Chola-Bronzen aus dem 12. Jh. über Holz- und Elfenbeinschnitzereien bis zu Tempelwagen und Tanzkostümen reichen.

• **Öffnungszeiten:** Di und Do–So von 9 bis 17 Uhr, Mi von 13 bis 17 Uhr, Tel.: 2318294.

Shri Chitra Art Gallery

In der ebenfalls im Botanischen Garten in einem hübschen Palastgebäude untergebrachten Shri Chitra Art Gallery findet sich eine reiche Sammlung von **Gemälden.** Neben nordindischen, stark von den Moguln beeinflussten Miniaturmalereien und Landschaftsgemälden mit Motiven aus Kerala sind auch Werke aus anderen asiatischen Ländern wie China und Indonesien ausgestellt. Einige Bilder stammen von dem russischen Maler, Schriftsteller und Philosophen *Nicholas Roehrich,* der nach den Wirren des Ersten Weltkriegs nach Indien emigrierte und in dem kleinen Dorf Naggar im heutigen Bundsstaat Himachal Pradesh Zuflucht und Heimat fand. Seine letzten Jahre verbrachte er in Bangalore, wo er 1933 verstarb.

• **Öffnungszeiten:** Di und Do–So von 9 bis 17 Uhr, Mi nur von 13 bis 17 Uhr.

Connemara-Markt

Der kleine Connemara-Markt im Norden der Stadt, ein paar Meter östlich der MG Rd., zeigt einen typischen Eindruck des indischen Alltagslebens. Hier werden Obst, Gemüse und Fisch verkauft, weshalb sich über dem Markt viele Greifvögel tummeln, um einen Brocken zu ergattern. Der Markt ist nicht besonders schön, aber authentisch und daher einen Abstecher wert.

Veli Tourist Park

Wer einen Abstecher zum Meer unternimmt, sollte diesen kleinen Park (tgl. 8–19.30 Uhr) mit riesigen Skulpturen des keralischen Künstlers *Kanai Kunhiramam* nicht links liegen lassen. Umflossen vom Arabischen Meer und der Veli-Lagune, liegt er 8 km westlich von Trivandrum. Neben vielerlei Möglichkeiten für **Wassersport** ist auch ein **Vergnügungspark für Kinder** angeschlossen. Zudem lockt der **Shanghumukham Beach** nebenan mit der 35 m hohen Skulptur einer Meeresjungfrau. Ein Picknick zwischen den Teichen und Seemuscheln aus Zement sorgt für die notwendige Erholung vom hektischen Trivandrum.

Praktische Tipps

Information

- **Kerala Tourism** unterhält mehrere Auskunftsbüros in Trivandrum. Das **Tourist Facilitation Centre** (Museum Rd., Tel.: 2321132, 1600444747, gebührenfrei, deptour@vsnl.com, tgl. 10–17.30 Uhr) schräg gegenüber dem Napier-Museum ist äußerst bemüht und auskunftsfreudig. Außerdem wird gern Information in Papierform mitgegeben. Das **Tourist Reception Centre** im Chaithram Hotel (Tel.: 2330031) an der Station Rd. ist vornehmlich am Verkauf der Stadtrundfahrten (s.u.) interessiert.
- Weitere **Tourist Information Centres** befinden sich im Hauptgebäude des Thampanoor-Busbahnhofs (Tel.: 2327224) und im Bahnhof (Tel.: 2334470). Darüber hinaus gibt es Filialen am Flughafen (Tel.: 2501085, 2502298).
- Außerdem hilft ein **TTDC-Informationsbüro** (Thambanoor, Tel.: 2327310) bezüglich Tamil Nadu weiter.

Stadtverkehr

- **Motorrikshas** sind die beste Art der Fortbewegung. Vom Bahnhof im Süden bis zum Napier-Museum im Norden sollte man mit 30 Rs rechnen, 5–10 Rs weniger vom Bahnhof bis ins Zentrum. Vor dem Bahnhof erleichtert ein Prepaid-Schalter das Leben.
- Um die Stadt in Nord-Süd-Richtung zu durchqueren, kann man auch einen der vielen **Stadtbusse** benutzen, die sich unablässig die MG Road entlangquälen.
- Von der Innenstadt zum 6 km südwestlich gelegenen **Flughafen** gelangt man mit Stadtbussen mit der Aufschrift „Airport" (z.B. Bus Nr. 14). Sie starten vom städtischen Busbahnhof am East Fort. Mit der Motorriksha kostet es ca. 70 Rs. Taxifahrer verlangen von der Innenstadt zum Flughafen zwischen 120–140 Rs, Taxis ab Flughafen sind im Voraus zu zahlen.

Stadtrundfahrt

KTDC veranstaltet eine Reihe von Touren innerhalb der Stadt und zu weiteren Zielen in Kerala. Alle starten vom KTDC-Büro am Hotel Chaithram (tgl. 7–20 Uhr, Tel.: 2330031, www.ktdc.com).

- Die beiden halbtägigen **Citytouren** für jeweils 250 Rs (Morgentour 7.30–13 Uhr: Sri-Padmanabhaswamy-Tempel, Shanghumugham-Strand, Puttan-Malika-Palast, Veli Lagoon, Ausstieg am Napier Museum, und Kovalam; Nachmittagstour 13.30–19 Uhr: Napier Museum, Zoo, Shri Chitra Art Gallery, Puttan-Malika-Palast, Veli Lagoon und Shanghumugham-Strand, Ausstieg am Sri-Padmanabhaswamy-Tempel) bieten eine willkommene Gelegenheit, um in möglichst kurzer Zeit einen Überblick zu erhalten. Montags ist die Route aufgrund einiger geschlossener Ziele verändert.

Weitere Tagestouren führen nach Kovalam (16.30–19.30 Uhr, 150 Rs), das wohl ohnehin jeder auf seiner Reiseroute hat, nach Varkala (14–20.30, 400 Rs), zum Neyyar-Staudamm (Abf. 7.45 Uhr) und nach Ponmudi (Abf. 8.15 Uhr, 400 Rs).

- Recht interessant dürfte die **Kanyakumari-Tour** zur Südspitze Indiens mit Stopps am Padmanabhapuram-Palast, am Suchindram-Tempel, bei einigen weiteren Sehenswürdigkeiten und in Kanyakumari sein. Die den gesamten Tag (8–21 Uhr) beanspruchende Tour kostet 550 Rs und findet tgl. außer Mo statt, Mindestteilnehmerzahl 10 Personen.

Unterkunft

Untere Preiskategorie:

- Die beste Budget-Wahl der Stadt ist das **Hotel Princess Inn** €-€€€ (Tel.: 2339150, princess_inn@yahoo.com) in der Manjalikulam Rd., in der sich viele weitere Hotels verschiedener Preisklassen aneinander reihen. Die makellosen, hellen Zimmer mit Bad und TV (die teureren klimatisiert) und der freundliche Service sind herausragend. Die Einzelzimmer spottbillig, aber wesentlich kleiner und ohne Handwaschbecken.
- Einfache und preiswerte Zimmer mit Bad und größere mit TV und teilweise AC sowie die günstige Zentrumslage machen das **YMCA** €€-€€€ (Tel.: 2330059, ymcatvm@sancharnet.in) an der gleichnamigen Straße neben der British Library zu einer guten

Wahl. Auch das **YWCA** an der MG Rd. (4. Stock, Fahrstuhl) ist eine angenehme Adresse.

- Ganz einfache, zentral gelegene Zimmer für Leute mit schmalstem Geldbeutel bietet die **Prasanth Lodge** € (Tel.: 2320973), etwas versteckt in den Gassen südlich der Press Rd. Die obere Etage ist vorzuziehen.
- Viel für wenig Geld bietet das ca. 1 km vom Bahnhof entfernte **Pravin Tourist Home** € (Manjalikulam Rd., Tel.: 2330753), recht große Zimmer mit Bad in ruhiger Lage. Die oberste Etage heizt sich über den Tag sehr auf, deshalb besser den ersten Stock wählen. Es ist oft ausgebucht.
- Von den Hauptstraßen entfernt und damit ruhig gelegen, aber dennoch relativ nah am Bahnhof und der MG Rd. liegt das **Hotel Regency** €€-€€€ (Manjalikulam Cross Rd., Tel.: 2330377, www.hotelregency.com) mit großen, sauberen Räumen mit TV und teilweise mit AC sowie Kühlschrank. Außerdem gibt's ein klimatisiertes Restaurant und ein schönes, nur abends geöffnetes Dachrestaurant, in dem gespeist werden kann, falls nicht gerade eine Party stattfindet.
- Näher zum Bahnhof liegt das Hotel **Highland Park** €€-€€€ (Manjalikulam Rd., Tel.: 2338800, www.highland-hotels.com). Es macht mit großen, hellen, gepflegten, teilweise klimatisierten Zimmern mit TV einen guten Eindruck. Die oberen Etagen haben weiten Ausblick. Auch hier gibt's ein Restaurant.

Mittlere Preiskategorie:

- Eine exzellente Mittelklassewahl ist das **The Grand Central** €€€-€€€€ (Tel.: 2471286, com fortinngrand@eth.net) in zentraler Lage gegenüber dem Secretariat. Die 1a-Zimmer mit Badewanne und TV, guten Ausblicken von den oberen Etagen sind sehr billig fürs Gebotene. Auch ein gutes vegetarisches Restaurant ist angeschlossen.
- Im ruhigeren westlichen Teil Trivandrums lockt das sehr gemütliche, von vielen Lesern empfohlene **Wild Palms Home Stay** €€€-€€€€ (Mathrubhumi Rd., Tel.: 2461971, Preise inkl. Frühstück). Die großzügigen, schön möblierten Zimmer und der freundliche Besitzer führen zu häufiger Ausbuchung, also reservieren. Derselbe Besitzer vermietet zudem mit dem **Wild Palms on Sea** €€€€ (Beach Rd., Puthen Thope, Tel.: 2756781, www.wildpalmsonsea.com) eine ebenso empfehlenswerte, resortartige Unterkunft am Meer, 20 km nördlich von Trivandrum. Man wohnt in einer liebevoll gepflegten Anlage nahe den Fischern. Die umsorgende Betreuung durch die Inhaber, Hängematten und Pool machen es zu einer ruhigen Oase.
- Eine einfachere, dennoch hervorragende Adresse kaum fünf Fußminuten vom Bahnhof ist das **Blue Nest** €€-€€€€ (Manjalikulam Rd., Tel.: 2324027, 3012800, www.hotelbluenest.in) mit guten, teils klimatisierten Zimmern ohne TV.
- In dem großen Kasten (88 Zimmer) des staatlichen **KTDC Hotel Chaithram** €€€ (Tel.: 2330977, chaitramthiruvannathapuram@ktdc.com), ganz nah dem Bahn- und Busbahnhof, sind nur die billigeren, aber größeren Non-AC-Zimmer mit TV, Schreibtisch und großem Badezimmer ihr Geld wert. Ein Dachrestaurant (abends geöffnet), eine Bank, ein Reisebüro und ein Buchladen sind vorhanden. Allerdings sollte man wegen der Lage direkt neben dem Busbahnhof vor dem Einchecken die Zimmer auf ihre Lautstärke prüfen.
- Angenehm ist **Teekay Palace** €€€-€€€€ (Tel.: 2334005, www.teekaypalace.com) gut 100 m nördlich des Bahnhofs. Von den oberen Etagen der teils klimatisierten Zimmer bieten sich weite Ausblicke über die Stadt. Angeschlossen ist ein Restaurant.
- Passabel ist das **Hotel Pankaj** €€€€ (MG Rd., Tel.: 2464645, www.pankajhotel.com) gegenüber dem Secretariat, dessen große Standardzimmer mit TV erstaunlicherweise besser und natürlich billiger als die überteuerten Deluxe-Zimmer sind. Das professionell geführte Haus ist zentral klimatisiert und verfügt über ein gutes Restaurant, welches vor allem für sein preiswertes und reichhaltiges Mittagsbüffet bekannt ist, und ein weiteres auf dem Dach.

Obere Preiskategorie:

- Erstes Hochklassehotel in der Bahnhofsgegend ist das moderne, achtstöckige **Classic Avenue** €€€€€-€€€€€€ (Manjalikulam Rd., Tel.: 2333555, www.classicavenue.net). Als eines der besten Hotels der Stadt verwöhnt das Vier-Sterne-Haus mit luxuriösen, sehr geschmackvoll möblierten Zimmern mit WLAN, Fitnessstudio, zwei Restaurants, davon eines auf dem Dach, Bar und Dachpool mit Weitblick, in dem auch Nichtgäste für 200 Rs/Std. plantschen dürfen. Von 7 bis 10 Uhr ist das Frühstücksbüffet auch für Gäste gestattet (250 Rs), das Dinnerbüffet (19–22.30 Uhr) kostet 475 Rs.

● Viel fürs Geld gibt's im **Residency Tower** €€€€-€€€€€ (Tel.: 2331661, www.residencytower.com) südlich des Secretariat-Gebäudes an der Press Rd., ein typisch indisches Mittelklassehotel: etwas steril, dafür sauber und mit gutem Restaurant, Bar sowie einem 24-Std.-Coffee-Shop. Die zentralklimatisierten und mit allem Notwendigen wie Badewanne, TV und Polstergruppe ausgestatteten 75 Zimmer wirken fast luxuriös. Weite Ausblicke in den oberen Stockwerken.

● Recht Stilvoll ist das staatliche **Mascot Hotel** €€€€€ (Tel.: 2318990, hotelmascot@vsnl.net), eine großzügige Gartenanlage im Norden Trivandrums mit Pool. Alle riesigen Zimmer des zentralklimatisierten Hauses sind geschmackvoll möbliert und weisen die üblichen Annehmlichkeiten dieser Preisklasse auf. Natürlich gibt's ein hervorragendes Restaurant.

● **The South Park** €€€€€ (Tel.: 2333333, www.thesouth park.com) an der MG Rd. ist Teil der Welcomgroup. Der große, weiße Hotelklotz ist mit seinen großzügigen Räumen, Business Center, Tennisplatz, Pool sowie diversen Restaurants eines der besten Hotels der Stadt.

● Der glänzende Glasklotz des **Muthoot Plaza** €€€€€-€€€€€€ (Punnen Rd., Tel.: 2337733, www.themuthootplaza.com) östlich der MG Rd. beherbergt hauptsächlich Geschäftsreisende, entsprechend zweckmäßig sind die makellosen Zimmer mit allem Komfort dieser Preisklasse (inkl. Internet-Anschluss in den Zimmern). Sa und So gibt's ein Abendbüffet.

Essen und Trinken

Abgesehen von den bereits erwähnten Hotelrestaurants gibt es noch eine Reihe weiterer empfehlenswerter Gaststätten, von denen nur eine kleine Auswahl vorgestellt werden kann.

● Reichhaltiges, günstiges Frühstück bietet das ansonsten wenig einladende **Ambika Café** an der Kreuzung Station Rd./ Manjalikulam Rd.

● Wegen der großen Auswahl vegetarischer und nichtvegetarischer Gerichte zu günstigen Preisen ist das **Prime Restaurant** neben dem Ambika Café bei Einheimischen wie Touristen zu Recht beliebt.

● Ein herrlicher Ort, um bei Kaffee und kleinen Snacks die Zeit mit Zeitunglesen oder „people watching" zu verbringen, ist das architektonisch ungewöhnlich gestaltete, spiralförmig ansteigende **Indian Coffee House** neben dem Busbahnhof an der Station Rd. Weniger gemütlich sitzt es sich in der Filiale an der MG Rd., Ecke Spencer Junction. Auch hier wird man stilvoll von Obern mit Turbanen bedient.

● Keralische Küche in hervorragender Qualität, auch Fischgerichte, machen das **Azad Restaurant** (1. und 2. Stock, 11–22.30 Uhr) in der Press Rd. zu einem Renner. Im oberen Stockwerk mit Freiluftterrasse lockt abends ein reichhaltiges und sehr preiswertes Büffet (199 Rs, 19–22 Uhr) den Hungrigen. Mehrere Ableger im Stadtgebiet.

● Das **Ariya Niwas** ist eines der besten vegetarischen Restaurants in der Nähe des Bahnhofs, zudem ist es äußerst preisgünstig.

● Angenehm sitzt es sich in den **Dachrestaurants** des **Hotel Regency** und des **Hotel Geeth** nahe der MG Rd. Beide sind nur abends ab 19 Uhr geöffnet, das Restaurant des Geeth hat den schöneren Ausblick und die umfangreichere Speisekarte.

● Ausgezeichnetes Eis, Backwaren und Süßigkeiten gibt es im allerdings recht teuren **Sivaji Ice Creams & Pastries** an der Althara Junction.

● Einer der auch in Indien immer häufiger anzutreffenden Supermärkte nach westlichem Vorbild ist der hervorragend ausgestattete **Supermarkt Foodworld** (10–20 Uhr) an der MG Rd., nahe der Spencer Junction.

Bank

●Am effizientesten tauscht man Geld und Reiseschecks bei **Thomas Cook** (Tel.: 233 8140, tgl. 9.30–18 Uhr) im südlichen Teil der MG Rd. Am Flughafen gibt's eine 24 Std. geöffnete Filiale.

●Auch die **State Bank of India** beim Secretariat, die **State Bank of Travancore** (Mo–Fr 10–1, Sa 10–12 Uhr), südlich des Secretariat wie auch **Muthoot Foreign Exchange** (Mo–Sa 9.30–18.30 Uhr), akzeptieren alle Währungen und Reiseschecks. Die **Central Bank of India** (Mo–Fr 10–14, Sa 10–12 Uhr) im Chaitram Hotel ist bahnhofsnah.

●Nebenan verarbeitet der **ATM** der Andra Bank wichtige internationale Kreditkarten außer Amex. Viele ATMs finden sich entlang der MG Road, wobei der ATM der idbi-Bank schräg gegenüber dem Secreatriat auch Amex-Karten annimmt. Auch der ATM der HDFC-Bank an der Vellayambalam Junction weist Amex-Karten nicht ab.

Post, Telefon, Internet

●Die **Hauptpost** etwas westlich der MG Rd. ist Mo bis Sa von 8 bis 18 Uhr geöffnet. Im Notfall kann man es jedoch auch sonntags versuchen, da einige Schalter dann geöffnet sind.

●**Telefonieren** ist in den vielen ISD/STD-Läden mit 10 Rs/Min. ins europäische Festnetz recht billig geworden. Das gelegentlich in entsprechend ausgestatteten Internetcafés mögliche Net-to-Phone-Verfahren kostet nur um die 4 Rs.

●Ein schnelles **Internetcafé** ist an der Manjalikulam Rd. in der Nähe vieler Hotels zu finden: Breitbandverbindungen von sify-i-way für nur 20 Rs/Std., bis 23 Uhr geöffnet. National Internet ist langsamer, aber okay. Billig surft's sich bei Chem Soft Cyber Café in der Press Rd. (10 Rs/Std.).

Reisebüros

Einige von vielen Reisebüros, die sich über Jahre bewährt haben:

●**Aries Travels,** Ayswarya Bldg., Press Rd., Tel.: 2330964, ariestravel@satyam.net.in, hervorragend bemüht.

●**Airtravel Enterprises,** New Corporation Bldg., MG Rd., Tel.: 3011412, www.ategroup.org.

●**Kerala Travels,** Vellayambalam Junction, Tel.: 2314974, keralat@md2.vsnl.net.in.

Mietwagenfirmen

Thiruvananthapuram ist ein guter Ausgangsort, um Kerala und das angrenzende Tamil Nadu per Mietwagen zu erkunden. Über die dabei zu beachtenden Vorsichtsmaßnahmen sollte man sich im Kapitel „Praktische Reisetipps A–Z: Verkehrsmittel" informieren. Einige Anbieter in Trivandrum:

●**Great India Tour Company,** Tel.: 2331516.

●**Travel India,** MG Rd., Tel.: 2461512.

●**Vacation India,** Tel.: 2312028, hier gibt's auch Motorräder.

Medizinische Versorgung

●Das **Zentralkrankenhaus** (Tel.: 2443870, 2307874) befindet sich in der Statue Rd., etwa einen Kilometer westlich der MG Rd. Ein weiteres ist das **SK Hospital** (Tel.: 2356256, 2356260/1).

Shopping, Büchereien

●Thiruvananthapuram ist ein guter Ort, um sich mit interessanter **Reiseliteratur** einzudecken. Die Auswahl ist hervorragend; speziell die MG Rd. ist gespickt mit Buchhandlungen. Natürlich handelt es sich dabei fast ausschließlich um englischsprachige Literatur. Gut sind etwa **DC Books** (Statue Rd., Ecke MG Rd., Mo–Sa 8–20 Uhr) oder das **Modern Book Centre.** Auch **Higginbothams** und **Continental Books** verfügen über ein großes Angebot.

●Bücher und Zeitschriften können auch in der **British Library** (zentral beim YMCA, Tel.: 2330716, library.britishcouncil.org.in, Di–Sa 10–19 Uhr), die auch Gäste einlässt, und der **State Public Library** (MG Rd., Tel.: 2322895, Mo–Sa 8–11.30 und 16.30–20, So 8–14 Uhr) gelesen werden.

●Auch für an **Kunsthandwerk** Interessierte ist die MG Rd. die richtige Adresse. Das Angebot reicht von exquisiten Holzmöbeln über fein gewebte Stoffe bis zu Gemälden. Eine gute Übersicht bietet das staatlich unterstützte **SMSM Institute** (Tel.: 2330298) an der YMCA Rd. Andere Geschäfte mit guter Reputation sind Khadi Gramodyog und Antique Arts, beide in der Nähe der Straßenkreuzung Pazhavangadi/Overbridge.

- **Parthas** in der Power House Rd. ist ein modernes, vierstöckiges Kaufhaus für Saris, Kleidung wie etwa *salwar kameez* (Hosen/Kleider-Kombinationen aus dem Punjab) und Stoffe zu günstigen Preisen.
- Frischer Kaffee und Tee aus den Niligiri-Bergen verlocken schon die Nase, bevor man den kleinen Laden **Sankar's Tea & Coffee** (Tel.: 2330469, tgl. außer So 9–21 Uhr) an der MG Rd. betritt.
- Ausgezeichnet sortiert, was Fotozubehör betrifft, ist **Paramount Digital Lab** im südlichen Teil der MG Road.

Aktivitäten

- Die richtige Adresse für einen Einblick in den weit über die Grenzen Keralas hinaus bekannten **Kalarippayat-Kampfsport** ist CVN Kalari Sangham (South Rd., Tel.: 2474182, 9.30–12.30 und 16.30–18.30 Uhr) im Fort. Jeden Morgen außer sonntags von 7 bis 8.30 Uhr kann man hier den Schülern beim Training zuschauen. Interessierte können sich zum Preis von 1.000 Rs/Monat (Unterkunft und Verpflegung nicht inbegriffen) für einen dreimonatigen Kurs einschreiben. Im gleichen Haus werden auch ayurvedische Massagen angeboten (Mo–Sa 10–13 und 17–19.30 Uhr, So 10–13 Uhr).
- Der Tanz, der mit Kerala in Verbindung gebracht wird, kann in der **Margi Kathakali School** (Tel.: 2478806) hinter dem Fort erlernt werden. Es gibt Kurse für Anfänger und Fortgeschrittene (für 200 Rs/90 Min.). Zuschauer werden Mo–Fr zwischen 10 und 12 Uhr zu den unkostümierten Lehrstunden eingelassen.

Ayurveda

- Wer sich kostenlos ayurvedisch massieren lassen will, sollte zwischen 8 und 13 Uhr das **Ayurveda College** (Tel.: 2460190) an der MG Road aufsuchen. Dort wird man in nüchterner Krankenhaus-Atmosphäre von den Schülern der Schule geknetet. Außerdem werden Panchakarma-Behandlungen, mit vorheriger Konsultation eines ayurvedischen Arztes, ebenso preisgünstig verabreicht.
- Eine neue Adresse für ayurvedische Medizin ist das **Kerala Institute for Medical Science** (Tel.: 2555506, cmd@kimskerala.com) im Stadtteil Anamugham.

Festival

- Jedes Jahr im Januar/Februar bildet der Palast den stilvollen Rahmen des unter der Schirmherrschaft der Fürstenfamilie stehenden **Navaratri-Festivals.** Zu diesem Fest klassischer indischer Musik reisen einige der berühmtesten Musiker ganz Indiens nach Thiruvananthapuram. Nähere Auskünfte zu Termin, Programmablauf und Tickets erteilt das KTDC Tourist Office.

Unterhaltung

- Die **Academy of Magical Sciences** (Poojapurra, Tel.: 2358910, www.magicmuthukad.com) hat sich die Erhaltung der **Zauberkünste** auf ihre Fahnen geschrieben, die auf den Straßen leider immer seltener zu sehen sind. Die Schüler führen regelmäßig vor staunendem Publikum ihre Kunststücke auf. Termine der Aufführungen auf der Website.
- Alle **Kinos** in Trivandrum zeigen Bollywood- und Hollywood-Kost. Eines der modernsten ist das Shree Kumar Cinema an der Central Station Rd. (30–35 Rs pro Ticket, Vorführungen zwischen 11 und 23 Uhr).

An- und Weiterreise

Flug:

Vom 6 km südwestlich des Stadtzentrums gelegenen nationalen Flughafen werden Städte im Süden Indiens, vom neuen internationalen (Flughafengebühr 575 Rs) auch außerindische Ziele angeflogen. Über aktuelle **Flugverbindungen** aller Airlines informiert sehr übersichtlich die Website www.yatra.com. Alle Flugbuchungen können auch über Airtravel (s.o.) im New Corporation Bldg. durchgeführt werden.

Fluggesellschaften:

- **Air India,** Air Centre, Mascot Junction (Mo–Sa 10–17.30 Uhr, 13 Uhr Mittagspause), Tel.: 2317341; Museum Rd., Velayambalam Circle (Mo–Sa 9.30–17 Uhr); Flughafen, Tel.: 2501269.
- **Jet Airways,** Akshaya Towers, Sasthamangalam Junction, Tel.: 2721018, 2500860 (Flughafen).
- **Kingfisher Airlines,** Star Gate Bldg., TC 9/888, Vellayamballam, Tel.: 18001800101 (indienweit), www.flykingfisher.com.
- **British Airways,** Vellayambalam, Tel.: 2726604.
- **Air Maldives,** Spencer Rd., Tel.: 2461315, 2501344 (Flughafen).
- **Alitalia,** im Hotel Geeth (1. Stock), Tel.: 2571501.
- **Cathay Pacific/KLM,** nahe Spencer Junction, Tel.: 2463531.
- **Gulf Air,** Vellayambalam, Tel.: 2327514.
- **Sri Lankan,** Spencer Building, Palayam, MG Rd., Tel.: 2471810, 2501147 (Flughafen).
- **Airtravel Enterprises** (New Corporation Bldg., MG Rd., Tel.: 2334202) ist eine verlässliche Adresse für Flugbuchungen.

Bahn:

Das **Reservierungsbüro** des Bahnhofs im Südosten der Stadt liegt im 1. Stock. Für Ziele in weiterer Entfernung wie etwa Mumbai, Bangalore, Kalkutta oder Goa sollte man frühzeitig sein Ticket erwerben, da diese häufig bereits Tage im Voraus ausgebucht sind. Geöffnet ist das voll computerisierte und dementsprechend effiziente Reservation Office Mo–Sa von 8 bis 20 Uhr, So von 8 bis 14 Uhr. Vor dem Ausfüllen des Reservierungsformulars sollte man eine Wartenummer *(token number)* am Automaten ziehen. Diese wird dann nach der Wartezeit auf großen Bildschirmen mit zugeordnetem Schalter angezeigt.

Für kürzere Strecken innerhalb Keralas ist hingegen normalerweise keine Reservierung nötig, außer man fährt in vollen Abendzügen. Dann kann es, wenn man vom Schaffner in den General Coach verbannt wird, schon sehr eng werden und man hat Glück, wenn man einen Fuß auf den Boden bekommt. Allerdings macht es bei Verbindungen entlang der Küste häufig mehr Sinn, mit lokalen Bussen zu fahren, da die Bummelzüge oft große Verspätungen haben.

Viele Züge entlang der Kerala-Küste sowie nach Tamil Nadu und Karnataka starten ihre Reise in Trivandrum. Auch nach Goa gibt es fast tägliche Verbindungen, die viele Orte an Keralas Küste passieren und bis Mumbai weiterfahren. Nach Madurai gibt es mehrere Möglichkeiten, etwa der 16724 Ananthapuri Exp. (Abf. 16.20 Uhr, Ank. 23.00 Uhr). Dieser Zug fährt weiter über Thiruchirapalli und Villupuram (für Pondicherry) bis Chennai, dorthin viele weitere Verbindungen. Weitere Verbindungen im Anhang.

Bus, Taxi, Riksha:

- Busse nach Kovalam Beach fahren alle 20 Minuten vom **Busstand Nr. 19** am East Fort, MG Rd., der letzte um 21 Uhr. Inzwischen werden vorwiegend komfortable Busse (26 Rs) eingesetzt. Für weiter entfernte Ziele muss man sich zum großen **KSRTC Busbahnhof** an der Station Rd. gegenüber dem Bahnhof begeben. Dieser wurde zur Recherchezeit komplett neu gebaut, sollte aber zur neuen Saison 2012 fertiggestellt sein. So können die folgenden Hinweise derzeit nur vage sein und müssen vor Ort überprüft werden. Die Busse starteten um die Baustelle herum. Fahrkarten wurden zur Recherchezeit an kleinen Schaltern vor dem Busbahnhof verkauft. Hier können die Fahrkarten im Voraus gebucht werden (zwischen 6 und 22 Uhr geöffnet, Auskunfts-Tel.: 2323886). Zu den allermeisten Zielen ist jedoch keine Reservierung nötig. Busse nach Tamil Nadu werden von der staatlichen Thiruvallur-Gesellschaft eingesetzt, deren Office sich im Hauptgebäude im südöstlichen Teil des Geländes befindet (Tel.: 2327756).

Es werden u.a. folgende Ziele angefahren: Alappuzha (3½ Std., alle 15 Min, 100 Rs) und Ernakulam/Kochi (5 Std., alle 20 Min., 135 Rs) alle 15 Min., Kanyakumari (2 Std., 8 Busse, 40 Rs), Kollam (Quilon, 1½ Std., alle 15 Min., 45 Rs), Kottayam (4 Std., alle 30 Min.), Madurai (7 Std., 9 Busse, 180 Rs), Kumily/Periyar-Nationalpark (8 Std., 175 Rs, Abf. 8.45 Uhr, Reservierung empfohlen). Nach Varkala (1½ Std., stündlich, 36 Rs). Alternative: Mit einem der zahlreichen Kollam-Busse bis Kallamballam und von dort weiter mit einem Lokalbus bis Varkala oder mit einem der zahlreichen, am Busbahnhof wartenden **Rikshas** für ca. 400 Rs.

- Eine Fahrt nach Kovalam sollte per **Taxi** nicht mehr als 350 Rs kosten, nach Varkala bis 650 Rs.

Kovalam

↗ XXII/B2

Einwohner: 3000
Vorwahl: 0471

Es ist immer die gleiche Geschichte, sie ereignet sich nur zu unterschiedlichen Zeiten an unterschiedlichen Orten. Dementsprechend ähnlich lauten auch die Überschriften: „Vom Tropenparadies für Individualtouristen zur Massenabsteige für Pauschaltouristen." Selbstverständlich folgt sogleich der erhobene Zeigefinger bezüglich der negativen Auswirkungen auf die Umwelt und die einheimische Kultur. Kovalam, das mit Abstand **meistbesuchte Touristenziel Keralas** 13 km südlich der Landeshauptstadt Thiruvananthapuram, ist geradezu ein Musterbeispiel hierfür.

Noch bis vor fünfzehn Jahren war das **ehemalige Fischerdorf** ein fast ausschließlich von Rucksacktouristen besuchtes Idyll, wo man in den einfachen Unterkünften und Strandcafés sein Ideal des alternativen Lebens unter Palmen ausleben konnte. Der relativ schmale, sich auf einer Länge von gut zwei Kilometern in zwei vollendeten Bögen hinziehende Strand mit seinen überhängenden Palmen und traumhaften Sonnenuntergängen rangierte auf der Hitliste der Traveller-Gemeinde auf einer Stufe mit Goa, Bali und Boracay auf den Philippinen.

Da Paradiese auf Dauer nicht den Managern multinationaler Reiseveranstalter verborgen bleiben, setzte Mitte der 1990er Jahre ein gewaltiger Ansturm europäischer Pauschaltouristen ein. Was folgte, waren die bekannten Begleiterscheinungen des modernen Massentourismus: Hotelneubauten, die die alten Strandhütten zunehmend in den Hintergrund drängen, ausufernder Verkehr, Müll und steigende Preise.

„Costa del Kerala" wird Kovalam von nicht wenigen Kritikern inzwischen zynisch genannt. Bei aller berechtigten Kritik sollte man jedoch auch erwähnen, dass die Strände, abgesehen von den Wochen um Weihnachten und Neujahr, nach wie vor relativ leer sind. Die sich nördlich und südlich der beiden Hauptstrände erstreckenden kleineren Beaches sind im Übrigen von der Entwicklung der letzten Jahre noch weitgehend verschont geblieben. Die Provinzregierung versucht, durch strikte Kontrollen ähnliche Entwicklungen wie an einigen Stränden Goas zu unterbinden. So wurde vor einigen Jahren ein Baustopp für weitere Touristenbehausungen in Kovalam erlassen, was auch weitgehend eingehalten wird. Außerdem müssen alle Strandlokale um 23 Uhr schließen. Ziel der einheimischen Touristenbehörde ist es, den finanziell wenig lukrativen Individualtourismus zu beschränken und dafür den Anteil der in teuren Hotels logierenden Pauschalurlauber zu erhöhen.

Unterkunft
- 1 Kadaloram Beach Resort
- 2 Taj Green Cove Resort
- 3 Uday Samudra
- 5 Hotel Samudra
- 6 Elephant House
- 8 The Leela Kempinski Kovalam Beach
- 12 Hotel Blue Sea
- 14 Turtle on the Beach
- 15 Jasmine Palace
- 17 Tushara
- 18 Hotel Neelakanta
- 20 Wilson Ayurvedic Beach Resort
- 21 Jeevan Ayurvedic Beach Resort
- 22 Vipin House
- 24 Cocoland Heritage Beach Resort
- 25 Green Valley, Silent Valley
- 29 Lakshmi Niwas
- 31 The Beach Hotel I
- 33 Hotel Orion Beach Resort
- 34 Lighthouse Cape
- 35 Hotels Palm Garden, California
- 36 Maharaju Palace, Holiday Homes
- 37 Hotel Sea Breeze
- 38 Hotel Peacock
- 39 Sagara Beach Resort
- 40 Hotel Park International
- 41 Mini House
- 43 Hotel Rockholm
- 44 Hotel Aparna
- 45 Palm Shore Beach Resort, Varma Beach Resort

Essen und Trinken
- 4 Seagull Restaurant
- 7 The Lobster Pot
- 9 Strandrestaurant
- 10 Sea View Restaurant
- 19 Fusion Restaurant, Grazia Sea Food Corner
- 23 Lonely Planet
- 26 Coconut Grove
- 28 Santana Restaurant
- 30 German Bakery/ Waves Restaurant
- 32 La Pizzeria

Verkehr
- 11 Busse nach Trivandrum, Kanyakumari
- 16 Boote für Ausflüge
- 42 Rikhas, Taxis, Taxipreisschild

Einkaufen
- 13 Ayushya Ayurvedic Store
- 27 Photo Kodak

Praktische Tipps

Information

● Äußerst hilfsbereit sind die kundigen Mitarbeiter des **Tourist Facilitation Centre** (Tel.: 2480085, Mo–Sa 10–17 Uhr) am Beginn der Zufahrt zum The Leela Kovalam Beach Resort. Hier wird außer mit kompetenter mündlicher Beratung auch mit papierner Information nicht gespart. Außerdem werden Ausflugstouren organisiert und Taxis oder Minibusse vermittelt.

Unterkunft

Die rasante Entwicklung der letzten Jahre hat dazu geführt, dass es eine fast schon unüberschaubare Zahl von Lodges, Guest Houses, Hotels, Cottages und Resorts gibt. So ist es eigentlich nicht notwendig, sich auf einen der beim Busbahnhof auf Neuankömmlinge wartenden „Schlepper" einzulassen. Wer sich in einem von ihnen vermittelten Zimmer einmietet, zahlt meist deren Kommission mit. Zu Engpässen kann es allerdings in der Zeit zwischen Anfang November und Mitte Januar kommen, wenn Kovalam von einheimi-

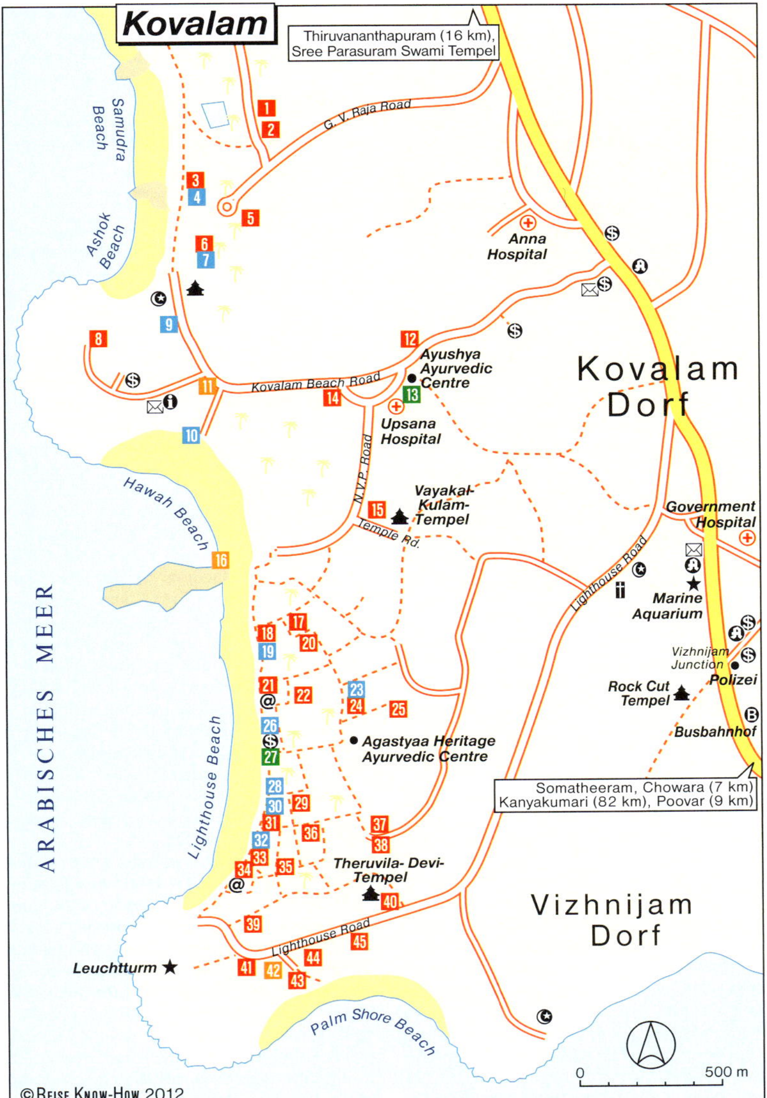
Kovalam
Thiruvananthapuram (16 km), Sree Parasuram Swami Tempel
G. V. Raja Road
Samudra Beach
Ashok Beach
Anna Hospital
Kovalam Beach Road
Ayushya Ayurvedic Centre
Upsana Hospital
N.V.P. Road
Kovalam Dorf
Hawah Beach
Vayakal-Kulam-Tempel
Temple Rd.
Government Hospital
Lighthouse Road
Marine Aquarium
ARABISCHES MEER
Vizhnijam Junction
Polizei
Rock Cut Tempel
Busbahnhof
Agastyaa Heritage Ayurvedic Centre
Lighthouse Beach
Somatheeram, Chowara (7 km) Kanyakumari (82 km), Poovar (9 km)
Theruvila-Devi-Tempel
Vizhnijam Dorf
Lighthouse Road
Leuchtturm
Palm Shore Beach
0
500 m

Sicherheitstipps

Mit den steigenden Touristenzahlen haben in den letzten Jahren auch die **Diebstähle** deutlich zugenommen. Besonders aus Billigunterkünften und am Strand werden Wertsachen entwendet. Falls möglich, sollte man seine Wertsachen an der Rezeption bzw. beim Besitzer der Unterkunft einschließen lassen und nur so viel Bargeld zum Strand mitnehmen, wie unbedingt notwendig.

Nacktbaden und der Konsum von **Haschisch** sind nicht nur strengstens verboten, sondern missachten auch die Moralvorstellungen der Einheimischen.

Eine gelegentlich auftretende **Strömung,** verstärkt während der Monsunzeit, sollte beim **Baden im Meer** beachtet werden. Wenig geübte Schwimmer sollten nur in den durch rote Fahnen gekennzeichneten Arealen baden und auf die Anweisungen der am Lighthouse Beach eingesetzten Rettungsschwimmer achten. Besonders Kinder sollten nicht unbeaufsichtigt bleiben.

schen wie westlichen Touristen gleichermaßen frequentiert wird. Dann steigen auch die Preise auf das Zwei- bis Dreifache an. Wer mit wenig Geld auskommen muss und einen geruhsamen Urlaub verleben möchte, sollte diese Zeit meiden. Auch nur einfachen Ansprüchen genügende Zimmer sind dann kaum unter 400 Rs zu bekommen. Ansonsten heißt es kräftig handeln. Besonders wer länger als eine Woche bleibt, kann zum Teil erhebliche Nachlässe bekommen.

Die meisten Unterkünfte stehen in den sich an den Sandstrand anschließenden Kokospalmenhainen und ehemaligen Reisfeldern. Wer eine billige und gleichzeitig gute Unterkunft wünscht – und wer tut das nicht – muss allerdings suchen. Als Faustregel gilt: je weiter vom Strand entfernt, desto niedriger die Preise. Häufig kann man für den gleichen Preis nur wenige Hundert Meter vom Strand zurückversetzt wesentlich komfortabler wohnen. Billige Unterkünfte werden in Kovalam tendenziell weniger, die Zahl von mittel- und hochklassigen Bleiben steigt, da diese Klientel wegen der größeren Kaufkraft lieber gesehen ist als die immer weniger werdenden Backpacker.

Im Folgenden kann nur eine kleine Auswahl der Übernachtungsmöglichkeiten gegeben werden.

Untere Preiskategorie:

- Nur einfachen Ansprüchen genügt das **Vipin House** € hinter der Standpromenade. Dort ist der erste Stock teurer, aber auch heller und die einfachen Zimmer sind geräumiger.
- Zwei meiner Favoriten in Kovalam sind das **Green Valley** €-€€ (Tel.: 2480636, indira_ravi@hotmail.com) und das darüber gelegene **Silent Valley** €-€€ (Tel.: (0)9746355509) von demselben freundlichen und sehr hilfsbereiten Besitzer. Die schön in den Hang eingefügten Gebäude des tiefer gelegenen Green Valley nahe den ehemaligen Reisfeldern, gut 100 m vom Strand entfernt, bieten saubere Terrassenzimmer mit Blick in die Palmenwipfel, die höheren Zimmer haben Meerblick. Knapp über die Dachterrasse des Silent Valley, dessen Ausblicke noch weiter zum Meer reichen, zieht nachts der Lichtstrahl des Leuchtturms. Weiter oben am Hang wird ein sehr geräumiges Haus, die **Vivek Villa** €€€ mit mehreren Zimmern, Küche, kleinem Garten und Terrasse mit Hängematte vermietet.
- Etwas vom Strand entfernt befinden sich die Einfach-Unterkünfte **Lakshmi Niwas** € und **Hotel Palm Garden** €-€€ (Tel.: 2481951, hotelpalmgarden@usa.net). Beide haben Terrassen vor den Zimmern, das zweite vermietet außerdem ein Cottage.
- Noch etwas weiter weg vom Trubel, unter hohen Bäumen liegt das **Hotel Sea Breeze** €€-€€€ (Tel.: 2480024) mit großen Zimmern (die 1. Etage bevorzugen, nur wenig teurer; die AC-Zimmer sind überteuert) und einem ebenerdigen Trakt im etwas verwahrlosten Garten. Gegenüber ist das **Hotel Peacock** €€-€€€ (Tel.: 2481395, www.hotelpeacock.com), ähnlich in Preis und Qualität. Hier gibt es inzwischen einen neuen, teureren Trakt mit komfortableren und helleren Zimmern mit Balkon ins Grüne. Beide sind ruhig gele-

gen und bieten von den Balkonen schöne Ausblicke in die Bäume.

- Zwei für ihren Preis hervorragende Bleiben unter Palmen sind das große **Hotel California** €€-€€€ (Tel.: 2513511, california_kovalam@yahoo.com) und das alteingesessene, gemütliche **Holiday Homes** €€-€€€ (Tel.: 2486 382, (0)9387220512, pradeep.kovalam@yahoo.com), beide über den Weg vor dem Hotel Orion an der Strandpromenade hinein zu erreichen.
- Einfache bis komfortable Bambushütten mit TV in lieblicher Gartenanlage unter Palmen bilden das **Cocoland Heritage Beach Resort** €€-€€€€ (Tel.: 2481341, (0)9846020846, cocoheritage@yahoo.com), eine angenehme Bleibe, ca. 100 m vom Strand entfernt. Schon die einfachen Hütten verwöhnen mit kleinen Terrassen, die teureren und größeren sind geschmackvoll möbliert, klimatisiert und verfügen über eine Badewanne.

Mittlere Preiskategorie:

- Wer das Geräusch von ständiger Brandung mag, ist bestens in dem auf den Felsen über dem Meer gelegenen **Mini House** €€€€ (Tel.: 2480867, (0)9947480969, seapearlkovalam@gmail.com) aufgehoben. Das über eine kurze, steile Treppe von der Lighthouse Road abwärts zu erreichende Haus sieht zwar von außen etwas heruntergekommen aus, bietet jedoch saubere, große Zimmer mit teilweise spektakulärem Ausblick.
- Gartenfreunden sollte der **Maharaju Palace** €€€€-€€€€€ (Tel.: 2485320, martienweber@maharajupalace.nl), etwa eine Fußminute vom Strand entfernt, eine Heimat sein. Die hübsch möblierten Balkonzimmer liegen zum liebevoll gestalteten Garten mit Palmen. Nichts für Raucher, da Non-Smoking-Zimmer. Zudem wird ein einzeln stehender Bungalow im Garten vermietet.
- Etwas eng, aber sonst ganz kuschelig und ruhig wohnt man in den 10 sechseckigen AC- und Non-AC-Cottages des **Royal Retreat** €€€ (Tel.: 2481080, 2484060, abhirajs@satyam.net.in) am nördlichen Ende des Lighthouse Beach, dessen Anlage in einen kleinen, verwinkelten Garten eingebettet ist.
- Strandnah und durch das Strandrestaurant Café de la Mer mit dahinterliegendem kleinen Garten vor den vielen Flaneuren auf der Strandpromenade etwas geschützt, liegen die großteils mit Kühlschrank ausgestatteten Balkon- bzw. Terrassenzimmer des **Jeevan Ayurvedic Beach Resort** €€€-€€€€€ (Tel.: 2480662). Die Zimmer mit Seeblick sind nur wenig teurer. Der dem Strand zugewandte Pool ist ein weiterer Pluspunkt.
- Eine gute Wahl ist das **Hotel Rockholm** €€€€-€€€€€ (Tel.: 2480306/406/606, www.rockholm.com) mit hübschen Zimmern, von denen einige eine spektakuläre Aussicht auf eine kleine Bucht hinter dem Leuchtturm bieten.
- **Wilson Ayurvedic Beach Resort** €€-€€€€ (Tel.: 2480051), etwas zurück vom Strand, bietet 24 um einen Innenhof mit Swimmingpool gelegene, saubere Bed & Breakfast-Zimmer mit großen Fenstern und Balkon.
- Beim **Jasmine Palace** €€€-€€€€ (Tel.: 248 1475, jaspalace@satyam.net.in), eine Seitenstraße hinein, gehört neben großen, angenehm möblierten Räumen mit großen Fenstern, Kühlschrank und Balkon auch ein Pool zur Ausstattung. Auch das qualitativ und preislich ähnliche **Tushara** €€€€ (Tel.: 248 0692, www.hoteltushara.net) ist empfehlenswert.
- Das **Hotel Aparna** €€€-€€€€ (Tel.: 2480950, www.aparnahotelkovalam.com) mit Blick auf die Felsen hat angenehme Balkonzimmer zum Meer. Hier gibt's einen großen Balkon für jeweils zwei Mietparteien.
- Das inzwischen aus mehreren Gebäudekomplexen mit 92 Zimmern bestehende **Sagara Beach Resort** €€€€-€€€€€ (Tel.: 2481995, (0)9847390885, www.sagarabeachresort.com), einen schmalen Weg von der Lighthouse Rd. hinein, ist zwar um einiges teurer geworden aber immer noch empfehlenswert. Im unteren, älteren Teil kosten die geräumigen Zimmer mit Kühlschrank und großen Balkonen (alle mit Meerblick) etwas weniger. Außerdem ist ein Pool auf dem Dach. Die weitaus komfortableren Zimmer des oberen, neuen Trakts sind sehr schick und besser ausgestattet. Hier ist auch der Pool ansprechender.
- Direkt am Strand liegt das **Hotel Neelakanta** €€€€-€€€€€ (Tel.: 2480321, www.hotelneelakantakovalam.com) mit sauberen, hellen

Zimmern mit Kühlschrank, Polstermöbeln und großen Fenstern, allerdings ist es leicht überteuert. Da beide Etagen gleichviel kosten, sollte man die oberen mit besserem Blick bevorzugen.

● Schönste Bleibe Kovalams ist zurzeit das neue **Lighthouse Cape** €€€€ (Tel.: (0)97444 97444, www.lighthousecape.com, Preise inkl. Frühstück) direkt am Strand. Von allen Zimmern mit Fensterfronten bis zum Boden tolle Ausblicke auf Strand und Leuchtturm. Geräumige Zimmer mit guten Matratzen; der bemühte Besitzer sowie das Freiluftrestaurant sind hervorragend. Auf dem Dach waren zur Recherchezeit hüttenartige Zimmer geplant.

● Alteingessen ist das **Hotel Orion Beach Resort** €€€-€€€€ (Tel.: 2480999, (0)940032 3992, www.orionbeachresort.com), eine komplett renovierte Mittelklassebleibe in perfekter Lage in der Mitte des Lighthouse Beach. Einfachere Zimmer mit Terrasse zum Meer über der Strandpromenade und sehr geräumige mit Balkon zum Meer sind zwar etwas teuer, aber ihr Geld wert.

● Ähnlich, aber komfortabler wohnt man im **The Beach Hotel I** €€€€ (Untergeschoss der German Bakery, Tel.: 2481937, www.thebeachhotel-kovalam.com) an der Strandpromenade. Die stilistisch sehr gelungenen, in elegantem orangerot gehaltenen Zimmer haben alle Balkon und Meerblick. Aufgrund des Erfolgs wurde ein Ableger, das **The Beach Hotel II,** 100 m weiter südlich errichtet.

● Eine gelungen in die Landschaft am Hang eingefügte Anlage ist das **Hotel Park International** €€€€-€€€€€ (Tel.: 2482803, www.parkinnkova lam.com) mit stilvoll gestalteten AC- und Non-AC-Zimmern mit Balkon/Terrasse und Kühlschrank sowie weitem Ausblick. Es liegt im oberen Teil der Lighthouse Road und verfügt über einen Meerblickpool. Leider steigen nur wenige Gäste hier ab, sodass man sich etwas einsam vorkommen könnte.

● Etwas weiter die Straße hinunter befindet sich das **Palm Shore Beach Resort** €€€€-€€€€€ der Abad-Gruppe (Tel.: 2481481, www.abadhotels.com). Es hat Ähnliches zu ähnlichen Preisen zu bieten, außerdem sind zwei Cottages im Garten vorhanden. Zudem werden Langzeit-Ayurveda-Behandlungen (bei denen Nachlässe auf den Zimmerpreis ausgehandelt werden können) und Massagen angeboten.

● Ganz in der Nähe liegt das einfachere, aber architektonisch ansprechende **Varma Beach Resort** €€€€ (Tel.: 2480478, www.vijayavarmabeachresort.com), wo ebenfalls schöne Ausblicke von den Balkonen und Terrassen zu genießen sind. Die Gäste dürfen den Pool des Palm Shore mitbenutzen.

● Das 100 Jahre alte Kolonialhaus des **Hotel Blue Sea** €€€€ (Tel.: 2481401, 2480555, (0)9349991992) mit antiken Skulpturen und chinesischen Vasen verfügt über gediegen mit alten Holzmöbeln eingerichtete Zimmer. Außerdem stehen hinter dem Haus im großen Garten mit Swimmingpool vier Rundtürme mit insgesamt 18 jeweils von einem breiten Balkon umgebenen Apartments (pro Etage ein Apartment) mit Holzboden und hübschem Mobiliar, Kühlschrank und TV. Leider ließen in letzter Zeit Service, Instandhaltung und die schöne Atmosphäre zu wünschen übrig.

Obere Preiskategorie:

● Etwas steril, aber elegant und perfekt oberhalb des Lighthouse-Beach gelegen, lässt **Turtle on the Beach** €€€€€€ (Tel.: 2514000, www.turtleonthebeach.com) ansonsten keine Wünsche offen. Ein toller Pool, WLAN-Anschluss in den Zimmern, erstklassiger Service und Restaurant sind selbstverständliche Merkmale dieser gestylten Luxusherberge.

● Äußerst luxuriös zu entsprechenden Preisen logiert man im **The Leela Kempinski Kovalam Beach** €€€€€€ (Tel.: 3051234, (0)9349 438463, www.theleela.com). Alle in dieser Hochpreisklasse üblichen Annehmlichkeiten sind vorhanden, auch die Lage auf einem Hügel zwischen Hawah- und Samudra Beach mit klasse Seeausblick von allen Zimmern ist beeindruckend.

Im Norden Kovalams um den kleinen Samudra Beach gibt es einige mittel- bis hochklassige Unterkünfte in ebensolcher Preislage, billige Bleiben gibt's hier nicht.

● In mehreren Häusern dieser Region können ganze Apartments gemietet werden. Am strandnächsten und gelungensten verwöhnt das **Elephant House** €€€€-€€€€€ (Tel.: (0)98 95012129, manojbalu73@yahoo.com) mit hübschen Zimmern mit gut ausgestatteter Küche und Balkon/Terrasse zum Meer. Weiter zurück liegt auch das Kingfisher House unter Palmen.

- Die über Jahre gewachsene Gartenanlage des **Kadaloram Beach Resort** €€€-€€€€ (Tel.: 2481116, www.kadaloram.com) verfügt über recht kleine aber gemütliche Appartments, alle mit Balkon zum Garten. Eine schöne Mittelklassewahl mit Pool und Restaurant.
- Das staatliche **Hotel Samudra** €€€€€€ (Tel.: 2480089, hotelsamudra@vsnl.com, www.ktdc.com) bietet alles, was man von einer Hotelanlage dieser Preisklasse erwartet: herrliche Lage in unmittelbarer Strandnähe, eine etwas übertrieben gepflegte Gartenanlage, Pool, Restaurants, Business Center etc. Die Mahlzeiten sind, je nach Wunsch, bis Vollpension inbegriffen.
- Das etwas nördlicher direkt am Strand gelegene **Uday Samudra** €€€€€€ (Tel.: 248111, 2581578, www.udaysamudra.com), ein um einen Swimmingpool angelegter Bau mit 45 nicht besonders großen, aber nett eingerichteten AC-Zimmern mit Meerblick-Balkon/Terrasse mit kleinem Kühlschrank sowie zwei Restaurants und anderen dieser Preisklasse entsprechenden Annehmlichkeiten ist etwas überteuert. Inzwischen wurde ein großzügiger Trakt mit weiterem Pool und geräumigen Zimmern hinzugefügt. Auch hier wird ayurvedische Behandlung angeboten.
- Hervorragend ist das **Taj Green Cove Resort** €€€€€€ (Tel.: 2487733, greencove.kovalam@tajhotels.com) ganz im Norden. Die in mehreren Ebenen an den Hang gebaute, klimatisierte Anlage bietet neben gelungen eingerichteten Zimmern auch Cottages mit eigenem Vorgarten. Mehrere Pools, Gym-Raum, Ayurveda-Anwendungen und erstklassige Restaurants komplettieren das gute Gesamtbild.

Essen und Trinken

Wer sich angesichts der meist erstaunlich leeren Strände fragt, wo die vielen Touristen ihre Zeit verbringen, braucht sich nur einmal in den unzähligen Restaurants und Cafés am Strand und in den angrenzenden Palmenhainen umzuschauen. Tatsächlich lässt sich kaum etwas Angenehmeres denken, als in einem Liegestuhl unter Palmen mit einem „Sundowner" in der Hand dem Sonnenuntergang beizuwohnen oder abends bei einem leckeren, frisch zubereiteten Fisch unter freiem Himmel die milde Meeresbrise zu genießen.

Die auf die Bedürfnisse der westlichen Touristen zugeschnittenen Speisekarten sind bei fast allen Restaurants austauschbar. Die übliche Mischung aus Müsli, Toast, Pancake, Fried Rice und Spaghetti steht neben Fischgerichten ganz oben auf der Hitliste der Traveller-Gemeinde. Das Ganze wird meist untermalt mit den von Koh Samui über Boracay bis Kathmandu zu hörenden Klängen von Bob Marley über Pink Floyd bis zu R.E.M.

- Von den unzähligen auf Fisch spezialisierten Strandrestaurants gilt das **Santana** mit Sandboden seit Jahren als eines der besten. Hier, wie in den benachbarten Lokalen, sucht sich der Kunde aus den Schaukästen den von ihm gewünschten Fisch aus, welcher dann frisch zubereitet wird – mit um die 200–250 Rs pro Gericht ein zumindest für indische Verhältnisse teures Vergnügen.
- Das grüne **Grazia Seafood Corner** am nördlichen Ende des Lighthouse Beach ist ebenfalls eine gute Adresse für frische Fischgerichte. Auch das **Coconut Grove** ist meist gut besucht.
- Etwas mehr upmarket hebt sich das sehr gelungen gestaltete **Fusion Restaurant** (1. Stock) von den üblichen Strandrestaurants ab. Fischgerichte, Pizzas, diverse Cocktails sind aber immer noch moderat im Preis.
- Die lange Speisekarte, die erstklassigen Fischgerichte und die auch hier verlockende Auswahl an Cocktails machen das **Café Spice Garden** einige Meter südlich zu einer beliebten Adresse.
- Obwohl inzwischen von enormer Größe und damit nicht mehr so gemütlich wie ehemals, ist die **German Bakery/Waves Restaurant** in der Mitte des Lighthouse Beach immer noch ein angenehmer Ort, um bei schöner Aussicht lang entbehrte Köstlichkeiten wie Apfelstrudel, Cinnamon Roll, Apfelkuchen und Croissants oder auch Pellkartoffeln mit

Stippe und G'röschte Spätzle zu genießen. Durch den enormen Zulauf der letzten Jahre ist es auch hier teurer geworden.

- Wer mal wieder Lust auf einheimische Gerichte in hübschem Ambiente verspürt, sollte das **Lonely Planet** aufsuchen. Umgeben von Reisfeldern gibt es hier leckere vegetarische Gerichte zu günstigen Preisen. Nebenan ist das **Spice Village** ebenfalls gut und sauber und hat freundliches Personal.
- Auch von vielen Gästen der umliegenden Luxusherbergen wird **The Lobster Pot** wegen seiner perfekten Lage auf den Felsen über dem nördlichen Samudra Beach und unter Palmen gern besucht. Natürlich sind die angebotenenen Fischgerichte mit ca 200 Rs hier weit billiger als in deren Edelrestaurants.
- Eine interessante Abwechslung zu den Strandlokalen bieten die zum Teil sehr schön gestalteten Restaurants einiger Hotels der gehobenen Preisklasse.

Ayurveda, Aktivitäten

- Eine anerkannte Adresse neben den schon in den Hotelbeschreibungen erwähnten ist das **Dr. Franklin's Panchakarma Institute & Research Centre** (Tel.: 04711-2480870, www.dr-franklin.com), ca. 8 km südlich von Kovalam in Chowara gelegen (mit dem Taxi ca. 300 Rs hin und zurück). Hier werden neben Massagen und der Behandlung kleiner Leiden auch Kurz- und Langzeitbehandlungen (mehrere Wochen) chronischer Fälle durchgeführt, wofür saubere Zimmer €€€-€€€€€, teils mit Meerblick, zur Verfügung stehen. Genaueres und Preise auf der Website.
- In Kovalam selbst ist z.B. das neue, große **Agastyaa Heritage Ayurvedic Centre** (tgl. 8.30–19 Uhr, Tel.: 2480797, www.unnidoc.com) eine anerkannte Adresse. Dieses unter Palmen 200 m von Strand zurückgelegene Ayurveda-Zentrum ist sehr effizient und professionell geführt. Für eine einstündige Massage zahlt man 700 Rs. Natürlich sind auch langwierige Anwendungen und Behandlungen möglich. Für diese werden im Haus komfortable Zimmer vermietet, wenn gewünscht.
- An der Hauptstraße erhält man im **Ayushya Ayurvedic Centre** (NVP-/Kovalam Beach Rd., Tel.: 2482369, www.ayushya.com) neben dem Upsana Hospital fachkundige Anwendungen. Im Geschäft wird eine Vielzahl ayurvedischer Produkte feilgeboten.
- Wer eine Abwechslung vom Strandleben benötigt, kann bei der sogenannten **3-Island-Tour** (Tel.: (0)9387716897, oder über das Green Valley Guest House) die Backwaters um Kovalam kennenlernen. Diese etwa vierstündigen Ausflüge auf Kanälen mit dem bemühten Guide *Kaghikan* vermitteln nicht nur einen Eindruck von der schönen Landschaft, sondern bieten auch einen Einblick ins Alltagsleben der Bevölkerung. Man bekommt die Herstellung von Kokosseilen gezeigt und besucht einen Tempel. Auch eine Sunset Cruise (15–19 Uhr) wird geboten. Preis p.P. 550 Rs inkl. Transport zur Bootsabfahrt, Mindestteilnehmerzahl zwei Personen.

Stadtverkehr

- Neben der Benutzung von **Taxis** (nach Chowara etwa kostet's 150 Rs – eine Liste der offiziellen und auch bindenden Fahrpreise zu weitergehenden Zielen ist an der südlichen Lighthouse Rd. auf einer Tafel einzusehen), **Rikshas** und einigen **Bussen** besteht die Möglichkeit, **Motorräder** zu Saisonpreisen von ca. 350 Rs pro Tag und **Scooter** für 200 bis 250 Rs pro Tag auszuleihen.

Medizinische Versorgung

- Ein gutes Krankenhaus ist das private **Upsana Hospital** am oberen Ende der Straße zwischen Lighthouse und Hawah Beach (9–21 Uhr, Tel.: 2482324, Notfall: 2480632, 24 Std.).
- Ein ayurvedischer Arzt ist z.B. **Dr. Vighneshwar** (Tel.: 2480546, Vasan Cottage an der Beach Rd.).

Bank

- An der Hauptstraße oberhalb des Dorfes gibt es ein schnell arbeitendes **Thomas-Cook-Büro** für Bargeld und Travellerschecks. Öffnungszeiten: Mo–Sa 9–18.30 Uhr. Hier werden auch Visa- und Mastercard akzeptiert.
- Touristisch günstig gelegen, wechselt die Filiale von **Pheroze Framrose** (Kovalam Beach

Rd., Mo–Sa 9–18 Uhr) nahe dem Bushalt nach Trivandrum problemlos.

- Schnell und effizient wird man in den Filialen der **National Bank of India** im Zugangsbereich des The Leela Kovalam Beach bedient (Bargeld und Reiseschecks, Mo–Fr 10.30–13.30 Uhr, Sa 10.30–12 Uhr) sowie im Dorf (Mo–Fr 10–15.30 Uhr, 14 Uhr Mittagspause, Sa 10.30–12.30 Uhr). Die Filiale im Dorf akzeptiert auch alle Kreditkarten für nur 1 % Gebühr.
- Die **Canara Bank** (Mo–Fr 10–14, 14.30–15.30 Uhr und Sa 10–12 Uhr), auch im Dorf, wechselt Bares und Reiseschecks und hat einen ATM für Visa- und Mastercard. 50 m weiter akzeptiert der ATM der **ICICI-Bank** alle international wichtigen Kreditkarten bis auf Amex.
- Neben den Banken gibt es eine Reihe von **privaten Geldwechslern** *(authorised money changers)* in Strandnähe. Deren Kurse variieren aber erheblich. Vor dem Tausch sollte man sich erkundigen, ob und in welcher Höhe Gebühren erhoben werden. Auch in vielen Hotels gibt es die Möglichkeit zum Geld Wechseln.

Post und Telekommunikation

- Das kleine **Postamt** an der Zufahrt des The Leela Kovalam Beach ist von 10 bis 17 Uhr geöffnet, hier kann allerdings keine Post empfangen werden. Dies ist bei der **Post** im Dorf (geöffnet tgl. außer So von 8.30 bis 16.30 Uhr, 13 Uhr Mittagspause) hinter der Canara Bank möglich. Poste Restante Code: 695527.
- Im Bereich des Lighthouse Beach gibt es diverse **ISD-Läden** für Ferngespräche (10 Rs/Min. nach Europa ins Festnetz) und **Internetcafés.** Eins der schnellsten ist das **SK Tours & Travels** (40 Rs/Std.) links neben dem Jeevan Ayurvedic Beach Resort. Hier werden auch **digitale Fotos** auf CD gebrannt (60 Rs inkl. CD). Auch **Worldline,** ebenfalls an der Strandpromenade des Lighthouse Beach, hat recht schnelle Surfverbindungen. Auch bei **Photo Kodak** beim Coconut Grove können digitale Fotos auf CD gebrannt werden (50 Rs inkl. CD).

An- und Weiterreise

- **Bus:** Vom Bushalteplatz vor der Zufahrtsstraße zum The Leela Kovalam Beach fahren mindestens alle 20 Min. komfortable Busse (26 Rs) nach Thiruvananthapuram, der erste um 6 Uhr, der letzte um 21 Uhr, umgekehrt startet der erste in Trivandrum um 5.30 Uhr, der letzte geht um 21.30 Uhr. Ebenfalls vom Bushalteplatz fahren täglich zwei Direktbusse nach Ernakulam (6 und 14.30 Uhr, 140 Rs) mit Halt in Kallamballam (zum Umsteigen nach Varkala, 1½ Std. Fahrtzeit, 40 Rs), Kanyakumari (9.30 und 18 Uhr, 2½ Std.) sowie Kollam (Quilon, 2 Std., 45 Rs) und Alleppey (4 Std., 90 Rs). Für die Dörfer südlich Kovalams wie Chowara und Poovar gibt's regelmäßige Verbindungen vom Busbahnhof.
- **Riksha und Taxi:** Mit einer Riksha muss man für die 13 km lange Fahrt nach Thiruvananthapuram etwa 150 Rs (selbstverständlich verlangen die Fahrer zunächst wesentlich mehr) bezahlen. Für Taxifahrten ist die Preisliste an der Lighthouse Road bindend. Preise einiger wichtiger Ziele: Trivandrum Stadt, Bahnhof und Flughafen jeweils 400 Rs, Varkala 1.300 Rs, Kanyakumari und Padmanabhapuram-Palast (achtstündiger Ausflug mit Rückkehr) 1.500 Rs, Alleppey 3.000 Rs, Ernakulam 4.100 Rs, Thekkady (Periyar Wildlife Sanctuary) 4.350 Rs, Madurai 4.850 Rs, Munnar 5.500 Rs, Ooty 8.000 Rs, Mysore 10.000 Rs, Goa 17.000 Rs. Diese Preise kann man je nach Nachfrage bzw. Saison um 10–30 % herunterhandeln.

Vizhnijam

Gerade einmal einen Kilometer ist es vom Lighthouse Beach Richtung Süden zum kleinen **Fischerdorf** Vizhnijam – eigentlich nur ein Katzensprung und doch scheint man auf dem Weg eine unsichtbare Grenze zu überschreiten, die zwei völlig verschiedene Welten voneinander trennt. Ist die Atmosphäre in Kovalam von Individualität und Lebenslust geprägt, zeigt sich das kleine Fischerdorf Vizhnijam als ein trauriges Beispiel für von Neid und religiöser Intoleranz geprägte **ethnische Konflikte.** Die mächtige **Moschee** im Norden und die **katholische Kirche** im Süden des Ortes stehen wie zwei unübersehbare Monumente für den seit Jahrhunderten schwelenden Konflikt zwischen der muslimischen und der katholischen Bevölkerung. Anfang der 1990er Jahre fanden mehrere Einwohner bei gewalttätigen Auseinandersetzungen den Tod. Seither trennt ein 300 m breites, von Polizisten kontrolliertes Stück Niemandsland die beiden Religionsgemeinschaften, ein trauriges Beispiel auf lokaler Ebene für einen den gesamten indischen Staat in seinen Grundfesten bedrohenden Konflikt.

Wer den Ort trotz der bedrückenden Atmosphäre besuchen möchte, sollte in Anbetracht der angespannten Situation ein **dezentes Verhalten** an den Tag legen. Freizügige Kleidung wie in Kovalam üblich ist völlig unangebracht. Auch im Bereich der „Demarkationslinie" ist äußerste Vorsicht geboten.

Zahlreiche zum Teil über 1.000 Jahre alte **Tempel** belegen die historische Bedeutung des Ortes als ehemalige Hauptstdt des kleinen Ay-Königreichs (7.–11. Jh.).

Küste südlich von Kovalam

Südlich von Vizhnijam folgt eine Reihe von zum Teil sehr schönen Stränden und Buchten, an denen in den letzten Jahren mehrere **luxuriöse Hotelanlagen** erbaut wurden. Allen gemeinsam ist, dass sie im traditionellen Kerala-Stil gestaltet und inmitten weitläufiger Gartenanlagen vorbildlich in die Landschaft integriert wurden. Alle verfügen über ein eigenes Restaurant, wobei besonderer Wert auf die lokale Küche gelegt wird.

Die meisten Unterkünfte liegen direkt am Meer, manche auch auf Klippen und Felsvorsprüngen, von denen sich herrliche Aussichten bieten. Das Hauptaugenmerk wird auf Ruhe und Erholung gelegt, laute Musik oder Videovorführungen sind hier verpönt. Ayurveda-Behandlungen werden von allen Resorts angeboten, wobei die Preise ähnlich luxuriös sind wie die Anlagen selbst. Für Urlauber, die über das nötige Kleingeld verfügen, bieten die im Folgenden aufgeführten Hotels eine interessante Alternative zu den Unterkünften von Kovalam. Zu bedenken ist allerdings, dass man wegen der abgeschiedenen Lage fast aller Resorts vom Leben außerhalb der Hotelmauern kaum etwas mitbekommt.

Vom Dorf Poovar aus werden interessante **Bootsausflüge** per Elektroboot in die Backwaters angeboten. Diese vermitteln einen schönen Eindruck der Region, sind jedoch auch recht teuer (Kairali Backwaters, Tel.: (0)9995973466, www.kairalibackwaters.com).

Unterkunft

Im Folgenden eine kleine Auswahl renommierter Hotelanlagen, die alle Ayurveda-Anwendungen anbieten. Auch hier steigen die Preise bei den meisten um Weihnachten und Neujahr deutlich an.

- Die zwei folgenden Hotels liegen in unmittelbarer Nähe in Pulinkudi, 8 km südlich von Kovalam: **Surya Samudra Beach Garden** €€€€€-€€€€€€ (Tel.: 2480413, www.suryasamudra.com), einzeln stehende Cottages in keralischer Bauart, und **Bethsaida Hermitage** €€€€-€€€€€ (Tel.: 2479532, 2267554, frederick@satyam.net.in, www.kerala.com). Beide nahe am Strand und mit Pool auf großer Fläche verteilt. Abends häufig Vorführungen von klassischem indischen Tanz und Musik.
- Das **Somatheeram Ayurvedic Beach Resort** €€€€€-€€€€€€ (Tel.: 2267600, 2266501-3, www.somatheeram.org) und das **Manaltheeram** €€€€€-€€€€€€ (Tel.: 2266222, 2481610, www.manaltheeram.com) befinden sich noch einmal 2 km südlich am Somatheeram Beach bei Chowara. Die beiden unter gleichem Management stehenden Resorts gehören zu den renommiertesten Ayurveda-Adressen von Kerala.
- Für den kleineren Geldbeutel am gleichen Strand eignet sich das **Ideal Ayurvedic Resort** €€€€ (Tel.: 2268632, www.idealayurvedicresort.com), eine gute Mittelklasseunterkunft mit Dachgarten.
- Teurer ist wiederum das **Travancore Heritage Resort** €€€€€ (Tel.: 2267828-32, www.thetravancoreheritage.com), auch bei Chowara, teils aus einem alten Palast bestehend. Hier gibt's mehrere Swimmingpools zum Meer und Strand sowie eine gepflegte Gartenanlage.
- Das beim Dorf Poovar gelegene **Poovar Island Resort** €€€€-€€€€€€ (Tel.: 2212068/9, (0)9995428000, www.poovarislandresort.com) etwas südlicher, bestehend aus Bambus-/Palmblatthütten unter Palmen mit AC und viel Luxus, teils direkt am Backwater auf Stelzen errichtet, ist eine Hochpreis-Luxusherberge mit allen Annehmlichkeiten dieser Preisklasse.

Pachalloor

Unterkunft

- Eine Alternative zu den Resorthotels südlich von Kovalam bietet das hervorragende **Lagoona Davina** €€€€€ (Tel.: 2380049, 2383608, www.lagoonadavina.com) in dem kleinen Dorf Pachalloor, 3 km nördlich vom Samudra Beach. Das exquisite Hotel überzeugt vor allem wegen seiner hübschen Lage an einer Lagune hinter dem Pozhikkara Beach sowie wegen des hervorragenden Essens und der freundlichen Besitzerin. Bei vorherigem Anruf werden die Gäste vom Flughafen abgeholt. Auch hier werden Ayurveda-Behandlungen angeboten. Mehrstündige Backwater-Trips können zum Preis von 500 Rs pro Person gebucht werden. Verglichen mit den exklusiven Resorts im Süden hat man hier durch das nahe gelegene Fischerdorf einen engeren Bezug zum täglichen Leben. Der Strand ist jedoch nicht besonders einladend.

Ponmudi und Peppara Wildlife Sanctuary

Vorwahl: 0471
Höhe: 1.066 m

Wer ein wenig Abwechslung und Abkühlung vom Strandleben sucht, kann einen Tagesausflug zur **Bergstation Ponmudi,** 80 km nordöstlich von Kovalam, unternehmen. Der Abstecher sollte allerdings unter dem Motto „der Weg ist das Ziel" stehen, da der auf etwa 1.000 m Höhe gelegene Bergort außer der schönen Fernsicht, die bei gutem Wetter bis zum Indischen Ozean reichen kann, keinerlei Sehenswürdigkeiten zu bieten hat. Dafür entschädigt die landschaftlich äußerst abwechslungsreiche Fahrt von der schwül-heißen Küstenregion mit ihren charakteristischen Palmenhainen zu dem kühlen, von Teeplantagen geprägten Gebiet der **Cardamom Hills.** Die schmale, kurvenreiche Strecke führt durch Bananen-, Gummibaum- und Cashewplantagen sowie Teakholzwälder. Hat man den Kalar-Fluss überquert, beginnt der windungsreiche Anstieg. Mit zunehmender Höhe und bei schlechten Witterungsbedingungen kann es recht kühl werden, weshalb sich die Mitnahme eines Pullovers empfiehlt.

Das noch idyllische, da nicht sehr häufig besuchte, 53 km² große **Peppara Wildlife Sanctuary** lohnt vor allem wegen seiner reichen Vogelwelt einen Ausflug. Wer Glück hat, erspäht eventuell auch Sambarhirsche und Elefanten. Die Anfahrt (von der Trivandrum-Ponmudi-Straße abzweigen in Vidhura) zum Naturreservat muss individuell arrangiert werden. Busse fahren nur bis Vidhura.

Unterkunft, Essen und Trinken

- In Ponmudi steht ein **staatliches Guest House** €-€€ (Tel.: 0471-2890230) zur Verfügung. Die ziemlich heruntergekommene Anlage, einstmals im Besitz des Maharajas von Travancore, verfügt über 24 Zimmer und 7 Bungalows. Der tolle Fernblick von der Terrasse des Hauses entschädigt für den bescheidenen Service. Am Wochenende ist der angeschlossene **Biergarten** bevorzugtes Ausflugsziel vieler Küstenbewohner. Ruhesuchende sollten dann besser nicht nach Ponmudi fahren.
- Eine bessere Herberge ist das familiäre **Last Resort** €€ (Tel. Jeff: (0)9387757502) bei Vidhura. Die zwischen Gewürzplantagen unter Gummibäumen und Palmen an einem Fluss (in dem man baden kann) gelegenen Bambushütten und ein Baumhaus (weitere Zimmer sind geplant) sowie die leckere indische Küche sind empfehlenswert. Der Kontakt zur einheimischen Bevölkerung, Führungen über die Plantage und mögliche Ausflüge in Ponmudi machen den Aufenthalt zu einer besonderen Erfahrung.

Anreise

- Täglich verkehren mehrere **Busse** zwischen Thiruvananthapuram und Ponmudi. Der erste verlässt die Hauptstadt Keralas um 5 Uhr, der letzte Bus zurück fährt um 15.30 Uhr. Da die Busvariante jedoch sehr langwierig ist und wegen der Möglichkeit des individuellen Anhaltens, um die schönen Aussichten entlang des Weges zu genießen, empfiehlt es sich, den Ausflug mit einem **Mietwagen** zu unternehmen. Ein **Taxi** von Kovalam und wieder zurück, mit achtstündigem Aufenthalt, kostet 1.300 Rs.

Neyyar Dam Sanctuary

Auf dem Weg nach Ponmudi lohnt ein Abstecher zum Neyyar-Stausee mit dem **Neyyar Wildlife Sanctuary.** Der 1964 gebaute Neyyar-Damm verursachte einen Stausee, um den sich das idyllische Neyyar Dam Sanctuary (Tel.: 2272182, tgl. außer Mo 9–16 Uhr, Mittagspause zwischen 13 und 14 Uhr) schmiegt. Der dichte Wald des **Reservats** ist Heimat von Sambarhirschen, Faultieren, Makkaken, Elefanten, Löwen und wenigen Tigern. Gut halbstündige Fahrten per Jeep (250 Rs) geben einen unvollständigen Einblick. Wer bessere Aussichten genießen will, sollte an den dreistündigen Wanderungen teilnehmen (800 Rs für Gruppen bis zu 10 Teilnehmern). Besonders an Wochenenden wird das Reservat stark von Einheimischen frequentiert.

Nicht weit entfernt ist ein **Krokodilschutzzentrum,** in dessen Nähe (krokodilfrei) im Stausee gebadet werden kann (50 Rs).

In einem **Elephant Rehabilitation Centre,** 7 km nördlich, gibt's die Möglichkeit für halbstündige Ausritte auf den Dickhäutern (100 Rs).

Anreise

- Regelmäßige **Busverbindungen** vom 32 km entfenten Thiruvananthapuram verbinden mit dem Tierreservat. Für ein **Taxi** von dort mit etwa 2 Stunden Wartezeit müssen gut 700 Rs veranschlagt werden.

Padmanabhapuram

↗ XXII/B2

Padmanabhapuram liegt 63 km südlich von Thiruvananthapuram und damit schon auf dem **Gebiet von Tamil Nadu.** Der heute unscheinbare Ort war zwischen 1550 und 1750 Hauptstadt der Fürsten von Travancore und steht deshalb noch heute unter der Verwaltung des Bundesstaates Kerala. Da zudem die große Mehrzahl der Besucher im Rahmen eines Tagesausflugs von Kerala anreist, wird der Ort an dieser Stelle vorgestellt.

Palast

Die eigentliche Attraktion von Padmanabhapuram ist der Palast der Herrscher von Travancore (Tel.: 04651-250255). Der zum Großteil **aus Holz errichtete Prachtbau** befindet sich in einem hervorragenden Zustand (erhält aber 2009 dennoch einen „facelift") und gilt als eines der schönsten Beispiele der traditionellen **Kerala-Architektur.**

Die innerhalb einer zum Teil erhaltenen Verteidigungsmauer stehende Anlage setzt sich aus einer Reihe von Bauten zusammen, die über einen Zeitraum von zwei Jahrhunderten von den insgesamt 14 hier regierenden Rajas erbaut wurden und über Höfe miteinander verbunden sind. Neben den filigranen **Holzschnitzereien,** mit denen besonders die Möbel, Giebel, Säulen und Treppenaufgänge verziert wurden, fallen die einzigartigen **Wandmalereien** ins Auge.

Als ältestes Gebäude und damit quasi als Keimzelle der Palastanlage gilt der um einen Innenhof angelegte sogenannte **Mutterpalast** (Thai-kottaram). Den dreigeschossigen Privatpalast des Herrschers (Upparikka-malika) betritt man durch eine prachtvoll ausgestattete Veranda. Von unten nach oben folgen das Schlafzimmer, ein Konferenz- und ein Gebetsraum. An den Wänden finden sich Wandmalereien mit **Porträts von Padhmanabha** (Vishnu als aus dem Nabel des Schöpfergottes auf einer Lotusblüte sitzend Geborener), dem Schutzgott der Travancore-Fürsten. Das **Schwert,** welches vor dem Gemälde liegt, soll *Raja Marthanda Varma* im Jahr 1750 symbolisch an den Schutzgott überreicht haben – ein geschickter Schachzug, versuchte man doch den Briten damit zu verdeutlichen, dass die Fürsten nur Stellvertreter Vishnus, des wahren Herrschers von Travancore, sind. Eine Macht, die man nur stellvertretend ausübt, kann man auch nicht aberkannt bekommen – als einzige Möglichkeit der vollständigen Machtübernahme blieb den europäischen Eroberern so nur die Absetzung des Gottes ...

Der Mantrasala im Stock über dem Schlafzimmer wird von dem durch bunte Fensterscheiben einfallenden Licht und dem glänzenden, schwarzen Fußboden bestimmt. Dabei handelt es sich um eine Art **„Kunstmarmor"**, eine blank polierte Mischung aus Muscheln, Kalk, Eiweiß, Kokosnuss und Zuckerrohrsaft. Eine ähnliche Technik wurde auch bei der künstlerischen Ausgestaltung von Maharaja-Palästen in Nordindien wie zum Beispiel in Amber bei Jaipur angewandt.

Wegen seiner ebenso zahlreichen wie detailgenauen Wandmalereien gilt der Puja-Raum im Obergeschoss als der künstlerisch wertvollste Teil des Palastes. Hauptinspiration der Künstler waren die großen hinduistischen Epen. Dementsprechend finden sich zahlreiche Darstellungen hinduistischer Gottheiten wie Krishna, Vishnu und Ganesha. Leider ist der Raum seit einigen Jahren aus Sorge um die wegen des Tageslichts gefährdeten Wandmalereien für Besucher gesperrt.

Auch in der **Tanzhalle** des aus Stein gefertigten Sarasvati-Tempels finden sich Elemente, die man bereits aus anderen Palastanlagen kennt. So dienten die Gitter der Galerien im ersten Stock dazu, dass die Frauen des Hofes die Aufführungen verfolgen konnten, ohne selbst gesehen zu werden.

- **Öffnungszeiten:** Der Palast ist täglich außer Mo von 9 bis 16.30 Uhr geöffnet, Eintritt 200 Rs, Kameragebühr 25 Rs, Video unglaubliche 1.500 Rs. Wenn möglich, sollte man die Wochenenden wegen des enormen Andrangs meiden. Die bei jeder Besichtigung obligatorischen Führer geben Erläuterungen zu den einzelnen Räumen und Gegenständen. Für einen fachkundigen Guide sollte man ab etwa 100 Rs veranschlagen, je nach Dauer der Führung.

Anreise

- Von Thiruvananthapurams **Thampanoor-Busbahnhof** nimmt man einen der ständig abfahrenden Busse Richtung Nagercoil oder Kanyakumari; unterwegs in Thuckalai aussteigen. Am besten sagt man dem Fahrer vorher, dass man nach Padmanabhapuram will, dann informiert er rechtzeitig am Austiegsort. Von Thakkaly sind es 15 Minuten zu Fuß, die Einheimischen weisen einem den Weg. Alternativ warten Rikshas, die einen für 20 Rs zum Palast bringen. Ein Taxi von Trivandrum sollte inkl. Wartezeit und Rückfahrt nicht mehr als 1.000 Rs kosten.
- Man kann den Palast auch zusammen mit Kanyakumari im Rahmen eines vom Tourist Office von Thiruvananthapuram organisierten **Tagesausflugs** besichtigen. Nähere Information s. Thiruvananthapuram.

Varkala

↗ XXII/B2

Einwohner: 41.000
Vorwahl: 0470

Das gut 50 km nordwestlich von Thiruvananthapuram gelegene Varkala ist das Pendant Keralas zu Gokarna in Karnataka: ein uralter **hinduistischer Pilgerort,** der von europäischen Rucksacktouristen entdeckt wurde, die auf der Suche nach einer Alternative zu den von Pauschaltouristen vereinnahmten Stränden in Kovalam bzw. Goa waren. Eine gute Wahl, denn der herrlich **weiße Sandstrand** vor dem Hintergrund der roten Felsen macht im Vergleich zu Kovalam einen relativ unverfälschten Eindruck. Noch sind Rucksackreisende die Mehrzahl der Touristen. So bestimmen einfache Guest Houses und Kliff-Cafés die Szenerie, luxuriöse Unterkünfte sind vorerst noch die Ausnahme. Doch nach dem bekannten Schema, wonach die Individualtouristen die Bresche schlagen, in die der Pauschaltourismus nach einigen Jahren eindringt, sind die „alternativen" Zeiten wohl vorbei. Gerade in den letzten Jahren sind um die 100 neue Unterkünfte hinzugekommen. Ein Ende ist nicht in Sicht, waren doch zur Recherchezeit etwa ein Dutzend weitere im Bau. Da mehrere Ebenen auf dem Kliff und unterhalb zur Verfügung stehen, wirkt die Bebauung jedoch weniger gedrängt als in Kovalam.

Wer in Varkala Urlaub macht, sollte sich stets vor Augen halten, dass es sich um einen Ort von großer religiöser Bedeutung handelt und dementsprechend zurückhaltend auftreten. Die in Kovalam selbstverständlich an den Tag gelegte Freizügigkeit ist hier fehl am Platz. Leider scheint die spirituelle Bedeutung Varkalas immer mehr in den Hintergrund zu treten.

Im Zentrum religiöser Verehrung steht der **Janardhana-Swamy-Tempel.** Das Sanktum des angeblich zwei Jahrtausende alten, in seiner heutigen Form auf das 13. Jh. zurückgehenden Heiligtums ist Nicht-Hindus verschlossen. Ein Besuch des am Ende der Beach Rd. an der Temple Junction gelegenen Tempelgeländes, auf dem gegen eine Gebühr von 150 Rs fotografiert werden darf, lohnt jedoch wegen der von religiöser Inbrunst geprägten Atmosphäre.

Ein fantastischer Ausblick auf den Indischen Ozean bietet sich von der **Spitze eines Felsens** am nördlichen Ende des Papanasam-(Sündenvernichter-)Strandes. An dem Ort, der über einen steilen Pfad vom Strand oder über eine Straße vom Dorf zu erreichen ist, haben sich zwei bei Westlern beliebte **Yogazentren** angesiedelt. Vor allem am späten Nachmittag versammeln sich hier viele zum Beobachten des Sonnenuntergangs und zum Meditieren.

Das **Natural Cure Hospital** in der Nähe von drei Heilquellen wurde 1983 von der damaligen Premierministerin *Indira Gandhi* eingeweiht.

Praktische Tipps

Information

- Das staatliche **Tourist Office** (kein Tel.) auf dem Gelände des Government Guest House hat Mo bis Sa von 10.30 bis 16.30 Uhr geöffnet. Man ist eher schläfrig veranlagt. Im Bahnhof gibt es eine gelegentlich geöffnete Zweigstelle.
- Trotz des Namens handelt es sich bei dem am Ende der Beach Rd. platzierten **Tourist Helping Centre** nicht um ein Touristenamt, sondern um ein privates Reisebüro.

Stadtverkehr

- Für eine **Riksha** vom Bahnhof zu der ca. 3 km entfernten Temple Junction, dem inoffiziellen Zentrum in Strandnähe, sollte man etwa 20 Rs zahlen. Um 50 Rs sind es per **Taxi,** zu den über die Straße recht weit entfernten Unterkünften im Norden 70 Rs. Bei beson-

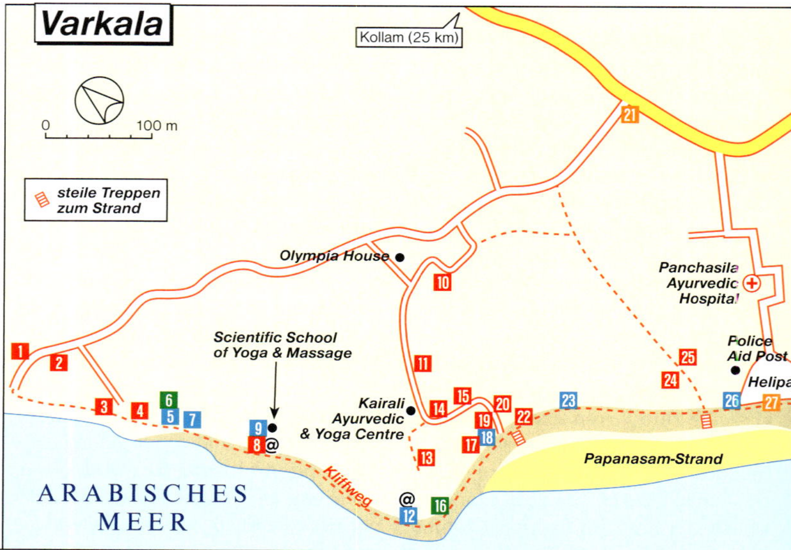

Unterkunft

1 Hotel Thiruvambadi
2 Wood House Beach Resort
3 Blue Marine Beach Resort
4 Bamboo Village & Cottages
8 Thanal
10 Deshadan
11 Preeth Beach Resort
13 Signature Residency
14 Silver Sands
15 Villa Anamika
17 Clafouti
19 Oceanic Beach Residency, Rainbow Guest House, Karatheeram
20 Kerala Bamboo House
22 Cliff Lounge, Green Palace
24 Rita's Home
25 MK Garden, Jicky's
29 Eden Garden Ayurvedic Retreat
30 Taj Garden Retreat
31 Government Guest House
32 Hindustan Beach Retreat
34 Panchavadi Beach Resort
35 Bay Park
39 Villa Jacaranda
40 Sea Shore Beach Resort
41 Sangeeth Garden
43 KR House
44 Oceano Cliff

Essen und Trinken

5 Trattoria
7 Mamma Chompos
9 Café Italiano
12 Funky Art Café
18 Kerala Coffee House
23 Juice Shack
26 Oottapura Vegetarian Restaurant
36 Sathram Restaurant
42 Lotus Café

Verkehr

21 Bushalt
27 Rikshas, Taxis
28 Rikshas, Taxis
33 Nikhil Tours & Travels
37 Bushalt
38 Rikshas

Einkaufen

6 Supermärkte
16 Tibetischer Markt

ders preiswerten Beförderungsangeboten kann man sicher sein, dass die Bleibe angefahren wird, von der der Fahrer die höchste Kommission kassiert. Hat man noch keine bestimmte Unterkunft ins Auge gefasst, sollte man sich zum Helipad oder ans Ende der Beach Rd. fahren lassen und von dort auf die Suche gehen.

- Viele Unterkünfte am Kliff vermieten auch **Motorroller und Motorräder:** Preis um 250/350 Rs/Tag.

Unterkunft

Auch in Varkala steigen die Preise in der Hochsaison von Mitte Dezember bis Mitte Januar erheblich. Durch die starke Bautätigkeit der letzten Jahre hat jedoch die Konkurrenz stark zugenommen, sodass sich nicht nur außerhalb der Saison bei entsprechendem Geschick zum Teil erhebliche Nachlässe aushandeln lassen. Dies gilt insbesondere für den Fall, dass man länger als eine Woche in derselben Unterkunft bleibt.

Abgesehen von den aufgeführten Hotels gibt es noch eine Vielzahl weiterer Übernachtungsmöglichkeiten. So bieten viele Cafés ebenso günstige wie spartanische Zimmer. Im Übrigen werden ständig neue Guest Houses und Hotels erbaut.

Untere Preiskategorie:

- Knapp 100 m hinter dem Kliffweg ist **Rita's Home** € (Tel.: 3207200) schon durch die freundliche Atmosphäre, die ruhige Lage unter Bäumen und die Nähe zum Meer ein guter Tipp. Die von einer hilfsbereiten Familie geführte, saubere Einfachunterkunft in altem indischen Stil ist ideal für Gäste, die Ruhe und relaxte Atmosphäre zum kleinen Preis suchen. Auch das hervorragende, indische (!) Essen macht es zu einer der besten Billigbleiben in Varkala.

108is Foto: tb

Die frische Brise am weiten Strand von Varkala genießt man selten allein

- Nur ein paar Meter entfernt ist das ebenso familiäre **MK Garden** €€-€€€ (Tel.: 2603298, (0)9995904302, cliffhotel2007@yahoo.de) eine ausgezeichnete Adresse für diejenigen, die strandnah komfortabel wohnen und sich geborgen fühlen wollen. Die supersauberen, geräumigen und angenehm möblierten Zimmer sowie die einladende Dachterrasse mit Blick in die Palmwipfel sind kaum zu toppen. Die Erlöse werden für karitative Zwecke verwendet.
- Das von Lesern empfohlene **Jicky's** €€-€€€ (Tel.: 2606994, (0)9846179325, www.jickys.com), ebenfalls nur einen Steinwurf entfernt ruhig unter Palmen gelegen, ist eine gute Ausweichadresse. Die Zimmer haben Balkon, auch die Dachterrasse ist angenehm.
- Ein typischer Vertreter der preiswerten Unterkünfte, ein Stück hinter der Steilküste, ist das **Silver Sands** €€ (Tel.: (0)9896478432) mit großen, wenig möblierten Zimmern mit ebenso großen Balkonen/Terrassen mit Hängematten umgeben von einem Garten.
- Tadellose Zimmer mit Bad offeriert die **Oceanic Beach Residency** €€-€€€ (Tel.: 2604668, (0)9846096912, oceanicresidence@yahoo.co.in) sowie das ebenfalls neue **Karatheeram** €€ (Tel.: 9846138899, keratheeram@rediffmaik.com, supersaubere Zimmer mit Balkon) und das einfachere **Rainbow Guest House** €€, alle nur ein paar Schritte vom Kliffweg entfernt.
- Eine gemütliche Anlage mit kleinen, gut ausgestatteten Bambushütten in pflanzenreichem Garten und Strandnähe machen das **Kerala Bamboo House** €€ (Tel.: (0)9895 270993, www.keralabamboohouse.com) zu einer hervorragenden Budget-Unterkunft.
- Die **Bamboo Village & Cottages** €€€ (Tel.: 2610732, (0)9995051864, www.bamboovilla.com) nebenan sind eine recht gute Alter-

native. Kleine Terrassen vor den zehn Bambushütten mit Bad und die Freifläche bis zum Kliffrand machen diese zu einem angenehmen Aufenthaltsort. Auch die Zimmer im Haupthaus sind recht ansprechend.

- Nicht nur der Zugang zu einem kleinen eigenen Strand, eine steile, in den Fels gehauene Treppe hinab, machen das **KR House** €€ (Tel.: 2611814, (0)9349741998, ramachandran.krhouse@yahoo.co.in) an der Kliffkante ca. 500 m südlich der Beach Rd. zu einem Tipp. Auch die preiswerten Zimmer, nach vorn mit Seeblick und Balkon, die völlig abgeschiedene Lage und der baumbestandene Garten mit Hängematten sind erwähnenswert.
- Neun riesige Zimmer mit Bad sowie vier Hütten mit Gemeinschaftsbad in einer weitläufigen Gartenanlage bilden das **Government Guest House** € (Tel.: 2602227), ein tolles Angebot für seinen geringen Preis. Wie so häufig bei staatlichen Hotels macht vieles in dem ehemaligen Feriensitz des Maharajas von Travancore einen etwas schläfrigen und vernachlässigten Eindruck, außerdem ist das Meer ziemlich fern. Für einige wiegt der günstige Preis und der nicht abzusprechende Charme diese Nachteile jedoch wieder auf.

Mittlere Preiskategorie:

- Eine stimmungsvolle Herberge ist das **Eden Garden Ayurvedic Retreat** €€-€€€/€€€€€ (Tel.: 2603910, 2480642, www.eden-garden.net). Die gemütlichen Zimmer sind um einen Teich herum gebaut, auf dem man auf kleinen Stelzenbauten essen kann. Nachteil sind hier die lästigen, nächtlichen Plagegeister. Cottages mit Balkonen etwas zurück am Hang unter Palmen sind abgeschieden und hübsch eingerichtet. Ein weiteres Plus ist natürlich die Strandnähe. Die Ayurveda-Behandlungen sind anerkannt seriös und professionell. Einige Leser beklagen jedoch die aufdringliche Art, Gäste zu Ayurveda-Behandlungen zu bewegen. Falls man sich dafür entscheidet, sinken die Unterkunftspreise ein wenig. Reservierung wird dringend empfohlen. Neue, architektonisch außergewöhnliche, sogenannte Kamalaya-Bungalows mit nach oben offenem Bad und kleinem Rundpool im Zentrum sowie erstklassiger Ausstattung sind teurer.
- Nicht weit entfernt an der Beach Rd. kann das **Panchavadi Beach Resort** €€-€€€€ (Tel.: 2600200, (0)9895252814, www.panchavadi.com) als Ausweichquartier dienen. Man sollte jedoch die gemütlichen kleinen Zimmer im ersten Stock nehmen, sind doch die im Erdgeschoss reichlich dunkel, die klimatisierten sind allerdings zu teuer. Ein Restaurant mit Blick auf eine Kuhwiese ist angeschlossen.
- Auch das Hotel **Bay Park** €€-€€€ (Tel.: 2611389, hotelvpark@sancharnet.com), ebenfalls an der Beach Rd., bietet mit sauberen und geräumigen Zimmern viel fürs Geld.
- Auf dem einen Hektar großen Gelände des **Preeth Beach Resort** €€€-€€€€ (Tel.: 2602341, 2600942, www.preethbeachresort.com) sind die geräumigen, teils klimatisierten Cottages inkl. Kühlschrank und schönem Mobiliar preisgünstig. Die 19 DZ im Haupthaus haben alle Balkon und TV. Eine schöne, preisgünstige Anlage mit zwei Restaurants, Internet-Zugang, ayurvedischer Massage und einem Rundpool im Garten.
- Etwas näher zum Meer ist die neue **Signature Residency** €€€-€€€€ (Tel.: 2603982, (0)9387562344, www.signatureresidence.in) eine komfortable Bleibe unter Palmen mit gutem Service. Gut ausgestattete Balkonzimmer, sogar Internetanschluss in den Zimmern, einige klimatisiert, werden den meisten genug Komfort bieten, nur der grüne Anstrich ist gewöhnungsbedürftig.
- Nicht nur das eigene, trinkbare Quellwasser und saubere, unterschiedliche Zimmer bestätigen die Empfehlungen vieler Gäste. Auch die familiäre Atmosphäre der von einem deutsch-indischen Ehepaar geleiteten **Villa Anamika** €€-€€€€ (Tel.: 2600095, www.villaanamika.com) machen das Haus mit Dachterrasse zu einer empfehlenswerten Adresse. Frühstück und Mittagessen sind möglich, eine Reservierung wird empfohlen. Manche Gäste beklagen Servicemängel des gelegentlich offenbar launischen Besitzers.
- Auf großer Fläche unter Palmen ist die **Cliff Lounge** €€€€ (Tel.: (0)9947476360, (0)9995531840, www.clifflounge.com) eine neue Bleibe mit komfortablen Balkonzim-

mern, Cottages und sogar kleinen Häusern mit Küche und Kühlschrank, bei denen für länger Bleibende Rabatte eingeräumt werden.

- Hervorragend ist das neue **Thanal** €€€€ (Tel.: 2604342, (0)9446024342, thanalbeach resort@gmail.com) hinter dem Café Italiano am Kliffrand, in dem das im Preis enthaltene Frühstück eingenommen wird. Sehr geschmackvoll eingerichtete, teils klimatisierte Zimmer, alle mit Balkon und Seeblick, sind erstaunlich preiswert.
- Vor einigen Jahren noch ganz einsam im Norden Varkalas gelegen, ist das Hotel **Thiruvambadi** €€€€ (Tel.: 2601028, contact@thiru vambadihotel.com) heute von neuen Hotelbauten umzingelt, aber immer noch eines der besten. Das Haus bietet hübsch möblierte, geräumige Zimmer mit Marmorfußboden und teilweise Kühlschrank, TV und Balkon sowie ein kleines Dachrestaurant und Internet-Zugang. Ein Apartment auf dem Dach, ein Cottage und ein Swimmingpool waren zur Recherchezeit geplant.
- Eine der gelungenen, neuen Unterkünfte in dieser Ecke ist das **Wood House Beach Resort** €€€€ (Tel.: 2156392, (0)9846944544, www.woodhousebeachresort.com) nahe dem Kliff. Kuschelig und komfortabel, wenn auch etwas eng aneinander gebaut, sind die achteckigen, in keralischem Stil gebauten Hütten, die vorderen mit Meerblick. Im Haupthaus sind die sauberen Balkonzimmer mit TV, alle mit Seeblick, ebenso empfehlenswert. Hier gibt's auch Internet-Zugang.
- Besonders durch seine Lage an der Kliffkante südlich der Beach Rd. lockt das **Sea Shore Beach Resort** €€€€-€€€€€ (Tel.: (0)9846179900, www.seashorevarkala.com) mit hübschen Zimmern mit Terrasse zum Meer und Palmengarten. Im angeschlossenen Restaurant gibt's auch indische Küche inkl. *thali*, inzwischen recht selten im touristischen Varkala. Die ruhige Lage muss allerdings recht teuer bezahlt werden. Gute Tipps für Ausflüge gibt's von *Biju*, dem freundlichen Besitzer, gratis.
- Das abgeschiedene Schmuckkästchen **Sangeeth Garden** €€€-€€€€ in der Nähe hat einen direkten, steilen Abstieg zum eigenen Strand. Aus dem Garten der Villa mit stilvollem Interieur genießt der Gast einen tollen Ausblick auf den Meereshorizont.
- Weiter südlich versteckt sich das **Oceano Cliff** €€-€€€€ (Tel.: 3094978, oceanocliff@re diffmail.com) im Wald am Kliffrand, ca. 500 m von der Beach Rd. entfernt. In einer weiträumigen, baumbestandenen Gartenanlage sind die komfortablen Wohnblöcke verteilt. Ein Restaurant und ein Internetcafé für Gäste sind vorhanden. Ein Plus ist der steile Weg zum eigenen kleinen Strand, da der Papanasam-Hauptstrand recht weit entfernt ist.

Obere Preiskategorie:

- Die erstklassige Lage am Ende der Beach Road sind das Hauptplus des neuen, zentral klimatisierten **Hindustan Beach Retreat** €€€€€ (Tel.: 2604354/5, www.hindustanbe achretreat.com). Die gepflegten Zimmer, die teureren mit Balkon zum Meer, sind luxuriös. Der direkte Strandzugang, der luftige Coffee-Shop auf dem Dach und der Pool sind weitere Vorzüge dieses ansonsten jedoch ausstrahlungsarmen Hauses.
- Stilsicher eingerichtete, geräumige Zimmer um einen Pool herum machen das **Deshadan** €€€€€ (Tel.: 3204242, www.deshadan.com, Preise inkl. Frühstück) aus rotem Backstein zu einer der wenigen luxuriösen Unterkünfte auf dem Kliff.
- Viel mehr Atmosphäre vermittelt die südlich und oberhalb der Beach Road, nicht weit vom Janardhana-Swami-Tempel gelegene, elegante **Villa Jacaranda** €€€€€ (Tel.: 2610296, www.villa-jacaranda.biz) mit gepflegtem Garten in abgeschiedener Lage. Die fünf individuell eingerichteten Zimmer mit riesigen Terrassen gestatten äußerst angenehmes Wohnen in luxuriöser Umgebung. Service und Speisen sind hervorragend, eine Voranmeldung ist erforderlich.
- Wie üblich bei der Taj-Gruppe zeichnet sich das hoch gelegene **Taj Garden Retreat** €€€€€€ (Tel.: 2603000, retreat.varkala@tajho tels.com, www.tajhotels.com) durch seine herrliche Lage, die ansprechende Architektur, mehrere ebenso gute wie teure Restaurants und einen tollen Swimmingpool aus.

Sicherheitstipps

Durch die **starke und gefährliche seitliche Unterströmung** in Süd-Nord-Richtung verlieren jedes Jahr mehrere Touristen beim Schwimmen ihr Leben. Besondere Vorsicht ist während der Monsunmonate geboten, wenn die reißende Strömung eine zusätzliche Gefahr darstellt. Die seit einigen Jahren eingesetzten Rettungsschwimmer haben die Zahl der Todesfälle reduziert. Man sollte ausschließlich in den durch Fähnchen gekennzeichneten Zonen baden, Kinder nur einige Meter ins Wasser lassen und gut aufpassen.

Noch ein Hinweis: Obwohl die allabendliche, einstündige Elektrizitätsabschaltung der vorherigen Jahre passé ist, sollte man abends immer eine Taschenlampe mit sich führen, da viele Stellen am ungesicherten Kliffweg schlecht beleuchtet sind und es auch heute noch gelegentlich zu **Stromausfällen** kommt.

Essen und Trinken

Ähnlich wie in Kovalam steht auch in Varkala mehr oder weniger frischer Fisch ganz oben auf der Speisekarte. Die Preise (ca. 100–150 Rs pro Hauptgericht, um 300 Rs für Fisch) liegen etwa 20 % unter denen in Kovalam, verglichen mit dem Landesdurchschnitt sind sie dennoch recht hoch.

Der beste Ort, um den frisch zubereiteten Fisch in schönem Ambiente zu genießen, sind die zahlreichen an den **Kliffrand** gebauten Restaurants. Typische Vertreter dieser ausschließlich am europäischen Geschmack mit umfangreicher italienischer Küche orientierten Speisestätten sind **Trattoria, Mamma Chompos, Café Italiano** oder das **Funky Art Café** (Tel.: (0)9846383355), in dem gelegentlich klassische indische Musik aufspielt. Am Abend locken alle mit am Kliffweg präsentierten Fisch, von dem sich der Gast sein Lieblingsstück aussucht.

Am besten beginnt man den Abend mit einem „Sundowner" zum Sonnenuntergang und geht dann zum Dinner und einem Kingfisher-Bier über. Eigentlich dürfte es überhaupt keinen Alkohol geben, da keines der Restaurants eine Lizenz besitzt. Hat es wieder einmal eine Polizeirazzia gegeben, kann es tatsächlich vorkommen, dass über mehrere Tage kein Alkohol ausgeschenkt wird. Da Speisekarte, Preise und Service (in der Regel ebenso freundlich wie langsam) bei allen in etwa gleich sind, sollte man die Wahl eher entsprechend dem Ambiente der jeweiligen Lokalität treffen. Fischgerichte kosten zwischen 150 und 350 Rs, Pizzen um 150 Rs.

- Hervorragende Pizza unter Palmen und eine umfangreiche Alkoholauswahl sprechen für das **Kerala Coffee House.**
- Auch am südlichen Strandabschnitt an der Beach Rd. drängen sich die Restaurants. Auch hier gibt's neben italienischer und wenig indischer Küche Fischgerichte, deren Hauptzutat auf Tischen vor den Restaurants selbst gewählt werden kann. Eine dieser Speisestätten ist das meist brechend volle **Somatheeram Beach Restaurant.**
- Im **Juice Shack** werden bei köstlichen Fruchtsäften und Snacks Neuigkeiten ausgetauscht.
- Die alteingessene **German Bakery** am Kliff ist der ideale Ort für ein Frühstück mit köstlichen Croissants und Müsli mit Meerblick (Vorsicht: Krähen).
- Ausschließlich vegetarisches Essen serviert das immer gut besuchte **Oottapura Vegetarian Restaurant** beim Helipad. Eine angesagte und hervorragende Adresse besonders fürs Frühstück mit köstlichen Müslivarianten.
- Etwas abgelegen ganz im Süden ist das **Lotus Café** am Kliffrand mit entsprechender Aussicht eine herrliche Adresse mit köstlichen, preiswerten Gerichten und guter Musik, gelegentlich auch live.
- Wer es billig und indisch mag, sollte das **Sathram** an der Temple Junction aufsuchen. Hier kann noch keralische Kost unter Einheimischen zum kleinen Preis genossen werden.
- Im **Taj Garden Retreat** wird auch Nicht-Gästen am Wochenende ein Büffet (So 12.30–15 Uhr) inkl. Poolbenutzung für 400 Rs kredenzt.

Einkaufen

- Nur in der Saison geöffnet sind die Hütten des **Tibetischen Marktes** am Kliffweg mit typischem Angebot. Die kleineren Verkaufsstände drumherum warten auch im Oktober und März noch auf Kunden.
- Recht viel Prosa und einige Bildbände verkauft der **Lookmath Bookshop** im nördlichen Kliffbereich in neuer und Secondhand-Qualität.
- Zum Schluss sei noch auf zwei kleine Supermärkte am nördlichen Kliffende hingewiesen. Der **Puthooram-** (bei Mamma Chompos Pizzeria) und der etwas südlicher zu findende **Joshi's Supermarkt** sind ganz gut ausgestattet, aber nicht billig.

Bank

- Die beste Wechselstelle in Varkala ist **UAE Exchange** im Dorf: effizient, lange Öffnungszeiten (Mo–Sa 9.30–18, So 9.30–13-30 Uhr) und gute Raten für Bargeld und Reiseschecks. Hier gibt's auch Moneygram Service (schneller Geldtransfer von der Heimatbank) und Flugtickets .
- Außerdem gibt's noch zahlreiche **private Geldwechsler** (meist Reisebüros) um die Beach Rd. (etwa Nikhil), Temple Junction (Bureau de Change, Tel.: 2606623) sowie Centurion Bank Forex mit guten Raten. Die meisten akzeptieren auch Kreditkarten (oft nur Visa- und Mastercard) für durchschnittlich 3 % Aufpreis.
- Die **ATMs** der State Bank of India (einer im Dorf und einer im Bahnhof) und der South Indian Bank im Dorf akzeptieren die wichtigen Kreditkarten außer American Express.

Medizinische Versorgung

- Im Falle des Falles ist das **Sree Uthradom Thirunal Hospital** (Tel.: 2607755/66) nahe dem Varkala Court wohl die beste Adresse in Varkala.

Polizei

- Nur in der Saison von November bis Februar ist der **Police Aid Post** am Helipad besetzt.

Post und Internet

- Ein kleines **Postamt** steht an der Cliff Rd. wenige Meter von der Temple Junction.
- Die Preise fürs **Internetsurfen** liegen im Schnitt bei 20–30 Rs pro Stunde. Am besten surft man im Nikhil (Tel.: 2600583) an der Beach Rd. (25 Rs/ Std.). Viele weitere finden sich zwischen den Hotels und Restaurants am Kliffweg, etwa beim Hill View Beach Resort, wo auch die Memory-Chips der **Digitalkamera** für 50 Rs auf CD gebrannt werden.

Reisebüros

Diverse auf die Bedürfnisse von Individualtouristen zugeschnittene Reisebüros haben sich im Laufe der letzten Jahre in Varkala angesiedelt. Bei allen ist die Angebotspalette in etwa gleich. Dazu gehören u.a. der Verkauf von **Flugtickets,** die Beschaffung von **Zugtickets** (meist 100 Rs extra, was wegen des langen Weges zum Reservierungsbüro am Bahnhof lohnt) und die Buchung von **Backwater-Trips, Elefantenausritten** und **Mietwagen.** Bei der Auswahl des Reisebüros sollte man sorgsam vorgehen, gibt es doch immer wieder Klagen von Travellern, die übers Ohr gehauen wurden. So ist es keine Seltenheit, dass für Leistungen, die angeblich bereits in voller Höhe im Voraus bezahlt wurden, von den ausführenden Personen wie Elefantenbesitzern und Bootsführern eine Nachzahlung verlangt wird. Aus ihrer Sicht völlig zu Recht, da ihr Anteil nicht an sie weitergeleitet wurde. Falls möglich, erkundige man sich bei anderen Reisenden, die bereits mit den Anbietern Erfahrungen gemacht haben.

- Zwei Büros, die über eine gute Reputation verfügen, sind das hervorragende **Tourist Helping Centre** an der Einmündung der Beach Road zum Strand, **Nikhil Tours & Travels** an der Beach Rd. und **Cliff Tours & Travel.**

Yoga und Ayurveda

Varkala gilt in Kerala als bekanntes **Yoga-Zentrum** und für viele Reisende ist dies der Hauptgrund hierher zu kommen. Daraus ist ein nicht unbedeutender Geschäftszweig ge-

Wissen vom langen Leben – Ayurveda

Das Wissen vom langen Leben – wovon die meisten Völker nur träumen können, besitzen die Inder schon seit Jahrtausenden. Der Name der Zauberformel heißt Ayurveda (Ayu = Leben, Veda = Wissen). Die bis heute maßgebenden Schriften dieser **traditionellen indischen Medizin** wurden vor etwa 2.000 Jahren verfasst. Zentrale Bedeutung kommt dabei der **Lehre von den drei Körpersäften** oder auch Temperaturen zu. Harmonie und Gleichgewicht dieser *doshas* sind die Grundvoraussetzung für ein gesundes Leben. Jede *dosha* ist für das Wohlergehen von bestimmten Körperfunktionen zuständig: **pita** (Sonne/Feuer) für Verdauung und Stoffwechsel, **kapha** (Mond, Wasser, Erde) für Organe und Knochen, **vada** (Wind, Luft) für Kreislauf und Nervensystem.

Die ayurvedische Medizin lehrt, dass Krankheiten die Folge einer Störung des Gleichgewichts der Körperstimmungen sind und durch angepasste Ernährung und Behandlung geheilt werden können. Grundvoraussetzung für den Erfolg ist der **Verzicht auf Fleisch, Nikotin und Alkohol.** Da der ayurvedischen Methode ein ganzheitlicher Ansatz zugrunde liegt und die Harmonie von Geist, Körper und Seele angestrebt wird, erkundigt sich der Ayurveda-Arzt unter anderem nach dem familiären und sozialen Umfeld des Patienten. Nicht die Symptome, sondern die **Ursachen einer Krankeit,** die häufig in psychosomatischen Störungen liegen, stehen im Mittelpunkt.

Eine große Bedeutung bei der Wahl der Behandlungsmethode kommt der **richtigen Ernährung** zu. Leidet ein Patient zum Beispiel unter Antriebslosigkeit, wird ihm eine anregende Ernährung verschrieben. Hierzu gehört beispielsweise der Verzehr von Bohnen und Linsen sowie sauren Früchten und Honig. Grundsätzlich sollte ein solcher Patient seine Speisen scharf würzen.

Die wichtigste Behandlungsmethode der ayurvedischen Medizin sind jedoch **Massagen** mit Pflanzenölen und Heilkräutern. Hieraus erklärt sich auch, warum Kerala, das mit seinen unzähligen Kräutergärten so etwas wie ein Garten Eden des Ayurveda ist, als Ursprungsland dieser ältesten heute noch praktizierten Form der Medizin gilt. Um eine langanhaltende Wirkung von Ayurveda zu genießen, muss man sich einer **längerfristigen Behandlung** unterziehen. Eine kurze Massage steigert zwar das Wohlbefinden, ist aber zur tiefgreifenden Reinigung des Körpers nicht ausreichend.

Die **Ayurveda-Kliniken** erfreuen sich in den letzten Jahren besonders bei westlichen Reisenden großer Beliebtheit. Vor allem bei der Heilung chronischer Krankheiten wie etwa Rheuma zeigt die ayurvedische Behandlung große Erfolge. Die weite Verbreitung der ayurvedischen Medizin bei der einheimischen Bevölkerung ist nicht zuletzt darauf zurückzuführen, dass die eingesetzten Heilmittel aus einheimischen Kräutern und Ölen hergestellt werden und dadurch wesentlich billiger sind als aus dem Westen importierte Medikamente. Allerdings ist hier in den letzten Jahren ein interessanter Wertewandel festzustellen, der die Veränderungen innerhalb der indischen Gesellschaft wiederspiegelt: Während Touristen aus Europa, die die westliche „Gerätemedizin" zunehmend in Frage stellen, die vor allem in Goa und Kerala wie Pilze aus dem Boden schießenden ayurvedischen Kliniken füllen, ist bei großen Teilen der indischen Mittel- und Oberschicht eine Hinwendung zur westlichen Schulmedizin zu verzeichnen.

worden, der neben Yoga-Schulen auch diverse **Buchläden und Geschäfte** umfasst, die ayurvedische Produkte, Öle und Heilkräuter verkaufen. Das Angebot der Yoga-Schulen reicht von ein- bis mehrwöchigen Kursen unter englischsprachiger Leitung über ayurvedische Massagen bis zu Meditationssitzungen. Die Trennlinie zwischen ernsthaftem Anliegen und Geschäftemacherei ist dabei nur schwer zu ziehen. Interessenten sollten, bevor sie sich für einen längeren Aufenthalt bzw. Kurs entscheiden, zunächst einmal einen „Schnuppertag" einlegen, um herauszufinden, ob das Angebot und die Atmosphäre ihren Wünschen und Interessen entspricht. Eineinhalbstündige Yogakurse (im **Scientific School of Yoga & Massage,** tgl. um 8 und 16.30 Uhr) kosten 100 Rs. Für die etwa zweistündige Lehrstunde täglich über zwei Wochen werden 2.500 Rs verlangt. Außer Yoga (verschiedene Ausrichtungen, teils in Kombination) werden Massage (um 600 Rs für 1 Std.) und Martial Arts angeboten. Die bekanntesten Adressen sind die Scientific School of Yoga & Massage und das **Progressive Yoga Centre** (beide im nördlichen Kliffbereich) sowie das **Kairali Ayurvedic & Yoga Centre** (kven@satyam.net.in), etwas zurück von der Steilküste. Für gute Ayurveda-Behandlung wie auch Kurse (z.B. Massage) ist auch das **Eden Garden Ayurvedic Retreat** (www.eden-garden.net) bekannt.

● Das traditionsreiche **Panchasila Ayurvedic Hospital** (Tel.: (0)919895167068, 0476-3290484, www.panchasila.com), in dem ayurvedische Medizin seit vier Generationen betrieben wird, hat gleich vier Einrichtungen in und um Varkala, etwa im Palm Beach Resort (Tel.: (0)9895167068, ayurveda@panchasila.com). Die angenehmste Adresse ist das **Panchagni Ayurveda Centre** (Tel.: (0)9447591081, panchagni@panchasila.com) etwas versteckt auf der südlichen Kliffseite, von der Beach Road keine 15 Fußminuten entfernt. Vorteil in dieser nahezu touristenfreien Ecke ist natürlich die völlige Ruhe, in der die Behandlungen und Anwendungen dieser traditionsreichen Einrichtung genossen werden.

● Anerkannt gute Massagen verabreicht Herr *Omanakuttan* im **Olympia House** (Tel.: 3291783), seine Frau behandelt weibliche Kunden.

● Ein über die Grenzen Keralas hinaus bekannter Ashram ist **Sivagiri Mutt,** der Haupt-Ashram des Shree Narayana Dharma Sangham Trust, der zu Ehren des Guru *Sree Narayana* (1855–1928) gegründet wurde. Hier kann das Leben und Wirken des Gurus studiert werden. Für ernsthaft Interessierte stehen einfache Zimmer zur Verfügung € (Tel.: 2602807, www.sivagiri.com).

Kultur, Festival

● In der Saisonzeit zwischen November und März finden im Varkala Cultural Centre (Tel.: 2608793) im nördlichen Kliffbereich und im Neptune Hotel **Kathakali-Aufführungen** statt. Die aufwendige Schminkprozedur, die man sich nicht entgehen lassen sollte, beginnt um 17 Uhr, die Aufführung ist zwischen 18.30 und 20.15 Uhr. Eintritt 150 bzw. 175 Rs. Auch hinter der Scientific School of Yoga & Massage werden in der Saison Kathakali-Vorführungen gezeigt (Schminkprozedur ab 17 Uhr, Aufführung ab 19 Uhr).

● Das mehrtägige **hinduistische Festival** in der zweiten Märzhälfte mit einem **Elefantenumzug** zum Janardhana-Swami-Tempel mit bis zu 80 bemalten und geschmückten Tieren als Höhepunkt ist sehr eindrucksvoll. Das genaue Datum fürs jeweilige Jahr muss im Tourist Office in Erfahrung gebracht werden.

An- und Weiterreise

● **Bahn:** Der Bahnhof ist etwa 4 km von den Strandbehausungen entfernt. Das computerisierte Reservierungsbüro ist Mo–Sa 8–17.30 Uhr (14 Uhr Mittagspause) und So 8–14 Uhr geöffnet. Sehr viele Verbindungen nach Trivandrum und nach Norden: 17229 Sabari Exp., Abf. 7.45 Uhr, über Quilon, Ernakulam bis Thrissur (Ank. 13.10 Uhr). Weitere Verbindungen siehe Anhang.

● **Bus:** Zahlreiche Busverbindungen vom 24 km nördlich gelegenen Kollam (Quilon) und von Thiruvananthapuram, 54 km südlich. Die meisten ankommenden Busse fahren nur bis zum Busbahnhof gegenüber dem Bahnhof, nicht bis ins Dorfzentrum nahe dem Strand an der Temple Junction, also den Schaffner fragen. Wer keinen Direktbus erwischt, kommt meist schneller ans Ziel, indem er zunächst mit einem Bus über die NH 47 bis Kallamballam fährt und dort in einen Lokalbus nach Varkala umsteigt. Von Varkala gibt's viele Verbindungen nach Trivandrum, Kollam und Kottayam, die aber nur selten von der Temple Junction, sondern meist vom 4 km entfernten Busbahnhof starten.

- **Taxi:** Mit einem Taxi zahlt man von Thiruvananthapuram 700 Rs vom Flughafen und 750 Rs aus der Stadt, von Kovalam werden 1.000 Rs verlangt. Nach Kollam kostet's 500 Rs, nach Ernakulam 1.500 und nach Kumily (Periyar Wildlife Sanctuary) 2.700 Rs.

Highlight: Backwaters

↗ XXII/B2

Wer vom zauberhaften Kerala spricht, meint in erster Linie die Backwaters. Dabei handelt es sich um ein weit verzweigtes Netz von malerischen **Lagunen, Seen und flachem Schwemmland,** welches sich zwischen Kollam (Quilon) im Süden, Kochi (Cochin) im Norden und Kottayam im Osten erstreckt. Vernetzt ist diese amphibische Welt durch künstliche Kanäle, die seit vielen Jahrhunderten für die Einheimischen wichtige Verkehrsadern bilden. Eine Fahrt in diese fantastische Welt ist wie eine Zeitreise in das seit Jahrhunderten von tropischem Überfluss sowie Leichtigkeit und Harmonie geprägte Leben Keralas.

Unterwegs bieten sich dem Besucher immer wieder Aus- und Einsichten, die noch lange im Gedächtnis und wohl auch im Herzen haften bleiben werden: das satte Grün der Reisterrassen, vom dicht bewachsenen Ufer herabhängende Kokospalmen, deren Baumwipfel sich zuweilen in der Mitte des Wasserweges berühren, vorbeifliegende Papageien, die knallbunt gestrichenen Häuser der Fischer und Bauern, farbenprächtige Hindu-Tempel oder die bizarr bunten Kirchen der indischen Christen. Kinder spielen ausgelassen im Wasser und werfen den vorbei fahrenden Touristen ein freundliches Lächeln zu, Fischer stehen bis zur Hüfte im See, während sie ihre Netze ebenso elegant wie schwungvoll auswerfen, der Gesang der Vögel und das Zirpen der Grillen begleiten den goldgelben Sonnenuntergang ... Für stressgeplagte Mitteleuropäer kommt eine Fahrt durch die Backwaters einer Reise ins Paradies gleich.

Reisefilme, Fotobände, Werbekampagnen des indischen Fremdenverkehrsamts und – last but not least – die Mundpropaganda begeisterter Reisender hat die Kunde von dieser einzigartigen Landschaft inzwischen weit über die Grenzen Indiens hinaus verbreitet. So ist in den letzten Jahren eine vielfältige Angebotspalette für diverse Backwater-Touren entstanden. Man hat die Wahl zwischen zweistündigen Fahrten mit öffentlichen Fähren über von den Touristenbüros organisierte Ganztagestouren bis zu mehrtägigen Ausflügen mit einer privat gecharterten Reisbarke inklusive eigenem Koch und Bedienung. Die hohe Nachfrage hat die Zahl der meist mit großen Motoren betriebenen Hausboote in die Höhe schnellen lassen und trägt neben der vor vielen Jahren aus Afrika eingeschleppten Wasserlilie zu den Umweltproblemen dieser ökologisch labilen Wasserwelt bei.

Touren und Routen

Im Folgenden eine kleine Auflistung des fast schon unüberschaubaren Angebots an Backwater-Trips. Eine detaillierte Auflistung weiterer Anbieter lässt sich unter dieser Web-Adresse abrufen:

- www.keralatourism.org/php/unique/data/classifiedhsboats.htm

Egal, für welche Tour man sich entscheidet, **Sonnencreme** und eine **Kopfbedeckung** gehören ins Handgepäck. Kalte Getränke und Früchte können an Bord gekauft werden, doch ein wenig Extra-Proviant kann sicherlich nicht schaden.

Tagestrips

Die seit Jahren bei Individualtouristen mit Abstand beliebteste Backwaters-Tour ist die 8½-stündige Fahrt **zwischen Alappuzha und Kollam (Quilon).** Alappuzha Tourism Development Co-Op (**ATDC,** Tel.: 0477-2243462, Komala Rd.), District Tourism Promotion Council (**DTPC,** Tel.: 0477-2253308) und Bharath Tourist Service Society (im Raiban Shopping Complex, **BTSS,** Tel.: 2262262) fahren täglich die Strecke. Da Route und Boote praktisch identisch sind, spielt es letztlich keine Rolle, mit welcher Gesellschaft man fährt. Die Touren starten um 10.30 Uhr, Tickets (300 Rs) können an den jeweiligen Schaltern in Alappuzha und Kollam, an den Bootsanlegestellen und in diversen Hotels der beiden Städte gekauft werden.

Während der Fahrt werden mehrere Stopps eingelegt, unter anderem auf einer kleinen Insel, auf der Kokosnüsse verarbeitet werden, sowie eine Mittagspause, ein nachmittäglicher Teestopp und ein Halt zum Aus- und Zusteigen bei der Mata Amritananda Mayi Mission in Amrithapuri. Berühmt ist der Ashram wegen der hier lebenden *Matha Amritanandamayi Devi,* einem der ganz wenigen weiblichen Gurus Indiens. Die ursprünglich durchaus sympathische Idee, Westler am Leben in einem Ashram teilhaben zu lassen, hat sich in den letzten Jahren im Zuge der enorm gewachsenen Besucherzahl zu einer zweifelhaften Touristenveranstaltung entwickelt. Wer hier übernachten will, kann dies zum Preis von 175 Rs tun. Zurückhaltende Kleidung und dezentes Auftreten werden vorausgesetzt (mehr Information unter „Unterkünfte zwischen Kollam und Alappuzha“).

Wem die 8½-stündige Fahrt zu lang ist, der kann auch die halb so lange Strecke **zwischen Alappuzha und Kottayam** wählen. Auch hier werden diverse Stopps eingelegt. Der Veranstalter ist die **Bharath Tourist Service Society** in Alappuzha (Raiban Shopping Complex, Boat Jetty Rd., Tel.: 0477-2262262). Abfahrt Alappuzha 9.30 Uhr, Abfahrt Kottayam 14.30 Uhr. Der Preis beträgt 150 Rs.

Mit der Fähre

Eine interessante Alternative zu den fast ausschließlich von Westlern frequentierten Booten entlang der Alappuzha-Kollam-Route sind die zahlreichen öffentlichen Fähren zu den verschiedenen an den Seen und Lagunen verstreut liegenden Dörfern. Auch hier bietet sich vor allem die Strecke **zwischen Alappuzha und Kottayam** an. Da keine Besichtigungen vorgenommen werden und es sich um eine kürzere (dennoch sehr attraktive) Route handelt, dauert die Fahrt nur 2½ Stunden. Von den sechs täglichen Abfahrten um 5, 7.30, 10, 11.30, 14.30 und 17.30 Uhr empfiehlt sich wegen der schönen

Gemütlich unterwegs mit dem Hausboot

Lichtverhältnisse vor allem die um 14.30 Uhr. Da die Fähren häufig voll besetzt sind, sollte man möglichst früh kommen, um sich einen guten Platz zu sichern. Sehr attraktiv ist auch der Preis von 15 Rs.

Mit dem Hausboot

Die mit Abstand schönste, allerdings auch kostspieligste Art, durch die Backwaters zu gleiten, bieten die von diversen Veranstaltern angebotenen ein- oder mehrtägigen Fahrten in einem privat gecharterten Hausboot. Dabei handelte es sich um umgebaute, rattangedeckte Reisbarken, bei den Einheimischen unter dem Namen *kettuvallam* bekannt. Die sehr geschmackvollen, ursprünglich zum Transport von Reis, Kokosnüssen und Gewürzen gebauten, langgezogenen Holzboote verfügten gewöhnlich über zwei oder vier Schlafplätze. Zwei Bootsleute mit großen Lanzen sorgten für den Antrieb, kein Motorgeräusch störte die Stille.

Durch den großen Zuspruch, den diese lukrative Art, die Backwaters zu erkunden, im letzten Jahrzehnt erfahren hat, sind eine Vielzahl von Veranstaltern wie Pilze aus dem Boden geschossen, die aber meist motorisierte, speziell für diesen Zweck gebaute Hausboote mit Motor verwenden, was sich heute aufgrund der großen Menge der Boote (2008 waren es allein um Alleppey herum etwa 600 Hausboote mit Motorantrieb) zu einem ökologischen Problem auswächst. Dennoch liegt man auch heute noch recht entspannt die meiste Zeit des Tages auf den ausgebreiteten Kissen und lässt die tropische Natur an sich vorbeigleiten. Man sollte nicht glauben, dass man sich die gesamte Zeit in Bewegung befindet. Die Touren starten meist um 12 Uhr mittags. Dann werden bis 18 Uhr die Kanäle und Seen der Umgebung befahren. Nach Ankerlegung, Abendessen und Nachtruhe geht's erst am nächsten Morgen weiter und dann meist bis 9.30 Uhr zum Ausgangshafen, also bei den meisten nach Alappuzha, zurück. Die gesamte Fahrtzeit beträgt also gewöhnlich nicht mehr als 8 Stunden.

Die Tagespreise starten bei etwa 4.000 Rs für 2 Personen und 6.000 Rs für 4 Personen,

213ke Foto: tb

Unmittelbar hinter der Küste beginnt die tropische Landschaft der Backwaters – sie gehört zu den schönsten Naturräumen im Süden Indiens

was je nach Ausstattung der Hausboote und gewünschtem Service auch erheblich mehr werden kann (s.u.). Sie erreichen besonders um Weihnachten und Neujahr ein Vielfaches. Der Preis umfasst alle Mahlzeiten. Von den zahlreichen Anbietern seien hier nur vier der renommiertesten genannt:

- **Tour India** mit Büros in Thiruvananthapuram (Tel.: 0471-2330437, 2331507, tourindia @vsnl.com) und Kochi (Tel.: 0484-2668053).
- **Clipper Holidays,** Nandini, 39/924, Carrier Station Rd., Kochi, Tel.: 0484-2376453, 2364453, 2302894.
- **Casino Hotel,** Willingdon Island, Kochi, Tel.: 0484-2668221.
- **Malabar House Boats,** 1/335, Purakatri, Thalakalathur, Calicut, Tel.: 0495-2352447, keralacruises@aol.com.

Luxustouren

Abgesehen von den oben genannten Touren bieten **ATDC/DTPC** in Kollam (Quilon) eine große Zahl von Luxustrips. Unter Namen wie See & Sleep Cruise, Star Night Cruise oder Majestic Cruise werden exklusive Bootsfahrten angeboten, die u.a. Kathakali-Tanzvorführungen, exquisite Abendessen bei Kerzenschein und Übernachtung auf den Booten oder in angefahrenen Luxusresorts einschließen. Die Preise starten bei 100 US-$ und reichen bis zu 300 US-$ pro Person. Mit Abstand am teuersten ist es in der Hauptreisezeit vom 15. Dezember bis 15. Januar. Eine Reihe von Anbietern findet man im Internet unter: www.keralatourism.org/php/unique/data/classifiedhsboats.htm.

Kollam (Quilon)

↗ XXII/B2

Einwohner: 390.000
Vorwahl: 0474

Im Mittelalter war die Stadt am südlichen Ende des **Ashtamudi-Sees** einer der bedeutendsten Handelsorte im Südwesten Indiens. Schiffe aus China, Ägypten, Griechenland und Rom wurden im florierenden Hafen mit Tonnen von Gewürzen beladen, die damals in Europa wie Gold gehandelt wurden. Noch heute meint man beim Gang durch die verwinkelten Seitenstraßen, vorbei an kleinen Märkten und Warenhäusern, in denen vornehmlich Kokos- und Cashewnüsse verkauft werden, etwas von jener vergangenen Epoche zu spüren.

Doch trotz ihrer schönen Lage und der reichen Vergangenheit hat die bei den meisten noch unter ihrem früheren Namen Quilon bekannte Stadt kaum nennenswerten Sehenswürdigkeiten zu bieten. Ein Abstecher in die Marktgassen um die Main Road ist dennoch lohneswert. Auch ein Ausflug zum Strand, an dem Fischer ihre Netze flicken, ist besonders frühmorgens zum lebendigen Fischmarkt interessant.

Touristische Bedeutung kommt Kollam heute hauptsächlich als Ausgangs- bzw. Endpunkt der Backwaters-Fahrt von und nach Alappuzha zu. Da Alappuzha inzwischen touristisch recht weit entwickelt ist, könnte in den kommenden Jahren Kollam zum zweiten wichtigen Standort für Hausboot-Touren werden, zumal der Ashtamudi-See hier sehr reizvolle Seitenarme hat. Darauf lässt auch der Bau vieler neuer Luxushotels schließen.

Information, Bootstouren

- Das lokale **Touristenamt (DTPC)** unterhält am Bahnhof (Mo–Sa 9 bis 12.30 Uhr und 13.30 bis 17 Uhr) und an der Bootsanlegestelle (Tel.: 2750322, 2745625, www.dtpckol lam com, tgl. 8.30 bis 18.30 Uhr), ganz in der Nähe des Busbahnhofs (Tel.: 2745625), sehr hilfreiche Informationbüros. Die Beamten sind freundlich und auskunftsfreudig. Außerdem können Hausboote ab 5.000 Rs/Tag gemietet (Tel.: 2750170) werden.

  In beiden Büros kann man eine interessante **Boots- und Kanutour** in die nähere Umgebung buchen, die unter anderem auf die bewohnte, mittem im Ashtamudi-See gelegene **Monroe-Insel** führt. Während der Tour erhalten die Teilnehmer lehrreiche Einblicke ins Alltagsleben der Bevölkerung sowie in verschiedene Handwerke wie Reisbarkenbau, Palmbierherstellung, Kokosverarbeitung sowie ins Fischereihandwerk. Der Ausflug dauert von 9 bis 14 Uhr und kostet 300 Rs pro Person.
- Von Lesern wird **Southern Backwaters** (Jetty Rd., Tel.: (9)9495976037, (0)9833 226272, www.southernbackwaters.com) mit einem Büro gegenüber dem Busbahnhof als bemüht und verlässlich für Bootstouren empfohlen.
- Nähere Informationen zu den von **DTPC, ATDC** und **BTSS** angebotenenen Bootstouren finden sich unter „Backwaters". Die Büros der konkurrierenden Unternehmen liegen keine 100 m voneinander entfernt bei der Bootsanlegestelle.

Stadtverkehr

- Bahnhof und Bootsanlegestelle, bzw. der neben dieser gelegene Busbahnhof befinden sich an entgegengesetzten Punkten der Stadt. Eine Fahrt mit der **Riksha** schlägt mit etwa 20 Rs zu Buche. Dies gilt auch für einen Abstecher zum Strand.

Unterkunft

- Verschlafen dümpelt das staatliche **Government Guest House** € (Tel.: 2743620) auf der der Stadt gegenüberliegenden Wasserseite vor sich hin. Die abgeschiedene Lage am Rande einer Lagune, inmitten einer großzügigen Gartenanlage, nimmt einen sofort für diesen wunderschönen Kolonialbau ein. Etwas gewöhnungsbedürftig sind die leicht muffigen, dafür aber riesigen und fast schon absurd billigen Zimmer. Auch das Restaurant entspricht mehr dem Standard einer Billigunterkunft (das Essen ist vorzubestellen).
- Die beste preiswerte Bleibe in Kollam ist das **YMCA International Guest House** €-€€ (YMCA Rd., Tel.: 2744694, www.ymcakollam.com). Blitzsaubere, helle Zimmer mit TV sind teilweise klimatisiert, die Badezimmer bestens in Schuss. Das Restaurant stellt auch Fleischesser zufrieden.
- Ist's hier ausgebucht, kann man mit dem etwa 100 m entfernten **Hotel Karthika** €-€€ (Tel.: 2751823) vorlieb nehmen. Auch wenn die um einen Innenhof angelegten, teils klimatisierten Zimmer eher spartanisch und hellhörig sind und der Service zu wünschen übrig lässt, ist es nur für eine Nacht okay. Dennoch ist es, wahrscheinlich wegen seiner Nähe zum Bahnhof, eines der beliebtesten Hotels der Traveller-Szene. Ein vegetarisches Restaurant ist vorhanden.
- Einige Meter westlich der Fähranlegestelle ist das **Shines Tourist Centre** €-€€ (Alappuzha Rd., Tel.: 2752452) eine viel bessere Billigwahl in touristisch günstiger Lage als es von außen den Anschein hat. Neben sehr günstigen Einfachzimmern sind die teureren, teilweise klimatisierten gut in Schuss.
- Das Mittelklasse-Hotel **Sudarsan** €€-€€€€ (Alappuzha Rd., Tel.: 2744322, www.hotelsudarsan.com) liegt ebenfalls nicht weit von der Bootsanlegestelle für Backwater-Touren und vom Busbahnhof entfernt. Man sollte sich umschauen, da ein Teil der Zimmer bereits angenehm renoviert wurde. Wegen der lauten Straße Zimmer nach hinten wählen. Außerdem verfügt das Sudarsan über ein gutes Restaurant mit recht preiswertem Frühstücksbüffet, gute indische Küche sowie eine Bar.
- Im Zentrum Kollams ist das erstklassige **Hotel Nani** €€€€-€€€€€ (Tel.: 2751141-4,

Unterkunft
1 Vilayavila Family Estate
2 Government Guest House
3 KTDC Yatri Niwas
5 Shines Tourist Centre
8 Vaidya Residency, Hotel Shah International
10 Hotel Sudarsan
17 Hotel Nani
21 Hotel Karthika
23 YMCA International Guest House
26 Hotel Beach Orchid

Essen und Trinken
9 Kedar Restaurant
11 Restaurants Chef King Bakery, Baker Street Pizzeria & Fine Foods, BFC Food Stop, Sun n'Moon
14 Indian Coffee House
15 General Bakers
16 Prasadam Restaurant, Shree Suprabhatam Restaurant
22 Guru Prasad

Verkehr
4 Bootsanlegestelle
6 Southern Backwaters
7 KSRTC Busbahnhof
19 Taxi- und Rikshastand
25 Busbahnhof Privatanbieter

Einkaufen
12 Music World, Konica Express
13 Supreme Supermarket
18 Kodak Express
20 Gemüsemarkt
24 Kerala State Handicrafts Emporium, DC Books

Kollam (Quilon)
1 (1,8 km), Munroe Island, Alappuzha, Mamma Amrithapura Ashram
Janakanthi Panchakarma Centre (3 km), Madurai
Krishnapuram Palast (28 km), Kayankulam (30 km), Alappuzha (85 km)
Ashtamudi Lake
Tourist Bungalow Road
Q.S. Road
Hospital Road
Alappuzha Road
Jetty Road
District Hospital
Bishop Jerome Nagar Complex
Main Road
Sri Uma Maheshwara Tempel
Bazaar Road
Mukkada Bazaar
Thamarakulan Road
Clocktower
Bahnhof
Polizeimuseum
Chinnakoie Muslim Moschee
St. Francis Church
Chinnakkada Road (Beach Road)
Varkala (35 km), Trivandrum (72 km), Ernakulam (160 km)
Thangasseri und Leuchtturm (2 km)
Fischmarkt
Strand
ARABISCHES MEER
0
500 m
©Reise Know-How 2012

www.hotelnani.com) die mit Abstand angenehmste Bleibe. Das gelungen dem keralischen Baustil nachempfundene Hochhaus gegenüber dem Uhrturm hat äußerst geschmackvoll eingerichtete, geräumige Zimmer mit hochmoderner Ausstattung und ist gemütlich. Das angeschlossene Prasadam Restaurant serviert die besten vegetarischen und nichtvegetarischen Gerichte der Stadt.

- Kollams Top-Hotel ist das **Beach Orchid** €€€€€€ (Tel.: 2769999, www.thebeachorchidhotel.com) am Strand. Der Luxus-Glasklotz überragt seine Umgebung, entsprechende Ausblicke hat man von den Zimmern und dem Dachrestaurant. Von den vielen neueren indischen Nobelhotels rangiert diese Ausgabe im oberen Drittel, was Luxus betrifft.
- Von drei Seiten von den Backwaters umschlossen, ist das herrliche **Valiyavila Family Estate** €€€-€€€€ (Panamukkom, Tel.: 2706 090, (0)9847132449, www.kollamlakeviewresort.com) an der Spitze einer Halbinsel eine Oase der Ruhe. Die sechs großzügigen, luftigen Zimmer zum Garten, die riesige Dachterrasse, das hervorragende Essen und der äußerst hilfsbereite Verwalter machen den Aufenthalt zu einem Genuss. Ausflüge etwa zur Monroe Island führen durch touristisch wenig bekannte Gegenden mit Kontakt zur einheimischen Bevölkerung. Die Unterkunft ist am besten vom Boat Jetty in Kollam in 20 Minuten mit der normalen Fähre zu erreichen, die nur 100 Meter vom Valiyavila Homestay entfernt mit der Panamukkam Jetty eine Anlegestelle hat. Bei vorherigem Anruf wird man vom Verwalter am Steg oder auch aus Kollam gegen Gebühr abgeholt. Reservierung empfohlen. Gewöhnungsbedürftig ist nur die riesige Statue im Garten.
- Das gepflegte, von einer bemühten Familie geleitete **Ashtamudi Resorts** €€€€€-€€€€€€ (Chavara South, Tel.: 0476-2882288, (0)9847080888, ashtamudi@sancharnet.in) wird von Lesern empfohlen. In großzügiger Gartenanlage verteilen sich fünf in traditioneller Bauart errichtete Chalets mit insgesamt 20 klimatisierten Zimmern und Suiten, die alle zum Ashtamudi-See ausgerichtet sind. Die hervorragende keralische Küche und gute Ayurveda-Behandlungen runden den guten Gesamteindruck ab.

Essen und Trinken

- Abgesehen von den genannten Hotelrestaurants lohnt das hervorragende, vegetarische **Guru Prasad** an der Main Rd. einen Besuch. Superleckere und sehr preiswerte *thalis* für Freunde der scharfen Küche werden touristenfrei serviert, wenn man einen Platz ergattert.
- Ähnlich günstig und gut ist das **Shree Suprabatham Restaurant** ein paar Meter entfernt gegenüber dem Uhrturm. Auch hier werden vegetarische indische Speisen zum kleinen Preis inmitten einheimischer Bevölkerung serviert.
- Auch das **Indian Coffee House** in der Main Rd. ist ein idealer Ort für einen schnellen indischen Snack oder einen Pausenkaffee.
- Ebenfalls in der Nähe des Clocktower im 1. Stock über einem General Bakers ist ein **kleines Restaurant** mit schönem Blick über die Gasse zu finden.
- Im Bishop Jerome Nagar Complex finden sich mehrere Restaurants, die meist, wie das **BFC Food Stop,** die **Chef King Bakery** und das **Baker Street Pizzeria & Fine Foods** Fastfood wie Pizza, Sandwiches und Burger sowie Kuchen offerieren.
- Eine Ausnahme ist das erstklassige **Sun n' Moon Restaurant** im obersten Stockwerk des Bishop Jerome Complex mit entsprechender Aussicht und hervorragender internationaler Küche. Die nur abends geöffnete, klimatisierte Speisestätte ist meist gut besucht.
- Das **Prasadam Restaurant** des Nani Hotel kann zwar nicht mit Aussicht glänzen, ist jedoch die wohl beste Adresse für indische Küche (veg. und non-veg.). Auch die reiche Auswahl ist überzeugend.
- Empfehlenswert ist auch das **Kedar Restaurant** des Hotel Sudarsan, zum Frühstück gibt's ein umfangreiches Büffet.

Ayurveda

- Etwa 4 km nördlich von Kollam ist das anerkannt gute **Janakanthi Panchakarma Centre** (Vaidyasala Sala, Asramam, Tel.: 2763014) eine erstklassige Adresse für ayurvedische Behandlungen am Ashtamudi-See. Neben ein- bis mehrwöchigen Anwendungen mit Übernachtung €€ ist auch eine Ölmassage mit

Dampfbad für etwa 500 Rs erquickend. Vom Bootsanleger in Kollam kosten Motorboote inkl. Wartezeit und Rückfahrt etwa 300 Rs.

Einkaufen

- **MusicWorld** im Bishop Jerome Complex (1. Stock) hilft beim Aufstocken der Musikbibliothek mit umfangreicher Auswahl.
- **DC Books** hat eine üppige Auswahl an Prosa und Büchern über indische Philosophie.
- **Konica Express** im Bishop Jerome Complex ist für schnelle Ausdrucke der analogen und digitalen Schnappschüsse zuständig.
- Das meiste für unterwegs gibt's im vielfältig bestückten **Supreme Supermarket** (bis 21 Uhr geöffnet) im Zentrum.

Bank und Internet

- Wie so häufig ist auch in Kollam **UAE Exchange** (Alappuzha Rd., Gangotri Landmark Bldg., 1. Stock, Tel.: 2751240, Mo–Sa 9.30–18, So 9.30–13.30 Uhr) die effizienteste Anlaufstelle für Bargeld- und Reisescheck-tausch. Für Touristen etwas günstiger gelegen ist der **Geldwechsler im DTPC Centre** an der Bootsanlegestelle. Die **Bank of Baroda** wechselt nur Reiseschecks.
- Im Bishop Jerome Complex ist der **ATM** der State Bank of India (1. Stock) für die meisten Kreditkarten gültig, von derselben Bank ein weiterer in der Main Rd. Der ATM der HDFC Bank bei UAE Exchange nimmt auch American Express.
- Von mehreren **Internetcafés** in der Stadt (meist 20 Rs/Std.) sind Cyber Zone und Net Park (1. Stock) im Bishop Jerome Nagar Complex die schnellsten.

Festivals

Kollam und Umgebung sind bekannt für vielfältige Feste und Prozessionen. Die Touristenämter und viele Gasthausbesitzer wissen über die jeweiligen Termine Bescheid.

- Zwei der größten Feste sind das **Pooram-Fest** (Auskunft Tel.: 3244958, www.kollampooram.com) im April, ein kleinerer, aber beeindruckender Ableger des großen Pooram-Festivals in Thrissur. In Kollam wird das zehntägige Fest mit einer bis 40 Elefanten umfassenden Parade und Feuerwerk abgeschlossen, nachdem in den vorangehenden Nächten im Tempel Asramam Sree Krishna Swami **Kathakali- Tänze** aufgeführt wurden, die die ganze Nacht andauern.

Das zweite berühmte Highlight im Festival-Kalender ist das alle zwei Jahre auf dem Asramam Maidan stattfindende **Ashtamudi Arts & Crafts Festival,** bei dem auf dem großen Platz Kunsthandwerk feilgeboten und Ausstellungen gezeigt werden.

An- und Weiterreise

- **Bahn:** Aufgrund der günstigen Lage an der Küstentrasse zwischen Kochi und Thiruvananthapuram bieten sich von Kollam sehr gute Verbindungen zu beiden Orten sowie zu Zielen entlang des Weges. Wie üblich ist jedoch Vorsicht geboten bei Zügen, die von weit entfernten Städten wie Mumbai und Chennai kommen. Wegen der häufigen Verspätungen der Fernzüge ist die Wartezeit oft größer als die eigentliche Fahrtzeit mit einem Lokalzug. Wichtige Verbindungen finden sich im Anhang.

Ob die landschaftlich reizvolle Bahnverbindung durch die Western Ghats nach Madurai (direkt oder mit Umsteigen in Virudhunagar) wieder existiert, muss vor Ort in Erfahrung gebracht werden.

- **Bus:** Vom Busbahnhof neben dem Bootspier zahlreiche Verbindungen zu allen größeren Städten an der Küste: Thiruvananthapuram (1½ Std.), Kochi (3 Std., Luxusbusse um 13.40 und 14.40 Uhr, 120 Rs), Alappuzha (1:15 Std.), Kottayam und Kumily. Für Ziele in den West-Ghats wie etwa Periyar-Nationalpark zunächst nach Kottayam und dort umsteigen.

Häufige Busverbindungen gibt es auch nach Varkala. Verpasst man einen der halbstündig fahrenden Direktbusse, kann man bis zum späten Abend eine Verbindung bis Kallamballam wählen und von dort die letzten 10 km mit einem Anschlussbus (Abfahrt südlich des Ausstiegs aus dem Kollam-Bus die gegenüberliegende Straße etwa 100 m hinunter). Eine geplante neue Straße soll die Fahrtstrecke nach Varkala auf 25 km verkürzen.

Kayankulam

↗ XXII/B2

Der schön restaurierte ehemalige **Krishnapuram Palace** (tgl. außer Mo 10–13 und 14–17 Uhr, Eintritt 5 Rs), 2 km südlich von Kayankulam gelegen und in keralischem Stil erbaut, ist einen Zwischenstopp wert. Heute ein **Museum,** werden in dem Palast antike Skulpturen, Möbel und Bilder ausgestellt.

Festival

- Im Februar/März ist der **Chettikulangara-Bhaghavathy-Tempel** im Dorf Chettikulangara bei Kayankulam Schauplatz des **Bharni Utsavam,** eines eintägigen Festivals, das die in Kerala wichtige Göttin Bhagavathi ehrt. Das Sanskrit-Drama „Kottiattam" wird aufgeführt, außerdem führt eine eindrucksvolle Prozession durch die Straßen zum Tempel.

Anreise

- Kayankulam liegt an der Hauptstraße zwischen Alleppey und Kollam, sodass viel **Busse** aus beiden Städten den Ort passieren. Kommt man aus Kollam, sollte man nicht bis Kayankulam fahren, um zum Palast zu gelangen, sondern vorher aussteigen: Vom Busbahnhof aus sind es gut 500 m dorthin.

Unterkünfte zwischen Kollam und Alappuzha

- Das 10 km südlich von Alappuzha gelegene **Green Palace Health Resort Alappuzha** €€€-€€€€ (Tel.: 0477-2736262, (0)9447125715, gigi@greenpalacekerala.com) bietet außer sechs Zimmern und einem Restaurant ayurvedische Behandlungen. Die nicht ganz neue, jedoch sehr preiswerte Anlage mit teils einzeln stehenden Bungalows im großzügigem Garten liegt sehr hübsch an einer Kanalverzweigung zwischen Palmen und Reisfeldern und vermittelt eine angenehme Atmosphäre.
- Vier Zimmer sowie einzeln stehende Hütten in einen Palmenhain integriert werden im **River Side Retreat** €€-€€€ (Tel.: 0477-2272869, (0)9447463340, www.riversideretreat.com), an den Backwaters bei Ambalapuzha (mit dem Bus zu erreichen, die Reststrecke per Riksha), 14 km südlich von Alappuzha vermietet. Gute keralische Speisen (Frühstück und Abendessen) und die Möglichkeit zu Kanutouren versüßen das Leben. Falls man dem Schaffner der Kollam-Alleppey-Fähre Bescheid sagt, hält er direkt am Retreat.
- Der Ashram von **Matha Amrithananda Mayi** € (Tel.: 0476-2897578, 2621279) bei Amrithapuri ist ein riesiger, schon von Ferne auszumachender, bis zu 15 Stockwerke hoher, rosa Fremdkörper, inzwischen eine kleine Stadt in den beschaulichen Backwaters. Die Übernachtung mit Verpflegung (einfache indische Kost) in einfachen Zimmern kostet 175 Rs. Wer anderes essen möchte, zahlt extra. Es besteht die Möglichkeit, Geld zu wechseln und einzukaufen. Etwa um 13 Uhr kommt man mit dem ATDC- oder DTCP-Fährboot von Kollam bzw. Alappuzha hier an und kann mit dem selben Ticket am nächsten Tag oder einige Tage später weiterfahren (allerdings nur mit dem Boot der selben Gesellschaft: also vor dem Aussteigen nach dem Namen des in den nächsten Tagen vorbeikommenden Bootes erkundigen).
- Vor allem von Hausbooten wird das 39 km südlich von Alappuzha gelegene staatliche **ATDC Coir Village Lake Resort** €€€€€ (Tel.: 0477-2243462, 2261693, www.coirvillage.com) angefahren. Von Kollam gelangt man auch gut ans Ziel, indem man zuerst einen Zug zum 40 km nördlich gelegenen Kayankulam besteigt und den Rest per Riksha oder Taxi zurücklegt. Mit dem Boot dauert die Fahrt sowohl von Alappuzha als auch von Kollam vier Stunden. Die schöne, weitläufige Anlage bei Thrikunnapuzha mit geschmackvoll in die Palmenlandschaft eingefügten AC- und Non-AC-Bungalows ist nicht weit von einem Kokos verarbeitenden und zu besichtigenden Dorf entfernt. Auch große Cottages für bis zu vier Personen mit zwei Kindern stehen bereit. Ein erstklassiges Restaurant direkt am Kanal und ayurvedische Behandlungen

werden geboten. In 2 km Entfernung findet sich der Thirukannapuzha Beach, im Dschungel (1 km entfernt) der große, hölzerne Mannarasala-Schlangentempel (www.mannarasala.org).

- Fünf Kilometer von Alappuzha, nahe dem Aiswarya Auditorium bei Chennankary, liegt das **Penguin Lake Resort** €€€ (V.C.S.B. Road, Mullakkal, Tel.: 0477-261522, penguits@hotmail.com, www.kerala.com/penguin-resort), welches bei Zimmerbuchung umsonst angefahren wird. Das direkt am Wasser zwischen Palmen und Reisfeldern gelegene, sehr preiswerte Haus ist in keralischem Stil erbaut und hat schon ein paar Jahre auf dem Buckel, was aber auch zu seinem Charme beiträgt. Drei Mahlzeiten täglich schlagen nochmal mit 200 Rs zu Buche. Motor- oder Ruderboote sowie Hausboote für lange Backwaters-Touren stehen zu den üblichen Preisen bereit. Auch ein Haus mit 7 Zimmern kann angemietet werden.

Der besondere Tipp: Bootstour mit Übernachtung

Eigentlich ist die bezaubernde Landschaft der Backwaters viel zu schade, um sie nur im Vorbeifahren zu erleben. Wer die Bootsfahrt mit einem mehrtägigen Aufenthalt in einem der typischen Dörfer verbinden will, dem bietet sich mit dem **Greenpalm Homes** €€-€€€€ (Tel.: zwischen 8 und 14 Uhr (0)9446564497, (0)9495557675, greenpalms@sify.com, greenpalmhomes@yahoo.com) auf der kleinen **Insel Chennamkary,** etwa 10 km von Alappuzha, eine idyllische Möglichkeit. Die gastfreundliche Familie *Zachariahs* vermietet in ihrem typisch keralischen Haus einfache, aber saubere, Zimmer mit Dusche und WC, einige klimatisiert. Der eigentliche Reiz dieses Aufenthalts liegt in der Möglichkeit, einen unverfälschten Einblick ins Alltagsleben zu erlangen. Die beiden Söhne der Familie sprechen fließend Englisch und betätigen sich als lokale Guides. Im Preis sind drei schmackhafte, typisch keralische Mahlzeiten und ein dreistündiger Trekkingausflug inbegriffen. Zudem können Fahrräder, Kanus und Motorboote zum kleinen Preis ausgeliehen werden.

Die Anreise erfolgt mit einer der stündlich von der öffentlichen Bootsanlegestelle in Alappuzha nach Nedumudy fahrenden Fähren. Nach einer guten Stunde erreicht man die Bootsanlegestelle St. Joseph Catholic Church auf Chennamkary. Von dort ist es noch einmal ein fünfminütiger Fußweg, der rechts vom Steg beginnt. Die Adresse ist den Einheimischen bekannt, dementsprechend problemlos gelangt man zu dem Haus. Es ist anzunehmen, dass in nächster Zeit eine Reihe weiterer, ähnlicher Homestays in den Backwaters eröffnet werden.

Alappuzha (Alleppey)

↗ XXII/B2

Einwohner: 280.000
Vorwahl: 0477

Das bei den meisten noch unter dem alten Namen *Alleppey* bekannte Alappuzha muss früher einmal ein hübscher Ort gewesen sein. Der schmückende Beiname „Venedig des Ostens" kommt einem heute jedoch angesichts der zahlreichen die Stadt durchziehenden, leider recht dreckigen Kanäle kaum noch über die Lippen. Die ökologischen Auswirkungen der wirtschaftlichen Bedeutung Alappuzhas als umsatzstärkstem **Binnenhafen der Backwaters** sind nicht zu übersehen und -riechen. Schwerpunkt der wirtschaftlichen Aktivitäten ist die **kokosverarbeitende Industrie,** in der Tausende von Menschen ihr Auskommen finden.

Hinzu kommt, dass sich die überall auf den Kanälen und Seen auftretende, aus Afrika eingeschleppte **Wasserlilie** besonders um Alappuzha immer weiter ausbreitet. Durch Einleiten von salzigem Meerwasser wird versucht, der Süßwasserpflanze Herr zu werden, indem die Schutzmauer zum Meer südlich von Alappuzha einmal im Jahr geöffnet wird. Die Dezimierung gelingt jedoch nur bedingt, da das salzige Wasser die schmalen Kanäle nicht in ausreichendem Maß erreicht und sich die Pflanze immer wieder vermehrt. Die Backwaters um Alappuzha waren bisher wegen der Schutzmauer zum Meer salzfrei. Naturgemäß wird durch Meerwasserzuführung die bisher nicht an Salz gewöhnte Flora in den Backwaters und auf den Feldern geschädigt.

Auch wenn die Stadt keine nennenswerten touristischen Highlights zu bieten hat, ist ihr doch ein gewisser Charme nicht abzusprechen. Vor allem abseits der Hauptstraßen fügen sich die noch aus der britischen Kolonialzeit stammenden **Holzhäuser** zusammen mit dem Leuchtturm, einer Kirche und den von überhängenden Palmen gesäumten Kanälen zu einem bunten, friedvollen Bild. Am spä-

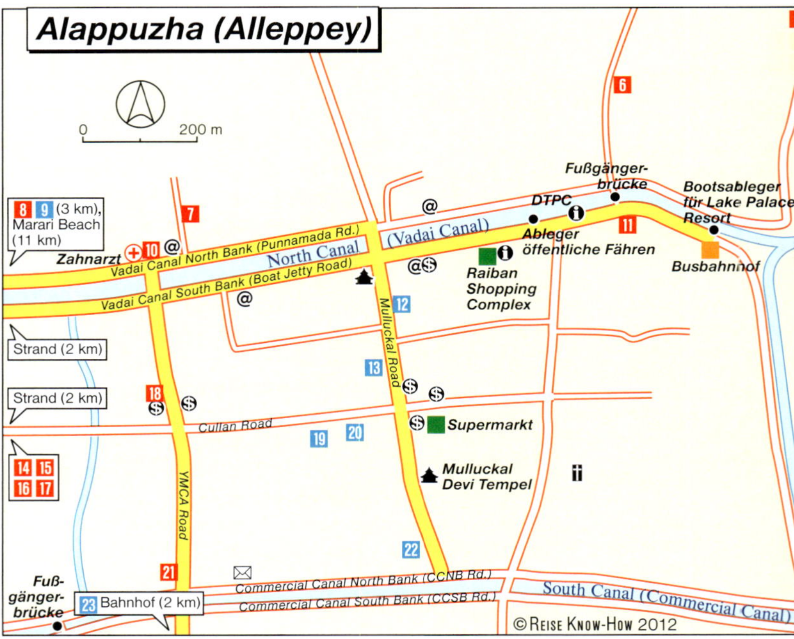

ten Nachmittag lohnt ein Spaziergang zum Strand, um das schöne Farbenspiel des Sonnenuntergangs zu erleben. Gebadet wird hier nur sehr selten, vielleicht wegen der leicht tückischen Wellen, die nichts für Kinder sind. Eine touristische Attraktion ist das jeweils Mitte Dezember im Mullackal-Devi-Tempel stattfindende **Fest** mit hochklassiger indischer Musik und Tanz und natürlich das **Snake Boat Race** (siehe Kasten „Bootsrennen").

Für die allermeisten Touristen ist die Stadt jedoch einzig als Ausgangs- bzw. Endpunkt der Backwaters-Touren und als Start bzw. Endpunkt der Fährfahrten zwischen Alappuzha und Kollam sowie Kottayam von Interesse.

Unterkunft
1 Palmy Lake Resort (1,5 km)
2 Palmgrove Lake Resort (1,8 km)
3 Dazzle Dew Holiday Resort (2,2 km)
4 Kayaloram Heritage Lake Resort (2,5 km)
5 Sona Heritage Home
6 Palmy Residency
7 Ashtamudi Homestay
8 Alleppey Prince
10 YMCA
11 KTC Guest House
14 Keralite Homestay (1,5 km)
15 Vrindavanam, The Nest (1,8 km)
16 Raheem Residency (2 km)
17 Gokulam Beach Resort (2,3 km)
18 Royale Park
21 Arcadia Regency

Essen und Trinken
9 Vembanad Restaurant
12 Hot Kitchen
13 Indian Coffee House
19 Kream Corner
20 Shree Durga Bhawan Udupi
22 Kream Corner
23 Indian Coffee House

Information

- Von den zahlreichen Informationsstellen in Alappuzha empfiehlt sich besonders das **DTPC Office** (Tel.: 2253308, www.dtpcalap puzha.com) am DTPC-Pier. Die freundlichen Bediensteten des täglich von 7.30 bis 21 Uhr geöffneten Büros verkaufen Tickets für Backwater-Trips und buchen Hotels in ganz Kerala. Eine Gebühr wird nicht verlangt, allerdings müssen der Preis des Telefongesprächs und eine Nacht im Voraus bezahlt werden.
- Die gleichen Serviceleistungen übernimmt das empfehlenswerte **ATDC Tourist Information Office** (Tel.: 2264462, 2261693, www.atdcalleppey.com) an der Komala Rd. auf der anderen Seite des Kanals.
- Eine gute Informationsquelle ist auch das **Kerala Tourism Office** (Tel.: 2260722, (0)9961306475, www.ktdckerala.com) an der DTPC-Bootsanlegestelle.

Stadtverkehr

- Die Fahrt mit der **Riksha** vom 4 km außerhalb gelegenen Bahnhof in die Innenstadt sollte nicht mehr als 25–30 Rs kosten. Der für Touristen interessante Innenstadtbereich zwischen den beiden Kanälen ist problemlos zu Fuß zu erkunden.

Unterkunft

- Nur wegen des geringen Mietpreises für äußerst Sparsame wird das **Hotel Raiban Annexe** € (Tel.: 2261017, 2251634) nahe dem Busbahnhof erwähnt. Das durch eine Einfahrt in einen großen Innenhof zu erreichende Hotel hat etwas verwohnte Zimmer, aufs Nötigste beschränkt, die teureren mit TV.
- Ein paar Meter entfernt ist das **KTC Guest House** €-€€€ (Tel.: 2254275, www.ktchouse boat.com) weit besser und immer noch

preiswert. Makellos saubere und gemütlich möblierte Zimmer mit TV, manche klimatisiert, und ein freundlicher Service sind ansprechend. Durch seine Lage etwas zurück von der Hauptstraße mit viel Grün ist es auch recht ruhig.

●Das **Palmy Lake Resort** €-€€€ (Punnamada Rd. East, Tel.: 2235938, www.palmyresort.com), gut 1 km nordöstlich vom Zentrum, liegt zwar nicht am See, sondern ist nur über einen 100 m langen, schmalen Kanal mit den Backwaters verbunden. Dennoch sind die hübschen, preiswerten Zimmer im Haupthaus und komfortable, moskitosichere Cottages mit Terrasse und TV im Garten sowie die nette, bemühte Familie Pluspunkte. Außerdem ist die keralische Küche hervorragend. Derselbe Besitzer vermietet im **Palmy Residency** €-€€ (vom Busbahnhof kommend, den Weg in Verlängerung der Matha Foot Bridge hinein, Tel.: 2235938, (0)9447667888, www.palmyresidency.com) im Ortszentrum saubere, geräumige Zimmer mit Bad und TV. Für Gäste werden kostenlos Fahrräder bereitgestellt. Natürlich organisiert er auch interessante Ruderboot- und Hausboot-Touren.

●Wer etwas mehr ausgeben kann und die Atmosphäre eines stilvollen alten Hauses schätzt, sollte sich im **Sona Heritage Home** €€ (Tel.: 2235211, www.sonahome.com) umgeben von einem leicht verwilderten Garten einquartieren. Der knorrige Besitzer vermietet nur vier etwas verwohnte, geräumige Zimmer, die zwar ein bisschen teuer sind, aber eine Menge Flair vermitteln. Billig sind die drei Einfachzimmer im Garten.

●Mehrere Leser empfehlen die sauberen Bungalows mit Terrassen des neuen und preiswerten **Dazzle Dew Holiday Resort** €€-€€€€ (Thathampally, östlich des Cheramenkulangara-Tempels, Tel.: (0)99387266440, (0)9846066446, www.dazzledewresort.com) auf baumbestandenem Areal umgeben von Reisfeldern, ebenfalls 2 km vom Stadtkern entfernt. Neben der gelungenen Anlage überzeugen die familiäre Atmophäre und die köstlichen, einheimischen Speisen. Auch der kostenlose Abholservice ist ein Plus.

●Empfehlenswert ist das moderne **Royale Park** €€-€€€ (YMCA Rd., Tel.: 2264828, www.hotelroyalepark.com) im Zentrum, ergänzt durch das etwas bessere, ansonsten sehr ähnliche **Arcadia Regency** €€€-€€€€ (Tel.: 2230414-7, www.arcadiaregency.com), ca. 200 m weiter südlich. Hauptplus des Zweitgenannten ist neben der etwas besseren Ausstattung der Pool auf dem Dach. Die komfortablen Zimmer mit großen Fensterfronten und TV sind bei beiden teilweise klimatisiert.

●Nur ein kurzer Fußweg liegt zwischen dem Strand und dem **Vrindavanam Heritage Home** €-€€ (Zacharia Bazaar, Tel.: 2263321), der besten Budget-Wahl der Stadt. In einem 180 Jahre alten Kolonialgebaüde sind die um einen Innenhof angeordneten Zimmer bestens instandgehalten, während die billigeren in einem zweiten Gebäude mit herrlichen Wandmalereien und Bambus- und Strohgeflecht geschmückt sind.

●Dennoch ist der **Keralite Homestay** €€-€€€ (Lalbagh, nördlich des Dutch Square, Tel.: 2243569, (0)9847073405, alice_thomas_2150@hotmail.com) die beste Wahl von inzwischen mehreren Homestays zwischen Stadt und Meer. Die herzliche Besitzerin der etwa einen Kilometer vom Strand entfernten, alten Villa vermietet riesige, geschmackvoll dem Haus entsprechend möblierte Zimmer. Der Garten lädt zum Relaxen ein. Da das Haus ohne Kennzeichnung und deshalb kaum auffindbar ist, sollte man vorher anrufen, bzw den Rikshafahrer genau instruieren.

●Nur ein paar Schritte entfernt sind die teils klimatisierten Zimmer des etwas billigeren **Tharavad Heritage Resort** €€€-€€€€ (Tel.: 2244599, www.tharavadheritageresort.com) ebenfalls herrlich möbliert. Verlockernd sind auch die Hängematten auf den luftigen Terrassen zum Garten.

●Gut 100 m näher am Strand ist das ebenfalls gartenumgebene **The Nest** €€ (auch *Johnson's* genannt, Lalbagh nahe Convent Square, Tel.: 2245825, (0)9961466399, www.johnsonskerala.com, die deutsche Übersetzung der website ist köstlich!) das Richtige, wenn man große, luftige Zimmer und eine gelassene, leicht unaufgeräumte Atmosphäre zu schätzen weiß, aber auf viel Komfort verzichten kann. Derselbe Besitzer vermietet 10 km nördlich von Alappuzha im **Secret Beach Guest House** €€€ teils klimati-

Der besondere Tipp: Bootsrennen

Das alljährlich am zweiten Samstag im August in Alappuzha ausgetragene **Nehru Cup Snake Boat Race** ist eines der farbenprächtigsten und fröhlichsten Feste Keralas. Wer zu dieser Zeit in der Nähe ist, sollte es sich auf keinen Fall entgehen lassen. Etwa 40 kunstvoll verzierte **„Schlangenboote"** mit jeweils bis zu 100 wild rudernden und singenden Männern liefern sich ebenso lautstarke wie farbenfrohe Wettkämpfe. Angefeuert werden sie dabei von Tausenden einheimischer Besucher, die dem seit 1952 ausgetragenen Wettkampf schon Wochen zuvor entgegenfiebern. Die ganze Stadt scheint auf den Beinen zu sein und so bieten sich viele interessante Fotomotive.

Tickets für die eigens für die Rennen errichteten Bambustribünen, von denen sich die besten Aussichten bieten, können in den verschiedenen Touristenbüros zum Preis von 70–500 Rs (je teurer, desto besser die Aussicht aufs Spektakel) erstanden werden. Wegen der großen Attraktion des Bootsrennens wird die Veranstaltung nochmals zur Haupttouristenzeit Mitte Januar ausgetragen – *not the real thing,* aber immer noch ganz hübsch.

sierte Zimmer in einem Fischerdorf nahe dem einsamen Strand mit Pool im Garten.

- Am Alappuzha-Strand werden zunehmend Unterkünfte errichtet. Erstklassig ist das architektonisch der Umgebung angepasste **Raheem Residency** €€€€€€ (Beach Rd., Tel.: 2230767, (0)9447082241, www.raheemresidency.com, Preise inkl. Frühstück) unter Palmen. Die um einen Pool (für Nicht-Gäste 250 Rs) gruppierten, klimatisierten Zimmer sind stilgerecht und mit Sinn fürs Detail gestaltet. Weitere Pluspunkte: ein erstklassiges Restaurant und das Meer ist nicht weit entfernt. Leider wirkt der Strand meist etwas verlassen.
- Will man billiger am Strand wohnen, sind einige Unterkünfte etwas südlicher, wie das saubere **Gokulam Beach Resort** €€€-€€€€ (Tel.: 2239291, (0)9820079870, www.gokulambeachresorts.com) mit Meerblick aus vielen Zimmern akzeptabel.
- In einer Welt für sich inmitten eines Palmenhains wohnt man in den einfach, aber geschmackvoll gestalteten Bungalows des **Palmgrove Lake Resort** €€€-€€€€ (Tel.: 2235004, (0)9446440434, www.palmgrovelakeresort.com), 1½ km nördlich der Stadt am Backwater-Kanal. Die komfortablen Suiten sind etwas teurer. Für das Gebotene ist es dennoch preiswert und eigentlich zu schade für eine Nacht.
- Architektonisch gelungen ist die weitläufige Anlage des **Kayaloram Heritage Lake Resort** €€€€€€ (Tel.: 2232040, (0)9847923094, www.kayalo ram.com) inmitten eines Palmenhains mit geschmackvoll gestalteten Holzbungalows – die schönste Adresse von Alappuzha.
- Nur per Boot zu erreichen ist die Luxusanlage des **Lake Palace** €€€€€€ (Tel.: 2239701-4, www.lakepalaceresort.com), einen Kilometer östlich des Bootsanlegers. Beeindruckend ist das neue Resort schon, das jedoch zwischen Reisfeldern und Backwaters etwas fremd wirkt. Jeden Abend zu Sonnenuntergang fährt ein Boot die Gäste eine halbe Stunde über den See.

Essen und Trinken

- Das beste Billigrestaurant der Stadt ist das schlichte, gut besuchte **Hot Kitchen,** einen Durchgang in der Mullackal Rd. hinein. Typisch indische, vegetarische Kost wie *thalis* und *dosas* inmitten der einheimischen Bevölkerung sind ideal für Leute mit kleinem Geldbeutel.
- Für Snacks und Kaffee bzw. Tee in relaxter Atmosphäre bieten sich die Filialen des **Indian Coffee House** an der Mullackal Rd. und südlich des South Canal (YMCA Rd.) sowie am Strand von Alappuzha an.
- Eine große Auswahl an Speisen von kräftigen nordindischen Fleischgerichten über Snacks bis zu verschiedenen Sorten von Eiscreme bietet das **Kream Korner,** ebenfalls

in der Mullackal Rd., sowie ein zweites Mal in der Cullan Rd.

- Nebenan ist das **Shree Durga Bhawan Udupi** eine weitere alteingesessene, billige Speisestätte mit fleischloser indischer Küche.
- Das Restaurant des **Hotel Royale Park** (YMCA Rd.) ist erstklassig für vegetarische und „fleischliche" Kost. Die Bar serviert dieselben Gerichte, zu denen hier genüsslich ein Bier geschlürft werden kann.
- Im **Vembanad Restaurant** des Alleppey Prince Hotel speist es sich komfortabel, sowohl im klimatisierten Raum als auch draußen am Pool.
- Am Strand ist neben dem erstklassigen, teureren **Charaka Restaurant** (Tel.: 2230767) des Raheem Residency (keralische und europäische Gerichte sowie eine Auswahl an Weinen) das kleine **The Harbour Restaurant** (Beach Rd., Fischgerichte um 200 Rs) an der Strandstraße eine angenehme Adresse.
- An der Kreuzung Mullackal/Cullan Rd. ist der **Supermarkt** im 2. Stock über UAE Exchange eine Adresse für Selbstversorger.

Bank und Internet

- Der effizienteste Ort zum Geld- und Travellerscheck-Tausch ist das **UAE Exchange** (Tel.: 2269408/9) mit langen Öffnungszeiten, im Zentrum an der Kreuzung von Cullan Rd. und Mullackal Rd. gelegen (1. Stock, Mo–Sa 9.30–18 Uhr, So 9.30–13.30 Uhr). Gleich um die Ecke ist auch **Muthoot Finance** schnell.
- **ATMs** finden sich nahe dem Hotel Royale Park von der Federal Bank sowie gegenüber von der Indian Bank. Auch der ATM der State Bank of India im Zentrum akzeptiert das meiste internationale Kreditplastik.
- Mehrere **Internetcafés** verlangen durchschnittlich 20 Rs/Std. Günstig liegt Cyber Dreams bei der Canara Bank, Alleppey Online an der Jetty Rd. oder, auf der gegenüber liegenden Kanalseite, das schnelle Bluemoon (bis 23 Uhr) mit Breitbandverbindungen.

An- und Weiterreise

- **Bahn:** Da Alappuzha wegen der natürlichen Barriere der Backwaters im Süden nur über eine Nebenstrecke per Bahn zu erreichen ist und nur wenige Fernverbindungen den Ort passieren, sind Busverbindungen im Allgemeinen vorzuziehen. Wer dennoch mit der Bahn fahren will, findet wichtige Verbindungen im Anhang, etwa eine Direktverbindung nach Varkala, die in Alappuzha startet, also keine Verspätung ansammeln kann.

Für Ziele Richtung West-Ghats (Periyar-Nationalpark) gilt: zunächst mit der Fähre nach Kottayam und von dort weiter mit dem Bus.

- **Bus:** Vom KSRTC-Busbahnhof verkehren ständig Busse zu allen größeren Städten zwischen Thiruvananthapuram (alle 20 Min. in

214ke Foto: tb

Weit verzweigt ist das System der Wasserwege

3½ Std., 90 Rs) im Süden, nach Kollam und Ernakulam (beide Ziele halbstündig, Fahrtdauer etwa in 1½ Std.), Kottayam in 1¼ Std. und Kannur (Cannanore, 6 Std.) im Norden. Nach Kumily zum Periyar-Wildschutzgebiet eine Verbindung frühmorgens um 6.40 Uhr.

- **Boot:** Zwischen Mo und Sa täglich Fahrten von der **Boat Jetty** entlang der von Touristen meistgenutzten Strecke nach Kollam (Quilon) im Süden: Abfahrt 10.30 Uhr, Ankunft 19 Uhr. Nähere Informationen unter „Backwaters". Vier Fähren tägl. nach Kottayam in 1½ Std. (15 Rs) zwischen 7.30 und 14.30 Uhr.

Der besondere Tipp: Marari Beach

Ein Tipp ist der Marari Beach bei **Mararikulam,** etwa 10 km nördlich von Alappuzha. Der kilometerlange, von Palmen gesäumte Strand ist bisher nur relativ wenig von Touristen entdeckt, dafür gibt's noch normales Alltagsleben wie Netze flickende Fischer. Nur vier etwas zu teure Unterkünfte buhlen mit Ayurveda- und Wellnessbehandlungen und Bootstouren aufs Meer um die Gunst der Gäste – eine ideale Gelegenheit, um sich am fast menschenleeren Traumstrand unter Palmen zu entspannen.

Unterkunft, Essen und Trinken

- Neu sind die in keralischem Stil erbauten Bungalows des vom ATDC geleiteten **Marari Fishermen Village Beach Resort** €€€€€-€€€€€€ (Tel.: 0477-2264462, www.mararifishermenvillagebeachresort.com). Einen besseren Gegenwert erhält man bei den gemauerten und klimatisierten Cottages, die zwar teurer sind als die Bambushütten, aber auch mehr Komfort bieten. Zudem versüßen viele in dieser Preisklasse üblichen Zusatzangebote wie Ayurveda und Spa das Leben. Flughafentransfer vom Ernakulam-Flughafen ist möglich.
- Das **Marari Beach Resort** der CGH-Gruppe €€€€€€ (Tel.: 3011711, über Casino Ghotel in Kochi, www.cghearth.com/marari_beach) und das **Pollethai Beach Resort** €€€€€€ (Tel.: 0484-2216302, über Old Courtyard Hotel in Kochi, www.pollethaibeachresort.com) ähneln sich, beide mit Swimmingpool, Outdoor-Restaurant etc. auf grüner Anlage, wobei das Zweitgenannte zwar etwas teurer ist, aber mehr Komfort offeriert. Nur wenig billiger ist **Marari Beach Homes** €€€€€€ (Tel.: 0477-2243535, (0)9847032836, www.mararibeachhomes.com).

An- und Weiterreise

- Der 4 km vom Strand entfernte Bahnhof wird häufig von **Lokalzügen** passiert. Auch per **Bus** ist Marari gut an die umliegenden Orte angebunden. Ein **Taxi** vom 10 km entfernten Alappuzha sollte für gut 100 Rs zu bekommen sein.

Kottayam

↗ XXII/B2

Einwohner: 170.000
Vorwahl: 0481

Bei Kottayam denkt ein Keralite an drei „L“: Lakes, Letters und Latex. „Lakes“ steht für die hübsche Lage der Stadt am Rande des **Vembanad-Sees.** Letters, also Buchstaben, bezieht sich auf die annähernd hundertprozentige Alphabetisierungsquote der Einwohner. Latex schließlich nimmt Bezug auf die wirtschaftliche Bedeutung Kottayams als Zentrum der Gummiverarbeitung.

Keine andere Stadt Indiens weist ein derart **hohes Bildungsniveau** auf. Ein Grund hierfür könnte die frühzeitige Ansiedlung syrischer Christen sein, die bis ins 8. Jh. zurückreichen soll. Als Beleg dienen zwei Kruzifixe im Inneren der Valia-Pallia-Kirche, die zusammen mit der Cheriapalli-Kirche auf einem dicht bewaldeten Hügel fünf Kilometer südwestlich der Innenstadt stehen. Noch heute ist die Stadt **Sitz des römisch-katholischen Bischofs** von Süd-Kerala.

Auch bei der **Gummiverarbeitung** profitiert die Stadt von ihrer günstigen

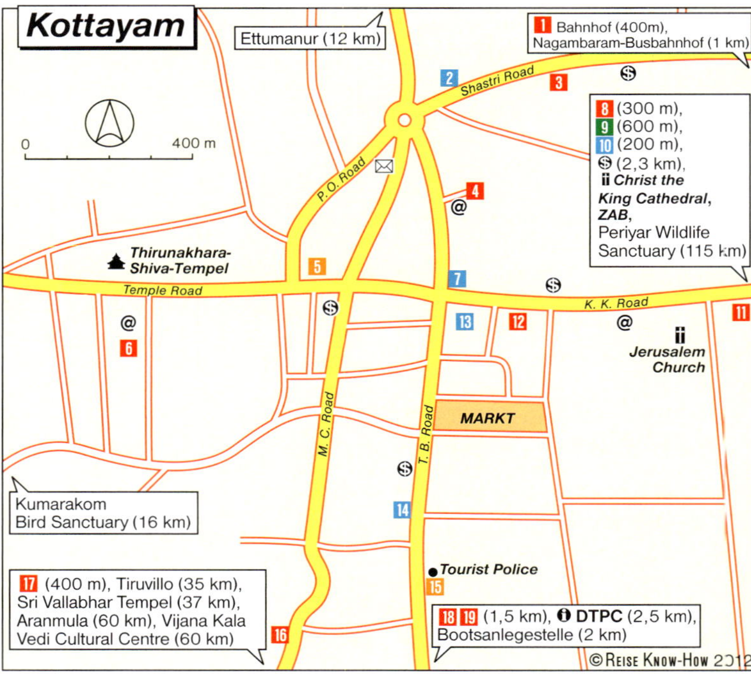

Lage am Fuße der West-Ghats. Wegen des regenreichen und schwülheißen Klimas gibt es hier einen idealen Nährboden für die dichten Tropenwälder sowie für Gewürz-, Tee- und eben Gummiplantagen.

So hat die sich über mehrere dicht bewaldete Hügel erstreckende Stadt eine Reihe von Besonderheiten aufzuweisen. Sehenswürdigkeiten im eigentlichen Sinne gibt es jedoch nicht. Deshalb sind die meisten Touristen nur Durchreisende auf dem Weg zu den Backwaters oder zum Periyar-Nationalpark. Allerdings bietet sich Kottayam als Alternative zum überlaufenen Allepey für eine mehrtägige Backwaters-Hausboottour an (siehe Kollam).

Unterkunft
1 Hotel Green Park
3 Nisha Continental
4 Kaycees Residency
6 KTDC Aiswarya
8 Homestead Hotel
11 The Ambassador
12 Anjali Hotel
16 Hotel Aida
17 Pearl Regency
18 Vembanad Lake Resort
19 Windsor Castle

Essen und Trinken
2 Baker's Oven
7 Bestotel Restaurant
10 Restaurant Meenachil
13 Anand Restaurant
14 Indian Coffee House

Verkehr
5 Priv. Busbahnhof
15 KSRTC Busbahnhof

Einkaufen
9 DC Books

Information

- Ein kleiner **Informationsschalter** findet sich am Busbahnhof (Tel.: 2560479) von Kottayam, dort ist auch eine Bude der Tourist Police. Auch die freundlichen Bediensteten des staatlichen Hotels **KTDC Aiswarya** stehen bereitwillig für Auskünfte zur Verfügung.
- **Kerala Forest Development Corporation** (Aaranyakom, Karapuzha, Tel.: 2582640, 2581205, www.keralafdc.org) hilft bei Trekkingtouren in die Western Ghats weiter.

Stadtverkehr

- Kottayam ist eine recht weitläufige Stadt. Touristisch relevante Einrichtungen wie Bahnhof, Busbahnhof und Bootsanlegestelle liegen mehrere Kilometer voneinander entfernt, sodass man auf öffentliche Verkehrsmittel angewiesen ist. Eine **Rikshafahrt** vom Bahnhof zum Pier schlägt mit ca. 40 Rs zu Buche, gut die Hälfte sind es vom Busbahnhof zum Pier.

Unterkunft

- Im unteren Preisbereich wohnt man im Hotel **Kaycees Residency** €-€€€ (Tel.: 2563693) angenehm. Am Ende einer kleinen Gasse gelegen, bietet es saubere, teils kleine und helle AC- und Non-AC-Zimmer, manche mit TV.
- Das zum Teil klimatisierte **Hotel Green Park** €€-€€€ (Tel.: 2563331-2, greenparkhotel @yahoo.co.in) ganz in der Nähe des Bahnhofs ist ein gutes, nüchternes Mittelklassehotel mit eigenem Restaurant.
- Mit sauberen, teilweise klimatisierten Zimmern, teils mit Balkon und TV, und dem guten hauseigenen Restaurant (Mittagsbuffet und leckeres Gebäck) ist das **The Ambassador Hotel** €-€€€ (Tel.: 2563293, www.fhrai.com) eine gute Budget-Unterkunft. Das Haus liegt etwas zurückversetzt von der KK Rd.
- Qualitativ und preislich ähnlich ist das ruhige **Homestead Hotel** €-€€ (Tel.: 2560467) schräg gegenüber auf der anderen Seite der KK Rd. Man hat die Wahl zwischen 47 makel-

losen Zimmern, von denen die klimatisierten etwas teuer sind. Auch hier ist ein sehr gutes und preiswertes vegetarisches Restaurant angeschlossen. Besonders empfehlenswert sind die preiswerten *thalis.*

- Das staatliche **KTDC Aiswarya** €€-€€€ (Azad Lane, Tel.: 2581440, aiswarya_int@yahoo.com) überzeugt mit seinen freundlichen Angestellten, einem guten Restaurant und einem gemütlichen Biergarten. Architektonisch ist der Betonkasten allerdings ein Armutszeugnis. Insgesamt dennoch eine gerade bei den preiswerteren Zimmern empfehlenswerte Unterkunft.
- Mit einer großen Auswahl an zum Teil klimatisierten Räumen und einer Vielzahl an Serviceangeboten wie Geldwechsler, Reisebüro, Fernseher im Zimmer und zwei Restaurants bietet das **Hotel Aida** €-€€€ (Tel.: 2568391, aida@sancharnet.in) ein gutes Preis-Leistungs-Verhältnis.
- Das **Vembanad Lake Resort** €€€-€€€€ (Tel.: 2360866, ktm_vembanad@sancharnet.com) ist mit seinem an einem schmalen Stichkanal gelegenen Gelände die ehemals schönste Unterkunft Kottayams. Heute wirkt sie mit ihren etwas dunklen, leicht verwohnten Räumen ein bisschen veraltet. Dennoch sitzt man am kleinen Kanal immer noch angenehm im Freiluftrestaurant beim Abendessen. Neue Cottages auf dem Gelände sind in Planung. Ein kleines Hausboot liegt am Ufer.
- Das daneben gelegene **Windsor Castle** €€€€€-€€€€€€ (MC Rd., Tel.: 2363637, www.thewindsorcastle.net), auf riesiger Fläche angelegt, ist die mit Abstand luxuriöseste Unterkunft Kottayams mit allen in diesem Preisbereich üblichen Annehmlichkeiten. Im Haupthaus werden sehr schön eingerichtete, geräumige, zentral klimatisierte Zimmer mit TV, Badewanne und weiten Ausblicken angeboten. Auf einem großen, gepflegten Rasenareal sind die 17 einzeln stehenden, doppelstöckigen Cottages mit Kühlschrank und TV dem keralischem Baustil nachempfunden (in einigen Zimmern wächst ein Bananenbaum aus dem Dach, die Schlafzimmer im 1. Stock sind klimatisiert). Der Komplex verfügt über einige Restaurants, einen Pool sowie ein hauseigenes Ausflugsboot für Backwaters-Trips.

Essen und Trinken

- Das **Bestotel Restaurant** mit vorgelagerter Bäckerei serviert typisch südindische Küche zu kleinen Preisen.
- Die vielen Inder, die im kühlen (AC) und sauberen **Anand Restaurant** (Tel.: 2560082), eine kleine Gasse neben dem Hotel Anand hinein, essen gehen, lassen auf gute Küche schließen. Indische (auch nordindische) und chinesische Gerichte zu sehr günstigen Preisen sind verlockend. 8.30–21.30 Uhr, So ab 7.30 Uhr.
- Nicht weit entfernt findet sich im 1. Stock des **Anjali Hotel** ein recht teures AC-Restaurant, das auch Alkoholisches im Angebot hat.
- Sehr empfehlenswert ist das Restaurant des **Hotel Aiswarya,** wo schnell, freundlich und zu kleinen Preisen serviert wird. Auch die Restaurants der Hotels **Homestead** und **Ambassador** sind empfehlenswert.
- Sehr hübsch am Stichkanal im Gras sitzt man im **Vembanad Lake Resort.** Hier gibt's indische und kontinentale Küche, eine Bar und ein Ice Cream Parlour.
- Das teure **Windsor Castle** nebenan hat mehrere Restaurants mit exquisiter Küche zu exquisiten Preisen in exquisiter Lage.
- Im **Baker's Oven** an der Shastri Rd. nahe der Kreuzung gibt's leckeren Marmorkuchen, Süßigkeiten, aber auch selbstgemachte kleine Burger und Gebäck sehr preiswert.

Feste

- Beim zehntägigen **Thirunakkara Utsav** im März sind besonders die dritte und vierte Nacht spektakulär, wenn vielstündige Kathakali-Tänze im Thirukkara-Shiva-Tempel aufgeführt werden. Außerdem sind die letzten zwei Nächte mit Prozessionen geschmückter Elefanten eindrucksvolle Zeugnisse der starken religiösen Prägung in Kerala.

Ayurveda

- 6 km westlich von Kottayam in Richtung Alappuzha am Vembanad-See ist das sehr angesehene, mit Auszeichnungen bedachte **Athreya Speciality Ayurvedic Lake Resort** (Pakkil, Pallom, Tel.: 2360789, (0)944734 9992, www.theathreya.com) der richtige Ort für fachkundige ayurvedische Behandlungen und Entspannung. Sowohl Wellness- Bedürfnisse wie auch Krankheiten (in der Ayurveda-Klinik) sowie Zahnerkrankungen werden hier berücksichtigt. Kurzbehandlungen oder eine Massage ab 800 Rs, für längere Anwendungen mehr auf der Website. Einen Teil des Behandlungserfolgs kann der landschaftsarchitektonisch äußerst gelungenen Anlage und dem erstklassigen Service zugeschrieben werden. Neben Yoga-Kursen (300 Rs) können Gäste die Kampfsportart Kalaripayattu erlernen. Unterkunft ist in geräumigen Zimmern €€€ und keralischen Luxuscottages €€€€-€€€€€ auf dem Gelände möglich. Die erstklassigen Restaurants servieren auch nichtvegetarische Gerichte, wenn es die jeweilige Kur zulässt.

Polizei

- Eine speziell für Touristen zuständige **Polizeistation** findet sich am Busbahnhof.

Bank

- Beste Wechselstelle ist das zentral platzierte **UAE Exchange** (MC Rd., 1. Stock, Mo–Sa 9.30 bis 18 Uhr, So bis 12.30 Uhr). Auch die **Canara Bank** in der KK Rd. wechselt Travellerschecks und Bargeld und akzeptiert Visa-Karten. Der ATM der Bank ist mit den meisten Kreditkarten zufrieden. Ein weiterer ATM der **State Bank of India** findet sich nahe dem Homestead Hotel.

Internet

- Die beste Internetverbindung liefert **sify-i-way** (KK Rd., Mo–Sa 8.30–20.30 Uhr, 25 Rs/Std.) mit schnellem Breitband.

An- und Weiterreise

- **Bahn:** Vom 2 km außerhalb gelegenen Bahnhof zahlreiche Verbindungen entlang der Malabar-Küste Richtung Trivandrum (u.a. 6303 Vanchinad Exp., Abf. 6.07 Uhr) im Süden und Kochi/Ernakulam (16302 Venad-Exp., Abf. 8.18 Uhr) im Norden. Weitere wichtige Verbindungen sind in der Tabelle im Anhang aufgelistet.
- **Bus:** Vom staatlichen Busbahnhof an der TB Rd. zahlreiche Verbindungen zu allen Städten an der Küste. Einige der alle halbe Stunde abfahrenden Expressbusse nach Kumily zum Periyar-Nationalpark (4 Std.) fahren weiter bis Madurai (7 Std.).
- **Fähre:** Täglich sechs Fähren verbinden Kottayam innerhalb von 2½ Std. mit Alappuzha; Abfahrt vom 3 km südlich der Innenstadt gelegenen Hafen. Tickets sind am dortigen **DTPC-Büro** (Tel.: 2560479, Mo–Sa 10–17 Uhr) erhältlich. Weitere Informationen unter „Backwaters".

Kumarakom

Vorwahl: 0481

Im Umkreis des 16 km westlich von Kottayam mitten in den Backwaters gelegenen Kumarakom sind in den letzten Jahren eine Reihe von luxuriösen Resort-Anlagen entstanden. Die geschmackvoll in die herrliche Landschaft integrierten Bungalow-Anlagen eignen sich wegen der paradiesischen Atmosphäre und den von allen Hotels angebotenen ayurvedischen Behandlungen für einen mehrwöchigen **Luxus-Kuraufenthalt.**

Wer ein wenig Abwechslung sucht, kann einen Ausflug zum **Kumarakom-Vogelreservat** (Tel.: 2525864, Eintritt 45 Rs, 6–17.30 Uhr geöffnet) unternehmen. Besonders lohnend ist ein Besuch auf dem 5 ha großen Gelände einer ehemaligen Gummibaum-Plantage von Oktober bis Februar, wenn Tausende von Zugvögeln hier ihr Winterquartier aufschlagen. Ab Mai brüten die einheimischen Arten. Die beste Tageszeit zur Tierbeobachtung ist frühmorgens. Fast alle Hotelanlagen bieten Ausflüge unter der Leitung eines Guides an. Alle 15 Minuten starten

Busse vom KSRTC Busbahnhof in Kottayam nach Kumarakom, die auch vor dem Eingang zum Vogelpark halten.

Unterkunft, Essen und Trinken

- Gelobt wird das **Lakshmi Hotel & Resorts** €€€€-€€€€€ (Tel.: 2523313, www.lakshmiresorts.com). Die in den Backwaters gelegene, erstaunlich preiswerte Oase der Ruhe mit sauberen klimatisierten Zimmern und freundlichem Personal grenzt ebenfalls an den Kumarakom-Vogelschutzpark, sodass sich nicht nur für Ornithologen selbst von den Balkonen eindrucksvolle Beobachtungen bieten. Auch die ausgezeichnete Küche und die Ayurveda-Behandlungen sowie gut organisierten Bootstouren dieser erstklassigen Adresse sind hervorzuheben.
- Das **KTDC Waterscapes** €€€€€-€€€€€€ (Tel.: 2525861, waterscapes@dataone.in, www.ktdc.com) ist eine gelungene Anlage in schöner Lage am Vembanad-See. Man hat die Wahl zwischen Pfahlbungalows und einer Übernachtung in den zum Hotel gehörenden Kettu Vallams.
- Ausgezeichnet ist das **Coconut Lagoon Heritage Resort** €€€€€-€€€€€€ (Tel.: 2524491, 2525834, www.cghearth.com/coconut_lagoon). Lage, Architektur, Essen, Swimmingpool, die Weiträumigkeit der Anlage – alles ist hier nur vom Feinsten. Die zum See gelegenen Bungalows sind den nach hinten gebauten wegen der Lage und des größeren Abstands zueinander vorzuziehen. Es wird auch eine Villa mit eigenem Pool vermietet. Ab April sinken die Preise um bis zu 70 %. Zu erreichen auch per Boot vom Steg etwas nördlich vom Vogelpark-Eingang.
- Viel Luxus gibt's im gelungen in einen Palmenhain verwobenen **Backwater Ripples** €€€€€€ (Tel.: 2523600, www.backwaterripples.com), dessen Bungalows teils direkt über dem Ostufer des Vembanad Lake positioniert sind. Natürlich fehlt es auch nicht an weiteren Annehmlickeiten wie Gym-Raum, Health Club, Ayurveda-Behandlungen, umfangreichem Wassersportangebot, Pool und allabendlicher Sonnenuntergangs-Bootsfahrt.
- Am Vembanad Lake ist die weitläufige Anlage des **Kumarakom Lake Resort** €€€€€€ (Tel.: 2445030, www.klresort.com) eine weitere Luxusherberge vom Allerfeinsten, für die man richtig tief in die Tasche greifen muss. Traditionell gestaltete, geschmackvoll eingerichtete Cottages in verschiedenen Ausführungen, teils mit eigenem Pool. Selbstverständlich sind alle Annehmlichkeiten des Vorgenannten vorhanden.

An- und Weiterreise

- Der nächstgelegene Flughafen und Bahnhof ist in Ernakulam, 78 km entfernt. Von dort per Bus oder Taxi zur Kumarakom Boat Jetty. Von Kottayam starten alle 15 Minuten Busse nach Kumarakom. Die einzelnen Resorts sind von Kottayam problemlos über Land oder per Boot zu erreichen.

Aranmula

Das Vijnana Kala Vedi Cultural Centre in dem kleinen Ort Aranmula, 30 km südlich von Kottayam, ist eine einzigartige Einrichtung. Das **Kulturzentrum** ist ein idealer Ort, um sich intensiv mit den spezifischen Künsten Keralas auseinander zu setzen. Unter fachmännischer Aufsicht werden Kurse in 20 Disziplinen angeboten, u.a. Kathakali- und Bharata-Natyam-Tanz, klassische indische Musikstile, ayurvedische Medizin und Hatha-Yoga, Holzschnitzerei, verschiedene indische Sprachen, Astrologie, die keralische Kampfsportart Kalarippayat und indische Philosophie. Zudem gibt's ein Zentrum, in dem Interessierte indische Kinder in Englisch unterrichten können.

- **Vijnana Kala Vedi Cultural Centre**, The Direktor, Tarayil Mukku Junction, Aranmula 689533, Pathanamthitta District, Tel.: 0468-2214483, (0)9447114485, www.vijnanakala

vedi.org. Tageskurse kosten 30 US-$; Kurse inklusive Unterkunft und Vollpension im Dorf 200 US-$ pro Woche. Natürlich ist auch längerer Aufenthalt möglich, der den Preis verringert. Eine vorherige Anmeldung ist erforderlich.

Feste

- Eine etwas kleinere und deshalb nicht ganz so überlaufene Ausgabe des Snake-Boat-Rennens in Alappuzha findet jedes Jahr im August/September nahe dem Shree-Parthasarathy-Tempel statt. Mit dem **Aranmula Boat Race** wird ein Ereignis in Krishnas Leben geehrt. Das laute Spektakel mit Gesängen der Bootsleute und den Anfeuerungsrufen der mitfiebernden Zuschauer sollte nicht versäumt werden.

An- und Weiterreise

- Der 11 km von Aranmula entfernte Ort **Chenganur** an der Hauptstraße zwischen Kochi, Kottayam und Trivandrum ist der beste Verbindungort.

Ettumunar

Der im 16. Jh. erbaute **Shiva-Tempel** von Ettumunar, zwölf Kilometer nördlich von Kottayam, lohnt einen Zwischenstopp auf dem Weg nach Kochi. Das Sanktum ist zwar für Nicht-Hindus verschlossen, doch die filigranen Holzschnitzereien und vor allem die berühmten Wandmalereien mit Szenen aus den hinduistischen Epen dürfen auch von Westlern besichtigt werden. Besonders lohnend ist ein Besuch während des zehntägigen **Tempelfestes,** das jedes Jahr im Februar/März veranstaltet wird. Die Tanzaufführungen, Musikveranstaltungen und **Elefantenprozession** werden von Tausenden Einheimischen besucht.

Highlight: Periyar-Wildschutzgebiet

↗ XXII/B2

Vorwahl: 04869

Eine Infrastrukturmaßnahme der britischen Kolonialherren und die Sorge eines Maharajas stehen am Anfang der Geschichte des Periyar Wildlife Sanctuary (Tel.: 224571, www.periyar tigerreserve.org). Die Notwendigkeit, die Trockengebiete des angrenzenden Tamil Nadu zu bewässern, ließ die Briten 1895 den Periyar-Fluss aufstauen. Von der Sorge getrieben, das von der Herrscherfamilie seit Jahrhunderten genutzte Jagdgebiet könnte von den sich ständig vermehrenden Teeplantagen „aufgefressen" werden, erklärte der Maharaja von Travancore das Gebiet um den 26 km² großen Periyar-Stausee zu einem Reservat. 1977 wurde der Park dem **Project Tiger** angegliedert, das sich dem Schutz der vom Aussterben bedrohten Tierart verschrieben hat. 1982 schließlich wurde eine Kernzone von 350 km² zum **Nationalpark** erklärt. Die ehemals im Gebiet siedelnden Volksstämme der Mannan, Paliyan und Uraly wurden umgesiedelt. Heute zählt der im Laufe der Jahrzehnte mehrmals erweiterte Park zu den bekanntesten Tierschutzgebieten Indiens.

Häufig kommt es im Zusammenhang mit dem Park zu einer Namensverwirrung, da Periyar, Thekkady und Kumily selbst in offiziellen Veröffentlichungen verwechselt werden. **Periyar** bezeichnet das gesamte Gebiet des Nationalparks, **Thekkady** den Bereich zwischen dem Parkeingang und dem Bootspier und **Kumily** den kleinen, gut einen Kilometer nordöstlich des Eingangs gelegenen Ort. Entlang der von Kumily bis zum Parkeingang verlaufenden Thekkady Rd. haben sich die meisten Hotels und Geschäfte angesiedelt.

Die landschaftlich äußerst reizvolle Lage in den **Cardamom-Bergen** im südlichen Teil der West-Ghats mit den hervorragenden Möglichkeiten zur Tierbeobachtung und der sehr guten touristischen Infrastruktur machen den Periyar-Nationalpark zu einem der besuchenswertesten Ziele im Süden Indiens. Wenn möglich, sollte man jedoch die Wochenenden und Feiertage meiden. Dann reisen Hunderte von Einheimischen aus Tamil Nadu und von der Küste an und strapazieren die Kapazitäten dieses meistbesuchten Nationalparks Südindiens bis zum Äußersten. Auch die Monsunzeit ist wegen der allgegenwärtigen Blutegel nicht zu empfehlen. Die beste Reisezeit sind die Trockenmonate **Dezember bis Mai,** da dann die Tiere auf der Suche nach Wasser zunehmend aus den „undurchsichtigen" Wäldern zum Seeufer wandern.

Tiervorkommen

Etwa 40 % des Schutzgebietes sind von üppigem tropischen **Shola-Wald** bedeckt, weitere 40 % sind mit feuchtem tropischen **Laubwald** bewachsen. Die restliche Fläche besteht aus Grasland, dem weit verzweigten **Stausee** und einigen Eukalyptus-Anpflanzungen. Gerade wegen der dichten Bewaldung und natürlich auch wegen der großen Fläche des Schutzgebietes von 777 km² sind die Chancen, einen der insgesamt **ca. 40 im Park lebenden Tiger** zu Gesicht zu bekommen, minimal. Wesentlich häufiger lassen sich kleinere Herden der auf insgesamt über 1.000 Exemplare geschätzten **Elefanten** erspähen. Weitere im Park lebende Säugetierarten sind Gaur, Sambarhirsch, Wildschwein, Muntjak, Lippenbär, Leopard, Rohrkatze, Dekkan-Rothund und verschiedene Affenarten. Der Versuch, Axishirsche einzubürgern, ist misslungen, da sie leichte Beute der Tiger wurden.

Darüber hinaus ist der Park ein Eldorado für Ornithologen. Insgesamt **275 Vogelarten** wurden bisher gezählt, wobei sich der Vogelreichtum vorwiegend auf die Waldregion bezieht. Da der Stausee kaum seichte Uferbezirke aufweist, sondern recht steil in die Tiefe abfällt (Maximaltiefe 42 m), gibt es nur Wasservögel, die auf das Fischen in tiefen Gewässern spezialisiert sind. Hierzu gehören **Schlangenhalsvogel, Kormoran, Eisvogel und Fischadler.** Viele dieser Vögel lassen sich auf den bizarr aus dem See ragenden, inzwischen fast 100 Jahre alten Bäumstämme nieder. Der größte Teil des durch die Aufstauung des Sees überfluteten Waldes liegt unter der Wasseroberfläche.

- Der **Eintritt** zum Park beträgt 300 Rs am ersten Tag und 200 Rs an eventuellen Folgetagen. Der Park ist von 6 bis 18 Uhr geöffnet. Diese Eintrittspreise und Öffnungszeiten gel-

Kumily / Thekkady

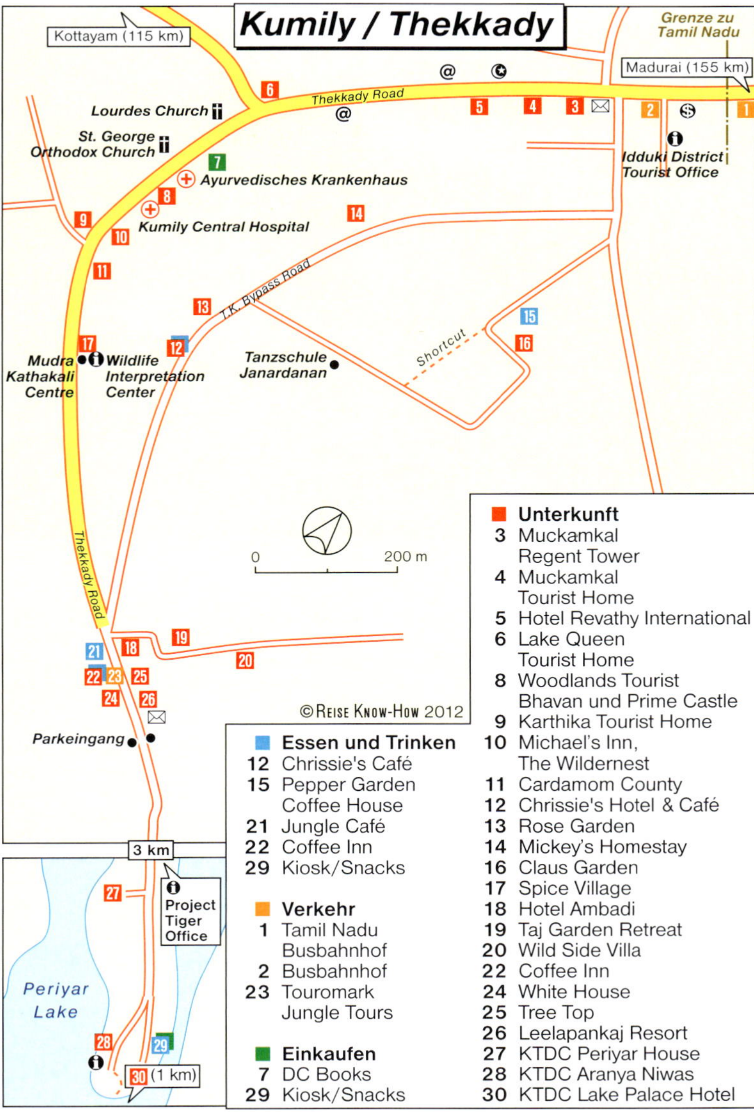

Essen und Trinken
12 Chrissie's Café
15 Pepper Garden Coffee House
21 Jungle Café
22 Coffee Inn
29 Kiosk/Snacks

Verkehr
1 Tamil Nadu Busbahnhof
2 Busbahnhof
23 Touromark Jungle Tours

Einkaufen
7 DC Books
29 Kiosk/Snacks

Unterkunft
3 Muckamkal Regent Tower
4 Muckamkal Tourist Home
5 Hotel Revathy International
6 Lake Queen Tourist Home
8 Woodlands Tourist Bhavan und Prime Castle
9 Karthika Tourist Home
10 Michael's Inn, The Wildernest
11 Cardamom County
12 Chrissie's Hotel & Café
13 Rose Garden
14 Mickey's Homestay
16 Claus Garden
17 Spice Village
18 Hotel Ambadi
19 Taj Garden Retreat
20 Wild Side Villa
22 Coffee Inn
24 White House
25 Tree Top
26 Leelapankaj Resort
27 KTDC Periyar House
28 KTDC Aranya Niwas
30 KTDC Lake Palace Hotel

114is Foto: tb

Bei einer Bootsfahrt auf dem Periyar-See lässt sich das Wildschutzgebiet wunderbar erkunden

ten auch für diejenigen, die im Parkinneren wohnen. Sie müssen bei erneutem Zutritt die Gebühr bezahlen. Nach 18 Uhr werden Hotelgäste, die in einem der Hotels innerhalb des Wildparks logieren, nicht mehr eingelassen und müssen sich draußen eine Bleibe suchen. Am Eingang können Ferngläser und Fotokameras für 60–75 Rs pro Tag (6–19 Uhr) in den dort ansässigen Geschäften ausgeliehen werden.

Besichtigung

Bootsfahrten

● Die bei Einheimischen wie westlichen Touristen beliebteste Art, den Park zu besichtigen, sind die von **KTDC** und **Forest Department** organisierten, etwa zweistündigen Bootsfahrten. Täglich fahren je zwei Boote um 7, 9.30, 11.30, 14 und 16 Uhr. Die erste und letzte Fahrt bietet die besten Chancen zur Tierbeobachtung. Beim KTDC beträgt der Preis 150 Rs fürs Oberdeck und 75 Rs für das Unterdeck. Noch günstiger sind die auf recht heruntergekommenen Booten durchgeführten Fahrten (9, 11.30, 14 und 16 Uhr, 40 Rs p.P.) des Forest Department, bei denen man den Tieren jedoch näher kommt. Tickets werden in einem kleinen Büro oberhalb des Visitors' Centre (6.30–16 Uhr) verkauft. Speziell an Wochenenden und Feiertagen ist eine frühzeitige Anmeldung von Nöten (Tel.: 224571, tourism@periyartigerreserve.org). Auch sonst sind die Boote häufig im Voraus von den Gästen der Luxusunterkünfte ausgebucht. Die größten Chancen ein Ticket zu ergattern besitzt, wer gleich frühmorgens als einer der Ersten am Verkaufsschalter ansteht. Da es um diese Zeit durchaus noch kühl sein kann, empfiehlt sich die Mitnahme eines Pullovers. Die große Nachfrage hat häufig zur

Folge, dass die Boote speziell auf dem begehrten Oberdeck bis auf den letzten Platz mit fotografierenden Touristen besetzt sind. Wegen der genannten Nachteile ziehen inzwischen viele Reisende die von diversen Anbietern durchgeführten Wanderungen durch den Park vor.

- Wesentlich entspannter ist eine Fahrt auf dem Periyar-Stausee mit einem **gecharterten Boot.** Mit 600 Rs für ein Boot mit zwölf Plätzen ist das kaum teurer als bei den offiziellen Touren.

Wanderungen

- Das **Forest Department** veranstaltet täglich um 7, 10.30 Uhr und 14 Uhr ca. dreistündige Wanderungen durch den Park; der Preis beträgt 100 Rs pro Person, es müssen jedoch mindestens 500 Rs bezahlt werden, auch wenn weniger als fünf Personen teilnehmen. (Auf festes Schuhwerk sollte besonders morgens und nach Regenfällen nicht verzichtet werden.) Im Grunde eine schöne Möglichkeit, den Park zu erkunden; einige Teilnehmer klagten jedoch über die zu großen und lauten Gruppen. Diese Wanderungen sind auch mit den Bootstouren kombinierbar, wobei am Vormittag auf dem See die dreistündige Bootsfahrt, am Nachmittag eine oder mehrere etwa zweistündige Wanderungen im Park das Programm bilden (um 1.000 Rs p.P. inkl. Verpflegung), bei denen regelmäßig auch Elefanten gesichtet werden. Interessant sind auch die dreistündigen Nachtwanderungen in Vierergruppen (zwischen 19 und 4 Uhr morgens) für 500 Rs p.P. Zu buchen über das Wildlife Information Centre (Tel.: 222028, 222620). Zudem gibt's Rafting-Touren, Ausflüge zu Gewürzplantagen, halbstündige Elefantenausritte (zwischen 10 und 16 Uhr, 100 Rs) und weitere Ausflüge.
- Außerdem gibt es – allerdings sehr teure – **Trekking-Touren** mit Zeltübernachtung inkl. Verpflegung.
- Eine interessante Alternative bieten Ausflüge mit **privaten Führern.** Einheimische Guides in Kumily und am Parkeingang sind auf solche Wanderungen abseits ausgetretener Pfade spezialisiert. Teils sind auch hier schwarze Schafe unterwegs, die keine gültige Erlaubnis haben, oder es stellt sich ein Guide mit gültiger Erlaubnis vor, gewandert wird dann jedoch mit einem anderen Führer. Oft wird man schon bei der Ankunft am Busbahnhof von Schleppern zu Wandertouren gedrängt, die das Geld kassieren, der Wanderlustige kann jedoch nicht nachvollziehen, ob er dafür eine reguläre Wanderung (Dauer etwa 5 Std.) im Wildschutzgebiet erhält oder im umgebenden Bergwald etwa in Tamil Nadu. Es kommt auch vor, dass die Guides, falls sie das Wildschutzgebiet doch betreten, den offiziellen Guides ausweichen oder die Mitwandernden werden aufgefordert, sich zu verstecken, um nicht von zugelassenen Guides oder der Forstaufsicht erwischt zu werden. Auch das als Mittagessen angekündigte, mitbezahlte Mahl besteht oft nur aus Keksen. Es empfiehlt sich also, andere Touristen zu fragen, ob und bei welchem Veranstalter sie gute Erfahrungen gemacht haben.

Natürlich gibt es auch zuverlässige private Guides. Es werden auch Ausflugstouren in die Bergregionen in Tamil Nadu angeboten, die jedoch von den Förstern nicht gern gesehen werden. Diese sind preiswerter, da sie den Eintritt ins Wildreservat nicht beinhalten. Der Preis für alle Touren ist selbstverständlich Verhandlungssache. Als zuverlässiger Guide ist Herr *Jose* (Tel.: (0)9995114491) zu empfehlen. Er führt Trekkingtouren durch, wandert zu einer Teefabrik und Gewürzplantage. Außerdem arrangiert er Kochkurse, die auch direkt bei der Familie gebucht werden können: Sheril J.S. (Tel.: (0)9895613036, campfirecafethekkady@gmail.com).

Als eine über Jahre bewährte Adresse ist **Touromark Jungle Tours** (Tel.: 224332, 222196(0)9447284160, www.exploreperiyar.com, www.touromark.com, das Büro befindet sich beim Coffee Inn nahe dem Parkeingang) zu nennen, eine besondere Art, das Periyar-Wildschutzgebiet zu erkunden. *K. Murali,* ein sehr freundlicher und versierter Tourguide, der außer dieser Unternehmung mit Ökotourismus-Anspruch noch Zimmer im Mickey Cottage vermietet, bietet Ein-Tages-Ausflüge mit Verpflegung bis Zehn-Tages-Trekking-Touren bis zu 40 km innerhalb des Reservats mit voller Verpflegung und Zeltübernachtung (etwa das *Tiger Trail* ge-

Rettung in letzter Sekunde? – Project Tiger

Jahrzehntelang hatten die indischen Maharajas und die europäischen Kolonialherren in ihrer schrankenlosen Jagd nach Trophäen, Macht und Ruhm auf alles geschossen, was sich bewegte, um schließlich bestürzt festzustellen, dass viele Tierarten **vom Aussterben bedroht** waren. Besonders gefährdet war der König der Wildtiere, der Tiger, dessen Trophäe – am besten gleich im Dutzend – in keinem Herrscherhaus fehlen durfte. Als besonders schießwütig erwies sich der Maharaja von Gwalior, der während einer Treibjagd im Jahre 1899 an einem einzigen Tag nicht weniger als 150 dieser Großkatzen erlegt haben soll. So konnte es eigentlich nicht verwundern, dass sich der Bestand seit der Jahrhundertwende, als noch 40.000 Tiger durch die Wälder Indiens streiften, bis 1969 auf ganze 1.827 Exemplare dezimiert hatte. Neben der **Wilderei** trugen das explosionsartige Bevölkerungswachstum und die damit einhergehende Zerstörung des natürlichen Lebensraums des Tigers zu dessen Beinahe-Aussterben bei.

Angesichts dieser bedrohlichen Lage entschloss sich die indische Regierung 1973 mit Unterstützung des World Wildlife Fund dazu, das sogenannte Project Tiger ins Leben zu rufen. Dabei handelt es sich um eine der weltweit größten **Rettungsaktionen,** die je zum Erhalt einer Tierart durchgeführt wurden. Ziel war es jedoch nicht, nur den Tiger, sondern auch seine gesamte Biosphäre zu schützen, zu der neben Elefanten und Nashörnern auch seine Beu-

tetiere wie Gazellen und Sambarhirsche gehören.

Die zunächst neun ausgesuchten Tierschutzgebiete sind bis heute auf 23 mit einer Gesamtfläche von über 20.000 km² erweitert worden, wobei die meisten und bekanntesten von ihnen wie etwa Corbett, Sariska, Ranthambhore und Kanha in Nordindien liegen. Jedes dieser Schutzgebiete besteht aus einer gänzlich geschützten Kernzone und einer Pufferzone, in der den Bewohnern der Umgebung eine eingeschränkte Nutzung wie das Weiden ihres Viehs und das Sammeln von Feuerholz erlaubt ist.

Trotz aller Schutzmaßnahmen sterben nach wie vor jährlich ungezählte Tiere durch **illegale Wilddieberei.** Wegen der inzwischen weltweit strikt befolgten Schutzabkommen sind es jedoch inzwischen nicht mehr wie früher die **Felle,** wegen denen die Tiger verfolgt werden, sondern deren **Knochen.** Zermahlen und mit einem speziellen Saft vermischt, wird ihnen in vielen asiatischen Ländern eine lebensverlängernde und potenzfördernde Wirkung zugesprochen. Heute geht man davon aus, dass die tatsächliche Zahl der in Indien frei lebenden Tiger bei nur noch **1.500 Exemplaren** (also etwa der Stand zu Beginn des Project Tiger) liegt, nachdem im Jahr 2007 der Skandal öffentlich wurde, dass viele Parkverwaltungen die Zahlen beim Tiger-Census weit überhöht angegeben und teilweise mit den Wilderern gemeinsame Sache gemacht haben.

Doch selbst für den Fall, dass man dieser Gefahrenmomente Herr werden sollte, hängt der zukünftige Erfolg des Project Tiger von der Eindämmung des nach wie vor größten Problems des Landes ab – dem rasanten **Bevölkerungswachstum.** Seit dem Start der Rettungsaktion vor über 30 Jahren ist die indische Bevölkerung um weitere 350 Millionen auf heute ca. eine Milliarde angewachsen. Die meisten Einwohner sind auf Brennholz, Gras für ihr Vieh und Wasser angewiesen. Je mehr die Pufferzonen der Schutzgebiete von Kühen, Büffeln, Schafen, Ziegen und Kamelen abgegrast werden, desto häufiger treiben die Leute ihr Vieh in die noch weitgehend unberührten Kernzonen. Offiziell ist dies verboten, doch die Dorfbewohner berufen sich verständlicherweise auf ihr jahrtausendealtes Gewohnheitsrecht. Zwar verehren sie den Tiger als Inbegriff des Majestätischen, Erhabenen und Machtvollen, doch im täglichen Überlebenskampf sehen sie in ihm in erster Linie ein gefährliches Raubtier, welches ihr höchstes Gut, das Vieh, tötet. In den letzten Jahren kam es immer wieder zu Übergriffen, da die Tiger ihrerseits wegen der zunehmenden Nahrungsverknappung in die angrenzenden Dörfer einfielen.

In der Erkenntnis, dass nur eine Verbesserung der Lebensbedingungen der Parkanwohner den Schutz der Tiger-Refugien gewährleisten kann, wurde daraufhin von Regierungsseite ein Bündel von Maßnahmen beschlossen. Hierzu zählen Projekte zur Verbesserung der Weidequalität, die Anlage leistungsfähiger Bewässerungssysteme und die Zucht ertragreicher Kühe, damit diese heiligen Tiere mehr Milch geben. So siegte die Einsicht, dass es nicht reicht, Mensch und Tier durch hohe Mauern voneinander zu trennen, sondern dass das Überleben des Tigers letztlich vom Wohlergehen des größten „Raubtieres" der Erde abhängt – dem Menschen.

● Weitere Informationen beim **Divisional Forest Office** von Periyar (Mo–Sa von 10 bis 17 Uhr, Tel.: 222027, www.periyartiger reserve.org).

Bei der Jagd auf die seltenen Wildkatzen waren weder die Briten noch die Maharajas besonders zimperlich

nannte Programm mit Zeltübernachtung und Verpflegung für 3.000 Rs p.P.), natürlich nur für Touristen, die gut zu Fuß sind. Zu den jeweiligen Startpunkten wird per Jeep gefahren. Die Preise sind verglichen mit anderen Anbietern moderat (z.B. Border Hiking Tour: 8–17 Uhr, 750 Rs inkl. Verpflegung) oder eine Jeep-Safari (Trekking, Bootsausflug und Verpflegung, max. 14 Teilnehmer, 5.30–18 Uhr, 2.000 Rs). Die Guides sind engagiert und ums Wohlergehen der Teilnehmer bemüht. Die Touren müssen mindestens drei Tage im Voraus gebucht werden. Eine lohnenswerte Erfahrung. Außerdem organsiert Touromark eine Vielzahl weiterer meist mehrtägiger Trekkings und Raftingtouren (8–17 Uhr, 1.000 Rs). Zu den genannten Preisen kommt der Eintritt für den Park hinzu.

Von Lesern wird die sehr fachkundige Führung durch die Green-Park-Gewürzplantage, 3 km außerhalb Richtung Munnar (Abzweigung „First Mile" von der Hauptstraße aus), empfohlen. Neben vielen Informationen zum Anbau der Gewürze kann man Kaffee und Honig kaufen. Ein Baumhaus zur Vermietung ist in Planung, Tel.: (0)9446806941.

Praktische Tipps

Information

- Informationen zum Park und zu den aktuell angebotenen Touren bietet das **Wildlife Information Centre** (Tel.: 222028) oberhalb des Periyar-Sees.
- Eine von einem ansässigen Naturfreund allabendlich (19.30–21.30 Uhr) veranstaltete Diavorführung des **Wildlife Interpretation Centre** im Spice Village ist sehr informativ und für Gäste des Restaurants bzw. der Bar kostenlos.
- **The Wildlife Preservation Officer,** Periyar Tiger Reserve, Tel.: 222027, 2322027, 222028.
- Das hilfreiche **Idduki District Tourist Office** (Tel.: 222620, Mo–Sa 10–17 Uhr) befindet sich neben dem Busbahnhof. Hier können auch Wildwasser-Rafting- und Trekking-Touren gebucht werden.

Stadtverkehr

- Die Entfernung von Kumily zum Periyar-See beträgt 4 km. Der etwa einstündige, angenehme Fußweg entlang der Thekkady Rd. endet direkt an der Fähranlegestelle. Mit der **Riksha** muss man für die Strecke ca. 40 Rs zahlen. **Fahrräder** werden im Zentrum von Kumily für 40 Rs pro Tag vermietet.

Unterkunft

Grundsätzlich zu unterscheiden ist zwischen den Übernachtungsmöglichkeiten innerhalb des Parks und jenen Hotels, die sich entlang der ca. 4 km langen Strecke vom Ortszentrum in Kumily bis zum Parkeingang reihen. Da die Parkunterkünfte oftmals lange im Voraus ausgebucht sind, ist eine möglichst frühzeitige Anmeldung bei den KTDC-Büros in Thiruvananthapuram oder Ernakulam dringend angeraten.

Unterkünfte innerhalb der Parkgrenzen:

- Tatsächlich nicht viel mehr als Aussichtstürme in freier Wildbahn ohne jeglichen Komfort sind die **Forest Department Towers** €. Dementsprechend muss alles Lebensnotwendige wie Schlafsack, Lebensmittel, Taschenlampe, Moskitonetz und warme Kleidung mitgebracht werden. Wen diese Outdoor-Verhältnisse nicht abschrecken, der wird mit einer absolut natürlichen, friedvollen Atmosphäre belohnt. Nirgendwo sonst sind die Möglichkeiten zur Tierbeobachtung so aussichtsreich, da sich von der erhöhten Warte aus unverstellte Blicke auf von den Touristenmassen unberührte Regionen bieten. Um zu den über den Park verteilten Aussichtstürmen zu gelangen, fährt man zunächst mit dem um 16 Uhr abfahrenden Boot. Danach schließt sich ein Fußmarsch an, den man am besten in Begleitung eines geländekundigen Guides unternimmt. Buchungsversuch und nähere Auskünfte im Divisional Forest Office (Tel.: 222027). Es ist sehr schwierig, einen der begehrten und vorrangig an Bedienstete des Parks vergebenen Plätze zu ergattern.
- Ähnlich spartanisch ist die Unterbringung im **Forest Department House** € auf der dem Pier gegenüberliegenden Uferseite. Auch

hier sind Ausrüstung und Verpflegung mitzubringen. Für Anreise und Anmeldung gilt das Gleiche wie bei den Watchtowers.

- Die billigste Wohnmöglichkeit innerhalb des Parks bietet das **KTDC Periyar House** €€€-€€€€ (Tel.: 222026, periyar@sancharnet.in) gut 1 km oberhalb der Fähranlegestelle. Die weitläufige Anlage im Wald verfügt über ein gutes Restaurant, die Zimmer, einfach möbliert und mit TV, sind jedoch nichts Besonderes. Frühstück und Abendessen sind im Preis inbegriffen, Fahrräder können ausgeliehen werden, Geldwechsel ist möglich.
- Um einiges besser, aber auch teurer und zudem in unmittelbarer Seenähe wohnt man im **KTDC Aranya Niwas** €€€€€ (Tel.: 2222023, aranyanivas@sancharnet.in, www.ktdc.com) gleich oberhalb der Fähranlegestelle. Die großen, etwas einfach ausgestatteten, aber ganz gemütlichen Zimmer, mit Plüschmobiliar und TV, eine urige Bar sowie das hervorragende Restaurant tragen zum Wohlbefinden bei. Das Haus wurde zur Recherchezeit renoviert. Im Preis inbegriffen sind Frühstück und Abendessen sowie eine Fahrt auf dem Oberdeck des Ausflugsdampfers. Ein schön zwischen Bäumen gelegener Pool inkl. Affengesellschaft ist einladend.
- Wunderschön ist das **KTDC Lake Palace** €€€€€€ (Tel.: 222024, 222282, www.ktdc.com) auf der gegenüberliegenden Uferseite. Der Name Lake Palace ist treffend, handelt es sich doch bei der ehemaligen Jagd-Lodge des Maharajas um ein palastähnliches Haus in herrlicher Lage. Was könnte es Schöneres geben, als bei einem Drink auf der Terrasse des Hauses die umherlaufenden Tiere zu beobachten? Ausgezeichnet ist auch das zugehörige Restaurant. Die Übernachtung in einer der 6 Suiten ist allerdings sündhaft teuer, zumal sich die Preise zwischen Mitte Dezember und Ende Januar verdoppeln.

Der besondere Tipp: Indischer Tanz

Eine sehr interessante Gelegenheit, klassischen indischen Tanz hautnah kennen zu lernen oder zu erlernen, bietet die **Schule von C.E. Janardanan,** eine kleine Straße von der Bypass Rd. abzweigend hinauf. Er ist ausgebildeter Lehrer für die Urform des indischen Tanzes Bharatnatyam aus Tamil Nadu und stammt von dort. Interessierten, die einmal in seine Schule hineinschnuppern wollen, bietet er den Besuch seiner Lehrstunden um 19 Uhr als Zuschauer an (150 Rs). Dabei wird mit einfachsten Mitteln eine sehr hohe Intensität erzielt. Der Besuch muss vorher mit dem Lehrer abgesprochen werden (Tel.: 222941). Will man sich darauf einlassen, auch nur Teile des aus vielen Schritten, Gesten, Handhaltungen und mimischen Ausdrücken bestehenden Tanzes zu erlernen, sollte man auf jeden Fall eine Menge Disziplin und Ausdauer mitbringen. Aber Vorsicht: Hat man erst einmal angefangen, so besteht angeblich Suchtgefahr.

Neben dem Cardamom County an der Thekkady Road wird in einem Zelt unter dem Namen **Mudra Kathakali Centre** täglich um 16.30 und 19 Uhr eine **Kathakali-Vorführung** für 150 Rs geboten. Die Schminkprozedur beginnt jeweils eine halbe Stunde früher. Tel.: (0)9447157636, 222394, mermaidtours@yahoo.com.

Unterkünfte außerhalb der Parkgrenzen:

Generell wohnt man außerhalb von Kumily nahe dem Parkeingang gediegener und schöner als oben an der Hauptstraße im Dorf.

Untere Preiskategorie:

- Die meisten Zimmer des überragenden **Muckamkal Regent Tower** €-€€€ (Tel.: 222570) im Dorf sind zu empfehlen, das ganz dicht am Busbahnhof gelegene Hotel hat ein ordentliches Restaurant. Die teils klimatisierten Zimmer sind recht groß, hinreichend sauber, jedoch durch kleine Fenster dunkel. Es gilt: je weiter nach oben desto besser der Blick.
- Das sehr günstige **Karthika Tourist Home** € (Tel.: 222146) erfreut sich bei Individualreisenden großer Beliebtheit. Wahrscheinlich liegt es auch am hauseigenen Sabala-Restau-

rant, denn die ziemlich düsteren Zimmer laden nicht gerade zum Verweilen ein.

- Wer im **Lake Queen Tourist Home** € (Tel.: 222084, lakequeenhotels@hotmail.com) absteigt, wohnt nicht nur in einem recht sauberen und günstigen Hotel, sondern betätigt sich indirekt auch noch karitativ, werden doch alle Gewinne des von der Katholischen Kirche geleiteten Hauses gemeinnützigen Zwecken zugeführt.
- Nur drei Zimmer hat das **Rose Garden** €-€€ (Tel.: 223146) an der Bypass Road zu vergeben, wobei besonders die im oberen Stockwerk angenehm sind. Die gemütliche Atmosphäre in der herzlichen Familie, die typisch indisches Frühstück bereitet, und Ausblicke vom Dachgarten sind hervorzuheben.
- Eine der besten Budget-Unterkünfte ist das nette **Coffee Inn** €€ (Thekkady Rd., Tel.: 222763; coffeeinn@satyam.net.in) in der Nähe der Post und nicht weit vom Parkeingang entfernt. Die Bambushütten auf Stelzen, von denen nur zwei über ein eigenes Bad verfügen, sind recht schlicht. Dafür entschädigen die hübsche Lage inmitten eines Gartens und das recht teure, aber sehr gemütliche angeschlossene Restaurant. Selbiges orientiert sich unter anderem mit dem selbstgebackenen Brot stark am Travellergeschmack.
- Ein weitere Unterkunft, die Bambus zu vermieten hat, ist das **White House** €-€€ (Tel.: 222987, (0)9447473990). Eine der zehn Hütten mit großem Balkon liegt direkt an der Parkgrenze und bietet so einen beschaulichen Ausblick, sehr empfehlenswert. Inzwischen haben die meisten Hütten Bad und TV.
- Die **Wild Side Villa** €€-€€€€ (Amalambika Rd., Tel.: 223163, www.wildsidevilla.com), ein bisschen abseits die Amalambika Rd. hinauf, hat ebenfalls eine Bambushütte (in luftiger Höhe mit tollem Blick), zwei höherklassige Apartments sowie doppelstöckige Cottages im Garten und einige einfache Zimmer im Haupthaus zu bieten.
- Etwas abseits, aber sehr hübsch gelegen und erstaunlich preiswert wohnt man im einfachen, aber gemütlichen, von einer netten Familie geführten **Claus Garden** € (Tel.: 222320) oberhalb der Bypass Road in einem Haus mit schönem Garten. Die Küche darf mitbenutzt werden.
- **Mickey's Homestay** €€-€€€ (Tel.: 223196, (0)9447284160, www.mickeyhomestay.com) an der Bypass Rd. gelegen, ist ein zweistöckiges Haus im Garten. Die klimatisierten Zimmer mit Terrasse bzw. Balkon und Liegestühlen bieten eine angenehme Erholungsmöglichkeit. Der umtriebige Besitzer veranstaltet außerdem interessante Trekking-Touren in den Park und viele weitere Ausflugsangebote (siehe Hinweis unter Wanderungen zu **Touromark Jungle Tours**).
- Ganz in der Nähe ist das familiengeführte **Suresh Green View** €€ (Tel.: 211015, 224617, (0)9447432008, www.sureshgreenview.com). Die hübschen Zimmer mit Terrasse, kleinem Garten mit vielen Kräutern und Hängematten, auch zwei weitere Räume mit Küche, sind sehr preiswert. Gelobt werden auch die zuvorkommenden Besitzer.
- **Hotel Revathy International** €-€€€ (Tel.: 223434-6, hotelrevathyinternational@rediffmail.com) bietet 16 saubere, teils kleine (SZ), teils große (Deluxe) Zimmer, manche mit TV, wobei die oberen einen schönen Ausblick gewähren. Eines der besten Angebote oben im Dorf.

Mittlere Preiskategorie:

- Das Woodlands besteht aus zwei völlig unterschiedlichen Teilen: Der alte, 1958 erbaute Trakt mit sehr schlichten und billigen Zimmern und Schlafsaal, teils mit Gemeinschaftsbad (für sehr wenig Geld) bildet das **Woodlands Tourist Bhavan** € (Tel.: 222077). Hier kann eine Küche benutzt werden. Hinter diesem Trakt gibt's einen Kräuter- und Bananengarten. Der ganz neue, fast als luxuriös zu bezeichnende Trakt heißt **Woodlands Prime Castle** €€€ (Tel.: 223469) und hat makellose Zimmer mit Balkon/Terrasse, schönen Möbeln und teilweise Hängeschaukeln.
- Weiter die Straße Richtung Parkeingang hinab liegt wie eine herrschaftliche Villa das **Michael's Inn** €€€-€€€€ (Tel.: 222355, www.michaelsinnthekkady.com). Dementsprechend tief muss man in die Tasche greifen, doch dafür sind die Zimmer geräumig und hübsch eingerichtet. Auch hier gibt's ein Restaurant.
- Ganz in der Nähe ist das **The Wildernest** €€€€ (Tel.: 224030, www.wildernest-kerala.

com) eine gelungene Unterkunft mit großzügig gestalteten Zimmern mit TV und Balkon inkl. Affenbesuch und reichhaltigem Frühstück. Guter Service und ein fachkundiger Guide für den Park runden das Bild ab.

- Die sechs etwas eng beieinander stehenden Cottages des **Leelapankaj Resort** €€€ (Thekkady Rd., Tel.: 222392, (0)934919 7934) nahe dem Parkeingang sind recht einfach ausgestattet, ihr Preis rechtfertigt sich vor allem durch die tollen Ausblicke. Gut und preiswert ist das angeschlossene Madhavi Restaurant.
- Eine gute Adresse ist das **Hotel Ambadi** €€€-€€€€ (Tel.: 222193-5, www.hotelambadi.com) nahe dem Parkeingang. Speziell die Bungalows ohne AC (die man meist eh nicht benötigt) bieten ein gutes Preis-Leistung-Verhältnis. Leider stehen die einzelnen Häuser etwas eng beieinander.
- Eine charmante Bleibe ist **Chrissie's Hotel & Café** €€€€ (By-Pass-Rd., Tel.: 224155, (0)9447601304, www.chrissies.in). Das von einer freundlichen Engländerin geführte Kleinod hat 15 angenehm möblierte Zimmer mit Balkon und Ausblick zu den bewaldeten Bergen bzw. in den Garten sowie eine Familiensuite. Reservierung dringend empfohlen! Ebenso beliebt ist das herrliche Dachrestaurant mit italienischer und westlicher Küche sowie Kuchen. Außerdem werden Yoga, Reiki und Shiatsu angeboten.
- Auf dem Weg nach Kumarakom, ca. 35 km von Kumily entfernt, wird das **Wood Palace Resort** €€€€ (Tel.: 233696, eastwesthimarani @yahoo.co.in) in Kuttikanam als idealer Ort der Ruhe empfohlen. Gelungen eingerichtete Zimmer, teils mit toller Aussicht, sowie Ayurveda-Anwendungen sind einen Stopp wert.

Obere Preiskategorie:

- Ein großflächiger Komplex ist das **Tree Top** €€€€€-€€€€€€ (Tel.: 223286/7, www.hoteltree top.com) mit 16 sauberen Zimmern, ebensolchen Cottages und überteuerten, großzügigen Bungalows, die alle wie auch die Dachgärten und das Dachrestaurant einen schönen Blick auf die gegenüberliegenden Hänge des Reservats gewähren. Die von einem freundlichen Manager geleitete Anlage nahe dem Parkeingang macht einen guten Eindruck, ist aber recht teuer.
- Das gelungene, sich über einen Sonnenhang erstreckende, riesige Areal des **Cardamom County** €€€€€€ (Tel.: 224501-3, www.cardamomcounty.com) ist eine Klasse besser. Es besteht aus Cottages (jeweils zwei Stockwerke mit zwei luxuriösen Apartments mit Balkon/Terrasse und tollem Blick auf die gegenüberliegenden Berge) und verfügt über Restaurant und Swimmingpool.
- Eine der schönsten Übernachtungsmöglichkeiten in Kumily bietet das von der Casino-Gruppe gemanagte **Spice Village** €€€€€€ (Thekkady Rd., Tel.: 222316/7, spicevillage @vsnl.com, www.cghearth.com). Die in einem weitläufigen tropischen Garten am Hang platzierten Bungalows, jeweils mit Terrasse, sind ganz hübsch eingerichtet und vermitteln viel Ruhe und weiten Ausblick. Empfehlenswert sind auch das in einem luftigen Pavillon untergebrachte, hauseigene Restaurant mit erstklassigem Büffet und die gut bestückte Bar in kolonialem Stil.
- Auf einem schönen, mit kleinen Bäumen und anderen Pflanzen begrünten Areal in der Amalambika Road liegt das **Taj Garden Retreat** €€€€€-€€€€€€ (Tel.: 222403, retreat.thek kady@tajhotels.com, www.tajhotels.com), eine der luxuriösesten Unterkünfte in Kumily. Alles vom Feinsten in der architektonisch gelungenen Anlage mit recht großem Pool inkl. kleinem abendlichen Wasserfall. Die über das Gelände verteilten Bungalows (hübsches Mobiliar; Kaffee oder Tee können im Zimmer bereitet werden) gewähren weite Ausblicke von Balkon bzw. Terrasse, außerdem gibt's eine Bar, einen Badminton-Platz sowie kostenlosen Fahrradverleih für Gäste.
- Wen die Lage 5 km außerhalb, etwas zurückversetzt von der Straße nach Kottayam, nicht stört und wer über das nötige Kleingeld verfügt, sollte sich im sehr gelungenen **Shalimar Spice Garden** €€€€€€ (Tel.: 222132, www.shalimarkerala.com) einquartieren. Man wohnt in hübschen Bungalows inmitten eines Gewürzgartens, kann im Pool plantschen und sich an den ausgezeichneten Pizzas und Pastagerichten laben – die Besitzer sind Italiener.

Essen und Trinken

- An der Hauptstraße in Kumily findet man viele kleine indische Restaurants, von denen das **Kochi Bake House,** das vorwiegend von einheimischer Bevölkerung frequentiert wird, und das **Lake Queen Restaurant** im Lake Queen Tourist Home durch gutes Essen und kleine Preise etwas hervorstechen.
- Sehr angenehm im Grünen sitzt es sich im **Coffee Inn** nahe dem Parkeingang. Allerdings sind die Preise höher als es das Ambiente vermuten lässt, dennoch empfehlenswert. Die Speisekarte hat typische Travellerkost und einige leckere Backwaren.
- Gegenüber dem Eingang des Ambadi steht die nur zu Essenszeiten geöffnete Bambushütte namens **Jungle Café,** die Einheitskost (mittags *thali*) sehr schnell und billig serviert. Außerdem ist es ein guter Ort, um mit anderen Travellern ins Gespräch zu kommen.
- Im **Madhani Restaurant** des Leelapankaj Hotel wird indische, chinesische und kontinentale Küche geboten, am preiswertesten in dieser Ecke Thekkadis.
- Auch das Restaurant des **Michael's Inn** ist verglichen mit den Zimmerpreisen erstaunlich preiswert und gut.
- Etwas abseits und versteckt, aber sehr schön in einem Gewürzgarten oberhalb der Bypass Road liegt das **Pepper Garden Coffee House.** Es bietet indische Gerichte, Kaffee und eine Vielzahl unterschiedlicher Tees sowie Frühstück mit Toast, Butter und Marmelade oder Porridge und Pfannkuchen.
- Die gemütliche Dachterrasse von **Chrissie's Café** an der Bypass Rd. ist eine gute Adresse für italienische Küche und leckeren Kuchen, bei dessen Verzehr auch mal ein paar Affen zuschauen.
- Gutes hat seinen Preis: Das hervorragende Frühstücksbüffet im **Taj Garden Retreat** (500 Rs) sollte man sich dennoch nicht entgehen lassen.
- Trotz fehlender Aussicht ist das **Restaurant Athidia** des Ambadi Hotel mit umfangreicher Speisekarte sehr empfehlenswert.
- Innerhalb des Parks können sowohl das Restaurant des **Periyar House** wie auch das teurere des **KTDC Aryana Niwas** mit uriger Bar in sehr schöner Umgebung (allerdings nicht billig) empfohlen werden.
- Der **Kiosk** am Bootspier des Periyar Lake hat Getränke, Süßigkeiten und einige heiße Snacks zu bieten.

Medizinische Versorgung

- Zentral liegt das **Central Hospital** (Tel.: 222045) an der Thekkady Junction. Ein weiteres Krankenhaus ist das **St. Augustine Hospital,** Spring Valley (Tel.: 222042).

Ayurveda

- Will man seinem Körper nach langen Wanderungen Gutes tun, ist das **Mayura Ayurvedic Centre** (Colony Rd., Tel.: 223521, (0)9447505775, www.mayurathekkady.com) seit Jahren eine ideale Adresse. Eine einstündige Massage kostet ca. 700 Rs. Natürlich gibt's auch langwierige Therapien und Behandlungen unter ärztlicher Anleitung.

Bank, Post, Internet

- Neben verschiedenen Hotels wechselt die **State Bank of Travancore** in der Nähe des Busbahnhofs recht zügig Travellerschecks und Bargeld, Mo–Fr 10–15, Sa 10–12.30 Uhr an einem Extraschalter. Der ATM der Bank öffnet seinen Kartenschlitz für die meisten international üblichen Kreditkarten. Auch die **Central Bank of India,** KK Rd., wechselt Reiseschecks und Bares. Des weiteren gibt's einige private **Wechselstuben** im Dorf.
- Das **Postamt** ist etwas nördlich des Parkeingangs.
- Die meisten **Internetcafés** (etwa Rissas oder bei DC Books) sind im Dorf, sie verlangen um die 50 Rs/Std. Schnell ist Penta's Net Park (1. Stock) und IR Communications beim Spice Village.

Shopping

- Ursprünglich war der Verkauf von Gewürzen die Haupteinnahmequelle der Einwohner von Kumily. Kein Wunder, liegt der Park doch inmitten der für Gewürze und Tee berühmten Cardamom Hills. Die Straße von Kumily zum Parkeingang ist gespickt mit **Spice- und Tea-Shops.** Alles ist für den Touristengeschmack bereits in handliche Päckchen verpackt und beschriftet. Dementsprechend überteuert sind die meisten Läden. Wegen des großen Konkurrenzdrucks ergeben sich jedoch enorme Verhandlungsspielräume.

- Billiger, wenn auch nicht so hübsch verpackt, kauft man Tee und Gewürze auf dem **Markt** im Zentrum von Kumily ein.
- **DC Books** hat eine breite Palette von qualitativ hochwertigen Büchern zu Kunst und Kultur Keralas sowie Postkarten und eine kleine Auswahl an Fiction.

An- und Weiterreise

- **Bus:** Die meisten Busse halten am Busbahnhof, nur wenige Meter von der Grenze zu Tamil Nadu entfernt. Von dort gibt es alle halbe Stunde Verbindungen nach Kottayam (4 Std., 110 km, 66 Rs). Sehr viele Verbindungen nach Madurai (6 Std. Fahrtzeit) zwischen 5.15 und 20.45 Uhr sowie ein Nachtbus um 1.15 Uhr vom Tamil Nadu Busbahnhof, einige Meter weiter östlich in Tamil Nadu. 6 Busse zwischen 7 und 19.30 Uhr fahren in 6 Stunden nach Ernakulam, darüber hinaus drei Busse täglich nach Thiruvananthapuram (8.40, 15.30 und 16.15 Uhr, 8 Std. Fahrtzeit, 150 Rs), einer nach Alappuzha (11.15 Uhr, 5 Std.) und einer nach Pondicherry. Außerdem mehrere Busse nach Munnar (70 Rs, die meisten morgens, 4½ Std).

Der besondere Tipp: Von Kottayam nach Kumily

Auch die **Fahrt zum Periyar-Nationalpark** stellt eine besondere Attraktion dar. Man sollte sich für die ca. 100 km lange Anfahrt von der Küste genügend Zeit nehmen und mit dem Mietwagen anreisen. Unterwegs bieten sich derart viele schöne Aussichten, dass es sich lohnt, für die in drei Stunden zu schaffende Strecke einen ganzen Tag einzuplanen.

Allein die landschaftliche Vielfalt und die verschiedenen Vegetationszonen von der Küste bis auf 1.000 m Höhe machen den Ausflug zu einem echten Erlebnis. Die Fahrt beginnt in der von **Palmen und Obstbäumen** geprägten Küstenlandschaft, führt an **Kautschukplantagen** vorbei und geht dann, je höher man die fruchtbaren Hänge der West-Ghats hinaufkommt, zu **Gewürzgärten** sowie **Kaffee- und Teeplantagen** über.

Mangaladevi-Tempel

Etwa fünf bis sechs Stunden sollte man für den Besuch dieses 14 km östlich von Kumily gelegenen **Waldtempels** veranschlagen. Der Tempel an sich ist zwar nur noch in Ruinen erhalten, doch die abenteuerliche Anreise über eine ebenso steile wie schlechte Straße und die herrliche Lage inmitten eines verwunschenen Waldes lohnen die Mühen. Wer mit einem lokalen Guide unterwegs ist, kann von der Straße aus nicht einsehbare Wege und **Wasserfälle** erkunden.

Munnar

↗ XXII/B1

Einwohner: 10.000
Höhe: 1.524 m
Vorwahl: 04865

Umgeben von Teeplantagen und überragt von den höchsten Bergen Südindiens liegt das kleine Städtchen Munnar auf einer Höhe von 1.524 m. Die spektakuläre Anfahrt von Madurai oder Periyar, die herrlichen Aussichten, die frische Luft sowie einige Kolonialbauten haben diesen alten **Kurort** aus der Zeit des Raj zu einem beliebten Ausflugsziel betuchter Inder werden lassen.

Tatsächlich prägen nicht die vom Zahn der Zeit angenagten Kolonialvillen oder die christliche Kirche und der obligatorische Golfplatz mit dem Clubhaus, sondern Wellblechhütten und Zweckbauten das Zentrum des Ortes. Zudem kann es gerade in den Monaten November bis Februar empfindlich kühl werden.

Ein Ausflug zu diesem Zentrum der Teegewinnung und -verarbeitung lohnt also nur, wenn man Munnar als Ausgangspunkt für Wanderungen und Ausflüge in die wunderschöne Landschaft der Umgebung nutzt. Lohnenswert ist unter anderem die Besichtigung einer der vielen **Teefabriken.** Hier hilft das neue **Tata Tea Museum** (tgl. 10–17 Uhr, Eintritt 50 Rs, www.keralatravel.com/museums-kerala/tea-museum-munnar.html) knapp 2 km außerhalb von Munnar, in dem u.a. die Prozedur der Teeverarbeitung gezeigt sowie deren heute verwendete und antike Werkzeuge präsentiert und erklärt werden. Das Wochenende ist oft etwas überlaufen.

Ein etwa halbstündiger, gemütlicher Spaziergang zurück nach Munnar führt an Teeplantagen entlang. Die einfache Fahrt kostet etwa 20 Rs per Riksha, mit Wartezeit und Rückfahrt sollten 50 Rs genügen.

Information und Ausflüge

- Den Weg zu den zahlreichen zum Teil ungünstig weit vom Stadtzentrum entfernten **staatlichen Touristenbüros** (Tel.: 231516) kann man sich sparen. Eine wahre Goldgrube für westliche Individualtouristen ist dagegen das kleine Büro des **Tourist Information Service** (Tel.: 231136, (0)9447190954, 9–18 Uhr) im Ortskern bei der Fußgängerbrücke über den Fluss. Eine Reihe von Karten, Tipps zu Ausflügen in die Umgebung sowie weiterreichende Informationen werden bereitwillig gegeben. Allerdings hat das Ganze einen kleinen Nachteil: Die Bediensteten und speziell der über die Grenzen Munnars hinaus bekannte Leiter scheinen an den von ihnen vorgeschlagenen Ausflügen und Hotels mitzuverdienen, was sich selbstverständlich auf die Preise niederschlägt.
- Das **DTCP Tourist Information Office** bietet einige recht gedrängte Tagestouren zu den Sehenswürdigkeiten wie zum Chinnar-Wildreservat (bis 19 Uhr, 300 Rs) und die Sandal Valley Tour an (9–18 Uhr, 300 Rs, zu Aussichtspunkten, Wasserfällen und Sandelholzwäldern, Teeplantagen und Dörfern der Umgebung). Es vermietet zudem **Fahrräder** für 10 Rs pro Stunde bzw. 75 Rs pro Tag. Die bekommt man auch bei **Raja Cycles** etwas nördlicher.
- Erstklassige Trekkingtouren arrangiert **Trackfinder Adventures** (Tel.: 232608, (0)9447266632, www.trackfinderkerala.com) in einer unscheinbaren Behausung an einem Parkplatz im Süden des Ortes. Neben Tagestouren (z.B. sechsstündige Exkursionen durch Tee- und Kardamom-Plantagen, 24 km von Munnar entfernt, die per Jeep zurückgelegt werden) per pedes sind inkl. Verpflegung 600 Rs p.P. zu zahlen. Natürlich werden auch mehrtägige Ausflüge (Übernachtung in wetterfesten Schlafsäcken bzw. Zelten) mit verlässlichen Führern in die Berge arrangiert, etwa zum Anamudi-Berg. Auch verschiedene Nationalpark-Touren werden angeboten (Chinnar-, Shola- und Indira-Gandhi-Wildlife-Sanctuary, Kurinjimala-Naturpark, besonders für Blumenfreunde interessant), außerdem Paragliding.
- Im Ortszentrum ist **Edelweiss Adventures** (im Rimshoppee Complex, Tel.: (0)9446135663) eine weitere verlässliche Adresse für dasselbe. Eine dreistündige Tour kostet um die 400 Rs, eine fünfstündige etwa 800 Rs,

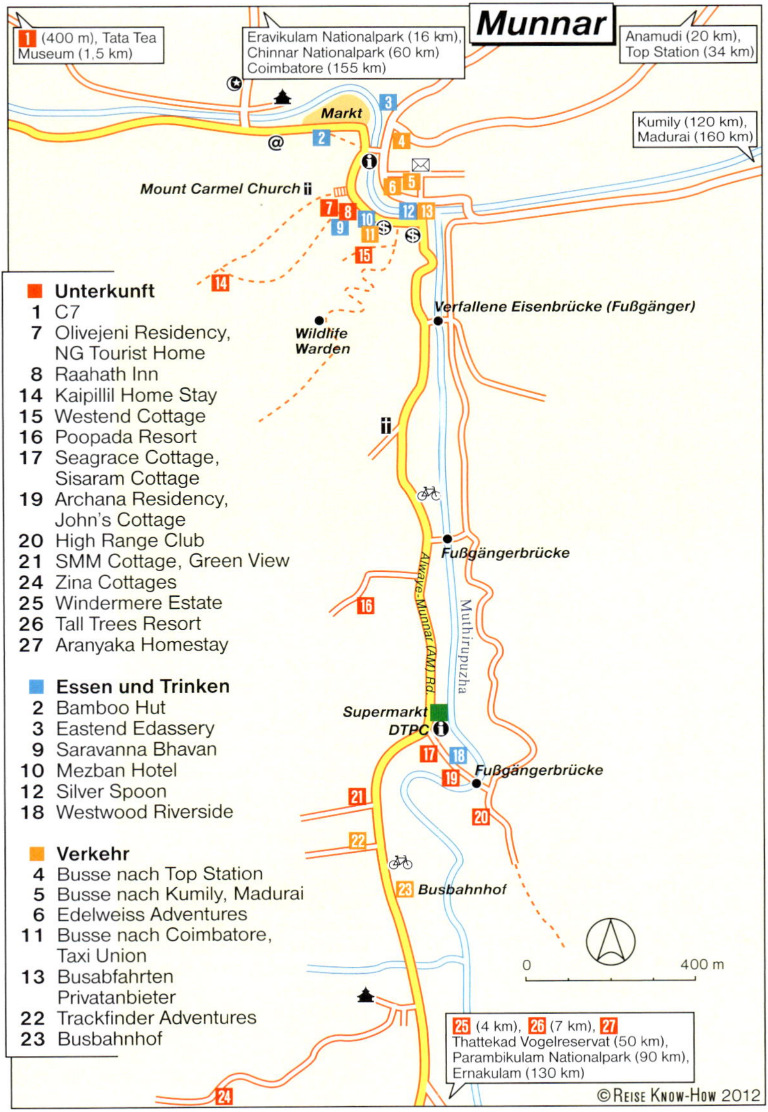
Munnar
1 (400 m), Tata Tea Museum (1,5 km)
Eravikulam Nationalpark (16 km), Chinnar Nationalpark (60 km) Coimbatore (155 km)
Anamudi (20 km), Top Station (34 km)
Kumily (120 km), Madurai (160 km)
Markt
Mount Carmel Church
Verfallene Eisenbrücke (Fußgänger)
Wildlife Warden
Fußgängerbrücke
Alwaye-Munnar (AM) Rd.
Muthirupuzha
Supermarkt
DTPC
Fußgängerbrücke
Busbahnhof
0
400 m
25 (4 km), 26 (7 km), 27 Thattekad Vogelreservat (50 km), Parambikulam Nationalpark (90 km), Ernakulam (130 km)
Unterkunft
1 C7
7 Olivejeni Residency, NG Tourist Home
8 Raahath Inn
14 Kaipillil Home Stay
15 Westend Cottage
16 Poopada Resort
17 Seagrace Cottage, Sisaram Cottage
19 Archana Residency, John's Cottage
20 High Range Club
21 SMM Cottage, Green View
24 Zina Cottages
25 Windermere Estate
26 Tall Trees Resort
27 Aranyaka Homestay
Essen und Trinken
2 Bamboo Hut
3 Eastend Edassery
9 Saravanna Bhavan
10 Mezban Hotel
12 Silver Spoon
18 Westwood Riverside
Verkehr
4 Busse nach Top Station
5 Busse nach Kumily, Madurai
6 Edelweiss Adventures
11 Busse nach Coimbatore, Taxi Union
13 Busabfahrten Privatanbieter
22 Trackfinder Adventures
23 Busbahnhof
©REISE KNOW-HOW 2012

239ke Foto: mb

Teepflückerin bei Munnar

Nachtausflüge 750 Rs, mit Camping 1.200 Rs, Verpflegung ingebriffen. Zudem Rafting, Bergsteigen und Paragliding (Tandemflug 2.500 Rs).

- **Rikshafahrer** verlangen für einen Ganztagesausflug etwa 500 Rs, Taxis kosten je nach Fahrzeug und Ausflugszielen zwischen 1.100 und 1.500 Rs.

Unterkunft

- Zwar sind die einfachen Zimmer, teils mit Gemeinschaftsbad, des **Westend Cottage** €€ (T.B. Rd., Tel.: 230954, (0)9446130036, satish_cbe@sify.com) in einer kleinen Seitengasse etwas dunkel und aussichtslos, dies wird durch die familäre Atmosphäre und den sehr hilfs- und auskunftsbereiten Besitzer aber mehr als wettgemacht.
- Saubere Zimmer mit Bad, TV und Balkon sowie weite Ausblicke über den Ort, besonders in den oberen Etagen, machen den neuen Teil des NG Tourist Home €€, die **Olivejeni Residency** €€-€€€ (Tel.: 232968, (0)944 7220297, olivejenimunnar@yahoo.com), zu einer hervorragenden und preiswerten Budget-Wahl im Ortskern. Fast nebenan gibt es im **Raahath Inn** €€ für etwas weniger nur wenig schwächere Qualität.
- Dorfnah gelegen (ca. 5-minütiger Aufstieg an der katholischen Kirche vorbei) ist **Kaipillil Home Stay** €€-€€€ (Tel.: 230203, (0)94478 76641, reservation@kaippallil.com, ehem. Kochery Home Stay) auf einem Hügel mit Sitzbänken im Garten und Blick auf das Dorf. Die sauberen, geräumigen Zimmer mit Bad und Balkon, ein klasse Ausblick über Munnar und gutes keralisches Essen bei einer herzlichen Familie führen zu häufiger Ausbuchung, also reservieren. Außerdem gibt's gute Ausflugtipps.

• In einer kleinen Gasse, der MSA Rd., von einer Flussschleife, umgeben ca. 500 m südlich vom Ortskern, offerieren zwei gemütliche, familiengeführte Bleiben makellose Zimmer und idyllische Gärten zum Fluss. **John's Cottage** €€€ (Tel.: 231823, (0)9447331831, auch mit Halbpension möglich, viele kleine Terrassen zum gepflegten Garten) sowie **Sisaram Cottage** €€€ 900 (Tel.: (0)9447512128), ein ebenfalls angenehmer, aber weniger komfortabler Homestay. Auch gut in Schuss und gemütlich ist **Seagrace Cottage** €€-€€€ (Tel.: 231972, (0)9447211973) in derselben Gasse.

• Ebenfalls in der MSA Rd. genügt das brandneue Mittelklassehotel **Archana Residency** €€€-€€€€ (Tel.: 230286, 233526, www.archanaresidency.com) auch höheren Ansprüchen, ganz ruhig gelegen mit einladender Terrasse zum Fluss. Ein hervorragendes Preis-Leistungs-Verhältnis.

• Weitere gut 200 m südlich eine Gasse hinein sind drei kleine Herbergen aufgrund ihres geringen Preises besonders bei Rucksackreisenden sehr beliebt, wobei das supersaubere **SMM Cottage** €-€€ (Tel.: 230159) und das nur leicht teurere **Green View** €€ (Tel.: 230940, www.greenviewmunnar.com) mit Dachrestaurant überzeugen.

• Inmitten von Teeplantagen sind die **Zina Cottages** €€-€€€ (Tel.: 230349), weiter südlich gegenüber dem Hotel Royal Retreat die Gasse etwa 1 km hinein, ruhig und friedvoll. Die hübschen Zimmer mit Bad und TV im Gemeinschaftsraum sind etwas überteuert, doch aufgrund der bemühten Familie des Leiters des Tourist Information Service und der herrlichen Lage zu empfehlen.

• Das **Poopada Resort** €€€-€€€€ (Tel.: 230223231781-3, www.poopada.com) ist eine ruhige Unterkunft in schöner Lage etwa 500 m westlich des Stadtzentrums. Neben den hübschen Zimmern und dem freundlichen Personal spricht auch das sehr gute und preiswerte Restaurant für das Poopada.

• Das **Abad Copper Castle** €€€€-€€€€€ (Tel.: 231201, 230438, www.abadhotels.com) liegt knapp 2 km südlich des Zentrums an der Bison Valley Rd. Wegen des freundlichen Personals, der ansprechenden Zimmer und des sehr guten Restaurants ist es eines der besten Hotels dieser Preiskategorie.

• Der **High Range Club** €€€-€€€€ (Tel.: 230253/4, www.highrangeclubmunnar.com) ist die richtige Adresse für Liebhaber des Raj. Der typische, etwas verstaubt-muffige Geruch liegt in den Zimmern und über der Veranda und auch die Trophäen erlegter Tiere, die die Wände zieren, sind nicht jedermanns Sache. Nur mit Vollpension zu buchen, die im Preis inbegriffen ist.

• Zwischen Dorf und Teemuseum wirkt der große Klotz des **Hotel C7** €€€€€ (Tea Museum Rd., Tel.: 230217, www.c7hotels.com) etwas deplatziert, bietet jedoch von den großen Fensterfronten der luxuriösen Zimmer klasse Ausblicke auf die umgebende Landschaft. Pool und mehrere Restaurants, eines auf dem Dach, komplettieren den Luxus.

• In der Nähe eines größeren Wasserfalls ist der **Aranyaka Homestay** €€€-€€€€ (Poornima Arun, Pullivasal Estate, Tel.: (0)9447510236, poornimaarun2003@yahoo.com) eine idyllische Herberge in herrlicher Lage unterhalb Munnars Richtung Ernakulam. Einfache, aber gemütlich eingerichtete Zimmer mit Bad und Blick in die Teeplantagen und Berge, die bemühte Familie und das vegetarische und nicht-vegetarische Essen sind preiswert.

• Wer preisgünstig in den Bergen wohnen möchte, findet im **Spice Garden Resort** €€€ (2nd Mile, Munnar, Tel.: 263696, (0)9447163696, www.spicegardenresorts.com) eine ansprechende Option. Im Restaurant in dunklem Holz speist man mit Ausblick auf die Hänge der Teeplantagen.

• 6 km von Munnar entfernt verstecken sich die luxuriösesten Unterkünfte meist in den herrlichen Bergen der Western Ghats. Eine wundervolle, allerdings auch teure Adresse ist das **Tall Trees Resort** €€€€€- €€€€€€ (Tel.: 230641, 230593, www.ttr.in). Inmitten der 600 Bäume, die das Gelände beschatten, der Orchideen und vielerlei Vogelarten am Rand der Wildnis wirkt der Luxus der einzeln stehenden Luxusbungalows noch erstaunlicher.

• Auf 1.600 m Höhe in den Bergen der Western Ghats ist das **Windermere Estate** €€€€€€ (Poathamedu, Tel.: 230512, 230978, www.windermeremunnar.com) noch etwas teurer. Die Verbindung aus Landhausstil und Luxus gelingt erstklassig. Besonders aus den Cottages hat man herrliche Ausblicke in die Natur.

Essen und Trinken

- Eine einfache, zentral gelegene und sehr preiswerte Gaststätte ist das **Mezban Hotel** mit billiger, südindischer vegetarischer Küche. Ganz ähnlich ist das meist überfüllte **Saravanna Bhavan** gleich um die Ecke den Hang hinauf.
- Besonders bei Rucksacktouristen äußerst beliebt ist die **Bamboo Hut** mit typischer Traveller-Kost (etwa ein hervorragendes Müsli, Pizza etc.). Besonders abends sind die nur wenigen Tische meist belegt, zumal hier gern die Reiseerlebnisse mit anderen Backpackern geteilt werden.
- Fastfood in modernem Ambiente offeriert das **Silver Spoon** im Hotel Munnar Inn. Burger, Pizza und Shakes, aber auch indische Küche wie Biryani sind preiswert.
- Wer es stilvoller mag, sollte die Restaurants des **Westwood Riverside** mit Tandoori und Barbecue auf der Terrasse zum Fluss oder **Eastend Edassery** mit westlicher, chinesischer und indischer Küche ausprobieren.
- Rechts neben dem Tourist Office im Süden des Ortes versorgt ein kleiner **Supermarkt** mit dem Nötigsten, auch Süßigkeiten.

Bank, Internet

- Effizient wechselt man in der **State Bank of Travancore** im Stadtzentrum (Tel.: 230274, Mo–Fr 10–15.30, Sa 10–12.30 Uhr) Bares und Reiseschecks. Die **Federal Bank** wechselt ausschließlich Reiseschecks. Am fixesten und zu guten Wechselraten geht's bei **Muthoot Finance** (rechts neben dem Hotel/Restaurant Mezban, tgl. 9–17 Uhr). Hier ist die Kopie der Reisepassseite mit dem Gesichtsfoto erforderlich, was aber auch dort für ein geringes Entgelt erledigt wird. Rund um den Markt finden sich mehrere **ATMs,** etwa von der State Bank of Travancore, die mit den meisten internationalen Kreditkarten einverstanden sind.
- Die Internetcafés sind meist bis ca 21 Uhr geöffnet. Im **Spacenet Café** (40 Rs/Std., bis 22 Uhr) an der Hauptstraße eine Treppe hinauf gibt's schnelle Breitbandverbindungen. Ist es hier voll, wird man im Internetcafé zwei Türen weiter einen Platz finden. In beiden kann auch billig per Skype telefoniert werden.

An- und Weiterreise

- Vom eigentlichen **Busbahnhof,** 2 km südlich des Zentrums, starten die Busse eher selten. Die meisten fahren im Ortszentrum ab, wobei es hier für jeden Bundesstaat eigene, insgesamt 4 verschiedene, nah beeinander liegende Abfahrtsorte gibt, die meisten auf dem Platz unterhalb der Hauptpost. Von dort (Tel.: 230201) fahren mindestens 8 Busse täglich nach Ernakulam (zwischen 5.30 und 21.50 Uhr, 4½ Std., 85 Rs), 4 Busse nach Kumily (8.30, 11.30, 12 und 14.30 Uhr, 70 Rs, 5 Std.), nach Thiruvananthapuram 5 Busse (9 Std., 180 Rs) zwischen 10.30 und 21.30 Uhr, die Verbindung um 11.40 Uhr über Alappuzha (7 Std., 125 Rs), die anderen über Kottayam (5 Std., 95 Rs).

  Wer nach Kodaikanal weiterreisen will oder die einzige Verbindung nach Madurai (14.15 Uhr, Start vor der Post) verpasst, muss zunächst nach Theni (80 km) und dort umsteigen. Von dort viele Verbindungen zu beiden Städten sowie nach Kumily. Für die beiden erstgenannten Ziele sollte man per Bus gut 6 Stunden veranschlagen. Nach Top Station tgl. 8 Busse zwischen 7.30 und 18.30 Uhr. Jeeps meistern den teils steilen Anstieg dorthin für ca. 700 Rs, Rikshas 300 Rs (beide inkl. Rückfahrt).
- **Gemeinschaftsjeeps** nach Kodaikanal kosten etwa 400 Rs, nach Kumily (für Periyar-Wildreservat) 350 Rs p.P.
- Ein gut einsehbares, auf eine Wand gemaltes Schild im Zentrum von Munnar bei der Munnar Taxi Union zeigt die aktuellen und offiziellen Fahrpreise für **Taxis** zu den meisten wichtigen Reisezielen. Einige Beispiele: Top Station 800 Rs, Chinnar 1.000 Rs (beide jeweils Hin- und Rückfahrt). Nach Thekkady (Periyar Wildlife Sanctuary) und zum Ernakulam-Flughafen 1.400 Rs, Alappuzha, Madurai und Kodaikanal um 2.000 Rs, Trivandrum, Kovalam und Varkala zwischen 3.500 und 4.000 Rs, mit komfortableren Fahrzeugen ca. 25 % mehr.

Eravikulam-Nationalpark

Der 15 km nördöstlich von Munnar gelegene, 97 km² große Eravikulam-Nationalpark ist Heimat des lange Zeit vom Aussterben bedrohten *nilgiri thar*. Bereits am Parkeingang in Vaguvarai, wo auch das in Munnar ausgestellte Trekking-Permit vorgezeigt werden muss, warten diese nach wie vor seltenen **Bergziegen** auf Besucher, in der Hoffnung gefüttert zu werden. Mit 4.500 mm Jahresniederschlag eine der feuchtesten Regionen der Erde, werden im Eravikulam-Nationalpark ab und zu Tiger, Panther, wilde Hunde und viele andere Säugetierarten sowie viele Vogelarten gesichtet. Im Park bieten sich schöne Wanderwege ins **Anamali-Bergmassiv.** Der Anaimudi, mit 2.695 m der höchste Berg des Massivs, ist gleichzeitig die höchste Erhebung Indiens außerhalb des Himalaya.

- **Öffnungszeiten:** 7–18 Uhr (außer Monsunzeit). Im März und April ist das Reservat geschlossen, um die neugeborenen Bergziegen zu schonen.
- Der **Eintritt** zum Park beträgt 200 Rs, Kamera 25 Rs, Video 200 Rs. **Motorrikshas** von Munnar berechnen 150 Rs für die Hin- und Rückfahrt mit Wartezeit, Taxis das Doppelte. Es gibt aber auch Sammeltaxi-Jeeps, die einen für einen Bruchteil dessen bis zur Kreuzung ca. 1,5 km unterhalb des Parkeingangs mitnehmen.
- **Kontaktadresse:** Wildlife Warden, Eravikulam National Park, Rajamalai, Near Nemakad Estate, Munnar, Tel.: 04865-230487, Mo–Sa 10–17 Uhr, oder Chief Conservator of Forests in Trivandrum, Tel.: 0471-2322217.
- **Übernachtung:** in Privatunterkünften in Munnar und in Government Guest Houses in Munnar und Devikulam.
- Im Park selbst darf man offiziell nur ca. 2 km auf einer asphaltierten Straße laufen und muss dann eigentlich umkehren. Auf dieser Straße fahren laufend Fahrzeuge des Forstbetriebes und von Tata-Tea. Für weitergehende Touren benötigt man ein **Trekking-Permit!**

Top Station

Ein weiterer beliebter Tagesausflug von Munnar führt zu dem kleinen, auf 1.700 m gelegenen Dorf Top Station, 34 km östlich an der Grenze zu Tamil Nadu. Am Ende der steilen Strecke von Munnar bieten sich spektakuläre **Ausblicke über die West-Ghats** – sofern das Wetter es zulässt.

Anreise

- Täglich acht **Busse** von Munnar zwischen 7.30 und 18.30 Uhr legen den steilen Weg in ca. 1 Std. zurück. Mit einem gemieteten Jeep kostet der Tagesausflug etwa 700 Rs, mit einer Riksha ca. 450 Rs, per Taxi etwa 800 Rs.

Chinnar-Nationalpark

60 km nordöstlich von Munnar ist das **Chinnar Wildlife Sanctuary** Heimat von Dammwild, Leoparden, Elefanten und eines seltenen Rieseneichhörnchens. Parkwanderungen zu Wasserfällen und Flüssen sowie der Aufenthalt innerhalb des Parks in **Baumhäusern und Hütten** €€-€€€ können über das Forest Information Centre des Wildlife Warden (Kontaktdaten siehe bei Eravikulam) arrangiert werden.

Anreise

- **Busse** aus Munnar Richtung Coimbatore passieren Chinnar (1½ Std., 30 Rs).

Thattekad-Vogelreservat

Das 25 km² große Thattekad Bird Sanctuary (10–18 Uhr, Eintritt 100 Rs), 50 km westlich von Munnar, ist ein Paradies für Vogelliebhaber, leben dort doch etwa 270 Vogelarten, darunter Schlangenhalsvögel, Papageien, Nashornvögel und außerdem viele Fischarten wie Labyrinthfische und Zahnkarpfen. Parkführer können für 150–200 Rs am Parkeingang gebucht werden, dort ist ein einfaches Restaurant für die Verpflegung zuständig.

Unterkunft

- Neben **Unterkunft im Park** €€€, die über den Assistant Wildlife Warden (Tel.: 0485-2588302) in Kothamangalam gebucht werden kann, steht der **Hornbill Inspection Bungalow** €€€-€€€€ (Tel.: 0484-2310324) mit einfachen, überteuerten Zimmern außerhalb des Parks zur Verfügung.

Parambikulam-Wildschutzgebiet

Von drei Seiten umschlossen von den Parambikulam-, Thunakadavu- und Peruvaripallam-Dämmen leben im Wildreservat Parambikulam (7–18 Uhr, Eintritt 100 Rs) neben vielerlei Dammwildarten Elefanten, Panther, Krokodile und wenige Tiger. Im Reservat gibt's ein **Elefantencamp,** auf dessen See Boote ausgeliehen werden können. Das ca. 90 km nordwestlich von Munnar gelegene, 285 km² große Naturreservat sollte man während der Monsunzeit meiden, im März und April ist es in manchen Jahren geschlossen.

Für den Zutritt zum Reservat ist eine Erlaubnis notwendig, die beim **Divisional Forest Officer** (Tel.: 04253-244500) erhältlich ist. Dreistündige Jeeptouren (750 Rs) sowie Trekkingausflüge in den Park werden hier arrangiert. In Thunakavadu und umliegenden Dörfern gibt's außerdem Unterkunftsmöglichkeiten in Baumhütten: **Forest Rest Houses** €€€, Kontakt s.o.

Anreise

- Die nächstgelege Stadt ist **Pollachi** in Tamil Nadu, 40 km von Coimbatore und 50 km von Palakkad entfernt. Von dort fahren täglich zwei **Busse** die restliche Strecke bis Parambikulam.

Highlight: Kochi (Cochin) und Ernakulam

↗ XXII/B1

Einwohner: 700.000
Vorwahl: 0484

Die landschaftlich äußerst attraktive Lage auf mehreren **Inseln und Landzungen,** eine lang zurückreichende, von Toleranz und Geschäftstüchtigkeit geprägte Geschichte, die freundliche, multiethnische Bevölkerung, die kulturelle Vielfalt sowie die ausgezeichnete touristische Infrastruktur machen Kochi zur meistbesuchten Stadt Keralas. Damit vereint die bis vor wenigen Jahren noch unter dem Namen Cochin bekannte Stadt all das, was Kerala zu einem der schönsten und interessantesten Bundesstaaten Indiens macht. Drei Tage sind das Minimum, das man benötigt, um die vielseitigen Attraktionen und die besondere Atmosphäre zu erfassen.

Ein Erlebnis besonderer Art ist allein die Fahrt mit einer der zahlreichen Fähren zur **Halbinsel Mattancherry** und **Fort Cochin,** dem alten historischen Zentrum. Besonders lohnenswert ist der Ausflug frühmorgens und am späten Nachmittag, wenn die weithin sichtbaren chinesischen Fischernetze sich im glitzernden Wasser spiegeln. Einen ganzen Tag sollte man für Fort Cochin und Mattancherry einplanen. Mit den verwinkelten Gassen, geschichtsträchtigen Kirchen und Palästen, dem Judenviertel sowie den hübschen Geschäften sind dies die interessantesten Stadtteile. Ein weiterer Bestandteil jedes Kochi-Aufenthaltes sollte schließlich der Besuch einer der allabendlich dargebotenen Aufführungen des **Kathakali-Tanzes** sein.

Geschichte

Kochis materieller Reichtum gründet sich auf dem gewinnbringenden Handel mit den im Hinterland angebauten Gewürzen. Schnell wurde die Stadt zum **bedeutendsten Hafen der Malabar-Küste.** Kochis ethnischer und kultureller Reichtum ist das Resultat der Gier der europäischen Kolonialmächte, sich diesen Reichtum zu sichern.

Bis zur Ankunft der ersten Europäer Anfang des 16. Jh. war Kochi ein eher unbedeutendes Fürstentum, welches im Schatten von Cannanore, Calicut und Kollam stand. In seinem Bestreben, die eigene Machtposition zu verbessern, kam dem Raja von Kochi der portugiesische Seefahrer *Pedro Alvarez Cabral,* der im Dezember 1500 mit sechs Schiffen in Kochi anlandete, gerade recht. Nur zu gern übertrug er ihm die Handelsrechte für den lukrativen Gewürzhandel, erhoffte er sich doch neben dem finanziellen Reichtum auch die militärische Absicherung seines Kleinstaates durch die Truppen der damals führenden **Weltmacht Portugal.** Finanziell ging die Rechnung auf, überhäuften ihn die zu Wohlstand gelangten portugiesischen Stadthalter doch mit teuren Geschenken. Gleichzeitig entwickelten sie sich jedoch zu den wahren Machthabern: Bereits 1505 wurde *Francisco d'Almeida* als erster Vizekönig Portugals in Indien eingesetzt. De facto hielten die Portugiesen die Fäden der Macht in Händen, während die lokalen Rajas nicht viel mehr waren als Marionetten, die nur Repräsentationsaufgaben wahrnahmen. Wie schnell mit dem wirtschaftlichen Aufstieg Kochis auch dessen politische Bedeutung anstieg, zeigt der Besuch *Vasco da Gamas,* der 1524 als Vizekönig die damals schon stark von den Portugiesen geprägte Stadt besuchte. Wenige Monate später starb er hier und wurde in der St.-Francis-Kirche im Fort Cochin beigesetzt.

Mitte des 17. Jh. mussten die Portugiesen ihre Besitzungen wie in allen anderen Regionen Asiens an die **Holländer** abtreten. Grundsätzlich änderte dies kaum etwas am Status Quo, übernahmen doch die Holländer das bestehende Machtgeflecht. Einfluss-

Kochi (Cochin) und Ernakulam
Cherai Beach (23 km), Fisherman's Village (25 km), Palipuram Fort (5 km)
0
1 km
Vypeen Island
Vallarparam Island
Vembanad Lake
Government Jetty
Vypeen Jetty
Custom's Jetty
India Tourism
Fort Cochin
Bazaar Rd.
Mattancherry
Mattancherry Palast
Palace Rd.
Mattancherry Jetty
Jew Town
s. Karte Fort Cochin
Beach Rd.
Pattalam Rd.
K B Jacob Rd.
Amaravathi Rd.
PT Jacob Rd.
Alappuzha (55 km), Trivandrum
©Reise Know-How 2012
Unterkunft
1 KTDC Bolghatty Palace
2 Hotel Classic
4 Taj Malabar
6 Casino Hotel
7 Green Woods Bethlehem
8 Rose Garden
Verkehr
3 Busbahnhof
5 Busbahnhof
9 Kingfisher Airlines

Bolghatty Island
Mathai Manjooran Rd.
Kaloor Busbhf. (500 m),
Flughafen (29 km),
Thrissur (75 km)
Ernakulam Town Bhf.
High Court Jetty
Banerji Rd.
olghatty Jetty
Shanmugan Rd.
Sealord Jetty
Ernakulam
Main Jetty
mbarkation Jetty
Park Ave.
M.G. Road
Chittor Road
Mahakari Vylopilly Rd.
NH 47 Bypass
AG Milne Rd.
Ernakulam Jn.
Durbar Hall Rd.
Terminus Jetty
4th Cross Rd.
Indira Gandhi Rd.
South Overbridge Rd.
Willingdon Island
s. Karte Ernakulam
Hill Palace Museum (12 km),
Kottayam (70 km)
Cochin Harbour Bhf.
Chitram Art Gallery
Marine-Hafen-gelände
Bristow Rd.
Kazhavan Rd.
Vendurathy Bridge
Old Bridge
New Bridge
Kundanoor Bridge
Alappuzha (55 km)

reiche Ministerpräsidenten, die auf Geheiß der Kolonialherren eingesetzt wurden und in deren Sinne agierten, bestimmten auch nach 1800 noch die Geschicke der Stadt. Kochi wurde als Cochin-Staat Teil der Madras-Presidency.

Orientierung

Zunächst wirkt die sich über mehrere Inseln, Landzungen und Teile des Festlands erstreckende Stadt recht unübersichtlich. Kochi besteht aus dem modernen, auf dem Festland gelegenen Stadtteil **Ernakulam,** den westlich davon gelegenen **Inseln Willingdon, Bolgatty** und **Gundu** sowie der **Halbinsel Mattancherry** mit Fort Cochin, dem historisch und atmosphärisch interessantesten Stadtteil. Alle Stadtteile werden von Fähren angefahren. Ernakulam ist insofern von touristischer Bedeutung, als sich hier die meisten Hotels und Geschäfte sowie Bahnhof, Busbahnhof und Touristenbüro befinden. Auf dem 1932 durch eine Landaufschüttung gewonnenen Willingdon Island stehen unter anderem große Hafenanlagen und zwei Luxushotels. Der **Flughafen** in Nedumbassery liegt 30 km nordöstlich von Ernakulam.

Fort Cochin

Kaimauer

Eine Art Wahrzeichen von Kochi sind die das Nordufer von Fort Cochin säumenden **Fischernetze.** Es gibt wohl kaum einen Besucher, der das herrliche Bild der aneinander gereihten, mächtigen Netze mit der Altstadt im Hintergrund und dem glitzernden Wasser davor nicht fotografiert. Um die viereckigen, auf einer komplizierten Holzkonstruktion gespannten Netze mittels langer Seile und Gegengewichte aus schweren Steinen aus dem Wasser zu ziehen, sind mindestens vier kräftige Männer von Nöten. Noch heute kommen die im 13. Jh. von Kaufleuten im Gefolge *Kublai Khans* eingeführten Konstruktionen zum Einsatz. Wer eine Backwaters-Tour unternimmt, wird die auf Malayalam *cheena vala* genannten Netze überall an den Kanälen und Lagunen sehen.

Bei einem geruhsamen Spaziergang entlang der Kaimauer bieten sich hübsche Ausblicke aufs Meer. Nicht entgehen lassen sollte man sich einen Besuch des kleinen **Fischmarkts** mit den daneben platzierten mobilen Garküchen, an denen man den frisch gekauften Fisch gleich zubereiten lassen kann. Ein wenig störend mag für einige der penetrante Geruch sein.

Viertel Fort Cochin

Vom Markt geht es zu dem sich unmittelbar südöstlich anschließenden, von verträumten Gassen, hohen, schattenspendenden Bäumen und hübsch restaurierten **Kolonialbauten** geprägten Viertel Fort Cochin. Das 1503 von Portugiesen unter dem Namen Fort Manuel gegründete Viertel gilt als die erste europäische Ansiedlung auf indischem Boden. Tatsächlich meint man beim Bummel durch die Gassen noch viel vom Geist jener Zeit zu spüren, als Portugiesen, Holländer und Engländer hier das Sagen hatten. Dies gilt insbesondere für den Bereich zwischen Bastion St., Rose St., Tower Rd. und Rampath Rd., wo man in den letzten Jahren viele Kolonialbauten in Guest Houses und Hotels umgewandelt hat. Dies hat den Vorteil, dass viele der vorher baufälligen Gebäude restauriert wurden. Besorgniserregend ist jedoch die zunehmende Kommerzialisierung dieses einstmals verschlafenen Stadtteils. Sollte sich der Trend zur Umwandlung zu einem reinen Touristenviertel fortsetzen, wird vom originären Charme des Forts bald kaum noch etwas zu spüren sein.

St. Francis Church

Wichtigstes Gebäude im Fort ist die St. Francis Church, die **erste europäische Kirche auf indischem Boden.** Ursprünglich soll an dieser Stelle eine von Franziskaner-Mönchen aus Portugal Anfang des 16. Jh. errichtete Holzkirche gestanden haben. Etwa ein halbes Jahrhundert später wurde das von außen recht unscheinbare Gotteshaus in seiner heutigen Form aus Stein erbaut. Danach wurde die Kirche mehrmals restauriert. Auch wenn sie in ihrer äußeren Erscheinungsform über die Jahrhunderte relativ unverändert blieb, spiegelt sie doch wie kaum ein anderes Gebäude die äußerst wechselvolle Geschichte von Kochi. Das Gotteshaus diente von 1503 bis 1663 als römisch-katholische Kirche unter den Portugiesen, dann machten es die Niederländer von 1664 bis 1804 zum religiösen Zentrum ihrer Gemeinde. Von 1804 bis 1947 diente es als anglikanische Kirche der Briten; seit der Unabhängigkeit untersteht es der Kirche Südindiens.

Eine schlichte, von einer Einfriedung umgebene Grabplatte markiert die Stelle, an der **Vasco da Gama,** der am 24. Dezember 1524 in Kochi verstarb, beigesetzt wurde. 14 Jahre später hat man seine Gebeine nach Portugal überführt. Interessant sind auch die zahlreichen Grabplatten, die über das Schicksal portugiesischer, holländischer und britischer Kolonialbeamter Auskunft geben.

Einen besonderen Blickfang bilden die von der Decke hängenden **Stoffmatten.** Diese sogenannten *punkhas* wurden mittels nach draußen hängender Seile von Bediensteten bewegt, um den hohen Herrschaften im Inneren Kühlung zu verschaffen. Diese Frühform der Air Condition fand auch in vielen Maharaja-Palästen Anwendung. Heute übernehmen die daneben hängenden Ventilatoren diese Funktion.

Santa Cruz Basilica

Einen kurzen Abstecher lohnt auch die knapp 200 m südwestlich an der Rampath Rd. gelegene Basilika. Ganz im Gegensatz zur schlichten St. Francis Church besticht die **1903 erbaute Kathedrale** durch ihren ebenso bunten wie ausladenden Neo-Rokoko-Stil.

Mattancherry

Schlendert man vom Customs Ferry im Fort Cochin die Calvathy Rd. etwa 1,5 km Richtung Süden, gelangt man

Fort Cochin
Government Jetty
Vembanad Lake
KTDC Tourist Desk
Vypeen Jetty
Custom's Jetty
Chinesische Fischernetze
Calvathy Road
Cochin Cultural Centre
Indian Traditional Arts Centre
Kerala Kathakali Centre
River Road
Rampath Rd.
Amravathi Rd.
Kanal
Kaimauerweg
Tourist Desk
Tourist Police
Tower Road
Fatima Dental Clinic
Ayush Therapy Centre
St. Peter & Paul Church
Rose St.
Princess St.
Burgher St.
Church Rd.
KB Jacob Rd.
Bastian St.
St. Francis Church
Parade Ground
Post Office Rd.
Quiero's St.
Peter Celli St.
Santa Cruz Basilica
Fosse St.
Dutch Cement Rd.
Kerala Kathakali Centre
New Road
Kunnumpuram Rd.
Dutch Cemetary
Napier Rd.
Lily St.
Cochin Ayurvedic Centre
Kl Bernard St.
Residale Branch Rd.
Elephinestone St.
Indo-Portuguese Museum
Sonnen-untergangs-treffpunkt
Chirattapalam Rd.
Beach Road
Pattalam Road
Palce Road
1 2 3 4 5 6 9 10 11 12 13 14 15 16 17 18 19 20 21 22 23 24 25 26 27 28 29

Unterkunft
3 Brunton Boat Yard
5 Ballard Bungalow
8 Taj Malabar
9 Walton's Guest House, The Old Courtyard
10 Koder House
12 Princess Inn
14 Oy's Home Stay
15 Elite Hotel
16 Adam's Old Inn, Bernardine
17 Hotel Arches
19 Spice Holiday's Home Stay
20 Chenatt Homes
21 Hotel Park Avenue
22 Delight Tourist Resort
24 Malabar House
25 Chiramel Home Stay
26 Spencer Home
27 Fort Heritage
28 Ann's Residency
33 Caza Maria

Essen und Trinken
6 Old Port Restaurant
7 Solar Café
11 Chariot Beach Restaurant
13 Kashi Art Café
23 Tea Pot
28 Addy's Restaurant
30 Rathmathula Restaurant
32 Darshan Art Café
33 Caza Maria
35 Ginger House

Verkehr
1 Ausflugsboote
4 Busbahnhof
29 Motorradverleih i-one
31 Busabfahrt

Einkaufen
2 Fischhändler
15 Supermarkt
18 Idiom Booksellers
22 Supermarkt
34 Idiom Booksellers II

zum Stadtteil Mattancherry, dem zweiten historischen Viertel von Kochi. Auch hier hat die Vergangenheit deutliche Spuren hinterlassen.

Mattancherry-Palast

Als erstes gelangt man zum Mattancherry-Palast. Leider ist der Zugang durch den zur Straße gelegenen Hintereingang mit einer Kette verschlossen, sodass man um den gesamten ummauerten Komplex herumgehen muss. Der zweigeschossige, um einen Innenhof angelegte Palast wurde 1555 als Geschenk der Portugiesen an *Vira Kerala Varma* (1537–1565), den Raja von Cochin, erbaut. Kleine Geschenke erhalten bekanntlich die Freundschaft und so ging es den Portugiesen bei diesem fürstlichen Geschenk natürlich in erster Linie darum, die ihnen vom Raja verliehenen, äußerst lukrativen Handelsprivilegien zu sichern. Der nach wie vor häufig verwandte Begriff **Dutch Palace** geht auf eine Renovierung der Holländer von 1665 zurück.

Der von außen recht schmucklose Bau ist nicht die alles überragende Sehenswürdigkeit, wie in vielen Broschüren und Reiseführern immer wieder dargestellt. Wegen der sehr schönen Wandmalereien und der interessanten Innenaustattung lohnt ein Besuch jedoch unbedingt. Der auf einem quadratischen Grundriss angelegte Palast ist ein schönes Beispiel für einen **indisch-europäischen Mischstil.**

Im Zentrum des Innenhofs steht die Statue von Palayanur Bhagavati, dem Schutzgott der Herrscherfamilie. Zwei weitere Schreine zu Ehren von Krishna und Shiva flankieren den Palast. Die interessanteren der zu einem **Museum** umgewandelten Räume befinden sich im zweiten Stock. Dabei handelt es sich um die Versammlungshalle, den Speisesaal, den Krönungssaal und das Schlafgemach. Neben prachtvollen Roben, Turbanen, kunstvoll geschnitzten Sänften, *howdahs* (Elefantensitzen) und Möbelstücken, Porträts der verschiedenen Rajas und der Waffensammlung gefallen vor allem die **Wandmalereien,** die zu den schönsten Indiens zählen. Die ältesten und gleichzeitig beeindruckendsten finden sich im Schlafgemach. In unzähligen Einzelszenen werden Geschichten aus dem Ramayana erzählt. Aus Respekt vor der Person des Raja, der in diesem Raum im August 1760 verstarb, brannte hier über viele Jahre hinweg ein heiliges Feuer.

Auch die weniger kunstvollen Räume der Hofdamen im Erdgeschoss zieren einige schöne Malereien. Auffällig ist die ständige Wiederkehr von Krishna, des bis heute von indischen Frauen besonders verehrten Gottes.

- **Öffnungszeiten:** Der Palast ist täglich außer Fr von 10 bis 17 Uhr geöffnet, der Eintritt beträgt 5 Rs. Das Fotografieren ist zum Schutz der Wandmalereien verboten. Wer an einer detaillierten Beschreibung der einzelnen Wandmalereien interessiert ist, kann das vom Archaeological Survey of India herausgegebene Buch zum Mattancherry-Palast an der Kasse zum Preis von 35 Rs erwerben.

Judenviertel

Verlässt man den Palast durch den Hintereingang, gelangt man wieder auf die Cavathy Rd., von wo es nur noch wenige Meter zur **Jew Town** sind. Das Viertel, welches der Raja von Cochin den Juden quasi als Exil vor den Übergriffen der Portugiesen zur Verfügung stellte, ist noch heute von dem geprägt, was es schon immer auszeichnete – dem Kommerz. Hier lag das **Zentrum des Gewürzhandels** und damit die Quelle des Reichtums von Kochi. Dementsprechend sind die Gebäude im Gegensatz zum Fort Cochin auch nicht von kolonialer Europa-Wehmut geprägt, sondern von Funktionalität und der Sachlichkeit kaufmännischen Gewinnstrebens. Das tut dem Charme des Viertels jedoch in keinster Weise Abbruch. Heute leben nur noch ganz wenige Juden hier, die meisten sind sehr betagt.

In vielen Häusern entlang der schmalen Straßen wurden gemütliche **Andenkenläden** und kleine **Cafés** eingerichtet. Speziell entlang der Jew Street reiht sich ein **Antiquitäten- und Kunstgewerbegeschäft** ans nächste. Die Straßennamen und die Beschriftungen der alten Warenhäuser stammen noch aus einer Zeit, als hier in erster Linie mit Gewürzen gehandelt wurde. Noch immer begegnen einem mit dicken Säcken beladene Kulis, die die schwere Fracht in die bereitstehenden Lastwagen schleppen. Es macht Spaß, sich von den optischen und aromatischen Eindrücken treiben zu lassen und in den Geschäften zu stöbern.

Geistiges und soziales Zentrum der jüdischen Gemeinde war die am Ende der schmalen Synagoge Lane stehende **Pardesi-Synagoge.** Der heutige Bau stammt in seinem Ursprung aus dem Jahr 1664, nachdem die 1567 errichtete erste Synagoge der „weißen Juden" 1662 von den Portugiesen zerstört worden war. In einem kleinen Raum vor dem Gotteshaus wird auf naiven Bildern die Geschichte der Juden in Indien bis zu ihrer Ansiedlung in Kochi dargestellt. Das kleine, von außen recht unscheinbare Gebäude zeigt im Inneren ein skurriles Stilgemisch asiatischer und europäischer Einflüsse. Die 1.100 handgemalten Bodenfliesen sind eine Spende des Kaufmanns *Ezekiel Rahabi,* der sie 1762 aus Kanton mitbrachte. Zwei Jahre zuvor hatte er den benachbarten Uhrturm erbauen lassen. Die bunten, gläsernen Öllampen unter der Decke wurden Mitte des 19. Jh. aus Belgien importiert. Die wertvollsten Objekte sind vier Rollen der Torah, die in kostbaren Behältern aus Gold gegenüber dem Eingang aufbewahrt werden. Die darauf platzierten goldenen Kronen sind eine Spende des Maharajas von Travancore aus dem Jahr 1805.

• **Öffnungszeiten:** Die Synagoge ist täglich (außer samstags und an jüdischen Feiertagen) von 10 bis 12 Uhr und 15 bis 17 Uhr geöffnet. Eintritt 5 Rs, auch hier ist eine kleine Spende angebracht.

Ernakulam

Ernakulam ist das moderne Pendant zu den traditionsreichen Stadtteilen Fort und Mattancherry. Obwohl in den letzten Jahren eine Reihe von modernen Geschäftshäusern errichtet wurde und Sehenswürdigkeiten gänzlich fehlen, bieten sich hier gute **Ein-**

kaufs- und Verpflegungsmöglichkeiten. Besonders der Bereich zwischen der Hauptgeschäftsstraße MG Rd. und der Shanmugham Rd. ist gepflastert mit interessanten Geschäften und guten Restaurants.

Architektonisch ansprechend ist das im traditionellen Baustil errichtete **Parishath-Thampuram-Museum.** Die ausgestellten Objekte wie Ölgemälde, Münzen, Skulpturen und Kostüme werden hingegen in vielen anderen Museen wesentlich anschaulicher präsentiert und lohnen nicht unbedingt einen Besuch.

Der **Shiva-Tempel** an der Ammankovil Rd. steht alljährlich im Januar/Februar im Mittelpunkt des bunten **Tempelfestes** Ernakulamthappam Utsav. Das bei der Bevölkerung sehr beliebte Fest erreicht am letzten Tag mit ekstatischer Musik, Tempeltänzen, Feuerwerk und einer 15 Elefanten umfassenden Prozession seinen Höhepunkt. Die Termine sind beim Touristenbüro zu erfragen.

Südlich von Ernakulam können im Kalarippayat-Zentrum (Tel.: 2700810, Stadtteil Nettoor, nahe Mahadevi-Tempel) zwischen 19.15 und 20.15 Uhr die **Martial Arts** von Kerala bewundert

Praktische Tipps

Information, Reisebüros

- Das **KTDC Tourist Reception Centre** an der Shanmugham Rd. (Tel.: 2367334, ktdc cok@sancharnet.in, www.ktdc.com) ist in erster Linie am Verkauf von Tickets für die von ihnen durchgeführten Stadtrundfahrten und

115is Foto: tb

Backwater-Trips interessiert. Geöffnet ist es täglich von 8 bis 19 Uhr. Der **KTDC Tourist Desk** (Fort Cochin, Tel.: 2216129, Mo–Sa 8.30 bis 18.30 (Saison), sonst 10–17 Uhr) an der Jetty nach Vypeen Island ist informativer, auch hier werden Tickets für Rundfahrten verkauft.

- Schließlich gibt es noch ein informatives **India-Tourism-Büro** (Tel.: 2668352/1913, ind tourismkochi@sify.com) beim Taj Malabar Hotel auf Willingdon Island mit einer Vielzahl von Broschüren und Landkarten. Filialen von **KeralaTourism** im Ernakulam Jn. und am Flughafen (Tel.: 2610115).
- Von den zahlreichen privaten Touristenbüros in Kochi ist der **Tourist Desk** (Tel.: 2371761, (0)9847044688, touristdesk@saty am.net.in) im Main-Jetty-Gebäude in Ernakulam die beste Informationsquelle. Die freundlichen Mitarbeiter lassen keine Frage unbeantwortet, sei es nun zu Hotels, Abfahrtszeiten von Bussen, Bahnen und Fähren oder zu den genauen Terminen der Tempelfeste. Man erhält unentgeldlich einen Stadtplan und es können Ausflüge, etwa Ganztagestouren in die Backwaters (die erste Hälfte im Hausboot, die zweite im Ruderboot durch schmale Kanäle) gebucht werden (550 Rs p.P. inkl. Verpflegung). Das Büro ist täglich von 8 bis 18 Uhr geöffnet.

Vom Tourist Desk an der Main Jetty werden zudem interessante **Ausflugstouren** abseits der Touristenpfade angeboten, so z.B. zu einigen touristisch nahezu unberührten Stränden im Norden Keralas südlich von Kannur und zum ebenfalls noch recht wenig bekannten **Tholpetty-Nationalpark** im Nordosten an der Grenze zu Karnataka. Beide Ziele sind gut kombinierbar für einen etwa 4 bis 5 Tage dauernden Abstecher. Als Richtwert können 2.500 Rs pro Tag und Person inkl. Unterkunft und Verpflegung dienen. Genaueres zu beiden und weiteren Zielen in Kerala beim Tourist Desk und unter www.costa malabari.com.

- Eine anerkannte Adresse für Wanderungen und Ausflüge in die Umgebung sowie Trekking mit Campingübernachtung in den Western Ghats ist **Kalypso Adventures** (G340 Panampilly Nagar, Tel.: 2092280, 4012277, (0)9447031032, www.kalypsoadventures.com). Zudem Touren in andere Regionen Indiens wie Rajasthan oder in den Himalaya.
- Zwar nicht ganz billig, aber zuverlässig und kompetent ist **Flycon Travel Centre** (Tel.: (0)9995556661) im 3. Stock des Einkaufszentrums an der Jos Junction.

Stadtverkehr

- Mit einer **Motorriksha** vom Bahn- bzw. Busbahnhof in Ernakulam zu allen Zielen im Innenstadtbereich wie den Bootspiers und dem Tourist Reception Centre sollte man etwa 20 Rs veranschlagen. Nach Fort Cochin sind es mindestens 70 Rs. Nimmt man ein **Taxi,** kann man mit 100 Rs zur Main Jetty und nach Cochin mit 220 Rs rechnen. Vor dem Bahnhof Ernakulam Jn. gibt es einen Prepaid-Schalter für Rikshas. Mit Vorauszahlung bekommt man auf jeden Fall einen besseren Tarif, als wenn man selbst feilscht, und das ohne Mühe – gerade nach anstrengenden Bahnfahrten eine Erleichterung. Zum 30 km nordöstlich gelegenen Flughafen in Nedumbassery kostet ein Taxi von Fort Cochin 500 Rs, von Ernakulam 350 Rs.
- Im Zentrum von Fort Cochin bei **Vasco Tours & Travels** können **Fahrräder** für 50 Rs ausgeliehen werden, die perfekte Art, die verschiedenen Viertel und Gassen zu erkunden. Auch einige Budget-Hotels in Fort Cochin verleihen Fahrräder zum Tagespreis von etwa 50 Rs. Die kleine Motorradwerkstatt **i-one** (Tel.: (0)9847155306, 9–21 Uhr) in der KB Jacob Rd. vermietet Motorroller (200 Rs/Tag) und Motorräder, auch Enfield (um die 300 Rs/Tag).
- Die schönste Art, sich in Kochi zwischen den einzelnen Stadtteilen fortzubewegen, sind die öffentlichen **Fähren** (alle Fahrten kosten 2,50 Rs. Die Tickets werden in Ver-

Die Fischernetze sind ein beliebtes Fotomotiv und gelten als Wahrzeichen der faszinierenden Hafenstadt

kaufsbuden an den Anlegestellen bzw. an der Main Jetty im neuen Hauptgebäude gelöst, sind diese geschlossen, meist abends, werden die Tickets im Boot verkauft). Sie verkehren vom Main Jetty in Ernakulam von 5.55 bis 21.30 Uhr mindestens alle halbe Stunde nach Fort Cochin sowie nach Mattancherry (zwischen 5.55 und 18.45 Uhr, von dort nach Ernakulam zwischen 6.40 und 19.30 Uhr etwa halbstündige Verbindungen), Willingdon und Vypeen Island (halbstündlich). Bolgatty Island wird vom High Court Jetty aus angefahren. Darüber hinaus fahren jeden Tag außer So bis zu 30 Fähren vom Customs Jetty am Fort Cochin zum Taj-Malabar-Steg auf Willingdon Island. Will man nach Ende der Fährzeiten von Ernakulam nach Cochin, verkehren neben Taxis einige Buslinien an der Haltestelle MG Road südlich der Durbar Hall Rd. Am besten fragt man ebenfalls wartende Einheimische und zur Absicherung nochmals den Schaffner, welche Linie die richtige ist.

- In aller Ruhe lassen sich die herrlichen Aussichten auf die diversen Inseln auch bei einer Fahrt mit einem **Motorboot** erleben. Am Main Jetty können Motorboote zum Preis von ca. 400 Rs pro Stunde gemietet werden. Wesentlich günstiger (ca. 50 Rs pro Stunde) sind die Ruderboote, die beim Bootspier im Fort Cochin vermietet werden. Vorsicht ist dabei allerdings bei starkem Wind geboten, da die kleinen Nussschalen auf rauer See leicht abdriften.

Stadtrundfahrt

- Die zweimal täglich, um 9 und 14 Uhr, vom Sealord Jetty in Ernakulam startenden **Boots-Rundfahrten** des KTDC an der Shanmugham Rd. lohnen eigentlich nur für jene, deren Zeit sehr knapp bemessen ist. Für die angefahrenen Ziele Mattancherry-Palast, Synagoge, St. Francis Church, chinesische Fischernetze und Bolghatty Island sind die zur Verfügung stehenden 3½ Std. viel zu kurz, zumal man noch die Fahrtzeiten abziehen muss. Im Übrigen lassen sich alle Sehenswürdigkeiten völlig problemlos und wesentlich günstiger mit den öffentlichen Fähren erreichen. Dennoch sind die Touren (100 Rs) sehr beliebt, sodass eine frühzeitige Buchung am **KTDC-Büro** an der Shanmugham Rd. angeraten ist. Halbtagestouren in die Backwaters (um 8.30 und 14 Uhr, jeweils 4½ Std.) mit Ruderbooten kosten 350 Rs. Ganztagestouren in die Backwaters nahe Kottayam (Hin- und Rückfahrt in Jeeps, 8.30–18.30 Uhr, 650 Rs inkl. Mittag- und Abendessen) auf den Backwaters mit Kettuvallams und Kanus geben Einblick in das Alltagsleben der Dorfbevölkerung und einige Handwerke wie die Herstellung von Seilen und Matten aus Kokosfaser. Die Ganztagestouren, vom Tourist Desk veranstaltet (s.o.), sind lohnenswerter.

Unterkunft

Keine andere Stadt Keralas bietet eine derartige Vielfalt an Unterkünften jedweder Preiskategorie. Entsprechend viel bekommt man für sein Geld. Aufgrund des großen Angebots übernachten die meisten Touristen im Stadtteil Ernakulam. Mehr Atmosphäre bieten zweifellos die Unterkünfte auf den verschiedenen Inseln. Speziell im Fort Cochin sind in den letzten Jahren zahlreiche Hotels eröffnet worden. Mit dem Taj Malabar und dem Casino befinden sich zwei der schönsten Hotels Kochis auf Willingdon Island.

Ernakulam, untere Preiskategorie:

- Nur ein bis zwei Gehminuten von der Fähre nach Fort Cochin und Mattancherry in der Canonshed Road gibt's im **Sapphire Tourist Home** €-€€ (Tel.: 2381238) sehr saubere Zimmer, teils mit TV und AC. Eine der besten billigen Optionen in Ernakulam.
- Direkt daneben liegt das wenig teurere und etwas bessere **SAAS Tower** €-€€€ (Canonshed Rd., Tel.: 2365319/22, saastower@yahoo.co.in, www.saastower.com), dessen Zimmer größer und hübsch möbliert sind (DZ mit TV). Das Restaurant ist leider nur Durchschnitt.
- Auch in Ordnung ist das **Bijus Tourist Home** €-€€€ (Tel.: 2381881, www.bijustouristhome.com) gleich um die Ecke mit ordentlichen Zimmern, teils mit AC. Hier gibt es einen kostenpflichtigen Internetzugang für Gäste.

• Zwischen MG Rd. und Main Jetty ist der **Island Tower** €-€€ (Market Rd., Tel.: 2362262) besonders für Einzelreisende eine billige und hervorragende Wahl, sind doch die supersauberen Einzelzimmer nur halb so teuer wie die immer noch lohnenden Doppelzimmer.

• Ein ehemaliger Favorit der Travellerszene ist das inzwischen renovierte **Modern Guest House** € (Market Rd., Tel.: 2352130), immer noch die wohl beste Billigadresse in den quirligen Altstadtgassen. Die Zimmer sind nichts Besonderes, aber sauber, alle mit eigenem Bad, manche mit TV.

• Möchte man nahe dem Bahnhof Ernakulam Town unterkommen, ist das **Hotel Classic** €€-€€€ (Tel.: 2394259) gegenüber eine ordentliche Bleibe. Die Zimmer ohne AC sind preisgerecht, mit AC zu teuer, alle Räume mit TV.

Ernakulam, mittlere Preiskategorie:

• Beim **Paulson Park Hotel** €€-€€€ (Tel.: 2378240-9, paulsonpark@satyam.net.in) schwankt der Eindruck zwischen Gefängnisatmosphäre und ganz hübsch, da die Zimmer mit TV um einen begrünten, überdachten Innenhof angelegt sind. Ein Restaurant ist vorhanden. Die Lage nahe dem Ernakulam Jn. und der MG Road machen es zu einer akzeptablen Wahl.

• Neu ist der große weiße Klotz des **Government Guest House** €€€ (Tel.: 2360502), eine typische Mittelklasseherberge, günstig im Preis und günstig platziert nahe der Main Jetty zum Übersetzen nach Cochin. Von den geräumigen Zimmern mit TV sollten natürlich die rückwärtigen zur Seeseite mit entsprechender Aussicht gewählt werden.

• Beliebt ist das preiswerte **Aiswarya** €€-€€€ (Tel.: 2364452, 2369590, aiswaryahotl@sify.com), nah zur MG Road gelegen, mit großen AC- und Non-AC-Zimmern mit TV und teilweise sehr großen Fensterfronten. In den oberen Stockwerken hat man einen schönen Blick über die Stadt. Ein ordentliches Restaurant ist angeschlossen. Der geschäftstüchtige Manager bietet auch Sightseeing-Touren und Kathakali-Vorführungen im Hotel an.

• Viele mittel- bis höherklassige Hotels sind an der MG Road zu finden, so das fast 50 Jahre alte, gediegene **Grand Hotel** €€€€ (Tel.: 2382061, 2366833, www.grandhotelkerala.com) mit gelungen eingerichteten, großen Zimmern mit ebensolchen Fenstern und oftmals schönem Ausblick, Holzfußboden und TV, wobei die Standardräume eine ganze Ecke kleiner, aber ebenso gut ausgestattet sind. Eine gute Wahl, erstaunlich preiswert fürs Gebotene. Die angeschlossene Couchyn Bar ist der ideale Ort zum „Chillen", nachdem man sich tagsüber die Füße wund gelaufen hat.

• Ein schönes Gebäude mit angenehmen Zimmern mit Holzfußboden, Badewanne und hübschen, teils geschnitzten Möbeln und TV sowie einem Pool auf dem Dach machen **The Woods Manor** €€€€ (MG Rd., Tel.: 2382055-59, www.thewoodsmanor.com) zu einem hervorragenden Mittelklassehotel.

• 50 m zurück von der MG Road in einem Durchgang, nicht weit von der Jos Junction, steht bahnhofsnah das hoch aufragende **Yuvarani Residency** €€€-€€€€ (Tel.: 2377040-2, 2378030, www.yuvaraniresidency.com), dessen große Zimmer mit TV und Teppich einen typischen Mittelklasseanspruch erheben können. Die oberen Etagen haben natürlich den besseren Ausblick. Der geringe Aufpreis für die Deluxe-Zimmer lohnt, da sie wesentlich komfortabler und größer sind.

• In die gleiche Preislage, allerdings nicht an der MG Road, gehört das **Hotel Sealord** €€€-€€€€ (Shanmugham Rd., Tel.: 2382473, sealord@vsnl.com), ein modernes Mittelklassehotel schräg gegenüber vom Private Jetty. Das zentral klimatisierte Haus verfügt über Reisebüro, Geldwechsler und eine arktisch unterkühlte Bar. Es hat ein erstaunlich preiswertes Restaurant sowie ein Dachrestaurant (ab 18 Uhr geöffnet). Ob ein Frühstücksbüffet bereitsteht, hängt von der Menge der Hotelgäste ab.

Ernakulam, obere Preiskategorie:

• Neu ist das moderne **Travancore Court** €€€€€ (Warriam Rd., Tel.: 2351130, 3044000, www.travancorecourt.com). Die im oberen Mittelklassebereich anzusiedelnde Unterkunft, von deren angenehm und zweckmäßig eingerichteten Zimmern weite Ausblicke

Ernakulam
1 (500 m), Ernakulam Town Bhf. (500 m)
Kaloor Busbhf. (500 m), Aluva (21 km), Thrissur (74 km), Flughafen (29 km)
Hill Placae Museum (12 km), Kottayam (72 km)
Kalarippayat Zentrum, Alappuzha (62 km)
High Court Jetty
Kachepaddy Junction
Banerji Road
Mahatma Gandhi Road
Chittar Road
Rallepady Road
T. D. Road
Market Road
Padma Cinema
Padma Junction
Jew Street
City Hospital
Broadway
Shanmun Ghan Road
Marine Drive
Thirumaladeva Swami Tempel
Cloth Bazaar Road
Gopalaprabhu Road
Rajaji Road
Sealord Jetty
Ammankovil Road
Shenoys Junction
Press Club Rd.
Covent Road
Tourist Police
KTDC
Ernakulam Public Library
Mullasserry Canal Road
Kinderspiel-platz
Canonshed Road
Main Jetty
Tourist Desk
Maharaja College Stadion
Mahakavi G. Road
Karikkamura Road
Hauptpost
General Hospital
Hospital Road
Park Avenue
Subash Park
Layam Rd.
Woodlands Junction
Karakkat Road
Govt. Press Road
Club Road
Vembanad Lake
Kerala Tourist Info
Bahnhof Ernakulam Junction
Durbar Hall Ground
Ernakulathappan Tempel
South Junction
Jos Junction
Durbar Hall Road
Chavar Road
Foreshore Road
Warriam Road
Nettipadam Road
A.M. Thomas Rd.
Sea India Foundation
Medical Trust Hospital
Kerala Ayurveda Chikitsa Kendram
Church Landing Rd.
Pallimakku Junction
South Overbridge Road
Cochin Cultural Centre
0
500 m
©Reise Know-How 2012

Unterkunft
1 Hotel Classic
5 Broadway Tower
6 Modern Guest House
8 Hotel Sealord
10 Taj Residency
11 Government Guest House
13 Best Western Abad Plaza
18 Bijus Tourist Home
19 Hotel SAAS Tower, Sapphire Tourist Home
22 Island Tower
25 Grand Hotel
26 The Woods Manor
28 Chandrika Residency
30 Hotel Aiswarya
31 Yuvarani Residency
33 Paulson Park Hotel
41 Travancore Court

Essen und Trinken
4 The Oven
7 Indian Coffee House
9 Arul Jyothi, Restaurant Menaka, Bharat Coffee House
14 Indian Coffee House
15 Café Coffee Day
17 Spices Food Joint
20 Indian Coffee House
21 New Columbo
27 Lotus Cascade Restaurant
32 Indian Coffee House
35 Balaji Woodlands Fast Food
38 Pizza Hut, Sapphire Bakers
39 Bimbi's
42 Sri Krishna Inn
44 Indian Coffee House
45 Chinese Garden
46 Café Coffee Day

Verkehr
22 Agatti Island Booking Office
24 KSRTC-Busbahnhof
34 Railway Reservation Office
36 Taxi- und Riksha-Prepaid-Stand
37 Ernakulam South Busstand
40 Busse nach Fort Cochin
47 Swiss International, Singapore Airlines, Silk Air

Einkaufen
2 DC Books, Hamlet Bookshop
3 Varkey's Supermarkt
12 Current Books
16 Planet M
23 Higginbothams
29 Mithra Mega Mart
43 Kairali

in die Ferne möglich sind, ist die beste Wahl dieser Preisklasse in Ernakulam. Pluspunkte sind auch vier gute Restaurants, Firewire-Verbindung in den Zimmern, das Fitnesscenter sowie der Pool auf dem Dach.

● Ernakulams Top-Adresse ist dennoch der Klotz des **Taj Residency** €€€€€€ (Tel.: 2371471, residency.ernakulam@tajhotels.com, www.tajhotels.com) direkt am parallel zum Vembanad-See verlaufenden Marine Drive. Angenehm ist auch das Gartenrestaurant an den Backwaters. Mit dem neuen Swimmingpool im Garten zum Wasser erfüllt es inzwischen alle Erwartungen, die man an ein Luxushotel stellt.

Fort Cochin:

Auch wenn dies zweifelsohne der schönste und interessanteste Stadtteil ist, muss die in den letzten Jahren zu verzeichnende Flut an Hoteleröffnungen mit Sorge gesehen werden. Zum einen werden damit die Preise derart in die Höhe getrieben, dass sich die Einheimischen zunehmend an den Rand gedrängt fühlen, zum anderen geht der originär keralische Charakter des Viertels wegen der zunehmenden Ausrichtung an den Interessen der Touristen immer mehr verloren. Die Preise gerade in der unteren Kategorie haben in Fort Cochin in den letzten Jahren deutlich angezogen, sodass Reisende mit sehr schmalem Budget nur wenige Bleiben in Fort Cochin finden oder in Ernakulam wohnen und mit der Fähre übersetzen sollten. In der Hauptsaison sollte man reservieren.

Fort Cochin, untere Preiskategorie:

- Nicht das beste, aber noch eins der billigeren Hotels in der Altstadt und dementsprechend beliebt bei Rucksacktouristen ist das **Elite Hotel** €€-€€€ (Tel.: 2215733, elitejoy@yahoo.com) in der Princess Street. Zur Attraktivität des Hauses tragen sicherlich das beliebte Restaurant mit Bäckerei im Erdgeschoss, ein kleiner Supermarkt und ein Dachgarten bei.
- Angenehm und preiswert kommt das zentral gelene **Princess Inn** €-€€ (Princess St., Tel.: 2217073) daher. Neben kleinen, hellen Zimmern mit sauberem Bad überzeugt der freundlliche Service in einer der letzten Billigoptionen im touristischen Zentrum Cochins.
- Nach einer Renovierung ist **Oy's Home Stay** €€-€€€ (Burgher St., Tel.: 2215475 (0)9947594903, oysfort@yahoo.co.in), eine der wenigen recht komfortablen Billigbleiben in Fort Cochin. Einige der hübschen Zimmer mit TV sind klimatisiert. Zudem lockt das völlig neu gestaltete Restaurant mit guter Küche und Gebäck.
- Ebenfalls in der ruhigen Burgher Street liegt das **Adam's Old Inn** €€-€€€€ (Tel.: 2217595, www.adamsoldinn.com), ein liebevoll restauriertes Kolonialhaus mit allerdings recht schlichten Zimmern, teils mit großem Balkon und TV, von denen eines klimatisiert ist, sowie einem hübsch bepflanzten Dachgarten. Dort werden Kaffee und Softdrinks serviert. Auch ein billiger Schlafsaal ist vorhanden.
- Wenige Fußminuten vom touristischen Zentrum entfernt sind die sauberen, teils geräumigen Zimmer, manche mit TV und Balkon, des **Chenatt Homes** €€-€€€ (17, Fort Nagar, Tel.: 2217117, (0)9895243154, chenatt_52@hotmail.com) in einer ruhigen Seitengasse sehr preiswert. Zudem stehen zwei kleine Wohnungen mit Kochgelegenheit für längere Anmietung bereit.
- Zentral in der Burgher Street gelegen, vermietet **Bernardine** €€-€€€ (Tel.: (0)99955 20239) zwei riesige, spartanisch ausgestattete Wohnungen mit altem Dielenfußboden und Küche zum kleinen Preis. Anrufen, da ansonsten wegen fehlender Beschilderung kaum aufzufinden.
- Gut einen Kilometer südlich und damit etwas vom touristischen Zentrum entfernt finden sich mehrere gemütliche und saubere Homestays. Preiswert ist das familiäre **Rose Garden** € (Tel.: 2218369, (0)9846088601) am südlichen Ende der KB Jacob Rd. Ebenfalls in dieser Ecke hat das **Green Woods Bethlehem** €€-€€€ (Bishop Joseph Kurethara Rd., nahe E.S.T. Hospital, Tel.: 2347791, (0)9846014924, inkl. Frühstück und Abendessen) mit wunderbarem Garten, 5 gemütlichen Zimmern mit Bad sowie zwei Strohhütten auf dem Dach ebenfalls viel familiäre Atmosphäre.

Fort Cochin, mittlere Preiskategorie:

- Eine der ehemals billigen Unterkünfte ist das von einer sehr hilfsbereiten Familie geführte **Delight Tourist Resort** €€€€ (Tel.: 2217658, 2216301, www.delightfulhomestay.com) am Parade Ground. Frisch renovierte, geräumige und helle Zimmer in dieser gepflegten Villa aus der holländischen Kolonialzeit mit Garten sind immer noch ihr Geld wert, auch der Dachgarten ist einladend. Ein Internet-Zugang (40 Rs/Std.) und Bahnfahrkartenservice sind vorhanden. Es können Taxi-Service inkl. Fahrer für Sightseeing-, Backwater- (400 Rs) und Bay-Watch-Touren inkl. Delfinsichtungen nach Vypeen Island (200 Rs) gebucht werden (morgens zwischen 7 und 9 Uhr für 200 Rs p.P.).
- Angenehm wohnt man im familären **Spencer Home** €€€ (Parade Rd., Tel.: 2215049, spencerhomestyfc@rediffmail.com) mit vier riesigen (auch in der Höhe) Zimmern mit großen Betten, teilweise mit Gemeinschaftsbad. Auch dieses Haus stammt aus der Kolonialzeit (ca. 300 Jahre alt). Im kleinen Garten kann man sein Frühstück einnehmen. Neuere kleinere Zimmer zum Garten, hübsch eingerichtet, sind ebenfalls preisgerecht.
- Das freundliche **Walton's Guest House** €€€-€€€€ (Tel.: 2215309, (0)9249721935, cewalton@rediffmail.com) unter Mangobäumen ist familiengeführt. Obwohl der Preis an-

gezogen hat, ist es immer noch eine Empfehlung aufgrund der großen Zimmer mit Atmosphäre und zwei komfortablen Cottage-Zimmern im Garten.

- Einen wundervollen Ort der Entspannung bieten die sechs Räume des familiengeführten **Chiramel Home Stay** €€€€ (Lilly St., Tel.: 2217310, (0)9447818930, www.chiramelhomestay.com). Ein 400 Jahre alter portugiesischer Kolonialbau in sehr gutem Zustand. Alte, dunkle Holzdielen und -möbel, mit vielerlei Gegenständen aus der Kolonalzeit behängte Wände, ein schöner Aufenthaltsraum und eine sehr freundliche Familie machen den Charme dieser erstaunlich preiswerten Unterkunft aus.
- Ein paar Schritte südlich der Touristengegend und damit ruhig, ist **Ann's Residency** €€€-€€€€ (Bishop Joseph Kureethera Rd., Tel.: 2218024, www.annsresidency.com) neben dem Vorgenannten die vielleicht gelungenste Adresse im Mitteklassebereich. Die um einen Innenhofgarten mit Freiluftrestaurant angelegten Zimmer sind geräumig, sehr sauber und gemütlich.
- Recht neue sind die **Ballard Bungalow** €€€€ (Tel.: 2215852/4, www.cochinballard.com) in der Ballard Rd. Hübsch eingerichtete, saubere und große Zimmer (einige mit AC) mit Terrasse und TV in günstiger Lage und sehr freundliche und hilfreiche Leitung sind ein klasse Angebot.

Fort Cochin, obere Preiskategorie:

- Neu ist das makellose, einem Kolonialgebäude nachempfundene **Hotel Arches** €€€€€ (Rose St., Tel.: 2215050, www.hotelarches.com) mit Dachrestaurant. Angenehm möbliert, verfügen einige Zimmer über kleine Balkone.
- Ausgezeichnet ist das **Fort Heritage** €€€€€ (Napier Rd., Tel.: 2215333, 2215455, www.fortheritage.com) in der Napier Rd. Die ruhige Lage der geschmackvoll restaurierten, über 300 Jahre alten Villa zusammen mit den geräumigen Zimmern mit TV, dem hübschen Garten und dem Restaurant vermitteln eine tolle Atmosphäre.
- Ein tolles altes Kolonialzeitgebäude, gut in Schuss, ist **The Old Courtyard** €€€€€ (Princess St., Tel.: 2216302, www.oldcourtyard.com), das sich um einen großen, baumbestandenen Innenhof orientiert, der auch das Freiluftrestaurant beherbergt. Schön eingerichtete Zimmer mit Terrasse tragen zur netten Atmosphäre dieses alten Klotzes bei.
- Das erste wirkliche Luxushotel im Fort war das 1999 eröffnete **Brunton Boat Yard Hotel** €€€€€ (Tel.: 2668221, brunton@vsnl.com) der renommierten Casino-Gruppe. Unzweifelhaft ist das Hotel, was Lage, Komfort und Service betrifft, äußerst gelungen und braucht keinen Vergleich mit den anderen Top-Hotels Kochis zu scheuen. Das im Kolonialstil errichtete Haus steht an der Stelle der im 19. Jh. von einem Deutschen errichteten Bootswerft an der Bellar Rd. Fast alle der 52 edel möblierten Zimmer verfügen über Seeblick, den es auch vom Pool gibt.
- Das hervorragende, zentral klimatisierte **Malabar House** €€€€€€ (Tel.: 2216666, www.malabar house.com) der Casino Group in der Parade Rd. verbindet nach dem Motto „the best of both worlds" den Charme der Kolonialzeit mit modernen Annehmlichkeiten.
- Die schönste Unterkunft in Cochin ist das 200 Jahre alte **Koder House** €€€€€€ (Tower Rd., Tel.: 2218485-8, www.koderhouse.com) im touristischen Zentrum Cochins, ein vor Kurzem perfekt in ein Luxushotel umgewandeltes ehemaliges Wohnhaus einer Geschäftsdynastie und Treffpunkt der Wohlbetuchten. Nicht nur die sechs geräumigen Suiten atmen das Flair der Kolonialgeschichte, auch der Pool im Garten unter hohen Bäumen sowie das Edelrestaurant sind bestechend. Außerdem einige Cottages im Garten. Dies hat natürlich seinen Preis.

Inseln Willingdon und Bolghatty:

- Das **Casino** €€€€-€€€€€ (Tel.: 2668221, 2666821, casino@vsnl.com) verfügt über alle Annehmlichkeiten eines Luxushotels inklusive mehrerer hervorragender Restaurants und Pool im Garten, den Nicht-Gäste für 250 Rs benutzen dürfen. Trotz des ausgezeichneten Zustands der Hotelanlage enttäuscht die wenig attraktive Lage in der Nähe des Hafenterminals.

● Die grandiose Lage an der nördlichen Spitze von Willingdon Island ist das große Plus des traditionsreichen **Taj Malabar** €€€€€ (Tel.: 2216666, malabar.cochim@tajhotels.com, www.tajhotels.com). Sehr schön sitzt es sich im tropischen Garten mit herrlichen Ausblicken über den Vembanad-See und Fort Cochin. Ähnlich exquisit ist das Restaurant mit einer großen Fensterfront zur Mattancherry-Halbinsel. Meiden sollte man jedoch die viel zu kleinen und lauten Zimmer hinter der Rezeption.

● Das **KTDC Bolghatty Palace** €€€€€-€€€€€€ (Tel.: 2750500, bolgatty@vsnl.com, www.ktdc.com) auf Bolghatty Island ist ein imposanter, 1744 von den Holländern erbauter Kolonialpalast, der später Sitz der British Residency wurde. Der Prachtbau in herrlicher Lage mit großer Gartenanlage verfügt über eine Reihe von riesigen Zimmern im Hauptbau und einige frei stehende Pfahlbungalows. Deren an sich attraktive Lage am Wasser wird allerdings durch die ständig vorbeiknatternden Boote beeinträchtigt. Inzwischen gibt's auch einen Pool und einen Golfplatz. Zu erreichen mit Fähren oder privaten Booten vom High Court Jetty in Ernakulam.

Essen und Trinken

Die Angebotspalette reicht von einfachen Essensständen, an denen man bereits für 30 Rs ein vorzügliches Mahl bekommen kann, über Eiscafés und Fast-Food-Läden bis zu exquisiten Restaurants in vorzüglicher Lage, in denen man allerdings auch europäische Preisen zahlt.

● Alle genannten First-Class-Hotels verfügen über gleich mehrere ausgezeichnete Restaurants. Die Speisen sind hier meist ebenso erstklassig wie die Preise. Wer Wert auf authentische südindische Küche mit der dazugehörigen Schärfe legt, sollte jedoch die überall angebotenen, auf den westlichen Geschmack zugeschnittenen Büffets meiden und dafür à la carte bestellen. Die Lokale im **Taj Residency, Brunton Boat Yard** und **Taj Malabar** lohnen allein wegen ihrer herrlichen Lage am Wasser einen Besuch.

Ernakulam:

● Superleckere und zudem erstaunlich preisgünstige *thalis* serviert das **Lotus Cascade Restaurant** im Woodlands Hotel. Außerdem gibt es weitere vegetarische Gerichte in ruhiger und freundlicher Atmosphäre.

● Wie immer ein idealer Ort, um in stilvoller Atmosphäre bei Kaffee und einem Snack Zeitung zu lesen oder die Einheimischen zu beobachten ist das **Indian Coffee House,** wovon es in Ernakulam gleich vier gibt: an der Canonshed Rd., Ecke Park Ave (wo sich auch viele weitere Restaurants befinden, die meist erst nach der Frühstückszeit öffnen), zwei an der MG Rd. sowie an der Durbar Rd. In der Canonshed Rd. reihen sich mehrere weitere Schnellrestaurants wie das **New Columbo** aneinander. Wer fleischliche Kost braucht, ist im zu Recht gut besuchten **Spices Food Joint** in derselben Straße gut aufgehoben.

● In einem erstklassig renovierten Kolonialgebäude speist es sich äußerst angenehm im **Sri Krishna Inn** (Warriam Rd., Tel.: 2366564, 7.30–23 Uhr). Die schmackhaften vegetarischen indischen Gerichte sind erstaunlich preiswert für das gelungene Ambiente.

● In derselben Straße serviert der **Chinese Garden** mittags und abends entsprechende Küche in guter Qualität und angenehmem Ambiente, Hauptgericht 100–150 Rs).

● Südlich des Sealord gibt es viele Restaurants mit indischer (z.B. das **Arul Jyothi**) Küche. Das nahe, klimatisierte **Bharat Coffee House** neben einem Ice Cream Parlour bietet südindische Speisen zu günstigen Preisen. Immer gut besucht ist das **Restaurant Menaka** mit fleischlosen indischen Speisen in großer Auswahl.

● **Bimbi's** in der Shanmughan Rd. ist ein Musterbeispiel für die in ganz Indien in den letzten Jahren immer beliebter werdenden Fast-Food-Restaurants. Das Essen ist erschreckenderweise gar nicht einmal schlecht. Man hat die Wahl (Self-Service) zwischen einheimischen, chinesischen und einigen wenigen westlichen Gerichten. Gut (und unproblematisch) ist auch das Eis. Eine weitere Filiale wurde an der Jos Junction eröffnet. Allerdings muss man über die eine oder andere Küchenschabe, die sich ungestört zwischen den Gästen tummelt, großzügig hinwegsehen.

- Nicht weit entfernt Richtung Bahnhof ist **Pizza Hut** in der Durbar Hall Rd. für das Offensichtliche zuständig.
- Entlang der MG Road locken mehrere Filialen von **Café Coffee Day** mit Kaffee, Kakao, Kuchen, Gebäck und Snacks in modernem Interieur.
- Eine wilde Mischung von leckerem Gebäck, Torten, Keksen, Burgern, Pizza und Süßigkeiten hat das AC-Fast-Food-Café **The Oven** im Angebot.
- Nahe dem Bahnhof können sich Bahnreisende bei **Sapphire Bakers** mit köstlichem Gebäck versorgen.
- Im südlichen Bereich des Bahnhofsgebäudes verkürzt das saubere **Balaji Woodlands Fast Food** die Wartezeit.
- Wer sich selbst versorgen will, findet im **Mithra Mega Mart** in der Durbar Hall Road eine hinreichend große Auswahl. Besser sortiert ist **Spencers Daily** in der Veekshanam Rd. (tgl. 7.30–22 Uhr).

Fort Cochin:

- Ein kulinarisches Erlebnis ganz besonderer Art sind die hinter den chinesischen Fischernetzen auf Touristen wartenden Fischverkäufer. Hat man einen der ausliegenden Fische ausgewählt, wird er an einem der daneben stehenden **mobilen Essensstände** frisch zubereitet. Auf einem Bananenblatt serviert, kann man ihn dann verzehren. Klingt ganz romantisch, ist jedoch nicht immer hygienisch und zudem auch nicht so billig, wie es auf den ersten Blick scheinen mag.
- Eine bei Touristen beliebte Adresse ist das **Kashi Art Café** in der Burgher St., was angesichts des zwar angenehmen Ambientes, jedoch etwas hausbacken daherkommenden, mit diversen Bildern und hübschen Auslagen geschmückten Hauses kein Wunder ist. Hier gibt es das beste Frühstück der Stadt, ausgezeichneten Kaffee sowie diverse selbstgebackene Kuchen und andere Köstlichkeiten, deren Preise allerdings an die Touristenklientel angepasst wurden.
- Nr. 1 der Rucksackszene ist das Restaurant **Elite** im gleichnamigen Guest House. Die Auswahl ist vielfältig, die Preise sind günstig, doch die Qualität ist wie so häufig in Etablissements dieser Art eher durchschnittlich.
- Ausgezeichnet isst man im etwas versteckt liegenden **Rathmathula Restaurant.** Bei Einheimischen wie Westlern gleichermaßen geschätzt sind die vorzüglichen Lammgerichte.
- Ebenfalls etwas versteckt im Süden in einem luftigen Innenhof serviert **Addys' Restaurant** vorwiegend vegetarische Gujarati-Küche, in der Saison gelegentlich mit Live-Musik. Ableger in Mattancherry nahe der Synagoge in der Old Royal Talkies Rd. Beide vermieten auch Zimmer (Tel.: 2226232).
- Das **Seagull** in der Calvathy Rd. im gleichnamigen, nicht sonderlich empfehlenswerten Hotel serviert leckere Fischgerichte zu vernünftigen Preisen. Ein weiteres Plus ist die hübsche Lage am Wasser mit der Möglichkeit zum draußen Sitzen.
- Das ehemals an den chinesischen Fischernetzen gelegene **Old Port Restaurant** ist zusammen mit dem **Kerala Kathakali Centre** vom Wasser weggezogen und nicht mehr „old". So fehlt der Geruch von Wasser und Fisch. Dennoch weiterhin eine professionelle Adressse, um vor oder nach einer Kathakali-Aufführung oder zum Sonnenuntergang keralische Küche, ein Tandoori oder ein Fischmahl zu genießen.
- Ebenfalls touristengünstig gelegen, ist das **Chariot Beach Restaurant** ein angenehmer Ort, um im Freien das Leben zu genießen, obwohl kein Strand in der Nähe ist. Im **Thoma's Restaurant** in derselben Straße, 50 m weiter, kann man ein kühles Bier genießen.
- Die gediegen-entspannte Atmosphäre im nostalgisch angehauchten **Tea Pot** (Peter Celli Rd.) ist ideal für eine Ruhepause bei Tee, Kaffee und Kuchen. Am Abend locken Fischgerichte.
- Edel speist man im Gartenrestaurant des herrlichen **Koder House** (Tel.: 2218485-9) erstklassige Fischgerichte (500–1.000 Rs) und indische Küche sowie gute Weine (Flasche um 1.200 Rs) im kolonialen Ambiente.
- Einige Meter südlich des Fähranlegers Richtung Jewtown ist das **Solar Café** der Draavidia Art & Performance Gallery der richtige Ort, nach Ankunft mit der Fähre aus Ernakulam ein opulentes Frühstück zu genießen. Erstklassige Müslis, frisch gepresste Fruchtsäf-

te, Kaffee und Gebäck in rustikal-gemütlicher Umgebung stärken für den Tag.

- Etwa 200 m südlich des Palastes in Jew Town ist das **Darshan Art Café** ein idealer Ort, um sich in entspannter Atmosphäre auszuruhen.
- Etwas nördlich vom Palast in der Jew Street ist das luftige **Caza Maria** (1. Stock, Tel.: 2225678) ein schöner Ort, um in etwas altmodischem Ambiente die Hitze des Tages mit Kaffee und Kuchen zu überbrücken. Der Besitzer vermietet hübsche **Zimmer** €€€ auf der anderen Straßenseite.
- Ist eine große Verkaufshalle mit Kunsthandwerk für Touristen am südlichen Ende der Jew Street durchschritten, sitzt man herrlich am Wasser unter Sonnensegeln im **Ginger House** mit leicht provisorischem und umso charmanterem Charakter und Blick auf Willingdon Island und die vorbeiziehenden Schiffe (Hauptgericht um 250 Rs).
- Zum Schluss seien ein kleiner **Supermarkt** neben dem Delight Tourist Resort sowie der gut ausgestattete im Elite Hotel erwähnt.

Bank

- Am häufigsten von Travellern frequentiert werden die **State Bank of India** gegenüber dem KTDC Tourist Reception Centre und **Thomas Cook** (Mo–Sa 9.30–18 Uhr) im Palal Tower an der MG Rd., wobei es beim zweitgenannten viel schneller zugeht.
- Eine weitere sehr effiziente Stelle zum Tausch von Geld und Traveller Cheques wie auch Kreditkarten-Service und Money Transfer ist der **UAE Exchange,** günstig gelegen in der PT Usha Road nahe der Canonshed Rd., Mo–Sa 9.30–18 Uhr, Tel.: 2362854). Die Filiale an der MG Road ist auch sonntags von 9.30 bis 13.30 Uhr geöffnet. Eine weitere Zweigstelle in Fort Cochin in der KB Jacob

Typisch keralische Architektur und geschäftiges Treiben kennzeichnen die Altstadtgassen von Kochi

119is Foto: tb

Der besondere Tipp: Kathakali-Tanz im Tempel

Authentischer als bei den speziellen Aufführungen für Touristen sind die Kathakali-Tänze dort, wo sie entstanden sind, nämlich in den Tempeln. Während der die ganze Nacht andauernden **Tempelfeste** sind die Darsteller völlig versunken im Tanz zu Ehren der Götter. Zudem unterstützt der äußere Rahmen die authentische Wirkung der Darbietung. Festlich gekleidete Einheimische, der Duft von Räucherstäbchen und ein von Öllampchen erleuchteter Tanzsaal sind einfach animierender als vom Blitzlichtgewitter der Touristen erhellte Hallen.

Die Tempelaufführungen sind nicht touristengerecht in leicht verdauliche „Häppchen" von einer Stunde gepresst, sondern dauern mehrere Stunden. Über die Termine der in der näheren Umgebung stattfindenden Tempelfeste informiert der Tourist Desk beim Main Jetty in Ernakulam.

Rd. (1. Stock, Tel.: 2216231) ist ebenfalls sonntags geöffnet.

- Von westlichen Touristen bis jetzt kaum entdeckt ist die sehr hilfsbereite **The South India Bank** an der Santa Cruz Basilica in Fort Cochin.
- In Mattancherry etwas nördlich des Palastes akzeptieren die **State Bank of India** (Mo–Fr 10 bis 16 Uhr) und die **Canara Bank** (Mo–Fr 10–14 und 14.30–15.30 Uhr, Sa 10–12 Uhr) neben Bargeld auch Visa- und Mastercard.
- Von vielen **ATMs** in Ernakulam akzeptieren der der idbi-Bank sowie die der HDFC-Bank außer den gängigen internationalen Kreditkarten American-Express-Karten anstandslos. Mehrere ATMs gibt's auch in Cochin wie von der State Bank of India oder der Federal Bank.

Post

- Das **Main Post Office** von Kochi, inklusive Poste-Restante-Schalter, befindet sich in Fort Cochin an der Ridsale Rd., nahe der Bastian Street, Mo–Fr 9–16 Uhr, Sa 9–21 Uhr.
- Das **Head Post Office** in Ernakulam liegt ganz in der Nähe des Main Jetty in der Hospital Rd. Poste-Restante-Briefe werden nur dann hier aufbewahrt, wenn sie speziell an diese Adresse verschickt wurden. Öffnungszeiten: Mo–Sa von 9 bis 20 Uhr und So von 10 bis 17 Uhr geöffnet. Das **College Post Office** in der Convent Rd. hat Mo–Fr von 9 bis 16 und Sa bis 21 Uhr geöffnet.

Internet

- Einige Internetcafés sind über das gesamte Stadtgebiet von Ernakulam verstreut. Fix und billig (15 Rs/Std., 10–21 Uhr) geht's bei **Visual's** mit Breitbandverbindungen gegenüber von UAE Exchange, PT Usha Rd., und bei **Brown's Cyber Café** im Norden in den Victoria Towers.
- In günstiger Lage zu den meisten Billigunterkünften kann auch im **Bijus Tourist Home** gesurft werden.
- Wer auf seinen Zug wartet, hat im Ernakulam Junction auf der rechten Seite des Hauptgebäudes bei **Rail Tel Cyber** (1. Stock) schnelle Surfmöglichkeit (tgl. von 8 bis 21, Sa und So bis 17 Uhr).
- Über dem Reisebüro des Tourist Information Centre im Zentrum von Fort Cochin findet sich mit dem **Rendez-Vous Cyber Café** ein schnelles Internetcafé, 30 Rs/Std.
- Neben dem Delight Tourist Resort und beim Elite Hotel (1. Stock) gibt's **sify-i-way-Internetcafés** mit schnellen Breitbandverbindungen. Hier können auch Digitalfotos auf CD gebrannt werden (600 Rs inkl. Silberscheibe). Das Internetcafé beim Ausgang der Customs Jetty hat Breitbandverbindungen.

Medizinische Versorgung

- Ein akzeptables Krankenhaus in Ernakulam ist das **Medical Trust Hospital** (Tel.: 2358001) im südlichen Bereich der MG Rd.
- In Fort Cochin hilft die **Fatima Dental Clinic** bei der Santa Cruz Basilica bei entsprechenden Problemen.

Ayurveda

Mehrere ayurvedische Zentren und kleinere Praxen bieten Fachwissen und professionelle Anwendungen. Eine Massage mit ayurvedischen Ölen kostet meist um 700 Rs.

- Seit Jahrzehnten als kompetent bekannt ist die familiengeführte Klinik **Ayur Dara** (Murikkuumpadam, Vypeen Island, Tel.: 2502362, www.ayurdara.com, tgl. 9–17 Uhr, vor der Anreise einen Termin ausmachen) direkt an den Backwaters. Die kompetenten und fürsorglichen Behandlungen von Massagen bis zu mehrwöchigen Kuren zur Heilung schwerer Leiden in geborgener Atmosphäre machen Ayur Dara zur vielleicht besten Ayurveda-Adresse dieser Region. Die Klinik ist 4 km von der Government Jetty entfernt (Riksha ca. 40 Rs).
- Im **Cochin Ayurvedic Centre** (Tel.: 221 7103, 9–19 Uhr) nahe der Santa Cruz Basilica steht neben Massageanwendungen auch ein Arzt zur Konsulation (200 Rs) bereit. Entsprechende ayurvedische Medizin kann vor Ort erstanden werden.
- Auch im kleinen **Ayush Therapy Centre** (Tel.: 6456566) gegenüber der St. Peter & Paul Church wird kompetent behandelt.
- In Ernakulam ist **Kerala Ayurveda Chikitsa Kendram** (Kannanthodathu Lane, Tel.: 2376916, 9.30–17.30 Uhr) eine hilfreiche Adresse für Massage und andere Anwendungen wie auch die Behandlung verschiedenster Leiden.

Kultur

Keine andere Stadt Indiens bietet derart viele Möglichkeiten, einer **Kathakali-Aufführung** beizuwohnen, wie Kochi. Jeden Abend wird diese wohl berühmteste Kunstform Keralas auf verschiedenen Bühnen präsentiert. So gehört ein Besuch zum Standardprogramm aller Touristen. Wie häufig in solchen Fällen geht jedoch die Quantität auf Kosten der Qualität. Viele, ja die meisten Aufführungen sind nur mehr routinemäßige Pflichtübungen, die mit der ursprünglichen Form dieser klassischen Kunst kaum noch etwas gemein haben. Abgesehen von den in fast jedem First-Class-Hotel allabendlich stattfindenden Aufführungen, gibt es zahlreiche Veranstaltungsorte, an denen während der Haupttouristenzeit von Oktober bis April jeden Abend getanzt wird.

Da die extrem aufwendige, besonders für Fotografen sehr interessante **Schminkprozedur** der Tänzer etwa eine Stunde vor dem offiziellen Start der Veranstaltung beginnt, sollte man sich früh einfinden, wenn man ihr beiwohnen möchte. Wer weit vorn sitzt, hat während der etwa einstündigen Vorstellung zudem die besten Fotografiermöglichkeiten. Vor dem eigentlichen Beginn gibt ein Conferencier eine längere Einführung zur symbolischen Bedeutung von Bewegungen, Mimik, Schminke und Kleidung.

Von den zahlreichen Anbietern hier einige akzeptable Adressen, wo allabendlich Kathakali-Tänze aufgeführt werden. Die Preise variieren zwischen 100 (Kerala Kathakali Centre) bis zu 150 Rs (See India Foundation).

- **See India Foundation,** Kalathiparambil Lane nahe Ernakulam Junction (Tel.: 2376471, die Aufführung beginnt um 18.45 Uhr). Der außergewöhnliche Ruf dieser Institution beruht auf *Dr. Devan,* der vor dem eigentlichen Beginn eine ausführliche Einleitung zur Geschichte des Kathakali und der symbolischen Bedeutung der einzelnen Bestandteile gibt. Hochinteressant, doch zuweilen etwas langatmig.
- **Art Kerala,** Kannanthodathu Lane, Valanjambalam (Tel.: 2375238, 3012308), Ernakulam. Bei trockenem Wetter in stimmungsvoller Umgebung auf einem Hausdach, mit aufwendiger Schminkprozedur, die um 18 Uhr beginnt, die Aufführung eine Stunde später.
- **Kerala Kathakali Centre,** Tel.: 2217552, www.kathakalicentre.com, KB Jacob Rd., Fort Cochin. Am wenigsten professionell, dafür mit viel Engagement von jungen Tänzern aufgeführt, die gerade ihr Studium beendet haben: um 16 Uhr eine kurze Vorführung keralischer Kampfkünste, die Schminkprozedur für Kathakali beginnt um 17 Uhr, die eineinhalbstündige Aufführung um 18 Uhr und ab 20 Uhr wird klassische indische Musik dargeboten.
- Wesentlich professioneller sind die einmal im Monat von renommierten Künstlern in der **TDM Hall** an der Durbar Rd. vom Ernakulam

Kathakali Club durchgeführten, mehrstündigen Aufführungen (Beginn tgl. um 18.30 Uhr, Schminken ab 17 Uhr, 120 Rs). Die genauen Termine beim Touristenbüro erfragen. Außerdem täglich Vorführungen des Kalarippayat-Kampfsports von 16 bis 17 Uhr sowie klassischer indischer Musik Mo–Fr 20.45–21.45; Sa klassischer indischer Tanz. Interessierte können die Kathakali-Tanzkunst inkl. Schminken und Musik erlernen (350 Rs für 1 Std.).

- Die **Draavida Art & Performance Gallery** (Bazaar Rd., Tel.: 3296812) zeigt Bilder keralischer Künstler auf knarzenden Dielen. Klassische Konzerte werden zwischen November und März ab 18 Uhr veranstaltet (100 Rs).
- In Mattancherry auf dem Weg zum jüdischen Viertel ist die **Kashi Art Gallery** (tgl. 10–18 Uhr) einen Zwischenstopp wert. Es werden Werke einheimischer Künstler ausgestellt.

Shopping

- Einhergehend mit dem in den letzten Jahren rasant gestiegenen Touristenaufkommen hat sich Kochi zu einem kleinen Shopping-Paradies entwickelt. Besonders Freunde von **kunsthandwerklichen Gegenständen und Antiquitäten** kommen auf ihre Kosten. Die MG Rd. in Ernakulam und die Jew St. in Mattancherry sind gepflastert mit kleinen Läden, die es speziell auf westliche Touristen abgesehen haben. Ob nun die Lampen, Truhen, Bestecke, Stühle und Holzschnitzereien tatsächlich mehrere Hundert Jahre alt sind, wie von den Händlern behauptet, können wohl nur Fachleute beurteilen. Die Preise mögen zum Teil niedriger sein als in Europa, echte „Schnäppchen" sind dennoch nur selten zu machen. Im Übrigen sollte man sich versichern, ob das Objekt der Begierde überhaupt ausgeführt werden darf.
- Kochi verfügt über eine erfreulich große Zahl an guten **Buchhandlungen.** Eine hervorragende Auswahl an Büchern aller Art bieten u.a. Idiom Booksellers in der Jew Town gegenüber der Synagoge auf Mattancherry (Filiale Bastion St. im Fort Cochin) sowie, in Ernakulam, Bhavi Books in der Covent Rd., DC Books in der Banerji Rd. im Norden und Higginbothams an der Chittoor Rd.
- Wer sich für **klassische indische Musik** interessiert, darf das Riesenangebot an CDs bei Sargam in der Convent Rd. gegenüber der Public Library durcharbeiten. Freunde **westlicher Popmusik** sind besser im Sea Breeze am Marine Drive aufgehoben.
- Manuel Instruments in der Banerji Rd. in Ernakulam gilt als der beste Laden für **indische Musikinstrumente.**

An- und Weiterreise

Flug:

Der **Flughafen** 30 km nordöstlich von Ernakulam wird sich in den nächsten Jahren zu einem der bedeutendsten Flughäfen Indiens entwickeln. Dies gilt insbesondere für internationale Ziele. Es ist damit zu rechnen, dass Kochi von Europa aus direkt angeflogen wird. **Air India** fliegt tgl. nach Bangalore, Calicut und Delhi, Mumbai und Trivandrum, Chennai wird Mi, Fr und So angeflogen. Auch Goa wird zweimal wöchentlich erreicht. **Jet Airways** verbindet tgl. mit Bangalore, Chennai, Delhi, Goa, Calicut und Mumbai. **Kingfisher** fliegt nach Bangalore, Chennai und Mumbai.

Über aktuelle **Flugverbindungen** aller Airlines informiert sehr übersichtlich die Website www.yatra.com.

Fluggesellschaften:

- **Jet Airways,** Bab Chambers, Atlantis, MG Rd., Mo–Sa 9–19 Uhr, Tel.: 2293231, 2358582, 2610037/9 (Flughafen), www.jetairways.com.
- **Air India,** 35/1301 MG Rd., Ravipuram, Tel.: 2351295.
- **British Airways,** MG Rd., Tel.: 2359218.
- **Gulf Air,** Bab Chambers, Atlantis Junction, MG Rd., Tel.: 2369142.
- **Kingfisher Airlines,** KB Oxford Business Centre, 39/4013 Freekandath Rd., Mo–Sa 9–18 Uhr, Tel.: 2351144, www.flykingfisher.com.
- **Singapore Airlines** und **Silk Air,** Aviation Travels, MG Rd., Ravipuram, Tel.: 2367911.
- **Swiss Air,** Aviation Travels, MG Rd., Ravipuram, Tel.: 2358125/6.
- **Sri Lankan Airlines,** MG Rd., Tel.: 2361666, 2361215.

Bahn:

Mit **Ernakulam Junction, Ernakulam Town** und **Cochin Harbour Station** verfügt Kochi über drei Bahnhöfe. Für Touristen interessant sind jedoch nur die beiden erstgenannten. Fahrscheine für alle Züge verkauft das Reservierungsbüro am Bahnhof Ernakulam Junction. Da es keinen Touristenschalter gibt, muss man sich in die Schlange der Wartenden einreihen (8–14 und 14.15–20 Uhr). Auch im Ernakulam-Town-Bahnhof gibt's ein Reservierungsbüro mit gleichen Öffnungszeiten.

Da Kochi an Keralas Haupteisenbahnstrecke zwischen Thiruvananthapuram im Süden und Mangalore im Norden liegt, gibt es hervorragende Anbindungen in beide Richtungen. Wer jedoch Ziele innerhalb Keralas anfahren möchte, die nicht weiter als zwei Stunden von Kochi entfernt liegen, sollte den Bus vorziehen, da viele Züge auf dem Weg nach Kochi mehr „Verspätung ansammeln", als die eigentliche Zugfahrt in Anspruch nimmt. Seit der Eröffnung der **Konkan Railway** bestehen auch Direktverbindungen nach Goa (unter verschiedenen Zugnamen an fünf Tagen die Woche um 12.45 oder 19.55 Uhr).

Bus:

Von dem zwischen den beiden innerstädtischen Bahnhöfen gelegenen, zentralen **KSRTC-Busbahnhof** werden alle größeren Städte Keralas mehrfach täglich angefahren. Das Reservierungsbüro ist von 6 bis 22 Uhr geöffnet. Abgesehen von den staatlichen gibt es noch eine Reihe privater Anbieter, deren Büros im Umkreis des Busbahnhofs liegen. Man hat wie üblich die Wahl zwischen ordinary, superfast, superexpress und einigen AC-Volvo-Bussen.

Die im Folgenden aufgelisteten Zeiten beziehen sich auf die Superfast-Busse: Alappuzha (1½ Std.), Kanyakumari (9 Std.), Kollam (Quilon, 3 Std.), Kottayam (1½ Std.), Kozhikode (Calicut, 5 Std.), Mysore (10 Std., 18.20 und 21.15 Uhr Superfast-Busse), Thiruvananthapuram (5 Std., Volvo-AC-Bus, 11 und 18.30 Uhr, 180 Rs), Thrissur (2 Std.). Die täglich drei Direktbusse nach Madurai halten unter anderem in Kumily (6 Std., 6.30, 8.15, 19.45 und 20.30 Uhr), dem Dorf beim Periyar-Nationalpark, die drei letzten sind Luxusbusse für 140 Rs. Ansonsten mit einem der halbstündig fahrenden Busse nach Kottayam und von dort im gleichen Abstand Busse nach Kumily. Nach Munnar etwa 15 Semi-Deluxe Busse täglich. Um nach Irinjalakuda zu gelangen, zunächst bis Chalakudy, von dort alle 10 Min. Busse bis Irinjalakuda.

Für Busfreaks gibt es 10 Semi-Deluxe-Direktverbindungen über Mysore nach Bangalore in 15 Std. (275 Rs), die wenigen AC-Volvo-Busse (580 Rs) reduzieren das Martyrium etwas. Viele Privatanbieter bieten ebenfalls AC-Volvo-Busverbindungen nach Bangalore über Coimbatore zum gleichen Preis. Diese starten vor dem Yuvarani Residency bei Jos Junction. Wem das noch nicht reicht, der darf innerhalb von 16 Stunden (14 und 15.30 Uhr) nach Chennai fahren – aber auch nur, wenn nichts dazwischen kommt.

Wer zu anderen Zielen mit Privatanbietern fahren will, zahlt etwa die Hälfte mehr. Die meisten dieser Busse starten nördlich von Ernakulam am **Kaloor-Busbahnhof.**

Taxi:

Auch in Ernakulam/Fort Cochin gelten Festpreise für Taxis. Der Kilometerpreis liegt bei 6,50 Rs für eine nichtklimatisierte Droschke. Einige Beispiele von Fort Cochin (die Preise gelten für Hin- und Rückfahrt, die immer mitbezahlt werden muss, egal, ob sie angetreten wird oder das Taxi leer zurückfährt): Alleppey 720 Rs, Munnar 1.850 Rs, Varkala 2.300 Rs, Kovalam 2.800 Rs, Kollam 1.800 Rs, Thekkady (Periyar Wildlife Sanctuary) 2.350 Rs, Madurai 3.900 Rs. Die Preise gelten für **Ambassador-Taxis,** modernere Fahrzeuge sind teurer. Außerhalb der Saison geht's mit Verhandlungsgeschick auch billiger.

Hill Palace

Der zwölf Kilometer südöstlich von Kochi in Tripunithura an der Straße nach Kottayam gelegene Hill Palace ist eine von mehreren Dutzend Privatresidenzen, die die **Herrscherfamilie von Kochi** ihr Eigen nannte. Angesichts dieser enormen Zahl und der begrenzten finanziellen Mittel zur Instandhaltung kann es kaum verwundern, dass sich mehrere dieser ehemaligen **Palastanlagen** in einem maroden Zustand befinden. Der Hill Palace demonstriert anschaulich den über die Jahrzehnte an historisch wertvollen Gebäuden nagenden Zahn der Zeit.

Einen kleinen Zwischenstopp lohnt allerdings das in den Räumen eingerichtete **Museum,** welches eine Vielzahl von Objekten aus dem Besitz der Herrscherfamilie beherbergt. Neben sehr anmutigen Ausstellungsstücken wie filigran verzierten Möbeln, Lampen und Truhen sowie Skulpturen und Ritualobjekten sind auch weniger „liebliche" Gegenstände zu sehen wie Mordwerkzeuge und Käfige, in denen zum Tode verurteilte von Vögeln verspeist wurden.

- **Öffnungszeiten:** Täglich außer Mo von 9 bis 12.30 und 14 bis 16.30 Uhr, Eintritt 15 Rs. Eine Riksha von Ernakulam zum 12 km entfernten Palast sollte für die Hin- und Rückfahrt mit Wartezeit nicht mehr als 250 Rs kosten. Außerdem fahren einige Busse von der MG Rd. und der Shanmugham Rd. nach Tripunithura.

Highlight: Cherai Beach

Der abgelegene Cherai Beach, 25 km nördlich auf Vypeen Island, ist nicht nur ein erfrischender Tagesausflug. Neben dem feinsandigen **Palmenstrand** sind die nahen Backwaters, 300 m hinter der Küste, ein weiteres Highlight.

Unterkunft

- Hübsch und gemütlich ist das **Brighton Beach Home** €€-€€€ (Tel.: (0)9946565555, www.brightonbeachhome.org) direkt am Strand. Cottages mit sauberen Zimmern in einer Gartenanlage mit Hängematten und ein vegetarisches Restaurant mit keralischer Küche und Fisch sorgen für einen geruhsamen Aufenthalt.

Anreise

- Von Vypeen Island (per Fähre von Ernakulam und Fort Cochin) fahren regelmäßig **Busse** in ca. einer Stunde zum Cherai Beach, eine Riksha vom Anleger kostet etwa 250 Rs.

Thrissur (Trichur) ↗ XXII/B1

Einwohner: 330.000
Vorwahl: 0487

Die Religiosität als Ausgangs- und Mittelpunkt des indischen Lebens – im 75 km nördlich von Kochi gelegenen Thrissur ist diese altbekannte Tatsache konkret erfahrbar, wurde die Stadt doch praktisch um den **Vadakkumnathan-Kshetram-Tempel** herumgebaut. Der gesamte Ort erschließt sich von diesem Heiligtum aus, alle großen Straßen führen sternförmig in die verschiedenen Himmelsrichtungen. Das Sanktum des zu Ehren Shivas im 12. Jh. erbauten Tempels ist zwar nur für Hindus zugänglich, doch das weitläufige Gelände innerhalb der von hohen Mauern umschlossenen Anlage dürfen auch Westler betreten. Die Skulpturen und Wandmalereien sind nur durchschnittlich, das bunte religiöse Leben aber lohnt den Besuch.

Die nationale Leidenschaft: Kricket

6.4.2011, 22.33 Uhr, Indian Standard Time: Mehr als eine Milliarde Hindus, Muslime, Christen, Buddhisten, Sikhs, Parsen und Jains schreien ihre gemeinsame Begeisterung heraus. Gerade hat *Mahendra Singh Dhoni* den entscheidenden Homerun geschlagen. Nach 28 qualvollen Jahren des Wartens ist Indien wieder „on top of the world": Kricket-Weltmeister, und das im eigenen Land. Die nächsten zwei Tage befindet sich Indien im Ausnahmezustand, Millionen Menschen tanzen in den Straßen, und in allen Fernsehkanälen sind nur Batting, Bowling und Homeruns zu sehen.

Kricket, Wicket, Batting, Dhoni? In Europa und Amerika klingen diese Namen eher wie Zungenbrecher, in Indien sind sie jedem Kleinkind quasi durch die Muttermilch mitgegeben – die Leidenschaft zu diesem Sport vereint alle sozialen Schichten, kennt keine sprachlichen, religiösen oder kulturellen Schranken in dem Vielvölkerstaat. Egal wo und zu welcher Zeit, es gibt wohl keinen Ort in Indien, wo nicht jeden Tag eine Gruppe Jugendlicher ihrer Leidenschaft für den kleinen grünen Ball nachgeht.

Eine Wissenschaft für sich sind die Spielregeln, wobei es die vielen Ausnahmen sind, die das Spiel Nichteingeweihten so komplex erscheinen lassen. Kricket ist entfernt mit dem in Nordamerika so beliebten Baseball verwandt. In der Mitte des ovalen Spielfeldes – etwa so groß wie ein Fussballplatz – stehen zwei rund 20 m voneiander entfernte Hölzer, die *wickets*. Die beiden Mannschaften wechseln sich mit Werfen *(bowling)* und Schlagen *(batting)* ab. Jeweils zwei Spieler der battenden Mannschaft stehen an den Hölzern. Der eine versucht mit einem Schläger *(bat)* den ihm mit einer Geschwindigkeit von über 100 km/h zugeworfenen Ball so im Feld zu platzieren, dass er mit seinem Partner die Positionen zwischen den Hölzern wechseln kann, ehe die gegnerische Mannschaft den Ball zu den Hölzern zurückwirft. Dies bringt zwischen ein und drei Punkte ein. Gelingt es dem Batsman, den Ball über die äußere Markierung zu schlagen, ohne zu laufen, erhält seine Mannschaft vier Punkte. Gelingt ihm dies, ohne dass der Ball den Boden berührt, bricht grenzenloser Jubel im Stadion aus. Dieser sogenannte Homerun ist gleichzusetzen mit einem Tor im Fußball und wird mit sechs Punkten honoriert.

Die werfende Mannschaft, die sich flächendeckend über das Feld verteilt, versucht, den Ball so schnell wie möglich wieder zu den Hölzern zurückzuwerfen. Werden diese berührt, bevor der laufende Batsman sie erreicht hat, scheidet er aus. Das gleiche gilt, wenn der von ihm geschlagene Ball von der gegnerischen Mannschaft gefangen wird oder der Bowler die Hölzer direkt trifft. Dann wird er vom nächsten Batsman seiner Mannschaft ersetzt, bis alle elf an der Reihe waren und der Durchgang *(inning)* zu Ende ist. Nun muss die andere Mannschaft versuchen, mehr Runs zu erzielen als der Gegner.

Es erscheint paradox, dass es diesem von den britischen Kolonialherren nach Indien importierten Spiel vorbehalten war, die Einheit des Landes über alle Gegensätze zu verwirklichen. Der Durchbruch des Kricket erfolgte Anfang der 1970er Jahre mit der Einführung des Fernsehens. Bis dahin war Feldhockey Indiens Sportart Nummer eins. Heute ist Kricket Big Business. In der indischen Geschäftswelt gilt der Grundsatz „nothing sells like cricket" und so will jedes große Unternehmen die Stars in seine Werbekampagnen einbinden. An jeder Straßenecke lächelt einem eine der Kricket-Ikonen von einer Reklametafel entgegen. Das Jahreseinkommen von Superstars wie *Sachin Tendulkar* oder *Mahendra Dhoni* wird auf 15 Mio. US$ geschätzt.

Die Kommerzialisierung des Sports erfuhr 2008 mit der Einführung der Indian Premier League eine ungeahnte Steigerung. Diese ursprünglich aus acht Mannschaften bestehende Meisterschaft wurde gleich in ihrer ersten Saison zu einem enormen Erfolg. Spieler wie *Dhoni, Tendulkar* und *Gautam Gambhir* werden ihre Dienste mit 2,5 Mio. US$ pro Saison versüßt – in einem Land, wo immer noch Millionen mit weniger als 2 US$ am Tag auskommen müssen, geradezu astronomische Summen, umso mehr, wenn man bedenkt, dass die Saison nur sechs Wochen dauert. Alle Spiele waren ausverkauft und die Einschaltquoten im Fernsehen überschritten die Erwartungen selbst der größten Optimisten.

Kricket ist damit neben Bollywood zum größten Unterhaltungsspektakel des zweitgrößten Landes der Erde aufgestiegen. Kein Wunder, dass sich die ganz Großen der Medienwelt dieses Mega-Event nicht entgehen lassen wollten. So konnte sich ein Konsortium mit der Sony Entertainment Group die weltweiten Übertragungsrechte für zehn Jahre sichern – Kaufpreis: 1,93 Mrd. US$. *Mukesh Amani,* Nr. 4 auf der Liste der Reichsten der Erde, kaufte kurzer Hand die „Mumbai Indians" für 112 Mio. US$. Die gleiche Summe zahlte *Vijay Malla,* Besitzer einer der größten Brauereien der Welt und Gründer der Fluggesellschaft Kingfisher, für die „Bangalore Royal Challengers". Verglichen damit sicherte sich Bollywoods Superstar *Shah Rukh Khan* die Rechte für die „Kolkata Knight Riders" für einen Schnäppchenpreis: 75 Mio. US$.

Solch astronomische Summen schaffen Begehrlichkeiten. Als die Liga 2010 von acht auf zehn Teams aufgestockt werden sollte, standen die Bewerber ob der Geldmaschine Premier League Schlange. Den Zuschlag erhielten die „Pune Warriors" und die „Kerala Tuskers". Dass es dabei offensichtlich nicht mit rechten Dingen zuging und von oberster Stelle Einfluss genommen wurde, zeigte sich in dem erzwungenen Rücktritt des stellvertretenden Außenministers *Shashi Tharoor* und von *Lalith Modi,* dem Voirsitzenden der IPL.

Ähnlich wie beim Pferderennen gehören Kricket und Wetten eng zusammen. So werden heute allein in Mumbai, der Hauptstadt der Wettkönige, an einem Spieltag bis zu 100 Mio. Euro Umsatz gemacht. Bei solch gigantischen Summen und den damit verbundenen Verlockungen, ein Spiel zu seinen Gunsten zu beeinflussen, ist es kein Wunder, dass die Kricketwelt immer wieder von Korruptionsaffären heimgesucht wird. Namen hochrangiger Spieler aus Südafrika, Pakistan und Indien wurden auf den Listen indischer Buchmacher gefunden. Ermittlungen förderten ein weit verzweigtes Netz von Betrug und Bestechung innerhalb der indischen Nationalmannschaft zutage.

So sehr diese Ereignisse die Kricketwelt erschütterten, konnten sie doch der Popularität dieser Sportart in Indien, das sonst keinerlei Weltklassesportler aufzuweisen hat, keinen Abbruch tun. Und so werden auch in Zukunft die Kinder in den Hinterhöfen und auf den Dorfstraßen wie gebannt auf den kleinen grünen Ball schauen und den Traum vom Kricketstar träumen.

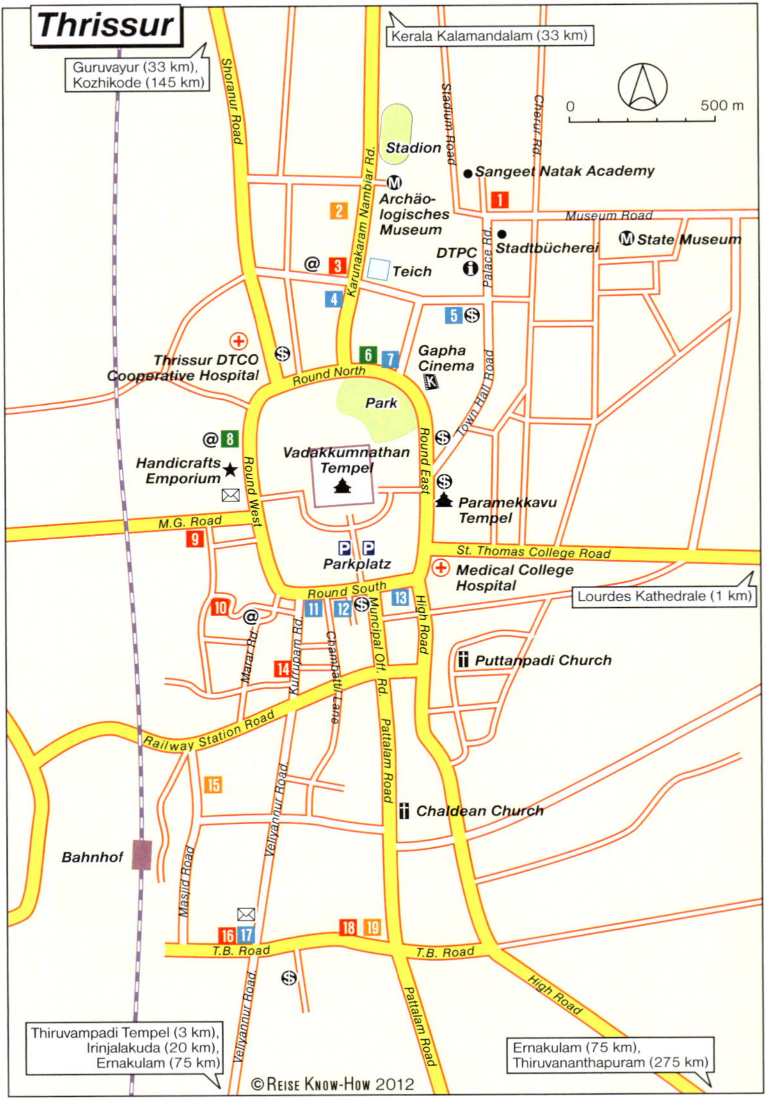
Thrissur
Guruvayur (33 km), Kozhikode (145 km)
Kerala Kalamandalam (33 km)
0 500 m
Shoranur Road
Stadium Road
Cherur Rd.
Karunakaram Nambiar Rd.
Stadion
Sangeet Natak Academy
Archäologisches Museum
Museum Road
Palace Rd.
Stadtbücherei
State Museum
DTPC
Teich
Gapha Cinema
Town Hall Road
Thrissur DTCO Cooperative Hospital
Round North
Park
Round East
Round West
Vadakkumnathan Tempel
Handicrafts Emporium
Paramekkavu Tempel
M.G. Road
St. Thomas College Road
Parkplatz
Medical College Hospital
Lourdes Kathedrale (1 km)
Round South
High Road
Muncipal Off. Rd.
Marar Rd.
Kurrupam Rd.
Chambatti Lane
Puttanpadi Church
Railway Station Road
Pattalam Road
Veliyannur Road
Chaldean Church
Bahnhof
Masjid Road
T.B. Road
High Road
Thiruvampadi Tempel (3 km), Irinjalakuda (20 km), Ernakulam (75 km)
Ernakulam (75 km), Thiruvananthapuram (275 km)
© Reise Know-How 2012

Unterkunft
1 Ramanilayam Government Rest House
3 Hotel Palace Tower
9 National Tourist Home
10 Hotel Luciya Palace
14 Jaya Lodge
16 Siddharta Regency
18 Joy's Palace

Essen und Trinken
4 Indian Coffee House
5 Restaurants India Gate und China Gate
7 Treaty Ice Cream
11 Pathan's, Indian Coffee House
12 Ming Palace Restaurant
13 Indian Coffee House
17 Golden Fork Restaurant

Verkehr
2 Priyadarshini (North) Busstand
15 KSRTC Busbahnhof
19 Sakthan Tampuram Busstand

Einkaufen
6 Elite Supermarkt
8 City Centre (Supermarkt)

Zahlreiche weitere Gebäude zeugen von der Zeit, als Thrissur große politische und kulturelle Bedeutung besaß. Zu nennen sind hier in erster Linie zwei **katholische Kirchen,** die Lourdes-Kathedrale und die Church of Our Lady of Dolores, die den Einfluss der christlichen Bevölkerung belegen. Die Chaldeen Church an der südlichen Ausfallstraße gilt als eine der ältesten christlichen Kirchen Keralas. Von Interesse sind auch das **State Museum,** das verwinkelte **Archäologische Museum** (tgl. außer Mo 9–13 und 14–16.30 Uhr) im 200 Jahre alten Sakthan-Thampuran-Palast und die **Kerala Sangeet Natak Academy,** in der zuweilen Kathakali-Tänze aufgeführt werden.

Highlight: Puram-Fest

Insgesamt ist Thrissur eine recht angenehme Stadt, die jedoch nur wegen ihrer Sehenswürdigkeiten keinen Besuch lohnt. Wenn dennoch jedes Jahr im April/Mai Tausende Einheimische und zahlreiche westliche Touristen hierher pilgern, dann wegen des einzigartigen Puram-Festes. Dieses bedeutendste Fest Keralas wird zwar auch an vielen anderen Orten gefeiert, doch nirgends mit der gleichen Inbrunst und Begeisterung.

Im Mittelpunkt der im Umkreis des Vadakkumnathan-Tempels ausgetragenen Festivitäten steht der **Elephant Round Up** mit bis zu 80 festlich geschmückten Dickhäutern und den sie begleitenden Musikanten. In einer Art

Wettstreit spielen sich die gegenüberstehenden, aus bis zu 100 Musikern bestehenden **Orchester** in einen fast tranceähnlichen Zustand. Begleitet von den begeistert mitgehenden Besuchern steigert sich die von Trommeln, Becken und Blasinstrumenten geprägte Musik zu einem stakkatoähnlichen Klangerlebnis.

Es ist immer wieder beeindruckend, mit welch stoischer Ruhe die Elefanten das Chaos um sie herum ertragen. Allerdings kam es Anfang der 1990er Jahre zu einem tragischen Zwischenfall, bei dem ein ausbrechender Elefant mehrere Menschen zu Tode trampelte.

Besonders lohnend ist ein Besuch der neuntägigen Festivitäten am letzten Tag, wenn die Feierlichkeiten bis tief in die Nacht andauern und die Simse der Tempel und Häuser der Umgebung stimmungsvoll mit Öllämpchen beleuchtet sind. Sehr sehenswert sind auch die anlässlich des Festes in den Tempeln aufgeführten **Tempeltänze.** Insgesamt gehört das Puram-Fest zu einem der eindrucksvollsten Volksfeste Indiens. Wer zur passenden Zeit in der Nähe ist, sollte sich einen Besuch auf keinen Fall entgehen lassen. Über die genauen Termine informieren die Touristenbüros in Kochi.

Praktische Tipps

Information

- Es gibt zwar mit dem **DTPC Tourist Office** (Tel.: 2320800) in der Palace Rd. und dem **KTDC-Schalter** im Yatri Niwas zwei Touris-

121is Foto: tb

tenbüros, doch beide sind wohl eher Arbeitsbeschaffungsmaßnahmen als an westlichen Touristen interessiert. Den Weg kann man sich sparen.

Unterkunft

Normalerweise steht eine ausreichend große Zahl an Unterkünften zur Verfügung. Während des Puram-Festes ist aber eine frühzeitige Reservierung erforderlich.

- Eine der besten Billigunterkünfte in Thrissur ist das **Ramanilayam Government Rest House** € (Tel.: 2332016) in der Palace Rd. Die sehr geräumigen, sauberen Zimmer mit Balkon bieten ein ausgezeichnetes Preis-Leistungs-Verhältnis. Der einzige, dafür gravierende Nachteil besteht darin, dass das Haus für Regierungsangestellte reserviert ist. Im Falle einer Nichtauslastung dürfen die Angestellten jedoch auch an Ausländer vermieten.
- Diesen Nachteil hat das hervorragende Hotel **Palace Tower** €-€€ (Tel.: 2331666) nicht. Supersaubere, teils klimatisierte Zimmer mit Bad und TV schon für wenig Geld machen es zur guten Billigwahl. Zudem liegt es tempelnah und damit zentraler. Ein Restaurant ist angeschlossen.
- Ganz billig und entsprechend einfach ist die **Jaya Lodge** € (Tel.: 2423258), teils mit Gemeinschaftsbad. Für den Minipreis kann man natürlich nicht viel erwarten.
- Trotz fensterloser Zimmer ist das **National Tourist Home** €-€€€ (MG Rd., Tel.: 2441511) eine hervorragende Bleibe, da supersauber und zentral gelegen, die meisten Zimmer mit TV, teils klimatisiert.
- Sehr beliebt ist das gute **Luciya Palace** €€-€€€ (Tel.: 2424731, luciyapalace@hotmail.com) in der Marar Rd., ganz zentral, aber in ruhiger Gassenlage. Das architektonisch gewöhnungsbedürftige Haus mit Garten bietet eine Reihe hübscher Zimmer mit TV, die teilweise klimatisiert sind, und ein ausgezeichnetes hauseigenes Restaurant.
- Komfortabel, wenn auch nicht luxuriös, wohnt man in Thrissur im **Siddharta Regency** €€€ (Tel.: 2424773, sregency@sancharnet.in), einem guten Mittelklassehotel mit klimatisierten Zimmern. Hervorragend ist das angeschlossene **Golden Fork Restaurant.**
- Beste Adresse der Stadt ist das moderne, zehnstöckige **Joy's Palace** €€€€ (TB Rd., Tel.: 2429999, www.joyshotels.com) beim Sakthan Thamburan Busstand im Süden der Stadt. Neben komfortablen Zimmern mit großen Fensterfronten mit Ausblick lockt das Restaurant im 2. Stock mit Außenbereich (drei Buffets pro Tag für 210–270 Rs).

Essen und Trinken

- Abgesehen von den erwähnten Hotelrestaurants isst man am besten und zudem preiswert im **Pathan's** südlich vom Vadakkumnathan-Tempel, eine Einfahrt hinein. Es gibt sehr schmackhafte vegetarische Gerichte sowie *thalis* in netter Atmosphäre. Vor allem bei Einheimischen beliebt.
- Nicht weit von hier findet sich das gediegene **Ming Palace** (2. Stock, 11–22 Uhr), wo man vegetarische und nichtvegetarische, vorwiegend chinesische Gerichte zu kleinem Preis serviert bekommt.
- Das **China Gate** und das **India Gate** sind zwei saubere, gute Restaurants, beide im selben Gebäude an der Palace Rd. Das erste serviert natürlich neben indischer auch chinesische Küche, im zweiten gibt es *thalis,* alles für wenig Geld.
- Mehrere **Indian Coffee Houses** sind ideale Orte für indische Snacks und guten Kaffee.
- Das geschäftige Thrissur ist ein guter Ort für Selbstversorger, so z.B. bei den gut ausgestatteten und sauberen Supermärkten nach westlichem Vorbild: **Elite Supermarket** (rückwärtiger Eingang, hier auch Eis beim angeschlossenen **Treaty Ice Cream**), ein weiterer im City Centre (bis 21 Uhr), beide mit angeschlossener **Honest Bakery.** Auch im City Centre gibt's Säfte, Milchshakes und Eis bei **Freez-on.**

Elefantenaufmärsche begleitet von ohrenbetäubender Musik sind der Höhepunkt des Puram-Festes von Thrissur

Ayurveda

- Eine Leserempfehlung ist das **Kadappuram Ayurveda Beach Resort** (Tel.: 0487-2394988, info@kadappurambeachresorts.com, www.nivalink.com/kadappuram) am Nattika Beach. 30 km südwestlich Thrissurs Richtung Ernakulam gelegen, ist es von der Nattika Junction im Dorf Thripayar 3 km Richtung Strand entfernt. Neben dem vorgelagerten, unberührten Strand und der freundlichen Dorfbevölkerung werden auch die ayurvedischen Behandlungen und die genügend komfortable Unterbringung in landestypisch aus Naturmaterialien gestalteten Bungalows €€€€€ (Preis inkl. Vollpension) sowie die einladende Gartenanlage gelobt.

Bank

- Nicht gerade zentral gelegen, aber am effizientesten geht Geldwechsel und Reisescheckeinlösung bei **UAE Exchange** (Tel.: 2445668, Mo–Sa 9–18.30 Uhr, T.B. Rd.) zu guten Raten über die Bühne.
- Zentraler liegt die **Canara Bank** (Mo–Fr 10–14, Sa 10–12 Uhr), die auch Visa- und Mastercard gegen geringe 1 % Gebühr akzeptiert.
- Auch die **State Bank of Travancore** (2. Stock, Mo–Fr 10.15–15.15 Uhr, Sa 10.15–12.15 Uhr) und die **State Bank of India** (Mo–Fr 11–15.30 Uhr, Sa 10–12 Uhr, in der Round East Rd.) wechseln Bargeld und Reiseschecks. Beide haben auch **ATMs,** die alle wichtigen Karten bis auf Amex annehmen. Weitere ATMs für dieselben Karten von der ICICI-Bank und der UTI-Bank im City Centre liegen zentral. Der ATM der HDFC-Bank, nicht weit vom Tourist Office, akzeptiert auch Amex-Karten.

Post und Internet

- Die **Hauptpost** befindet sich etwas zurückversetzt von der TB Rd. im Süden der Stadt.
- Schnelles Surfen ist bei **BullNet,** ein paar Meter westlich des Hotel Palace Tower (20 Rs/Std., bis 20.30 Uhr), möglich. **National Internet & Communications** im City Centre hat 24 Std., **Ambadi Internet** bis 22 Uhr geöffnet.

An- und Weiterreise

- **Bahn:** Der Bahnhof liegt etwa 2 km südlich des Zentrums. Das Reservierungsbüro ist Mo–Sa von 8 bis 20 Uhr und So von 8 bis 14 Uhr geöffnet. Da Thrissur sowohl an der Haupttrasse entlang der Malabar-Küste als auch an der Strecke nach Tamil Nadu liegt, bieten sich vielfältige Verbindungen sowohl nach Tamil Nadu als auch zu den größeren Orten Keralas wie Kochi und Thiruvananthapuram (z.B. 16301 Venad Exp., Abfahrt 14.57 Uhr). Nach Alleppey bietet sich u.a. der morgendliche 16041 Alleppey Exp. (Abfahrt 7.00 Uhr).
- **Bus:** Vom KSRTC-Busbahnhof schräg gegenüber vom Bahnhof Verbindungen u.a. nach Kochi/Ernakulam (1½ Std.), Kozhikode (Calicut, 3½ Std.), Palakkad (1½ Std.), Thiruvananthapuram (8 Std.). Ziele in der näheren Umgebung wie Kodungallur und Guruvayur werden vom Shakthan-Thampuran-Busbahnhof bedient. Schließlich gibt es noch den Priya-Darshani-Busbahnhof mit Verbindungen u.a. nach Madurai (21 Uhr), Bangalore (2 Busse frühmorgens sowie 6 Busse zwischen 16.45 und 23.20 Uhr) und Mysore (19 und 21 Uhr).

Irinjalakuda

↗ XXII/B1

Der kleine Ort Irinjalakuda, 20 km südlich von Thrissur, ist bei Einheimischen für seinen Bharata-Tempel bekannt, der allerdings nur Hindus offen steht. Für Westler dürfte die Stadt wegen des **Natana Kairali Research & Performing Centre for Traditional Arts** (Tel.: 0480-2825559) einen Besuch lohnen. Hinter dem komplizierten Namen verbirgt sich eine Art Kulturzentrum, in dem Kurse in traditionellen keralischen Künsten wie **Schattentheater, Tanz und Puppenspiel** durchgeführt werden. Jedes Jahr im April/Mai wird ein zwölftägiges **Festival** abgehalten: eine gute Möglichkeit, sonst kaum noch in der Öffentlichkeit zu sehende Theatervorführungen zu erleben. Für Ausländer werden etwa einmonatige Einführungskurse angeboten.

Cheruthuruthy

Ein angesehenes und weit über die Grenzen Keralas hinaus bekanntes **Zentrum zur Pflege der keralischen Kultur** befindet sich in Cheruthuruthy, einem kleinen Ort 32 km nordöstlich von Thrissur. Im Kerala Kalamandalam werden mehrmonatige Kurse zu so verschiedenen Disziplinen wie **Gesang, Kathakali-Tanz, Trommeln** und ausgefallenen Tanzformen wie dem Mohiniyattam und dem Kutiyattam angeboten. Diese Institution leistet nicht nur einen entscheidenden Beitrag zur Wiederbelebung der keralischen Kultur, sondern gilt auch als Talentschmiede, in der bekannte Künstler ausgebildet wurden, die inzwischen auf vielen Bühnen der Welt aufgetreten sind. Am lohnenswertesten ist ein Besuch während des einwöchigen Weihnachtsfestes, zu dem zahlreiche Aufführungen in dem architektonisch sehr ansprechenden Theater stattfinden.

• **Kerala Kalamandalam,** Tel.: 04884-262305, 2462418, www.kalamandalam.org). Besucher dürfen den Studenten, zu denen auch einige aus dem Westen gehören, beim täglichen Training zwischen 9 und 12 Uhr sowie 15 und 17 Uhr zuschauen. Fotografieren und Videoaufnahmen sind nur nach vorheriger Erlaubnis gestattet. Am 31. März, 1. Juli, an öffentlichen Feiertagen sowie in den Monaten April und Mai ist das Kalamandalam geschlossen.

Guruvayur

Der Krishna-Tempel von Guruvayur, 30 km nordwestlich von Thrissur, zählt zu den bedeutendsten **Pilgerzentren** Keralas. Die tägliche Flut von Gläubigen ist beeindruckend und lohnt einen Zwischenstopp. Der Tempel selbst ist für Nicht-Hindus tabu. Jedes Jahr im November/Dezember und im Februar/März finden prunkvolle Tempelfeste statt. Die dann bei festlichen Umzügen zum Einsatz kommenden **Elefanten** verbringen den Rest des Jahres im Punnathur Kotta Elephant Sanctuary, vier Kilometer nördlich von Guruvayur. Besonders lohnend ist ein Besuch frühmorgens und gegen Abend, wenn die 40 Dickhäuter von den *mahouts* gewaschen werden. Man sollte sich den scheinbar so friedlich dreinschauenden Elefanten jedoch ohne Erlaubnis der Wärter nicht zu sehr nähern, wurden doch in den vergangenen Jahren mehrere *mahouts* von ihnen getötet. Besondere Vorsicht ist während der Brunftzeit geboten.

• **Punnathur Kotta Elephant Sanctuary:** Der Park ist täglich von 9 bis 18 Uhr geöffnet, Eintritt frei, Fotogebühr 50 Rs. Die Anfahrt kostet per Taxi 400 Rs, per Riksha 250 Rs von Thrissur. Information Counter in Guruvayur: Tel.: 0487-2550400.

Kozhikode (Calicut)

↗ XXII/A1

Einwohner: 900.000
Vorwahl: 0495

Kozhikode, die größte Stadt im Norden Keralas, ist reich an Geschichte und arm an Sehenswürdigkeiten. Der Name fehlt in keinem Geschichtsbuch, war es doch in dem kleinen Dorf Kappad, zehn Kilometer nördlich von Kozhikode, wo **Vasco da Gama** am 20. Mai 1498 anlandete und damit die europäische Kolonialzeit in Indien einläutete. Rein zufällig geschah dies nicht, war das damalige Calicut doch schon seit über einem Jahrhundert einer der umsatzstärksten Häfen an der Südwestküste Indiens. Die lokalen Machthaber mit dem Ehrentitel Zamorin gehörten zu den wohlhabendsten Herrscherfamilien der Malabar-Küste. Das weckte natürlich Begehrlichkeiten und so wurde Calicut in den nächsten Jahrhunderten mehrfach von portugiesischen, holländischen und britischen Heeren in Schutt und Asche gelegt. So sieht es heute auch aus.

Zwar liegen über die stark **muslimisch geprägte Stadt** verstreut zahlreiche Moscheen und einige hinduistische Tempel, doch verdient keines dieser Gebäude eine spezielle Erwähnung. Wer hier einen Zwischenstopp auf der langen Fahrt von Karnataka zu den südlichen Stränden Keralas oder den Nationalparks in den Western Ghats einlegt – wohl der einzige Grund, in Kozhikode zu übernachten – sollte am späten Nachmittag einen Spaziergang zur **Strandpromenade** unternehmen, um mit den Einheimischen den Sonnenuntergang zu erleben. Eine Rikshafahrt innerhalb der Stadt – vom Bahnhof zum Busbahnhof oder vom Zentrum zum Strand – sollte nicht mehr als 15 Rs kosten.

Ansonsten kann man die Zeit mit einem Abstecher zum zehn Kilometer nördlich gelegenen **Kappad Beach** verbringen, um jene historische, mit einem **Denkmal** gekennzeichnete Stelle zu fotografieren, an der Vasco da Gama 1498 indischen Boden betrat.

Information

- Die Angestellten des **Touristenbüros** (Tel.: 2702304, tgl. 10–17 Uhr) im Bahnhofsgebäude freuen sich über jeden der jährlich durchschnittlich 1,5 Ausländer, die bei ihnen vorbeischauen. Dementsprechend bemüht sind sie, jede nur mögliche Auskunft zu geben. Das KTDC-Hauptbüro (Tel.: 2722391) in der SM Rd. im Malabar Mansion ist weniger auskunftsfreudig. Ein weiteres Büro ist am Karipur Airport (Tel.: 2710100).

Unterkunft, Essen und Trinken

- Das **Hotel Royal Palace** €-€€ (Tel.: 2701610, Link Rd.) in Bahnhofsnähe ist eine gute Billigwahl für die nicht klimatisierten Zimmer: alle sauber und eigenes Bad. AC ist zu teuer.
- Eine Qualitätsstufe höher ist das **Hotel Maharani** €€€ (Taluk Rd., Tel.: 2723101, www.hotelmaharani.com) einzuordnen. Zwar sind die teils klimatisierten Zimmer leicht angegraut, aber für den verhältnismäßig geringen Preis und die ruhige Lage auf jeden Fall lohnenswert.
- Das koloniale **Beach Hotel** €€€€ (Beach Rd., Tel.: 2762055, www.beachheritage.com) nahe dem Meer ist die ehemalige Bleibe des Malabar British Club. Entsprechend herrschaftlich ist das Ambiente in diesem er-

122is Foto: tb

staunlich preisgünstigen, 1890 erbauten Haus. Die stilsicher eingerichteten Zimmer haben zum Teil Klimatisierung, Badewanne und Meerblick.

- Im quirligen Stadtzentrum ist das **Hyson Heritage** €€€-€€€€ (Bank Rd., Tel.: 2766423, www.hysonheritage.com) eine hervorragende Adresse. Die geräumigen Zimmer sind sauber und teilweise klimatisiert. Das angeschlossene **Ben Hur Restaurant** hat gute *thalis* und chinesische Küche.
- Den besten Gegenwert der Stadt spendiert das moderne **Hotel Spam** €€-€€€€ (Jail Rd., Tel.: 2302317/27). Luxuriöse, zentral klimatisierte Zimmer mit guter Ausstattung, die oberen Stockwerke mit Ausblick in die Ferne und über die Stadt für erstaunlich wenig Geld.
- Das **Malabar Palace** €€€€-€€€€€ (Tel.: 2721511, www.malabarpalacecalicut.com) ist ein gutes Mittelklassehotel in der GH Rd. Alle 52 Zimmer sind klimatisiert, darüber hinaus verfügt das Haus über einen 24-Stunden-Coffee-Shop sowie das ebenfalls klimatisierte **Dawn Restaurant.** Das Frühstücksbuffet ist im Zimmerpreis enthalen.
- Kozhikodes Top-Hotel ist das **The Gateway Hotel** €€€€€-€€€€€€ (Tel.: 6613000, www.tajhotels.com) an der PT Usha Rd. Natürlich ist auch das angeschlossene **Coral Reef Restaurant** top. Neben hervorragend ausgestatteten Zimmern verfügt das Taj über einen Swimmingpool und ein Ayurveda-Zentrum.
- Am Kappad Beach steht das **Kappad Ayurvedic Beach Resort** €€€-€€€€ (Tel.: 2683760) als Mittelklasseunterkunft strandnah bereit.
- Wie immer äußerst preiswert serviert das **Indian Coffee House** im Hotel Imperial indische Snacks und Tee/Kaffee.

Älterer Keralese in verbesserungswürdiger Stimmung

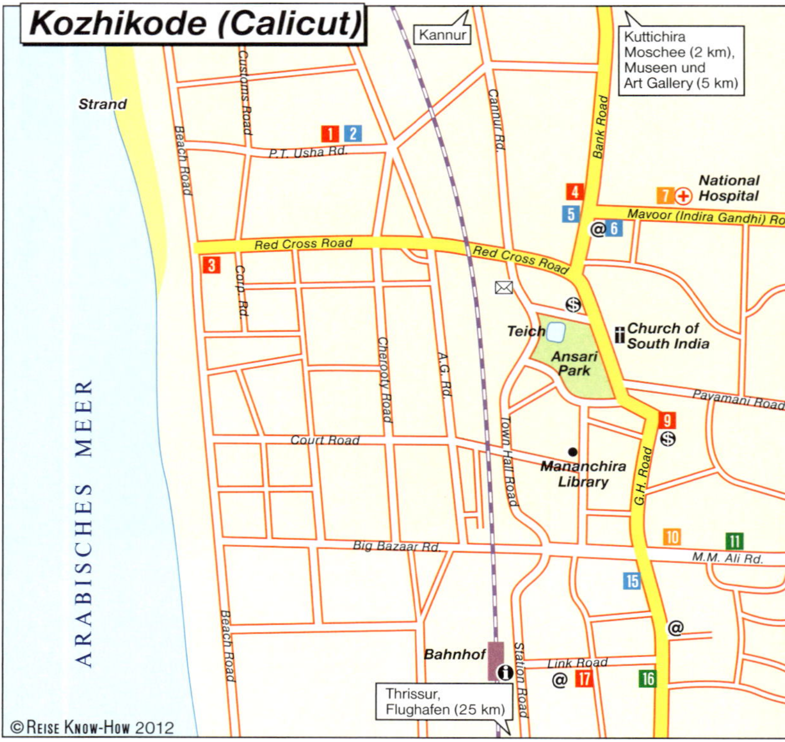

- Zentral an der Mavoor Rd. sind das **Darshin-The Veg** und das **Ruchi** zwei gute, billige vegetarische Gaststätten. Im selben Gebäude findet sich **Marvell Bread & Cake** für Gebäck, Süßigkeiten und Kaffee, sehr sauber.
- Auch **Baker's Oven** in Bahnhofsnähe versorgt mit gebackenen Gaumenfeuden.

Bank

- Effizient gegenüber dem neuen Busbahnhof im 2. Stock der Perachunni Towers wechselt **UAE Exchange** (Mavoor Rd., Mo–Sa 9.30–17.30, So 9.30–13 Uhr, Tel.: 2720166) Bares und Reiseschecks zu guten Raten.
- **Thomas Cook** (Mo–Sa 9.30–17.30 Uhr) steht an der Bank Rd. zur Verfügung.
- Auch die **State Bank of India** und **PL Worldways** an der Bank Rd. wechseln Bargeld und viele Reiseschecks.
- Neben anderen ATMs akzeptiert der **ATM der HDFC-Bank** beim Malabar Palace Hotel außer den anderen gebräuchlichen internationalen Karten auch Amex.

Internet

- **Orbit Cybercafé,** bahnhofsnah (eine Gasse hinein), und **access communications** sind bis 22 Uhr geöffnet, **Cat's Net** und **SR Enter-**

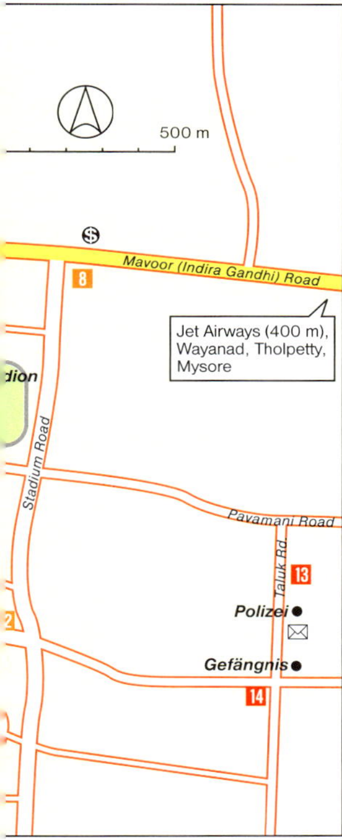

Unterkunft
1 The Gateway Hotel
3 Beach Hotel
4 Hyson Heritage
9 Malabar Palace
13 Hotel Maharani
14 Hotel Spam
17 Hotel Royal Palace

Essen und Trinken
2 Coral Reef Restaurant
5 Ben Hur Restaurant
6 Ruchi Restaurant, Marvell Bread & Cake
15 Indian Coffee House

Verkehr
7 KSRTC Busbahnhof
8 Mofussil New Busstand
10 Palayam (Old) Busstand
12 Büros priv. Busanbieter

Einkaufen
11 Gemüsemarkt
16 Baker's Oven

prises, zentral in der Mavoor Rd., sogar bis 1 Uhr (alle 20 Rs/Std).

An- und Weiterreise

• **Flug:** Kozhikodes Flughafen liegt ungünstig 30 km südlich der Stadt. Mit dem Taxi muss man ca. 350–400 Rs zahlen. **Air India** fliegt 2x tgl. nach Mumbai und tgl. nach Chennai, Cochin und Delhi. Auch Goa (Mo, Do, Sa) wird angeflogen. **Jet Airways** (29 Mavoor Rd., Tel.: 2356518, 27122375 (Flughafen), www.jetairways.com) fliegt tgl. nach Mumbai. **Kingfisher Airlines** (Tel.: 1800 1800101, www.flykingfisher.com) fliegt tgl. nach Bangalore. Über aktuelle **Flugverbindungen** aller Airlines informiert www.yatra.com.

• **Bahn:** Das Reservierungsbüro im Bahnhof ist Mo–Sa 8–20 und So 8–14 Uhr geöffnet. Gute Verbindungen entlang der Konkan Railway Richtung Norden, tgl. 7 Züge nach Mangalore (6–8 Std.). Richtung Süden nach Thiruvananthapuram (10–12 Std.) u.a. mit dem 16605 Ernad Express (Abf.: 11.45 Uhr), der auch in Thrissur (14.30 Uhr), Kochi/Ernakulam (16.10 Uhr) Alleppey (17.35 Uhr), Quilon (19.30 Uhr) und Varkala (20.20 Uhr) hält. Gute Verbindungen nach Tamil Nadu.

• **Bus:** Kozhikode besitzt drei Busbahnhöfe. Vom **KSRTC-Busbahnhof** an der Mavoor Rd.

verkehren die Langstreckenbusse u.a. nach Mysore (etwa alle 2–3 Std., viele von diesen weiter nach Bangalore), Coimbatore, Kochi (5 Std, 100 Rs), Madurai (8 Std., 240 Rs), Mangalore und Thiruvananthapuram. Darüber hinaus fahren zahlreiche Luxusbusse nach Kochi/Ernakulam und Thiruvananthapuram von den Büros der privaten Gesellschaften im Umkreis des Busbahnhofs. Die Fahrt nach Mysore über Ooty in Tamil Nadu (und weiter nach Bangalore, 270 Rs, 22 Uhr) führt durch die spektakulären West-Ghats. Wegen der besseren Aussicht sollte man einen Platz auf der linken Seite wählen. Auch Madurai (240 Rs, Semi-Deluxe, 9 Std.) wird angefahren.

Kleinere Städte im Norden Keralas wie Mahé, Kannur (Cannanore) und Bekal werden vom 500 m weiter östlich an der Mavoor Rd. gelegenen **New Bus Stand** angefahren. Ziele im Süden und Osten Keralas wie Palakkad und Thrissur (3½ Std, 50 Rs) fahren vom **Palayam-Busbahnhof** an der Kreuzung GH Rd. und MM Ali Rd. Etwa halbstündig Busse nach Mananthavadi nahe dem Tholpetty-Nationalpark und zur Weiterfahrt zum Nagarhole-Nationalpark in Karnataka, viele dieser Busse fahren weiter nach Mysore.

Der besondere Tipp:

Tholpetty-Nationalpark

↗ XX/B3

Zusammen mit dem südlich anschließenden Muthanga-Nationalpark bildet der Tholpetty-Nationalpark das **Wayanand Wildlife Sanctuary,** dessen Name häufig sowohl für Muthanga wie auch für Tholpetty verwendet wird. Im Osten Keralas an der Grenze zu Karnataka gelegen, wo nahtlos der **Bandipur-Nationalpark** anschließt, ist Tholpetty ein vergleichsweise kleines Areal von 104 ha, beherbergt aber eine erstaunliche Menge und Vielfalt von Tieren.

Neben dem Gaur (dem indischen Bison), Sambarhirschen und anderem Hochwild, vielerlei Vogelarten (z.B. Pfauen), verschiedenen Affenarten, Wildschweinen und vor allem **Elefanten,** in Herden und auch Einzeltiere, werden selten Tiger (im Jahr 2005 lebten etwa 10 Tiere im Park) und Bären gesichtet. Die weitgehend unberührte Landschaft, von zahlreichen kleinen Bachläufen durchzogen, ist mit Mischwald und hohen Bambusclustern bestanden, der Hauptnahrung der Elefanten, die die riesigen Bambusstämme herunterbrechen, um ans Blattwerk zu gelangen.

Besonders in der Trockenzeit wechseln viele Tiere aus dem Bandipur-Nationalpark nach Tholpetty, da dort größere Wasserreservoirs zur Verfügung stehen. Dementsprechend ist die beste Besuchszeit etwa ab Februar bis Mai. Dann können besonders viele Tiere schon bei kurzen Ausfahrten gesichtet werden.

Ausflüge in den Park per pedes oder mit dem Auto, Jeep oder Kleinbus sind nur mit Guide erlaubt. Die morgendliche Tour zu Fuß startet um 8 Uhr und dauert etwa 5 Stunden (Minimum 4 Personen, 750 Rs inkl. Guide). Ausflüge mit dem Auto, Jeep oder Minibus sind jederzeit möglich. Die Wahrscheinlichkeit, außer Wild und Bisons auch Elefanten zu Gesicht zu bekommen, ist sehr hoch, besonders zum Abend hin, wenn die Tiere die Wasserstellen aufsuchen. Auch spätabendliche Ausflüge nach Sonnenuntergang sind nach Absprache möglich.

• **Tholpetty-Nationalpark,** Ass. Wildlife Warden, Tel.: 04935-240233, 250853, Eintrittspreise: pro Person 25 Rs, 10 Rs pro Fahrzeug, 200 Rs für den obligatorischen und meist sehr fachkundigen Guide, 10 Rs für die Kamera und 100 Rs für die Videokamera. Ein Jeep kann für 300 Rs für ca. 3 Std. gemietet werden.

Weitere Ausflüge führen z.B. in die **Brahmagiri Mountains,** zum 5 km vom Parkeingang entfernten, 50 m hohen **Irpu-Wasserfall** und zum etwa 1.000 Jahre alten **Thirunelly-Tempel,** dazu ein Dorfbesuch, zum Teil schon in Karnataka. Dieser Ausflug dauert etwa von 8 bis 16 Uhr.

Die meisten Touristen reisen mit der vom Tourist Office in Ernakulam (Main Jetty) organisierten Tour, die einfachste Möglichkeit nach Tholpetty zu gelangen, auch in Kombination mit den Stränden Nord-Keralas, der **Malabari Coast,** möglich. Weiteres siehe unter Ernakulam/Information. Auch Aries Travel (Tel.: 0471-2330964, Press Rd.) in Thiruvananthapuram organisiert dieses Angebot inkl. der schönen Landhaus-Unterkünfte in Eingangsnähe des Parks.

Unterkunft, Essen und Trinken

• Eine gute, nur einige Meter vom Parkeingang entfernte Unterkunftsmöglichkeit ist **Pachyderm Palace** €€€-€€€€, zu buchen über die vom Tourist Office in Ernakulam (Tel.: 0484-2372761) organisierte Tour, man kann jedoch auch individuell anreisen. Gewohnt wird in familiärer Atmosphäre in einem behutsam restaurierten alten **Landhaus,** dessen Besitzer außerdem als Bauer (z.B. Kaffee-, Tee- oder Gewürzanbau) tätig ist. Auch das hervorragende indische Essen ist im Preis inbegriffen. Am besten sind die komfortablen Bambushütten.

• Ebenfalls in Eingangsnähe vermietet das **Wildlife Warden** in Sulthan Bathery (Tel.: 04936-220454) eine Holzhütte €€€, bei deren Benutzung jedoch die Verpflegung selbst mitgebracht werden muss.

• Schon in Karnataka nahe dem Irpu-Wasserfall ist das **High Falls Holiday Resort** €€€ (Tel.: 08274 246027, (0)9448720527, highfalls_irpu@yahoo.co.in) der freundlichen Besitzerin Ms. Poonala eine gute Alternative.

• Ansonsten kann der auf eigene Faust Anreisende im 9 km entfernt gelegenen und kaum auf Touristen eingestellten Dorf Kattikulam (einzige Unterkunft: das nur einfachsten Ansprüchen genügende **Green Stone Guest House** € nächtigen.

• In Mananthavadi, dem nächstgelegenen größeren Ort, 20 km vom Parkeingang entfernt, stehen ebenfalls eher einfache Unterkünfte bereit, z.B. das einfache und billige **Dew Drop Rest House** € (Mysore Rd., Tel.: 04935-240242), das **Elite Guest House** €-€€ (Tel.: 0493-240236) oder das **Hotel Hakson** €-€€ (Tel.: 04935-2540118). Im Ort bietet das Indian Coffee House einfache und schmackhafte indische Speisen.

• Noch etwas weiter, knapp 60 km entfernt in der Distrikthauptstadt Wayanads, Kalpetta, bietet sich eine Vielzahl von Herbergen aller Preis- und Qualtätsklassen. Billig sind etwa das **PPS Tourist Home** €-€€ (Tel.: 04936-203431/2) und das **Haritha Giri** €€-€€€ (Tel.: 0493-2603145, harithagiri@eth.net), 15 km von Kalpetta entfernt.

• Komfortabel ist das **Royal Palm Resort** €€€€-€€€€€ (Tel.: 04936-206224, (0)94471 43124, www.royalpalmwayanad.com), das Cottages in wundervoll gepflegter Gartenanlage vermietet. Das **Royal Palm Residency** €€€-€€€€ (Gudalai Kunnu, Tel.: 04936-206096, (0)9447143124, www.royalpalmresidency.com) unter derselben Leitung ist etwas einfacher mit komfortablen, aber ausdruckslosen Zimmern und hübschem Garten.

• Gehobene Mittelklasse ist das in keralischer Architektur gelungen an den Hang gebaute **Kalpetta Green Gates Hotel** €€€€-€€€€€ (inkl. Verpflegung, T.B. Rd., Tel.: 0493-202001-4, www.greengateshotel.com) mit Pool und mehreren neuen Cottages sowie einem einzeln stehenden Bambushaus auf Stelzen.

Bank

- Geld gibt's in Mananthavady beim ATM der **Federal Bank** (bei der Tankstelle) für Visacard-Besitzer und bei der **Canara Bank** oder der **State Bank of India.**
- In Kalpetta wechselt die **State Bank of Travancore** (Tel.: 04936-202148).

An- und Weiterreise

- Am besten ist Tholpetty mit dem **Taxi** zu erreichen (neben der vom Tourist Office in Ernakulam angebotenen Tour mit hervorragenden Fahrer).
- Ansonsten fahren von Kannur und Calicut aus **Busse** ca. halbstündig bis Sulthan Bathery über Kalpetta. Die Busse Richtung Mysore passieren das etwa 10 km vom Parkeingang entfernte Mananthavadi (von dort bis Mysore sind's 110 km). Mysore wird von allen 3 genannten Orten etwa halbstündig angefahren, um 13 Uhr eine Verbindung von Sulthan Bathery nach Ooty. Lokalbusse verbinden Mananthavadi, Sulthan Bathery und Kalpetta etwa alle 15 Min., Fahrtdauer zwischen 45 Min. und 1¼ Std.
- Um die Busbahnhöfe der genannten Städte warten **Jeeps** auf Kunden. Für die Fahrt zu den genannten Orten sind etwa 500–600 Rs zu zahlen.

Die landschaftlich schönere Strecke nach Tholpetty ist die Route von Calicut (über Kalpetta), speziell im 2. Teil mit atemberaubenden Ausblicken über die Landschaft. Diese kurvenreiche und teils steile Route ist jedoch nichts für Magenschwache, die die etwas geruhsamere Strecke von Cannur aus wählen sollten.

Muthanga-Nationalpark

↗ XX/B3

Landschaftlich wie auch vom Tiervorkommen her ganz ähnlich wie Tholpetty, ist dieser Nationalpark, der 1973 gegründet und ebenfalls unter dem Namen **Wayanad Wildlife Sanctuary** bekannt ist, mit dem Bandipur-Nationalpark in Karnataka und dem Mudumalai Wildlife Sanctuary in Tamil Nadu verbunden. Auch hier stellen neben vielerlei Vögeln der Gaur und Sambarhirsche sowie Langurenaffen und Elefanten die Hauptattraktion dar. Sehr selten werden Tiger und Leoparden gesichtet. Aufgrund der starken Vegetation des Muthanga-Nationalparks verspricht die Tierbeobachtung im Tholpetty-Nationalpark mehr Erfolg.

Information, Ausflüge

- Für Informationen ist das **Wildlife Warden** in Sulthan Bathery die richtige Adresse, Tel.: 04936-220454.
- Das **WAPRED** mit Sitz in Madikeri (Karnataka) bietet viertägige Ausflüge in die vier Nationalparks (auch nach Nagarhole und Bandipur) dieser Region an. Kontakt und Information unter Tel.: 08272-265638, wapred.india@vsnl.com, www.rainforestours.com. Hier werden zudem gemütliche Zelte und Cottages €€€-€€€€ (Tel.: 201428, anugoel@bsnl.com) im Grünen nahe Madikeri vermietet.
- **Wayanad Tourism** (Tel.: 04936-202134, (0)9447072134) im Zentrum von Kalpetta ist bemüht und organisiert Trekkingtouren in die Berge der Umgebung, Ausflüge (z.B. Tagesausflüge von 8 bis 20 Uhr nach Muthanga oder Tholpetty, zu Wasserfällen und Höhlen und weiteren Zielen) und vermittelt Unterkünfte.

Unterkunft, Essen und Trinken

Die reichste Auswahl an Unterkünften bietet sich im 42 km entfernten **Kalpetta** (siehe Tholpetty-Nationalpark)oder in **Sulthan Bathery,** 17 km vom Parkeingang entfernt. Einige empfehlenswerte Herbergen im Sulthan-Bathery-Distrikt werden im Folgenden aufgelistet, weitere Unterkünfte aller Preisklassen sind unter www.wayanad.org/accomodation aufgeführt.

- In Palnamaram, etwa 20 km von Kalpetta entfernt, ist das zwischen Kaffeeplantagen gelegene **Ente Veedu** €€€€-€€€€€ (Tel.: 04935 320494, 220008, (0)9446834834, www.enteveedu.co.in) eine recht preiswerte Herberge im Zentrum Wayanads. Sowohl komfortable Zimmer im Haupthaus wie auch geräumige Bambushütten mit Bad und Balkon sind gemütlich. Ausflüge in die Umgebung werden arrangiert.
- Gemütlich und nicht ganz billig sind die sieben Cottages und ein Baumhaus des **Edakkal Hermitage** €€€€€-€€€€€€ (Tel.: 04936-221860, (0)9847001491, www.edakkal.com), nicht weit von den Edakkal-Höhlen entfernt. Drei Mahlzeiten sind inbegriffen.
- Das **Tranquil Resort** €€€€€€ (Kuppamudi Coffee Estate, Diskrikt Sulthan Bathery, Tel.: 04936-220244, (0)9947588507, www.tranquilresort.com) macht seinem Namen alle Ehre. Eine halbe Stunde Fahrtzeit vom Parkeingang entfernt Richtung Mysore, ist diese mit herrlichem alten Baumbestand gesegnete und mit Auszeichnungen belohnte Anlage mit nur 8 Zimmern und einem Edelbaumhaus eine gelungene Luxusherberge inmitten der Aswati-Kaffeeplantage mit entsprechenden Einrichtungen. Die sehr hohen Preise beinhalten Verpflegung und Ausflüge. Natürlich gibt's auch einen Pool und Ayurveda-Behandlungen.
- Als eine der besten Gaststätten des Ortes lockt das **Jubilee Restaurant** im Zentrum von Sultan Bathery mit vielseitger Speisekarte.

Kannur (Cannanore)

↗ XX/A3

Einwohner: 500.000
Vorwahl: 0497

Das heute noch vielfach unter seinem früheren Namen Cannanore bekannte Kannur war zwischen dem 15. und 17. Jh. einer der großen Gegenspieler der Zamorins von Calicut, dem heutigen Kozhikode, 90 km südlich. Auffälligstes Bauwerk aus jener Zeit, als die europäischen Kolonialmächte um die Vorherrschaft über den lukrativen Hafen im Norden Keralas fochten, ist das von den Portugiesen Anfang des 16. Jh. erbaute **Fort St. Angelo.** Die gewaltige Festungsanlage im Südwesten der Stadt ist wieder für Besichtigungen in der Zeit von 9 bis 18 Uhr geöffnet (Eintritt frei, Video 25 Rs, auch Führungen sind möglich), nachdem sie jahrzehntelang dem indischen Militär als Bleibe diente und unzugänglich war. Wenn man individuell anreist, sollte die Rückfahrt per Riksha oder Taxi gleich mitorganisiert werden, da man sonst möglicherweise nur umständlich zurückkommt bzw. die nächste Bushaltstelle recht weit vom Fort entfernt liegt.

Der breite **Payamballam-Strand** wirkt bis auf den Bereich um einen kleinen Park recht verlassen.

Einen kurzen Spaziergang lohnt die **Altstadt** von Kannur, in der noch einige, allerdings recht heruntergekommene Villen der ehemaligen Patrizierfamilien stehen.

Der besondere Tipp: Theyyam

Theyyam ist eine etwa 1500 Jahre alte, ausschließlich in Nordkerala praktizierte kulturelle Ausdrucksform, die **Tanz, Mimik und Musik** zu einem einzigartigen Ritual vereint. Auch mythologische, astrologische und heidnische Einflüsse der Volksstämme sind Bestandteile. 450 verschiedene Darbietungsformen des Theyyam sind bekannt, sodass die Darstellungen auch in Kostümierung, Mimik und Schminke ständig wechseln. Die imposant geschmückten (Kopfschmuck bis 10 m Höhe!) und geschminkten Tänzer verehren die Helden ihrer Sagen und die Geister der Verstorbenen, während sie sich in Trance versetzen. Dabei tritt der Tänzer quasi anstelle des verehrten Gottes auf und spricht zu den Anhängern, tanzt und segnet sie. Ausgelassenes, wildes Tanzen und Trommeln sind die außergewöhnlichen und faszinierenden Ausdrucksformen des Theyyam. Der Beginn einer Prozession ist oftmals an kleinen trommelnden Gruppen an den Straßen zu erkennen, die abends im Schein von Fackeln zu einem Tempel in der Nähe wandern, wo dann oft bis in die Nacht hinein die eigentliche Aufführung abgehalten wird.

Theyyam ist, anders als Kathakali in Südkerala, bisher noch in keiner Weise kommerzialisiert und ein entsprechend authentisches Ritual. Im Jahr 2002 gab es das erste Mal nach Jahrzehnten wieder ein Theyyam-Fest, an dem alle Städte und Dörfer der Region beteiligt waren, was die vor sich hin dümpelnde Tradition neu belebte. Informationen über größere Veranstaltungen sind z.B. in den Informationszentren im Bekal Fort und in Udma (siehe Kasargode) erhältlich.

Wer nach Süden unterwegs ist, sollte die 8 km südlich in einem alten Backsteingebäude untergebrachten Webstühle der **Kausallaya Weaver's Co-Operative** (Mo–Sa 9–18 Uhr) besuchen. Man wähnt sich um ein Jahrhundert zurückversetzt. Kurz vorher ist die **Kerala Dinesh Beedi Co-Operative** (Di–Sa 8–17 Uhr) im Dorf Thottada für die Herstellung der kleinen indischen Zigaretten zuständig. Auch dieser Zwischenstopp ist interessant. Per Riksha für ca. 80 Rs mit Rückfahrt von Kannur für jedes der Ziele, für beide etwa 120 Rs.

Theyyam-Prozessionen

Wie in vielen Tempeln Nord-Keralas finden auch im 18 km nordöstlich Kannurs gelegenen **Parasinikadavu-Tempel** zwischen Oktober und März regelmäßig Theyyam-Prozessionen (siehe Kasten) statt. Die genauen Termine sollten vor Ort erfragt werden (etwa bei der Kerala Folkore Academy, Tel.: 2778090, in Valapattanam oder dem Informationszentrum des Bekal Fort, siehe Kasargode).

Information

- Das **DTPC-Touristenbüro** (Tel.: 2706336, Mo–Sa 10–18 Uhr) nahe der Caltex Junction beim Busbahnhof ist Mo–Sa von 10 bis 17 Uhr geöffnet, eine Filiale findet sich im Bahnhof (Tel.: 2703121, tgl. 8–19 Uhr).

Unterkunft, Essen und Trinken

- Auch in Kannur gibt es eine Reihe schlichter Unterkünfte im Bahnhofsbereich. Eines von vielen akzeptablen Budget-Hotels ist das bahnhofsnahe, aber für den Preis durchaus ordentliche **Meridian Palace** €-€€€ (Bellard Rd., Tel.: 2701676, www.hotelmeridianpalace.com). Umschauen, da unterschiedliche Zimmer zur Verfügung stehen, alle mit TV, die teureren mit AC.

- Wer Wert auf mehr Sauberkeit legt, ist in den gekachelten, teils klimatisierten Zimmern des **Saj Rest Inn** €-€€€ (SM Rd., Tel.: 2711801), einige Hundert Meter nördlich, gut bedient. Die Deluxe-Zimmer bieten den besten Gegenwert.
- Ist das **Government Guest House** €-€€ (Tel.: 2706426) am Meer nicht von Offiziellen belegt (vorher anrufen), werden im neuen Gebäudeteil sehr geräumige und komfortable Zimmer zu kleinem Preis vermietet. Nur einige Meter die der Zufahrt zum Government Guest House gegenüberliegende Straße hinein, sind die Zimmer des **Palmgrove Heritage Retreat** €€ (Mill Rd., Tel.: 2703182, www.palmgroveheritageretreat.com) zwar etwas dunkel, ansonsten aber recht angenehm.
- Einige hundert Meter südlich bietet das **Mascot Beach Resort** €€€-€€€€€ (Tel.: 2708445, www.mascotresort.com) mit seiner pittoresken Lage oberhalb des Meeres, geräumigen, sauberen AC-Zimmern (die nicht klimatisierten sind recht dunkel), Internetanschluss und einem sehr empfehlenswerten Restaurant das wohl beste Preis-Leistungsverhältnis der Stadt.
- Zwischen Stadtzentrum und Meer gelegen, ist das **Blue Nile** €€€€-€€€€€ (SM Rd., Tel.: 2760077/80-82, www.hotelbluenile.com) ein komfortables Businesshotel mit klimatisierten Zimmern mit Flachbildschrim-TV und Badewanne sowie zwei Restaurants, Coffee-Shop und Swimmingpool.
- Das **Parkin's Chinese Restaurant** (New Subway) füllt den Magen zum kleinen Preis.
- Bahnhofsnah ist das einfache, vegetarische **Komalavilas Hotel** unweit des Meridian Palace eine gute und preiswerte Adresse für vegetarische Küche.
- Preiswerte Snacks servieren bahnhofsnah die beiden Restaurants des **Indian Coffee House** in der Fort Road.
- Mehrere kleine Bäckereien gegenüber dem Bahnhof wie **Bake 'n' Joy** versorgen mit süßen Köstlichkeiten.

Bank, Internet

- Am besten geht Geldwechsel und Reiseschecktausch bei **UAE Exchange** (City Centre, Tel.: 2708818, Mo–Fr 9.30–17.30 Uhr, Sa bis 16 Uhr) an der Fort Road über die Bühne. Auch die **State Bank of India** und die **State Bank of Travancore** wechseln Reiseschecks.
- Beim Busbahnhof nimmt der **ATM** der State Bank of India alle üblichen Kreditkarten bis auf Amex. Für diese ist der HDFC-ATM, 50 m entfernt, zuständig.
- Zwei fixe **Internetcafés** an der Fort Road ca. 100 m vom Bahnof entfernt haben jeweils 10–20 Uhr geöffnet: City Cyber, eine Gasse gegenüber dem Indian Coffee House hinein, sowie News Line etwas nördlich des City Centre. Nördlicher, an der SN Park Rd., Ecke Onden Rd. lässt Global Net breitbandsurfen.

An- und Weiterreise

- **Bahn:** Kannur liegt an der Hauptstrecke entlang der Malabar-Küste und bietet dementsprechend viele Verbindungen nach Kochi und Thiruvananthapuram im Süden sowie Mangalore im Norden. Das Reservierungsbüro ist von 8 bis 20 Uhr, So von 8 bis 12.30 Uhr geöffnet.
- **Bus:** Vom zentralen Busbahnhof werden alle größeren Orte der Malabar-Küste angefahren. Nach Kochi/Ernakulam, Kozhikode und Thiruvananthapuram fahren auch zahlreiche Luxusbusse von den im Bahnhofsbereich angesiedelten privaten Gesellschaften. Nach Karnataka täglich 10 Busse zu den Zentren Mysore und Bangalore, von dort Anschlussbusse in die kleineren Orte der Umgebung.

Tellicherry (Thalassery) ↗ XX/A3

Tellicherry ist ein ebenso unspektakulärer wie angenehmer Ort 21 km südlich von Kannur. Die stark muslimisch geprägte Stadt lebt in erster Linie vom Fischfang und vom Handel. Interessant ist ein Gang zum **natürlichen Hafen,** in dem die nachmittags vom

Fang zurückkehrenden Fischkutter dümpeln und die Frachtschiffe mit Tee, Kaffee und Gewürzen beladen werden.

Strände im Norden Keralas

Eine Alternative zum Strandleben in Südkerala bietet abseits altbekannter Touristenpfade der Norden Keralas mit vielen von Felsen eingerahmten, unberührten Stränden und unverfälschtem Dorfleben. Um Kannur seien der **Payyambalam** (2 km nördlich) oder **Muzhappilangad Beach** (15 km nördlich) genannt, und, besonders abgelegen, der **Kizhunna Ezhara Beach,** 11 km von Kannur entfernt. Auch um Kasargode ganz im Norden locken neben dem Bekal Fort schöne Strände, etwa der Kappil Beach nördlich des Forts (s. Kasargode). Wahrscheinlich werden in den kommenden Jahren viele weitere Hotels und Guest Houses in dieser touristisch erst am Anfang der Entwicklung stehenden Region entstehen. Auch die Möglichkeit, interessante Eindrücke vom authentisch indischen Leben zu bekommen, sprechen für einen mehrtägigen Abstecher. Zu beachten ist, dass die Wellen an den unbewachten Stränden hier etwas wuchtiger sind als im Süden Keralas, also auf Kinder achtgeben.

Unterkunft

- Ein interessantes Angebot, diese Region kennen zu lernen, macht unter dem Namen **Costa Malabari** das Tourist Office in Ernakulam. Es werden Unterkünfte dicht an nahzu touristenfreien Stränden südlich von Kannur vermittelt. Gewohnt wird strandnah im Grünen in gelungen restaurierten, alten keralischen Landhäusern €€€, das hervorragende keralische Essen ist im Pauschalpreis inbegriffen, Reservierungs-Tel.: 0484-2371761, touristdesk@satyam.net.in. Außerdem kann ein **komplettes Tourpaket** mit An- und Abreise etwa von Ernakulam gebucht werden. Ein weiteres Plus ist der hervorragende Fahrer (wichtig in dem inzwischen sehr hektisch gewordenen Vekehrschaos auch in Keralas Norden). Preis z.B. für 2 Pers., 4 Tage/ 3 Nächte inkl. Verpflegung und Anfahrt von Ernakulam 10.000 Rs, nur Übernachtung und Verpflegung um die 2.000 Rs. Die Tour ist gut mit einem Abstecher zum Tholpetty-Nationalpark (s.o.) kombinierbar. Weitere Informationen unter Ernakulam/Information bei „Tourist Desk“ und im Internet unter www.costamalabari.com. Weitere Unterkünfte an den Stränden Nord-Keralas finden sich bei Kannur und Kasargode.

Kasargode

↗ XX/A3

Kasargode ist der erste größere Ort, den man auf dem Weg von Karnataka kommend entlang der Küste Richtung Süden passiert. Der muslimische Fischerort bietet keinerlei touristische Sehenswürdigkeiten, kann jedoch als Ausgangspunkt für das 12 km südlich gelegene **Bekal Fort** (tgl. 8–17 Uhr, Eintritt 100 Rs) genutzt werden. Bei der pittoresk auf einem Felsvorsprung oberhalb des Meeres gelegenen Festungsanlage handelt es sich um das größte Fort Keralas. Erbaut wurde es zwischen 1645 und 1660. Außer den imposanten Außenmauern und einigen über das weite Areal verstreut liegenden Ruinen blieb kaum etwas erhalten. Eindrucksvoll ist der Blick von oben über die auf beiden Seiten liegenden, palmengesäumten Buchten und das azurblaue Meer.

3 km nördlich von Bekal liegt der einsame **Kappil Beach** bei Palakunnu, ein idealer Ort, um abseits ausgetretener Touristenpfade einige Tage auszuspannen. 2012 soll dort ein neues Hotel eröffnet werden.

Information

- Für weitergehende Informationen kann man das **Tourist Information Office** im Bekal Fort (Tel.: 0467-2772900, brdc@sancharnet.in), in **Udma** kontaktieren (Tel.: 2736937) oder das Internet zu Rate ziehen: www.bekal.org.
- Südlich von Bekal in Kottapuram bei Nileshwaram ist **Bekal Boat Stay** (Tel.: 0467-2282633, (0)9447469747, www.bekalboatstay.com) der größte Veranstalter von Hausboot-Touren in den Backwaters und Ausflügen zu den Stränden Nord-Keralas.

Unterkunft, Essen und Trinken

(Vorwahl 0467)

- Es ist möglich, innerhalb der Fort-Mauern zu nächtigen. Einfache und ganz billige Zimmer, teils mit Gemeinschaftsbad, im **Tourist Bungalow** € können über den District Collector (Tel.: 2430400) gebucht werden. Verpflegung muss allerdings in den Dörfern nördlich des Forts besorgt werden. Am nächsten gelegen dürfte das einfache **Restaurant Sri Sistha** sein.
- Wer billig am Kappil Beach übernachten will, findet in der **Eeyem Boarding & Lodging** €-€€ (Tel.: 2736343), 4 km nördlich von Bekal in Palakkunnu, eine preiswerte Adresse mit Restaurant.
- Etwas nördlicher im Dorf Udma steht das ordentliche **Fortland Tourist Home** €-€€ (Tel.: 2736600) mit teils klimatisierten Zimmern und Restaurant bereit.
- 12 km südlich Bekals bietet sich bei Kahangad mit dem **Hotel Bekal International** €-€€ (Tel.: 2702012, 2204271, www.hotelbekal.com) eine etwas komfortablere Bleibe mit teils klimatisierten Zimmern an. In keralischem Landhausstil erbaut, liegt es nahe den Backwaters.
- Das **Nalanda Resort** €€-€€€ (Tel.: 2782662, 2790199), 14 km südlich Bekals in Nileshwar am NH 17, ist eine gute Mittelklasseunterkunft.
- 5 km vom Meer entfernt, ist das **Gitanjali Heritage** €€€€€ (Panayal, Bekal, Tel.: 2234159, www.gitanjaliheritage.com) die erste luxuriöse Bleibe dieser Region. Sehr verschwiegen zwischen Reisfeldern und Bäumen gelegen, handelt es sich um ein altes Herrschaftshaus, dessen hohe Räume in ein angenehmes Hotel mit zeitentsprechendem Mobiliar verwandelt wurde. Ayurveda-Behandlungen, Yoga und Reiki sowie Ausflüge in die Backwaters können ebenfalls gebucht werden.

Bank

- In Kasargode können gegenüber dem Busbahnhof im Cheroor Complex bei **UAE Exchange** (Tel.: 226606) Geld und Reiseschecks getauscht werden.

An- und Weiterreise

- **Züge** halten im 3 km vom Fort entfernten Dorf Palakunnu, die nächstgrößere Bahnstation ist Kanhagad, 13 km von Bekal entfernt. Von dort viele Verbindungen nach Norden und Süden. Eine Riksha von der Kreuzung in Bekal nach Palakunnu kostet etwa 30 Rs.
- Regelmäßig **Busse** zwischen Kasargode und Bekal (20 Min.) bzw. den Strandorten. Von Kasargode häufige Verbindungen mit Kannur.

124is Foto: tb

Tamil Nadu

203ke Foto: mb

Wann ist es soweit?
Krishna's Butter Ball in Mamallapuram

Die mit bunten Göttern und Fabelwesen verzierten Gopuram sind die charakteristischen Elemente des südindischen Tempelbaus

Überblick

Tamil Nadu

Fläche:	130.058 km²
Hauptstadt:	Chennai (Madras)
Einwohner:	72 Mio.
Bevölkerungsdichte:	500 Ew./km²
Stadtbevölkerung:	44 %
Alphabetisierungsquote:	80 %
Lebenserwartung:	66 Jahre

Touristische Highlights:
- **Mamallapuram** – ideale Kombination aus Erholung und kunsthistorischen Sehenswürdigkeiten
- **Srirangam** – klassisches Beispiel einer südindischen Tempelstadt
- **Madurai** – die Perle des Südens

Der besondere Tipp:
- **Tiruvannamalai** – bedeutende Pilgerstätte mit spiritueller Atmosphäre
- **Gingee** – Festungsruinen aus dem Vijayanagar-Reich
- **Amma Mandapam Ghat** – klassische Pilgerstätte am Ufer des Cauvery-Flusses

Südindien, das ist zuallererst Tamil Nadu. Anders gesagt: Tamil Nadu ist Südindien in Reinkultur. Nirgendwo sonst hat sich indische Kultur so unverfälscht erhalten wie in dem südlichsten Bundesstaat des Subkontinents. Vor allem gegenüber dem indo-arischen Norden betonen die Südinder ihre **dravidische Identität.** Den Grundstein dieser kulturellen und sprachlichen Eigenständigkeit legten die bereits vor über 1.000 Jahren im Süden herrschenden **großen Dynastien** der Pallavas (Kanchipuram), Cholas (Thanjavur) und Pandyas (Madurai). Der die gesamte südostasiatische Region bis heute prägende indische Einfluss hat seine Ursprünge in der wirtschaftlichen und kulturellen Blütezeit der südindischen Dynastien.

Das im wahrsten Sinne des Wortes herausragende Monument dieser kulturellen Eigenständigkeit sind die oftmals mit Hunderten von bunten Götterfiguren übersäten **Tempeltürme** *(gopurams)*. Städte wie Madurai, Chidambaram, Tanjore und Tiruchirapalli sind klassische Beispiele südindischer Tempelstädte, in denen sich das gesamte Leben um die im Stadtzentrum stehenden Gotteshäuser dreht. Religiöser und kultureller Fixpunkt im Alltagsleben der Tamilen sind die zahlreichen **Tempelfeste.** Kaum ein Bundesstaat verfügt über einen derart reichen Festtagskalender. Rauschende Umzüge und tiefe Religiosität gehen hier eine faszinierende, das Lebensgefühl der Tamilen spiegelnde Symbiose ein.

Das „Land der Tamilen" (Tamil Nadu) ist das einzige Bundesland Indiens, in dem die muslimischen Eroberer so gut wie keine Spuren hinterlassen haben. Selbst der britische Einfluss ist minimal. Dies ist umso erstaunlicher, als die heutige **Hauptstadt Chennai,** das ehemalige Madras, das Eingangstor der britischen Eroberer auf dem Indischen Subkontinent bildete.

Zu einem eigenständigen Bundesstaat wurde Tamil Nadu erst 1959. Es besteht aus dem Kernland der ehemaligen **Madras Presidency,** zu der auch Teile von Andhra Pradesh und Karnataka sowie das gesamte Territorium des heutigen Kerala gehörten.

Bis heute ist Tamil Nadu ein vornehmlich **landwirtschaftlich geprägtes Gebiet,** abgesehen von der Hauptstadt Chennai, die sich zu einem Zentrum des industriellen Fortschritts entwickelt hat (Petrochemie, pharmazeutische Industrie, Maschinenbau und Autoindustrie). Nicht ausufernde Millionenstädte mit allen Negativerscheinungen ungezügelten Wachstums prägen die Szenerie, sondern kleine, friedliche Dörfer und scheinbar landwirtschaftliche Anbauflächen. Aufgrund der vielfältigen Landschaftsformen, die von den trockenen Regionen im Südosten über die fruchtbaren, von den großen Flüssen gespeisten Anbauflächen im Osten und im Zentrum bis zu den Hochebenen und Hängen der Kardamom- und Nilgiri-Berge reichen, bietet sich eine große Vielfalt landwirtschaftlicher Anbauprodukte. Hierzu gehören unter anderem Zuckerrohr, Baumwolle, Chilies, Reis, Hirse, Kaffee, Tee und Kokosprodukte.

Muster und Figuren, mit Reismehl gemalt – diese Kolam oder Rangoli genannten Bilder dienen als Glücksbringer, aber auch zur Abwehr böser Geister

Zur würzigen Mischung dieses abwechslungsreichen Bundeslandes trägt auch die berühmt-berüchtigt scharfe, fast ausschließlich **vegetarische Küche der Tamilen** bei. Die höchst interessante und sympathische Kombination aus landschaftlicher Schönheit, kunsthistorischen Schätzen und freundlichen, unaufdringlichen Menschen macht eine Reise durch den äußersten Süden des Subkontinents zu einem Höhepunkt jeder Indienreise.

Chennai (Madras) ↗ XXI/D3

Einwohner: 6,6 Mio.
Vorwahl: 044

Chennai, das frühere Madras, hat alles und doch wenig zu bieten. Die nach Mumbai, Kalkutta und Delhi **viertgrößte Stadt Indiens** ist zu Recht stolz darauf, das wirtschaftliche und kulturelle Zentrum des Südens zu sein. Die Hauptstadt von Tamil Nadu hat in den letzten Jahren einen enormen wirtschaftlichen Aufschwung erlebt. So ist ihr **Hafen** der mit Abstand umschlagträchtigste Südindiens, ihr Flughafen von internationaler Bedeutung. Als **Industriemetropole** ist Chennai Sitz zahlreicher großer einheimischer und multinationaler Konzerne.

Gleichzeitig versteht die Stadt sich als Trutzburg tamilischer Kultur. Nicht zuletzt die 1997 vollzogene Umbenennung des ehemaligen Madras in Chennai verdeutlicht die Entschlossenheit, mit der die einheimischen Politiker die Eigenständigkeit ihrer Stadt betonen. Nirgendwo sonst findet sich eine solche Konzentration renommierter **Universitäten, Forschungsinstitute** und **Kultureinrichtungen.** Besonders stolz ist man darauf, Mumbai den Rang als größte **Filmmetropole** des Landes streitig gemacht zu haben.

So imposant diese Auflistung ökonomischer und kultureller Erfolge auch sein mag – für Touristen hat Chennai wenig zu bieten. Mit ihren breiten, ständig menschen- und autoüberfluteten Straßen wirkt die weitläufige Stadt ohne klar umrissenes Zentrum wenig einnehmend. Im Übrigen hat sie, abgesehen von einigen Museen, dem historischen Fort St. George und dem Kultur- und Tanzzentrum Kalakshetra, keine Sehenswürdigkeiten zu bieten.

Das Stadtbild Chennais wird wie in anderen Großstädten Indiens neben der Armut durch die typischen Negativaspekte einer aus allen Nähten platzenden asiatischen Großstadt geprägt. Die von Schadstoffen durchsetzte Luft, das stickig-heiße Klima, der enorme

Zur Schonung der Nerven: Chennai umschiffen

Für die meisten Reisenden ist Chennai entweder der erste oder der letzte Ort während ihrer Südindien-Tour. Egal, ob man nun gerade ankommt oder nach Hause fliegt – die für die Hauptstadt Tamil Nadus so charakteristischen negativen Merkmale wie Luftverschmutzung, Lärm und Hektik sind **kein gelungener Ein- oder Ausstieg** für das Reiseland Indien. Als wesentlich angenehmere Alternative bietet sich das nur zwei Autostunden (mit dem Taxi vom Flughafen ca. 1.000 Rs.) südlich gelegene **Mamallapuram** an. Der ländliche, ruhige Charakter des Strandortes am Indischen Ozean zusammen mit den dort zu besichtigenden kunsthistorischen Bauwerken ersten Ranges bilden ein ideales Ambiente. Chennai kann man von dort problemlos im Rahmen eines Tagesausflugs besuchen.

Geräuschpegel, das ständig zunehmende Verkehrschaos und die Menschenmassen sind die ersten und auch am längsten haften bleibenden Eindrücke des Besuchers. Dementsprechend bleiben die meisten Touristen verständlicherweise nur so lange wie unbedingt nötig.

Orientierung

Chennai ist eine sehr weitläufige, unübersichtliche Stadt ohne erkennbares Zentrum. Im Grunde besteht sie aus einer Reihe von ursprünglich eigenständigen Siedlungen, die im Laufe der Jahrzehnte zusammengewachsen sind. Um sich im Moloch Chennai zurecht zu finden, orientiert man sich am besten an den beiden Hauptverkehrsstraßen **Periyar EVR High Rd.** und **Anna Salai.**

Nordöstlich der Periyar EVR High Rd. findet sich mit **Georgetown** das historische, von britischen Kolonialbauten geprägte Viertel. Dieser für Touristen interessanteste Stadtteil beherbergt mit dem Fort St. George, dem High Court und dem GPO imposante Kolonialbauten. Die meisten Stadtbusse fahren bis zum sogenannten Parry's Corner, einem Hochhaus an der Ecke Rajaji Rd./NSC Bose Rd.

Südwestlich der Periyar EVR High Rd. und beidseitig der südlich hiervon verlaufenden Anna Salai befindet sich der Bezirk, den man als zentrale Innenstadt bezeichnen könnte. **Egmore,** das nach dem gleichnamigen wichtigsten Bahnhof benannte Viertel, beherbergt nicht nur eine Reihe von Hotels und Museen, sondern mit „Central“ auch den zweiten wichtigen Bahnhof der Stadt.

Anna Salai, benannt nach der Hauptverkehrsstraße Chennais und durch den Cooum-Fluss von Egmore getrennt, dient als Wohn- und Geschäftsviertel. Besonders entlang der bei den meisten noch unter ihrem alten Namen Mt. Road bekannten Verkehrsader reihen sich moderne Einkaufszentren, Hotels, Restaurants, Banken und Bürogebäude aneinander.

Der sich südöstlich anschließende Stadtteil **Triplicane** ist insofern von touristischem Interesse, als sich hier einige bei Rucksackreisenden populäre Hotels befinden. Der kilometerlange **Marina Beach** im Osten ist besonders abends und an Wochenenden der beliebteste Treffpunkt der Einwohner Chennais. Der sich südlich an Triplicane anschließende Stadtteil **Mylapore** ist Heimat des Kapaleshwara-Tempels und der Thome-Kathedrale.

Zwei weitere Touristenattraktionen, der St. Thomas Mount und der Guindy-Nationalpark, befinden sich ganz im Süden der Stadt. Der **Flughafen** liegt 16 km südwestlich des Zentrums. Während der Hauptverkehrszeiten kann die Anfahrt bis zu einer Stunde dauern.

Fort St. George

Will man die Stadterkundung sozusagen „chronologisch korrekt“ in Angriff nehmen, sollte am Anfang ein Besuch von Fort St. George stehen. Hier legten die britischen Kolonialisten Mitte des 17. Jh. im wahrsten Sinne des Wor-

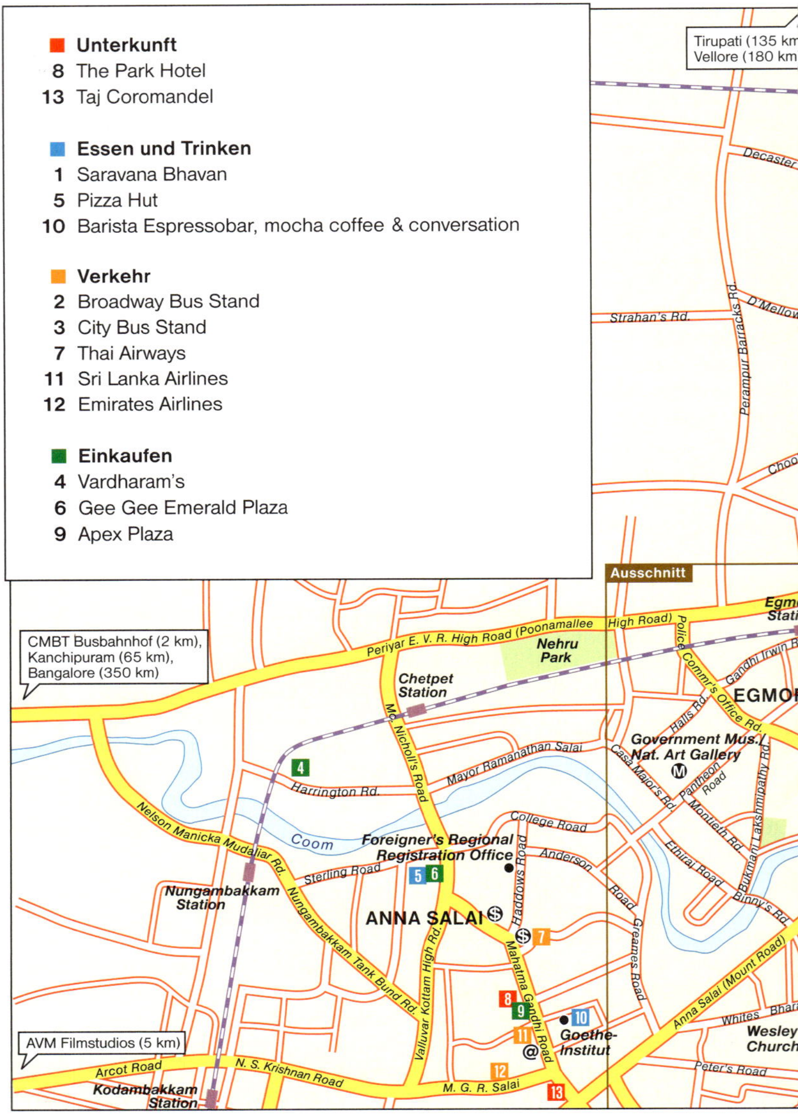
Unterkunft
8 The Park Hotel
13 Taj Coromandel
Essen und Trinken
1 Saravana Bhavan
5 Pizza Hut
10 Barista Espressobar, mocha coffee & conversation
Verkehr
2 Broadway Bus Stand
3 City Bus Stand
7 Thai Airways
11 Sri Lanka Airlines
12 Emirates Airlines
Einkaufen
4 Vardharam's
6 Gee Gee Emerald Plaza
9 Apex Plaza
Tirupati (135 km
Vellore (180 km
Decaster
Strahan's Rd.
Perampur Barracks Rd.
D'Mellow
Chool
Ausschnitt
Egm
Stati
CMBT Busbahnhof (2 km),
Kanchipuram (65 km),
Bangalore (350 km)
Periyar E. V. R. High Road (Poonamallee High Road)
Nehru Park
Chetpet Station
Police Commr's Office Rd.
Gandhi Irwin R
EGMO
Halls Rd.
Mc. Nicholl's Road
Government Mus./ Nat. Art Gallery
Casa Major's Rd.
Pantheon Road
Mayor Ramanathan Salai
Harrington Rd.
Lakshmipathy Rd.
College Road
Montieth Rd.
Nelson Manicka Mudaliar Rd.
Coom
Foreigner's Regional Registration Office
Haddows Road
Anderson Road
Ethiraj Road
Bukman
Sterling Road
Nungambakkam Station
Binny's Rd.
ANNA SALAI
Nungambakkam Tank Bund Rd.
Valluvar Kottam High Rd.
Mahatma Gandhi Road
Greames Road
Anna Salai (Mount Road)
Whites
Bhara
Goethe-Institut
Wesley Church
AVM Filmstudios (5 km)
Arcot Road
N. S. Krishnan Road
Peter's Road
Kodambakkam Station
M. G. R. Salai

Chennai Nord
Enfield-Fabrik (15 km)
Erukanchedi High Rd.
Washermonpet Station
Vyasarpadi (NH 5)
Old Jail Rd.
Royapuram Station
Curzon Court
Port Trust
St. Xavier Road
Chambu Shell St.
Basin Bridge Station
GEORGE TOWN
Mint Street
Mannadi Rd.
Beach Sation
Broadway
Rajah Muthiah Salai
VOC Road
Parry's Corner
NSC Bose Rd.
High Court
Esplanade Rd.
Chennai Central Bhf.
PARK TOWN
Fort Station
Fort Museum
Park Station
High Road
Fort St. George
Secretariat
Park Town Station
Eingang zum Fort
St. Mary's Church
Arunachala Naicken St.
Pallavan Sala
(Mount Road)
Flagtaff Road
Kamarajar Rd.
Victoria Memorial
Chintadripet Station
Anna Salai
Garden Road
Adithanar Road
Coom
Golfplatz
Golf von Bengalen
Universität
Wallajah Rd.
Chepauk Station
Chepauk Palace
Quaid-E-Milleth High Road
Marina Swimmingpool
(Pycrofts Rd.)
Aquarium
Bharathi Rd.
(South Beach Road)
Tiruvellikeni Station
TRIPLICANE
Peter's Rd.
0
1 km
© Reise Know-How 2012
Südteil von Chennai siehe nächste Seite

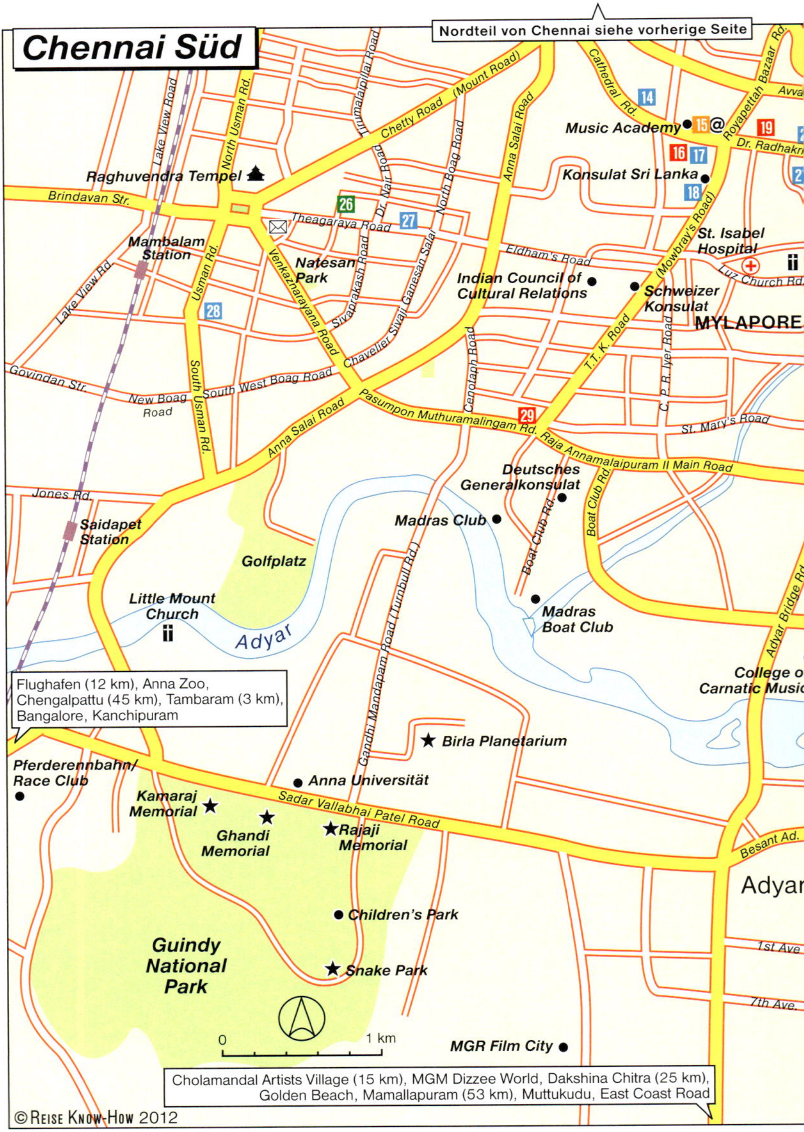
Chennai Süd
Nordteil von Chennai siehe vorherige Seite
Raghuvendra Tempel
Brindavan Str.
Mambalam Station
Lake View Road
North Usman Rd.
Usman Rd.
Thirumalaipillai Road
Chetty Road (Mount Road)
Theagaraya Road
Dr. Nair Road
North Boag Road
Anna Salai Road
Cathedral Rd.
Music Academy
Royapettah Bazaar Rd.
Dr. Radhakri
Konsulat Sri Lanka
St. Isabel Hospital
Eldham's Road
(Mowbray's Road)
Luz Church Rd.
Natesan Park
Venkaznarayana Road
Sivaprakash Road
Sivaji Ganesan Salai
Chevelier Sivaji Ganesan Salai
Indian Council of Cultural Relations
Schweizer Konsulat
MYLAPORE
T. T. K. Road
C. P. R. Iyer Road
Cenotaph Road
Lake View Rd.
Govindan Str.
New Boag Road
South West Boag Road
South Usman Rd.
Pasumpon Muthuramalingam Rd.
St. Mary's Road
Raja Annamalaipuram II Main Road
Anna Salai Road
Jones Rd.
Deutsches Generalkonsulat
Madras Club
Boat Club Rd.
Saidapet Station
Golfplatz
Little Mount Church
Adyar
Gandhi Mandapam Road (Turnbull Rd.)
Madras Boat Club
Adyar Bridge Rd
College of Carnatic Music
Flughafen (12 km), Anna Zoo, Chengalpattu (45 km), Tambaram (3 km), Bangalore, Kanchipuram
Birla Planetarium
Pferderennbahn/ Race Club
Anna Universität
Kamaraj Memorial
Sadar Vallabhai Patel Road
Ghandi Memorial
Rajaji Memorial
Besant Ad.
Adyar
Children's Park
Guindy National Park
1st Ave
Snake Park
7th Ave.
0
1 km
MGR Film City
Cholamandal Artists Village (15 km), MGM Dizzee World, Dakshina Chitra (25 km), Golden Beach, Mamallapuram (53 km), Muttukudu, East Coast Road
©Reise Know-How 2012

tes den Grundstein ihrer Handelsniederlassung und begründeten damit ihre spätere Vorherrschaft in ganz Indien. Auf den ersten Blick erschließt sich die historische Bedeutung der ehemaligen **Festungsanlage** jedoch nicht. Statt mächtiger Mauern und imposanter Repräsentationsbauten wird das weitläufige Gelände von einer Ansammlung unscheinbarer Gebäude bestimmt, zwischen denen Hunderte in weiße Hemden gekleidete Angestellte umherwandern. Sie stehen im Sold der Landesregierung Tamil Nadus, deren **Ministerien** ein Großteil der Häuser beherbergt. Darüber hinaus befinden sich hier auch das **Landesparlament** und Verwaltungseinrichtungen des **Militärs.** Offiziell wurde mit dem Bau des Forts 1640 begonnen, die meisten der jetzigen Gebäude stammen jedoch vom Ende des 18. Jh.

Fort Museum

Historisch am interessantesten ist das Fort Museum (Tel.: 25670276), welches in den Räumen des **Exchange Building,** der ersten Börse von Madras, untergebracht ist. Diese Schatzkammer britischer Kolonialgeschichte gewährt auf zwei Etagen anhand Hunderter Dokumente einen ebenso ausführlichen wie differenzierten Einblick in die **Geschichte des früheren Madras.** Neben Uniformen, Waffen und Münzen sind es vor allem die historischen Fotografien und Stiche, die einen interessanten Einblick in das Leben zur Blütezeit des britischen Raj geben. Von großem Wert sind auch die Originalbriefe hoher britischer Beam-

Neue Straßennamen

Der mit besonderem Nachdruck vorangetriebene Versuch der „semantischen Entkolonialisierung" durch die auf ihre unabhängige Geschichte stolzen dravidischen Politiker fand seinen nachhaltigsten Ausdruck in der Umbenennung der tamilischen Hauptstadt von **Madras** in **Chennai,** die Mitte der 1990er Jahre durchgeführt wurde. Auch viele Straßennamen wurden im Laufe der letzten Jahre von Spuren aus der Kolonialzeit „reingewaschen", indem man sie mit Namen verdienter Persönlichkeiten der dravidischen Geschichte versah.

Wie gering die Unterstützung für diese Aktion ist, zeigt die Tatsache, dass die meisten Einheimischen nach wie vor die alten Namen verwenden. So ist die offiziell **Anna Salai** benannte Hauptverkehrsstraße bei den meisten noch viel mehr unter ihrem alten Namen **Mount Rd.** bekannt. Beispiele wie diese lassen sich viele anführen. Das mag sich im Laufe der Jahre ändern, doch zur Zeit herrscht ein **verwirrendes Nebeneinander von alten und neuen Namen.** Um ein wenig Aufklärung zu leisten, hier eine kleine Liste alter und neuer Straßennamen:

alter Name	**neuer Name**
Adam's Rd.	Swami Sivananda Salai
Broadway	NSC Chandra Bose Rd.
C-in-C-Rd.	Ethiraj Sajai Rd.
Mount Rd.	Anna Salai
Mowbray's Rd.	TTK Rd.
North Beach Rd.	Rajaji Salai
Poonamallee High Rd.	Periyar EVR High Rd.
Popham's Broadway	Prakasam Rd.
Pycroft's Rd.	Bharathi Salai
South Beach Rd.	Kamarajar Salai

ter, in denen sie von den Problemen und Aufgaben ihrer Regierungstätigkeit berichten. In Gallery 2 hilft ein maßstabsgetreues Modell, einen guten Überblick über das Fort-Gebiet zu gewinnen.

Im Obergeschoss sind in erster Linie **Porträts von Gouverneuren** ausgestellt. Deren Gesichtsausdruck spiegelt die von Würde, Steifheit und Überlegenheit geprägte Stimmung des Raj. Interessanter sind die Arbeiten des **Malers Thomas Daniell,** dessen Radierungen die Landschaften und das Leben in Indien vor über 200 Jahren dokumentieren.

- **Öffnungszeiten:** tgl. außer Fr von 9 bis 17 Uhr, Eintritt 100 Rs, Video 25 Rs.

St. Mary's Church

Der einzige Ort auf dem ansonsten von bürokratischer Sachlichkeit geprägten Fort-Gelände, an dem noch die Atmosphäre der britischen Kolonialzeit lebendig zu sein scheint, ist die schöne St. Mary's Church. Diese **älteste anglikanische Kirche Indiens** wurde 1680 eingeweiht. Einer der Kirchenpatrone war *Elihu Yale,* von 1687 bis 1691 Präsident der Ostindischen Kompanie und später Begründer der berühmten, nach ihm benannten Elite-Universität in den USA. Im Inneren des altehrwürdigen, von weit ausladenden Bäumen umstandenen Gotteshauses herrscht eine von jahrhundertealter Tradition geprägte Atmosphäre. Hierzu tragen neben der stilvollen Holzausstattung und dem hohen Gewölbedach vor allem die imposanten **Statuen und Gedenktafeln** berühmter Persönlichkeiten des Empire bei. Dass die Kirche zu den bedeutendsten Monumenten der britischen Kolonialgeschichte zählt, dokumentieren diverse Fotografien im Eingangsbereich, die berühmte Persönlichkeiten wie unter anderem Königin *Elizabeth II.* beim Besuch zeigen.

Das als **Robert Clive's House** bezeichnete Gebäude gegenüber der Kirche macht einen vernachlässigten Eindruck und beherbergt heute die Räume des **Archaeological Survey of India.**

Georgetown

Die sich nördlich vom Fort erstreckende Georgetown ist so etwas wie die **Altstadt Chennais.** Hier lag die Keimzelle der heutigen Millionenstadt. Das quirlige Viertel ist geprägt von der für alle Altstadtviertel großer indischer Städte typischen Mischung aus lebensvoller Hektik, geschäftigem Treiben, Lärm und Schmutz. Dementsprechend eindrucksvoll, aber auch anstrengend ist eine Erkundung der stets menschenüberfüllten Gassen, Läden, Märkte und Basare.

High Court Building

Als Ausgangspunkt eines Rundgangs kann das High Court Building im Süden dienen. Mit seinen Zwiebelkuppeln und weiß getünchten Türmen bildet der gewaltige, 1892 im indoislamischen Mischstil errichtete Prachtbau das unübersehbare Wahrzeichen Georgetowns. Man sollte diese Ikone des britischen Empire jedoch nicht nur von außen bewundern, sondern auch einen Blick in einen der unzähligen Räume des **Obersten Gerichts** werfen. Besonders eindrucksvoll ist der Besuch, wenn man in den zum Teil noch in Originalausstattung eingerichteten Sälen einer Verhandlung beiwohnen kann.

Weitere Kolonialbauten

Direkt angrenzend stehen der nicht minder imposante Bau der **Juristischen Fakultät** der Universität und der 50 m hohe **Leuchtturm.** Ein weiteres imposantes Beispiel kolonialer Macht bildet das 1884 erbaute **General Post Office** an der Rajiji Salai im Norden der ursprünglich als Black Town bekannten Altstadt.

Egmore

Government Museum und National Art Gallery

Interessant ist das exzellente Government Museum (486 Pantheon Rd., Tel.: 28193238, www.chennaimuseum.org), nicht nur wegen seiner archäologischen Abteilung, in der **Skulpturen und Tempelkunst** der wichtigen südindischen Herrschaftsperioden (u.a. Chola, Pallavas, Vijayanagar, Hoysala und Chalukya) ausgestellt sind. Auch die in einem anderen Trakt gezeigten Exponate der **Naturgeschichte und Zoologie,** etwa das Skelett eines Blauwals sowie präparierte Exemplare von Vögeln und Säugetieren aus aller Welt, sind einen Besuch wert.

Mit demselben Ticket wird Einlass zur National Art Gallery links vom Eingangsbereich gewährt. Hier sind erstklassige Beispiele der Rajasthani-, Mughal- und Deccan-Periode aus dem 10. bis 18. Jh. ausgestellt. Weiterhin sind eine Sammlung moderner Kunst und ein Kindermuseum von Interesse.

• **Öffnungszeiten:** Beide Museen tgl. außer Fr und an Feiertagen 9.30–17 Uhr, Eintritt 250 Rs, Kamera/Video 250/500 Rs. Will man den hohen Preis für Schnappschüsse nicht bezahlen, gibt's am Eingang eine Verwahrmöglichkeit für die Kamera.

Marina

Stadtstrand

Verglichen mit den engen Gassen, der Hektik und dem Schmutz in der Altstadt von Georgetown erscheint der sich südlich der Einmündung des Coom-Flusses erstreckende Bereich als angenehm ruhig, sauber, wohlorganisiert und weitläufig. Geprägt wird dieses Viertel von dem als Marina bezeichneten Stadtstrand, der sich auf einer Länge von fünf Kilometern nach Süden erstreckt.

Der bis zu 200 m breite Strand mit feinem, gelben Sand ist ein schöner Ort, um der Hektik und Schwüle der Stadt zu entfliehen und gleichzeitig die Einheimischen zu beobachten. Allabendlich und speziell an Wochenenden scheint sich hier halb Chennai einzufinden. Familien spazieren barfuß im Wasser des sanft abfallenden Strandes, Kinder spielen mit den von fliegenden Händlern verkauften Riesenluftballons oder reiten Pony, Garküchen versorgen die Ausflügler mit köstlichen *masala dosas, iddlis* und *vadas.* Das Einzige, was hier niemand tut, ist schwimmen. Das ist auch gut so, denn trotz der Idylle ist das Wasser verseucht von Abwässern, außerdem herrscht eine gefährliche Unterströmung.

Repräsentationsbauten

Entlang dieser „Schokoladenseite" Chennais wurden zahlreiche imposante Repräsentationsbauten errichtet und **Grünanlagen** angelegt. Unmittelbar südlich der Einmündung des Cooum-Flusses fallen die beiden Mitte des 19. Jh. erbauten Kolonialgebäude des **Senats** und der **Universität** ins Auge. Ein weiteres Beispiel britischer Machtfülle ist der 1768 am Buckingham-Kanal erbaute **Chepauk-Palast,** einst Residenz des Maharajas, jetzt Sitz diverser Behörden. Weniger interessant ist das ziemlich heruntergekommene **Aquarium,** welches sich auf der zum Strand liegenden Straßenseite befindet.

Vivekananda-Museum (Eishaus)

Nach dem Motto „man sieht nur, was man weiß", nimmt das unscheinbare Gebäude an der Einmündung der Besant Rd. in die Marina kaum jemand zur Kenntnis. Das ist schade, verbirgt sich doch hinter dem heute als **Vivekananda House** bekannten Gebäude eine äußerst kuriose Geschichte. In den 30er Jahren des 19. Jh. hatte der Amerikaner *Frederic Nathaniel Javier* die geniale Entdeckung gemacht, dass **in Sägemehl eingelegtes Eis** so gut isoliert ist, dass es selbst einen monatelangen **Transport in tropische Länder** überstehen würde.

Man musste kein gewiefter Geschäftsmann sein, um den ökonomischen Nutzen dieser Idee zu erkennen. Bereits 1833 verschiffte die Bostoner **Tudor Ice Company** 180 Tonnen Eis nach Kalkutta. Tatsächlich überstanden die von den Großen Seen in Amerika abgebauten Eisblöcke die viermonatige Seereise unbeschadet. Damit war der Startschuss für ein äußerst lukratives Geschäft gefallen. Zur Aufbewahrung der kühlen Ladung wurden zunächst in Kalkutta, danach in Mumbai und Chennai **Lagerhäuser** gebaut. Das Geschäft florierte bis in die 70er Jahre des 19. Jh., als der Transport um den halben Globus durch die Einführung maschinell hergestellten Eises unrentabel wurde.

Das ehemalige Eis-Lagerhaus wechselte danach mehrfach den Besitzer. Ende des letzten Jahrhunderts lebte hier für wenige Jahre der große indische Philosoph *Vivekananda,* woran heute eine kleine Ausstellung (tgl. außer Mi 10–12 und 15–17 Uhr, Tel.: 28446188) mit Fotos und weiteren Sammelstücken im Gebäude erinnert. Nachdem es zwischenzeitlich u.a. als Frauenhaus diente, wohnen heute Studenten der angrenzenden Pädagogischen Hochschule in dem nur auf den ersten Blick unscheinbaren Gebäude, welches wie kein zweites die wechselhafte Geschichte Chennais widerspiegelt. Hier werden einwöchige Yogakurse (7–8.30 Uhr) von *Sri Ramakrishna Mutt* abgehalten (500 Rs).

Mylapore

Der sich südlich an die Marina anschließende Stadtteil Mylapore ist eines der ältesten Viertel Chennais. Bereits viele Jahrhunderte vor der eigentlichen Stadtgründung bestand hier eine florierende Fischersiedlung. Verglichen mit der gepflegten, fast schon mediterran anmutenden Marina ist Mylapore mit seinen engen Gassen, Märkten und Menschenmassen ein typisch indisches Viertel.

St.-Thomas-Kathedrale

Die ursprünglich 1505 von den Portugiesen erbaute und nach der Zerstörung 1893 wiederaufgebaute St.-Thomas-Kathedrale steht am nordöstlichen Ende Mylapores. Die **neogotische Basilika** beherbergt das Grab des **Apostels Thomas.** Das ansonsten kaum erwähnenswerte Museum hinter der Kirche zeigt eine interessante **Karte von Indien** vom Beginn des 16. Jh.

Kapaleshwara-Tempel

Mitten im Zentrum von Mylapore steht mit dem Kapaleshwara-Tempel (Kutchery Rd., tgl. 4–12 u. 16–20 Uhr) die bedeutendste **Pilgerstätte** Chennais. Das im typisch südindischen Stil erbaute Shiva-Heiligtum geht in seinen Ursprüngen wohl auf das 7. Jh. zurück. Der heutige Bau stammt jedoch aus dem 16. Jh. Sein hervorstechendstes Bauelement, der 40 m hohe *gopuram* am östlichen Haupttor, wurde sogar erst Anfang des 20. Jh. errichtet.

Auch wenn das Sanktum für Nicht-Hindus verschlossen ist, lohnt ein Besuch wegen der von religiöser Inbrunst geprägten Atmosphäre. Besonders die engen Gassen im Umkreis des Tempels sind stets gefüllt mit Gläubigen, die sich an den Ständen der Devotionalienhändler, auf den kleinen Straßenmärkten und in den edle Saris und Hochzeitsschmuck anbietenden Geschäften drängeln – Indien pur. Besonders lohnend ist ein Besuch während der Tempelfeste. Am bekanntesten und farbenfrohesten sind das **Tai-Pushan-Fest** im Januar/Februar und das **Brahmotsava-Fest** im März/April, bei dem die Hochzeit zwischen Shiva und Parvati in feierlichen Prozessionen zelebriert wird.

Etwas südlich des Tempels ist das Gelände des **Ramakrishna-Mutt-Tempels** (RK Mutt Rd., 5–11.45 und 15–19 Uhr) ein idealer Ort, um sich von dem Chaos auf den Straßen zu erholen. Der Tempel selbst steht Anhängern aller Glaubensrichtungen offen.

Südliche Stadtteile

Adayar und Guindy

Die beiden Stadtteile Adayar und Guindy ganz im Süden des Stadtgebiets sind von weitläufigen **Gartenanlagen** geprägt – geradezu ideale „Fluchtorte" für Innenstadtgestresste.

Ein besonders schönes Beispiel hierfür ist die über 108 Hektar große Anlage der **Theosophischen Gesellschaft** (Adyar Bridge Rd., tgl außer So 9.30–12.30 und 14–16 Uhr), die hier ihr weltweites Hauptquartier besitzt. Inmitten der einem botanischen Garten ähnlichen Anlage steht ein riesiger **Banyan-Baum,** der nach jenem im Botanischen Garten von Kalkutta als der zweitgrößte der Erde gilt. Die Anhänger der 1875 in New York gegründeten Gesellschaft verstehen sich als Vertreter eines modernen Hinduismus. Unter dem Motto „There is no religion higher than truth" verstehen sich die heute ca. 35.000 Mitglieder, die sich auf 55 Länder verteilen, als Teil einer universalen Bruderschaft der Menschheit, in der es keinen Unterschied in Rasse, Kaste, Glauben und Geschlecht gibt. Besonders bemerkenswert ist die **Bibliothek** (9–17 Uhr), in der sich nicht weniger als 170.000 Bücher und 200.000 **Palmblatt-Manuskripte** zu philosophischen und religiösen Themen finden.

Kalakshetra-Zentrum und Music Academy

Speziell zur Weihnachtszeit lohnt auch ein Besuch des im sich südlich anschließenden **Stadtteil Tiruvanmiyur** gelegenen Kalakshetra-Zentrums (Tel.: 24911169, Dr. Muthulakshmi Rd., 10–18 Uhr). Zu dieser Zeit werden an der 1936 von der berühmten Künstlerin *Shrimathi Rukmini Devi Arundal* gegründeten Akademie der Schönen Künste zahlreiche **Tanz- und Musikveranstaltungen** erster Güte aufgeführt. Eine Übersicht über die Termine und ein ausführliches Programm erhält man beim Tourist Office bzw. steht im Veranstaltungsheft „Hello! Chennai".

Auch die Music Academy (Tel.: 28115619, Radhakrishnan Salai) gilt als exzellente Vorführungsstätte für **klassische indische Musik** und die Urform des indischen Tanzes *bharata natyam*. Über Veranstaltungen (ein guter Platz kostet um 200 Rs, es gibt jedoch auch viele Aufführungen mit freiem Eintritt) informieren die Touristenämter und die lokalen Zeitungen.

Guindy-Nationalpark

Chennai ist stolz darauf, mit dem am südlichen Stadtrand gelegenen Guindy-Nationalpark (Tel.: 22301328, tgl. außer Di 8.30–17.30 Uhr) den einzigen Nationalpark Indiens in unmittelbarer Stadtnähe zu besitzen. Auf einer Fläche von 270 Hektar konnte eine **kleine Naturlandschaft** erhalten werden, in der unter anderem Rehe, Antilopen, Mungos und Affen leben sollen. „Sollen" deshalb, weil kaum ein Besucher sie je zu Gesicht bekommt. Im Übrigen macht das gesamte Gelände einen reichlich vernachlässigten Eindruck. Auch der angeschlossene **Snake Park** mit einer Vielzahl von Schlangen, Echsen, Krokodilen und Riesenschildkröten ist für Westler von nur geringem Interesse. Nebenan lockt der **Children's Park** mit vielen kleinen Tieren, Pony- und Elefantenreiten sowie Rutschen etc.

Little Mount und St. Thomas Mount

Zum Abschluss der Stadtbesichtigung lohnen noch die westlich an der Straße zum Flughafen zu findenden Hügel Little Mount und St. Thomas Mount einen Besuch. Sie sind neben den Kirchen im Innenstadtbereich die bedeutendsten **christlichen Pilgerstätten** Chennais. Der gerade einmal 70 m hohe St. Thomas Mount soll der Ort sein, wo der **Apostel Thomas** den Märtyrertod gestorben ist. Glaubt man der Legende, lebte er auf dem drei Kilometer nördlich gelegenen Little Mount in einer Höhle, wo er von einem Brahmanen mit einer Lanze schwer verletzt wurde. Daraufhin floh er auf den später nach ihm benannten Hügel, wo er am 21. Dezember 68 n.Chr. getötet wurde.

Beide Orte vermitteln die für Pilgerstätten typische Mischung aus Religiosität und Kommerz, Kitsch und Kunst. So wird heute auf dem Little Mount in Fläschchen abgefülltes Wasser verkauft, welches angeblich einer heiligen Quelle entspringt, die sich auftat, als der heilige Thomas gegen einen Felsen schlug, um die zu ihm eilenden Pilger mit Trinkwasser zu versorgen ...

Um zur Kirche **Our Lady of Exception** auf dem Little Mount zu gelangen, müssen die Pilger 134 Stufen erklimmen. Der Altar steht an jener Stelle, an der der Heilige den Märtyrertod gestorben sein soll. Mittelpunkt der Verehrung ist das Kreuz des heiligen Thomas, welches 1558 geblutet haben soll.

Weitere Sehenswürdigkeiten

AVM Filmstudios

Chennais Filmindustrie konkurriert in der Menge der produzierten Filme mit Mumbai. Die AVM Filmstudios

(Arcot Rd., Vadapalani, Tel. für Anmeldung: 23650006, 24836700, Eintritt frei) sind die einzigen, die täglich für Publikum geöffnet sind (9–18 Uhr, jeden 2. So geschlossen). Am Eingang wird ein Zutrittspass ausgehändigt, mit dem man sich auf dem relativ kleinen Gelände bewegen darf. So kann man mit etwas Glück beim Drehen von Szenen oder den Darstellern beim Schminken zuschauen, gelegentlich wird auf Besucher als Statisten zurückgegriffen. Um dorthin zu gelangen, besteige man entweder einen der in Anna Salai startenden Busse 17E oder 17M oder fahre per Taxi zu den 10 km südlich gelegenen Studios.

Enfield-Fabrik

Motorradfans sollten einen Besuch der Enfield-Fabrik (Tel.: 25733310, www.royalenfield.com) 17 km nördlich der Stadt nicht versäumen, in der die berühmten Maschinen seit 1955 hergestellt werden. Besichtigungen finden allerdings nur samstagmorgens statt und nur, nachdem man sich auf der Website hat registrieren lassen (Eintritt 500 Rs).

Praktische Tipps

Information

- Von den zahlreichen Touristenbüros in Chennai empfiehlt sich besonders das **IndiaTourism-Büro,** 154 Anna Salai (Tel.: 28460285, 28461459, indtour@vsnl.com). Das freundliche, hilfreiche und geschulte Personal steht bereitwillig für Auskünfte zur Verfügung. Hier können auch Unterkünfte, Ausflüge und Mietwagen gebucht werden. Filialen befinden sich an beiden Flughäfen (Tel.: 22560386), Mo–Fr 9–18 Uhr, Sa 9–13 Uhr.
- Das Büro von **Tamil Nadu Tourism Development Corporation (TTDC),** 4 Periyar EVR High Rd. (Tel.: 25384356, 25382916, www.tamilnadutourism.org), organisiert die Stadtrundfahrt und diverse Ausflüge in die Umgebung, etwa Tagestouren nach Mamallapuram und Kanchipuram (6.30–18.30 Uhr, 350–585 Rs Non-AC/AC/AC-Volvo, Eintrittspreise sind extra zu zahlen), Pondicherry (Sa und So 6.30–21 Uhr, 425/ 635 Rs Non-AC/AC), Tirupati/Tirumala (6.10–23 Uhr, 640/ 840 Rs), Tiruvannamalai (jeweils zu Vollmond) und viele weitere. Als Informationsquelle ist es hingegen ohne Wert. Öffnungszeiten: offiziell rund um die Uhr. Für Online-Buchungen: www.ttdcon line.com. Weitere Filialen am Egmore-Bahnhof (Tel.: 28192165), an Chennai Central (Tel.: 25353351, Steig 2) und am Inlandsflughafen (Tel.: 22560569).
- Auch das **ITDC-Büro** (Tel.: 28281250, 52148090) in Egmore, Ethiraj Salai, offeriert Touren, etwa nach Tirupati (Andra Pradesh). Tgl. außer Sa und So startet der Bus dort um 6 Uhr. Der Preis inkl. Frühstück und Mittagessen sowie Darshan-Ticket beträgt 625/ 800 Rs (non-AC/AC).
- In Triplicane an der Wallajah Rd. beherbergt der **Tamil Nadu Tourist Complex** Touristenbüros fast aller indischen Bundesstaaten, in denen man unterschiedlich gut informiert wird. Außer einem IndiaTourism Office (Tel.: 282117821) sind dort Büros folgender Bundesstaaten ansässig (Öffnungszeiten meist 10–17 Uhr): Andaman und Nicobar Islands, Andra Pradesh (Tel.: 25381213, aptourism@hotmail.com), Gujarat, Himachal Pradesh (Tel. 25385689), Kumaon (KMVN, Tel.:

25362300, kmvnchennai@yahoo.co.in), Kerala (Tel.: 25369789), Orissa (Tel.: 2536 0891), Rajasthan (Tel.: 25365554), Tamil Nadu (Tel.: 25383333, 25389857, hauptsächlich ein Verkaufsschalter), Uttaranchal (Tel.: 2536 3524), Uttar Pradesh (Tel.: 28283276, rto chennai@gmail.com, ein weiteres Büro in der Montieth Rd). Ein Büro von West Bengal Tourism findet sich an derselben Straße (Tel.: 28410293, 18 Wallajah St.).

- Sehr informativ ist die **Monatszeitschrift „Hello! Chennai"**, welche bei IndiaTourism oder zum Preis von 20 Rs an Kiosken erworben werden kann. Neben einer Kurzbeschreibung der Hauptsehenswürdigkeiten sowie zahlreichen Adressen finden sich hier auch ausführliche Tabellen zu An- und Abfahrtszeiten von Bussen und Zügen sowie Hinweise zu Flügen. Auch im Internet präsent: www.hellochennai.in. Umfangreicher, mit zusätzlichen Infos und Adressen zu Tamil Nadu ist **„Madura Welcome"** (60 Rs).
- Außerdem bietet sich die vierzehntägig erscheinende **„Chennai – the city in your hands"** sowie die Website www.explocity.com von Cityinfo und Chennai Best (www.chennaibest.com) zur Information.

Stadtverkehr

Chennai ist eine so weitläufige Stadt, dass man auf öffentliche Verkehrsmittel angewiesen ist.

- Wegen der großen Entfernungen, dem tobenden Verkehr und der dadurch verursachten Luftverschmutzung empfehlen sich **Fahrradrikshas** nur für kürzere Strecken, die jedoch nur noch selten zu finden sind.
- **Motorradrikshas und Taxis,** deren Fahrer meist astronomische Summen verlangen, sind zahlreich vorhanden. Wie so häufig kommt man also auch in Chennai nicht um das lästige Verhandeln des Fahrpreises herum, zumal sich die meisten Fahrer weigern, den Taxameter anzuschalten. Als Richtschnur kann ein Kilometerpreis von ca. 7 Rs gelten. Zwischen 22 bis 6 Uhr werden mindestens 25 % mehr verlangt. Am Bahnhof Chennai Central gibt's einen **Prepaid-Schalter** für Motorrikshas und Taxis, der allerdings recht hohe Fixpreise verlangt, dafür aber das Gefeilsche erspart. Von dort nach Triplicane kostet es 50 Rs, nach Egmore 21 Rs, nach Koyambedu (CMBT-Fernbusbahnhof) 100 Rs.
- Die schnellste und billigste Art, sich zwischen den verschiedenen Stadtteilen fortzubewegen, bieten die **Vorortzüge.** Sie verkehren von 5 bis 23 Uhr. Die Preise liegen bei maximal 5 Rs für die 2. Klasse. Wer ein wenig mehr Geld ausgibt, kann sich in der weniger ausgelasteten 1. Klasse aufhalten. Von Chennai Central ist der Bahnhof „Park" am günstigsten gelegen (auf der gegenüberliegenden Straßenseite etwas westlich eine Gasse hinein). Für Triplicane liegt der Chepauk-Bahnhof oder südlicher der Tiruvelikeni-Bahnhof günstig. Auch Georgetown ist recht einfach erreichbar.
- Abgesehen von der ebenso wie in den Vorortbahnen gegebenen Gefahr von Taschendiebstählen bietet sich auch das gut ausgebaute **Busnetz** von Chennai an. Eine ausführliche Auflistung der Linien findet sich in der oben erwähnten Monatsschrift „Hello! Chennai". Das Bussystem ist sehr weit verzweigt, allerdings sind viele Busse während der Hauptverkehrszeiten sehr gut gefüllt. An den etwas chaotischen Busbahnhöfen Broadway auf der anderen Seite der Prakasam Rd. und Thiruvallur bzw. am naheliegenden Parrys Corner starten und enden die meisten innerstädtischen Buslinien. So fahren die Busse E18 und 88A von Anna Salai zum High Court, der 27B verbindet Triplicane, Egmore und den CMBT-Fernbusbahnhof, der Hauptbahnhof Chennai Central wird mit Bus 34A von Triplicane aus erreicht.
- Das Touristenamt und diverse Hotels vermieten **Taxis** zum Tagespreis von 900 bis 1300 Rs für AC-Taxis, eine gute Möglichkeit, um individuell und bequem die weit auseinander liegenden Sehenswürdigkeiten an einem Tag zu besichtigen und dann eventuell noch bis Mamallapuram weiterzufahren. Am Flughafen und an Chennai Central stehen recht teure **Prepaid-Taxis** zur Verfügung. Von Chennai Central nach Triplicane kostet es 90 Rs, nach Egmore 50 Rs. Von Chennai Central zum CMBT-Busbahnhof sollten nicht mehr als 200 Rs, vom Flughafen zum Tambaram-Bahnhof 150 Rs, zum CMBT-Busbahnhof

Egmore, Anna Salai, Triplicane
Periyar Evr High Road
St. Andrews Church
Park Station
Egmore-
Bahnhof
Gandhi Irwin Rd.
Kennet Lane
Coom
Chintadripet
Station
Aramachala Naiken Street
Police Commitioner's Road
Egmore High Road
Lang's Garden Road
West Coom Road
Halls Road
Egmore
Audithanar Rd
(Harris Road)
Apollo
Pharmacy
Anna Salai
Government
Museum
Pantheon Road
Marshall's Road
Casino
Cinema
Polizei
Tamil
Nadu
Touris
Comp
Casa Major's Road
National
Gallery
Wallajah Road
West
Bengal
Tourism
Montieth Road
College Road
Ethiraj Road
General Patters Rd.
Thayar Sahib Street
Anna Salai (Mount Rd.)
Vallabah Agraharam Rd.
Uttar
Pradesh
Tourism
Binny Road
Woods Rd.
Ellis Road
Triplicane
India
Tourism
Club House Rd.
Pillaiyar Koil Street
Coom
(Triplicane High Rd.)
British High Commission
Anna Salai (Mount Road)
Apollo
Hospital
Greams Road
Quaidew Milleth Salai
Pycroft's
Anna
Salai
White's Road
Peter's Road
Besant Ro
0
500 m
Einkaufen
20 Higginbothams, Poompuhar Arts & Crafts Emporium
23 Spencer Plaza (Supreme International, Music World)
26 The Book Corner
29 Konica Photo Express
30 Kashmir Government Arts Emporium
41 Konica Photo Express
©Reise Know-How 2012

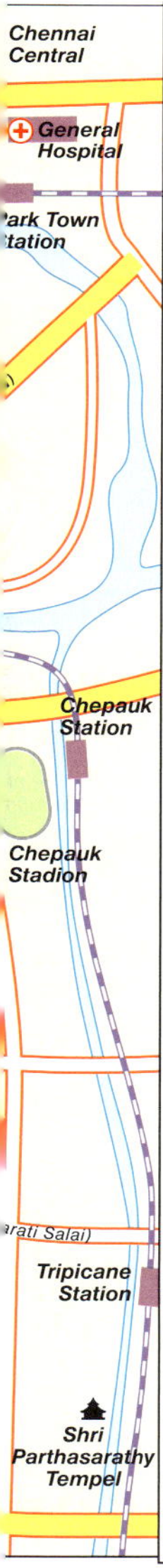

Unterkunft

1 Salvation Army Red Shield Guest House
2 YWCA
7 New Victoria Hotel
8 Hotel Singapore, New Lakshmi Lodge
9 Hotels Masa und Regal
11 Hotel Pandian
12 Hotels Chennai Gate und Tourist Home
13 Nest Inn
15 Ambassador Pallava
16 Vestin Park
22 Taj Connemara
24 Sea Shell Residency
27 Orchid Inn
33 Hotel Priyanka Palace
37 Cristal Guest House
38 Amma Mansion, Wellington Arcade
39 Broadlands, Paradise Guest House
40 Hotel Himalaya

Essen und Trinken

6 Bhoopathy Café
7 70 MM Bar
8 Saravana Bhavan
9 Vasantha Bhavan
14 Café Coffee Day
18 Kwality Eiscafé/ Bakers Corner
21 Annalakshmi
22 Raintree
31 Chung King, Buhari
32 Vasantha Bhavan
34 Kebab Palace
35 Shree Bhavan
36 Maharaja Restaurant
42 Saravana Bhavan

Verkehr

3 Tamil Nadu Tourism Development Corporation (TTDC)
4 Rail Reservation Office
5 Prepaid-Schalter Rikshas und Taxis
10 Madhura Travels
17 Jet Airways, Thomas Cook, Europcar; Gulf Air
19 Air India
25 Lufthansa
28 British Airways

in Moffusil und nach Chennai Central etwa 300 Rs gezahlt werden.

Zudem bieten mehrere Taxiservices ihre Dienste an, die telefonisch geordert werden können, etwa Bharati Taxi (Tel.: 28142233), Rent-A-Benz (Tel.: 2822444) und Zic Zac Cool Taxi (Tel.: 24749966). Die ersten 2–3 km kosten je nach Fahrzeugtyp 30–50 Rs, jeder weitere zwischen 8 und 16 Rs. Preise für Wartezeiten: zwischen 2 und 5 Rs pro 5 Min. Außerhalb der Stadtgrenzen (falls nur Hinweg ohne Rückkehr) 25 % zusätzlich. Weitere 25 % zwischen 23 und 5 Uhr. Weitere Infos im Booklet „Hello! Chennai".

- Die billigste Art, um zum 16 km südwestlich gelegenen **Flughafen** zu gelangen, bieten die zwischen 4.30 und 23.30 Uhr alle 20 Minuten von den Bahnhöfen Park, Egmore und North Beach zur 500 m vom Flughafen entfernten Haltestelle Trisulam fahrenden Züge. Die Fahrt dauert ca. 40 Minuten und die Waggons sind selten überfüllt, was gerade dann, wenn man viel Gepäck dabei hat, von großem Vorteil ist. Mit dem im Voraus am Prepaid-Schalter am Flughafen erstandenen Taxi-Gutschein gelangt man für 300 bis 380 Rs (je nach Fahrtziel) in die Innenstadt. Die Fahrt zum Flughafen per Taxi kann abends bis zu 1½ Stunden dauern.

Mit einer Autoriksha kostet es etwa 200 Rs, dafür hat man hinterher aber eine Rußlunge. Wer vom Flughafen gleich weiter nach Mamallapuram fahren will, muss dafür ca. 800 Rs zahlen. Darin sollte der Preis für die zu entrichtende „Autobahngebühr" allerdings bereits enthalten sein – unbedingt vor Fahrtantritt darauf bestehen!

Stadtrundfahrt

- Die vom **TTDC-Büro** an der Periyar EVR High Rd. angebotene Halbtagestour (tgl. 8 bis 13 und 13.30 bis 18.30 Uhr, 125/180 Rs non-AC/AC) ist eine gute Möglichkeit, um sich im weitläufigen Chennai einen kurzen, ersten Überblick über die Hauptsehenswürdigkeiten zu verschaffen. Das Besichtigungsprogramm umfasst Fort St. George, Snake Park (Di geschlossen), Kapaleshwara-Tempel, Elliot's Beach, Marina Beach sowie das Government Museum. Freitags wird anstelle des dann geschlossenen Museums das Birla-Planetarium besucht. Tagesausflüge nach Mamallapuram (350/500 Rs), Tirupati (665 Rs, nur AC) und Pondicherry (non-AC 400 Rs).

Unterkunft

Chennai stellt Zimmersuchende auf eine harte Geduldsprobe. Besonders Reisende mit schmalem Geldbeutel müssen lange suchen, um eine einigermaßen akzeptable Unterkunft zu finden. Erschwerend kommt hinzu, dass die Hotels im unteren und mittleren Preissegment mit den besten Preis-Leistungs-Verhältnissen oft schon **mittags ausgebucht** sind. Deshalb empfiehlt sich gerade in Chennai eine möglichst frühzeitige telefonische Reservierung. So vermeidet man die extrem frustrierende, stundenlange Suche nach einem freien Hotelbett.

Mit Egmore, Anna Salai und Triplicane lassen sich drei Hotelgegenden unterscheiden. Egmore erfreut sich wegen der guten Auswahl an günstigen Unterkünften und der Lage in der Nähe des gleichnamigen Bahnhofs besonders bei Einheimischen großer Beliebtheit. Rucksacktouristen bevorzugen Triplicane, wo sich einige bekannte Budget-Unterküfte wie etwa das Broadlands finden. Etwas ruhiger geht es im westlich hiervon gelegenen Stadtteil Anna Salai zu. Dementsprechend höher sind hier im Allgemeinen auch der Standard und die Preise der Hotels.

Bedenken sollte man, dass auf Zimmer bis 199 Rs noch einmal eine Steuer von 10 % hinzugerechnet wird, ab 200 Rs sogar 20 %. Die Luxushotels treiben das Ganze auf die Spitze, indem sie zusätzlich noch einmal 5–10 % *service charge* berechnen. All diese Zuschläge sind in den folgenden Preiskategorien nicht berücksichtigt.

In Egmore:

- Eine seit Jahren bei Rucksacktouristen beliebte Unterkunft ist das **Salvation Army Red Shield Guest House** € (Tel.: 25321821, Ritherdon Rd.). Neben dem günstigen Preis, jedenfalls für die nicht klimatisierten Zimmer, und der Lage in einer kleinen Gasse hinter dem Bahnhof überzeugt das altbewährte Haus auch durch seine freundlichen Bediensteten. Man hat die Wahl zwischen einem Bett im Schlafsaal (6–10 Betten) und drei DZ.
- Wer billig in unmittelbarer Bahnhofsnähe wohnen möchte, ist im **Tourist Home** €€ (Tel.: 28250079, 52146471) direkt gegenüber von Egmore Station akzeptabel aufgehoben. Mit hinreichend sauberen Zimmern, die alle über ein eigenes Bad verfügen, einige teurere mit Klimaanlage, bietet die Billigherberge recht viel. Kein Wunder, dass sie meist schon früh belegt ist.
- Beim besseren **Hotel Masa** €-€€€ (Tel.: 28193344, 28252966, hotelmasa@eth.net, Kennet Lane) sollte man auf jeden Fall Zimmer (alle mit TV) in den oberen Stockwerken nehmen (und wegen des geringeren Geräuschpegels nach hinten), da diese wesentlich komfortabler sind, als die im 1. Stock, und das fürs gleiche Geld. Besonders die nicht klimatisierten sind ihr Geld wert, die AC-Zimmer sind überbezahlt. Qualitativ gleichwertig ist das nebenan gelegene **Hotel Regal** €-€€ (Tel.: 28191122).
- Komplett renoviert wurde die **New Lakshmi Lodge** €-€€€ (Kennet Lane, Tel.: 28194576). Mit sauberen Zimmern, in den oberen Etagen mit Fenstern, ist es eine sehr gute Billigwahl in Egmore. Auch teurere AC-Zimmer stehen zur Verfügung. In den drei Letztgenannten werden keine Resevierungen akzeptiert.
- Preiswert ist das genau gegenüber dem Egmore-Bahnhof gelegene, neue **Hotel Chennai Gate** €€-€€€ (Gandhi Irwin Rd., Tel.: 28194377, www.hotelchennaigate.com). Besonders die nicht klimatisierten Zimmer in dieser professionell geführten Mittelklasseherberge sind ein Schnäppchen und bieten in den hinteren, oberen Etagen teilweise Blick ins Grüne.
- Einzelreisende sollten sich im hevorragenden **Hotel Singapore** €-€€€ (Kennet Lane, Tel.: 28191820,42138183) einquartieren. Besonders die supersauberen Einzelzimmer sind äußerst günstig und entsprechend begehrt. Auch die Doppelzimmer sind ihr Geld wert.
- Akzeptabel ist das ebenfalls in der Kennet Lane platzierte, große **Hotel Pandian** €€-€€€€ (Tel.: 28191010, 28192727, www.hotelpandian.com). Während die günstigen Zimmer (al-

le Zimmer mit Fernseher) etwas klein sind und auch deren sanitäre Anlagen zum Teil zu wünschen übrig lassen, sind die nach hinten gelegenen Zimmer mit AC etwas teuer, aber noch empfehlenswert. Deposit Service, Restaurant und Bar im Haus.

- Eines der besten Hotels nicht nur Egmores, sondern ganz Chennais ist das nördlich des Egmore-Bahnhofs gelegene **YWCA International Guest House** €€€-€€€€ (Tel.: 25324234, ywca_igh@indiainfo.com, Periyar EVR High Rd.), eine sehr schöne Anlage in einem großen, baumbestandenen Garten mit ruhiger Atmosphäre. Speziell die geräumigen Non-AC-Zimmer, teils mit schönem Ausblick, sind ihr Geld wert (Frühstück ist im Preis enthalten). Zudem verlockt das freundliche Personal und das gute hauseigene Restaurant – eine frühzeitige Anmeldung ist empfohlen.
- Nicht billig, dafür komfortabel wohnt es sich im ausgezeichneten, zentral klimatisierten **New Victoria Hotel** €€€-€€€€ (Tel.: 28193638, victoria@empeehotels.com, www.empeehotels.com) in der Kennet Lane, ein Hotel, das wegen seines hervorragenden Service und der schönen, geräumigen Zimmer (alle mit AC, Telefon, Kühlschrank und Kabel-TV) schon fast als luxuriös bezeichnet werden kann.
- Etwas westlich des Egmore-Bahnhofs gibt's mit dem klimatisierten **Nest Inn** €€€-€€€€ (Tel.: 28192919, www.hotelnestinn.com, Gandhi Irwin Rd.) ein typisches Mittelklassehotel mit sauberen, hellen Zimmern, bei denen speziell die Single-executive-Zimmer für Einzelreisende einen guten Gegenwert bieten. Die anderen Zimmer sind überteuert, ein Restaurant ist angeschlossen.

In Anna Salai und Triplicane:

- Wer in Chennai günstig und dennoch gut wohnen möchte, sollte das **Cristal Guest House** € (Tel.: 28585605) in 34 CNK Rd. aufsuchen. Die sauberen, wenn auch etwas sterilen Zimmer, das freundliche Personal, die gute Lage und nicht zuletzt der günstige Preis machen es zu einer der besten Budget-Adressen, obere Etagen wählen.
- Ebenfalls in den Gassen östlich der Triplicane High Road gibt es weitere Billigunterkünfte, von denen **Wellington Arcade** €-€€ (Tel.: 28414229, Lal Mohammend St.), teils mit AC, und das **Amma Mansion** €-€€ (71 CNK Rd., Tel.: 28545388) als echte Billigwahl mit sauberen Non-AC-Zimmern, die billigsten mit Gemeinschaftsbad, empfohlen werden können.
- Seit Jahrzehnten eine Institution der Travellergemeinde ist das **Broadlands** €-€€ (Tel.: 28545573, 28548131, broadlandshotel@yahoo.com) in 18 Vallabha Agraham St. Die Zimmer variieren stark nach Lage und Preis. Jene ohne Bad im Erdgeschoss sind dunkel und klein, die größeren mit Bad und zum Teil sogar Balkon sind ihr Geld allerdings wert. Hübsch sind auch der Innenhof und die große Dachterrasse. Wegen der unmittelbaren Nähe zu einer Moschee kann es auch zu nachtschlafender Zeit recht laut werden.
- Wenn das Broadlands ausgebucht ist, kann man in das etwas steril wirkende, gleich nebenan gelegene **Paradise Guest House** € (Tel.: 28594252, paradisegh@hotmail.com) ausweichen, welches quasi als Trittbrettfahrer von der Popularität des Broadlands profitiert. So sind die sauberen, mit Mamorfußboden und TV versehenen Zimmer (was bei diesem Preis keine Selbstverständlichkeit ist) eine gute Wahl.
- Schon eine Ecke teurer bietet das kaum 200 m entfernte **Hotel Himalaya** €€-€€€ (Tel.: 28547522, htl_himalaya@yahoo.com, Triplicane High Rd.) schöne und helle Zimmer mit TV und teilweise Balkon, besonders die klimatisierten Zimmer sind ihr Geld wert.
- Etwas südlich von Anna Salai ist das **Orchid Inn** €€€ (Woods Rd., Tel.: 28522555) recht gemütlich für eine typische Mittelklassewahl. Pluspunkte neben dem Preis sind die recht großen Zimmer mit TV in günstiger Lage.
- Nur wenige Meter vom Anna Salai entfernt ist das **Sea Shell Residency** €€€-€€€€ (Greams Rd., Tel.: 25866829, 29295866, (0)9840422254, seashellresidency@yahoo.co.in) die vielleicht beste Wahl dieser Preisklasse, sind doch die supersauberen Zimmer mit AC und TV und der angenehme Service ein hervorragender Gegenwert in guter Lage.
- Günstig an der Schnittstelle zwischen Anna Salai, Egmore und Triplicane liegt das typische Businesshotel **Priyanka Palace** €€€€-

€€€€€ (Tel.: 28522852). Die 86 zentral klimatisierten, teils sehr geräumigen Zimmer bieten viel Komfort. Auch ein gutes Restaurant ist vorhanden.

- Wer es noch eine Spur luxuriöser mag, sollte sich im allerdings recht teuren **Ambassador Pallava** €€€€€ (Tel.: 28554476, pallava@ambassadorindia.com) in 53 Montieth Rd., etwas nördlich von Anna Salai einquartieren. Zu den Annehmlichkeiten gehören u.a. ein Business Centre, ein Health Club, eine Disco (!) und ein Pool.
- Das inzwischen etwas in die Jahre gekommene **Vestin Park Hotel** €€€€- €€€€€ (Tel.: 28527171, 28529561-63, www.vestinpark.com, Montieth Rd.) gegenüber ist immer noch sein Geld wert. Die sehr schön eingerichteten Zimmer bieten mindestens so viel wie die des Ambassador Pallava, allerdings fehlen Pool und Disco. Angenehm ist das abends geöffnete Dachrestaurant.
- Das **Taj Connemara** €€€€€ (Tel.: 66000000, 28520123, connemara.chennai@tajhotels.com, Binny Rd.) gilt seit vielen Jahren als eines der Top-Hotels von Chennai. Inzwischen fällt es gegenüber den neu errichteten „Glitzerhotels“ etwas ab, gehört wegen seiner großen Tradition jedoch immer noch zu den feinsten Adressen der Stadt. Besonders hervorzuheben sind hier Gartenrestaurant, Pool und Spa, der Service ist jedoch manchmal etwas schleppend.

In anderen Stadtteilen:

- Das **New Woodlands Hotel** €€€ (Tel.: 28113111, www.newwoodlands.com) in 72-75 Dr. Radhakrishnan Salai im südlich von Triplicane gelegenen Stadtteil Mylapore ist genau der richtige Ort, um verloren zu gehen. Über 170 Zimmer stehen in dem Riesenklotz zur Verfügung, was den Vorteil hat, dass man eine große Auswahl zwischen einfachen Non-AC-Zimmern bis zu feinen AC-DZ mit Telefon und Fernseher hat. Das hauseigene Restaurant genießt einen ausgezeichneten Ruf. Auch ein Pool steht zur Verfügung.
- Das zentral klimatisierte **Savery Hotel** €€€€€ (Tel.: 28114700, www.saverahotels.com, 146 Radhakrishnan Salai) hat neben 260 schön eingerichteten Zimmern mehrere Restaurants, eine Bar, eine Einkaufszeile, Travel Desk und Geldwechsel sowie einen großen Pool zu bieten. Für wenig mehr Geld sollte man die Deluxe-Zimmer den Standard-Zimmern vorziehen.
- Wer möglichst günstig in der Nähe des Flughafens wohnen möchte, sollte das angenehme **Hotel Mars** €€€€ (Tel.: 22211264) ins Auge fassen. Neben der Lage überzeugt das 50 Zimmer (alle AC) umfassende Haus durch sein freundliches Personal.
- Von den vielen First-Class-Hotels Chennais sei hier nur das noble **WelcomGroup Park Sheraton** €€€€€ (Tel.: 24994101, mail@itcwelcomgroup.in, www.welcomgroup.com) in 132 TTK Rd. erwähnt. Aller erdenklicher Luxus von 250 bis 850 US$ die Nacht. Abends ab 22 Uhr öffnet das *Dublin,* eine Bar/Nightclub-Mischung. Eintritt 750 Rs als Paar. Das *Vijay's Sports Café* im Haus zeigt beim Bier oder Cocktail die neuesten Sportereignisse auf Leinwänden.

Essen und Trinken

- Die erste Adresse für günstige und köstliche einheimische Küche in Chennai sind die vier Filialen der über ganz Südindien verteilten **Saravana-Bhavan-Kette.** Diese Fast-Food-Restaurants im besten Sinne servieren eine Vielzahl von kleinen und doch magenfüllenden Gerichten wie *masala dosas, curries* und *thalis* und sind besonders mittags zu empfehlen. Die am meisten frequentierten Filialen liegen gegenüber dem Egmore-Bahnhof und am Shanti-Kino an der Anna Salai.
- Ausgezeichnet ist auch das **Vasanta Bhavan,** eines der zahlreichen „Meals-Restaurants“ am Egmore-Bahnhof. Wie üblich bei Lokalen dieser Art kauft man sein Ticket an einem speziellen Schalter und lässt sich von den ständig umherlaufenden Kellnern bedienen. Rein vegetarisch, ab 5 Uhr geöffnet. Weitere Restaurants dieser Kette, teils auch mit Eis und frischen Fruchtsäften, befinden sich in der Nähe und am Anna Salai. Auch das **Bhoopathy Café** fast nebenan und das immer gut besuchte **Saravana Bhavan** neben dem Hotel Singapore in der Kennet Lane sind gute Schnellrestaurants.
- Eine ähnliche Küche, doch in einem deutlich gehobeneren Rahmen bietet das **Mathura**

Restaurant im 2. Stock des Tarapore Tower an der Anna Salai. Für ein leckeres vegetarisches *thali* muss man hier um die 70 Rs zahlen.

- Wegen seiner Nähe zum Broadlands erfreut sich das **Maharaja** in 307 Triplicane High Road in Travellerkreisen großer Beliebtheit. Neben dem bei Lokalen dieser Art üblichen Essen wie Fried Rice und Sandwiches gibt es auch schmackhafte einheimische *thalis* und Curry-Gerichte. Auch das **Shree Bhavan** wenig nördlich ist okay. Besonders die mittägliche Massenabfertigung mit preiswerten *thalis* sollte man mitgemacht haben.
- Etwas weiter nördlich gibt's im **Kebab Palace** genau das sowie gute Schawarma und Säfte.
- Wer es authentischer will, ist im weiter nördlich gelegenen **Tirumulai** besser aufgehoben. Ausgezeichnete *thalis* und riesige *dosas* sind hier die Favoriten der vornehmlich einheimischen Kundschaft.
- Wer zur Abwechslung mal wieder Appetit auf Kuchen, Vollkornbrot, Baguette und Espresso hat – und wer hat das nicht – sollte das ausgezeichnete **Hot Bread** in der Cathedral Rd. aufsuchen.
- Schleckermäulern seien das Eiscafé **Kwality** vom indischen Ableger von Langnese und **Bakers Corner** in der Montieth Rd. ans Herz gelegt.
- Hervorragende südindische Küche serviert **Coconut Lagoon** (Ecke TTK Rd. / Cathedral Rd). Besonders das vielseitige Fischangebot ist gut. Am selben Ort lockt das gelungen ländlich gestaltete **Amaravathy** mit Speisen aus Andra Pradesh in exzellenter Qualität.
- Mexikanisch isst man im **Don Pepe** (Cathedral Road). Buritos und Tortillas in ausgezeichneter Qualität.
- Will man „in" sein, sollte man **Zara's** (Cathedral Rd.) nebenan am Fr oder Sa Abend einen Besuch abstatten, versammelt sich doch hier Chennais coole Clique zu Tapas und Cocktails. Einlass nicht in kurzen Hosen oder Sandalen.
- Im **Bike & Barrels** (Sri Thearagaya Nagar Rd.) in den Residency Towers werden Schluckspechte mit einem von der Decke hängenden Motorrad und vielerlei Wandschmuck zum Trinken animiert. Für ein Kingfisher-Bier sowie Hochprozentiges reicht auch die **70 MM Bar** im New Victoria Hotel in Egmore (Kennet Lane) völlig aus.
- Freunde der chinesischen Küche sind im **Chung King** gut aufgehoben. Die Portionen sind reichlich und der Geschmack ist authentisch. Es liegt in einer kleinen, von der Anna Salai abgehenden Gasse.
- Gleich um die Ecke vom Chung King findet sich das **Buhari,** ein stilvolles, wenn auch etwas altertümlich anmutendes Restaurant mit einer umfangreichen Speisekarte einheimischer Gerichte.
- Eine Ausnahme von dem sonst vornehmlich vegetarischen Angebot Chennais bietet das gepflegte **Copper Chimney** in 74 Cathedral Rd. Ähnlich wie im berühmten Original in Mumbai wird hier viel Wert auf gepflegte Inneneinrichtung gelegt. Die beste Adresse für die schwere Mughlai-Küche des Nordens. Mit ca. 250 Rs pro Person sollte man hier allerdings schon rechnen.
- Eine Institution Chennais ist das **Annalakshmi** (tgl. außer Mo ab 19 Uhr) in 804 Anna Salai. Bei den Einheimischen gilt das von Anhängern des Guru *Shivanjali* geführte Haus wegen seiner vorzüglichen Gerichte als das beste vegetarische Restaurant der Stadt. Der Mindestverzehr ist 100 Rs. Kurios: die sehr geschmackvollen Einrichtungsgegenstände wie Tische und Stühle können sozusagen „als Dessert" gekauft werden.
- Bei Einheimischen äußerst beliebt ist das Restaurant des **New Woodlands Hotel** in der Dr. Radhakrishnan Salai.
- In einem kleinen Hof an derselben Straße finden sich gleich vier teurere Restaurants nebeneinander: **Shogun** mit chinesischer Kost, **The Dhabapunjab, Kaaraikudi** (südindisches Essen) und **Coastline,** natürlich mit Meeresfrüchten. Bei allen sollte man ca. 400-600 Rs für zwei Personen einplanen. Tel. für alle Restaurants: 28111893.
- Pizzahunger kann per Bestellung bei **Domino's Pizza** (Tel.: 28474444) oder vor Ort in der Radhakrishnan Salai gestillt werden.
- Von den First-Class-Restaurants seien hier nur das **Raintree** im Connemara Hotel und das **Dakshin** im WelcomGroup Park Sheraton erwähnt. Beide servieren sehr gute einheimische Gerichte in gepflegtem Ambiente. Im Übrigen kann man sich in fast allen Hotels

der gehobenen Preiskategorie an den umfangreichen Mittags- und Abendbuffets laben. Allerdings muss man dafür mit ca. 500 Rs auch tief in die Tasche greifen.

Einkaufen

Als eine der großen Metropolen Indiens präsentiert sich Chennai als Einkaufsmeile ersten Ranges. Der Gelegenheiten sind zwar viele, doch ist die hektische Stadt auch diesbezüglich weit weniger einladend als etwa Mumbai oder Delhi, fehlt es doch an einem Viertel, das Shopping zu einem wirklichen Vergnügen machen würde. Selbst **Anna Salai,** die Prachtstraße Chennais, hat wenig an Pracht und Ausstrahlung zu bieten.

- Als erstes muss auf den großen **Spencer Plaza Komplex** an Anna Salai hingewiesen werden, ein typisch westlich geprägter Einkaufstempel mit einer Vielzahl unterschiedlichster Geschäfte und entsprechendem Angebot, aber ohne Ausstrahlung. Hier finden sich z.B. **MusicWorld** mit großer Auswahl an CDs und DVDs. Mehrere Kleidungs- und Sportgeschäfte haben ca. ein Drittel geringere Preise als in Europa. Für Selbstversorger steht der **Supermarkt Spencer's** bereit. Auch **Gee Gee Emerald Plaza** in Nungambakkam versorgt die gleiche Klientel.
- Die verschiedenen **Emporiums** der Bundesstaaten, vornehmlich an Anna Salai, verlangen für ihre regionalen Produkte meist Festpreise. Hier sind Poompuhar Arts & Crafts Emporium und Kashmir Government Arts Emporium zu nennen.
- Eine erstklassige Adresse für hochwertige **Seiden- und Baumwollprodukte** zu günstigen Preisen ist Vadharams in der Harrington Road.
- Wer seinen Büchervorrat aufstocken oder aus einem reichen Angebot an Postkarten auswählen will, sollte sein Glück bei **Higginbotham's** oder **The Book Corner** (beide Anna Salai) probieren.

Bank

- Die besten Raten und längsten Öffnungszeiten hat **UAE Exchange** (Tel.: 28292703, Mo–Sa 9.30–18, So 9.30–13 Uhr) in der Greams Road im unteren Bereich von Anna Salai. Hier wie auch in den nachgenannten Thomas-Cook-Büros ist schneller elektronische Geldtransfer (Moneygram) möglich.
- **Thomas Cook** unterhält neben dem Büro am internationalen Flughafen, welches rund um die Uhr geöffnet ist, mehrere weitere Filialen, die bis auf die erstgenannte jeweils Mo–Sa von 9.30 bis 18 Uhr geöffnet sind: verbraucherfreundlich ist die Filiale im Spencer Plaza tgl. 9.30–18.30 Uhr geöffnet (769 Anna Salai, EG, G17A, Tel.: 28492424), in Egmore, 45 Ceebros Centre, Montieth Rd., Tel.: 28529387; Georgetown, 20 Rajaji Salai, Tel.: 25330105; Nungambakkam, Eldorado Bldg., 112 Nurgamhakkass High Rd., Tel.: 28274941.
- Ebenfalls im Spencer Plaza, nicht weit entfernt vom dortigen Thomas-Cook-Büro, offeriert die kleine Wechselstube von **Supreme International** (Tel.: 28490065) weit bessere Wechselraten als Thomas Cook.
- Auch die **State Bank of India,** Anna Salai, tauscht Bargeld und Travellerschecks (Mo–Fr 10–16.30, Sa 10–14 Uhr).
- **ATMs** sind inzwischen sehr zahlreich und für die meisten internationalen Kreditkarten aufnahmebereit. Die Automaten der HDFC Bank (u.a. in der Triplicane High Road) und der idbi Bank (etwa in der Greams Road) haben zudem nichts gegen American Express.

Post, Telefon, Internet

- Wie in anderen Millionenstädten gilt es auch in Chennai zu unterscheiden zwischen dem **General Post Office** und dem **Main Post Office.** Das GPO liegt ungünstig in der Rajaji Salai. Besonders wenn man sich Post nachsenden lässt, sollte man diese besser an das „Poste Restante, Anna Salai Post Office, Anna Salai, Chennai 600 002" adressieren lassen. Das Postamt Anna Salai (Mo–Fr 10–15 Uhr, Sa 10–13 Uhr) bietet sich auch wegen des ausgezeichneten Packservice zum Versenden von Paketen an. Für jene, die im Bereich des Broadlands Hotel in Triplicane wohnen, liegt die Post etwas südlich an der Triplicane High Road günstig.
- Für Telefongespräche bieten sich wie üblich die überall vertretenen **ISD/STD-Läden** an.

●Auch an Internetcafés (durchschnittlich 20–30 Rs/Std.) besteht kein Mangel. Mit 15 Rs/Std. noch billiger ist **Beyond 2000,** schneller ist **Ambika Cyber** in Triplicane mit guter Ausrüstung und **Net Café** in 101/1 Kanakasri Nagar, einer von der Cathedral Rd. abgehenden Gasse. In Triplicane sind das etwas westlich der Triplicane High Road im Untergeschoss positionierte **sify-i-way-Internet-café** und das von **satyam-i-way** mit Breitbandverbindungen wohl die schnellsten. Weitere beliebte Surf-Adressen sind **Enternet** in der Station View Rd. mit einer Filiale im SI Plaza Centre in 129 GN Ghetty Rd. und **Dishnet** im 2. Stock des Apex Plaza an der MG Road, beide mit schnellen Breitbandverbindungen. Auch im Bahnhof Chennai Central ist Surfen bei **Sun Cybercafé** möglich.

Konsulate

●**German Consulate General,** 9, Boat Club Rd., Raja Annamalai Puram, Tel.: 044-24301600 oder in dringenden Notfällen Tel.: (0)9884305333.

●**Austrian Honorary Consulate,** c/o Kothari Buildings, 115, Mahatma Gandhi Salai, Numgambakkam, Tel.: 044-283345-01/-02/-56 oder 30225515.

●**Consular Agency of Switzerland,** 1–6 Cr. V.S.I. Estate, Rajiv Gandhi Salai, Thiruvanmiyur, Tel.: 044-42074838.

●Benötigt man eine **Visum-Verlängerung**, kann man es im Foreigner's Regional Registration Office (Shastri Bhawan, Haddows Rd., Nuggambakkam, Mo–Fr 9.30–17.30 Uhr) versuchen, was in diesem Fall genau so gemeint ist, da es bestenfalls nach langem Warten und gutem Zureden frühestens nach etwa 10 Tagen gelingt.

Medizinische Versorgung

●Für den Fall der Fälle ist man im **Apollo-Krankenhaus** (21/22 Greams Rd., Tel.: 28277447, 2829333, Notfallnummer: 1066, www.apollohospitals.com) am besten aufgehoben. Das private Spital verfügt über moderne Einrichtungen, die Behandlung entspricht internationalem Niveau – dementsprechend sind aber auch die Behandlungskosten, die allerdings in den meisten Fällen von den internationalen Reisekrankenversicherungen übernommen werden.

●Mehrere Filialen von **Apollo Pharmacy** sind 24 Std. geöffnet. Günstig gelegen sind die an Anna Salai gelegene Filiale sowie die auf der Stadtbus-Seite des CMBT-Busbahnhofs.

Reisebüros

Im Folgenden die Adressen von einigen Reisebüros, die als zuverlässig gelten:

●**Thomas Cook,** Spencer Plaza, 768/769 Anna Salai; Ceebros Centre, Montieth Rd., Tel.: 28273092.

●**Welcome Tours and Travels,** 150 Anna Salai, Tel.: 28520908.

●**Madhura Travels,** 11-3 Gandhi Irwin Rd., Tel.: 28192970.

An- und Weiterreise

Flug:

Der internationale Flughafen (Anna International Airport) und der nationale (Kamaraj Domestic Terminal) liegen unmittelbar nebeneinander 16 km südwestlich des Stadtzentrums. Mit mehreren Restaurants und Snack-Bars, Geldwechslern, einem Touristenbüro, Telefonläden, Prepaid-Taxi-Schaltern (Preis vom Flughafen ins Zentrum ca 380 Rs) sowie einem Railway Reservation Office verfügen sie über eine gute touristische Infrastruktur. Neben den nationalen Verbindungen werden vom internationalen Flughafen auch zahlreiche Ziele in Südostasien und Europa direkt angeflogen.

In dem täglich wechselnden Angebot des innerindischen Flugverkehrs bietet die Website www.yatra.com eine ideale Orientierungshilfe. Auch www.cleartrip.com informiert über aktuelle Flugverbindungen.

Fluggesellschaften:

●**Air India,** 19 Marshalls Road, Egmore, Tel.: 28554477, 1800-1801407.

●**IndiGo,** Tel. Flughafen: 22560286, www.goindia.com.

●**Jet Airways,** 43 Montieth Road, Egmore, Tel.: innerindische Flüge 3989333, internat. Flüge 1800-225522, Flughafen: 22561818, tgl. 9–20, So bis 19 Uhr.

• **Kingfisher Airlines,** Raja Annamalai Building, 1st Annexue, 18/3, Rukmani Lakshmipathy Salai, Egmore, Tel.: 2858 4366, www.flykingfisher.com.
• **Paramount Airways,** Alexander Square, 35 Sardar Patel Road, Guindy, Tel.: 43909090, 22561667-70 (Flughafen), www.paramountairways.com.
• **Aeroflot,** 672 Anna Salai, Nandanam, Tel.: 24330542.
• **Air Lanka,** Mount Chambers, 758 Anna Salai, Tel.: 28524232.
• **British Airways,** Sigma Wind, 177 Anna Salai, Tel.: 28603123.
• **Cathay Pacific,** 47 Major Ramanathan Salai, Chetpet, Tel.: 42988400.
• **Air France,** Thapa House, 43-44 Montieth Road, Egmore, Tel.: 28554916, 28554894.
• **KLM-Royal Dutch Airlines,** Jay Building, Marshall Rd., Tel.: 28524467.
• **Lufthansa,** 167 Anna Salai, Tel.: 28525095, 30213500, Flughafen: 22569393, maagpteam@dlh.de, Mo–Fr 9–17.30, Sa 9–13 Uhr.
• **Malaysian Airlines,** Arihant Nico Park, 90 Radhakrishna Salai, Tel.: 42199999.
• **Singapore Airlines (SIA),** 108 Radhakrishna Salai, Tel.: 28473982, 28473976.
• **Swiss Air,** GSA, Hamid Bldg., Anna Salai.
• **Thai Airways,** GSA: Inter Globe Air Transports, 31 Haddows Rd., Nungambakkam, Tel.: 42173311.

Bahn:

Mit **Central** und **Egmore** verfügt Chennai über zwei für Touristen relevante Bahnhöfe. Sie liegen ca. 2 km voneinander entfernt. Beim Ticketkauf sollte man sich genauestens erkundigen, von wo der Zug abfährt. Beide Reservierungsbüros verkaufen Fahrscheine auch für den jeweils anderen Bahnhof. Dennoch ist Central vorzuziehen, da es hier im Gegensatz zu Egmore einen speziellen, meist recht wenig frequentierten **Touristenschalter** gibt. Er befindet sich links vom Hauptgebäude im 1. Stock des Moore Market Complex (rechts den Extraraum im Reservierungsraum hinein) und ist Mo–Sa 8–20 und So 8–14 Uhr geöffnet. Das **Reservation Office** in Egmore liegt im Hauptgebäude links vom Haupteingang (gleiche Öffnungszeiten).

Wer morgens am Bahnhof ankommt und abends weiterfahren möchte, kann seine Habseligkeiten (selbstverständlich nicht die Wertsachen) bei der **Gepäckaufbewahrung** abgeben und den Tag zur Stadterkundung nutzen.

Wer nach Chennai fliegt, kann direkt bei der Ankunft sein Bahnticket am Schalter von Southern Railway am Inlandsflughafen buchen.

Bus:

Alle überregionalen Ziele werden vom 4 km vom Stadtzentrum entfernten, im Stadtteil Koyambedu gelegenen, neuen **Chennai Mofuziell Bus Terminus (CMBT)** angefahren. Der Busbahnhof ist gut organisiert und überschaubar, im östlichen Teil verkehren die städtischen, im westlichen Teil die Fernbusse. Außerdem existiert ein sehr hilfreicher Auskunftsschalter im Hauptgebäude. Zum CMBT gelangt man zum Beispiel mit Stadtbus Nr. 27B, der durch Triplicane fährt (von hier zwischen 40 Min. und 1 Std. bis zum CMBT), und über Anna Salai den Egmore-Bahnhof passiert (von hier ca. 30 Min). Dieser Bus fährt in den Busbahnhof hinein. Auch alle anderen Buslinien mit dem Kürzel „CMBT" auf den Zielschildern fahren dorthin (wie etwa die Linie 15B, die zwischen CMBT und Central Station verkehrt). Das Reservierungsbüro des CMBT ist von 8 bis 19 Uhr geöffnet.

Auch am **Thiruvallur-Busbahnhof** an der Esplanade Rd. in Georgetown, ganz in der Nähe von Parry's Corner, gibt's ein computerisiertes und gut organisiertes Reservierungsbüro (tgl. 7–17.30 Uhr) im 1. Stock des Hauptgebäudes.

Alle Busse mit dem Kürzel „ECR" (für East Coast Road) fahren nach Mamallapuram (45 Rs, ca. 2 Std. Fahrtzeit. Manche halten an der Kreuzung vor Mamallapuram an der ECR, fahren also nicht bis zum Busstand im Ortszentrum) und starten am CMBT, so z.B. Nr. 119B, 188A (bis Pondicherry), 188K, 188O. Die meisten Fernbusse Richtung Süden (ECR) halten u.a. auch kurz vor dem Vorortzugbahnhof **Guindy** und dem **Adayar Bus Depot** im Süden Chennais (erreichbar von Triplicane z.B. mit Buslinien 5 und 21, von

Parry's Corner mit 21B, von Egmore mit 23C, 29C, 29D), wo ein schnelles Zusteigen, natürlich ohne die Sicherheit, einen Sitzplatz zu ergattern, möglich ist. Dabei geht es entlang des in den letzten Jahren aufwendig ausgebauten Küsten-Highways. Nach dem Motto „better late than never" sollte man sich allerdings genau überlegen, ob man die damit einhergehende Zeitersparnis wirklich benötigt. Einige Busfahrer scheinen sich angesichts der für indische Verhältnisse ausgesprochen guten Straße zu wahren Kamikazefahrern zu entwickeln.

Im Folgenden eine Auflistung weiterer Ziele, die mindestens 10-mal täglich angefahren werden, mit den durchschnittlichen Fahrtzeiten: Bangalore 8 Std., Chidambaram 6 Std., Kanchipuram 1½ Std., Kanyakumari 15 Std., Madurai 10 Std., Mysore 11 Std., Ooty 15 Std., Pondicherry 5 Std., Thanjavur 8 Std., Thiruvannamalai 5 Std., Tiruchirapalli 8 Std., Tirupati 4 Std., Vellore 4 Std.

Darüber hinaus gibt es noch zahlreiche weitere Verbindungen von **privaten Anbietern,** deren Büros vornehmlich im Umkreis des Egmore-Bahnhofs liegen. Hierdurch erspart man sich die Fahrt in den Norden der Stadt. Preislich liegen sie etwa gleich, häufig sind die Busse sogar von besserer Qualität. Nachteil ist allerdings, dass sie meist nur nachts fahren und manche mit infernalisch lauten Videoanlagen ausgestattet sind. Teurer sind die komfortablen AC-Volvo-Busse (etwa von KPN, Tel.: 24797998), die auf Langstrecken den Aufpreis wert sind.

Taxi:

Neben diversen Reisebüros vermitteln u.a. die Tourist Offices Taxis und Minibusse auch zu Zielen der Umgebung wie Mamallapuram oder Kanchipuram. Hier können auch Mehrtagesausflüge per Taxi gebucht werden. Außerdem stehen viele Taxiservices zur Verfügung, die telefonisch geordert werden können, einige Beispiele sind unter „Stadtverkehr" aufgeführt.

Wagemutige können bei **Europcar** (Tel.: 28554894) in der Montieth Rd. Fahrzeuge ausleihen, sowohl mit Chauffeur wie auch zum Selbstfahren.

Boot:

Tickets für Fähren nach Port Blair auf den **Andamanen** (Fahrtdauer etwa 60 Stunden) erhält man beim Director of Shipping Services (Shipping Corporartion Bldg., Rajaju Salai, Tel.: 25226873, Fax: 25220841), Mo bis Fr 10–15 Uhr. Die Fähren verlassen etwa alle 10 Tage den Hafen von George Town und kosten 1.930–6.220 Rs. Es werden zwei Fotos und drei Kopien des Passes und des Visums benötigt.

Zwischen Chennai und Mamallapuram

An der East Coast Road zwischen Chennai und Mamallapuram werden neben anderen touristischen Einrichtungen und Geschäftsgebäuden zunehmend **kulturelle Stätten** eröffnet, die eine interessante Unterbrechung auf dem Weg nach Süden sind. Die genannten Sehenswürdigkeiten liegen alle an oder nahe der East Coast Road, sie werden in Nord-Süd-Richtung aufgeführt. Um diese Ziele zu erreichen, kann man neben Taxi und Riksha jeden Bus zwischen Chennai und Mamallapuram besteigen und an der entsprechenden Stelle verlassen (am besten dem Schaffner Bescheid sagen).

Cholamandal Artists Village

Etwa 15 km südlich von Chennais Zentrum zeigen Künstler verschiedener Stilrichtungen ihre **zeitgenössischen Werke** (Grafiken, Gemälde, Skulpturen und Keramiken) in zwei Galerien und bieten sie zum Verkauf an. Die Künstler wohnen und arbeiten auf dem ca. 8 ha großen Gelände in kleinen Gebäuden. Das Cholamandal Artists Village (Injambakkam, Tel.: 244

9092, 9.30-18.30 Uhr) wurde 1965 eröffnet.

Freilichtmuseum Dakshina Chitra

25 km südlich von Chennai hat das weitläufige Open-Air-Museum Dakshina Chitra (Muttukadu, Chinglepet District, Tel.: 27472603, tgl. außer Di 10–18 Uhr, Eintritt 200 Rs) an der East Coast Road den Anspruch, an die Traditionen der südindischen Bevölkerung zu erinnern, die teilweise schon verloren gegangen sind oder in vielen Fällen gerade in Gefahr sind zu verschwinden. Durch den wirtschaftlichen Aufschwung des Landes ändern sich die Lebensgewohnheiten derart rasant, dass in den Städten normales Alltagsleben innerhalb von einem Jahrzehnt zu Folkore wird.

Nachgebaute Häuser vergangener Epochen aus den Bundesstaaten Tamil Nadu, Kerala, Karnataka und Andra Pradesh legen Zeugnis ab vom vergangenenen Alltagsleben und Handwerk der südindischen Bevölkerung. Neben vielen wertvollen Informationen geben regelmäßige Ausstellungen und Aufführungen traditioneller Kunstformen Einblick in die gar nicht so lange vergangene Lebensweise der Menschen. Mehr auf der informativen Website www.dakshinachitra.net.

Dakshina Chitra bedeutet „ein Bild vom Süden". Den hochinteressanten Zwischenstopp auf dem Weg nach Mamallapuram oder einen Ausflug von Chennai sollte man sich nicht entgehen lassen. Außer Taxis fahren die Buslinien 19, PP19 und PP49 nach Dakshina Chitra.

MGM Dizzee World

Nördlich der Krokodilfarm bietet der große **Vergnügungspark** MGM Dizzee World (1/74 East Coast Rd., Tel.: 27472129, www.mgmdizzeeworld.com, tgl. 10–19.30 Uhr, Eintritt 400 Rs, Kinder 300 Rs) die Möglichkeit, das Strandleben in Mamallapuram für einen Tag zu unterbrechen. Viele Karussells, ein Riesenrad, Wasserrutschen, Plantschbecken und Autoscooter vertreiben die Zeit.

Krokodilfarm

15 km nördlich von Mamallapuram befinden sich eine Krokodilfarm (www.madrascrocodilebank.org) und eine **Schlangenfarm,** in der Antiserum hergestellt wird (von Bus Nr. 117 einmal stündlich angefahren).

- **Öffnungszeiten:** tgl. außer Di 8.30–17.30 Uhr, Eintritt 30 Rs, Fotokamera 10 Rs, Video 75 Rs. Am Wochenende (Sa/So) können die Reptilien auch abends bei der **Night Safari** (60 Rs) zwischen 19 und 20.30 Uhr bestaunt werden.

Tiger Cave

Vier Kilometer nördlich von Mamallapuram in unmittelbarer Meeresnähe inmitten eines Hains soll diese Tigerhöhle bereits im 7. Jh. aus dem Fels geschlagen worden sein. Der Name nimmt Bezug auf die **neun Tigerköpfe,** welche den Eingang zu der aus einem Granitfelsen gehauenen Höhle flankieren. Im Inneren ist ein **Schrein** der Göttin Durga gewidmet. Die Höhle ist montags geschlossen, Eintritt frei.

133is Foto: tb

Highlight: Mamallapuram (Mahabalipuram) ↗ XXI/D3

Einwohner: 13.000
Vorwahl: 044

Mamallapuram war groß, ist groß und wird groß bleiben – obwohl es eigentlich klein ist. Groß im Sinne von bedeutend ist es schon seit fast 1.500 Jahren. Auch wenn das kleine Dorf heute kaum noch einen Eindruck davon vermittelt, lag hier zwischen dem 7. und 8. Jh. einer der bedeutendsten **Häfen** der indischen Ostküste.

Schriftliche Quellen und Münzfunde beweisen, dass hier bereits im 1. Jh. **Handel mit dem Römischen Reich** betrieben wurde. Später segelten indische Kaufleute von hier bis nach Südostasien und exportierten neben edlen Waren wie Elfenbein, Seide und Edelsteinen auch die Kultur der von Kanchipuram aus regierenden **Pallava-Könige** in die asiatischen Nachbarländer. Der über den Hafen von Mamallapuram abgewickelte Überseehandel war wie eine Gelddruckmaschine, mit der nicht nur die Verwaltung des Reiches, sondern auch die großartigen Baudenkmäler finanziert wurden. Heute

Die Tigerhöhle ist wegen ihrer idyllischen Lage ein beliebter Ausflugsort

zählen die speziell während der Blütezeit der Pallava-Dynastie zwischen dem 7. und 8. Jh. in Mahabilipuram enstandenen Bauten zu den beeindruckendsten Zeugnissen mittelalterlicher Kunst in Indien.

1984 wurden die Tempel, Kulthöhlen und Flachreliefs zum **Weltkulturerbe** erklärt. Speziell die Tempelbauten gelten als Markstein in der Entwicklung der **dravidischen Architektur,** die in Mamallapuram ihre für die nächsten Jahrhunderte gültige Form fand. Als einer der bedeutendsten Bauherren ging König *Narasimhavarman I.* (630–668) in die Geschichte ein. Sein Beiname *Mahamalla* (der große Ringer) gab schließlich dem Ort seinen Namen. Der noch bis Ende der 90er Jahre gebräuchliche Name „Mahabalipuram" war eine Verballhornung, die auf den von Vishnu besiegten Dämon Mahabali Bezug nahm.

Wenn Mamallapuram heute zu einem der beliebtesten Reiseziele Südindiens zählt, so liegt dies neben den architektonischen Zeugnissen der Pallava-Zeit auch an der **anmutigen Landschaft** und dem quasi „vor der Haustür" gelegenen kilometerlangen **Sandstrand.** Hinzu kommt eine ausgezeichnete touristische Infrastruktur mit einer großen Auswahl an Hotels aller Preisklassen und einer Vielzahl guter Restaurants. Darüber hinaus bieten sich bei den seit Jahrhunderten hier ansässigen **Steinmetzen** hervorragende Einkaufsmöglichkeiten. Schließlich trägt auch die angenehm relaxte Atmosphäre des Küstenortes zum Wohlbefinden bei.

Es ist diese in Indien äußerst selten zu findende Kombination aus Strand, Kultur, hervorragender touristischer Infrastruktur und entspannter Atmosphäre, die Mamallapuram zu einem sehr besuchenswerten Ort machen. Dies gilt insbesondere für den Fall, dass man hier seine Südindien-Rundreise beginnt und sich in aller Ruhe akklimatisieren möchte. Drei bis vier Tage sollte man sich mindestens Zeit nehmen. Wer von Mamallapuram Tagesausflüge nach Chennai und Kanchipuram plant, sollte eher eine ganze Woche bleiben. Bei der Terminplanung sollte man bedenken, dass Mamallapuram wegen seiner Nähe zum 50 km nördlich gelegenen Chennai an Wochenenden von Tagesausflüglern besucht wird, was der relaxten Atmosphäre nicht gerade förderlich ist.

Mamallapuram wurde Weihnachten 2004 stark vom **Tsunami** in Mitleidenschaft gezogen. Die touristische Infrastruktur ist allerdings wieder aufgebaut. Das tragische Ereignis hat einen weiteren Tempel etwas nördlich vom Dorf freigeschwemmt, der zurzeit komplett freigelegt wird.

Der Strandtempel von Mamallapuram gilt als der älteste Steintempel Südindiens

Sehenswertes

Strandtempel

Wegen seiner Lage direkt am Strand gehört der **Shore-Tempel** besonders morgens und am Spätnachmittag zu den beliebtesten Fotomotiven. Leider hat der Bau durch die aus statischen und archäologischen Erwägungen notwendigen Restaurierungsmaßnahmen etwas von seiner ursprünglichen Ausstrahlung eingebüßt. Verglichen mit früher, als ihn die bis ans Fundament reichenden Wellen des Meeres einrahmten, wirkt der heute eingefriedete Tempelbereich doch etwas „blutleer". Dennoch zählt er nach wie vor zu einer herausragenden Sehenswürdigkeit, zumal er unter kunsthistorischen Gesichtspunkten von großer Bedeutung ist.

Das Anfang des 8. Jh. von *Narasimhavarman II.* gestiftete Heiligtum gilt als einer der ältesten erhaltenen Steintempel Südindiens. Der beim Shore-Tempel angewandte Baustil wurde zum Vorbild des gesamten dravidischen Tempelbaus und **in ganz Südostasien nachgeahmt.** So stand die hier zum ersten Mal konsequent umgesetzte Gestaltung des **Tempelturms** als Abbild des mystischen Weltenbergs unter anderem Pate beim Bau der großartigen Tempelanlage von Angkor Wat im heutigen Kambodscha.

Ungewöhnlich ist die auffällige Streckung des Turms, die eventuell damit zu tun haben mag, dass der Tem-

Tamil Nadu

224is Foto: tb

pel ähnlich dem Sonnentempel von Konarak als Navigationshilfe für Seefahrer diente. Neben der Lage und der Bedeutung Mamallapurams als wichtiger Hafenort spricht für diese Annahme, dass ursprünglich ein Leuchtfeuer zur Anlage gehörte.

Bemerkenswert ist, dass die von einer niedrigen Mauer umschlossene Tempelanlage zwei Heiligtümer in sich vereint. Der nach Osten zum Meer gewandte Haupttempel birgt in seinem Sanktum ein **lingam** (Phallussymbol). In der sich nach Westen zum Ort öffnenden Kulthalle ist der auf der Weltenschlange ruhende **Vishnu** zu erkennen. Die ursprünglich zum Ensemble gehörenden *mandapas* haben die Jahrhunderte nicht überstanden. Als bemerkenswerteste Skulptur im weiten Tempelhof fällt eine **Durga-Figur** mit einem Löwen ins Auge.

- Der **Eintritt** für den Strandtempel und für die 5 Rathas beträgt zusammen 250 Rs für Ausländer (also das Ticket aufbewahren!). **Öffnungszeiten:** 7–18 Uhr. Alle weiteren Sehenswürdigkeiten sind frei.

Großes Felsenrelief

Den Mittelpunkt des imposanten Felsenreliefs – im konkreten wie übertragenen Sinne – bildet die **Herabkunft des himmlischen Stroms Ganga.** Das Flussbett in Form einer natürlichen Vertiefung verläuft mitten durch einen Felsblock. Über eine darüber gelegene (nicht sichtbare) kleine Zisterne kann Wasser durch die Vertiefung nach unten geleitet werden.

Inmitten des Flusses ist ein **Schlangenkönig** zu erkennen, der sich mit den wellenförmigen Bewegungen seines Schlangenkörpers langsam nach oben bewegt. Voller Ehrfurcht und Verzückung begrüßt er das lebensspendende Elixier. Darunter, ihm quasi folgend, ist eine kleinere Darstellung der ebenfalls in der sogenannten Bhakti-Haltung dargestellten **Schlangenkönigin** zu sehen. Flankiert werden sie von einer Vielzahl von Göttern, himmlischen Wesen, Dämonen, Menschen und Tieren, die alle herbeigeströmt sind, um dem göttlichen Ereignis beizuwohnen.

Weiter unten, links von der Felsspalte, ist eine Szene zu erkennen, in der ein vom Fasten abgemagerter **Asket** vor einem Tempel im typischen Pallava-Stil dargestellt ist. Der nach vorn gebeugte Heilige wird als **Bhagiratha** gedeutet, der sich in tiefer Versenkung bemüht, die Gunst Brahmas zu gewinnen. Bei zwei weiteren Asketen-Figuren in Yoga-Haltung auf der anderen Seite des kleinen Tempels sind die Köpfe zerstört. Man deutet sie als Schüler oder Diener Bhagirathas. Die Gestalt im Inneren des Tempels soll **Brahma** in jenem Moment darstellen, in dem er die unermüdliche Anrufung Bhagirathas erhört.

Eine weitere Schlüsselszene ist an der linken Seite oben neben der Felsspalte dargestellt. Wiederum handelt es sich bei dem bärtigen Heiligen um den Asket Bhagiratha. Mit seinem vom langen Fasten ausgemergelten Körper steht er auf einem Bein, die Arme starr emporgestreckt. Rechts von ihm (d.h. links vom Betrachter) ist die fast doppelt so große Figur des vierarmigen

223is Foto: tb

Shiva zu erkennen. Umgeben von zwergenhaften und dickbäuchigen Geistern streckt er die linke Hand zu einer segenspendenden Geste aus. Dieser entscheidende Moment zeigt, wie Shiva auf Bhagirathas Bitten hin zum ersten Mal erscheint, um später die Wassermassen des Ganges mit seinem Haar aufzufangen und damit die Erde vor der Zerstörung zu retten.

Ebenfalls interessant sind die unzähligen Rahmenfiguren, die sich über das gesamte Relief verteilen. Besonders beeindruckend ist die **Elefantenfamilie,** welche fast die gesamte untere Hälfte der – vom Betrachter aus gesehen – rechten Seite einnimmt. Zwischen den Beinen des voranschreitenden Bullen und des kleineren Weibchens suchen mehrere Elefantenbabies Schutz. Unmittelbar vor dem Elefantenbullen, am linken unteren Rand der rechten Reliefhälfte, ist eine **Katze** zu erkennen, die mit ihrer offensichtlich vorgetäuschten Meditationshaltung die sie umtanzenden **Mäuse** in ihren Bann zieht – wohl ein Seitenhieb auf die vielen scheinheiligen Sa-

Das berühmte Felsenrelief von Mamallapuram fasziniert durch seinen einzigartigen Reichtum an Szenen. Bis heute streiten die Experten über deren genaue Bedeutung: Die Interpretation von der „Herabkunft der Ganga" ist eine der gängigsten Theorien

Mamallapuram
Tankstelle (200 m), 1 (300 m), 2 (1 km), Tiger Cave (4 km), Crocodile Farm, MGM Dizzee World (15 km), East Coast Road, Chennai (50 km)
St. Mary's Health Centre
Polizei
Polizeistation für Frauen
GOLF VON BENGALEN
Pondicherry (95 km), ECR (East Coast Road)
Thirukkalukkundram Road
G. K. Mandapam Street
Kovil Street
Madha
Othavadai Street
Sri Durga Yoga Centre
West Raja Street
East Raja Street
Thirukula St.
Othavadai Cross St.
Arjuna's Penance
Suradeep Hospital
South Mada St.
Shore Temple Rd.
Strandtempel
Perumal Teich
New Lighthouse
Kanhari See
Steinmetze
Five Rathas Rd.
Fünf Rathas
0
200 m
© Reise Know-How 2012
Sehenswürdigkeiten
1 Trimurti Höhlentempel
2 Kothikal Mandapam
3 Pidari Ratha
4 Valayankutta Ratha
5 Koneri Mandapam
6 Krishna's Butter Ball
7 Ganesha Ratha
8 Varaha Höhle
9 Felsenrelief „Herabkunft des Ganga“
10 Varaha Mandapam
11 Talasayana-Perumal-Tempel
12 Krishna Mandapam
13 Archäologisches Museum, Archeological Survey of India
14 Gopuram
15 Olakaneshvara Tempel
16 Mahishasura Höhle
17 Mahishamardina Mandapam
18 Shiva & Adivaraha Tempel
19 Dharmaraja Mandapam

Unterkunft
1 Radisson Temple Bay Resort
2 Mamalla Beach Resort
3 Lutz Guest House
6 Mamalla Heritage
11 Mahab's Inn
12 Uma Lodge
16 New Manoj Guest House
17 Sri Harul Guest House
19 Sri Murugan Guest House
22 Silver Moon Guest House
23 Hotel Daphne
24 Vinodhara Guest House
25 Hotel Sea Breeze
26 Tina Blue Lodge
28 Bharat Guest House, Siva Guest House
29 Lakshmi Lodge, Green Woods Resort
30 Hotel Sterling
32 Fortune Chariot Beach

Essen und Trinken
4 Sri Ananda Bhavan
6 Golden Palate, Waves
8 Mamalla Bhawan
13 Blue Elephant
14 Rose Corner
15 Le Yogi
17 Luna Magica
18 Santana
20 Moonrakers, Galaxy
21 Café Gecko
22 Nautilus
26 Tina Blue Lodge
27 Seashore

Verkehr
5 Hi-Tours
7 Busbahnhof
10 Southern Railway Booking Office

Einkaufen
9 Kodak Express
31 Souvenir- und Süßigkeitenstände

dhus, die das religiöse Empfinden der Bevölkerung schon damals schamlos für ihre vor allem materiellen Interessen ausnutzten.

Über der Stirn des großen Elefanten hockt auf einer Felsspitze ein **Affenpaar,** welches interessiert das Vorbeifließen des Wassers betrachtet. Über ihnen ist ein Paar halb menschlicher, halb vogelähnlicher **Fabelwesen** zu sehen. Diese sogenannten *kinnaras* sind himmlische Musikanten, die nach der hinduistischen Mythologie im Himalaya leben sollen, wo irdische Heilige, welche die Vollendung erlangt haben, sich übermenschlichen Wesen zugesellen.

Die eigentliche Faszination des Felsenreliefs liegt in der anmutigen, lebendigen Darstellung der Lebewesen. Egal ob göttlicher, menschlicher oder tierischer Gestalt, alle werden als letztlich gleichrangige Erscheinungen der göttlichen Ursprungskraft dargestellt: ein in Stein gehauenes Beispiel für die dem Hinduismus eigene ganzheitliche Weltsicht.

Varaha-Höhle

In unmittelbarer Nähe des monumentalen Felsenreliefs finden sich nordwestlich davon einige weitere interessante Sehenswürdigkeiten. Zunächst gelangt man zur sogenannten Varaha-Höhle II, in der **Vishnu** in seiner Inkarnation **als Eber** dargestellt ist. Dabei rettet er die in Form des kleinen Gottes Pritvi symbolisierte Erde mit seinen Hauern aus den Tiefen des Ozeans, welcher in Form der Naga-Schlange dargestellt ist. Weitere Reliefs zeigen Vishnu in seiner Erscheinungsform **als Zwerg Vamana,** die Göttin des Wohlstands, **Lakshmi,** wie sie von zwei Elefanten mit Wasser besprüht wird, sowie die vierarmige **Durga.**

Ganesha Ratha

Beim Ganesha Ratha handelt es sich um einen neun Meter hohen **monolithischen Tempel.** Der Name bezieht sich auf das Kultbild des Elefantengottes, welches allerdings erst im 20. Jh. anstelle des hier ursprünglich verehrten Shiva-Lingam installiert wurde.

Krishna's Butter Ball

Fast alle Touristen legen beim schräg gegenüber zu sehenden Krishna's Butter Ball einen Fotostopp ein. Dabei handelt es sich um eine riesige, auf einem Felsrücken liegende **Felskugel,** bei der man sich des Eindrucks nicht erwehren kann, dass sie **jeden Moment herunterrollen könnte.** Sobald dies tatsächlich eintritt, bitte fotografisch festhalten, weglaufen und das Fotodokument den Autoren zusenden – es wird garantiert in der nächsten Auflage veröffentlicht!

Höhlentempel

Geht man vom Wandrelief Richtung Süden, gelangt man zu einer Reihe von in den ca. 40 m hohen Hauptfels gehauenen Höhlentempeln, *mandapas* genannt, deren Wände mit zum Teil sehr schönen **Reliefs** verziert sind. Das wohl schon im 7. Jh. entstandene **Krishna-Mandapam** zählt dabei zu den beeindruckendsten. Dargestellt ist jene berühmte Szene, in der Krishna den Berg Govardhana sieben Tage lang mit seinem kleinen Finger hochhält, um die Menschen vor den von oben herabstürzenden Wassermassen zu schützen. Hintergrund dieser Heldentat ist der Zorn des Götterkönigs Indra, der die Hirten von Mathura, dem Geburtsort Krishnas, mit Regenfluten vernichten wollte, weil sie ihm nicht genügend Ehre erwiesen hatten. In den Reliefbildern sind die unter dem Berg Schutz suchenden Menschen mit der Verrichtung von alltäglichen Dingen beschäftigt.

Die der Höhle vorgelagerte Halle wurde erst viele Jahrhunderte später hinzugefügt. Bei dem ca. 200 m weiter südlich liegenden **Dharmaraja-Mandapam** handelt es sich um einen in drei *cellas* unterteilten Höhlentempel mit achteckigen Pfeilern. Datiert wird er in die Frühphase der Pallava-Herrschaft zur Regierungszeit von *Mahendravarman I.* (630–645).

„Leuchttürme"

Ein idealer Ort, um die schöne Landschaft im Umkreis von Mamallapuram von erhöhter Warte aus zu betrachten, bietet der über Pfade und steile Treppen zu erreichende **Aussichtspunkt New Lighthouse.** Von oben bietet sich ein weiter Blick zum Shore-Tem-

Die Fünf Rathas gehören nicht nur zu den ältesten Steintempeln Südindiens, sie hatten auch einen großen Einfluss auf die weitere Entwicklung der Sakralarchitektur des Landes

pel im Osten und über die von Granitfelsen und Reisterrassen geprägte Ebene im Süden und Westen.

Der unmittelbar daneben erbaute **Olakaneshvara-Tempel,** der auch unter dem Namen Old Lighthouse bekannt ist, weist keinerlei Skulpturen oder Reliefs auf.

Mahishasura-Höhle

Sehr gelungen sind die beiden großartigen **Reliefs** in der zwischen den beiden „Leuchttürmen" gelegenen Mahishasura-Höhle. Während auf der einen Seite **Vishnu** abgebildet ist, der in meditativer Ruhe auf der den Urozean symbolisierenden **Weltenschlange** liegt, beeindruckt das gegenüberliegende Relief mit der Darstellung von **Durgas Kampf gegen den Büffeldämon** durch die von Dynamik und Kraft getragene Ausstrahlung.

Archäologisches Museum

Wer nach dem zeit- und schweißtreibenden Rundgang noch über genügend Energie und Interesse verfügt, kann auf dem Weg vom Lighthouse zum Shore-Tempel dem an der W. Raja Street gelegenen Ableger des **Archaeological Museum of India** einen Besuch abstatten. Zu sehen sind vornehmlich archäologische Funde aus dem Umkreis von Mamallapuram.

- **Öffnungszeiten:** tgl. von 9 bis 13 Uhr und 14 bis 17 Uhr.

Fünf Rathas

Als eine Art architektonisches Versuchslabor ist die zur Regierungszeit

Tamil Nadu

222is Foto: tb

132is Foto: tb

von *Narasimhavarman I.* Mitte des 7. Jh. errichtete **Tempelgruppe** einmal bezeichnet worden. Tatsächlich gewinnt man bei den fünf unmittelbar nebeneinander gelegenen Tempeln den Eindruck, dass alle der südostindischen Baukunst bekannten Bauformen auf engstem Raum erprobt und miteinander verglichen werden sollten.

Die monolithischen Heiligtümer, ca. 1,5 km südlich des Dorfzentrums gelegen, vereinen unterschiedlichste Varianten der hinduistischen Formensprache, wobei sich die Baumeister an der aus dem Hausbau bekannten Holzbauweise orientierten. Der Gedanke, dass es sich bei den Tempeln tatsächlich um eine Art „Spielwiese“ handelte, bei der es weit mehr um die Form als um den Inhalt ging, bestätigt auch die auffällige Vernachlässigung der Innenräume gegenüber dem Äußeren. Zu keiner Zeit wurden sie als Tempel genutzt, in denen Gläubige den Göttern huldigen. Ihr Name Pancha Pandava Rathas (die fünf Wagen der Pandavas) ist eine spätere Hinzufügung, deren Ursprung und Sinn bis heute nicht eindeutig geklärt werden konnte. Er nimmt Bezug auf die fünf Brüder des Mahabharata und die zu jedem südindischen Tempel gehörenden Tempelwagen, die bei den großen Festen eingesetzt werden.

Im Grunde handelt es sich bei den Rathas von Mamallapuram um große **Monolith-Skulpturen,** die von den Steinmetzen **aus dem Granitfels herausgehauen** wurden. Für die Lage und Richtung der Einzelmonumente war der äußere Umriss des Felsens bestimmend, der noch heute vor und hinter den Rathas in seiner ursprünglichen Form zu erkennen ist.

Von Norden nach Süden lässt sich eine zunehmend komplizierte Bauweise erkennen. Der erste der Göttin Durga geweihte **Draupadi-Ratha** stellt die einfachste Form des hinduistischen Heiligtums dar. Anklänge an die Wohnhüttenarchitektur sind offensichtlich, besonders deutlich zeigt sich dies am **geschwungenen Dach.** Bei den zur

Die zahlreichen Steinmetze von Mamallapuram blicken auf eine über 1.000-jährige Tradition zurück und gelten bis heute zu den führenden Vertretern ihrer Zunft im ganzen Land

damaligen Zeit üblichen Dachkonstruktionen wurde der dabei verwendete Bambus unter Spannung verschnürt, um ihn biegesteif zu machen. Diese Konstruktionstechnik findet noch heute bei den Aufbauten der großen Tempelwagen Verwendung.

Der auf der gleichen Plattform erbaute **Arjuna-Ratha** ist bereits ein Musterbeispiel für den Bau mit einem **pyramidenförmigen Dach** nach Art des Weltenberges, bei dem die Stufen mit Hausmodellen versehen sind. Mit einer Seitenlänge von weniger als fünf Metern ist der Bau von quadratischem Grundriss verhältnismäßig klein. Die Außenfassaden sind zwischen den Pilastern, die das Dach scheinbar stützen, mit Skulpturen geschmückt, die in flachen Nischen stehen. Im Hochrelief sind Shiva, Vishnu sowie Torwärter und Herrscherpaare dargestellt. Eine kleine Vorhalle im Westen führt in den Innenraum.

Der **Bhima-Ratha** auf der nächsten Plattform ist eine Nachbildung des aus der buddhistischen Architektur bekannten **Satteldaches,** welches auf einem Säulenumgang ruht. Das Shiva geweihte Heiligtum besitzt ein dreistufiges Pyramidendach und weist unter dem achteckigen Dachaufsatz 36 Miniaturaufbauten auf, die den Wohnsitz Shivas und anderer Gottheiten symbolisieren. Die leicht gewölbten Seitenflächen des Satteldaches werden von verschieden hohen Fenstergiebeln durchbrochen. Von Löwenfiguren getragene Säulen stützen die Galerien – ein ähnlicher Säulentyp findet sich in Kanchipuram.

Der langgestreckte Bau erinnert nicht zufällig an eine buddhistische Versammlungshalle, diente er doch als Vorbild für die buddhistischen Chaitya-Hallen, die allerdings in Felshöhlen hineingebaut wurden, während der Bhima-Ratha aus dem Fels herausgearbeitet wurde. Auch fehlt ihm im Gegensatz zu den buddhistischen Höhlenbauten der apsisartige Abschluss.

Der die Reihe abschließende **Dharmaraja-Ratha** ist nicht nur der größte Bau innerhalb der Tempelgruppe, sondern gilt zusammen mit dem Arjuna-Ratha als Prototyp für zahlreiche spätere dravidische Tempel. Hier wurden die schon bekannten Architekturformen von tonnengewölbten Pavillons und hufeisenförmigen Kudu-Fenstern in Miniaturnachahmungen aneinander gereiht und im Stil der **Stockwerkspyramide** zu einer architektonischen Gesamtform vereint.

Der etwas versetzt stehende **Nakula-Sahadeva-Ratha** nimmt noch einmal alle vorgefundenen Architekturelemente auf. Letztlich hatte dieses Stilgemisch jedoch keine stilbildende Wirkung auf die weitere Entwicklung des südindischen Tempelbaus.

- **Eintritt und Öffnungszeiten:** siehe Strandtempel.

Praktische Tipps

Information

- Das **Tourist Office** (Tel.: 27442232) liegt in der East Raja Street gleich am Ortsanfang, wenn man von Chennai kommt. Hier erhält man u.a. genaue Termine zu den diversen in Mamallapuram abgehaltenen Festivals. Die in dem detaillierten Busfahrplan angegebenen Zeiten sollte man jedoch aktuell überprüfen. Öffnungszeiten Mo–Sa 10 bis 17.45 Uhr.

Stadtverkehr

Mamallapuram ist ein kleiner Ort, der problemlos und gemütlich zu Fuß erkundet werden kann.

- Eine ideale Möglichkeit, die etwas verstreut liegenden Sehenswürdigkeiten zu besichtigen und sich ein wenig in der Umgebung umzuschauen, bieten die von diversen Läden und Hotels vermieteten **Fahrräder.** Der Preis richtet sich nach dem Verhandlungsgeschick und dem Zustand des Drahtesels und liegt bei ca. 30–40 Rs pro Tag. Außerdem können dort oft auch Mopeds, Motorroller und Motorräder ausgeliehen werden.

Unterkunft

Die Preise, besonders für die billigeren Unterkünfte, steigen zur Hochsaison um den Jahreswechsel (Peak Season) auf knapp das Doppelte. Außerhalb dieser Zeit sind häufig Abschläge auszuhandeln.

- Eine der empfehlenswertesten Unterkünfte in der unteren Kategorie ist das **Lutz Guest House** €-€€ (Tel.: 9840364533, www.lutzguesthouse.com) direkt am weitläufigen Strand. Abgesehen von seiner idealen Lage überzeugt es durch die einfachen, aber nett eingerichteten Zimmer und den freundlichen Service. Sonny's Roof Top Restaurant sorgt für das kulinarische Wohlbefinden.
- Eine gute Alternative für Reisende mit kleinem Geldbeutel bietet das nur 100 m östlich Richtung Strand gelegene **Sri Murugan Guest House** € (Tel.: 27442772), ebenfalls in der Othavadai St. Auch hier ist es die Kombination aus sauberen Räumen und günstigen Tarifen, die das Haus zu einer guten Low-Budget-Unterkunft macht.
- Das **Vinodhara Guest House** €-€€ (Tel.: 27443007, vinodhara@yahoo.com) mit einem kleinem, von Kokospalmen bestandenen Garten ist gerade bei den billigeren Zimmern (teilweise mit Balkon), eine gute Wahl. Alles macht einen gepflegten Eindruck und ist picobello sauber. Besonders empfehlenswert sind die Zimmer im Obergeschoss.
- Kleine, saubere Zimmer mit Marmorboden und Terrasse sowie einen Meeresausblick vom Dach lohnen den Aufenthalt im **Silver Moon Guest House** €€ (Othavadai Cross Rd., Tel.: 27443644). Das **Stary Sky** nebenan ist nahezu identisch.
- Ebenfalls eine gute Wahl in dieser Preiskategorie ist das **Mamalla Heritage** €€€ (Tel.: 27442060, www.hotelmamallaheritage.com) mitten im Ortszentrum in der East Raja St. Die meisten der 43 um einen Innenhof angelegten Zimmer sind klimatisiert, sauber und geräumig. Im Übrigen verfügt das Hotel über zwei ausgezeichnete Restaurants.
- Groß und sauber sind die Zimmer mit Terrasse im **Bharat Guest House** €€ (Tel.: 27443430, (0)9380308039, kvsbarath@yahoo.com), die obere Etage ist vorzuziehen.
- Mehr fürs Geld gibt's im **Siva Guest House** €-€€€ (Tel.: 27443234, sivaguesthouse@hotmail.com) nebenan. Die moskitogeschützten Zimmer haben Terrasse und Hängestuhl. Vom Dach ist das Meer zu sehen. AC ist allerdings überbezahlt.
- Die **Uma Lodge** € (Tel.: 27442322) wartet mit einfachen, aber sauberen Zimmern auf, ein Dachrestaurant ist angeschlossen, von dem allerdings immer Popmusik bis in die Zimmer dudelt. Die Räume nach hinten sind leiser. Das **Uma Guest House** €-€€€ (Tel.: 27442697) unter gleicher Verwaltung liegt ruhig und meeresnah und ist mit vielen Pflanzen versehen, eine gute Wahl, aber etwas teurer.
- Eine Qualitätsstufe höher angesiedelt sind das **Sri Harul Guest House** €€-€€€ (Tel.: (0)9384620173) und besonders das **New Manoj Guest House** €€-€€€ (Tel.: (0)9444229411), supersaubere, hübsche und strandnahe Herbergen im Dorfzentrum. Die rückwärtigen Zimmer sind jeweils ein bisschen billiger.
- Das große Plus des **Sunrise Guest House** €€-€€€ (Tel.: 9941226879, sunriserestaurant@hotmail.com) ist seine ruhige Lage an einer kleinen, von Reisterassen flankierten Nebenstraße zwischen dem Shore-Tempel und der Travellermeile der Othavadai Street. Die Zimmer sind dem Preis entsprechend einfach, doch recht geräumig, wobei jene im Obergeschoss (mit AC) vorzuziehen sind. Sehr ange-

nehm sitzt es sich im Dachterrassenrestaurant (50–100 Rs Hauptgericht) mit schöner Aussicht.

● Neben einem Zugang zum Strand bieten gerade die um einen Innenhof gruppierten, größeren, nicht klimatisierten Zimmer des alten Szene-Treffs **Lakshmi Lodge** €€-€€€ (Othavadai Cross St., Tel.: 27442463, lakshmi lodge2002@yahoo.co.in) eine Menge, die klimatisierten sind, wie oft in Mamallapuram, zu teuer. Außerdem locken ein populäres hauseigenes Restaurant und ein Internetcafé.

● In eine ähnliche Preisklasse fällt das **Green Woods Resort** €€-€€€ (Tel.: 27442212, (0)9840624114, greenwoods_resort@yahoo.com), eine angenehme, baumbestandene Anlage mit teils klimatisierten Zimmern und Dachrestaurant.

● Viel Grün gibt's auch im **Hotel Daphne** €€-€€€€ (Tel. (0)9444453772, hoteldaphne1 @yahoo.com). In einer verwinkelt gebauten Villa mit integriertem Baumbestand sind die unterschiedlichen, teils klimatisierten Zimmer in gelassener Atmosphäre ihr Geld wert. Auch eine kleine Wohnung mit Kochgelegenheit, etwa für eine Familie, die mindestens eine Woche bleibt, wirkt einladend.

● Nicht weit vom Busbahnhof und den meisten Sehenswürdigkeiten, aber dennoch ruhig gelegen, ist das **Mahab's Inn** €€€-€€€€ (68, East Raja St., Tel.: 27442645, www.hotelma habs.com) eine der besten Adressen des Ortes. Geräumige und klimatisierte Zimmer mit Balkon bzw. Terrasse und hübschem Gartenblick in unterschiedlicher Größe sind empfehlenswert. Zur Gemütlichkeit trägt auch das überall herumlaufende Federvieh bei. Ein Freiluftrestaurant und ein Pool runden den positiven Gesamteindruck ab. Auch vom Busbahnhof aus durch einen Zugang schnell erreichbar.

● Auf einem mit vielen Bäumen und Grün bestandenen Gelände am Ende einer Gasse wohnt man im **Sea Breeze** €€€-€€€€ (Tel.: 27443035, seabreezehotel@hotmail.com, seabreeze@vsnl.com) trotz der Größe von 50 teils klimatisierten Zimmern mit Terrasse bzw. Balkon, viele mit Seeblick, sehr angenehm. Auch ein Pool und Ayurveda werden geboten. Reservierung empfohlen. Ist dieses voll, gibt's im nahe gelegenen, neuen **Sea Breeze Annexe** €€-€€€ hervorragenden, moskitosicheren Ersatz mit Balkon.

● Unweit des Shore-Tempels liegt das **Hotel Sterling** €€€€€ (Tel.: 24998121, 24984114, www.sterlingma habalipuram.net), die einzige Unterkunft nahe dem südlichen Strandabschnitt. Die 30 Cottages mit Terrasse in baumbestandener Anlage machen einen guten Eindruck, sind jedoch zu teuer. Außerdem gibt's ein luftiges Restaurant, einen Swimmingpool und ayurvedische Anwendungen.

● Die ideale Lage südlich der Fünf Rathas mit Zugang zum privaten Meeresstrand inmitten einer hübschen, weitläufigen Gartenanlage, die sehr geräumigen Bungalows mit großem Badezimmer und der große Pool machen das **Fortune Chariot Beach** €€€€ (Tel.: 2744 3002, 24660180, www.fortunehotels.in) zu einer angenehmen Komfortwahl.

Im **Norden Mamallapurams** Richtung Chennai direkt am Strand gibt es weitere vorwiegend luxuriöse Unterkünfte, alle mit Zufahrt von der Kovalam Rd./ECR und Strandzugang. In diesem Bereich ist der Strand sauber. Auch Frauen können hier normalerweise problemlos im Bikini in der Sonne liegen.

● Ausgezeichnet ist das 300 m nördlich des Zentrums gelegene **Radisson Temple Bay Resort** €€€€€€ (Tel.: 27443636, 274442251, www.grttemplebay.com). Die weitläufige Anlage hat einen älteren, vom Strand ausgehenden Teil mit hübschen zweigeschossigen Bungalows in herrlicher Lage unter Bäumen sowie Zimmern im Haupthaus. Luxuriöse, elegant eingerichtete Bungalows mit eigenem Balkon (alle AC) inmitten einer künstlich angelegten Lagunenlandschaft bestimmen den neueren Teil des Resorts. Ausgezeichnet sind auch die Restaurants, wobei besonders **The Wharf** am Strand zu empfehlen ist.

● Eine angenehme Atmosphäre hat das schöne und preiswerte, unter vielen Bäumen gelegene **Mamalla Beach Resort** €€€€ (108 Kovalam Rd., Tel.: 27442475, (0)9442646875, rajeev@mamallaresort.com) mit 25 teils klimatisierten Zimmern, alle mit Balkon/Terrasse. Gänse, Hühner und manchmal der eine oder andere Truthahn laufen übers Gelände. Auch hier gibt's ein Restaurant.

- Das **Ideal Beach Resort** €€€€€-€€€€€€ (Tel.: 27442240, www.idealresort.com), 3 km nördlich von Mamallapuram, vermietet angenehme, stilvoll möblierte Zimmer im Hauptgebäude sowie mit allem Komfort versehene AC-Cottages in der Gartenanlage. Swimmingpool, Travel Desk, Internetcafé, mehrere Restaurants, ein Kino, Massage- und Schönheitssalon, Einkaufsmöglichkeiten etc. sind vorhanden.
- Direkt daneben findet sich die weiträumige Anlage des **KG Emerald Beach Resort** €€€€€€ (Tel.: 274433009, 27443339), die allen erdenklichen Luxus bietet. Die 20 Zimmer, ganz nah am Meer, sind geschmackvoll eingerichtet. Auch das leibliche Wohl wird bestens zufriedengestellt. Pool, Dampfbad und Sauna sind selbstverständlich in dieser Preisklasse.
- Eine der schönsten Anlagen nördlich von Mamallapuram ist das sehr beliebte **Fisherman's Cove** €€€€€€ (Tel.: 67413330, 27472304, fishcove.chennai@tajhotels.com, www.tajhotels.com) der Taj-Gruppe, ca. 20 km Richtung Chennai. Teile der luxuriösen Anlage mit Pool wurden in einer ehemaligen Festungsanlage errichtet. Hier ließ es sich schon die englische Königin während ihres Indien-Aufenthalts wohl ergehen.

Essen und Trinken

An ansprechenden Restaurants fast aller Preisklassen besteht in Mamallapuram kein Mangel. Die Auswahl reicht vom einfachen und günstigen Meals-Restaurant über Traveller-Lokale bis zum Restaurant im First-Class-Hotel mit Preisen, die kaum noch unter europäischem Standard liegen. Wie es sich für einen Küstenort gehört, steht **Seafood** ganz oben auf der Speisekarte. Bei den meisten Restaurants liegt der frische Fang – Thunfisch, Hai, Garnelen, Hummer – in einer Vitrine zur Auswahl. Der Gast muss nur noch das gewünschte Exemplar bestimmen und schon geht's in die Pfanne. Allerdings sollte man vorher nach dem Endpreis fragen, da sich die ausgezeichneten Preise meist auf ein Kilogramm beziehen. Viele Restaurants schließen am Nachmittag ab etwa 15 Uhr und öffnen erst wieder gegen 18 Uhr.

- Sehr viel indischer als in den meisten Restaurants Mamallapurams geht es im **Sri Ananda Bhavan** an der Kreuzung East Raja St. / Othavadai St. zu, sehr empfehlenswert und für Mamallapuram-Verhältnisse preiswert. Dieses klassisch südindische Meals-Restaurant ist zu den Hauptzeiten gerammelt voll mit Einheimischen. Neben den superleckeren vegetarischen Gerichten, von denen kaum eines mehr als 60 Rs kostet, werden in einem Extrabereich *thalis* serviert. Im **Mamalla Bhawan** gegenüber dem Busbahnhof sind die Einheimischen in der Überzahl, was auch hier für die gute südindische Küche zum kleinen Preis spricht.
- Auf der luftigen Terrasse des **Luna Magica** (Tel.: 27441767), oberhalb des Strandes mit herrlicher Aussicht, kann man sich die Seebrise um die Nase wehen lassen und sich am Seafood laben. Ein schöner Ort für ein romantisches Abendessen zu zweit. Hier werden auch Zimmer vermietet. Ebenso schön sitzt es sich im **Sunny's Roof Top Restaurant** ganz in der Nähe.
- Vier weitere Strandlokale in der unmittelbaren Umgebung, die wegen ihres Ambiente und der Fischgerichte einen guten Ruf genießen, sind das **Seashore** (Tel.: 27442780), das **Santana** (Tel.: (0)9444290832), das **Bob Marley** und das **Sea Queen.** Auch diese Restaurants haben Zimmer am Strand.
- Im Dorfzentrum lockt das liebevoll gestaltete **Café Gecko** (1. Stock, Othavadai Cross Rd., www.gecko-web.com) mit Blick auf den See. Die Speisekarte ist zwar Traveller-üblich, also nichts Ausgefallenes, dennoch sollte man wegen der hübschen Gestaltung des Dachrestaurants diesen Ort genießen.
- Eine gute Adresse ist das **Village Inn Restaurant** in der Thirukula St. Man hat die Wahl zwischen einer großen Zahl einheimischer wie westlicher Gerichte. Besonders schön sitzt es sich auf der Terrasse.
- Das Dachrestaurant der **Tina Blue Lodge** ist ein idealer Ort, um die frische Brise zu genießen.
- Unter den zahlreichen auf den Geschmack der Rucksacktouristen zugeschnittenen Lokale ist das **Moonrakers** in der Othavadai St., kaum 100 m vom Strand entfernt, eines der beliebtesten. Hier stimmt die Mischung aus

westlich angehauchter Musik, leckeren, relativ günstigen Gerichten und „Easy-Going-Atmosphäre". Als weiterer Anreiz locken die langen Öffnungszeiten bis in den späten Abend. Nebenan bietet sich das **Galaxy** als Ausweichmöglichkeit an.

- Preiswert und gemütlich ist das **Rose Corner** (1. Stock) mit recht langer Speisekarte inkl. Seafood und hervorragender Qualität.
- Auch das komfortablere **Blue Elephant** mit Polstermöbeln und ebenfalls umfangreicher Speisekarte ist eine angenehme Adresse.
- **Le Yogi** (8.30–16 und 18–22.30 Uhr) hat eine vielseitige Speisekarte, von Pizza, Lasagne, indischer Küche und *momos* bis zu Meeresfrüchten, auch Krabben.
- Ruhig geht's im **Lucky Inn Restaurant** in der Othavadai Cross St. zu, wo indische und westliche Speisen mit guten Zutaten bereitet werden.
- Wegen seiner köstlichen europäischen Gerichte gehört das von einem Franzosen geführte **Nautilus** zu einem der bei Individualreisenden beliebtesten Restaurants der Stadt. Die meisten Hauptgerichte kosten zwischen 50 und 120 Rs. Empfehlenswert ist auch das breite Frühstücksangebot nebst köstlichem Kaffee.
- Ein weiterer Favorit der Traveller-Szene ist das sympathische **La Vie En Rose** in der E. Raja St. Neben den üblichen Traveller-Gerichten (Sandwiches, Pasta, Salate) gibt es einige schmackhafte Fleischgerichte – eine Rarität in Mamallapuram. Wer rechtzeitig kommt, kann vielleicht einen Tisch auf dem Balkon ergattern.
- Von den zahlreichen Hotelrestaurants sei das **Golden Palate** im Mamalla Heritage erwähnt. Günstige Preise – kaum ein Hauptgericht über 50 Rs –, die vorzügliche Qualität der ausschließlich vegetarischen Speisen und der freundliche Service machen es zu einer Top-Adresse. Um einiges teurer, dafür sehr romantisch sitzt und isst man in dem auf Fischgerichte spezialisierten Freiluftrestaurant **Waves** im gleichen Haus.

Bank

- Neben diversen Hotels wechseln die **Indian Overseas Bank** in der East Raja Street (Mo–Fr 10–16, Sa 10–13 Uhr) Rd. und – effizienter und mit besseren Wechselraten – **Prithvi Forex** (Tel.: 27443265, 55 E. Raja St.). Während die Bank nur zu den üblichen Zeiten (Mo–Fr 10–14 Uhr und Sa 10–12 Uhr) öffnet, ist Prithvi Forex tgl. 9.30–18.30 Uhr geöffnet und gibt neben allen Travellerschecks auch gegen Visa- und MasterCard Geld heraus.
- Weitere Möglichkeiten zum Geld- und Travellerscheck-Tausch bieten **Cherry Forex** und **Ruby Forex** (Tel.: (0)9940400051) zu etwas schlechteren Umtauschkursen, deren angegebene Öffnungszeiten Mo–Sa 9–19 Uhr allerdings nicht so genau zu nehmen sind.
- Nicht weit vom Busbahnhof akzeptiert der **ATM** der State Bank of India das meiste des international üblichen Kreditplastiks.

Nützliche Adressen

- Das **Postamt** liegt neben der Polizei, ca. 50 m eine kleine Gasse hinein und ist Mo–Fr von 8 bis 14 Uhr, Sa von 8 bis 12 Uhr geöffnet. Hier ist Western Union Money Transfer möglich.
- **Internet:** Die Internetpreise sind, wie oft in Touristenorten, mit 40–60 Rs/Std. recht hoch, obendrein lässt meist die Geschwindigkeit zu wünschen übrig. Eine Ausnahme bildet das Internetcafé von sify-i-way im nördlichen Dorfbereich. Auch **Cy-Com** nahe dem Sea Breeze Hotel und **Gecko Internet** in der Othavadai Cross Street sind akzeptabel fix.
- **Yoga:** Tgl. morgens von 7–8.30 und 17–18.30 Uhr finden im Dorfzentrum im **Sri Durga Yoga Centre** Sitzungen statt.
- **Fotografieren:** In kurzer Zeit werden bei Kodak Express am Busbahnhof digitale und analoge Fotos auf Papier gebannt, auch fotografisches Equipment und Filme sind dort zu bekommen.
- **Krankenhaus:** In der Thirukullam St. findet sich das effiziente **Suradeep Hospital** (10–22 Uhr, Notfalldienst 24 Std., Tel.: 27442390, 27442448, suradeephospital2004 @yahoo.co.in).
- **Polizei:** Diese findet sich im Norden des Dorfes. Es gibt in der Nähe auch ein von Polizistinnen besetztes Büro, das sich ausschließlich um Frauen kümmert.

● **Reisebüro:** Das **Hi-Tours** (Tel.: 27442460/3360, www.hi-tours.com) nahe dem Busbahnhof vermittelt Sightseeing-Touren zur Krokodilfarm und den Tiger Caves (125 Rs), zum Vedanthakal-Vogelreservat und nach Kanchipuram und vermittelt außerdem Taxifahrten. Man kann dort Bargeld wechseln und auf Visa-, Master- und Amex-Karten Geld bekommen. Bei einer Mindestteilnehmerzahl von 4 Personen werden von 8 bis 14 Uhr per Fahrrad einige Dörfer der Umgebung sowie Tiger Cave und Turikkalikundram-Tempel besucht (250 Rs p.P. inkl. Guide und Mittagessen). **TKT Travels** (Tel.: (0)9840347558) ist vorwiegend für Autovermietung zuständig.

Festival

● Besonders empfehlenswert ist ein Besuch Mamallapurams im Januar. Dann findet hier das berühmte **Mamallapuram Dance Festival** statt, zu dem über einen Zeitraum von drei Wochen die großen Tanzstile des Südens von berühmten Ensembles aufgeführt werden. Besonders beeindruckend sind die abendlichen Vorführungen auf einer Freilichtbühne vor dem großen Steinrelief. Genauere Informationen über Termine und Veranstaltungen erhält man im Touristenbüro und in den meisten Hotels.

● Das **Pongal Festival** wird jedes Jahr Mitte Januar in Mamallapuram oder einem in der Nähe befindlichen Dorf gefeiert. Genaue Auskünfte gibt's im Tourist Office.

Shopping

Mamallapuram ist der beste Ort zum Kauf von **Steinmetzarbeiten** in ganz Indien. Seit Jahrhunderten bestimmt das Hämmern der Steinmetze den Alltag der Stadt. Die hier ansässigen Werkstätten produzieren Götterfiguren jedweder Größe für Tempelanlagen im ganzen Land. Der sehr gute Ruf und die hohe Qualität zeigen sich daran, dass die Steinmetze auch Aufträge aus Europa und Asien erhalten.

Selbstverständlich haben sich auch viele kleinere Geschäfte auf die Wünsche der Touristen eingestellt. Besonders beliebt, weil leicht zu transportieren, sind die **aus Speckstein gefertigten Götterfiguren.**

● Um sich einen ersten Überblick über Angebot und Preise zu verschaffen, empfiehlt sich ein Besuch des **Poompuhar Handicraft Emporium.** Natürlich sind auch hier die angeblichen „fixed prices" durchaus verhandelbar, doch häufig kauft man in den kleinen Läden entlang der Straße billiger ein – bei mindestens gleicher Qualität.

An- und Weiterreise

● **Bus:** Vom Busbahnhof im Dorfzentrum gibt es unzählige Verbindungen (alle 20 Minuten, z.B. Bus 118) nach Chennai. Am schnellsten geht es mit dem von Pondicherry kommenden East Coast Express in knapp zwei Stunden. Nicht alle dieser schnellen Busse halten aber im Dorfzentrum, sondern manche auch an der Kreuzung bei der East Coast Rd. auf Handzeichen. Der letzte Direktbus nach Chennai zum CMBT fährt um ca. 19.30 Uhr von Mamallapuram ab, danach muss einer der aus Pondicherry kommenden Busse an der East Coast Rd., etwas außerhalb vom Dorf, angehalten werden. Fünfmal tgl. direkt zum Flughafen fährt der allerdings recht langsame Bus Nr. 108B (5.50, 9, 16.25, 17.50, 20 Uhr). Darüber hinaus fahren 10 Busse tgl. zwischen 5 Uhr und 20.45 Uhr nach Kanchipuram (2½ Std.), nach Pondicherry alle halbe Stunde, (1¾ mit dem East Coast Express Bus, sonst 2½ bis 3 Std.). Nach Tirupati morgens um 5 Uhr (4½ Std.), nach Tiruvannamalai zunächst nach Chengalpattu (Bus 122, 1 Std.) und von dort weiter mit einem stündlich verkehrenden Bus. Die Busse nach Pondicherry kommen fast alle aus Chennai und sind voll.

● **Taxi:** Die überall auf zahlungskräftige Kunden wartenden Taxis bieten eine gute Möglichkeit, um Kanchipuram und evtl. auch noch Chennai im Rahmen eines Tagesausflugs zu besichtigen. Dafür sollte man nach langem, zähem Verhandeln nicht mehr als 1.700 Rs zahlen. Für ca. 1.700 Rs (inkl. Autobahngebühr) gelangt man mit dem Taxi nach Pondicherry. Nach Chennai werden teure 1.500 Rs verlangt.

Kanchipuram

↗ XXI/C3

Einwohner: 190.000
Vorwahl: 044

Das 75 km südwestlich von Chennai, bzw. 60 km nordwestlich von Mamallapuram gelegene Kanchipuram erlebte seine Blütezeit während des 7. und 8. Jh., als die Pallavas von hier ihr mächtiges Reich regierten. Seine Bedeutung als eine der heiligsten Stätten im Südosten Indiens reicht jedoch mehrere Jahrhunderte weiter zurück. So soll hier der große Kaiser *Ashoka* im 3. Jh. eine Stupa errichtet haben. Ein chinesischer Pilger erwähnt die Stadt in seinen Reiseberichten und nennt eine große Zahl von buddhistischen Sakralbauten. Wegen der mehrere Jahrtausende zurückreichenden Bedeutung als Pilgerort gehört Kanchi, wie der Ort im Volksmund kurz genannt wird, zum erlauchten Kreis der **sieben heiligen Städte Indiens** – übrigens als einzige im Süden des Subkontinents. Die Mehrzahl der über 100 Tempel stammt aus der Zeit der **Pallava-Dynastie.** Doch auch unter den späteren Dynastien der Cholas, Pandyas und der Vijayanagar-Könige riss die Bautätigkeit nicht ab, blieb Kanchipuram doch eines der wichtigsten Machtzentren im Südosten.

Ungeachtet der historischen und religiösen Stellung zählt Kanchipuram – gelinde ausgedrückt – sicherlich nicht zu den besuchenswertesten Städten im Süden Indiens. Alles macht einen chaotischen und reichlich heruntergekommenen Eindruck, von einer religiös gefärbten Grundstimmung ist außer in den Tempelanlagen kaum etwas zu spüren. Selbst in Tempelnähe wird man von aufdringlichen Verkäufern und Bettlern bedrängt. Da zudem die Auswahl an akzeptablen Unterkünften begrenzt ist, empfiehlt es sich, Kanchipuram im Rahmen eines Tagesausflugs von Chennai oder besser von Mamallapuram aus zu besuchen. Man sollte dabei möglichst früh aufbrechen, da alle Tempel zwischen 12 und 16 Uhr geschlossen sind.

Neben seiner religiösen Bedeutung ist Kanchipuram im ganzen Land als **Zentrum der Seidenverarbeitung** bekannt. Die Kanchipuram-Saris sind berühmt, genießt die hier verarbeitete Seide doch einen ausgezeichneten Ruf. Die Tradition reicht wohl in die Zeit der Pallava-Könige zurück. Die Tempelzufahrtsstraßen und die Gandhi Rd. sind gepflastert mit Seidenläden, wobei die meisten die Möglichkeit bieten, beim Herstellungsprozess zuzuschauen.

Sehenswertes

Wegen der begrenzten Öffnungszeiten bleibt für die meisten Besucher kaum Zeit, um mehr als die beiden wichtigsten Tempel, den Kailashanatha und den Ekambareshvara, zu besuchen. Einige weitere sehenswerte Tempel werden im Anschluss in aller Kürze vorgestellt.

Kailashanatha-Tempel

Von den insgesamt über 100 Tempeln – hier können selbstverständlich nur die wichtigsten erwähnt werden – gilt der Kailashanatha als der bedeutendste. Das **Shiva-Heiligtum** wurde Anfang des 8. Jh. vom Pallava-Herrscher *Narasimhavarman II.*, auch *Rajasimha* genannt, in Auftrag gegeben. Seine bauhistorische Bedeutung besteht unter anderem darin, dass er die ursprüngliche Anlage eines früheren shivaitischen Heiligtums in fast unversehrter Form bewahrt. Aufgrund der hohen Qualität der Skulpturen stellt er eines der vollkommensten Beispiele der südindischen Hindu-Architektur dar. Durch seine Lage etwas außerhalb des Stadtzentrums zeichnet sich die Anlage durch die ruhige, weit weniger von Verkäufern und Bettlern beeinträchtigte Atmosphäre aus. Zudem gefallen seine bescheidene Größe und die übersichtliche Gestaltung.

Ein gewaltiger, aus einem Stein gehauener **Nandi-Bulle,** das Tragtier Shivas, steht auf der erhöhten Plattform eines inzwischen eingefallenen *mandapa,* etwa 50 m vor dem nach Osten gerichteten Haupteingang. Schräg daneben wurde ein großes, von Stufen eingefasstes Reinigungsbecken angelegt. Von hier bietet sich ein schöner Blick auf die Umfassungsmauer, die den Tempel umläuft. Hinter einer Reihe von Schreinen führt der durch einen kleinen Tempel markierte Eingang in den Innenhof. Besonders gelungen sind hier die Säulen des von insgesamt 58 Schreinen unterbrochenen Umgangs. Reste der ursprünglichen Bemalung sind teilweise noch zu erkennen. Der dem Turm des aus weichem, gelblich-beigem Sandstein erbauten Kailashanatha-Tempels vorgelagerte Versammlungs- und Tanzsaal ist abwechselnd mit Löwenfiguren und Götterstatuen geschmückt. Der Pfeilersaal führt in einen zweiten Raum, auf den das Sanktum mit seinem schmalen Umgang und den sieben Außenschreinen folgt.

Ekambareshvara-Tempel

Verglichen mit dem Kailashanatha herrscht in und um den Ekambareshvara-Tempel eine sowohl von religiöser Inbrunst als auch von unverblümter Geschäftemacherei geprägte Atmosphäre. Der mit einer Gesamtfläche von neun Hektar mit Abstand größte Tempel von Kanchipuram ist bereits von Weitem an seinem alles überragenden, 57 m hohen, **zehnstöckigen Gopuram** im Süden zu erkennen. Dieser wurde 1509 von *Krishnadeva Raja* gestiftet und ist somit Teil der zahlreichen Erweiterungsbauten, die der ursprünglich aus der Chola-Zeit stammende Tempel im Laufe der Jahrhunderte erfahren hat.

Im Inneren des von einer hohen Mauer umschlossenen Tempelkomplexes stößt man zunächst auf die **„Tausend-Säulen-Halle“,** integraler Bestandteil fast aller größeren südindischen Tempel. Tatsächlich handelt es sich um 540 schön verzierte Pfeiler, zwischen denen sich Pilger ausruhen, ein Schwätzchen halten und ihren mitgebrachten Proviant verzehren. Eingerahmt wird die Halle von einem großen Wasserbecken im Norden und dem Haupttempel, in dessen Sanktum ein *lingam* (Phallussymbol) aus Erde steht. Kanchipuram ist einer von fünf Orten in Tamil Nadu, die die fünf Elemente repräsentieren, hier ist es Erde.

Mindestens ebenso viel Verehrung bei den zahlreichen Pilgern wie das Phallussymbol erregte der in einem separaten, umschlossenen Hof hinter dem Sanktum stehende **Mango-Baum,** der angeblich über 3.500 Jahre alt geworden sein soll. Der Baum diente als Namensgeber des Tempels, welcher sich aus den Worten *eka amra natha* (Herr des Mango-Baums) ableitet. Der vor einigen Jahren eingegangene Baum wurde durch einen noch wenig imposanten, kleinen Ableger des Originals ersetzt.

Vaikuntha-Perumal-Tempel

Der **Vishnu** geweihte Vaikuntha-Perumal-Tempel wurde vom Pallava-König *Nandivarman II.* im 8. Jh. in Auftrag gegeben. Ungewöhnlich sind die drei übereinander gelegenen *cellas* im quadratischen Sanktum, in denen Vishnu liegend, sitzend und stehend dargestellt ist. Sehenswert und in ihrer Art einzigartig sind auch die zahlreichen die Mauern des Tempels schmückenden **Wandreliefs,** auf denen die Geschichte der Pallavas von den Anfängen bis ins 8. Jh. erzählt wird. Wie in einem Bilderbuch sieht der Betrachter die legendäre Geburt des ersten Pallava aus einem Pflanzenschößling, Schlachtenszenen, festliche Umzüge, Arbeiter beim Tempelbau und Gläubige beim Opfergang.

Auch dieser Tempel erfuhr im Laufe der Jahrhunderte zahlreiche Erweiterungen. Ganz deutlich wird dies zum Beispiel an der durch den unterschiedlichen Architekturstil gekennzeichneten „Tausend-Säulen-Halle", die erst im 14. Jh. von den Vijayanagar-Herrschern hinzugefügt wurde.

Kamakshi-Amman-Tempel

Geradezu ein Paradebeispiel für die über die Jahrhunderte immer weiter ausgebauten Tempelanlagen Kanchipurams ist der Kamakshi-Amman-Tempel im Stadtzentrum. Angefangen vom Tempelturm bis zu den verschiedenen *mandapas,* Wandelgängen und *gopurams* hinterließen hier die diversen Dynastien ihre architektonische Handschrift, die sich in unterschiedlichen Baustilen äußert. Besonders eindrucksvoll sind die mehrstufigen, mit Götterfiguren überzogenen *gopurams.*

Der auffällige Wohlstand des Tempels rührt von den Spenden der zahlreichen Pilger her, die der Göttin Kamakshi ihre Aufwartung machen wollen. Am Eingang der großen Tempelanlage wartet der **Tempel-Elefant,** um die Besucher mit einer Berührung des Kopfes durch seinen Rüssel zu segnen.

Varadaraja-Perumal-Tempel

Der **Vishnu** geweihte Varadaraja Perumal-Tempel im Südosten der Stadt ist im Inneren für Nicht-Hindus verschlossen. Einen Besuch lohnt die gewaltige Anlage dennoch wegen der herrlichen mit den diversen Erscheinungsformen von Vishnu verzierten Säulen in der Eingangshalle. Das daneben gelegene **Wasserbecken** birgt in

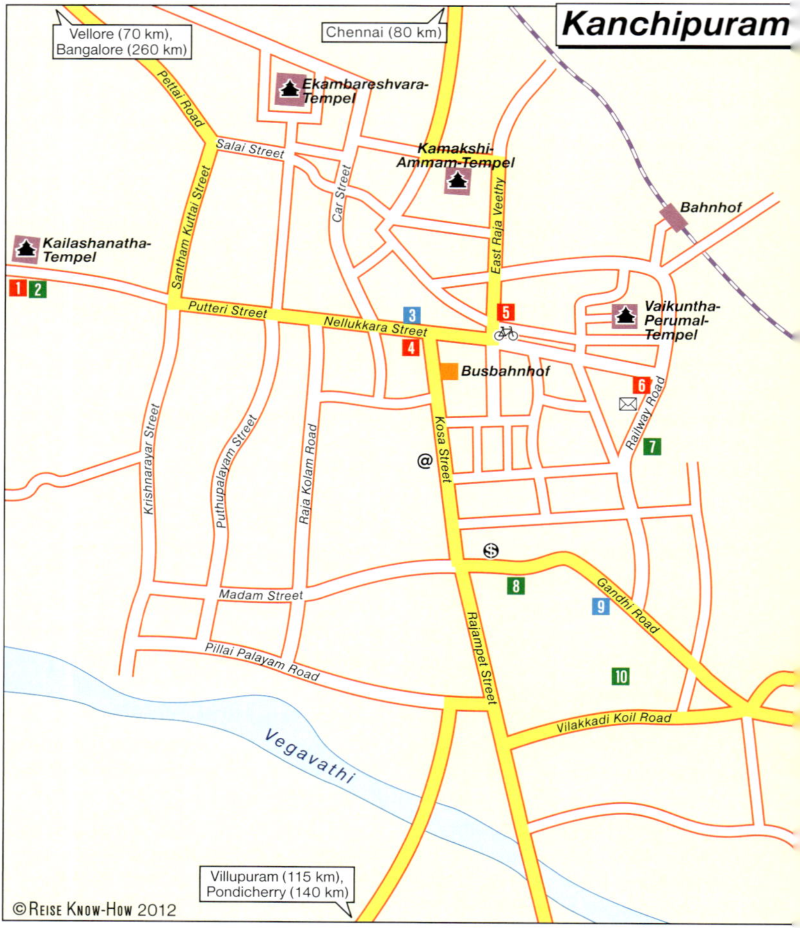

sich eine zehn Meter hohe **Statue** des auf der Weltenschlange ruhenden Vishnu. Alle 40 Jahre wird das Wasser abgelassen, um den Gläubigen einen Blick auf die hoch verehrte Skulptur zu gewähren. 1979 strömte die rekordverdächtige Zahl von **acht Millionen Pilgern** nach Kanchipuram, um dem glücksverheißenden Ereignis beizuwohnen!

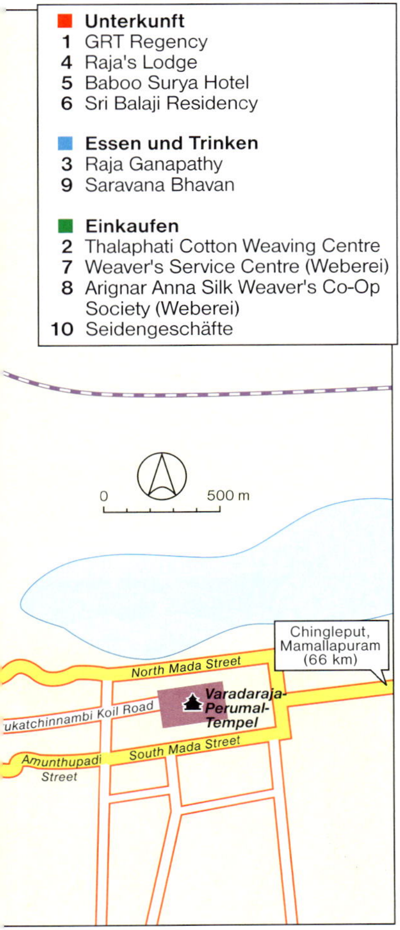

Tirupparuthikunram-Tempel

Der jainistische Tirupparuthikunram-Tempel, im 6. Jh. erbaut und im Stadtteil Jaina Kanchi über einem meist ausgetrockneten Flussbett gelegen, ist vor allem wegen der schönen Deckenfresken einen Besuch wert. Fotografierverbot.

Praktische Tipps

Information

- Das **Tourist Office** im Hotel Tamil Nadu gegenüber vom Bahnhof ist, wenn überhaupt besetzt, ohne jeden Informationswert – den Besuch kann man sich sparen. Die Internetseite www.hellokanchipuram.com ist informativer.
- Manche der an den Eingängen zu den Tempeln auf Besucher wartende **Guides** sind gut geschult und können eine sehr informative Führung geben. Der Preis ist Verhandlungssache, sollte jedoch 100 Rs für zwei Personen nicht überschreiten.

Stadtverkehr

Allein schon wegen der sehr bescheidenen Unterkünfte sollte man Kanchipuram möglichst im Rahmen eines Tagesausfluges besuchen.

- Die beste Art, die verstreut über die Stadt liegenden Tempel zu erkunden, bieten die beim Bahnhof für 2 Rs pro Stunde bzw. 20 Rs pro Tag zu mietenden **Fahrräder.**
- Lässt man sich mit einer der überall auf Touristen wartenden **Fahrradrikshas** herumfahren („Sir, just 20 Rs whole day"), endet die Fahrt mit an Sicherheit grenzender Wahrscheinlichkeit in einem Seidengeschäft.
- Das gleiche gilt für die **Motorrikshas,** die für 150 Rs zu allen bedeutenden Tempeln der Stadt fahren. Mit eingeschlossen im Fahrpreis ist ein arg ramponierter Rücken – Kanchipurams Straßen sind berümt-berüchtigt für ihre Schlaglöcher.

Unterkunft

- Eine der wenigen empfehlenswerten Billigadressen Kanchipurams ist die **Sri Balaji Residency** €-€€ (Railway Rd., Tel.: 4723868, sri balajiresidency@gmail.com). Supersaubere

Zimmer mit TV und ein gutes Restaurant sind die Vorzüge.

- Das moderne, gut geführte **Baboo Surya** €€ (Tel.: 27222555) in der East Raja Veethy, ganz in der Nähe des Vaikuntha-Perumal-Tempels, hat ebenfalls ein gutes Preis-Leistungs-Verhältnis. Besonders die AC-Zimmer sind ihr Geld wert. Ein weiteres Plus ist das gute hauseigene vegetarische Restaurant.
- Das Mittelklassehotel **GRT Regency** €€€€-€€€€€ (Gandhi Rd., Tel.: 27225250, www.grtregency.com) im Zentrum beim Kailashanatha-Tempel aus dem 7. Jh. bringt Komfort nach Kanchipuram. Das zentral klimatisierte Haus vermietet luxuriöse Zimmer und Suiten mit Firewire-Anschluss sowie wenige recht billige Einzelzimmer. Das gute Dakshin Restaurant (veg. und non-veg.) und die Cellar-Bar sorgen fürs leibliche Wohl.

Essen und Trinken

- Wenn schon die Unterkünfte in Kanchipuram zu wünschen übrig lassen, so hat die Stadt mit dem **Saravana Bhavan** zumindest ein ausgezeichnetes Restaurant zu bieten. Das direkt neben dem Jayabala International gelegene Haus ist Teil der in ganz Südindien vertretenen Kette. Die köstlichen, rein vegetarischen Gerichte kosten selten mehr als 20–30 Rs. Das gilt auch für das **Raja Ganapathy** bei der Shree Kusal Lodge.

Bank

- Die State **Bank of India** (Hospital Rd.) wechselt Reiseschecks und stellt einen **ATM** für das meiste Kreditplastik. Ein weiterer ATM der ICICI Bank in der Gandhi Rd. nimmt die meisten EC-Karten.

Internet

- Am schnellsten ist Internetsurfen bei **Googly** (9–21 Uhr) und **Netcafé** (beide in der Kamaraja St.) mit Breitbandverbindungen für schlappe 25 Rs/Std. Auch **Easynet Browsing** in der East Raja Street ist hinreichend schnell.

134is Foto: tb

Medizinische Versorgung

- Das **Meenakshi Medical College** ist 5 km von Stadtzentrum entfernt am National Highway. In der Innenstadt hilft die kleine **Sri Kamatchi Clinic** (Tel.: 27260060, 35/15 Odai St.) weiter.

Shopping

Eine der besten – wenn auch nicht billigsten – Adressen für den Kauf von **Seidenstoffen** ist die **Arignar Anna Weaver's Cooperation** an der Gandhi Rd. Ebenso hoch wie die Qualität sind zuweilen auch die Preise. Man sollte sich bereits vorher an anderen Orten wie Mamallapuram und Chennai informieren, um eine gute Vergleichsmöglichkeit zu haben. Mit diesem Vorwissen ist Kanchi immer noch ein hervorragender Ort, um qualitativ hochwertige Seidenstoffe zu im Vergleich zu Mitteleuropa günstigen Preisen zu erstehen.

An- und Weiterreise

- **Bahn:** Kanchipuram besitzt zwar eine Bahnanbindung (Auskunft am Bahnhof: Tel.: 27223149), doch die von hier an- und abfahrenden Personenzüge sind derart langsam – und dazu häufig noch verspätet – dass Busse die deutlich bessere Alternative sind. Wer mit der Bahn fahren will, findet einige Verbindungen im Anhang. Außerdem gibt es die Möglichkeit, bis ins nahegelegene Chengalpattu zu fahren, von wo gute Anschlussverbindungen bestehen.
- **Bus:** Vom chaotischen und dreckigen Busbahnhof im Stadtzentrum mindestens alle Viertelstunde Verbindungen nach Chennai (ca. 1½ Std.), 9 Busse nach Mamallapuram (2 Std.), nach Bangalore (6 Std., 2 Busse), Pondicherry (3 Std., 12 Busse), Trichy (7 Std., 5 Busse), Tiruvannamalai (3 Std., Abfahrt etwa stündlich) sowie nach Vellore (2 Std., alle 15 Min.). Am schnellsten sind die ohne Zwischenstopp als sogenannte „Point to Point" ausgezeichneten Direktbusse.

Die geballte Anhäufung von bizarren Skulpturen am Kailashanata-Tempel lässt manchen Touristen etwas verloren wirken

Vellore

↗ XXI/C3

Einwohner: 390.000
Vorwahl: 0416

Bei den Indern ist das 140 km westlich von Chennai gelegene Vellore vor allem wegen des hier ansässigen **christlichen Krankenhauses** bekannt, welches als eines der besten im ganzen Land gilt. Das 1900 von einer Amerikanerin gegründete Hospital mit 1.200 Betten ist das bestimmende Gebäude der Stadt. Aus ganz Südindien kommen Patienten, um sich hier behandeln zu lassen.

Touristisch hat die Provinzstadt bis auf das Fort und den Jalakanteshvara-Tempel kaum etwas zu bieten. Auf dem Weg zu dem die westliche Hälfte der Stadt beherrschenden Fort passiert man eine recht hübsche **Gandhi-Statue.** Sehenswert ist auch ein kleiner **Friedhof** etwa 100 m links davon, auf dem mehrere britische Soldaten beerdigt sind. Die meisten von ihnen ließen ihr Leben bei der Niederschlagung eines lokalen Aufstands, der im Jahr 1806 von den Sepoy, den indischen Soldaten innerhalb der britischen Armee, ausging.

Tamil Nadu

Die von einem breiten Graben umgebene **Festungsanlage** (7–20 Uhr) wurde im 16. Jh. von *Sinna Bommi Nayak,* einem lokalen Stadthalter der Vijayanagar-Könige, erbaut. Im Laufe der Jahrhunderte wechselte sie dann mehrfach ihren Besitzer. Unter anderem zogen hier die Truppen der Shah-

Darshan – das tägliche Tempelritual

Der Hindu-Tempel soll eine Verbindung zwischen Menschen und Göttern herstellen und gilt somit als Ort der Transzendenz. Indem der Gläubige die Welt der Illusion hinter sich lässt, gelangt er zu Erkenntnis und Wahrheit. Letztliches Ziel ist das Eins-Werden mit dem Göttlichen, welches im Zentrum des Tempels dargestellt ist. Das **Götterbild** stellt ein Mittel zur Vereinigung mit dem Göttlichen dar, wird im Allgemeinen jedoch nicht mit der Gottheit selbst identifiziert. Der Gott wohnt nur zeitweise im Inneren des Bildes.

Eine zeitweise Übereinstimmung von Abbild und göttlicher Anwesenheit kommt nur dann zustande, wenn das Götterbild zuvor durch komplizierte Rituale für die Verehrung vorbereitet und anschließend zeremoniell „eingeschreint" worden ist. Da nur die **Tempelpriester** dies zu tun vermögen, tragen sie zur segensreichen Verbindung mit dem Göttlichen bei. Von dieser Verbindung hängen Glück, Wohlergehen und Erfolg der Mitglieder der Gemeinschaft ab. Aus dieser entscheidenden Funktion der Tempelpriester erklärt sich deren jahrtausendealte gesellschaftliche Machtstellung.

Die vier täglichen Gottesdienste finden zum Sonnenaufgang, mittags, bei Sonnenuntergang und um Mitternacht statt. Die Zeremonien, *darshan* genannt, beginnen mit der ehrerbietigen **Öffnung der Tür des Sanktums,** welches das Bildnis der Gottheit beherbergt, und der Begrüßung der über die Tür wachenden Mächte. Die eigentliche Kulthandlung besteht im **„Erwecken" der Gottheit,** die man sich im nicht manifesten Zustand als schlafend vorstellt. Bevor die Gläubigen mit gefalteten Händen das Allerheiligste betreten, wird eine Glocke geschlagen, um alle unerwünschten Geister zu vertreiben und die Aufmerksamkeit des Gottes zu erlangen. Danach zitiert der Priester **Hymnen,** um die Gottheit dazu zu bewegen, ihrem Kultbild einzuwohnen und so sichtbare Gestalt anzunehmen. Durch verschiedene Wortformeln *(mantras),* heilige Silben *(bijas)* und symbolische Handhaltungen *(mudras)* versucht der Priester, in Kontakt mit dem Göttlichen zu treten.

Sind all diese Kulthandlungen vollführt, gilt es, die nun in das Kultbild „eingetretene" Gottheit für sich und seine Wünsche zu gewinnen. Dazu verwöhnt man das Kultbild, indem man es z.B. badet und danach mit wohlriechenden Ölen und Sandelholzpasten einreibt, neu einkleidet und mit Girlanden schmückt oder ihm Blumen darreicht. Schließlich muss auch für das leibliche Wohl gesorgt werden, wozu im Allgemeinen gekochte Speisen wie z.B. Reis vor dem Kultbild auf einer Opferschale

Dynastie aus Bijapur, der Marathen und der Briten ein. Die von mehreren Rundtürmen und rechtwinkligen Vorsprüngen unterbrochene Hauptmauer macht einen imposanten Eindruck. Im Inneren befindet sich eine Vielzahl von Höfen und Gebäuden, die zum größten Teil von Verwaltungseinrichtungen eingenommen werden. Das kleine **Archäologische Museum** (tgl. außer Fr 9–13 und 14–17 Uhr) im Westen des Forts zeigt zum Teil sehr interessante Skulpturen, die bis in die Zeit der Pallava-Dynastie zurückreichen.

Das beeindruckendste Gebäude innerhalb der Festungsanlage ist der ebenfalls im 16. Jh. unter der Vijayanagar-Herrschaft entstandene **Jalakanteshvara-Tempel** (geöffnet 7 bis 13 und 15 bis 20 Uhr). Mit seinen langgezogenen Gängen, diversen Schreinen für die verschiedenen Gottheiten und fein skulptierten Säulen mit sich auf ihren Hinterbeinen aufrichtenden Pferden weist er alle für die Vijayanagar-Periode typischen Stilelemente auf. Besonders gelungen ist die Hochzeitshalle. Im Sanktum steht ein Shiva-Lingam.

ausgelegt werden. Dadurch werden sie zu heiligen Speisen, die nach der Kulthandlung von den Gläubigen verzehrt werden. Anschließend wird das Bild, sofern es frei stehend ist, mehrmals umschritten. Dieses Umschreiten kommt einer „Vereinnahmung" gleich. Es hat immer im Uhrzeigersinn zu geschehen, weil dies dem Lauf der Gestirne entspricht, welcher wiederum als Abbild der göttlichen Ordnung verstanden wird, mit der jeder Gläubige im Einklang stehen sollte. Zuletzt wird die Tür wieder verschlossen, da man annimmt, dass die Gottheit nun wieder schläft, d.h. ihren nicht manifesten Zustand eingenommen hat.

Neben diesen ausschließlich im Tempel selbst von den Priestern durchgeführten Ritualen kommt gerade in Südindien den öffentlichen **Prozessionen** große Bedeutung zu. Diese Tempelfeste gehören zu den bedeutendsten Festen des Jahres und bringen alle Volksschichten zusammen, die sonst peinlich genau darauf achten, ihre Kulthandlungen - rituell rein - nur innerhalb der eigenen Familie und Kaste zu vollführen. Im Zentrum der Umzüge stehen die großen **Tempelwagen,** die als mobile, provisorische Tempel fungieren. Auf diesen *rathas* wird das Götterbild transportiert, um auch denjenigen gezeigt zu werden, die im Allgemeinen keinen Zugang zum Tempelinneren haben. Den Gläubigen bietet sich die Gelegenheit, der Gottheit auf ihrem Prozessionsweg Blumen, Früchte und andere Opfergaben darzubringen.

Stadtverkehr

- Die Strecke von den Hotels zum Fort und dem darin gelegenen Jalakanteshvara-Tempel ist problemlos zu Fuß zurückzulegen. Vom 5 km außerhalb gelegenen Bahnhof ins Zentrum fahren **Busse** (2 Rs), per **Motorriksha** sollte man nicht mehr als 50 Rs zahlen.

Unterkunft, Essen und Trinken

- Akzeptabel wohnt man in der **VDM Lodge** €-€€ (Bakkali St., Tel.: 2224008). Zahlt man etwas mehr und mietet sich in eines der AC-Zimmer ein, ist es sogar eine richtig gute Unterkunft. Nebenan bietet das gute **Shanti Sa-**

gar Restaurant vegetarische Küche, teils im Freiluftinnenhof.

- Die sauberen Zimmer des **Hotel Ashtapathi** €€ (Ida Scudder Rd., Tel.: 2224602) sind angenehm. Wegen der lauten Straße Zimmer nach hinten wählen. Ein vegtarisches Restaurant ist angeschlossen.
- Das **Hotel Prince Manor** €€ (Tel.: 2227106), 41-45 Kaptadi Rd., ist die beste Unterkunft im Stadtzentrum. Besonders die AC-Räume sind ihr Geld wert. Leider sind die 30 Zimmer häufig von Angehörigen der Patienten im benachbarten Krankenhaus belegt. Auch die beiden hauseigenen Restaurants sind sehr empfehlenswert. Im Erdgeschoss werden südindische Gerichte serviert. Schöner sitzt es sich auf der Dachterrasse, wo neben leckeren Fleischgerichten auch chinesische Küche auf der Speisekarte steht.
- Ein gutes Mittelklassehotel ist das etwa 1,5 km nördlich des Zentrums gelegene **Hotel River View** €€-€€€ (Tel.: 2225251) in der New Kaptadi Rd. Den „Flussblick“ kann man zwar vergessen, doch dafür wohnt man in einem gepflegten, ruhigen und professionell geführten Haus. Auch hier hat man die Wahl zwischen Non-AC und AC-Räumen sowie vier Restaurants: vegetarisch, nichtvegetarisch, chinesisch und continental.
- Am besten wohnt es sich in Vellore im **Darling Residency** €€€ (11/8 Officers Line, Tel.: 2213001, www.darlingresidency.com). Neben den sauberen, geräumigen Zimmern überzeugt das Haus durch sein Dachgartenrestaurant, welches eine große Auswahl einheimischer wie internationaler Gerichte serviert (40–80 Rs).
- Abgesehen von den genannten Hotelrestaurants bietet sich das **Chinatown** in der Gandhi Rd. an. Es bietet gute, weil authentische chinesische Küche zu Preisen zwischen 40 und 80 Rs für ein Hauptgericht.
- Mehrere weitere empfehlenswerte Restaurants finden sich in der Ida Sudder St., etwa das **Hotel Anand** mit vegetarischer Küche und AC-Bereich.

Bank, Internet

- Die **State Bank of India** in der Ida Sudder St. wechselt Bares. Ein **ATM** der Centurion Bank im Jayalakshmi Complex akzeptiert alle gängigen Kreditkarten bis auf Amex.
- Neben der State Bank of India kann für 25 Rs/Std. bei **Surf Zone** bis 22 Uhr gesurft werden.

Unterkunft
1 Hotel River View
2 Hotel Prince Manor
5 Hotel Ashtapathi
11 VDM Lodge
13 Darling Residency

Essen und Trinken
3 King's Restaurant
4 Restaurant New Kerala, Hotel Anand, Shimla Ice Cream
6 Hotel Vijaya
10 Chinatown
12 Shanti Sagar Restaurant

Verkehr
7 SETC Reservierungsbüro
8 Städt. Busbahnhof
9 PATC Reservierungsbüro

An- und Weiterreise

- **Bahn:** Mit Kaptadi Junction und Cantonment Station verfügt Vellore über zwei Bahnhöfe. Kaptadi, 5 km nördlich, ist der mit Abstand bedeutendere von beiden, weil er an der Hauptstrecke zwischen Chennai (2 Std.) und Bangalore (4½ Std.) liegt. Die Verbindungen vom 2 km südlich des Zentrums gelegenen Cantonment-Bahnhof sind sehr langsam, weil Schmalspur – Eisenbahnfreaks dürfte das jedoch eher anspornen als abschre-

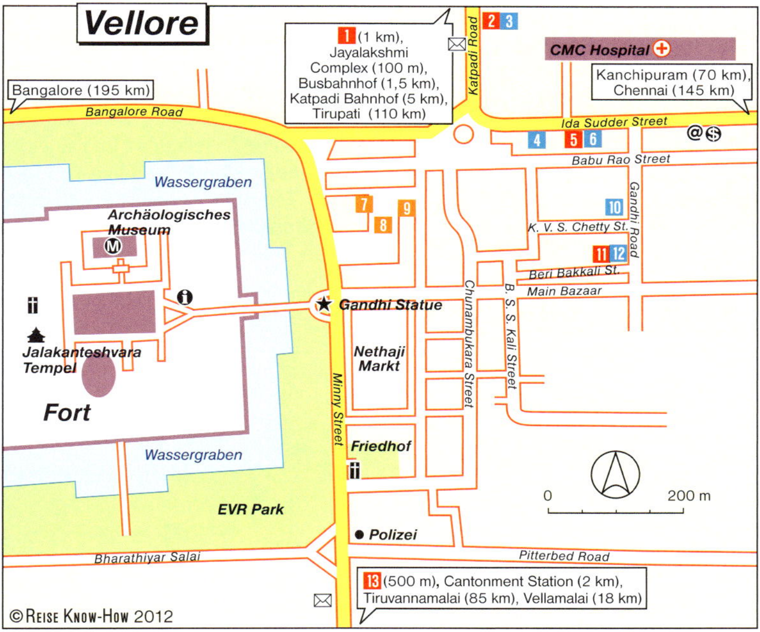

cken. Wer über genügend Zeit verfügt, kann von hier unter anderem nach Tiruvannamalai, Chidambaram, Thanjavur und Tiruchirapalli „bummeln". Wichtige Verbindungen (vom Bahnhof Kaptadi) stehen im Anhang.

● **Bus:** Vom Busbahnhof, 1,5 km nördlich des Zentrums, bieten sich hervorragende Verbindungen nach Bangalore (4½ Std., halbstündig), Chennai (3 Std., alle 10 Min.), Kanchipuram (2½ Std., viertelstündig), Tiruvannamalai (2 Std., alle 10 Min.) und Trichy (6 Std., 4 Busse tgl.). Verpasst man einen der morgens und abends nach Mysore fahrenden Direktbusse, sollte man zunächst bis Bangalore fahren und von dort weiter. Schnelle Busse von SETC z.B. nach Chennai, Tiruchirapalli (4 Std.) und Madurai (7 Std.) können im SETC-Büro vorgebucht werden.

Der besondere Tipp:

Tiruvannamalai

↗ XXI/C3

Einwohner: 130.000
Vorwahl: 04175

Die jahrtausendealte Verankerung in der hinduistischen Mythologie hat das südlich von Vellore gelegene Tiruvannamalai zu einer der bedeutendsten **Pilgerstädte** im Süden Indiens werden lassen. Im Mittelpunkt der Verehrung steht der gewaltige **Arunchaleshvara-Tempel.** Jedes Jahr strömen Tausende von Pilgern zu diesem Shiva und Parvati geweihten Heiligtum. Im Laufe der Jahrhunderte sind unzählige von kleineren Tempeln, Schreinen und **Ashrams** entstanden, in denen auch zahlreiche Westler leben. Neben dieser

den gesamten Ort prägenden spirituellen Atmosphäre und der landschaftlich äußerst reizvollen Lage am Fuß des besonders beim Sonnenuntergang rötlich schimmernden **Arunachala-Berges** trägt die touristische Unberührtheit abseits der üblichen Reiserouten dazu bei, dass Tiruvannamalai zu einem der interessantesten Reiseziele im Norden von Tamil Nadu zählt.

Wer meint, die Götter seien frei von Eifersucht, Neid und Größenwahn, irrt gewaltig. Die hinduistische Mythologie ist voll von Episoden, in denen die Hochgötter ihre Vorherrschaft gegenüber den anderen Angehörigen des hinduistschen Pantheon unter Beweis zu stellen versuchen. Eine dieser zum Teil recht amüsanten Geschichten soll sich in Tiruvannamalai zugetragen haben. Danach waren **Vishnu und Brahma** gerade in einen hitzigen Streit darüber vertieft, wer von ihnen der Bedeutendere sei, als direkt vor ihnen eine **Feuersäule** in Form eines *lingam* (das mit Shiva assoziierte Phallussymbol) erschien. Natürlich handelte es sich dabei um **Shiva,** der die beiden Streithähne aufforderte, das untere und obere Ende der Säule ausfindig zu machen. Während Brahma kapitulierte, versuchte Vishnu zu schwindeln, indem er einen imaginären Punkt nannte. Shiva überführte ihn, worauf sich sowohl Vishnu als auch Brahma zum Zeichen der Unterwerfung vor Shiva niederknieten und ihn damit beide als höchste Macht anerkannten.

Diese Geschichte ist natürlich symbolisch zu verstehen. Feuer ist sowohl das Zeichen der Zerstörung als auch Sinnbild für geistige Wiedergeburt und Erlösung von den Dämonen der Blindheit, die in diesem Falle von Vishnu und Brahma symbolisiert werden. Shiva soll seinen Anhängern versprochen haben, jedes Jahr einmal in Form einer Feuersäule zu erscheinen, um seinen Anhägern die Gefahren von Egoismus und Unwissenheit im wahrsten Sinne vor Augen zu führen. Diese shivaitische Form der Wiederauferstehung wird in der Neumondnacht im November/Dezember zum Ende des zehntägigen **Kartigai-Festes** zelebriert. Dazu wird am Abend des letzten Tages auf dem die Stadt überragenden Arunachala-Hügel ein großes, mit duftenden Kräutern versetztes Feuer angezündet. Hiermit sollen Shivas Sieg über die Unwissenheit und seine Oberherrschaft über alle anderen Götter versinnbildlicht werden.

Sehenswertes

Arunachala-Gipfel und Ashram

Der schönste Blick über Stadt und Umgebung bietet sich vom 800 m hohen Arunachala-Gipfel, an dessen Fuß Tiruvannamalai liegt. Allerdings sollten den sehr steilen, etwa zweistündigen Aufstieg zum erloschenen Vulkan nur konditionsstarke und „hitzebeständige“ Wanderer in Angriff nehmen (Trinkwasser mitnehmen!). Achtgeben sollte man auf die sehr aggressiven Affen. Wer den Weg nicht ohne Führung gehen will, kann bei dem etwa zwei Kilometer südwestlich des Zentrums gelegenen Sri Ramana Ashramam einen Guide anheuern.

Als Alternative zu dem zeitraubenden und kräftezehrenden Aufstieg bietet sich ein etwa 30-minütiger, beim Westeingang zum Arunchaleshvara-Tempel beginnender Spaziergang an, der zur **Virupaksha-Höhle** und zum **Skandashram** führt. Speziell von diesem Ashram aus bietet sich ein schöner Blick. Wer danach noch Interesse und Energie besitzt, kann den von diversen Schreinen flankierten Pilgerweg weiter Richtung Südwesten wandern, bis er zu dem auch von Westlern bewohnten **Sri Ramana Ashramam** (das Büro ist von 8 bis 11 und 14 bis 17 Uhr geöffnet) gelangt. Hier lebte und starb der berühmte Heilige *Sri Ramana Maharshi*. 20 Jahre seines Lebens verbrachte er in absoluter Isolation, meditierend in einer Höhle auf dem Arunachala. Von der Rückseite des Ashrams führt ein ausgewiesener Pilgerweg zu dieser Höhle. Während des ca. 30-minütigen Aufstiegs bieten sich immer wieder sehr schöne Aussichten auf Stadt und Umgebung. Eine weitere Möglichkeit ist die Umrundung des Berges. Diese etwa 14 km lange Strecke kann man mit einem Fahrrad von einer der dortigen Verleihstellen und mit einer im Ashram-Büro erhältlichen Landkarte in Angriff nehmen, oder man lässt sich per Riksha für ca. 150 Rs herumfahren.

Arunchaleshvara-Tempel

Nicht nur geografischer, sondern vor allem spiritueller Mittelpunkt der Stadt ist der riesige Arunchaleshvara-Tempel (6–13 und 17.30–22 Uhr). Mit einer Gesamtfläche von zehn Hektar gehört er zu den größten Tempelanlagen Indiens. Um das ursprünglich aus der Zeit der Cholas stammende Sanktum wurden im Laufe der Jahrhunderte von den verschiedenen Herrschern mehrere Mauerringe gebaut. Heute ist das Heiligtum ein klassisches Beispiel für eine südindische Tempelstadt. Je weiter man vom Zentrum durch die Innenhöfe, Hallen und Arkadengänge zur Peripherie geht, desto neuer sind die Bauten, auf die man trifft.

Der innerste Torturm, der sogenannte **Papageienturm** (Kili Gopuram), wurde im 11. Jh. von *Vira Rajendra Chola* in Auftrag gegeben. Die drei *gopurams* des zweiten Hofes ließ der Hoysala-König *Ballala III.* im 14. Jh. errichten. Die eindrucksvollste Einzelskulptur ist hier ein mächtiger **Nandi-Bulle,** der seinen Blick auf das Sanktum gerichtet hat.

Der Westturm ist eine Stiftung von *Krishnadeva Raya,* des großen Vijayanagar-Königs aus dem 16. Jh. Hier gefallen besonders die 108 **Tanzdarstellungen** des Natyashastra, die man in dieser Form sonst nur noch im Bradishvara-Tempel von Tanjore und in Chidambaram findet. Wie in so vielen anderen Tempeln des Südens gehören auch hier eine 1.000-Säulen-Halle und ein Tempelbecken zur Anlage. Ähnlich wie im Ekambareshvara-Tempel von Kanchipuram gibt es einen **heiligen Baum,** dem die Gläubigen, vor allem Frauen, magische Kräfte zusprechen.

Fotografieren ist nur im inneren Tempelbereich verboten, auf dem übrigen Tempelgelände erlaubt. Die Kamera muss nicht abgegeben werden.

Auf jeden Fall sollte man einen Spaziergang durch die sich südlich vom Arunchaleshvara-Tempel anschließenden **Marktgassen** unternehmen, am besten am Nachmittag oder Abend, wird hier doch ursprüngliches indisches Alltagslebens zelebriert.

Kartigai-Fest

Wer Ende November, Anfang Dezember in der Gegend ist, sollte sich auf keinen Fall das großartige Kartigai-Fest entgehen lassen. Die **Tempelwagen** mit ihren bunten, mehrstufigen Dächern werden dann durch die von Gläubigen gesäumten Straßen gezogenen. Den Rest des Jahres stehen sie an den Hauptzufahrtsstraßen zum Tempel. Neben den religiösen Zeremonien lohnt auch der im Rahmen der Festivitäten abgehaltene **Jahrmarkt** und ein zehntägiger **Viehmarkt** einen Besuch.

Praktische Tipps

Ashrams

- Der Ashram **Sri Ramana Ashramam** (Chengam Rd., Tel.: 237292, Bürozeiten 8–11 und 14–17 Uhr, ashram@ramanamaharshi.org, www.ramana-maharshi.org), knapp 2 km südlich des Ortes, verehrt die Lehren des *Guru Ramana Mahirshi,* der hier nach 50 Jahren der Kontemplation 1950 starb. Die Besucher des angenehm ruhigen Ashrams können auf dem Gelände meditieren, an *pujas* teilnehmen oder die Bibliothek benutzen. Wer hier sehr billig wohnen will, muss sein Interesse am Leben und Wirken des Guru durch ein Interview im Empfangsbüro unter Beweis stellen.
- Wenig südlich ist auch der **Sri Seshadri Swami Ashramam** (Chengam Rd., Tel.: 236999) eine bei Westlern wie Indern beliebte Institution. Die 60 teils klimatisierten Zimmer und Cottages für bis zu 4 Personen sind hier komfortabler und etwas teurer.
- Versteckt hinter den Gassen auf der anderen Straßenseite wird der **Yogi Ramsurath Kumar Ashram** (Tel.: 237567) in leicht futuristisch anmutender Architektur eher selten von Westlern besucht.

Unterkunft, Essen und Trinken

Die Auswahl ist nicht gerade berauschend, doch für ein bis zwei Nächte durchaus akzeptabel. Während des zehntägigen Kartigai-Festes, zu dem auch die Preise in die Höhe schnellen, kann es zu Problemen bei der Zimmersuche kommen. Auch um Vollmond herum kann es schwierig werden, eine Bleibe zu ergattern, da dann vornehmlich nachts Tempelfeste abgehalten werden.

- In der unmittelbar nördlich an der parallel zur Tempelmauer verlaufenden North Othavadai Rd. sind von mehreren Billigbleiben die **Swathi Sri Lodge** €-€€ (Tel.: (0)9442614126, die AC-Zimmer sind überteuert) und das **Hotel Arunachala** €-€€ (Tel.: 228300/400, www.hotelarunachala.com), die besten Billig-Optionen zum Nächtigen. Einige Zimmer mit AC und Blick auf den Tempel.
- Komfortabler ist die um einen Innenlichthof angelegte **Ganesh International Lodge** €-€€ (Tel.: 226701/2). Die sauberen und hellen Zimmer mit TV der durch einen Durchgang von der Hauptstraße zu erreichenden und damit ruhigen Herberge sind angenehm, auch der Service ist bemüht. Ebenfalls hier speist man im **Saravana Bhavan** hervorragende südindische vegetarische Gerichte für wenige Rupien.
- Das **Trishul Hotel** €€-€€€ (Tel.: 222219, (0)9444519227, www.trishulhotel.com) an der Kanakaraya Mudulai, knapp 1 km östlich des Haupteingangs zum Tempel, ist eines der besten der Stadt. Hier stimmt die Mischung aus sauberen, hübschen Zimmern (mit AC und kleinem Kühlschrank), freundlichem Personal, günstiger Lage, dem guten hauseige-

nen Restaurant (Buffet), der Third Eye Bar sowie Internetzugang.

● Von den zahlreichen vegetarischen Restaurants seien hier nur das **Udupi Hotel** und das **Sri Ganesh Bhavan** am Osteingang des Tempels erwähnt. Wie üblich bei vornehmlich von indischen Pilgern besuchten Gaststätten steht hier das hervorragende Essen in konträrem Verhältnis zur Gemütlichkeit. Es geht laut und hektisch zu, auch die Hygiene lässt zuweilen zu wünschen übrig. Aber das Essen ist lecker und preiswert, die Atmosphäre eben typisch indisch.

● Um die Ashrams im Süden des Ortes in den von der Hauptstraße abgehenden Gassen finden sich mehrere billige Unterkünfte und Homestays, z.B. der **Devine Light Homestay** € (Tel.: (0)9443214606) und die **Hill View Residency** € (Tel.: (0)9443885507). In derselben Ecke versorgt die tibetisch geleitete **German Bakery** mit köstlichem Gebäck, Müsli und anderer Backpackerkost, auch hier gibt's Zimmer.

● Bei Rucksacktouristen äußerst beliebt und deshalb meist belegt ist das freundliche **Arunchala Ramana Home** € (Chengam Rd., Tel.: 236120, (0)948722892, arhome_sathish @yahoo.com) gegenüber dem Sri Ramana Ashramam. Dasselbe gilt für die Institution **Manna Café** nebenan mit westlicher Küche nach Backpackergeschmack.

● Gegenüber dem Sri Seshadri Swami Ashram ist das zur Rückseite offene **Auro Usha Restaurant** höchst angenehm, um westliche und indische Gerichte erschwinglich und entspannt zu genießen.

● Ruhig in den Gassen gegenüber den Ashrams ist das **RK Pink House** €-€€ (Tel.: 237275, 236982) eine einfache und freundliche Unterkunft in grüner Lage.

● Etwa 1 km südwestlich der Ashrams ist das Halbrund des **Hotel Arunai Anantha** €€€ (Tel.: 237275, hotelarunaianantha@yahoo.co.in) eine ansprechende Mittelklassewahl. Die Deluxe-Zimmer sind den Aufpreis durch die Größe und bessere Ausstattung allemal wert. Auch das gute vegetarische Restaurant und der Pool in der gepflegten Gartenanlage sprechen für das Haus.

● Die mit Abstand beste Bleibe der Stadt ist das **Hotel Sparsa Resort** €€€€€ (Athiyanthal Rd., Chengam, Tel.: 236911, www.sparsaresorts.com), 4 km südlich des Zentrums. Die in eine Gartenanlage integrierten Bungalows mit Reetdach sind komfortabel, wenn auch recht dunkel. Der hauseigene Pool, ein gutes, aber recht teures vegetarisches Restaurant, Wellness- und Fitnessbereich sowie Motorroller zum Ausleihen sind weitere Vorzüge.

Information, Post, Internet

● Die informative **Broschüre „Bhagavan Ramana"** kann im kleinen Buchladen des Sri Raman Ashramam für 20 Rs erstanden werden.

● Die **Hauptpost** liegt an der Straße nach Gingee. Günstig für nahe den Ashrams Wohnende liegt die Filiale (9.30–15.30 Uhr) in der Manakola Vinoyakar St., die Gasse gegenüber dem Sri Ramanasram hinein, nicht weit von der Hauptstraße entfernt.

226is Foto: mb

Am Arunchaleshvara-Tempel

- Die schnellste **Internetverbindung** gibt's bei **sify-i-way** (bis 22 Uhr), die Quergasse davor hinein. Die Breitbandverbindungen sind sehr begehrt, sodass gelegentlich auf einen freien Platz gewartet werden muss. Hier kann für 3 Rs/Min. per Skype internet-telefoniert werden. Außerdem werden auch DVDs und CDs gebrannt (100/50 Rs inkl. Silberscheibe). Als Surfalternative bietet sich **Karthik Internet,** eine Gasse weiter. Hier gibt's auch einen **Fahrradverleih** (20 Rs/Tag). In der Stadt hat **Vazhikatte Internet** im Kabkr Complex die schnellste Surfmöglichkeit und das beste Equipment (15 Rs/Std., 9.30–23. Uhr).

Bank

- Die **State Bank of India** wechselt Bargeld und Reiseschecks. Südlich des Tempels geht's bei **Muthoot Finance** (Mo–Sa 9.30–16.30 Uhr, Kopie der Foto- und Visumsseite des Passes notwendig) ebenso schnell. Der **ATM** der SBI Bank nimmt wie der nicht weit entfernte der Canara Bank die meisten Kreditkarten. Die **Indian Bank** auf dem Zufahrtsplatz des Seshwari Swami Ashram wechselt ebenfalls Bargeld und Reiseschecks. Auch im Sri Ramana Ashram ist Geldwechsel möglich.

Medizinische Versorgung

- Die **Apollo Pharmacy,** ein paar Meter südlich vom Tempel, ist rund um die Uhr geöffnet.

An- und Weiterreise

- **Bahn:** Zurzeit passieren nur wenige Passenger-Züge den 2 km nördlich gelegenen Bahnhof. Diese verbinden mit Vellore und Villupuram. Von dort weitere Fernverbindungen, etwa nach Pondicherry, Trichy und Madurai.
- **Bus:** Zum 37 km östlich gelegenen Gingee fahren tgl. mehr als 20 Busse. Wer einen der 5 täglich fahrenden Direktbusse nach Pondicherry (3 Std., 33 Rs, über Tindivanam oder Villupuram), knapp 100 km südöstlich an der Küste, verpasst, kann zunächst zur Provinzstadt Tindivanam fahren und von dort weiter

225is Foto: mb

in knapp einer Stunde. Von und nach Chennai (4 Std., 65 Rs), Vellore (2½ Std., 25 Rs) und Kanchipuram mehrere Busse pro Stunde rund um die Uhr. Außerdem zwei Direktverbindungen nach Mamallapuram (3 Std.), 12 Verbindungen nach Chidambaram (die letzte um 23 Uhr), alle 2 Std. nach Tiurpati (zwischen 6.05 und 1.05 Uhr), viele Busse nach Tiruchirapalli (zwischen 5.20 und 20.30 Uhr, 5½ Std., 65 Rs), 4 Busse nach Kumbhakonam (6.45, 15.30, 20.30 und 0.15 Uhr). Ein Taxi nach Pondicherry kostet etwa 1.000 Rs.

Der besondere Tipp:

Gingee

↗ XXI/C3

Vorwahl: 04145

An Gingee (*Shingee* ausgesprochen) kommt niemand vorbei – und doch lässt sich hier kaum jemand blicken. Wer auf der landschaftlich schönen Strecke von Tiruvannamalai Richtung Küste fährt, kommt zwangsläufig durch diesen Ort.

Fort

Die Straße nach Pondicherry verläuft mitten durch das sich über drei Hügel erstreckende Fort. Zu einer Einheit verschmolzen wird die weitläufige Anlage durch eine über fünf Kilometer lange und an manchen Stellen bis zu 15 m dicke Mauer. Die inmitten von Reisfeldern und riesigen Granitfelsen aufragende Festung strahlt in ihrer weltabgeschiedenen Größe etwas Surreales aus. Verstärkt wird dieser Eindruck noch, wenn man sich auf eine Erkundung des menschenleeren, allenfalls von **Affenherden** und grasenden **Kühen** bewohnten Areals begibt. Für die Besichtigung der weit verstreut liegenden Paläste, Tempel, Moscheen sowie Elefanten- und Pferdeställe, die durch zum Teil überwucherte Wege miteinander verbunden sind, sollte man sich Zeit lassen.

Die meisten Gebäude der ursprünglich von den Vijayanagars im 16. Jh. errichteten Festung, die im Laufe der Jahrhunderte mehrfach von den Moguln, Marathen, Franzosen und Briten erobert wurde, sind nur noch als **Ruinen** erhalten. Dennoch vermittelt die vom Archaeological Survey of India schön restaurierte Parkanlage mit ihren angenehm duftenden Franjipani-Bäumen einen nachhaltigen Eindruck von der einstmaligen Bedeutung dieses Ortes. Neben dem hoch aufragenden **Kalyana Mahal,** in dem die offiziellen Empfänge und Feste abgehalten wurden, beeindrucken vor allem der Kornspeicher *(Granary)* und der Venkataramana-Tempel mit seinem hoch aufragenden Gopuram. Die beste Übersicht über die gesamte Anlage und die umgebende Landschaft erlangt man von der Spitze des 165 m hohen Rajagiri-Hügels.

- **Öffnungszeiten:** tgl. 9 bis 17 Uhr, Eintritt 100 Rs. Wegen der Weitläufigkeit des Areals sollte man sich schon gegen 16.30 Uhr in der Nähe des östlichen Haupttores aufhalten, da man sonst nicht rechtzeitig zurück ist und eingeschlossen wird – eine ganz eigene Art von Surrealität. Da es keinerlei Verpflegungsstände gibt, ist die Mitnahme von genügend Trinkwasser erforderlich; auch einen Hut gegen die unerbittliche Sonne sollte man dabei haben.

Unterkunft

- Dass Gingee nur sehr selten ausländische Touristen zu Gesicht bekommt, zeigt sich unter anderem daran, dass es kaum ein vernünftiges Hotel gibt. Das einzige einigermaßen empfehlenswerte ist das **Ana Hotel** €-€€ (Tel.: 04145-2222699) an der Tiruvannamalai NH Rd. mit teils klimatisierten und mit TV ausgestatteten Zimmern und einem guten Restaurant.

An- und Weiterreise

- Gingee liegt 37 km östlich von Tiruvannamalai und 70 km nordwestlich von Pondicherry. Alle **Busse** zwischen diesen beiden Städten halten hier. Wer von Tiruvannamalai (halbstüngige Verbindungen, 1 Std., 16 Rs) kommend beim 2 km außerhalb gelegenen Fort aussteigen will, sollte das dem Schaffner sagen. Ansonsten hält der Bus erst im Stadtzentrum, von wo man mit der Motorriksha (40 Rs) zur Festungsanlage gelangt.

Pondicherry (Puducherry)

↗ XXI/C3

Einwohner: 220.000
Vorwahl: 0413

Ein Hauch von Cote d'Azur und Savoir-vivre an der Ostküste Indiens – das klingt nicht nur ganz nett, sondern ist es auch. Allein der Anblick der Trikolore ruft einem die für indische Verhältnisse kurze **Episode französischer Vorherrschaft** in Erinnerung, die bis heute in Teilen der Stadt lebendig zu sein scheint. Mehr als 300 Jahre sind vergangen, seit die Franzosen im Februar 1673 in Pondicherry anlandeten, das 2006 in Puducherry umbenannt wurde.

Wie Ausgrabungen nur wenige Kilometer südlich in dem kleinen Dorf Arikamedu belegen, war die Region schon zu Zeiten der Römer ein wichtiger Umschlagplatz entlang der bedeutenden Schifffahrtsrouten. Neben den zu erwartenden finanziellen Anreizen spielte bei den ersten französischen „Gehversuchen" auf indischem Boden auch der politische Antrieb eine Rolle: Dem großen Widersacher England sollte etwas entgegengesetzt werden. Genau das wollten die Briten natürlich verhindern. Folge dieses Interessenkonflikts waren kriegerische Auseinandersetzungen zwischen den beiden Kolonialmächten, in deren Folge Pondicherry mehrfach zerstört wurde. Die Briten behielten schließlich in den sogenannten **Karnatischen Kriegen** Ende des 18. Jh. die Oberhand. Im Rahmen eines weitreichenden Vertrages überließen sie jedoch 1814 Pondicherry wieder den Franzosen.

In den folgenden 140 Jahren entstand an der Südostküste Indiens eine winzig kleine **französische Enklave.** 1954 wurde die Stadt zusammen mit den Enklaven Karaikal, 150 km südlich, Mahé in Kerala und Yanam in Andhra Pradesh zu dem **Unionsstaat Pondicherry** zusammengefasst und dem indischen Bundesstaat einverleibt. Mit den katholischen Kirchen, dem Hotel de Ville, einem Stadtpark, den französischen Straßennamen und der Uferpromenade vermittelt Pondicherry noch heute den Charme einer französischen Provinzstadt.

Was bleibt, ist das Erlebnis einer für indische Verhältnisse gepflegten, ge-

ordneten Stadt mit einem außergewöhnlich großen Angebot an exzellenten Restaurants und Hotels. Das gilt allerdings nur für das östliche, dem Meer zugewandte Viertel. Schon während der französischen Kolonialzeit markierte der heute unterirdisch verlaufende Kanal die Trennlinie zwischen der „weißen" und der „schwarzen" Stadt. Daran hat sich bis heute nicht viel geändert. Jenseits des stinkenden Abwasserkanals unterscheidet

Unterkunft
2 Anandha Inn
3 Hotel Surguru
5 Lotus Comfort Hotel
6 Surya Swastika
7 Hotel Jayaram
12 Patricia Guest House III
14 International Guest House
17 Sea Side Guest House
18 The Promenade
22 Hotel Mass
24 Hotel Yatri Niwas
33 Villa Helena
35 Ganga Guest House
36 Ram Guest House
37 Villa Pondicherry
38 Hotel l'Orient
42 Hotel de Pondicherry
43 Park Guest House

Essen und Trinken
1 Hot & Cold
4 Anugraha Restaurant
8 Saravannas
9 Aristo
16 Hot Bread
23 Arya Bhavan
25 Bar Qualité
26 Le Café
27 La Coromandale
29 Coffee.com
30 Pizza Hut
31 Santhé Restaurant
32 Space Coffee & Arts
34 Le Rendezvous
39 Ajantha Sea View
40 Satsanga
45 Seagulls Restaurant & Bar

Verkehr
13 Auro Travels
21 Busbahnhof

Einkaufen
10 La Boutique d'Auroville
11 Sri Aurobindo Buchladen
15 Higginbothams
19 Nilgiri Supermarkt
20 Focus Bookshop
28 kasha ki aasha
41 FabIndia
44 French Bookshop

sich Pondicherry mit seinen lauten, menschenüberfüllten und dreckigen Straßen in keinster Weise von anderen indischen Städten.

Da an den Stränden nördlich von Pondicherry immer mehr Guest Houses und Ferienanlagen (bisher noch keine Luxusunterkünfte) entstehen, ist dies allerdings ein sehr guter Ort, um wenigstens ein paar Tage **Strandurlaub** zu machen.

Sehenswertes

Der besondere Tipp: Uferpromenade

Die für Pondicherry so charakteristische Atmosphäre heiterer Gelassenheit lässt sich nirgends schöner erleben als zum **Sonnenuntergang** an der Promenade. Eis- und Souvenirverkäufer, Familien mit Kindern, Liebespärchen, Rentner und ein paar westliche Touristen, zusammen mit den Farben von Himmel und Meer und den Gerüchen der Garküchen vermengen sich zu einer ebenso friedlichen wie lebhaften Stimmung.

Ziemlich genau in der Mitte der heute offiziell Goubert Salai genannten, knapp zwei Kilometer langen Uferstraße steht auf der dem Meer zugewandten Seite eine **Statue von Mahatma Gandhi.** Gegenüber wurde **Jawaharlal Nehru,** Indiens erstem Ministerpräsidenten und langjährigem Weggefährten Gandhis, ein Denkmal errichtet. Die ursprünglich anstelle von Gandhi im Zentrum platzierte Statue des von 1742 bis 1754 in Pondicherry re-

Von hehren Idealen und ernüchternden Realitäten – der Sri Aurobindo Ashram

Hauptanziehungspunkt für Tausende von Westlern, die jedes Jahr nach Pondicherry pilgern, ist der Sri Aurobindo Ashram. Der **1926 gegründete** Ashram ist nicht nur das spirituelle, sondern auch das **ökonomische Zentrum** von Pondicherry. Neben Schulen, Krankenhäusern, Bibliotheken, Galerien und Läden gehören zu dem weit verzweigten Netz des Ashram auch Fabriken und Immobilien. Mit insgesamt über 400 Gebäuden ist er heute der mit Abstand größte Großgrundbesitzer der Stadt. Es ist mehr als zweifelhaft, ob diese Entwicklung zu einem umsatzstarken Wirtschaftsunternehmen im Sinne des Gründers *Sri Aurobindo* gewesen wäre.

Aurobindo (bengalisch für „Lotus") *Gosh* wurde am 15.8.1872 in Kalkutta als Kind reicher Eltern geboren. Einen Großteil seiner Kindheit verlebte er in England, wo er an der Cambridge-Universität sein Examen in Philosophie ablegte. Nachdem er 1893 nach Indien zurückgekehrt war, stand er über ein Jahrzehnt im Dienst des Maharaja von Baroda, für den er als Sekretär und Lehrer tätig war. Die Regenten von Baroda gehören in die erste Reihe jener im Westen kaum bekannten, aufklärerischem Gedankengut verschriebenen indischen Fürstenfamilien, die nicht durch Verschwendungssucht, sondern durch eine verantwortliche Politik in die Geschichte eingingen. Wenige Jahrzehnte später finanzierten sie die Ausbildung des Unberührbaren *Ambedkar*, der später zum Anführer der Dalits wurde und an der Ausarbeitung der indischen Verfassung maßgeblich beteiligt war.

Nachdem Aurobindo 1906 in seine Heimatstadt Kalkutta zurückgekehrt war, stieg er innerhalb kürzester Zeit zu einem der führenden Vertreter der indischen Unabhängigkeitsbewegung auf. 1908 ließen ihn die Briten inhaftieren. Um sich weiteren Zugriffen der Kolonialherren zu entziehen, setzte er sich nach seiner Freilassung ein Jahr später in das von den Franzosen verwaltete Pondicherry ab.

Hier verlagerte sich sein Interesse von der politischen Agitation zunehmend zu einer humanistisch-philosophischen Zielen verpflichteten Lehrtätigkeit. Neben zahlreichen Veröffentlichungen, in welchen er die Synthese indischer und abendländischer Ideen propagierte, widmete er sich der von ihm entwickelten **Lehre vom „Integralen Yoga"**. Ziel dieser Yogaschule ist es, das Bewusstsein über die Grenzen des Ichs und des Körpers zu erweitern und damit eine allgemeine **Vergeistigung des Einzelnen** und letztlich der gesamten Menschheit zu erlangen. Seine Lehre erlangte im Laufe der Jahre große Popularität.

Sri („der Ehrwürdige") *Aurobindo*, wie er von seinen Anhängern respektvoll genannt wurde, sammelte immer mehr Jünger um sich, zu denen sich auch viele Europäer gesellten. Unter den zahlreichen vor allem jungen Menschen, die sich auf den Weg nach Indien machten, befand sich auch die Französin *Mira Alfassa*. Innerhalb kürzester Zeit stieg sie zur rechten Hand Aurobindos auf und gründete 1926 mit ihm zusammen den Sri Aurobindo Ashram. In dem Maße, in dem sich der Meister aus der Öffentlichkeit zurückzog, übernahm sie die Leitung des immer bekannter – und reicher – werdenden Ashram. Nach seinem Tod am 5.12.1950 war sie, die von ihren Anhängern nur noch ehrfurchtsvoll „The Mother" genannt wurde, die allseits anerkannte Integrationsfigur. Auf ihre Initiative geht auch die Gründung von **Auroville** zurück, jener 1968 eingeweihten Modellstadt zehn Kilometer nördlich von Pondicherry, die der immer größer werdenden Bewegung ein „ideales" Zuhause geben sollte.

Der Tod Mira Alfassas 1973 im gesegneten Alter von 95 Jahren markiert den Beginn der bereits zuvor unter der Oberfläche schwelenden Konflikte innerhalb der Anhängerschaft sowie zwischen dem Ashram und der einheimischen Bevölkerung. Die harmonische Gemeinschaft idealistischer Menschen, deren erklärtes Ziel die geistig-spirituelle Vervollkommnung des Einzelnen und letztlich der gesamten Menschheit gewesen war, bot das erschreckende Bild zersplitterter Interessengruppen, die erbittert um Geld, Privilegien und Macht stritten. Nachdem die Auseinandersetzungen sogar gewalttätige Formen angenommen hatten, schritt das Oberste Gericht ein und erließ 1982 den sogenannten „Auroville Act". Seitdem versucht ein siebenköpfiger Rat, dem Vertreter der verschiedenen Interessengruppen angehören, Ordnung in das kaum noch zu durchschauende Netz aus wirtschaftlichen, kulturellen und spirituellen Interessen und Notwendigkeiten zu bringen. Wie erfolgreich dieses diffizile Unterfangen letztlich auch sein mag, eins steht heute schon fest: Der idealistische Geist von Sri Aurobindo und Mira Alfassa ist endgültig verflogen, das hehre Ziel einer auf Harmonie, gegenseitiger Achtung und spiritueller Vervollkommnung gegründeten Gemeinschaft gescheitert.

gierenden französischen Gouverneurs *Dupleix* wurde im Rahmen einer „antikolonialen Umräumaktion" auf einen weniger repräsentativen Platz weiter südlich versetzt.

Eines der schönsten architektonischen Relikte der französischen Kolonialzeit an dieser Schokoladenseite von Pondicherry ist das **Hotel de Ville.** Die Räume des ehemaligen Rathauses werden heute von der Kommunalverwaltung und der Indian Overseas Bank genutzt.

Government Park

Etwas zurückversetzt von der Uferpromenade auf gleicher Höhe wie die Gandhi-Statue wurde von den Franzosen der Government Park angelegt. Diese hübsche Grünanlage mit alten Bäumen, Springbrunnen, Pavillons und Skulpturen wird von Einheimischen wie Touristen gern als Ruheplätzchen und zum Plausch genutzt. Eigentlich fehlt nur noch ein Gruppe von Boule-Spielern, um sich in einem südfranzösischen Provinzstädtchen zu wähnen. Auch die ehemalige Residenz des Gouverneurs von Französisch-Indien, der **Raj Niwas,** und der alte **Leuchtturm** an der Nordseite des Government Park sind schöne architektonische Relikte der französischen Epoche.

Puducherry Museum

Das Puducherry Museum, nur wenige Meter östlich des Raj Niwas in der St. Louis Street, bietet eine herrlich skurrile Mischung scheinbar willkürlich zusammengesuchter Objekte. Zu sehen sind unter anderem archäologische Funde aus dem Nachbarort Arikamedu, Skulpturen der Shola- und Pallava-Dynastien, Gemälde, Möbelstücke (das Bett, in dem *Dupleix,* der berühmteste Gouverneur Pondicherrys, zu nächtigen pflegte) und eine Waffensammlung. Wer das nicht gesehen hat, hat Indien nicht gesehen.

• **Öffnungszeiten:** tgl. außer Mo von 10 bis 13 und 14 bis 17 Uhr.

Katholische Kirche und Botanischer Garten

Von den zahlreichen katholischen Kirchen ist die **Sacred Heart of Jesus** eine der schönsten. Das Gotteshaus im Süden der Stadt ganz in der Nähe des Bahnhofs wurde Anfang des 19. Jh. auf Initiative französischer Missionare errichtet.

Einen Besuch lohnt auch der 1826 von den Franzosen angelegte Botanische Garten, knapp einen Kilometer entlang der Subbaiyah Salai Richtung Nordwesten.

Grand Bazaar

Wunderbar umherstreifen und natürlich auch einkaufen lässt sich's auf dem quirligen **Markt** südlich der Nehru Rd. zwischen MG Rd. und Bharati St. mit Ständen aller Art (Obst und Gemüse, Fischmarkt, Schneider etc.). Besonders in der heißen Mittagszeit, aber auch gegen Abend empfehlenswert. Am Wochenende schlagen die Händler ihre Stände abends im südlichen Teil der MG Rd. und der Nehru Rd. auf und sorgen für geschäftiges Treiben.

Sri Aurobindo Ashram

Der Sri Aurobindo Ashram in der Rue de la Marine kann auch von Nichtmitgliedern besucht werden. Mittelpunkt der gepflegten Anlage ist der stets von Blumen bedeckte *samadhi* (Begräbnisstätte) von *Sri Aurobindo,* dem Begründer des Ashram, und *Mira Alfassa,* seiner engsten Vertrauten. Im Hauptgebäude kann der – allerdings wenig beeindruckende – Aufenthaltsraum des Ashram-Begründers besichtigt werden.

Wer sich näher mit der von Sri Aurobindo entwickelten Lehre des **„Integralen Yoga"** und weiteren Themen im Zusammenhang mit dem Ashram befassen möchte, sollte den angeschlossenen **Buchladen** aufsuchen, in dem es umfangreiche Literatur zu kaufen gibt.

• **Öffnungszeiten:** Der Ashram ist tgl. von 8 bis 12 und 14 bis 18 Uhr geöffnet. Fotografieren verboten.

Sri Aurobindo Handmade Paper Fabric

Ein Abstecher zur Papierfabrik im Norden der Innenstadt lohnt sich, wird doch die Herstellung von **handgeschöpftem Papier** aus verschiedenen Grundprodukten wie Wolle, Reis, Bananenholz oder Stroh vorgeführt. Die Produkte können dort erstanden werden.

• **Öffnungszeiten:** Mo–Sa 8.30–12 und 13.30–17 Uhr, der Eintritt ist frei.

Praktische Tipps

Information

- **Puducherry Tourist Office** (Tel.: 2226744, 2339497, www.tourism.puducherry.gov.in) in der Goubert Salai liegt „verbraucherfreundlich" in der Mitte der Uferpromenade und ist tgl. von 9 bis 17 Uhr geöffnet. Bei den freundlichen Bediensteten ist u.a. ein Stadtplan erhältlich.

Stadtverkehr

- Das „pottebene" Pondicherry mit seinen schachbrettartig angelegten Straßen und dem, zumindest im Ostteil, ruhigen Verkehr ist eine für indische Verhältnisse fahrradfreundliche Stadt. Viele Hotels und diverse Geschäfte verleihen **Fahrräder** zum Preis von 20–30 Rs pro Tag. Dies ist auch eine gute Möglichkeit, das 10 km nördlich gelegene Auroville im Rahmen eines Tagesausflugs zu besuchen.
- **Motor- und Fahrradrikshas** sind zahlreich vorhanden. Vom Busbahnhof zur Strandpromenade sollte man nicht mehr als 20–30 Rs zahlen. Leider verlangen viele Motorriksha-Fahrer weit überzogene Preise vom „reichen Westler".
- Besonders für Touristen, die längere Zeit in Pondicherry leben, sind **Mietmotorräder** das ideale Fortbewegungsmittel zwischen Pondicherry und den Stränden oder Auroville. Mit ca. 100 Rs pro Tag sind sie auch sehr billig, allerdings müssen eine Kaution und der Pass als Sicherheit hinterlegt werden (z.B. bei Shri Durga Pharameshwari Cycle Store, Tel.: 2334101, Mission St., nördlich der Nehru Rd., und anderen in der unmittelbaren Umgebung). Auch kleinere fahrbare Untersätze wie **Mofas, Mopeds** und **Motorroller** (50–80 Rs) werden angeboten. Mietet man ein solches Fahrzeug außerhalb von Pondicherry um die Strandunterkünfte, wird's wegen der großen Konkurrenz dort noch billiger.

Stadtrundfahrt

- Die halbtägige, vom **Tourist Office** organisierte Stadtrundfahrt (Mindestteilnehmerzahl 6 Personen) zum Preis von 100 Rs (Abf.: 13.30 Uhr) beinhaltet den Sri Aurobindo Ashram, den Chunnambar-Wasservergnügungspark und einen kurzen Abstecher nach Auroville. Ganztägige Ausflüge außerdem zur Sri-Aurobindo-Papierwerkstatt, zum Puducherry Museum, zum Botanischen Garten sowie einem Tempel (200 Rs, 9–18 Uhr). Start ist am Tourist Office in der Goubert Street.

Unterkunft

Wer sich über Unterkunftsmöglichkeiten des Sri Aurobindo Ashram umfassend informieren möchte, wende sich an das Sri Aurobindo Information Centre (Rangpillai, Ecke Ambour Salai, Tel.: 2339646/8, bureaucentral@sriaurobindoashram.org, tgl. 6–20 Uhr) und sei auf die Adressen und Websites im Unterkunftsabschnitt Auroville hingewiesen. Hier werden nur einige Hotels bzw. Guest Houses erwähnt.

Untere Preiskategorie:

- Von ganz billig bis etwas mehr, je nach Größe, gibt's Zimmer im **International Guest House** €-€€ (Tel.: 2336699, Gingee St.) unter Ashram-Leitung, die einfach, aber sauber sind. Auch ein Dachgarten steht zur Verfügung. Einengend sind die von den Besuchern einzuhaltenden Regeln. Falls möglich im teureren Neubau (zum Teil mit AC) buchen.
- Kleine, einfache, saubere Zimmer, wenige mit AC, teilweise mit Gemeinschaftsbad, sind zwar spartanisch ausgestattet, jedoch sauber und damit eine sehr gute Billigwahl im **Surya Swastika** € (Tel.: 2343092, suryaswastik@sify.com) in der Eswaran Koil St.
- Die AC- und Non-AC-Zimmer sind im unter Sri-Aurobindo-Leitung stehenden **Park Guest House** €-€€€ (Tel.: 2334412, 2344412, parkgh@sriaurobindoashram.org) in der Goubert St.) am Südende der Strandpromenade fürs Gebotene recht teuer (natürlich sind Zimmer mit Balkon und Seeblick vorzuziehen). Es wird größter Wert auf Ruhe und Ordnung gelegt (22.30 Uhr ist Zapfenstreich, rauchen und Alkohol sind verboten). Man bevorzugt Gäste, die nicht nur auf der Durchgangsreise sind, sondern mehrere Ta-

ge oder sogar länger im Ashram bleiben und arbeiten. Wenn jedoch ein Zimmer frei ist – und das ist meistens der Fall – nimmt man auch „Normalsterbliche" auf. Ein gutes vegetarisches Restaurant ist angeschlossen.

•Paralell zur MG Road in der ruhigen Bharati Street überzeugt im familiären **Ganga Guest House** €€ (Tel.: 2222675, www.gangaguest.com) zunächst die wunderbar gelassene Ausstrahlung der Gastgeber. Einige der acht einfachen, aber gemütlichen Zimmer mit altem Mobiliar dieses alten Hauses aus kolonialer Zeit verfügen über einen Balkon.

•Viel Kolonialatmosphäre verströmt **Villa Pondicherry** €€ (Tel.: 2356253, www.pondy.org) in der 23 Dr. Ambedkar Salai südlich vom Bahnhof. Der freundliche Service ist ein weiteres Plus dieses charmanten, leicht angegrauten Hauses, das nur 5 hübsch dekorierte Zimmer vermietet.

Mittlere Preiskategorie:

•Sehr elegant wirkt das hervorragende **Sea Side Guest House** €€€ (Tel.: 2336494, 2221825, seaside@sriaurobindosociety.org.in, Goubert Ave.) direkt an der Strandpromenade unter Sri-Aurobindo-Leitung. Leider sind die 25 teilweise klimatisierten Zimmer häufig lange im Voraus ausgebucht. Essen muss sechs Stunden vorher bestellt werden.

•Das **Ram Guest House** €€-€€€€ (MG Rd., Tel.: 2220072, ramguest@hotmail.com) mit Lichthof, begrünter Dachterrasse und Küche vermietet saubere und hübsch möblierte AC- und Non-AC-Zimmer, die meisten mit Fernseher. Die Zimmer mit Fenster zum Innenhof sollte man meiden, da dunkel, recht laut und überteuert.

•Makellos saubere und geräumige Zimmer sind die Markenzeichen des neuen **Lotus Comfort Hotel** €€€€ (Patel Rd., Tel.: 2229777, www.lotuscomforthotel.com) im nördlichen Stadtbereich nahe der Papierfabrik. Im modernen Haus überzeugt auch das Multi-Cuisine-Restaurant, außerdem WLAN-Verbindung in den Zimmern.

•Eine erstaunlich preisgünstige Herberge ist das **Hotel de Pondicherry** €€€€ (Rue Dumas, Tel.: 2227409) mit Gartenrestaurant. Der baumbestandene Garten mit vielen Pflanzen bildet den Ruhepol des Kolonialhauses, die teureren der entsprechend eingerichteten Zimmer sind wesentlich größer.

•In der wundervollen **Villa Helena** €€€€ (13 Lal Bahadur Shastri Rd., Tel.: 2226789, (0)9843069443, villahelena@satyam.net.in), einer eleganten Kolonialvilla mit hohen Stützsäulen, herrscht eine völlig gelassene Atmosphäre. Das Schmuckkästchen vermietet vier herrliche Riesenzimmer mit zeitentsprechendem Mobiliar und Dekor im Haupthaus und sechs weitere im Nebentrakt. Wie das gut, aber nicht übertrieben in Schuss gehaltene Haus sind auch der leicht verwilderte Garten und die Terrassen Oasen der Ruhe. Die Preise dieser wohl schönsten Herberge in Pondicherry sind sehr moderat, zumal das Frühstück schon enthalten ist. Also geht ohne Reservierung nichts. Nur ein kleines Schild weist auf das Haus beim Restaurant Rendezvous hin.

•Direkt neben dem Busbahnhof findet man mit dem zentral klimatisierten **Hotel Mass** €€€€-€€€€€ (Tel.: 4207001, www.hotelmass.com, Maraimalai Adigal Salai) das glatte Gegenteil, ein gutes Business-Hotel mit einer Vielzahl unterschiedlicher Zimmer, hübsch mit hellen Holzmöbeln und Marmorboden eingerichtet. Zwei Restaurants, eines auf dem Dach, und eine Bar sind vorhanden.

Obere Preiskategorie:

•Wohl das schönste Haus am Platz im oberen Preissegment ist das Kolonialgebäude des **Hotel l'Orient** €€€€-€€€€€ (Tel.: 2343067/8, orient1804@satyam.net.in, Rue Romain Rolland). Jedes der individuell mit antiken Möbeln eingerichteten Zimmer, das Badezimmer jeweils durch einen Paravent abgetrennt, ist auf eigene Weise attraktiv. Auch das Restaurant im Innenhof und die Dachterrasse sind sehr einladend.

•Moderne, dennoch wohnliche Architektur zeichnet **The Promenade** €€€€€- €€€€€€ (Tel.: 2227750, promenade@sarovarhotels.com, www.sarovarhotels.com) an der Strandpromenade aus. Viel Glas macht den Aufenthalt luftig, die Zimmer mit Balkon zur Promenade sind natürlich vorzuziehen. Im eher kleinen Pool sind nur kurze Runden möglich. Im vielseitigen Restaurant wird neben Buffets (Frühstück und Abendessen 300–350 Rs) auch à la Carte serviert.

Die folgenden **Strandunterkünfte** liegen nördlich von Pondicherry auf dem Weg nach Auroville. Die meisten befinden sich um das Dorf mit dem wunderbaren Namen Periyamudhalaliyar Chamuda bei der Abzweigung nach Auroville. Viele dieser Unterkünfte sind durch den Tsunami 2004 getroffen und beschädigt worden. Zurzeit entstehen mehrere komfortablere Bleiben.

- Mit 2½ km Entfernung nördlich von Pondicherry ist das von Sri Aurobindo gemanagte **The Quiet Healing Center** €€€€-€€€€€ (Tel.: 2622329, 2622646, www.quiethealingcenter.org) direkt am Strand die der Stadt nächste Unterkunft. Über einen etwa 300 m langen Zufahrtsweg von der Hauptstraße im Dorf Chinnamudaliyar Chavady zu erreichen, wird hier eine Vielzahl von Anwendungen verabreicht: Akupunktur, homöopatische Behandlung, diverse Massageangebote, Yoga, Physiotherapie, eben ein Healing Centre. Die Bungalows der Anlage sind komfortabel, das palmenbestandene Gelände mit Hängematten lädt zum Relaxen ein.
- Die Hippie-Atmosphäre widerspricht den Wachen am Eingangstor und Verbotsschildern am Strand im vom Sri Aurobindo geleiteten **Repos Resort** €-€€ (Tel.: 2905738), ca. 300 m die kleine Seitenstraße gegenüber der Abzweigung nach Auroville hinein (in deren Nähe viele weitere der folgenden Unterkünfte liegen). Einfache Unterkünfte mit Gemeinschaftsbad auf baumbestandenem Areal direkt am Meer und ein beliebtes Strandrestaurant. Außerdem komfortablere Zimmer im Haupthaus. Natürlich werden Auroville-Besucher den Normaltouristen vorgezogen.
- Ganz in der Nähe ist das **Muthu Guest House** €-€€€ (Tel.: (0)9443460367) eine gute Alternative. Neben einigen einfachen Zimmer im grünen Garten, teils mit Gemeinschaftsbad, gibt's im vorgelagerten fünfstöckigen Neubau saubere, helle Zimmer, manche klimatisiert, mit Terrasse auf der einen Seite und Balkon auf der Meeresseite zu erstaunlich kleinem Tarif. Hier gilt: je höher, je besser. Ein kleines Restaurant im Garten rundet den guten Eindruck ab.
- Stellvertretend für weitere einfache Unterkünfte südlich des Repos sei das in die Familie und ins Dorfleben eingebundene **Nirwana Guest House** €-€€ (Tel.: (0)9786989357) genannt, wo recht große und billige, mit Moskitonetz und Ventilator ausgestattete Stelzenhütten im Garten angeboten werden. Die einfachen Zimmer im Haupthaus sind etwas teurer.
- Eine schöne, weiträumige Anlage mit vielseitigem Angebot von einfachen, aber auch großen Bambushäusern über kleine Steinhäuser bis hin zu neuen, mit etwas Luxus ausgestatteten Zimmern mit Bad, Balkon und Meerblick ist das **Gokulam Guest House** €-€€€ (Tel.: 0413-6537661, (0)9345400600, gokulamguesthouse@yahoo.com), auf jeden Fall empfehlenswert, aber auch oft ausgebucht.
- Das **Simplicity** € (Tel.: 2655718), etwas nördlicher beim Dorf Pommayapalayam, bietet, was der Name verspricht: drei einfache Zimmer für wenig Geld. Die abgeschiedene Unterkunft mit leicht provisorischem Charakter ist ebenfalls über einen 300 m langen Zufahrtsweg von der Hauptstraße zu erreichen.
- Wen die Lage 12 km nördlich von Pondicherry an der alten Küstenstraße Richtung Mamallapuram nicht stört, der sollte das **Ashok Beach Resort** €€€€€-€€€€€€ (East Coast Rd., Kalapet Beach, Tel.: 2655160-2, www.ashokresort.com) in Betracht ziehen. Dabei handelt es sich um eine hübsche portugiesische Villa im großen Garten mit 20 stilvollen Zimmern und Cottages (alle mit AC) am Kalapet Beach.

Essen und Trinken

Freunde europäischer Küche müssen sich in Pondicherry wie in einem Eldorado fühlen. Kaum eine andere Stadt Indiens bietet eine derart große Auswahl an Lokalen, die qualitativ hochwertige, westliche Küche servieren. Verfeinert wird der kulinarische Hochgenuss noch durch das häufig sehr geschmackvolle Ambiente in hübscher Lage. All das, wonach man sich lange gesehnt hat, darf man hier genießen: knackige Salate, dunkles Brot, französische Gerichte, Pizza und Pasta, edle Weine. Was gibt es Schöneres, als bei erstklassigem Kuchen und Cappuccino die Meeresbrise in einem Café in Strandnähe zu genießen? Natürlich kommen auch Freunde von Seafood voll auf ihre Kosten. Die Preise liegen über dem Landesdurchschnitt, halten sich allerdings für das Gebotene immer noch in erträglichen Grenzen. Bier ist, weil die Steuern hier niedrig sind, dennoch nur in den wenig oder gar nicht von Touristen frequentierten Bars ausgesprochen billig (die meisten im nördlichen Bereich von Anna Salai, etwa The Nile in ägyptischem Stil (ab 19 Uhr, Nichtraucher) oder The Royal (auch für Raucher), ein Stockwerk tiefer). Ansonsten zahlt man normale bis hohe Preise etwa für ein Kingfisher (60–100 Rs).

- Eine angenehme Mischung aus einer großen Speisenauswahl, kleinen Preisen und schönem Ambiente macht das **Seagulls Restaurant and Bar** am Strand, nur wenige Meter südlich des Park Guest House, zu einer der populärsten Adressen in Pondicherry. Man kann zwischen indischer, chinesischer, italienischer sowie vegetarischer und nichtvegetarischer Küche wählen. Die Qualität der Gerichte ist recht gut, ohne voll zu überzeugen. Dafür entschädigt der schöne Ausblick von der Dachterrasse aufs Meer.
- Das geschmackvoll eingerichtete **Le Rendezvous** (Ecke Lal Bahadur Shastri St./Rue Suffren, Tel.: 2339132, tgl. 9.30–15.30 und 18–22 Uhr) hat ausgezeichnete Seafood, Tandoori-Gerichte, französische Küche und Pizza sowie Weine. Nicht zu verachten ist auch ein morgendliches Frühstück auf der Dachterrasse. Hauptgericht 150–250 Rs.
- Das **Satsanga** (Rue Labourdonnais) etwas südlich gehört zu den kulinarischen Top-Adressen von Pondicherry. Das höchst angenehme Freiluftrestaurant im Innenhof einer Kolonialvilla gilt als eine der besten französischen Speisestätten der Stadt, serviert jedoch auch italienische und einheimische Speisen. Die Hauptgerichte liegen zwischen 200 und 250 Rs, für eines der Tagesgerichte mit Vor- und Nachspeise sollte man mit etwa 300 Rs rechnen. Französische Weine um 1.000 Rs pro Flasche. Ein weiteres Plus ist das stilvolle Ambiente der alten Villa, zu der auch eine Kunstgalerie gehört. Manchmal ist nur schwer ein Platz zu bekommen.
- Neben französischer Küche serviert das **Santhé Restaurant** chinesisches und indisches Essen sowie Fast Food und Meeresköstlichkeiten zu etwas gehobenen Preisen.
- Das **La Coromandale** an der Strandpromenade schräg gegenüber der Gandhi-Statue serviert indische Imbisse, Säfte und Eis für ganz wenige Rupien.
- Gegenüber am Wasser ist das Schnellrestaurant **Le Café** ein guter Platz für Sandwiches, Pizza, Quiche oder Kaffee und Kuchen. Angenehm auch die Sitzgelegenheiten auf der Rasenfläche unter Sonnenschirmen.
- **Aristo** in der Nehru Rd. hat ein einfaches und billigeres Restaurant im Erdgeschoss sowie ein schöneres auf dem Dach, auch für Nichtvegetarierer, mit allerlei Pflanzen und Vögeln in Käfigen.
- Nahe dem Aristo isst man im Restaurant der **Saravannas-Kette** wie immer vegetarisch gut, hier allerdings aussichtslos.
- Vorzüglichen Kaffee, Cappuccino, Croissants, Teigwaren und auch Pizza und Burger gibt es im **Hot Bread,** einem hübschen, kleinen Café an der Ambour Salai.
- Zu einer Seite offen, ist das kleine **Space Coffee & Arts** der richtige Ort für Snacks, Säfte, Kaffee oder Bier. In der ab 18 Uhr geöffneten Oase werden Gemälde ausgestellt und gelegentlich, üblicherweise Samstagabend, klassische indische Konzerte gegeben.
- Neben Kleidung und Accessoires (siehe Shopping) gibt's bei **kasha ki aasha** (Rue Suffren, Mo–Sa 8–19 Uhr) in den oberen Stockwerken auch erstklassiges Frühstück, gute indische Küche sowie leckeren Kuchen und Tee aus organischem Anbau, was sowohl auf gemütlichen Stühlen als auch oben auf der Dachterrasse genossen werden kann.
- Pizzafans kommen bei **Pizza Hut** in der Lal Bahadur Shastri Street zu ihrem Recht.
- **Ramanas** (Nehru-, Ecke Gingee St.) bietet Fast Food auf indische Art sowie Fruchtsäfte und Shakes.
- Ebenfalls ein schöner Ort, um bei einem Bier und kleineren Gerichten in der gemütlichen Atmosphäre eines alten Stadthauses das Leben an sich vorbei ziehen zu lassen, ist

die **Bar Qualité** gleich südlich des Government Place.

- Vom Dachrestaurant des **Ajantha Sea View** (ab 19 Uhr geöffnet) mit vielseitiger Küche (um 250 Rs pro Hauptgericht) und langer Alkoholkarte lockt der herrliche Blick übers Meer.
- Wer auf ein gepflegtes Ambiente Wert legt, ist im **Anugraha** am falschen Ort. Dafür ist das Restaurant im Erdgeschoss des Surguru Hotel die beste Adresse für preiswerte südindische Küche. Die meisten Hauptgerichte kosten zwischen 30 und 40 Rs.
- Wer sich vor oder nach einer Busfahrt stärken will, ist im 50 m östlich des Busbahnhofs nahe dem Hotel Mass gelegenen vegetarischen **Arya Bhavan** bestens versorgt.

Bank

- Effizient werden bei **UAE Exchange** (Nehru Rd., 1. Stock, Mo–Sa 9.30–18 Uhr, Mittagspause 13.30–14 Uhr, So 9.30–13.30 Uhr) Bares und Reiseschecks zu meist guten Raten zu Rupien gemacht.
- Die Raten von **Thomas Cook** (Rue Labourdonnais, Tel.: 2226136, Mo-Sa 9.30–18.30 Uhr) im Süden der Innenstadt sind üblicherweise etwas schlechter, in der Nähe bieten **Money Shoppe Network** (Romain Rolland St.) und **Weizman Forex** die Möglichkeit, die Wechselraten zu vergleichen bzw. runterzuhandeln. Bei den beiden erstgenannten ist *Moneygram,* schneller Geldtransfer aus dem Ausland, möglich.
- Viele **ATMs** im Innenstadtbereich, etwa von der ICICI-Bank oder UTI, freuen sich über die meisten international üblichen Kreditkarten.

Nützliche Adressen

- Die **Hauptpost** in der Ranga Pillai St. ist Mo–Sa von 9 bis 19, So 10 bis 17 Uhr geöffnet. Das Postamt nahe dem Sri Aurobindo Ashram ist Mo–Sa 8.30–16.30 Uhr geöffnet.
- Das **New Medical Centre** im südlichen Teil der MG Rd. macht einen guten und sauberen Eindruck (Tel.: 2343434, 2228995). Die **Nallam Clinic** (Eswaran Koil St., Tel.: 2338100, 2335463) akzeptiert internationale Reisekrankenversicherungen.
- In der 136 Lal Bahadur Shastri Rd. hat eine Filiale der **Apollo Pharmacy** rund um die Uhr geöffnet. Dasselbe gilt für die Apotheke des **East Coast Hospital** in der Thiruvalluvar St. (Tel.: 2244587).
- Das Hauptbüro der **Polizei** am Grand Bazaar (Tel.: 2338876) hat für Frauen eine spezielle Telefonnummer: 2336178.
- Wegen der vielen westlichen Langzeitgäste des Ashram verfügt Pondicherry über eine Vielzahl von **Internetcafés** mit einem durchschnittlichen Stundenpreis von 25 Rs. Mehrere Filialen von sify-i-way (Lal Bahadur St., bis 24 Uhr, sowie Nehru St., das rund um die Uhr geöffnet ist) haben schnelle Breitbandverbindungen, mit denen auch Net-To-Phone möglich ist. Das kann auch bei Grace Communications bei UAE Exchange (Nehru Rd.) praktiziert werden. Edles Surfen inmitten von dunklem Holz geht im erstklassig ausgestatteten Coffee.Com (Mission St., bis 1 Uhr), wo man zudem italienische Küche, Baguettes, Kuchen und Salate kredenzt.

Shopping

Pondicherry ist ein idealer Ort zum Einkaufen. In den Läden in und um die Nehru Rd. wird fast alles angeboten. Sonntags sind die meisten Läden geschlossen, dann wird zur Abenddämmerung die MG Rd. zur quirligen Einkaufsmeile.

- Auf dem **Grand Bazaar** kann man sich z.B. mit neuer, maßgeschneiderter Kleidung eindecken.
- **FabIndia** (tgl. 9.30–19.30 Uhr, Tel.: 2226010) in der Rue Suffren verkauft erstklassige Stoffe, kleinere Möbelstücke und Einrichtungsgegenstände in gekonnter Mischung aus modernem Design und traditioneller Herstellungsweise. Die Produkte sind von Handwerkern der Region produziert, die einen fairen Anteil an den Einnahmen erhalten.
- Qualitativ hochwertige Stoffe und Kleidung sowie Kunsthandwerk sind Markenzeichen des **Kasha ki aasha** (Rue Surcurf, Tel.: 2222963, Mo–Sa 8–19 Uhr) in Kolonialambiente.
- Es gibt mehrere **Buchläden** mit zeitgenössischer indischer Literatur, z.B. der Sri-Auro-

bindo-Buchladen oder Focus Bookshop in der Mission St., der neben umfangreicher indischer Literatur, Magazine und Postkarten anbietet. FabIndia in der Rue Suffen hat eine große Auswahl an englischsprachiger Fiction.

● Eine große Auswahl an importierten Lebensmitteln preist das alteingesessene **Grinde Sridharan General Merchants** in der St. Louis St. (Mo–Sa 9–13 und 16–21 Uhr) an.

● Der zentral gelegene, große **Nilgiri Supermarket** (Ecke Mission St./Rangapillai St.) hat ein umfassendes Angebot meist westlicher Marken und frisches Obst und Gemüse.

An- und Weiterreise

● **Bahn:** Vom im Süden gelegenen Bahnhof von Pondicherry täglich 10 Verbindungen in knapp einer Stunde nach Villupuram (z.B. um 8.05, 11.30, 14.35, 16.35, 17.05, 19.35 Uhr), von wo Anschlussmöglichkeiten etwa nach Trichy und Madurai bestehen. Wer in Villupuram Aufenthalt hat, kann diesen im Krishna Complex, etwa 100 m vom Bahnhof an der Hauptstraße, bei Visalakshi Telecom Services mit Internetsurfen sinnvoll überbrücken. Jeweils zwei Direktverbindungen nach Chennai (um 5.35 der 16116 Puducherry Ms Exp. und um 18.30 Uhr der 12897 Pdy BBS Exp., 4 Std.) und ein Zug nach Tirupati (Abf. 13.40 Uhr, 8 Std.). Wegen der recht geringen Nachfrage in Puducherry besteht hier ohne langes Schlangestehen die Möglichkeit, Fahrkarten für spätere Reiseabschnitte zu erstehen. Die computerisierten Reservierungsschalter sind Mo–Sa 8–14 und 16–19 Uhr geöffnet (Auskunft Tel.: 2336684).

● **Bus:** Der Busbahnhof Pondicherrys liegt etwa 500 m westlich des Zentrums. Auskunft-Tel.: 2333004. Folgende Orte von touristischem Interesse werden direkt angefahren: Bangalore (6 Deluxe-Verb., 8 Std., 125 Rs), Chennai (mindest. Alle 15 Min., 3½ Std., 58 Rs), Chidambaram (bis 22 Uhr alle ½ Std., nachts stündlich, 1½ Std., 25 Rs), Coimbatore (6 Deluxe-Verb., 9 Std., 160 Rs), Kanchipuram (5 Verb., 3 Std., 40 Rs), Kumbakonam (6x tgl. zwischen 6.30 und 20 Uhr, 4 Std., 35 Rs), Mamallapuram (8 Busse tgl., 2 Std., 28 Rs), Thanjavur (5x tgl. zwischen 6.45 und 22.30 Uhr), Tiruchirapalli (4x tgl., 5 Std., 75 Rs, sonst bis ins 40 km entfernte Villupuram, von dort viele Busse in 3½ Std. nach Trichy), Tirupati (9x tgl., 6 Std., 90 Rs). Um nach Gingee, Tiruvannamalai (8x tgl. zwischen 7 und 18.30 Uhr, Direktverb. von Pondicherry, 3½ Std., teilweise über Gingee) und Vellore zu gelangen, kann man auch mit einem der zahlreichen Busse nach Tindivanam fahren, von wo es viele Anschlussverbindungen gibt.

● Mit dem **Taxi** nach Chennai sollte man etwa 2.000 Rs veranschlagen, 200 Rs weniger zum dortigen Flughafen. Per Taxi von/nach Villupuram etwa 500 Rs, von Pondicherry nach Chidambaram 1.000 Rs, nach Gingee 1.300 Rs, Mamallapuram 1.700 Rs, Tiruvannamalai 1.800 Rs, nach Thanjavur und Trichy 3.000 Rs, Madurai 4.700 Rs. Mit AC-Taxi etwa 25 % mehr.

Auroville

Auch wenn sich heute kaum noch jemand daran erinnern kann – das zehn Kilometer nördlich von Pondicherry gelegene Auroville war einmal ein „Medienstar". Zur feierlichen Eröffnung der **Modellstadt** am 28. Februar 1968 erschien die gesamte Politprominenz des Landes, an der Spitze der indische Ministerpräsident. Als Zeichen der internationalen Verbundenheit mit diesem zur damaligen Zeit einzigartigen Experiment füllten die Abgesandten von 126 Nationen ein bisschen Erde, die sie aus ihrem jeweiligen Land mitgebracht hatten, in eine Urne. Diese wurde dem ersten Fundament der hier entstehenden Musterstadt beigefügt. Kaum ein Fernsehsender oder eine Zeitung, die Ende der 1960er Jahre nicht vom Bau der Stadt berichtete.

Die Idee vom idealen Ort für „ideale Menschen“ war ja auch tatsächlich zu verlockend.

Auroville ist ein „Kind“ von **Mira Alfassa,** der engsten Beraterin des Ashram-Gründers *Sri Aurobindo,* die nach dessen Tod die Leitung seines **Ashram** in der Nachbarstadt Pondicherry übernahm und von den Anhängern „The Mother“ genannt wurde. Die dem Projekt zugrunde liegende Idee war es, einen Freiraum zu schaffen, in dem Menschen, egal welchen Geschlechts, Alters, Glaubens und welcher Nationalität, ein der spirituellen Vervollkommnung gewidmetes Leben in Harmonie und Frieden verbringen können.

Die Gestaltung der für 50.000 Menschen geplanten Stadt wurde dem französischen Architekten *Roger Anger* übertragen. Als Vorlage für den Grundriss wählte er die Form eines religiösen Diagramms *(mandala).* Ins Zentrum der sich über eine Fläche von 50 Hektar erstreckenden Modellstadt wurde ein heiliger Banyan-Baum gepflanzt.

Direkt daneben steht mit dem **Matrimandir** das bis heute beeindruckendste Gebäude und Zentrum von Auroville. Das futuristisch anmutende, kugelförmige Gebilde, welches den spirituellen Mittelpunkt von Auroville darstellen soll, symbolisiert wie kein anderer Bau die immer wieder von bitteren Auseinandersetzungen geprägte Geschichte des Sri Aurobindo Ashram von Pondicherry. Viele Jahre nach Baubeginn konnte der Matrimandir wegen der zwischen den Ashram-Mitgliedern und den Bewohnern von Auroville umstrittenen Finanzierung nicht fertig gestellt werden. So wurde der ursprünglich als „Symbol der Vereinigung des Menschlichen mit dem Göttlichen“ geplante Bau zu einem Sinnbild für menschliche Eitelkeiten, Neid und Missgunst. Im Inneren des Matrimandir werden die Besucher zu einer von der deutschen Firma Zeiss gefertigten Kristallkugel geleitet, in der sich das Sonnenlicht als Manifestation des Göttlichen bricht.

Insgesamt kann man sich jedoch des Eindrucks nicht erwehren, dass die Bewohner von Auroville Tagesbesuchern eher skeptisch, um nicht zu sagen negativ gegenüberstehen. Irgendwie ist das sogar verständlich, denn was den noch verbliebenen Geist von Auroville ausmacht, spiegelt sich nicht in der glitzernden Kugel des Matrimandir, sondern in den zahlreichen unspektakulären **Projekten,** die in dem weitläufigen Gelände durchgeführt werden. Dabei handelt es sich um landwirtschaftliche, kulturelle und erzieherische Maßnahmen, mit denen die heute ca. **1.500 Bewohner** ganz pragmatisch versuchen, die Ideale von Sri Aurobindo in die Tat umzusetzen.

Um sich eine Übersicht über die Anlage zu verschaffen, sollte man vor der eigentlichen Besichtigung das **Visitors' Centre** (Tel.: 2622373, 9.30–17 Uhr) aufsuchen. Anhand von verschiedenen Schautafeln wird hier eine Einführung in die Geschichte von Auroville gegeben. Im Übrigen bekommt man auch Tickets (kostenlos) für den Besuch des Matrimandir.

Dem Visitors' Centre ist ein recht gutes **Café** angeschlossen, die einzige

Möglichkeit, sich in Auroville zu verpflegen.

Information

- In Pondicherry gibt es allgemeine Informationen über Auroville in der **Boutique d'Auroville,** 38 Nehru St., Tel.: 2337264, 9.30–13 und 15.30– 20 Uhr. Außerdem beim **Information Centre** in der Rangapillai St. (s.u.).
- In Auroville hilft das **Auroville Visitors' Centre** (Tel.: 2622239, tgl. 9.30–17.30 Uhr) beim Bharat Nivas weiter. Im Indian National Pavillion in der Auroville's International Zone gibt eine permanente Ausstellung Einblick in Geschichte und Philosophie des Auroville-Projektes. Dort werden auch Broschüren und Bücher zum Thema Auroville verkauft, eine Caféteria sorgt fürs leibliche Wohl.

Unterkunft, Essen und Trinken

Grundsätzlich besteht die Möglichkeit, in einer der 40 **Kommunen** von Auroville zu wohnen. Das gilt aber nur für jene, die ernsthaft an einer Mitarbeit interessiert sind und entsprechend lange bleiben wollen. Eine Woche gilt als Minimum. Nähere Informationen, auch was die Bezahlung betrifft (die Unterbringung ist nicht umsonst), erhält man im Visitors' Centre. Dasselbe gilt für die vier auf dem Gelände zur Verfügung stehenden **Gästehäuser.** Für weitere Informationen über alle unter der Leitung von Sri Aurobindo stehenden Unterkünfte wende man sich an:

- **Somdutt Atrie,** Bureau Central, Information Centre of Sri Aurobindo Ashram, 3, Rangapillai Street, Cottage Complex, Pondicherry 605001, Tamil Nadu, Tel.: 2339648, www.sriaurobindoashram.org.
- **Guest Service,** Solar Kitchen Building, 605101 Auroville, Tel.: 0413-2622704, www.auroville.org.

Darüber hinaus gibt es weitere Unterkünfte nördlich von Pondicherry auf dem Weg nach Auroville. Einige werden am Ende des Unterkünfte-Abschnitts von Pondicherry beschrieben. In Auroville selbst steht zur Verpflegung für Besucher nur eine Caféteria nahe dem Visitors' Centre zur Verfügung.

An- und Weiterreise

- Am besten gelangt man zum 10 km nördlich von Pondicherry gelegenen Auroville per gemietetem **Motorrad oder Fahrrad.** Man fährt entweder über die Hauptstraße Richtung Chennai oder entlang der Küstenstraße und biegt beim Dorf Chinna Mudaliarchavadi ab (ausgeschildert).
- Wer sich nur einen kurzen Überblick verschaffen will, kann Auroville im Rahmen der vom Tourist Office in Pondicherry angebotenen **Halbtagesausflüge** besichtigen.

Chidambaram

↗ XXIII/C1

Einwohner: 70.000
Vorwahl: 04144

Männliches Imponiergehabe und weibliche Scham sind der Grund für die Bedeutung des 64 km südlich von Pondicherry gelegenen Ortes Chidambaram, der als eines der heiligsten **Shiva-Zentren** Südindiens gilt. Zumindest dann, wenn man der Legende glaubt – und das sollte man in Indien immer tun. Danach forderte Shiva seine Frau Parvati hier zu einem **Tanzwettbewerb.** Die beiden lieferten sich eine Höchstleistung nach der anderen, bis Shiva schließlich die berühmte Tandava-Pose einnahm. Bei dieser auf unzähligen Tempelwänden Indiens dargestellten Szene streckt er ein Bein bis an den Kopf. Daraufhin musste sich Parvati geschlagen geben, hätte eine Nachahmung doch das weibliche Schamempfinden verletzt.

Chola-König *Vira Chola* (927–997), angeblicher Augenzeuge dieses **kosmischen Tanzes,** zeigte sich derart be-

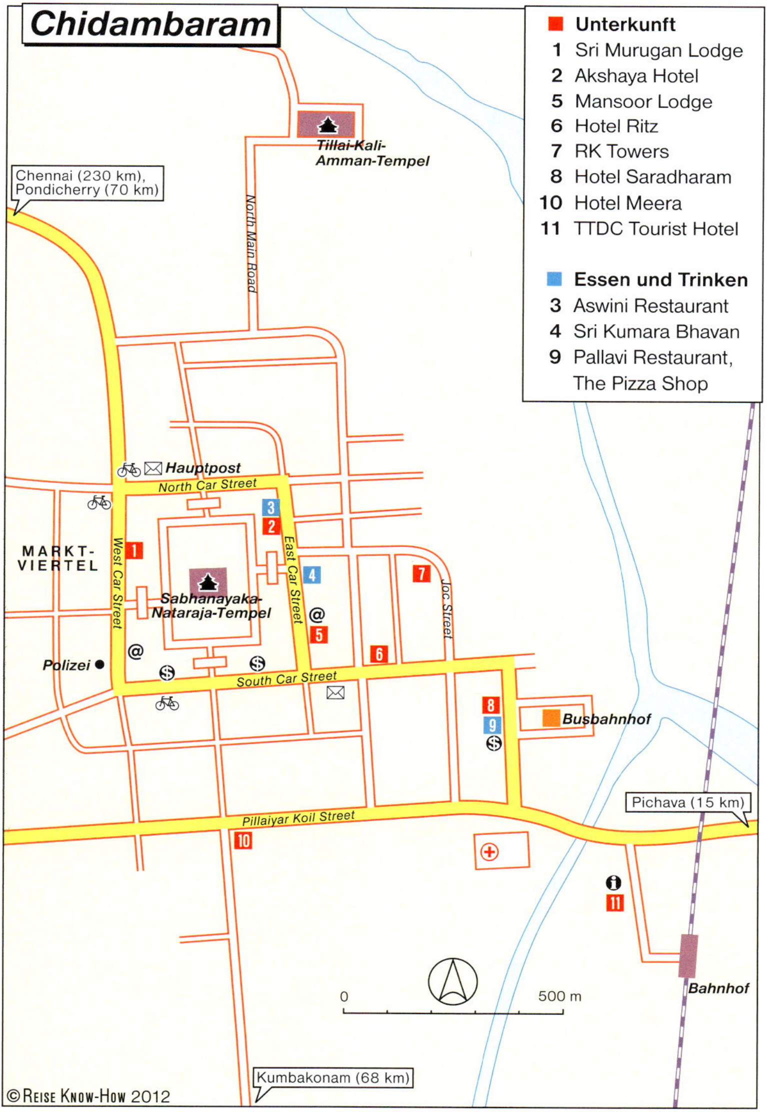
Chidambaram
Unterkunft
1 Sri Murugan Lodge
2 Akshaya Hotel
5 Mansoor Lodge
6 Hotel Ritz
7 RK Towers
8 Hotel Saradharam
10 Hotel Meera
11 TTDC Tourist Hotel
Essen und Trinken
3 Aswini Restaurant
4 Sri Kumara Bhavan
9 Pallavi Restaurant, The Pizza Shop
Tillai-Kali-Amman-Tempel
Chennai (230 km), Pondicherry (70 km)
North Main Road
Hauptpost
North Car Street
MARKT-VIERTEL
West Car Street
East Car Street
Sabhanayaka-Nataraja-Tempel
Joc Street
Polizei
South Car Street
Busbahnhof
Pichava (15 km)
Pillaiyar Koil Street
0
500 m
Bahnhof
Kumbakonam (68 km)
©Reise Know-How 2012

geistert, dass er zu Ehren Shivas den Schrein Kanaka Sabha erbauen ließ, der heute im Zentrum des Sabhanayaka-Nataraja-Tempels steht. Dass die weitläufige Tempelanlage der Mittelpunkt Chidambarams ist, verdeutlicht allein ein Blick auf den Grundriss des Ortes, der sich mit seinem quirligen Markt um das Heiligtum herum gruppiert.

Wenn möglich, sollte man seinen Besuch in Chidambaram so legen, dass man zu einem der beiden großen, jeweils zehn Tage dauernden **Tempelfeste** (Dez./Jan., Ende Feb./Anf. März und Mai/Juni) anreist. Die genauen Daten sind bei den TTDC-Büros zu erfahren. Für das fünftägige, Shiva gewidmete Natyanjali-Festival (Febr./März) mit Musik und Tanz von Künstlern aus ganz Indien können Erkundigungen auch per Internet (www.kutcheribuzz.com) oder per Telefon (041 44-222732) eingeholt werden. Während dieses Festes scheinen sich die Mönche beim Geldeintreiben zurückzuhalten.

Sabhanayaka-Nataraja-Tempel

Wie bei vielen anderen großen südindischen Tempelanlagen sind es auch in Chidambaram die hoch aufragenden *gopurams,* die wie Wahrzeichen der göttlichen Allmacht bereits von Weitem zu erkennen sind. Die insgesamt **vier Tortürme** symbolisieren die Gebirgsketten, die in der hinduistischen Mythologie die Welt begrenzen. Der über 50 m hohe West-Gopuram ist mit seinen unzähligen bunten Götterdarstellungen nicht nur der schönste, sondern wohl auch der älteste. Sein Baudatum wird auf die Mitte des 13. Jh. geschätzt. Besonders beeindruckend sind hier die Darstellungen der aus dem klassischen hinduistischen Tanzlehrbuch Natyasastra über-

Shiva Nataraja – Shiva als Herr des kosmischen Tanzes

Von den zahlreichen berühmten **südindischen Bronzen** ist die Darstellung des tanzenden Shiva als Shiva Nataraja nicht nur eine der häufigsten, sondern auch beeindruckendsten. Alle großen Museen Indiens, so in Delhi, Kalkutta, Mumbai und Chennai, zeigen großartige Beispiele dieser sowohl Grazie als auch unbändige Energie und Dynamik in sich vereinenden Skulptur.

So unterschiedlich die ikonografischen Einzelheiten in den verschiedenen Kunstlandschaften und Stilepochen auch sein mögen, so kehren doch einige Konstanten immer wieder, die auf die südindische **Legende von der Enstehung des Shiva-Tanzes** zurückgehen. Diese bezieht sich auf den Abendtanz des Gottes auf den Höhen des Berges Kailash in Tibet, der in Ellora mit dem Kailashanata-Tempel symbolisch nachgebildet ist. Fünf weitere Hindugottheiten sind der Legende nach beim kosmischen Tanz Shivas anwesend: Saraswati, die auf einem Saiteninstrument spielt, die singende Lakshmi, Indra als Flötenspieler, Brahma mit Zimbeln zur Markierung der Zeit und Vishnu mit Trommel, zur Erinnerung daran, dass bei der Schöpfung die Gestirne dröhnten.

nommenen 108 Tanzhaltungen. Ähnliche Darstellungen zieren den östlichen Turm.

Der von vier Mauerringen umschlossene Tempelkomplex ist das Werk vieler Bauherren, die im Laufe der Jahrhunderte immer neue Anbauten hinzufügten. Je weiter man von außen zum Zentrum vordringt, umso älter sind die Gebäude und umso intensiver ist die religiöse Atmosphäre. Es empfiehlt sich, den Rundgang beim West-

Nach einer anderen Version des Tanzes, die beispielsweise an den Tempeln von Thanjavur und Chidambaram abgebildet ist, erwirbt Shiva jene Attribute, mit denen er in den meisten Kultbildern dargestellt wird. Danach besuchte Shiva zusammen mit Vishnu, der als verführerischer Mohini auftrat, im Wald von Tangaram eine Schar von Häretikern, die einen Tiger auf ihn hetzten. Shiva zog ihm zur Verteidigung mit dem Nagel des rechten kleinen Fingers das Fell ab, um es fortan als Schurz zu tragen. Daraufhin zauberten die Götter eine Kobra, die Shiva erlegte und seitdem wie einen Schmuck als Zeichen seiner Unbesiegbarkeit um den Hals trägt. Als Shiva dann seinen mystischen Tanz begann, jagten die falschen Heiligen ein Ungeheuer in Gestalt des hinterlistigen Zwerges Muyalaka auf den Tänzer. Doch auch dieser Herausforderung zeigte sich Shiva gewachsen, indem er mit einer Zehe das Genick seines Widersachers brach. Auf dessen Rücken vollführte er daraufhin mit seinen vier Armen die berühmte **Kulthandlung.** Dabei hält eine Hand die sanduhrartige Trommel, die an die Sphärenmusik der Weltschöpfung erinnern soll. Eine andere, hocherhoben, verheißt mit ausgebreiteter Innenfläche Schutz für seine Anhänger. Eine dritte Hand hält als Symbol für die Zerstörung der Welt einen Feuerball, während die vierte nach unten auf den überwältigten Angreifer weist, der auch als Sinnbild des ichbezogenen, im Weltlichen verhafteten Menschen angesehen wird.

081is Foto: tb

Als Kult des Panchakritya versinnbildlicht der tanzende Shiva die fünf Tätigkeiten Schöpfung (die dröhnende Trommel), Erhaltung (das fest auf der Erde stehende Standbein), Zerstörung (der Weltbrand aus dem Feuerball), Illusion (Muyalaka zu seinen Füßen) und schließlich Friede und Befreiung (erhobene Hand). Enstanden wohl in frühester tamilischer Überlieferung, wurde Shivas kosmischer Tanz zum Symbol für **Weltschöpfung, Weltzerstörung und Neuschöpfung.**

Überhöhte Spendenforderungen

Der an sich sehr beeindruckende Rundgang durch die Tempelanlage wird gerade westlichen Besuchern leider allzu oft durch die ständig auf Spenden drängenden Tempelwärter verleidet. Diese der Dikshitar-Kaste angehörenden Brahmanen führen ihren Ursprung auf den legendären König *Hiranyavarman* aus Kashmir zurück, der sie mit der Leitung des Tempels beauftragt haben soll. Hieraus leiten sie ihre mit allen Mitteln verteidigte Souveränität ab. Der Sabhanayaka-Nataraja von Chidambaram ist der einzige Tempel ganz Indiens, der **nicht der Kontrolle des Staates untersteht.** Zur Untermauerung der Unabhängigkeit wurden schon mehrfach höchste Repräsentanten des Staates am Zutritt zum Tempel gehindert, was jedesmal ein breites Medienecho nach sich zieht. Einmal musste sogar *Indira Gandhi* unverrichteter Dinge wieder von dannen ziehen.

Die Unabhängigkeit vom Staat hat allerdings auch zur Folge, dass der Tempel keinerlei Zuwendungen erhält. Unter dem Zwang, die **enormen Kosten für den Unterhalt** des Heiligtums und nicht zuletzt den Lebensunterhalt der Tempelwärter zu begleichen, scheint man sich in zum Teil unangenehm aufdringlicher Weise bei **ausländischen Besuchern** bedienen zu wollen. Kaum hat der Tourist seinen Obulus entrichtet, wartet schon der nächste Spendeneintreiber. Das Ganze hat mit Religiosität nichts zu tun, sondern ist reine Geschäftemacherei. Dementsprechend sollte man keinerlei Skrupel haben, es bei maximal 10–20 Rs bewenden zu lassen.

eingang zu beginnen und die Dienste eines der dort auf Touristen wartenden Führer in Anspruch zu nehmen. Sie können einen nicht nur durch das Labyrinth der verschachtelten Anlage leiten, sondern auch gezielt Erklärungen zu den einzelnen Gebäuden und Skulpturen geben. Allerdings sollte man ihnen gleich zu Anfang klar machen, dass man sich Zeit für die Besichtigung nehmen möchte. Andernfalls geht es im Eiltempo Richtung Zentrum, damit danach schnell wieder ein neuer zahlungskräftiger Kunde aufgetan werden kann.

Ein schöner Blick auf alle vier *gopurams* bietet sich vom Rand des Tempelteichs Shivaganga. Flankiert wird er von dem Parvati geweihten Shivakamasundri-Tempel, dem Subrahmanya-Schrein zu Ehren von Shivas Sohn und einer **1.000-Pfeiler-Halle** (Raja Sabha). Von dort bietet sich ein schöner Blick über die Tempelanlage. In der im 17. Jh. erbauten Halle versammelte sich die Herrscherfamilie zu den großen Festtagen.

Eines der schönsten Bauwerke der Anlage ist der **Nritta Sabha.** Die kleine Tanzhalle mit den 56 fein skulptierten Säulen und den Verzierungen an den Außenwänden, die Pferde und Räder in Form eines Tempelwagens nachbilden, soll an jener Stelle stehen, an der sich Shiva und Parvati den berühmten Tanzwettbewerb lieferten. Da das Innere des Tempels für Nicht-Hindus verschlossen bleibt, können Westler nur von außen einen Blick auf den Schrein **Kanaka Sabha** und den mit ihm verbundenen **Chit Sabha** werfen. Im Kanaka Sabha wird Shiva in seiner Form als **kosmischer Tänzer Nataraja** verehrt. Der Akashlingam im Chit Sabha symbolisiert Shiva in seiner unsichtbaren Form, der dem Gläubigen nur im Geistigen erfahrbar ist. Mit ihren konvex nach oben zulaufenden, vergoldeten Kupferdächern gehören diese beiden Schreine nicht nur zu den ältesten, sondern auch zu den beeindruckendsten Gebäuden der gesamten Anlage.

- **Öffnungszeiten:** Der Tempel ist tgl. von 5 bis 12 und 16.30 bis 22 Uhr geöffnet. Von den zahlreichen über den Tag verteilten *pujas* ist jene um 17 Uhr (speziell freitags) am beeindruckendsten.

Information

- Das **Tourist Office** (Tel.: 238739, Mo–Fr 10–17.30 Uhr) befindet sich im TTDC Tourist Hotel. Es bietet außer Tempel-Besichtigungstouren über den ganzen Tag (bei genügend Teilnehmern auch per Minibus) einen Ausflug zu den sogenannten „Backwaters Tamil Nadu" (die natürlich längst nicht so eindrucksvoll sind wie die in Kerala) ins 16 km entfernte Pichavaram an, wo Bootsausflüge und andere Vergnügungen möglich sind. Der Ort ist auch mit einem alle 45 Min. fahrenden Bus erreichbar. Der letzte zurück von Pichavaram fährt um 19.30 Uhr los. Auch eine Übernachtungsmöglichkeit besteht dort: das Tourist Hotel (Tel.: 249232).
- Auch **Navgraha Tours** im Hotel Saradharan bietet Ausflugstouren an.

Nützliche Adressen

- **Fahrräder** können an mehreren Stellen für billige 20 Rs/Tag oder 3 Rs/Std. ausgeliehen werden.
- Im kleinen Chidambaram gibt es zwei **ATMs** (beide von der ICICI-Bank, nehmen die wichtigsten internationalen Kreditkarten) einen vor dem Saradharam Hotel, den zweiten nicht weit vom südlichen Tempeleingang entfernt. Dort ist auch eine **ICICI-Bank,** wo allerdings nur Bargeld getauscht werden kann. Dasselbe gilt für die **Indian Bank** (Mo–Fr 10–14 und 14.30–15.30 Uhr, Sa 10– 12 Uhr) gegenüber und die **State Bank of India** (Mo–Fr 10–16, Sa 10–13 Uhr).
- Mehrere **Internetcafés** bieten ihre Dienste zu 25–30 Rs/Std. an, ein schnelles ist das der Mansoor Lodge im 1. Stock bei Yours Computers.

Unterkunft, Essen und Trinken

- Trotz einiger Insekten, die sich hier heimisch fühlen, ist die **Mansoor Lodge** € (East Car St., 1. Stock) eine der besten billigen Herbergen des Ortes. Saubere Zimmer mit TV und Bad für wenig Geld und nahe dem östlichen Tempeleingang sind empfehlenswert.
- Etwas südlich vom Tempel finden sich mehrere kleine Billigunterkünfte um die Pillaiyar Coil Street, von denen das **Hotel Meera** € trotz fehlender Dusche das beste ist.
- Östlich des Tempels im DTC-Complex bietet die **Sri Murugan Lodge** €-€€ (Tel.: 220419, East Car St.) helle und billige AC- und Non-AC-Zimmer. Je weiter nach hinten und oben man wohnt, desto besser wird von der vorgelagerten Terrasse der Blick auf den Tempel.
- Die **RK Towers** €-€€ (Tel.: 221077, 224275, VOC St.) sind durch ihre Lage in einer ruhigen Seitengasse sowie durch ihre leidlich moskitosicheren Zimmer eine gute Wahl.
- Beim nicht weit entfernten **Akshaya Hotel** €-€€€ (Tel.: 220192, www.hotelakshaya.com, Cart St.) sind besonders die günstige Lage zum Osttor des Tempels und der tolle Ausblick darauf vom Dach hervorzuheben. Auch die sauberen, nicht klimatisierten Räume mit schönen Ausblicken in den oberen Etagen sind ihr Geld wert, die AC-Zimmer sind allerdings zu teuer. Ein Restaurant und eine Bar sind angeschlossen.
- Das **Hotel Ritz** €€-€€€ (Tel.: 223312, VKP St.) ist das beste Hotel der Stadt und das einzige, das mit schön möblierten Zimmern, allerdings nicht besonders groß, und damit so etwas wie Komfort aufwarten kann. Ein gutes Restaurant ist vorhanden.
- Das zweite Mittelklassehotel in Chidambaram ist das **Saradharam** €€-€€€ (19 VGP St., Tel.: 221336, www.hotelsaradharam.co.in) gegenüber dem Busbahnhof. Nur die recht

großen, klimatisierten Economy-Räume sind ihr Geld wert, die Executive-Zimmer sind überteuert.

- Das **Pallavi Restaurant** im Hotel Saradharam ist besonders für seine leckeren *thalis* (70 Rs) zu empfehlen. Im hinteren Bereich des Hotels findet sich das klimatisierte **Annupalavi Restaurant.** Die umfangreiche Speisekarte beinhaltet indische, chinesische und westliche Gerichte, wobei die meisten Speisen zwischen 100 und 170 Rs kosten.
- Das etwas kahl wirkende **Sri Kumara Bhavan Restaurant** nahe dem östlichen Tempeleingang ist sauber und das Essen okay. Gleiches gilt für das nahegelegene **Udipi Sri Krithna Vilas.**
- Köstliche Süßigkeiten, Kekse und Eis gibt's im **Chanmura Sweets Shop** am südlichen Tempeleingang.

An- und Weiterreise

- **Bahn:** Vom 1 km südöstlich der Innenstadt gelegenen Bahnhof (15 Rs mit der Riksha) fahren viele Züge Richtung Chennai sowie nach Thanjavur und Tiruchirapalli. Wichtige Verbindungen siehe Anhang.
- **Bus:** Vom zwischen Bahnhof und Tempel gelegenen Busbahnhof gibt es hervorragende Verbindungen zu allen wichtigen Städten der Umgebung: Chennai (stündl., 6 Std.), alle Busse, die nicht über Mamallapuram und Pondicherry fahren, passieren Chennais Flughafen (stdl.), Kumbakonam (halbstdl., 2 Std.), Pondicherry (halbstdl., 2½ Std.), Thanjavur (stündl., 3 Std)., Tiruchirapalli (stündl., 4 Std., jeder Trichy-Bus passiert Thanjavur), Tiruvannamalai (4 Std.), Madurai (8 Std.).

Kumbakonam

↗ XXIII/C1

Einwohner: 160.000
Vorwahl: 0435

Wer von Chidambaram nach Thanjavur fährt, sollte einen Zwischenstopp in Kumbakonam einlegen. Die Stadt selbst, ursprünglich eine Gründung aus der Chola-Zeit im 9. Jh., ist heute ein bedeutendes Handelszentrum. Entsprechend geschäftig geht es in den stets von LKW und Menschen überfüllten Straßen zu. Das wenig attraktive Stadtbild wird aufgelockert durch eine Vielzahl von interessanten Tempeln. Im Übrigen bietet sich Kumbakonam als Standort zur Besichtigung von Darasuram und Gangaikondacholapuram an, zwei sehr schönen Tempelanlagen in der Umgebung. Auf jeden Fall lohnt ein abendlicher Bummel durch die fast touristenfreien, geschäftigen Marktgassen besonders zwischen Sarangapani- und Kumbareshwara-Tempel – pures indisches Leben und sehr freundliche und hilfsbereite Menschen prägen das Bild.

Ein Blick auf den reichen Schatz der indischen Legenden gibt Aufschluss darüber, warum in Kumbakonam und seiner Umgebung eine selbst für indische Verhältnisse ungewöhnliche Dichte an Tempelanlagen zu finden ist. Danach ist das am Zusammenfluss von Kaveri und Arasalar gelegene Kumbakonam jener Ort, an dem der äußerst wertvolle Nektartopf *(kumbha)* mit dem **Trunk der Unsterblichkeit** anlandete, nachdem ihn eine Flutwelle von seinem ursprünglichen Platz, dem heiligen Berg Meru im Himalaya, fortgeschwemmt hatte. Shiva zerstörte das Gefäß mit einem von ihm abgeschossenen Pfeil und formte aus den zerbrochenen Scherben ein *lingam,* das heute im Zentrum des Kumbareshwara-Tempels steht.

Sehenswertes

Kumbareshwara-Tempel

Der Tempel, der dem Ort seinen Namen gab, stammt aus dem 12. Jh. Auch hier sind wieder die Tortürme *(gopuram)*, die an allen vier Seiten die hohe Umfassungsmauer unterbrechen, mit ihren bunten Götterfiguren das beherrschende Bauelement. Auch sonst weist der Tempel alle typischen Elemente der späten Chola-Zeit auf: den die Besucher „segnenden" Elefanten am Eingang, die Eingangshalle, die umlaufenden Gänge und den Vimana-Turm auf einem hohen Sockel.

Sarangapani-Tempel

Mit seinem fast **50 m hohen gopuram** wirkt der Sarangapani-Tempel im Stadtzentrum noch imposanter. Besonders beeindruckend sind hier die 108 Tanzdarstellungen aus dem Natyasastra, dem klassischen Tanzlehrbuch Indiens. Daneben fällt das in Form eines Tempelwagens mit Pferden, Elefanten und großen Rädern an den Außenwänden gestaltete Sanktum ins Auge. Hiermit soll Vishnu, dem das Heiligtum im 13. Jh. geweiht wurde, triumphierend Einzug gehalten haben.

Nageshwara-Swami-Tempel

Trotz seiner nur geringen Ausmaße gilt der Nageshwara-Swami-Tempel wegen seiner wundervollen **Skulpturen** als ein Kleinod der Chola-Kunst. Vermutlich unter König *Aditya* zu Beginn der Chola-Herrschaft im 9. Jh. errichtet, wurde auch hier das Sanktum in Form eines Tempelwagens gestaltet. Die Nischen des Schreins sind ausgefüllt mit einzigartigen Götterskulpturen, die mit ihrer Plastizität und Vitalität zum Schönsten zählen, was die frühe Chola-Periode hervorgebracht hat. Zu sehen ist unter anderem Shiva in verschiedenen Erscheinungsformen, so als Yogi und großer Lehrer unter einem Baum (Dakshina-Murti), als nackter Bettelasket mit verfilzter Haarmähne, begleitet von einer Gazelle (Bhikshatana-Murti) und als zweigeschlechtliches Wesen, gestützt auf ein Buckeltier (Ardhanarishvara-Murti). Daneben finden sich viele weitere Gottheiten wie Brahma, Ganesha und Agni sowie sanft lächelnde, anmutige Frauengestalten, bei denen es sich wahrscheinlich um Prinzessinen handelt. Der Sockel ist mit kleinen Reliefs aus dem Ramayana verziert.

Mahaka-Teich

In Mahaka-Teich im Südosten der Stadt soll laut Legende jener Trank der Unsterblichkeit geflossen sein, welcher bei der Zerstörung des heiligen Gefäßes durch Shivas Pfeil ausfloss. Alle zwölf Jahre an einem von Astrologen genauestens bestimmten Tag soll heiliges Ganges-Wasser in den von kleinen Pavillons gesäumten Teich

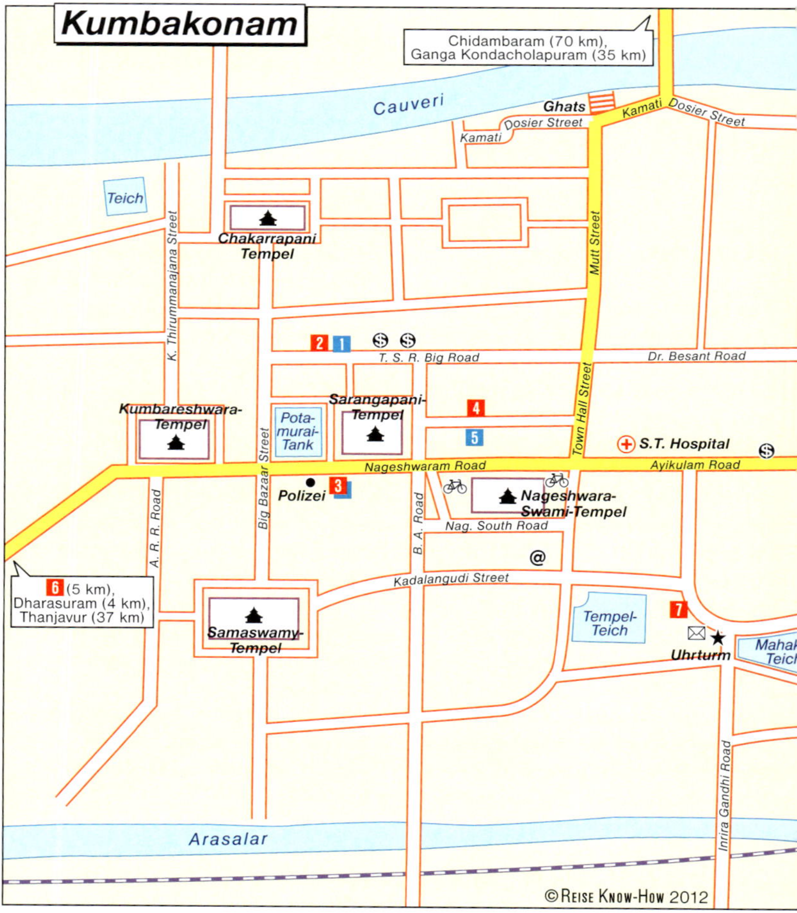

fließen. Millionen von Pilgern strömen dann hierher, um in das heilige Wasser einzutauchen und so ihr Karma zu verbessern, das nächste Mal allerdings erst 2016.

Praktische Tipps

Unterkunft, Essen und Trinken

- Am meisten für wenig Geld bietet die günstig am Sarangapani-Tempel gelegene **Pand-**

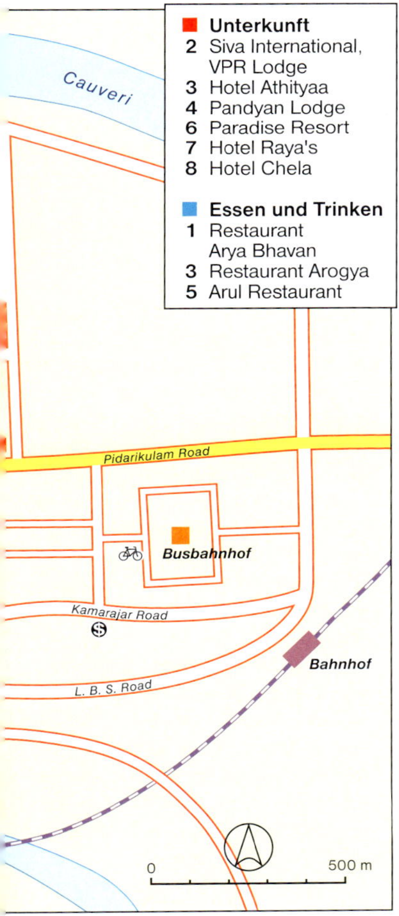

yan Lodge € (Tel.: 2432325, 2430397, Sarangani East Sannadhi). Die ruhige Seitenstraßenlage, der freundliche Service und das gute **Arul Restaurant** gegenüber (außerdem ein eigenes) tragen zum guten Gesamteindruck bei.

- **Siva International/VPR Lodge** €-€€ (Tel.: 2424013/2421949) sind im Grunde zwei Hotels, die jedoch, da direkt nebeneinander und dem gleichen Besitzer gehörend, von einer Rezeption geführt werden. Während die extrem spartanischen und kleinen Zimmer in der VPR Lodge kaum zu empfehlen sind, kann man im Siva in großen, freundlichen Räumen mit Bad übernachten. Das um die Ecke gelegene **Restaurant Arya Bhavan** serviert scharfe südindische Gerichte für wenig Geld. Kaum eines kostet mehr als 40 Rs.
- Das staatliche **Hotel Athityaa** €€ (Tel.: 2421794, hotathi_kmb@hotmail.com) in der Nageshwaram Rd. wartet mit AC- und Non-AC-Balkonzimmern mit Tempelblick in den oberen Stockwerken auf, ist allerdings etwas überteuert. Dafür sind die Zimmer recht groß und das Personal ist freundlich. Da das Hotel mit dem **Arogya** über das beste Restaurant der Stadt verfügt, ist es dennoch eine passable Unterkunft. Zudem serviert die hauseigene Bar bis 23 Uhr Bier.
- Wer Wert auf AC und TV legt, ist im **Hotel Chela** €€-€€€ (Tel.: 2430336, Ayekulam Rd.) gut aufgehoben, auch hier ist ein hübsch eingerichtetes Restaurant angeschlossen.
- Mit seinem freundlichen Service, gemütlichen Zimmern und der zentralen Lage gehört das **Raya's** €€-€€€ (Tel.: 2422545) in der Head Post Office Rd. zu den besten Unterkünften der Stadt.
- Das aus traditionellen südindischen Wohnhäusern gelungen restaurierte, staatliche **Paradise Resort** €€€€ (Darasuram, Tel.: 3291354, (0)9344301354, www.paradiseresortindia.com) an der Straße nach Thanjavur ist die schönste Herberge Kumbakonams, umgeben von einem weitläufigen Garten mit Swimmingpool sowie Teak- und Mangobäumen an einem Fluss. Die geschmackvoll gestalteten Zimmer mit Terrassen zum Garten und allem nötigen Komfort sind geräumig und luftig. Außerdem ein gutes Restaurant und Ayurveda-Behandlungen.

Nützliche Adressen

- Die **State Bank of India** wechselt nur Bargeld, etwas weiter westlich gibt's einen **ATM** der ICICI-Bank.

• Wie immer schnell und zu günstigen Raten können im **UAE Exchange** (Mo–Sa 9.30–18, So 9.30–13.30 Uhr, 1. Stock) auf halben Weg zwischen Innenstadt und Bahnhof Bargeld, Travellerschecks und Kreditkarten zu Rupien gemacht werden.
• Gleich an mehreren Stellen in der Stadt können für nur 10 Rs/Tag **Fahrräder** ausgeliehen werden, eine gute Art der Fortbewegung in Kumbakonam.

An- und Weiterreise

• **Bahn:** Vom Provinzbahnhof 2 km südöstlich des Zentrums tgl. 4 Züge über Chidambaram nach Chennai und 3 über Thanjavur und Tiruchirapalli nach Madurai. Allerdings geht es für die kürzeren Distanzen per Bus schneller, da die Züge meist verspätet abfahren. Einige Verbindungen sind im Anhang aufgelistet.
• **Bus:** Zu allen touristisch interessanten Städten zwischen Chennai im Norden, Chidambaram (alle 20 Min., 2½ Std.), Pondicherry (halbstündig, 4½ Std.), Thanjavur (alle 15 Min., 1½ Std.) und Madurai (8 Busse tgl.) im Süden zahlreiche Busse vom etwa 500 m nordwestlich des Bahnhofs gelegenen Busbahnhof. Wer einen Direktanschluss nach Gingee, Vellore oder Tiruvannamalai verpasst hat, sollte zunächst bis Tindivanam fahren, von wo es ständig Anschlussverbindungen gibt.

Darasuram

Der fünf Kilometer südwestlich von Kumbakonam etwas abseits des kleinen Dorfes Darasuram gelegene **Airatesvara-Tempel** (6–12 und 16–20 Uhr) gilt als eines der schönsten Beispiele der Chola-Kunst. Verglichen mit Thanjavur und Gangaikondacholapuram ist das Mitte des 12. Jh. von König *Rajaraja II.* in Auftrag gegebene Heiligtum wesentlich kleiner. Die „mangelnde" Größe macht es mehr als wett mit den Sockelreliefs und den exquisiten, die Nischen der Außenwände schmückenden **Skulpturen.** Viele der aus **schwarzem Granit** gefertigten Skulpturen setzen sich eindrucksvoll von dem sie einfassenden gelbbraunen Stein ab. Wollte man alle Plastiken beschreiben und alle kunstvoll in den Stein gehauenen Geschichten erzählen, würde dies problemlos ein ganzes Buch füllen.

An dem von einem großen *gopuram* gebildeten Eingang, der in einen weiten Innenhof führt, warten meist Führer, die auf zum Teil recht amüsante Weise blumige Geschichten zu ausgewählten Objekten parat haben. Besonders „empfehlenswert" ist der betagte, in weißes Leinen gekleidete Tempelpriester, der auf ebenso unterhaltsame wie liebenswerte Art die zum Teil recht akrobatischen Körperhaltungen einzelner Götterfiguren nachzustellen versucht.

Die von vielen Einheimischen vertretene These, wonach der Boden des Tempelhofes mit duftendem Wasser bedeckt war und die Simse effektvoll mit Öllämpchen ausgeleuchtet wurden, scheint jedoch mehr auf romantischer Fantasie, denn auf historischen Tatsachen zu beruhen.

Die offene, über Treppen zu betretende Eingangshalle führt zu einer Vorhalle, in deren Nischen u.a. Vishnus Frau Lakshmi, die Göttin des Wohlstands, und Saraswati, die Gemahlin Brahmas und Göttin der Wissenschaft und schönen Künste, zu erkennen sind. Decke und Pfeiler der sich anschließenden Haupthalle sind reich mit Musikanten, Tänzern, Göttern und Ornamenten geschmückt. Im Zentrum des von einem fünfgeschossigen Vimana-Turm überragten Sanktums steht ein mächtiges **Shiva-Lingam.**

Im Osten der Tanzhalle wurde eine Opferhalle mit zwei Skulpturen erbaut, die eventuell König *Rajaraja II.* und seine Gemahlin darstellen. Westlich hiervon erblickt man eine besonders beeindruckende Darstellung von **Shiva als Bettelmönch Kankala.** Die ihn umstehenden Frauen bewundern die Schönheit des göttlichen Gastes. Manche scheinen mit ihren Gedanken schon einen Schritt weiter und lassen ihre Kleider vom Körper gleiten ...

Gangaikondacholapuram

Wie kein anderer Ort spiegelt das kleine Dorf Gangaikondacholapuram, 33 km nördlich von Kumbakonam, die Größe und den Niedergang des Chola-Reiches. Im Grunde handelt es sich bei der **ehemaligen Chola-Hauptstadt** um ein riesiges Siegesmonument. Gegründet wurde die Stadt von *Rajendra I.* (1012–1044), nachdem er während eines mehrjährigen Feldzugs die Grenzen seines Reiches bis zum Ganges ausgedehnt hatte. Zum Beweis ließ er dem heiligen Fluss der Hindus eine Wasserprobe entnehmen. Dann gründete er die neue Hauptstadt und gab ihr den Namen „Stadt der Chola, die das Wasser des Ganges besitzt".

Im Zentrum ließ er den **Gangaikondacholishvara-Tempel** (6–12 und 16–20 Uhr) errichten, der in Aufbau und Ausführung eine frappierende Ähnlichkeit mit dem von seinem Vater in Thanjavur erbauten Brihadeshvara-Tempel hat. Nach wie vor beherrscht der elegante, 58 m hohe, von herrlich gearbeiteten Götterskulpturen übersäte **Vimana-Turm** weithin sichtbar die Landschaft. Allerdings ist die Umfassungsmauer mit den zwei *gopurams* und dem zweistöckigen Säulenumgang verschwunden. Ironie der Geschichte: Nicht fremde Heere, die plündernd durchs Land zogen, sind hierfür verantwortlich, sondern die einheimische Bevölkerung, die große Teile des Tempels als Steinbruch zum Bau eines Wasserdamms zweckentfremdete. Von den Palästen und Repräsentationsbauten, die Rajendra I. errichten ließ, ist schon lange nichts mehr zu sehen. Die für kurze Zeit prächtige Hauptstadt eines der größten Reiche, die der Süden Indiens je erlebt hat, geriet nach dem Tod des Herrschers schnell in Vergessenheit.

Neben dem Tempel beherbergt ein **Museum** (tgl. außer Fr 7–17 Uhr) die ausgegrabenen Überreste eines nahe gelegenen ehemaligen Palastes.

An- und Weiterreise

- Von Kumbakonam wird Gangaikondacholapuram halbstündlich von Bussen angefahren (1½ Std. Fahrtzeit). Allerdings sollte man sich früh auf den Weg machen, da der Tempel von 12 bis 16 Uhr verschlossen bleibt. Wer erst nachmittags erscheint, könnte evtl. Probleme mit der Weiterfahrt bekommen. In Gangaikondacholapuram gibt es keinerlei Übernachtungsmöglichkeiten.

Thanjavur (Tanjore)

↗ XXIII/C1

Einwohner: 220.000
Vorwahl: 04362

Die lebendige Handelsstadt Thanjavur war vom 9. bis 13. Jh., von kurzen Unterbrechungen abgesehen, **Hauptstadt des Chola-Reiches.** Damit wurde sie gleichsam zum Aushängeschild dieser zu jener Zeit machtpolitisch stärksten und kunsthistorisch bedeutendsten Land- und Seemacht Südostasiens. An die 100 von den Cholas in Thanjavur und den umliegenden Städten zu Ehren der Götter und zum eigenen Ruhm erbauten Tempelanlagen legen beredtes Zeugnis vom Reichtum dieser Dynastie ab. Der schönste und am besten erhaltene Tempel ist der großartige Brihadeshvara.

Die strategisch und wirtschaftlich günstige Lage in der fruchtbaren Cauvery-Ebene, die als „Reisschüssel Südindiens" bekannt ist, machte Thanjavur auch nach dem Tod des letzten Chola-Königs *Rajendra III.* 1279 zu einem begehrten Objekt. Brachten zunächst die Pandyas aus Madurai das Gebiet unter ihre Kontrolle, wurden sie 1370 vom Vijayanagar-Reich in Hampi abgelöst. Mit den Nayaks und den Marathen folgten zwei weitere berühmte Herrscherdynastien, deren architektonische Hinterlassenschaft sich heute noch anhand des königlichen Palastes besichtigen lässt.

227is Foto: tb

Die Sehenswürdigkeiten der ansonsten wenig attraktiven Stadt lassen sich an einem Tag besuchen. Wegen der guten touristischen Infrastruktur bietet sich die noch vielfach unter dem von den Briten geprägten Namen Tanjore bekannte Stadt auch als Ausgangsbasis für Kumbakonam, Darasuram und Gangaikondacholapuram an, die problemlos im Rahmen eines Tagesausflugs zu besichtigen sind.

Sehenswertes

Brihadeshvara-Tempel

Der zwischen 1002 und 1010 von König *Rajaraja* erbaute Brihadeshvara-Tempel steht in der Tradition der Chaulukya- und Pallava-Bauten und folgt einem streng achsensymmetrischen Plan. Man betritt die wegen seines Erbauers auch Rajarajeshvara genannte Anlage von Osten durch zwei unmittelbar hintereinander gebaute *gopurams*. Zunächst wartet vor der ersten der beiden großen, das Tempelareal umschließenden Mauerwälle ein **Tempel-Elefant,** der Pilger und Touristen mit seinem Rüssel segnet. Der erste der beiden reich gegliederten, jeweils von einem Tonnendach abgeschlossenen Tortürme ist 30 m hoch.

Haupteingangstor zum Brihadeshavara-Tempel in Thanjavur

Besonders schön lässt sich die Atmosphäre der Anlage am späteren Nachmittag erleben, wenn der gelbbraune Tempel vom weichen Licht der Sonne angestrahlt wird und zahlreiche einheimische Pilger und Touristen sich im Tempelareal versammeln.

Von den zahlreichen Skulpturen an den Außenwänden fallen besonders die beiden übergroßen, grimmig dreinschauenden Wächterfiguren am zweiten, kleineren Turm ins Auge.

Von hier gelangt man in den 150 x 74 m großen Innenhof, der der gesamten Anlage eine angenehm weitläufige und ruhige Atmosphäre verleiht. Die Hauptgebäude reihen sich von hier ostwärts entlang der Mittelachse. Zunächst betritt man eine offene Säulenhalle, die einen riesigen, vier Meter hohen und fünf Meter langen **Nandi-Bullen aus schwarzem Granit** umschließt. Vom täglichen Ritual des Einölens glänzt der mit einem schmückenden Band verzierte Koloss. Sein Blick richtet sich auf den hinter mehreren Hallen aufragenden Hauptturm, der zu den beeindruckendsten *vimanas* ganz Indiens zählt. Über dem quadratischen *garbagriha* erhebt sich der imposante, 66 m hohe und an der Basis 15 m breite Turm.

Der zentrale Tempelbereich mit seiner vielgeschossigen **Turmpyramide** ist in ein für Südindien typisches Raster von 16 *padas* (quadratische Teilflächen eines Quadrats) unterteilt, besteht also aus 256 gleichen Einheiten. Diesem durch konzentrische Kreise ergänzten Gitter entspricht die Hierar-

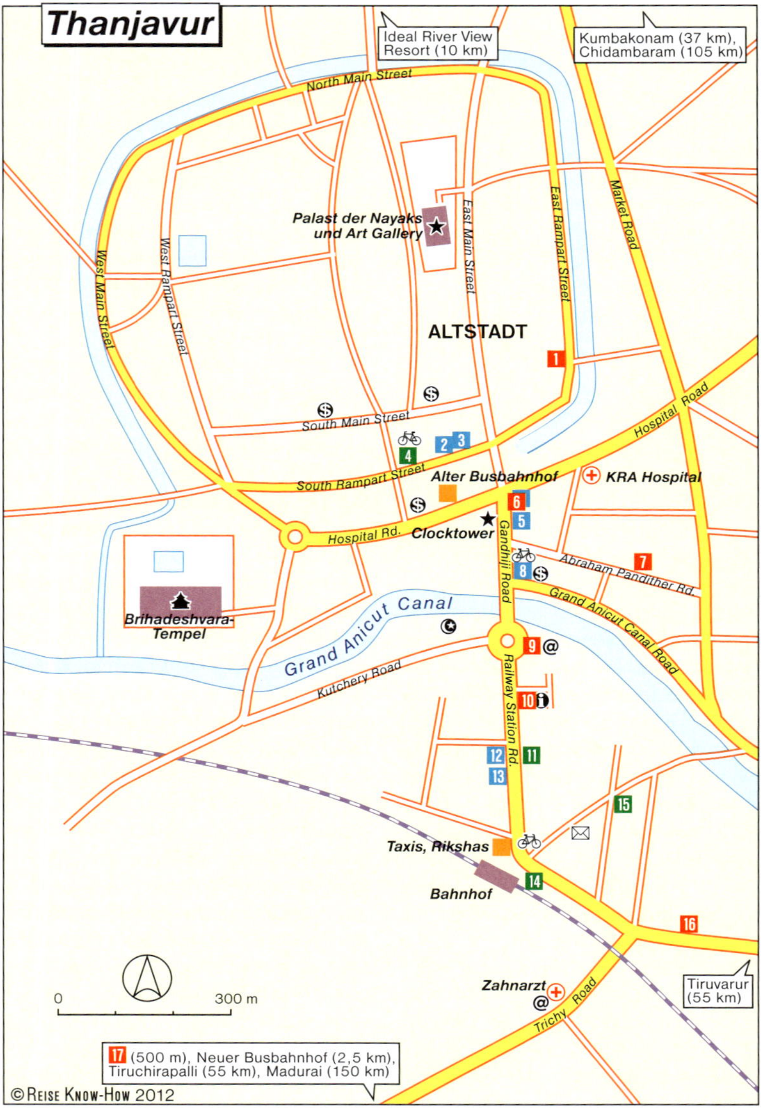
Thanjavur
Ideal River View Resort (10 km)
Kumbakonam (37 km), Chidambaram (105 km)
North Main Street
Palast der Nayaks und Art Gallery
East Main Street
East Rampart Street
Market Road
West Main Street
West Rampart Street
ALTSTADT
South Main Street
Hospital Road
South Rampart Street
Alter Busbahnhof
KRA Hospital
Hospital Rd.
Clocktower
Gandhiji Road
Abraham Pandither Rd.
Grand Anicut Canal Road
Brihadeshvara-Tempel
Grand Anicut Canal
Kutchery Road
Railway Station Rd.
Taxis, Rikshas
Bahnhof
Zahnarzt
Trichy Road
Tiruvarur (55 km)
0
300 m
17 (500 m), Neuer Busbahnhof (2,5 km), Tiruchirapalli (55 km), Madurai (150 km)
© Reise Know-How 2012

Unterkunft
1 Danashree Lodge
6 Hotel Gnanam
7 Ashoka Lodge
9 Hotel Lion City
10 TTDC Tamil Nadu Hotel
16 Hotel Ganesh
17 Hotel Sangam

Essen und Trinken
2 Aravind Rest. & Sweets
3 New Bombay Sweets
5 Sri Venkata
6 Sahana Restaurant
8 Sathar's
12 Vasantha Vihar
13 Anand Bhavan

Einkaufen
4 Supermarkt
11 Poom Puhar Arts & Crafts Emporium
14 Ceylon Dason's Confectionary
15 Nellaiyah Shopping Complex

chie der Götterwelt, die vom zentralen Brahma als dem Ursprung des Kosmos über die Bereiche der Götter (umlaufende Galerie), der Menschen (Einfassungsmauer) und der niedrigen Lebewesen (Tempelpodium) zur Außenwelt führt. Die Tempelanlage ist somit als Abbild der kosmischen Ordnung konzipiert.

Das 3,70 m hohe und damit **größte Lingam Indiens** im Sanktum ist mit fünf vergoldeten Naga-Köpfen an der Spitze verziert. Aufgrund der gewaltigen Ausmaße ist es den Priestern nur von einem höher gelegenen Umgang aus möglich, das Phallussymbol nach dem vorgeschriebenen Ritual mit Milch und geklärter Butter zu übergießen sowie mit Blumen zu schmücken. Auch für Nicht-Hindus ist das Sanktum zugänglich, es herrscht jedoch absolutes Fotografierverbot. Die Pujas finden zu festgesetzten Zeiten um 8, 11, 12 und 17.30 Uhr statt.

Leider wurde der Umwandlungsgang (Pradakshina) vor kurzem geschlossen. Falls er in Zukunft wieder eröffnet werden sollte, lassen sich mit den **Fresken** an der Nord- und Westwand kunsthistorische Schätze erster Güte bewundern. Sie stammen aus der Regierungszeit *Rajarajas I.,* sind also annähernd 1.000 Jahre alt und zeigen Götter, Könige, Tänzerinnen, Musikanten und Tiere. Ein besonderes Schmuckstück sind die 108 klassischen Tanzposen aus dem Natyasastra. Diese Originalfresken wurden erst Anfang des 20. Jh. freigelegt, nachdem sie im 17. Jh. in der Nayak-Zeit übermalt worden waren.

Außen wird der Turmsockel durch Friese mit Fabeltieren und Menschen verziert. Darüber finden sich **Inschriften,** die hochinteressante Informationen zur Reichsorganisation und zur Verwaltung des Tempels beinhalten. So ist unter anderem zu lesen, dass die Städte des Reiches dazu verpflichtet wurden, Kühe und Büffel zur Herstellung des Fettes für die Tempellampen zur Verfügung zu stellen, Kampfer, Kardamomöl und andere Duftstoffe für das Badewasser der Götter zu gewinnen und Goldschmiede, Schreiber, Wäscher, Tischler, Musikanten, Aufseher und Astronomen zu stellen. Alle Tempel des Chola-Imperiums mussten außerdem insgesamt 212 Tempeldie-

137is Foto: tb

ner und ihre schönsten Tempeltänzerinnen abtreten. Für die 400 Tänzerinnen, die nach Tanjore kamen, wurde ein eigenes Stadtviertel neben dem heiligen Bezirk angelegt.

Nach oben abgeschlossen wird der 16-stöckige, mit Götterfiguren durchsetzte Tempelturm von einem **80 Tonnen schweren, runden Stein,** der von einer vergoldeten *kalasha* (Vase) und einer *amalka,* einem scheibenförmigen Stein, bekrönt wird. Bis heute gehen die Meinungen darüber auseinander, wie der gewaltige Monolith von den Baumeistern vor 1.000 Jahren auf diese enorme Höhe manövriert werden konnte. Von den zahlreichen, zum Teil recht fantasievollen Theorien erscheinen zwei als die wahrscheinlichsten. Die erste geht davon aus, dass von dem sechs Kilometer entfernten Dorf Sarapallam eine Rampe gebaut wurde, auf der der Abschlussstein von Elefanten zur Spitze des Turmes gezogen wurde. Die zweite Theorie erklärt den Transport mittels einer spiralförmig um den Turm herumlaufenden Rampe.

In der Nordwestecke des Hofes wurde im 17. Jh. ein dem Kriegsgott Subrahmanya geweihter Tempel errichtet. Hier gefallen die gelungenen Sockelfriese mit Darstellungen von Tänzerinnen und Musikanten. Mit dem Ganesha-Schrein im Südwesten und

Tanzende Frauen im Innenhof
des großartigen Brihadeshvara-Tempels

dem Devi-Schrein nördlich des Nandi-Mandapa finden sich zwei weitere hübsche Heiligtümer innerhalb des weitläufigen Tempelhofes.

Auch die Wände des die gesamte Anlage auf einer Länge von 450 m umlaufenden Wandelganges sind mit Malereien verziert, die leider zum Teil verschmiert wurden. An der Westseite stehen 108 *linga* aus schwarzem Stein.

• **Öffnungszeiten:** Der Brihadeshwara-Tempel ist tgl. von 9 bis 13 und 15 bis 20 Uhr geöffnet. Das angeschlossene Archäologische Museum zeigt u.a. Skulpturen und Fotografien des Tempels vor der Restaurierung.

Palast der Nayaks

Die verschachtelte Palastanlage mit ihren ineinander übergehenden Innenhöfen, Hallen, Türmen und Sälen ist das markanteste Überbleibsel der Nayak-Herrschaft in Thanjavur. Die Bauarbeiten begannen Mitte des 16. Jh. und zogen sich mit den von den Marathen vorgenommenen An- und Ergänzungsbauten bis zum Beginn des 18. Jh. In den diversen, zum Teil schon deutliche Spuren des Verfalls aufweisenden Gebäudeteilen wurden mehrere **Museen und Galerien** eingerichtet.

Am beeindruckendsten ist zweifelsohne die **Art Gallery** mit einer hervorragenden Sammlung an Bronze- und Steinskulpturen aus der Zeit der Cholas. Liebhaber von alten Büchern und Manuskripten stehen im Museum der **Saraswati-Mahal-Bibliothek** vor einer Fundgrube wertvoller Ausstellungsstücke, die zum Teil über 300 Jahre alt sind. Zu sehen sind unter anderem eine illustrierte Ausgabe des Mahabharata und Palmblattmanuskripte. Angesichts all dieser unschätzbar wert-

Brihadeshvara-Tempel

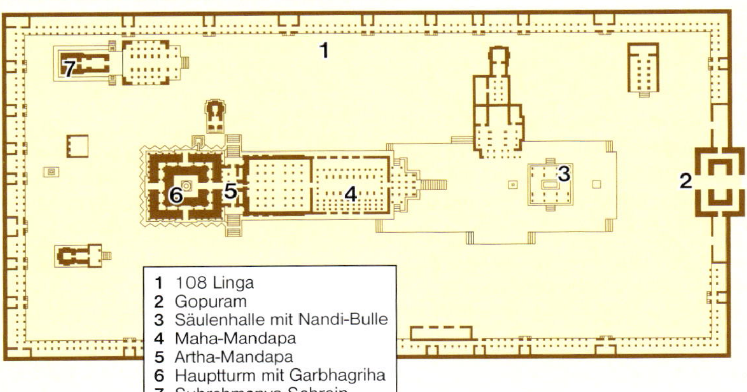

1 108 Linga
2 Gopuram
3 Säulenhalle mit Nandi-Bulle
4 Maha-Mandapa
5 Artha-Mandapa
6 Hauptturm mit Garbhagriha
7 Subrahmanya-Schrein

vollen Objekte kann man ob der vollkommen unsachgemäßen Lagerung, die keinerlei Schutz vor dem allgegenwärtigen Staub und der hohen Luftfeuchtigkeit bietet, nur resigniert den Kopf schütteln.

- **Öffnungszeiten:** Art Gallery tgl. 9 bis 13, 15 bis 18 Uhr (Eintritt 10 Rs, Kamera 30 Rs, Video 200 Rs), Saraswati-Mahal-Bibliothek tgl. außer Mi 10 bis 13 und 14 bis 17 Uhr.

Weitere Sehenswürdigkeiten

Die **Durbar Hall** (Eintritt 2 Rs, Kamera 10 Rs, Video 100 Rs) war die Audienzhalle des Königs und ist, obwohl nicht renoviert, in gutem Zustand.

Der nahe der Art Gallery gelegene **Glockenturm** lohnt den Aufstieg wegen weiter Ausblicke über die Anlage und die Umgebung (Eintritt 2 Rs, Kamera 10 Rs, Video 100 Rs, 9–13 und 15–18 Uhr).

Praktische Tipps

Information

- Das **Touristenbüro** (Tel.: 230984) befindet sich am Hotel TTDC Tamil Nadu in der Station Rd., Mo–Fr 10–17.45 Uhr.

Stadtverkehr

- Die Distanzen zwischen Bahnhof, Brihadeshwara-Tempel und dem königlichen Palast können zu Fuß zurückgelegt werden. Die enorme Hitze des Südens und die nicht gerade einladenden Hauptverkehrsstraßen lassen einen dennoch die öffentlichen Verkehrsmittel bevorzugen. Mit der **Autoriksha** sollte man für Fahrten zwischen diesen drei Orten nicht mehr als 30 Rs zahlen. Vom neuen Busbahnhof in die 3 km nordöstlich gelegene Innenstadt sind es ca. 50 Rs.
- **Fahrräder** können an mehreren Stellen für billige 20 Rs/Tag oder 2,50 Rs/Std. ausgeliehen werden.

Unterkunft

- Ein gutes Preis-Leistungs-Verhältnis der unteren Kategorie bieten die **Railway Retiring Rooms** € mit geräumigen Zimmern, zum Teil mit Veranda, die allerdings häufig lange im Voraus ausgebucht sind.
- Wer etwas mehr ausgeben kann, ist in der **Ashoka Lodge** €-€€ (Tel.: 230022, Pandithar Rd., unter Sri-Aurobindo-Leitung) besser bedient, die Erdgeschosszimmer sind etwas dunkel, aber sauber, die Deluxe-Räume haben TV.
- Etwa die gleiche Preisklasse, aber mehr fürs Geld bietet das zentral gelegene **Hotel Lion City** €€-€€€ (Gandhi Rd., Tel.: 275650, hotel lioncity@eth.net), ein Schnäppchen für gepflegte AC- und Non-AC-Zimmer mit TV. Außerdem ist ein gutes Restaurant angeschlossen.
- Ebenfalls sehr empfehlenswert, etwas abgelegener, aber immer noch im Innenstadtbereich, bietet die **Danashree Lodge** €-€€ (Tel.: 279712, South East Rampart) mit großen, teilweise klimatisierten Zimmern mit TV sehr viel für wenig Geld.
- Recht gut ist das **Hotel Ganesh** €-€€ (Tel.: 231113), 314 Srinivasam Pillai Rd., nur etwa 200 m vom Bahnhof entfernt. Auch hier sind die Zimmer (z.T. mit AC) eher einfach, doch dafür macht alles einen sauberen Eindruck und auch die Bediensteten sind hilfsbereit. Zudem verfügt das Hotel über ein gutes vegetarisches Restaurant.
- Zentral nahe dem Busbahnhof gelegen ist das hervorragende **Hotel Gnanam** €€€-€€€€ (Tel.: 278501-8, www.hotelgnanam.com). Sehr schöne und gepflegte Zimmer (AC- und Non-AC), teils mit Balkon und Badewanne, machen es zur besten Wahl in Thanjavur zu ganz erstaunlich geringem Preis. Das letzte

Die zentrale Turmpyramide des Brihadeshvara-Tempels

gilt auch für das sehr gute angeschlossene vegetarische Restaurant Sahana. Vorteilhaft ist auch das Internetcafé im Haus.

- Eine komfortable, leicht überteuerte Wahl ist das **Hotel Sangam** €€€€€ (Tel.: 239451) an der Tiruchirapalli Rd., südwestlich des Stadtzentrums. Die 54 Zimmer sind alle klimatisiert, auch hier stehen ein Pool und eine (arktisch kalte) Bar zur Verfügung.
- Die schönste Unterkunft Thanjavurs ist das etwa 6 km nördlich inmitten einer Gartenanlage am Vennar-Fluss gelegene **Ideal River View Resort** €€€€€ (Tel.: 04362-2350 533/633, www.idealresort.com). Neben den geschmackvoll eingerichteten AC-Bungalows mit Balkon (alle mit Flussblick) bietet das Haus einen Pool im Garten, Ayurveda & Yoga Centre, Internet und eine Bar. Sehr schön sitzt es sich im Freiluftrestaurant am Fluss. Das Hotel setzt für Gäste einen kostenlosen Shuttle-Bus in die Stadt ein.

Essen und Trinken

- Ganz erstaunlich billig und gut isst man im edlen **Sahana Restaurant** des Hotels Gnanam. Eine lange Speisekarte und ein guter Service machen es zu einer der besten, allerdings sicher nicht typisch indischen Adressen der Stadt.
- Das **Sathar's** in der Gandhiji Rd. genießt den Ruf, eine der besten Speisestätten der Stadt zu sein. Serviert werden authentische vegetarische wie nichtvegetarische Gerichte, wobei die Hauptgerichte zwischen 60 und 100 Rs kosten.
- Wesentlich günstiger isst man im **Sri Venkata,** ebenfalls an der Gandhiji Rd. Einfaches Ambiente, dafür authentische südindische Küche für kaum mehr als 40 Rs pro Gericht.
- Mittags brechend voll ist das **Vasantha Vihar,** was auf gute Qualität schließen lässt, als Ausweichmöglichkeit bietet sich das **Anand Bhavan** 100 m südlich an.
- Rein vegetarisch, gut und billig ist man im **Aravind Restaurant** (und Aravind Sweets) am alten Busbahnhof, mit schöner Übersicht über das quirlige Treiben. Im **New Bombay Sweets** ganz in der Nähe gibt es neben Süßigkeiten auch Snacks, Shakes und Bier.
- Wer sich vor der Zugfahrt noch mit Snacks, Kuchen oder Süßigkeiten eindecken will, hat es zu **Ceylon Dason's Confectionary** direkt am Bahnhof nicht weit.

221is Foto: tb

Bank

- Zum Wechseln von Travellerschecks wird man neben den großen Hotels am schnellsten in der **Canara Bank** (Mo–Fr 10–14, Sa 10–12 Uhr) in der South Main Rd. bedient.
- Ebenfalls fix geht's bei **VKC Forex** (Golden Plaza, Ghandhiji Rd., 9.30–21 Uhr), wo neben Reiseschecks auch Bares zu Rupien wird.
- Mehrere **ATMs,** etwa der State Bank of India (Hospital Rd.) und der ICICI Bank (South Main Rd.), verschaffen das nötige Kleingeld.

Post, Internet

- Die **Hauptpost** an der Straße nach Tiruvanur ist Mo–Sa von 10 bis 17 Uhr, So von 10 bis 12 Uhr geöffnet.
- **BBC Net** im Nallaiyah Shopping Complex, **Net Café** nahe dem Lions Hotel (etwas zurück von der Straße, bis Mitternacht geöffnet) und **sify-i-way** an der East Main Rd. sind recht schnelle Surfmöglichkeiten.

Shopping

Entlang der Gandhiji Rd. hat sich eine Reihe von Souvenirläden angesiedelt, die vornehmlich **kunstgewerbliche Produkte** verkaufen. Im Angebot sind unter anderem kunstvoll verzierte Truhen, Messinglampen, Bronzen, Schnitzereien aus Sandelholz und Malereien der Tanjore-Schule. Kenner mögen hier durchaus ein Schnäppchen machen, doch insgesamt sind das Angebot und das Ambiente in Madurai verlockender.

An- und Weiterreise

- **Bahn:** Der Bahnhof verfügt über ein computerisiertes Reservierungsbüro, das Mo–Sa von 8 bis 20 Uhr (um 14 Uhr 15 Min. Pause) und So von 8 bis 14 und 15 bis 17 Uhr geöffnet ist. Ziele in der unmittelbaren Umgebung erreicht man allerdings schneller mit dem Bus. Eine Ausnahme sind die zahlreichen Verbindungen nach Chennai, von denen wenige über Chidambaram gehen. Um nach Madurai zu gelangen, muss man zunächst nach Tiruchirapalli fahren und von dort einen weiteren Zug nehmen – zu umständlich und zeitaufwendig, deshalb besser per Bus. Wichtige Verbindungen findet man im Anhang.
- **Bus:** Unglücklicherweise befindet sich der neue Busbahnhof 3 km außerhalb im Südwesten der Stadt (ca. 50 Rs mit der Riksha). Von hier werden alle wichtigen Städte in Tamil Nadu angefahren, etwa Chennai (20 Busse, 8 Std.), Chidambaram (alle halbe Stunde, 4 Std.), Kumbakonam (alle halbe Stunde, 1 Std.), Madurai (alle 15 Min., 4 Std.), Trichy (alle 10 Min., 1½ Std.). Vom alten innerstädtischen Busbahnhof zum neuen außerhalb gelegenen fährt u.a. Linie 74. Ein Tipp: Wer aus Richtung Osten (z.B. von Chidambaram oder Kumbakonam) in die Stadt fährt, sollte unbedingt schon am alten Busbahnhof aussteigen, da sonst der Weg vom neuen in die Innenstadt wieder zurückgefahren werden muss.

Tiruchirapalli (Trichy)

↗ XXIII/C1

Einwohner: 870.000
Vorwahl: 0431

Tiruchirapalli oder Trichy, wie es von den Einheimischen kurz genannt wird, ist eine unattraktive Stadt, die man aber unbedingt gesehen haben sollte. Ebenso wie das 56 km östlich gelegene Thanjavur war der Ort seit jeher eine zwischen den verschiedenen Dynastien heiß umkämpfte Ansiedlung. Er wurde im 6. Jh. von den Cholas gegründet und unter anderem von den sie ablösenden Pallavas und später von den von Vijayanagar eingesetzten Nayaks regiert.

Trotz ihrer historischen Bedeutung hat die weitläufige Stadt selbst wenig zu bieten. Wahrzeichen und einzige wirkliche Sehenswürdigkeit ist das die Altstadt überragende Rock Fort, von dem sich eine weite Aussicht über Tiruchirapalli und die Umgebung bietet. Von der Festungs- und Tempelanlage erkennt man auch die Türme des beeindruckenden Sri-Ranghanatha-Swami-Tempels von **Srirangam,** etwa sechs Kilometer nördlich. Dieses größte Vishnu-Heiligtum Südindiens auf einer Insel zwischen dem unmittelbar nördlich des Forts verlaufenden **Cauvery-Fluss** und dem Seitenarm Kollidam ist der eigentliche Grund, warum Tiruchirapalli bei keiner Südindien-Tour fehlen sollte.

Folgt man der vom unterhalb des Rock-Fort-Tempels beginnenden Big Bazaar Rd. ca. 2,5 km nach Süden, gelangt man zur **Cantonment Area.** Diese ursprünglich von den Briten angelegte Neustadt beherbergt mit Bahnhof, Busbahnhof, Hauptpost, Hotels und Restaurants alle touristisch wichtigen Einrichtungen.

Rock Fort

Die strategische Bedeutung des sich gleich südlich des Cauvery-Flusses aus der Ebene erhebenden Rock Fort ist unübersehbar. Es hätte schon einer geradezu unentschuldbaren Blindheit bedurft, um den militärischen Nutzen des **83 Meter hohen Felssporns** zu verkennen. Schließlich war hier naturgegeben vorhanden, was ansonsten erst mit einem enormen menschlichen Kraftakt hätte geschaffen werden müssen: ein wehrhafter Unterbau, auf dem schließlich nur noch ein paar Mauern errichtet werden mussten, um eine fast uneinnehmbare Festung zu errichten. Umso erstaunlicher ist, dass erst die Nayaks im 17. Jh. das Potential nutzten, indem sie auf der Spitze des Felsens eine Festungsanlage erbauten.

Von der großen Basarstraße gelangt man zum Eingang der Anlage, von dem 437 rot-weiß gestrichene **Treppenstufen** nach oben führen. Entlang des schweißtreibenden Aufstiegs findet sich eine Reihe von **Schreinen und Kulthöhlen,** die über die Jahrhunderte von verschiedenen Herrschern angelegt wurden. Eine der beeindruckendsten ist die bereits Anfang des 7. Jh. von dem großen Pallava-König *Mahendravarman I.* in Auftrag gegebene **Lalitankura-Höhle.** Besonders schön ist die Darstellung Shivas in der Eingangshalle, in der er den heiligen Strom Ganga in seinen Haaren auffängt und danach sanft zur Erde gleiten lässt. Eine Inschrift belegt die Abkehr des auch unter dem Beinamen *Gunabhara* bekannten Königs vom Jainismus und seine Bekehrung zum Shivaismus: „Nun ist Gunabhara ein Verehrer des Linga geworden. Möge die Kenntnis davon, dass er seine feindliche Haltung aufgegeben hat, durch diesen Linga weithin bekannt werden."

An der Spitze angelangt, wird man für die Mühen des Aufstiegs mit einem herrlichen **Rundblick** belohnt. Besonders beeindruckend sind die über die Palmenspitzen ragenden *gopurams* des Sri-Ranganatha-Swami-Tempels und des Sri-Jambukeshwara-Tempels im Norden, jenseits des Cauvery-Flusses. Von der erhöhten Aussicht erscheint selbst das im Grunde wenig attraktive Tiruchirapalli auf der anderen Seite recht ansprechend.

- **Öffnungszeiten:** täglich von 6 bis 20 Uhr, Fotokamera 10 Rs, Video 50 Rs. Auf der Spitze angelangt, kann man seinen Durst an einem Getränkestand löschen.

Praktische Tipps

Information

- Das schräg gegenüber dem zentralen Busbahnhof gelegene **Touristenbüro** (1 Williams Rd., Tel.: 2460136) ist Mo–Fr von 10 bis 18 Uhr geöffnet. Filialen befinden sich am Bahnhof und am Flughafen.

Stadtverkehr

- Für die Fahrt vom **Flughafen** in die 6 km südlich gelegene Innenstadt verlangen die Ta-

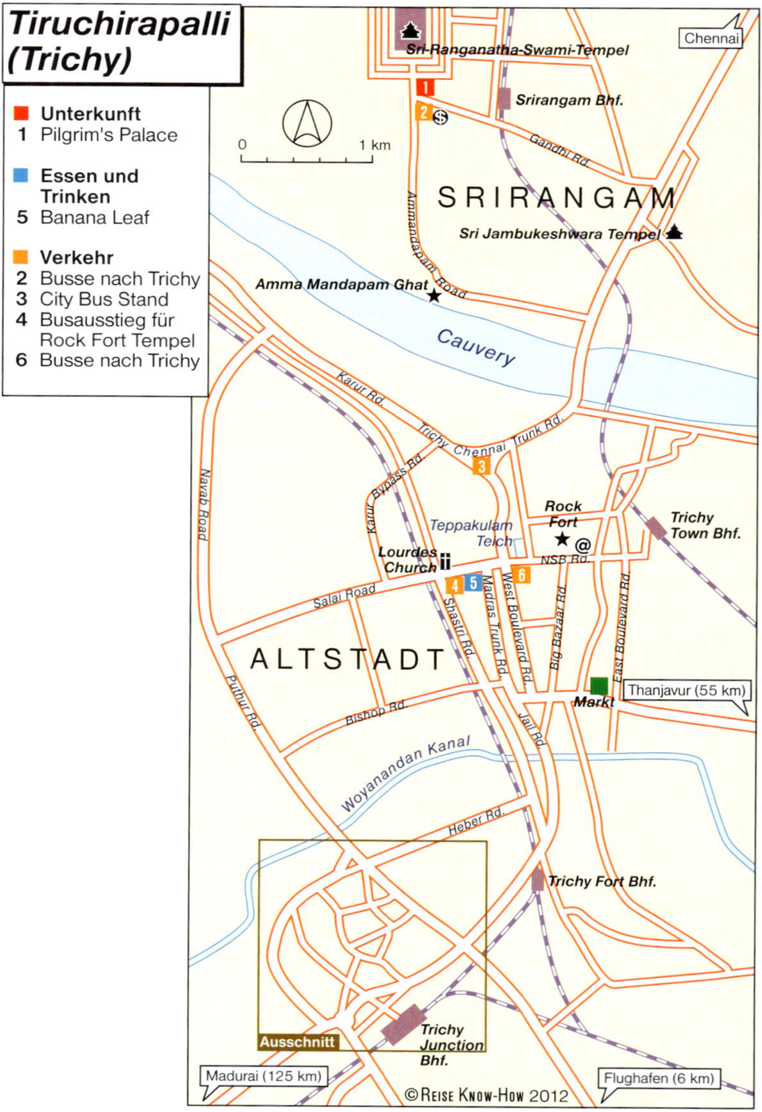

Tiruchirapalli (Trichy)
Unterkunft
1 Pilgrim's Palace
Essen und Trinken
5 Banana Leaf
Verkehr
2 Busse nach Trichy
3 City Bus Stand
4 Busausstieg für Rock Fort Tempel
6 Busse nach Trichy
0
1 km
Chennai
Sri-Ranganatha-Swami-Tempel
Srirangam Bhf.
Gandhi Rd.
SRIRANGAM
Ammandapam Road
Sri Jambukeshwara Tempel
Amma Mandapam Ghat
Cauvery
Karur Rd.
Trichy Chennai Trunk Rd.
Karur Bypass Rd.
Navab Road
Teppakulam Teich
Rock Fort
Trichy Town Bhf.
Lourdes Church
NSB Rd.
Salai Road
Shastri Rd.
Madras Trunk Rd.
West Boulevard Rd.
Big Bazaar Rd.
East Boulevard Rd.
ALTSTADT
Puthur Rd.
Markt
Thanjavur (55 km)
Bishop Rd.
Jail Rd.
Woyanandan Kanal
Heber Rd.
Trichy Fort Bhf.
Trichy Junction Bhf.
Ausschnitt
Madurai (125 km)
Flughafen (6 km)
©Reise Know-How 2012

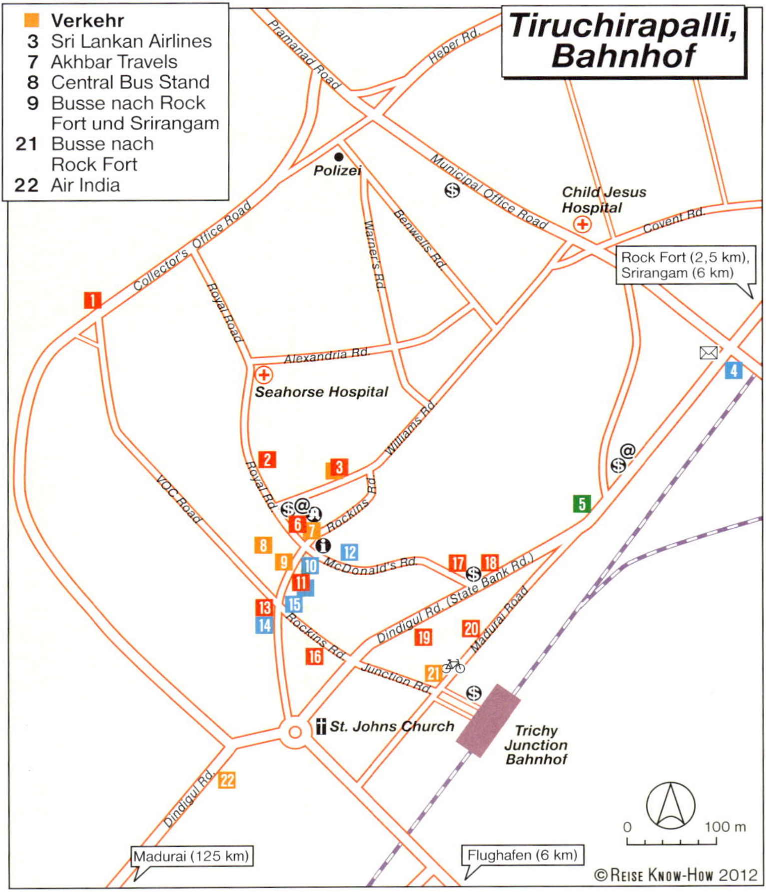

Unterkunft
1 Hotel Sangam
2 Hotel Gajapria
3 Hotel Femina
6 Guru Hotel
11 Hotel Meega
13 Hotel Aanand
16 Ashby Hotel
17 Breeze Residency
18 Modern Hindu Hotel
19 Hotel Arun
20 Chendhoor Residency

Essen und Trinken
4 Classic Foods
10 Abhirami und Kavitha
11 Saravana Bhavan
12 Banana Leaf
14 Sangeetha und Shri Sangeetas
15 A1

Einkaufen
5 Vincent Pastry Shop

xifahrer 120–150 Rs. Mit der Motorriksha ist es etwa die Hälfte. Nur einen Bruchteil kostet die Fahrt mit einem der zahlreichen öffentlichen Busse (u.a. Nr. 7, 9, 23, 58, 59, 63).

- Eine gute, weil günstige Möglichkeit, sich im weitläufigen und flachen Trichy fortzubewegen, bieten die von diversen Händlern um die Junction Rd. vermieteten **Fahrräder.** Negativ sind allerdings die hohen Temperaturen und die Abgase besonders entlang der Big Bazaar Rd. Achtung: Diese Hauptverkehrsstraße zwischen Cantonment, Altstadt und Rock Fort ist eine Einbahnstraße!
- Nach **Srirangam** und zum **Rock Fort** fährt ca. alle 10 Min. vom Busbahnhof (Einstieg vor dem Busbahnhof gegenüber Hotel Mega) **Buslinie Nr. 1** (fährt auch an der Kreuzung vor dem Bahnhof vorbei). Für Rock Fort (ca. 20 Min. Fahrtzeit) ist die Haltestelle an der riesigen Lourdes Church (von dort ca. 10 Minuten Fußweg nach rechts durchs Main Guard Gate und am Tempelteich vorbei bis zum Eingang). Nach Srirangam weitere 10–15 Minuten. Für die Rückfahrt (Einstieg Rock Fort direkt neben Main Guard Gate) kann auch **Bus C1** genommen werden, der zwar etwas umständlicher fährt, aber interessantere Straßen benutzt. Zum **Flughafen** fahren die Buslinien K1, 9a und 23.
- Mit der **Riksha** von Cantonment entlang der Dindigul Rd. und weiter über die Big Bazaar Rd. bis zum Eingang des Rock Fort werden von Touristen bis zu 80 Rs verlangt, es sollten nicht mehr als 50 sein.

Unterkunft

- Die billigste Wohnmöglichkeit in Tiruchirapalli ist wohl das **Modern Hindu Hotel** € (Tel.: 2417858). Aufs Wesentlichste beschränkte Ausstattung (z.B. schmale Betten) und Zimmer zu kleinstem Preis, teils mit Gemeinschaftsbad – alles in allem kein schlechtes Angebot.
- Durch recht große Zimmer, die klimatisierten oft mit TV, wird das preiswerte **Hotel Arun** €€ (Tel.: 2415021) zu einer akzeptablen Billigwahl. Restaurant und Bar sind vorhanden und – ganz wichtig – Kartenspiele in den Zimmern sind verboten.
- Ebenfalls akzeptabel ist das **Hotel Aanand** €-€€€ (1 VOC Rd., Tel.: 2415545, (0)9150 368740, hotelaanand@hotmail.com) südlich vom Busbahnhof. Aufgrund der geringen Preise sind die teils klimatisierten Zimmer häufig ausgebucht. Angenehm ist auch das vorgelagerte, beliebte Freiluftrestaurant.
- Die besten der sauberen und moskitogeschützten Zimmer (AC- und Non-AC) finden sich oben (schöner Blick) und nach hinten (ruhiger) im **Hotel Gajapria** €€-€€€ (5 Royal Rd., Tel.: 2414411, (0)984243555) mit Restaurant. Einzelzimmer ohne, Doppelzimmer mit Balkon.
- Das brandneue **Chendhoor Residency** €€€-€€€€ (Madurai Rd., Tel.: 2400025, (0)984 241210, chendhoorresidency@gmail.com), nur einige Schritte vom Bahnhof entfernt, offeriert supersaubere Zimmer mit guter Ausstattung (z.B. Flachbildfernseher) und ist damit hervorragend.
- Ähnliche Qualität weist das **Guru Hotel** €€-€€€€ (13 Royal Rd., Tel.: 2415881, www.guruhotel.in) im Zentrum gegenüber dem Busbahnhof auf. Die angenehmen Zimmer sind gut in Schuss.
- Nur noch für Freunde des untergegangenen Raj mag das nostalgische **Ashby Hotel** €€-€€€€ (17 Rockins Rd., Tel.: 2460652/3, www.ashbyhotel.com) hinreichen. Den geräumigen Zimmern mit dunkler Holzvertäfelung und altem Mobiliar in dem alten Kolonialbau wurde ein neuer Anstrich verpasst, was ihnen gut bekommen ist. Neuere Zimmer im 1. Stock sind eher nüchtern, aber recht groß. Am besten mehrere anschauen. Zudem ist der nicht zu überhörende Straßenlärm nicht jedermanns Sache. Hübsch ist das Freiluftrestaurant im Innenhof unter Bäumen.
- Das ziemliche Gegenteil vom Ashby ist das **Hotel Femina** €€-€€€€ (Tel.: 2414501, www.feminahotels.in) in der Williams Rd. Auf acht Etagen werden 130 Zimmer vermietet. Einen weiten Blick von den Balkonen bzw. großen Fensterfronten hat man in den passablen, sehr preiswerten Non-AC-Zimmern und komfortablen AC-Zimmern sowie Suiten mit Badewanne, TV und Kühlschrank in den oberen Stockwerken. Zwei gute Restaurants (veg. und non-veg.) und ein Pool sind vorhanden.

- Dem Preis nicht mehr ganz entsprechenden Komfort bietet die **Breeze Residency** €€€€-€€€€€ (McDonald's Rd., Tel.: 2414414, www.breezehotel.com), neben dem Sangam das beste Haus am Ort. Bei den teureren Zimmern ist der Gegenwert noch akzeptabel, die billigen sind nichts Besonderes (auch wegen der schlechten Aussicht) und damit zu teuer. Falls möglich, ein Zimmer im oberen Stock wählen! Restaurant und Bar sind angeschlossen. Inzwischen gibt's auch einen großen Swimmingpool. Morgens zwischen 7 und 10 Uhr gibt es ein Frühstücksbuffet für 203 Rs.
- Luxuriöser ist das an der Collector's Office Rd. im Norden der Cantonment Area gelegene **Hotel Sangam** €€€€€-€€€€€€ (Tel.: 241 4700, 4244555, www.hotelsangam.com) in weiträumiger Gartenanlage mit Swimmingpool, der für 100 Rs auch von Nicht-Gästen benutzt werden kann. Gelegentlich Tanzaufführungen zu klassischer indischer Musik. Hotel und Restaurant sind im an komfortablen Angeboten armen Trichy jedoch etwas überteuert.

Essen und Trinken

- Günstige und sehr leckere, authentisch südindische vegetarische Gerichte (Hauptmahlzeiten 20–40 Rs) serviert das **Abhirami** direkt gegenüber dem Busbahnhof.
- Ebenfalls dort findet sich das gute und nett eingerichtete **Kavitha Restaurant,** wo es außerdem Backwaren gibt.
- Das dem Hotel Aanand angeschlossene **Sangeetha Restaurant** gilt als eines der besten der Stadt. Die Auswahl ist groß, die Preise sind günstig, die Gerichte authentisch.
- Wie immer serviert **Saravana Bhavan** beim Hotel Meega gute vegetarische Küche zum kleinen Preis.
- Wer fleischliche Kost möchte, ist in der schmucklosen Halle des **A1** gut aufgehoben.
- Gegenüber und südlich des Busbahnhofs locken mehrere Freiluftrestaurants, etwa das **Shri Sangeetas** (bis Mitternacht geöffnet), die am Abend recht voll werden können.
- Leckeren Kuchen und Teilchen gibt's im **Vincent Pastry Shop.** Auch Süßigkeiten, Säfte und Brot sind hier erhältlich.
- Beste Andra-Pradesh-typische und damit scharfe Küche serviert **Banana Leaf** (McDonald's Rd., mittags und abends geöffnet). Auch nordindische Gerichte werden köstlich zubereitet. Wer sich nach der Besteigung des Rock Fort stärken will, kann dies im guten Ableger des Banana Leaf in der Madras Trunk Road tun.
- Im **Classic Foods** werden Pizzas, Burger und Eis feilgeboten.
- Selbstversorger sind im gut ausgestatteten, modernen **Supermarkt Spencer's** bestens bedient. Dort gibt's auch eine kleine Filiale von **Café Coffee Day** (Kuchen, Gebäck).

Bank

- Die **State Bank of India** (Mo–Fr 10–14, Sa 10–13 Uhr) in der Dindigul Rd. wechselt nur Bargeld. Hier auch ein ATM. Zudem weitere Wechselmöglichkeiten bei **Pasla Money Changer** (Mo–Sa 10–19 Uhr) und **Akhbar Travels** (nur Bargeld, 1. Stock, 9.30–19.30 Uhr) gegenüber dem Busbahnhof, die auch Reiseschecks akzeptieren.
- Mehrere weitere **ATMs,** etwa am Bahnhofsgebäude (ICICI Bank und Canara Bank), stehen zur Verfügung. Die ATMs der HDFC Bank an der Pramanad Rd. akzeptieren auch Amex.
- In **Srirangam** steht wenig südlich des Tempeleingangs in der Nähe des Buseinstiegs Richtung Tiruchirapalli ein ATM der ICICI Bank.

Medizinische Versorgung

- Das **Seahorse Hospital** (Royal Rd., Tel.: 2462660) liegt zentral nahe dem Busbahnhof. Dasselbe gilt für die **Apotheke Vasan Medical Hall** etwas südlich gegenüber dem Busbahnhof.

Post, Internet

- Die **Hauptpost** liegt etwas unglücklich an der Dindigul Rd. Richtung Nordosten. Geöffnet Mo–Sa von 8 bis 19 Uhr.
- Mehrere **Internetcafés** bieten für um die 20 Rs/Std. ihre Dienste an, wobei G-Net (bis 21 Uhr) und sify-i-way (bis 22 Uhr), beide

busbahnhofsnah, zentral liegen. Netpark im 1. Stock des Jenne Plaza mit guter Ausrüstung ist das schnellste.

Feste

- Wie alle großen Städte des Südens feiert auch Trichy alljährlich seine großen Tempelfeste. Die wichtigsten sind das im Januar stattfindende **Car Festival** und das **Vaikunta-Ekadasi-Festival** im Dezember, zu dem Tausende von Pilgern nach Trichy strömen. Die genauen Termine sind beim Touristenbüro zu erfragen.

An- und Weiterreise

- **Flug:** Vom 6 km südlich gelegenen kleinen Flughafen mehrmals wöchentlich Flüge nach Chennai, Kochi, Coimbatore und Goa. Büro von Air India: 4A Dindigul Rd., Tel.: 2483800, Flughafen: 2341601. Kingfisher Airlines, Tel.: 1800-1800101, www.flykingfisher.com, hat tägliche Verbindungen nach Chennai. Paramount Airways (Flughafen-Tel.: 2340620/1) fliegt nach Trivandrum. Außerdem täglich ein Flug nach Sri Lanka mit Sri Lankan Airlines (Tel.: 2412582, Mo–Fr 9–17.30, Sa bis 13 Uhr), Büro im Hotel Femina. Über aktuelle Flugverbindungen informiert übersichtlich www.yatra.com.
- **Bahn:** Detaillierte Informationen über die Zugverbindungen vom zentral gelegenen Hauptbahnhof bietet die Tabelle im Anhang. Das Reservierungsbüro ist Mo–Sa 8–19 Uhr (Pause der meisten Schalter zwischen 14 und 14.15 Uhr), So 8–14 Uhr geöffnet.
- **Bus:** Vom zentral gelegenen Central Bus Stand werden alle Orte innerhalb Tamil Nadus in kurzer Folge angefahren: Chidambaram (halbstündig), Coimbatore, Kumbhakonam (alle 10 Minuten), Kanchipuram (6 Std.), Madurai (4 Std.), Thanjavur (2 Std., der letzte um 21.25 Uhr), Tirupati (9 Std.), Vellore (10 Std., Ultra-Deluxe um 15.50, 20, 20.45, 23.30 Uhr). Die Busse nach Chennai benötigen je nach Fahrtstrecke und Bustyp (Ultra-Deluxe um 14, 21, 22 und 22.30 Uhr, Volvo-AC) zwischen 8 und 11 Std. Zahlreiche private Busgesellschaften setzen meist Nachtbusse zu den großen Städen Tamil Nadus ein.

Highlight: Srirangam

↗ XXIII/C1

Sri-Ranganatha-Swami-Tempel

Sechs Kilometer nördlich von Trichy, im Westen einer 27 Kilometer langen und zwei Kilometer breiten **Insel** zwischen dem Cauvery-Fluss und dessen Seitenarm, dem Kollidam, liegt mit dem Sri-Ranganatha-Swami-Tempel eine der beeindruckendsten Tempelanlagen Südindiens. Schon seit dem 10. Jh. ist das Dorf Srirangam, in dem das **Vishnu-Heigtum** steht, eine berühmte Pilgerstätte. Alte Inschriften belegen den Bau bedeutender Tempel in jener Zeit, von denen allerdings nichts erhalten blieb. Im 12. Jh. diente Srirangam als Zufluchtsstädte für den berühmten vishnuitischen Philosophen *Ramanuja,* der auf der Flucht vor den shivaitischen Chola-Königen war.

Ab dem 13. Jh. entwickelte sich aus dem von den Pandyas erbauten Haupttempel über die Jahrhunderte durch die Anbauten der verschiedenen Dynastien (Hoysala, Vijayanagar, Nayaks) das heute größte Vishnu-Heiligtum im Süden Indiens. Die Gesamtfläche dieser klassischen Tempelstadt beträgt 960 x 825 m. Der recht unscheinbare Haupttempel im Zentrum wird von **sieben Mauerringen** umschlossen, die von **21 Tortürmen** unterbrochen werden. Sie bilden das bereits von weitem sichtbare, eigentliche Wahrzeichen Srirangams, wollte doch jeder Herrscher seinen Vorgänger mit der Errichtung immer größerer Türme übertrumpfen. Dass dieser Größenwahn bis in die jüngste Vergangenheit reicht, belegt auf höchst eindrucksvolle Weise der **73 m hohe Haupteingang** im Süden. Der sich über 20 Stockwerke nach oben verjüngende Repräsentationsbau wurde erst 1982 mit finanzieller Unterstützung der UNESCO fertig gestellt. Die von *dvarapalas* bewachten Öffnungen sind symmetrisch von Miniaturtempeln eingefasst; die kräftigen Farben betonen den pompösen Charakter der Kunst von Tamil Nadu.

Von hier führt die Hauptstraße durch zwei weitere Tortürme bis zum vierten Hof, wo der eigentliche Tempel beginnt. Man sollte sich für den Weg jedoch Zeit nehmen, um die faszinierende Mischung aus Geschäften, Devotionalienhändlern, Essensständen, Basaren, Blumenverkäufern, Pilgern, Musikern, Bettlern und Tieren auf sich wirken zu lassen – eine Tempelstadt im wahrsten Sinne des Wortes.

Hat man am Eingang zum vierten Hof seine Schuhe ausgezogen und die Fotogebühr entrichtet, gelangt man in das über die Jahrhunderte gewachsene, für die dravidische Tempelarchitektur so typische und gleichzeitig verwirrende Labyrinth aus dunklen Gängen, Höfen, Schreinen und Hallen. Als „Orientierungs- und Erklärungshilfe" macht es durchaus Sinn, einen der zahlreichen Guides zu engagieren. Viele der sich als offizielle Führer ausgebenden Männer sind jedoch nicht lizensiert, benehmen sich gegenüber westlichen Reisenden sehr aufdringlich und verlangen astronomische Summen für ihre kaum von Fachwissen geprägten Erläuterungen. Der Preis ist Verhandlungssache, sollte jedoch 100 Rs für zwei Stunden nicht überschreiten. Um sich einen Überblick über die verschachtelte Anlage zu verschaffen, empfiehlt es sich, das Dach eines Tempels zu erklimmen (10 Rs, Ticket am Haupteingang), das links von der hinter dem Eingang zu passierenden Halle liegt. Von hier bietet sich ein beeindruckender Blick auf das vergoldete Dach des Haupttempels und die zahlreichen weiteren Tempeldächer. Mit zunehmender Entfernung vom Zentrum gewinnen die Tempeltürme immer mehr an Höhe.

Im vierten Hof steht auch die **1.000-Pfeiler-Halle.** Die insgesamt 960 Granitmonolithen sind mit dem für Tamil Nadu und speziell die Vijayanagar-Periode charakteristischen Motiv der sich aufbäumenden **Pferde** skulpturiert. Zahlreiche weitere Tempel und Hallen sowie die Tempelküche und die Stallungen für die Elefanten lohnen einen ausgiebigen Rundgang. Die innersten drei Höfe mit dem Sanktum sind allerdings für Nicht-Hindus verschlossen.

- **Öffnungszeiten:** 6.45–13 und 15–21 Uhr, Kamera/Video 50/150 Rs.
- **Anreise:** Mit der Autoriksha werden für die Hin- und Rückfahrt vom Busbahnhof in Trichy inkl. 2½-stündiger Wartezeit 250 Rs verlangt. Busse der Linie 1 von Trichy Junction und Rock Fort halten nahe dem Tempeleingang.
- **Unterkunft:** Direkt am Tempelzugang beim östlichen, riesigen Gopuram ist das **Pilgrim Palace** €€-€€€ (Tel.: 2431800) mit geräumigen, sauberen, zweckmäßig eingerichteten Zimmern perfekt gelegen. Einige Räume mit Blick auf den Tempel. Auch AC-Zimmer sind vorhanden.

Der besondere Tipp: Amma Mandapam Ghat

Wer das immer mehr an den Rand gedrängte spirituelle Indien in seiner ganzen Faszination hautnah erleben möchte, sollte sich auf keinen Fall das nur selten von Westlern besuchte Amma Mandapam Ghat entgehen lassen. Dieses nur etwa einen Kilometer südlich des Sri-Ranganatha-Swami-Tempels gelegene Ghat genießt bei den Einheimischen seit alters her große spirituelle Bedeutung.

Jeden Tag, speziell am Morgen, versammeln sich am Ufer des Cauvery-Flusses Hunderte, oft Tausende von Gläubigen. Auf dem Weg zum Tempel legen sie hier einen Zwischenstopp ein, um von den dort ansässigen Brahmanen-Priestern mit hinduistischen Ritualen verstorbene Familienangehörige zu ehren, für kranke Angehörige zu beten, die Götter um erfolgreiche und sichere Pilgerfahrten zu bitten oder die Geburt eines Kindes zu erbeten. Urzeitliche Szenen von meist in Familienverbänden mit Sack und Pack angereisten Pilgern, die auf dem Boden sitzend den Brahmanen bei ihren aufwendigen Kulthandlungen beiwohnen, Männer, die sich den Kopf rasieren lassen, Pilger, welche im Fluss ein Bad nehmen und bunt geschmückte Elefanten werden eingerahmt von den Klängen der Tempelglocken und dem Geruch von Räucherstäbchen.

Sri-Jambukeshwara-Tempel

Wäre da nicht der alles überragende Sri-Ranganatha-Swami-Tempel, so würde der knapp einen Kilometer südöstlich gelegene Sri Jambukeshwara als eine der beeindruckendsten Tempelanlagen der Region wahrgenommen. Wer noch nicht „tempelmüde" ist, sollte sich dieses zwischen dem 15. und 17. Jh. zur Zeit der Pandyas und Nayaks errichtete Shiva-Heiligtum nicht entgehen lassen.

Im Grundriss lehnt es sich stark an das große Vorbild des mehrere Jahrhunderte zuvor entstandenen Sri-Ranganatha-Swami-Tempels an. Auch hier umschließt die von vier konzentrischen Mauern umschlossene, streng achsensymmetrische Anlage sowohl profane als auch sakrale Bauten. Der Eingang in den heiligen Bezirk ist durch unheilabwehrende Fratzen auf den Firsten der *gopurams* geschützt. Im für Nicht-Hindus verschlossenen Sanktum wird Shiva als Herr des Rosenapfels in Form eines halb im Wasser stehenden *lingam* verehrt.

Hingewiesen sei noch auf das **Tempelwagen-Festival** im Januar und das **Vaikunta-Festival** Mitte Dezember.

- **Öffnungszeiten:** 6–13 und 15–21 Uhr, Kamera/Video 20/150 Rs.

Der besondere Tipp: Kleine Tempelanlagen

Während der **Fahrt von Thanjavur bzw. Trichy nach Madurai** bieten sich diverse Zwischenstopps an. Zwei der schönsten, von westlichen Touristen nur sehr selten besuchten Sehenswürdigkeiten seien hier erwähnt. Bei der ersten handelt es sich um einen ver-

140is Foto: tb

wunschenen **Ayyanar-Tempel** am Ende eines Bambushains. Dieses archaisch anmutende Heiligtum liegt in dem winzigen Dorf Ilangudipatti, 15 km südlich von **Pudukkottai.** Unmittelbar nach Überqueren des einzigen Bahnübergangs zwischen Thanjavur und Madurai führt eine durch einen Torbogen gekennzeichnete Straße nach rechts zum Tempel.

Eine hoch aufragende **Festungsanlage** auf der Spitze eines Felsens 15 km weiter südlich entlang der Tanjore-Madurai-Straße markiert den zweiten Stopp. Von hier (das Dorf trägt den Namen **Thirumayam**) geht es ca. fünf Minuten links am Fuße der Festungsanlage vorbei bis zum Eingang zu einer Tempelanlage, an deren Ende eine schöne, aus dem Fels gehauene **Statue des Vishnu Narayana** zu bestaunen ist. Der kleine, höhlenartige Raum vermittelt besonders während der häufig abgehaltenen Pujas eine intensive spirituelle Atmosphäre.

Blick vom Rock Fort in Tiruchirapalli über den Cauvery-Fluss zum hoch aufragenden Gopuram des Sri-Jambukeshvara-Tempels

Highlight: Madurai

↗ XXIII/C1-2

Einwohner: 1,2 Mio.
Vorwahl: 0452

Welch ein Glück, dass in der hinduistischen Mythologie göttliche Wesen sehr menschliche Gefühle entwickeln dürfen. Dieser anderen Religionen gänzlich fremden „menschlichen Seite" des Hinduismus hat die Nachwelt eine Reihe von sehr schönen Plätzen und Stätten zu verdanken. Hierzu gehört das altehrwürdige Madurai.

Madurai ist so etwas wie die **heimliche Hauptstadt des Südens.** Im Gegensatz zu vielen kulturell, historisch und wirtschaftlich bedeutenden Städten, die abgesehen von einem Tempel kaum Sehenswertes zu bieten haben, ist Madurai ein Ort zum Verweilen. Neben der hervorragenden touristischen Infrastruktur mit zahlreichen Hotels aller Preiskategorien, guten Restaurants und besten Einkaufsmöglichkeiten bietet die Stadt mit ihrem **pulsierenden Leben** rund um den Sri-Meenakshi-Tempel im Zentrum eine einzigartige Atmosphäre aus Geschäftigkeit und Religiosität.

Der Bereich um den täglich von über 10.000 Pilgern besuchten Tempel ist von frühmorgens bis spätabends erfüllt von geschäftiger, „marktschreierischer" Vitalität. Allein zum Durchstreifen der **engen Gassen und Märkte** sollte man sich mindestens einen Tag Zeit nehmen. In dem lebhaften Treiben scheint der Geist der Schutzgöttin Meenakshi eine beruhigende Wirkung auf die Menschen auszuüben, herrscht doch bei aller Geschäftigkeit eine friedvolle Stimmung. Madurai sollte bei keiner Südindien-Route fehlen.

Orientierung

Der **Vaigai-Fluss** trennt Madurai in zwei deutlich voneinander zu unterscheidende Stadtteile. Die **Neustadt im Norden** geht auf das von den Briten gegründete Cantonment zurück. Hier präsentiert sich Madurai weitläufig und modern. Von touristischem Interesse ist diese Region nur wegen des New Busstand, des Gandhi Museum und einiger First-Class-Hotels im Bereich der vom Schwerverkehr geprägten Alagarkoil Rd.

Die **Altstadt im Süden** des Vaigai erstreckt sich um den **Sri-Meenakshi-Tempel.** Nach dem Vorbild eines *mandala* um mehrere Ringstraßen anglegt, hat sie ihren Charakter über die Jahrhunderte zum großen Teil bewahren können. Nach wie vor prägen die engen, von Händlern, Pilgern, bunten Märkten und Ochsenkarren geprägten Gassen das Bild. Zwischen dem Meenakshi-Tempel und dem etwa 1 km westlich gelegenen **Bahnhof** haben sich die meisten Hotels der unteren und mittleren Preiskategorie angesiedelt. Der wichtigste **Busbahnhof** für die meisten Fernverbindungen, die Central Bus Station, befindet sich 6 km nordöstlich vom Zentrum. Ein weiterer

Einer der vier Tortürme des berühmten Sri-Meenakshi-Tempels

142is Foto: tb

wichtiger Busbahnhof für Fahrten Richtung Westen ist der Arapalayam Bus Stand, knapp 2 km nordwestlich.

Sehenswertes

Sri-Meenakshi-Tempel

Für die Erkundung des Sri-Meenakshi-Tempels sollte man sich genügend Zeit nehmen. Neben den *gopurams,* Schreinen, Hallen, Skulpturen und Wandgemälden beeindruckt vor allem das bunte Treiben in der täglich von mehr als 10.000 Menschen besuchten Tempelstadt. Es lohnt sich, zu unterschiedlichen Tageszeiten wiederzukommen, da sich die Atmosphäre immer wieder ändert. Vor Kurzem wurden die meisten den Tempelbereich umlaufenden Straßen zu verkehrsberuhigten Zonen umgestaltet, wodurch das Flanieren wesentlich friedvoller und angenehmer wird.

Die Tempel, in denen **Shiva und Meenakshi** verehrt werden, liegen zusammen mit weiteren Nebentempeln und -schreinen innerhalb eines umfriedeten Rechtecks, das 254 x 237 m misst. Die sechs Hektar große Anlage wird durch zwei parallele Ost-West-Achsen bestimmt, auf denen die beiden Haupttempel liegen. Wahrzeichen der Stadt sind die **zwölf riesigen Tempeltürme,** die die Millionenstadt weithin überragen.

Der hohe, im Stil einer Festungsmauer gestaltete Außenwall wird von **vier Tortürmen** *(gopurams)* unterbro-

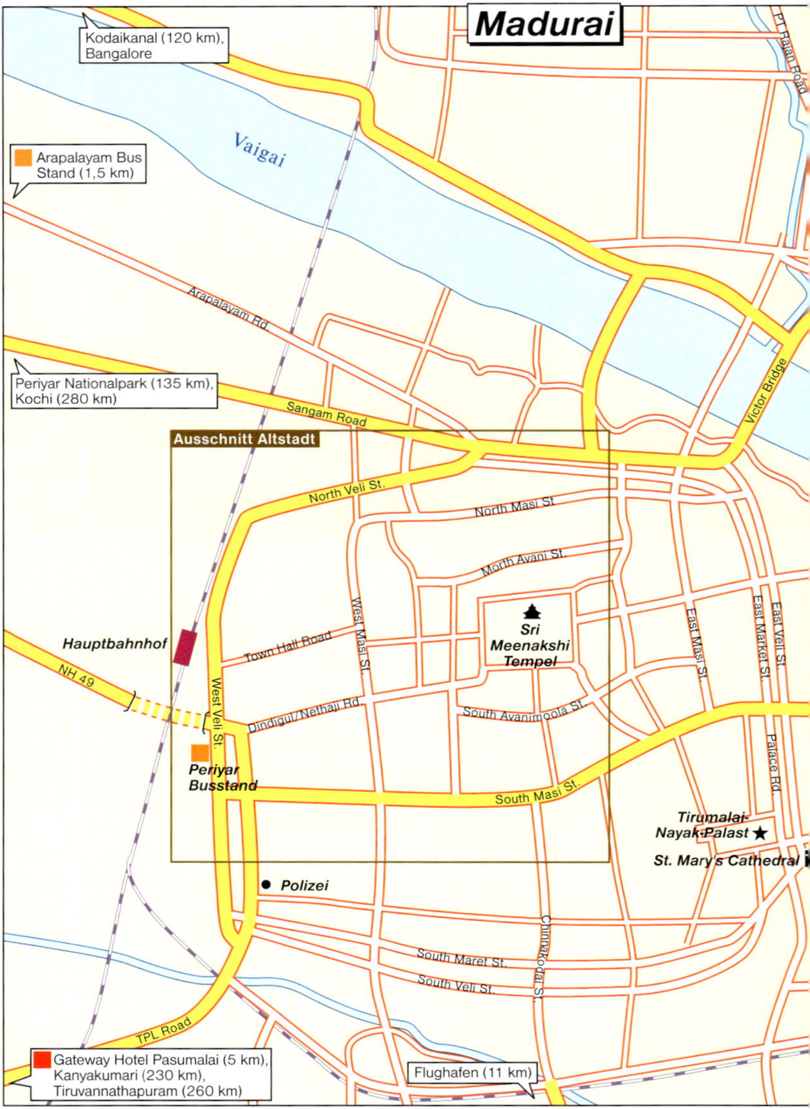
Madurai
Kodaikanal (120 km), Bangalore
Vaigai
Arapalayam Bus Stand (1,5 km)
Arapalayam Rd.
Periyar Nationalpark (135 km), Kochi (280 km)
Sangam Road
Ausschnitt Altstadt
North Veli St.
North Masi St.
North Avani St.
Victor Bridge
PT Rajan Road
Sri Meenakshi Tempel
Hauptbahnhof
NH 49
Town Hall Road
West Masi St.
West Veli St.
Dindigul/Nethaji Rd.
South Avanimoola St.
East Masi St.
East Market St.
East Veli St.
Periyar Busstand
South Masi St.
Palace Rd.
Tirumalai-Nayak-Palast
St. Mary's Cathedral
Polizei
Chinnakodai St.
South Maret St.
South Veli St.
TPL Road
Gateway Hotel Pasumalai (5 km), Kanyakumari (230 km), Tiruvannathapuram (260 km)
Flughafen (11 km)

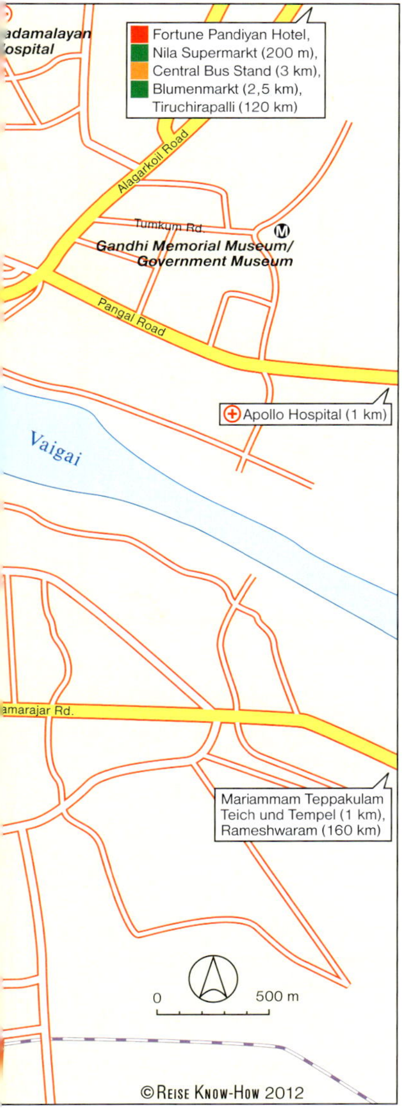

chen – einem in jeder Himmelsrichtung. Die Spitzen dieser mit Tausenden von bunten Götterfiguren, Dämonen, Asketen, Tempelwächtern, Tieren und Fabelwesen übersäten *gopurams* bestehen aus tonnenförmigen Überdachungen, die seitlich in großen hufeisenförmigen Bögen enden. Im Laufe von umfangreichen Renovierungsarbeiten, die Mitte des 20. Jh. durchgeführt wurden, entbrannte in der Öffentlichkeit eine heftige Debatte. Die Frage, ob die insgesamt zwölf Türme bunt oder einfarbig gestaltet werden sollten, wurde schließlich in einem Volksentscheid zugunsten der farbigen Variante entschieden. Wie Inschriften am Tempel belegen, entspricht dies dem ursprünglichen Zustand.

Hat der Besucher die Tempelanlage durch das Tor des südlichen *gopuram* betreten (vorher in einem kleinen Raum links davon die Schuhe ausziehen), taucht auf der rechten Seite hinter den Säulen des umlaufenden Wandelganges der **Teich des Goldenen Lotus** (Pottamarai Kulam) auf. Dieser Tempelteich ist der ideale Ort, um auf den zum Wasser führenden **Ghats** (Treppenstufen) das bunte Leben auf sich wirken zu lassen. Familien legen hier eine Pause ein, Pilger vollführen ihre rituellen Waschungen, Musiker spielen in der Hoffnung auf ein paar Rupien, Hochzeitspaare lassen sich fotografieren, ältere Menschen treffen sich auf ein Gespräch – hier zeigt sich, dass die südindischen Tempel neben ihrer sakralen Bedeutung bis heute ihre Funktion als sozialer Mittelpunkt des städtischen Lebens bewahrt

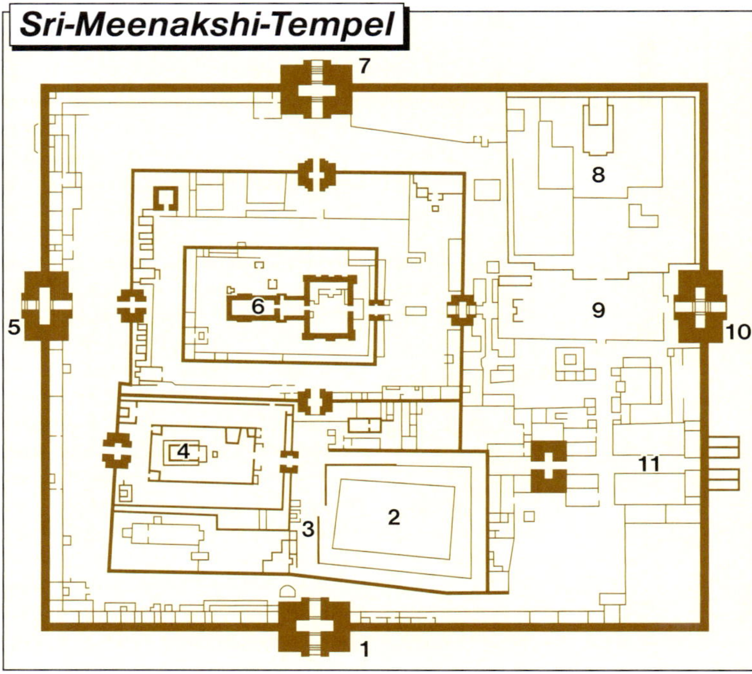

1 Südlicher Gopuram
2 Tempelteich (Pottamarai Kulam)
3 Kilikattu Mandapam
4 Meenakshi-Schrein
5 Westlicher Gopuram
6 Sundareshvara-Schrein
7 Nördlicher Gopuram
8 Halle der Tausend Pfeiler (Museum)
9 Kalyan Mandapam
10 Östlicher Gopuram
11 Meenakshi Naika Mandapam

haben. Der Tempelteich bietet sich auch als guter Standort zum Fotografieren der umliegenden Türme an. Während die Hauptschreine des Meenakshi und Sundareshvara trotz ihrer vergleichsweise geringen Größe wegen der goldenen Ummantelung sofort ins Auge fallen, ragen die knallbunten *gopurams* atemberaubend weit in die Höhe.

Die den Teich umlaufenden **Säulengänge** des zwischen dem 15. und 17. Jh. von den Nayaks erbauten Tempels sind von den monolithischen, mit

Ungeheuern geschmückten Granitpfeilern geprägt, die das vorkragende Deckensystem tragen. Auch die bunten Deckengemälde bilden einen interessanten Blickfang. Die meisten von ihnen stammen aus dem 17. Jh. und zeigen Szenen der von Shiva in Madurai vollbrachten Heldentaten. Der zwischen Tempelteich und dem nur Hindus zugänglichen Meenakshi-Schrein gelegene Kilikattu Mandapam beherbergt ein interessantes **Modell,** anhand dessen man sich einen Überblick über die verwinkelte Tempelanlage verschaffen kann. Allabendlich zwischen 21 und 21.30 Uhr findet am Eingang zum Meenakshi-Schrein die von vielen Gläubigen verfolgte **Lali Puja** statt.

Durch einen kleinen Durchgang gelangt man in den wesentlich größeren zweiten Tempelbereich mit dem **Sundareshvara-Schrein** im Zentrum. Die weiten, das Hauptheiligtum umlaufenden Korridore mit ihren fein skulpturierten Pfeilern beherbergen eine Reihe von Götterskulpturen, denen die Gläubigen ihre Aufwartung machen. Als erstes trifft man auf eine gewaltige **Ganesha-Figur,** welche im 17. Jh. auf dem Grund des fünf Kilometer östlich der Stadt gelegenen Mariammam-Teppakulam-Sees entdeckt und hierher gebracht wurde.

Vorbei an einem mit rotem Pulver bedeckten Hanuman-Schrein gelangt man zu der großen, dem Sundareshvara-Schrein vorgelagerten Halle. Hier versammeln sich die Gläubigen und warten darauf, dass der von einem Nandi-Bullen bewachte Hauptschrein (für Nicht-Hindus geschlossen) von den Tempelbediensteten geöffnet wird. Einer der beliebtesten Zeitvertreibe bestand bis vor Kurzem darin, die beiden im Norden des Hofes beim Tanzwettbewerb dargestellten Figuren von Shiva und Kali mit Butterkugeln zu bewerfen. Das machte nicht nur den Pilgern Spaß, sondern erfreute auch die Brahmanen, die am Verkauf dieser Wurfgeschosse kräftig verdienten. Ob die gänzlich mit Butterfett besudelten Hindu-Götter Gefallen an dem kirmesähnlichen Vergnügen fanden, wurde wohl auch vom Brahmanenrat bezweifelt, der diese Praxis untersagte. Von den zahlreichen die Pfeiler schmückenden Figuren fällt besonders die Darstellung einer breitbeinigen Frau ins Auge, die als Sinnbild der Gebärenden gern von Schwangeren mit Öl bestrichen wird.

Begibt man sich von hier Richtung Osttor, gelangt man zu der links (nördlich) vom Hauptweg gelegenen **1.000-Säulen-Halle** (Airakal Mandapam). Tatsächlich handelt es sich dabei um 995 aufwendig mit springenden Pferden, berittenen Löwen sowie Fabelwesen und Göttern dekorierte, monolithische Granitpfeiler. Die Größe des Raumes, der eine Fläche von 75 x 75 m bedeckt, zeigt die zunehmende Bedeutung, die dieser Art von Versammlungssaal in der späten indischen Architektur zukam. Heute beherbergt der Saal das **Tempelmuseum** mit einer umfangreichen Sammlung von zum Teil ausgezeichneten Skulpturen. Wie so häufig in ähnlichen Museen Indiens macht alles einen sehr heruntergekommenen Eindruck. So wird dem an sich sehr schönen Raum viel von seiner Wirkung genommen.

Nach Durchschreiten des **Kalyan Mandapam,** Mittelpunkt des zwölftägigen, alljährlich im April/Mai in Erinnerung an die Krönung Shivas gefeierten **Chittirai-Festes,** gelangt man zum östlichen Rajagopuram. Wie die vier anderen ist dieser mit 56 m und neun Stockwerken höchste Torturm mit Tausenden von farbigen Figuren besetzt.

Spätestens hier wird man von Einheimischen angesprochen, die einen mit „The best view of the Meenakshi Temple" in ihr Textilgeschäft locken möchten. Die um den Tempelkomplex führenden Straßen sind gesäumt von **Stoffgeschäften und Schneidereien,** von deren Dächern sich tatsächlich häufig schöne Aussichten auf die Tempelanlage bieten. Es spricht also nichts dagegen eine solche – selbstverständlich nicht uneigennützig ausgesprochene – Einladung anzunehmen. Hat man die Aussicht genossen und Fotos gemacht, kann man sich ja wieder mit einem freundlichen Lächeln verabschieden ...

Auf keinen Fall entgehen lassen sollte man sich einen Besuch der unmittelbar vor dem Rajagopuram gelegenen, nur durch die Straße von ihm getrennten **Puthu Mandapa.** Die 111 x 35 m große Halle wurde ursprünglich als eine dem Tempelkomplex vorgelagerte Eingangshalle gebaut. Wie die mit Skulpturen der Nayak-Herrscher geschmückten Säulen belegen, handelte es sich hierbei um eine Art Visitenkarte, die den Gläubigen vor dem Betreten des Tempels die Macht und Großzügigkeit ihrer Herrscher vor Augen führen sollte. Heute haben sich in dem zu einer Art **Markthalle** umgewandelten *mandapam* viele Schneider niedergelassen, die es besonders auf Touristen abgesehen haben.

- **Öffnungszeiten:** Der Sri-Meenakshi-Tempel ist tgl. von 5 bis 12.30 Uhr und 16 bis 21.30 Uhr geöffnet. Schuhabgabestellen befinden sich an jedem der vier Eingangstore, Fototickets beim Südgopuram in der Nähe des Tempelteiches (50 Rs). Wer vom nördlichen Gopuram eintritt, spart die Fotogebühr! In den inneren Tempelbereichen ist fotografieren verboten, Videofilmen überall.

Der besondere Tipp: Märkte

Ein Augen- und Ohrenschmaus ganz besonderer Art ist der sich zwischen N. Chitrai St. und Avani Moola St. erstreckende **Obst- und Gemüsemarkt.** In den verwinkelten Gassen unmittelbar nördlich des Tempels scheint die Zeit stehengeblieben zu sein. Stundenlang könnte man an den unter der Last der Früchte fast zusammenbrechenden Holzständen vorbeibummeln und die Einheimischen beim Handeln beobachten. Da es an einigen Stellen während des Markttreibens glitschig werden kann, sollte man entsprechendes Schuhwerk tragen.

Noch eine Steigerung erlebt dieser Anschlag auf die Sinnesorgane auf dem **Blumenmarkt,** der leider vor Kurzem vom selben Areal in die Nähe des Integrated Bus Stand, 5 km entfernt, verlagert wurde (Trichy Road, per Riksha etwa 130 Rs mit Wartezeit und Rückfahrt). Der von außen hässliche Bau entpuppt sich innen als ein Meer von Farben und Düften. Riesige Mengen von leuchtend gelben, violetten, weißen und roten Blumen und Blüten, oftmals zu kunstvollen Girlanden zusammengesteckt, bilden einen überwältigenden Eindruck und lassen den Finger am Auslöser der Kamera „kleben".

Tirumalai-Nayak-Palast

Ein sehr schönes Beispiel des ansonsten in Tamil Nadu kaum zu sehenden **indo-islamischen Baustils** bietet der Tirumalai-Nayak-Palast gut einen Kilometer südöstlich des Meenakshi-Tempels. Allerdings bedarf es schon einiger Fantasie, um sich die ehemalige Größe und Pracht des im 17. Jh. vom gleichnamigen Nayak-Herrscher erbauten Palastes vorzustellen. Nur noch ein Viertel der ursprünglichen Anlage ist erhalten, Privattempel, Haremsbereich, Theatersaal und die Befestigungsmauern sind gänzlich verschwunden. Als besonders dreist erwies sich *Tirumalais* Enkel *Chockkanatha,* der einen Großteil der Einrichtung zum Bau seines eigenen Palastes in Tiruchirapalli abtransportieren ließ. *Lord Napier,* der Generalgouverneur von Chennai, ließ einen Teil des Gebäudes 1858 instand setzen. Es bleibt zu hoffen, dass die in den letzten Jahren zaghaft wieder aufgenommenen Restaurierungsarbeiten energisch fortgeführt werden.

Nach wie vor sehr beeindruckend ist der **Swargavilasa,** ein 75 x 52 m großer Hof, den man als erstes nach Passieren des hoch aufragenden Eingangstores betritt. Die trotz ihrer Größe elegant wirkenden, 18 m hohen Arkaden, die den „Himmelspavillon" umgeben, bilden zusammen mit den sehr detailgenauen Deckenverzierungen eine besonders schöne Synthese islamischer und hinduistischer Stilelemente.

Jeden Abend wird eine vom Tourist Department veranstaltete **Sound and Light Show** gezeigt. Man sollte sich an Millionen von Moskitos und einem fast schon wieder amüsanten Gemisch

143is Foto: tb

Eine beliebte Darstellung an den hoch aufragenden Tempeltoren ist Shiva mit seinen Attributen

Tamil Nadu

aus heroischem Kommentar und tamilischem Gesang nicht stören (englische Vorstellung 18.45–19.30 Uhr).

In der ehemaligen Tanzhalle des Palastes ist heute das **Museum** untergebracht, in dem u.a. Statuen und historische Aufnahmen der Palastanlage ausgestellt sind. Ein entspannter Fußmarsch zum Palast dauert etwa 20 Minuten, die Riksha-Fahrt kostet 15 Rs.

• **Öffnungszeiten:** Palast und Museum sind tgl. von 9 bis 13 und 14 bis 17 Uhr geöffnet. **Eintritt:** 50 Rs, Kamera/Video 30/100 Rs.

Mariammam-Teppakulam-Tempelteich

Nur während des im Januar/Februar zu Ehren der Hochzeit von Shiva und Meenakshi stattfindenden **Teppam-Festes** lohnt ein Ausflug zu dem fünf Kilometer südöstlich der Altstadt gelegenen Mariammam-Teppakulam-Tempelteich. Nur dann wird der den Rest des Jahres trockene künstliche kleine See mit Wasser gefüllt und das **Hochzeitspaar** auf einem **Floß** um den Tempelschrein in seiner Mitte gezogen, wobei die ganze Szenerie in ein romantisches Licht getaucht wird. Ursprünglich war der 1646 von *Tirumalai Nayak* erbaute Teich durch einen unterirdischen Kanal mit dem Vaigai-Fluss verbunden und wurde das ganze Jahr über durch dessen Wasser gespeist. Wie weit man der Geschichte Glauben schenkt, wonach man beim Ausheben des Teiches im 17. Jh. jene gewaltige Ganesha-Figur fand, die heute im Sri-Meenakshi-Tempel zu sehen ist, bleibt jedem selbst überlassen.

Museen im Tamukam-Palast

Das gut zwei Kilometer nordöstlich des Zentrums auf der anderen Flussseite in den Räumen des Tamukam-Palastes untergebrachte **Gandhi Memorial Museum** (tgl. 10–13 und 14–17.30 Uhr, Eintritt frei, Kamera/Video 50 Rs) gehört zu den interessantesten seiner Art in Indien. Der hübsche Bau wurde im 17. Jh. für die Königin *Rani Mangammal* errichtet. Anhand zahlreicher Ausstellungsobjekte wie historischer Aufnahmen, Originalbriefe, Zeitungsausschnitte und persönlicher Gegenstände wird die Lebensgeschichte Ghandis und die Geschichte der Befreiungsbewegung von der Mitte des 18. Jh. bis 1947 sehr eindrucksvoll nachgezeichnet. Spektakulärstes Ausstellungsstück ist zweifelsohne der blutbefleckte *dhoti,* den der berühmteste Sohn Indiens am Tag seiner Ermordung trug. Der Gandhi Literary Society Bookstore hinter dem Museum ist sonntags geschlossen.

Das in einem Extragebäude in der weitläufigen Gartenanlage untergebrachte **Government Museum** (Eintritt 100 Rs, tgl. außer Fr 9.30–17.30 Uhr) zeigt neben den üblichen Stein- und Bronzeskulpturen eine interessante Sammlung von Schattenpuppen, die wahrscheinlich vom Hof von Thanjavur nach Madurai gelangten.

• Mit einer Riksha kostet die Fahrt von der Altstadt zum Tamukam-Palast ca. 40 Rs.

Praktische Tipps

Information

- Das **TTDC Tourist Office** (Tel.: 2334757, 2337471), 180 West Veli St., mit sehr hilfsbereiten und freundlichen Angestellten, ist Mo bis Fr von 10 bis 17.30, Sa von 10 bis 13 Uhr geöffnet. Wer mit der Bahn ankommt, sollte die Filiale am Bahnhof (Tel.: 2342888) aufsuchen, dort tgl. von 7 bis 20 Uhr, allerdings ist nicht immer geöffnet. Auch am Flughafen gibt's eine Filiale.

Stadtverkehr

- Der Altstadtbereich zwischen Bahnhof und Sri-Meenakshi-Tempel ist klein genug und zudem so voll von faszinierenden Eindrücken, dass man sich gern und problemlos zu Fuß bewegt. Wer mit viel Gepäck ankommt und sich mit der **Riksha** vom Bahnhof zu einer der zahlreichen Unterkünfte im Bereich von Town Hall Rd. und West Perumai Maistry St. fahren lassen möchte, sollte nicht mehr als 20 Rs zahlen. Die Rikshafahrer von Madurai gelten jedoch als besonders raue Vertreter ihrer Zunft und entsprechend hart muss gefeilscht werden.
- Zum 11 km südlich des Zentrums gelegenen **Flughafen** muss man mit dem Taxi um die 250 Rs zahlen, etwa die Hälfte mit der Autoriksha.
- Minimalpreis für eine **Taxifahrt** ist 50 Rs, womit alle innerstädtischen Ziele zu erreichen sind. Zum New Bus Stand kostet es 140 Rs. Als Richtwert für eine Stadtrundfahrt per Taxi können 100 Rs pro Stunde inkl. 10 km (jeder weitere Kilometer 5 Rs) zugrundegelegt werden, für den Fahrer nochmal 125 Rs pro Tag, sodass man für eine Rundfahrt inkl. der außerhalb gelegenen Sehenswürdigkeiten mit gut 1.000 Rs rechnen muss.
- **Stadtbusse** zum 6 km außerhalb gelegenen New Central Bus Stand für Fernbusse sind die Linien 3, 4c, 48y und 70o.
- An der West Chitra Street am Sri-Meenakshi-Tempel können zwischen 9.30 und 21 Uhr bei S.V. Cycle **Fahrräder** für 5 Rs/Std. ausgeliehen werden.

Stadtrundfahrt/Ausflüge

- TTDC veranstaltet keine Stadtrundfahrten.
- Eine etwa **achtstündige Tour** mit dem Taxi im Stadtgebiet kostet 1.300 Rs; will man in eine der **Hill Stations** in den West-Ghats, sind pro km 6 Rs zu zahlen, der Fahrer kostet noch mal 200 Rs. Für die Berge ist außerdem ein Aufschlag von 200 Rs dazuzulegen.
- Reisebüros bieten Tagesausflüge nach **Kodaikanal** für 1500 Rs und nach Kumily zum **Periyar-Naturreservat** an (3 Tage für etwa 3.000 Rs p.P.).

Unterkunft

Madurai bietet aufgrund des hohen Konkurrenzdrucks eine große Auswahl an guten Hotels aller Preisklassen. Die meisten Unterkünfte der unteren und mittleren Klasse konzentrieren sich in der für Touristen besonders attraktiven Gegend zwischen dem Meenakshi-Tempel und dem Bahnhof. Gerade in Madurai lohnt es sich, ein paar Rupien mehr für die Übernachtung auszugeben, da die Unterkünfte dann oftmals ein hervorragendes Preis-Leistungs-Verhältnis bieten, während die meisten ganz billigen Hotels gerade einmal einfachsten Ansprüchen genügen. Besonders entlang der West Perumal Maistry St. stehen eine Reihe von ausgezeichneten und dabei erstaunlich preiswerten Mittelklassehotels. Bei den meisten Unterkünften herrscht ein „24 Hours Check Out System".

Untere Preiskategorie:

- Das **Hotel Palace** €-€€ (Tel.: 2342335, 234 2777) ist eine der besten ganz billigen Unterkünfte in Madurai. Es liegt zentral und ruhig, die meisten Zimmer (alle mit Bad) haben TV. Die oberen Stockwerke sind wegen des Ausblicks vorzuziehen. AC ist etwas teuer.
- Eine sehr gute Billigwahl ist auch das **Hotel Gangai** €-€€ (Tel.: 2342181-3) mit sauberen AC- und Non-AC-Zimmer (teils mit TV) schon für ganz wenig Geld.
- Der tempelnahe **YMCA** €-€€ (Nathaji Rd./ Main Guard Square, Tel.: 2346649, 4382879, www.ymcamadurai.com) ist mit 20 sehr großzügigen, sauberen Zimmern (AC mit TV, Non-AC ohne TV), allerdings ohne Aussicht,

Tamil Nadu

die sicherlich beste Wahl im unteren Preisbereich und strapaziert den Geldbeutel nicht.

- Bahnhofsnähe und eine Vielzahl unterschiedlicher AC- und Non-AC-Zimmer (meist mit TV) zu angemessenen Preisen, allerdings auch ein recht hoher Geräuschpegel sind die Qualitätsmerkmale des um einen Innenhof mit zwei Restaurants angelegten, großen **New College House** €-€€ (Town Hall Rd., Tel.: 2742971, 4373105, collegehouse_mdu@yahoo.co.in).
- Preisgleich und besser ist das ein paar Schritte entfernte **Hotel Pearls** €-€€ (West Perumal Maistry St., Tel.: 2341566, (0)9944232066, hotelpearls_mdu@yahoo.co.in), alle Zimmer mit TV. Aus den oberen Etagen hat man gute Fernblicke.
- Eine ganze Reihe qualitativ unterschiedlicher Hotels in diesem Preissegment befinden sich im nördlichen Teil der West Perumal Maistry Street, so die **T.M. Lodge** €-€€ (Tel.: 2341651, www.maduraitmlodge.com) mit akzeptablen AC- und Non-AC-Räumen, wobei die oberen Stockwerke zu bevorzugen sind. Gut ist das **Hotel International** €-€€ (Tel.: 2341552-54) mit AC- und Non-AC-Zimmern, wobei die ruhigeren, nach hinten gelegenen vorzuziehen sind, zumal man vom Balkon der zur Straße weisenden Zimmer wegen der Lautstärke kaum etwas hat. Das **Prem Nivas** €-€€ (Tel.: 2342532-59, premnivas@eth.net) ist passabel und hat ein vegetarisches AC-Restaurant zu bieten.
- Die Qualität der Billigzimmer lässt zu wünschen übrig – so ist das tempelnahe Hotel **Shree Devi** €-€€€ (West Avani Moola St., Tel.: 2347431-2) nur zu empfehlen, weil sie in den oberen Stockwerken tolle Ausblicke auf den Tempel bieten. Auf dem Dachgarten, wo sich das schönste Zimmer des Shree Devi befindet, wird auch Kaffee und Bier serviert.
- Teilweise sehr schöne Ausblicke von den oberen Stockwerken über die Stadt und einen kleinen Tempel in der Nähe sowie 72 große AC- und Non-AC-Zimmer machen das ruhig gelegene **Hotel Aarathi** €-€€€ (Perumal Kovil West Mada St., Tel.: 2731571) zu einer noch guten Wahl, Service und Instandhaltung haben jedoch in den letzten Jahren nachgelassen. Ein vegetarisches Restaurant ist vorhanden.

Mittlere Preiskategorie:

- Ganz nah am östlichen Tempelhaupteingang ist das klimatisierte **Sri Temple Park** €€€ (North Chitirai St., Tel.: 2623921-5, www.sritemplepark.com) eine angenehme und saubere Adresse in günstiger Lage, wobei besonders die Zimmer mit Fenster nach vorn zu empfehlen sind. Außerdem teurere Suiten mit viel Platz.
- Dem Preis entsprechend wohnt man im **Hotel EmPee** €€€ (Nethaji Rd., Tel.: 2341525-7, empeeson@rediffmail.com). AC- und Non-AC-Zimmer mit großen Fenstern, Balkon und TV sind die Ausstattung.
- Verblüffend billig ist das zentral klimatisierte **The Golden Park** €€-€€€ (West Perumal Maistry St., Tel.: 2350899, 2350863, www.goldenpark.co.in). Die makellos sauberen Zimmer mit Marmorboden und TV sind angenehm. Auch das Dachrestaurant mit weitem Tempelblick ist attraktiv. Leider lässt die Hygiene inzwischen zu wünschen übrig.
- Besonders die nicht klimatisierten Zimmer der **Madurai Residency** €€-€€€€ (West Marret St., Tel.: 2343140, www.madurairesidency.com) sind preisgünstig, Frühstück inklusive. AC ist zu teuer, in den oberen Etagen gibt's Weitblick. Bar und Restaurant sind angeschlossen.
- Das **Hotel Park Plaza** €€€-€€€€ (Tel.: 3011111, www.hotelparkplaza.net) ist das beste Hotel entlang der West Perumal Maistry St., aber auch ein bisschen überteuert. Alle der insgesamt 55 Zimmer haben AC und Kabel-TV. Auch hier bietet sich vom hauseigenen Roof-Top-Restaurant (ab 17 Uhr geöffnet) ein herrlicher Blick über die Stadt.

Obere Preiskategorie:

- Die einzige als luxuriös zu bezeichnende Bleibe im Innenstadtbereich ist das hervorragende Mittelklassehotel **Royal Court Hotel** €€€€-€€€€€ (West Veli St., Tel.: 4356666, (0)9360329985, www.royalcourtindia.com) gegenüber vom Bahnhof. Das etwas auf altmodisch getrimmte, zentral klimatisierte Haus offeriert sehr gemütliche Zimmer, die meisten mit Balkon und Internetzugang. Ein Fitnessraum und ein schönes Dachrestaurant sorgen fürs körperliche Wohl.

• Gut 2 km nordöstlich der Altstadt bietet das zentral klimatisierte **Fortune Pandiyan Hotel** €€€€€ (Alagarkoil Rd., Tel.: 4356789, www.fortunepandiyanhotel.com) alle Annehmlichkeiten eines Hotels dieser Preiskategorie. Gelobt wird auch das Frühstücksbüffet. Im schönen Garten mit Swimmingpool (100 Rs für Besucher) kann man sich ein wenig vom hektischen Treiben erholen.

• Die mit Abstand schönste und stilvollste Unterkunft in Madurai ist das ausgezeichnete **Gateway Hotel Pasumalai** €€€€€ (Tel.: 2371601, www.thegatewayhotels.com). Es handelt sich um eine aus mehreren Gebäudeteilen bestehende Anlage auf einem Hügel, umgeben von einem großzügigen Park. Das umtriebige Madurai scheint Lichtjahre entfernt. Man hat die Wahl zwischen drei verschiedenen Zimmerkategorien. Am schönsten logiert man in den frei stehenden Cottages mit Balkon. Zu den Annehmlichkeiten gehören u.a. ein Pool, Tennisplätze und ein sehr gutes, großes und geschmackvoll eingerichtetes Restaurant. Einziger Wermutstropfen sind die exorbitant hohen Weinpreise.

Essen und Trinken

Nicht zuletzt die große Auswahl an guten Restaurants macht Madurai zu einer bei Touristen beliebten Stadt. Das Angebot reicht von einfachen vegetarischen Gaststätten im Umkreis des Tempels mit scharfen einheimischen Gerichten für wenig Geld bis zum exklusiven Abendmahl im Restaurant des Taj Garden Retreat. Nicht entgehen lassen sollte man sich auch die zahlreichen Dachrestaurants auf den Hotels im Bereich der West Perumal Maistry St., ideale Orte, um sich nach einem Sundowner mit Blick über die Skyline und die hoch aufragenden Tempeltürme den Wind um die Nase wehen und gemütlich den Tag ausklingen zu lassen. Für den kleinen Snack zwischendurch bieten sich die **Idli-Stände** um den Meenakshi-Tempel an. Ausgezeichnet sind auch die an vielen Ständen angebotenen frisch gepressten Obstsäfte.

• Hervorragend und für wenige Rupien speist man im **Mahal Restaurant** und im **Meenakshi Bhawan,** beide in der Town Hall Rd. Hier kann man sich an ausgezeichneten Fleischgerichten oder chinesischer Küche laben; zu empfehlen sind auch die leckeren *biryani.* Etwas nobler sitzt es sich in der angeschlossenen „Aircon"-Abteilung. Auch das **Taj Restaurant** einige Meter entfernt ist eine gute Adresse fürs leibliche Wohl.

• Das **New College House,** 2 Town Hall Rd., ist ein großer, schmuckloser Speisesaal mit viel Atmosphäre und fast ausschließlich einheimischem Publikum, der ideale Ort für ebenso reichhaltige wie günstige vegetarische Gerichte. Besonders zu empfehlen sind die köstlichen *thalis.* Mittags kann es zu Wartezeiten kommen.

• Komfortablere Varianten des vorherigen sind das **Anna Meenakshi** in der West Perumal Maistry St. und **Divya Mahal** (hier außerdem chinesische und italienische Gerichte zwischen Aquarien) an der Town Hall Rd. Alles ist blitzsauber, das Ambiente freundlich und das Essen (*thalis* werden aufs Bananenblatt gelegt) preiswert und lecker.

• Tempelnah verwöhnt das **Hotel Amritha** günstig und gut mit vegetarischer indischer Küche, mittags nur *thalis.*

• Eine klimatisierte vegetarische Variante in der Dindigul Rd. ist das **Sri Ganesh Mers Restaurant.** Kaum ein Gericht kostet hier mehr als 30 Rs.

• Von den zahlreichen Dachterrassenrestaurants im Bereich der West Perumal Maistry Street seien jene auf den Hotels **Sulchana Palace, Supreme** und **Park Plaza** genannt. Die Preise liegen hier mindestens 50 % über den allerdings auch sehr niedrigen in den einheimischen Restaurants. Dafür wird man mit einer herrlich friedvollen Atmosphäre über den Dächern von Madurai, einer tollen Aussicht und einer frischen Brise belohnt.

• Nicht weit vom östlichen Haupteingang zum Tempel ist das **Naveen Self Service** ein bei der einheimischen Bevölkerung äußerst beliebtes Stehrestaurant für Snacks, kleine Mahlzeiten, Torten und Kekse.

• Eine von vielen Bäckereien in der Stadt: **Cake Corner** in der Dindigul Rd. Süßmäuler kommen tempelnah bei **Sri Krishna Sweets** und **Bombay Sweets** im Zulaiha Tower zum Schlickern.

• Der kleine Supermarkt von **Shoppers Shop** im Haupteingang zum New College House

Madurai, Altstadt
0
150 m
Sangam Road
North Veli St.
North Masi Street
West Perumal Maistry Street
West Masi Street
West Veli Street
West Market Street
Town Hall Road
Haupt-bahnhof
Radhakrishna Hospital
Church of the Holy Redeemer
Dindigul Sreet
T. B. Road
South Masi St.
Kuda Lalagar Perumal Tempel
1
2
3
4
5
6
7
8
9
10
11
12
13
14
15
16
17
18
19
20
21
22
25
26
27
28
29
30
31
32
33
34
35
36
37

Unterkunft
1 The Golden Park
2 Hotel Park Plaza
3 Hotel Gangai
5 Royal Court Hotel
6 Prem Nivas
13 New College House
16 Hotel International, T.M. Lodge
18 Hotel Pearls
22 Shree Devi
23 Sri Temple Park
27 YMCA
28 Hotel Palace
30 Madurai Residency
33 Hotel EmPee
35 Hotel Aarathi
37 Hotel Tamil Nadu

Essen und Trinken
14 Anna Meenakshi
19 Taj Restaurant
20 Meenakshi Bhawan, Divya Mahal
24 Naveen Self Service
25 Hotel Amritha
29 Jayaram Bakers
34 Cake Corner

Verkehr
4 Maria Tours & Travels
7 Air India
8 Büros privater Busgesellschaften
10 Prepaid-Taxis
11 Reservierungsbüro
21 Mohana Travels
31 Shanti Cabs Taxis
32 Periyar Busstand
36 SETC Reservierungsbüro, Städt. Busbahnhof

Einkaufen
9 Kerala Handicrafts
12 Poompuhar Handicrafts, Malligi Bookcentre
15 Shoppers Shop
17 Turning Point Books
26 Zulaiha Tower, Sri Krishna Sweets

befriedigt nicht nur den Heißhunger auf Süßigkeiten wie Schokolade (leider recht teuer), sondern offeriert auch Nützliches wie Shampoo und Sonnenschutzmittel.

Bank

- Abgesehen von den Hotels der oberen Kategorie wird man am schnellsten im **UAE Exchange** (Tel.: 2350711), etwas nördlich der Altstadt, bedient, das auch sonntags geöffnet ist (Mo–Sa 10–18 Uhr, So 10–13.30 Uhr).
- Ein paar Meter entfernt ist die **Canara Bank** ebenfalls effizient. Dort auch ein ATM.
- Auch **VKC Forex Service,** in den Zulaiha Towers nahe dem Tempel und in der North Veli St. schräg gegenüber der Hauptpost, wechselt effizient (tgl. außer So 9–18 Uhr).
- Die **ATMs** der **HDFC Bank** neben der State Bank of India und der **idbi-Bank** auf der Westseite des Sri-Meenakshi-Tempels verarbeiten alle international wichtigen Kreditkarten, während die Automaten der **State Bank of India** nahe dem Tempel, eine Gasse an der Südseite hinein, und der **ICICI Bank** auf der gegenüberliegenden Tempelseite die wichtigsten Kreditkarten bis auf Amex akzeptieren.

Post und Internet

- Die **Hauptpost** befindet sich an der Ecke Scozz Rd./North Veli St. und ist Mo–Sa von 8 bis 19 und So von 9 bis 16 Uhr geöffnet, der Poste-Restante-Schalter im Philatelic Bureau jedoch nur Mo–Sa von 9.30 bis 17.30 Uhr.
- Vornehmlich im von Travellern frequentierten Bereich um die West Perumal Maistry St. und die Dindigul Rd. gibt's viele **Internetcafés,** die alle um die 30 Rs pro Stunde verlangen. Besonders hervorzuheben sind die vielen schnellen Breitbandverbindungen von **Sify-i-way** in Madurai, bei den meisten von ihnen ist ist das billige Net-to-phone-Telefonieren (um 4 Rs/Min. nach Europa) via Internet möglich. Nahe dem Sri-Meenakshi-Tempel bietet sich das **Friends Net,** eine kleine Gasse hinein, an. Günstig und schnell sind die Verbindungen im **Chat Club** (Town Hall Rd., 3. Stock) gegenüber der New College Lodge.

Medizinische Versorgung

- Hervorragend ist das neue **Vadamalayan Hospital** (Notfallnr.: 535595), allerdings 5 km außerhalb des Zentrums.
- Nicht ganz so weit entfernt auf der anderen Flussseite liegt das gute **Apollo Hospital** (Cole Area Rd., Tel.: 2580892-4).
- Für kleinere Malaisen mag das **Radakrishna Hospital** in der Dindigul Rd. ausreichen.

Shopping

- Madurai gilt als eines der Zentren zum Kauf von Stoffen und Textilien in Südindien. Die Straßen um den Meenakshi-Tempel sind gepflastert mit **Textilgeschäften** und **Schneidern,** die die soeben gekauften Stoffe in ein paar Stunden zu Kleidern, Hosen und Hemden verarbeiten. Überall lauern Schlepper, um westliche Touristen zum Kauf in einem der von ihnen gepriesenen Geschäfte zu überreden. Wer sich darauf einlässt, dem wird selbstverständlich die Provision zum Kaufpreis hinzugerechnet. Nichtsdestotrotz sind die Preise im Vergleich zu Mitteleuropa günstig – allerdings nur nach zähem Verhandeln. Auch wenn bei einigen eine offizielle „Fixed-Price-Politik" herrscht, kann man meist auch dort noch ein paar Prozente herausschlagen. Wegen des großen Angebots macht es Sinn, sich zunächst in mehreren Geschäften umzuschauen, um so einen Überblick über Preise und Stoffe zu erlangen.

  Häufig erliegt man dem sehr ansprechend ausgebreiteten Warenangebot und kauft viel mehr, als geplant. Im Übrigen berechnen einige Geschäfte viel zu viel Stoff zur Verarbeitung eines Kleidungsstückes. Was später übrig bleibt, kann man dann nochmal verkaufen. Da die Schneider zwar sehr schnell arbeiten, dies jedoch recht häufig zu Lasten der Genauigkeit geht, sollte man genügend Zeit geben, zumal dann noch Spielraum für eventuelle Korrekturen bleibt. Am besten man hinterlässt ein Kleidungsstück als Muster, damit Maße und Schnitt den eigenen Vorstellungen entsprechen.
- Die zunehmende Beliebtheit von Madurai bei einheimischen wie ausländischen Touristen hat in den letzten Jahren zur Eröff-

nung von zahlreichen Geschäften geführt, die **kunsthandwerkliche Produkte** anbieten. Dabei handelt es sich meist um große, sich über mehrere Stockwerke erstreckende Läden, die von Holzschnitzereien über Bronzestatuen, Seidenstickerei, Schmuck, Lampen, Möbel und Teppiche alles unter einem Dach anbieten. Einige der bekanntesten Adressen: Poompuhar Handicrafts, 12 West Veli St.; Cottage Arts Emporium, 36 North Chitrai St.; Madurai Gallery, 19 North Chitrai Street.

- **Turning Point Books** im Gebäude gegenüber der New College Lodge (4. Stock) hat eine umfangreiche Auswahl an englischsprachiger Literatur.

An- und Weiterreise

Flug:

Air India fliegt täglich über Chennai nach Mumbai. Jet Airways und Kingfisher Airlines fliegen täglich nach Chennai und Bangalore, Paramount Airways nach Chennai und Coimbatore. Über aktuelle Flugverbindungen aller Airlines informiert sehr übersichtlich die Website www.yatra.com.

- **Air India:** Pandyan Bldg., 7a West Veli St., Mo–Sa 10–18 Uhr, Tel.: 2341234, 2690433 (Flughafen), Nummer im Notfall: 2301949.
- **Jet Airways:** Tel.: 2526969/71, 2690771-3 (Flughafen), www.jetairways.com.
- **Kingfisher Airlines:** Tel.: 1800/2093030, www.flykingfisher.com.
- **Paramount Airways:** Tel.: 1800/1801234, am Flughafen: 2690605/7/8, www.paramountairways.com.

Bahn:

Vom „touristenfreundlich" ganz in der Nähe der Hotelgegend um die West Perumal Maistry St. gelegenen Bahnhof gibt es eine Vielzahl von Verbindungen, u.a. nach **Bangalore, Chennai, Kanyakumari** und **Trivandrum.** Eine Abendverbindung von Trivandrum ist z.B. der 16724 Anantapuram Exp., der um 16.20 Uhr abfährt und Madurai um 23 Uhr erreicht. In der anderen Richtung: der 16127 Guruvarur Exp., Abfahrt Madurai um 16.40 Uhr, Ankunft Trivandrum 23.30 Uhr. Weitere Verbindungen siehe Anhang.

Das **Reservierungsbüro** links vom Bahnhof ist Mo–Sa 8–20 Uhr und So 8–14 Uhr geöffnet, es gibt keinen gesonderten Touristenschalter.

Ob die landschaftlich großartige Fahrt nach **Kollam** durch die Western Ghats (evtl. mit Umsteigen in Virudhunagar) wieder existiert, muss vor Ort in Erfahrung gebracht werden. Ob und wenn ja unter welchem Namen es diese häufig wechselnde Verbindung noch gibt, kann, wenn die Bahnangestellten nicht hilfsbereit sind, im Internet nachgeschaut werden: www.indianrail.gov.in.

Bus:

Madurai hat vor einiger Zeit sein Busnetz völlig umgestellt. Aus ehemals fünf Busbahnhöfen für Überlandfahrten ist einer geworden, der allerdings 6 km von der Innenstadt entfernt im Nordosten liegt (teure 60 Rs mit der Riksha). Vom Busbahnhof **Integrated Bus Stand** (Auskunfts-Tel.: 2585838, auch Central oder New Bus Stand genannt) in Mattuthavani sind fast alle Städte in Tamil Nadu und alle größeren der umliegenden Bundesstaaten per Bus zu erreichen. Am besten erkundigt man sich beim Tourist Office im Süden der Altstadt (West Veli St.), dem auch in dieser Hinsicht sehr hilfsbereiten Touristenbüro, wann und von wo der gewünschte Bus abfährt. Busse nach Westen starten häufig vom **Arapalayam Bus Stand,** 2 km nordwestlich der Altstadt. Da es hier leicht chaotisch zugeht, sollte man sich zum richtigen Bus mindestens einmal durchfragen.

Vom Integrated Bus Stand nach **Chennai** tgl. ca. 20 Deluxe-Busse, klimatisierte Luxusverbindungen zwischen 20.30 und 21.30 Uhr, nach **Bangalore** über Salem mit KSRTC 6 Busse (6, 7, 18, 19, 20 und 21 Uhr), ins 245 km entfernte **Pondicherry** zwei Nachtbusse um 20.35 und 22 Uhr. Nach **Kozhikode** um 8.30 Uhr (386 km), **Ernakulam** (via Kottayam) 9, 11 und 21 Uhr, **Guruvayur** 7.30 und 22 Uhr (322 km), **Mysore** 16 und 21.30 Uhr (dieser über Ooty), **Thiruvananthapuram** (9 Std., 220 Rs) 8.30 und 21.30 Uhr, **Rameshwaram** (4 Std., 60 Rs) alle halbe Stunde. **Tiruchirapalli** (3 Std.) wird stündlich bedient.

Vom **Arapalayam-Busbahnhof,** 2 km nordwestlich der Altstadt, u.a. Verbindungen nach **Kodaikanal** (4 Std., 11 Busse tgl., um 12.45 Uhr eine Deluxe-Verbindung, im 2. Teil über kurvenreiche Strecke) und **Coimbatore** (alle 15 Min., 6 Std.), Coimbatore ist der Umsteigepunkt für Ooty und Mysore. Nach **Kumily** stündlich (4½ Std., zum Teil mit umsteigen in Kamban), zusätzlich nach **Thekkady** um 6.20, 12.05 und 17.45 Uhr sowie nach **Munnar** ein Bus um 8.10 Uhr. Nach **Trivandrum** um 7 Uhr in 9 Std.

Abgesehen von den hier genannten Verbindungen setzen zahlreiche im Bereich des STC-Busbahnhofs angesiedelte **private Gesellschaften** Luxusbusse zu Zielen wie Bangalore und Chennai ein, die meist über Nacht fahren. Man sollte jedoch nur direkt in deren Büros Tickets kaufen und auch nur für Direktverbindungen. Wer irgendwo umsteigen muss, dem wird sein Anschlussticket so gut wie nie anerkannt, sodass er ein zweites Mal zahlen muss, um zum Ziel zu gelangen. Dies gilt erst recht für die zahlreichen im Bereich des STC auf Touristen lauernden Schlepper. Viele der von ihnen angebotenen Tickets sind zudem wesentlich teurer als die, die man ein paar Meter weiter am Schalter kaufen kann.

Taxi:

Fernverbindungen per Taxi haben Festpreise, die auf einem Schild am **Prepaid-Stand** vor dem Bahnhof eingesehen werden können. Einige **Preisbeispiele** (jeweils einfache Fahrt mit Ambassador oder Indica, Hin- und Rückfahrt etwa 10–20 % mehr, neuere Fahrzeuge oder AC sind bis 30 % teurer): Kodaikanal 1.600 Rs, Thanjavur und Munnar (inkl. *permit*) 2.000 Rs, Kanyakumari 2.500 Rs, Varkala und Kollam 3.000 Rs, Pondicherry und Trivandrum 3.800 Rs.

Gute Kritiken als **Reisebüro** bekommt *Maria Tours & Travels* (West Perumal Maistry St., Tel.: 2348070, (0)9443064807) im Hotel Gangai. Ein recht verlässliches **Taxiunternehmen** ist *Shanti Cabs* (Tel.: 2340065, (0)9842140065) mit seinem Büro bei der Church of the Holy Redeemer.

Rameshwaram

↗ XXIII/C2

Einwohner: 39.000
Vorwahl: 04573

Rameshwaram liegt auf der Ostseite einer kleinen **Landzunge** im Golf von Mandapam, nur knapp 30 km vom Inselstaat **Sri Lanka** entfernt. Als „Varanasi des Südens“ ist das 139 km südöstlich von Madurai gelegene Rameshwaram einmal bezeichnet worden. Die hierin zum Ausdruck kommende Bedeutung als einer der wichtigsten Pilgerorte für Hindus erklärt das Nationalepos Ramayana. Danach soll Rama (eine der zehn Erscheinungsformen Vishnus) hier nach seinem Sieg über den Dämonen Ravanna in Sri Lanka vor seiner Rückfahrt ins nordindische Ayodhya einen Zwischenstopp eingelegt haben, um Shiva für seine Hilfe zu danken. Somit ist Rameshwaram einer der ganz wenigen Orte, der sowohl Vishnuiten als auch Shivaiten heilig ist.

Architektonisch hat sich die lange zurückreichende religiöse Bedeutung im Bau unzähliger Tempel niedergeschlagen, von denen der riesige Ramanathaswami der eindrucksvollste ist. Rameshwaram selbst ist eine wenig attraktive Stadt. Ihr Reiz mag in der Tatsache liegen, dass täglich Hunderte von Pilgern, Sadhus und Bettlern vom Festland über die zwei Kilometer lange Indira-Gandhi-Brücke ankommen. Zudem bietet sich der von den heimischen Fischern genutzte Strand für einen hübschen Spaziergang an. Ob man dafür jedoch die lange Anfahrt zu diesem abseits der Hauptverkehrswege gelegenen Ort in Kauf nehmen möchte, ist fraglich.

Jeweils im Februar/März findet das farbenprächtige **Car Festival** statt, bei dem ein riesiger, festlich geschmückter Wagen unter großer Anteilnahme der Bevölkerung durch die Straßen gezogen wird.

Orientierung

Rameshwaram ist über die zwei Kilometer lange **Indira-Gandhi-Brücke** mit dem Festland verbunden. Wer mit dem eigenen Auto anreist, muss sowohl an der Zufahrt zur Brücke auf dem Festland als auch beim Betreten der Insel eine Gebühr von 20/10 Rs zahlen. Das von billigen Hotels und hässlichen Gebäuden geprägte Zentrum der Stadt erstreckt sich über ca. 1,5 km zwischen dem Bahnhof im Süden und dem Ramanathaswami-Tempel nordöstlich hiervon. Der Busbahnhof liegt zwei Kilometer westlich der Innenstadt.

Sehenswertes

Ramanathaswami-Tempel

Als legendärer Baumeister des bedeutendsten Tempels von Rameshwaram gilt Rama selbst. Er soll im Zentrum jene **zwei Shiva-Linga** errichtet haben, die heute im Mittelpunkt der Verehrung stehen. Sie werden täglich mehrfach von den Tempelpriestern mit heiligem Wasser gewaschen, welches später an die Gläubigen verkauft wird.

Überhaupt weckt die Heiligkeit des Tempels (4–13 und 15–20.30 Uhr, Kamera 25 Rs) und die damit verbundene Kommerzialisierung die Begehrlichkeit der Angestellten. So werden Nicht-Hindus, denen der Zutritt zum Sanktum verboten ist, von den aufdringlichen Tempelwärtern an eine Seite geführt, von wo sich – selbstverständlich nur gegen ein entsprechendes Trinkgeld – ein Blick auf das Allerheiligste werfen lässt.

Dieser innerste Bereich ist der älteste und wird auf das 12. Jh. datiert. Im Laufe der Jahrhunderte wurden um das Zentrum herum drei ineinander verschachtelte, jeweils von einer hohen Mauer umgebene Höfe *(prakara)* angelegt, die wiederum mit zahlreichen Tempeln und Schreinen bebaut wurden. Das architektonisch beein-

Gefährliche Bootstouren

Vorsicht ist bei den von diversen Schleppern angepriesenen Bootstouren vor die Küste von Rameshwaram geboten. Die Schnorchelgründe mögen verlockend sein, der **marode Zustand vieler Boote** ist es sicher nicht. Im Übrigen entpuppt sich die zur Verfügung gestellte **Tauchausrüstung** als völlig überaltert und unbrauchbar und das im Preis von 300 Rs pro Person eingeschlossene Essen ist kaum genießbar.

Wirklich Sinn macht eine solche Tour wohl nur für den Fall, dass man aufs offene Meer hinausfährt, was aber wegen der schlechten Ausrüstung nicht angeraten erscheint. Wer sich trotz allem für eine solche Tour entscheidet, sollte zuvor das Boot bezüglich Allgemeinzustand und Ausrüstung inspizieren.

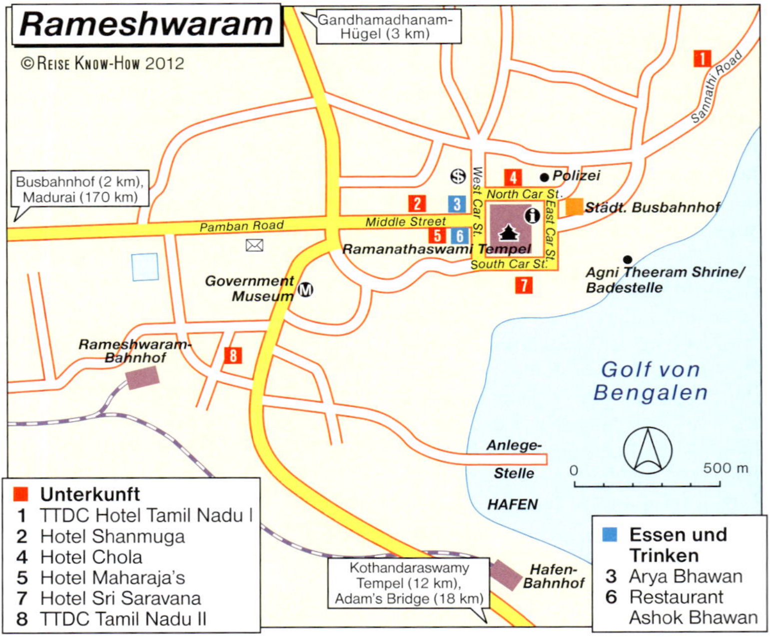

druckendste Element sind die riesigen, scheinbar endlosen **Kolonnaden.** Jeder einzelne der fünf bis sieben Meter breiten und zehn Meter hohen Wandelgänge ist über zweihundert Meter lang, zusammen ergibt sich eine Länge von fast eineinhalb Kilometern. Einen besonderen Blickfang bilden die 1212 sie flankierenden, reich skulpturierten Pfeiler, von denen allerdings viele in den letzten Jahren durch Repliken ersetzt wurden. Neben Kriegern sowie Götter- und Dämonenfiguren schmücken auch Statuen der Rajas von Ramnad die Säulen, deren Titel Setupati, Herr des Dammes, auf ihre Rolle als Herr des Übergangs nach Sri Lanka hinweist. Die ursprünglich weite Teile des Tempels schmückenden Deckengemälde sind im Laufe der Jahrhunderte leider verblichen.

Einen recht amüsanten Eindruck vermitteln die durchnässten Pilger, die in den verstreut über die Tempelanlage liegenden **Teichen** ein Bad nehmen. Das Wasser der insgesamt 22 sogenannten *tirthas* gilt als heilig, wobei jedem Teich eine besondere Bedeutung zuerkannt wird. Das Wasser des einen verspricht ein langes Leben, des nächsten Gesundheit und weiterer Reichtum, spirituelle Erleuchtung, etc. Selten hat man so beglückte wie durchnässte Pilger gesehen ... Vor Betreten der weitläufigen Tempelanlage passiert man eines der vier beeindruckenden, bis zu 50 m hohen Eingangstore.

Gandamadana Parvatham

Bevor Rama auf der Suche nach seiner von Ravanna entführten Frau Sita nach Sri Lanka übersetzte, verschaffte er sich von dem drei Kilometer nordwestlich der Stadt gelegenen Gandhamadhanam-Hügel einen Überblick über die zu überbrückende Meerenge. Selbstverständlich hinterließ er dabei einen Fußabdruck, um den herum später ein Tempel errichtet wurde. Der Gandamadana Parvatham gehört heute zum selbstverständlichen Ausflugsziel der Rameshwaram-Pilger. Dabei ist es weniger das Heiligtum selbst als die tatsächlich beeindruckende **Aussicht,** die einen Besuch auch für westliche Touristen lohnend macht. Dies gilt besonders für den frühen Morgen und den späten Nachmittag, wenn sich zahlreiche Pilger zum Sonnenauf- bzw. -untergang einfinden.

Nambunavagi-Amman-Kali-Tempel

Ein schönes Ausflugsziel ist auch der zwei Kilometer östlich der Stadt gelegene Tempel Nambunavagi Amman Kali. Auch hier lockt weniger das Heiligtum selbst, das vor allem von Pilgern aufgesucht wird, welche auf Heilung von ihren Krankheiten hoffen, als vielmehr die attraktive Lage nur wenige Hundert Meter vom **Strand** entfernt.

Praktische Tipps

Information

- Das **Tourist Office** (Tel.: 221371) befindet sich in 14 East Car St. und ist Mo–Fr von 10 bis 17 Uhr geöffnet. Filialen befinden sich am Busbahnhof und am Bahnhof.

Stadtverkehr

- Die beste Art, sich individuell in Rameshwaram fortzubewegen, bieten die von diversen Geschäften im Umkreis des Ramanathaswami-Tempels angebotenen **Fahrräder.**
- Zwischen dem Tempel und dem 2 km entfernten Busbahnhof bewegt man sich am billigsten mit den ständig pendelnden **Stadtbussen.**
- Mit einer **Autoriksha** sollte die gleiche Strecke maximal 30 Rs kosten, doch die Fahrer sind nur schwer davon zu überzeugen – hartes Handeln ist angesagt.

Unterkunft, Essen und Trinken

Nimmt man allein den Hotel-Standard als Maßstab, dann ist Rameshwaram sicherlich kein einladender Ort, in dem man sich länger als nötig aufhalten möchte. Fast alle Unterkünfte sind auf die einfachen Bedürfnisse indischer Pilger ausgerichtet und machen einen recht traurigen Eindruck. Die allermeisten befinden sich im Umkreis des Ramanathaswami-Tempels, was zur Folge hat, dass man bereits früh am Morgen von den infernalisch lauten Lautsprechern geweckt wird. Kommt man zu einem der großen Festtage, darf man sich ganztägig beschallen lassen.

- Die sechs großen DZ in den **Railway Retiring Rooms** € gehören allein schon deshalb zu den empfehlenswertesten Unterkünften der Stadt, weil sie relativ weit vom Tempel entfernt liegen und so vergleichsweise leise sind. Auch was die Sauberkeit betrifft, heben sie sich positiv von vielen Hotels um den Tempel ab.
- Recht passabel ist das **Hotel Chola** € (Tel.: 221307) in der North Car St. Mehr als eine

Tamil Nadu

Nacht wird man in diesem einfachen Haus jedoch auch nicht verbringen wollen. Immerhin verfügen alle Zimmer (nur DZ) über ein angeschlossenes Bad.

- Die zweitbeste Wahl in Rameshwaram ist das **Hotel Maharaja's** €-€€ (Tel.: 21271) in der zum Tempel führenden Middle St. Saubere, geräumige Zimmer, von denen zwei klimatisiert sind, sowie das zuvorkommende Personal sprechen für das Maharaja's.
- Ganz angenehm wohnt man in Rameshwaram im staatlichen **TTDC Hotel Tamil Nadu I** €-€€€ (Tel.: 221064). Die hübsche Lage am Strand, ca. 500 m nordöstlich des Ramanathaswami-Tempels, geräumige, aber auch recht vergewohnte Zimmer, z.T. sogar mit AC, von denen die meisten über Meerblick verfügen, ein passables Restaurant und eine gut ausgestattete Bar in unmittelbarer Strandnähe sind den Aufpreis gegenüber den anderen Unterkünften wert. Einziger Nachteil sind der lahme Service und die Tatsache, dass das Haus häufig belegt ist. Man sollte es keinesfalls mit dem neueren, aber bei weitem nicht so schönen **TTDC Hotel Tamil Nadu II** in der Nähe des Bahnhofs verwechseln.
- Eine der besten Unterkünfte Rameshwarams ist das **Hotel Shanmuga** €€ (Tel.: 222984) in der Middle St. Einige Zimmer sind klimatisiert und haben Ausblick zum Tempel.
- Im unteren Preissegment wegen seines noch recht frischen Erscheinungsbildes eine der besten Unterkünfte ist das **Hotel Sri Saravana** €€-€€€ (Tel.: 223367) an der South Car Street. Die meisten Zimmer verfügen über AC und sind sauber, wenn auch nüchtern eingerichtet, einige haben Seeblick.
- Die wohl sauberste Unterkunft ist das **Hotel Royal Park** €€€-€€€€ (Tel.: 221680), ca. 2 km westlich des Bahnhofs. Jedes der 33 Zimmer verfügt über AC und Fernseher.
- Rameshwaram verfügt über eine Vielzahl von einfachen, auf die finanziell begrenzten Möglichkeiten der Pilger zugeschnittenen Lokale um den Ramanathaswami-Tempel. Fast alle servieren sehr günstige vegetarische *thalis* und Biryani-Gerichte. Genannt seien hier als Beispiel unter vielen das **Hotel Guru** in der East Car Rd. sowie das **Ganesh Mess** und das **Arya Bhawan** in der West Car Rd.

Bank

- Geldwechsel ist in Rameswaram nicht möglich. Der ATM der **State Bank of India** in der East Car St. akzeptiert die meisten Kreditkarten.

An- und Weiterreise

- **Bahn:** Einige Bahnverbindungen vom 1 km vom Ramanathaswami-Tempel entfernten Bahnhof sind im Anhang aufgelistet.
- **Bus:** Vom 2 km westlich des Zentrums gelegenen Busbahnhof werden alle größeren Städte in Tamil Nadu angefahren (z.B. Madurai alle 10 Min., 4 Std. Fahrtzeit). Darüber hinaus zahlreiche weitere Verbindungen über die privaten Anbieter, die ihre Büros fast alle im Umkreis des Ramanathaswami-Tempels haben. Für weiter entfernte Ziele wie Tiruchirapalli (Trichy), Thanjavur oder Chennai empfiehlt sich die Fahrt per Zug.

Kodaikanal

↗ XXII/B1

Einwohner: 33.000
Vorwahl: 04542
Höhe: 2.120 m

Die kleine **Hillstation** Kodaikanal in den **Palani-Bergen** der West-Ghats ist der einzige zuerst von Amerikanern (im Jahr 1845) besiedelte Ort in Indien. Aufgewertet wurde er, als amerikanische Missionare hier im Jahr 1901 eine Schule für europäische Kinder gründeten. Die Kodaikanal International School übt auch heute noch einen sozialen Einfluss auf den beschaulichen Ort aus.

Der um einen 1863 angelegten, künstlichen See angeordnete Bergort 120 km westlich von Madurai ist kleiner als Ooty und auch als Munnar in Kerala. So herrscht die meiste Zeit des Jahres eine geruhsame Atmosphäre vor. Die ändert sich jedoch in den Monaten April bis Juni, wenn viele Inder das auf 2.100 m Höhe gelegene Kodaikanal als Fluchtort vor der Hitze der Ebenen belagern. Das **gemäßigte Klima** mit Tagestemperaturen um 20 °C im Sommer (nachts ca 12 °C) und ca. 3 °C weniger im Winter hat häufige Regenfälle zur Folge, die im Oktober und November besonders ergiebig ausfallen.

Der Reiz Kodaikanals liegt eher in der **herrlichen Umgebung** als im Ort selbst. Atemberaubend ist die nahezu 2.000 m abfallende Abbruchkante der Western Ghats zum Tiefland, die besonders eindringlich am Coaker's Walk zu bestaunen ist. Außerdem eignet sich Kodaikanal ideal für Ausflüge und kurze oder mehrtägige Wanderungen in den Bergwäldern sowie zu mehreren Wasserfällen in der näheren und ferneren Umgebung.

Kodaikanal ist alle zwölf Jahre jeweils um den Monat Dezember herum Ziel vieler Botaniker, wenn die nur dann und nur in den West-Ghats beheimatete und um Kodaikanal herum besonders stark auftretende Kunjaji Sharub erblüht (das nächste Mal erst wieder 2018). Dies ist jedoch nur eine aus einer Fülle **seltener Pflanzen** und teils riesiger Bäume, die den Bergort für Pflanzenfreunde attraktiv macht.

Sehenswertes im Ort

Bryant Park

Der acht Hektar große Botanische Garten Bryant Park wurde 1908 von *H.D. Bryant,* einem Forstwart, angelegt. Besonders in der Hochsaison um Mai bis August erblüht der Park in allen Farben des Regenbogens, ist aber auch in den anderen Jahreszeiten mit seinen 325 Baumarten, Büschen und Kakteen und 700 Rosenarten einen Besuch wert. Ein weiteres Highlight ist ein 150 Jahre alter Eukalyptusbaum. Der Haupteingang ist an der Lake Road, ein weiterer beim Coaker's Walk, Eintritt: 5 Rs, tgl. 9–17 Uhr.

Coaker's Walk

Atemberaubende Blicke in die Tiefe vom einen Kilometer langen, 1872 angelegten Coaker's Walk berauschen die Sinne (Eintritt 2 Rs, Kamera 5 Rs, tgl. 7–18 Uhr, Eingang von beiden Enden aus). Er liegt 500 m vom Busbahnhof entfernt. Wenn die Sicht nicht von Dunst getrübt wird (meist bis 14 Uhr), beeindrucken **Panoramaausblicke** bis über 100 Kilometer in die Ferne. Im Winter schaut man nachmittags zwischen 15 und 18 Uhr gelegentlich auf die Wolkendecke hinab, auch der Sonnenaufgang ist imposant.

Wasserfall Bear Shola

Der Bear Shola ist der dem Ort nächstgelegene Wasserfall und lohnt eigentlich nur nach der Regenzeit einen Ausflug, ansonsten führt er wenig Wasser und ist bestenfalls wegen des von Wald und Pflanzen gesäumten

Weges dorthin einen etwa 20-minütigen, geruhsamen Abstecher wert.

Sehenswertes um Kodaikanal

Im **Tempel Kurinji Andavar Murugan,** gut 3 km entfernt in den Wäldern versteckt, wird der Gott Murugan verehrt. An den Hängen rund um den Tempel blüht die purpurne Kurinji Blume besonders üppig. Vom Tempel schaut man auf auf die Palani-Berge und Kodaikanal.

Auf dem Weg zum Tempel Kurinji Andavar Murugan sollte man den hübschen **Chettiar Park** (8.30–17 Uhr) nicht links liegen lassen.

Am **Green Valley View,** umbenannt von Suicide Point, um nicht weiterhin Lebensmüde anzulocken, fällt der Abgrund nahezu 2.000 m in die Tiefe, was viele Affen nicht vom herumturnen abhält.

Die **Guna-Höhlen** zwischen dem Green Valley View und den Pillar Rocks werden wegen ihrer tiefen, engen Schluchten, in denen unzählige Fledermäuse hausen, auch *Devil's Kitchen* genannt. Obwohl der gefährliche Zugang zum Höhlensystem nach mehreren Todesfällen Jugendlicher nicht mehr erlaubt ist, dennoch ein guter Platz für erstklassige Fotos.

Auch der Ausblick bei den **Pillar Rocks,** ebenfalls 8 km entfernt, ist bei gutem Wetter exzellent. Das Highlight sind hier jedoch die drei bis 122 m aufragenden Felssäulen, die den Finger am Auslöser kleben lassen. Ein möglicher Zugangsweg durch dichten Wald dorthin beginnt beim Bryant Park. *Pillayar* bezeichnet in Tamil den Gott Ganesh. Hier kann es stärkeren Publikumsverkehr geben.

Mit 2.000 Metern noch etwas tiefer in den Abgrund schaut man an der **Dolphin's Nose,** 8 km von Kodaikanal entfernt. Zu erreichen ist sie über einen steilen Abstieg kurz hinter der Pambar-Brücke.

Eine einfachere Route ist der Aufstieg zum **Perumalmalai,** dem höchsten Berg der Region.

An der gewundenen Law's Ghat Road nach Madurai, 8 km von Kodaikanal, ist der imposante, 55 m hohe **Wasserfall Silver Cascade** ein Zwischenstopp vieler Vorbeifahrender, sodass es hier selten ruhig ist.

5 km entlang der Observatory Road gelangt man zum **Kodaikanal Solar Observatory** am höchsten Punkt der Region. Das dort aufgestellte Fernrohr erlaubt tolle Aussichten. Das angeschlossene **Astronomy Science Museum** gewährt einen guten Einblick in die Wissenschaft. Die Sternwarte ist in der Hochsaison täglich geöffnet, dann sogar nachts wegen der besseren Sicht auf die Himmelskörper, im Rest des Jahres nur freitags einige Stunden.

Sehr interessant ist das **Shenbaganur Museum,** 1895 gegründet und 6 km entfernt, mit über 500 ausgestopften Tieren sowie 300 lebenden Orchideen. Außerdem Werkzeuge der ersten Siedler der Region, dem Paliyan-Stamm.

228is Foto: mb

In der grünen Umgebung von Kodaikanal

Praktische Tipps

Information, Trekking, Reisebüros

- Das **Tourist Office** und das **District Forest Office** (DFO, Tel.: 240287) beim Hotel Tamil Nadu helfen beim Auffinden von Wanderrouten und dem Anheuern eines Guides. Im ersten gibt's das hilfreiche Booklet „Trekking Routes in Kodaikanal".
- Das **Touristenbüro** gegenüber vom Busbahnhof (1. Stock) ist nur schleppend behilflich. Tel.: 241675, tgl. 9.45–17.45 Uhr.
- Hervorragend als Organisator für ein- und mehrtägige Trekkingtouren, am liebsten auf wenig begangenen Routen um Kodaikanal und für weiter entfernte Ziele, ist **Nature Trails** (Tel.: 242791, (0)9994277373, thenatu retrails@gmail.com).
- Halbtägige Fahrten in die Umgebung von 9.30 bis 14 Uhr oder nachmittags von 14.30 bis 16.30 Uhr bietet **Travel Inn Tours & Travels** (Woodville Rd. gegenüber dem Busbahnhof, Tel.: 240880) für 120/85 Rs, wenn genügend Teilnehmer zusammenkommen.
- **Kurinji Tours & Travels** (Lake Rd. Tel.: 240008, 9–18 Uhr) ist eine verlässliches Reisebüro für Flugtickets und Taxiarrangements.
- Um den zentralen See des Ortes bieten viele Verleihe **Ruder- und Tretboote** für durchschnittlich 40 Rs/Std. an. **Pferdereiten** am Beginn der Observatory Road kostet für eine Stunde mit Guide 200 Rs, ohne 130 Rs, Kurzausritte auf den apathisch wirkenden Tieren für 80 Rs.

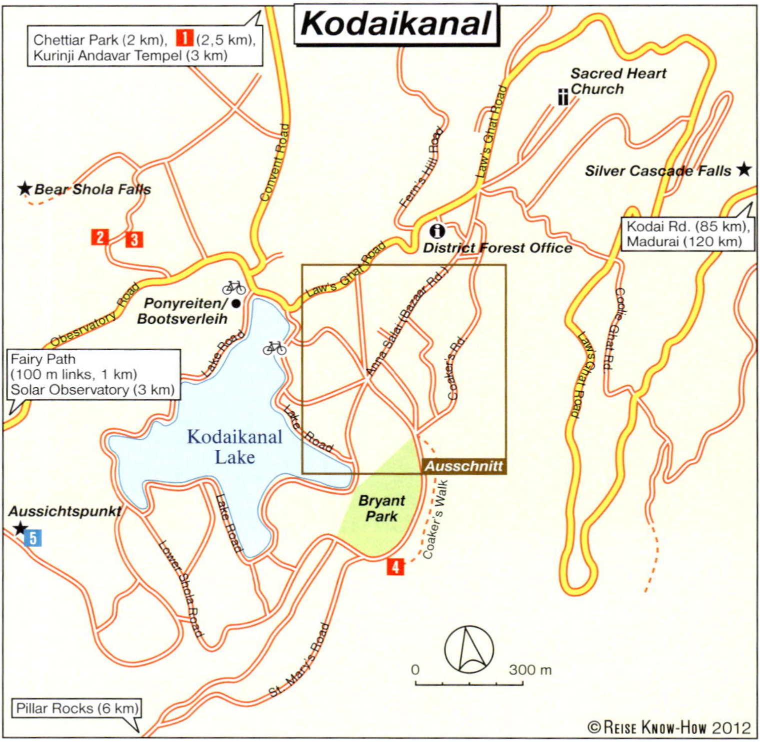

Stadtverkehr

- Aufgrund der kurzen Entfernungen sind alle Ziele im Ort problemlos zu Fuß zu erreichen. Autorikshas gibt es in Kodaikanal nicht, sodass man auf eines der wenigen **Taxis** zurückgreifen muss.
- Einige **Fahrradverleihe,** etwa am See, verlangen für 1 Std. 10 Rs, für 24 Std. 75 Rs, wobei nur Fahrräder mit Gangschaltung im hügeligen Ort Sinn machen.

Unterkunft

In der Hochsaison zwischen April und Ende Juni steigen die Hotelpreise oft auf das Doppelte. In dieser Zeit ist die Check-Out-Zeit meist um 9 oder 10 Uhr, ansonsten herrscht die 24-Std.-Regel vor.

- Entlang der Anna Salai beim Busbahnhof lohnen in den vielen die Straße säumenden Unterkünften nur die nach hinten gelegen Zimmer mit Balkonfernsicht, etwa des

Unterkunft
1 New Gold Nest
2 Wood Palace
3 Hotel Clifton
4 Greenland Youth Hostel
13 Strawberry Park
14 Snooze Inn
15 Hotel Sunrise
17 Hotel Astoria
20 Hotel Yagappa
21 Villa Retreat
22 Hotel Carlton

Einkaufen
6 Spencer's Co & Ltd.
23 Tibetische Verkaufsstände

Essen und Trinken
5 Snack-Restaurant
7 Royal Tibet
8 Tava Restaurant
9 Cloud Street Café
10 Restaurant New Punjab
17 Astoria
18 Pastry Corner

Verkehr
11 Kurinji Tours & Travels
12 Rail Reservation Office
16 Busbahnhof
19 Travel Inn Tours & Travels

Snooze Inn €-€€ (Tel.: 240837, snoozeinn@jayaraigroup.in, www.jayaraigroup.com, hier auch ein billiger Schlafsaal) und des neueren und komfortableren **Hotel Strawberry Park** €€ (Tel.: 242340), da die anderen, meist preisgleichen Zimmer an den Seiten ohne Aussicht sind. Die meisten dieser Bleiben verfügen über TV mit mehr oder auch mal weniger gutem Empfang.

● Aufgrund der hinreißenden Lage an der scharf abfallenden Felswand ist das **Greenland Youth Hostel** €-€€ (Tel.: 240899) die erste Wahl der Rucksackreisenden, die für die tolle Aussicht von den Terrassen der ansonsten einfachen Zimmer, teils mit TV, nicht mal viel hinblättern müssen. Dementsprechend ist es meist voll. Im Restaurant gibt's auch fleischliche Kost.

● Als Ausweichquartier sind die ebenfalls einfachen Zimmer mit Bad und Terrasse des leicht windschiefen **Hotel Yagappa** € (Noyce Rd., Tel.: 241235, (0)9443167232) mit kleinem Restaurant kuschelig. Zu dessen Attraktivität tragen die leicht eigenartige Bar, der knorrige Besitzer und die Rasenflächen bei.

● Wer mehr ausgeben kann, sollte die totalrenovierte ehemalige Billigherberge **Hotel Sunrise** €€-€€€ (Tel.: 241358) wählen, von deren Balkon-/Terrassenzimmern nach hinten sich tolle Fernblicke genießen lassen. Das obere Stockwerk ist teurer. Die aussichtsärmeren Zimmer nach vorn sind billiger, ansonsten gleich ausgestattet. Auch der freundliche Service und die Zimmerausstattung stimmen in dieser attraktiven Mittelklassebleibe. Eine Coffeelounge auf dem Dach war in Planung.

● Auf der anderen Seite des Sees in der ruhigen Bearshola Rd. sind das angenehme **Hotel Wood Palace** €€€ (Bearshola Rd, Tel.: 243342/6, (0)9442243387) mit geräumigen Zimmern mit Balkon sowie Restaurant mit indischer Küche und das **Hotel Clifton,** einen Steinwurf entfernt, gemütliche Herbergen mit komfortablen Zimmern.

● 3 km außerhalb Kodaikanals Richtung Kurinji-Andavar-Tempel sind die 46 komfortablen Cottages des **New Gold Nest** €€€ (Sivanadi Road, Tel.: 240989-91, www.newgoldnest.com) herrlich in die Landschaft eingepasst. Ein gutes Restaurant und Ayurveda-Anwendungen komplettieren die Anlage inmitten purer Natur.

● Das beste an der **Villa Retreat** €€€-€€€€ (Tel.: 240940, 243556, (0)9894142094, www.villaretreat.com) am Beginn des Coaker's Walk sind die tiefen Ausblicke in die Ebene vom hübschen Garten. Die Zimmer sind nichts Besonderes, aber hinreichend komfortabel. Erstklassige Fernsichten von einigen Bungalows und vom Rasen, auf dem die Mahlzeiten eingenommen werden können.

● Top-Adresse in Kodaikanal ist das gediegene **Hotel Carlton** €€€€€-€€€€€€ (Tel.: 240056, carlton@krahejahospitality.com, www.krahejahospitality.com), in kolonialem Stil an den Hang über dem See gebaut. Alle luxuriösen Zimmer mit Balkon zum See sind hell und geräumig. Massage, Sauna, Billiard, das erstklassige Restaurant und die Bar komplettieren den Luxus.

Essen und Trinken

● Nahe dem Busbahnhof ist das saubere, helle **Astoria Restaurant** (Anna Salai) mit großen Glasfenstern und leicht übertriebenem Service eine beliebte Adresse für vegetarische nord- und südindische Küche.

● Sandwiches, Kuchen, Kekse oder Kaffee und Tee gibt's für wenige Rupien im **Pastry Corner** im selben Haus.

● Wer keralische Küche bevorzugt, ist im **Eden Paradise Restaurant** in der Laws Ghat Rd. richtig.

● Authentische tibetanische und chinesische Gerichte kredenzt **Royal Tibet** (PT Rd.), an dessen Wänden die Bilder aus der Heimat des Besitzers hängen. Man sollte *steamed pork momo* versuchen.

● Frühstück macht im **Cloud Street Café** Spaß, aber auch Pizza oder Huhngerichte zum Mittagessen erfreuen den Gaumen.

● Ebenfalls in der PT Rd. ist **Tava** ein beliebtes, vegetarisches Schnellrestaurant nahe der 7 Road Junction.

● **Rasoi** (Maratha Shopping Complex, Annasalai) serviert erstklassige Gujarathi-Küche und Punjabi-Thalis. *Chola batora* und *alu paratha* können empfohlen werden.

● Ein gut sortierter Supermarkt ist **Spencer's & Co Ltd.** nahe der internationalen Schule.

Medizinische Versorgung

- Im Notfall steht das zentral gelegene **Van Allen Hospital** (Tel.: 241254) bereit.
- Die **Apollo Pharmacy** nahe Anna Salai ist tgl. 7–22.30 Uhr geöffnet.

Post, Bank, Internet

- Die **Hauptpost** an Anna Salai ist von 9 bis 17 Uhr geöffnet. Ein **DHL-Servicebüro** findet sich eine kleine Gasse gegenüber dem Busbahnhof einige Meter hinab.
- Die **Indian Bank** (Mo–Fr 10–15, Sa 10–13 Uhr) an Anna Salai wechselt Bares und Reiseschecks, wobei die Raten für Reiseschecks besser als die für Barumtausch sind. **ATMs** der State Bank of India und der ICICI Bank akzeptieren die meisten international üblichen Kreditkarten.
- Von einigen **Internetcafés** ist Apollo Communicartions beim Snooze Inn eines der schnelleren. Net-to-Phone ist in Kodaikanal noch nicht möglich, sodass eine Minute telefonieren nach Europa teure 20 Rs kostet.

An- und Weiterreise

- **Bahn:** Es gibt zwar keinen Bahnhof in Kodaikanal, Bahntickets mit Platzreservierung können dennoch bei Southern Railway im computerisierten Büro im selben Gebäude, in dem auch DHL untergebracht ist, gekauft werden, Mo–Sa 8–12 und 14.30–17 Uhr, So 8–12 Uhr. Der nächstgelegene Bahnhof, Kodai Rd., ist 80 km und 3 Stunden Fahrtzeit entfernt.
- **Bus:** Vom neuen Busbahnhof im Zentrum häufige Verbindungen nach Madurai, die erste um 7, die letzte um 16.40 Uhr. Außerdem 2 Luxusbusse um 18 Uhr und 19.20 Uhr. Nach Munnar und Kumily (Periyar-Wildreservat) gibt's keine Direktverbindung. Zunächst in ca. 3 Stunden nach Theni (nur 1 Bus tgl. um 14.15 Uhr), ca. 80 km südlich Kodaikanals, von dort weiter nach Munnar, was weitere 3½ Stunden dauert, oder nach Kumily (60 km). Zweite Variante für Munnar: bis Vattalakundu und von dort nach Munnar.

Auch nach Ooty besteht keine Direktverbindung. Zunächst nach Coimbatore (2 Direktbusse tgl.) und von dort weiter nach Ooty. Nach Bangalore besteht nur eine luxus-klimatisierte Nachtverbindung von KSRTC um 17.30 Uhr. Privatanbieter fahren meist eine Stunde später los. Busse nach Thiruchirapalli fahren etwa alle 2½ Stunden, der letzte um 17.40 Uhr. Nach Kanyakumari zur Südspitze Indiens gibt's tgl. eine Verbindung um 9 Uhr.

- **Jeep und Taxi:** Rund um den Busbahnhof warten mehrere Reisebüros auf Kunden, die zu den wichtigen touristischen Zielen Tamil Nadus und Keralas fahren. Man hat die Wahl zwischen Sammeljeeps und -taxis, die starten, wenn sich genügend Personen fürs gleiche Ziel zusammengefunden haben, sowie eigenen Jeeps. Eine Fahrt im Sammeljeep nach Kumily zum Periyar-Wildreservat kostet um 350 Rs p.P., Munnar oder Madurai schlagen mit jeweils etwa 400 Rs p.P. zu Buche, Ooty etwa 200 Rs. Nach Bangalore kostet's um 500 Rs. Ein eigenes Taxi nach Munnar oder Madurai kostet ca. 1.700 Rs, nach Kumily ca. 1.400 Rs, nach Trivandrum 1.300 Rs.

Da die kürzeste Straßenverbindung zwischen Kodaikanal und Munnar wegen Schmuggelaktivitäten bis auf weiteres gesperrt ist, müssen alle Fahrzeuge für dieses Ziel einen Umweg zurück nach Theni oder Vattalakundu fahren.

Aufgrund der gewundenen und steilen Straßen, z.B. nach Munnar, sollte man vor der Fahrt per Jeep und auch Taxi auf ein allzu üppiges Mahl verzichten, da es sonst unplanmäßig wieder verloren gehen könnte.

Indira Gandhi Wildlife Sanctuary

Tausend Quadratkilometer **Teakwald und Dschungel** bilden das Indira Gandhi Wildlife Sanctuary am Fuß der Western Ghats an der Grenze zu Kerala. Zwischen Kodaikanal und Ooty gelegen, ist das Schutzgebiet mit abwechselungsreicher Flora und besonders Fauna wie u.a. **Elefanten,** der seltenen Nilgiri-Ziege, Bären, vielerlei

Dammwild, Stachelschweinen und raren **Panthern und Tigern** gesegnet. Auf die Sichtung der Letztgenannten besteht jedoch kaum eine Chance.

- Der Wildpark ist um das **Park Reception Centre** (6–18 Uhr) nach Zahlen der Eintrittsgebühr (Parkeintritt 50 Rs, Kamera/Video 10/50 Rs) frei zugänglich. Will man tiefer in den Park eindringen, ist dies per Minibus (25 Plätze) in einstündigen Ausfahrten für 625 Rs pro Bus, unabhängig von der Teilnehmerzahl, möglich. Auf der Besichtigungstour wird auch ein Trainingszentrum für Arbeitselefanten besucht. Außerdem werden Wanderungen mit Trekking-Guide (4 Std., 100 Rs p.P.) mit höchstens 4 Personen arrangiert.

Unterkunft
Essen und Trinken

- Wer in und um Topslip, Zugangsort des Wildreservats, nächtigen will, muss dies beim **WWO** im 35 km entfernten Pollachi (Meenkarai Rd., Tel.: 04259-2225356, Mo–Fr 9–17 Uhr) im Voraus buchen. Von Einfachzimmern für 300 Rs bis zu komfortablen Hütten bis 1.000 Rs reicht die Unterkunftspalette.

Fast umsonst sind **Schlafsaalbetten** im 2 km entfernten Ambulli Illam. Eine einfache **Gaststätte** in Topslip versorgt etwas notdürftig. So schadet es nicht, etwas Proviant mitzuführen.

An- und Weiterreise

- Es bestehen regelmäßige **Bahnverbindungen** von Palani und Coimbatore zum nächstgelegenen größeren Ort Pollachi. Dieser wird zudem von beiden Orten per **Bus** angefahren. Für die letzten 35 km von Pollachi nach Topslip verlassen um 6.15, 11.15 und 15.15 Uhr Busse den Busbahnhof. In umgekehrter Richtung starten die Busse in Topslip um 9.30, 13 und 18.30 Uhr. Ein **Taxi** von Pollachi nach Topslip kostet um 500 Rs.

Kanyakumari

↗ XXII/B2

Einwohner: 20.000
Vorwahl: 04652

Selbst magische Orte können manchmal enttäuschen. Kanyakumari ist so einer. Die Besonderheit des Städtchens beruht zunächst einmal auf seiner geographischen Lage: Kanyakumari markiert den **südlichsten Punkt des Indischen Subkontinents.** Alles andere ergibt sich von selbst: Sonnenauf- und -untergang können vom selben Platz beobachtet werden, Sonnenaufgang und Monduntergang sogar zur gleichen Zeit. Frühmorgens versammeln sich daher indische Pilger, europäische Pauschaltouristen und Hippies aus aller Welt, um das einzigartige Schauspiel vom gleichzeitig zu beobachtenden Sonnenaufgang und Monduntergang zu bestaunen. Das umgekehrte Ereignis lässt sich am späten Nachmittag beobachten.

Wegen seiner exponierten Lage gilt Kanyakumari als einer der bedeutendsten Pilgerorte von Tamil Nadu. Anstatt von religiöser Beschaulichkeit wird der Ort jedoch von Heerscharen marktschreierischer Händler und Verkäufer sowie Lawinen von Bussen und Autos bestimmt. Wenig einladend sind auch die aufdringlichen Straßenhändler, die an jeder Ecke sitzenden Bettler und die gnadenlos hässlichen Gebäude. Auch die infernalisch lauten Megaphone, die über die ganze Stadt hinduistische Gebete verbreiten, gehen einem schnell auf die Nerven. Trotz seiner religiösen Bedeutung wirkt der

Ort auf viele Besucher eher bedrückend.

Eine gewisse spirituelle Atmosphäre kann man Kanyakumari dennoch nicht absprechen. Allein die Tatsache, dass hier die Asche *Mahatma Gandhis* ins Meer verstreut wurde und der große Hindu-Philosoph *Vivekananda* einige Zeit lebte, belegen dies. Auch mehrere Tempel wie der Kumari Amman und das sehr pittoresk auf zwei Inseln 500 m vor dem Festland gelegene Vivekananda Memorial lohnen sicher einen Besuch. Aufgrund seiner Nähe zum nur 86 km nördlich gelegenen Thiruvananthapuram (Trivandrum) besuchen die meisten Westler Kanyakumari von Kerala kommend.

Orientierung

Den Mittelpunkt allen Lebens bildet der Kumari-Amman-Tempel. Alle wichtigen Gebäude und Einrichtungen liegen in einem Umkreis von ca. einem Kilometer westlich und nördlich hiervon. Nur etwa 300 m nördlich befindet sich die Fähranlegestelle, von der man zu den zwei südöstlich vorgelagerten Inseln übersetzen kann. Entlang der nach Norden Richtung Bahnhof verlaufenden Main Rd. haben sich das Touristenbüro und die Hauptpost angesiedelt. Der Busbahnhof liegt an der auf halber Strecke nach Westen abbiegenden Kovalam Rd. Wer also per Bus aus Richtung Trivandrum oder Osten ankommt, sollte im Dorf aussteigen und nicht bis zum Busbahnhof weiterfahren.

Sehenswertes

Kumari-Amman-Tempel

Wichtigster Tempel der Stadt und Hauptanziehungspunkt der Pilger ist der direkt an der Schnittstelle zwischen dem Arabischem Meer und dem Golf von Bengalen gelegene **Kumari-Amman-Tempel.** Abgesehen von seiner pittoresken Lage hat der zur Verehrung der jungfräulichen Göttin Kumari, einer Shakti Shivas, erbaute Tempel wenig Aufregendes zu bieten. Das Sanktum ist nur Hindus zugänglich. Interessante Eindrücke lassen sich an den beiden unmittelbar zwischen Meer und Tempel gelegenen **Ghats** gewinnen, an denen die Pilger ihre rituellen Waschungen vornehmen.

- **Öffnungszeiten:** tgl. von 4.30 bis 11.30 und 17.30 bis 20.30 Uhr.

Gandhi Memorial

Das Gandhi Memorial wurde an genau jener Stelle errichtet, an der die Asche des Mahatma in einer Urne aufbewahrt war, bevor sie an diesem südlichsten Punkt des indischen Subkontinents ins Meer gestreut wurde. Die Gedenkstätte ist im Stile eines Orissa-Tempels gestaltet.

- **Öffnungszeiten:** tgl. von 6.30 bis 12.30 und 15 bis 19.30 Uhr.

Vivekananda Memorial

Wer sich näher mit der Lehre und dem Leben des großen Hindu-Philosophen *Vivekananda* beschäftigen möchte, sollte das knapp 500 m nördlich vom Gandhi Memorial errichtete

Wandering Monk Museum (geöffnet 8–12 und 16–20 Uhr) besuchen. Hinter diesem merkwürdigen Namen verbirgt sich eine recht interessante Ausstellung, in der die verschiedenen Lebensphasen Vivekanandas nachgezeichnet werden. Auf seiner Suche nach einer Verbindung zwischen Hinduismus und christlicher Soziallehre gelangte er Ende des 19. Jh. nach Kanyakumari.

Vivekananda zu Ehren wurde 1970 auf den beiden **Felsen** knapp 500 m vor der Küste das Vivekananda Memorial (Eintritt 10 Rs) errichtet. Etwa alle halbe Stunde zwischen 7.45 und 16 Uhr (20 Rs) setzen **Boote** von der Fähranlegestelle 500 m nordöstlich des Kumari-Amman-Tempels zu dem Monument über. Abgesehen von einer Statue Vivekanandas beeindruckt die Gedenkstätte durch ihre ungewöhnliche Architektur, die die unterschiedlichen Stilelemente auf dem Indischen Subkontinent zu vereinen versucht.

Praktische Tipps

Information, Ausflüge

- Das sehr hilfsbereite **Tourist Office** an der Main Rd., ganz in der Nähe des Kumari-Amman-Tempels, ist Mo–Fr von 10 bis 17.45 Uhr geöffnet.
- Das Tourist Office im **Hotel TTDC Tamil Nadu** (Tel.: 246276) arrangiert bei einer Mindestteilnehmerzahl von vier Personen einen Tagesausflug (8–18 Uhr, 300 Rs) zum Suchindaram, einem Hindutempel, zum Udhagiri-Fort, zum Pamanabhapuram-Palast sowie zu einem Wasserfall und zwei Stränden in der Umgebung. Leider fühlt sich im Hotel nicht immer jemand zuständig.
- 12 km nordöstlich von Kanyakumari ist Suchindram mit seinem **Stanunatha-Swami-Tempel,** dessen Säulen von den Tempelführern mit der bloßen Faust zum Klingen gebracht werden, einen Besuch bzw. eine Reiseunterbrechung auf dem Weg zu den Stränden Südkeralas wert.

Stadtverkehr

- Kanyakumari ist klein genug, um zu Fuß erkundet zu werden, zumal sich alle Sehenswürdigkeiten im Umkreis des Kumari-Amman-Tempels befinden. Zum Busbahnhof im Westen bzw. Bahnhof im Norden sollte man vom Zentrum aus per **Riksha** maximal 20 Rs zahlen.

Unterkunft

Noch bis vor ein paar Jahren waren die meist auf die Bedürfnisse indischer Pilger ausgerichteten Hotels besonders an Wochenenden und Feiertagen frühzeitig ausgebucht. Die Lage hat sich mit dem Bau einer Reihe auch westlichen Ansprüchen genügender Unterkünfte entspannt. Dennoch kann es zu speziellen Pilgerfesten zu Engpässen kommen, sodass eine Anmeldung sinnvoll erscheint. In den Monaten April/Mai und Oktober bis Dezember verdoppeln sich die Preise.

- Die stilvollste Unterkunft von Kanyakumari ist zweifelsohne das **Kerala House** €-€€ (Reservierungen über Trivandrum, Tel.: 0471-2327366). Das Kolonialgebäude mit seinen großen Zimmern (zwei klimatisiert), die herrliche Ausblicke aufs Meer bieten, wurde zur Beherbergung von Staatsangestellten und internationalen Gästen errichtet. Daran hat sich bis heute nichts geändert, doch wer beim State Secretariat of Thiruvananthapuram oder beim Manager vor Ort nachfragt, erhält zuweilen ein Zimmer. Eine Voranmeldung ist in jedem Fall unerlässlich.
- Eine der besten Adressen der unteren Preisklasse ist das staatliche **Hotel TTDC Tamil Nadu** €€-€€€ (Tel.: 271257). Besonders zu empfehlen sind die klimatisierten Cottages und die sauberen Doppelzimmer im Hauptgebäude, von denen jene mit Balkon und

Kanyakumari
Unterkunft
2 Hotel Singar International
3 Vinanchi Arachi Lodge
5 Shankar's Guest House
6 Hotel Sangam
7 Manikham Tourist Home
8 Hotel Bhagya
9 Hotel Maadhini
10 Lakshmi Tourist Home
11 Gopi Niwas
12 Hotel Sea View
15 Hotel TTDC Tamil Nadu
16 Kerala House
20 Hotel Samudra
Essen und Trinken
4 British Bakers
6 Restaurant Sangam
17 Restaurant Annapurna
18 Restaurant Saravannas
Verkehr
1 Reservierungsbüro
13 Busbahnhof und Reservierungsbüro
14 Busse nach Ooty, Trivandrum
19 Tony Travels
Tiruvananthapuram (87 km), Madurai (235 km), Nagercoil (12 km)
Bahnhof
Gunganatham Tempel
Kiruthirga Hospital
Church of our Lady of Ransom
Sportfeld
Rajaram Hospital
North Car Street
South Car Street
Main Road
Polizei
Kovalam Road
Leuchtturm
Wandering Monk Museum
Aussichtspunkt
Janakanthi Panchakarma Centre
Kinderver-gnügungspark
Goverment Museum
Beach Road
Fähranlegestelle
Aussichtsturm
Kamarajar Tempel
Gandhi Memorial
Tempeleingang
Kumari-Amman-Tempel
Ghats
0
300 m
ARABISCHES MEER
Tiruvalluvar Statue
Vivekananda Memorial
©Reise Know-How 2012

Seeblick gebucht werden sollten. Nicht zu empfehlen sind die sehr spartanischen Einzelzimmer im rückwärtigen Bau.

● Das **Hotel Bhagya** €-€€ (Tel.: 570385, hotelbhagya@yahoo.co.in) hat zwar keine Zimmer mit Aussicht, doch sind diese wie auch die Badezimmer hervorragend in Schuss und mit TV versehen. Auch die **Vinanchi Arachi Lodge** €-€€€ (Tel.: 246027) hat blitzsaubere Zimmer ohne weite Ausblicke, die teuren mit AC und TV. Dasselbe Manko, aber tadellose Zimmer bietet das billige **Gopi Niwas** € (Tel.: 246353/5, 247185) eine der besten ganz billigen Unterkünfte im Ort.

● Eine gute Wahl ist das **Manikham Tourist Home** €-€€ (Tel.: 246387, 246887) in der North Car Rd. Die geräumigen Zimmer machen einen gepflegten, freundlichen Eindruck, wobei man sich in eines mit Balkon und Seeblick einquartieren sollte. Ähnlich in Preis und Leistung ist das **Shankar's Guest House.**

● Eine angenehme Mittelklasseherberge ist das in unmittelbarer Nähe zum Manikham gelegene **Hotel Maadhini** €€-€€€ (Tel.: 246787/8, 246887). Die Kombination aus der attraktiven Lage, den großen, geschmackvoll eingerichteten Zimmern, dem freundlichen Personal und dem hauseigenen Restaurant machen es zu einer Top-Adresse von Kanyakumari. Am teuersten, aber auch am besten sind die AC-Zimmer mit Balkon, auf denen man in aller Ruhe den Meerblick genießen kann.

● Ähnlich ist das nicht weit entfernte **Lakshmi Tourist Home** €-€€€ (Tel.: 247203, 246333). Auch hier ist ein ausgezeichnetes vegetarisches Restaurant angeschlossen.

● Herrliche Ausblicke zum Tempel und zum Sonnenaufgang über dem Meer müssen teuer bezahlt werden im **Hotel Samudra** €€-€€€ (Tel.: 271162/3). Die teils klimatisierten Zimmer ohne Balkon sind bestenfalls durchschnittlich. Ein vorzügliches vegetarisches Restaurant ist angeschlossen.

Essen und Trinken

● Stets mit einheimischen Pilgern überfüllt ist das **Saravannas** in der Sannathi St. Dies ist der ideale Ort, um für wenig Geld köstliche *thalis* und *dosas* zu essen. Einige Meter entfernt, ist das **Annapurna Restaurant** nahezu identisch.

● Schön sitzt es sich auf der Terrasse des **Sri Ramdev Restaurant** am Weg zur Vivekananda-Memorial-Fähre. Die rein vegetarische Speisekarte ist umfangreich, die Atmosphäre angenehm, die Preise sind günstig.

● Abgesehen von den drei zuvor genannten Lokalen sind die besten Restaurants der Stadt in Hotels zu finden. Besonders hervorzuheben sind das rein vegetarische **Sanga** im Hotel Samudra und das **Archana Gartenrestaurant** (Fisch-Tikka probieren!) im Hotel Maadhini.

● Im Gartenrestaurant des **Hotel Cape Residency** an der Main Road lässt es sich in angenehmer Umgebung hervorragend speisen. Auch das Restaurant des **Hotel Sea View** in der East Car Street bietet klasse nord- und südindische Küche.

Medizinische Versorgung

● Das kleine **Rajaram Hospital** (Tel.: 246567, 5–23 Uhr) etwas nördlich der meisten Unterkünfte behandelt kleine Blessuren. Für schwerwiegendere Fälle muss das große **Government Hospital** aufgesucht werden.

● Im **Jamakanthi Panchakarma Centre** (Tel.: 246730, jamakanthikkm@sancharnet.in, www.santhigiri.com), können umfassende, auch mehrwöchige **Ayurveda-Behandlungen** inkl. einfacher Unterkunft gebucht werden (Preisbeispiel: pro Person und Woche 10.000 Rs für Rundumbehandlungspaket). Das Zentrum steht in Verbindung mit dem 5 km außerhalb von Kanyakumari gelegenen Santhigiri Ashram.

Bank, Post, Internet

● Die **State Bank of Travancore** (Mo–Fr 10–15.30 Uhr, Sa 10–12 Uhr) wechselt alle Währungen und Reiseschecks. Der dortige ATM der **State Bank of India** stellt nur Visa-Card-Inhaber zufrieden. Außerdem gibt's noch **Janaki Forex** gegenüber der Ashoka Lodge.

● Die **Post** an der Hauptstraße ist Mo–Sa von 8 bis 16 Uhr geöffnet.

- Internet ist quälend langsam in Kanyakumari und recht teuer. **WorldNet Cybercafé** nimmt 40 Rs/Std., **Tony Internet** (1. Stock) happige 60 Rs/Std.

An- und Weiterreise

- **Bahn:** Das Reservierungsbüro (Tel.: 246247) im Bahnhofsgebäude ist tgl. von 8 bis 14 Uhr geöffnet. Die touristisch wichtigsten Verbindungen vom nördlich gelegenen Bahnhof sind im Anhang aufgeführt.
- **Bus:** Das Reservierungsbüro im ca. 1 km westlich der Innenstadt gelegenen Busbahnhof hat tgl. von 7 bis 21 Uhr geöffnet. Hervorragende Anbindungen zu den größeren Städten des Nordens und entlang der Westküste nach Kerala: Chennai (15 Std.), Ernakulam (2 Superfast-Busse um 7.10 und 9.10 Uhr, 134 Rs via Trivandrum und Alleppey), Kovalam (1½ Std., 2 Direktbusse um 6.30 und 14 Uhr, sonst über Trivandrum), Madurai (5 Std., halbstündig, 76 Rs), Rameshwaram (9 Std., 18.45 Uhr, 124 Rs), Thiruvananthapuram (Trivandrum, 2½ Std., 7 Deluxe-Busse zwischen 6.10 und 21.15 Uhr). Auch Nachtbusse nach Ooty (14 Std., 230 Rs, 17.45 und 18.30 Uhr).

Udhagamandalam (Ootacamund, Ooty)

↗ XXII/B1

Einwohner: 95.000
Höhe: 2.286 m
Vorwahl: 0423

Das auf 2.286 m Höhe in den Western Ghats gelegene Udhagamandalam muss einmal ein schöner Ort gewesen sein. Heute ist er es nicht mehr. Von der „guten alten Zeit", als der sich über mehrere Hügel erstreckende Bergort zu einem bevorzugten **Erholungsgebiet der britischen Kolonialbeamten** gehörte, zeugen die schön angelegten Gärten, die Pferderennbahn (Saison von April bis Juni), der Golfplatz, diverse Kolonialhotels sowie mehrere Kirchen und Friedhöfe. Was die Briten an dem damals noch Ootacamund oder kürzer Ooty genannten Ort besonders reizte, waren das **angenehme Klima** und die damit verbundene Vegetation, die an einen mitteleuropäischen Bergort erinnert. Das koloniale Flair wird seit etwa zehn Jahren durch eine unansehnliche Mischung aus keiner Kontrolle unterliegenden hässlichen Neubauten überdeckt, die den alten Charme Ootys kaum noch erkennen lässt.

Besonders während der Hauptreisezeit zwischen April und Juni, wenn Tausende von Mitgliedern der indischen Mittel- und Oberschicht nach Ooty strömen, um der Schwüle und Hitze der Ebene zu entfliehen, sind die Auswüchse des **einheimischen Massentourismus** allgegenwärtig. Zudem verdoppeln sich dann die ohnehin schon recht hohen Hotelpreise. Auch während der großen Feste Dussera und Diwali im Oktober/November sollte man den zu dem Zungenbrecher Udhagamandalam umgetauften Ort besser meiden. Die meisten der insgesamt recht wenigen westlichen Touristen kommen in den Monaten November bis März. In dieser Zeit kann es allerdings empfindlich kühl werden, weshalb ein dicker Pullover unbedingt ins Reisegepäck gehört.

Sehenswertes

Neben den erholsamen Spaziergängen in der Umgebung lohnt ein Besuch des 1847 von den Briten angelegten **Botanischen Gartens** (tgl. 8.30–18.30 Uhr, Eintritt 10 Rs, Kamera/Video 10/100 Rs), des terrassenförmig angelegten **Centenary Rose Garden** (9–18.30 Uhr, Eintritt Erw./Kind 10/5 Rs, Kamera/Video 30/50 Rs), der zahlreichen **Kolonialgebäude** als Zeugnisse der britischen Kolonialvergangenheit wie der 1829 erbauten **St. Stephen's Church** (Church Hill Rd., Mo–Sa 10–13 und 15–17 Uhr, Gottesdienste So 8 und 11 Uhr), des **Gerichts** oder des 1830 gegründeten **Clubs.** Nur Freunden des Kitschigen empfiehlt sich ein Besuch des **Thread Garden** oberhalb des Sees, in dem Pflanzen aus aller Welt in mühevoller zwölfjähriger Kleinarbeit aus Garn nachgebildet wurden.

Doddabetta Lookout

Mit 2.633 m der **höchste Aussichtspunkt der Region** ist der 10 km von Ooty entfernte Doddabetta Lookout (7–18 Uhr, Eintritt 2 Rs). Wegen der klareren Sicht sollte man so früh wie möglich anreisen. Alle Busse nach Kotagiri passieren diesen Punkt (dem Schaffner Bescheid geben, dass man dort aussteigen möchte).

Tribal Research Centre

Artefakte und Gebrauchsgegenstände der **Stämme,** die diese Region in grauer Vorzeit bevölkerten, sowie leider recht schlecht ausgestopfte Tiere sind im Tribal Research Centre (Mo–Fr 10–17 Uhr, Eintritt frei) zu bestaunen. Teils bis in die Steinzeit zurückreichende Funde und informative Beschreibungen der Lebensumstände der Volksgruppen werden präsentiert.

Jeder Bus nach M Palada fährt nahe am Museum vorbei, von dort ist der Rest zu Fuß zu bewältigen. Eine Riksha von Ooty sollte inkl. Rückfahrt nicht mehr als 300 Rs kosten.

Schmalspurbahn

Einen Besuch ist Ooty wohl in erster Linie wert, wenn man mit der herrlichen **Nilgiri Blue Mountain Railway** anreist. Während der 46 km langen Fahrt entlang der Anfang des vorigen Jahrhunderts erbauten Schmalspurstrecke bieten sich immer wieder beeindruckende Ausblicke (auf der linken Seite sitzend auf dem Weg nach Ooty!) in die von **tiefen Schluchten** und lieblichen Hügeln geprägte Landschaft. Nicht nur für Eisenbahnfans ist die sechsstündige Fahrt von Mettupalayam nach Ooty durch 16 Tunnel und über 19 Brücken ein einzigartiges Vergnügen. Wer möchte, kann auch die wesentlich kürzere Strecke von und nach Coonoor nehmen. Fahrkarten ab Ooty werden jeweils eine halbe Stunde vor Fahrtbeginn am Bahnhof verkauft (Weiteres siehe „Bahn").

Praktische Tipps

Information

- Das **TTDC Tourist Office** (Tel.: 2443977, Mo–Fr 9–18 Uhr) befindet sich im Stadtzentrum in der Wenlock Rd. Für Individualreisende sind die an sich sehr freundlichen Angestellten allerdings von geringem Informationswert. Das Büro vermittelt Reiseagenturen, die Rundfahrten zu Zielen in der Umgebung wie Coonoor oder Mudumalai organisieren.

- Das **Wildlife Warden Office** (WWO, Tel.: 2444098, Mo–Fr 10–18 Uhr), 100 m entfernt, verwaltet den Mudumalai-Nationalpark und vermittelt Unterkunft innerhalb des Parks. Nebenan residiert der District Forest Officer (Tel.: 2444083).

Stadtverkehr

- Im weitläufigen, sich über mehrere Hügel und Täler erstreckenden Ooty warten zahlreiche **Motorrikshas** und **Taxis** auf die fußmüden Wanderer. Da die Chauffeure während der kurzen Touristenzeit möglichst viel Umsatz machen müssen, verlangen sie häufig exorbitant hohe Preise. Ohne handeln geht gar nichts, da die Uhren, wenn überhaupt vorhanden, fast nie eingeschaltet werden. Legt man das landesübliche Preisniveau zugrunde, sollte man innerhalb des Stadtgebiets für keine Strecke mehr als 40 Rs zahlen. Wer in der Nähe der Commercial Rd. abfährt, kann auf die am dortigen Riksha-Stand (Market Place) auf einer Tafel angeschlagenen Fahrpreise pochen.

Unterkunft

An Unterkünften gibt es keinen Mangel, allerdings sind fast alle auf die Bedürfnisse der indischen Mittelschicht ausgerichtet. So verfügen nur die wenigsten Hotels über Einzelzimmer. Die Preise sind stark saisonabhängig: Am teuersten wird es in den Monaten April bis Juni, wenn sich die Preise verdoppeln. Umgekehrt kann man in den Monaten November bis Januar, wenn sich nur wenige einheimische Touristen blicken lassen, zum Teil erhebliche Nachlässe aushandeln. Dann kann es in Ooty jedoch auch empfindlich kühl werden, weshalb man besonderen Wert darauf legen sollte, dass eine funktionierende Heizung zur Verfügung steht.

- Eine der schönsten Low-Budget-Unterkünfte in Ooty ist das liebenswerte **Reflections Guest House** €€ (North Lake Rd., Tel.: 2443834, reflectionsin@yahoo.co.in). Neben der freundlichen Atmosphäre, dem zuvorkommenden Service und der schönen Lage am See sind die hübschen, zum See ausgerichteten Zimmer zu günstigen Preisen seine Vorzüge. Allerdings kann es in dem Steinhaus besonders nachts unangenehm kühl werden. Falls möglich, sollte man eines der vier Zimmer mit Terrasse im Nebenhaus ordern. Da bei Individualtouristen sehr beliebt, ist eine telefonische Voranmeldung ratsam.
- Ist's hier voll, sind die sauberen Zweckzimmer des nur 100 m entfernten **City Palace** €€-€€€ (North Lake Rd., Tel.: 2449410, (0)96 26053754) mit angeschlossenem vegetarischen Restaurant eine brauchbare, wenn auch etwas hellhörige Alternative.
- Herrlich auf weiter Fläche südlich der Rennbahn am Hang verteilt, lockt das luftige **YWCA Anandagiri** €-€€€ (Ettines Rd., Tel.: 2442218, www.ywcaagooty.com) aus spätkolonialer Zeit viele Backpacker an. Von billigen Zimmern im Haupthaus mit Bad auf der gegenüberliegenden Flurseite bis zu Einzelbungalows mit jeweils mehreren Wohneinheiten mit Terrasse reicht die Palette. Dazwischen Rasenflächen mit Baumbestand zum Relaxen. Das angeschlossene Restaurant serviert preiswert auch fleischliche Kost.
- Als dritte empfehlenswerte Bleibe dieser Kategorie versorgt **Sweekar** €€ (Race View Rd., Tel.: 2442348, (0)9698966919) mit Einfachzimmern mit Terrasse in ruhiger Lage. Gelobt wird das gute indische Essen.
- Zur Recherchezeit unter Totalrenovierung, verspricht das **Hotel Mountview** €€€€-€€€€€ (Racecourse Rd., Tel.: 2443307, (0)984 3124578) wieder eine sehr gelungene Mittelklassebleibe zu werden. Riesige und bis zu 4 m hohe Zimmer mit Holzdielen, Kamin und zeitentsprechendem Mobiliar sollten auch nach Abschluss der Arbeiten koloniales Flair vermitteln.
- Im Zentrum von Ooty bietet das **Nahar Niligiris** €€€€-€€€€€ (Commercial Rd., Tel.: 2442173, www.naharhotels.com) die komfortabelste Bleibe. Von der Größe des 100-Betten-Hauses sollte man sich nicht abschrecken lassen. Die Zimmer sind großzügig und ansprechend gestaltet, der Service ist freundlich

und zudem verfügt das Nahar über zwei sehr gute Restaurants.

- Freunde des untergegangenen Raj, die zugunsten von viel Atmosphäre über einige Unzulänglichkeiten hinwegsehen können, sind im **Regency Villa** €€€€ (Tel.: 2445681), gut 1 km außerhalb Richtung Fern Hill, gut aufgehoben. Das ehemalige Gästehaus des Maharajas von Mysore steht inmitten einer großen Gartenanlage, die sich wunderbar für einen Afternoon Tea anbietet. Die teureren Zimmer sind mit ihren riesigen Bädern, Umkleideräumen und mit alten Möbeln eingerichteten Wohnzimmern ihren Preis wert. Da kann man auch schon mal über abfallenden Putz und tropfende Wasserhähne hinwegschauen. Leider hat das Regency Villa die meiste Zeit des Jahres nur wenige Gäste, sodass man sich etwas einsam vorkommen kann. Es ist eines der wenigen Hotels von Ooty, die ganzjährig gleiche Tarife haben.
- Mehr Komfort bietet das **Willow Hill** €€€-€€€€ (Havelock Rd., Tel.: 2223123, 244 4037, www.willowhill.in) mit recht gepflegtem Terrassengarten am Hang, schon etwas außerhalb südlich über Ooty gelegen. Von den großen Fenstern der mit Holzfußboden ausgestatteten Zimmer verwöhnen weite Ausblicke in diesem an eine komfortable Berghütte erinnernden Haus.
- Auf der gegenüberliegenden Straßenseite führt die Zufahrt zum herrlichen **King's Cliff** €€€€-€€€€€ (Havelock Rd., Tel.: 2224545, (0)9487000111, www.littleearth.in), einer hinreißend zum Hotel restaurierten ehemaligen Kolonialvilla. Nicht nur die mit antikem Mobiliar bestückten Zimmer, auch die holzgetäfelten Gemeinschaftsräume, das gemütliche Restaurant und das Glashausrestaurant mit Rasenfläche vermitteln viel Kolonialatmosphäre. Ohne Reservierung ist man nahzu chancenlos.
- Ebenfalls eine restaurierte ehemalige englische Villa ist das prächtige **Lymond House** €€€€€ (Sylk's Rd., Tel.: 2223377, (0)9843 149490, thewildstay@yahoo.com, www.serendipityo.com). Man hat die Wahl zwischen Doppelzimmern im Haupthaus und teureren, luxuriösen *garden suites* im romantischen Garten. Auch hier fasziniert der erhalten ge-

503is Foto: mb

bliebene koloniale Charme in geschmackvollen Zimmern, toller Anlage und elegantem Speisesaal.

- Eine weitere luxuriöse Bleibe ist das von der Taj-Gruppe gemanagte **Savoy Hotel** €€€€€-€€€€€€ (Sylk's Rd., Tel.: 2444142-7, savoy.ooty@tajhotels.com, www.tajhotels.com), nicht weit entfernt. Neben der schönen Lage nördlich des Ooty Club mit weiten Aussichten über die Stadt, dem gepflegten Garten, der geschmackvollen Einrichtung und dem hervorragenden Zustand überzeugt das Haus durch ein ausgezeichnetes Restaurant.
- Wem das alte Raj weniger wichtig ist als moderne Annehmlichkeiten, der sollte sich in dem hervorragenden **Fortune Sullivan Court** €€€€€-€€€€€€ (Tel.: 2441416, www.fortunehotels.com) an der Selbourne Rd. einquartieren. Jedes der 67 Zimmer ist geräumig und geschmackvoll eingerichtet. Zudem verfügt das Haus mit dem Khyber und dem Pavillion über zwei sehr gute Restaurants. Einzig die recht isolierte Lage oben am Hang ist negativ hervorzuheben.
- Beim **Fernhills Palace** €€€€€€ (Tel.: 2442555, (0)9443249470, www.fernhillspalace.co.in) kann man ins Schwärmen geraten. Die Oase der luxuriösen Ruhe, gut 1 km vom Ortszentrum entfernt, wurde trotz moderner Ausstattung wie großen Flachbildschirm-Fernsehern so gelungen und behutsam renoviert, dass es wirkt, als hätte der Maharaja den Palast erst gestern verlassen. Besonders beeindruckend ist der Ballsaal mit bunten Deckenfresken und feudalem Kronleuchter. Die herrliche Gartenanlage mit Sitzgelegenheiten gewährt einen tollen Ausblick über Ooty. Selbst wer hier nicht nächtigt, sollte dem Palast in Verbindung mit einem opulenten Mittag- oder Abendessen (ab 19 Uhr) oder einem Cocktail in der **Fox Hunt Bar** einen Besuch abstatten, zumal dies mit 250–450 Rs pro Hauptgericht nicht mal sonderlich teuer ist.

Landhaus-Hotel in Ooty

Essen und Trinken

Während die Auswahl an Unterkünften mehr als ausreichend ist, lässt die Anzahl an guten Restaurants zu wünschen übrig. Das mag daran liegen, dass die meisten indischen Besucher vornehmlich in den bereits zuvor erwähnten Hotelrestaurants einkehren.

- Die Topadresse für reichhaltige, schmackhafte und günstige Gerichte speziell zur Mittagszeit ist das Restaurant im **Hotel Sanjay,** einige Meter östlich von Charing Cross. Neben den leckeren (und scharfen) südindischen Snacks finden vor allem die reichhaltigen *thalis* besonders bei den einheimischen Touristen großen Gefallen.
- Eine gute Adresse für authentische indische Küche in angenehmem Ambiente ist das **Tandoor Mahal** in der Commercial Rd.
- Leckere und reichhaltige chinesische Speisen zu Preisen von ca. 150–200 Rs für ein Hauptgericht serviert das empfehlenswerte **Shinkar's Chinese Restaurant** (12–16 und 18.30–22 Uhr) in der Commissioners Rd.
- Erstklassige südindische Küche serviert **Kabob Corner** (Commercial Rd., mittags und abends geöffnet). Neben hervorragenden Lamm- und Huhngerichten gibt's auch leckere Fruchtsäfte.
- Fast-Food in guter Qualität serviert das moderne **Nahar's Sidewalk Café** (Commercial Rd.). Neben Pizza, Burgern, Toast und Pasta auch Kuchen und Eis.
- Eiscreme gibt's auch in der Filiale von **Baskin & Robbins** etwas nördlicher.
- Ein schöner Ort, um bei Backwaren, Pizzas und einem leckeren Kaffee in nettem Ambiente die Zeit zu verbringen, ist die **Ooty Bakery** (Commercial Rd.) mitten im Ortszentrum.

Aktivitäten

- Das Tourist Office (s.o.) vermittelt Agenturen, die **Tagesausflüge** zum Mudumalai-Nationalpark und Pykhara-Damm organisieren (200 Rs p.P., Mindestteilnehmerzahl 20 Personen, 9.30–19 Uhr). Diese gestatten aber nur einen kurzen Ausflug ins Schutzreservat. Außerdem Touren nach Coonoor und in die Umgebung. Längere Touren mit Übernachtung zum Mudumalai-Nationalpark werden vom Wildlife Warden Office (s.o.) organisiert.

- Will man ohne Gruppenzwang trekken, sollte man per **Taxi** (Preise s.u.) und mit von den jeweiligen Unterkünften vermittelten **Guides** Teeplantagen, Wälder und Dörfer um Ooty ansteuern. Je nach Gruppengröße schlägt dies mit 300–1.000 Rs p.P. zu Buche. Lohnenswert ist etwa der Besuch der **High Field Tea Factory** in Coonoor (per Taxi um 35 Rs von Ooty mit Wartezeit und Rückfahrt).
- Vielseitige Anwendungen und Massagen werden für 1.000 bis 1.500 Rs bei **Palms Spa & Rejuvenation** (Welbeck Rd., Tel.: 2223 232, (0)9843320646, www.ayurvedapalms.com, 7–19 Uhr) fachkundig ausgeführt. Natürlich sind auch langwierige Anwendungen möglich.

Bank, Post, Internet

- Passend in der Bank Rd. gelegen, wechselt die **State Bank of India,** hier ist es jedoch eine recht langwierige Prozedur. Schneller geht's bei **Muthoot Finance** (Mo–Sa 10–17 Uhr) im Ortszentrum. **ATMs** der Canara Bank am Zugang zum Bahnhof und weitere an der Commercial Rd. akzeptieren die meisten Kreditkarten.
- Die **Post** liegt zentral in der Havelock Rd., Mo–Sa 9–17 Uhr.
- Internet kostet in Ooty durchschnittlich 30 Rs/Std. **City Net** (9–21 Uhr), **Global Net** und **Cyber Zone,** in der Commercial St., liegen zentral.

An- und Weiterreise

- **Bahn:** Eine Fahrt mit der **Nilgiri Blue Mountain Railway** sollte man sich auf keinen Fall entgehen lassen, obwohl die Züge inzwischen von modernen Zugmaschinen über die Berge transportiert werden. Man hat die Wahl zwischen der langen Strecke nach **Mettupalayam** und der kaum mehr als einstündigen Fahrt nach **Coonoor.** (Abfahrtszeiten von Ooty nach Coonoor: 9.15, 12.15, 14.45 und 18 Uhr. Von Coonoor nach Ooty: 7.15, 10, 13.30 und 16.30 Uhr. Abfahrtszeit des tgl. einzigen Schmalspurzuges von Mettupa-

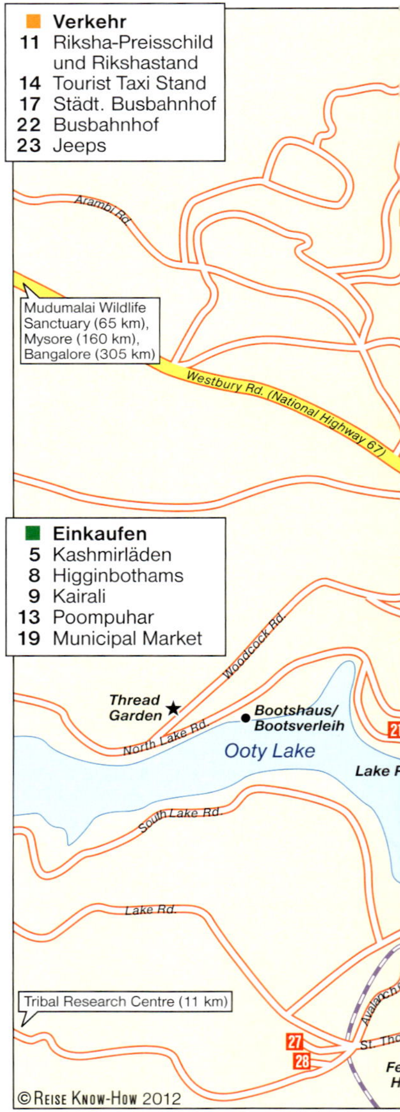

Ooty
Marlimunt Lake (1 km)
Unterkunft
1 King's Cliff
2 Willow Hill
3 Savoy Hotel
4 Lymond House
12 Nahar Niligiris
15 Fortune Sullivan Court
20 City Palace
21 Reflections Guest House
24 Hotel Mountview
25 Sweekar
26 YWCA Anandagiri
27 Fernhills Palace
28 Regency Villa
Essen und Trinken
6 Shinkar's Chinese Restaurant
7 Hotel Sanjay
10 Baskin & Robbins
12 Nahar's Sidewalk Café
16 Ooty Bakery, Tandoor Mahal
18 Kabob Corner
Sheddon Rd.
Tudar Hall Rd.
Snowdon Rd.
Havelock Rd.
Woodhouse Rd.
Ooty Club
Botanischer Garten
Teemuseum (1 km), Doddabetta (9 km), Kotagiri (30 km)
Garden Rd.
Sylks Rd.
Sacred Heart Church
St. Stephen's Chruch
Higgins Rd.
Church Hill Rd.
Kelso Rd.
Hauptpost
Wildlife Warden Office (WWO)
Polizei
Wenlock Rd.
Commission Rd.
Hospital Rd.
Charing Cross
Missionary Hill
Commercial Rd.
Wasser-reservoir
Coonoor Road
Mariammam Tempel
Ooty Bahnhof
Selbourne Rd.
Main Bazaar Rd.
Centenary Rose Garden
Elk Hill Rd.
Rennbahn
Ettines Rd.
Racecourse Rd.
St. Thomas Church
Palms Spa & Rejuvenation
Arboretum
National Highway 67
0
400 m
Coonoor (18 km), Mettupalayam (46 km), Coimbatore (90 km)

layam nach Ooty über Coonoor ist 7.30 Uhr.) Von den tgl. 4 Zügen nach Coonoor fährt jener um 14.45 Uhr weiter über die Breitspur bis nach Mettupalayam. Dieser hat direkten Anschluss an den Nilgiri Express, welcher in gut 10 Stunden nach Chennai fährt. Anschluss- und weiterführende Tickets können im Reservierungsbüro (8–12.30 und 14.30–16, So bis 14 Uhr) in Ooty gekauft werden. Die hier genannten Abfahrtszeiten an der Schmalspurstrecke sollten allerdings unbedingt vor Ort gecheckt werden, da es immer wieder zu kurzfristigen Änderungen kommt. Zu bedenken ist auch, dass es während und unmittelbar nach der Regenzeit wegen Erdrutschen und umgestürzter Bäume häufig zu Sperrungen der gesamten Strecke kommt. Reservierungen sind bis 30 Minuten vor Abfahrt eines Zuges möglich. Es ist sinnvoll, noch etwas früher zu erscheinen. Man sollte schon am Vortag reservieren.

● **Bus:** Viele Unterkünfte verkaufen Tickets für sogenannte „Super-deluxe-Busse", die sich letztlich als die üblichen engen, normalen Busse herausstellen – unbedingt beim Kauf entschieden darauf hinweisen, dass man in einem solchen Fall auf Geldrückgabe besteht. Am besten begibt man sich gleich zu den Büros der privaten Busgesellschaften, die fast alle im Umkreis des Charing Cross angesiedelt sind.

Tickets für die staatlichen Busse innerhalb Tamil Nadus, nach Karnataka und Kerala erhält man an den tgl. von 9 bis 12.30 und 13.30 bis 17.30 Uhr geöffneten Schaltern des Busbahnhofs. Abgesehen von den Monaten April bis Juni und während der Feste Dussera und Diwali im Oktober/November sind allerdings meist keine Reservierungen erforderlich. Für die weniger komfortablen Busse muss man sein Ticket im Bus lösen, kann also nicht reservieren, sodass man einen Sitzplatz im Bus erobern muss. Folgende Ziele werden regelmäßig angefahren: Mettupalayam (viertelstündig, ½ Std.), Kotagiri und Coonoor (mindestens halbstündig, 1 Std.), Coimbatore (halbstündig, 3 Std.), Mysore (5 Std., komfortable Rajahamsa-Busse um 17.30, 18 und 22.15 Uhr), alle weiter bis Bangalore (8 Std., 9.30 und 21.30 Uhr Ultra-Deluxe), Chennai (15 Std., Rajahamsa um 18.30 Uhr), Kozhikode und Kannur, Madurai, Thanjavur (10 Std.), Tirupati (14 Std.).

● **Taxi:** Die Taxipreise von Ooty aus sind festgelegt, was das Verhandeln überflüssig macht. Sie können auf Preisschildern im Dorfzentrum (etwa bei einem der *Tourist Taxi Stands* einige Meter südlich von Charing Cross) eingesehen werden. Einige Beispiele: Ooty Sightseeing (600 Rs), Ooty/Coonoor Sightseeing (1.100 Rs), Coonoor (400 Rs), Kotagiri (550 Rs), Coimbatore Stadt/Flughafen (1.250/1.350 Rs), Mysore (2.600 Rs), Munnar (3.600 Rs), Kodaikanal (3.800 Rs), Kozhikode (Calicut, Kerala, 2.800 Rs), Madurai (3.500 Rs), Bangalore Stadt/Flughafen (3.600/4.200 Rs), Chennai (6.500 Rs).

Mudumalai Wildlife Sanctuary

↗ XXII/B1

Als Teil des Nilgiri-Bioshärenreservats ist der Mudumalai-Nationalpark (6.30–9 und 15–18 Uhr, Eintritt 35 Rs), 65 km nordwestlich von Ooty und 90 km von Mysore entfernt, mit 320 km² eher klein. Er schließt nahtlos an den Bandipur-Nationalpark in Karnataka an. Neben vielerlei Rehwild ist er die Heimat von **Panthern, Bisons, Schakalen, Bären, Schlangen** inkl. Kobras und anderen Reptilien, etwa 600 **Elefanten,** mehreren Vogelarten und wenigen Tigern, die man so gut wie nie zu Gesicht bekommt.

Ausgangspunkt für den Parkzutritt ist **Theppakadu** an der Hauptstraße von Ooty (Udhagamandalam) nach Mysore. Hier befindet sich das Reception Centre (Tel.: 526235, tgl. 6.30–9 und 16–18 Uhr). Zugänglich ist der Park nur mittels der durchgeführten dreiviertelstündigen Minibus-Touren, abgesehen von den Fahrzeugen, die ihn auf der Hauptstraße zwischen Ooty und Mysore durchqueren. Will man länger bleiben, lohnt sich eine Wanderung mit Führer, die jedoch nur an den Parkgrenzen, also im Nilgiri-Biospärenreservat, umherstreifen dürfen. Diese am Parkeingang auf Kundschaft wartenden Guides kosten ca. 150 Rs für mehrere Stunden. Für Ausflüge per Jeep und zu Fuß werden ca. 400 Rs verlangt. Beste Besuchszeit ist von Dezember bis Juni (vorher starke Regenfälle). Auch während der Trockenzeit im Februar und März ist der Park gelegentlich geschlossen.

Unterkunft
Essen und Trinken

Unterkunft und Verpflegungsmöglichkeiten bestehen vorwiegend in Theppakadu nahe dem Parkeingang.

- Guten Gegenwert gibt's im **Theppakadu Log House** €-€€ und in der preisgleichen **Sylvan Lodge** €-€€, beide am Fluss, mit Schlafsaal und Zimmern.
- Mit dem **Tamil Nadu Hotel** €-€€ (Tel.: 2526580) steht eine weitere eher einfache Bleibe bereit. Ganz billig ist der Schlafsaal, aber auch Zimmer mit Bad können gemietet werden.
- Gut 15 km entfernt in Bokkapuram stehen komfortablere Wohnmöglichkeiten zur Verfügung. Das **Forest Hills Guest House** €€€-€€€€ (Tel.: 2526216, www.foresthills-resort.com) hat saubere Zimmer und Bambushütten, die auf der weitläufigen Fläche verteilt sind. Wer mehr ausgeben kann, findet im **Jungle Retreat** €€€€€ (Tel.: 2526469, www.jungleretreat.com) eine erstklassige Bleibe in steinernen Cottages, Bambushütten und einem Baumhaus.
- Außerdem können Besuche und Unterkunft (TTDC Hotel Tamil Nadu) im Wildreservat über das **Wildlife Warden Office** in Ooty (s. dort) organisiert werden.

An- und Weiterreise

- **Busse** zwischen Ooty und Mysore bzw. Bangalore passieren den Parkeingang in Theppakadu.

Coimbatore

↗ XXII/B1

Einwohner: 1,5 Mio.
Vorwahl: 0422

Das „Manchester of the South", wie die Millionenstadt wegen der hier besonders stark vertretenen **Textilfabriken** genannt wird, ist eine unattraktive Stadt, deren Wirtschaft zunehmend von High-Tech-Unternehmen bestimmt wird. Wegen des **Flughafens** und der guten Zugverbindungen sowie als Ausgangspunkt für die umliegenden Berggegenden ist der Ort von einer gewissen touristischen Bedeutung.

Stadtverkehr

- Will man nicht mit einem der stets überfüllten Stadtbusse zwischen Bahnhof und Central Bus Stand fahren, muss man für die ca. 2 km lange Strecke eine **Autoriksha** nehmen. Für unter 60 Rs, was eigentlich entschieden zuviel ist, lassen die Fahrer jedoch gar nicht erst den Motor an.
- Vom **Town Hall Bus Stand** zu den meisten Hotels in der Nehru St. und dem **Central Bus Stand** sollte man als Fußgänger die große Fußgängerbrücke über die Dr Nanjappa Rd. nutzen.

Am **New Busstand,** ca. 2 km nordwestlich vom Zentrum, enden viele der aus Ooty kommenden Busse, von wo man per Stadtbus-Linie 50 weiter ins Zentrum, etwa zum Town Hall Bus Stand und dem Bahnhof, gelangt.

• Mit dem **Taxi** zum 12 km außerhalb gelegenen Flughafen (dort ein Prepaid-Taxistand) werden um die 200 Rs verlangt. Wer per Bus dorthin will, sollte vom Town Hall Bus Stand Buslinie 20, vom Bahnhof Buslinie 90 nehmen.

Unterkunft

• Will man nicht in einem der heruntergekommenen und lauten Hotels beim Busbahnhof übernachten, bietet sich das nur fünf Gehminuten entfernte **Hotel Meena** € (Tel.: 2235420) in der Kalingarayan St. an. Die Zimmer sind dem Preis entsprechend spartanisch eingerichtet, dafür sind sie sauber und ruhig.

• Wer etwas mehr Geld ausgeben kann, sollte das **Hotel Blue Star** €€-€€€ (Tel.: 2230635, www.hotelbluestar.in) in der Nehru Rd. vorziehen. Das moderne Hotel mit seinen sauberen und relativ großen Zimmern bietet sehr viel fürs Geld. Ein weiteres Plus ist das gute und relativ preiswerte hauseigene Restaurant.

• Fast nebenan ist das neuere, zentral klimatisierte **ESS Grande** €€€-€€€€ (Tel.: 2230271, www.hotelessgrande.co.in) die beste Wahl an den Busbahnhöfen. Supersaubere, geschmackvoll möblierte Zimmer mit Internetanschluss und ein Restaurant sind überzeugend. Dagegen fällt das preiswertere **ESS Paradise** (Tel.: 2230276) gegenüber zum kleineren Preis deutlich ab.

• Gegenüber dem Bahnhof zweigt eine schmale Gasse ab, an der Hotels verschiedener Preisklassen aneinandergereiht sind. Von ganz billigen, wie der **New Vijaya Lodge** €-€€ (Geetha Hall Rd., Tel.: 2301570) und **Om Sri Ram Lodge** (Tel.: 2300597) bis zu Mittelklassequalität, etwa dem guten **Legend's Inn** €€€ (Tel.: 4350000, legends_inn@yahoo.com).

• Das beste bahnhofsnahe Angebot macht jedoch das gepflegte **Sriram International** €€€€ (18 State Bank Rd., Tel.: 4295566, www.siraminternational.com), nur 200 m vom Bahnhof entfernt gegenüber der State Bank of India. Den besten Gegenwert gibt's bei den nur wenig teureren, aber um einiges besseren Deluxe-Zimmern.

• Das zentral klimatisierte **Nilgiri's Nest** €€€€ (Tel.: 4505500) in 739A Avanashi Rd. bietet neben den komfortablen, aber etwas unmodernen Zimmern mit hübschen Wanddekorationen zwei gute Restaurants, eine Eisdiele und einen Supermarkt.

• Wer sich im ansonsten wenig einladenden Coimbatore einmal verwöhnen lassen möchte, sollte sich im **The Residency** €€€€€ (Avanashi Rd., Tel.: 2201234, www.theresidency.com) einmieten. Alle Annehmlichkeiten eines komfortablen Mittelklassehotels wie Health Club, Swimmingpool und zwei Restaurants stürzen hier auf die geschundene Seele ein.

Essen und Trinken

• Neben den zuvor genannten Hotelrestaurants empfiehlt sich besonders das ausgezeichnete **Restaurant Annalakshmi** in der Racecourse Rd. Die ausschließlich vegetarischen Gerichte des Ablegers des berühmten Chennai-Restaurants sind nicht nur äußerst schmackhaft, sondern zudem auch kunstvoll gestaltet. Das Ganze hat allerdings mit 150–300 Rs für ein Menü auch seinen Preis.

• Die beste Adresse bei den Busbahnhöfen ist das leicht balinesisch angehauchte Freiluftrestaurant **Naalukettu** in der Nehru St. mit nord- und südindischer Küche (veg. und non-veg.), Kebabs etc. (Hauptgericht ca. 80–130 Rs).

• In Bahnhofsnähe überzeugt das klimatisierte **Sangeetha Restaurant** des Hotels Sriram International.

• Das **Cloud 9** im Obergeschoss des Hotel City Tower's bietet die besten Ausblicke. Ob das in Coimbatore eine gute Sache ist oder eher auf den Magen schlägt, sei mal dahin gestellt.

• Am Central Bus Stand versüßen einige Bäckereien wie **Kamman Bakers** mit köstlichem Kuchen und Süßigkeiten die Wartezeit.

Bank, Internet

• Die bahnhofsnahe **State Bank of India** wechselt zügig (State Bank Rd., Mo–Fr 10–16, Sa 10–13 Uhr). Dort auch ein ATM. Günstig etwas südlich der Hotelgegend in der Nehru St. liegt das versteckte **Muthoot Finance** (144 Katoor Rd., Ecke Senguptha Rd., 2. Stock, Mo–Sa 9–17 Uhr).

- Der **ATM** der HDFC Bank, auch in der Avanashi Rd., verarbeitet alle gängigen internationalen Kreditkarten. Die ATMs der HSBC Bank beim Hotel Surya International und der am Bahnhof nehmen alle Karten außer Amex.
- Mehrere Internetcafés gegenüber dem Bahnhof bzw. die dort einmündende Gasse hinein wie **Cute Internet** (7–23 Uhr) und **King's Netcafé** nehmen 20 Rs/Std. Nahe dem Central Bus Stand in der Sastri/Ecke Kalingarayan ist Surfen bei **Oscar Browsing** (9–21 Uhr, 1. Stock) sehr fix möglich.

Aktivitäten

- Der von vielen Westlern besuchte **Ashram Isha Yoga Centre** (6–20 Uhr, Tel.: 0422-2515345, www.ishafoundation.org), 30 km westlich von Coimbatore in **Poondi,** ist ein Ort der Meditation und Wallfahrt. Im multireligiösen Zentrum soll der Dhyana-Lingam alle sieben Chakras spiritueller Energie vereinigen. Besucher sind willkommen, für längere Yoga-Kurse ist eine Anmeldung erforderlich.

An- und Weiterreise

- **Flug:** Der Flughafen liegt 10 km vom Stadtzentrum entfernt in östlicher Richtung. Von dort tägliche Flüge nach Chennai, Delhi, Madurai (Paramount Airways), Mumbai, Kozhikode und Bangalore.

  Air India (1605 Trichy Rd., Tel.: 2399833, www.airindia.com), Jet Airways (Tel.: 2243 465, www.jetairways.com), Paramount Airways (Tel.: 3256822), Spice Jet (Tel.: 1800 1803333), Kingfisher Airlines (6/5 North Huzur Road beim Codisia Tower, Tel.: 2221 4075/0285, www.flykingfisher.com). Über aktuelle Flugverbindungen informiert die Website www.yatra.com.
- **Bahn:** Vom 2 km südlich der Busbahnhöfe gelegenen Bahnhof hervorragende Anbindungen an alle größeren Städte im Süden Indiens, von denen die wichtigsten im Anhang zu finden sind. Die beste Verbindung zur Schmalspurbahn der Nilgiri Blue Mountain Railway bietet der 12671 Nilagiri Express, der Coimbatore um 5.15 Uhr verlässt und eine Stunde später in Mettupalayam einläuft. Von dort eine Stunde später Abfahrt Richtung Ooty. Da die aus Chennai kommenden Züge jedoch häufig Verspätung haben, empfiehlt es sich eher, die Strecke nach Mettupalayam mit dem Bus vom Central Bus Stand zurückzulegen.
- **Bus:** Mit dem Central, Thiruvalluval, Town Hall (alle drei im nördlichen Zentrum), Ukkadam (3 km südwestlich des Bahnhofs) und dem New Bus Stand (Singanalloor Bus Stand) im Westen verfügt Coimbatore über fünf Busbahnhöfe. Der Town Hall Bus Stand ist für innerstädtische Busse zuständig. Die drei erstgenannten liegen in unmittelbarer Nähe im Norden der Stadt an der Nehru Rd. Von hier tgl. zahlreiche Verbindungen u.a. nach Bangalore (9 Std.), Chennai (12 Std.), Mysore (5 Std., halbstündig, diese drei Ziele starten vom Thiruvalluval Bus Stand), Kanyakumari (6 Std.), Ooty (halbstündig, 3½ Std.), Tiruchirapalli (Trichy, 6 Std.) und Rameshwaram (14 Std.). Vom Ukkadam-Busbahnhof werden vor allem Ziele in der näheren Umgebung sowie nach Madurai (halbstündig, 6 Std.), Pollachi und in Kerala, etwa Kochi/Ernakulam (8 Std.), angefahren.

217ke Foto: tb

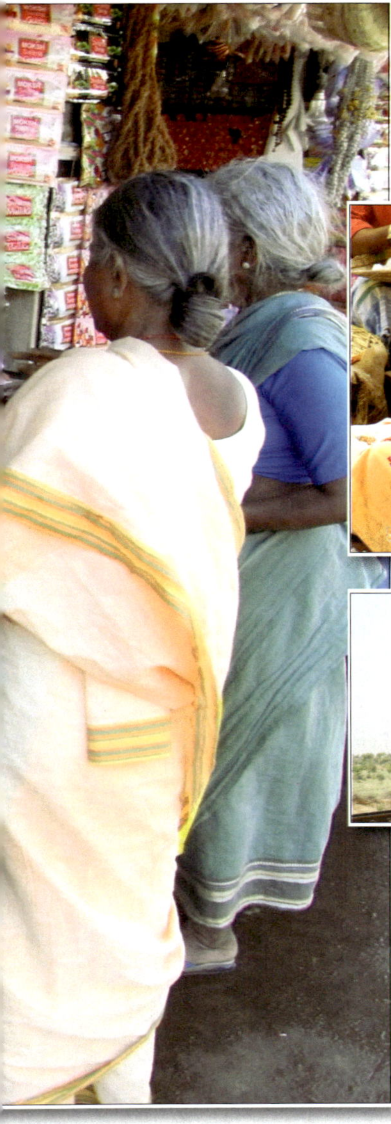

Anhang

242ke Foto: mb

810ra Foto: tb

Indiens Märkte sind immer ein Augen- und Ohrenschmaus

Blumenverkäuferinnen

Die Modernisierung des Schienenverkehrs geht langsam vonstatten

Glossar

Geografische Begriffe finden sich auf S. 88, Begriffe der **Tempelarchitektur** auf S. 162.

Adivasi: Bezeichnung für die heute ca. 65 Mio. Ureinwohner Indiens, die z.T. noch in Stammesgebieten leben und trotz staatlicher Fördermaßnahmen zu den unterpriviligierten Schichten der Gesellschaft gehören
Ahimsa: Gewaltlosigkeit, ethisches Prinzip der indischen Religionen, insbesondere des Jainismus
Arya: Arier, indo-europäisches Volk, das im 2. vorchristlichen Jahrtausend in Nordindien einwanderte
Ashram: religiös fundierte Lebensgemeinschaft, in der eine als heilig verehrte Persönlichkeit ihre Schüler unterrichtet
Atman: individuelle Seele, Urprinzip des Universums, steht im Gegensatz zum ⇨*Brahman*
Avatara: Herabstieg, Inkarnation eines Gottes, besonders des ⇨Vishnu
Ayurveda: wörtl. „Wissenschaft vom langen Leben"; indische Medizin, eine alte Heilkunde, die sich nur pflanzlicher und mineralischer Produkte bedient. Besonders bei der Landbevölkerung beliebt, da die Medikamente äußerst billig sind
Beedi: dünne Zigarette, die aus einem zusammengerollten und getrockneten Blatt eines Strauches besteht, mit einer Füllung aus kleingehacktem Tabak im Inneren
Betel: Kaumixtur, die aus dem Blatt des Betelbaumes, dem kleingehackten Samen der Areka-Palme, einer Paste aus Kalkstein und Muscheln sowie Gewürzen und anderen Zutaten besteht. Der beim Kauen entstehende tiefrote Saft verfärbt Zähne und Mund und hinterlässt die überall in Indien zu „bewundernden" Spuckflecken auf Gehwegen und Häuserwänden.
Bhagavadgita: wörtl. „Das göttliche Lied"; religiöses Lehrbuch, welches in das Mahabharata-Epos eingefügt ist. Held dieses wichtigsten Lehrbuches des Hinduismus ist ⇨Krishna, der in einem langen Monolog gegen-über seinem Schüler Arjuna die zentrale Lehre vertritt, dass jeder Mensch genau dort seine Pflicht zu erfüllen habe, wo ihn das Schicksal, welches er selbst durch seine Taten im vorherigen Leben bestimmt hat, hingestellt hat. Damit war die theoretische Grundlage des Kastensystems gelegt.
Bhakti: Gottesliebe, vertrauensvolle Hingabe an die Erlösergabe eines Gottes, Erlösungsweg der ⇨*Bhagavadgita*
Bhawan: Haus, Palast
Bodhi-Baum: der Pipal-Baum, unter dem der Fürstensohn *Siddharta Gautama* im 6. Jh. v. Chr. nach siebentägiger Meditation in Bodhgaya im heutigen Bihar zum ⇨*Buddha* (Erleuchteten) wurde und der deshalb in allen buddhistischen Ländern religiöse Verehrung genießt
Brahma: eine der drei Hauptgottheiten des Hinduismus
Brahman: Bezeichnet im ⇨Vedismus das Gebet, später die Weltseele, das höchste Prinzip; aus dem Gegensatz zum ⇨*atman* entsteht der philosophische Diskurs.
Brahmane: Mitglied der höchsten hinduistischen Kaste; der für die Ausführung der Rituale und die Darbietung der Opfer zuständige Priester
Buddha: der „Erleuchtete", Beiname des *Siddharta Gautama,* der in der zweiten Hälfte des 6. Jh. v. Chr. die buddhistische Lehre verkündete
Cakra: wörtl. „Scheibe, Rad". In der hinduistischen Mythologie Symbol für die göttliche Weltordnung *(⇨Dharma),* deren Hüter ⇨Vishnu ist. Dementsprechend ist das *cakra* auch eines seiner Attribute.
Camara: Yakwedel, Herrschersymbol
Candella: mittelalterliche Herrscherdynastie im nördlichen Dekhan, Hauptstadt: Khajuraho
Chalukya: mittelalterliche Herrscherdynastie in Südindien
Chapati: Fladenbrot
Chowk: Prachtstraße
Cola: mittelalterliche Herrscherdynastie in Südindien, Hauptstadt: Tanjore (Tanjavur)
Dargah: Kuppelgrab eines islamischen Heiligen
Deva, Devata: Gott, Gottheit
Devadasi: Tempeltänzerin
Devanagari: Schrift der Hindu-Sprache
Dhal: Linsenbrei, indisches Standardgericht
Dharamsala: Pilgerherberge

Dharma: Weltgesetz, allgemeinverbindliche kosmisch-ethische Ordnung, an die sich jedes Lebewesen zu halten hat
Dharmachakra: Rad der Lehre, Symbol des Buddhismus
Dhobi: Wäscher
Dooli: Tragestuhl zur Beförderung von Pilgern zu abgelegenen Tempeln
Dhoti: traditionelles Beinkleid der Männer aus Baumwolle, das oberhalb der Knie endet
Draviden: die nicht-indoarische Urbevölkerung des indischen Subkontinents
Durga: hinduistische Muttergottheit, entspricht ⇨Kali, eine Form der ⇨Parvati
East India Company: britische Handelskompanie mit Monopol für den Indienhandel, gegründet 1600. Betrieb die Kolonialisierung Indiens, bevor das Land 1857 direkt der Herrschaft der britischen Krone unterstellt wurde.
Ekalingamukha: Lingam mit Antlitz ⇨Shivas
Gada: Keule (Lichtsymbol), Attribut ⇨Vishnus
Gaja: Elefant, Träger des Universums
Ganesha: hinduistischer Gott mit Elefantenkopf, Sohn ⇨Shivas
Garuda: Sonnenvogel, Reittier ⇨Vishnus
Ghat: Treppenstufen, die zu einem Fluss, Teich oder See hinabführen und an denen gewaschen wird oder Verbrennungszeremonien bzw. Kulthandlungen stattfinden. Außerdem die Bezeichnung für ein Gebirge, wie etwa die Ost- und West-Ghats
Ghee: flüssiges Butterschmalz
Gopi: Kuhhirtin, die ⇨Krishna in seiner Funktion als Seelenhüter begleitet. In der Miniaturmalerei ist eine gemeinsame Darstellung der beiden beliebt.
Gumpha: Höhle
Guru: Das Wort bedeutet im ⇨Sanskrit soviel wie „Lehrmeister", womit jedoch nicht nur, wie im Westen oft angenommen, spirituelle Lehrer gemeint sind, sondern Lehrmeister jedweder Art, also etwa auch Musik-, Tanz- oder Sprachlehrer.
Hadsch: Wallfahrt nach Mekka, eine der Grundpflichten im Islam
Hanuman: Affengeneral aus dem ⇨Ramayana, Verbündeter Ramas
Hari-Hara: gemeinsame Darstellung von ⇨Vishnu und ⇨Shiva in einer Figur
Harijan: Der Begriff bedeutet „Kinder Gottes" und wurde von *Gandhi* den Kastenlosen verliehen, um sie auch sprachlich aufzuwerten.
Hauda, Howdah: Elefantensitz
Hill Station: Bergort, der von den Briten als Sommerresidenz genutzt wurde
Hoysala: Herrscherdynastie im südlichen Dekhan. Die von ihr geförderte Architektur zeichnet sich durch üppigen Skulpturenschmuck aus.
Imam: Vorbeter in der Moschee; religiöses Oberhaupt der *Ulema* (religiöse Gemeinschaft)
Inkarnation: „Herabstieg" (⇨Sanskrit: *avatara*) einer Gottheit in der Gestalt einer anderen Person
Jaya: Sieg
Jami Masjid: Große oder Freitags-Moschee
Jinismus (Jainismus): eine der drei Hauptreligionen Indiens, gegründet von ⇨*Mahavira,* der den Beinamen *Jina,* „der Siegreiche", erhielt
Kailasha: heiliger Berg, der dem Gott ⇨Shiva und seiner Gemahlin ⇨Parvati als Wohnsitz dient; Weltenberg in der hinduistischen Kosmologie
Kali: furchterregende Erscheinungsform der ⇨Parvati, Ehefrau ⇨Shivas
Karma: einer der wichtigsten Glaubensgrundsätze des Hinduismus, wonach die Summe aller Taten im jetzigen Leben das Schicksal und die Kastenzugehörigkeit im nächsten Leben bestimmen
Kibla: Gebetsrichtung und -wand, bis zum Jahr 623 nach Jerusalem ausgerichtet, danach nach Mekka. Verstorbene werden mit dem Kopf nach Mekka beerdigt.
Krishna: achte Inkarnation ⇨Vishnus, meist als Kind oder flötenspielender Hirtengott dargestellt
Kshatriya: zweite der vier ⇨vedischen Gesellschaftsgruppen; Krieger- und Herrscherklasse
Lakshmi: hinduistische Göttin für Wohlstand und Glück
Lassi: Getränk aus Milch und Joghurt, salzig oder auch süß, z.T. mit Früchten
Lingam: Phallussymbol ⇨Shivas, das gewöhnlich im ⇨Sanktum eines shivaitischen Tempels aufgestellt ist

Mahabharata: größtes indisches Heldenepos mit mehr als 100.000 Doppelversen, beschreibt den Kampf zweier verfeindeter Stämme
Mahal: Palast
Maharaja: Herrscher über ein Fürstentum
Maharani: Gemahlin des ⇨*Maharaja*
Mahavira: Stifter der ⇨jinitischen Religion, der zur gleichen Zeit wie ⇨Buddha wirkte und dessen Lehre große Ähnlichkeiten mit dem Buddhismus aufweist
Mahout: Elefantenführer
Maidan: Grünfläche in einer Stadt
Makara: der Sage entsprungenes Ungeheuer, das Gliedmaßen des Krokodils, des Delfins und des Elefanten in sich vereint; Symbol des Wassers und der ungeordneten Natur
Mandala: „Kreis"; aus Kreisen und Rechtecken bestehendes symbolisches Diagramm, das die Welt in ihrer kosmischen Entwicklung darstellt
Mandir: Tempel
Mantra: mystische Silben und Formeln mit magischer Funktion, die den ⇨Veden entnommen sind
Masjid: Moschee
Mela: Fest, Messe, Jahrmarkt
Meru: mystischer Weltenberg, der, von Meeren und Gebirgen umgeben, den Mittelpunkt der Welt darstellt; Wohnsitz der hinduistischen Götter
Mihrab: in die ⇨Kibla-Wand eingelassene Gebetsnische
Mithuna: Oft als erotisch empfundenes, eng umschlungenes Liebespaar, verkörpert alte kosmologische Gegensätze von Himmel und Erde, Licht und Dunkelheit, Yoni und Lingam. Ikonografisch personifiziert als ⇨Shiva/Parvati und ⇨Vishnu/Lakshmi.
Moksha: Erlösung
Nandi: Bulle, der ⇨Shiva als Reittier dient
Nataraja: „König des Tanzes", Beiname des Gottes ⇨Shiva in seiner Funktion als Schöpfer und Zerstörer der Welt
Nilakantha: „blaue Kehle", Beiname ⇨Shivas, den er erhielt, als er das bei der Quirlung des Milchmeeres entstandene Gift schluckte und so die Welt rettete
Niwas: Haus
Pakora: gebackene Teigtaschen mit einer scharfen Gemüsefüllung
Parvati: hinduistische Göttin, wohlwollende Erscheinungsform der Gattin ⇨Shivas
Pallava: mittelalterliche Herrscherdynastie in Südindien
Puja: religiöse Zeremonie, verbunden mit Gebeten und Opfergaben
Rai: lokaler Herrscher niederen Ranges
Raj: Herrschaft
Raja: Titel der südindischen Herrscher
Ramayana: eines der beliebtesten und mit 24.000 Doppelversen umfangreichsten Heldenepen des Hinduismus, in dessen Mittelpunkt Rama, die siebte Inkarnation ⇨Vishnus steht, der seine Frau Sita aus den Klauen des Dämonen Ravana befreit
Ratha: 1.: Prozessionswagen für den Transport der Götterbilder; davon hergeleitet die Bezeichnung für die aus dem Fels gearbeiteten Schreine von Mahabilipuram, 2.: Vor- und Rücksprünge *(⇨paga)* an den Außenfassaden eines Tempelturms
Rupie: indische Währungseinheit. „Rupien" genannte Münzen wurden zum ersten mal 1542 unter der Herrschaft *Sher Khans* in Nordindien geprägt.
Sadhu: brahmanischer Asket, Einsiedler
Sagar: künstlich angelegter See
Samosa: frittierte Teigtaschen mit Kartoffelfüllung
Sanktum: das Allerheiligste eines Tempels
Sanskrit: die heute nur noch von wenigen Priestern und Gelehrten beherrschte Sprache erlebte ihre Blütezeit im 4. Jh. v. Chr. und bildet die Grundlage aller heute in Nordindien gesprochenen Sprachen. Alle wichtigen Hindu-Schriften sind in Sanskrit verfasst.
Sarusandri: Nymphe
Sati: Gattin ⇨Shivas. Sie verbrannte sich selbst, weil ihr Vater es versäumt hatte, ihren Gatten einzuladen. Damit wurde sie zum Vorbild für ungezählte Frauen im Hinduismus, die sich nach dem Tod ihres Ehemannes auf dem Scheiterhaufen verbrennen ließen und so zur „Sati" wurden (Sati-Kult).
Sepoy: heute nicht mehr gebräuchlicher Begriff für indische Soldaten
Shikhara: „Gipfel"; stufenförmiger Tempelturm
Shiva: hinduistischer Gott der Zerstörung und Erneuerung, erkennbar an seinem Haarknoten

Shudra: vierte und niedrigste der vedischen Gesellschaftsgruppen; Klasse der Untergebenen, die nicht zum Studium der ⇨vedischen Texte zugelassen sind
Sthapaka: Architekt und Bautheoretiker, der den Plan eines Tempels entwirft
Sthapati: Baumeister, der das Gebäude nach den theoretischen Vorgaben und dem Plan des ⇨*sthapaka* entwirft
Sufi: islamischer Mystiker
Tamilen: Bewohner Südindiens; dravidisches Volk hinduistischen Glaubens, das immer weiter in den äußersten Süden der Halbinsel und nach Sri Lanka zurückgedrängt wurde
Tantra: „Gewebe"; magisch-mystische Schriften Indiens, die sakrale Symbole und Riten zum Inhalt haben
Tantrismus: Geheimlehre von Ritualen im Hinduismus und in einigen buddhistischen Schulen; Lehre, die sich auf die Diagramme der ⇨*mandalas* und ⇨*yantras* stützt, Grundlage für bestimmte Körperübungen *(⇨yoga)*
Thali: rundes Metallbrett mit mehreren Vertiefungen, in denen verschiedene, meist vegetarische Gerichte serviert werden, auch Begriff für diese Gerichte
Tilak, Tika: dieses zwischen den Augen mit Farbe aufgetragene Stirnmal kann ein Zeichen für Kasten- und Sektenzugehörigkeit sein, ist heute jedoch meist eher ein schmückendes Mal ohne weitere Bedeutung
Tirbhanga: bei den meisten Götterskulpturen anzutreffender dreifacher Körperknick, Kontrapost
Tirthankara: „Furtbereiter", einer der insgesamt 24 Meister, die die Grundlagen des ⇨Jainismus geschaffen haben. Bekanntester und meistverehrter ist ⇨*Mahavira,* der Gründer der Glaubensgemeinschaft.
Tonga: zweirädrige Pferdedroschke zur Personenbeförderung
Torana: wörtl. „Tor"; meint nicht nur das eigentliche Eingangstor, sondern den gesamten Eingangsbereich mit dem figürlichen und ornamentalen Schmuck
Trimurti: Bezeichnung für die Dreiergruppe von ⇨Brahma, ⇨Vishnu und ⇨Shiva, die die Schöpfung, Erhaltung und Zerstörung des Universums symbolisieren
Vahana: Reit- bzw. Tragtier einer hinduistischen Gottheit
Vaishya: dritte der vier ⇨vedischen Gruppen; Klasse der Bauern und Händler
Veden: wörtl. „Heiliges Wissen". Die ältesten heiligen Schriften Indiens unterteilen sich in vier Texte (wichtigster ist die *Rigveda*), die im ersten Jahrtausend von unbekannten Autoren verfasst wurden.
Vihara: Kloster, buddhistischer Versammlungsort
Vilas: Haus, Palast
Vina: Zither mit zwei Kalebassen als Klangkörper
Vishnu: Wichtiger hinduistischer Gott, Welterhalter. Inkarnationen sind u.a. Rama und ⇨Krishna.
Yantra: symbolisches und mystisches Diagramm zur Bezeichnung einer Gottheit; im ⇨Tantrismus „Werkzeug" zur Stimulierung der Meditation
Yoga: „Anlegen des Joches"; körperliche Schulung, um den Geist durch die Beherrschung von Bewegung und Atmung zu erlösen
Yoni: weibliches Geschlechtsteil, Symbol ⇨Parvatis, der Frau ⇨Shivas, und der weiblichen Energie
Zenana: den Frauen vorbehaltener Bereich eines Palastes

Reise-Gesundheits-Information Indien

Stand: 19.09.2011

Die nachstehenden Angaben dienen der Orientierung, was für eine geplante Reise in das Land an Gesundheitsvorsorgemaßnahmen zu berücksichtigen ist. Die Informationen wurden uns freundlicherweise vom *Centrum für Reisemedizin* zur Verfügung gestellt. Auf der Homepage: **www.crm.de** werden diese Informationen stetig aktualisiert. Es lohnt sich, dort noch einmal nachzuschauen.

EINREISE-IMPFVORSCHRIFTEN

Bei Direktflug aus Europa: keine Impfungen vorgeschrieben.

Bei einem vorherigen Zwischenaufenthalt (innerhalb der letzten 6 Tage vor Einreise) in einem der unten aufgeführten Länder (Gelbfieber-Endemiegebiete) wird bei der Einreise eine gültige Gelbfieber-Impfbescheinigung verlangt. Eine Gelbfieber-Impfung kann gelegentlich auch bei der Einreise aus südafrikanischen Ländern (z.B. aus Simbabwe) verlangt werden.

Gelbfieber-Impfbescheinigung erforderlich bei Einreise aus:

Angola · Äquatorialguinea · Argentinien · Äthiopien · Benin · Bolivien · Brasilien · Burkina Faso · Burundi · Ecuador · Elfenbeinküste · Franz. Guayana · Gabun · Gambia · Ghana · Guinea · Guinea-Bissau · Guyana · Kamerun · Kenia · Kolumbien · Kongo, Rep. · Kongo, Dem. Rep. · Liberia · Mali · Mauretanien · Niger · Nigeria · Panama · Paraguay · Peru · Ruanda · Sao Tomé & Principe · Senegal · Sierra Leone · Somalia · Sudan · Suriname · Tanzania · Togo · Trinidad & Tobago · Tschad · Uganda · Venezuela · Zentralafr. Republik

EMPFOHLENER IMPFSCHUTZ

Generell: Tetanus, Diphtherie, Polio, Hepatitis A, Typhus

Je nach Reisestil und Aufenthaltsbedingungen im Lande außerdem zu erwägen:

Impfschutz	Reisebedingung 1	Reisebedingung 2	Reisebedingung 3
Cholera	x		
Hepatitis B (1)	x		
Tollwut (2)	x		
Jap. Enzephalitis (3)	x		
Meningitis (4)	x		

(1) bei Langzeitaufenthalten u. engerem Kontakt zur einheimischen Bevölkerung.

(2) bei vorhersehbarem Umgang mit Tieren

(3) bei besonderen Aufenthaltsbedingungen in bestimmten ländlichen Gebieten.
(4) nur bei engerem Kontakt zur einheimischen Bevölkerung.

Reisebedingung 1:
Reise durch das Landesinnere unter einfachen Bedingungen (Rucksack-/Trecking-/Individualreise) mit einfachen Quartieren/Hotels; Camping-Reisen, Langzeitaufenthalte, praktische Tätigkeit im Gesundheits- oder Sozialwesen, enger Kontakt zur einheimische Bevölkerung wahrscheinlich

Reisebedingung 2:
Aufenthalt in Städten oder touristischen Zentren mit (organisierten) Ausflügen ins Landesinnere (Pauschalreise, Unterkunft und Verpflegung in Hotels bzw. Restaurants mittleren bis gehobenen Standards)

Reisebedingung 3:
Aufenthalt ausschließlich in Großstädten oder Touristikzentren (Unterkunft und Verpflegung in Hotels bzw. Restaurants gehobenen bzw. europäischen Standards)

Wichtiger Hinweis

Welche Impfungen letztendlich vorzunehmen sind, ist abhängig vom aktuellen Infektionsrisiko vor Ort, von der Art und Dauer der geplanten Reise, vom Gesundheitszustand sowie dem eventuell noch vorhandenen Impfschutz des Reisenden.

Da im Einzelfall unterschiedlichste Aspekte zu berücksichtigen sind, empfiehlt es sich immer, rechtzeitig (etwa 4 bis 6 Wochen) vor der Reise eine persönliche Reise-Gesundheits-Beratung bei einem reisemedizinisch erfahrenen Arzt oder Apotheker in Anspruch zu nehmen.

Unter www.crm.de finden Sie Adressen von
- Apotheken mit qualifizierter Reise-Gesundheits-Beratung (nach Postleitzahlgebieten)
- Impfstellen und Ärzten mit Spezialsprechstunde Reisemedizin (nach Postleitzahlgebieten).
- Abruf eines persönlichen Gesundheitsvorsorge-Briefes für die geplante Reise.

MALARIA

Malaria-Risiko: ganzjährig mit saisonalen Schwankungen.
Übertragungsrisiko abhängig von Geografie und Klima, insbesondere vom Monsunregen, der zwischen Mai und November das Land von Südwest nach Nordost überzieht und jeweils 3–4 Monate andauert; im Süden evtl. 2. Regenzeit zwischen Okt. und Dez.

- **Mittleres Risiko** (höher in der Regenzeit, geringer in der Trockenzeit) in den zentralen Landesteilen, im N im Regenwaldgürtel entlang der nepalesischen Grenze (Terai), sowie auf den Andamanen und Nikobaren; relativ am höchsten mit hohem Anteil von P.falciparum ist das Risiko im Hügelland von Orissa und in den tiefer gelegenen Gebieten der Bundesstaaten im NO (nördlich und östlich von Bangladesch).

• **Geringes Risiko** (höher in der Regenzeit, geringer in der Trockenzeit) im N entlang des Ganges (Teile von Uttar Pradesh, Bihar und östliches West-Bengal), im NW (Rajasthan), an der Westküste einschließlich Goa, im S südlich der Linie Madras-Goa (gesamtes Kerala, Tamil Nadu, der W von Karnataka, der SO von Andhra Pradesh.

• **Malariafrei** sind die Höhenlagen oberhalb 2.000 m von Jammu und Kashmir, Himachal Pradesh, Sikkim, Arunchal Pradesh sowie die Lakkadiven.

VORBEUGUNG

Ein konsequenter **Mückenschutz** in den Abend- und Nachtstunden verringert das Malariarisiko erheblich (Expositionsprophylaxe). Die wichtigsten Maßnahmen sind:

In der Dämmerung und nachts Aufenthalt in mückengeschützten Räumen (Räume mit Aircondition, Mücken fliegen nicht vom Warmen ins Kalte).

Beim Aufenthalt im Freien in Malariagebieten abends und nachts weitgehend körperbedeckende Kleidung (lange Ärmel, lange Hosen).

Anwendung von insektenabwehrenden Mitteln an unbedeckten Hautstellen (Wade, Handgelenke, Nacken). Wirkungsdauer ca. 2–4 Std.

Im Wohnbereich Anwendung von insektenabtötenden Mitteln in Form von Aerosolen, Verdampfern, Kerzen, Räucherspiralen.

Schlafen unter dem Moskitonetz (vor allem in Hochrisikogebieten).

Ergänzend ist die Mitnahme von Anti-Malaria-Medikamenten zur notfallmäßigen Selbstbehandlung (Stand-by-Behandlung) zu empfehlen. Zu Art und Dauer der Behandlung fragen Sie Ihren Arzt oder Apotheker bzw. informieren Sie sich in einer qualifizierten reisemedizinischen Beratungsstelle. Malariamittel sind verschreibungspflichtig.

AKTUELLE MELDUNGEN

DARMINFEKTIONEN: Risiko für Durchfallerkrankungen landesweit. Mit Cholera ist regional oder örtlich zu rechnen. Hepatitis A, E, Typhus, Paratyphus, Milzbrand, die auf gleichem Wege übertragen werden können, sind in Indien weit verbreitet. Hygiene und Impfschutz beachten.

MALARIA: Im Bundesstaat Maharashtra wurden in diesem Jahr bereits vor Beginn des Monsuns im Juni hohe Malaria-Fallzahlen gemeldet. In den ersten 4 Monaten soll es bereits 28.400 Fälle gegeben haben, das sind 8.000 mehr als im selben Zeitraum des Vorjahres. Besonders betroffen ist Mumbai, hier wurden mehr als 16.500 Erkrankungen und 11 Todesfälle gemeldet. Dringend Mückenschutz und ggf. Malariaprophylaxe beachten.

POLIOMYELITIS: Trotz flächendeckender Impfkampagnen gehört Indien noch immer zu den Ländern mit endemischer Polio. In diesem Jahr ist bislang nur ein Fall in der Nähe von Kalkutta bekannt geworden. Im letzten Jahr traten 42 Fälle von Poliomyelitis auf. Im Jahr 2009 wurden 741 Erkrankungen registriert. Hygiene und Impfschutz beachten.

TOLLWUT: Indien gehört weltweit zu den Ländern mit den höchsten Fallzahlen bei Tieren und Menschen. Hauptüberträger ist der (streunende) Hund. Betroffen sind auch die Großstädte. Bei verdächtigen Tierkontakten sofort Arzt aufsuchen und auf Verwendung moderner Gewebekultur-Impfstoffe achten. Eine vorbeugende Impfung ist für alle Reisenden empfehlenswert.

CHIKUNGUNYA (CHIC), DENGUE (DEN): Beide grippeähnlichen Erkrankungen kommen in Indien regelmäßig vor. Während es DEN in Indien schon immer gab, führte CHIC in den letzten drei Jahren zu größeren regionalen Ausbrüchen. Schutz vor tagaktiven Überträgermücken (Aedes-Arten) beachten.

THÜRMER TOURS
www.thuermer-tours.de
Ihr Erlebnisreisen Spezialist seit über 30 Jahren

Literaturtipps

- *Berg, Hans Walter:* **Indien. Traum und Wirklichkeit,** München. Zwar trauert der langjährige Indienkorrespondent, der unter Journalistenkollegen als Maharaja von Whiskeypur einen legendären Ruf genoss, unverkennbar den kolonialen Zeiten hinterher, doch bietet dies Buch interessante Einblicke in das Indien der fünfziger und sechziger Jahre.
- *Collins, Larry und Lapiere, Dominique:* **Gandhi – Um Mitternacht die Freiheit,** München. Musterbeispiel eines gelungenen historischen Romans, in dem Indiens Weg in die Unabhängigkeit ebenso spannend wie kenntnisreich geschildert wird.
- *Dalrymple, William:* **Nine Lives,** Bloomsbury Publishing, London. Die auch im heutigen Indien starke Bindung der Menschen an Religion und Kaste zeigt Dalrymple eindrucksvoll an neun Einzelschicksalen.
- *Dubois, Abbé Jean Antoine:* **Leben und Riten der Inder,** Reise Know-How Verlag, Bielefeld. Eine Landesbeschreibung von 1807. Der Klassiker wurde erstmalig ins Deutsche übersetzt.
- *Hörig, Rainer:* **Indien ist anders** und **Selbst die Götter haben uns beraubt,** Hamburg. Zwei ebenso unausgewogene wie hervorragende politische Reisebücher, die vor allem die Vergessenen und Entrechteten der Gesellschaft wie die Ureinwohner, Unberührbaren und Frauen zu Wort kommen lassen.
- *Kade-Luthra, Veena (Hrsg.):* **Sehnsucht nach Indien. Ein Lesebuch von Goethe bis Grass,** München. Anhand von Textausschnitten geht die Herausgeberin den Gründen für die bei deutschen Philosophen und Literaten zu konstatierende Indiensehnsucht nach.
- *Keilhauer, Anneliese und Peter:* **Die Bildsprache des Hinduismus.** Die indische Götterwelt und ihre Symbolik.
- *Kipling, Rudyard:* **Kim,** München. Der Roman des englischen Autors, der die meiste Zeit seines Lebens in Indien verbrachte, wurde lange Zeit von der Literaturkritik als Plädoyer zugunsten der englischen Kolonialherrschaft abgelehnt. Inzwischen gilt die Geschichte des irischen Waisen Kim und des tibetanischen Mönchsjungen Tashoo Lama als gelungendstes Werk *Kiplings,* welches die unterschiedlichen Lebensphilosophien der beiden Hauptdarsteller zum Mittelpunkt hat.
- **Tamil – Wort für Wort,** Reise Know-How Verlag, Bielefeld, aus der Kauderwelsch-Reihe. Der handliche Sprechführer bietet eine auf das Wesentliche reduzierte Grammatik und viele Beispielsätze für den Reisealltag. Als **Kauderwelsch digital** auch auf CD-ROM erhältlich. In der gleichen Reihe erschienen: **Malayalam für Kerala – Wort für Wort** und **Marathi für Goa und Westindien – Wort für Wort.** Ebenfalls nützlich ist der Band **Englisch für Indien.** Audio-CDs als **Aussprache-Trainer** sind zu allen Büchern verfügbar.
- *Krack, Rainer:* **KulturSchock Indien,** Reise Know-How Verlag, Bielefeld. Das Buch des jahrelangen Indienkenners ist ideal für all jene, die mehr über das indische Alltgsleben erfahren möchten.
- *Krack, Rainer;* **Hinduismus erleben,** Reise Know-How Verlag, Bielefeld, Praxis-Reihe.
- *Malchow, Barbara und Tayebi, Keyumars:* **Menschen in Bombay,** Hamburg. Zwanzig Selbstporträts, vom Müllsammler über eine Prostituierte bis zum Atomphysiker, vermitteln ein höchst lebendiges Bild von der Vielfalt und Widersprüchlichkeit Indiens.
- *Naipaul, V.S.:* **Indien. Ein Land in Aufruhr,** Köln. Kein anderer Schriftsteller hat seine Haßliebe zu Indien in derart faszinierender und erhellender Weise zu Papier gebracht wie der in Trinidad geborene Sohn indischer Eltern. Auch dieses Buch Naipauls, eine Mischung zwischen politischem Reisebuch und einer unkonventionellen soziologischen Analyse, hat wieder die Frage nach der Identität Indiens zum Mittelpunkt. Seine Stärke liegt nicht zuletzt darin, daß Naipaul nicht der Versuchung erliegt, das chaotische Neben- und Durcheinander der politischen, kulturellen und religiösen Sub-Identitäten des Landes künstlich zusammenzuschweißen.
- *Neumann-Denzau, Gertrud/Denzau, Helmut:* **Indien. Reiseführer Natur.** Detailgenaue Vorstellung der indischen Nationalparks.
- *Riemenschneider, Dieter:* **Shiva tanzt. Das Indien-Lesebuch.** Aufschlussreiche Texte indischer Autoren zu Geschichte, Kunst, Kultur und Alltagsleben.

• *Rothermund, Dietmar:* **Indische Geschichte in Grundzügen,** Darmstadt. Dem bekannten Heidelberger Indologen ist es gelungen, die überaus ereignisreiche und komplexe indische Geschichte auf 150 Seiten zusammenzufassen. Der Zwang zur Komprimierung geht allerdings zu Lasten der alten Geschichte während die Neuzeit, speziell die Kolonialgeschichte recht ausführlich analysiert wird.

• *Roy, Arundhati:* **Der Gott der kleinen Dinge.** Aufsehenerregendes Erstlingswerk der jungen, aus Südindien stammenden Autorin, in dem sie das Kastensystem und die Unterdrückung der Frau in der indischen Gesellschaft anprangert.

• *Rushdie, Salman:* **Des Mauren letzter Seufzer.** Der vielschichtige Roman des ebenso berühmten wie umstrittenen Autors der „Satanischen Verse" verwebt auf faszinierende Weise mehrere Generationen einer in Indien lebenden jüdisch-christlichen Gemeinde mit der indischen Geschichte.

• *Scott, Paul:* **Das Reich der Sahibs,** Stuttgart. Niemand hat die Dekadenz und den Untergang des britischen Kolonialreiches überzeugender literarisch verarbeitet als Paul Scott in seinem vierbändigen Epos.

• *Ders.:* **Islamisches Indien:** Zwei Standardwerke zur Baugeschichte Indiens.

• *Stierlin, Henri:* **Hinduistisches Indien. Tempel und Heiligtümer von Khajuraho bis Madurai.** Hervorragende Einführung in die Tempelarchitektur mit Schwerpunkt auf Süd-Indien. Ausgezeichnete Bebilderung.

• *Dr. Strasser, Robert:* **Reiseführer Indien** (mehrere Bände), Suttgart. In mehreren Bänden wird äußerst detailliert und sachkundig Landeskunde, Geschichte und vor allem Kunstgeschichte der indischen Regionen und ihrer Kunststätten abgehandelt.

• *Tölle, Gisela:* **Das sanfte Regiment der Frauen,** Freiburg. Erlebnisse und Gespräche.

• *Tully, Mark:* **No fullstops in India** (engl.), New Delhi. Ein großartiges Buch, in dem der langjährige BBC-Reporter in zehn Kapiteln so unterschiedliche Themen wie eine Dorfhochzeit, den Besuch bei einem südindischen Bildhauer, die Kumbh Mela in Allahabad oder die kommunistische Regierung in Kalkutta beschreibt. Wie ein roter Faden zieht sich dabei der Vorwurf durch seine brillant geschriebenen Analysen, daß die indische Mittel- und Oberschicht, die Entscheidungsträger der indischen Gesellschaft, so sehr verwestlicht sei, daß sie die Wünsche und Forderungen der Masse der Bevölkerung völlig unberücksichtigt lasse und so das Land seiner kulturellen Wurzeln beraube.

HILFE!

Dieser Reiseführer ist gespickt mit unzähligen Adressen, Preisen, Tipps und Infos. Nur vor Ort kann überprüft werden, was noch stimmt, was sich verändert hat, ob Preise gestiegen oder gefallen sind, ob ein Hotel, ein Restaurant immer noch empfehlenswert ist oder nicht mehr, ob ein Ziel noch oder jetzt erreichbar ist, ob es eine lohnende Alternative gibt usw.

Unsere Autoren sind zwar stetig unterwegs und versuchen, alle zwei Jahre eine komplette Aktualisierung zu erstellen, aber auf die Mithilfe von Reisenden können sie nicht verzichten.

Darum: Schreiben Sie uns, was sich geändert hat, was besser sein könnte, was gestrichen bzw. ergänzt werden soll. Nur so bleibt dieses Buch immer aktuell und zuverlässig. Wenn sich die Infos direkt auf das Buch beziehen, würde die Seitenangabe uns die Arbeit sehr erleichtern. Gut verwertbare Informationen belohnt der Verlag mit einem Sprechführer Ihrer Wahl aus der über 220 Bände umfassenden Reihe „Kauderwelsch" (siehe unten).

Bitte schreiben Sie an:

REISE KNOW-HOW Verlag Peter Rump GmbH, Postfach 140666, D-33626 Bielefeld,
oder per E-Mail an: info@reise-know-how.de

Danke!

Kauderwelsch-Sprechführer –
sprechen und verstehen rund um den Globus

Afrikaans ● Albanisch ● Amerikanisch – *American Slang, More American Slang,* Amerikanisch oder Britisch? ● Amharisch ● Arabisch – Hocharabisch, für Ägypten, Algerien, Golfstaaten, Irak, Jemen, Marokko, ● Palästina & Syrien, Sudan, Tunesien ● Armenisch ● *Bairisch* ● Balinesisch ● Baskisch ● Bengali ● *Berlinerisch* ● Brasilianisch ● Bulgarisch ● Burmesisch ● Cebuano ● Chinesisch – Hochchinesisch, kulinarisch ● Dänisch ● Deutsch – *Allemand, Almanca, Duits, German, Nemjetzkii, Tedesco* ● *Elsässisch* ● Englisch – *British Slang, Australian Slang, Canadian Slang, Neuseeland Slang,* für Australien, für Indien ● Färöisch ● Esperanto ● Estnisch ● Finnisch ● Französisch – kulinarisch, für den Senegal, für Tunesien, *Französisch Slang, Franko-Kanadisch* ● Galicisch ● Georgisch ● Griechisch ● Guarani ● Gujarati ● Hausa ● Hebräisch ● Hieroglyphisch ● Hindi ● Indonesisch ● Irisch-Gälisch ● Isländisch ● Italienisch – *Italienisch Slang,* für Opernfans, kulinarisch ● Japanisch ● Javanisch ● Jiddisch ● Kantonesisch ● Kasachisch ● Katalanisch ● Khmer ● Kirgisisch ● Kisuaheli ● Kinyarwanda ● *Kölsch* ● Koreanisch ● Kreol für Trinidad & Tobago ● Kroatisch ● Kurdisch ● Laotisch ● Lettisch ● Lëtzebuergesch ● Lingala ● Litauisch ● Madagassisch ● Mazedonisch ● Malaiisch ● Mallorquinisch ● Maltesisch ● Mandinka ● Marathi ● Modernes Latein ● Mongolisch ● Nepali ● Niederländisch – *Niederländisch Slang,* Flämisch ● Norwegisch ● Paschto ● Patois ● Persisch ● Pidgin-English ● *Plattdüütsch* ● Polnisch ● Portugiesisch ● Punjabi ● Quechua ● *Ruhrdeutsch* ● Rumänisch ● Russisch ● *Sächsisch* ● *Schwäbisch* ● Schwedisch ● *Schwiizertüütsch* ● *Scots* ● Serbisch ● Singhalesisch ● Sizilianisch ● Slowakisch ● Slowenisch ● Spanisch – *Spanisch Slang,* für Lateinamerika, für Argentinien, Chile, Costa Rica, Cuba, Dominikanische Republik, Ecuador, Guatemala, Honduras, Mexiko, Nicaragua, Panama, Peru, Venezuela, kulinarisch ● Tadschikisch ● Tagalog ● Tamil ● Tatarisch ● Thai ● Tibetisch ● Tschechisch ● Türkisch ● Twi ● Ukrainisch ● Ungarisch ● Urdu ● Usbekisch ● Vietnamesisch ● Walisisch ● Weißrussisch ● *Wienerisch* ● Wolof ● Xhosa

Wichtige Bahnverbindungen

Der **fett gedruckte Ort** ist jeweils der Abfahrtsort. Um eine Verbindung zwischen zwei Städten ausfindig zu machen, sollte man nicht nur den jeweiligen Ausgangs- und Zielbahnhof beachten, sondern auch bei den Bemerkungen nachschauen, da sich dort durch die angegebenen Zwischenstationen weitere Zielorte zeigen oder möglicherweise eine für den jeweiligen Bedarf angenehmere und bessere Verbindung findet.

Alappuzha (Alleppey)	Abfahrt	Ankunft	Zugbezeichnung, Bemerkungen
Chennai	16:00	6:00	16042 Chennai Exp., über Ernakulam (an 17:15), Irinjalakuda (18:30), Thrissur (19:00)
Madgaon (Goa)	12:50	5:45	16346 Nethravati Exp., über Ernakulam (an 13:50), Thrissur (15:35)
Trivandrum	7:00	10:05	16341 Ernakulam Trivandrum Exp., über Kayankulam (an 7:43 Uhr), Quilon (an 8:37), Varkala (9:03), viele weitere Verb.

Aurangabad	Abfahrt	Ankunft	Zugbezeichnung, Bemerkungen
Mumbai	14:40	20:50	17618 Tapovan Exp., über Nasik Rd. (an 18:07)
Mumbai	23:25	7:10	17058 Devagiri Exp.
Pune/Manmad	13:40	15:50	12715 Sachkhand Exp., bis Manmad, von dort Anschluss nach Pune
Secunderabad	22:40	8:55	17063 Ajanta Exp.

Bangalore	Abfahrt	Ankunft	Zugbezeichnung, Bemerkungen
Chennai	9:00	15:05	12205 Sanghamitra Exp.
Chennai	23:45	7:20	16221 Chennai Exp.
Coimbatore	6:15	13:05	12677 Ernakulam Exp., weiter über Thrissur bis Ernakulam
Hospet (Hampi)	21:00	6:45	16592 Hampi Exp., über Guntakal (an 4:50), weiter nach Hubli (11:40)
Kanyakumari	21:40	19:00	16526 Kanyakumari Exp., über Coimbatore (an 5:20), Thrissur (8:10), Ernakulam (9:45), Quilon (13:10), Varkala (14:48), Trivandrum (15:00)
Madurai	21:20	7:20	16732 Tuticorin Exp., über Kodaikanal Rd. (an 6:23), Zugstart in Mysore, fährt bis Mumbai
Mumbai	20:25	18:40	6530 Udyan Exp., über Pune (15:45)
Mysore	9:30	13:50	56232 SBC Mysore Pass, tgl. außer So, viele weitere Verbindungen
Mysore	18:15	21:10	16216 Chamundi Exp., viele weitere Verbindungen
Secunderabad	20:20	7:35	12429 Rajdhani Exp.
Thanjavur	19:05	5:03	16832 Mailaduturai Exp., über Tiruchirappalli (an 3:40), aus Mysore
Trivandrum	21:45	15:05	16526 Kannyakumari Exp., über Coimbatore (an 5:30), Thrissur (8:15), Ernakulam (10:10), Kottayam (10:30), Quilon (13:40), Varkala (14:05)
Vasco da Gama (Goa)	21:55	13:00	17311 Mas Vasco Exp., nur Fr, Start von Yesvantpur, über Hubli (an 6:45), Madgaon (11:55)

Calicut (Kozhikode)	Abfahrt	Ankunft	Zugbezeichnung, Bemerkungen
Alleppey	6:40	13:00	16308 Alleppey Exp., tgl. außer Do, Sa, über Thrissur (an 9:32), Ernakulam (10:55)
Chennai	17:35	5:25	12602 Chennai Mail
Mumbai	19:10	16:40	16346 Netravati Exp., über Kumta (Gokarna, an 3:40), Madgaon (Goa 5:45), Start in Trivandrum, bis Mumbai Central
Trivandrum	23:15	9:10	16330 Malabar Exp., über Thrissur (an 1:55), Ernakulam (3:35), Kottayam (7:15), Varkala (7:45)
Trivandrum	9:20	18:40	16345 Netravati Exp., über Thrissur (an 12:15), Ernakulam (14:05), Alleppey (15:25), Quilon (17:10), Varkala (17:38), Start in Mumbai

Cannanore (Kannur)	Abfahrt	Ankunft	Zugbezeichnung, Bemerkungen
Alleppey	5:00	13:00	16308 Alleppey Exp., tgl. außer Do, Sa, über Tellicherry (an 5:20), Calicut (an 6:40), Shoranur (8:55), Thrissur (9:33), Ernakulam (11:08)
Bangalore	16:40	7:05	16518 Yesvantpur Exp., bis Yesvantpur, über Calicut (an 18:05)

Chennai	18:25	8:00	12686 Chennai Exp., über Calicut (20:10)
Mumbai (Lokm. Tilak)	21:20	16:40	16346 Netravati Exp., über Kasargode (an 22:55), Mangalore (0:10), Madgaon (Goa, 5:45), Thivim (Goa, 6:47), Ratnagiri (9:35)
Trivandrum	6:55	18:55	16649 Parasuram Exp., über Calicut (an 8:40), Thrissur (11:50), Ernakulam (13:25), Kottayam (14:50), Quilon (16:50), Varkala (17:20), viele weitere Verbindungen
Trivandrum	20:30	7:15	16603 Malevi Exp., über Tellicherry (an 20:48), Calicut (22:15), Thrissur (0:50), Ernakulam (2:25), Quilon (5:35), Varkala (6:03)

Chennai	Abfahrt	Ankunft	Zugbezeichnung, Bemerkungen
Alleppey	21:15	10:50	16041 Chennai Alleppey Exp., über Thrissur (an 6:55), Ernakulam Tn. (8:30)
Bangalore	7:15	13:20	12639 Brindavan Exp., viele weitere Verb.
Coimbatore	22:30	6:15	06617 Coimbatore Exp.
Hyderabad	18:10	8:00	12759 Charminar Exp.
Kanyakumari	17:30	6:50	12633 Kanyakumari. Exp., über Villupuram (Pondicherry, an 19:55), Tiruchirappalli (22:45), Madurai (1:55), Start in Egmore
Madurai	7:50	16:30	16127 MS Guruvayur Exp., über Villupuram (an 10:25), Tiruchirappalli (13:05), weiter bis Kerala
Madurai	21:15	6:15	12637 Pandian Exp., über Truchirappalli (2:55), Kodaikanal Rd. (5:11)
Mangalore	20:25	12:25	12601 Managalore Mail, über Calicut (an 7:45), Cannanore (9:35)
Mettupalayam (Ooty)	21:00	6:15	12671 Nilagiri Exp., über Coimbatore (an 4:50)
Mumbai	6:50	6:00	12164 Chennai Exp., Ankunft in Dadar, über Pune (an 2:25)
Mysore	6 :00	13 :00	2007 Shatabdi Exp., über Bangalore City (an 10:50), tgl. außer Mi
Rameshwaram	21:45	11:50	16701 Rameswaram Exp., über Chidambaram (an 1:32), Thanjavur (3:55), Thiruchirapalli (5:25)
Thanjavur	8:20	14:48	16853 Trichy Exp., Start in Egmore, über Villupuram (Pondicherry, 11:10), Chidambaram (12:54), Kumbakonam (14:04), bis Trichy (16:35)
Tiruchirappalli	7:15	13:05	16127 Ms Guruvayur Exp., viele weitere Verb.
Tirupati	6:25	9:30	16057 Saptagiri Exp.
Trivandrum	19:45	11:20	12623 Trivandrum Mail, über Thrissur (4:45), Ernakulam (6:15), Kottayam (7:35), Quilon (9:55), Varkala (10:23)
Viyayawada	8:45	15:10	12842 Coromandal Exp., weiter nach Vishakapatnam (an 21:45)
Warangal	22:00	7:03	12621 Tamil Nadu Exp., über Vijayawada (an 4:10), viele weitere V.

Chidambaram	Abfahrt	Ankunft	Zugbezeichnung, Bemerkungen
Chennai Egmore	12:00	17:45	16854 Chennai Exp., über Villupuram (Pondicherry, an 14:10)
Rameshwaram	1:30	11:45	16701 Rameswaram Exp., über Tiruchirapalli (an 5:25)
Madurai	13:50	20:00	06013 Madurai Exp., nur Mo, über Kumbhakonam (an 15:30), Thanjavur (16:03), Thiruchirapalli (17:05), Kodaikanal Rd. (18:53)
Tiruchirapalli	22:50	8:00	16853 Trichy Exp., über Kumbakonam (an 14:04), Thanjavur (14:48)

Coimbatore	Abfahrt	Ankunft	Zugbezeichnung, Bemerkungen
Bangalore	8:00	15:05	11014 Lokmanyak Tilak Exp., weiter bis Mumbai
Bangalore	22:50	6:55	16525 Bangalore Exp.
Chennai	6:15	13:45	12680 Coimbatore Chennai Exp., über Katpadi (an 11:28), viele w. V.
Chennai	20:55	5:05	12672 Nilagiri Exp., Start des Zuges in Mettupalyam um 19:45
Kanyakumari	20:30	6:55	16610 Nagercoil Exp., über Madurai (an 2:55)
Madurai	7:10	14:20	56320 CBE NCJ Pass.
Mettupalayam (Ooty)	5:15	6:15	12671 Nilagiri Exp.
Tiruchirappalli	8:10	13:50	56848 PTGN PTJ Pass.
Trivandrum	5:30		16526 Kanyakumari Exp., über Thrissur (an 8:10), Ernakulam (10:00), Kottayam (11:25), Quilon (13:35), Varkala (14:05), Trivandrum (15:05)

Ernakulam	Abfahrt	Ankunft	Zugbezeichnung, Bemerkungen
Alleppey	11:25	13:00	16308 Alleppey Exp., viele weitere Verb.
Bangalore	17:55	6:55	16525 Kanyakumari Bangalore Exp., über Thrissur (an 19:50)

Cannanore	10:45	17:35	16650 Parasuram Exp., über Irinjalakuda (an 12:10), Thrissur (12:35), Calicut (15:40) viele weiter Verb.
Chennai	7:15	22:15	13352 Dhanbad Exp., über Coimbatore (an 11:55)
Chennai	19:15	7:00	12624 Chennai Mail, über Thrissur (an 20:35)
Hyderabad	11:50	13:40	17229 Sabari Exp., über Thrissur (an 13:10), Coimbatore (16:20), Tirupati (0:50), Secunderabad (13:00)
Kanyakumari	10:00	19:00	16526 Bangalore Kanyakumari Exp., über Kottayam (an 11:25), Kayankulam (12:40), Quilon (13:30), Trivandrum (15:05)
Madgaon (Goa)	14:00	5:45	16346 Netravati Exp., über Thrissur (an 15:35), Calicut (19:05), Kasargode (22:55), weiter bis Mumbai Lokm. Tilak
Madurai	23:15	11:00	16128 Guruvarur Chennai Exp., über Alleppey (an 0:10), Trivandrum (3:35), weiter über Trichy bis Chennai
Mumbai	13:10	13:45	12617 Mangala Lakshadweep Exp., Stopp in Kalyan, über Thrissur (an 14:30), Calicut (17:30), Cannanore (19:20) Mangalore (22:05), Madgaon (Goa, 3:40)
Thanjavur	22:05	8:45	16866 Ers Nagore Exp., über Thrissur (an 23:40), Coimbatore (3:00), Tiruchirapalli (7:45)
Trivandrum	6:25	11:25	12623 Trivandrum Mail, über Kottayam (an 7:55), Quilon (10:10), Varkala (10:28), viele weitere Verb.

Gadag	Abfahrt	Ankunft	Zugbezeichnung, Bemerkungen
Bangalore	18:48	6:10	16591 Hampi Exp., über Hospet (Hampi, an 20:35), Guntakal (23:05)
Hubli	8:23	10:10	16592 Hampi Exp.
Hyderabad	15:45	4:00	17004 Kop Hyb Exp., über Hospet (an 17:09), nur Mi und So
Tirupati	7:10	21:00	57471 Ubl Tirupati Pass., über Hospet (Hampi, an 9:10)
Vasco da Gama (Goa)	7:45	15:00	18047 Amaravati Exp., Mo, Di, Do, über Hubli (an 8:50)

Gokarna	Abfahrt	Ankunft	Zugbezeichnung, Bemerkungen
Ernakulam	14:50	4:20	11097 Ernakulam Exp., nur Sa, über Mangalore (an 19:05), Kasargode (20:00), Cannanore (21:45), Calicut (23:30), Thrissur (3:05)
Madgaon (Goa)	10:23	12:40	56640 Mangalore Madgaon Pass., über Canacona (Palolem, an 12:34)
Mangalore	16:50	22:00	56641 Madgaon Mangalore Pass., über Udupi (an 20:00)
Mumbai	18:40	6:35	12620 Matsyaganda Exp., nur bis Lokmanyak Tilak, über Canacona (an 19:49), Madgaon (20:45), Ratnagiri (an 0:25)
Pune	12:12	5:05	11098 Poorna Exp., nur Mo, über Madgaon (Goa, 15:00)

Gulbarga	Abfahrt	Ankunft	Zugbezeichnung, Bemerkungen
Bangalore	18:45	8:50	16529 Udyan Exp., über Guntakal (an 0:00)
Hyderabad	7:20	12:10	12701 Hussainsagar Exp.
Mumbai	18:50	5:05	12702 Hussainsagar Exp., über Sholapur (an 19:50), Pune (1:05)

Hospet	Abfahrt	Ankunft	Zugbezeichnung, Bemerkungen
Bangalore	20:30	6:10	16591 Hampi Exp., über Guntakal (an 23:05)
Guntakal	15:40	17:10	17226 Amaravati Exp.
Hubli (für Badami)	6:50	10:10	16592 Hampi Exp., über Gadag (an 8:21), weitere Verb.
Tirupati	22:05	8:00	17416 Haripriya Exp.
Vasco da Gama (Goa)	6:30	15:00	18047 Amaravati Exp., Mo, Di, Do, Sa, über Gadag (an 7:43), Hubli (8:55), Madgaon (13:50)

Hubli	Abfahrt	Ankunft	Zugbezeichnung, Bemerkungen
Bangalore	6:20	14:00	12726 Intercity Exp., über Arsikere (an 10:50)
Bangalore	14:00	21:325	12080 Shatabdi Exp., tgl. außer Di, über Arsikere (an 18:15)
Hospet (Hampi)	17:45	20:20	16591 Hampi Exp., über Gadag (18:46), weiter nach Bangalore (6:10)
Mysore	21:30	7:00	17302 Dwr Mysore Exp., über Hassan (Halebid/Belur, an 4:03)
Tirupati	19:20	8:00	17416 Haripriya Exp., über Hospet (Hampi, an 22:03)
Vasco da Gama (Goa)	9:00	15:00	18047 Amaravati Exp., Mo, Di, Do, Sa
Vasco da Gama	23:00	6:30	06948 Ubl Vsc Link Exp., über Madgaon (an 5:40)

Hyderabad/ Secunderabad	Abfahrt	Ankunft	Zugbezeichnung, Bemerkungen
Aurangabad (ab Hyd.)	21:30	13:20	57549 Aurangabad Pass.
Bangalore (ab Sec.)	18:50	6:40	12430/12494 Rajdhani Exp.
Chennai (ab Hyd.)	16:55	5:55	12604 Hyderabad Chennai Exp., über Secunderabad (ab 17:10)
Chennai (ab Hyd.)	18:30	8:15	12760 Charminar Exp., über Secunderabad (ab 18 50), Warangal (21:080), Vijayawada (1:00)
Mumbai (ab Hyd.)	14:45	5:05	12702 Hussainsagar Exp., über Pune (an 1:10)
Mumbai (ab Hyd.)	20:40	13:05	17032 Hyderabad Mumbai Exp., über Pune (an 9:05)
Mysore (Kacheguda)	23:55	16:10	12976 Mysore Exp., Di, Do, über Bangalore (an 12:55)
Tirupati (ab Sec.)	18:05	6:05	17734 Narayanadri Exp., mehrere weitere Verb.

Jalgaon	Abfahrt	Ankunft	Zugbezeichnung, Bemerkungen
Bangalore	13:35	13:40	12628 Karnataka Exp.
Chennai	17:00	16 :05	12655 Navjeevan Exp., über Warangal (an 4 :35), Viyajawada (8:45)
Mumbai	0:10	7:35	12138 Punjab Mail, über Nasik Rd. (an 3:30), weitere Verb.

Kanchipuram	Abfahrt	Ankunft	Zugbezeichnung, Bemerkungen
Madurai	14:40	0:35	16351 Nagercoil Exp., Di, Sa, über Villupuram (Pondicherry, an 17:35), Tiruchirappalli (20:40)
Mumbai	18:10	20:50	6352 Tirupati Exp., Do, So, über Tirupati (an 21:40), Guntakal (4:15), Gulbarga (9:42), Pune (16:30), Lonavala (17:59)

Kanyakumari	Abfahrt	Ankunft	Zugbezeichnung, Bemerkungen
Bangalore	10:30	6:55	16525 Kanyakumari Bangalore Exp., über Trivandrum (an 12:45), Varkala (13:35), Quilon (14:10), Kottayam (16:20), Ernakulam (17:45), Thrissur (19:40), Coimbatore (22:45)
Chennai	17:20	6:50	12634 Kanyakumari Exp., über Madurai (21:50), Tiruchirappalli (0:35)
Ernakulam	5:30	13:10	16382 Cape Mumbai Exp., über Trivandrum (an 7:50), Varkala (8:38), Quilon (9:20), Kayankulam (10:08), Kottayam (11:35), weiter über Irinjalakuda und Thrissur bis Mumbai

Karwar	Abfahrt	Ankunft	Zugbezeichnung, Bemerkungen
Mumbai (Lokm. Tilak)	19:25	6:35	12620 Matsagandha Exp., über Madgaon (an 20:45), Ratnagiri (0:25)
Trivandrum	23:45	18:40	16345 Netravati Exp., über Mangalore (an 4:30), Kasargarod (5:33), Cannanore (7:25), Calicut (an 9:15), Thrissur (12:15), Ernakulam (14:05), Alleppey (15:25), Quilon (17:10), Varkala (17:38), viele w. Verb.

Kodaikanal Rd.	Abfahrt	Ankunft	Zugbezeichnung, Bemerkungen
Chennai Egmore	21:20	5:45	12638 Pandian Exp., über Tiruchirappalli (an 23:30)
Coimbatore	13:35	20 :45	56319 NCJ CBE Pass., viele weitere Verb.
Madurai	13:27	14:20	56320 CBE NCJ Pass., viele weitere Verb.
Mysore	20:35	10:10	16731 Mysore Exp., über Bangalore (an 6:40)
Trivandrum	3:10	11:05	16723 Anantapuri Exp., tgl. außer So, über Madurai (an 3:55)

Kolhapur	Abfahrt	Ankunft	Zugbezeichnung, Bemerkungen
Bangalore	14:20	7:35	16590 Ranichennama Exp., über Hubli (an 22:00), Arsikere (4:05)
Hospet	11:35	22:03	17416 Haripriya Exp., über Hubli (an 19:10), weiter bis Tirupati (8:00)
Mumbai	22:50	11:55	11024 Shayadri Exp., über Pune (an 6:50), Lonavala (8:54)

Kollam (Quilon)	Abfahrt	Ankunft	Zugbezeichnung, Bemerkungen
Bangalore	14:10	6:55	16525 Kanyakumari Bangalore Exp., über Ernakulam (an 17:45), Irinjalakuda (19:04), Thrissur (19:40), Coimbatore (22:45)
Chennai	15:35	7:00	12624 Chennai Mail, über Kottayam (an 17:30), Ernakulam (19:05), Thrissur (20:35), viele weitere Verb.
Coimbatore	8:20	16:25	17229 Sabari Exp., über Ernakulam (an 11:40), Thrissur (13:10), weiter bis Hyderabad

Ernakulam	7:35	11:05	16650 Parasuram Exp., über Kottayam 9:35, viele weitere Verb., weiter über Thrissur bis Mangalore
Madgaon (Goa)	11:00	5:45	16346 Netravathi Exp., über Alleppey (an 12:45), Ernakulam (13:50), Thrissur (15:35), Calicut (19:05), Cannanore (21:35), Kasargarod (22:54), Mangalore (0:12), Canacona (Palolem, 5:00), weiter über Ratnagiri (9:35) bis Mumbai Lokmanyak Tilak (16:60), viele w. Verb.
Kanyakumari	13:40	19:00	16526 Bangalore Kanyakumari Exp., über Varkala (an 14:04), Trivandrum (15:05), weitere Verb.
Mangalore	20:30	8:50	16604 Maveli Exp., über Kayankulam (an 21:08), Alleppey (21:55), Ernakulam (23:55), Thrissur (0:50), Calicut (3:55), Cannanore (5:50), Kasargarod (7:38), weitere Verb.
Trivandrum	9:10	9:40	16303 Vachinad Exp., über Varkala (an 8:33), viele weitere Verb.

Kottayam	Abfahrt	Ankunft	Zugbezeichnung, Bemerkungen
Bangalore	16:25	6:55	16225 Bangalore Exp., über Ernakulam (an 17:45), Irinjalakuda (19:04), Thrissur (19:40), Coimbatore (22:45)
Chennai	20:25	9:50	12696 TVC Chennai Exp., über Ernakulam (an 21:35), Thrissur (23:05), Katpadi (Vellore, 7:28)
Coimbatore	11:40	18:00	16382 Cape Mumbai Exp., über Ernakulam (an 13:10), Irinjalakuda (14:25), Thrissur (14:55)
Kanyakumari	6:25	12:45	16381 Mumbai Kanyakumari Exp., über Quilon (an 8:45), Trivandrum (10:15)
Mangalore	9:40	20:30	16650 Parasuram Exp., über Ernakulam (an 11:05), Irinjalakuda (12:10), Thrissur (12:35), Calicut (15:40), Tellicherry (16:45), weitere Verb.
Trivandrum	7:40	11 :20	12623 Trivandrum Mail , über Kayankulam (an 8:53), Quilon (9:55), Varkala (10:23), weitere Verb.

Kumbakonam	Abfahrt	Ankunft	Zugbezeichnung, Bemerkungen
Chennai	19:55	5:30	16178 Rock Fort Exp., über Thanjavur (20:45), Tiruchirappalli (21:55)
Tiruchirapalli	8:37	10:40	16233 MV TPJ Exp., über Thanjavur (an 9:25)

Madgaon/Vasco da Gama (Goa)	Abfahrt	Ankunft	Zugbezeichnung, Bemerkungen
Bangalore (ab Vasco)	15:50	7:35	02779 VSG SBC Link Exp., über Madgaon (ab 15:45), Hubli (22:45)
Ernakulam (ab Madg.)	19:35	10:00	12618 Lakshadweep Exp., über Udupi (an 23:05), Mangalore (0:25), Cannanore (3:10), Tellicherry (3:30), Calicut (5:00), Thrissur (8:05)
Gokarna (ab Madg.)	15:10	16:47	56641 MAO MAQ Pass., über Karwar (an 15:54), weiter bis Mangalore
Mumbai (ab Madg.)	9:30	21:30	10104 Mandovi Exp., über Sindhudurg (an 11:28), Ratnagiri (13:55)
Mumbai (ab Madg.)	18:00	5:50	10112 Konkan Kanya Exp., über Sindhudurg (an 20:08), Ratnagiri (22:45), mehrere weitere Verb.
Pune (ab Vasco)	15:10	4:00	12779 Goa Exp., über Madgaon (ab 15:50), weiter bis Delhi
Hospet (ab Vasco)	7:10	14:55	18048 Vasco Howrah Exp., Di, Do, Fr, So, über Madgaon (ab 7:40), Hubli (12:05), weiter nach Guntakal (18:50)
Trivandrum (ab Madg.)	22:50	18:40	16345 Netravati Exp., über Karwar (an 23:43), Mangalore (an 4:30), Cannanore (7:25), Tellicherry (7:48), Calicut (9:15), Thrissur (12:15), Ernakulam (14:05), Alleppey (15:25), Kayankulam (16:20), Quilon (17:10), Varkala (17:38)

Madurai	Abfahrt	Ankunft	Zugbezeichnung, Bemerkungen
Chennai	11:10	21:15	16128 Guv Chennai Exp., über Tiruchirappalli (an 14:05)
Chennai	21:30	6:35	12632 Nellai Exp., über Tiruchirappalli (an 0:20), viele weitere Verb.
Coimbatore	0:40	7:30	16609 Madurai Coimbatore Exp.
Kanyakumari	2:00	6:50	12633 Kanyakumari Exp.
Mysore	19:50	10:10	16731 Mysore Exp., über Bangalore (an 6:40)
Thrissur	16:40	5:30	16127 Chennai Guruvayur Exp., über Trivandrum (23:30), Varkala (0:20), Quilon (0:55), Alleppey (2:25), Ernakulam (3:40)
Tiruchirapalli	20:45	23:30	12638 Pandian Exp., weiter bis Chennai

Tirupati	9:50	21:40	16352 NCY Mumbai Exp., Do, So, über Tiruchirappalli (an 12:30), Villupuram (Pondicherry, 15:40), Kanchipuram (18:08), bis Mumbai
Quilon	22:45	9:05	56700 Quilon Pass, über Trivandrum (an 6:30), Varkala (7:54)

Mangalore	Abfahrt	Ankunft	Zugbezeichnung, Bemerkungen
Chennai	16:00	8:00	12686 Chennai Exp., über Kasargarod (an 16:44), Cannanore (18:20), Tellicherry (18:45), Calicut (20:10), Katpadi (Vellore, 5:33)
Mumbai (Lokm. Tilak)	14:40	6:35	12620 Matsyaganda Exp., über Udupi (an 15:56), Gokarna Rd. (18:40), Canacona (Palolem (19:50), Madgaon (Goa, 20:45), Ratnagiri (0:20)
Tiruchirappalli	6:40	21:50	16108 Mangalore Tiruchirappalli Exp., über Kasargarod (an 7:35), Cannanore (9:25), Calicut (11:15), Coimbatore (15:45), weiter über Villupuram nach Chennai
Trivandrum	17:40	7:15	16603 Maveli Exp., über Kasargarod (an 18:30), Cannanore (20:25), Tellicherry (20:48), Calicut (22:15), Thrissur (0:50), Ernakulam (2:25), Quilon (5:35), Varkala (6:03)

Miraj	Abfahrt	Ankunft	Zugbezeichnung, Bemerkungen
Bangalore	15:45	7:30	16590 Ranichennama Exp., über Hubli (an 22:45), Arsikere (4:00)
Mumbai	0:02	11:55	11024 Sahyadri Exp., über Pune (an 6:40), Lonavala (8:54)
Vasco da Gama (Goa)	22:30	6:30	12780 Goa Exp.

Mumbai	Abfahrt	Ankunft	Zugbezeichnung, Bemerkungen
Aurangabad	6:10	13:20	17617 Tapovan Exp., über Nasik Rd. (an 9:50)
Bangalore	8:05	8:50	16529 Udyan Exp., über Lonavala (an 10:33), Pune (11:40), Gulbarga (18:43), Guntakal
Chennai	14 :00	16 :45	11041 Mumbai Chennai Exp., über Lonavala (an 16:38), Pune (18:00), Solapur (23 :15), Gulbarga (1:08), Guntakal (6:40)
Chennai	20:30	19:45	12163 Dadar Chennai Exp., über Pune (an 0:05), Gulbarga (6:08)
Ernakulam	11:40	14:05	16345 Netravati Exp., über Ratnagiri (an 18:55), Madgaon (22:40), Canacona (Palolem, 23:18), Karwar (23:43), Mangalore (4:30), Kasaragarod (5:33), Cannanore (7:25), Calicut (9:15), Thrissur (12:15), weiter über Alleppey und Kollam bis Trivandrum
Hyderabad	21:50	12:10	12701 Hussainsagar Exp., über Pune (an 1:20), Gulbarga (7:18)
Madgaon (Goa)	6:55	18:45	10103 Mandovi Exp., über Ratnagiri (an 13:30); Sindhudurg (15:42)
Madgaon	23:05	10:45	10111 Konkan Kanya Exp., über Ratnagiri (an 5:38), Sindhudurg (7:50), Thivim (9:20), Karmali (9:40), weitere Verb. von Lokmanyak Tilak
Madgaon	5:10	14:10	12051 Shatabdi Exp., über Ratnagiri (an 10:40), Thivim (13:02)
Mangalore	15:20	7:30	12619 Matsyagandha Exp., Start: Lokmanyak Tilak, über Ratnagiri (an 21:40), Madgaon (1:45), Udupi (5:38)
Pune	12 :45	16:30	17031 Hyderabad Exp., viele weitere Verb., bis Hyderabad (5:55)
Secunderabad	15:10	7:50	11019 Konark Exp., über Lonavala (an 17:43), Pune (19:00), weiter über Warangal nach Vijayawada (14:00)
Trivandrum	15:45	10:15	16381 Kanyakumari Exp., über Lonavala (an 18:09), Pune (an 19:15), Tirupati (14:30), Katpadi (Vellore, 17:55), Coimbatore (0:05), Thrissur (2:50), Ernakulam (4:30), Kottayam (6:20), Quilon (8:45)

Mysore	Abfahrt	Ankunft	Zugbezeichnung, Bemerkungen
Bangalore	6:45	9:40	16215 Chamundi Exp., viele weitere Verb.
Chennai	20:15	7:20	16221 Chennai Exp., über Bangalore (an 23:30)
Madurai	18:00	7:20	16732 Mysore Tuticorin Exp., über Bangalore (an 21:05)
Thanjavur	15:45	5:03	16232 Mailaduturai Exp., über Bangalore (an 19:15), Tiruchirappalli (4:05), weiter bis Kumbakonam (an 5:43)

Nagpur	Abfahrt	Ankunft	Zugbezeichnung, Bemerkungen
Bangalore	10:25	6:40	12430 Rajdhani Exp., Mo, Di, Fr, Sa, über Secunderabad (an 18:30)
Chennai	12:30	6:15	12616 Grand Trunk Exp., über Warangal (19:30) Vijayawada (23:15)
Hyderabad	9:50	19:50	12724 Andra Pradesh Exp., über Secunderabad (an 19:10)

Hyderabad	17:45	5:00	12722 Dakshin Exp., über Secunderabad (an 6:35)
Mumbai	17:15	6:50	12106 Vidarbha Exp., über Jalgaon (an 23:39), Nasik Rd. (2:35)
Mumbai	7:30	21:20	12860 Gitanjali Exp., über Nasik Rd. (an 16:55)
Trivandrum	4:00	14:35	12626 Kerala Exp., über Warangal (an 11:00), Vijayawada (14:45), Tirupati (21:05), Coimbatore (5:10), Thrissur (7:50), Ernakulam (9:30), Kottayam (11:00), Quilon (13:00)

Nasik Rd.	Abfahrt	Ankunft	Zugbezeichnung, Bemerkungen
Aurangabad	9:48	13:15	17617 Tapovan Exp., weitere Verb.
Jalgaon	9:30	12:33	12859 Gitanjali Exp., viele weitere Verb.
Mumbai	18:00	22:05	17618 Tapovan Exp., viele weitere

Pune	Abfahrt	Ankunft	Zugbezeichnung, Bemerkungen
Aurangabad	14:25	1:20	51421 Pune NZB Pass.
Chennai	0:10	19:45	12163 Mumbai Chennai Exp., über Gulbarga (an 6:08)
Mumbai	7:15	10:25	12124 Deccan Queen, über Lonavala (an 8:08), viele weitere Verb.
Mumbai	15:30	19:40	11008 Deccan Exp., über Lonavala (an 16:40)
Secunderabad/Hyder.	19:05	7:50	11019 Konark Exp., weiter über Warangal bis Vijayawada
Vasco da Gama (Goa)	16:30	6:30	12780 Goa Exp., über Madgaon (Goa, an 5:40)

Rameshwaram	Abfahrt	Ankunft	Zugbezeichnung, Bemerkungen
Madurai	17:35	21:20	56724 Rameswaram Madurai Pass., über Mandapam (an 18:03)
Chennai	17:05	6:20	16702 Chennai Exp., über Tiruchirapalli (22:30), Thanjavur (23:25), Kumbhakonam (0:04)
Chennai	20:00	8:20	16714 Rmm Chennai Exp., über Villupuram (Pondicherry, an 4:45)
Tiruchirapalli	14:10	21:00	56830 RMM TPJ Pass., über Mandapam (an 14:34)

Ratnagiri	Abfahrt	Ankunft	Zugbezeichnung, Bemerkungen
Ernakulam	14:30	10:00	12618 Mangla Lakshadweep Exp., über Thivim (Nord-Goa, an 18:08), Madgaon (19:25), Mangalore (0:25), Cannanore (3:10), Tellicherry (3:33), Calicut (5:00), Thrissur (8:05)
Madgaon (Goa)	13:35	18:45	10103 Mandovi Exp., über Sindhudurg (an 14:25), Thivim (17:08), Karmali (17:28), viele weitere Verb.
Mangalore	21:45	7:30	12619 Matsyagandha Exp., über Madgaon (1:45), Gokarna Rd. (3:13)
Mumbai	14:00	21:30	10104 Mandovi Exp.
Mumbai (Lokm. Tilak)	22:50	5 :50	10112 Konkan Konya Exp.
Trivandrum	19:00	18:40	16345 Netravati Exp., über Thivim (an 21:30), Madgaon (22:40), Canacona (Palolem, 23:18), Mangalore (4:30), Cannanore (7:25), Tellicherry (7:48), Calicut (9:15), Thrissur (12:15), Ernakulam (14:05), Quilon (17:10), Varkala (17:38)

Tellicherry	Abfahrt	Ankunft	Zugbezeichnung, Bemerkungen
Alleppey	10:15	17:35	16605 Ernad Exp., über Calicut (an 11:40), Thrissur (14:30), Ernakulam (16:10), weiter über Kollam und Varkala bis Trivandrum
Bangalore	18:05	7:15	16528 Yesvantpur Exp., bis Yesvantpur, über Calicut (an 19:25)
Ernakulam	14:50	20:00	16306 Ernakulam Exp., über Calicut (an 16:05), Thrissur (18:40)
Mumbai (Lokm. Tilak)	20:30	16:40	16346 Netravati Exp., über Cannanore (an 21:15), Kasargode (22:55), Mangalore (0:10), Madgaon (Goa, 5:45), Ratnagiri (9:35)
Trivandrum	7:15	18:30	16649 Parasuram Exp., über Calicut (an 8:35), Thrissur (11:45), Ernakulam (13:20), Kottayam (14:50), Quilon (17:00), Varkala (17:20)

Thanjavur	Abfahrt	Ankunft	Zugbezeichnung, Bemerkungen
Chennai	10:00	17:45	16854 Chennai Exp., über Kumbakonam (an 10:35), Chidambaram (11:58), Villupuram (Pondicherry, 14:10)
Chennai	22:10	5:20	16176 Chennai Exp., über Kumbakonam (22:43), Chidambaram (0:04)
Mysore	19:15	9:20	16231 Thanjavur Mysore Exp., über Tiruchirappalli (an 20:25), Bangalore (5:30)

Rameshwaram	4:00	11:45	16701 Rameswaram Exp., über Tiruchirapalli (an 5:25)
Tiruchirapalli	14:50	16:35	16853 Trichy Exp.

Thrissur	Abfahrt	Ankunft	Zugbezeichnung, Bemerkungen
Alleppey	9:35	13:05	16308 Alleppey Exp., über Irinjalakuda (an 10:04), Ernakulam (11:15)
Bangalore	19:45	6:55	16525 Kanyakumari Bangalore Exp., über Coimbatore (22:45)
Cannanore	8:10	12:45	16305 Ernakulam Cannanore Exp., über Calicut (an 10:50)
Chennai	11:45	23:05	12522 Raptisagar Exp., über Coimbatore (an 15:05), Katpadi (Vellore, 20:53), weiter bis Vijayawada und Warangal
Chennai	19:05	6:05	16042 Chennai Exp., über Palghat (an 22:55), Katpadi (3:30)
Kanyakumari	8:15	19:00	6526 Bangalore Kanyakumari Exp., über Irinjalakuda (an 8:47), Ernakulam (10:00), Kottayam (11:25), Kayankulam (12:40), Quilon (13:35), Varkala (14:04), Trivandrum (15:05)
Mangalore	12:40	20:30	16650 Parasuram Exp., über Calicut (an 15:40), Tellicherry (16:54)
Thanjavur	23:45	8:40	16866 Ers Nagore Exp., über Coimbatore (3:05), Tiruchirapalli (7:45)
Trivandrum	11:50	18:30	16649 Parasuram Exp., über Ernakulam (an 13:25), Kottayam (14:50), Kayankulam (16:00), Quilon (17:50), Varkala (17:19), viele weitere V.
Trivandrum	23:50	6:05	16344 Amritha Exp., über Ernakulam (an 1:15), Kottayam (2:35), Quilon (4:40), Varkala (5:00), viele weitere Verb.

Tiruchirappalli	Abfahrt	Ankunft	Zugbezeichnung, Bemerkungen
Chennai	6:30	12:00	12606 Pallavan Exp., über Villupuram (Pondicherry, an 9:15), viele w. V.
Chennai	23:35	5:45	12638 Pandian Exp., viele weitere Verb.
Ernakulam	20:10	5:35	16865 Ernakulam Exp., über Coimbatore (an 0:55), Thrissur (3:50)
Kanyakumari	22:40	6:50	12633 Chennai Kaniyakumari Exp., über Madurai (an 1:55)
Madurai	17:55	20:35	12635 Vagai Exp., viele weitere Verb.
Mysore	20:35	9:20	16231 Thanjavur Mysore Exp., über Bangalore (an 5:30)
Trivandrum	13:15	23:30	16127 Chennai Guruvayur Exp., über Madurai (an 16:35)

Tirupati	Abfahrt	Ankunft	Zugbezeichnung, Bemerkungen
Chennai	9:55	13:15	16954 Madras Exp.
Chennai	17:20	20:35	16058 Saptagiri Exp.
Hubli (Badami)	20:30	8:25	17415 Haripriya Exp., über Hospet (Hampi, an 5:25), Gadag (7:13)
Hyderabad	0:35	13:40	17229 Sabari Exp., über Secunderabad (an 13:00)
Madurai	12:00	0:35	16351 Tirupati Nagercoil Exp., Di, Sa, über Kanchipuram (an 14:38), Villupuram (Pondicherry, 17:35), Tiruchirapalli (20:40)
Trivandrum	14:35	10:15	16381 Kanyakumari Exp., über Katpadi (Vellore, an 17:55), Coimbatore (0:05), Thrissur (2:50), Ernakulam (4:30), Kottayam (6:20), Kayankulam (7:38), Quilon (8:45), Varkala (9:03), weiter bis Kanyakumari

Trivandrum	Abfahrt	Ankunft	Zugbezeichnung, Bemerkungen
Bangalore	12:55	6:55	16525 Kanyakumari Bangalore Exp., über Quilon (an 14:20), Kottayam (16:10), Ernakulam (17:40), Thrissur (19:30), Coimbatore (22:45)
Chennai	14:30	7:00	12624 Trivandrum Chennai Mail, über Varkala (15:04), Kollam (15:30), Kayankulam (16:08), Ernakulam (19:05), Thrissur (20:35)
Chennai	16:20	8:40	16724 Anantapuri Exp., Madurai (an 23:00), Kodaikanal Rd. (23:40), Tiruchirappalli (2:00), Villupuram (5:10)
Coimbatore	11:15	19:55	12625 Kerala Exp., über Varkala (an 11:49), Kottayam (14:05), Ernakulam (15:30), Thrissur (17:05), über Vijayawada nach Warangal
Ernakulam	17:10	21:35	12696 TVC Chennai Exp., über Varkala (17:39), Kollam (18:10), Kayankulam (19:00), Kottayam (20:29), weiter über Coimbatore (2:00) bis Chennai, viele weitere Verb.
Kanyakumari	10:20	12:45	16381 Kanyakumari Exp., mehrere weitere Verb.
Madgaon (Goa)	10:00	5:50	16346 Netravati Exp., über Varkala (an 10:19), Quilon (10:55), Kayankulam (11:38), Alleppey (12:45), Ernakulam (13:50), Thrissur (15:35), Calicut (19:05), Tellicherry (20:28), Cannanore (21:15), Mangalore (0:10), Canacona (Palolem, 5:00), weiter bis Mumbai

Madurai	16:20	23:00	16724 Anantapuri Exp., über Tiruneveli (an 19:45)
Mangalore	19:25	8:50	16604 Maveli Exp., über Varkala (an 19:53), Quilon (20:25), Kayankulam (21:08), Alleppey (21:55), Ernakulam (23:25), Thrissur (0:55), Calicut (3:55), Tellicherry (5:08), Kasargarod (7:35)
Thrissur	7:15	13:10	17229 Sabari Exp., über Varkala (7:43), Quilon (8:15), Kottayam (10:15), Ernakulam (11:40), weiter über Coimbatore bis Hyderabad

Udupi	Abfahrt	Ankunft	Zugbezeichnung, Bemerkungen
Ernakulam	23:08	10:00	12618 Mangla Lakshadweep Exp., über Mangalore (an 0:25), Kasargode (1:30), Cannanore (3:10), Tellicherry (3:33), Thrissur (8:05)
Madgaon (Goa)	7:50	12:40	56640 Madgaon Pass., über Murudeshwara (9:29), Gokarna (10:22), Karwar (11:04), Canacona (Palolem, 11:34)
Mumbai (Lokm. Tilak)	16:00	6:35	12620 Matsyagandha Exp., über Gokarna Rd. (18:39), Karwar (19:24), Canacona (Palolem, 19:49), Madgaon (20:45), Ratnagiri (0:25)

Varkala	Abfahrt	Ankunft	Zugbezeichnung, Bemerkungen
Bangalore	13:35	6:55	16525 Bangalore Exp., über Quilon (an 14:10), Kayankulam (14:53), Kottayam (16:20), Ernakulam (17:45), Thrissur (19:40)
Chennai	15:05	7:00	12624 Chennai Mail, über Quilon (15:35), Kayankulam (16:13), Kottayam (17:25), Ernakulam (18:40), Thrissur (20:25)
Coimbatore	8:40	4:50	16382 Cape Mumbai Exp., über Quilon (an 9:20), Kayankulam (10:08), Kottayam (11:35), Ernakulam (13:10), Thrissur (14:55)
Ernakulam	7:45	11:40	17229 Sabari Exp., über Quilon (an 8:15), Kottayam (10.15), viele weitere Verb., weiter über Coimbatore bis Hyderabad
Madgaon (Goa)	10:20	5:45	16346 Netravati Exp., über Quilon (an 10:55), Kayankulam (11:38), Alleppey (12:45), Ernakulam (13:50), Thrissur (15:35), Calicut (19:05), Cannanore (21:15), Kasargarod (22:50), Canacona (Palolem, 5:00), weiter über Ratnagiri bis Mumbai Lokmanyak Tilak (an 16:40)
Madurai	18:45	5:30	56701 Madurai Pass, über Trivandrum (an 20:45)

Vellore (Katpadi Jn.)	Abfahrt	Ankunft	Zugbezeichnung, Bemerkungen
Bangalore	9:15	13:20	12639 Brindavan Exp., weitere Verb.
Chennai	9:50	12:15	12608 Lalbagh Exp.
Chennai	19:30	21::40	12676 Kovai Exp., viele weitere Verb.
Hyderabad	22:47	13:40	17229 Sabari Exp., über Tirupati (an 0:30, Secunderabad (13:00)
Kanyakumari	18:05	12:45	1081 Kanyakumari Exp., über Coimbatore (an 0:05), Thrissur (2:45), Ernakulam (4:30), Kottayam (6:20), Quilon (8:40), Trivandrum (10:15)
Mettupalayam (Ooty)	22:50	6:15	12671 Nilagiri Exp., über Coimbatore (an 4:50)
Mysore	23:45	8:00	16222 Mysore Exp., über Bangalore (an 4:10), Srinragapatnam (7:10)
Trivandrum	21:30	11:20	12623 Chennai Trivandrum Mail, über Thrissur (an 4:45), Ernakulam (6:15), Kottayam (7:35), Quilon (9:55), Varkala (10:23), weitere Verb.

Vijayawada	Abfahrt	Ankunft	Zugbezeichnung, Bemerkungen
Bangalore	23:05	12:35	17210 Sheshadri Exp., über Tirupati (an 5:25)
Chennai	23:25	6:15	12616 Grand Trunk Exp., viele weitere Verb.
Hyderabad	23:55	6:15	12727 Godavari Exp., über Warangal (an 2:45), viele weitere Verb.
Madgaon	18:55	13:50	18047 Amaravathi Exp., Di, Mi, Fr, So, über Hospet (Hampi, 6:29), Gadag (7:43), Hubli (8:50)
Tirupati	15:00	21:05	12626 Kerala Exp., weiter über Coimbatore bis Kerala
Vishakapatnam	6:20	12:05	12718 Ratnachal Exp.

Warangal	Abfahrt	Ankunft	Zugbezeichnung, Bemerkungen
Chennai	20:15	7:10	12622 Tamil Nadu Exp., über Vijayawada (an 0:15), viele weitere Verb.
Hyderabad	14:10	18:30	18645 East Coast Exp., über Secunderabad (an 18:00)
Mumbai	8:10	3:55	11020 Konark Exp., über Secunderabad (an 11:35), Gulbarga (16:54), Pune (23:45)
Secunderabad	13:30	16:25	17206 CCT SNSI Exp., weiter bis Aurangabad, viele weitere Verb.

Register

A

Adapter 39
Afghanistan 106
Agonda 373
Aguada-Fort 325
AIDS 31
Aihole 493
Ajanta 281
Akhbar 108
Alappuzha 593
Alibag 228
Alleppey 593
Amaravathi 532
Andhra Pradesh 509
Anjuna 337
Anreise 20
Anreise, von Asien 23
Antiquitäten 38
Anzeige erstatten 62
Arambol 317
Aranmula 604
Architektur 159
Armut 128
Artists Village 697
Ashoka 153
Ashram 248, 542, 736
Askese 155
Assolna 366
Aurangabad 267
Aurangzeb 109
Auroville 744
Ausfuhrbestimmungen 19
Auslandskrankenversicherung 32
Autorikshas 81
Ayurveda 581

B

Backwaters 583
Badami 485
Baga 329
Bahn 73
Bahnverbindungen 837
Bakschisch 27
Banashankari 491
Bandipur-Nationalpark 421
Bangalore 380
Bangladesch 114
Bauhütten 166
Baumarten 93
Behinderte 36
Belur 434
Benaulim 360
Bengaluru 380
Bestattungstürme 156
Betrug 55
Bettler 71
Betul 366
Bevölkerung 131
Bhagwan 248
Bharatiya Janata Party 121
Bidar 505
Bijapur 495
Bildung 172
BJP 121
Bogmalo 347
Bollywood 167
Bombay 185
Bootstouren 587, 593
Botschaften 16
Brahmanen 102
Brahmanismus 142
Briefe 51
Brihadeshvara-Tempel 759
Brillen 37
Brindavan Gardens 415
Brot 41
Buchung 21
Buddhismus 152
Bullenrennen 231
Busse 78
Bylakuppe 420

C

Cabo da Rama 366
Calangute 329
Calicut 658
Candolim 325
Cannanore 665
Cavelossim 366
Cella 159
Chandor 352
Chandragiri Fort 542
Chapora 342
Chaul 228
Check-in 22
Chennai 674
Cherai Beach 649
Cheruthuruthy 657
Chidambaram 746
Chinnar-Nationalpark 623
Cholamandal Artists Village 697
Cholas 105
Christentum 157
Cochin 624
Coimbatore 817
Colva 355
Computer-Industrie 125, 380
Cotigao Wildlife Sanctuary 375
Cricket 220
Curry 41

D

Darasuram 756
Darshan 722
Daulatabad 274
Dekhan-Plateau 227
Dharamsalas 65
Dharamstala 453
Diebstahl 55
Diebstahl, Kreditkarten 25
Diplomatische Vertretungen 16
Diwali 183
Dosas 42
Dschungel 93
Dubare Forest Reserve 428
Dudhsagar Falls 354
Dussera 183
Dynastien 104

E

East India Company 110
EC-Karte 25
Einfuhrbestimmungen 19
Einkaufen 36
Einreisebestimmungen 18
Eisenbahn 73
Elektrizität 39
Elephant Round Up 653
Elephanta 223

Elisabeth I. 110
Ellora 276
Emanzipation 134
Englisch 136
Eravikulam-Nationalpark 623
Ernakulam 624
Essen 39
Ettumunar 605

F

Fahrradrikshas 81
Fauna 95
Feierlichkeiten 181
Feilschen 27
Feste 181
Feuertempel 156
Film 167
Fisch 45
Flagge 120
Fleisch 43
Flora 93
Flug 21
Fluggesellschaften 221
Fluggesellschaften, indische 72
Flug-Know-how 22
Fort Aguada 325
Fotografieren 47, 71
Frauen in Indien 134
Frauen unterwegs 48
Freilichtmuseum Dakshina Chitra 698
Fremdenverkehrsamt 16

G

Gadag 481
Gandhi, Indira 114
Gandhi, Mahatma 113
Gandhi, Rajiv 115
Ganesha 56
Gangaikonda-cholapuram 757
Ganges 87
Ganpatipule 234
Gastronomie 39
Geld 23, 61
Geografische Begriffe 88
Geografie 86
Gepäck 22, 28
Geschichte 100
Gesellschaft 100
Gestik 69
Gesundheit 826
Gesundheitsvorsorge 30
Getränke 46
Gewürze 40, 95, 547
Ghosht, Amitav 170
Gingee 732
Glossar 822
Goa 291
Gokarna 441
Golkonda 525
Götterwelt 146
Gulbarga 503
Guruvayur 657

H

Halebid 432
Hampi 463
Handy 64
Hassan 429
Hausboot 585
Heilige Kuh 98
Hill Palace 648
Hill Stations 227
Himalaya 86
Hindi 136
Hinduismus 141
Hochland von Dekhan 87
Höhlen, Ajanta 281
Höhlen, Ellora 276
Holi 182
Holzarbeiten 38
Hospet 460
Hotels 65
Hubli 483
Hyderabad 511
Hygiene 29, 50

I

Impfungen 31, 826
Indian National Congress 121
Indien auf einen Blick 130
Indira Gandhi Wildlife Sanctuary 803
Indrail Pass 77
Informationsstellen 16
Internet 17
Internetcafés 48
Irinjalakuda 656
Islam 149

J

Jainismus 154
Jalgaon 287
Janjira Fort 231
Jehangir 109
Jogg Falls 448

K

Kaffee 46
Kakkabe 429
Kalahasti 542
Kanchipuram 715
Kannada 138
Kannur 665
Kanyakumari 804
Karma 144
Karnataka 377
Karten 29
Karwar 440
Kasargode 668
Kashid 231
Kashmir 114
Kasten 102, 142
Kathakali-Tanz 645
Kayankulam 592
Kerala 545
Khuldabad 275
Kinder 49
Kino 167
Kleidung 28, 38, 70
Klima 89
Klimatisierung 66
Kochi 624
Kodaikanal 796
Kokospalme 93
Kolhapur 262
Kollam 587
Kolonialherrschaft 110
Kongresspartei 121
Konkan-Küste 226
Konsulate 16, 217
Konsulate, Chennai 695
Konsulate, Goa 299
Koran 150
Körpersprache 69
Korruption 118

Kottayam 600
Kovalam 559
Kozhikode 658
Krankenversicherung 32
Krankheit 60
Krankheiten 826
Kreditkarten 25
Kricket 650
Kriminalität 54
Krishnadeva 108
Krokodilfarm 698
Kuh, heilige 98
Kultur 131
Kumarakom 603
Kumbakonam 752
Kumily 606

L

Lächeln 69
Lakkundi 482
Landkarten 29
Landschaft 86
Landwirtschaft 129
Lassi 46
Last-Minute 22
Lederwaren 38
Literatur 170
Literaturtipps 830
Lonar Crater 275
Lonavala 241
Lutolim 353

M

Madikeri 424
Madras 674
Madurai 776
Magdaon 348
Mahabaleshwar 257
Mahabalipuram 699
Mahabharata 145, 171
Mahakuta 490
Maharashtra 186, 225
Malaria 827
Malayalam 137
Malaysia 23, 83
Malediven 83
Malerei 38
Mamallapuram 699
Mandrem 323
Mangaladevi-Tempel 617
Mangalore 454
Mapusa 315
Marari Beach 599
Marathen 108
Margao 348
Masjid 166
Matheran 237
Mausoleen 165
Medikamente 31
Medizinische Versorgung 50
Menschen 131
Metallarbeiten 38
Mietwagen 79
Mineralwasser 46
Miniaturmalerei 38
Missionierung 157
Mitgiftmord 134
Mobiltelefon 64
Mobor 366
Mogulreich 108
Mohammed 150
Monsun 89
Morjim 324
Moscheen 166
Moskitonetze 66
Mudabidri 453
Mudumalai Wildlife Sanctuary 816
Mumbai 185
Munnar 617
Murud 229
Murudeshwara 448
Musik 173
Musikinstrumente 176
Muslime 149
Muthanga-Nationalpark 664
Mysore 400

N

Naan 42
Nachtleben 50
Nagarhole-Nationalpark 422
Nagarjunakonda 532
Nagpur 288
Nasik 264
Nationalflagge 120
Nationalpark Bandipur 421
Nationalpark Chinnar 623
Nationalpark Eravikulam 623
Nationalpark Muthanga 664
Nationalpark Nagarhole 422
Nationalpark Tholpetty 662
Nationalparks 50
Natur 86
Nehru, Jawaharlal 114
Neyyar Dam Sanctuary 570
Nilgiri Blue Mountain Railway 810
Notfall-Tipps 60

O

Öffnungszeiten 51
Old Goa 310
Ootacamund 809
Ooty 809
Ostindische Kompanie 110

P

Padmanabhapuram 571
Pakete 52
Pakistan 113
Pakora 45
Palampet 529
Palastbauten 166
Palolem 367
Panaji 299
Panjim 299
Parambikulam-Wildschutzgebiet 624
Parsismus 156
Parteien 121
Patnem Beach 372
Pattadakal 491
Peppara Wildlife Sanctuary 569
Periyar-Wildschutzgebiet 605
Pferderennen 220
Pflanzenwelt 93
Pilgerzentrum 534
Pondicherry 733
Ponmudi 569
Portugiesen 292
Post 51
Preise 27
Preise, Unterkunft 67
Presse 123
Project Tiger 610
Puducherry 733

Pune 244
Puram-Fest 653
Puttaparthi 542

Q

Querim 322
Quilon 587
Qutb-Shahi-Dynastie 527

R

Railway Retiring Rooms 78
Rajkad Fort 262
Ramayana 171
Rameshwaram 792
Ranganathittoo-Wasser-vogel-Schutzgebiet 417
Ratnagiri 233
Regenwald 93
Reis 41
Reiseapotheke 31
Reisegepäck 28
Reise-Gesundheits-Information 826
Reisekosten 27-28
Reiseschecks 24
Reisezeit 92
Religionen 141
Restaurants 39
Rezepte 44
Rikshas 82
Rock Fort 767
Romane 170
Routenvorschläge 53
Roy, Arundhati 170
Rückbestätigung 22
Rupie 23

S

Saison 92
Salvation Army Hotels 65
Salzmarsch 113
Samosa 45
Sanitäre Anlagen 66
Sari 180
Schlangen 97
Schlepper 69
Schließfach-Service 67
Schmalspurbahn 810
Schmuck 36
Schriftsysteme 138
Schulbildung 172
Schwarztausch 26
Scooter 81
Secunderabad 511
Shiva Nataraja 748
Shopping 36
Sicherheit 54
Sicherheitslage 55
Siddharta Gautama 152
Sindhudurg 236
Singapur 23, 83
Sinhagarh 257
Sitar 176
Somnathpur 418
Souvenirs 36
Sprache 136
Sravanabelgola 436
Sri Aurobindo Ashram 736
Sri Lanka 23, 83, 792
Sringeri 451
Srirangam 772
Srirangapatna 416
Staat 100, 117
Staatssymbole 120
Strandtempel 701
Stromausfälle 39
Sufismus 151
Sultanat Delhi 107

T

Tabla 176
Tafelberge 87
Tambura 176
Tamil 137
Tamil Nadu 671
Tamil Tigers 116
Tanjore 758
Tantrismus 154
Tanz 177, 645, 748
Taxis 80
Techno-Szene 294
Tee 46, 95
Teefabriken 618
Telefonieren 63
Tellicherry 667
Telugu 137
Tempel 159
Tempelritual Darshan 722
Tempel-Terminologie 162
Tempos 81
Teppiche 37
Terakhol Fort 322
Terroranschläge 55, 187
Thailand 23
Thalassery 667
Thali 42
Thanjavur 758
Thattekad-Vogelreservat 624
Thekkady 606
Theyyam 666
Thiruvananthapuram 548
Tholpetty-Nationalpark 662
Thrissur 649
Tierwelt 95
Tiger 610
Tiger Cave 698
Tiruchirapalli 766
Tirumala 534
Tirupati 534
Tiruvannamalai 726
Tollwut 32, 826
Top Station 623
Touren, geführte 50
Tourismus 129
Tourist Bungalows 65
Touristeninformationen 17
Trichur 649
Trichy 766
Trimbakeshwar-Tempel 266
Trinkgeld 27
Trivandrum 548
Tulu 138
Türme des Schweigens 156

U

Überfälle 58
Überweisungen 26
Udhagamandalam 809
Udipi 449
Unabhängigkeit 113
Unabhängigkeits-bewegung 112
Unberührbare 102
Unterkunft 65

V

Vagator 342
Varkala 572

Vasco da Gama 346
Veden 142, 171
Vegetarisches Essen 42
Vellore 721
Verhaltenstipps 69
Verkehrsmittel 71
Verlust, Dokumente 61
Verlust, Handy 65
Verlust, Kreditkarten 25
Versicherungen 32
Verwaltung 117
Vijayanagar 464
Vijayanagar-Reich 107
Vijayawada 530
Visum 18
Visumverlängerung 218
Vizhnijam 567
Vögel 99
Vogelreservat Kumarakom 603
Vogelreservat Thattekad 624
Vorwahlnummern 64

W

Währung 23
Warangal 528
Wasser 46
Wasservogel-Schutzgebiet 417
Wayanand Wildlife Sanctuary 662
Wechselkurse 25
Weiterreise 83
West-Ghats 87, 227, 546
Wetter 89
Wildschutzgebiet Parambikulam 624
Wildschutzgebiet Periyar 605
Wirtschaft 124
Wirtschaftswachstum 126

Z

Zarathustra 156
Zeitungen 123
Zeitverschiebung 83
Zimmersuche 66
Zollbestimmungen 19
Zoroaster 156

226is Foto: tb

Die Autoren

Thomas Barkemeier (links) verbringt seit 1982 jedes Jahr mehrere Monate in Asien. Nach ausgedehnten Reisen in nahezu alle asiatischen Länder führte ihn der Weg 1987 zum ersten Mal nach Indien, und zwar ausgerechnet in das berühmt-berüchtigte Kalkutta.

Seither hat er mehr als vier Jahre in Indien verbracht und während der über 35.000 Kilometer, die er auf Straße und Schiene zurücklegte, fast jeden Winkel des Landes kennengelernt. Neben der einzigartigen ethnischen, kulturellen und landschaftlichen Vielfalt des Landes sind es die dem mitteleuropäischen Denken oftmals entgegengesetzten Wertvorstellungen der Inder, die ihn immer wieder aufs Neue in dieses ebenso faszinierende wie schwierige Reiseland ziehen.

Zwischen seinen Reisen führte er sein Studium der Geschichte, Politik und Philosophie zu Ende. Er arbeitet als Referent für asienspezifische Themen, Reisebuchautor sowie als Studien-Reiseleiter in Asien. Auch in Zukunft wird er sich beruflich und privat vornehmlich in seiner zweiten Heimat Asien aufhalten.

Martin Barkemeier, der Zwillingsbruder von Thomas, reist ebenfalls häufig nach Indien und führte für dieses Buch die Vor-Ort-Recherchen durch.

Im Reise Know-How Verlag erschienen von Thomas und Martin Barkemeier weiterhin die Reiseführer „Indien – der Norden mit Mumbai und Goa", „Rajasthan mit Delhi und Agra" sowie „Kerala mit Mumbai und Madurai".

Danksagung

Danken möchten wir unserer Lektorin Caroline Tiemann, die mit ihrem Wissen und nimmermüden Einsatz viel zum Gelingen dieses Projektes beigetragen hat.

Atlas

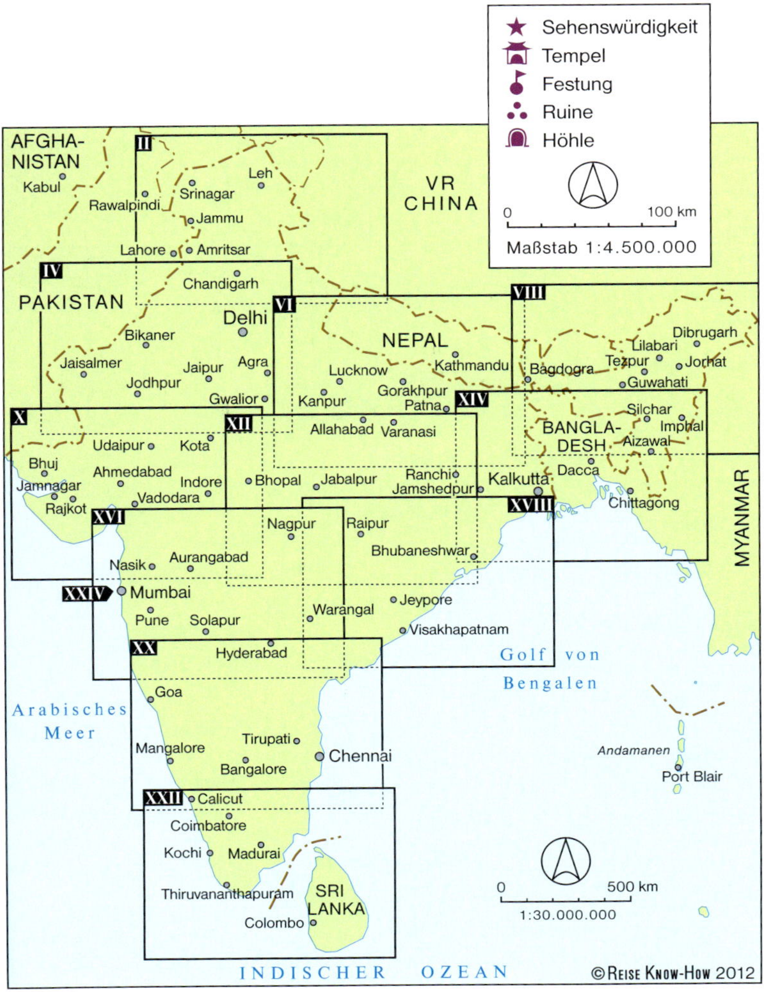
Sehenswürdigkeit
Tempel
Festung
Ruine
Höhle
0
100 km
Maßstab 1:4.500.000
AFGHA-NISTAN
Kabul
PAKISTAN
VR CHINA
NEPAL
BANGLA-DESH
MYANMAR
SRI LANKA
II
IV
VI
VIII
X
XII
XIV
XVI
XVIII
XX
XXII
XXIV
Rawalpindi
Srinagar
Leh
Jammu
Lahore
Amritsar
Chandigarh
Delhi
Bikaner
Jaisalmer
Jaipur
Agra
Jodhpur
Gwalior
Lucknow
Kathmandu
Kanpur
Gorakhpur
Patna
Allahabad
Varanasi
Bagdogra
Tezpur
Lilabari
Dibrugarh
Jorhat
Guwahati
Silchar
Imphal
Aizawal
Dacca
Chittagong
Udaipur
Kota
Bhuj
Ahmedabad
Jamnagar
Rajkot
Indore
Vadodara
Bhopal
Jabalpur
Ranchi
Jamshedpur
Kalkutta
Nagpur
Raipur
Bhubaneshwar
Nasik
Aurangabad
Mumbai
Pune
Solapur
Warangal
Jeypore
Visakhapatnam
Hyderabad
Goa
Mangalore
Tirupati
Chennai
Bangalore
Calicut
Coimbatore
Kochi
Madurai
Thiruvananthapuram
Colombo
Arabisches Meer
Golf von Bengalen
Andamanen
Port Blair
INDISCHER OZEAN
0
500 km
1:30.000.000

Jammu und Kashmir, Himachal Pradesh, Punjab
UNTER PAKISTANISCHER VERWALTUNG
Jammu und Kashmir
Himachal Pradesh
PAKISTAN
Punjab
Gasherbrum 8068
Salto Kangri 7742
Nanga Parbat 8126
4944
5630
6184
5971
5572
6575
1921
4648
2624
5685
3359
Indus
Mingaora
Mansehra
Abbottabad
Sawabi
Khalabat
Haripur
Murree
Hasan Abdal
Wah
Taxila
Islamabad
RAWALPINDI
Fatehjang
Muzaffarabad
Bandipur
Sopore
Baramula
SRINAGAR
Pampore
Bijbehara
Anantnag
Shupiyan
Kulgam
Punch
Gujar Khan
Mangla Res.
Mirpur
Chakwal
Dina
Jhelum
Kharian
Lala Musa
Gujrat
Akhnoor
Udhampur
Jammu
Nurpur
Khewra
Mandi Bahauddin
Jhelum
Bhora
Wazirabad
Sialkot
Daska
Kathua
Pathankot
Chamba
Dalhousie
Brahmaur
Chenab
Kot Mumin
Sargodha
Chenab
Hafizabad
GUJRANWALA
Narowal
Kamoke
Gurdaspur
Dharamsala
Kangra
Manali
Naggar
Kullu
Chiniot
Sukheke
Shekhupura
Batala
Talwara
Pong Res.
Dasuya
Masur
Sangla
Muridke
AMRITSAR
Mandi
FAIZALABAD
Shah Kot
LAHORE
Tarn Taran
Kapurthala
Hoshiarpur
Govind Sagar
JALANDHAR
Jaranwala
Gojra
Bhai Pheru
Phagwara
Samundri
Kasur
Narkanda
Shimla
Pattoki
Nakodar
LUDHIANA
Sutlej
Firozpur
Moga
Rupnagar
Kamalia
Ravi
Okara
Kalka
Sahiwal
Dipalpur
Faridkot
Jagraon
Khanna
Kharar
CHANDIGARH
Chichawatni
Kot Kapura
Sirhind
Muktsar
Malerkotla
Rajpura
Arifwala
Pakpattan
Fazilka
Barnala
Dhuri
Ambala
Malout
Mandi Burewala
Bathinda
Sangrur
Patiala
Jagadhri
Bahawalnagar
Abohar
Shahabad
Sunam
Mansa
Thanesar
Chistian Mandi
Karanpur
Ganganagar
Mandi Dabwali
Kaithal
Harunabad
A
B
1
2
3
IV
V

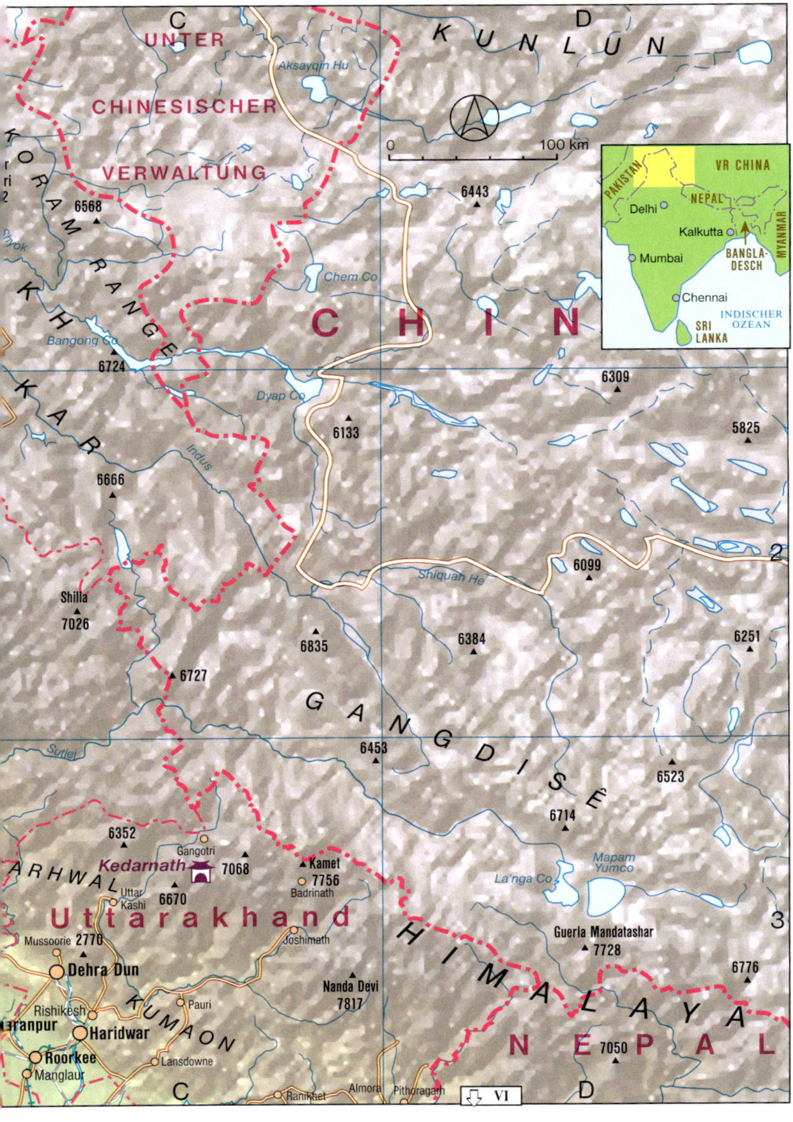
C
D
UNTER
CHINESISCHER
VERWALTUNG
KUNLUN
Aksayqin Hu
0
100 km
VR CHINA
PAKISTAN
NEPAL
Delhi
Kalkutta
Mumbai
BANGLA-DESCH
MYANMAR
Chennai
INDISCHER OZEAN
SRI LANKA
KORAKORAM RANGE
6568
6443
Chem Co
CHIN
Bangong Co
6724
Dyap Co
6309
6133
5825
Indus
6666
6099
Shiquan He
Shilla 7026
6835
6384
6251
6727
GANGDISE
Sutlej
6453
6523
6714
6352
Gangotri
Kedarnath
7068
Kamet
7756
Badrinath
Mapam Yumco
La'nga Co
Uttar Kashi
6670
Uttarakhand
Mussoorie 2770
Joshimath
Guerla Mandatashar
7728
Dehra Dun
HIMALAYA
6776
Nanda Devi 7817
Rishikesh
Pauri
Haridwar
KUMAON
NEPAL
7050
Roorkee
Lansdowne
Manglaur
Ranikhet
Almora
Pithoragarh
VI
2
3

Nördl. Rajasthan, Haryana
SULEIMAN RANGE
PAKISTAN
WÜSTE THAR
Rajasthan
Indus
Chenab
Ravi
Indira Gandhi Nahar
Jhang
Gojra
Samundri
Bhai Pheru
Patto
Leiah
Shorkot
Toba Tek Singh
Kamalia
Okara
Taunsa
Sahiwal
Dipalpur
2328
Kot Addu
Mian Channun
Chichawatni
Kabirwala
MULTAN
Khanewal
Arifwala
Pakpattan
2050
Dera Ghazi Khan
Muzaffargarh
Vihari
Mandi Burewala
Bahawalnagar
Shujaabad
Dunyapur
Mailsi
Chistian Mandi
Jampur
Karanpur
Shahr Sultan
Hasilpur
Harunabad
180
Jatoi
Lodhran
Raisinghnagar
Bahawalpur
Uch Sharif
Rajanpur
Ahmadpur East
1264
Yazman
Anupgarh
Rojhan
Khanpur
Kashmor
Rahimyar Khan
Sadiqabad
Mirpur Mathelo
Daharki
Devi Kund
Bikaner
Deshnok
196
Nokha
Nagaur
Bada Bagh
Lodhruva
Phalodi
Khimsar
Jaisalmer
Pokaran
Mundawa
Khuri
Osian
Merta
Mandore
JODHPUR
Pipar
0
100 km
Jaitaran
Bilara
Sojat
Barmer
Balotra
Pali
Bassi
975
Deogarh
Umarkot
233
Jalor
Ahore
A
B
1
2
X
VR CHINA
PAKISTAN
NEPAL
Delhi
Kalkutta
Mumbai
BANGLA-DESCH
MYANMAR
Chennai
INDISCHER OZEAN
SRI LANKA

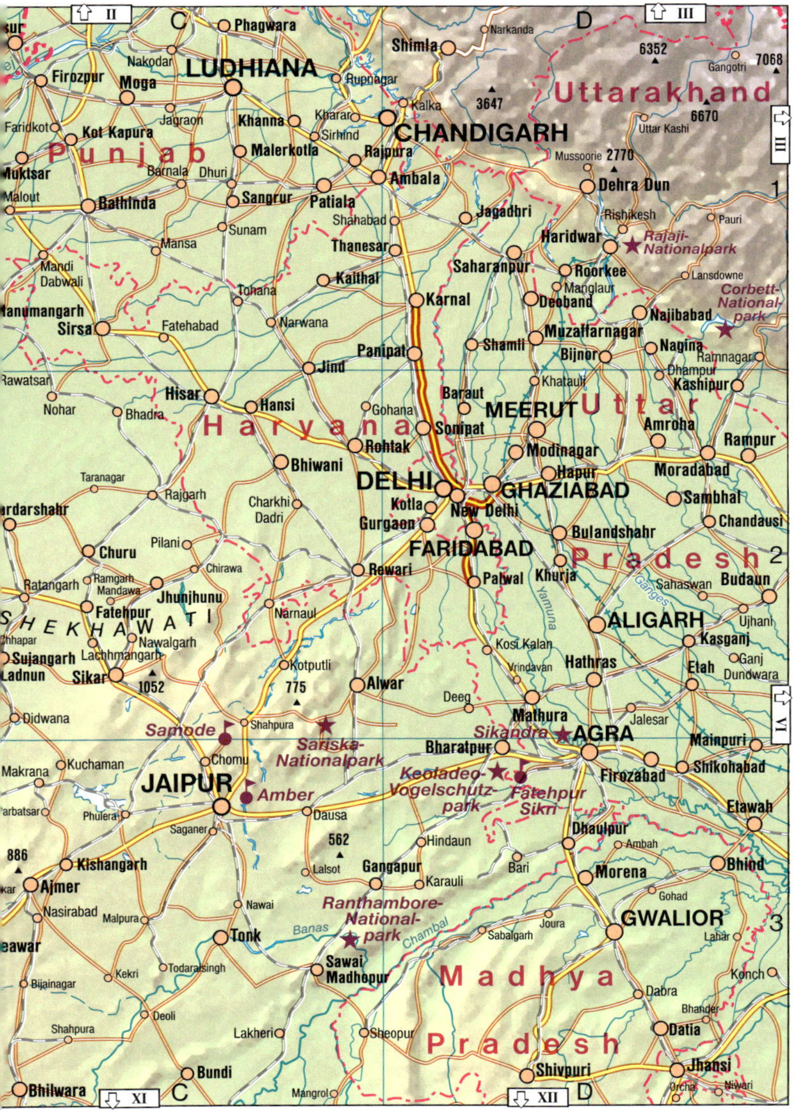
II
C
Phagwara
D
III
Narkanda
Shimla
6352
Gangotri
7068
Firozpur
Nakodar
LUDHIANA
Moga
Rupnagar
Uttarakhand
3647
Kalka
6670
Faridkot
Jagraon
Khanna
Kharar
Sirhind
CHANDIGARH
Uttar Kashi
Kot Kapura
Punjab
Malerkotla
Rajpura
Mussoorie
2770
Muktsar
Barnala
Dhuri
Ambala
Dehra Dun
1
Malout
Bathinda
Sangrur
Patiala
Shahabad
Jagadhri
Rishikesh
Pauri
Sunam
Mansa
Thanesar
Haridwar
Rajaji-Nationalpark
Mandi Dabwali
Kaithal
Saharanpur
Roorkee
Lansdowne
Tohana
Manglaur
Deoband
Corbett-National-park
Hanumangarh
Sirsa
Fatehabad
Narwana
Karnal
Najibabad
Muzaffarnagar
Panipat
Shamli
Nagina
Bijnor
Ramnagar
Rawatsar
Jind
Dhampur
Khatauli
Kashipur
Nohar
Hisar
Hansi
Baraut
Bhadra
Gohana
MEERUT
Uttar
Haryana
Sonipat
Amroha
Rohtak
Modinagar
Rampur
Bhiwani
Taranagar
Rajgarh
DELHI
Hapur
GHAZIABAD
Moradabad
Sambhal
Sardarshahr
Charkhi Dadri
Kotla
New Delhi
Gurgaon
Bulandshahr
Chandausi
Churu
Pilani
FARIDABAD
Chirawa
Rewari
Pradesh
2
Ratangarh
Ramgarh
Mandawa
Jhunjhunu
Palwal
Khurja
Yamuna
Ganges
Sahaswan
Budaun
Fatehpur
SHEKHAWATI
Narnaul
ALIGARH
Ujhani
Chhapar
Nawalgarh
Kosi Kalan
Kasganj
Sujangarh
Lachhmangarh
Kotputli
Hathras
Ganj Dundwara
Ladnun
Sikar
1052
Vrindavan
Etah
775
Alwar
Deeg
VI
Didwana
Mathura
Jalesar
Samode
Shahpura
Sariska-Nationalpark
Sikandra
AGRA
Mainpuri
Bharatpur
Chomu
Makrana
Kuchaman
Firozabad
Shikohabad
Keoladeo-Vogelschutz-park
JAIPUR
Amber
Fatehpur Sikri
Sarbatsar
Phulera
Dausa
Etawah
Saganer
Dhaulpur
Hindaun
562
886
Ambah
Kishangarh
Lalsot
Gangapur
Bari
Bhind
Ajmer
Karauli
Morena
Gohad
Nasirabad
Malpura
Nawai
Ranthambore-National-park
Beawar
GWALIOR
Banas
Joura
3
Chambal
Tonk
Sabalgarh
Lahar
Sawai Madhopur
Kekri
Todaraisingh
Madhya
Konch
Bijainagar
Dabra
Bhander
Deoli
Shahpura
Lakheri
Sheopur
Datia
Pradesh
Bundi
Shivpuri
Jhansi
Bhilwara
XI
C
Mangrol
XII
D
Orcha
Niwari

Atlas

Östl. Uttar Pradesh, Nepal
III
A
B
1
2
3
V
XII
XII
Baijnath
Lansdowne
Kumaon
Corbett-National-park
2414
Almora
Ranikhet
Pithoragarh
Nainital
Nagina
Dhampur
Ramnagar
Haldwani
Tanakpur
1527
2997
4590
6883
7662
5459
2792
1009
2446
1396
N E P A L
Amroha
Moradabad
Rampur
Baheri
Pilibhit
Puranpur
Sambhal
Chandausi
BAREILLY
Bisalpur
Faridpur
Gola Gokaran Nath
Nepalganj
Sahaswan
Budaun
Ujhani
Tilhar
Shahjahanpur
Lakhimpur
Nanpara
Kasganj
Ganj Dundwara
Jalalabad
Shahabad
Laharpur
Sitapur
Chaahara
Bahraich
Etah
Khairabad
Biswan
Balrampur
Utraula
Rapti
Hardoi
Mainpuri
Farrukhabad Cum Fatehgarh
Firozabad
Shikohabad
Chhibramau
Kannauj
Sandila
U t t a r
Gonda
Nawabganj
Basti
Etawah
Bharthana
LUCKNOW
Rudauli
Faizabad
Tanda
Bhind
Unnao
Akbarpur
Gohad
Auraiya
KANPUR
Rae Bareli
Sultanpur
Pukhrayan
Lahar
Jalaun
Kalpi
Lalganj
Azamgarh
Shahganj
Konch
Orai
Hamirpur
Bindki Road
Fatehpur
Bela Pratapgarh
Jaunpur
Mogra Badshahpur
Ganges
Bhander
Datia
Maudaha
Yamuna
P r a d e s h
Betwa
Rath
Phulpur
Sarnath
Jhansi
Banda
Bhadoi
Mahoba
Atarre
ALLAHABAD
VARANASI
Orcha
Niwari
Mughalsarai
Babina
Mauranipur
Chitrakoot
Mirzapur
Chunar
Ahraura
326
Chhatarpur
Ajaigarh
Tikamgarh
Khajuraho
Panna
Robertsganj
Lalitpur
Satna
Rewa
Mauganj
M a d h y a
P r a d e s h
Sidhi
Amarpatan
Maihar
568
Beohari
Hatta
Banda
XII

CHINA
TIBET
VR CHINA
PAKISTAN
NEPAL
Delhi
Kalkutta
Mumbai
Chennai
BANGLA-DESCH
MYANMAR
SRI LANKA
INDISCHER OZEAN
HIMALAYA
Zangbo Jiang (Brahmaputra)
Phugsum
Paiku Co
Annapurna 8091
Manaslu 8163
Mt. Everest 8848
Kanchenjunga 8586
0 100 km
Pokhara
KATHMANDU
Bhaktapur
Butwal
Bharatpur
Bhairawa
Hetauda
Sunauli
Birganj
Bettiah
Raxaul
Dhankuta
Dharan
Biratnagar
GORAKHPUR
Motihari
Sitamarhi
Deoria
Gopalganj
Madhubani
Darbhanga
Siwan
Gandak
Muzaffarpur
Samastipur
Saharsa
Purnia
Kishanganj
Maunath Bhanjan
Bihar
Chapra
Ballia
PATNA
Begusarai
Katihar
Ganges
Ghazipur
Ara
Dinapur
Mokam
Barauni
Munger
Jamalpur
Sahibganj
Bhagalpur
Jehanabad
Bihar
Nalanda
Rajgir
Nawada
Sasaram
Debri
Gaya
Bodhgaya
Deoghar
Sapat Kosi
Son
Giridih
Daltenganj
Hazaribagh
DHANBAD
Bokaro
Jharia
Kulti
Chittaranjan
Jharkhand
VIII
XIII
XIV
XIX

Nordostprovinzen, Sikkim, Bhutan
CHINA
TIBET
HIMALAYA
BHUTAN
Sikkim
Assam
Meghalaya
BANGLADESH
Tripura
Lhasa
Doilungdêpên
Dagzê
Qüxü
Gonggar
Xigazê
Gyangzê
Yamzh
Puma Yumco
Lhünzê
6139
6038
6797
5347
5560
5550
6190
Kula Kangri
7600
7300
Kangar Punsum
7541
6410
Kangto
7089
5791
Kanchenjunga
8578
7314
Punakha
Thimphu
Mangan
Gangtok
Rumtek
Genzing
Darjeeling
Kalimpong
Kurseong
4920
4070
4001
Phuntshaling
Manas-Tigerreservat
Dhekiajuli
Rangap
Dhing
Mangaldai
Nagaon
Dabgram
Siliguri
Dhupguri
Alipur Duar
Chopra
Tetulia
Jalpaiguri
Mainaguri
Thakurganj
Cochbehar
Bongaigaon
Sapatgram
Nalbari
Barpeta
GUWAHATI
Dispur
Goalpara
Islampur
Domar
Dhubri
Kishanganj
Thakurgaon
Lalmonirhat
617
967
1563
Mawlai
Shillong
Dalkhola
Saidpur
Kurigram
Rangpur
Raiganj
Dinajpur
Kaliaganj
Fulbari
Tura
Mankachar
Cherrapunjee
Nongthymm
Gangarampur
Hili
Gaibandha
Balurghat
Chatak
Malda
Jaipurhat
Sherpur
Sylhet
Karimga
Rajmahal
English Bazaar
Jamalpur
Mohenganj
Netrokona
Bibiyana
Barharwa
Gaur
Naogaon
Bogra
Mymensingh
Gouripur
Kulaura
Sherpur
Dhulian
Nawabganj
Gopalpur
Gaffargaon
Kishorganj
Hobiganj
Dharmana
Serajganj
Srimongal
Jangipur
Nator
RAJSHAHI
Tangail
Khowai
Nalhati
Jiaganj
Shahzadpur
Bhairab
Ishurdi
Brahmanbaria
Rampur Hat
Paksey
Pabna
DHAKA-TONGO
Narsingdi
Agartala
Berhampore
VII
XIV
1
2
3
A
B
VR CHINA
PAKISTAN
NEPAL
Delhi
Kalkutta
Mumbai
BANGLA-DESCH
MYANMAR
Chennai
INDISCHER OZEAN
SRI LANKA

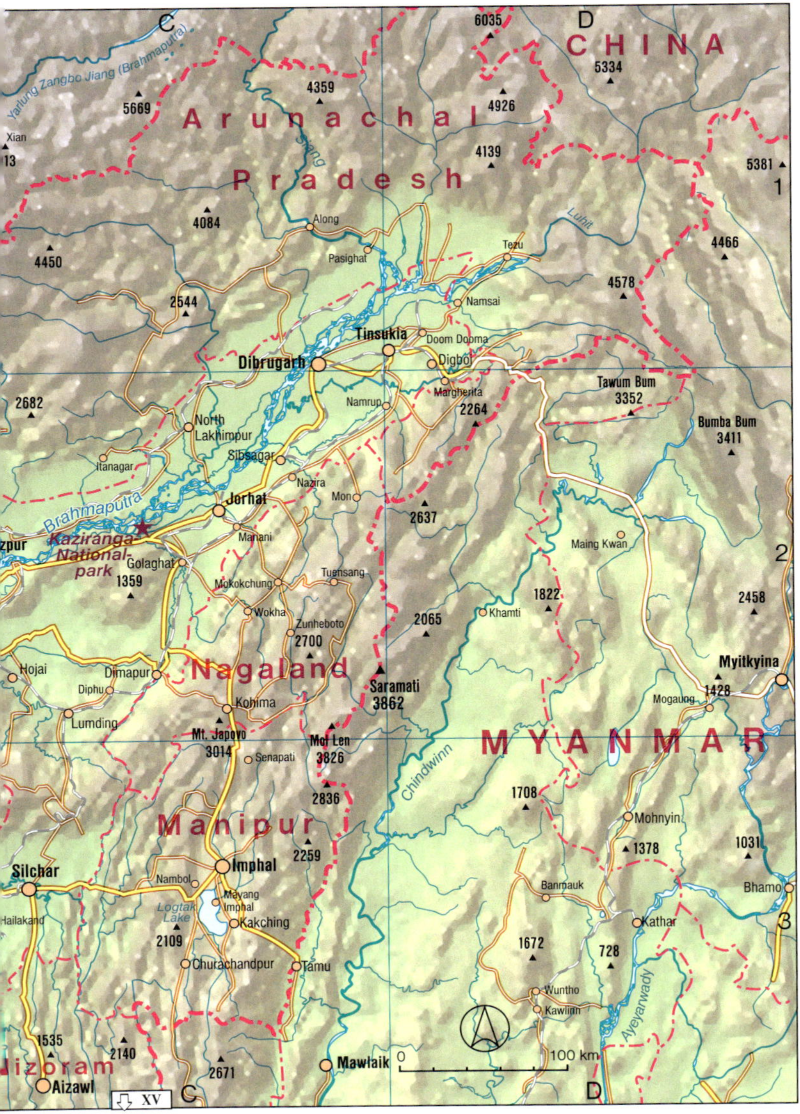
C
D
CHINA
Yarlung Zangbo Jiang (Brahmaputra)
Arunachal Pradesh
Siang
Luhit
6035
5334
4359
5669
4926
4139
5381
Xian
13
1
4084
Along
Pasighat
Tezu
4466
4450
4578
Namsai
2544
Tinsukia
Doom Dooma
Dibrugarh
Digboi
Margherita
Tawum Bum
3352
Namrup
2264
2682
North Lakhimpur
Bumba Bum
3411
Sibsagar
Itanagar
Nazira
Mon
Jorhat
Brahmaputra
2637
Kaziranga National-park
Mariani
Maing Kwan
zpur
Golaghat
1359
Tuensang
Mokokchung
2
1822
2458
Wokha
Khamti
Zunheboto
2065
2700
Nagaland
Saramati
3862
Myitkyina
Hojai
Dimapur
1428
Diphu
Mogaung
Kohima
Lumding
Mt. Japovo
3014
Mol Len
3826
Senapati
MYANMAR
Chindwinn
2836
1708
Manipur
Mohnyin
1378
2259
1031
Silchar
Imphal
Nambol
Banmauk
Bhamo
Mayang Imphal
Logtak Lake
Hailakand
Kakching
Katha
3
2109
1672
728
Churachandpur
Tamu
Ayeyarwady
Wuntho
Kawlinn
1535
2140
Mizoram
2671
Mawlaik
0
100 km
Aizawl
XV

Gujarat, südl. Rajasthan
A
B
IV
XVI
1
2
6
HYDERABAD
Tando Allahyar
Mirpur Khas
Umarkot
Tando Muhammad Khan
Digri
Matli
PAKISTAN
Tando Bago
Naukot
Badin
233
975
Rajas
Bassi
Jalor
Ahore
Bhinmal
Sirohi
Pindwara
Sanchore
Mount Abu
Abu Road
Tharad
Deesa
Palanpur
Khedbrahma
RANN VON KUTCH
Radhanpur
Siddhapur
Patan
Unjha
Vadnagar
Harij
Visnagar
Mahesana
Himatnagar
386
Nakhtarana
LITTLE RANN
Naliya
Bhuj
Bhachau
Anjar
Gandhidham
Kandla
Kali
Kalol
Gandhinagar
Viramgam
Halvad
Dhrangadhra
AHMEDABAD
Mandvi
Golf von Kutch
Morbi
Surendranagar
Kapadvanj
Jodiya
Tankara
Wankaner
Nalsarovar-Vogelschutzgebiet
Bavla
Dholka
Nadiad
Okha Port
Dhrol
Sabarmati
Umreth
Jamnagar
Gujarat
Limbdi
Anand
Dwarka
Salaya
Chotila
Petlad
Borsad
358
Paliyad
Dhandhuka
RAJKOT
Khambhat
VADODARA
Khambalia
Botad
KATHIAWAR
Barwala
Padra
Bhanvad
Jamjodhpur
Jasdan
Jambusar
Karjan
Gondal
Gadhada
Dhoraji
Babra
Upleta
Jetpur
Bhavnagar
Porbandar
Bharuch
Chhaya
Kutiyana
Damnagar
Sihor
Junagadh
Amreli
Bantwa
1117
Hansot
Ankleshwar
Vanthali
Palitana
Bagasara
Keshod
Visavadar
Kundla
Talaja
Karanj
Dhari
Kathor
Olpad
Sasan-Gir Nationalpark
Mangrol
Talala
SURAT
Rajula
Mahuva
0
100 km
Bardoli
Veraval
Somnath
Una
Navsari
Kodinar
Delwada
Diu
DIU
Golf von Kambhat
Bilimora
Bulsar
Dharampur
Pardi
Daman
Vapi
Silvassa
ARABISCHES MEER
Dahanu
520
Jawhar
Palghar
PAKISTAN
VR CHINA
NEPAL
Delhi
Kalkutta
MYANMAR
BANGLA-DESCH
Mumbai
Chennai
INDISCHER OZEAN
SRI LANKA

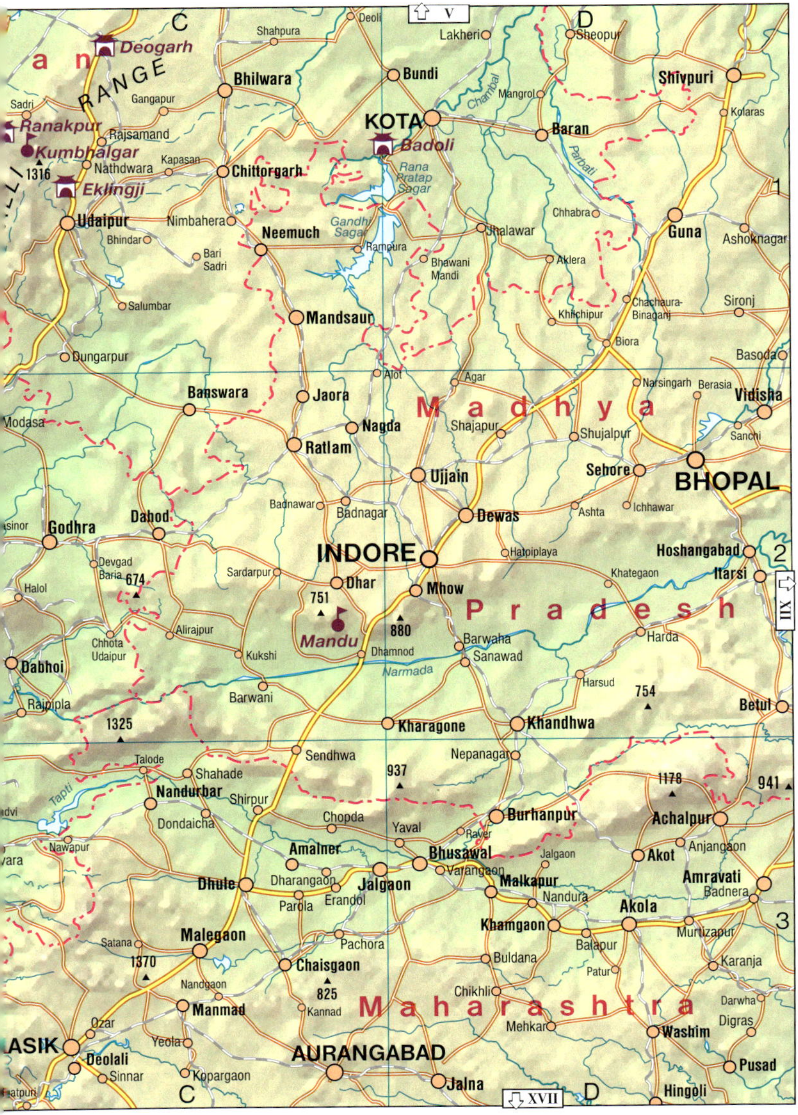

V
XVII
XII
C
D
1
2
3
Deogarh
RANGE
Ranakpur
Kumbhalgar
Eklingji
Badoli
Mandu
Rana Pratap Sagar
Gandhi Sagar
Chambal
Parbati
Narmada
Tapti
Madhya Pradesh
Maharashtra
Deoli
Shahpura
Lakheri
Sheopur
Bhilwara
Bundi
Shivpuri
Sadri
Gangapur
Mangrol
KOTA
Kolaras
Rajsamand
Baran
Nathdwara
Kapasan
Chittorgarh
1316
Udaipur
Nimbahera
Neemuch
Chhabra
Guna
Jhalawar
Ashoknagar
Bhindar
Rampura
Bari Sadri
Bhawani Mandi
Aklera
Salumbar
Mandsaur
Chachaura-Binaganj
Sironj
Khilchipur
Biora
Dungarpur
Basoda
Alot
Agar
Narsingarh
Berasia
Banswara
Jaora
Vidisha
Modasa
Nagda
Shajapur
Shujalpur
Sanchi
Ratlam
Sehore
Ujjain
BHOPAL
Badnawar
Badnagar
Ashta
Ichhawar
Godhra
Dahod
Dewas
Devgad Baria
674
INDORE
Hatpiplaya
Hoshangabad
Sardarpur
Khategaon
Itarsi
Halol
Dhar
Mhow
751
880
Alirajpur
Barwaha
Harda
Chhota Udaipur
Kukshi
Dhamnod
Sanawad
Dabhoi
Harsud
Barwani
754
Rajpipla
1325
Kharagone
Khandhwa
Betul
Sendhwa
Nepanagar
Talode
Shahade
937
1178
941
Nandurbar
Shirpur
Burhanpur
Achalpur
Dondaicha
Chopda
Yaval
Raver
Nawapur
Amalner
Bhusawal
Jalgaon
Akot
Anjangaon
Varangaon
Dhule
Dharangaon
Jalgaon
Malkapur
Amravati
Badnera
Parola
Erandol
Nandura
Khamgaon
Akola
Murtizapur
Satana
Malegaon
Pachora
Balapur
1370
Chaisgaon
Buldana
Patur
Karanja
Nandgaon
825
Chikhli
Darwha
Manmad
Kannad
Mehkar
Ozar
Digras
Yeola
Washim
ASIK
Deolali
AURANGABAD
Pusad
Sinnar
Kopargaon
Jalna
Hingoli

Östl. Madhya Pradesh, südl. Bihar
V
VI
XI
XVII
A
B
1
2
3
Rath
Banda
Mahoba
Atarre
Niwari
Orcha
Babina
Kolaras
Mauranipur
Chitrakoot
326
Chhatarpur
Ajaigarh
Bamor
Tikamgarh
Khajuraho
Panna
Chanderi
Lalitpur
Chhabra
Guna
Ashoknagar
Satna
Maihar
Amarpatan
Bina-Etawa
Chachaura-Binaganj
Sironj
Hatta
Khurai
Banda
Biora
Basoda
Damoh
Murwara
Sagar
Rahatgarh
Bandhavgarh Nationalpark
Narsingarh
Berasia
Rehli
Vidisha
683
752
Umaria
Sanchi
Sihora
Shujalpur
Deori
842
Sehore
BHOPAL
Madhya
JABALPUR
Khamaria
Ashta
Ichhawar
Marble Rocks
Bargi
Baraily
Gadarwara
Dind
Narmada
Narsimhapur
Hoshangabad
Piparia
Khategaon
Itarsi
Pradesh
Mandla
Pachmarhi
Kanha-Nationalpark
927
Tawa Res.
1350
Nainpur
Harda
Jamai
Dongar Parasia
Seoni
838
Harsud
754
Sarni
Amla
Chhindwara
Betul
Balaghat
Katangi
Tirodi
Pandhurna
798
1178
941
Khapa
Gondia
Warud
Tumsar
Savner
Morshi
Kamptee
Achalpur
Katol
Bhandara
Dongargarh
Akot
Anjangaon
Sendurjana
Durg
NAGPUR
Rajnandgaon
Amravati
Badnera
Umred
Dhamangaon
Balod
Akola
Pauni
Balapur
Wardha
Kusumkara
Murtizapur
Pulgaon
Deoli
Hinganghat
Karanja
Patur
Dalli Rajhara
Yavatmal
Darwha
Maharashtra
Waroda
Washim
Digras
Pandharkawada
Wani
Chandrapur
Ghughus
Pusad
Ballhashar
0
100 km
Hingoli
Jintur
Umarkhed
Kinwat
Adilabad

VARANASI
ALLAHABAD
Sarnath
Mughalsarai
Mirzapur
Chunar
Uttar Pradesh
Sasaram
Dehri
Gaya
Bihar
Nalanda
Rajgir
Jehanabad
Nawada
Mokam
Robertsganj
Son
Renukut
Rihand Res.
BAGHELKHAND PLATEAU
Daltenganj
Hazaribagh
Bokaro
Ramgarh
RANCHI
Jharkhand
Kurasia
Ambikapur
Korba
Bilaspur
Raigarh
Chhattisgarh
Raurkela
Jharsuguda
Sambalpur
Hirakud Res.
Baraghar
Raipur
Mahasamund
Dhamtari
Bolangir
Orissa
Cuttack
Udayagiri-Höhlen
Bhubaneshwar
Puri
Chilka-See
Mahanadi
Brahmani
Bhavanipatna
Titlagarh
VII
XVIII
XIX
VR CHINA
PAKISTAN
NEPAL
Delhi
Kalkutta
Mumbai
BANGLA-DESCH
MYANMAR
Chennai
SRI LANKA
INDISCHER OZEAN

West-Bengalen, Bangladesh
VII
VIII
XIII
XIX
A
B
1
2
3
Bihar
Jharkhand
West-Bengalen
Orissa
BANGLA
SUNDERB
Golf von Bengalen
Ganges
Sapat Kosi
Brahmaputra
Forbesganj
Araria
Islampur
Kishanganj
Domar
Thakurgaon
Lalmonirhat
Kurigram
Dhubri
Banmankhi Bazaar
Murliganj
Saharsa
Dalkhola
Saidpur
Rangpur
Samastipur
Purnia
Raiganj
Dinajpur
Rosera
Bihariganj
Katihar
Kaliaganj
Fulbari
Mankachar
Begusarai
Khagaria
Gangarampur
Hili
Gaibandha
Mokam
Barauni
Munger
Jamalpur
Naugachhia
Manihari
Sahibganj
Balurghat
Sherp
Bihar
Sultanganj
Bhagalpur
463
Rajmahal
Malda
English Bazaar
Jaipurhat
Jamal
Lakhisarai
Sheikhpura
Kharagpur
Barharwa
Naogaon
Bogra
Banka
Godda
Gaur
Nawada
Jamui
Jhajha
575
Dhulian
Nawabganj
Sherpur
Gopalpur
677
Serajganj
Deoghar
Jangipur
Nator
RAJSHAHI
Tangail
Kodarma
Nalhati
Shahzadpur
Tilaiya Dam
Giridih
Madhupur
Dumka
Rampur Hat
Jiaganj
Paksey
Ishurdi
Berhampore
Pabna
Kushtia
Santiniketan
Manikganj
Siuri
Sainthia
DHANBAD
Kumardhubi
Chittaranjan
Meherpur
Rajbari
Faridpur
Bokaro
Kulti
Jharia
Sindri
Raniganj
Katwa
Chuadanga
Jhenidah
Jaridih Bazar
Durgapur
Navadwip
Krishnanagar
Magura
Ramgarh
Adra
Mohesdur
831
Purulia
Barddhaman
Santipur
Ranaghat
Jessore
Bankura
Chakdaha
Bangaon
Bundu
Vishnupur
KHULNA
Balarampur
Khatra
Khunti
Arambagh
Bagherhat
Amalagora
Bally
Barasat
Satkhira
Mango
Chandrakona
Sindri
Chakradharpur
Ghatal
Domjur
Basirhat
JAMSHEDPUR
KALKUTTA
Perojpur
Saraikela
Chaibasa
Musabani
Ghatshila
Rajpur
Mungla
Medinipur
Jhargram
Canning
Diamond Harbour
Kharagpur
Tamluk
Busanti
Jaynagar Manzilpur
Hat Gamaria
Rairangpur
Chengail
Jamda
Gosava
Bada Barbil
Baripada
Jashipur
Jaleswar
Kanthi
Karanjia
1165
Kendujahrgarh
Balasore
Govindpur
Soro
1055
Anandapur
Bhadrakh
Talcher
Bhuban
Jajapur
Chandbali
Dhenkanal
Kendrapara
710
Cuttack

IX
XI
C
D
1
2
3
Diphu
Lumding
717
Mt. Japovo
3014
2832
Kohima
Senapati
Mol Len
3826
2836
617
967
1563
Mawlai
Shillong
eghalaya
Nongthymmai
Cherrapunjee
Manipur
2259
Imphal
Chatak
Silchar
Nambol
Sylhet
Karimganj
Mayang
Imphal
Logtak
Lake
Kakching
Mohonganj
Netrokona
Bibiyana
Hailakand
2109
Gouripur
mensingh
Kulaura
Churachandpur
Tamu
Chindwinn
Kishorganj
Hobiganj
Dharmanagar
Srimongal
ESH
Khowai
1535
2140
Bhairab
Mawlaik
Brahmanbaria
2671
Tongo
Narsingdi
Agartala
Aizawl
DHAKA
Tripura
732
Mizoram
2704
Udaipur
Kalewa
Comilla
Munshiganj
Kalaymyo
Belonia
Laksham
Falam
1305
Mingin
Chandpur
Feni
Lunglei
aripur
Begumganj
Hakha
Lakshmipur
Noakhali
2157
Ch. Sitakunda
2371
Barisal
Saiha
Ch. Hathazari
Jhalokati
CHITTAGONG
Gangaw
Patuakhali
2773
NS
2742
Pauk
1000
Mt. Victoria
3094
Cox's Bazar
Paletwa
0
100 km
MYANMAR
925
1801
Buthidaung
Maungdaw
Mrauk-U
1977
Rathedaung
Minbya
Sittwe
Pauktaw
Myebon
PAKISTAN
VR CHINA
NEPAL
Delhi
Kalkutta
MYANMAR
Mumbai
BANGLA-
DESCH
Chennai
INDISCHER
OZEAN
SRI
LANKA

Maharashtra, nördl.
Andhra Pradesh
X
XI
X
XX
A
B
1
2
Bhavnagar
Sihor
Palitana
Talaja
Mahuva
Bharuch
Anklesvar
Hansot
Karanj
Olpud
Kathor
SURAT
Gujarat
Tapti
Mandvi
Bardoli
Vyara
Nawapur
Navsari
Bilimora
Bulsar
Pardi
Dharampur
Daman
Vapi
Silvassa
Golf von
Khambhat
Dahanu
520
Jawhar
NASIK
Ozar
Deolali
Sinnar
Palghar
Vada
Igatpuri
1646
Vasai
Bhiwandi
Ulhasnagar
THANE
KALYAN
MUMBAI
(BOMBAY)
Uran
Matheran
Lonavala
Karla
871
Alibag
Chaul
Revdanda
Murud
Talegaon
Dabhade
Kirkee
PUNE
1405
Mahad
Mahabaleshwar
Wai
Dapoli
Chiplun
Satara
Koregaon
1062
Karad
Ganpatipule
Ratnagiri
Uran
Islampur
1025
Kolhapur
Rajapur
Sindhudurg
Malwan
Murgud
ARABISCHES
MEER
WESTERN GHATS
0
100 km
Talode
Shahade
Nandurbar
Shirpur
Dondaicha
Sendhwa
Kharagone
Khandhwa
937
Nepanagar
Chopda
Burhanpur
Yaval
Raver
Amalner
Bhusawal
Varangaon
Dhule
Dharangaon
Jalgaon
Parola
Erandol
Malkapur
Satana
Malegaon
1370
Pachora
Buldana
Chaisgaon
825
Ajanta
Nandgaon
Manmad
Kannad
Ellora
Chikhli
Yeola
AURANGABAD
Daulatabad
Kopargaon
Jalna
Shrirampur
Sangamner
Paithan
Rahuri
Sailu
961
Georai
Ahmadnagar
Maharashtra
Manjlegaon
Bid
773
Shirur
Ambajogai
Kalamb
Daund
Karmala
Murud
Barsi
Osmanabad
Phaltan
Kurduwadi
Tuljapur
SOLAPUR
Naldurg
Pandharpur
Mhasvad
Akkalkot
Sangola
Vita
Dudhni
Tasgaon
Sangli
Miraj
Sindgi
Athani
Bijapur
Ichalkaranji
678
Chikodi
Rabkavi
Banhatti
Jamkhandi
Talikota
Nippani
Mudhol
Muddebihal
Sankeshwar
Gokak
723
Bagalkot
Guledgud
Road
Hangund
PAKISTAN
VR CHINA
NEPAL
Delhi
Kalkutta
BANGLA-
DESCH
MYANMAR
Mumbai
Chennai
SRI
LANKA
INDISCHER
OZEAN

XII
C
D
754
Betul
Amla
Sarni
Chhindwara
Balaghat
Katangi
Tirodi
Madhya Pradesh
798
1178
941
Pandhurna
Khapa
Warud
Morshi
Savner
Tumsar
Gondia
Khairagarh
Achalpur
Katol
Kamptee
Bhandara
Dongargarh
Akot
Anjangaon
Sendurjana
NAGPUR
Rajnandgaon
Amravati
Umred
Badnera
Dhamangaon
Pauni
Akola
Wardha
Murtizapur
Pulgaon
Deoli
Kusumkara
Balapur
Hinganghat
Dalli Rajhara
Patur
Karanja
Yavatmal
Darwha
Waroda
Washim
Digras
Wani
Pandharkawada
Chandrapur
Ghughus
Ballhashar
Pusad
Hingoli
Adilabad
Umarkhed
Kinwat
Jintur
Sirpur
Kagaznagar
Asifabad
Parbhani
Basmath
664
Nanded
Bhainsa
Nirmal
Purna
Bellampalle
Gangakhed
Mancherial
Parli
Koratla
Jagtial
Armur
Biloli
Ahmedpur
Nizamabad
Manthani
Peddapalli
Bodhan
Deglur
Sirsilla
Karimnagar
971
Udgir
Kamareddy
Andhra Pradesh
Huzurabad
Palampet
674
Yellareddy
Siddipet
Pranhita
Medak
WARANGAL
Bhalki
Bidar
Basavakalyan
Andole
Zaheerabad
Jangaon
Bhadrachalam
Humnabad
Sangareddy
Yellandu
Palvancha
Secunderabad
Mahbubabad
Aland
Dornakal
Kottagudem
Chincholi
HYDERABAD
Gulbarga
Khammam
Suriyapet
Tandur
Tiruvur
Shahabad
Sedam
Farooqnagar
Nalgonda
Wadi
Kosgi
706
Kodad
563
Nuzvid
Miryalguda
Mahbubnagar
Nandigama
Yadgir
Narayanpet
Badepalli
VIJAYAWADA
Devarakonda
Vijayapuri North
Nagarjuna Sagar
Mangalagiri
Nagarkurnool
Macherla
594
Sattenapalle
GUNTUR
Wanaparthi
Narasaraopet
Tenali
Raichur
Gadwal
Srisailam Project Township
Krishna
Vinukonda
Ponnuru
Manvi
Chilakalurupet
Repalle
XXI
XVIII
XXI
2
3

Atlas

Orissa, südl. Madhya Pradesh
XIII
XII
XVII
XXI
A
B
1
2
3
Madhya Pradesh
Mandla
Nainpur
Kanha-Nationalpark
927
Kota
Pali
Korba
1100
Pathalgaon
Dharmjaygarh
Gharghoda
Sundargarh
Bilaspur
Kawardha
Mungeli
Champa
Sakti
Kharsia
Raigarh
Jharsu
Katangi
Balaghat
Bemetara
Bhatapara
Tirodi
798
Sarangarh
Hirakud Res.
Samba
Tumsar
Gondia
Khairagarh
736
Raipur
Baraghar
Barpali
Bhandara
Dongargarh
Durg
Bhilai Nagar
Mahasamund
Rajnandgaon
Gobra Nawapara
Kharjar Road
Sonepur
Pauni
Balod
Dhamtari
Bolangir
Kusumkara
Dalli Rajhara
Kantabanji
Phula
Maharashtra
Chhattisgarh
1006
Khariar
Titlagarh
Kanker
Kesinga
1155
Bhavanipatna
Junagarh
Kondagaon
EASTERN GHATS
990
Nowrangapur
Rayagarha
Jagdalpur
Kotpad
Gunupu
1367
Jeypore
Koraput
Parvathipuram
Parlakimic
Manthani
Kirandul
Bobbili
Palakond
Salur
Narsannapet
Andhra Pradesh
971
Malkangiri
Srikakulam
1091
Vizianagaram
1680
WARANGAL
1527
Bhimunipatnam
Gopalapatnam
Anakapalle
V.-Walatair
Mahbubabad
Yellandu
Bhadrachalam
900
Narasapatnam
VISHAKHA-PATNAM
Palvancha
Yellamanchili
Dornakal
Kottagudem
Pranhita
Tuni
Suriyapet
Khammam
Jangareddygudem
Tiruvur
Pithapuram
Rajahmundry
Samalkot
Kodad
Kakinada
563
Nidadavole
Miryalguda
Tadepallgudem
Ramachandrapuram
Nandigama
Nuzvid
Eluru
Tanuku
Yanam

Chaibasa
Musabani
Ghatshila
XIV
Medinipur
Rajpur
Canning
Jhargram
Kharagpur
Tamluk
Diamond Harbour
Jaynagar
Manzilpur
Basanti
Gosava
Chengail
Birmitrapur
Raurkela
Bisrah
Jamda
Hat Gamaria
Rairangpur
Bada Barbil
Bankl
799
Jashipur
Baripada
Jaleswar
Kanthi
SUNDERBANS
Karanjia
1165
Brahmani
Kendujahrgarh
Deogarh
Balasore
Govindpur
Soro
1055
Anandapur
Orissa
Bhadrakh
Talcher
Bhuban
Angul
Jajapur
Chandbali
Mahanadi
Dhenkanal
Kendrapara
710
Cuttack
Udayagiri-Höhlen
Paradwip
Bhubaneshwar
Kordha
Dhauli
Chilka-See
Bhanjanagar
Konark
Puri
Banpur
Khallikot
Asika
Rambha
Chatrapur
Berhampur
Ichchapuram
Sompeta
Parasamba
Golf von Bengalen
VR CHINA
PAKISTAN
NEPAL
Delhi
Kalkutta
MYANMAR
Mumbai
BANGLA-DESCH
Chennai
INDISCHER OZEAN
SRI LANKA
0
100 km
C
D
1
3

Karnataka, Goa, südl. Andhra Pradesh
XVI
XXII
Maharashtra
Karnataka
Goa
WESTERN GHATS
ARABISCHES MEER
Karad
Vita
Ratnagiri
Uran Islampur
Tasgaon
Sangli
Miraj
Kolhapur
Athani
Ichalkaranji
Bijapur
Rajapur
Chikodi
Rabkavi Banhatti
Jamkhandi
Murgud
Nippani
Mudhol
Sankeshwar
Gokak
Malwan
Belgaum
Bagalkot
Guledgud Road
Ramdurg
Bailhongal
Aihole
Pattadakal
Badami
Nargund
Saundatti-Yellamma
Vengurla
Mapusa
Panaji
Old Goa
Ponda
Vasco da Gama
Margao
Khanapur
DHARWA
HUBLI
Alnavar
Haliyal
Dandeli
Kalghatgi
Gadag
Koppal
Lakshmeshwar
Tungabhadra Res.
Hampi
Kampli
Hospet
Sandur
Bellary
Karwar
Yellapur
Shiggaon
Savanur
Haveri
Hangal
Ankola
Gokarna
Kumta
Honavar
Sirsi
Jogg Falls
Sagar
Ranibennur
Harihar
Davangere
Hirekerur
Shikaripur
Honnali
Harapanahalli
Kudligi
Molkalmuru
Rayadrug
Kalyandrug
Chitradurga
Challakere
Pavagada
Bhatkal
Byndoor
Hirebhasga Res.
Shimoga
Bhadravati
Holalkere
Hiriyur
Thirthahalli
Tarikere
Ajjampur
Hosadurga
Sira
Gangoli
Coondapur
Birur
Bhadra Res.
Sringeri
Malpe
Udipi
Karkal
Chikmalagur
Halebid
Arsikere
Tiptur
Gubbi
Tumkur
Mulki
Mudabidri
Belur
Sravana-belgola
Kunigal
Bantval
Sakaleshpur
Dharamstala
Mangalore
Hassan
Arkalgud
Holenarsipur
BANGALOR
Ramanagaram
Channapatna
Srirangapatna
Mandya
Kumbla
Kasargode
Sullia
Madikeri
Krishnarajanagar
Hunsur
Bekal
Nileshwar
MYSORE
Malavalli
Kanakapur
Virajpet
Tholpetty-National-park
Nanjangud
Kollegal
Yelandur
Payyannur
Taliparamba
Muthanga-National-park
Gundlupet
Chamarajanagar and Ramasamudra
Azhikode
Cannanore
Kuthuparamba
Tellicherry
Badagara
Mudumalai-Nationalpark
Bandipur-Nationalpark
Gudalur
Doda Betta
Sathyamangalam
Nelliyalam
Ootacamund
Bhavani
Gulbarga
Chincholi
Shahabad
Sedam
Wadi
Sindgi
Yadgir
Shorapur
Talikot
Muddebihal
Lingsugar
Raichur
Hangund
Manvi
Yemmiga
Sindhanur
Kushtagi
Siruguppa
Adoni
Anantap
Dharmavaram
Hindup
Chikballapu
Gauribida
Nelamangala
Anekal
1025
678
723
1053
977
1175
1923
1892
1387
1514
2637
2339
A
B
1
2
3

XVII
XVIII
XXIII
C
D
1
2
3
HYDERABAD
Suriyapet
Khammam
Tiruvur
Jangareddygudem
Pranhita
Pithapuram
Samalkot
Rajahmundry
Kakinada
Nidadavole
Nalgonda
Kodad
563
706
Miryalguda
Tadepallgudem
Nuzvid
Eluru
Tanuku
Yanam
Nandigama
bubnagar
Badepalli
Devarakonda
Vijayapuri North
VIJAYAWADA
Bhimavaram
Amalapuram
Palacole
Narasapur
Krishna
Nagarkurnool
Nagarjuna Sagar
Macherla
Mangalagiri
Gudivada
594
Sattenapalle
GUNTUR
Pedana
Wanaparthi
Narasaraopet
Tenali
Machilipatnam
Andhra
Vinukonda
Ponnuru
Srisailam Project Township
Chilakalurupet
Repalle
Atmakur
Bapatla
Addanki
Chirala
Vetapalam
Nandikotkur
971
Markapur
Cumbum
Nandyal
Ongole
Kanigiri
Giddalur
Banganapalle
Singarayakonda
Kandukur
Allagudda
Pradesh
Tadpatri
Jammalamadugu
1037
Kavali
Proddatur
889
Badvel
Yerraguntla
Cuddapah
Nellore
Pulivendla
1105
Rajampet
Kadiri
Gudur
Rayachoti
Venkatagiri
Naidupet
Srikalahasti
Tirupati
Renigunta
Sullurpet
Madanapalle
Puttur
Chintamani
1377
Punganur
Pakala
Chittoor
Thiruvottiyur
Kolar
Mulbagal
Palmaner
Arakkonam
CHENNAI (Madras)
Robertsonpet
Gudiyattam
Alandur
Arcot
Kolar Gold Fields
Vellore
Tambaram
Ambur
Kanchi-puram
Krishnagiri
Vaniyambadi
Arani
Chengalpattu
1077
Mamallapuram
Polur
Tiruppattur
Vandavasi
Madurantakam
Cheyyur
Tamil Nadu
Gingee
Tindivanam
Dharmapuri
Tiruvannamalai
Harur
Viluppuram
Pondicherry
1649
Nellikuppam
Kallakurichi
Panruti
Cuddalore
Kiranur
Salem
Attur
Neyveli
Virudhachalam
Portonovo
Rasipuram
Tiruchengodu
Chidambaram
Mettur
Golf von Bengalen
0
100 km
VR CHINA
PAKISTAN
NEPAL
Delhi
Kalkutta
MYANMAR
BANGLA-DESCH
Mumbai
Chennai
INDISCHER OZEAN
SRI LANKA

Kerala, Tamil Nadu, Sri Lanka
XX
A
B
1
2
3
Cannanore
Tellicherry
Badagara
KOZHIKODE (CALICUT)
Olavanna
Beypore
Tanur
Ponnani
Kunnankulam
Chavakkad
Thrissur
Irinjalakuda
Kodungallur
Ernakulam
KOCHI (COCHIN)
Mattancherry
Tripunithura
Kothamangalam
Kottayam
Alleppey
BACKWATERS
Haripad
Kayankulam
Kollam (Quilon)
Varkala
THIRUVANANTHAPURAM (TRIVANDRUM)
Kovalam
Padmanabhapuram
Colachel
Neyyattinkara
Nagercoil
Kanyakumari
Gundlupet
Mudumalai Nationalpark
Gudalur
Nelliyalam
Doda Betta
2637
Ootacamund
Coonoor
2629
2339
Manjeri
Malappuram
Kuniamuthur
Shoranur
Palghat
Chittur
Thathamangalam
1733
Valparai
Munnar
Kodaikanal
Mettur
Sathyamangalam
Bhavani
Erode
Mettupalayam
Tiruppur
COIMBATORE
Kurichi
Dharapuram
Pollachi
Udumalpet
Palani
2234
Periyakulam
Theni-Allinagaram
Bodinayakkanur
Chinnamanur
Usilampatti
Kerala
Periyar Wildlife Sanctuary
Kambam
Gudalur
Srivilliputtur
Rajapalaiym
Sivakasi
Sankarankoil
Puliangudi
Punalur
Kadaiyallanur
Tenkasi
Tirunelveli
Ambasamudram
Palayamkottai
1654
Androth
LAKSHADWEEP
Cheriyam
Kalpeni
L A K S H A D W E E P
S E A
I N D I S C H E R
0
100 km
PAKISTAN
VR CHINA
NEPAL
Delhi
Kalkutta
MYANMAR
Mumbai
BANGLA-DESCH
Chennai
INDISCHER OZEAN
SRI LANKA

XXI
C
D
1
2
3
Golf von Bengalen
Palk Strait
Palk Bay
Gulf of Mannar
ZEAN
SRI LANKA
Tamil Nadu
1649
Salem
Attur
Kallakurichi
Panruti
Nellikuppam
Cuddalore
Kiranur
Neyveli
Virudhachalam
Rasipuram
Portonovo
Chidambaram
1356
Perambalur
Tirumullaivasal
Sirkali
Ariyalur
Thuraiyur
Mayuram
Tranquebar
Srirangam
Kumbakonam
Aduthurai
Karaikal
Papanasam
Tiruvarur
Nagappattinam
Tiruchirapalli
Thanjavur
Mannargudi
Thiruthuraipoondi
Pudukkottai
Pattukottai
Vedaranyam
Adirampattinam
Tirupathur
Arantangi
Karaikkudi
Melur
Devakottai Road
Sivaganga
Thondi
MADURAI
Paramakudi
Ramanathapuram
Rameshwaram
Kilakarai
Tuticorin
Tiruchchendur
Kankesanturai
Point Pedro
Pandattarippu
Chavakachcheri
Jaffna
Kilinochchi
Mullaittivu
Mannar
Vavuniya
Trincomalee
Kinniya
Mutur
293
Anuradhapura
Hingurakgoda
Puttalam
Polonnaruwa
Eravur
Batticaloa
Chilaw
Kurunegala
Matale
1863
Kalmunai
Samanturai
Ampara
Kandy
Negombo
Kegalla
Gampola
Pidurutalagala
2524
Ja - Ela
Badulla
COLOMBO
Nuwara Eliya
Sri Jayewardenepura
2243
2395
Moratuwa
Panadura
Homagama
Ratnapura
Kalutara
Beruwala
Bentota
Ambalangoda
Hambantota
Ambalantota
Galle
Weligama
Tangalle
Ahangama
Matara

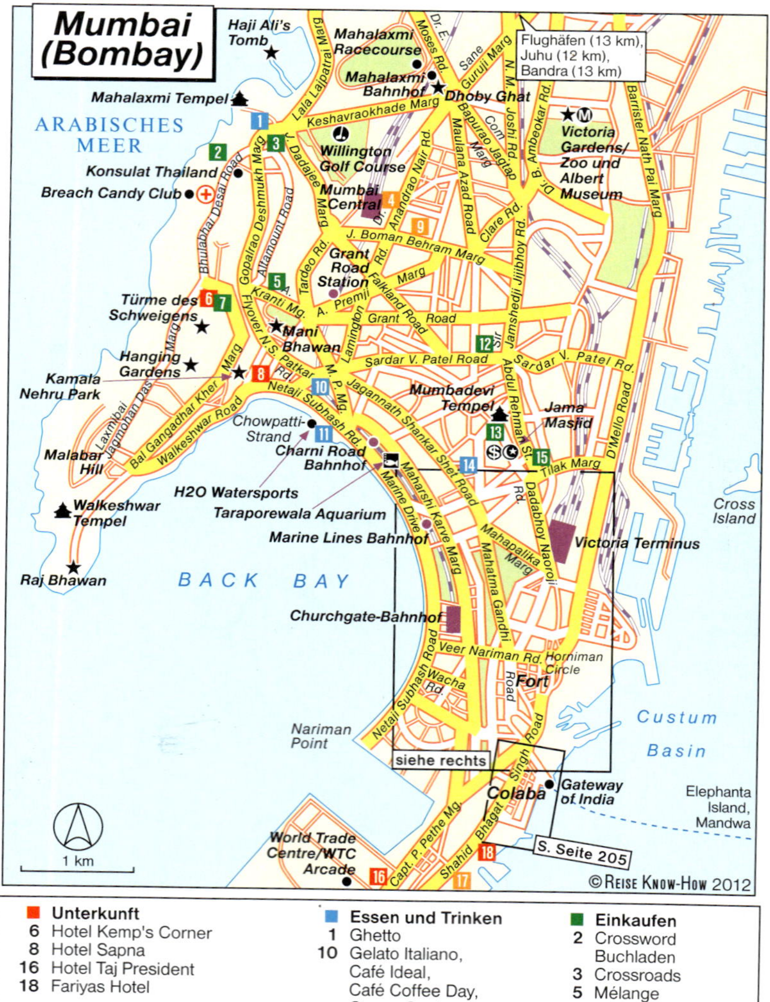

Unterkunft
6 Hotel Kemp's Corner
8 Hotel Sapna
16 Hotel Taj President
18 Fariyas Hotel

Verkehr
4 Fernbusbahnhof und Reisebüros
9 Busbahnhof Mumbai Central
17 Colaba Busstand

Essen und Trinken
1 Ghetto
10 Gelato Italiano, Café Ideal, Café Coffee Day, Cream Centre
11 Saltwater Grill
14 Shri Thakker Bhojanalaya

Einkaufen
2 Crossword Buchladen
3 Crossroads
5 Mélange
7 Vama Department Store
12 Chor Bazaar
13 Javeri Bazaar, Mangaldas Market
15 Crawford Market